CB137648

DIREITO CIVIL
Contratos

Grupo Editorial Nacional

O GEN | Grupo Editorial Nacional – maior plataforma editorial brasileira no segmento científico, técnico e profissional – publica conteúdos nas áreas de concursos, ciências jurídicas, humanas, exatas, da saúde e sociais aplicadas, além de prover serviços direcionados à educação continuada.

As editoras que integram o GEN, das mais respeitadas no mercado editorial, construíram catálogos inigualáveis, com obras decisivas para a formação acadêmica e o aperfeiçoamento de várias gerações de profissionais e estudantes, tendo se tornado sinônimo de qualidade e seriedade.

A missão do GEN e dos núcleos de conteúdo que o compõem é prover a melhor informação científica e distribuí-la de maneira flexível e conveniente, a preços justos, gerando benefícios e servindo a autores, docentes, livreiros, funcionários, colaboradores e acionistas.

Nosso comportamento ético incondicional e nossa responsabilidade social e ambiental são reforçados pela natureza educacional de nossa atividade e dão sustentabilidade ao crescimento contínuo e à rentabilidade do grupo.

gen | atlas

3

DIREITO CIVIL
Contratos

SÍLVIO DE SALVO **VENOSA**

26ª edição
revista e atualizada

■ O autor deste livro e a editora empenharam seus melhores esforços para assegurar que as informações e os procedimentos apresentados no texto estejam em acordo com os padrões aceitos à época da publicação, *e todos os dados foram atualizados pelo autor até a data de fechamento do livro*. Entretanto, tendo em conta a evolução das ciências, as atualizações legislativas, as mudanças regulamentares governamentais e o constante fluxo de novas informações sobre os temas que constam do livro, recomendamos enfaticamente que os leitores consultem sempre outras fontes fidedignas, de modo a se certificarem de que as informações contidas no texto estão corretas e de que não houve alterações nas recomendações ou na legislação regulamentadora.

■ Fechamento desta edição: *23.10.2025*

■ O autor e a editora se empenharam para citar adequadamente e dar o devido crédito a todos os detentores de direitos autorais de qualquer material utilizado neste livro, dispondo-se a possíveis acertos posteriores caso, inadvertida e involuntariamente, a identificação de algum deles tenha sido omitida.

■ **Atendimento ao cliente: (11) 5080-0751 | faleconosco@grupogen.com.br**

Uma editora integrante do GEN | Grupo Editorial Nacional
Travessa do Ouvidor, 11
Rio de Janeiro – RJ – 20040-040
www.grupogen.com.br

■ Capa: Danilo Oliveira

■ **CIP – BRASIL. CATALOGAÇÃO NA PUBLICAÇÃO.**
SINDICATO NACIONAL DOS EDITORES DE LIVROS, RJ.

V575
26. ed.

Venosa, Silvio de Salvo, 1945-
Direito civil: contratos / Silvio de Salvo Venosa. – 26. ed., rev. e atual. – Barueri [SP]: Atlas, 2026.
(Direito civil ; 3)

Inclui bibliografia e índice
ISBN 978-65-5977-802-7

1. Direito civil – Brasil. 2. Contratos – Brasil. 3. Processo civil – Brasil. I. Título.

25-100983.0 CDU: 347(81)

Carla Rosa Martins Gonçalves – Bibliotecária – CRB-7/4782

Ao Bruno,
meu filho,
no desabrochar
de renovadas.

SOBRE O AUTOR

Foi juiz no Estado de São Paulo por 25 anos. Aposentou-se como membro do extinto Primeiro Tribunal de Alçada Civil, passando a integrar o corpo de profissionais do grande escritório jurídico brasileiro Demarest Advogados, onde atualmente exerce a função de sócio-consultor. Atua como árbitro em entidades nacionais e estrangeiras. Redige pareceres em todos os campos do direito privado. Foi professor em várias faculdades de Direito no Estado de São Paulo. É professor convidado e palestrante em instituições docentes e profissionais em todo o País. Membro da Academia Paulista de Magistrados. Autor de diversas obras jurídicas.

SUMÁRIO

1

UNIVERSO DAS RELAÇÕES CONTRATUAIS

1.1 NEGÓCIO JURÍDICO E CONTRATO

Quando o ser humano usa de sua manifestação de vontade com a intenção precípua de gerar efeitos jurídicos, a expressão dessa vontade constitui-se num negócio jurídico. A noção foi por nós explanada em *Direito civil: parte geral.*

O art. 81 do Código de 1916 nada mais fez do que definir o negócio jurídico, evitando, porém, essa denominação. Preferiu o legislador ater-se à denominação mais genérica de ato jurídico. Será negócio jurídico, porém, *"todo o ato lícito, que tenha por fim imediato adquirir, resguardar, transferir, modificar ou extinguir direitos"*. O Código de 2002 refere-se ao *negócio jurídico*, sem exatamente defini-lo, nos arts. 104 e seguintes.

Desse modo, embora nossos Códigos possuam normas gerais de contratos, as verdadeiras regras gerais do direito contratual são as mesmas para todos os negócios jurídicos e estão situadas na parte geral, que ordena a real teoria geral dos negócios jurídicos. Trata-se, pois, de uma estrutura moderna, que não deve ser abandonada, em que pese a necessidade de modernização de velhos conceitos de direito privado. Portanto, para qualquer negócio jurídico, e não apenas aos contratos, aplicam-se as regras sobre capacidade do agente, forma e objeto, assim como em relação às normas sobre os vícios de vontade de vícios sociais. O Código mantém tal estrutura, sob o título "negócios jurídicos".

Nosso legislador de 1916 tinha a seu dispor as orientações do velho Código francês de 1804, ainda em vigor, no qual se inspiraram o revogado Código italiano de 1865 e o Código alemão de 1896, que entrou em vigor em 1º-1-1900.

1.1.1 Contrato no Código Francês

O Código napoleônico foi a primeira grande codificação moderna. Não foi a primeira nem a melhor, mas difundiu-se largamente em razão da preponderância da cultura francesa em sua época. Espelha a vitória obtida pela burguesia, na revolução de 1789, com suas conquistas políticas, ideológicas e econômicas. Nesse estatuto, o contrato vem disciplinado no livro terceiro, dedicado aos "diversos modos de aquisição da propriedade". Como uma repulsa aos privilégios da antiga classe dominante, esse Código eleva a aquisição da propriedade privada ao ponto culminante do direito da pessoa. O contrato é servil à aquisição da propriedade e, por si só, é suficiente para essa aquisição. No sistema francês, historicamente justificado, o contrato é um mero instrumento para se chegar à propriedade. O indivíduo, ao contrário do antigo regime, podia então ter plena autonomia de contratar e plena possibilidade de ser proprietário. O contrato é colocado como um meio de circulação de riquezas, antes à mão apenas de uma classe privilegiada.

Para o Código francês, a liberdade e a propriedade estão ligadas indissoluvelmente. Sem propriedade não poderia haver liberdade. Na verdade, nessa época a garantia da propriedade privada foi a primeira manifestação de direito e garantia individual. E as regras que ligam as pessoas às coisas são justamente os contratos. O contrato representa o acordo dos contraentes e configura a oportunidade da burguesia ascendente de adquirir os bens das classes antigas, detentoras de bens, mas de forma improdutiva. Essa posição representava uma reação contra os privilégios da realeza.

O contrato, o acordo de vontades, representava, na verdade, uma garantia para os burgueses e para as classes proprietárias, que a nova classe dominante não pretendia destruir, mas promover, *numa relação de aliança subalterna* (Roppo, 1988:46). A transferência dos bens passava a ser dependente exclusivamente da vontade. A classe de comerciantes passava a deter o poder econômico e, portanto, a ter condições de impor sua vontade. Por outro lado, os proprietários, juridicamente, não poderiam ser privados de seus bens, sem sua manifestação de vontade.

Todas as codificações que se seguiram no século XIX navegaram em águas do modelo francês, estando nessa situação o revogado Código italiano e a grande maioria dos Códigos latino-americanos.

O contrato, no sistema francês, é posto como o ponto máximo do individualismo. O contrato vale e é obrigatório, porque assim foi desejado pelas partes. Nesse sentido, diz o art. 1.134 do Código francês: *"As convenções feitas nos contratos formam para as partes uma regra à qual devem se submeter como a própria lei."* Não há outras limitações para o contrato que não aquelas fundadas em interesse público.

No sistema francês, o contrato opera a transferência dos direitos reais, porque está ligado à propriedade. Trata-se do contratualismo levado ao extremo, baseando a própria estrutura do Estado em um contrato, sob a influência de Rousseau.

1.1.2 Contrato no Código Civil Alemão e a Assimilação de seu Conceito

O fato de o Código alemão ter sido editado quase um século após o Código francês teve o condão de estampar o direito de um diferente momento histórico. Embora seja também um estatuto burguês (capitalista, melhor dizendo), suas conceituações técnicas mostraram-se mais avançadas.

No Código alemão, o contrato passa a pertencer a uma categoria mais geral. O contrato é uma subespécie da espécie maior, que é o negócio jurídico. O negócio jurídico é, portanto, uma categoria geral, a qual, como vimos, vem em nosso Código anterior definida como *ato jurídico*, no art. 81. O Código alemão traz, além de regras dedicadas ao contrato em geral e a cada espécie de contrato descrito na lei (compra e venda, locação etc.), regras que se aplicam ao negócio jurídico em geral. Sendo o negócio jurídico uma categoria mais ampla do que o contrato, este, por si só, não transfere a propriedade. É veículo de transferência, mas não a opera. Esse sistema, embora não sem nuanças próprias, é adotado em nossa lei de 1916 e mantido no estatuto em vigor.

Inobstante, porém, certa falta de técnica no tocante à estruturação dos negócios jurídicos em nosso Código anterior, corrigida no mais recente diploma, não há dificuldade para que a doutrina solidifique os conceitos dessa categoria geral, mas abstrata, que é o negócio jurídico. O contrato, assim como outros negócios, constitui-se numa declaração de vontade destinada a produzir efeitos jurídicos. O contrato, sem dúvida, ocupa grande parte, e a mais importante, da vida negocial. Contudo, há negócios jurídicos que independem de duas vontades, como ocorre no testamento e na promessa de recompensa, por exemplo. São negócios jurídicos unilaterais.

Nessa estrutura, pois, toda manifestação da vontade que procura um efeito jurídico deve, a princípio, partir do exame geral do negócio jurídico. Destarte, antes de o jurista examinar se o ato existe, vale e tem eficácia como contrato (como compra e venda, doação, empréstimo, locação etc.), devem ser examinados os três planos pelo prisma do negócio jurídico. Se uma compra e venda, por exemplo, não vale como negócio jurídico, de nada adianta o jurista investigar as disposições específicas desse contrato.

Nesse sistema prepondera o elemento vontade, elemento básico da definição. Assim, torna-se inimaginável o estudo do contrato sem o estudo prévio da teoria geral dos negócios jurídicos (e, naturalmente, a exata conceituação de fato jurídico, ato jurídico e ato ilícito).

Na liberdade de manifestação de vontade, situa-se o baluarte da autonomia da vontade e, portanto, do direito privado. As injunções sociais colocam hoje em xeque a autonomia negocial e contratual. O espírito clássico do contrato dá lugar aos contratos de massa, que exigem ora a intervenção do poder do Estado em suas normas, ora a imposição de um contrato previamente redigido, imposto a um número indeterminado e crescente de sujeitos. Dessa chamada "crise no contrato" ocupar-nos-emos em breve. Adiante-se, contudo, que o ideal de abstenção do Estado na relação negocial privada fica cada vez mais distante. Não podemos, porém, deixar que o intervencionismo do poder, estatal ou econômico, elimine um mínimo de vontade no contrato, sob pena de extinguir-se uma das mais legítimas liberdades individuais.

1.2 ANTECEDENTES HISTÓRICOS

A palavra *contractus* significa unir, contrair. Não era o único termo utilizado em Direito Romano para finalidades semelhantes. *Convenção*, de *conventio*, provém de *cum venire*, vir junto. E *pacto* provém de *pacis si*, estar de acordo.

O contrato, a convenção e o pacto foram conhecidos no Direito Romano. Como linguagem figurativa, modernamente podemos usar as expressões como sinônimos, embora só contrato tenha sentido técnico. *Convenção* é termo mais genérico, aplicável a toda espécie de ato ou negócio bilateral. O termo *pacto* fica reservado para cláusulas acessórias que aderem a uma convenção ou contrato, modificando seus efeitos naturais, como o pacto de melhor comprador na compra e venda e o pacto antenupcial no casamento. *Pacto*, usado singelamente, não tem a mesma noção de *contrato*. Utiliza-se para denominar um acordo de vontades sem força cogente.

No Direito Romano primitivo, os contratos, como todos os atos jurídicos, tinham caráter rigoroso e sacramental. As formas deviam ser obedecidas, ainda que não expressassem exatamente a vontade das partes. Na época da Lei das XII Tábuas, a intenção das partes estava materializada nas palavras corretamente pronunciadas (Correia e Sciascia, 1953, v. 1:274).

No Direito Romano, *convenção* e *pacto* eram conceitos equivalentes e significavam o acordo de duas ou mais pessoas a respeito de um objeto determinado. O simples acordo, convenção ou pacto, porém, não bastava para criar uma obrigação juridicamente exigível. O simples pacto não criava a obrigação. Essa noção, que vem do Direito clássico, atinge a época de Justiniano. Para que se criasse uma obrigação, havia necessidade de certas formas que se exteriorizassem à vista dos interessados. A solenidade dava força às convenções. Cada uma dessas convenções, sob certas formalidades, constituía um *contractus*. Não conhecia, portanto, o Direito Romano uma categoria geral de contrato, mas somente alguns contratos em particular.

O elemento subjetivo da vontade só vai conseguir sobrepujar o formalismo representado pela exteriorização de fórmulas na época de Justiniano, quando de certo modo se unifica o conceito de contrato com o de convenção. Não chegou, porém, a ser uma identificação completa.

Afora os contratos formais, em época posterior passaram a ser conhecidas outras figuras: os contratos *reais* (depósito, comodato, mútuo e penhor) e os *consensuais* (venda, arrendamento, mandato e sociedade). Posteriormente, na história romana, foram sendo reconhecidos outros pactos, que se utilizavam para certos negócios. Só com Justiniano é que se confere uma ação (*actio praescriptis verbis*) para qualquer convenção entre as partes (contratos inominados). À parte prejudicada não bastava provar a existência do contrato; devia provar que cumprira uma prestação. Como vemos, a vontade era colocada em segundo plano. A proteção dependia mais do interesse do que da vontade.

A intervenção do pretor mostrou-se importante no preenchimento das lacunas do ordenamento.

De qualquer modo, qualquer convenção poderia tornar-se obrigatória, se revestida das formalidades legais da *stipulatio*. Isso criou a tendência de aumentar as convenções vinculativamente obrigatórias. Na fase final da codificação, já o que importa para a validade do contrato é a *conventio*, o acordo de vontades, ficando acima das formalidades.

Quando da queda do domínio romano, o Direito Germânico é um direito menos avançado que o Direito Romano, estando dominado pelo simbolismo. Para se obrigar, há necessidade de um ritual. Esse procedimento simbólico conserva-se até a alta Idade Média (Iturraspe, 1988:25).

As práticas medievais evoluem para transformar a *stipulatio* romana na *traditio cartae*, o que indica a entrega de um documento. A forma escrita passa, então, a ter predominância. A influência da Igreja e o renascimento dos estudos romanos na Idade Média vêm enfatizar o sentido obrigatório do contrato. Os costumes mercantis dinamizam as relações e tendem a simplificar as formas contratuais. Com a escola do direito natural, assimilam-se os pactos e convenções aos contratos.

1.3 HISTORICIDADE DO CONCEITO DE CONTRATO. SUA EVOLUÇÃO. A CHAMADA CRISE DO CONTRATO

A preponderância da autonomia da vontade no direito obrigacional, e como ponto principal do negócio jurídico, nos vem dos conceitos traçados para o contrato no Código francês e no Código alemão.

A ideia de um contrato absolutamente paritário e simétrico é aquela ínsita ao direito privado. Duas pessoas, ao tratarem de um objeto a ser contratado, discutem todas as cláusulas minudentemente, propõem e contrapropõem a respeito de preço, prazo, condições, formas de pagamento etc., até chegarem ao momento culminante, que é a conclusão do contrato. Nesse tipo de contrato, sobreleva-se a autonomia da vontade: quem vende ou compra; aluga ou toma alugado; empresta ou toma emprestado está em igualdade de condições para impor sua vontade nesta ou naquela cláusula, transigindo num ou noutro ponto da relação contratual para atingir o fim desejado. Pois bem, não se diga que esse contrato desapareceu. Aliás, nosso Código Civil de 1916 dirigia-se a ele e de certa forma também o faz o vigente diploma, pois persistem em vigor as regras do Código de Defesa do Consumidor, basicamente destinadas à contratação em massa. Essa forma clássica de contratar permanece como o baluarte do direito privado naquilo que é essencial ao direito civil, ou seja, o direito do "cidadão", aquele que contrata com seus iguais. Pressupõe essa contratação que os bens objeto da relação jurídica sejam únicos e individualizados e inseridos dentro do patrimônio da pessoa física, preponderantemente.

O consensualismo pressupõe igualdade de poder entre os contratantes. Esse ideal, na verdade, nunca foi atingido.

É evidente que o contrato essencialmente privado e paritário ocupa hoje parcela muito pequena do mundo negocial, embora não tenha desaparecido. É o contrato de quem adquire o cavalo do vizinho; o automóvel usado anunciado pelo atual proprietário no jornal; uma peça de antiguidade exposta por um colecionador; ou quem contrata os serviços de alimentação de uma quituteira que trabalha autonomamente; do mágico que anima festas infantis etc. Mesmo esses pequenos prestadores de serviço se inserem hoje no campo da empresa, ainda que como microempresários.

Como se nota, a atual dinâmica social relega a plano secundário esse contrato. Cada vez mais raramente, contrata-se com uma pessoa física. A pessoa jurídica, a empresa, pequena, média ou grande, os grandes e pequenos detentores do capital, enfim, e o próprio Estado são os que fornecem os bens e serviços para o consumidor final. Os contratos são *negócios de massa*. O mesmo contrato, com idênticas cláusulas, é imposto a número indeterminado de pessoas que necessitam de certos bens ou serviços. Não há outra solução para a economia de massa e para a sociedade de consumo.

O contrato deixa de ser a peça-chave, a ponte para alcançar a propriedade. No neocapitalismo, afastado do capitalismo embrionário surgido com a Revolução Francesa, no novo direito social, há valores mobiliários, bens imateriais que constituem parcela de riqueza importante, desvinculando-se do binômio riqueza-propriedade imóvel. A exemplo do que diz Enzo Roppo (1988:64),

> *"com o progredir do modo de produção capitalista, com o multiplicar-se e complicar-se das relações econômicas, abre-se um processo que poderemos definir como de imobilização e desmaterialização da riqueza, a qual tende a subtrair ao direito de propriedade (como poder de gozar e dispor, numa perspectiva estática, das coisas materiais e especialmente dos bens imóveis) a sua supremacia entre os instrumentos de controle e gestão da riqueza. Num sistema capitalista desenvolvido, a riqueza de fato não se identifica apenas com as coisas materiais e com o direito de usá-las; ela consiste também, e sobretudo, em bens imateriais, em relações, em promessas alheias e no correspondente direito ao comportamento de outrem, ou seja, a pretender de outrem algo que não consiste necessariamente numa* **res** *a possuir em propriedade".*

A sociedade contemporânea, doutro lado, é imediatista e consumista. Os bens e serviços são adquiridos para serem prontamente utilizados e consumidos. Rareiam os bens duráveis. As coisas tornam-se descartáveis. A economia de massa é levada pela mídia dos meios de comunicação. O que tem valor hoje não terá amanhã e vice-versa. Nesse contexto, cumpre ao jurista analisar a posição do contratante individual, aquele que é tratado como "consumidor", o qual consegue, na sociedade capitalista, ser ao mesmo tempo a pessoa mais importante e, paradoxalmente, mais desprotegida na relação negocial. A ingerência do direito público nesse relacionamento não retira do campo do direito privado esse exame.

O fato de o Código Civil de 2002 mencionar que a liberdade de contratar será exercida nos limites da função social do contrato (art. 421) e a açular os contratantes a portarem-se com probidade e boa-fé (art. 422) abre toda uma nova perspectiva no universo contratual, embora os princípios já fossem plenamente conhecidos no passado. Trata-se de aplicação moderna da nova dialética do Direito.

Nesse diapasão, ao contrário do que inicialmente possa parecer, o contrato, e não mais a propriedade, passa a ser o instrumento fundamental do mundo negocial, da geração de recursos e da propulsão da economia. É certo que se trata de um contrato sob novas roupagens, distante daquele modelo clássico, mas se trata, sem sombra de dúvida, de contrato. Por conseguinte, neste momento histórico, não podemos afirmar que o contrato esteja em crise, estritamente falando, nem que a crise seja do direito privado. A crise situa-se na própria evolução da sociedade, nas transformações sociais que exigem do jurista respostas mais rápidas. O sectarismo do direito das obrigações tradicional é colocado em choque. O novo direito privado exige do jurista e do juiz soluções prontas e adequadas aos novos desafios da sociedade. Daí por que se torna importante a referência ao interesse social no contrato. E o direito das obrigações, e em especial o direito dos contratos, que durante tantos séculos se manteve avesso a modificações de seus princípios, está a exigir reflexões que refogem aos dogmas clássicos. Nesse cenário, o presente Código procura inserir o contrato como mais um elemento de eficácia social, trazendo a ideia básica de que o contrato deve ser cumprido não unicamente em prol do credor, mas como benefício da sociedade. De fato, qualquer obrigação descumprida representa uma moléstia social e não prejudica unicamente o credor ou contratante isolado, mas toda uma comunidade.

Enquanto se cuidava de uma sociedade predominantemente agrícola, a propriedade e o poder patriarcal desempenhavam o instrumento principal da circulação de recursos. Essa economia apresentava um aspecto estático que perdurou durante séculos e ainda perdura teimosamente em alguns rincões de nosso país. É justamente nos bolsões em que grassa a miséria que esse sistema perdura. A propriedade agrícola, como regra geral, concentra o poder e a riqueza nas mãos de poucos. Quando se cuida de sociedade dinâmica, o perfil da geração de recursos já é determinado não mais pela propriedade, mas pela *empresa*. No mundo contemporâneo, a empresa imiscui-se na vida de cada indivíduo. Os processos econômicos explodem com pequeno espaço temporal nos vários países. Com o esfacelamento do mundo comunista, a presente época transcende a tudo que se podia imaginar com relação à nova sociedade. Uns com mais, outros com menos vigor, todos querem inserir-se no contexto da produção e consumo da empresa. Não há mais fronteiras para o capital. Abastado é aquele que consegue produzir e consumir. Pobre será aquele que não produz e não consome! À empresa, pouco interessando as barreiras representadas pelas fronteiras geográficas ou políticas, interessa que todos consumam. À empresa, pequena, média, ou grande, nacional ou multinacional, interessa que todos possam participar de sua atividade: que todos possam consumir, enfim, *contratar*.

Diante deste cenário, o legislador pátrio, procurando incutir na norma a realidade em que vivemos, fez presentes, no Código, originário do Projeto do Código Civil de 1975, em seu art. 421, a limitação da liberdade de contratar e a função social do contrato. Isso representa clara preocupação com a tutela dos interesses sociais daqueles que se veem cotidianamente contratando. Longe de ser uma mera cláusula aberta como tem sido conceituada, a função social trata-se de uma responsabilização da sociedade que não desemboca em discricionariedade do juiz, como a princípio possa parecer, mas em um desafio permanente para os operadores do Direito, principalmente os advogados, que terão que iluminar e apontar novos caminhos, diversos dos princípios tradicionais.

O contrato torna-se hoje, portanto, um mecanismo funcional e instrumental da sociedade em geral e da empresa. O Estado, não sem custo em nosso País, percebe que bens e serviços devem ser atribuídos à empresa. O Estado-empresário sempre se mostrou um péssimo gerenciador. O exemplo não é só nosso, mas de todas as repúblicas socialistas que tiveram de abruptamente abrir mão de um ferrenho regime econômico, sob o risco de um total desastre.

A empresa de uma só pessoa diminui significativamente. As pessoas jurídicas são coletivas. Os entes coletivos procuram pulverizar a responsabilidade dificultando a identificação do contratante. Tudo está a modificar-se no direito contratual. A própria estrutura da empresa é contratual. Participar de uma empresa é ser parte de um contrato. Valer-se dos serviços e produtos da empresa também é contratar.

Sob tais aspectos, podemos divisar o declínio do conceito originário de negócio jurídico que afirmamos no início deste trabalho. A autonomia da vontade não mais se harmoniza com o novo direito dos contratos. A economia de massa exige contratos impessoais e padronizados; doutro modo, o individualismo tornaria a sociedade inviável.

O Estado, por sua vez, com muita frequência ingressa na relação contratual privada, proibindo ou impondo cláusulas.

Essa situação vem colocar em choque o contrato como dogma do liberalismo. O binômio liberdade-igualdade que forjou esse liberalismo no direito das obrigações tende a desaparecer. Há vontades que se impõem, quer pelo poder econômico, quer pelo poder político. Essa posição exige a dialética permanente, a argumentação, a retórica sob novas vestes.

Em razão dessas modificações, a força obrigatória dos contratos não se aprecia tanto à luz de um dever moral de manter a palavra empenhada, mas sob o aspecto de realização do bem comum e de sua finalidade social. O homem moderno já não mais aceita o dogma no sentido de que seja justo tudo que seja livre (Borda, 1989:16). Por esses prismas aqui delineados, devemos iniciar o estudo e o exame do direito contratual. Todas as afirmações feitas na obra que encetamos devem ser vistas em consonância com essas linhas introdutórias.

1.4 CONTRATO NO CÓDIGO DE DEFESA DO CONSUMIDOR

A Constituição de 1988 contemplou, pela primeira vez em nossa ordem jurídica, os direitos do consumidor. No inciso XXXII do art. 5º dispôs a Carta: "*O Estado promoverá, na forma da lei, a defesa do consumidor.*" Nesse dispositivo, *Estado* está como denominação genérica de Administração, por todos seus entes públicos. No art. 24, quando a Constituição trata de competência legislativa concorrente da União, dos Estados e do Distrito Federal, menciona, no inciso VIII, "*responsabilidade por dano ao meio ambiente, ao consumidor, a bens e direitos de valor artístico, estético, histórico, turístico e paisagístico*".

Não bastasse isso, a Constituição Federal tornou a defesa do consumidor um princípio geral da ordem econômica (art. 170, V). Ainda o art. 48 das Disposições Transitórias determinou que o Congresso Nacional, dentro de cento e vinte dias da promulgação da Constituição, elaborasse o Código de Defesa do Consumidor. Assim, foi promulgada a Lei nº 8.078, de 11-9-1990, Código de Defesa do Consumidor, que entrou em vigor cento e oitenta dias a contar da publicação, ocorrida no *Diário Oficial da União*, de 12-9-1990.

Esse diploma veio atender aos reclamos de proteção da contratação em massa aqui enfocada e colocou nosso país no rol das mais modernas legislações protetivas dessa negociação. Até a vigência dessa lei, os mecanismos de proteção do contratante-consumidor, baseados na velha lei civil e no estatuto processual de inspiração clássica, mostravam-se emperrados e obsoletos, mormente na esfera dos procedimentos. A jurisprudência, salvo as honrosas exceções de sempre, não procurava fugir desse sectarismo. Até o advento desse diploma, podemos afirmar que o consumidor é pessoa desamparada perante a economia de massa e o poder econômico, público e privado. O Código de Defesa do Consumidor permitiu que se afugentasse a crise de identidade desse grande anônimo da economia moderna, mas seu personagem fundamental. Esse cliente, no mais das vezes abstrato na azáfama dos negócios, obtém definição, extensão e compreensão amplas no seu estatuto: "*Consumidor é toda pessoa física ou jurídica que adquire ou utiliza produto ou serviço como destinatário final*" (art. 2º).

Vários temas são inovadores na lei consumerista, destacando-se a responsabilidade objetiva pelo fato do produto ou do serviço, as práticas abusivas, a proteção contratual, além de novos instrumentos processuais permitindo a ação coletiva. No dizer de José Geraldo Brito Filomeno (1991:19), ao analisar o âmbito da matéria,

> "*basicamente, há preocupação fundamental de se proteger os interesses econômicos dos consumidores, fornecer aos consumidores informações adequadas para capacitá-los a fazer escolhas acertadas de acordo com as necessidades e desejos individuais, educar o consumidor, criar possibilidades de real ressarcimento ao consumidor, garantir a liberdade para formar grupos de consumidores e outros grupos e organizações de relevância e oportunidade para que estas organizações possam apresentar seus enfoques nos processos decisórios a elas referentes*".

A esse desiderato o diploma atendeu plenamente.

No campo dos contratos que por ora nos interessa, foram trazidos para o bojo da lei, além de instrumentos eficazes em favor do consumidor no tocante à responsabilidade objetiva do fornecedor e possibilidade de inversão do ônus da prova carreada para o fornecedor, princípios de direito contratual que a doutrina tradicional já adotava de há muito, na exegese de proteção do contratante mais fraco. Nesse diapasão, encontramos na letra expressa dessa lei, entre outros, o princípio geral da boa-fé (art. 51, IV), da obrigatoriedade da proposta (art. 51, VIII), da intangibilidade das convenções (art. 51, X, XI e XIII). Ao coibir a vantagem exagerada do fornecedor, o Código de Defesa do Consumidor reaviventa os princípios tradicionais da lesão nos contratos e da excessiva onerosidade (art. 51, § 1º), também reativados pelo atual Código Civil. Cumpre lembrar que o rol presente no referido artigo apresenta ainda, de forma objetiva, algumas cláusulas abusivas que devem ser exterminadas das relações de consumo. Ademais, o elenco das cláusulas é exemplificativo, cabendo, segundo o disposto no art. 56 do Decreto nº 2.181, de 20-3-1997, a Secretaria Nacional do Consumidor editar, anualmente, lista complementar de cláusulas consideradas abusivas, o que tem sido feito regularmente. Não se esqueça, porém, que cabe ao juiz, no caso concreto, independentemente de descrição legal específica, definir a abusividade de cláusula. No dizer de Valéria Silva Galdino,

> "*as cláusulas abusivas pertinentes ao direito do consumidor são aquelas que prejudicam de forma exorbitante o consumidor no confronto entre os direitos e obrigações de ambas as partes contratantes, ferindo o princípio da boa-fé*" (2001:12).

Destarte, em qualquer exame contratual que se faça, inserido o negócio no universo desse microssistema jurídico, não pode mais o intérprete prender-se unicamente aos princípios tradicionais de direito privado, devendo necessariamente trazer à baila em seu silogismo para aplicação da lei ao caso concreto os novos princípios. Na realidade, como apontado, esses princípios de direito material nada apresentam de novo, nada afirmam que a doutrina já não conhecesse. Apenas estando doravante expressos na letra da lei, oferecem um caminho mais seguro para o julgador, em todo exame do universo contratual e não exclusivamente no campo do consumidor, como ao intérprete desavisado possa parecer. Ao contrário do que o microssistema sugere, à primeira vista, os princípios tornados lei positiva pela lei de consumo devem ser aplicados, sempre que oportunos e convenientes, em todo contrato e não unicamente nas relações de consumo. Desse modo, o juiz, na aferição do caso concreto, terá sempre em mente a boa-fé dos contratantes, a abusividade de uma parte em relação à outra, a excessiva onerosidade etc., como ao regras gerais e cláusulas abertas de todos os contratos, pois os princípios são genéricos, mormente levando-se em conta o sentido dado pelo presente Código Civil. As grandes inovações trazidas pelo Código de Defesa do Consumidor residem verdadeiramente no campo processual, na criação de novos mecanismos de defesa do hipossuficiente e no tocante à responsabilidade objetiva do fornecedor de produtos ou serviços.

1.5 RELAÇÃO NEGOCIAL ALCANÇADA PELO CÓDIGO DE DEFESA DO CONSUMIDOR

Reflita-se que essa lei protetiva, em linhas gerais, não conflita com os postulados básicos do direito contratual e do direito privado. Quando o Código de Defesa do Consumidor, por exemplo, considera nula cláusula contratual incompatível com a boa-fé ou com a equidade (art. 51, IV), nada mais faz do que trazer para o direito positivo dogma tradicional do direito contratual. Nunca se duvidou na doutrina tradicional e na jurisprudência que todos os contratos devam ser interpretados segundo o princípio da boa-fé. Aliás, o Código contemporâneo enfatiza o princípio da boa-fé objetiva, como mencionaremos a seguir.[1]

---

[1] "Direito do consumidor. Apelação. Contrato de plano de saúde. Nulidade de cláusula contratual. Recurso improvido. I. Caso em Exame 1. A apelante questiona a nulidade de cláusula contratual que estipula multa por fidelização no contrato de plano de saúde, alegando que a Resolução Normativa ANS nº 195/2009 foi anulada por resoluções posteriores. A cláusula impõe fidelização à recorrida sem oferecer contrapartida, comprometendo o sinalagma contratual e violando princípios de probidade e boa-fé. II. Questão em Discussão 2. A questão em discussão consiste em determinar a validade da cláusula contratual que impõe multa por fidelização, considerando a nulidade declarada pela jurisprudência e a aplicação do Código de Defesa do Consumidor. III. Razões de Decidir 3. A cláusula contratual é nula por impor ônus excessivo ao consumidor, violando o inciso IV do artigo 51 do Código de Defesa do Consumidor e o artigo 422 do Código Civil. 4. A ambiguidade da cláusula, em contrato de adesão, exige interpretação mais favorável ao consumidor, conforme o artigo 47 do Código de Defesa do Consumidor e o artigo 423 do Código Civil. IV. Dispositivo e Tese 5. Recurso improvido. Tese de julgamento: 1. Cláusula contratual que impõe multa por fidelização é nula por violar princípios de probidade e boa-fé. 2. Interpretação de cláusulas ambíguas em contratos de adesão deve favorecer o consumidor. Legislação Citada: Código de Defesa do Consumidor, art. 51, IV; art. 47. Código Civil, art. 422; art. 423. Jurisprudência Citada: TRF-2, Ação Civil Pública nº 0136265-83.2013.4.02.5101, efeito erga omnes. TJSP, Apel. cível nº 1003373-05.2023.8.26.0038, Rel. Des. James Siano, j. 24/02/2024. TJSP, Apel. cível nº 1006575-98.2023.8.0099, Rel. Des. Emerson Sumariva Júnior, j. 14/11/2023. TJSP, Apel. cível nº 1001475-38.2023.8.26.0011, Rel. Des. Erickson Gavazza Marques, j. 30/10/2023. TJSP, Apel. cível nº 1010717-38.2023.8.26.0361, Rel. Des. Viviani Nicolau, j. 31/01/2024" (*TJSP* – Ap 1143030-33.2024.8.26.0100, 4-8-2025, Rel. João Batista Vilhena).

"Agravo de instrumento. Plano de Saúde. Ação cominatória. Pretensão de migração para a categoria inferior de plano de saúde ("downgrade"). Negativa da operadora ré. Decisão da origem que concedeu tutela de urgência para tanto. Insurgência da operadora. Não acolhimento. Abusividade reconhecida. Inteligência do artigo 51, inc. IV, Código de Defesa do Consumidor e dos princípios constitucionais da dignidade da pessoa humana, segurança jurídica, **boa-fé e continuidade dos contratos**. Decisão mantida. Recurso desprovido". (*TJSP* – Ap 2176108-44.2023.8.26.0000, 28-8-2023, Rel. José Joaquim dos Santos).

"Seguro de vida em grupo. Ação de cobrança de indenização por suicídio. Sentença de procedência em parte. Recurso da ré, alegando que não houve renovação do contrato de seguro firmado com a seguradora anterior, de modo que o suicídio do segurado ocorreu dentro do prazo de carência de dois anos contados da última apólice. Apólices que foram contratadas com renovação automática, inclusive aquela firmada com a recorrente, evidenciando-se que a empregadora não deixou seus empregados desprotegidos, e não iria deixá-los nessa condição quando passou a contratar com a ré. À luz do que dispõe o art. 51, IV do Código de Defesa do Consumidor, a conduta da ré é abusiva ao tentar deturpar a natureza da relação negocial, e de se eximir de seu dever principal com qualidade-adequação, além de afrontar a **boa-fé objetiva** que deve nortear as relações negociais entre as partes, considerando-se que o primeiro contrato de seguro iniciou-se em 2014 e o suicídio ocorreu em 2018. Manutenção das condições fixadas no primeiro contrato de seguro quanto ao prazo legal de carência. Sentença mantida. Majoração dos honorários advocatícios (art. 85, § 11, do CPC). Recurso não provido" (*TJSP* – Ap 1001722-83.2020.8.26.0541, 25-9-2022, Rel. Alfredo Attié).

Ainda, na ausência de legislação específica protetiva, a jurisprudência procurava dar a correta interpretação e integração dos contratos, de molde a concluir pelo verdadeiro equilíbrio entre as partes. Muito se estudou a respeito no tocante aos contratos de adesão.

Dentro da orientação geral desse Código, tudo é no sentido de que a intenção do legislador foi partir para a defesa sistemática do consumidor, como destinatário de produtos e serviços. Tanto que o art. 29, ao tratar das práticas comerciais e da proteção contratual, dispõe: "*Para fins deste Capítulo e do seguinte* (proteção contratual), *equiparam-se aos consumidores todas as pessoas determináveis ou não, expostas às práticas nele previstas.*" Para o intuito da lei, portanto, basta que se identifiquem o consumidor e a relação de consumo, e o ato ou negócio estará sob o pálio do Código de Defesa do Consumidor. Em vista dessa assertiva, fica, a nosso ver, em segundo plano, a necessidade de tipificação na relação jurídica da figura do fornecedor de serviços (definida aliás com largo espectro no art. 3º), bem como o aspecto de ato de consumo final. Basta que se apresente o consumidor na relação negocial e que nessa relação esteja presente o caráter de sua vulnerabilidade, conceituada como regra programática do legislador e princípio geral do Código de Defesa do Consumidor (art. 4º, I). Ainda que se resista a essa orientação, como o faz parte da doutrina, especificamente no que tange aos princípios de direito contratual da lei consumerista, o intérprete será levado a aplicá-los, senão porque enquadrou o negócio jurídico na relação de consumo, mas porque subsidiariamente deve integrar o contrato no sistema jurídico. Destarte, avultará a importância da conceituação de consumidor e de vulnerabilidade em cada caso concreto. Embora de aparente perplexidade, o âmbito buscado pela lei do consumidor permite e conduz a essa conclusão, isolando-se dessa interpretação a distinção que normalmente se faz no tocante a consumo e insumo (neste último, conceituado como fator de produção, estaria excluído o alcance da lei do consumidor). Em nosso entender, os conceitos de vulnerabilidade e de consumidor suplantam qualquer outro tecnicismo.

"Plano de saúde – Hemodiálise – Limitações de sessões – Abusividade – **Boa-fé objetiva – Função do contrato** – Equilíbrio econômico – A concepção clássica do contrato, baseada nos princípios da autonomia privada e intangibilidade do contrato (*pacta sunt servanda*), foi superada, dando lugar à cláusula geral da boa-fé objetiva, ao princípio do equilíbrio econômico e à função social do contrato. A cláusula em contrato de plano de saúde que limita o número de sessões de hemodiálise é manifestamente abusiva, pois coloca o consumidor em desvantagem exagerada e restringe obrigação fundamental à própria essência do contrato, que tem por finalidade precípua resguardar a saúde dos usuários" (*TJMG* – AC 1.0000.17.097032-1/002, 1-3-2019, Rel. Estevão Lucchesi).

"Direito civil e consumidor – Apelação – Plano de saúde – Autogestão – Código de Defesa do Consumidor – Não incidência – **Boa-fé objetiva – Função social do contrato** – Exames e procedimentos – indicação médica – recusa do plano – dano moral – possibilidade – 1 – As regras do Código de Defesa do Consumidor não se aplicam às relações envolvendo entidades de planos de saúde constituídas pela modalidade de autogestão. Precedentes. 2 – Ainda que não haja incidência do Código de Defesa do Consumidor, é possível a interpretação das cláusulas contratuais pactuadas, diante do dirigismo contratual e da necessidade de se observar os princípios da boa-fé objetiva e da função social dos contratos, mormente quando o objeto da prestação dos serviços está diretamente ligado aos direitos fundamentais à saúde e à vida, os quais demandam tratamento preferencial. 3 – É abusiva a cláusula contratual que exclui da cobertura tratamento necessário ao restabelecimento da saúde do segurado, mesmo nos contratos celebrados antes da Lei nº 9.656/1998. Precedentes. 4 – Compete ao plano de saúde indicar a doença não coberta pelo plano contratado. É vedada sua interferência no procedimento indicado pelo médico que acompanha o paciente. 5 – É devida a indenização por danos morais decorrente da recusa indevida do plano em arcar com custos de tratamento e exames solicitados por médico em razão de doença coberta pelo plano. Precedentes. 5 – Dano moral: R$ 10.000,00 (dez mil reais). 6 – Recurso desprovido" (*TJDFT* – Proc. 20170110113433APC – (1078852), 5-3-2018, Rel. Hector Valverde).

"Agravo interno no agravo em Recurso Especial – Contrato de prestação de serviços – Resilição unilateral sem prévia notificação – Lucros Cessantes – Art. 473 do Código Civil – Análise da exclusividade da prestação de serviços, do tempo pelo qual perdurou o contrato, da natureza e quantidade dos investimentos realizados, e do **descumprimento do dever de boa-fé objetiva**. Necessidade de reexame do conjunto fático-probatório dos autos e das cláusulas contratuais. Impossibilidade. Súmulas 5 e 7 do STJ. Adequação da decisão agravada. Agravo interno desprovido" (*STJ* – AgRg-AG-REsp. 569.413 (2014/0213239-4), 27-3-2017, Rel. Min. Paulo de Tarso Sanseverino).

Em monografia sobre a proteção do consumidor, Maria Antonieta Zanardo Donato (1994:263) conclui a esse respeito:

> *"Prescinde-se, pois, de qualquer atuação do consumidor. A ideia que o conceito nos emite é a de passividade do consumidor. Basta a sua exposição para ser alcançado e tutelado pela norma."*

Temos de inserir a relação contratual na esfera da lei de consumo, portanto, sempre que ficar exposto à relação de consumo. Essa abrangência é mais ampla do que os próprios limites do contrato, porque atinge também as fases pré e pós-contratual.

A lei do consumidor é exemplo claro do desaparecimento da utilidade da divisão clássica do Direito em privado e público. Hoje, mais do que ontem, os ramos interpenetram-se. O Código de Defesa do Consumidor é exemplo característico de um direito social, nem público, nem privado. O exame da teoria geral dos contratos e dos contratos em espécie não ficará mais completo sem a premissa básica que ora colocamos, qual seja, verificar o alcance do pacto dentro do Código de Defesa do Consumidor.

2

PRINCÍPIOS GERAIS DO DIREITO CONTRATUAL. CONTRATO DE ADESÃO. NOVAS MANIFESTAÇÕES CONTRATUAIS

2.1 AUTONOMIA DA VONTADE

No capítulo anterior, vimos como evoluiu o conceito da autonomia da vontade. Esse princípio clássico, inspirado no Código francês, segundo o qual o contrato faz lei entre as partes, é posto hoje em nova compreensão. Desapareceu o liberalismo que colocou a vontade como o centro de todas as avenças. No entanto, a liberdade de contratar nunca foi ilimitada, pois sempre esbarrou nos princípios de ordem pública.

Essa liberdade de contratar pode ser vista sob dois aspectos. Pelo prisma da liberdade propriamente dita de contratar ou não, estabelecendo-se o conteúdo do contrato, ou pelo prisma da escolha da modalidade do contrato. A liberdade contratual permite que as partes se valham dos modelos contratuais constantes do ordenamento jurídico (contratos típicos), ou criem uma modalidade de contrato de acordo com suas necessidades (contratos atípicos).

Em tese, a vontade contratual somente sofre limitação perante uma norma de ordem pública. Na prática, existem imposições econômicas que dirigem essa vontade. No entanto, a interferência do Estado na relação contratual privada mostra-se crescente e progressiva. Note que já mencionamos no capítulo anterior o sentido do art. 421 do Código de 2002 que dispõe que "*a liberdade contratual será exercida em razão e nos limites da função social do contrato*". Realçamos que a função social do contrato é algo que deve ser trazido à discussão no caso concreto. A Lei nº 13.874/2019, Lei da Liberdade Econômica introduziu norma programática em parágrafo único desse artigo: "*Nas relações contratuais privadas, prevalecerão o princípio da intervenção mínima e a excepcionalidade da revisão contratual*". Essa matéria não é novidade e assim já vinha sendo entendida de há muito pelos tribunais.

Como examina Orlando Gomes (1983*a*:94), no século XIX, a disciplina do contrato concentrava-se na manifestação de vontades, no exame dos vícios do consentimento. O que importava era verificar se o consentimento era livre. No contrato de nossa época, a lei prende-se mais à contratação coletiva, visando impedir que as cláusulas contratuais sejam injustas para uma das partes. O Código de 2002 é expresso ao se referir ao sentido da função social do contrato. Assim, o ordenamento procurou dar aos mais fracos uma superioridade jurídica para compensar a inferioridade econômica. Esse sentido também está presente no Código de Defesa do Consumidor, lei especial para as relações de consumo e que deve conviver com a lei mais geral que é o Código Civil. Nem sempre o Estado mostrou-se bem-sucedido na tarefa. A excessiva intervenção na ordem econômica privada ocasiona distorções a longo prazo. A legislação do inquilinato é exemplo típico. A denominada proteção ao inquilino desestimula as construções e, consequentemente, faltam imóveis para locar. A atual lei inquilinária (Lei nº 8.245/91) procura corrigir a distorção. Nas legislações pretéritas, atingia-se exatamente o oposto do pretendido pela lei. Como é lenta a tarefa legislativa, uma vez distorcida a economia, dificilmente se volta ao estágio anterior, principalmente porque o cidadão passa a desconfiar do Estado, o qual, a qualquer momento, pode intervir em seu patrimônio privado. O complexo problema, porém, não é só nosso, e atinge também as legislações de economias mais desenvolvidas, o que, contudo, não nos deve servir de consolo.

No ordenamento, portanto, há normas cogentes que não poderão ser tocadas pela vontade das partes. Há normas supletivas que operarão no silêncio dos contratantes.

Por esse prisma, realçando o conteúdo social do Código em vigor, seu sempre lembrado art. 421 enuncia: *"A liberdade contratual será exercida nos limites da função social do contrato"*.[1]

---

[1] "Direito civil e processual civil. Apelação cível. Ação de revisão contratual. Contrato empresarial. Ausência de relação de consumo. Improcedência dos pedidos. I. Caso em exame 1. Ação de revisão de contrato cumulada com pedido de exibição de documentos proposta por Panificadora contra Sodexo Pass do Brasil Serviços e Comércio S.A., objetivando a declaração de abusividade de cláusulas contratuais relacionadas a taxas e cobranças, além de indenização por dano moral. II. Questão em discussão 2. A questão em discussão consiste em determinar a aplicabilidade do Código de Defesa do Consumidor ao contrato empresarial firmado entre as partes e, em caso negativo, analisar a validade das cláusulas contratuais sob a ótica do Código Civil, especialmente quanto à alegada abusividade das taxas e serviços cobrados. III. Razões de decidir 3. O contrato firmado entre as partes não se submete ao CDC, pois a relação estabelecida é de natureza empresarial, sem caracterização de destinatário final do serviço. A contratação insere-se no âmbito da atividade econômica da autora, afastando a aplicação das normas consumeristas. 4. No âmbito do Código Civil, a revisão de contratos empresariais deve observar os princípios da autonomia privada e da **liberdade contratual**, com intervenção mínima do Judiciário. Não se verifica, no caso concreto, qualquer violação à função social do contrato ou à boa-fé objetiva que justifique a revisão contratual pretendida. 5. As cláusulas contratuais questionadas, incluindo taxas e serviços, estão claramente estabelecidas no contrato e não configuram prática abusiva. 6. A alegação de venda casada e outras supostas abusividades não foi comprovada pela autora, sendo improcedente o pedido de revisão contratual e indenização por dano moral. IV. Dispositivo 7. Sentença mantida. Recurso desprovido. Dispositivos relevantes citados: CC, arts. 421, 421-A e 205; CPC, art. 487, I. Jurisprudência relevante citada: STJ, Súmula 382; STJ, REsp nº 973.827/RS, Rel. Min. Luis Felipe Salomão, *DJe* 24/09/2010" (*TJSP* – Ap 1013680-25.2023.8.26.0068, 9-9-2024, Relª Léa Duarte).

"Apelação. Plano de saúde. Ação declaratória c.c. repetição de indébito julgada parcialmente procedente. Contrato coletivo na modalidade autogestão. Inaplicabilidade do CDC. Observância aos princípios da boa-fé objetiva e da **função social do contrato**. Artigos 421 e 422 do Código Civil. Reajuste anual por sinistralidade/VCMH. Ausência de elementos que justifiquem os reajustes aplicados. Reajuste unilateral abusivo que coloca o beneficiário em desvantagem exagerada. Substituição pelo índice permitido pela ANS para os contratos individuais. Devolução simples do indébito, observado o prazo prescricional trienal em relação ao pedido condenatório (repetição do indébito). Recurso improvido". (*TJSP* – Ap 1090813-57.2017.8.26.0100, 4-8-2023, Rel. Pedro de Alcântara da Silva Leme Filho).

"Contrato de 'franchising'. Ação de rescisão do contrato, cumulada com pedidos indenizatórios, ajuizada por franqueado contra franqueadora. Reconvenção da franqueadora, com pedidos indenizatórios, bem como cominatório, de observância de cláusula de não concorrência. Sentença de parcial procedência da ação principal e de improcedência da reconvenção. Apelação da ré-reconvinte. A cláusula de exclusividade 'num setor geográfico definido, em relação aos concorrentes', a garantir o 'monopólio da atividade', é fundamental em franquias (WALDÍRIO BULGARELLI). Autor que atuaria com exclusividade no modelo 'standard' na cidade em que inauguraria a unidade franqueada. Posterior conduta da franqueadora de tentar compelir o autor a aceitar outra unidade de franquia na mesma cidade e na mesma modalidade. Como em todas as relações negociais, também na de 'franchising', o proceder das partes há de se guiar pelos princípios da **função social do contrato e da boa-fé objetiva**. Não se pautou a franqueadora, no caso concreto, por tais parâmetros fundamentais do direito pátrio (Código Civil, arts. 421 e 422). Necessidade de segurança do ambiente de negócios. Não se deve demonizar, no Direito Comercial, a

O controle judicial não se manifestará apenas no exame das cláusulas contratuais, mas desde a raiz do negócio jurídico. Como procura enfatizar o atual diploma, o contrato não mais é visto pelo prisma individualista de utilidade para os contratantes, mas no sentido social de utilidade para a comunidade. Nesse diapasão, pode ser coibido o contrato que não busca essa finalidade. Somente o caso concreto, as necessidades e situações sociais de momento é que definirão o que se entende por interesse social. Essa orientação é um convite à argumentação, à nova retórica tão bem descrita por Chaïm Perelmann, como enfatizamos em nossa obra *Introdução ao estudo do direito: primeiras linhas.*

2.2 FORÇA OBRIGATÓRIA DOS CONTRATOS

Um contrato válido e eficaz deve ser cumprido pelas partes: *pacta sunt servanda*. O acordo de vontades faz lei entre as partes, dicção que não pode ser tomada de forma peremptória, aliás, como tudo em Direito. Sempre haverá temperamentos que por vezes conflitam, ainda que aparentemente, com a segurança jurídica.

Essa obrigatoriedade forma a base do direito contratual. O ordenamento deve conferir à parte instrumentos judiciários para obrigar o contratante a cumprir o contrato ou a indenizar

---

regra 'pacta sunt servanda'. Ao contrário, a autonomia privada e o respeito aos contratos, em sistema capitalista, possibilitam o fluxo de relações econômicas e a própria existência de diferenciais competitivos. A boa-fé objetiva, no comércio, 'tem feição própria, dizendo respeito à confiança no contrato' (PAULA FORGIONI). Ruptura da relação por culpa da franqueadora, devendo pagar multa contratual, bem como devolver ao franqueado custos com aquisição de programas e quantia paga a título de taxa inicial. Não incidência da cláusula de não concorrência, já que, além de não terem sido transferidos, quando rescindido o contrato, 'know-how', conhecimentos e técnicas específicos empregados no negócio empresarial, a cláusula, no caso, é abusiva, por não prever limitação espacial e contrapartida financeira. Precedentes deste Tribunal. Indenização por dano moral. Inexistência de violação aos direitos da personalidade dos autores. Risco e vicissitudes negociais inerentes às contratações entre empresários. Doutrina de ANTÓNIO MANUEL MENEZES CORDEIRO e PAULA FORGIONI. Sentença parcialmente reformada para excluir a condenação a título de danos morais. Apelação parcialmente provida para tal fim" (*TJSP* – Ap 1009315-92.2019.8.26.0576, 3-5-2022, Cesar Ciampolini).

"Ação revisional – Financiamento de veículo – Juros remuneratórios – Legalidade – Súmulas 596 do STF e 382 do STJ – Abusividade – Não configuração – Princípios da autonomia da vontade e da **função social do contrato** – Art. 421 do Código Civil – Partes – Livre manifestação de vontade – Cláusulas – Facilidade de compreensão – Validade – Pedido inicial – Improcedência – Sentença – Manutenção. Apelo do autor não provido" (*TJSP* – Ap 1009769-68.2020.8.26.0566, 26-7-2021, Rel. Tavares de Almeida).

"Ação de anulação de negócio jurídico – Contrato de prestação de serviços médico-hospitalares – Relação de consumo – Cobrança indevida, sem prévia informação, de valores acrescidos a atendimento emergencial – Configurada onerosidade excessiva – **Ofensa aos princípios da transparência, da informação, da boa-fé objetiva e da função social do contrato** – Estado de perigo configurado – É dever insuperável de o fornecedor apresentar um prévio orçamento básico, comunicando expressa e imediatamente eventuais peculiaridades ou intercorrências do tratamento, de modo que o consumidor tenha plena e integral ciência dos serviços prestados, incluindo valores cobrados, alternativas de tratamento e possibilidade de transferência a outro nosocômio da rede pública ou mesmo particular. Situação emergencial que configurou estado de perigo. R. sentença mantida. Recurso não provido" (*TJSP* – AC 1026924-66.2016.8.26.0100, 13-9-2019, Rel. Roberto Mac Cracken).

"Ação de manutenção de posse, em contrato de locação, de área determinada destinada a fins comerciais do imóvel locado – Contrato que não poderia obstar esse uso sem impedir os efeitos jurídicos do contrato, em desrespeito à **função social do contrato, à boa-fé objetiva** e ao abuso do direito. Aplicação dos arts. 421, 422 e 187 do Cód. Civil, bem como 22, I, da lei 8.245/91. Provas pericial e oral conclusivas em favor da locatária. Multa devida pela quebra contratual. Apelo improvido" (*TJSP* – AC 1079175-95.2015.8.26.0100, 15-4-2019, Rel. Soares Levada).

"Agravo de instrumento – Alienação Fiduciária – Busca e apreensão – Liminar Deferida – Alegação de ocorrência de adimplemento substancial – Efeito ativo deferido para se determinar a devolução do caminhão com termo de depósito judicial nos autos – Ausência de efetivo adimplemento substancial quando o saldo devedor total é expressivo – Hipótese em que não se vislumbra mácula **aos princípios da boa-fé objetiva e função social do contrato** – Elementos dos autos insuficientes para que se considere como substancial o adimplemento realizado – decisão agravada mantida com a revogação do efeito ativo – agravo de instrumento improvido, com determinação" (*TJSP* – AI 2026599-83.2016.8.26.0000, 30-5-2016, Relª Cristina Zucchi).

pelas perdas e danos. Não tivesse o contrato força obrigatória estaria estabelecido o caos. Ainda que se busque o interesse social, tal não deve contrariar tanto quanto possível a vontade contratual, a intenção das partes.

Decorre desse princípio a *intangibilidade do contrato*. Ninguém pode alterar unilateralmente o conteúdo do contrato, nem pode o juiz, como princípio, intervir nesse conteúdo. Essa é a regra geral. As atenuações legais que a seguir estudaremos alteram em parte a substância desse princípio, mas não o violentam. A noção decorre do fato de terem as partes contratado de livre e espontânea vontade e submetido sua vontade à restrição do cumprimento contratual porque tal situação foi desejada.

Ao iniciarmos o estudo das obrigações, vimos que existe um estímulo que nos impulsiona a conseguir algo. Do sopesamento desse estímulo com as limitações psíquicas teremos a noção do homem equilibrado, ou do *bonus pater familias* (seção 1.1). Nesse diapasão, Messineo (1973, v. 21, t. 1:57) diz que o contrato é um *produto espiritual*. Uma vez livremente pactuado, deve ser seguido, isto é, opera o *respeito da palavra dada, na qual se traduz a chamada confiança pública*. Esse produto espiritual, porém, não prescinde de conteúdo econômico. Daí a íntima relação do direito contratual com os direitos reais.

2.3 PRINCÍPIO DA RELATIVIDADE DOS CONTRATOS

A regra geral é que o contrato só ata e vincula aqueles que dele participaram. Seus efeitos não podem, em princípio, nem prejudicar, nem aproveitar a terceiros. Daí dizemos que, com relação a terceiros, o contrato é *res inter alios acta, aliis neque nocet neque potest*.

No entanto, temos de ter em mente ser o contrato bem palpável, tangível, percebido por outras pessoas que dele não participaram. Esse aspecto torna-se ainda mais eminente nos contratos nas relações de consumo. Essa a razão pela qual Orlando Gomes (1983*a*:44) distingue efeitos internos dos contratos. Por estes, o contrato somente afeta os partícipes do negócio. Ninguém pode tornar-se credor ou devedor contra sua vontade.

Entretanto, como todo princípio geral, abrem-se, ora e vez, exceções. Há obrigações que estendem seus efeitos a terceiros. São efeitos externos. Tal é o caso das estipulações em favor de terceiro (arts. 436 a 438), que aqui estudaremos, assim como convenções coletivas de trabalho e fideicomisso constituído por ato *inter vivos*.

Esse princípio de relatividade não se aplica tão somente em relação às partes, mas também em relação ao objeto. O contrato sobre bem que não pertence aos sujeitos não atinge terceiros. Essa regra geral pode também sofrer exceções.

Nesse sentido, conclui-se que o contrato não produz efeito com relação a terceiros, a não ser nos casos previstos na lei. Temos de entender por *parte contratual* aquele que estipulou diretamente o contrato, esteja ligado ao vínculo negocial emergente e seja destinatário de seus efeitos finais. Por outro lado, deve ser considerado como *terceiro*, com relação ao contrato, quem quer que apareça estranho ao pactuado, ao vínculo e aos efeitos finais do negócio (Maiorca, 1981:333).

Não deixamos de lado, contudo, a noção de que, sendo o contrato um bem tangível, tem ele repercussões reflexas, as quais, ainda que, indiretamente, tocam terceiros, há outras vontades que podem ter participado da avença e não se isentam de determinados efeitos indiretos do contrato, como no caso de contrato firmado por representante. Também aquele que redige o contrato, ou aconselha a parte a firmá-lo, pode vir a ser chamado por via reflexa para os efeitos do negócio.

2.4 PRINCÍPIO DA BOA-FÉ NOS CONTRATOS. DESDOBRAMENTOS. PROIBIÇÃO DE COMPORTAMENTO CONTRADITÓRIO (*VENIRE CONTRA FACTUM PROPRIUM*)

A questão da boa-fé atine mais propriamente à interpretação dos contratos e não se desvincula do exame da função social. Como já acentuamos, a interpretação liga-se inexoravelmente à aplicação da norma. Interpretar e aplicar o Direito implicam-se reciprocamente. O Código italiano possui norma que estabelece que, no desenvolvimento das tratativas e na formação do contrato, as partes devem portar-se com boa-fé (art. 1.337). Esse dispositivo serviu, certamente, de inspiração para nosso presente Código. O aspecto guarda muita importância com relação à responsabilidade pré-contratual, que também estudamos nesta obra, no Volume II, cap. 15.

Coloquialmente, podemos afirmar que esse princípio da boa-fé se estampa pelo dever das partes de agir de forma correta, eticamente aceita, antes, durante e depois do contrato, isso porque, mesmo após o cumprimento de um contrato, podem sobrar-lhes efeitos residuais.

Importa, pois, examinar o elemento subjetivo em cada contrato, ao lado da conduta objetiva das partes. A parte contratante pode estar já, de início, sem a intenção de cumprir o contrato, antes mesmo de sua elaboração. A vontade de descumprir pode ter surgido após o contrato. Pode ocorrer que a parte, posteriormente, veja-se em situação de impossibilidade de cumprimento. Cabe ao juiz examinar em cada caso se o descumprimento decorre de boa ou má-fé. Ficam fora desse exame o caso fortuito e a força maior, que são examinados previamente, no raciocínio do julgador, e incidentalmente podem ter reflexos no descumprimento do contrato.

Na análise do princípio da boa-fé dos contratantes, devem ser examinadas as condições em que o contrato foi firmado, o nível sociocultural dos contratantes, o momento histórico e econômico. É ponto da interpretação da vontade contratual.

2.4.1 A Boa-fé Contratual no Vigente Código. A Boa-fé Objetiva

Diz-se que o Código de 2002 constitui um sistema aberto, predominando o exame do caso concreto na área contratual. Cuida-se, na verdade, da dialética contemporânea que abrange todas as ciências, principalmente as ciências sociais. Trilhando técnica moderna, esse estatuto erige cláusulas gerais para os contratos. Nesse campo, realça-se, como já referimos, o art. 421 referido e, especificamente, o art. 422, que faz referência ao princípio basilar da boa-fé objetiva, a exemplo do Código italiano anteriormente mencionado:

> *"Os contratantes são obrigados a guardar, assim na conclusão do contrato, como em sua execução, os princípios de probidade e boa-fé."*

Essa disposição constitui modalidade que a doutrina convencionou denominar *cláusula geral*. Essa rotulação não nos dá perfeita ideia do conteúdo. A cláusula geral não é, na verdade, geral. A denominação *cláusulas abertas* tem sido mais utilizada para essas hipóteses, dando ideia de um dispositivo que deve ser amoldado ao caso concreto, sob uma compreensão social e histórica.

O que primordialmente a caracteriza é o emprego de expressões ou termos vagos, cujo conteúdo é dirigido ao juiz, para que este tenha um sentido norteador no trabalho de hermenêutica. Trata-se, portanto, de uma norma mais propriamente dita genérica, a apontar uma exegese. Não resta dúvida de que, se há um poder aparentemente discricionário do juiz ou árbitro, há um desafio maior permanente para os aplicadores do Direito apontar novos caminhos que se façam necessários.

A ideia central é no sentido de que, em princípio, contratante algum ingressa em um conteúdo contratual sem a necessária boa-fé. A má-fé inicial ou interlocutória em um contrato pertence à patologia do negócio jurídico e como tal deve ser examinada e punida. Toda cláusula geral remete o intérprete para um padrão de conduta geralmente aceito no tempo e no espaço. Em cada caso o juiz ou árbitro deverá definir quais as situações nas quais os partícipes de um contrato se desviaram da boa-fé. Na verdade, levando-se em conta que o Direito gira em torno de *tipificações* ou descrições legais de conduta, a cláusula geral traduz uma tipificação aberta.

Como o dispositivo do art. 422 se reporta ao que se denomina *boa-fé objetiva*, é importante que se distinga da *boa-fé subjetiva*. Na boa-fé subjetiva, o manifestante de vontade crê que sua conduta é correta, tendo em vista o grau de conhecimento que possui de um negócio. Para ele há um estado de consciência ou aspecto psicológico que deve ser considerado.

A boa-fé objetiva, por outro lado, tem compreensão diversa. O intérprete parte de um padrão de conduta comum, do homem médio, naquele caso concreto, levando em consideração os aspectos sociais envolvidos. Desse modo, a boa-fé objetiva se traduz de forma mais perceptível como uma regra de conduta, um dever de agir de acordo com determinados padrões sociais estabelecidos e reconhecidos.

Há outros dispositivos no Código que se reportam à boa-fé de índole objetiva. Assim dispõe o art. 113:

> *"Os negócios jurídicos devem ser interpretados conforme a boa-fé e os usos do lugar de sua celebração."*

Ao disciplinar o abuso de direito, o art. 187 do estatuto estabelece:

> *"Comete ato ilícito o titular de um direito que, ao exercê-lo, excede manifestamente os limites impostos pelo seu fim econômico ou social, pela boa-fé ou pelos bons costumes."*

Desse modo, pelo prisma do Código, há três funções nítidas no conceito de boa-fé objetiva: função interpretativa (art. 113); função de controle dos limites do exercício de um direito (art. 187); e função de integração do negócio jurídico (art. 422).[2]

---

[2] "Agravo de instrumento. Ação cominatória cumulada com indenização. Prestação de serviços por meio de aplicativo digital. Indeferimento de tutela de urgência para restabelecimento do acesso à plataforma. Inconformismo do motorista. Desacolhimento. Ausência de demonstração inequívoca da probabilidade do direito e do perigo de dano, nos termos do art. 300 do CPC. Inexistência de elementos que evidenciem a ilicitude do descredenciamento. Relação contratual de natureza privada, regida pelos princípios da autonomia da vontade e da função social do contrato (arts. 113, 187 e 421 do Código Civil). Impossibilidade de concessão liminar de obrigação de fazer sem prévia instrução e contraditório. Possibilidade de indenização futura em caso de procedência da ação. Decisão mantida. Recurso improvido" (*TJSP* – AI 2207331-44.2025.8.26.0000, 31-7-2025, Rel. Celina Dietrich Trigueiros).

"Apelação – Ação declaratória – Alienação fiduciária registrada posteriormente à celebração de cessão sobre os direitos do imóvel objeto daquela – Aplicação por analogia da súmula 308 do STJ – Ineficácia da alienação fiduciária em relação aos adquirentes-autores – **Função social do contrato – Boa-fé objetiva** – 1 – Súmula 308 do C. STJ – Aplicação por analogia aos casos envolvendo alienação fiduciária. Contrato entre os autores e a incorporadora-ré celebrado anteriormente ao registro da alienação fiduciária envolvendo esta e a instituição financeira também ré, de modo que este último negócio é ineficaz perante os autores. Precedente do E. TJSP. 2 – Rés que desrespeitaram a função social do contrato (que, aqui, prevalece em favor dos autores, meros consumidores em relação à cedente-ré) e a boa-fé objetiva, por falta dos deveres de cooperação e de informação (a cedente-ré tinha o dever de informar à instituição financeira a cessão dos direitos sobre o imóvel). 3 – Alegação pela instituição financeira de que figurou como terceiro de boa-fé que é insustentável diante do dever de diligência que se espera de instituição atuante no mercado empresarial. 4 – Enquanto não efetuado o registro da alienação fiduciária, não há a constituição da propriedade resolúvel, de forma que o negócio jurídico é inoponível perante terceiros (Lei nº 9.514/97, art. 23, *caput*)". Recurso não provido. (*TJSP* – AC 1087692-21.2017.8.26.0100, 9-4-2019, Relª Maria Lúcia Pizzotti).

Em qualquer situação, porém, não deve ser desprezada a boa-fé subjetiva, dependendo seu exame sempre da sensibilidade do julgador. Não se esqueça, contudo, de que haverá uma proeminência da boa-fé objetiva na hermenêutica, tendo em vista o vigente descortino social que o presente Código assume francamente. Nesse sentido, portanto, não se nega que o credor pode cobrar seu crédito; não poderá, no entanto, exceder-se abusivamente nessa conduta porque estará praticando ato ilícito.

Tanto nas tratativas como na execução, bem como na fase posterior de rescaldo do contrato já cumprido (responsabilidade pós-obrigacional ou pós-contratual), a boa-fé objetiva é fator basilar de interpretação. Dessa forma, avalia-se sob a boa-fé objetiva tanto a responsabilidade pré-contratual, como a responsabilidade contratual e a pós-contratual. Em todas essas situações sobreleva-se a atividade do juiz na aplicação do Direito ao caso concreto. Caberá à jurisprudência definir o alcance da norma dita aberta do presente diploma civil, como, aliás, já vinha fazendo como regra, ainda que não seja mencionado expressamente o princípio da boa-fé nos julgados. Como aponta Judith Martins-Costa, é no campo da responsabilidade pré-contratual que avulta a importância do princípio da boa-fé objetiva, *"especialmente na hipótese de não justificada conclusão dos contratos"* (2000:517).

A boa-fé é instituto que também opera ativamente nas relações de consumo, mormente no exame das cláusulas abusivas. O art. 422 se aplica a todos os contratantes, enquanto os princípios que regem a boa-fé no Código de Defesa do Consumidor se referem às relações de consumo. Ambos os diplomas se harmonizam em torno do princípio.

"Apelação Cível – Ação Declaratória – Contrato de comodato – Violação de cláusula. Inocorrência – Atendidos os fins educacionais estipulados no comodato – **Função social do contrato – Boa-fé objetiva** – Proteção da dignidade da pessoa humana e dos direitos da personalidade do contrato – Enunciado nº 23 CJF/STJ – Sentença Reformada – Recurso adesivo – Prejudicado em razão da reforma da sentença – Inversão da sucumbência – Fixados honorários recursais – Recurso de apelação conhecido e provido – recurso adesivo prejudicado. 'A função social do contrato, não elimina o princípio da autonomia contratual, mas atenua ou reduz o alcance desse princípio quando presentes interesses metaindividuais ou interesse individual relativo à dignidade da pessoa humana, não podendo prevalecer o conteúdo do contrato quando traz claro prejuízo à proteção da pessoa humana, assegurada pela Magna Carta'" (*TJPR* – AC 1712614-0, 29-1-2018, Relª Juíza Substª Suzana Massako Hirama Loreto de Oliveira).

"Agravo Interno – Processual civil e previdência complementar – Imposição de multa, ante o caráter protelatório de embargos de declaração opostos em reiteração – Cabimento – Conduta Contraditória da parte – Inadmissibilidade – Dever de lealdade e observância à boa-fé objetiva – Resgate – Cabe apenas a devolução das contribuições do ex-participante, conforme Súmula 290/STJ – 1 – No recurso especial da entidade previdenciária ora recorrente, é expressamente observado que o STJ entende que a 'restituição das parcelas pagas a plano de previdência privada deve ser objeto de correção plena, por índice que recomponha a efetiva desvalorização da moeda, obtida através da aplicação dos percentuais correspondentes à variação do IPC, sem juros remuneratórios'. Com efeito, é nítida a conduta manifestamente contraditória da entidade previdenciária ora recorrente, ao afirmar desconhecer como deve ser calculado o crédito, retardando a marcha processual e o recebimento do resgate a que faz jus o ora recorrido. 2 – O **princípio da boa-fé objetiva** ecoa por todo o ordenamento jurídico, não se esgotando no campo do Direito Privado, no qual, originariamente, deita raízes. Dentre os seus subprincípios, registra-se o da vedação do *venire contra factum proprium* (proibição de comportamentos contraditórios). 3 – Em se tratando de resgate – Desligamento de ex-participante de plano de benefícios de previdência privada do vínculo contratual previdenciário –, por um lado, conforme Enunciado da Súmula 289/STJ, é devida a restituição das contribuições vertidas pelo ex-participante ao plano de benefícios, devendo ser corrigida monetariamente, conforme os índices que reflitam a real inflação ocorrida no período. Por outro lado, por ocasião do julgamento, no rito do art. 543-C do CPC/1973, do REsp 1.183.474/DF, foi reafirmada essa tese, no tocante ao instituto jurídico do resgate. 4 – Agravo interno não provido" (*STJ* – AGInt-EDcl-EDcl-AG-REsp 205.322 – (2012/0148841-2), 17-3-2017, Rel. Min. Luis Felipe Salomão).

2.4.2 Função Social do Contrato

Essa questão já foi aflorada anteriormente. Destacamos que a função social do contrato que norteia a liberdade de contratar, segundo o art. 421, está a indicar uma norma aberta ou genérica, a ser preenchida pelo julgador no caso concreto.

Quando da codificação moderna, cujo maior baluarte é o Código Civil francês de 1804, a chamada liberdade de contratar tinha um cunho essencialmente capitalista, individualista ou burguês, porque o que se buscava, afinal, era fazer com que o contrato permitisse a aquisição da propriedade. Como corolário, o princípio da obrigatoriedade dos contratos possuía o mesmo mister.

Na contemporaneidade, a autonomia da vontade clássica é substituída pela autonomia privada, sob a égide de um interesse social. Nesse sentido o Código aponta para a liberdade de contratar sob o freio da função social. Há, portanto, uma nova ordem jurídica contratual, que se afasta da teoria clássica, tendo em vista mudanças históricas tangíveis. O fenômeno do interesse social na vontade privada negocial não decorre unicamente do intervencionismo do Estado nos interesses privados, com o chamado dirigismo contratual, mas da própria modificação de conceitos históricos em torno da propriedade. No mundo contemporâneo há infindáveis interesses interpessoais que devem ser sopesados, algo nunca imaginado em passado recente, muito além dos princípios do simples contrato de adesão.

Assim, cabe ao interessado apontar e ao juiz decidir sobre a adequação social de um contrato ou de uma ou algumas de suas cláusulas. Em determinado momento histórico do País, por exemplo, pode não atender ao interesse social o contrato de *leasing* de veículos a pessoas naturais, como já ocorreu no passado. Eis uma das importantes razões pelas quais se exigem uma sentença afinada com o momento histórico e um juiz antenado perante os fatos sociais e com os princípios interpretativos constitucionais. Como menciona com acuidade Flávio Tartuce,

> *"a função social do contrato, preceito de ordem pública, encontra fundamento constitucional no princípio da função social do contrato* lato sensu *(arts. 5º, XXII e XXIII, e 170, III), bem como no princípio maior de proteção da dignidade da pessoa humana (art. 1º, III), na busca de uma sociedade mais justa e solidária (art. 3º, I) e da isonomia (art. 5º, caput). Isso, repita-se, em uma nova concepção do direito privado, no plano civil-constitucional, que deve guiar o civilista do nosso século, seguindo tendência de personalização" (2005:315).*

A função social do contrato avalia-se, portanto, na concretude do direito, como apontamos. Todo esse quadro deve merecer deslinde que não coloque em risco a segurança jurídica, um dos pontos fulcrais mais delicados das denominadas cláusulas abertas. Esse será o grande desafio do aplicador do Direito deste século.

2.4.3 Proibição de Comportamento Contraditório: *Venire Contra Factum Proprium*

No conceito de boa-fé objetiva, ingressa como forma de sua antítese, ou exemplo de má-fé objetiva, o que se denomina **proibição de comportamento contraditório** ou na expressão latina ***venire contra factum proprium***. Trata-se da circunstância de um sujeito de direito buscar seu favorecimento em processo judicial, assumindo conduta que contradiz outra que a precede no tempo e assim constitui um proceder injusto e, portanto, inadmissível (Stiglitz, 1990:491). Cuida-se de derivação necessária e imediata do princípio de boa-fé e, como assevera esse mesmo doutrinador argentino, especialmente na direção que concebe essa boa-fé como um modelo objetivo de conduta.

Trata-se de um imperativo em prol da credibilidade e da segurança das relações sociais e consequentemente das relações jurídicas que o sujeito observe um comportamento coerente, como um princípio básico de convivência. O fundamento situa-se no fato de que a conduta anterior gerou, objetivamente, confiança em quem recebeu reflexos dela.

Assim, o comportamento contraditório se apresenta no campo jurídico como uma conduta ilícita, passível mesmo, conforme a situação concreta de prejuízo, de indenização por perdas e danos, inclusive de índole moral. A aplicação do princípio não exige dano efetivo, porém, basta a potencialidade do dano. O exame do caso concreto deve permitir a conclusão, uma vez que nem sempre um ato que se apresenta como contraditório verdadeiramente o é.

Embora a doutrina do comportamento contraditório não tenha sido sistematizada nos ordenamentos como uma formulação autônoma, tal não impede que seja aplicada como corolário das próprias noções de Direito e Justiça, e como conteúdo presente na noção de boa-fé, como afirmamos. O conteúdo do instituto guarda proximidade com a proibição de alegação da própria torpeza, esta de há muito decantada na doutrina: *nemo auditur turpitudinem allegans* (ninguém pode ser ouvido ao alegar a própria torpeza). Essa orientação sempre foi tida como conteúdo implícito no ordenamento, no tocante ao comportamento das partes. Trata-se de princípio geral de uso recorrente. Nesse princípio, dá-se realce à própria torpeza, aspecto subjetivo na conduta do agente que se traduz em dolo, malícia. Por outro lado, o *nemo potest venire contra factum proprium* é de natureza objetiva, dispensa investigação subjetiva, bastando a contradição objetiva do agente entre dois comportamentos.

Em monografia sobre o tema, pontua Anderson Schreiber:

> *"De fato, a proibição de comportamento contraditório não tem por fim a manutenção da coerência por si só, mas afigura-se razoável apenas quando e na medida em que a incoerência, a contradição aos próprios atos, possa violar expectativas despertadas em outrem e assim causar-lhes prejuízos. Mais que contra a simples coerência, atenta o* venire contra factum proprium *à confiança despertada na outra parte, ou em terceiros, de que o sentido objetivo daquele comportamento inicial seria mantido, e não contrariado"* (2005:50).

Considera ainda o monografista acerca de sua aplicabilidade:

> *"No Brasil, o* nemo potest venire contra factum proprium *é ainda uma novidade. Parte reduzida da doutrina tomou conhecimento do instituto, entretanto, o vasto número de situações práticas em que o princípio de proibição ao comportamento contraditório tem aplicação, bem como o seu forte poder de convencimento, têm assegurado invocações cada vez mais frequentes no âmbito jurisprudencial"* (ob. cit., p. 187).

Já se decidiu, a propósito, que

> *"a parte que autoriza a juntada pela parte contrária, de documento contendo informações pessoais suas, não pode depois ingressar com ação pedindo indenização, alegando violação do direito de privacidade pelo fato da juntada do documento".*

Esse acórdão faz referência expressa ao princípio do *venire contra factum proprium* (STJ, Resp 605687/AM, Relatora Ministra Nancy Andrighi, *DJ* 20-6-2005). Outras situações de aplicação do princípio podem ser encontradas em julgados (STJ, Resp 47015/SP, Relator Ministro

Adhemar Maciel, *DJ* 9-12-1997; Resp 95539/SP, Relator Ministro Ruy Rosado de Aguiar, *DJ* 14-10-1996, *LEXSTJ*, v. 91, p. 267, *RSTJ*, v. 93, p. 314).[3]

Historicamente situada como uma das formas da *exceptio doli*, o comportamento contraditório pode e deve ser alegado processualmente como matéria de defesa ou exceção substancial, para obstar qualquer pretensão que tenha como fundamento comportamento contraditório.

Essa teoria encontra vasta aplicação no direito das obrigações, quando, por exemplo, uma parte faz crer a outra que uma forma não é obrigatória e posteriormente argui nulidade por ausência de forma exigida em lei para furtar-se ao cumprimento da obrigação; quando, apesar da existência de nulidade, numa parte dela se beneficia e, posteriormente, aduz nulidade para não cumprir sua obrigação. Os exemplos podem ser vários e também se estendem aos demais campos do Direito.

---

[3] "Contrato – Serviços bancários – Cartão de crédito com reserva de margem consignável – 'Ação declaratória c.c. obrigação de fazer e reparação de danos materiais e morais' – Sentença de parcial procedência – Recursos de ambas as partes – Possibilidade de acolhimento dos pleitos formulados pelo réu diante da regularidade da contratação e da ausência de vício de consentimento – Instrumentos contratuais firmados de próprio punho, com cláusulas claras e utilização continuada dos serviços – Inexistência de vício de consentimento – Aplicação do princípio da vedação ao comportamento contraditório (*venire contra factum proprium*) – Inversão dos ônus sucumbenciais como medida de rigor – Improcedência decretada nesta instância revisora – Recurso da autora prejudicado – Recurso do réu provido" (*TJSP* – Ap 1030300-38.2022.8.26.0007, 25-8-2025, Rel. Pedro Ferronato).

"Ação declaratória de inexigibilidade de contrato c.c. obrigação de fazer e indenização por danos morais – Sentença de improcedência na origem – Necessidade – Conjunto probatório evidenciando ter a autora efetivamente realizado a contratação questionada, inclusive com a comprovação de o montante do empréstimo ter sido destinado para quitar anterior contrato firmado e o restante do valor disponibilizado em sua conta-corrente – Incidência do postulado "**venire contra factum proprium**", bem como aquele de que a ninguém é dado beneficiar-se da própria torpeza – Princípio da boa-fé objetiva que deve prevalecer ao caso concreto – Manutenção da condenação a título de litigância de má-fé que é imperativa – Tentativa de ludibriar o Poder Judiciário com inverdades, alterando, assim, a verdade dos fatos – Montante da condenação, todavia, que merece redução para 1% do valor da causa, em razão do parco benefício previdenciário recebido pela autora e porque não demonstrado tenha ocorrido maiores prejuízos à parte requerida em razão da lide temerária – Recurso provido, em parte". (*TJSP* – Ap 1006500-28.2022.8.26.0541, 13-9-2023, Rel. Lígia Araújo Bisogni).

"Agravo de instrumento. Execução de título extrajudicial. Contrato de compra e venda de ponto comercial. Imóvel dado em garantia por avalista. Exceção de pré-executividade. Alegação de que o imóvel dado em garantia é bem de família. Descabimento. Bem oferecido em manifestação de vontade livre de vício. Cláusula contratual contendo renúncia ao benefício insculpido na Lei 8.009/90. Não podem os devedores ofertar bem em garantia que é sabidamente residência familiar para, posteriormente, virem a informar que tal garantia não encontra respaldo legal, pois configura o **venire contra factum proprium**. Atentado contra o princípio da boa-fé. Precedentes do STJ, STF e desta Colenda Corte. Decisão mantida. Recurso desprovido" (*TJSP* – AI 2138363-64.2022.8.26.0000, 30-9-2022, Rel. Cláudio Marques).

"Apelação. Ação ordinária de anulação de negócio jurídico. Sentença de improcedência. Preliminares afastadas. Autor que alega expressamente ter participado e anuído com a realização dos negócios jurídicos que pretende ver anulados. Postura que fere a boa-fé objetiva, notadamente no que se diz **respeito ao venire contra factum proprium**. Realização de negócios no nítido intuito de proteger seu patrimônio. Inadmissível a alegação agora de que são nulos, eis que realizados com sua completa anuência. Postura do autor que viola a boa-fé objetiva, especialmente, quanto à vedação do comportamento contraditório. Honorários sucumbenciais reduzidos a patamar condizente com a natureza e importância da causa e com o trabalho desenvolvido pelo advogado. Fixação dos honorários sucumbenciais em R$ 5.000,00. Sentença reformada somente no tocante aos honorários, mantidos seus demais termos. Recurso a que se dá parcial provimento" (*TJSP* – Ap 1008456-82.2019.8.26.0477, 1-12-2021, Rel. José Rubens Queiroz Gomes).

"Agravo de instrumento – *Nemo potest venire contra factum proprium* – Incabível a alegação de nulidade da execução após quase nove anos cumprindo-a regularmente – Necessidade de se preservar a segurança jurídica e legitima expectativa – Decisão mantida – Recurso improvido" (*TJSP* – AI 2196507-70.2018.8.26.0000, 29-1-2019, Rel. Leme de Campos).

2.5 NOVAS MANIFESTAÇÕES CONTRATUAIS. CONTRATOS COM CLÁUSULAS PREDISPOSTAS

Já enfocamos que o contrato com negociação paritária ocupa hoje pequena parcela do Direito Privado. Podemos afirmar que persiste ele como reminiscência romântica do antigo Direito.

Na sociedade de consumo, a contratação de massa faz girar nossa vida negocial. O fenômeno da massificação congrega um conjunto de muitos indivíduos anônimos. Dentro dessa nova realidade, o contrato negociado não encontra guarida. Hoje, deparamos com certo automatismo contratual que deixa imperceptível o mecanismo da vontade, antes um baluarte do contrato. Modernamente, cada vez mais o indivíduo contrata com um ente despersonalizado. A figura do contratante que oferta bens e serviços às massas geralmente é desconhecida. Com o inadimplemento é que o contratante individual lesado procura identificá-lo. Desde a compra de um ingresso para o cinema até a aquisição de bens por meio de uma máquina de refrigerantes ou por meio de processamento de dados, com utilização de linhas telefônicas, a automatização aperfeiçoa-se e mostra-se crescente na vida social.

Por aí vemos como estão distantes os princípios clássicos de Direito Contratual. No entanto, tal não afasta os princípios fundamentais até aqui estudados. A automatização do contrato não inibe nem dilui os princípios de boa-fé, relatividade das convenções e obrigatoriedade e intangibilidade das cláusulas. As regras de investigação interpretativa é que devem ser diversas. O elemento objetivo do contrato, em se tratando de contratos de massa, ganha proeminência sobre o elemento subjetivo. O exame do contrato, nessa hipótese, aproxima-se do inconsciente coletivo. Parece correto dizer que nesses contratos existe uma abstração das atitudes psíquicas de seus autores (Rezzónico, 1987:4).

2.5.1 Despersonalização do Contratante

A contratação em massa apresenta-nos o consumidor anônimo. Esse contratante só adquire parcial identificação no momento em que chega ao guichê de um espetáculo para adquirir ingresso; aciona a máquina de vendas inserindo uma moeda ou ficha para adquirir um produto; recebe a nota fiscal ao adquirir um bem em um estabelecimento comercial. Note que esse consumidor permanecerá anônimo e não haverá interesse em sua identificação, a não ser nos casos de inadimplemento. O descumprimento também, regra geral, personificará, pelo processo escolhido de reclamação, o produtor ou o fornecedor de serviços de massa, assim como o consumidor.

Apenas se ordenou legislativamente a posição desse contratante anônimo em nosso país, pela edição da Lei nº 8.078, de 11-9-1990, o Código de Defesa do Consumidor. Essa lei, que entrou em vigor 180 dias após sua publicação, coloca, com certo atraso, nosso país dentro das mais modernas legislações protetivas das contratações de massa. Até a vigência dessa lei, os mecanismos do contratante anônimo, baseados na velha lei civil e em estatuto processual que não contemplam hipóteses específicas de proteção, mostraram-se absolutamente obsoletos, e a jurisprudência, salvo raras exceções, não procurou fugir a esse sectarismo. Até a vigência desse Código, entre nós, podemos afirmar que o consumidor era uma pessoa desamparada perante a economia de massa e o poder econômico, público ou privado. O Código de Defesa do Consumidor permite reduzir a crise de identidade desse grande anônimo da sociedade moderna, o consumidor. Esse cliente abstrato, na maioria das vezes identificado por um número, ganha definição na citada lei: "*Consumidor é toda pessoa física ou jurídica que adquire ou utiliza produto ou serviço como destinatário final*" (art. 2º). Somos, pois, todos nós, consumidores. A vida em sociedade não pode prescindir do consumo de bens e serviços.

Dentro desse prisma contemporâneo, devem ser examinadas as novas manifestações contratuais, em especial o contrato de adesão, com suas variantes, dentro de um capítulo geral de contrato com cláusulas predispostas. Nele, o aderente limita-se a dizer sim ou não ao contrato. Não é permitida a discussão das cláusulas por ser incompatível com os métodos de contratação em massa.

2.5.2 Contrato de Adesão

Trata-se do típico contrato que se apresenta com todas as cláusulas predispostas por uma das partes. A outra parte, o aderente, somente tem a alternativa de aceitar ou repelir o contrato. Essa modalidade não resiste a uma explicação dentro dos princípios tradicionais de direito contratual, como vimos. O consentimento manifesta-se, então, por simples adesão às cláusulas que foram apresentadas pelo outro contratante. Há condições gerais nos contratos impostas ao público interessado em geral. Assim é o empresário que impõe a maioria dos contratos bancários, securitários, de transporte de pessoas ou coisas, de espetáculos públicos etc. Isso não significa que, por exceção, esse empresário, em situações excepcionais, deixe de contratar, sob a forma tradicional, um seguro, um financiamento bancário ou o transporte de determinada pessoa ou coisa. Não é, no entanto, a regra geral. Para o consumidor comum, não se abre a discussão ou alteração das condições gerais dos contratos ou das cláusulas predispostas. Enquanto não houver adesão ao contrato, as condições gerais dos contratos não ingressam no mundo jurídico.[4]

---

[4] "Ação declaratória de nulidade de cláusulas contratuais c.c. repetição de indébito – revisão de financiamento de veículo – sentença de parcial procedência – apelações do autor e do réu – Apelação do autor: – O CDC é aplicável aos contratos bancários (Súmula 297 do STJ), mas a sua incidência não resulta na automática desvalia das cláusulas do **contrato de adesão** – Sentença mantida. – Tarifa de avaliação do bem – Tese firmada pelo STJ quando do julgamento do REsp Repetitivo 1.578.553/SP – Tema 958 – "Validade da tarifa de avaliação do bem dado em garantia, ressalvada a abusividade da cobrança do serviço não efetivamente prestado e a possibilidade de controle da onerosidade excessiva em cada caso" – Na espécie, não houve a comprovação da prestação do serviço – Cobrança afastada – Sentença reformada. Apelação do réu: – Seguro – Tese firmada pelo STJ quando do julgamento do REsp 1.639.320 – Tema 972 – "Nos contratos bancários em geral, o consumidor não pode ser compelido a contratar seguro com a instituição financeira ou com seguradora por ela indicada" – Sentença mantida. – Repetição em dobro da quantia paga em excesso – Impossibilidade – Encargos previstos em contrato livremente aceito, cujas cláusulas posteriormente foram revistas judicialmente – Devolução que deve ser efetuada de forma simples – Sentença reformada. – Correção monetária – Sentença que determinou a sua incidência a partir da citação – Impossibilidade – Alteração de ofício – Correção que deve incidir a partir do desembolso. Recurso do autor provido. Recurso do réu parcialmente provido, com observação". (*TJSP* – Ap 1000432-03.2023.8.26.0032, 25-7-2023, Rel. Marino Neto).

"Contrato – Prestação de serviços – Aplicação do código de defesa do consumidor – **Contrato de adesão** – Abusividade da cláusula que estipula o prazo mínimo de 60 meses para rescisão – Descabimento da aplicação da multa – Recurso improvido. Responsabilidade Civil – Dano moral – Negativação indevida – Transtornos que ultrapassaram o mero aborrecimento – Manutenção do valor da indenização fixado na r. sentença em R$ 4.770,00 – Recurso improvido" (*TJSP* – Ap 1022482-47.2017.8.26.0577, 13-2-2019, Rel. J. B. Franco de Godoi).

"Processual Civil – Agravo interno no Recurso Especial – Código de Processo Civil de 2015 – Aplicabilidade – Violação ao art. 535 do CPC – Inocorrência – Alegação genérica de ofensa a dispositivo de lei federal – Deficiência de fundamentação – Incidência, por analogia, da Súmula nº 284/STF – Plano de saúde – Período de carência – Cobertura de procedimentos de urgência e emergência – Súmula 597/STJ – Demonstração de fato constitutivo do direito – Ônus do autor – Ausência de prequestionamento – Incidência da Súmula nº 211/STJ – Sobrestamento – Não obrigatoriedade – Dissenso jurisprudencial não configurado – argumentos insuficientes para desconstituir a decisão atacada – honorários recursais – não cabimento – aplicação de multa – art. 1.021, § 4º, do Código de Processo Civil de 2015 – descabimento – I – Consoante o decidido pelo Plenário desta Corte na sessão realizada em 09.03.2016, o regime recursal será determinado pela data da publicação do provimento jurisdicional impugnado. *In casu*, aplica-se o Código de Processo Civil de 2015. II – A Corte de origem apreciou todas as questões relevantes apresentadas com fundamentos suficientes, mediante apreciação da disciplina normativa e cotejo ao posicionamento jurisprudencial aplicável à hipótese. Inexistência de omissão, contradição ou obscuridade. III – A jurisprudência desta Corte considera que quando a arguição de ofensa ao dispositivo de lei federal é genérica, sem demonstração efetiva da contrariedade, aplica-se, por analogia, o entendimento da Súmula nº 284, do Supremo Tribunal Federal. IV –De outro lado, a jurisprudência desta Corte tem entendimento

Há condições gerais de contratos, no entanto, que podem emanar da vontade paritária das partes, do poder regulamentar do Estado ou da atividade de terceiros. Destarte, pode haver condições gerais nos contratos sem que haja necessariamente contrato de adesão. Portanto, o contrato de adesão é um contrato com cláusulas predispostas, mas não é o único. Orlando Gomes (1983*a*, 81:121) prefere a terminologia *cláusulas gerais dos contratos*, porque o termo *cláusula* é mais afeto ao direito contratual, enquanto *condição* tem sentido técnico diverso. Outros falam em cláusulas uniformes, ou mencionam os termos "contrato *standard*", como no Direito alemão. A expressão *condições gerais dos contratos* vem sendo aceita pela doutrina para qualificar essas cláusulas padronizadas, o que não implica afastar o termo *contrato de adesão*, expressão consagrada na nossa doutrina e inserida no Código de Defesa do Consumidor:

> *"Contrato de adesão é aquele cujas cláusulas tenham sido aprovadas pela autoridade competente ou estabelecidas unilateralmente pelo fornecedor de produtos ou serviços, sem que o consumidor possa discutir ou modificar substancialmente seu conteúdo"* (art. 54).

A necessidade de criar situações negociais homogêneas e numerosas predispõe, portanto, um *esquema contratual*, isto é, um complexo uniforme de cláusulas. Esse contrato *standard*, por mimetismo e pela lei do mínimo esforço, atinge também relações *a priori* essencialmente paritárias. Exemplo disso são os contratos de locações de imóveis e outros, cujos impressos são vendidos em larga escala.

---

consolidado, segundo o qual a cláusula contratual de plano de saúde que prevê carência para utilização dos serviços de assistência médica nas situações de emergência ou de urgência é considerada abusiva se ultrapassado o prazo máximo de 24 horas contado da data da contratação, a teor da Súmula nº 597 do Superior Tribunal de Justiça. Assim, o direito ao ressarcimento encontra-se presente, por princípio, nas situações em que haveria cobertura, incluindo procedimentos de urgência e emergência durante o prazo de carência. O ônus da prova incumbe ao autor, ora recorrente, quanto ao fato constitutivo do seu direito, isto é, a ausência de débito referente ao ressarcimento ao SUS. V – A ausência de enfrentamento da questão objeto da controvérsia pelo tribunal a quo, não obstante oposição de Embargos de Declaração, impede o acesso à instância especial, porquanto não preenchido o requisito constitucional do prequestionamento, nos termos da Súmula nº 211/STJ. VI – A jurisprudência desta Corte é pacífica no sentido de que o reconhecimento de repercussão geral, no âmbito do Supremo Tribunal Federal, em regra, não impõe o sobrestamento do trâmite dos recursos nesta Corte. VII – O Recurso Especial não pode ser provido com fundamento na alínea c, do permissivo constitucional, porquanto o Supremo Tribunal Federal, no julgamento do RE 597.064/RJ, DJe 15.05.2018, com repercussão geral, TEMA 345, reconheceu a constitucionalidade do ressarcimento previsto no art. 32 da Lei 9.656/98, o qual é aplicável aos procedimentos médicos, hospitalares ou ambulatoriais custeados pelo SUS quando utilizados por beneficiários de cobertura da rede privada. VIII – Não apresentação de argumentos suficientes para desconstituir a decisão recorrida. IX – Honorários recursais. Não cabimento. X – Em regra, descabe a imposição da multa, prevista no art. 1.021, § 4º, do Código de Processo Civil de 2015, em razão do mero improvimento do Agravo Interno em votação unânime, sendo necessária a configuração da manifesta inadmissibilidade ou improcedência do recurso a autorizar sua aplicação, o que não ocorreu no caso. XI – Agravo Interno improvido" (*STJ* – AGInt-REsp 1.711.812 – (2017/0240637-1), 20-8-2018, Relª Minª Regina Helena Costa).

"Civil – Processo civil – Plano de saúde – Recusa de cobertura – Carência – Situação de urgência – Artigo 32-C da Lei 9.656/98 – Exceção – Enunciado nº 597 da Súmula do STJ – Dano moral – *In re ipsa* – Ocorrência – Sentença parcialmente reformada – 1 – É legal a estipulação de período de carência para que possa ser autorizada cobertura de tratamento. 2 – O artigo 32-C da Lei 9.656/98 prevê a aplicação da carência de 24 (vinte e quatro) horas para casos de urgência ou emergência. 3 – O Enunciado nº 597 da Súmula do Superior Tribunal de Justiça dispõe que 'a cláusula contratual de plano de saúde que prevê carência para utilização dos serviços de assistência médica nas situações de emergência ou de urgência é considerada abusiva se ultrapassado o prazo máximo de 24 horas, contado da data da contratação'. 4 – Ocorrida a recusa sem razão do atendimento emergencial do paciente pelo plano de saúde, resta configurado o dano moral in re ipsa, bastando a demonstração do fato causador. 5 – Tendo em vista que foram realizados liminarmente todos os procedimentos necessários para a internação, cirurgia e recuperação, deve ser reduzido o valor requerido a título de danos morais. 6 – Apelação da autora conhecida e parcialmente provida. 7 – Apelação da ré conhecida e não provida" (*TJDFT* – Proc. 20170610046180APC – (1068227), 24-1-2018, Rel. Sebastião Coelho).

O Código pontua disposição importante acerca dos contratos de adesão no art. 424:

> *"Nos contratos de adesão, são nulas as cláusulas que estipulem a renúncia antecipada do aderente resultante da natureza do negócio."*[5]

Assim, por exemplo, em um contrato de locação não se pode impor ao locatário a renúncia antecipada a seu direito de usar e dispor integralmente da coisa locada, que é da natureza do negócio. Em sede de consumidor, por outro lado, qualquer restrição nesse sentido será considerada cláusula abusiva.

O art. 423 no diploma civil contemporâneo expressa regra de interpretação consagrada universalmente pela doutrina e pela jurisprudência:

> *"Quando houver no contrato de adesão cláusulas ambíguas ou contraditórias, dever-se-á adotar a interpretação mais favorável ao aderente."*

---

5 "Apelação. Ação de indenização por danos materiais e lucros cessantes. Contrato de compra e venda de equipamento de ressonância magnética e contrato de prestação de serviços de assistência técnica. Irresignação da empresa ré, vendedora do aparelho, contra sentença de procedência. Preliminar de cerceamento de defesa. Inocorrência. Não constatação de que a ré teria, em sede de alegações finais, pleiteado a produção de prova testemunhal, argumento por ela sustentado no apelo. Instada a especificar as provas, a requerida pugnou pelo julgamento da lide no estado em que se encontrava. Oportunizada, posteriormente, a ambas as partes a apresentação de rol de testemunhas, a ré sequer as arrolou. No mérito, a sentença não comporta reparo. Ré que não logrou elidir, nos termos do artigo 373, inciso II, do Código de Processo Civil, os fatos constitutivos do direito invocado pelo autor. Quando do primeiro reparo na máquina, a requerida nem ao menos orientou o requerente acerca das providências eventualmente necessárias e/ou pertinentes ao regular funcionamento do aparelho, a fim de evitar o aparecimento do mesmo problema, o qual voltou a acontecer transcorridos apenas três dias. Falha no serviço de assistência técnica prestado. Ausentes excludentes do dever de indenizar. Por se tratar de um contrato de prestação de serviços por adesão, aplicável, no que concerne à cláusula limitativa da responsabilidade da ré, o disposto no **artigo 424 do Código Civil**, segundo o qual 'nulas as cláusulas que estipulem a renúncia antecipada do aderente a direito resultante da natureza do negócio'. Responsabilização da ré pelo evento danoso. Quantum indenizatório que não merece redução. Procedência da pretensão autoral mantida, nos moldes fixados no decisum combatido. Preliminar rejeitada. Recurso não provido" (*TJSP* – Ap 1003681-92.2020.8.26.0637, 19-8-2024, Rel. Issa Ahmed).

"Apelação. Ação declaratória de nulidade de cláusulas de **contrato de adesão** à programa de fidelização. Teórica abusividade das cláusulas que vedam a cessão dos pontos para terceiro. É lícita a convenção contratual que obste a cessão de crédito, consoante exegese do art. 286 do Código Civil. Adesão à cláusula impeditiva de cessão das milhas à terceiro que não consubstancia renúncia a direito inerente à natureza do negócio, na medida em que a vedação de comercialização das milhas (renúncia ao direito de ceder tal crédito) não compromete o exercício dos direitos decorrentes do ingresso no programa de fidelização de clientes (art. 424 do Código Civil e art. 51, § 1º, II, CDC). Limite anual de emissão de passagens para até 25 pessoas que não consubstancia ameaça ao objeto ou equilíbrio contratual. Proteção à atividade de comercialização de passagens aéreas emitidas com milhas (venda habitual destas a mais de 25 pessoas distintas por ano) que não se adequa ao escopo das normas de direito do consumidor, notadamente porque em hipóteses tais, aquele que explora a atividade de revenda perde a qualidade de destinatário final, necessária à incidência do CDC. Tratando-se de adesão *intuito personae* ao programa de fidelização, não se afigura ilícita a cláusula contratual que estabelece a morte do aderente como causa de extinção da pontuação não utilizada. Ação improcedente. Recurso da ré provido, desprovido o apelo da autora" (*TJSP* – Ap 1008992-88.2021.8.26.0068, 12-9-2022, Rel. Rômolo Russo).

"Monitória – Nulidade de cláusula de renúncia do benefício de ordem em **contrato de adesão** – Inteligência do art. 424 do Código Civil – Honorários advocatícios que atendeu aos critérios de razoabilidade, proporcionalidade e modicidade – Sentença mantida – Recurso desprovido" (*TJSP* – Ap 1015880-45.2019.8.26.0100, 19-8-2021, Rel. Claudio Hamilton).

"Plano de saúde – Obrigação de fazer – *Home care* – **Cláusula de exclusão de cobertura – Abusividade** – Recusa abusiva ao custeio de tratamento domiciliar, cuja necessidade foi atestada por médico especialista – Súmula 95, TJSP – Sentença mantida – Recurso improvido" (*TJSP* – Ap 1013494-48.2018.8.26.0562, 21-1-2019, Rel. Luiz Antonio de Godoy).

O princípio é no sentido de que o redator da cláusula deve ser claro; se não o foi, a ambiguidade opera contra ele.[6] A questão tem a ver diretamente com a tendência de os predisponentes serem propositadamente obscuros na redação das cláusulas para obterem vantagens em detrimento do aderente. Cabe ao juiz ou árbitro coibir essa atitude. A doutrina sempre admitiu o princípio como regra fundamental de hermenêutica nos contratos de adesão. Sob esse aspecto também o Código de Defesa do Consumidor é expresso:

> *"Os contratos de adesão escritos serão redigidos em termos claros e com caracteres ostensivos e legíveis, cujo tamanho da fonte não será inferior ao corpo doze, de modo a facilitar sua compreensão pelo consumidor"* (art. 54, § 3º).

E ainda:

> *"As cláusulas que implicarem limitação de direito do consumidor deverão ser redigidas com destaque, permitindo sua imediata e fácil compreensão"* (art. 54, § 4º).

Levando-se em consideração que o contrato de adesão se dirige à contratação em massa, dificilmente imaginar-se-á hipótese de contrato dessa modalidade fora do âmbito do consumidor. Ainda que assim seja, não há que se dispensar essas regras, que procuram proteger o aderente, cuja manifestação de vontade, como vimos, é sumamente reduzida nesse negócio.

Esses contratos surgem como uma necessidade de tornar mais rápidas as negociações, reduzindo custos. Reduzimos assim a iniciativa individual. Os contratos com cláusulas predispostas surgem, então, como fator de racionalização da empresa. O predisponente, o contratante forte, encontra nessa modalidade contratual um meio para expandir e potencializar sua vontade. Cabe ao legislador, e particularmente ao julgador, traçar os limites dessa imposição de cláusulas, tendo em vista a posição do aderente, o contratante fraco. Daí concluirmos que não podemos defender hoje uma total liberdade contratual, porque a sociedade não mais a permite. Paradoxalmente, a plena liberdade contratual, nos dias atuais, se converteria na própria negação dessa liberdade, concluindo-se que *"a liberdade contratual destrói-se a si própria, determinando a sua própria negação"* (Roppo, 1988:318).

---

[6] "Agravo de instrumento – Ação de obrigação de fazer – Decisão que deferiu a tutela antecipada – Insurgência da ré – Alegação de validade da cláusula de coparticipação – Questão, porém, incontroversa – Tutela antecipada concedida diante do descumprimento, pela operadora, do limite contratual de repasse de custos, conforme interpretação da cláusula 3.2 – Interpretação mais favorável ao aderente, ante a ambiguidade – Art. 423, do CC – Leitura do contrato que não demanda instrução probatória – Decisão mantida – Agravo desprovido" (*TJSP* – Ap 2096921-16.2025.8.26.0000, 30-7-2025, Rel. Costa Netto).

"Apelação Cível – Contrato atípico de locação de espaço e prestação de serviços – Coworking – Ação declaratória de inexigibilidade de débito – Multa pela rescisão antecipada – Sentença de improcedência – Insurgência do autor – Cabimento – Contrato de adesão – Hipótese em que inexiste no contrato a previsão de aplicação da multa especificamente atrelada à rescisão unilateral antecipada – **Aplicabilidade do art. 423, do CC** – Existência de cláusula ambígua ou contraditória, devendo ser adotada intepretação mais favorável ao aderente – Inexigibilidade reconhecida – Recurso provido" (*TJSP* – Ap 1021446-22.2022.8.26.0309, 12-8-2023, Rel. João Antunes).

"Ação de obrigação de fazer c.c. indenização por danos materiais – prestação de serviços de armazenagem de mercadorias – Contêiner retido pelo Armazém, em razão de dívida pretérita do tomador de serviços – Impossibilidade – Art. 14 do Decreto Lei nº 1.102/1903 que permite a retenção de mercadorias apenas em caso de inadimplemento de valores relacionados à carga presente – Contrato firmado entre as partes que tampouco permite a retenção, pois **contém previsão ambígua, que deve ser interpretada em favor do aderente** – Inteligência do art. 423 do Código Civil – Necessária liberação da carga, desde que quitado o valor da respectiva armazenagem – Sentença mantida – Recurso não provido" (*TJSP* – Ap 1021745-84.2020.8.26.0562, 29-11-2021, Rel. Mario de Oliveira).

2.5.3 Contrato-tipo

Como acenamos, conquanto as partes estejam, na prática, em igualdade econômica, podem valer-se de contrato com cláusulas predispostas. O contrato-tipo aproxima-se do contrato de adesão pela forma com que se apresenta. Distingue-se do contrato de adesão porque aqui, no contrato-tipo, as cláusulas, ainda que predispostas, decorrem da vontade paritária de ambas as partes. Assim contratam, por exemplo, as empresas de determinado setor da indústria ou comércio com um grupo de fornecedores, podendo ou não ser representadas por associações respectivas. No contrato-tipo, o âmbito dos contratantes é identificável. No contrato de adesão, as cláusulas apresentam-se predispostas a um número indeterminado e desconhecido, *a priori*, de pessoas. Se a elaboração das cláusulas for unilateral, estaremos perante um contrato de adesão, e não um contrato-tipo. Isso é importante porque na interpretação haverá critério diverso. No contrato de adesão, na dúvida, interpreta-se em favor do aderente.

Assim como o contrato de adesão, por suas características, o contrato-tipo requer a forma escrita.

2.5.4 Contrato Coletivo

Os contratos coletivos são, em nossos dias, a forma eficaz de regulamentação da atividade entre patrões e empregados. Como dessas relações decorre a paz social, ganham enorme importância essas modalidades de contratos. O desenvolvimento do capitalismo e da indústria não mais permite uma relação individual e isolada entre empregado e empregador. A relação isolada traria como resultado prejuízo para o empregado, a parte mais fraca, com consequente convulsão social.

As associações e o sindicalismo assumem a rotina de estabelecer o relacionamento entre essas duas partes, facções na verdade, daí surgindo normas regulamentadoras da atividade de determinado grupo de trabalhadores. Unem-se as partes em ambos os lados, por parte dos empregados e por parte dos empregadores. Regulamenta-se todo um setor da atividade laboral e empresarial. Os contratos coletivos ganham terreno em muitas atividades, relegando para plano secundário os princípios tradicionais dos contratos. O princípio de formação do negócio jurídico, porém, não deixa de ser contratual, mas, uma vez concluída a manifestação de vontade, passa a existir uma verdadeira norma jurídica à qual ficará sujeita toda uma relação de trabalho.

O contrato coletivo perfaz-se pelo acordo de vontades de duas pessoas jurídicas de Direito Privado. Se, no contrato clássico, há lei entre as partes, no contrato coletivo há lei com relação às pessoas ligadas aos entes coletivos participantes do negócio. Nesse sentido, deve ser entendida a afirmação de que no acordo coletivo há norma jurídica. O alcance dessa norma será mais ou menos amplo, dependendo da amplitude de representação das pessoas envolvidas. Na chamada convenção coletiva imperfeita, por exemplo, estipula-se entre um sindicato e os empregados de determinada empresa. Aqui, a norma que emana do acordo regula claramente relações jurídicas concretas. Esse concretismo mais e mais se dilui, à medida que se amplia o universo de alcance do acordo, chegando próximo a uma norma abstrata. O sentido negocial desse fenômeno, em qualquer hipótese, porém, fica bem claro. Isto se mantém, ainda que haja necessidade de aprovação estatal para a funcionalidade do acordo. A matéria situa-se dentro do campo de estudo do Direito do Trabalho.

No entanto, há tendência de ampliar o alcance das contratações coletivas. O Código de Defesa do Consumidor (Lei nº 8.078/90) autoriza a *Convenção Coletiva de Consumo*. Dispõe o art. 107:

> *"As entidades civis de consumidores e as associações de fornecedores ou sindicatos de categoria econômica podem regular, por convenção escrita, relações de consumo que tenham*

> *por objeto estabelecer condições relativas ao preço, à qualidade, à quantidade, à garantia e características de produtos e serviços, bem como à reclamação e composição do conflito de consumo.*
>
> *§ 1º A convenção tornar-se-á obrigatória a partir do registro do instrumento no cartório de títulos e documentos.*
>
> *§ 2º A convenção somente obrigará os filiados às entidades signatárias.*
>
> *§ 3º Não se exime de cumprir a convenção o fornecedor que se desligar da entidade em data posterior ao registro do instrumento."*

Essa negociação coletiva possui nítido caráter contratual. Não atingirá senão os filiados às entidades participantes. A coletividade é restrita, portanto. Trata-se de importante instrumento de ordenação coletiva de relações jurídicas. Da conscientização do povo consumidor surgirá sua utilização prática. O contrato, destarte, passa a integrar a sociedade como instrumento coletivo. Esse instrumento utilizado pela coletividade terá o condão de preordenar os contratos de cláusulas predispostas inseridos na atividade econômica interessada, assim como faz o acordo coletivo de trabalho, no que diz respeito às relações de trabalho.

2.5.5 Contrato Coativo

A expressão *contrato coativo* contém o máximo do dirigismo contratual e uma aparente contradição em termos. Não há como defender a autonomia da vontade se o contrato é imposto. São dessa natureza as relações entre as concessionárias de serviço público de fornecimento de água, luz, esgoto, gás, telefone e o usuário. A empresa não pode recusar-se a contratar com o usuário, quando este se sujeita às condições gerais e desde que existam condições materiais para a prestação do serviço. O usuário não pode prescindir desses serviços, nem mesmo, por vezes, recusá-los.

Na verdade, aqui não estamos diante de uma manifestação de dirigismo contratual, mas perante uma consequência inevitável do privilégio concedido às empresas que detêm o monopólio dos serviços públicos (Borda, 1989:19). O intuito contratual está praticamente desaparecido nesse negócio jurídico. As cláusulas do negócio são totalmente predispostas. Se, por um lado, a concessionária não pode negar o serviço público, na prática, o usuário não pode também dele prescindir. Ambas as partes são forçadas a contratar. A interpretação das cláusulas e o inadimplemento, nesse caso, não podem ser vistos de forma igual aos demais contratos, nem mesmo aos contratos de adesão. Existe no fenômeno aparência de contrato e não contrato propriamente dito. Trata-se de negócio jurídico guarnecido de normas de Direito Público. Resolvem-se as pendências levando-se em conta princípios de Direito Público, embora parcela ponderável das cláusulas situe-se no âmbito da contratação privada e como tal deva ser encarada.

2.5.6 Contrato Dirigido ou Regulamentado

Em muitos setores da economia, e de forma crescente, o Estado imiscui-se nas relações privadas. Nessa espécie contratual, o Estado impõe determinada orientação, estabelecendo cláusulas ou proibindo-as, e delimitando o âmbito da vontade privada. Exemplo disso são os tabelamentos de preços. O Estado impõe preço mínimo ou preço máximo para certos bens ou serviços. Também a legislação do inquilinato e a legislação bancária são exemplos típicos. Há normas na relação entre as partes impostas pelo Estado. São normas de ordem pública. Cabe ao intérprete diferençar entre o que é dirigido e o que é dispositivo nessas relações contratuais.

Nem sempre será fácil, à primeira vista, distinguir uma norma imperativa imposta ao contrato. O problema não surge quando o legislador é expresso. Quando o legislador utiliza as expressões *é vedado, não pode, é nulo* ou equivalentes, a norma é cogente. Por outro lado, quando o legislador se utiliza da expressão *salvo disposição em contrário*, ou fórmula equivalente, é livre a vontade das partes. No silêncio do legislador, não há de se inferir automaticamente que a norma é dispositiva. Uma norma pode ser imperativa por decorrer do próprio espírito da lei. Algumas normas são inderrogáveis apenas com relação a uma das partes contratantes, como é o caso da legislação do inquilinato. A tutela visa proteger o inquilino. Então, não é permitida a derrogação que prejudique essa tutela. Assim também ocorre no contrato de trabalho, com relação ao empregado.

Como consequência, temos como ineficaz qualquer convenção que atente contra essas normas protetivas, reguladoras de certas relações jurídicas. No dizer de Enzo Roppo (1988:193),

> *"as normas imperativas desempenham um papel de tipo, digamos, negativo ou destrutivo: no sentido em que anulam o regulamento contrastante com as mesmas, ou então amputam-no, removendo do mesmo previsões ou disposições que as partes aí tinham introduzido".*

A lei determina, pois, o conteúdo do contrato, limitando e delimitando a vontade dos contratantes ou, mais comumente, de determinada classe de contratantes.

2.6 RELAÇÕES NÃO CONTRATUAIS. ACORDO DE CAVALHEIROS

Pelo que vimos até agora, destaca-se a crescente juridicização de todas as relações sociais, mormente as que implicam circulação de riquezas. Como decorrência, o contrato assoma a todas esferas de relação jurídica, ainda que sob as vestes de contratação com cláusulas predispostas. O homem vê-se hoje atado a um emaranhado de relações negociais de ordem pública e privada, o que, de certa forma, limita sua expansão como ser integrante do organismo vivo que é a sociedade.

Se o contrato, porém, é um instrumento legal no ordenamento jurídico, não é ele o único instrumento de circulação de riqueza. O Direito de Família e o Direito das Sucessões possuem outras formas de transmissão de bens. O conceito de contrato fica então ligado exclusivamente à noção de circulação econômica.

Como forma de repulsa ao contratualismo, surge, no Direito anglo-saxão, e hoje se espraia entre nós, a praxe empresarial de não contratar. Originalmente, surge no seio de um grupo de empresas a vontade de não contratar. Preferem elas disciplinar suas relações com base na palavra dada, com uma simples carta de intenções, ou o chamado acordo de cavalheiros (*gentlemen's agreement*). Até quando os negócios implicam riscos ponderáveis, preferem as partes *fugir ao contrato*. Esse acordo não tem força sancionatória direta. Geralmente, as partes envolvidas, além da palavra empenhada, contam com outros meios de coerção para o cumprimento do pacto, de forma indireta.

Entre as razões que fazem surgir essa forma de relação, destaca-se o fato de que, em determinadas situações, em que os interesses desaconselham qualquer ingerência do Judiciário, as trocas econômicas mostram-se mais livres e desinibidas se não existe liame jurídico consistente. Os instrumentos econômicos postos à disposição das partes são suficientes para desprezar o emaranhado do contrato. O contrato pode ser fator de lentidão na consecução dos fins almejados, aumentando os custos. No entanto, essa *fuga ao contrato*, criada pelo espírito prático dos empresários, fica restrita a algumas poucas relações sociais, dificilmente atingindo o homem comum. Nem se esqueça de que mesmo um acordo desse nível não é estranho ao Direito. Há princípios gerais, como o abuso de direito e o enriquecimento sem causa, por exemplo, que podem ser aplicados. O teor do acordo de cavalheiros, por outro lado, pode dar valiosos elementos de interpretação ao julgador, para a investigação da vontade das partes, quando ocorrer conflito ou pretensão resistida. Nesse campo acontratual ou pré-contratual realça-se a importância do exame da boa-fé objetiva, como apontamos neste capítulo. O fenômeno, sem dúvida, está já a merecer maior atenção do jurista.

A fuga ao contrato, a qual na verdade é uma manifestação de algo maior, *a fuga ao Judiciário*, como fenômeno ainda pouco difundido e estudado em nosso país, não inibe o contratualismo que grassa nas relações jurídicas em geral.

O projeto em análise para a reforma do Código Civil traz inúmeras inserções nessa teoria geral; algumas oportunas, outras nem tanto. Aguardemos.

3

CLASSIFICAÇÃO DOS CONTRATOS (I)

3.1 NECESSIDADE DO ESTUDO DA CLASSIFICAÇÃO DOS CONTRATOS

A classificação dos contratos, examinando suas respectivas características e natureza, não possui utilidade meramente teórica. É questão propedêutica e pré-requisito do exame de qualquer contrato. De acordo com a modalidade de contrato sob exame na prática jurídica, há distintas consequências com variadas formas de interpretação e enfoque da posição das partes e do objeto contratado. Cada contrato apresenta vestes diversas. A função do intérprete é examinar sua natureza. Classificar o contrato é uma premissa inicial para atingir sua natureza jurídica e, consequentemente, seus efeitos, assim como a classificação de todo e qualquer negócio jurídico tem essa finalidade. Doutra forma, o intérprete ficaria perplexo, sem poder iniciar o raciocínio lógico e jurídico.

Essa classificação deve abarcar não só as categorias contratuais definidas pelo legislador, como também as que foram criadas no longo caldeamento jurídico das necessidades sociais. O trabalho é eminentemente doutrinário, embora esta ou aquela categoria contratual possa figurar na lei. Não cabe ao legislador definir as classes gerais dos contratos, sob pena de tolher o dinamismo do direito obrigacional. A doutrina procura facilitar o trabalho do intérprete, agrupando os contratos em várias categorias, com identidades ou afinidades, porque daí decorrerão raciocínios e regras de interpretação idênticas ou semelhantes. Como se nota, é grande o interesse prático. A qualificação dos fenômenos é inerente a todas as ciências. Assim, da mesma forma que o médico define determinado fenômeno do corpo humano, de modo que todos os conhecedores da ciência médica imediatamente o situem no universo da Medicina, assim faz o jurista em relação ao Direito.

Isso deve ocorrer em todas as formas do conhecimento humano. Se o jurista mencionar que está a tratar de um contrato com prazo determinado, imediatamente afloram à mente dos demais conhecedores de nossa ciência todos os princípios que regem essa classe de contratos. Não há necessidade de explicar seus fundamentos, assim como o médico não tem necessidade de explicar os fundamentos da tuberculose, se se referir a ela. Quando o fenômeno refoge a qualquer similitude encontrável dentro da ciência, aí, sim, há necessidade de completas informações, justamente pela dificuldade de classificação. O mesmo ocorre quando o médico se defronta com uma moléstia pouco conhecida e de pouca ou nenhuma bibliografia técnica.

A classificação dos contratos, portanto, serve para posicionar corretamente o negócio jurídico no âmbito do exame de seu adimplemento e inadimplemento, questão crucial para o jurista.

Doutro lado, como o trabalho é doutrinário, nem sempre há absoluta coincidência na classificação entre os vários autores, mormente no que diz respeito às novas manifestações contratuais. Contudo, as classificações tradicionais estão consolidadas, o que não arrefece novos enfoques, que são necessários no dinamismo das relações negociais.

Portanto, para que o estudioso dos contratos tenha uma visão ao mesmo tempo geral e setorizada de cada um, importante é situá-lo dentro das várias classes. Esse o sentido do estudo, que deve dar maior ênfase aos contratos mais utilizados e que trazem maiores exames práticos. À medida que são conhecidas as classificações fundamentais, o estudioso, ao examinar um contrato, na prática, já terá em mente as consequências jurídicas da espécie. Note que assim como um diagnóstico errado de uma moléstia pelo médico pode levar o paciente à morte, a compreensão errada de um fenômeno jurídico pode acarretar consequências letais para o patrimônio das partes envolvidas. Quando o jurista fixa a natureza jurídica de um fenômeno social, está diagnosticando-o. Feito o diagnóstico, chegamos com mais facilidade à solução dos problemas emergentes do negócio sob exame.

Na classificação dos contratos, busca-se, destarte, agrupar as várias espécies com características comuns. Trata-se, como vemos, de um trabalho de observação e análise, à procura de semelhanças e diferenças. A finalidade é facilitar seu exame, quer na elaboração do contrato, quer na avaliação de suas consequências. O trabalho tem então importância tanto para as partes envolvidas nos contratos, como para os juristas redatores dos instrumentos e para os intérpretes, os juízes, em última análise.

A classificação ideal é aquela que enfeixa as várias categorias em compartimentos estanques, que não se confundem umas com as outras e que se afastam de tal maneira que não têm similitudes, isolando-se, assim, sua compreensão. Portanto, se classificarmos determinado contrato como gratuito, não deve ter ele característica alguma do contrato oneroso.

Como lembra o saudoso Sílvio Rodrigues (1981*b*, v. 3:27), "*se a classificação é importante para esclarecer o estudo de um fenômeno, torna-se quase indispensável quando se tem em mira fins didáticos*". Por isso, para o leitor ainda não familiarizado com a exemplificação que é feita a seguir, de cada categoria, essencial para a compreensão do tema, é recomendável que recorra aos capítulos respectivos em *Direito civil: contratos obrigações e responsabilidade civil*, no qual os contratos citados como exemplo são estudados.

3.2 CLASSIFICAÇÃO NO DIREITO ROMANO

Nas *Institutas* de Gaio, obra de ensino jurídico, encontra-se a classificação tradicional do Direito Romano. São quatro as categorias dos contratos: reais, orais, literais e consensuais.

Os contratos *reais* são os que implicam a entrega de uma coisa (*res*), de um contraente a outro. Gaio refere-se ao mútuo, empréstimo de coisas fungíveis, contrato pelo qual a entrega da coisa transfere a propriedade. Para que exista o mútuo, é necessário que se entregue a coisa (*traditio*). O depósito, o comodato e o penhor são os outros contratos reais que necessitam da entrega da coisa, embora não transfiram a propriedade.

Contratos *orais* são os que se formam com o pronunciamento de certas palavras. Contrato oral típico, entre outros, na época clássica, era a *stipulatio*. A obrigação nasce de uma resposta que o futuro devedor dá a uma pergunta do futuro credor.

Contratos *literais* são os que necessitam da escrita. A origem desses contratos está no livro de contas dos indivíduos (*codex accepti et expensi*), dívidas a pagar e créditos a receber.

A obrigação constituía-se mediante o lançamento da dívida no registro. Pouco sabemos desses contratos que parecem ter desaparecido no período clássico. O contrato escrito de cunho moderno, referido já pela compilação justinianeia, não tem relação com essa fonte antiga, mas provém da transformação da *stipulatio*, contrato oral, em instrumento público.

Contratos *consensuais* são os que se perfazem pelo simples consentimento das partes, independentemente de qualquer forma oral ou escrita ou da entrega da coisa. São muito importantes no Direito Romano. São consensuais a compra e venda, a locação, a sociedade e o mandato.

3.3 CONTRATOS UNILATERAIS E BILATERAIS – CLASSIFICAÇÃO QUANTO À CARGA DE OBRIGAÇÕES DAS PARTES

Essa distinção é clássica, presente no Código francês, rica em consequências jurídicas.

Importa lembrar que a distinção se refere à carga de obrigações das partes no negócio jurídico e não ao número de contratantes. Estes devem ser sempre pelo menos dois, já que no contrato há um acordo de vontades. Por essa razão, parte da doutrina prefere denominar *contrato com prestações a cargo de uma das partes*, os unilaterais, e *contratos com prestações recíprocas*, os bilaterais.

Contratos bilaterais, ou com prestações recíprocas, são os que, no momento de sua feitura, atribuem obrigações a ambas as partes, ou para todas as partes intervenientes. Assim é a compra e venda. O vendedor deve entregar a coisa e receber o preço; o comprador deve receber a coisa e pagar o preço. Cada contratante tem o direito de exigir o cumprimento do pactuado da outra parte. Sua característica é o *sinalagma*, ou seja, a dependência recíproca de obrigações. Daí por que muitos preferem a denominação *contratos sinalagmáticos*.

São *unilaterais* os contratos que, quando de sua formação, só geram obrigações para uma das partes. Assim é a doação. O donatário não tem obrigações.

Há contratos que, por sua própria natureza, geneticamente, são bilaterais ou unilaterais. No entanto, quando possível, as partes podem alterar a natureza primária de um contrato. Assim, a doação pura e simples é contrato unilateral. A doação com encargo passa a ser bilateral. O comodato e o mútuo são contratos unilaterais. As partes podem, no entanto, agregar disposições que os tornem bilaterais. Percebemos, portanto, que a denominação do contrato, de per si, não é suficiente para essa informação classificatória, sendo necessário o exame do conteúdo da avença em cada caso.

Ordinariamente, levando em conta o que dissemos, são bilaterais, tradicionalmente mencionados, além da compra e venda, a cessão onerosa de direitos, a troca ou permuta, a locação de coisas, a empreitada, a sociedade, a doação com encargo, o mandato oneroso, a fiança onerosa, o jogo e a aposta. São unilaterais, além da doação, o mandato gratuito, a fiança, o depósito, o comodato e o mútuo.

A doutrina critica, com razão, a categoria dos contratos *bilaterais imperfeitos*. Seriam os contratos originalmente unilaterais, nos quais, posteriormente à celebração, durante sua vigência, surgem obrigações para a parte não onerada, em razão de acontecimentos acidentais. É o caso do depósito em que o depositante é obrigado a pagar ao depositário as despesas feitas com a coisa e os prejuízos que do depósito advierem (art. 643). No entanto, a distinção entre contratos unilaterais e contratos bilaterais deve ter em mira o momento do aperfeiçoamento do contrato e não qualquer momento posterior. Cumpre examinar a natureza do contrato no momento de sua geração.

Como lembra Orlando Gomes (1983*a*:77), ao criticar essa categoria intermediária,

> *"o contrato bilateral imperfeito não deixa de ser unilateral, pois, no momento de sua conclusão, gera obrigações somente para um dos contratantes. Em verdade, a obrigação esporádica não nasce do contrato, mas, acidentalmente, de fato posterior à sua formação. O contrato bilateral imperfeito subordina-se, com efeito, ao regime dos contratos unilaterais".*

Ademais, essas consequências que podem advir de contratos unilaterais são eventuais e não essenciais nesses negócios.

É importante saber se estamos diante de um contrato unilateral ou bilateral porque, *a priori*, há um diferente enfoque de responsabilidade pelos riscos. De acordo com o art. 1.057 do Código de 1916, que tratava das consequências da inexecução das obrigações,

> *"nos contratos unilaterais, responde por simples culpa o contraente, a quem o contrato aproveite, e só por dolo, aquele a quem não favoreça. Nos contratos bilaterais, responde cada uma das partes por culpa".*

A mesma noção está presente no art. 392 do atual Código:

> *"Nos contratos benéficos, responde por simples culpa o contratante, a quem o contrato aproveite, e por dolo aquele a quem não favoreça. Nos contratos onerosos, responde cada uma das partes por culpa, salvo as exceções previstas na lei."*[1]

---

1 "Embargos à execução – Cheque – **Exceção do contrato não cumprido** – A discussão acerca da existência de contrato de parceria agrícola para o plantio de milho é objeto de ação de conhecimento, ajuizada pelo ora apelante. Inexistência de elementos que impeçam a execução do título de crédito em questão. Recurso desprovido" (*TJSP* – AC 1001639-97.2017.8.26.0274, 7-5-2019, Rel. Luis Carlos de Barros).

"Apelação – Ação Monitória – **Exceção do contrato não cumprido** – Verificado – Inadimplemento contratual – A controvérsia consiste na 'exceptio non adimpleti contractus' – Insiste a ré que deixou de adimplir com a obrigação contratada em virtude do descumprimento contratual da autora, que não procedeu com o registro dos produtos perante a ANVISA, acarretando impossibilidade de comercializar o produto; – É inconteste que a impossibilidade de comercialização se deu por culpa exclusiva da autora – O fato de não poder comercializar os produtos faz com que o contrato firmado entre as partes não tenha eficácia. Logo, sendo ineficaz por culpa exclusiva do autor, indevida a cobrança de qualquer valor a título de inadimplemento. Recurso provido" (*TJSP* – Ap 1052366-71.2015.8.26.0002, 24-1-2018, Relª Maria Lúcia Pizzotti).

"Apelação cível – Direito Civil – Direito processual civil – Ação de cobrança – Preliminar – Pedido em contrarrazões – Não conhecido – Contrato de prestação de serviços – Rescisão unilateral – Multa contratual – *Exceptio non adimpleti contractus* – Recurso conhecido e não provido – Sentença mantida – 1 – As contrarrazões se prestam tão somente para resistir ao pedido do recorrente, para pretender a manutenção da decisão recorrida, e nada mais. Precedentes jurisprudenciais. Assim, não merece conhecimento pedido de reforma da sentença por meio de contrarrazões. 2 – Nos contratos bilaterais as partes são, ao mesmo tempo, credoras e devedoras uma da outra. Desta forma, estando uma das partes inadimplente, a outra está desonerada de sua obrigação. 3 – A '**exceptio non adimpleti contractus**' é uma maneira de assegurar o cumprimento recíproco das obrigações assumidas. 4 – Não pode o autor-apelado requerer o pagamento de multa contratual por rescisão unilateral quando claramente está inadimplente com suas obrigações. 5 – Recurso conhecido e não provido. Sentença mantida" (*TJDFT* – Proc. 20150110720883APC – (989323), 27-1-2017, Rel. Romulo de Araujo Mendes).

"Apelação – Obrigação de fazer e não fazer c.c. Indenização por danos morais – Contrato de compromisso de compra e venda de imóvel – Pendências sobre o imóvel não sanadas antes da outorga da escritura. Sentença de parcial procedência da ação principal e da cautelar para condenar os réus ao pagamento de indenização por danos morais no valor de R$ 3.500,00 e à obrigação de restituir os cheques, com extinção da reconvenção sem resolução do mérito (art. 267, VI do CPC). Aplicação do princípio do ***exceptio non adimpleti contractus***. O promitente vendedor deixou de apresentar certidões de regularidade do imóvel e de si mesmo, conforme estipulado no contrato. Ademais, de fato constavam pendências de IPTU e contra o vendedor e sua mulher. Assim, o autor tinha pleno direito de não prosseguir com o aperfeiçoamento do contrato. Por esse motivo, ainda, a corretagem não é

A lei trata com maior rigor aquele que não possui a carga, o peso contratual no contrato unilateral. O doador, por exemplo, só pode ser responsabilizado pelo perecimento da coisa doada se agir com dolo, não por simples culpa. O donatário responderá por simples culpa. Nos contratos bilaterais, ambos os contratantes respondem por culpa, falando-se, nesse caso, de culpa civil, que engloba a culpa, estritamente falando, e o dolo. Lembre-se de que, quando a lei civil menciona apenas o termo *culpa*, refere-se ao conteúdo integral do art. 186 do atual diploma, abrangendo tanto a intenção de causar um dano, como a negligência, a imprudência e a imperícia.

3.3.1 Relevância dessa Classificação. Exceção de Contrato Não Cumprido nos Contratos Bilaterais. Cláusula Resolutória nesses Contratos

As obrigações correspectivas dos contratos bilaterais aparecem de forma cristalina no art. 476: "*Nos contratos bilaterais, nenhum dos contraentes, antes de cumprida sua obrigação, pode exigir o implemento da do outro.*" Trata-se do tradicional princípio da *exceptio non adimpleti contractus*, que não é de origem romana, mas posterior.

Nos contratos bilaterais, ambas as partes têm direitos e deveres. O fato de um volume maior de deveres estar carreado apenas a uma das partes não retira sua natureza bilateral. Há interdependência de deveres, claramente percebida na compra e venda e na locação, por exemplo. A *exceptio*, exceção de contrato não cumprido, só tem aplicabilidade nos contratos dessa espécie. Exceção aqui é utilizada como meio de defesa. Não é admitida nos contratos unilaterais, porque todo o peso do contrato onera só uma das partes. Esta nada tem a exigir da outra.

Como foi exposto, nos contratos bilaterais, cada parte tem direito de exigir que a outra cumpra sua parcela na avença. É característica ínsita ao *sinalagma* presente nesse negócio. Permite a lei que o contratante suste sua parte no cumprimento até que o outro contratante perfaça a sua. É uma "exceção" tratada dentro do princípio romano de que a *exceptio* é uma forma de

---

devida. Sentença mantida. Recursos improvidos" (*TJSP* – Ap 0022528-91.2011.8.26.0309, 28-1-2016, Rel. Silvério da Silva).

"Apelação. Imóvel. Contrato de cessão de direitos. Previsão contratual expressa no sentido de que o pagamento da última parcela se daria somente após a outorga da escritura definitiva. ***Exceptio non adimpleti contractus***. Inteligência do art. 476 do Código Civil. Aplicação do art. 252 do Regimento Interno desta Corte. Recurso não provido" (*TJSP* – Ap 0206226-82.2010.8.26.0100,0 23-6-2015, Relª Rosangela Telles).

"**Agravo de instrumento** – Atraso na entrega de obra imobiliária – Mora da construtora – *Exceptio non adimpleti contractus* – Juros do financiamento que estavam sendo pagos pelo comprador. Transferência dessa responsabilidade para a construtora, a vigorar até quando da entrega da obra. Recurso desprovido" (*TJSP* – AI 2074330-46.2014.8.26.0000, 30-6-2014, Rel. Edson Luiz de Queiroz).

"**Apelação** – Adjudicação compulsória – Compromisso de compra e venda não registrado – Impossibilidade, nos termos do art. 1.418 do CC – Cabível a pretensão com fundamento no artigo 461 do CPC – Todavia, não houve quitação integral do preço por parte do autor. Exceção de contrato não cumprido ('exceptio non adimpleti contractus'). Inteligência do art. 476, do CC. Litigância de má-fé não configurada. Recurso não provido" (*TJSP* – Ap 9102787-76.2008.8.26.0000, 21-3-2014, Rel. Pedro de Alcântara da Silva Leme Filho).

"**Contrato particular de cessão de direitos**. Resolução contratual, indenização e reintegração de posse. Ausência de incorporação e do habite-se. Sem o registro da incorporação, o que contraria o art. 32 da Lei nº 4.591/1964, não poderiam ter sido negociadas as unidades, e sem o habite-se o imóvel não poderia estar sendo habitado, o que de pronto afasta a mora da requerida, uma vez que o autor não pode alegar boa-fé, por ser o sócio gerente da incorporadora e construtora, e o conhecimento das irregularidades pela cessionária não exclui ou atenua sua responsabilidade. Tratando-se de contrato bilateral, sem o registro da incorporação e o habite-se o autor não pode exigir o cumprimento da obrigação dos pagamentos pela ré, em conformidade com o art. 476 do Código Civil, porque não cumpriu sua prestação, que era de entregar o bem com regularidade documental, que é ínsita à obrigação principal da entrega da coisa, em cujo âmbito se insere, de forma a admitir a ***exceptio non adimpleti contractus***, e não precisaria estar escrita. Improcedência da ação. Recurso do autor desprovido e provido o da ré" (*TJSP* – AC 1596715200682606O4, 7-5-2013, Rel. Des. Alcides Leopoldo e Silva Junior).

defesa. O contratante opõe essa exceção como forma de se defender contra o outro contratante inadimplente. É exceção de mérito. Com essa oposição, o contratante logra apor um obstáculo legal à exigência de seu cumprimento, pelo não cumprimento da outra parte. Pressupõe-se, por outro lado, que o contratante em falta esteja a exigir indevidamente o cumprimento do contrato. Esse é justamente o âmago da questão, a ser examinado pelo juiz em cada caso concreto. Se o contratante está em dia com o cumprimento de suas obrigações, pode validamente exigir que o outro cumpra a avença no que lhe couber.

O fundamento desse princípio repousa no justo equilíbrio das partes no cumprimento do contrato, fundamentalmente em razão da equidade, portanto. Trata-se de aplicação do princípio da boa-fé que deve reger os contratos, por nós já referido.

Note que esse meio de defesa só pode ser validamente oposto se as prestações são simultaneamente exigíveis. Uma prestação futura, ainda não exercitável e inexigível dentro do contrato, não lhe pode servir de base de defesa, isto é, de paralisação de cumprimento do contrato pela parte cuja obrigação já esteja vencida e exigível. Destarte, só podemos opor essa defesa quando a lei ou o contrato não disser a quem cabe cumprir primeiramente a obrigação.[2] Nessa hipótese, a lei abre a exceção descrita no art. 477:

> *"Se depois de concluído o contrato sobrevier a uma das partes contratantes diminuição em seu patrimônio, capaz de comprometer ou tornar duvidosa a prestação pela qual se obrigou, pode a parte, a quem incumbe fazer a prestação em primeiro lugar, recusar-se a esta, até que a outra satisfaça a que lhe compete ou dê garantia bastante de satisfazê-la."*[2]

---

2 "Prestação de serviços de gestão de carreira artística, agenciamento e divulgação de artistas musicais. Ação declaratória de rescisão contratual c.c. indenização por dano material e moral. Ajuste contratual de retenção de cem por cento (100%) dos valores auferidos pelo trabalho da dupla sertaneja em favor da pessoa jurídica empresária pelos primeiros doze meses. Repasse do cachê na forma contratada depois de expirado o prazo contratual de um ano não efetivado. Inexistência de justificativa para retenção que se afigurou ilegítima. Ausência de prova de valor investido e suficiente a alavancar a carreira artística da 'dupla sertaneja', dever contratualmente assumido pelos empresários. Obrigação que guarda evidente relação de correspectividade e interdependência com a continuidade das atividades no ramo musical da dupla sertaneja. Caracterização de descumprimento contratual por parte dos autores. Incidência da **exceção de contrato não cumprido**. Dicção dos arts. 476 e 477 do Código Civil. Redução da verba honorária advocatícia sucumbencial diante da orientação C. STJ contida no REsp 1.906.618/SP, representativo de controvérsia repetitiva. Valor da causa expressivo, que não serve de baliza para a fixação da verba honorária sucumbencial, sob pena de se onerar em demasia a parte vencida. Arbitramento que deve ocorrer por equidade, obediente aos critérios estabelecidos nos §§ 2º e 8º do art. 85 do Código de Processo Civil. Orientação do E. Supremo Tribunal Federal na Ação Cível Originária nº 2.988/DF. Recurso provido em parte" (*TJSP* – Ap 1083022-76.2013.8.26.0100, 2-8-2022, Rel. Dimas Rubens Fonseca).

"Processo civil – Agravo legal – Civil – Contrato de fornecimento – Inadimplemento – **Exceção do contrato não cumprido** – Agravo legal não provido – I- Ação ajuizada pela Casa da Moeda do Brasil visando ao pagamento decorrente do contrato celebrado com a demandada, cujo objeto consistia na produção e fornecimento de bilhetes magnetizados. Sustentou que atendeu ao pedido de entrega de quatro milhões de bilhetes magnetizados contudo, a ré apontou defeitos nos produtos enviados, notificando a autora do cancelamento do pedido de dois milhões de bilhetes. II- Entre a comunicação da existência de defeito nos bilhetes fornecidos e a comunicação da conclusão da perícia pela equipe técnica da parte autora decorreram mais de dois meses, restando demonstrado que os prazos previstos na Cláusula Décima-Segunda do contrato não foram devidamente observados, ensejando o inadimplemento contratual pela parte autora. III- Ante ao descumprimento pela parte autora dos prazos previstos nas cláusulas contratuais, a solicitação de cancelamento do pedido pela SPTrans foi legítima, mormente considerando o teor do disposto no artigo 476 do Código Civil, não havendo de se falar em má-fé em sua conduta, amparada no interesse público decorrente da prestação de serviços aos usuários do transporte público do Município de São Paulo. IV- Agravo legal improvido" (*TRF*-3ª R. – AC 0013877-40.2008.4.03.6100/SP, 14-7-2019, Rel. Des. Fed. Valdeci dos Santos).

"Ação de cobrança julgada improcedente e reconvenção julgada procedente – Contratação de empresa para reformar apartamento – **Exceptio non adimpleti contractus** – Vícios insanáveis – Necessidade de contratação de outra empresa para finalizar a obra. Despesas comprovadas nos autos. Improcedência da ação de cobrança e

É mais uma aplicação do princípio da boa-fé que deve nortear os contratos. Imagine o contratante de uma empreitada, que deve fornecer dinheiro e materiais em continuação ao empreiteiro e venha a saber que este se envolve em operações arriscadas, que colocam em perigo sua solvência e credibilidade. Pagar nessa situação seria um risco de não ver completada a obrigação do empreiteiro em concluir a obra ou serviço. Permite-se, pois, que o devedor suspeitoso peça uma garantia ao outro contratante, uma caução idônea.

Ao princípio dessa exceção acrescenta-se a *non rite adimpleti contractus*. Enquanto a exceção de contrato não cumprido tem como pressuposto o descumprimento da avença pela outra parte, uma inexecução completa, a *non rite* funda-se em um descumprimento parcial, incompleto ou defeituoso do negócio.[3] Tanto numa como noutra, empregamos o princípio

---

procedência da reconvenção bem decretadas. Recurso desprovido" (*TJSP* – Ap 0057344-84.2010.8.26.0002, 7-3-2018, Relª Maria de Lourdes Lopez Gil).

"Apelação Cível – Rescisão Contratual – Culpa Recíproca – ***Exceptio non adimpleti contractus*** – Não aplicação – Retenção de 10% – Sucumbência Recíproca – Sentença parcialmente reformada – 1 – Nos contratos bilaterais, nenhum dos contratantes, antes de cumprida a sua obrigação, pode exigir o implemento do outro. A *exceptio non adimpleti contractus* é uma maneira de assegurar o cumprimento recíproco das obrigações assumidas. 2 – Constatada a inadimplência de ambas as partes, não há que se falar em imposição de cláusula penal em favor de uma ou de outra parte. Se ambas as partes descumprem o contrato – Culpa recíproca ou concorrente –, nenhuma delas pode exigir da outra o pagamento da multa contratual. 3 – A legislação consumerista veda a retenção integral dos valores pagos, não impondo óbice para que haja retenção de parte do valor, desde que razoável e que não implique ônus excessivo ao consumidor. A retenção de 10% sobre o montante pago revela-se adequada ao caso. 4 – Recurso conhecido e provido. Sentença reformada" (*TJDFT* – Proc. 20150110258293APC – (985731), 23-1-2017, Rel. Silva Lemos).

"Apelação cível – Ação de cobrança – Procedência na origem – Insurgência do réu – Contrato de empreitada para edificação de estrutura destinada à instalação de mercado no piso térreo. Posterior acordo verbal entre as partes para ampliação da obra, com a construção de residência unifamiliar no piso superior, câmara frigorífica, cobertura para o abrigo de motores e muros divisórios no terreno. Autora que pretende a condenação do réu ao pagamento do acréscimo. Conjunto probatório que evidencia a execução de serviços além dos inicialmente contratados. Ausência, entretanto, de prova do valor ajustado entre as partes. Ônus que cabia à demandante (art. 333, I, do Código de Processo Civil). Autora que, além disso, admite ter recebido quantia adicional pelos serviços realizados. Empreiteira que, ademais, entrega a obra inacabada. Aplicação da ***exceptio non adimpleti contractus*** (art. 476 do Código Civil). Sentença reformada. Improcedência dos pedidos iniciais. Ônus sucumbenciais. Redistribuição em razão do resultado do julgado. Recurso conhecido e provido" (*TJSC* – AC 2011.029388-1, 30-3-2016, Relª Desª Rosane Portella Wolff).

"Apelação digital. Embargos à execução. Título executivo representado por duplicatas. Cerceamento de defesa. Inocorrência. Observância ao artigo 396 do CPC. Alegada ***exceptio non adimpleti contractus*** não acolhida. Inadimplemento verificado. Prova inequívoca da relação negocial. Nota fiscal acompanhada do comprovante de recebimento das mercadorias assinado e do protesto da cambial. Pretensão a que seja reconhecida como indevida a cobrança. Impossibilidade. Insurgência que, por si só, não descaracteriza o título executivo. Sentença de improcedência mantida. Recurso não provido" (*TJSP* – Ap 1036315-43.2014.8.26.0576, 9-9-2015, Rel. João Pazine Neto).

3 "Apelação cível. Ação de cobrança. Contrato de compra e venda. Oposição de **exceção *non rite adimpleti contractus***. Adimplemento insatisfatório. Fato obstativo do direito do autor. Ônus probatório do réu. Ausência de comprovação. Índice de correção. INPC. Taxa Selic. Não incidência. Recurso conhecido e desprovido. 1. Recurso de apelação interposto contra a sentença proferida nos autos da ação de cobrança, em que se discute o não pagamento do acordo referente à compra de Equipamentos de Proteção Individual (EPIs), sob o pretexto da exceção do contrato não cumprido. 2. Os contratos de compra e venda são caracterizados pela bilateralidade ou sinalagmaticidade, consubstanciada na partilha de obrigações entre as partes. Destarte, cada contratante é credor e devedor, simultaneamente. 3. O art. 476 do Código Civil oportuniza que o demandado oponha a exceção do contrato não cumprido, de forma que 'nos contratos bilaterais, nenhum dos contratantes, antes de cumprida a sua obrigação, pode exigir o implemento da do outro'. 4. No caso, o réu confirma o recebimento dos equipamentos objeto do contrato, mas alega inadimplemento insatisfatório devido aos riscos à segurança de seus portadores. Assim, a questão central do feito trata mais propriamente da subespécie *exceptio non rite adimpleti contractus*. 4.1. Doutrina: 'O CC, art. 476, apenas alude à exceção de contrato não cumprido, ou *exceptio non adimpleti contractus*, quando um dos contratantes se recusa a cumprir sua obrigação até o adimplemento da prestação da outra parte. No entanto, há também a *exceptio non rite adimpleti contractus*, que deve ser alegada quando, embora cumprida a obrigação, esta não foi completa ou adequadamente satisfeita. O adimplemento insatisfatório ou ruim dá ensejo à exceção

geral, porque as consequências são as mesmas, uma vez que uma obrigação somente será tida por cumprida no tempo, lugar e forma contratados. Na hipótese de solução parcial do contrato ou de descumprimento recíproco, caberá ao juiz, no caso concreto, fixar as responsabilidades, examinando a conduta e, consequentemente, a culpa dos contratantes. A doutrina mencionada, a esse respeito, o denominado *cumprimento substancial do contrato*. Ocorre quando a maior substância do contrato foi cumprida. Caberá ao julgador definir a situação e aplicar a melhor solução no caso concreto.

O instituto da exceção ora vista guarda semelhanças e pontos de contato com outras modalidades de negócio jurídico que, em síntese, servem para garantir o cumprimento das obrigações. Assim ocorre com a *compensação*, que também pode ser oposta como meio de defesa para obstar o pagamento. Contudo, como estudamos no Capítulo 10 da obra *Direito Civil: Obrigações e Responsabilidade Civil*, a compensação é forma especial de extinção de obrigações em razão de um encontro de débitos e créditos entre as partes. A exceção de contrato não cumprido não é meio de extinção da obrigação. Pelo contrário, se ela é oposta, é justamente porque a obrigação ainda não está extinta, servindo para compelir o devedor a extingui-la.

Também o direito de retenção por benfeitorias (Venosa, *Direito civil: parte geral*, seção 16.8.2) é forma de forçar o cumprimento de obrigação por parte de um devedor. Trata-se, porém, de direito restrito a um tipo de obrigação inerente a uma coisa, sobre a qual se fez benfeitorias. Deriva de um crédito ligado à coisa que deva ser restituída pelo titular das benfeitorias. A exceção ora estudada tem cunho geral de aplicabilidade a todos os contratos sinalagmáticos.

Por derradeiro, o parágrafo único do art. 1.092 do Código de 1916 dispunha que *"a parte lesada pelo inadimplemento pode requerer a rescisão do contrato com perdas e danos"*. O vigente Código, no art. 475, dispõe:

---

non rite adimpleti contractus' (LÔBO, Paulo. *Direito Civil*: Contratos v. 3. 9. ed. São Paulo: SaraivaJur, 2023, pág. 72) 5. A exceção do adimplemento insatisfatório ou ruim possui natureza de defesa indireta de mérito, uma vez que tem o condão de obstar o exercício do direito do autor. Desse modo, cabe ao demandado provar a inadimplência do outro contratante, conforme estabelece o art. 373, II, do Código de Processo Civil. (...) 8. Apelação conhecida e desprovida" (*TJDFT* – Ap 07125347820198070007, 31-1-2024, Rel. Carlos Alberto Martins Filho).

"Apelação. Ação de cobrança. Contrato de empreitada de mão de obra para serviços em edificação. Sentença de parcial procedência. Recurso da parte ré. Dona da obra que não comprovou o pagamento total dos serviços e tampouco demonstrou que a liberação de valores, de mútuo para construção, concedido por instituição financeira, decorreu de culpa do empreiteiro. Por outro lado, o perito judicial constatou o cumprimento imperfeito da prestação a cargo do empreiteiro autor, sob os aspectos quantitativo e qualitativo. **Caracterização da exceptio non rite adimpleti contractus, a impor a adequação entre a prestação parcial e o correspondente valor a ser pago**. Sentença reformada, para considerar como descumprimento, pelo empreiteiro, não apenas a parcial falta da prestação, mas também o cumprimento defeituoso de parte da obra, e que ensejaria o refazimento do serviço, tudo a refletir no valor devido pela ré. Recurso da ré parcialmente provido" (*TJSP* – Ap 1000637-69.2016.8.26.0584, 22-4-2021, Rel. Elói Estevão Troly).

"Embargos à execução – **Exceção do contrato não cumprido** – Inexistência de comprovação – Litigância de má-fé não configurada – 1- Não há provas do inadimplemento do apelado/embargado. Constata-se que, em verdade, foi o apelante que incorreu em mora (ex re) ao deixar de pagar o preço na data previamente definida, não podendo invocar a *exceptio non adimpleti contractus*. 2- O exercício regular do direito de defesa não caracteriza litigância de má-fé" (*TJDFT* – Proc. 20100110170195APC (1188662), 29-7-2019, Rel. Fernando Habibe).

"Apelação – Ação de cobrança e reconvenção – Empreitada – Sentença de procedência em parte de ambas as ações – Prestação de serviços – Pretensão da autora à condenação do réu ao pagamento da última parcela do contrato de empreitada celebrado, bem como dos serviços extras realizados. **Exceção do contrato inadimplido** (*exceptio non adimpleti contractus*) – Autora que afirma ter efetuado serviços extras, ainda que estivesse estritamente obrigada à execução das obras previstas contratualmente – Empreitada que sequer foi concluída – Autora que não concluiu a obra, dando causa à resolução do contrato – Sentença que já condenou o réu ao pagamento de serviços extras – Autora que não logrou fazer prova ou trazer indícios em favor de suas teses, não se desincumbindo de seu ônus probatório, nos termos do art. 373, I do CPC. Sentença mantida – Recurso desprovido" (*TJSP* – Ap 1137646-70.2016.8.26.0100, 6-8-2018, Rel. Sergio Gomes).

"A parte lesada pelo inadimplemento pode pedir a resolução do contrato, se não preferir exigir-lhe o cumprimento, cabendo, em qualquer dos casos, indenização por perdas e danos."[4]

---

4 "Obrigação de fazer – Rescisão Contratual – Reparação de danos materiais e morais – Contrato de prestação de serviços – Móveis planejados. Sentença de parcial procedência, que condenou a ré na obrigação de fazer, consistente na conclusão dos serviços de montagem e instalação dos móveis, afastando os pedidos de indenização por danos materiais e morais, com imposição de sucumbência recíproca. Apelação interposta pelo autor – Inadimplemento contratual por parte da ré – Pretensão de reforma da sentença para decretar a rescisão do contrato e condenar a ré ao pagamento de indenização por danos materiais e morais – Pleito de afastamento da sucumbência recíproca e de condenação por litigância de má-fé. Razões de decidir – Rescisão contratual – Inadimplemento substancial por parte da ré, caracterizado por atraso excessivo e injustificado na entrega e montagem, além de falhas na execução – Quebra da confiança e da boa-fé objetiva – Faculdade da parte lesada de pleitear a resolução do contrato em detrimento do cumprimento forçado da obrigação, nos termos do artigo 475 do Código Civil – Acolhimento do pedido para decretar a rescisão do negócio jurídico – Confirmação da tutela de urgência para suspensão do pagamento – Danos materiais – Manutenção da improcedência quanto aos danos materiais – Autor que não se desincumbiu do ônus de comprovar minimamente os prejuízos alegados, sejam lucros cessantes ou danos emergentes – Ausência de orçamentos ou laudos que quantificassem a extensão dos danos – Danos morais – Configuração – Situação que extrapola o mero dissabor do cotidiano – Frustração da legítima expectativa, tempo despendido na tentativa de solução e desgaste de conviver com o ambiente residencial inacabado por longo período que configuram ofensa a direitos da personalidade – Dever de indenizar configurado – Valor arbitrado em consonância com os princípios da razoabilidade e proporcionalidade – Litigância de má-fé – Ausência de enquadramento da conduta da ré em qualquer das hipóteses do artigo 80 do Código de Processo Civil – Sucumbência – Redistribuição necessária em razão do resultado do julgamento. Sentença reformada para julgar procedentes os pedidos de rescisão do contrato e condenação da ré ao pagamento de indenização por danos morais. Recurso provido em parte" (*TJSP* – Ap 1004294-69.2023.8.26.0100, 11-8-2025, Rel. Marco Pelegrini).

"Apelação. Ação declaratória de rescisão contratual, com pedido de restituição de valores – Prestação de serviços para desenvolvimento de "software" – Sentença de procedência – Recurso da empresa ré. Rescisão contratual – Contrato celebrado entre as partes previu sua conclusão no prazo de 30 dias úteis, mediante o pagamento da contraprestação financeira pela autora em prazo similar – Pagamento efetuado sem o recebimento do produto, ou mesmo a disponibilização dos códigos-fontes para a contratação de outro prestador – Desrespeito aos sucessivos prazos estabelecidos pela própria contratada que não pode ser atribuído à autora – Aludida entrega do produto ocorrida meses após o recebimento de notificação, a demonstrar a inutilidade da prestação e o prévio inadimplemento, na forma do **art. 475 do CC** – Dispensa pela ré, ademais, da prova técnica de sua incumbência, necessária para apurar a efetiva prestação do serviço – Rescisão contratual bem declarada, com a condenação da ré ao ressarcimento da integralidade dos valores pagos. Recurso não provido". (*TJSP* – Ap 1010138-44.2021.8.26.0011, 15-9-2023, Rel. Helio Faria).

"Ação de outorga de escritura – Princípio da dialeticidade – **Exceção do contrato não cumprido** – O art. 514, II, do CPC exige, para que seja admitido o recurso, que a parte apresente as razões para reforma, impugnando especificadamente a decisão hostilizada. Nos contratos bilaterais, nenhum dos contratantes, antes de cumprida a sua obrigação, pode exigir o implemento da do outro (exceção do contrato não cumprido)" (*TJMG* – AC 1.0431.13.004178-0/002, 26-6-2019, Rel. Estevão Lucchesi).

"Prestação de serviços – Contrato de assessoria de compra e venda de energia elétrica – Ação de cobrança – Ausência de fato impeditivo, modificativo ou extintivo do direito do autor – Inteligência do artigo 373, inciso II, do Código de Processo Civil – Inaplicabilidade da ***exceptio non adimpleti contractus*** – Sentença mantida – Apelações parcialmente providas" (*TJSP* – Ap 0190221-14.2012.8.26.0100, 16-8-2018, Rel. Luiz Eurico).

"Declaratória – '***Exceptio non adimpleti contractus***' – Carência de interesse processual – Promessa de compra e venda – 1 – A exceção do contrato não cumprido é meio de defesa que, por isso mesmo, pressupõe a iniciativa do outro contratante em exigir o seu crédito sem antes cumprir a prestação a que se obrigou. 2 – Dada a sua natureza defensiva, não enseja demanda autônoma voltada à declaração, em caráter *principaliter*, do direito de exercê-la. Logo, o promitente comprador é carecedor de ação meramente declaratória do alegado direito de suspender o pagamento mensal do preço enquanto o promitente vendedor não adimplir a própria obrigação" (*TJDFT* – Proc. 20130110254719APC (988165), Rel. Fernando Habibe).

"Apelação cível – Contrato de promessa de compra e venda de imóvel – Cláusula que permite atraso na entrega do imóvel por cento e oitenta (180) dias – Validade – Mora do promitente comprador – Existência – Rescisão contratual por culpa das rés – Impossibilidade – Exceção do contrato não cumprido – Pedido Subsidiário – Ausência – Princípio da congruência – 1. É válida a cláusula que prevê a dilação do prazo de entrega do bem imóvel por cento e oitenta (180) dias. 2. No contrato bilateral, as obrigações das partes são recíprocas, de modo que, enquanto a parte inadimplente não cumprir sua obrigação, não pode exigir o cumprimento pela outra parte, observando a *exceptio non adimpleti contractus*. É o que está previsto no art. 476, do CC. 3. Embora qualquer das partes tenha o direito de alcançar a resolução do contrato, conforme estabelece o art. 475, do CC, mostra-se inviável o acolhimento de pedido de rescisão motivado pelo inadimplemento das rés quando há descumprimento prévio do contrato

Trata-se, portanto, do grande corolário do fundamento dos contratos bilaterais e aplica-se independentemente de texto legal. A parte que não deu causa ao descumprimento pode pedir o desfazimento judicial do contrato. A moderna técnica do direito, contudo, possibilita que se exija o cumprimento do contrato. O termo *rescisão* utilizado pela lei tem o sentido de extinção do contrato por inadimplemento de uma das partes. O vocábulo guarda sempre conotação judicial, embora nem sempre haja necessidade de decisão judicial para imputar o desfazimento contratual. Todos os contratos bilaterais, portanto, trazem essa chamada *cláusula resolutória implícita*, que permite a rescisão. Se, contudo, as partes fizeram-na constar expressamente do contrato (cláusula resolutória expressa), poderão estipular outros efeitos para a hipótese, prefixando uma multa, por exemplo. Ainda que as partes tenham expressamente convencionado a resolução automática no caso de descumprimento, há efeitos no desfazimento do contrato que só podem ocorrer com uma sentença judicial, que se fará necessária.

Não se pense, porém, que o pacto comissório, expresso ou implícito, seja exclusivo dos contratos bilaterais. Com a propriedade habitual, Guillermo A. Borda (1989:23) lembra que a resolução do contrato é aplicável sempre que existam obrigações pendentes na avença e a parte que pretenda fazê-lo valer esteja interessada na resolução. Acrescenta o autor argentino que o empréstimo e o comodato são contratos unilaterais clássicos, mas tanto o mutuante como o comodante podem pedir a resolução do contrato e a restituição da coisa em caso de seu descumprimento pelo mutuário ou pelo comodatário.

Existem outras características que se ligam mais aos contratos bilaterais, como a cessão do contrato por nós já enfocada no Capítulo 7 da obra *Direito Civil: Obrigações e Responsabilidade Civil*, assim como a lesão estudada na parte geral, e a excessiva onerosidade a ser aqui estudada.

3.3.2 Adimplemento Substancial do Contrato

No projeto apresentado ao Senado, para reforma do Código Civil, o texto trouxe o art. 475-A, cuidando do chamado *adimplemento substancial do contrato*, enfrentado amiúde pelos tribunais. Por esse princípio, aproveita-se o contrato quando parte substancial do negócio foi cumprido. Verifica-se, também, no caso concreto, se há interesse útil para o credor na efetivação da prestação, bem como se há possibilidade de aproveitamento do pacto em prol de sua função social e econômica.

Como se percebe, o adimplemento substancial do contrato deve ser aferido cuidadosamente na prova, tudo sem prejuízo da responsabilização por perdas e danos pelo culpado. O que se examina é a proporção de adimplemento no contrato, tendo em vista o volume das obrigações cumpridas e não cumpridas. De acordo com a boa-fé objetiva, examina-se o que é mais justo para a solução de inadimplemento. Trata-se de um refinamento da exceção de contrato não cumprido, em prol, segundo as circunstâncias, do aproveitamento tanto quanto possível do que foi cumprido. Em princípio, o descumprimento deve ser tido como insignificante, em cotejo com a amplitude do negócio jurídico.

---

pelos autores e inexiste pedido subsidiário de resilição unilateral do contrato. 4. Necessidade de observância do princípio da congruência presente nos arts. 2º, 128, 293 e 460, todos do CPC. 5. Apelo não provido" (*TJDFT* – AC 20140111252397APC – (933110), 19-4-2016, Rel. Arnoldo Camanho de Assis).

"Apelação. Ação de **resolução de contrato** cumulada com reintegração de posse e perdas e danos. Sentença de parcial procedência. Condenação da ré à devolução do bem e ao pagamento de aluguéis fixados em 1% do valor venal do imóvel. Autora que deverá restituir as parcelas pagas, de uma só vez, com retenção de 20%. Inconformismo da ré. Cerceamento de defesa inexistente. Alegação de benfeitorias realizada somente em sede de apelação. Vedada a inovação em sede recursal. Sentença mantida. Negado provimento ao recurso" (v.18607) (*TJSP* – Ap 0007967-85.2013.8.26.0408, 31-3-2015, Relª Viviani Nicolau).

O Superior Tribunal de Justiça tem enfrentado efetivamente essa problemática. É oportuno um texto legal nesse sentido, presente no direito comparado.[5]

3.3.3 Possibilidade de Renúncia à Exceção de Contrato Não Cumprido: Cláusula *Solve et Repete*

Interessante é questionar se, dentro do princípio de autonomia da vontade, que norteia as convenções, pode o contrato estipular que uma das partes, ou ambas, abram mão do direito assegurado pelo art. 476, isto é, se a parte pode ficar obrigada a cumprir sua obrigação contratual, mesmo perante o descumprimento total ou parcial da ex-adversa. Cuida-se da cláusula *solve et repete*, em que o contratante cumpre sua obrigação mesmo perante o descumprimento da do outro, e somente depois se voltará contra este para pedir o cumprimento ou as perdas e danos.[6]

---

[5] "Civil e processual civil. Agravo interno no agravo em recurso especial. Matéria constitucional. Impossibilidade de apreciação. Cumprimento parcial do acordo. Pagamento extemporâneo. Inadimplemento. Relevância. Teoria do adimplemento substancial. Cláusula penal. Redução proporcional necessária. Obrigatoriedade. Art. 413 do Código Civil de 2002. Decisão mantida. 1. A análise de suposta violação de dispositivos constitucionais é vedada em sede especial, sob pena de usurpação da competência do Supremo Tribunal Federal. 2. É possível a aplicação da Teoria do Adimplemento Substancial nas relações de direito privado, notadamente se 'constatado o cumprimento expressivo do contrato, em função da boa-fé objetiva e da função social, mostra-se coerente a preservação do pacto celebrado' (AgInt no REsp n. 1.691.860/PR, relator Ministro Marco Aurélio Bellizze, Terceira Turma, julgado em 14/10/2019, *DJe* de 22/10/2019). 3. A norma do art. 413 do Código Civil impõe ao juiz determinar a redução proporcional da cláusula penal na hipótese de cumprimento parcial da obrigação. Precedentes. 4. Agravo interno a que se nega provimento" (*STJ* – AgInt no AREsp 2.279.914/RN, 18-8-2023, Rel. Min. Antonio Carlos Ferreira).

"Agravo interno no agravo em recurso especial. Ação de rescisão de contrato de promessa de compra e venda. Inadimplemento do contrato incontroverso. Aplicação da teoria do adimplemento substancial. Revisão. Impossibilidade. Súmulas 5 e 7/STJ. Agravo interno improvido. 1. No presente caso, a Corte de origem firmou seu convencimento no sentido de afastar a teoria do adimplemento substancial, com base nas provas produzidas nos autos e no contrato firmado entre as partes. De acordo com a orientação do Superior Tribunal de Justiça, não há como acolher a pretensão recursal que demande o reexame dos aspectos fáticos e probatórios da causa e/ou a interpretação de cláusulas contratuais, com vistas a modificar a conclusão exarada pelo Tribunal de origem, ante os óbices dispostos nas Súmulas 5 e 7 do Superior Tribunal de Justiça. 2. Agravo interno improvido" (*STJ* – AgInt no AREsp 2.299.860/SC, 16-8-2023, Rel. Min. Marco Aurélio).

"Agravo interno no agravo em recurso especial. Promessa de compra e venda. Ação de rescisão de contrato. Adimplemento substancial. Alteração do acórdão recorrido. Súmulas 5 e 7 do STJ. Agravo interno desprovido. 1. Modificar a decisão proferida pela Corte de origem, que entendeu ser aplicável a teoria do adimplemento substancial, demandaria o reexame do contexto fático probatório dos autos, bem como das cláusulas contratuais, providências vedadas no âmbito do recurso especial, diante das Súmulas 5 e 7/STJ. 2. Agravo interno desprovido" (*STJ* – AgInt no AREsp 2.040.073/RS, 29-6-2022, Rel. Min. Raul Araújo).

[6] "Agravo de instrumento – Pedido de concessão da tutela de urgência formulado para que a Fazenda do Estado seja impedida de incluir os valores referentes à Tarifa de Uso do Sistema de Transmissão de Energia Elétrica (TUST) e da Tarifa de Uso do Sistema de Distribuição de Energia Elétrica (TUSD) na base de cálculo do ICMS devido em operação de consumo de energia elétrica – A agravada há muito vem incluindo os valores referentes à TUSD e à TUST na base de cálculo do ICMS devido em operação de consumo de energia elétrica, não colhendo argumentar, a esta altura, com prejuízos suportados pela agravante – Tese do "**solve et repete**" que é insuficiente para justificar a antecipação da tutela – Recurso improvido" (*TJSP* – AI 2139874-05.2019.8.26.0000, 25-9-2019, Rel. Luiz Sergio Fernandes de Souza).

"Cédula rural pignoratícia e hipotecária – Encargos – Revisão – Contrato extinto – Possibilidade – **Princípio do 'solve et repete'** – Juros e acréscimos – Legalidade de incidência – Reconhecimento – Limitação a 12% ao ano – Descabimento – Art. 192, § 3º da CF revogado pela EC nº 40/03 – Cédula de crédito rural – Capitalização mensal possível – Art. 5º do Decreto-Lei nº 167/67 – Súmula nº 93 do STJ – Comissão de permanência e juros remuneratórios em período de inadimplência – Falta de comprovação da cobrança de tais encargos – Contrato quitado – Sentença mantida – RITJ/SP artigo 252 – Assento Regimental nº 562/2017, art. 23. Recurso não provido" (*TJSP* – Ap 0011889-24.2011.8.26.0047, 6-3-2018, Rel. Henrique Rodriguero Clavisio).

"Agravo de instrumento – Indevida se mostra a inclusão dos valores referentes à Tarifa de Uso do Sistema de Transmissão de Energia Elétrica (TUST) e da Tarifa de Uso do Sistema de Distribuição de Energia Elétrica (TUSD) na base de cálculo do ICMS incidente sobre operação de consumo de energia elétrica, conforme precedentes do STJ – Sucede apenas que não se vê aqui configurado o periculum in mora, pois, se a causa for julgada em favor do

Essa cláusula importa em renúncia à oposição da exceção de contrato não cumprido. Serpa Lopes (1964, v. 3:167) noticia a celeuma doutrinária de largo tempo, a qual culminou em admiti-la, apesar de muitos considerarem-na leonina. Dessa forma, outorga-se ao credor o poder de acionar o devedor sem que este possa opor-se a exceção. Essa cláusula mostra-se muito comum nos contratos administrativos, para favorecer e proteger a Administração. Nos contratos de Direito Privado, deve ela ser evitada, porque desequilibra o contrato bilateral. O Código italiano permitiu a cláusula no art. 1.462, desde que seja expressamente firmada e nos limites estipulados pelas partes, impondo ainda outras restrições.

Pelo Código de Defesa do Consumidor, essa cláusula exonerativa não pode ser admitida em detrimento da parte protegida pela lei, não apenas porque coloca o consumidor em situação de desvantagem exagerada, mas também porque a lei é expressa em repelir essa cláusula. De fato, o art. 51 considera nula de pleno direito as cláusulas que:

> *"estabeleçam obrigações consideradas iníquas, abusivas, que coloquem o consumidor em desvantagem exagerada, ou sejam incompatíveis com a boa-fé ou a equidade"* (inciso IV).

E o inciso IX do mesmo artigo é expresso em considerar nulas as cláusulas que *"deixem ao fornecedor a opção de concluir ou não o contrato, embora obrigando o consumidor"*. No mesmo diapasão está o dispositivo do inciso XI, que proíbe o cancelamento unilateral do contrato, sem igual direito do consumidor. O § 1º do art. 51 especifica o que a lei entende por *vantagem exagerada*:

> *"Presume-se exagerada, entre outros casos, a vantagem que:*
>
> *I – ofende os princípios fundamentais do sistema jurídico a que pertence;*
>
> *II – restringe direitos ou obrigações fundamentais inerentes à natureza do contrato, de tal modo a ameaçar seu objeto ou o equilíbrio contratual;*
>
> *III – se mostra excessivamente onerosa para o consumidor, considerando-se a natureza e conteúdo do contrato, o interesse das partes e outras circunstâncias peculiares ao caso."*

Por aí vemos que não podemos excluir a garantia contratual da exceção de contrato não cumprido dentro do amplo alcance do Código de Defesa do Consumidor. Os princípios desse Código são mais amplos ainda, com institutos que serão estudados por nós no decorrer desta obra, tal como a excessiva onerosidade. A cláusula *solve et repete* fica livre apenas para

---

contribuinte, bastar-lhe-á exigir a repetição do que foi pago, não se revelando no ***solve et repete*** razão bastante para a concessão de tutela de urgência – Recurso improvido" (*TJSP* – AI 2072868-49.2017.8.26.0000, 16-8-2017, Rel. Luiz Sergio Fernandes de Souza).

"Cédula de crédito rural revisional. Possibilidade de revisão de contratos findos. **Princípio do *solve et repete***. Critérios de juros e atualização que obedecem a legislação pátria e a jurisprudência dos tribunais. Juros. Legalidade da convenção Limitação a 12% ao ano. Descabimento. Art. 192, § 3º, da CF revogado pela EC nº 40/2003. Cédula de Crédito Rural. Capitalização mensal possível. Art. 5º do Decreto-lei nº 167/1967. Súmula nº 93 do Superior Tribunal de Justiça. Comissão de permanência e juros remuneratórios em período de inadimplência. Falta de comprovação da cobrança de tais encargos. Inadimplência não comprovada nos autos. Contrato quitado. Honorários advocatícios. Sucumbência. Apreciação equitativa do juiz. Natureza declaratória e condenatória da ação. Adequação valor fixado. Sentença mantida. Aplicação do art. 252 do RITJ do TJSP. Recurso não provido" (*TJSP* – Ap 0014114-80.2012.8.26.0047, 4-3-2015, Rel. Henrique Rodriguero Clavisio).

"**Ação de conhecimento de obrigação de fazer** – Dívida fiscal (IPTU) inequivocamente assumida pelas rés em assembleia. Obrigação de fazer que, malgrado seja de pagamento também, contém urgência e não se submete ao **princípio *solve et repete***. Precedente jurisprudencial desta Câmara em hipótese símile a vertente. Recurso provido" (*TJSP* – AI 0147.447-41.2013.8.26.0000, 10-9-2013, Rel. José Joaquim dos Santos).

os contratos paritários, livremente discutidos em seu conteúdo e para as tratativas, fora do alcance dos direitos do consumidor.

No campo do contrato administrativo, a inserção dessa cláusula deve ser levada à conta das chamadas cláusulas exorbitantes. São aquelas em que o Estado se mune de direitos não conferidos ao particular contratante, atribuindo-se vantagens unilaterais no contrato. Essas cláusulas são exorbitantes justamente porque contrariam (exorbitam) as regras de direito comum. Essa problemática, que deve ter em mira sempre coibir eventual abuso de direito por parte da Administração, deve ser versada no Direito Público; examinemos a questão no Capítulo 15.

3.4 CONTRATO PLURILATERAL

Modernamente, tendemos a identificar uma categoria de contratos ora como uma espécie de contratos bilaterais, ora como uma categoria autônoma: os *contratos plurilaterais*. Como o próprio vocábulo denota, deve existir a manifestação de mais de duas vontades. Não os confunda, porém, com os contratos bilaterais com múltiplos sujeitos ativos e passivos, mas com um mesmo nível de direitos e obrigações. Assim, se um mesmo imóvel é locado a duas ou mais pessoas em comum, não podemos falar em plurilateralidade, porque todos os inquilinos estão no mesmo grau contratual.

Nos contratos plúrimos, cada parte adquire direitos e contrai obrigações com relação a todos os outros contratantes. Há um feixe de obrigações entrelaçadas e não uma oposição pura e simples de um grupo de contratantes perante outro.

Como consequência, enquanto nos contratos bilaterais o negócio conclui-se pela manifestação mútua das partes, seu mútuo assentimento, o problema torna-se mais complexo nos plurilaterais. Nestes últimos, a vontade de cada um pode ir-se manifestando escalonadamente, e é necessário estabelecer na avença seu tempo e forma. Também no tocante aos vícios de vontade, nos contratos plurilaterais, o vício que inquina uma das vontades não atinge todo o negócio, como regra geral. O caso concreto dirá o nível de alcance do vício de vontade.

Nos contratos ora em exame, cada partícipe poderá ter uma parcela de execução contratual diversa das demais. Uma parte pode ser obrigada a pagar em dinheiro, a outra a pagar com a entrega ou restituição de uma coisa, outra ainda pode obrigar-se a pagar um aluguel etc. Poderá também ocorrer que as partes plúrimas não tenham antagonismo perante qualquer outra parte, mas busquem um fim comum no contrato. Ao contrário do que à primeira vista possa parecer, não é necessário um escopo comum para a existência de um contrato plurilateral. A cessão de posição contratual, por exemplo, não deixa de ser um negócio trilateral, já que necessita da vontade dos contratantes originais e do cessionário, não havendo que se falar em finalidade comum na avença. Nossa lei não traz normas específicas para essa categoria, embora estejam os negócios múltiplos já difundidos, como ocorre com o contrato de consórcio para aquisição de bens.

Outra diferença é o fato de que nos contratos bilaterais, afora a possibilidade de cessão da posição contratual, as partes são as originárias, enquanto nos plurilaterais admite-se, por vezes, a possibilidade de ingresso e retirada das partes contratantes, no curso do contrato. A lei civil italiana regula essa forma de contrato aberto, o qual, depois de firmado, admite novos contratantes. Isto significa que o contrato pode nascer com apenas duas partes, mas tornar-se multilateral em seu curso de existência (Messineo, 1973, v. 21, t. 1:597). A ideia principal do contrato dito *aberto* é permitir o ingresso ou exclusão de partes sem que a elaboração e a conclusão de novo contrato sejam necessárias. Note que a adesão ao contrato faz com que o novo contratante assuma a avença com um estágio conhecido de cumprimento e obrigue-se nos termos do contrato inicialmente feito. Poderá constituir vício de vontade a adesão a um contrato cujo nível e estágio de cumprimento não sejam do conhecimento do aderente, o que não se confunde com o conhecimento de todas as suas cláusulas, também essencial. O aderente que entra no contrato *a meio caminho* deve assumir cientemente os riscos desse ingresso. O contrato deve especificar quem deve autorizar a adesão do novo contratante e sob qual forma ocorrerá esse acordo de vontades. Normalmente, quem detém a *estrutura* do contrato, isto é, quem "administra" o contrato é quem estipula a forma de ingresso ou saída e é quem tem o dever de informar o novo contratante sobre o estágio do cumprimento, sob pena de responder por perdas e danos.

A exceção de contrato não cumprido possui também alcance diverso nessa categoria. O descumprimento da avença por uma das partes gerará uma *exceptio* limitada a sua atividade e não a todo o contrato. Destarte, o descumprimento por uma das partes não autorizará, como regra geral, a paralisação do cumprimento pelas demais, a não ser que diga respeito à própria razão de ser do negócio.

3.5 CONTRATOS DIGITAIS

Nessa nossa nova era, devemos traçar algumas palavras sobre os chamados contratos digitais. Aqueles que recebemos e podemos aquiescer pelo smartphone ou com um "enter" no computador. Nossa era digital cria cada vez mais instrumentos informatizados. Enfrentamos os denominados *smart contracts*, ou contratos inteligentes armazenados em arquivos ou *block chains*.

Nesse universo que nos apresenta, sem dúvida, modalidades de contratos de adesão ou com cláusulas predispostas, muitas questões podem ser sugeridas pelos aderentes: podem ser suprimidas, alteradas ou acrescidas cláusulas? A resposta sempre é relativa, pois no direito nada pode ser absoluto. O predisponente poderá ou não permitir alteração ou acréscimos de cláusulas, em um instrumento que poderá levar o título de "aditivo contratual". É claro, contudo, que a atividade do aderente, como regra geral, será aceitar ou não a contratação.

É fato que devemos aceitar o universo digital, sem que, no caso dos contratos, deixe-se de levar em conta os princípios tradicionais do direito contratual aqui examinados. A inteligência artificial (IA) pode criar realidades novas, até mesmo emocionais. Descortina-se um mundo novo, inclusive para o direito. Há, sem dúvida, um desafio impelido no universo jurídico, que ora nos interessa. Os sistemas analisam enormes quantidades de dados, podendo dar respostas a muitas demandas.

Um dos maiores desafios da IA é não perder o papel da vontade humana do intérprete final. Há que se entender, em última análise, que a IA é sempre limitada.

4

CLASSIFICAÇÃO DOS CONTRATOS (II)

4.1 CONTRATOS GRATUITOS E ONEROSOS

Nos *contratos gratuitos*, toda a carga de responsabilidade contratual fica por conta de um dos contratantes; o outro só pode auferir benefícios do negócio. Daí a denominação também consagrada de *contratos benéficos*. Inserem-se nessa categoria a doação sem encargo, o comodato, o mútuo sem pagamento de juros, o depósito e o mandato gratuitos. Há uma liberalidade que está ínsita ao contrato, com a redução de patrimônio de uma das partes, em benefício da outra, cujo patrimônio se enriquece. Não deixa de ser gratuito o contrato que circunstancialmente impõe deveres à parte beneficiada, como o dever do donatário em não incorrer em ingratidão (art. 555).

Essa espécie de obrigação, que mais tem cunho de dever moral, não tem o caráter de uma contraprestação: *"não está, no espírito das partes, uma compensação mais ou menos aproximada do que prometeu o doador nem a razão pela qual ele se obrigou"* (Borda, 1989:23). A mesma situação ocorre no mandato gratuito, quando o mandante deve reembolsar o mandatário de despesas para o desempenho do mandato (arts. 675 e 678). Essa obrigação não retira do mandato seu caráter gratuito, o que ocorreria caso as partes tivessem estipulado uma retribuição por seu desempenho. Neste último caso, o espírito que imbuiu as partes ao contratar foi oneroso.

De qualquer modo, como já visto na classificação anterior, a rotulação do contrato, na maioria das vezes, é insuficiente para aferir sua categoria. Destarte, uma fiança pode ser concedida de favor (gratuita) ou mediante remuneração (onerosa). Assim também o mandato aqui referido. São aguçadas, a respeito, as palavras de Garrido e Zago (1989, t. 1:73):

> *"a determinação do caráter gratuito ou oneroso de um contrato é uma questão de fato, liberada à apreciação dos juízes e tribunais em cada caso particular. Para resolvê-la será preciso ter em conta todos os antecedentes da operação e seus elementos materiais e psicológicos".*

Doutro lado, temos de ter em mente que o contrato somente pode ter uma única classificação em cada categoria: ou é gratuito ou é oneroso; não podendo ser em parte oneroso e em parte gratuito. Por essa razão, é criticável a doutrina que admite contratos *mistos*. Se é carreada uma obrigação à parte, ainda que à primeira vista unicamente beneficiada, o contrato é oneroso.

Nos *contratos onerosos*, pois, ambos os contratantes têm direitos e deveres, vantagens e obrigações; a carga ou responsabilidade contratual está repartida entre eles, embora nem sempre em igual nível. As partes concedem-se reciprocamente direitos e reciprocamente contraem obrigações. A onerosidade identifica-se primordialmente pela contraprestação que se segue à prestação, pela vantagem que decorre de um sacrifício do contratante. Pode ocorrer que o dever de um dos contratantes esteja em âmbito maior que o do outro. Como contratos onerosos temos a permuta, compra e venda, locação, empreitada etc.

Existe muita aproximação dessa classificação com aquela dos contratos unilaterais e bilaterais, tanto que muitos as identificam. De fato, todo contrato bilateral é oneroso, porque as responsabilidades do negócio distribuem-se pelos contraentes. No entanto, existem contratos unilaterais que são onerosos, como acontece com o mútuo feneratício (empréstimo de dinheiro), por exemplo, em que se convenciona o pagamento de juros. Essa modalidade de mútuo é onerosa, sem deixar de ser contrato unilateral, porque implica a cessão de uma coisa fungível ao mutuário, impondo-se uma compensação por tal empréstimo, que é o pagamento de juros. Como vemos, nessa hipótese não existe intuito benéfico.

A pessoa do contratante beneficiado nos contratos gratuitos é tida como essencial. Por isso, tais contratos são geralmente *intuitu personae* (o que não impede que existam contratos onerosos personalíssimos, como é curial). Na doação, por exemplo, o doador tem em vista exclusivamente a pessoa do donatário e ninguém mais. Por essa razão, avultam de importância, nesses contratos, as questões atinentes ao erro quanto à pessoa e à ingratidão do donatário.

Essa classificação é de muita importância, porque cada categoria terá regras próprias. A começar pela interpretação, os contratos benéficos, por disposição do Código, sofrem interpretação restritiva (art. 114). Na dúvida, não se amplia o alcance de um contrato benéfico.

Como regra geral, o contratante beneficiado não tem a mesma proteção do contratante onerado,

> *"pois aqui incide a regra, segundo a qual, havendo de escolher entre o interesse de quem procura assegurar um lucro ('qui certat de lucro captando'), e o de quem busca evitar um prejuízo ('qui certat de damno vitando'), é o interesse deste último que o legislador prefere"* (Rodrigues, 1981c, v. 1:31).

Por essa razão, em sede de atos ilícitos, a conduta do onerado no contrato gratuito deve ser vista com maiores rebuços, respondendo ele apenas por dolo, já que o beneficiado somente procura assegurar um lucro (Rodrigues, 1981*c*, v. 1:32; Monteiro, 1980, v. 5:28).

Em vários dispositivos, a lei faz referência aos contratos gratuitos e a sua forma de tratamento. Assim, no caso de revogação do negócio por fraude contra credores, os atos gratuitos são tratados com maior rigor (arts. 158 e 159); (ver *Direito civil: parte geral*, Cap. 26). Também não está o doador sujeito à evicção (art. 552), a qual somente se aplica aos contratos onerosos, nem sujeito a ações decorrentes de vícios redibitórios. Ninguém pode, por exemplo, pedir indenização por ter recebido a coisa doada com defeito, a não ser que tenha ocorrido dolo por parte do doador. Tudo isso está no ordenamento, como consequência da gratuidade, porque o negócio gratuito segue, em linha geral, um ideal de solidariedade ou beneficência.

4.2 CONTRATOS COMUTATIVOS E ALEATÓRIOS

Essa classificação é uma subdivisão dos contratos onerosos. Portanto, os contratos onerosos podem ser comutativos ou aleatórios.

É *comutativo* o contrato no qual os contraentes conhecem, *ex radice*, suas respectivas prestações. É *aleatório* o contrato em que ao menos o conteúdo da prestação de uma das partes é desconhecido quando da elaboração da avença. O conhecimento do que deve conter a prestação ocorrerá no curso do contrato, ou quando do cumprimento da prestação. Nos contratos comutativos, as partes têm, de plano, conhecimento do que têm a dar e a receber.

Portanto, o contrato aleatório funda-se na álea, sorte, ao menos para uma das partes. O contrato pode ser aleatório por sua própria natureza ou a álea pode resultar da vontade das partes. Assim, são aleatórios por sua natureza os contratos de seguro (arts. 757 ss), jogo e aposta (arts. 814 a 817), incluindo-se nessa natureza as loterias, rifas, lotos e similares, e o contrato de constituição de renda (arts. 803 a 813).

Por outro lado, um contrato que normalmente é comutativo, como a compra e venda, por exemplo, pode ser transformado em aleatório pela vontade das partes, como a aquisição de uma futura colheita.

Geralmente, a doutrina ressalta a importância dessa classificação no fato de que somente os contratos comutativos estão sujeitos à lesão, instituto visto na parte geral (vol. 1). No entanto, havendo abuso exagerado de uma das partes, mesmo no contrato aleatório pode ter campo a lesão, se uma das prestações é muito desproporcional em relação à situação do contrato. Destarte, não fica inibido o juiz de considerar lesivo, abusivo, um contrato protegido pelo Código de Defesa do Consumidor, ainda que aleatório. Em um contrato de seguro, por exemplo, examinar-se-á o abuso de acordo com o exame da natureza e conteúdo desse contrato, o interesse das partes e outras peculiaridades do caso (art. 51, § 1º, III). O mesmo podemos dizer no tocante à excessiva onerosidade, que será estudada a seguir, cujos princípios fundamentais dirigem-se aos contratos comutativos de duração, mas não impedem que, de acordo com as circunstâncias, essa teoria seja aplicada também aos contratos aleatórios: basta que ocorram circunstâncias que refujam ao risco próprio do contrato, isto é, fora daquele programado e imaginado pelas partes ou da própria natureza do contrato.

Por tais razões, não há grande decorrência prática dessa distinção, afora quanto à exigibilidade das prestações, o que torna específica e diversa, de acordo com o caso concreto, a *exceptio non adimpleti contractus*.

De qualquer modo, para efetuar a distinção nesta categoria, temos de ter em mira o momento do aperfeiçoamento do contrato. Nesse ponto é que pode mostrar-se aleatório. Quando do cumprimento das prestações, a álea poderá, como regra, deixar de existir. A indeterminação inicial da prestação caracteriza a "sorte" no contrato.

Nosso ordenamento não se preocupa especificamente com essa distinção, embora mencione o contrato comutativo ao falar da prescrição (art. 178, § 5º, IV, do Código de 1916) e dos vícios redibitórios (art. 441), não admitindo, a contrário senso, a alegação desses vícios nos contratos aleatórios.

O *contrato condicional* não se confunde com o contrato aleatório. No contrato condicional, a condição é aposta pelas partes como seu elemento acidental, quer seja ela suspensiva ou resolutiva; nos contratos aleatórios, a incerteza é seu elemento estrutural, ainda que colocado pela vontade das partes. A incerteza, neste último, está ínsita à estipulação aleatória, enquanto na condição, a incerteza, o fato incerto, pode ou não ocorrer (Iturraspe, 1988:70).

4.2.1 Contratos Aleatórios no Código Civil

Sob o título "Contratos Aleatórios" (arts. 458 a 461), o Código ocupa-se aparentemente da compra e venda aleatória, embora tais normas se apliquem, no que couber, a outros contratos, ainda porque em outras disposições encontramos também negócios dessa natureza, já mencionados, como o seguro, a constituição de renda, o jogo e a aposta.

No art. 1.118 do Código de 1916, o contrato aleatório dizia respeito a coisas futuras, cujo risco de virem a não existir seria assumido *pelo adquirente*. O art. 458 do vigente Código mantém integralmente o princípio, com pequenas modificações de redação que facilitam o entendimento, admitindo, porém, *que qualquer das partes pode assumir o risco de nada obter*:

> *"Se o contrato for aleatório, por dizer respeito a coisas ou fatos futuros, cujo risco de não virem a existir assuma um dos contratantes, terá o outro direito de receber integralmente o que lhe foi prometido, desde que de sua parte não tenha havido dolo ou culpa, ainda que nada do avençado venha a existir."*

Nesse caso, o alienante, ou o adquirente, salvo culpa sua pela inexistência do objeto da prestação, terá direito a todo o preço ou o que foi prometido no contrato. Trata-se de contrato de *emptio spei*, ou seja, venda de coisa esperada.[1] Nessa situação, as coisas que servem de objeto à prestação podem vir a não existir. Exemplo clássico é o da compra da rede do pescador. Pode ocorrer de o arremesso da rede nada captar. Mesmo que peixe algum venha na rede, vale e tem eficácia o contrato, sendo devido o preço, pois foi, na realidade, uma esperança que se adquiriu.

O art. 459 trata da hipótese de coisas futuras, quando o adquirente assume o risco de virem a existir em qualquer quantidade. O preço será devido ao alienante, ainda que a quantidade seja

---

1 "Apelação. Parceria agrícola. Ação de rescisão contratual c/c devolução de valores pagos. Deserção. Corréus intimados a recolher o preparo recursal em dobro em 05 dias, quedando-se inertes em relação ao pagamento. Inteligência do art. 1.007, § 2º do CPC/15. Impossibilidade de cognição do recurso adesivo. Cerceamento de defesa. Inocorrência. Desnecessidade de abertura da fase instrutória. Simulação. Litigantes que celebraram contratos coligados de parceria agrícola e compra e venda de cana-de-açúcar. Autores, proprietários do terreno sobre o qual se dão as plantações, que alegam inadimplemento por parte das corrés em vários meses, postulando a rescisão do contrato e a cobrança do saldo devedor. Rejeição do pedido. **Adoção da cláusula emptio spei**. Inteligência do art. 458 do Código Civil. Percentual de remuneração dos proprietários que ficou vinculado à efetiva colheita. Impossibilidade de invocar a ocorrência de simulação. Vício social que se caracteriza por acordo escuso dos contratantes visando ludibriar terceiros. Hipótese em que os próprios autores, contratantes, afirmam ter sido enganados. Alegações que abstratamente se amoldam ao vício da lesão, descrito no art. 157 do Código Civil. Ausência de pedido de reconhecimento da anulabilidade, associada à fluência do quadriênio decadencial, que inviabiliza o acolhimento do recurso dos coautores. Sentença mantida. Recurso principal não provido e recurso adesivo não conhecido" (*TJSP* – Ap 1001917-69.2018.8.26.0531, 15-6-2021, Rel. Rosangela Telles).

"Apelação cível – Plano de saúde – Ação julgada improcedente – Contrato coletivo empresarial que apenas permite o aumento da mensalidade com base nos índices devidamente autorizados anualmente pela ANS, a exemplo dos contratos individuais, ou mediante a comprovação do aumento da sinistralidade – Não comprovado o alegado aumento da sinistralidade – **Contrato aleatório** cujas mensalidades são calculadas com base no risco desse tipo de contratação – Devolução de forma simples, de rigor – Recurso provido em parte" (*TJSP* – AC 1016871-89.2017.8.26.0003, 28-2-2019, Rel. José Carlos Ferreira Alves).

"**Bem móvel** – Compra e venda de safra futura de laranja – Desconto no valor do preço final por inobservância dos padrões de qualidade – Responsabilidade pela inadequação dos frutos cítricos atribuída à compradora – Fato constitutivo do direito dos autores não comprovado (art. 333, inc. I do CPC) – Adquirente que assumiu o risco de que os frutos viessem a existir em qualquer quantidade, observados os padrões de qualidade definidos no contrato – Inaplicabilidade do art. 459 do CC – Cobrança por dívida já paga – Art. 940 do CC – Devolução em dobro – Descabimento – 1 – Perseguindo os autores indenização pelos valores que a ré deixou de pagar, à vista da inadequação de parte da safra de laranja, incumbia a eles o ônus de provar a ilicitude da conduta da compradora e que o elevado 'grau de brix e ratio' resultou de fato a ela imputável. Não demonstrado o fato constitutivo do direito pleiteado, é indevida a indenização. 2 – Na compra e venda aleatória (*emptio rei speratae*) entabulada entre as partes a álea refere-se à quantidade, mas não à qualidade da coisa futura. 3 – Inexistência de cobrança em duplicidade, a justificar o pleito de devolução em dobro, que, ademais, depende de reconvenção. A aplicação da penalidade prevista no art. 940 do Código Civil reclama a má-fé na cobrança. Apelação e recurso adesivo desprovidos" (*TJSP* – Ap 0003562-25.2005.8.26.0072, 9-6-2014, Rel. Gilberto Leme).

inferior à esperada. Trata-se da *emptio rei speratae*.[2] O risco nesse caso diz respeito apenas à quantidade, que pode ser maior ou menor. Nada impede, porém, que as partes assegurem um pagamento mínimo e uma quantidade mínima. Tudo dependerá do exame da vontade contratual. Exemplo típico é o da compra de uma colheita em que não se garante uma quantidade mínima. Nesse caso de aquisição de coisa esperada, diferentemente do artigo anterior, se nada vier a existir, o alienante é obrigado a restituir o preço.

Tanto num quanto noutro caso, o vendedor deve empregar toda a sua diligência para que a esperança, total ou parcial, tenha sucesso. Como vemos, no aspecto de vendas de coisas futuras, há duas espécies de álea descritas pelo Código. Na *emptio rei* (art. 458), a álea diz respeito à própria existência da coisa objeto do negócio. Na *emptio rei speratae* (art. 459), a álea diz respeito apenas à quantidade da coisa objeto do negócio. A diferença sutil entre ambas as vendas exigirá o exame do caso concreto, da verdadeira intenção negocial das partes. Importante será também o exame dos usos locais. É necessário examinar se o adquirente comprometeu-se a pagar em qualquer situação, ainda que como resultado da álea nada venha a existir, ou se o compromisso ressalvou a existência de alguma coisa e em qual quantidade. O parágrafo único do art. 459, cuja redação é mantida idêntica ao antigo diploma, enfatiza: *"Mas, se da coisa nada vier a existir, alienação não haverá, e o adquirente restituirá o preço recebido"*. Os usos e costumes

---

[2] "Apelação – Ação de Indenização Por Perdas e Danos – Alega o autor que firmou contrato com a ré de compra e venda de 8.136,30 m^3 de madeira de eucalipto em pé, no valor de R$ 860.000,00, ocorre que após o corte, constatou-se a diferença de 702,38 m^3, erro de 8,63%, equivalente ao valor de R$ 74.234,54, que em contato com a ré para restituir o valor, todavia, sem sucesso – Sentença de improcedência – Apelação do autor, arguição preliminar de cerceamento de defesa, no mérito, insiste na procedência da ação – Exame: Preliminar de cerceamento de defesa afastada, sendo que o Juiz é o destinatário principal e direto da prova, competindo-lhe aferir a necessidade da dilação probatória, para formação da sua convicção, conforme os artigos 370 e 371, ambos do Código de Processo Civil – Partes que contrataram a entrega futura de madeira, mediante o pagamento de preço determinado – O contrato é aleatório, sendo que as partes estavam cientes dos riscos inerentes ao negócio, não podendo agora invocar variação de preço e quantidade do produto para a exoneração da obrigação ou revisão do contrato, inteligência dos artigos 422, 458 e 459, do Código Civil – Decisão bem fundamentada e dentro da legislação processual – Precedente do C. STJ – Sentença mantida – Recurso improvido" (*TJSP* – Ap 1002395-02.2023.8.26.0079, 8-7-2025, Rel. Luis Roberto Reuter Torro).

"Recurso inominado. Construção de poço artesiano. Obrigação de meio. **Natureza de contrato aleatório** (Código Civil, arts. 458 e 459). Impossibilidade de garantia de existência de água ao final da perfuração. Serviço prestado corretamente. Contraprestação pecuniária devida. Recurso desprovido" (*TJPR* – Recurso inominado 0011501-70.2021.8.16.0170, 23-2-2024, Rel. Alvaro Rodrigues Junior).

"Compra e venda de cana-de-açúcar – Embargos à execução de título extrajudicial – Preliminares rejeitadas – Contrato assinado pelo devedor e por duas testemunhas, que é título executivo extrajudicial e preenche os requisitos de certeza, liquidez e exigibilidade. Comprovação da quantidade exata da cana colhida. Desnecessidade. Contrato entabulado pelas partes que prevê o pagamento de preço fixo, independentemente da quantidade de cana colhida. **Contrato aleatório *emptio rei speratae***. Improcedência mantida. Recurso improvido" (*TJSP* – Ap 1000632-71.2016.8.26.0673, 18-9-2019, Relª Maria Cláudia Bedotti).

"**Compra e venda**. Atraso na entrega da obra. Empreendimento misto. Aquisição de sala comercial, que deveria ter sido entregue no prazo de 36 meses a partir de outubro de 2011, com cláusula de tolerância de 180 dias. Provado que até a data da propositura da ação (junho/2015) não houve expedição o habite-se. Atraso caracterizado. Indenização devida. Lucros cessantes fixados em 0,5% sobre o valor do imóvel ao mês. Danos morais afastados. Sucumbência recíproca reconhecida. Recurso parcialmente provido" (*TJSP* – Ap 1004074-18.2015.8.26.0079, 27-1-2017, Rel. Paulo Alcides).

"Apelação cível. Medida cautelar de sustação de protesto. Contratos de câmbio. Oscilação da moeda estrangeira. Risco inerente à natureza do negócio jurídico (***emptio rei speratae***). Inaplicabilidade da teoria da imprevisão e da resolução do contrato por onerosidade excessiva. *Fumus boni iuris* não configurado. Higidez do *decisum a quo*. Recurso conhecido e desprovido. O risco de câmbio é inerente à modalidade de contrato firmado entre os litigantes; em outras palavras, a álea relativa à variação da cotação do dólar é elemento integrante do negócio jurídico, razão por que 'não podemos atribuir a qualidade de extraordinário ao risco assumido no contrato em que estavam cientes as partes da possibilidade de sua ocorrência' (VENOSA, Sílvio de Salvo. *Direito Civil*: teoria geral das obrigações e teoria geral dos contratos. 3. ed. São Paulo: Atlas, 2003, p. 465)" (*TJSC* – AC 2010.084941-0, 7-8-2012, Rel. Des. Altamiro de Oliveira).

do ramo de venda e do local servirão de adminículo à prova. Orlando Gomes (1983*a*:256), apesar de defender essa posição subjetiva, na distinção entre os dois contratos, adverte que na doutrina prevalece um critério objetivo:

> *"há venda de esperança, se a existência das coisas futuras depende do acaso; há venda de coisa esperada, se a existência das coisas futuras está na ordem natural. Uma colheita, por exemplo, será objeto de* ***emptio rei speratae****, porque é de se esperar normalmente que haja frutificação. No fundo, trata-se de uma* ***quaestio voluntatis****, devendo-se, na dúvida, preferir a* ***emptio rei speratae****, por ser mais favorável ao comprador".*

Verificamos, portanto, que qualquer critério predeterminado é difícil na matéria, e nunca podemos prescindir do exame da vontade contratual.

O art. 460 trata de venda de coisas expostas a risco. Nesse caso, assumindo o adquirente o risco, *"terá igualmente direito o alienante a todo o preço, posto que a coisa já não existisse, em parte, ou de todo, no dia do contrato"*. Mister, porém, que o contratante não saiba da inexistência das coisas quando do contrato, caso contrário estará agindo de má-fé. É o que afirma o art. 461, ao dispor que o contrato pode ser anulado por dolo se o outro contraente já sabia da *consumação do risco*, isto é, da materialização da inexistência da coisa. Imagine, por exemplo, a compra de mercadoria sitiada em zona de guerra, ou em região sob estado de calamidade pública. O adquirente assume o risco de que as mercadorias não mais existam quando da tradição. Tal não inibe o alienante de receber todo o preço contratado. A álea desse contrato reside exatamente na assunção do risco por parte do comprador, risco que evidentemente influi nas condições do contrato. Evidente que agirá com dolo, em nosso exemplo, o contratante, no caso o comprador, que sabe que as mercadorias contratadas já não mais correm risco, ou, no caso do alienante, se este já sabe não mais existir qualquer mercadoria. Daí então a aplicação do art. 461. O risco aqui tratado é da existência total ou parcial das coisas. Não se confunde com vícios ocultos na própria coisa, que sujeitam as partes às consequências dos vícios redibitórios, próprios dos contratos comutativos.

Como vemos, não somente a compra e venda pode ser aleatória, nos três níveis fixados no Código. Perfeitamente possível que exista, entre outros negócios, uma locação ou um mútuo aleatórios. Imagine, por exemplo, que o mutuante empreste ao mutuário todo o valor que possui num investimento litigioso; ou que o locador dê em arrendamento toda a sua propriedade rural, assumindo o arrendatário o risco de que parte da gleba, ou toda ela, esteja na posse de invasores. Por isso, embora aparentemente o Código de 1916 referia-se unicamente à compra e venda, porque falava nos arts. 1.118 a 1.121 em alienação, alienante e adquirente, o título, mencionava, a exemplo do atual Código, a *contratos aleatórios*, porque as disposições aplicavam-se a todos aqueles negócios que tenham por objeto uma prestação sujeita à sorte, ao risco. Aliás, nessa senda, o presente Código menciona no art. 458 *contratantes* e não mais o adquirente, corrigindo a impropriedade. Em regra geral, contudo, as disposições serão incompatíveis com aqueles contratos aleatórios por natureza, como um contrato de seguro, por exemplo. Como acenamos, há contratos que são aleatórios por sua própria natureza e outros em que a aleatoriedade é fixada pela vontade das partes. Nestes últimos, o contrato é por natureza comutativo, como um mútuo, uma locação, um mandato; as partes é que introduzem um elemento aleatório.

No contrato aleatório, a álea deve afetar ambas as partes, de maneira geral. Nesse contrato, surge uma situação de expectativa para os contratantes, que dependem do curso dos acontecimentos para conhecer o objeto da prestação.

4.3 CONTRATOS TÍPICOS E ATÍPICOS – NOMINADOS E INOMINADOS

No mundo negocial, especificamente no campo do contrato, negócio jurídico bilateral por excelência, impera a autonomia da vontade, como regra geral. As partes contratantes irão valer-se do instrumento contratual de que necessitam. Esse instrumento pode ser um daqueles descritos na lei. Assim ocorre pela importância da relação negocial descrita ou pela tradição jurídica. Se a avença contratual for daquelas descritas e especificadas na lei, estaremos diante de um contrato *típico* (ou nominado, embora não seja a terminologia mais correta, como veremos). Se a avença contratual tiver por objeto regular relações negociais menos comuns, ou *sui generis*, mais ou menos empregadas na sociedade, mas não descritas ou especificadas na lei, estaremos perante um contrato *atípico* (ou inominado, segundo a doutrina mais antiga).

Nosso Código Civil de 1916 atribuiu nome (daí contratos *nominados*) e regulou (portanto *tipificou* essas relações negociais) 16 figuras contratuais, embora não se refira expressamente à distinção sob exame. Nesse Código, encontramos a disciplina dos contratos de compra e venda, troca, doação, locação, empréstimo, depósito, mandato, gestão de negócios, edição, representação dramática, sociedade, parceria rural, constituição de renda, seguro, jogo e aposta, e fiança. Há outros contratos nominados no presente Código: contrato estimatório; comissão; agência e distribuição; corretagem; transporte.

O presente Código dispõe, embora não fosse necessária, a norma, no art. 425:

> *"É lícito às partes estipular contratos atípicos, observadas as normas gerais fixadas neste Código."*[3]

---

[3] "Processo civil. Agravo de instrumento. Tutela de urgência. Ausência dos requisitos legais. Indeferimento. 1. É reduzida a probabilidade do direito invocado, à vista dos efeitos subjetivos que decorrem da cessão parcial da posição contratual, aparentemente levada a efeito sem aquiescência formal das vendedoras. 2. Nada obstante questões relacionadas à função social do **contrato atípico** (art. 425, CC) possam ser consideradas por ocasião da solução da lide, em especial na hipótese de ficar demonstrada a aquiescência das vendedoras em relação ao desmembramento do terreno, deve nesta fase inicial prevalecer os efeitos que decorrem do princípio da relatividade dos contratos. 3. Recurso improvido" (*TJSP* – AI 2225924-29.2022.8.26.0000, 26-9-2022, Rel. Ademir Modesto de Souza).

"Competência recursal – Ação de cobrança c.c – Indenização – **Contrato de seguro atípico celebrado com associação** – Matéria que se insere na competência das Colendas Câmaras compreendidas entre a 25ª e 36ª desta Seção de Direito Privado – Precedentes – Dúvida de competência suscitada" (*TJSP* – AC 1002361-70.2017.8.26.0068, 26-6-2019, Relª Clara Maria Araújo Xavier).

"Despejo por falta de pagamento c.c – Cobrança – Instrumento escrito de locação comercial – **Contrato atípico** (shopping center) – Liminar concedida para desocupação, cassada na r. sentença de improcedência. Ambas apelam. A locadora pleiteia a reforma da decisão singular, por haver débitos em aberto e não pagos pela inquilina. Requer a rescisão do contrato firmado, e, em consequência, seja despejada a locatária, bem como obrigada a suportar os valores apontados como devidos (planilha de cálculos de fl. 169). A demandada, por seu turno, recorre apenas para que os honorários arbitrados em seu favor sejam majorados. Havendo indicação nos autos de que os aluguéis e encargos apontados pela senhoria de fato não teriam sido integralmente pagos, e, não tendo havido purgação da mora, outra não pode ser a solução da lide senão sua procedência, invertida a sucumbência" (*TJSP* – Ap 1007480-29.2016.8.26.0009, 13-9-2018, Rel. Campos Petroni).

"Processual Civil – Conflito Positivo – Ação de depósito – Cabimento – Ação de busca e apreensão – Armazém-geral – Depósito clássico de bens fungíveis – **Contrato Típico** – **Diferenciação do depósito atípico** – Grãos de soja – Restituição – Não submissão ao juízo da recuperação judicial – Competência do juízo do foro de eleição contratual – Decreto nº 1.102/1903 – Lei nº 9.300/2000 – Decreto nº 3.855/2001 – Código Civil, arts – 627 e seguintes – Lei nº 11.101/2005 – Súmula nº 480/STJ – 1. A substituição da decisão proferida no processo originário, que ensejou o ajuizamento do conflito de competência, por novo decisório em outro incidente na mesma causa, que preserva as mesmas características, encaminha a conclusão de que o conflito não está prejudicado. 2. Configurado o conflito positivo de competência quando se submete ao crivo de uma das autoridades judiciárias a discricionariedade sobre o cumprimento de decisão emanada da outra, impondo-se a definição da autoridade judiciária competente. 3. Os bens objeto de ação de busca e apreensão pertencem à sociedade empresária suscitante, estando armazenados em poder da suscitada, que se submete a processo de recuperação judicial, em virtude contrato de depósito. 4. 'O contrato de armazenagem de bem fungível caracteriza depósito regular, pois firmado com empresa que possui

Recorde, de plano, como estudaremos em tempo oportuno, que é tênue a compreensão contratual da gestão de negócios. Contudo, são essas as relações contratuais típicas no Código Civil de 1916 e no atual diploma. Típicas porque sofrem o fenômeno da tipificação por parte da lei. São típicos também todos os demais contratos disciplinados por leis extravagantes ao Código, como é o caso do contrato de incorporação imobiliária regulado pela Lei nº 4.591/64, por exemplo. Lembre-se do que dissemos nesta obra a respeito do conceito de tipicidade (vol. 1). O Direito joga com predeterminações formais de conduta, ou seja, descrições legais na norma que regulam determinado comportamento.

Nos contratos atípicos, a determinação formal é dada pelas partes. Isso não significa que a lei não proteja essa manifestação de vontade. Como estamos no campo da autonomia da vontade, respaldada pelo ordenamento, a descrição das condutas, feita pelas partes nesses contratos, estará inserida em um negócio jurídico perfeitamente válido e eficaz.

Destarte, quer no contrato típico, quer no contrato atípico, parte-se de um plano geral de existência, validade e eficácia como em qualquer outro negócio jurídico. Examinam-se os requisitos orientadores da parte geral do Código e da teoria geral das obrigações e dos contratos. Se o contrato for típico, podem as partes valer-se das normas descritas na lei, a elas nem mesmo devendo fazer menção. Em se tratando de normas não cogentes, se em um contrato típico pretenderem as partes dispor diferentemente, poderão fazê-lo, mas isso deverá ficar expresso. Na ausência de manifestação de vontade acerca de particularidades de um contrato típico, aplicamos as disposições da lei. Se o contrato é atípico, devem as partes tecer maiores minúcias na contratação, porque a interpretação subjacente será mais custosa e problemática numa omissão, justamente porque não existe um molde legal. Como veremos, há regras que se observam para suprir essa ausência.

4.3.1 Contratos Nominados e Inominados no Direito Romano

No Direito Romano, distinguiam-se os contratos *nominados* e *inominados*, segundo fossem eles designados pelo seu *nome* ou não. Os contratos nominados eram formas contratuais completas, geradoras de efeitos jurídicos plenos. Eram esses contratos protegidos por *ações*, possibilitando a execução coativa. Eram os mais importantes contratos nominados em Roma

---

esta destinação social, sem qualquer vinculação a financiamento, ut Decreto nº 1.102/1903. Cabível, portanto, a ação de depósito para o cumprimento da obrigação de devolver coisas fungíveis, objeto de contrato típico' (2ª S., EREsp 396.699/RS, Rel. p/ Ac. Min. Fernando Gonçalves, DJU de 03.05.2004). 5. Diferentemente de depósito bancário, o armazenador que comercializa a mesma espécie de bens dos que mantém em depósito deve conservar fisicamente em estoque o produto submetido a sua guarda, do qual não pode dispor sem autorização expressa do depositante. 6. Disciplina legal própria, que distingue o depósito regular de bens fungíveis em estabelecimento cuja destinação social é o armazenamento de produtos agropecuários do depósito irregular de coisa fungível, que se caracteriza pela transferência da propriedade para o depositário, mantido o crédito escrituralmente. 7. Constituindo, por conseguinte, bem de terceiro cuja propriedade não se transferiu para a empresa em recuperação judicial, não se submete ao regime previsto na Lei nº 11.101/2005. Incidência do Enunciado nº 480 da Súmula do STJ. 8. Conflito conhecido para declarar a competência do Juízo de Direito da 5ª Vara Cível de São Paulo" (*STJ* – CC 147.927 (2016/0201177-2), 10-4-2017, Rel. Min. Ricardo Villas Bôas Cueva).

"Agravo regimental em agravo de instrumento. Agravo de instrumento. Ação cautelar inominada. **Contrato atípico** de (sub) locação. Insurgência contra determinação pela magistrada *a quo* para a manutenção dos valores vigentes anteriores ao aumento, com remissão de boletos/faturas aos autores. Admissibilidade. Decisão liminar que deve ser mantida diante dos fatos constantes dos autos. Pedido de realização de depósito do valor de rateio que entende devido. Apreciação por este Tribunal: impossibilidade, sob pena de supressão de um grau de jurisdição. Agravo de instrumento parcialmente conhecido e, na parte conhecida, improvido. Agravo regimental. Renovação dos argumentos trazidos no agravo de instrumento. Ausentes quaisquer elementos novos a ensejar a modificação da decisão monocrática recorrida. Proposta para que seja negado provimento ao agravo regimental" (*TJSP* – AgRg 2153152-15.2015.8.26.0000, 9-9-2015, Rel. Francisco Occhiuto Júnior).

os de compra e venda (*emptio-venditio*), mútuo, sociedade, locação de serviços, comodato e permuta ou troca. Também era nominado na época o contrato estimatório (*aestimatum*), avença pela qual uma das partes entrega a outra uma coisa, com a obrigação daquele que recebe de pagar determinado preço pela *res*, ou devolvê-la ao fim de certo prazo. É um contrato de preço *estimado*, porque o adquirente pode vender a coisa por preço superior ao contratado, ficando com a diferença. Esse contrato é hoje nominado entre nós, sendo disciplinado no atual Código Civil (arts. 534 a 537), como tantas outras novas tipificações contratuais trazidas pela mais recente lei civil, a exemplo dos contratos de comissão (arts. 693 a 709, este já presente no Código Comercial), agência e distribuição (arts. 710 a 721), corretagem (arts. 722 a 729) e transporte (arts. 730 a 756).

O formalismo do Direito Romano não permitia de início proteção aos contratos inominados. O fundamento contratual no Direito Romano antigo residia no nominalismo (ou tipicidade, modernamente falando). Desse modo, os

> *"contratos tipos, romanos, impediam a existência de qualquer pacto que não estivesse admitido pelo costume e consolidado segundo o Direito dos Quirites, ficando os contratos que não figurassem, expressamente, nesse rígido sistema à margem da proteção jurídica"* (Azevedo, 1975:27).

Já na época clássica, esse princípio sofre abrandamento, outorgando-se certa proteção à parte que cumpria sua prestação em um contrato inominado, concedendo-se uma indenização, sem direito, porém, à exigência da contraprestação, o que colocava esse contrato em situação de inferioridade, ainda. Com Justiniano, consagrou-se a categoria dos contratos inominados como um complemento e uma generalização dos contratos reais.

No Direito atual, não há distinção quanto à forma de tratamento. O contrato faz lei entre as partes, *pacta sunt servanda*, pouco importando seja ele nominado ou inominado.

4.3.2 Compreensão e Interpretação Contemporânea dos Contratos Típicos e Atípicos

Como lembra Caio Mário da Silva Pereira (1986, v. 3:40), tendo em vista a doutrina moderna, é mais conveniente a nomenclatura *"típicos e atípicos, atendendo a que não é a circunstância de ter uma designação própria* (**nomen iuris**) *que preleva, mas a* ***tipicidade*** *legal"*. Os contratos atípicos ou inominados, portanto, são fonte infinita e inesgotável de obrigações. Na realidade, o termo *inominado* atém-se à noção do contrato para o qual não se dá uma denominação; a lei não dá um nome. Contudo, o contrato pode ser mencionado ou referido por uma lei, o que por si só o "nomina", mas não o converte em contrato típico. Por isso, ter um nome no sistema legal não basta; importa que o contrato, além de nominado, seja regulado pela lei. Esse é o sentido técnico que se dá ao contrato típico. Com essa observação, deve ser entendida a nomenclatura sob estudo. Nesse diapasão, o contrato deve ser tido como atípico quando for regulado por normas gerais, e não por normas específicas.

Outro aspecto que não pode ser esquecido é o fato de que a reiteração social de uma forma contratual força o legislador a tipificá-lo. Assim como há contratos típicos em total desuso, como a constituição de renda, há contratos atípicos cuja reiteração está a exigir (ou exigiu) sua regulamentação, como ocorre com o arrendamento mercantil (*leasing*), faturização, *franchising* etc. Essas manifestações contratuais que serão tanto mais profusas quanto o desenvolvimento da economia, criam, no dizer de Jorge Mosset Iturraspe (1988:63), uma verdadeira *tipicidade social*, em consequência de existirem primeiro na realidade social de uma época, na consciência social, econômica ou ética, antes que o legislador as esquematize. A recepção pelo legislador de um fenômeno social tem a ver diretamente com a própria criação e dinamismo do Direito.

Como lembra Messineo (1973, v. 21, t. 1:693), seria fora da realidade imaginar que as partes, ao se vincularem em um contrato, estejam preocupadas em fazer ingressar suas cláusulas em um esquema predisposto pela lei. Isso só acontece quando estão assistidas por um técnico na ciência jurídica, o que não é corriqueiro. Não é comum os contratantes conhecerem, ou ao menos conhecerem a fundo, a lei que regula sua contratação. Assim, o exame da validade do negócio é feito *a posteriori*. Por isso, é muito fértil o campo dos contratos atípicos. Os contratos desse jaez podem tanto se aproximar, como se afastar de tipos conhecidos.

A importância principal em qualificar um contrato como típico ou atípico está em sua integração e interpretação. Assim, para identificar um contrato como típico ou atípico, importa mais a intenção das partes, a finalidade da vontade contratual, do que as palavras expressas. É aplicação da regra do art. 112. Em cada caso, temos de verificar se existem normas imperativas que regem a relação jurídica, ou se toda a relação admite a autonomia da vontade. Quando um contrato atípico se aproxima de um contrato típico, a interpretação pode ter base analógica no contrato semelhante. Nesse aspecto, importa muito a essência do contrato atípico sob exame. Há contratos atípicos que não se assemelham a qualquer outro. Esses atípicos puros devem ser interpretados de acordo com os princípios gerais.

Existem, no entanto, contratos que se unem, pinçando disposições de mais de um contrato. Distingue a doutrina a união externa de contratos da ligação de contratos dependentes entre si. A união meramente externa liga contratos independentes que se unem unicamente sob o ponto de vista material. Poderá haver, por exemplo, um comodato de móveis dentro de uma locação de imóvel. São dois os contratos, apenas que contingencialmente se apresentam no mesmo instrumento.

Na união de contratos com interdependência, os vários pactos influem uns sobre os outros. Forma-se um mosaico contratual. Uma avença pode depender de outra ou uma excluir a outra. O contratante vende um equipamento de informática (*hardware*) e cede gratuitamente os programas de utilização (*software*), por exemplo. Somente existe a cessão gratuita, porque houve a compra e venda. A cessão depende da compra e venda. Por outro lado, pode ser estipulado que o contratante escolha entre pagar pelo equipamento, ou pagar pelos programas. Uma avença exclui a outra. Há uma contratação com obrigação alternativa. Os exemplos podem multiplicar-se.

Nos contratos atípicos mistos, quando não há simplesmente uma justaposição de dois contratos, o que existe é um único contrato, que unitariamente deve ser interpretado.

Para a disciplina jurídica dos contratos atípicos, normalmente a doutrina refere-se a três teorias. Pela *teoria da absorção*, o intérprete deve procurar a categoria de contrato típico mais próxima para aplicar seus princípios. Pela *teoria da extensão analógica*, aplicam-se os princípios dos contratos que guardam certa semelhança. Pela chamada *teoria da combinação*, procura aplicar-se os princípios de cada contrato típico envolvido (Iturraspe, 1988:68). Temos para nós que não deve o intérprete fixar-se em normas predeterminadas. Os contratos atípicos devem ser examinados de acordo com a intenção das partes e os princípios gerais que regem os negócios jurídicos e os contratos em particular. Nem sempre a busca em princípios de outros contratos dará o sentido exato da intenção das partes, tanto que, se isso fosse possível, provavelmente teriam elas se valido do contrato típico, ou expressamente de algumas de suas normas. O contrato atípico, da mesma forma que o típico, surge como unidade orgânica. A força de usos e costumes também é muito presente em sua elaboração e interpretação.

São muito frequentes na vida jurídica os contratos atípicos de hospedagem, garagem, publicidade, excursão turística, espetáculos artísticos, feiras e exposições, serviços de gala e nojo, serviços de bufê em geral, mudança, claque teatral, garantia, fornecimento, manutenção de equipamentos, bem como vários contratos bancários, entre outros. Lembre-se, também, de que contratos de várias naturezas podem surgir num conglomerado de pactos, que se interligam por necessidades e obrigações comuns, nos chamados contratos coligados, aguçando ainda mais a atividade do intérprete.

5

CLASSIFICAÇÃO DOS CONTRATOS (III)

5.1 CONTRATOS CONSENSUAIS E REAIS

Os contratos são *consensuais* quando se aperfeiçoam pelo mero consentimento, manifestação de vontade contratual, seja esta formal ou não. São reais os contratos que só se aperfeiçoam com a entrega da coisa que constitui seu objeto. No contrato dito real, o mero consentimento das partes, o acordo de vontades, é insuficiente para ter-se o contrato como cumprido.

É costume atribuir a Gaio a primeira enunciação desse conceito de contrato real, mas é com Justiniano que a teoria aparece ordenada, quando se incorporam nessa categoria as figuras clássicas do mútuo, depósito e penhor. É da essência desses contratos a entrega da coisa. Assim, não podemos falar em empréstimo de dinheiro sem a entrega do numerário ao mutuário, nem de depósito sem a existência da coisa depositada em mãos do depositário.

Parte da doutrina tacha, de supérflua essa distinção. No entanto, é importante distingui-los para determinar o exato momento da formação do contrato. No Direito Romano, a classificação importava mais fortemente, porque as obrigações em geral eram cercadas de formalidades, e a entrega da coisa era uma delas para os contratos mencionados. De qualquer forma, a classificação serve para explicar o mecanismo de certos contratos. Não se anula o princípio geral de que o consentimento é bastante para aperfeiçoar o contrato. Alguns contratos, porém, exigem algo mais, que é a entrega da coisa, sob pena de desnaturarmos a relação contratual, fora do hermetismo da classificação.

De outro lado, nos contratos ditos consensuais, é suficiente exclusivamente o acordo de vontades, como ocorre, por exemplo, na locação, compra e venda e mandato.

Como bem afirma Orlando Gomes (1983*a*:82), os contratos reais são geralmente *unilaterais*, porque a entrega da coisa, essencial para sua formação, não significa um começo de execução, como pode sugerir à primeira vista. Se não houver a entrega da coisa numa avença desse tipo, existirá quando muito um *pré-contrato inominado*. Como a tradição da coisa é essencial no contrato real, integra ela o requisito de existência do negócio. O contrato não se forma quando não existe a entrega da coisa. Destarte, o aspecto fático é importante para o intérprete determinar o aperfeiçoamento da avença. Apesar de a regra tê-los como unilaterais, pode, a critério da vontade das partes, ser estipulada uma contraprestação quando, por exemplo, o depositante obriga-se a remunerar o depositário.

Encontramos na doutrina a opinião de que os contratos reais geram tão só, com a entrega da coisa, uma *obrigação de restituir*. Todavia, essa obrigação de restituir é paralela a toda obrigação de quem recebe coisa alheia. A obrigação de restituir, nesse caso, refere-se somente à questão atinente ao cumprimento das obrigações e não propriamente à natureza do contrato.

5.2 CONTRATOS SOLENES E NÃO SOLENES – FORMAIS E NÃO FORMAIS

O contrato só deverá obrigatoriamente conter uma forma se assim for determinado pela lei. Na omissão legal quanto à predeterminação da forma, o contrato vale e é eficaz, qualquer que seja sua forma.

Desse modo, serão *formais* os contratos cuja validade depender da observância de uma forma preestabelecida pela lei. Aqui, há uma distinção de importância, qual seja, os contratos cuja forma é exigida pela lei *ad probationem* e aqueles cuja formalidade tem caráter constitutivo ou *solene*. Assim, nos contratos que são, além de formais, *solenes*, se não obedecidas as formalidades, o negócio carece de efeito, como ocorre entre nós na alienação de imóveis de valor superior ao legal. Por outro lado, a formalidade só é exigida para a prova do negócio em outras situações em que a lei condescende com a validade do ato, ou para a geração de algum efeito entre as partes. Na dúvida em saber se a forma é essencial como solenidade ou somente para a prova, temos de propender para esta última hipótese, por ser mais favorável à validez do ato e à natureza do consensualismo (Borda, 1989:27).

Princípio básico na matéria será sempre ter em conta que o formalismo é excepcional e só decorre de imposição da lei. Nesse sentido a dicção do art. 107: *"A validade das declarações de vontade não dependerá de forma especial, senão quando a lei expressamente a exigir"*.

Alguns autores não distinguem a formalidade da solenidade, tratando-as como sinônimos, contudo as consequências jurídicas da distinção são importantes. O contrato *solene* entre nós é aquele que exige escritura pública. Outros contratos exigem a forma escrita, o que os torna *formais*, porém *não solenes*. No contrato solene, a ausência de forma torna-o nulo. Nem sempre ocorrerá a nulidade, e a relação jurídica gerará efeitos entre as partes, quando se trata de preterição de formalidade, em contrato não solene.

As partes podem, por sua vontade, determinar que um contrato seja formal. Não se converterá em contrato solene, mas a inobservância da regra invalidará o contrato, já que se leva em conta a autonomia da vontade dos contratantes. Já um contrato de tipo solene não poderá ter validade com preterição das formalidades, ainda que as partes assim o queiram. Como tal, permite o art. 109 que, se as partes estipularem que o contrato não vale sem instrumento público, este é da substância do ato. Caio Mário da Silva Pereira (1986, v. 3:42) chama a atenção para o que denomina *formalismo indireto*, quando se exige o registro público de um instrumento contratual, como sucede com a cessão de crédito, por instrumento particular, para que se torne oponível contra terceiros (art. 288).

Nesse diapasão, o art. 215 diz ser da substância do ato a escritura pública nos atos antenupciais, nas adoções e nos contratos constitutivos ou translativos de direitos reais acima do valor aí especificado e automaticamente atualizado. O art. 108 do atual Código, por sua vez, estabelece:

> *"Não dispondo a lei em contrário, a escritura pública é essencial à validade dos negócios jurídicos que visem a constituição, transferência, modificação ou renúncia de direitos reais sobre imóveis de valor superior a trinta vezes o maior salário mínimo vigente."*

O formalismo renasce hoje em muitos negócios jurídicos para conceder melhor segurança às partes.

O princípio da liberdade de forma sofria importante restrição em virtude do art. 401 do CPC de 1973:

> *"A prova exclusivamente testemunhal só se admite nos contratos cujo valor não exceda o décuplo do maior salário mínimo vigente no país, ao tempo em que foram celebrados."*

Esse artigo, na verdade, nunca foi bem compreendido e aplicado literalmente. Como a lei fala em prova *exclusivamente testemunhal*, tais contratos não deixam de ter validade se puderem ser atestados por outros meios de prova, conjuntamente com a prova testemunhal ou não. A conclusão razoável que decorria desse dispositivo era no sentido de que o contrato poderá consubstanciar-se de um conjunto probatório, desde que não seja exclusivamente testemunhal. Não podemos fechar a porta à prova da existência do contrato somente porque não existe prova escrita. O dispositivo não foi repetido no novo estatuto processual. O CPC de 2015 foi mais razoável, dispondo no art. 444:

> *"Nos contratos em que a lei exigir prova escrita, é admissível a prova testemunhal quando houver começo de prova por escrito, emanado da parte contra a qual se pretende produzir prova".*

5.3 CONTRATOS PRINCIPAIS E ACESSÓRIOS

A distinção entre principal e acessório surge na parte geral, art. 92, já por nós estudada (*Direito civil: parte geral*, seção 16.8). Um contrato será *principal* quando não depende juridicamente de outro. É *acessório*, por oposto, o contrato que tem dependência jurídica de outro. É exemplo clássico de contrato acessório a fiança. Esta só existe para garantir outro contrato ou outra obrigação. Desaparece, se nada mais houver a garantir. O contrato acessório, assim como os bens em geral nessa situação, não tem autonomia. Assim, nula a obrigação principal, desaparece o contrato acessório, porém a nulidade do contrato acessório não contamina o contrato principal. Nesse mesmo passo, uma vez prescrita a obrigação principal, desaparece o contrato acessório. A recíproca não é logicamente verdadeira.

Geralmente, os contratos acessórios servem de garantia a uma obrigação dita principal, assim se colocando a já mencionada fiança, o penhor, a hipoteca e a caução, ou outro contrato inominado de garantia. Por vezes, o contrato acessório pode servir de preparação a outro contrato, como o mandato, embora este de per si possa ter vida própria. Sua acessoriedade dependerá do caso concreto.

5.4 CONTRATOS INSTANTÂNEOS E DE DURAÇÃO

O contrato é *de execução instantânea* quando as partes adquirem e cumprem seus direitos e obrigações no mesmo momento da celebração do contrato. É o que ocorre na compra e venda à vista, quando ao pagamento se contrapõe a tradição da coisa. São contratos de execução de plano ou execução única. Há contratos instantâneos, no entanto, se há *execução diferida*. Nesse caso, as partes adiam o cumprimento de suas obrigações para um momento posterior ao contrato. Tal ocorre na compra e venda, quando o pagamento ou a entrega da coisa é fixado para outra data, que não a da realização da avença. Assim também na venda sob condição suspensiva.

Contratos *de duração* são os que se protraem, se alongam no tempo. A doutrina fixa várias espécies nessa categoria, não estando plenamente de acordo. Os contratos são de *execução sucessiva* quando as relações das partes desenvolvem-se por um período mais ou menos longo, devido à própria natureza da relação. É o que sucede com o contrato de locação, de trabalho, de mútuo, comodato, sociedade, seguro etc. Também será de trato sucessivo o contrato que assim se torna pela vontade das partes, como, por exemplo, numa compra e venda com pagamento a prazo. Em todos esses contratos de trato sucessivo, situa-se o campo de aplicação da teoria da imprevisão, como a seguir será estudada. É no decurso de adimplemento do contrato que as condições originárias contratadas podem ser alteradas de molde a influírem jurídica e justificadamente no cumprimento de suas cláusulas. Daí o grande interesse prático dessa distinção.

Também é importante a distinção, porque nos contratos instantâneos a resolução por inexecução deve recolocar as partes no estado anterior, enquanto nos contratos de duração os efeitos já produzidos não devem ser atingidos pela resolução. Sob esse mesmo aspecto, nos contratos de duração, o prazo prescritivo começa a fluir da data em que cada prestação é exigível. É irrelevante, na maioria das vezes, distinguir se o contrato é de duração ou diferido, porque, havendo o elemento prazo no negócio, não é ele de execução instantânea, não merecendo, pois, o tratamento exclusivo dessa classe.

5.5 CONTRATOS POR PRAZO DETERMINADO E POR PRAZO INDETERMINADO

Quando as partes estipulam prazo certo, uma data para terminar sua vigência, o negócio é por *prazo determinado*. O contrato é por *prazo indeterminado* quando não se fixa uma data, um prazo para seu término.

Consequência importante da distinção diz respeito à necessidade de dar notícia à outra parte da intenção do contratante em terminar a vigência da avença nos contratos por prazo indeterminado.

Quando há prazo determinado, o simples decurso do tempo, o advento da data põe fim ao contrato. Ocorre que, se as partes continuarem no cumprimento das avenças contratuais após o decurso do prazo determinado, o contrato passará a ter vigência por prazo indeterminado e como tal será tratado. Como regra geral, o contrato a prazo determinado transforma-se em prazo indeterminado, até mesmo por vontade da lei, como ocorre na legislação do inquilinato (art. 46, § 1º, e art. 47 da Lei nº 8.245/91).

Quando a lei ou a vontade das partes não fixa um prazo para a denúncia do contrato, normalmente será de 30 dias para a notificação, informando a intenção de não continuar com o contrato. Exemplo peculiar atinente ao contrato com prazo determinado era o estampado pelo revogado Decreto nº 24.150/34 (Lei de Luvas), hoje inserido na atual Lei do Inquilinato, que concede ação renovatória de locação a ser exercida pelo locatário em período certo:

> *"Do direito à renovação decai aquele que não propuser a ação no interregno de um ano no máximo, até seis meses, no mínimo, anteriores à data da finalização do prazo do contrato em vigor"* (art. 51, § 5º, da Lei nº 8.245/91).

A lei concede o direito de renovar o contrato, nesse caso, sob determinadas condições.

As partes ou a lei podem fixar uma *duração mínima* para o contrato, após a qual a vontade contratual reconduz-se tacitamente. A prorrogação será tácita se continuarem os contraentes a cumprir o contrato sem qualquer manifestação de vontade específica. Poderão prorrogar o contrato por manifestação expressa, realizando um aditamento ao contrato. Haverá uma *renovação* do contrato se na prorrogação as partes agregarem novas cláusulas. Aí existirá um novo contrato (Gomes, 1983:146).

Quando o contrato se mantém com as mesmas cláusulas, há *recondução* do contrato. Podem as partes estipular que a recondução dependerá exclusivamente de manifestação expressa. Na ausência dessa disposição, em regra geral, nada proíbe a recondução tácita.

Uma regra importante é introduzida no mais recente Código afetando os contratos por prazo indeterminado:

> *"Art. 473. A resilição unilateral, nos casos em que a lei expressa ou implicitamente o permita, opera mediante denúncia notificada à outra parte.*
>
> *Parágrafo único. Se, porém, dada a natureza do contrato, uma das partes houver feito investimentos consideráveis para a sua execução, a denúncia unilateral só produzirá efeito depois de transcorrido prazo compatível com a natureza e o vulto dos investimentos."*[1]

---

1 "Ação de indenização por perdas e danos materiais. Prestação de serviços. Correspondente bancário. Sentença de parcial procedência. Apelação das rés. – Alegação de ilegitimidade ativa. Não acolhimento. No curso do processo houve notícia de baixa da inscrição da empresa GN Promotora de Vendas Ltda. e sua liquidação voluntária perante a Junta Comercial. Foi determinada a sucessão processual para que passassem a figurar no polo ativo os sócios da empresa. Aplicação do art. 110 do CPC. Preliminar afastada. – Alegação de ilegitimidade passiva da ré Too Seguros S/A. Não acolhimento. A ré figurava como contratante de um dos contratos celebrados pela autora na condição de correspondente (fls. 56/63). Preliminar afastada. – Pedido de improcedência da ação. Não acolhimento. A retirada do serviço de correspondente das operações de financiamento de veículos "CDC Loja", pela ré, infringe o princípio da boa-fé objetiva e, ainda, implica em verdadeira causa de rescisão natural do contrato que vigia por prazo indeterminado, sem que aquele que figurava como contratante pudesse recuperar os investimentos realizados para prestar os serviços de correspondente no contrato que vigia por prazo indeterminado. Inobservância à regra contida no art. 473, parágrafo único, do CC. Dever de reparar os prejuízos decorrentes dos investimentos realizados. Precedentes desta Corte. – A responsabilidade das rés é solidária, pois, ainda que em contratos distintos, celebraram, cada uma conforme à natureza dos serviços que comercializam, ajuste para que a parte autora lhes prestasse serviço de correspondente. Recursos não providos, com majoração dos honorários" (*TJSP* – Ap 1112996-90.2015.8.26.0100, 9-4-2025, Rel. Eduardo Gesse).

"Contrato de prestação de serviços. Ação de reparação por danos materiais. Cláusula que prevê **resilição unilateral e imotivada do contrato** celebrado por tempo indeterminado. Inteligência do art. 473, "*caput*" e § único, do CC. Indenização descabida. Relação contratual que perdurou por mais de dez anos, tempo suficiente para a recuperação dos investimentos realizados pela apelante. Ausência de ilicitude ou de abuso de direito a ensejar a indenização pleiteada. Sentença de improcedência mantida. Recurso desprovido, com majoração da verba honorária". (*TJSP* – Ap 1044573-10.2017.8.26.0100, 13-6-2023, Rel. Jairo Brazil).

"Apelação cível – Contrato de parceria empresarial – Ação indenizatória – Sentença de improcedência – Inconformismo da autora – 1. Cerceamento de defesa não caracterizado. Pretendida produção de prova pericial e oral para comprovação dos danos materiais sofridos em razão da **resilição unilateral do contrato**. Hipótese dos autos, no entanto, em que para a solução da disputa se afigura suficiente a análise da farta documentação juntada aos autos, por envolver o caso matéria eminentemente de direito. Exercício do contraditório e ampla defesa pelas partes – 2. Indenização por danos materiais decorrentes da resilição unilateral do contrato de parceria empresarial. Negócio jurídico firmado entre as partes em 1º de dezembro de 2008, com pactuação de vigência de 5 (cinco) anos, admitindo-se prorrogação por prazo indeterminado e resilição unilateral por qualquer das partes. Caso dos autos em que a ré, em 1º de setembro de 2015, enviou notificação de resilição do contrato de parceria empresarial, concedendo prazo de aviso prévio de 122 (cento e vinte e dois) dias. Resilição que atendeu aos requisitos do parágrafo único, do artigo 473, do Código Civil, na medida em que transcorreu prazo de vigência do contrato compatível com a natureza e o vulto dos investimentos (quase sete anos) – Dano emergente não caracterizado. Documentos coligidos aos autos que não evidenciam qualquer incorreção nos valores repassados pela ré – Sentença mantida por seus próprios e jurídicos fundamentos, nos termos do artigo 252 do Regimento Interno deste E. Tribunal de Justiça – Recurso não provido" (*TJSP* – Ap 1000529-02.2017.8.26.0650, 2-5-2022, Rel. Daniela Menegatti Milano).

"Plano de saúde individual – **Resilição unilateral** – Modalidade de 'custo operacional' que se afirma vedada pela ANS. Ré que ofereceu o produto já depois da norma administrativa, manteve o contrato por mais de década e agora quer resili-lo a pretexto de que não podia tê-lo oferecido. *Venire contra factum proprium*. Incidência do CDC, de todo modo, se que não quer da Lei dos Planos de Saúde. Oferecimento de nova contratação cujas condições,

Essa disposição, que vinha sendo relativamente sufragada pela jurisprudência, acode situações de extrema injustiça e de abuso de direito na resilição unilateral. A denúncia vazia continua sendo a regra geral; porém, há que se conceder prazo razoável quando houver investimentos realizados de boa-fé, decorrentes do contrato, a fim de que não se surpreenda o contratante. A questão é corriqueira e aflige o meio empresarial. Esse artigo demonstra o sentido social que o atual Código pretendeu imprimir ao cumprimento das obrigações. Destarte, melhor será que os contratantes já estipulem um prazo mais longo para a denúncia do contrato, atendendo às situações peculiares do negócio. Ainda que, no entanto, no contrato conste prazo mais longo para a resilição, por exemplo, seis meses ou um ano, o juiz poderá entender que o caso concreto requer maior dilação: os investimentos poderão ter sido vultosos, na esperança de uma relação negocial mais duradoura. A matéria será, sem dúvida, casuística. O projeto de reforma do Código Civil alonga em demasia a disposição-base do art. 473, a nosso ver de forma desnecessária. Aguardemos.

5.6 CONTRATOS PESSOAIS E IMPESSOAIS

Quando as partes não especificam, a pessoa que irá cumprir o contrato é irrelevante. Normalmente, para o credor, a pessoa do devedor é fungível: desde que haja o adimplemento, qualquer agente pode fazer o pagamento. Contudo, há obrigações, e, consequentemente, contratos em que a pessoa do contratado é fundamental. Nesse caso, o contrato é *intuitu personae*. Geralmente, nesses contratos, há obrigações de fazer. Aqui, levamos em conta o fator subjetivo da confiança ou qualidade técnica ou artística da parte. Há contratos que, por sua própria natureza, são pessoais, como o da contratação de um ator ou escultor de renome; outros que assim se tornam por vontade das partes. No entanto, se a obrigação é de dar, não há, como regra geral, que torná-la pessoal, já que qualquer pessoa poderá cumprir o que consta do objeto do contrato. A distinção é importante no que diz respeito à execução das obrigações de fazer. Nos contratos pessoais, é inadmissível a substituição da pessoa do devedor e a impossibilidade ou negativa do cumprimento de sua parte extinguirá a obrigação, substituindo-se por indenização por perdas e danos se houver culpa.

5.7 CONTRATOS CIVIS E MERCANTIS EMPRESARIAIS

A tendência moderna é a unificação do direito privado. Desse modo, diminui a importância de saber se um contrato é utilizado no Direito Civil ou no Direito Comercial, hoje Direito Empresarial. Entre nós, ainda persiste em vigor o velho Código Comercial no tocante ao direito marítimo, revogado que foi o restante pelo atual Código Civil. No sistema anterior, havia disposições do contrato de compra e venda mercantil e do contrato de compra e venda civil, portanto. Embora seja essa a nova sistemática, existem contratos que são tipicamente de direito mercantil, melhor dizendo, de *direito empresarial*, enquanto outros são de direito civil. O critério mais seguro, embora não absoluto, para distingui-los é por meio do exame das partes, ou ao menos de uma das partes que os integra. Quando ao menos uma das partes é comerciante ou empresa, o contrato pertence ao direito comercial, hoje mais propriamente denominado direito empresarial. A distinção era importante mormente quando havia normas diversas a serem aplicadas a um contrato regulado, tanto num como noutro compartimento do Direito.

---

especialmente de preço, que não se esclarecem. Direito à manutenção no plano reconhecido. Sentença reformada. Recurso provido". (*TJSP* – AC 1017961-45.2018.8.26.0344, 18-6-2019, Rel. Claudio Godoy).

As regras de interpretação também diferiam nesses dois campos. A questão perde importância atualmente, pois as normas do velho direito mercantil foram absorvidas pelo atual Código Civil.

O direito mercantil ou empresarial, por sua necessidade de dinamismo, procura simplificar as formas tradicionais do direito civil. O novo direito comercial ou direito empresarial renova-se muito mais rapidamente, procurando maior flexibilidade nos negócios, embora a base das obrigações seja sempre a do tradicional direito civil. Os contratos empresariais, incluindo-se por extensão os contratos de direito bancário e financeiro, por essa razão, por vezes fogem dos princípios tradicionais.

5.8 CONTRATO PRELIMINAR

Já se salientou que a conclusão de um contrato representa um acréscimo patrimonial para o contratante. De fato, a posição contratual tem um valor economicamente apreciável. Nem sempre o mero interesse em contratar materializa-se em um contrato. Os contratos, mormente aqueles em que as partes têm plena autonomia de vontade em suas tratativas, são frutos, na maioria das vezes, de ingentes esforços, de conversas longas, de minutas, viagens, estudos preliminares, desgaste psicológico das partes, contratação de terceiros especialistas que opinam sobre a matéria. Enfim, o contrato, o acordo de vontades, para gerar efeitos jurídicos, como ora se enfoca, adquire um valor que extravasa pura e simplesmente seu objeto.

Em razão disso, pode às partes não parecer oportuno, possível ou conveniente contratar de forma definitiva, plena e acabada, mas será talvez mais inconveniente nada contratar, sob pena de se perder toda essa custosa fase preparatória. Talvez necessitem as partes de completar maiores estudos, aguardar melhor situação econômica ou remover algum obstáculo que impeça, naquele momento, a contratação. Nessas premissas, partem os interessados para uma contratação preliminar, prévia, antevendo um futuro contrato. Essas figuras antecedentes a um contrato definitivo tomam diversas denominações: *contrato preliminar, promessa de contrato, compromisso, contrato preparatório, pré-contrato* etc. Essa categoria engloba, desimportando a denominação, todos os acordos que antecedem a realização de outro contrato; são evidentemente negócios jurídicos e como tal devem ser tratados. Convenções que objetivam a realização de um contrato, gerando deveres e obrigações a uma ou a ambas as partes. Nessas avenças, podem as partes determinar com maior ou menor amplitude as cláusulas que vão constar do contrato definitivo. Terminologicamente, dizemos que, com o contrato preliminar, as partes buscam a conclusão de um contrato *principal* ou *definitivo*.

Embora tenha cunho preliminar ou preparatório, na maioria das vezes, esse negócio tem todas as características de um verdadeiro contrato, daí por que optamos por estudá-lo no capítulo de sua classificação.

Não se pode confundir, no entanto, as chamadas *negociações preliminares* com *contrato preliminar* ou *pré-contrato*. Como regra, as negociações preliminares não geram direitos. Todavia, quando falamos de *responsabilidade pré-contratual*, esta decorre justamente de danos causados na fase de negociações, fora do contrato, indenizáveis sob a égide do art. 186, como estudaremos em momento oportuno. Na esfera dos negócios mais complexos, é comum que as partes teçam considerações prévias, ou firmem até mesmo um *protocolo de intenções*, mas nessas tratativas preliminares ainda não existem os elementos essenciais de um contrato, quais sejam, *res, pretium et consensus* (Azulay, 1977:80). Gozando o pré-contrato de todos os requisitos de um contrato, seu inadimplemento é examinado sob o prisma contratual. O contrato preliminar estampa uma fase da contratação, porque as partes querem um contrato, mas não querem que todos os seus efeitos operem de imediato. Como negócio jurídico, porém, goza de autonomia. Enfatizamos que a figura ora estudada se afasta das negociações preliminares referidas, estampadas por simples manifestações sem caráter vinculativo. De qualquer forma, não há um longo vácuo entre as negociações preliminares e o contrato preliminar ou pré-contrato, porque se está no campo que Messineo (1973, v. 21, t. 1:528) denomina com propriedade de formação gradual do contrato (ou formação *ex intervallo*). De fato, em contratos com maior complexidade há uma formação gradual do negócio, desde a oferta (a ser estudada a seguir), às negociações prévias, eventual opção, até se chegar ao contrato preliminar e, finalmente, ao contrato. O efeito vinculativo *negocial* só ocorre a partir do pré-contrato, embora exista inelutavelmente uma responsabilidade pré-contratual.

A *opção* é negócio jurídico que parte de premissa distinta do contrato preliminar, embora deva ser tratada dentro do campo da formação gradual do contrato. Muitos a consideram uma espécie de contrato preliminar. Por esse negócio, uma pessoa oferece a outra um contrato e compromete-se a manter em vigor essa oferta, assim considerada. Nesse período, o oferente não pode retirar a oferta. A outra parte pode aceitá-la no período fixado ou não. Se aceitá-la, o contrato conclui-se, sem necessidade de nova manifestação de vontade do oferente (Borda, 1989:34). A parte que recebe a oferta na opção verificará sua própria conveniência de aceitar ou não. O direito do ofertado ou oblato, destinatário da proposta, é potestativo. O instituto da opção também deve ser encarado como uma modalidade de negócio preliminar a um contrato definitivo, mas tem características próprias que o fazem diferir bastante do pré-contrato que aqui enfocamos. O exercício do direito de opção pode culminar em um contrato preliminar ou em um contrato definitivo. Tal dependerá da vontade das partes (Messineo, 1973, v. 21, t. 1:489). É típico pacto de opção a *reserva de compra ou aquisição de serviços*. Quando reservamos ingressos em um teatro, uma mesa num restaurante ou uma mercadoria de gênero restrito, garantimos, durante certo prazo, o direito da parte em exercer a opção. Decorrido esse prazo, o titular dos bens ou serviços fica livre para aliená-los ou cedê-los a terceiros.

A figura do contrato preliminar já era conhecida no Direito Romano: o *pactum de contrahendo* compreendia o *pactum de mutuando* e *pactum de commodando*, entre outros. Em nosso Direito, é largamente utilizado, não estando, contudo, organizada como uma unidade codificada. O Decreto-lei nº 58/37 inaugurou profícua atividade legislativa do contrato preliminar, ao regular o compromisso de compra e venda de terrenos para pagamento em prestações.

Como o contrato preliminar tem força vinculante, maiormente sentida quando a promessa é irretratável, pode ser exigida judicialmente a conclusão do contrato definitivo. No entanto, como observa Orlando Gomes (1983*a*:152),

> *"o juiz não se substitui à parte na conclusão do contrato; determina, apenas,* ***a execução específica do pré-contrato****. A noção de contrato repele evidentemente suprimento judicial, para sua formação".*

A sentença não é declaração de vontade da parte compromissada. A execução específica, porém, mune a parte de um título jurídico com os mesmos efeitos da declaração, quando isto for possível, ou determina o pagamento de indenização substitutiva. A execução coativa do contrato, entretanto, deve ser sempre procurada como uma solução que se aproxima do efetivamente pretendido pelos promitentes. As disposições acerca de sua execução encontram-se no capítulo da sentença e da coisa julgada do CPC.

O conteúdo do instrumento permitirá ou não a execução específica.

São requisitos do pré-contrato os mesmos dos contratos e negócios jurídicos em geral. Quanto à forma, embora haja vacilação nos julgados, nada está a obrigar que se obedeça às mesmas formalidades do contrato principal, salvo se assim já estiver previsto na lei. Na realidade, o promitente compromete-se a uma obrigação de fazer. Se o contrato preliminar não contiver todos os requisitos do contrato principal para gozar da execução específica, nem por isso deixam de existir efeitos a essa obrigação de fazer, que se resumirá, em última análise, em perdas e danos. Quando se trata de compromisso de compra e venda de imóveis, na recusa do promitente vendedor em outorgar a escritura definitiva, a lei confere, sob determinadas condições, como estudaremos em capítulo próprio, a permissão ao adquirente de obter uma sentença que substitua a escritura, por meio da ação de adjudicação compulsória.

Na ausência de disposição legal, não se promovendo a execução específica, resolve-se o contrato preliminar por inadimplemento de qualquer das partes, podendo decorrer da vontade bilateral, pelo distrato.

Postos esses princípios doutrinários, o presente Código Civil disciplina a matéria.

Assim, dispõe o art. 462:

> *"O contrato preliminar, exceto quanto à forma, deve conter todos os requisitos essenciais ao contrato a ser celebrado."*

Ora, nada impede que no contrato definitivo as partes acrescentem novas cláusulas. Tal não desnatura o contrato preliminar, de modo que a afirmação legal deve ser entendida de forma relativa. O que se deduz é que o contrato preliminar deve conter todos os requisitos de um contrato definitivo. Dispensa-se a forma, como ordinariamente se faz, quando o contrato definitivo exige a escritura pública, o contrato preliminar pode ser lavrado em instrumento particular.

O art. 463 prossegue:

> *"Concluído o contrato preliminar, com observância do disposto no artigo antecedente, e desde que dele não conste cláusula de arrependimento, qualquer das partes terá o direito de exigir a celebração do definitivo, assinando prazo à outra para que o efetive.*
>
> *Parágrafo único. O contrato preliminar deverá ser levado ao registro competente."*

Cumpridas as obrigações do contrato preliminar e sendo ele irretratável, portanto sem cláusula de arrependimento, a parte pode exigir sua execução específica, com os meios que o estatuto processual lhe faculta, como referimos acima. O interessado poderá levar o pré-contrato a registro, geralmente o imobiliário, se o desejar, embora a nova lei utilize o termo *deverá*. É evidente que para ser ultimado o registro o contrato preliminar deve obedecer aos requisitos exigidos pela legislação registral, o que deve ser examinado em cada caso.

Importante observar que na maioria das vezes esse contrato preliminar ou promessa basta-se por si mesmo e, tratando-se de venda a prestações, pago o preço, torna-se mesmo desnecessário elaborar o chamado contrato definitivo, pois o pacto cumpriu integralmente sua finalidade. Por essa razão, no compromisso irretratável e irrevogável de compra e venda de imóvel, a denominada escritura definitiva é uma superfetação cartorial desnecessária, mormente quando o compromisso já consta do Registro de Imóveis.

Corroborando a noção do que afirmamos quanto à execução específica, o art. 464 complementa o artigo anterior:

> *"Esgotado o prazo referido no artigo antecedente, poderá o juiz, a pedido do interessado, suprir a vontade da parte inadimplente, conferindo caráter definitivo ao contrato preliminar, salvo se a isto se opuser a natureza da obrigação."*

A regra é de nítido caráter processual, mas houve por bem o legislador inseri-la no atual diploma, escoimando assim algumas decisões dúbias que ainda pontilhavam em nossa jurisprudência.

A seguir, o art. 465 se reporta à inexecução do contrato preliminar por parte do estipulante, o que autoriza a outra parte a considerá-lo rescindido, abrindo-se o caminho para as perdas e danos. A questão se refere aos princípios da *pacta sunt servanda* e à *exceptio non adimpleti contractus*, por nós estudados anteriormente neste livro.

O art. 466 não se refere propriamente ao contrato preliminar, mas à promessa unilateral de contratar:

> *"Se a promessa de contrato for unilateral, o credor, sob pena de ficar a mesma sem efeito, deverá manifestar-se dentro do prazo previsto, ou inexistindo este, dentro no que lhe for razoavelmente assinado pelo devedor."*

Como é lógico, quem promete dar, fazer ou não fazer algo não pode ficar indefinidamente vinculado. Se não houve prazo na promessa, cujo decurso por si só desobriga o promitente, deve este conceder um prazo para que o interessado se manifeste. Em várias situações práticas a promessa unilateral é utilizada, como, por exemplo, na opção que se dá a um credor, para alienar determinado bem.

5.9 CONTRATOS DERIVADOS – SUBCONTRATOS

Há um contrato *derivado* quando sua existência decorre exclusivamente de outro contrato. Existe, pois, um *contrato-base* ou *contrato principal*, do qual exsurge o *contrato derivado* ou *subcontrato*. A existência do contrato-base é causa geradora do subcontrato.

Entre esses dois contratos, posta-se uma ligação toda peculiar, que regulará sua coexistência. No subcontrato, uma das partes do contrato-base participa do outro, tendo em vista sua posição originária na primeira avença. No dizer de Messineo (1973, v. 21, t. 1:733), esse contratante dispõe, para com um terceiro, parcial ou integralmente, de sua posição patrimonial no contrato-base. Portanto, no subcontrato necessariamente participa uma das partes do contrato principal. A participação desse contratante comum tem como causa direta, efetivamente, sua posição contratual anterior. O contrato derivado fica numa posição de serviência do contrato-base, embora ambas coexistam.

Como consequência da derivação, o direito contido no subcontrato tem como limite de compreensão o direito contido no contrato-base; sua extensão não pode ser ultrapassada. Aplica-se o princípio segundo o qual ninguém pode transferir mais direito do que tem (*nemo plus iuris ad alium transferre potest quod non habet*). No mesmo diapasão, se o contrato principal se extingue, extingue-se o contrato derivado por impossibilidade material de sua continuação.

Não existe sistematização legal nem unanimidade doutrinária a respeito do tema. Contudo, no campo das locações prediais e das empreitadas, a subcontratação encontra campo fértil, tanto na lei como na jurisprudência.

Logicamente, o contrato derivado deve *suceder* o contrato principal. Se alguém subcontrata, não estando ainda ultimado o contrato principal, dispõe de direitos que ainda não tem, elaborando, na verdade, uma promessa de contratar.

Incumbe distingui-lo de figuras que lhe são próximas. Não se confunde com o *contrato em favor de terceiro*, porque, embora derivado e dele dependente, o subcontrato fica separado do contrato-base. No contrato em favor de terceiro, este sempre é parte; pode exigir o que foi estipulado.

Já com o *contrato acessório* existe em comum o fato de que ambos são dependentes. Contudo, enquanto o contrato acessório serve na quase totalidade das vezes para garantir o cumprimento de obrigação, no contrato principal o contrato derivado participa da própria natureza do direito versado no contrato-base. Tomemos como exemplo de contrato acessório a fiança, em contrapartida com a mencionada sublocação, em que fica bem nítida a distinção.

Há também distinções fundamentais da *cessão de posição contratual* (cessão de contrato). Nesta, o contrato básico persiste em sua integridade, mas com um novo titular, o cessionário. No contrato derivado, surge uma segunda relação contratual, sem alteração da primeira, havendo apenas um dos sujeitos que é titular de ambos os contratos.

No entanto, o caso prático pode dar margem a dúvidas para uma efetiva diferenciação. Deve ser examinada a vontade das partes no caso concreto e, na dúvida, o intérprete deve propender para o subcontrato, porque este, em regra, pode ser livremente estipulado, sem a necessidade da participação obrigatória das três partes contratantes, como ocorre na cessão de contrato. No subcontrato, como há um negócio jurídico separado, prescindimos da figura do terceiro, contratante do negócio-base, salvo estipulação em contrário. Há, no entanto, muitos pontos de contato, porque tanto na cessão de posição contratual, como no subcontrato, ocorrem transferências de faculdades e direitos na posição das partes. A questão fica bem clara na cessão de locação e na sublocação já por nós examinadas em nossa obra *Lei do inquilinato comentada*. Lembre-se, ademais, de que o cessionário, ao investir-se na posição dos direitos do cedente, assume-a, desaparecendo da avença o cedente. De outro lado, o subcontratante adquire um direito novo, de âmbito igual ou menor ao do contratante principal, porque a essência jurídica em jogo é a mesma. Por fim, lembre-se de que a cessão de contrato é negócio instantâneo. Esgota-se no momento da transferência da posição contratual. O contrato derivado, por sua própria natureza, é um contrato de duração (Masnatta, 1966:21).

Se, pois, o subcontrato é um negócio de duração, percebemos que não pode surgir de qualquer contrato. Os contratos instantâneos são incompatíveis com o instituto. O contrato-base necessita de certas características que o favoreçam. Assim, não é possível um subcontrato se o contrato principal o proibir. Note que essa proibição não inibe que haja efeitos entre subcontratantes, mas isto será estranho ao contratante principal, na posição de terceiro nesse negócio. A revogada Lei do Inquilinato (Lei nº 6.649/79), assim como a atual (Lei nº 8.245/91), dispõem que a cessão de locação depende de consentimento prévio, por escrito, do locador (art. 13 da lei atual). Havendo sublocação não consentida, haverá, contudo, efeitos jurídicos entre os subcontratantes, como, por exemplo, basicamente, a exigência de pagamento de alugueres.

Os contratos personalíssimos (*intuitu personae*), evidentemente, também não permitem a subcontratação. Assim, se há empreitada para uma obra que leva em conta a pessoa do empreiteiro, não pode haver subempreitada.

Campo fértil para o contrato derivado, além da sublocação e subempreitada mencionadas, são os contratos de subempresa, submandato, subcomodato e subtransporte, entre outros. Cada caso deve ser estudado de per si, porque possui disciplina própria.

Pelo que dissemos até aqui, percebemos que no contrato derivado há o ressalte de três pessoas. Uma delas assume posição de contratante nos dois contratos, básico e derivado. Mas em cada um dos contratos só há duas partes. O contrato derivado deve ter o mesmo objeto do contrato principal. Essa condição é fundamental. Seu âmbito de atuação será igual ou inferior àquele fixado no principal. Quanto maior o âmbito do subcontrato, menor será a participação do subcontratante comum no uso e gozo dos direitos do contrato-base. Embora sejam contratos *separados*, não são *independentes*, isto porque, terminado ou extinto o contrato principal, já não haverá fruição de direitos no subcontrato. Há, pois, uma interligação de dependência.

> *"Enquanto o subcontrato depende do contrato-base e sofre suas vicissitudes, este tem plena independência e pode viver autonomamente, sem preocupação pela sorte do contrato derivado. Não existe relação de reciprocidade, senão relação de subordinação"* (Masnatta, 1966:43).

Quando a lei ou a vontade das partes proibir a subcontratação, tal é causa para a rescisão do contrato-base. Por vezes, a conduta do subcontratante influi no cumprimento do contrato principal. As soluções serão trazidas pelo caso concreto.

No âmbito processual, o subcontratante final poderá ser parte legítima para defender o direito do subcontratante duplo, na inércia ou ineficiência deste, utilizando-se do instituto da assistência (arts. 119 ss do CPC), podendo também agir autonomamente, quando então será considerado gestor de negócios (art. 121, parágrafo único, do CPC), para fins processuais.

5.10 AUTOCONTRATO – CONTRATO CONSIGO MESMO

Se para a constituição de um contrato é necessária a concorrência de duas vontades, parece contraditório falar na existência de um contrato consigo mesmo. No entanto, nas situações em que o representante conclui ele mesmo o contrato por si e pelo representado, existe uma configuração formal de *autocontrato*.[2]

---

[2] "Direito empresarial. Apelação. Ação de cobrança. Recurso provido. I. Caso em Exame Hélio Benício de Paiva Sobrinho ajuizou ação de cobrança em face de VG Comércio, Participações e Intermediações Ltda., alegando ter realizado mútuos à sociedade no valor de R$ 178.999,81, os quais não foram quitados. A sentença de primeira instância julgou improcedentes os pedidos iniciais e os reconvencionais, condenando ambas as partes ao pagamento das custas e honorários advocatícios. II. Questão em Discussão A questão em discussão consiste em determinar a validade dos contratos de mútuo celebrados pelas partes, considerada a alegação de conflito entre os interesses do autor, que figurou pessoalmente como mutante e representou a ré, na qualidade de mutuária. III. Razões de Decidir O artigo 117 do Código Civil prevê a anulabilidade de contratos consigo mesmo, mas essa anulabilidade não pode ser pronunciada de ofício. De todo modo, não era o caso de anular-se o contrato. O artigo 1.017 do Código Civil não impede que o administrador celebre contratos de mútuo com a sociedade administrada, pois não há, na hipótese, aplicação de créditos ou bens sociais em proveito do administrador. Os mútuos em questão, ademais, foram celebrados em condições mais benéficas à sociedade do que as disponíveis no mercado, não configurando o conflito de interesses disciplinado pelo artigo 156 da LSA. Sentença parcialmente reformada para julgar-se procedentes os pedidos iniciais, mantida a improcedência dos reconvencionais. IV. Dispositivo e Tese Recurso provido. Tese de julgamento: 1. A anulabilidade de contratos consigo mesmo requer pedido específico. 2. Contratos de mútuo em condições de mercado não configuram conflito de interesses entre administrador mutuante e sociedade administrada mutuária, ainda que o primeiro represente a segunda no negócio. Legislação Citada: Código Civil, arts. 117, 1.015, 1.017, 1.065, 1.071, 179, 487, I; Lei nº 6.404/1976, art. 156. Jurisprudência Citada: STJ, REsp n. 2.095.475/SP, relator Ministro Antonio Carlos Ferreira, Quarta Turma, julgado em 9/4/2024, DJe de 18/4/2024" (*TJSP* – Ap 1033814-74.2023.8.26.0100, 11-3-2025, Rel. Maurício Pessoa).

"Processual civil – Ação anulatória desapropriação – Extinção pela ilegitimidade ativa – Procuração outorgada com poderes *ad negotia* e com cláusula *in rem propriam* espécie de **autocontrato** que permite a transferência do imóvel ao mandatário autoridade para em juízo postular direitos relacionados ao bem – sentença desconstituída – Formais proprietários de imóvel outorgaram procuração pública ao acionante, ali atribuindo poderes para negociação (*ad negotia*) e se estabelecendo cláusula "em causa própria" (*in rem propriam*). Tais disposições, que não são excludentes, autorizam que o mandatário possa, além de meramente mediar a alienação, transferir para si próprio o bem (art. 685 do Código Civil). Disso resulta que, independentemente da titularidade do imóvel constante no registro ou da existência de outros feitos em curso discutindo essa relação, o acionante está apto para, de forma autônoma, judicialmente defender a coisa. Recurso conhecido e provido" (*TJSC* – AC 0000036-19.2013.8.24.0139, 21-2-2019, Rel. Des. Hélio do Valle Pereira).

"Acórdão apelação cível – Direito Civil – **Autocontrato** – O art. 117 do Código Civil determina que, salvo se o permitir a lei ou o representado, é anulável o negócio jurídico que o representante, no seu interesse ou por conta de outrem, celebrar consigo mesmo. O segundo réu foi síndico do condomínio autor e durante seu mandato realizou contrato de prestação de serviço de contabilidade e de pessoal com a sociedade ré, da qual é sócio e representante legal. Ao realizar o citado negócio jurídico, o segundo demandado representava tanto o contratante (Condomínio autor) quanto o contratado (primeiro réu), ou seja, era o representante de ambos os contratantes. Estamos diante do que se convencionou denominar 'Contrato consigo mesmo', que é a convenção em que um só sujeito de direito,

Muito tem discutido a doutrina a esse respeito, criando um sem-número de teorias para explicar o fenômeno. Contudo, sem correr o risco de nos perdermos nos meandros desses estudos, podemos concluir que o autocontrato, levando em conta a figura do representante, pode ocorrer sob condições excepcionais e definidas.

Para muitos, o chamado autocontrato é vedado, ainda que o ordenamento não o faça expressamente, porque faltaria o essencial acordo de vontades: uma única vontade se imporia no negócio, podendo trazer enorme prejuízo ao mandante. Há, no entanto, uma posição menos extremada que deve ser adotada: quando o mandatário recebe poderes estritos e delimitados do mandante, sem maior âmbito de atuação, admite-se o instituto. Assim, se o proprietário de um imóvel incumbe seu representante de vendê-lo pelo preço mínimo de R$ 100.000,00, se o mandatário adquire o imóvel para ele próprio por esse preço, podendo conseguir preço maior com terceiros, é evidente que usou do mandato em seu próprio benefício. Se não foi expressamente autorizado pelo vendedor a adquirir o bem, não é de ser admitido o negócio consigo mesmo. Se o alienante, porém, estipulou um preço certo e todas as condições da venda no mandato, nada impede a aquisição por parte do próprio mandatário. Neste último caso, pouco importa para o direito do mandante se for o mandatário ou terceiro que venha a adquirir o bem. Guillermo Borda lembra ainda da situação de um comitente que encarrega outrem de vender ou comprar uma mercadoria ao preço da praça. Se o mandatário aceita a oferta para si, pode fazê-lo só no caso em que os termos do mandato sejam tais que não possa ele prejudicar o mandante com essa aceitação.

Pelo exposto, verificamos que, para a configuração dos ditos autocontratos, é essencial que o negócio jurídico seja concluído por meio de representante (Cavalcanti, 1983:1). Nos exemplos citados, a questão gira em torno da representação convencional ou voluntária, instituída pelo contrato de mandato (Venosa, *Direito civil: parte geral*). O fato liga-se também à denominada procuração em causa própria. Expusemos na obra referida que aqui se parte do seguinte pressuposto:

> *"Se o representante pode tratar com terceiros em nome do representado, poderia, em tese, contratar consigo mesmo, surgindo aí a figura do* ***autocontrato****. Temos no caso a figura de dois contratantes numa só pessoa"* (Venosa, *Direito civil: parte geral*, seção 19.5).

As inconveniências do instituto residem na potestatividade em favor do representante. O negócio só poderá ser admitido quando houver expressa permissão ou quando no negócio não haja âmbito de atuação maior para o representante, de molde a locupletar-se indevidamente com o exercício do mandato. Nosso Código de 1916, ao contrário de outras legislações, não trazia disposição expressa, proibindo ou regulando a matéria de forma geral. Por seu lado, o atual Código Civil dispõe no art. 117:

> *"Salvo se o permitir a lei ou o representado, é anulável o negócio jurídico que o representante, no seu interesse ou por conta de outrem, celebrar consigo mesmo."*

A situação posiciona-se, em parte, no molde dos exemplos citados: quando o próprio interessado, o representado, o titular do direito em disposição, autoriza a contratação em favor de seu mandatário, supera-se o inconveniente da inexistência de duas vontades no negócio jurídico,

---

revestido de duas qualidades jurídicas diferentes, atua simultaneamente em seu próprio nome e no de outrem. O ex-síndico não apresentou cópia de ata de assembleia geral ou qualquer outro documento que comprove que o autor permitiu ou aprovou a referida contratação. Manutenção da sentença" (*TJRJ* – AC 0012510-51.2015.8.19.0087, 17-5-2018, Rel. Ferdinaldo do Nascimento).

já que elas passam a existir desde a origem do próprio negócio. Há que se examinar a margem de atuação, em cada caso concreto, confiada ao mandatário, para que tenhamos o negócio como anulável ou não. Tal aspecto atine à legitimação do representante no negócio jurídico sob exame.

A matéria diz respeito ao instituto da representação em geral, embora até aqui nos tenhamos referido à representação convencional. Quanto à representação legal, nossa lei de 1916 era expressa no art. 1.133 do Código Civil, inciso I, proibindo os tutores e curadores de comprarem, ainda que em hasta pública, os bens confiados a sua guarda ou administração. O mesmo artigo (inciso II) vedava aos mandatários adquirir os bens de cuja administração ou alienação estejam encarregados. O atual Código trata da matéria de forma um pouco diversa, mas mantendo a mesma ideia (arts. 497 e 498). Não se confunde, contudo, essa proibição com a possibilidade de se constituir procurador em causa própria. Nem pode esta última proibição atingir aqueles casos em que as condições de venda ou do negócio estejam especificadas no mandato, de forma que para o mandante seja irrelevante que o próprio mandatário, ou um terceiro, as aceite ou a elas adira. Como vemos, ao contrário de outras legislações, não existe em nossa lei, salvo os casos específicos, uma regra que crie obstáculo geral ao contrato consigo mesmo. Pelo contrário, o vigente Código é expresso em autorizá-lo dentro dos limites analisados. No entanto, na representação legal, a regra geral, por questões de ordem lógica e moral, será a de repelir a autocontratação, salvo quando se comprovar real vantagem em favor do representado. Lembre-se da regra do art. 1.692 do Código Civil, que devemos nomear um curador especial ao menor, quando colidirem os interesses dele com os dos pais, no exercício do pátrio poder. Essa regra deve também ser observada nos outros casos de representação legal. Nessa hipótese, contudo, não é proibido o negócio em si, que pode ser realizado por curador especial, o que é proibida é a participação do próprio representante. José Paulo Cavalcanti (1983:47) recorda também a hipótese do art. 156 da Lei nº 6.404/76 (antiga Lei das Sociedades por Ações), que proibia os administradores das sociedades anônimas de intervirem em qualquer operação em que tenham interesses conflitantes com os da empresa.

Não se confunde, no entanto, a figura do representante no autocontrato com a pessoa do núncio, o qual não empresta qualquer vontade ao negócio em que participa. Sua manifestação não configura a representação, de modo que não pode ocorrer com ele um autocontrato. A linha limítrofe entre núncio e representante deve ser distinguida no caso concreto (Venosa, *Direito civil: parte geral*, seção 19.5).

A propósito, a Súmula 60 do Superior Tribunal de Justiça consolidou: *É nula a obrigação cambial assumida por procurador do mutuário vinculado ao mutuante, no exclusivo interesse deste.*

A matéria tem a ver com contratos bancários e com administradoras de cartões de crédito. Trata-se de situação típica de autocontrato que não pode ser admitido porque realça a potestatividade exclusiva do representante.

Podemos concluir com Messineo (1973, v. 21, t. 1:286) acerca da admissibilidade do autocontrato. Em primeiro lugar, deve ser considerado que o representado é o melhor juiz de seu próprio interesse. Se, consciente das circunstâncias de fato, autorizou o representante a contratar consigo, o negócio é válido. No entanto, cumpre não só que exista uma autorização prévia, mas que ela tenha sido dada de forma específica ao negócio concluído. Se a autorização for genérica, temos de examinar se houve conflito de interesses, e se, caso fosse o negócio concluído com terceiro, a situação teria sido a mesma. Em segundo lugar, deve ser tido como válido o autocontrato, se o titular do direito predeterminou o conteúdo do negócio no mandato, com tais minúcias e com cautelas de molde a impedir o conflito de interesses com o representante. Neste último caso, torna-se indiferente para o representado a pessoa do outro contratante, que poderá ser qualquer pessoa. Também não podemos definir como anulável o autocontrato, se o titular do direito o aceita, por meio de aprovação posterior.

6

ELEMENTOS DO CONTRATO

6.1 TEORIA DOS NEGÓCIOS JURÍDICOS APLICADA AOS CONTRATOS

A teoria geral dos negócios jurídicos aplica-se aos contratos que se inserem integralmente nessa categoria. Como temos em nosso Código uma *Parte Geral*, é nela que devemos fixar o primeiro plano de estudo da teoria geral dos contratos. Daí extrairemos seus elementos.

Afirmamos em nossa obra do *Direito civil: parte geral* que a doutrina não se mostra concorde acerca das noções de *elementos, pressupostos* e *requisitos* do negócio jurídico (Venosa, *Direito civil: parte geral*, seção 20.1). O mesmo sucede no tocante aos contratos. Pelo conceito vernacular, *elemento* é tudo que entra na composição de alguma coisa, cada parte de um todo. *Pressuposto* é a circunstância ou fato considerado como antecedente necessário de outro. *Requisito* é a condição necessária para a obtenção ou para o preenchimento de certo fim. Utilizamos da palavra *elemento*, a mais empregada na doutrina, sem maior preocupação de distinção com os demais termos, os quais, enfim, giram em torno do mesmo fenômeno.

Está aberta novamente margem à distinção de elementos essenciais, naturais e acidentais dos negócios e, consequentemente, dos contratos.

No art. 104, são encontrados os elementos essenciais do negócio jurídico: *agente capaz, objeto lícito e forma prescrita ou não proibida pela lei.* No contrato, esses elementos podem ser vistos pelo prisma genérico dos negócios jurídicos: são nulos os contratos a que faltar qualquer dos elementos essenciais genéricos. Cada contrato, porém, pode requerer outros elementos essenciais, específicos de sua natureza: assim, para a compra e venda são elementos essenciais específicos a coisa, o preço e o consentimento (há outros contratos que também necessitam desses elementos); é essencial para o contrato de depósito a entrega da coisa ao depositário e assim por diante.

São *elementos naturais* os decorrentes da própria razão de ser, da essência ou natureza do negócio, sem que haja necessidade de menção expressa na contratação. São, por exemplo, elementos naturais da compra e venda a garantia que presta o devedor pelos vícios redibitórios (art. 441) e pelos riscos da evicção (art. 447).

Os *elementos acidentais* dos contratos são os que se acrescem aos negócios para modificar alguma ou algumas de suas características naturais. No Código, estão presentes a condição, o termo e o encargo. No entanto, fique assente que, quando uma condição, termo ou encargo é aposto num negócio jurídico, passa a ser elemento integrante da avença. O elemento é tratado como acidental apenas porque às partes é dado inseri-lo ou não no contrato. Uma vez estipulados, devem ser obedecidos. *Pacta sunt servanda.*

Tudo o que foi visto em *Direito civil: parte geral*, com relação aos negócios jurídicos, é aplicado aos contratos, não havendo necessidade de aqui repisarmos. Cumpre lembrar, porém, alguns aspectos da teoria geral aplicáveis especificamente aos contratos. Contudo, levemos sempre em conta o que foi dito acerca dos planos de existência, validade e eficácia do negócio jurídico. Assim, repetindo o que está exposto na obra introdutória, o contrato pode existir, isto é, possuir aspecto material de um negócio, mas não ter validade por lhe faltar, por exemplo, agente capaz. Ainda, o contrato pode existir e ser válido, mas ineficaz, quando, por exemplo, pendente de implemento de uma condição suspensiva.

Não se esqueça de que há todo um plano contratual sob novas perspectivas no Código de Defesa do Consumidor. Esta lei é especial em relação ao Código Civil e se aplica nas relações de consumo. Não há conflito, mas harmonização em sua aplicação perante o Código Civil. O universo consumerista deve sempre ser levado em conta em qualquer estudo que se faça do contrato contemporâneo.

6.2 VONTADE NO PLANO CONTRATUAL. CONSENTIMENTO. A PARTE NOS CONTRATOS

Na teoria geral dos negócios jurídicos, foi assinalado o papel da vontade. Muito antes de ser exclusivamente um elemento do negócio jurídico, é questão antecedente, é um pressuposto do próprio negócio, que ora interferirá em sua validade, ora em sua eficácia, quando não na própria existência, se a vontade não houver sequer existido. Um contrato no qual a vontade não se manifestou gera, quando muito, mera *aparência* de negócio, porque terá havido, quiçá, simples aparência de vontade. Destarte, é importante situar a matéria na teoria geral (Venosa, *Direito civil: parte geral*, seção 20.2).

Especificamente no campo contratual, a vontade assume um papel de exame dúplice, porque há necessidade de ao menos duas vontades para perfazer um contrato, salvo a exceção aparente do autocontrato, antes aqui examinado. Essa noção tem de ser vista em harmonização com o que a doutrina italiana chama de *centro de interesses*. O contrato constitui um ponto de encontro de vontades. Duas ou mais. A vontade contratual coincide com o denominado centro de interesses. Não se confunde com a vontade individual de uma pessoa, natural ou jurídica. Haverá tantas partes em um contrato quantos forem os centros de interesses no negócio. Ainda que examinemos o já estudado contrato consigo mesmo, existem duas vontades contratuais, porque são dois os centros de interesses, o de representante e o do representado. Como assinala Messineo (1973, v. 21, t. 1:101), para facilidade de exposição podemos fazer coincidir o conceito de sujeito (pessoa natural, jurídica ou assemelhada) com o conceito de parte. Mais de uma pessoa, várias pessoas em um contrato podem ter interesses comuns. *Portanto, o que estabelece o número das partes no contrato é o número dos centros de interesse (não o número das pessoas)*. Desse modo, uma pluralidade de pessoas pode constituir-se numa única parte. No dizer de Darcy Bessone (1987:116), a pluralidade de sujeitos unifica-se para formar uma parte no contrato. Assim, havendo uma parte contratual, necessariamente haverá outra, a figura do cocontratante ou contraparte. Daí podemos verificar que a parte contratual tanto pode ser uma única pessoa, como um conjunto de pessoas, ou uma coletividade. Mais do que centros de interesses, no contrato há, na realidade, centros convergentes de vontades.

6.2.1 Conceito de Parte e sua Sucessão nos Contratos

Segundo o princípio da relatividade dos contratos, eles não obrigam senão as partes contratantes, não tendo efeito com relação a terceiros. Já de plano, percebemos que ninguém pode vincular a vontade de outrem. No entanto, na prática, há situações em que terceiros certamente serão atingidos pelos contratos.

O conceito de parte foi examinado no tópico anterior. A parte compromete-se por si ou por representante. Por isso, nem sempre quem assina um contrato, ou por outra forma o conclui, é parte no negócio. Como o desaparecimento do titular da relação de direito nem sempre faz extinguir essa mesma relação, existem formas de sucessão na posição de contratante. Como com a morte o patrimônio do *de cujus* se transmite aos herdeiros, nesse patrimônio os débitos e créditos estão incluídos.

Os herdeiros do falecido o sucedem, como regra geral, nas relações obrigacionais. Entendamos essa afirmação com a ressalva necessária a respeito da aceitação da herança sob benefício de inventário.

De acordo com o art. 1.792, o herdeiro não responderá por encargos superiores às forças da herança. Para que isso ocorra, porém, deve o herdeiro tomar o cuidado de relacionar o patrimônio do morto por meio do inventário. Como dissemos na obra de estudo do Direito das Sucessões,

> *"na ausência de inventário, ou com um inventário lacunoso, tem o herdeiro que se valer de outros meios de prova, para evidenciar o 'excesso' de que fala a lei (art. 1.587), isto é, um débito além das forças da herança"* (Venosa, *Direito civil: direito das sucessões,* Cap. 2).

Por outro lado, enquanto não feita a partilha, o espólio é sucessor nos contratos do morto. Em regra, portanto, por causa da morte, as posições contratuais se transferem ativa e passivamente. Todavia, essa regra comporta exceções que não podem fugir à lógica: as obrigações personalíssimas não se transmitem, dada sua natureza. Nos contratos *intuitu personae*, o que buscamos são as qualidades da pessoa contratada. Também não se transmitem os contratos em que as partes dispuseram expressamente em contrário.

Pelo princípio da *saisine*, no momento do falecimento, os herdeiros assumem a posição contratual (art. 1.784 – *Direito civil: direito das sucessões*, Cap. 2).

Quanto à sucessão particular nos contratos, é importante fixar a noção de terceiro para o negócio. Assim, deve ser considerado terceiro todo aquele não participante. Há, destarte, terceiros que ingressam na relação contratual, em substituição ao contratante primitivo.

Como estudamos na cessão de posição contratual, essa substituição pode ocorrer por vontade dos próprios contratantes, decorrente de outro negócio jurídico (ver Capítulo 7 do Vol. II). Na cessão de contrato, ocorre uma substituição de parte a título singular. Um terceiro toma lugar do contratante originário. Já estudamos também a particularidade das obrigações *propter rem* ou reipersecutórias (ver Capítulo 4 do Vol. II), em que o titular da obrigação será quem for o titular do Direito Real. Nesse caso, a sucessão ocorre por força da sucessão no Direito Real.

No contrato de locação, também, quando a coisa é alienada, o inquilino deve continuar a pagar o aluguel ao novo proprietário, embora não tenha contratado com ele. Nesse caso, há uma sub-rogação no contrato, havendo uma substituição de parte.

Como se nota, não se mostra inflexível a regra da relatividade dos contratos. A regra aplica-se aos verdadeiros terceiros, aqueles que não têm, nem terão, efetivamente, qualquer relacionamento com os contratantes. Aqui, não podemos nem mesmo incluir as pessoas afetadas pelos contratos coletivos por nós mencionados, já que as pessoas jurídicas envolvidas como parte na avença dispõem acerca de uma parcela de empregados e empregadores, unidos pelo mesmo centro de interesses.

Se, por um lado, o contrato não pode onerar terceiros estritamente considerados, pode, no entanto, beneficiá-los, já que os contratantes podem dispor em seu benefício, criando-lhes direitos.

6.2.2 Formas de Manifestação da Vontade Contratual. O Silêncio como Manifestação

No campo contratual, a manifestação de vontade deve buscar a do outro contratante. Assim, se, por um lado, a vontade negocial em geral pode não procurar um destinatário em particular, isso não acontece no contrato, visto que a indeterminação pode ocorrer apenas inicialmente, quando se faz a oferta (Venosa, *Direito civil: parte geral*, seção 20.2.2).

No contrato, a manifestação da vontade é livre, quando não for prescrita uma forma pela lei; ou quando assim não o fazem as próprias partes. Destarte, a vontade no contrato pode manifestar-se verbalmente e por escrito, seja por instrumento particular, seja por instrumento público. Também a vontade pode exteriorizar-se por sinais inequívocos, com força vinculante. É o que ocorre, por exemplo, num leilão, em que o costume é aceitar o lanço do arrematante por mero meneio de cabeça ou sinal de mão. Vale, nessa hipótese, o que estipulam os usos e costumes do negócio e do lugar.

Nesse diapasão, podemos falar na manifestação direta e indireta da vontade nos contratos. Assim, é direta a manifestação quando esta se percebe de sinais externos inequívocos, pela fala, pela escrita ou por gestos, quando tais atitudes revelam socialmente uma intenção. Por outro lado, a manifestação é indireta quando a intenção de contratar é inferida de um comportamento negocial; isto é, na situação determinada, o comportamento do agente é de aquiescência a um contrato. Essa manifestação indireta, tácita, é cuidada como exceção no sistema e só admitida quando a lei não exige expressa declaração. Também por vezes a lei admite uma declaração ficta, presumida. A lei deve ser expressa, no entanto.

No tocante ao silêncio como manifestação de vontade, recordemos o que foi dito a respeito no *Direito civil: parte geral* (Venosa, seção 20.2.2). Enfatizamos que a expressão "quem cala consente" é um dito popular, mas não um aforismo jurídico. O silêncio deve ser tido, como regra geral, como um fato ambíguo, na esteira do mestre Serpa Lopes (1961), que se aprofundou na matéria. Como afirmado, o silêncio só pode produzir efeitos quando acompanhado de outras circunstâncias definidoras de uma vontade negocial. Nesse sentido, o Código Civil, art. 111: "*O silêncio importa anuência, quando as circunstâncias ou usos o autorizarem, e não for necessária a declaração de vontade expressa.*" Assim, não podemos admitir que quem pura e simplesmente se cala perante uma proposta contratual a aceita. Também não podemos aceitar a situação de quem se cala, quando podia e devia falar, como aceitação. A maior parte da doutrina entende que *quem cala não afirma, mas também não nega; não diz nem sim nem não; não rejeita nem aceita.* O silêncio qualificado, porém, por outras circunstâncias pode ter eficácia. O silêncio puro só vale se a lei assim o determinar ou se acompanhado de palpáveis fatores externos. Há situações, na lei ou nos costumes, em que o silêncio recebe determinada qualificação. Note, por exemplo, o caso já visto do art. 299 do Código de 2002, parágrafo único, no capítulo da assunção de dívida, em que o silêncio é interpretado como recusa pela lei. Como regra geral, no entanto, no caso concreto, o juiz deve valorar com muita cautela o silêncio dos interessados, levando em conta o princípio por nós referido da boa-fé nos contratos, mormente a boa-fé objetiva, sem a qual não podemos falar em silêncio idôneo para produzir efeitos. Disso concluímos que o silêncio apenas como exceção pode ser admitido como vontade contratual. Nada impede, porém, que uma anterior convenção das partes dê, num caso concreto, valor de eficácia ao silêncio.

6.3 CAPACIDADE DOS CONTRATANTES

Nunca se esqueça de que, como possuímos uma parte geral no Código, dela inferimos a teoria geral do direito contratual, assim como projetamos princípios para todo o direito privado. Destarte, agente capaz para o contrato é, em geral, o agente capaz para o negócio jurídico, estudando-se as regras sobre a incapacidade absoluta e relativa (Venosa, *Direito civil: parte geral*, Cap. 10). Desnecessário repetir o que já foi exposto.

No entanto, é importante recordar a noção de legitimação nos contratos. Se a capacidade é geral e se aplica a todos os atos da vida civil, nem sempre para certos contratos o agente tem essa capacidade. Assim, se toda pessoa maior e capaz pode comprar e vender, um ascendente não pode vender bens aos descendentes, sem que os outros descendentes o consintam (art. 496), dispositivo que inclui também a aquiescência do cônjuge para a higidez no negócio, nem podem os tutores comprar bens que estejam sob sua administração (art. 497, I). Nesses casos ora sob exemplo, essas pessoas se colocam objetivamente em situações determinadas de incapacidade. Ora, essa incapacidade específica para certo ato constitui falta de legitimação. O agente não tem pertinência subjetiva para a prática desses contratos (Venosa, *Direito civil: parte geral*, Capítulo 10). A denominação é emprestada do direito processual. Assim como no processo pode faltar a legitimação para a causa, no direito material pode faltar a legitimação para o negócio jurídico, para o contrato. Trata-se, então, não de uma incapacidade genérica para os atos da vida civil, mas de uma falta de aptidão específica, que também tolhe a existência de *agente capaz* no contrato.[1] Essa falta de legitimação pode ser mais ou menos prolongada no tempo. Assim como pode perdurar por toda a vida da pessoa inibida, pode cessar a qualquer momento. Desse modo, quando o pai não tiver mais de um descendente (ou cônjuge, na dicção vigente), deixa de existir a inibição do art. 496, por exemplo. Como bem afirma Orlando Gomes (1983*a*:48), o problema da falta de legitimação é *circunstancial*.

---

1 "Prestação de serviços. Impugnação à penhora em execução de título executivo extrajudicial – Sentença de extinção por falta de título executivo – Apelação – Contrato de prestação de serviços de síndico profissional. Contratação que, além de não seguir o trâmite deliberado em assembleia, não foi assinado pelos representantes legais eleitos pelos condôminos também em assembleia, mas por pessoa estranha aos quadros do condomínio. Portanto, ausente manifestação de vontade e **agente capaz**, era mesmo de rigor a extinção da execução por ausência de título executivo em razão da nulidade do contrato que a instrumentalizou – Sentença mantida – Recurso improvido" (*TJSP* – AC 1025142-30.2016.8.26.0001, 6-9-2019, Rel. Neto Barbosa Ferreira).

"Ilegitimidade passiva – É evidente a legitimidade do banco para responder ao pedido de nulidade do contrato de financiamento firmado entre ele e o autor – Ademais, não se discute fraude na formalização do contrato e sim, sua nulidade por não ter sido firmado por **agente capaz** (autor) – Preliminar rejeitada. Nulidade de contrato de financiamento de veículo – Compra e financiamento firmados diretamente pelo autor, absolutamente incapaz para os atos da vida civil – O contrato foi firmado três anos após sua interdição sem que ele fosse representado por sua curadora em tal ato – Nula a avença, sem possibilidade de convalidação – Inteligência dos arts. 166, I e 169 do Código Civil – Incontroverso que o valor do financiamento foi disponibilizado ao autor, sendo de rigor a restituição – Vedação ao enriquecimento sem causa – Da decisão que fixou multa de R$ 2.000,00 para o caso de descumprimento da determinação de não inserção do nome do autor em cadastro de proteção ao crédito não houve a interposição do recurso cabível – Preclusa a questão – Sentença de improcedência reformada em parte – Recurso parcialmente provido para determinar a restituição do montante liberado ao autor a título do financiamento, com correção monetária contada da data da liberação do crédito" (*TJSP* – Ap 1001505-58.2017.8.26.0084, 21-6-2018, Rel. Mendes Pereira).

6.4 OBJETO DOS CONTRATOS

O contrato gera para seus participantes uma obrigação ou uma série de obrigações. Desse modo, não coincide a noção da obrigação com a de objeto do contrato.

Nem sempre a doutrina mostra-se clara para fazer essa distinção, por vezes baralhando os conceitos. Nosso Código de 1916 não apresentava regras gerais acerca dessa matéria contratual, fazendo apenas referências gerais, que se aplicavam aos atos jurídicos em geral (arts. 82, 145, II, 1.089). O Código de 2002 apresenta maior número de regras gerais do contrato. Outras regras serão certamente inseridas com a próxima reforma de nosso Código.

A obrigação constitui-se no objeto imediato do contrato. As obrigações são de dar, fazer e não fazer. A prestação contida nessas obrigações é que se constituirá o conteúdo propriamente dito do contrato, em seu objeto, ou objeto mediato do contrato. A obrigação contratual consiste sempre numa prestação (Chaves, 1984, v. 2, t. 2:417). Nesse sentido, as prestações importarão na entrega de uma coisa, na efetivação de um serviço, na abstenção de um fato expressamente descrito etc. O objeto do contrato, seu conteúdo propriamente dito, recai, portanto, sobre um bem econômico, coisa ou serviço, o qual, por meio do contrato, torna-se matéria de aquisição, alienação, gozo, garantia etc. (Messineo, 1973, v. 21, t. 1:136). Desse modo, é no objeto do contrato que vamos examinar a inalienabilidade do bem, por exemplo. Assim, no contrato de compra e venda, o vendedor tem obrigação de entregar a coisa e receber o preço, o comprador tem a obrigação de pagar o preço e receber a coisa; o conteúdo desse contrato é a própria coisa alienada. Na prática, quando falamos em objeto do contrato, ora pensamos nas obrigações, ora em seu conteúdo. Em nosso sistema, o exame da idoneidade do objeto refere-se a ambos. É proibido, por exemplo, contratar sobre herança de pessoa viva (art. 426). O objeto da obrigação nascida desse contrato é a transferência da herança. No entanto, como o objeto material não é idôneo, é irrelevante examinar se o objeto da obrigação o é, já que o contrato nesse sentido será nulo. O objeto do contrato pode ser material ou imaterial.

Para que o contrato tenha plena validade no mundo jurídico, tal qual os negócios jurídicos em geral, são necessários certos requisitos.

O objeto sobre o qual repousa a vontade dos contratantes deve ser determinado. Não é possível obrigar o devedor a pagar alguma coisa, ou a exercer alguma atividade, de forma indeterminada. Por vezes, o objeto não é determinado no nascimento do contrato, mas deve ser determinável em seu curso. É o que ocorre, por exemplo, quando deixamos a fixação do preço a cargo de terceiro. O objeto poderá ser de corpo certo, infungível, ou de coisas fungíveis, quando basta indicar-lhes a espécie, qualidade e quantidade (art. 85).

O objeto e as prestações de um contrato devem ser possíveis. Essa possibilidade tanto deve ser física como jurídica. A impossibilidade jurídica encontra obstáculo no ordenamento. É impossível, por exemplo, contratar a importação de coisa proibida pela lei. A impossibilidade é física quando o contratante não tem as condições de realizá-la. Não podemos, por exemplo, contratar uma pessoa muda para cantar. A possibilidade, tanto física como jurídica, deve ser examinada em cada contrato. A impossibilidade pode variar no tempo e no espaço. Há impossibilidades que se estampam já na contratação, outras que surgem no decorrer da avença. O descumprimento do contrato e suas consequências, em razão da impossibilidade, poderão gerar ou não o dever de indenizar, dependendo se era ela previsível ou conhecida (portanto, com a ocorrência de culpa), ou não (quando se estaciona na força maior ou caso fortuito). No caso concreto e no exame da prova, são aferidas as consequências. Em geral, se a impossibilidade se manifesta após a conclusão do contrato, impossibilidade jurídica ou material, não haverá culpa de qualquer dos contratantes. A inalienabilidade, o objeto fora do comércio, torna-o inidôneo como conteúdo do contrato.

A possibilidade no contrato deve ser vista sob o prisma da comerciabilidade, da alienabilidade dos objetos. Assim, não se torna nulo um contrato apenas porque o objeto se constitui de coisas futuras, litigiosas ou alheias, se tais aspectos foram conhecidos dos contratantes.

O objeto do contrato deve ser lícito. Não pode contrariar a lei e os bons costumes. Não é lícito um contrato de contrabando, nem é moral um contrato que obrigue uma pessoa a manter-se em ócio, sem trabalhar.[2]

Costuma-se colocar ao lado dos bons costumes a ordem pública. Também não pode ser admitido pelo ordenamento um contrato que a contrarie. A ordem pública supõe um conflito entre os interesses do Estado e os interesses dos indivíduos. São de ordem pública aquelas disposições legais que não podem deixar de ser obedecidas pelas partes. Não é admitido, por exemplo, que em um contrato de locação residencial seja proibida a permanência dos filhos do locatário no imóvel em caso de falecimento deste (art. 11, I, da Lei nº 8.245/91). As disposições de ordem pública variam conforme o momento histórico da sociedade e a orientação política imprimida ao Estado. Sua compreensão, juntamente com a noção de bons costumes, é difusa, podendo apenas toscamente ser dada sua conceituação teórica.

---

[2] "Ação de rescisão contratual c.c. indenização por danos materiais e morais. Contrato de Intermediação para a renegociação extrajudicial de financiamento com a Financeira credora. Demandante que alega nulidade da contratação por vício de consentimento consistente em erro. Sentença de improcedência. Apelação do autor, que insiste no acolhimento do pedido inicial. Exame: vício de consentimento não demonstrado. Conjunto probatório indicativo de que o autor tinha plena ciência da natureza do negócio jurídico. Contrato que foi firmado entre partes capazes, com **objeto lícito, possível e determinado**, sem contrariar a lei, que deve ser portanto considerado válido e eficaz. Sentença mantida. Recurso não provido" (*TJSP* – Ap 1000818-72.2023.8.26.0601, 31-7-2024, Relª Daise Fajardo Nogueira Jacot).

"Ação de busca e apreensão. Contrato de Financiamento. Alienação fiduciária. Mora caracterizada. Liminar deferida e cumprida. Sentença de procedência da Ação principal e de não cabimento da Reconvenção. Apelação do requerido reconvinte, pugnando pela improcedência da Ação e procedência da Reconvenção, com o afastamento da mora e o reconhecimento da abusividade da taxa de juros remuneratórios. exame: Devedor regularmente constituído em mora por notificação extrajudicial remetida ao endereço indicado no contrato com aviso de recebimento, embora por terceiro. Alegação de que a assinatura teria sido forjada não comprovada nos autos. Contrato que foi livremente pactuado entre partes capazes, com objeto lícito, possível e determinado, sem contrariar a lei, devendo ser reputado válido e eficaz. Informações claras a respeito do preço e forma de pagamento. Juros remuneratórios que não estão limitados à taxa de doze por cento (12%) ao ano nem sujeitos ao Decreto nº 22.626/33. Aplicação da Súmula 596 do C. Supremo Tribunal Federal. Sentença mantida. Recurso não provido" (*TJSP* – Ap 1006051-15.2022.8.26.0624, 7-8-2023, Rel. Daise Fajardo Nogueira Jacot).

"Contrato de locação em *shopping center* – Ação de rescisão contratual c.c – Indenização por danos materiais e morais – Alegação de que houve falhas na gestão da administração do *shopping center* – Ausência de comprovação – Insucesso do negócio que não pode ser atribuído ao réu – **Contrato firmado por agente capaz, tendo objeto lícito e sem vício de consentimento** – Excessividade dos valores contratados – Impossibilidade de arguição da análise dos contratos de locação celebrados entre as partes, bem como dos anúncios publicitários realizados pelo réu para angariar locatários, não há a mínima evidência de que o locador se responsabilizou por garantir a lucratividade do negócio da locatária, mesmo porque não há como assumir obrigação de resultado quanto à evolução do empreendimento, tampouco do lojista, configurando tal como risco da atividade daquele que investe nesse tipo de negócio. Réu que comprova a realização de promoções, eventos, shows e propagandas publicitárias a fim de angariar clientes, pelo que o simples fato de os autores entenderem que outras medidas seriam mais eficazes não o eximem de cumprir o contratado. Tendo os locatários assumido a obrigação dos valores locativos expressamente pactuados quando da contratação, bem como o encargo quanto aos investimentos nas lojas, incumbia a eles verificar a viabilidade ou não do negócio, assumindo o risco de insucesso, tal como ocorre com qualquer outro comércio. Recurso desprovido" (*TJSP* – AC 4005503-37.2013.8.26.0564, 10-9-2019, Rel. Gilberto Leme).

"Embargos à execução – Contrato de trespasse de estabelecimento comercial – Sentença de parcial recebimento – Apelação do embargante, fundado em nulidade da avença celebrada. A transferência de titularidade de pessoa jurídica não se confunde com o trespasse do estabelecimento ou do ponto comercial por ela titulado. **Objeto do contrato celebrado que é lícito e possível,** conforme anteriormente declarado por esta 1ª Câmara Reservada de Direito Empresarial. Irrelevância da ausência de arquivamento do contrato na Junta Comercial. Efeitos 'inter partes' que independem do cumprimento do disposto no art. 1.144 do Código Civil. Manutenção da sentença recorrida, nos termos do art. 252 do RITJSP. Apelação a que se nega provimento" (*TJSP* – Ap 1000955-75.2017.8.26.0274, 24-1-2018, Rel. Cesar Ciampolini).

6.4.1 Causa e Objeto dos Contratos

Em nossa obra *Direito civil: parte geral*, tivemos oportunidade de nos manifestar acerca da causa nos negócios jurídicos (Venosa, seção 20.6). Para nós, a causa é aquele motivo que tem relevância jurídica. Confunde-se com o objeto do negócio. Não podemos elevar qualquer motivo como elemento essencial do negócio jurídico, e, consequentemente, do contrato. Nosso Código Civil de 1916, acompanhado pelo estatuto civil contemporâneo, afastando-se da problemática sobre o tema da causa, que gera tantas dificuldades de ordem prática, entendeu que a noção de objeto substitui perfeitamente a noção de causa. Numa compra e venda, por exemplo, o comprador pode ter os mais variados motivos para realizar o negócio: especular no mercado, utilizar a coisa para seu uso, dar em locação etc. Todos esses motivos, porém, não têm relevância jurídica. O motivo com relevância jurídica será receber a coisa, mediante o pagamento. Não resta dúvida, porém, de que, por vezes, unicamente a noção de objeto do contrato não será suficiente para o exame da licitude ou imoralidade do negócio. No entanto, nossa jurisprudência nunca teve dificuldade de examinar a questão sob o prisma do objeto.

6.4.2 Apreciação Pecuniária dos Contratos

Nosso Código não dispõe que o objeto da obrigação deva ser suscetível de apreciação pecuniária, a exemplo de outras legislações. No entanto, a patrimonialidade é essencial na obrigação, porque o Direito não pode agir sobre realidades puramente abstratas. Uma obrigação e, com maior razão, um contrato, que não se possam resumir numa apreciação pecuniária, ainda que sob o prisma da execução forçada, ficarão no campo da Moral e não serão jurídicos (ver seção 8.3). Embora possa existir conteúdo em um contrato em que não se sobreleva de início o aspecto patrimonial, o aspecto coercitivo da obrigação assumida, ao menos em fase de execução, tem efeito pecuniário. Se alguém, por exemplo, contrata não divulgar fatos desonrosos sobre uma pessoa e o faz, o inadimplemento dessa obrigação de não fazer vai acarretar uma indenização por perdas e danos (art. 823 do CPC).

Desse modo, o objeto da prestação e o objeto do contrato devem ser suscetíveis de avaliação em dinheiro. Ainda que no contrato seja ressaltada unicamente uma obrigação de cunho moral, seu descumprimento acarreta indenização; doutro modo, a obrigação não seria jurídica. A indenização, nesse caso, não equivale ao cumprimento das obrigações ou do contrato, mas de um "substitutivo", ou seja, a tentativa mais perfeita que tem o Direito para reequilibrar uma relação jurídica. No caso de inadimplemento, impõe-se avaliar o interesse apreciável do credor. É o que ocorre nos casos de indenização decorrentes de dano moral exclusivo.

6.5 FORMA E PROVA DOS CONTRATOS

O contrato, como negócio jurídico, traz a manifestação de duas vontades que se encontram. Para isso, é necessário que essa vontade contratual se exteriorize de alguma forma. No direito antigo, impunha-se uma série de formalidades, presenciadas por testemunhas. Estas, presentes aos atos, atestariam sua existência e validade. As formalidades tornavam os atos solenes e, como tal, impunham-se à sociedade. No velho Direito Romano, a forma era a regra, em que a menor desobediência implicava nulidade do ato. Os rituais substituíam a escritura. À medida que se expandem as relações mercantis, seu dinamismo não mais permite prisão à forma.

A forma determinada na lei, contudo, ainda existe para aqueles atos ou negócios nos quais a lei, ou a vontade das partes, queira imprimir maior respeito e garantia de validade. Como dissemos ao estudar os negócios jurídicos, notamos, hoje, um ressurgimento da difusão da forma, talvez como um reflexo da época contemporânea, em que as pressões sociais fazem aumentar a desconfiança entre os contratantes (Venosa, *Direito civil: parte geral*, Cap. 32).

É na parte geral do Código que vamos encontrar os dispositivos que orientam a matéria. A regra geral, contudo, é de liberdade de forma para os negócios jurídicos em geral. Somente quando a lei estipular que o ato deva revestir-se de determinada forma, é que sua preterição o viciará de nulidade (art. 107). E o art. 166, IV, em complementação, diz ser nulo o ato jurídico quando não se revestir da forma prescrita em lei e quando for preterida alguma solenidade que a lei considere essencial para sua validade (art. 166, V).

A manifestação da vontade contratual pode, na verdade, dar-se de forma escrita ou verbal. Pode até mesmo expressar-se de forma mímica ou gestual, quando tais figuras são admitidas pela categoria dos contratos e pelos costumes: um gesto pode significar o lanço no leilão, o sinal com o dedo polegar levantado, sinal de positivo entre nós, pode significar aceitação de uma proposta, e assim por diante. O mais comum, no entanto, é a vontade negocial manifestar-se por intermédio de palavras, escritas ou faladas. Estudamos que o silêncio pode, por vezes, ter valor como manifestação de vontade (Venosa, *Direito civil: parte geral*, seção 20.2.2). Todas são formas de manifestação de vontade que podem gerar um contrato. A forma é o continente de um negócio jurídico, de um contrato. É a manifestação externa, perante a sociedade, que atesta existir um negócio jurídico subjacente. Ao mesmo tempo em que serve para exteriorizar a vontade, a forma serve de prova para o negócio jurídico.

No entanto, embora exista proximidade, não se confundem forma e prova nos atos jurídicos em geral. A forma é vista sob o aspecto estático; é o envoltório que reveste a manifestação de vontade. A prova é vista sob o aspecto dinâmico; serve para demonstrar a existência do ato, do negócio, do contrato. Prova é o meio de que o interessado se vale para demonstrar legalmente a existência de um negócio jurídico. A matéria encontra-se na zona limítrofe entre o direito material e o direito processual. O Direito Civil descreve os "meios de prova" e os fundamentos principais respectivos por intermédio dos quais se comprovarão os fatos, atos e negócios jurídicos. O direito processual traça os limites de produção da prova (ver *Direito civil: parte geral*, Cap. 32).

Assim, quando a lei impõe determinada forma, o ato não pode ser provado senão quando ela for obedecida. Trata-se da decantada forma prescrita em lei. O art. 215 estampa as hipóteses em que a escritura é da substância do ato: nos pactos antenupciais e nas adoções, bem como nos contratos constitutivos ou translativos de direitos reais sobre imóveis de valor superior ao legal. A Lei nº 7.104, de 20-6-1983, alterou este último dispositivo do artigo. Esse valor era na época de Cr$ 50.000,00, corrigido anualmente, em janeiro de cada ano, conforme a adição constante no § 6º desse artigo, introduzido por essa lei. O diploma de 2002, no art. 108, mantendo o mesmo princípio, estatui:

> *"Não dispondo a lei em contrário, a escritura pública é essencial à validade dos negócios jurídicos que visem a constituição, transferência, modificação ou renúncia de direitos reais sobre imóveis de valor superior a trinta vezes o maior salário mínimo vigente no País."*

Em alguns sistemas, e em nosso anterior à codificação de 1916, as formas distinguiam-se em *ad solemnitatem*, quando sem elas o ato jurídico não se configurava, e *ad probationem tantum*, quando o ato não podia ser provado, porque sua consubstanciação ficaria condicionada à forma imposta pela lei. No sistema contemporâneo, não há grande utilidade nessa distinção, porque não existem formas impostas exclusivamente para a prova dos atos: os atos e os negócios jurídicos em geral ou têm forma especial determinada pela lei ou forma livre. Se a forma vem estampada na lei, dela não podemos fugir sob pena de invalidade do ato; se a forma é livre, podem os atos ser demonstrados pelos meios de prova admitidos em Direito.

Note que as próprias partes podem contratar determinada forma para o contrato. Dispõe o art. 109: *"no negócio jurídico celebrado com a cláusula de não valer sem instrumento público, este é da substância do ato"*. Trata-se de forma prescrita por convenção das partes. Podem elas não somente contratar acerca do conteúdo do negócio como acerca de sua forma, especificando livremente seus requisitos, indicando se desejam a forma escrita, a forma pública, o registro do documento etc. O que não podem é preterir uma forma imposta pela lei.

São *formais* ou *solenes* os contratos que exigem determinada forma. Vimos quando a escritura pública é essencial no contrato. Não havendo necessidade de escritura pública, os contratos podem ser realizados por escrito particular. Por vezes, a lei apenas estabelece a forma escrita, não exigindo a escritura pública.

Outras vezes ainda, a lei confere direitos mais amplos aos contratantes que obedeceram a determinada forma, apesar de prescrevê-la como essencial. Por exemplo, somente terá direito à renovação compulsória do contrato de locação não residencial o inquilino que tiver contrato escrito (art. 51, I, da Lei nº 8.245/91), entre outros requisitos.

Há situações nas quais o formalismo assume novo aspecto, quando a lei ou a vontade das partes impõe a necessidade da divulgação de um contrato para conhecimento de terceiros, isto é, para aqueles que não tomaram parte originalmente no negócio. Essa *publicidade* é conferida pelo sistema dos registros públicos. A preterição do registro, no caso, não atinge a validade e eficácia do negócio entre os contratantes, mas afeta sua oponibilidade em relação a terceiros.

6.6 VÍCIOS DA VONTADE CONTRATUAL. LESÃO. PRÁTICAS ABUSIVAS NO CÓDIGO DE DEFESA DO CONSUMIDOR

Os vícios da vontade contratual são regulados pela parte geral do Código. Esses vícios foram por nós estudados na obra de *Direito civil: parte geral* (Capítulo 25). Vimos ali que o Código Civil de 1916 no Capítulo II, do Livro III, dá a essas falhas de vontade a denominação *Defeitos dos Atos Jurídicos*, que compreendem os chamados *vícios de consentimento* (erro, dolo e coação) e os chamados *vícios sociais* (simulação e fraude contra credores). O art. 147 do diploma do século passado diz ser anulável o ato jurídico resultante de erro, dolo, coação, simulação ou fraude. O Código em vigor mantém os mesmos princípios, recordando que a simulação passa a ser causa de nulidade e não mais de anulação. Remetemos o leitor para aquela obra na qual a matéria foi estudada.

Abre-se aqui, no entanto, maior enfoque à chamada *lesão*, que, como dissemos, não aparecia no Código de 1916, estampando-se, porém, no Código Civil de 2002 (Venosa, *Direito civil: parte geral*, Cap. 25). A lesão, para viciar o contrato, é, em síntese, a desproporcionalidade existente nas prestações. Como realçamos, lesão é

> *"o negócio defeituoso em que uma das partes, abusando da inexperiência ou da premente necessidade da outra, obtém vantagem manifestamente desproporcional ao proveito resultante da prestação, ou exageradamente exorbitante dentro da normalidade"* (Arnaldo Rizzardo, 1988:69).

Ao que expusemos em nossa obra anterior, cumpre acrescentar aqui que o Código de Defesa do Consumidor (Lei nº 8.078/90) trouxe para o campo legislativo importantes aspectos caracterizadores da lesão. Dispõe o art. 39, IV, desse diploma:

> *"É vedado ao fornecedor de produtos ou serviços, dentre outras práticas abusivas: ... VI – prevalecer-se da fraqueza ou ignorância do consumidor, tendo em vista sua idade, saúde, conhecimento ou condição social, para impingir-lhe seus produtos ou serviços."*

Essa importante inovação legislativa vem ao encontro do que foi por nós estudado anteriormente. Na obra citada, dizíamos:

> *"O direito não pode desvincular-se dos princípios morais, da equidade; não pode ser convertido em instrumento do poderoso contra o fraco. Numa época em que as diferenças sociais e econômicas se acentuam, importa fazer uma revisão no conceito da lesão, mormente agora que o mesmo será introduzido no Direito positivo, estatuído que está no Projeto do Código Civil"* (Venosa, Direito civil: parte geral, Cap. 25).

Enquanto o Projeto do Código Civil de 2002 ainda dormitava em fase legislativa, veio a nova lei de defesa do consumidor atender a nossos reclamos.

Nesse dispositivo, fica clara a posição da lesão como um vício da vontade contratual. No capítulo referente às cláusulas abusivas, o estatuto do consumidor dispõe em seu art. 51:

> *"São nulas de pleno direito, entre outras, as cláusulas contratuais relativas ao fornecimento de produtos e serviços que: ... IV – estabeleçam obrigações consideradas iníquas, abusivas, que coloquem o consumidor em desvantagem exagerada, ou sejam incompatíveis com a boa-fé ou a equidade."*

Caberá ao caso concreto definir o que seja iniquidade ou abuso. Mas esse aspecto objetivo do caso reafirma a existência da lesão no ordenamento. No entanto, a própria lei traça caracteres *objetivos* para o exame. Dispõe o § 1º desse artigo:

> *"Presume-se exagerada, entre outros casos, a vantagem que: I – ofende os princípios fundamentais do sistema jurídico a que pertence; II – restringe direitos ou obrigações fundamentais inerentes à natureza do contrato, de tal modo a ameaçar seu objeto ou o equilíbrio contratual; III – se mostra excessivamente onerosa para o consumidor, considerando-se a natureza e conteúdo do contrato, o interesse das partes e outras circunstâncias peculiares ao caso."*

Verifica-se que a moderna estrutura da lesão no Código de Defesa do Consumidor afina-se com suas origens históricas, no século XII, quando aparece o instituto da lesão, influenciado pela Igreja, sob a égide do *justo preço*, e alicerçado no pensamento de Santo Tomás de Aquino. Trata-se de uma aplicação da teoria do abuso de direito no campo contratual. Como dissemos na obra anterior, a lesão se mantivera no art. 4º ainda vigente da Lei nº 1.521/51, que define os crimes contra a economia popular.

No estatuto do consumidor, está presente o requisito objetivo da lesão na descrição do § 1º do art. 51 transcrito. Não existe um tarifamento de sobrepreço, como existe na lei de economia popular. O requisito subjetivo, o chamado *dolo de aproveitamento* (Venosa, *Direito civil: parte geral*, Cap. 25), afigura-se nessa lei nas obrigações iníquas ou abusivas contra o consumidor, e em sua *"fraqueza ou ignorância, tendo em vista sua idade, saúde, conhecimento ou condição social, para impingir-lhe seus produtos ou serviços"*, conforme descrição do art. 39, IV.[3]

---

[3] "Plano de saúde – Reembolso – Atendimento em hospital não credenciado – **Estado de perigo** – Não verificação – Reembolsos parciais – Insurgência contra sentença de improcedência – Sentença reformada – Estado de perigo – A configuração de estado de perigo que permite a anulabilidade do negócio jurídico depende da comprovação de onerosidade excessiva e dolo de aproveitamento, inexistentes no caso. Precedentes. Cobertura. Não tendo sido instaurada controvérsia a respeito da necessidade dos procedimentos que foram realizados, deve a seguradora arcar com os valores que teriam sido pagos a hospital credenciado pela respectiva realização, a serem apurados em liquidação de sentença. Recurso parcialmente provido" (*TJSP* – AC 1011564-31.2017.8.26.0529, 14-8-2019, Rel. Carlos Alberto de Salles).

Aqui não mais se fala em anulação do ato, mas em nulidade, de acordo com o texto da lei. Os requisitos da lesão para o consumidor levam em conta a população ignorante e mal instruída do país, o que em última análise tipifica a leviandade, por nós enfocada na obra geral, e inserida no tipo da Lei nº 1.521/51.

Embora presente na lei de defesa do consumidor, em grande avanço legislativo, nada impede que nos contratos paritários, entre particulares, e agora com maior razão, se utilize do fenômeno da lesão para se ter como viciado um contrato. Na verdade, todos os que contratam, tanto com pessoas jurídicas como com pessoas naturais, são, em última análise, consumidores, dentro da dicção do art. 2º dessa lei: "*Consumidor é toda pessoa física ou jurídica que adquire ou utiliza produto ou serviço como destinatário final.*"

No entanto, para o exame da nulidade com base nesse vício, devemos ter em mira o § 2º do art. 51 do Código de Defesa do Consumidor:

> "*A nulidade de uma cláusula contratual abusiva não invalida o contrato, exceto quando de sua ausência, apesar dos esforços de integração, decorrer ônus excessivo a qualquer das partes.*"

Verifica-se no artigo a aplicação do princípio *utile per inutile non vitiatur*. Terá eficácia o contrato se puder ser integrado sem aplicação do abuso. Trata-se de trabalho de fôlego atribuído aos julgadores. Esse aspecto já vem estampado no Código Civil em vigor desde a redação originária de 1975, ao apreciar a desproporção de valores no negócio. O art. 157, § 2º, diz que "*não se decretará a anulação do negócio, se for oferecido suplemento suficiente, ou se a parte favorecida concordar com a redução do proveito*". Vemos que no estatuto do consumidor, como se apela para a integração das normas contratuais, é perfeitamente possível essa solução, aproveitando-se o contrato dentro dos esforços de integração. É importante notar então quão importante será o papel da jurisprudência em coarctar as práticas abusivas, sem nulificar os contratos, molas propulsoras do mundo negocial.

Ação de cobrança – Despesas médicas e hospitalares – Atendimento de emergência – AVC – **Estado de perigo** – 1 – Artigo 156, do Código Civil que dispõe:'Configura-se o estado de perigo quando alguém, premido da necessidade de salvar-se, ou a pessoa de sua família, de grave dano conhecido pela outra parte, assume obrigação excessivamente onerosa'. 2 – Caso dos autos em que a internação particular não se deu por deliberação da paciente e sua filha, mas por expressa determinação do médico que as atendeu e verificou que uma delas sofria um acidente vascular cerebral e caso não fosse imediatamente atendida teria sequelas irreversíveis. Valor referente aos serviços hospitalares que devem ser cobrados do plano de saúde e não da paciente e de sua filha. Recurso provido" (*TJSP* – Ap 1000679-48.2017.8.26.0596, 23-5-2018, Relª Maria Lúcia Pizzotti).

"Ação de cobrança – Despesas médico-hospitalares – Termo de responsabilidade – Dever de pagar, sob pena de enriquecimento ilícito – Inviável exigir previamente o valor exato dos serviços hospitalares emergenciais, por isso que imprevisíveis os seus desdobramentos. Não se vislumbra a presença dos requisitos necessários para a anulação do contrato, eis que não caracterizados o **dolo de aproveitamento** e a onerosidade excessiva. Sentença mantida. Apelação não provida" (*TJSP* – Ap 1013208-20.2017.8.26.0008, 16-4-2018, Rel. Jairo Oliveira Junior).

"Cobrança – Prestação de serviços médico-hospitalares – Julgamento antecipado da lide – Cerceamento de defesa – Inocorrência – Provas requeridas que não teriam o condão de alterar o resultado do julgamento. Responsabilidade pelo pagamento das despesas que foi assumida pelos réus, os quais procuraram voluntariamente a autora para a prestação dos serviços. Gravidade do estado de saúde do paciente que, por si só, não acarreta a nulidade do contrato. **Estado de perigo** não caracterizado, diante da ausência de onerosidade excessiva e dolo de aproveitamento por parte do hospital, que prestou os serviços em caráter particular e, portanto, com a justa expectativa de receber a prestação pecuniária correspondente. Verba devida. Procedência parcial do pedido. Sentença mantida. Recurso improvido" (*TJSP* – Ap 1038519-96.2015.8.26.0100, 15-3-2016, Rel. Ruy Coppola).

"Cobrança. Serviços hospitalares. **Estado de perigo** como vício da vontade manifestado pelos réus no momento da contratação da prestação dos serviços da autora. Inexistência. Nos termos do art. 156, CC, o estado de perigo somente se caracteriza mediante a presença concomitante, dentre outros, dos requisitos do **dolo de aproveitamento** e da excessiva onerosidade das obrigações assumidas. Ausência dos requisitos ensejadores do estado de perigo. Recurso dos réus não provido" (*TJSP* – Ap 0045948-79.2010.8.26.0562, 19-1-2015, Relª Berenice Marcondes Cesar).

7

INTERPRETAÇÃO DOS CONTRATOS

7.1 SENTIDO DA INTERPRETAÇÃO

Interpretar, no sentido geral, significa identificar o significado de um ato ou de um fato. No Direito, a questão tem a ver com a interpretação da lei e do negócio jurídico e, consequentemente, do contrato. Embora a interpretação da lei e do negócio jurídico busquem a mesma finalidade, os princípios que governam as duas modalidades interpretativas são diversos. A lei é um comando geral, aplicável a um número mais ou menos amplo de indivíduos, enquanto o negócio jurídico emana de poucas vontades e, como regra, seus efeitos só atingem os participantes. Já acentuamos que só há sentido na interpretação para aplicar o Direito. Interpretar e aplicar o Direito fazem parte do mesmo raciocínio.

O sentido de interpretação, portanto, está intimamente ligado ao de aplicação do Direito. Interpreta-se para aplicar. Ao aplicar o direito, interpreta-se. As duas atividades são indissociáveis. Não há sentido na interpretação senão para aplicar a norma ao caso concreto, ainda que isto não seja feito pelo julgador, em última análise, porque os intérpretes e aplicadores primeiros das normas contratuais ou legais são as próprias partes interessadas. Ainda quando se busca um exercício de interpretação didática, numa escola de Direito, o sentido é sempre para buscar a melhor e mais adequada aplicação da norma. Essa posição é por nós desenvolvida em nossa obra *Introdução ao estudo do direito: primeiras linhas*. A hermenêutica é a ciência da interpretação. A exegese consiste na interpretação específica de textos, artigos, dispositivos legais e contratuais. Essa terminologia provém do estudo religioso hebreu.

Ao cuidarmos da teoria geral dos negócios jurídicos, procuramos entender o sentido de sua interpretação (Venosa, *Direito civil: parte geral*, Cap. 21). O contrato, como modalidade de negócio jurídico, sofre os mesmos percalços de interpretação. Partimos da noção de interpretação da lei. Tanto para interpretar a lei, como para interpretar o negócio jurídico, o que procuramos é fixar o sentido de uma manifestação de vontade. Interpretam-se, portanto, normas legais e normas contratuais. Na vontade da lei, temos em mira um número indeterminado de pessoas para o qual ela é dirigida. No negócio jurídico, o sentido da vontade a ser examinada é dirigido a um número limitado de pessoas. Enquanto no negócio jurídico temos como objeto a vontade do declarante em geral, no contrato, especificamente, há duas vontades que se encontram. Temos de buscar o verdadeiro sentido procurado pelos contratantes nessa manifestação negocial. Existem, pois, técnicas similares, tanto para a apreciação interpretativa da lei, quanto dos negócios jurídicos; no entanto, no contrato buscamos o sentido que as partes procuraram para gerar efeitos determinados e por elas pretendidos.

Na situação contratual, cumpre sempre realçar os dois elementos que integram qualquer manifestação de vontade. Há um *elemento externo*, palpável, material, perceptível pelos sentidos: é a declaração contratual propriamente dita. Na relação contratual, esse aspecto materializa-se pela palavra escrita ou falada e, mais raramente, por gestos ou condutas dos contratantes. Nesse sentido, temos de entender como declaração de vontade contratual tanto a escritura pública, como todo o seu formalismo, como o meneio de cabeça ou de mão de um licitante em um leilão, ao ofertar seu lanço, perante a sugestão de preço feita pelo leiloeiro. Por aí percebemos toda a extensão da complexidade da interpretação contratual.

Ao lado desse elemento externo da vontade, facilmente percebido, mas nem sempre compreendido (daí a necessidade de estabelecer uma interpretação), posiciona-se o *elemento interno*, isto é, o que foi realmente pensado, raciocinado e pretendido pelos contratantes, qual seja, o substrato de sua declaração, sua vontade real. A questão em sede contratual avulta em dificuldade, porque, se a interpretação de um negócio unilateral implica tão somente o exame de uma vontade, no contrato há necessidade de harmonização de duas ou mais vontades, qual seja, a vontade contratual.

No conflito interpretativo contratual, ao surgir a celeuma, cada contratante procurará cumprir a avença, ou exigir o cumprimento do outro, de acordo com seu maior interesse. É da natureza humana. Vai contra a ordem natural das coisas a colocação do contratante que procura o benefício do outro declarante de vontade. A sociedade, mormente a negocial, não é altruísta, mas eminentemente egoísta. O intérprete de um contrato deve levar em conta esse importante aspecto social, ao iniciar seu trabalho, antes de se utilizar das conhecidas regras de hermenêutica. Doutro lado, na maioria das vezes, surge a necessidade de interpretação, quando as partes resistem ao cumprimento da avença. Como regra geral, não há necessidade de interpretar um contrato regularmente cumprido, ainda que não seja suficientemente claro.

No cotejo do elemento interno com o elemento externo da declaração, o ideal é que haja coincidência, ou seja: o que foi desejado pelas partes é efetivamente o que foi manifestado. No entanto, a linguagem pode não ser exata; as partes podem ter sido desajeitadas na escolha dos termos de contrato; pode o contratante ter escolhido palavras ou sintaxes dúbias justamente para dificultar sua compreensão; podem existir situações omissas etc. Nessas hipóteses, devemos interpretar o contrato, isto é, buscar o sentido que melhor se adapta à vontade e à necessidade dos contratantes, aplicando-se então o Direito no caso concreto. Essa interpretação, na maioria das vezes, é tarefa do juiz que, ao defrontar-se com uma lide sob julgamento, terá de interpretar a vontade contratual, porque existe uma pretensão resistida. Colocamos então a questão da interpretação, mormente do contrato, como um *fenômeno psíquico*.

O trabalho do intérprete é, partindo do elemento externo, adentrar o elemento interno, qual seja, o psiquismo dos contratantes. Doutro lado, o juiz também elabora um trabalho jurídico-processual, porque fixa o *verdadeiro sentido* da vontade contratual com sua atividade jurisdicional, culminada na sentença, a qual fará lei entre as partes. Nesse raciocínio levará em conta também os princípios da função social do contrato e da boa-fé objetiva, como já expusemos.

Destarte, por maior que seja o número de doutrinas que buscam explicar a problemática, o intérprete sempre ficará preso a dois parâmetros, dos quais não pode fugir: de um lado, estará a vontade declarada, geralmente externada por palavras; de outro lado, se colocará a necessidade de perscrutar a verdadeira intenção dos agentes envolvidos. Como dissemos na obra introdutória, nessa atividade mental o juiz não pode descurar-se de que a palavra expressa é garantia primeira das partes. Afinal, quando ultimamos um contrato, temos a intenção de sacramentar um negócio jurídico e, salvo situações patológicas que refogem à regra geral, os contratantes procurarão afastar qualquer dúvida futura. Não é dado, pois, ao intérprete, alçar voos interpretativos que o levem para longe do fulcro do negócio jurídico em exame. Por outro lado, deve existir equilíbrio na interpretação, e todas as regras doutrinárias e legislativas buscam isso: ficar preso tão só à letra fria das palavras, ou de qualquer outra forma de externação do pensamento, pode levar a situações ilógicas e iníquas.

7.2 LINHAS DE INTERPRETAÇÃO

Pelo que discorremos no item anterior, conclui-se que não pode ser desprezada a possibilidade de o intérprete levar em conta, também, a vontade interna do declarante. É de conhecimento geral que, por melhor que dominemos o idioma, as palavras podem não se amoldar exatamente ao pretendido; podem falsear o pensamento; podem ser compreendidas de forma diversa por outro grupo social que não participou do negócio; podem, enfim, dar margem a entendimento dúbio, ou até mesmo à falta de compreensão. Nos contratos internacionais, contratos traduzidos ou em dois idiomas podem trazer maiores problemas. Costuma-se acentuar nos contratos em duas línguas qual o texto que irá prevalecer no caso de dúvidas. Nunca nos esquecemos do sábio lema peninsular: *tradutori, traditori.*

A interpretação do negócio jurídico em geral, e do contrato em particular, situa-se na fixação do conteúdo, compreensão e extensão, da elaboração de vontade. Para isso, o julgador se valerá muito mais de regras empíricas, da experiência, do que de normas interpretativas estabelecidas na lei. É opção do legislador incluir tais regras na lei ou não, como veremos, mas mesmo na presença dessas regras haverá sempre um grande subjetivismo do intérprete, embora devam elas ser entendidas como obrigatórias para o julgador. Em razão desse subjetivismo é que existe tendência de parte da doutrina em considerar os dispositivos legais de interpretação como meros aconselhamentos, o que não é exatamente verdadeiro.

Dessa conjuntura decorrem duas atitudes na atividade racional do intérprete. Pela posição subjetivista, que equivale à corrente voluntarista da manifestação da vontade, deve o hermeneuta investigar o sentido da efetiva vontade do declarante. O negócio jurídico valerá conforme foi desejado. Por essa posição, a vontade real pode e deve ser investigada por meio de todos os elementos ou circunstâncias que possam elucidar o intérprete. Nos contratos, a intenção é atingir o sentido da vontade comum dos contratantes, o que se afigura muito mais complexo.

Pela posição objetivista, que corresponde à teoria da declaração, não investigamos a vontade interna dos partícipes, mas atemo-nos à vontade externada, aos elementos externos do contrato. Procuramos o sentido das palavras por intermédio de circunstâncias exclusivamente materiais. Por essa linha, o que não estiver no contrato não está no mundo jurídico.

É evidente que nenhuma dessas posições haverá de ser adotada isoladamente, razão pela qual a doutrina engendrou uma série de outras intermediárias, de pouco interesse prático. Em qualquer situação, deve o hermeneuta comportar-se de forma que evite o apego excessivo a uma só dessas posições, sob pena de atingir conclusões iníquas e distorcidas.

Qualquer que seja a postura adotada pelo intérprete, as regras gerais de interpretação literal, sociológica, histórica, sistemática, entre outras, pertencentes à hermenêutica em geral, devem sempre ser lembradas.

7.3 INTERPRETAÇÃO EM NOSSA LEI

O Código Civil, principalmente o de 1916, optou por não tratar com detalhes o instituto da interpretação dos negócios jurídicos. Não é o que ocorre com o legislador francês e o italiano, por exemplo, cujos códigos civis traçam normas interpretativas, descendo a minúcias, talvez desnecessárias. O presente Código não foge totalmente a essa orientação, embora traga outros princípios, as denominadas cláusulas abertas, como a boa-fé objetiva. A tradição maior de nosso direito é relegar à doutrina e à jurisprudência a tarefa. Nas legislações que descem a detalhes nessa matéria, os respectivos dispositivos tendem a ser vistos como meros conselhos ou exortações ao juiz, como ressaltamos.

O Código Civil de 1916 traçou um princípio geral no art. 85: "*Nas declarações de vontade se atenderá mais à sua intenção que ao sentido literal da linguagem*".[1]

---

[1] "Apelação cível. Direito civil e processual civil. Ação monitória. Contrato de confissão e repactuação de dívida. Alegação de dolo. Vício de consentimento não demonstrado. Alegação de novação da dívida. Inocorrência. Atecnia no *nomem iuris* do contrato. Interpretação sistemática dos negócios jurídicos. Redução da multa. Abusividade não verificada. Descabimento. Recurso conhecido e desprovido. 1. Para anular determinado negócio jurídico com base em vício de consentimento, exige-se a presença, com provas convincentes, de vícios do ato jurídico, como o erro, dolo, coação, simulação ou fraude (CC, art. 171) ou a presença de quaisquer das hipóteses de nulidades previstas no art. 166 do CC. 2. A alegação de hipossuficiência técnica não é suficiência para, por si só, comprovar má-fé ou dolo do credor, especialmente quando o contrato apresenta cláusulas claras, de fácil compreensão e não apresente a parte qualquer limitação que afaste a sua capacidade de compreender e validamente expressar a sua vontade. 3. A novação é uma das modalidades de extinção da obrigação sem que se realize pagamento e se verifica pela constituição de uma obrigação nova, em substituição a outra que fica extinta. O devedor se exonera do cumprimento da obrigação que antes ajustara sem, contudo, ter a ela adimplido, enquanto o credor adquire um novo crédito, em substituição ao antigo. Acordo celebrado entre as partes para renegociação da dívida, sem intuito de novar, mas apenas de facilitar o pagamento, não constitui novação. 4. Termo de acordo firmado com a técnica jurídica. Falta de técnica que enseja dúvida quanto ao *nomem iuris* do contrato entabulado. Necessária interpretação sistemática dos negócios jurídicos firmados entre os pactuantes. Hipótese em que tem aplicação a regra do art. 112 do Código Civil, segundo a qual se deve observar, para o deslinde da controvérsia, mais a intenção consubstanciada na declaração do que o sentido literal da linguagem. 5. Os dispositivos que permitem ao órgão julgador a revisão da cláusula penal (arts. 412 e 413, CC) devem ser harmonizados com a autonomia privada, a força obrigatória dos contratos (pacta sunt servanda) e as regras que preveem a intervenção excepcional do Judiciário nas relações contratuais privadas (arts. 421, parágrafo único, 421-A, III, CC), de modo atrair, para o devedor, o ônus de comprovar a existência de situação concreta singular e suficiente a afastar a obrigatoriedade da multa contratual na forma previamente acordada, com fundamento no art. 373, II, do CPC. 6. Recurso conhecido e desprovido" (*TJDFT* – Ap 0716164-87.2024.8.07.0001, 30-4-2025, Rel. Diva Lucy de Faria Pereira).

"Agravo de instrumento – Ação declaratória, cumulada com consignação em pagamento – Transação entre as partes – Controvérsia sobre o alcance das disposições – Decisão de primeiro grau, que decidiu pela quitação parcial (e não total) do contrato de financiamento imobiliário, em razão do acordo celebrado e homologado. Preliminar de não conhecimento – Rejeição – Interesse recursal configurado. Mérito – O propósito recursal consiste em definir se, a transação, homologada pelo MM. Juiz de primeiro grau, foi firmada entre as partes para quitação total do contrato de financiamento (ou seja, das parcelas vencidas e vincendas), ou apenas das prestações vencidas no período de 19/01/2018 a 19/02/2022 – Adequada interpretação do negócio jurídico não leva em consideração, apenas e tão somente, o sentido literal da linguagem, mas, principalmente, a intenção das partes no momento da celebração do negócio (**art. 112, Código Civil**) – Teoria subjetiva da interpretação dos contratos e negócios jurídicos – Doutrina e jurisprudência – No caso em exame, a despeito da forma defeituosa como o acordo foi redigido, as provas revelam que, durante a fase de negociação, as partes não tinham a intenção de, com a transação, liquidar integralmente o contrato de financiamento, mas apenas as parcelas vencidas no período de 19/01/2018 a 19/02/2022 – Ciência inequívoca de que as parcelas posteriores (ou seja, a partir de março de 2022) não seriam contempladas no negócio – Correta, pois, a decisão agravada, ao concluir pela quitação parcial (e não total) do contrato de financiamento – Recurso desprovido" (*TJSP* – AI 2230484-77.2023.8.26.0000, 7-5-2024, Rel. Michel Chakur Farah).

"Execução de título extrajudicial – Contrato de fiança bancária – Embargos à execução manejados pelo fiador – Sentença de rejeição – Apelação – Gratuidade de justiça postulada no recurso – Recolhimento do preparo após a intimação à comprovação da alegada hipossuficiência econômica – Questão prejudicada, não cognoscível – Violação ao art. 819 do CC – Inexistência – Discussão sobre o *dies ad quem* para se reclamar pelo cumprimento da garantia – Interpretação não extensiva da fiança, mas em conformidade com as normas gerais de direito das obrigações, especialmente no que se refere à forma de pagamento prevista no contrato afiançado, de acordo com a boa-fé objetiva (arts. 113 e 422 do CC) – Nas declarações de vontade, deve-se atender mais à **intenção nelas consubstanciadas do que ao sentido literal da linguagem** (art. 112 do CC) – Se a cláusula contém dois ou mais sentidos, como no caso em análise, prevalece aquele que gera o efeito esperado – Recurso não provido, na parte

O Código de 2002, com pequeno acréscimo semântico, mantém o mesmo princípio no art. 112: "*Nas declarações de vontade se atenderá mais à intenção nelas consubstanciadas do que ao sentido literal de linguagem.*"

Como se percebe de plano, procura afastar-se de extremismo, ou adotar unicamente a teoria da declaração, ou unicamente a vontade, como formas de interpretação. Como na interpretação procuramos a fixação da vontade, no caso, a vontade comum contratual, é a partir desta que investigaremos o sentido exato do contrato e de suas cláusulas. No entanto, ao intérprete não é dado simplesmente abandonar a vontade materialmente expressa e livremente investigar a vontade íntima dos declarantes.

---

conhecida, com majoração dos honorários previamente fixados na execução (art. 827, § 2º, do CPC)" (*TJSP* – Ap 1008071-35.2018.8.26.0004, 27-5-2022, Rel. Gil Coelho).

"Ação de rescisão contratual – Má-fé na elaboração do contrato – Ato Nulo – Contrato Rescindido – Lucros Cessantes – Exploração da propriedade frustrada – Direito demonstrado – Liquidação – Arbitramento – Recurso conhecido e provido parcialmente. 1- A rigor do artigo 112 do Código Civil, nas declarações de vontade se atenderá mais a intenção nelas consubstanciada do que ao sentido literal da linguagem. Nulo é o negócio jurídico se constatado que a declaração aposta no instrumento não corresponde à vontade da parte que subscreveu o documento (artigo 167, II, do Código Civil Brasileiro). 2- Assim, demonstrado nos autos que a parte, pessoa simples que não tinha qualquer conhecimento acerca das condições impostas no contrato em seu desfavor pela outra arte que o elaborou, trata-se de inequívoco dolo de aproveitamento o que, por si só, caracteriza a nulidade daquele instrumento, já que forma violados os princípios da moralidade e da boa-fé, instrumentos que devem existir em todos os atos jurídicos, sem exceção. A consequência lógica em face desta situação é declarar a nulidade dos atos e, por consequência a rescisão do instrumento maculado pela má-fé objetiva quando de sua elaboração. Não se vinga a tese do 'pacta sunt servanda' quando for detectada a má-fé da parte contrária na elaboração do instrumento contratual. Sendo o ato nulo por excelência, dispensável se apresenta a prévia constituição em mora. 3- Se a parte ficou privado da propriedade, obstruindo sua atividade de agricultor, caracterizada está a existência dos lucros cessantes, isto é, o que razoavelmente deixou de ganhar se explorasse a sua propriedade, tomada pelo dolo de aproveitamento pela parte adversa. 4- Havendo dúvidas, não há como dar guarida em relação aos valores atribuídos na inicial à título de lucros cessantes, determinando a apuração por arbitramento. Os juros de mora, de 1% ao mês, a partir da citação válida, a correção monetária, pelo INPC, a partir da distribuição da demanda. 5- Vencido em grau recursal, impõe-se a inversão do ônus da sucumbência" (*TJMT* – Ap 31439/2019, 11-7-2019, Rel. Des. Sebastião de Moraes Filho).

"Monitória e consignação em pagamento – Sentença de improcedência da ação monitória e procedência da ação de consignação em pagamento. Contrato de prestação de serviços de transporte celebrado por mensagens eletrônicas. Erro de comunicação. Decisão que está em consonância com a circunstância de que nos contratos deve-se levar em consideração que nas **declarações de vontade se atenderá mais à intenção nelas consubstanciada e a boa-fé do que ao sentido literal da linguagem** (CC, artigos 112 e 113). Cotações acostadas pela apelada, ainda que em datas posteriores aos serviços realizados, comprovam que o valor cobrado pela apelante está muito acima do praticado no mercado. Apelação improvida" (*TJSP* – Ap 1009970-08.2017.8.26.0003, 5-6-2016, Rel. Jairo Oliveira Junior).

"Apelação – Processo civil e civil – Ação de obrigação de fazer – Acordo firmado em ação de alimentos – Manutenção em plano de saúde conveniado à corporação – Reinterpretação do acordo – Exclusão Indevida – Litigância de má-fé não comprovada – 1 – Nas **declarações de vontade** se atenderá mais à intenção nelas consubstanciada do que ao sentido literal da linguagem. Os negócios jurídicos devem ser interpretados conforme a boa-fé e os usos do lugar de sua celebração. Inteligência dos artigos 112 e 113 do Código Civil. 2 – Após acordo homologado em ação de alimentos e a manutenção da alimentanda no plano de saúde conveniado por anos e como era anteriormente utilizado, sua exclusão da cobertura realizada pelo alimentante com base em reinterpretação do acordo consiste em verdadeiro *venire contra factum proprium*. 3 – A pretensão de reequilíbrio entre a necessidade do alimentando e a possibilidade do alimentante deve ser perseguida em ação própria. 4 – Para a condenação na multa por litigância de má fé, deve restar comprovada uma das situações descritas no artigo 80 do Diploma Processual Civil. Conforme entendimento do Superior Tribunal de Justiça, o reconhecimento da litigância de má-fé depende de que a outra parte comprove haver sofrido dano processual. 5 – Negou-se provimento ao apelo" (*TJDFT* – Proc. 20150710209340APC (995161), 21-2-2017, Rel. Flavio Rostirola).

"Apelação – Ação de cobrança – Compra e venda de veículo – Pretensão da concessionária ao recebimento de multa por desistência imotivada do contrato. Descabimento da cláusula penal. Quebra do devedor de informação, inerente às relações de consumo. Nas **declarações de vontade se atenderá mais à intenção nelas consubstanciada do que ao sentido literal da linguagem** (Cód. Civil, art. 112). Interpretação mais favorável ao consumidor (CDC, art. 47). Improcedência mantida. Recurso desprovido" (*TJSP* – Ap 0002007-70.2012.8.26.0704, 2-6-2016, Rel. Antonio Nascimento).

O hermeneuta deve, então, com base inicial na declaração, procurar o verdadeiro alcance da vontade e, como quer o Código, dar proeminência à vontade interna. Nessa pesquisa, o intérprete examinará o sentido gramatical das palavras e frases, os elementos econômicos e sociais que cercaram a elaboração do contrato, bem como o nível intelectual e educacional dos participantes, seu estado de espírito no momento da declaração etc. Enfim, é cada caso concreto que proporciona solução ao julgador. O conceito do art. 112 traz uma forma eclética de interpretação. Não é o que faz, por exemplo, o Código alemão, que no art. 133 manda indagar a vontade real do declarante, embora contra o sentido literal da expressão. É posição extremada e perigosa que não se adapta ao espírito jurídico brasileiro. Não se trata de procurar o pensamento íntimo do declarante, mas a intenção materializada na declaração. Não temos, porém, de investigar alguma vontade íntima, se as palavras são claras e não dão margem a dúvidas. A necessidade de interpretação surge quando existe deficiência ou dúvida nos termos e conceitos empregados pelos contratantes. Nos atos unilaterais, é permitida maior investigação da vontade íntima; nos contratos, como há necessidade de harmonizar duas vontades, é indispensável um cotejamento mais profundo de ambas as posições interpretativas.

No capítulo de obrigações do Código Civil de 1916, encontrávamos alguns poucos artigos destinados à interpretação de contratos:

> *"Art. 1.027. A transação interpreta-se restritivamente. Por ela não se transmitem, apenas se declaram ou reconhecem direitos.*
>
> *Art. 1.090. Os contratos benéficos interpretar-se-ão estritamente.*
>
> *Art. 1.483. A fiança dar-se-á por escrito, e não admite interpretação extensiva."*

O Código Civil de 2002 preferiu tecer outras normas de interpretação, além de repetir, com mínima alteração, a regra do antigo art. 85, em seu art. 112, como vimos. O art. 113 do Código realça a boa-fé e os costumes que devem nortear a interpretação dos negócios jurídicos em geral: *"Os negócios jurídicos devem ser interpretados conforme a boa-fé e os usos e costumes do lugar de sua celebração."*[2]

---

[2] "Recurso. Embargos de Declaração em Apelação Cível. Aclaratórios acolhidos, sem atribuição de efeitos infringentes. I. Caso em exame. 1. Embargos opostos pelo réu com pretensão de prequestionamento. II. Questão em discussão. 2. Verificação da presença ou ausência do vício apontado pela embargante. III. Razões de decidir. 3. Omissão. Ocorrência. Tendo em vista que o contrato de prestação de serviços educacionais firmado entre as partes, continha o valor total de R$ 122.262,00, de rigor se interpretar, por boa-fé, que houve equívoco da instituição de ensino na elaboração da minuta do contrato de prestação de serviços, tanto que após a constatação do equívoco, a parte ré apresentou às partes um termo aditivo. Interpretação de acordo com o princípio da boa-fé. Art. 113 do Código Civil. Malgrado isso, constata-se que a instituição de ensino requerida apresentou falha na prestação de serviço junto à autora, posto que efetuou cobrança de mais um semestre, que ensejou o pagamento superior pela estudante, em nítida afronta ao contrato entabulado. Nesses termos, a restituição da quantia de R$ 21.606,00 era mesmo de rigor, como preconizado no acórdão recorrido. IV. Dispositivo e tese. 4. Embargos acolhidos, sem efeitos infringentes" (*TJSP* – ED 1006082-81.2024.8.26.0004, 29-7-2025, Rel. Hélio Marquez de Farias).

"Apelação cível. Ação de rescisão contratual com pedido condenatório de devolução de caução e pagamento de multa. Sentença de parcial procedência. Apelo da autora. Relação regida pelo CC, que deve ser pautada pela boa-fé e equilíbrio contratual (art. 113, §1º, III e IV). A estipulação de cláusula penal apenas em desfavor do inquilino implicou desequilíbrio contratual e merece ser revista. Possibilidade de aplicação inversa da multa que havia sido estipulada em proveito de apenas uma das partes, para manutenção do equilíbrio contratual. Desocupação antecipada por culpa do locador. Multa calculada nos termos da cláusula contratual. Procedência da ação. Apelação provida". (*TJSP* – Ap 1002004-74.2020.8.26.0007, 31-5-2023, Rel. Morais Pucci).

"Apelação. Venda e compra de produtos médicos/hospitalares. Ação de cobrança julgada procedente. Recurso da ré. Inexistência de comprovação da entrega dos materiais, tese defendida pela ré. Não cabimento. Negócio jurídico celebrado entre as partes comprovado pela troca de e-mails onde preposto da autora solicita ao preposto da ré, o envio das notas fiscais/fatura relativas aos pacientes indicados na petição inicial. Ação aparelhada com documentos contendo os nomes do médico, dos pacientes, do convênio e dos materiais utilizados. Pacientes

A Lei da Liberdade Econômica (Lei nº 13.874/2019) inseriu § 1º nesse artigo, colocando quatro incisos que dizem respeito à interpretação dos negócios jurídicos, matéria que analisamos em nossa teoria geral do *Direito Civil* (vol.1, cap. 21, para onde remetemos o leitor).

Vimos extensivamente que a boa-fé é princípio geral de direito contratual. Sobre a boa-fé objetiva já traçamos comentários neste livro, ao examinarmos os princípios contratuais. O art. 114 do atual diploma complementa: *"Os negócios jurídicos benéficos e a renúncia interpretam-se estritamente."*

Nosso Código Comercial, ainda parcialmente em vigor, disciplinou a interpretação em alguns artigos, que podem e devem servir também de subsídio ao intérprete pátrio, nos negócios jurídicos em geral:

> *"Art. 130. As palavras dos contratos e convenções mercantis devem inteiramente entender-se segundo o costume e uso recebido no comércio, e pelo mesmo modo e sentido porque os negociantes se costumam explicar, posto que entendidas de outra sorte possam significar coisa diversa.*
>
> *Art. 131. Sendo necessário interpretar as cláusulas do contrato, a interpretação, além das regras sobreditas, será regulada sobre as seguintes bases:*
>
> *I – a inteligência simples e adequada, que for mais conforme à boa-fé, e ao verdadeiro espírito e natureza do contrato, deverá sempre prevalecer à rigorosa e restrita significação das palavras;*
>
> *II – as cláusulas duvidosas serão entendidas pelas que o não forem, e que as partes tiverem admitido; e as antecedentes e subsequentes, que estiverem em harmonia, explicarão as ambíguas;*
>
> *III – o fato dos contraentes, posterior ao contrato, que tiver relação com o objeto principal, será a melhor explicação da vontade que as partes tiveram no ato da celebração do mesmo contrato;*
>
> *IV – o uso e prática geralmente observada no comércio nos casos da mesma natureza, e especialmente o costume do lugar onde o contrato deva ter execução, prevalecerá a qualquer inteligência em contrário que se pretenda dar às palavras;*
>
> *V – nos casos duvidosos, que não possam resolver-se segundo as bases estabelecidas, decidir-se-á em favor do devedor.*
>
> *Art. 132. Se para designar a moeda, peso ou medida se usar no contrato de termos genéricos que convenham a valores ou quantidades diversas, entender-se-á feita a obrigação na moeda, peso ou medida em uso nos contratos de igual natureza.*
>
> *Art. 133. Omitindo-se na redação do contrato cláusulas necessárias à sua execução, deverá presumir-se que as partes se sujeitaram ao que é de uso e prática em tais casos entre os comerciantes, no lugar da execução do contrato."*

---

submetidos a procedimentos cirúrgicos, urgência que justifica a dispensa de maiores formalidades. **Negócio jurídico que deve ser interpretado conforme a boa-fé e os usos e costumes da celebração**. Aplicação da regra de experiência comum pela observação do que ordinariamente acontece. Inteligência dos arts. 375 do CPC e 113 do CC. Sentença mantida. Recurso desprovido, majorados os honorários advocatícios em mais 2%, nos termos do art. 85, § 11, do CPC, observado o disposto no art. 98, § 3º, do mesmo estatuto processual civil em vigor" (*TJSP* – Ap 1002852-49.2016.8.26.0606, 17-12-2021, Rel. Sergio Alfieri).

O Código de Defesa do Consumidor (Lei nº 8.078/90) disciplina as relações de consumo, dispondo que os contratos nesse âmbito não obrigarão os consumidores *"se os respectivos instrumentos forem redigidos de modo a dificultar a compreensão de seu sentido e alcance"* (art. 46). O art. 47 complementa, dizendo que *"as cláusulas contratuais serão interpretadas de maneira mais favorável ao consumidor"*. São questões típicas dos contratos de adesão, embora não exclusivas a essa modalidade, que induzem posição sistemática do intérprete em favor do consumidor.

Antigas ou novas as disposições acerca da interpretação dos contratos, todas elas, em conjunto, formam um corpo orientativo para o intérprete, o qual raciocinará em caso concreto com os elementos que tiver a seu dispor. Não se esqueça também que o exame da liberdade de contratar em cotejo com a função social do contrato (art. 421) e os princípios de probidade e boa-fé objetiva (art. 422) deve sempre estar presente na mente do intérprete.

7.4 PARTICULARIDADES DA INTERPRETAÇÃO DOS CONTRATOS

A manifestação da vontade contratual é, evidentemente, bilateral. Desse modo, sua interpretação levará em consideração a emissão da vontade propriamente dita e o reflexo dessa mesma vontade com relação ao outro contratante. O contrato, então, deve ser considerado como um todo orgânico, ao se examinar uma cláusula obscura ou de má compreensão. O intérprete deve debruçar-se sobre os efeitos que decorrem do contrato em relação a todos os contratantes, dois ou mais. Em razão dessa posição, fica difícil um enunciado apriorístico de regras de interpretação contratual, e daí surgem as críticas feitas às legislações que as elaboram. Os enunciados da lei sempre serão vagos e imprecisos no cotejo com um contrato em concreto. Por isso, as regras legislativas servem de mera orientação ao hermeneuta, como já ressaltamos.

Como se enunciou, nosso legislador preferiu não enumerar regras sobre a matéria, embora tomasse por modelo o Código francês, que traça princípios interpretativos. Os códigos que seguiram a linha do Código napoleônico, inspirado em Pothier, regularam a interpretação contratual, especificando normas, a exemplo do Código italiano de 1942. Entre nós, como ocorre em outras legislações, ficou assentado o princípio geral do art. 112 e outros raros dispositivos esparsos.

7.5 DESTINATÁRIOS DAS NORMAS DE INTERPRETAÇÃO

Apesar de poucas, temos disposições legais acerca da interpretação. Importa saber a quem estão dirigidas. Ainda que parte da doutrina admita que essas regras se dirigem primordialmente ao juiz, não temos dúvida em afirmar, em companhia de outros juristas, que primeiramente às partes são dirigidas. Estas possuem interesse no cumprimento do contrato e devem avaliar de que modo a avença deve ser cumprida. Não logrando as partes um acordo acerca do exato alcance da redação contratual, poderá surgir a figura do juiz ou árbitro como intérprete final. Na verdade, é o Poder Judiciário o destinatário final da norma interpretativa, mencionando-se o juiz como figura representativa desse Poder. Para o juiz, essas regras são obrigatórias, embora, como vimos, imbuídas do subjetivismo do caso concreto. Destarte, a não aplicação dessas normas pelo juiz poderia, em tese, ensejar recursos processuais específicos, que girem em torno da recusa de aplicabilidade da lei. No entanto, entende-se que a hermenêutica contratual não permite recurso extraordinário, porque estamos em sede de exame da vontade dos contratantes, que é questão de fato (Súmula 454 do Supremo Tribunal Federal). Também deve ser levado em conta que, na arbitragem, será o árbitro o destinatário final dessa norma.

Evidentemente, para as partes, essas normas interpretativas têm cunho supletivo e não obrigatório. Nada impede, por exemplo, que num contrato de fiança seja estipulado que sua interpretação será extensiva, contrariamente ao que diz o art. 819. Como conclui Darcy Bessone (1987:220),

> *"as disposições legais sobre a interpretação dos contratos não são imperativas para as partes, que podem substituí-las por outras mas, para o juiz, são obrigatórias. E se as partes não concordam em derrogá-las, também elas sofrem a sua incidência".*

7.6 ASPECTOS E REGRAS DE INTERPRETAÇÃO

As legislações estrangeiras que descrevem regras interpretativas devem servir-nos de orientação e suplementar nossos dispositivos legais.

No exame de um contrato, por meio da interpretação, buscamos a real intenção das partes, a vontade efetivamente desejada. Pothier (1889:70 ss) formulou as decantadas 12 regras de interpretação das convenções, incluindo as já estabelecidas por Domat, que vieram a fazer-se presentes, em sua maioria no Código francês. Tais regras são adminículo precioso para a interpretação dos contratos em geral:

1. Nas convenções mais se deve indagar qual foi a intenção comum das partes contraentes do que qual é o sentido comum das palavras. A regra é a mesma de nosso art. 112 já examinada. Não excluímos o sentido das palavras, mas buscamos preponderantemente a intenção das partes.
2. Quando uma cláusula é suscetível de dois sentidos, deve entender-se naquele em que ela pode ter efeito; e não naquele em que não teria efeito algum. Entende-se que, da mesma forma como o legislador não coloca na lei palavras inúteis, assim fazem os contratantes no negócio jurídico. Buscamos sempre em cada cláusula o entendimento que faz sentido e harmoniza-se com as demais.
3. Quando em um contrato os termos são suscetíveis de dois sentidos, deve entender-se no sentido que mais convém à natureza do contrato. Nem sempre as partes usam os vocábulos na acepção jurídica, e mesmo o sentido vulgar de uma palavra pode ter mais de um sentido. Deve ser acolhido pelo intérprete o sentido que se amolda à natureza do contrato. Assim, um contrato elaborado no meio rural, por agricultores, não pode ter a mesma compreensão de um contrato firmado por empresários da indústria.
4. Aquilo que em contrato é ambíguo interpreta-se conforme uso do país. A questão não diz respeito unicamente a contratos com efeitos internacionais, mas também aos usos regionais e locais, que devem ser levados em conta pelo intérprete. O uso é uma repetição de uma prática que ainda não chegou ao estágio de costume.
5. O uso é de tamanha autoridade na interpretação dos contratos que se subentendem as cláusulas do uso ainda que se não exprimissem. Existem determinadas formas de contratar de certas classes de pessoas que se repetem de geração em geração. Na dúvida, o intérprete deve admitir o uso como integrante do contrato. A regra constava do art. 131, nº 4 de nosso Código Comercial, pois nas práticas de comércio o costume é mais bem caracterizado. O vigente Código refere-se expressamente aos usos e à boa-fé na interpretação dos negócios jurídicos (art. 113).
6. Uma cláusula deve interpretar-se pelas outras do mesmo instrumento, ou elas precedam, ou elas sigam àquela. O contrato deve ser visto em sua totalidade. Não pode

o exegeta prender-se ao sentido de uma só cláusula. Como vimos, o contrato é um todo orgânico.

7. Na dúvida, uma cláusula deve interpretar-se contra aquele que tem estipulado uma coisa em descargo daquele que tem contraído a obrigação. Em outras palavras, interpreta-se, na dúvida, contra quem redigiu a cláusula. Este deveria ter sido claro. E em favor do devedor, porque devemos procurar a situação mais cômoda para que ele cumpra a obrigação. E também em favor do consumidor, como dispõe o art. 47 de seu estatuto específico. Notemos que a dicção desse artigo determina uma posição interpretativa em favor do consumidor, pouco importando que a avença derive de contrato com cláusulas predispostas ou com cláusulas negociadas. A situação, evidentemente, penderá mais ainda em favor do consumidor, quando decorrer do desequilíbrio de um contrato de adesão. Por outro lado, quando houver conflito entre as disposições gerais e as disposições livremente compactuadas, a regra de interpretação é a de que estas últimas devem prevalecer, visto que decorrentes da mais pura autonomia da vontade. Embora o art. 47 citado não se refira à dúvida no contrato, é claro que somente surge necessidade de interpretação quando a compreensão do dispositivo for duvidosa. No entanto, pelos termos peremptórios da lei, a interpretação em favor do consumidor é aplicável quer quando o fornecedor tenha redigido as cláusulas, quer quando elas tenham sido redigidas por terceiros (Lobo, 1991:142).
8. Por muito genéricos que sejam os termos em que foi concebida uma convenção, ela só compreende as coisas sobre as quais parece que os contraentes se propuseram tratar, e não as coisas em que eles não pensaram. Não devemos ampliar o âmbito de alcance material do contrato, se isto não passou pela vontade dos contratantes. O alcance do contrato deve ser sempre restritivo. Não cabe ao intérprete criar cláusulas contratuais.
9. Quando o objeto da convenção é uma universalidade de coisas, compreende todas as coisas particulares que compõem aquela universalidade, ainda aquelas de que as partes não tivessem conhecimento. Quando é vendido um rebanho, por exemplo, as crias já concebidas, mas não nascidas, acompanham a venda, ainda que delas não tivessem conhecimento os contratantes. Quando é contratada uma universalidade de direito ou de fato, qualquer exclusão deve ser expressa pelos contraentes.
10. Quando em um contrato se exprimiu um caso, por causa da dúvida que poderia haver, se a obrigação resultante do contrato se estenderia àquele caso, não se julga por isso ter querido restringir a extensão da obrigação, nos outros casos que por direito se compreendem nela, como se fossem expressos. Um exemplo de caso concreto pode ter sido mencionado no contrato, para esclarecer uma cláusula. Isso não significará que as disposições do contrato somente se aplicam àquela hipótese, mas a todas as outras semelhantes. Se os contraentes desejarem contemplar um *numerus clausus* de hipóteses fáticas, devem mencioná-las expressamente.
11. Nos contratos, bem como nos testamentos, uma cláusula concebida no plural se distribui muitas vezes em muitas cláusulas singulares. Cabe ao intérprete averiguar se, quando os contratantes redigiram uma cláusula no plural, procuraram abranger várias hipóteses no mesmo contrato ou não. Geralmente, uma cláusula desse nível se aplicará a uma série de cláusulas. A questão é de exame gramatical. A regra é estudada em nossa obra *Direito civil: direito das sucessões*.
12. O que está no fim de uma frase ordinariamente se refere a toda a frase, e não àquilo só que a precede imediatamente, contanto que este final da frase concorde em gênero e número com a frase toda. Esta regra interpretativa também é eminentemente

> gramatical. Cumpre evitar na redação de um contrato frases em ordem indireta ou excessivamente longas. Os pensamentos contratuais hão de ser expressos da forma mais objetiva possível, evitando-se justaposições de orações que causem prolixidade. Os vocábulos devem ser repetidos tantas vezes quanto necessárias, pois nem sempre os sinônimos são exatos.

A experiência dos julgados também criará outras regras interpretativas. A prática judiciária demonstra, por exemplo, que, com frequência, as instituições financeiras e assemelhadas não são suficientemente claras ou minudentes na redação de contratos oferecidos à clientela, talvez porque, no Brasil, dependam de uma legislação volátil e cambiante, emanada dos órgãos oficiais. Não devemos esquecer, sob tal aspecto, a regra do art. 47 do Código de Defesa do Consumidor, que manda que as cláusulas contratuais sejam interpretadas de maneira mais favorável ao consumidor, bem como a do art. 46, que estipula que os instrumentos redigidos de modo a dificultar sua compreensão e alcance não obrigarão o consumidor. Tais regras são corolário daquela que estatui que nos contratos de adesão, na dúvida das cláusulas, devemos interpretar a favor do aderente. É o que consta do art. 1.370 do Código Civil italiano:

> *"As cláusulas inseridas nas condições gerais de contrato ou em módulos ou formulários predispostos por um dos contraentes se interpretam, na dúvida, a favor do outro."*

Nessa mesma linha, o art. 423 do Código de 2002 determina que, perante cláusulas ambíguas ou contraditórias no contrato de adesão, a interpretação deverá ser a mais favorável ao aderente.

Como vemos, o intérprete se valerá de um corpo de regras interpretativas que variará de acordo com a natureza do contrato e dos contratantes. Ao interpretar um contrato, o juiz deve posicionar-se perante o documento, como se ele fosse as próprias partes, como um leigo, se forem leigas, e não como um jurista. O juiz faz a reconstrução da vontade contratual. Excelente se mostra a esse respeito a conclusão do mestre Washington de Barros Monteiro (1980, v. 5:36), com toda a sua larga experiência de magistrado e jurista:

> *"em lugar dos contratantes em dissídio, substituindo-os, colocará ele* (o juiz) *duas pessoas sensatas; o que estas achariam, do negócio, aí estará a interpretação feliz. Ao intérprete cumpre não esquecer, nesse passo, de que nada vale, na hermenêutica dos contratos, a presunção de que as partes conheciam a lei".*

Outro aspecto, a não ser esquecido na interpretação, é de que todo trabalho hermenêutico parte do princípio da boa-fé nos contratos, por nós estudado. Não podemos presumir que qualquer das partes ingresse num contrato imbuída de má-fé.

Orientação também importante de hermenêutica é a que consta do Código italiano: *"para se avaliar a exata intenção das partes deve ser examinada sua conduta também posteriormente ao contrato"* (art. 1.362, segunda parte). Trata-se da denominada responsabilidade pós-obrigacional. Essa noção deflui, de certa forma, da dicção do art. 422 do atual Código. O comportamento das partes, com o contrato em curso, bem como antes ou depois dele, é elemento de pesquisa primordial para a vontade contratual. Sempre que persistir a dúvida acerca de duas ou mais interpretações, deve preponderar aquela que for menos gravosa para o devedor. E, acrescentemos: aquela que melhor se adaptar às necessidades sociais; à função social do contrato e que melhor for absorvida e aceita pelos interessados.

Recomenda-se, mais uma vez, a leitura do cap. 21 de nosso volume 1, no qual esmiuçamos a matéria com maiores detalhes.

7.7 INTERPRETAÇÃO INTEGRATIVA E INTEGRAÇÃO DOS CONTRATOS

Com frequência, no curso de um contrato, surgem situações imprevistas pelos contratantes. Em um contrato de compra e venda, por exemplo, desaparecem os índices autorizados de correção monetária; num contrato de empreitada, outro exemplo, o material a ser empregado não mais é produzido, não existindo similar no mercado. Nessas situações, o aspecto já não é propriamente interpretar o contrato, suas cláusulas ou disposições. Passa a existir então uma atividade psíquica diferente da do hermeneuta. Surgem a interpretação integrativa e a integração propriamente dita do contrato.

Na *interpretação integrativa*, embora existam pontos omissos no contrato, a intenção das partes surge da ideia geral do contrato, de seu espírito. Essa ideia geral do contrato é aferida segundo os princípios da boa-fé, dos usos sociais, daquilo que já foi cumprido pelos contratantes etc. Conclui o intérprete que assim foi desejado pelos contratantes, de acordo com as entrelinhas do contrato. Há uma ilação do expresso pelas partes para o que não foi expresso, mas foi desejado.

Desse modo, se os contratantes, por exemplo, estipularam determinado índice de correção monetária nos pagamentos e esse índice é extinto, infere-se que outro índice próximo de correção deve ser aplicado, ainda que assim não esteja expresso no contrato, porque a boa-fé e a equidade que regem os pactos ordenam que não haja injusto enriquecimento com a desvalorização da moeda.

No trabalho mental de interpretação integrativa,

> *"não se cuida, como é bem de ver, a investigação da vontade hipotética, presumível ou real, que jamais existiu, mas da reconstrução de uma declaração incompleta, na medida em que se disse menos do que a ideia que presidiu à elaboração do conteúdo"* (Miranda, 1989:135).

Esse o sentido do art. 239 do Código Civil português:

> *"Na falta de disposição especial, a declaração negocial deve ser integrada de harmonia com a vontade que as partes teriam tido se houvessem previsto o ponto omisso, ou de acordo com os ditames da boa-fé, quando outra seja a solução por eles imposta."*

Desse dispositivo extrai-se não apenas o método de interpretação integrativa, como também a própria *integração do contrato.*

Na *integração do contrato*, o trabalho do hermeneuta é mais amplo, porque deverá preencher lacunas existentes no contrato. O contrato obriga as partes não apenas pelo que está expresso, mas também em relação a todas as consequências decorrentes do negócio. O Código italiano, ao tratar da integração, diz:

> *"Art. 1.374. O contrato obriga as partes não somente ao quanto é expresso, mas também a todas as consequências que dele derivam, segundo a lei, ou na sua falta, segundo os usos e a equidade."*

Na integração, o intérprete vale-se de fontes externas ao contrato para preencher um vazio deixado pelas partes. Por vezes, atinge dessa maneira um conteúdo negocial não imaginado pelas partes, mas necessário para o deslinde do caso concreto, que não pode ficar sem solução. Como conclui Custódio Miranda (1989:209),

> *"a integração, por sua vez, tem a ver, antes de mais, com os efeitos do negócio; é a integração dos efeitos jurídicos, não previstos, nem expressa, nem implicitamente, pelas partes, mediante o recurso a normas supletivas ou dispositivas".*

Procura-se, nessa conjuntura, a vontade presumida das partes, tendo em vista a natureza e a finalidade do contrato. Na integração, porém, quaisquer que sejam os efeitos alcançados, devem eles, evidentemente, estar de acordo com a lei.

No campo da integração, não podemos descuidar dos usos e costumes, referidos aliás pelo Código Comercial, como vimos.

Por fim, lembremos que o emprego da equidade na integração do contrato visa ao justo equilíbrio dos direitos dos contratantes. Não é à equidade *lato sensu* a que nos referimos, mas à *equidade contratual*, qual seja, a justa aplicação do Direito no contrato em concreto. No entanto, como o Direito brasileiro somente permite, em princípio, a aplicação da equidade pelo juiz nos casos previstos em lei (art. 140, parágrafo único do CPC), em sede de integração contratual, o fenômeno somente poderá funcionar como uma forma de raciocínio do juiz na aplicação das regras de interpretação e na busca de outras fontes.

O inciso V, do § 1º do art. 113, introduzido pela Lei da Liberdade Econômica, trouxe texto que tem muito sobre a questão da integração. Dispõe que o intérprete deve buscar o sentido no negócio jurídico que

> *"corresponder a qual seria a razoável negociação das partes sobre a questão discutida, inferida das demais disposições do negócio e da racionalidade econômica das partes, consideradas as informações disponíveis no momento de sua celebração."*

Esse texto é um convite à integração do contrato pelo intérprete, coroando tudo que acima expusemos, na busca da vontade presumida das partes. O exegeta, contudo, não pode dar saltos no seu raciocínio, chegando a conclusões que as partes nunca chegariam. É essencial que se atenha à logicidade do contrato e suas consequências. Sem dúvida, um enorme desafio ao intérprete nessas premissas.

8

TEORIA DA IMPREVISÃO. REVISÃO DOS CONTRATOS

8.1 PRINCÍPIO DA OBRIGATORIEDADE DOS CONTRATOS E POSSIBILIDADE DE REVISÃO

Segundo a concepção pura, por nós já estudada, uma vez concluído o contrato, deve ele permanecer incólume, imutável em suas disposições, intangível por vontade unilateral de um dos contratantes. É decorrência do princípio tradicional *pacta sunt servanda*. Como estudamos no Capítulo 2, a obrigatoriedade do contrato forma o sustentáculo do direito contratual. Sem essa força obrigatória, a sociedade estaria fadada ao caos. Embora tenha que se tomar a afirmação com o devido cuidado, o contrato estabelece uma lei entre as partes. Essa força legal do contrato é sentida pelos participantes do negócio de forma mais concreta do que a própria lei, porque lhes regula relações muito mais próximas.

No entanto, a nova concepção do contrato, suas novas funções desempenhadas na sociedade e no Estado modernos exigem, por exceção, uma atenuação do princípio geral.

Pelo princípio fundamental da obrigatoriedade das convenções, não é dado a uma das partes alterar a avença unilateralmente, ou pedir ao juiz que o faça. A vontade conjunta dos contratantes, como é curial, pode evidentemente revisar e alterar o pactuado, dentro dos princípios de sua autonomia. A revisão, que os próprios contraentes podem fazer em complemento a seu acordo de vontades, terá em mira substituir cláusulas, esclarecê-las, interpretá-las ou integrá-las, de acordo com o que foi dito no Capítulo 7. Assim como podem rever o contrato, mantendo-o, podem as partes resolvê-lo, extinguindo-o. Salvo as exceções próprias do dirigismo estatal, a autonomia da vontade prepondera. Trata-se, na realidade, da preponderância da vontade contratual.

No entanto, em situações excepcionais, a doutrina e a jurisprudência das últimas décadas entre nós têm admitido uma revisão das condições dos contratos por força de uma intervenção judicial. A sentença substitui, no caso concreto, a vontade de um dos contratantes. Essa revisão pode ocorrer, é fato, por via oblíqua, quando se reconhece o abuso de direito (Venosa, *Direito civil: parte geral*, Cap. 30), ou o enriquecimento sem causa (ver *Direito Civil: Obrigações e Responsabilidade Civil*, Cap. 9). No abuso de direito, podemos paralisar o cumprimento de um contrato, porque há desvio do fim social e econômico para o qual foi criado, sob a falsa aparência da legalidade. Vale lembrar, novamente, o art. 421 do atual Código, que dispõe sobre a limitação da liberdade contratual a seu fim social. No enriquecimento sem causa, a questão é mais geral e somente por via indireta pode atingir um contrato. Não é fenômeno que possa ser invocado para fundamentar uma revisão contratual.

A possibilidade de intervenção judicial no contrato ocorrerá quando um elemento inusitado e surpreendente, uma circunstância nova, surja no curso do contrato, colocando em situação de extrema dificuldade um dos contratantes, isto é, ocasionando uma excessiva onerosidade em sua prestação. O que se leva em conta, como se percebe, é a *onerosidade superveniente*. Em qualquer caso, devem ser avaliados os riscos normais do negócio. Nem sempre essa onerosidade equivalerá a um excessivo benefício em prol do credor. Razões de ordem prática, de adequação social, fim último do direito, aconselham que o contrato nessas condições excepcionais seja resolvido, ou conduzido a níveis suportáveis de cumprimento para o devedor.

8.2 FUNDAMENTOS DA POSSIBILIDADE DE REVISÃO JUDICIAL DOS CONTRATOS

O princípio da obrigatoriedade dos contratos não pode ser violado perante dificuldades comezinhas de cumprimento, por fatores externos perfeitamente previsíveis. O contrato visa sempre a uma situação futura, um porvir. Os contratantes, ao estabelecerem o negócio, têm em mira justamente a previsão de situações futuras. A *imprevisão* que pode autorizar uma intervenção judicial na vontade contratual é somente a que refoge totalmente às possibilidades de previsibilidade. Vemos, portanto, que é fenômeno dos contratos que se protraem no tempo em seu cumprimento, e é inapropriada para os contratos de execução imediata.

Desse modo, questões meramente subjetivas do contratante não podem nunca servir de pano de fundo para pretender uma revisão nos contratos. A imprevisão deve ser um fenômeno global, que atinja a sociedade em geral, ou um segmento palpável de toda essa sociedade. É a guerra, a revolução, o golpe de Estado, totalmente imprevistos.

Muitas teorias procuraram explicar o fenômeno, todas formando um complexo doutrinário. Para uns, fundamenta-se na *pressuposição*: os fenômenos sociais posicionam-se dentro das situações em que os contratos foram ultimados. A vontade contratual, em síntese, não pressupôs o acontecimento inesperado que desequilibrou o contrato. Outros entendem que todo contrato possui uma *condição implícita* de permanência de uma realidade, cuja modificação substancial autoriza a supressão dos efeitos por ela causados. São explicações subjetivas da teoria da excessiva onerosidade.

Outras correntes partem para explicações objetivas. Pelo princípio da *reciprocidade ou equivalência das condições*, nos contratos bilaterais, ou unilaterais onerosos, deve existir certo equilíbrio nas prestações dos contratantes, desde o momento da estipulação até o momento de seu cumprimento. Se um fator externo rompe esse equilíbrio, estará autorizada a intervenção. Para outros, como o contrato desempenha uma *função social e econômica*, o desequilíbrio da sociedade e da economia autorizam a revisão.

A doutrina debruça-se em um sem-número de explicações sobre o instituto, lembrando, inclusive, o princípio da boa-fé nos contratos e a regra moral das obrigações que devem ilustrá-los e também fundamentam a imprevisão contratual.

8.3 JUSTIFICATIVA PARA A APLICAÇÃO JUDICIAL DA TEORIA DA IMPREVISÃO

Lembre-se, de plano, de que estamos tratando da intervenção judicial nos contratos. Não se descuide que também ocorre com frequência, e cada vez mais atualmente, uma *intervenção legislativa* nos contratos. O legislador, levando avante a tendência do dirigismo contratual, na tentativa de ordenar a economia, intervém nos contratos entre os particulares, alterando suas cláusulas. Precisamos pontuar sobre o que ocorre, e ocorreu no passado entre nós, no tocante aos contratos de consórcio para aquisição de bens, principalmente veículos automotores, nos contratos de financiamento da casa própria e na legislação das locações prediais. A lei interfere nos prazos, nos preços e no próprio objeto dos contratos. Não discutimos aqui se essa modalidade de intervenção ocorre também, mas não exclusivamente, pela excessiva onerosidade superveniente. No entanto, existem razões de Estado que determinam a intervenção do legislador nesses contratos, que extravasam os limites da matéria aqui estudada, situando-se na política financeira e econômica, e não é nosso objetivo de apreciação. O Estado, na verdade, deve mesmo intervir, com *"normas emergenciais, para atender crises que afetem interesses sociais relevantes"* (Fonseca, 1958:243).

Em sede de revisão e intervenção judicial, estas se justificam quando surge uma circunstância superveniente ao contratado, imprevista e imprevisível, alterando-lhe totalmente o estágio fático. Até que a previsão pode ser possível, mas sua ocorrência é que deve ser muito improvável de acontecer. Há uma consciência média da sociedade que deve ser preservada. Desequilibrando-se esse estado, estarão abertas as portas da revisão.[1] Não podemos, no en-

---

[1] "Apelação – Embargos à execução – Ação de execução fundada em compromisso particular de compra e venda de imóvel – Sentença de improcedência – Insurgência do embargante – Nulidade do título – Não ocorrência – Contrato particular assinado por duas testemunhas que constitui autônomo e regular título executivo extrajudicial (Art. 784, III, CPC) – Instrumento particular acompanhado de planilha de atualização de débito idônea – Petição inicial devidamente instruída (Art. 798, CPC) – Cerceamento de defesa – Não ocorrência – Produção de prova pericial desnecessária – Conjunto probatório produzido que é suficiente para o deslinde da questão controvertida nos autos – Matéria unicamente de direito – Regularidade do julgamento antecipado da lide (Art. 355, I, CPC) – Cobrança em desconformidade – Não ocorrência – Hipótese de cobrança de juros e taxas não contratadas afastada – Memória de cálculo carreada aos autos pela embargada que deixa clara a conformidade entre a cobrança deduzida e o contrato firmado entre as partes – Prestações contratuais – Reajuste mensal – Possibilidade – Contrato de comercialização de imóvel com prazo superior a 36 (trinta e seis) meses – Incidência da regra insculpida no Art. 46, *caput*, da Lei nº 10.931/04. **Teoria da imprevisão** – IGP-M – Índice estabelecido em contrato que deixou de traduzir a recomposição do valor da moeda por ocasião do advento da pandemia de COVID-19 – Elevação consideravelmente superior à inflação – Substituição pelo IPC-A – Possibilidade – Incidência da regra preconizada no Art. 317 do Código Civil – Precedentes desta C. 38ª Câmara de Direito Privado – Embargada que embora tenha reconhecido o referido desequilíbrio contratual e procedido administrativamente a substituição do IGP-M pelo IPC-A, o fez apenas com relação às parcelas vencidas a partir do ano de 2021 – Excessiva elevação do IGP-M e consequente onerosidade excessiva se configurou já no início do período pandêmico – Adequação contratual, mediante substituição do IGP-M pelo IPC-A, que deve ocorrer com relação às prestações contratuais vencidas desde março de 2020 – Sentença reformada neste ponto – Recurso parcialmente provido" (*TJSP* – Ap 1013167-72.2023.8.26.0451, 16-9-2024, Rel. Lavinio Donizetti Paschoalão).

"Ação revisional de contrato bancário – Teoria da imprevisão – Cláusula *'rebus sic stantibus'* – Fato previsível – Inaplicabilidade – Pedido improcedente – Sentença mantida. A revisão contratual por onerosidade excessiva – Teoria da imprevisão – Pressupõe alteração desproporcional nas obrigações assumidas em razão de fato superveniente e imprevisível ocorrido após o ajuste inicial de vontades. A oscilação do preço do óleo diesel é fato previsível e ordinário, inerente ao próprio contrato de transporte (frete), incluído nos riscos próprios da contratação" (*TJMG* – AC 1.0024.13.167746-0/004, 2-4-2019, Rel. Pedro Bernardes).

"Agravo em execução – O agravante em suas razões, pede que seja reformada a sentença restabelecendo a decisão que deferiu a progressão de regime para o semiaberto – Impossibilidade – Superveniência de notícia sobre a prática de falta grave em data anterior à da decisão que havia deferido a progressão de regime – Não ofensa ao princípio da coisa julgada, haja vista a regra ***rebus sic stantibus***. Negado provimento ao agravo" (*TJSP* – AG-ExPen 7004654-96.2017.8.26.0071, 2-2-2018, Rel. Ruy Alberto Leme Cavalheiro).

"Agravo Interno – Alimentos Provisórios – Não integram o patrimônio jurídico subjetivo do alimentando, podendo ser revistos a qualquer tempo – Revogação da decisão que fixou alimentos provisionais – Pretensão de receber verba, posteriormente reconhecida como indevida – Inviabilidade – Entendimento pacificado no âmbito do STJ – 1 – A Segunda Seção, por ocasião do julgamento dos EREsp nº 1.181.119/RJ, ao interpretar o art. 13, § 2º, da Lei nº 5.478/1968, concluiu que os alimentos provisórios não integram o patrimônio jurídico subjetivo do alimentando, podendo ser revistos a qualquer tempo, porquanto **provimento *rebus sic stantibus***, já que não produzem coisa julgada material (art. 15 da Lei nº 5.478/1968). 2 – Com efeito, conforme entendimento sufragado por aquele Cotanto, trazer a teoria aos tribunais para solapar o tradicional princípio da obrigatoriedade das convenções. Não pode a teoria da imprevisão ou da excessiva onerosidade servir de panaceia para proteger o mau devedor. Em País que sofreu de inflação endêmica, como o Brasil, cujo fantasma está sempre presente, o surto inflacionário epidêmico não pode servir de suporte à

---

legiado, demonstrado em sede de juízo exauriente, observado o contraditório e a ampla defesa, que a obrigação imposta liminarmente não deve subsistir, fica vedada a cobrança dos denominados alimentos provisórios, sob pena de enriquecimento sem causa. 3 – Os efeitos da sentença proferida em ação de revisão de alimentos – Seja em caso de redução, majoração ou exoneração – Retroagem à data da citação (Lei 5.478/68, art. 13, § 2º), ressalvada a irrepetibilidade dos valores adimplidos e a impossibilidade de compensação do excesso pago com prestações vincendas (AgRg nos EREsp 1256881/SP, Rel. Ministra Maria Isabel Gallotti, Segunda Seção, julgado em 25/11/2015, DJe 03/12/2015). 4 – Agravo interno não provido" (*STJ* – AGInt-REsp 1.531.597 – (2015/0109144-3), 28-3-2017, Rel. Min. Luis Felipe Salomão).

"Apelação – Ação revisional – Contrato de financiamento – Sentença de improcedência – Relação de consumo – Súmula nº 297 do STJ – Teoria da imprevisão (**cláusula *rebus sic stantibus***) – A resolução contratual pela onerosidade excessiva reclama superveniência de evento extraordinário, impossível às partes antever, não sendo suficientes situações que se inserem nos riscos ordinários. Além disso, ausência da superveniência de fato que tenha tornado o pacto excessivamente oneroso. Juros Abusivos – Inexistência – Possibilidade de fixação de juros remuneratórios em patamar superior a 12% a.a. nos contratos bancários. Capitalização mensal de juros – Possibilidade, desde que expressamente pactuada e, ainda, avençada posteriormente à Medida Provisória 1.963-17/2000, reeditada sob nº 2.170-36/2001. Tarifa bancária – Previsão na Resolução CMN nº 3.919/2010 e, além disso, foi expressamente disposta no contrato pactuado. Seguro. Financiamento de veículo. A jurisprudência tende a caminhar no sentido de que, nos casos de contrato com alienação fiduciária, a contratação de seguro, seja prestamista, seja do bem, não configura venda casada. Imposto sobre operações financeiras (IOF) – Segundo o STJ, podem as partes convencionar o pagamento do Imposto sobre Operações Financeiras e de Crédito (IOF) por meio de financiamento acessório ao mútuo principal, sujeitando-o aos mesmos encargos contratuais. Assim sendo, não há ilegalidade nesta cobrança. Apelo desprovido" (*TJSP* – Ap 0007806-11.2011.8.26.0161, 11-4-2016, Rel. Roberto Maia).

"Apelação. Embargos à execução. Contrato de financiamento de dívida bancária. Sentença de improcedência. Relação de consumo. Súmula 297 do STJ. Pleito de nulidade decorrente do julgamento antecipado da lide (art. 330, I, do CPC). Afastamento. Matéria unicamente de direito. Prova documental suficiente para elucidação do caso em análise. Juízo que é destinatário final da prova, cabendo a ele avaliar a pertinência de sua produção. Cerceamento de defesa não verificado; taxa de juros. Possibilidade de fixação em patamar superior a 12% a.a. Nos contratos bancários. Inaplicabilidade do artigo 406 do CC à espécie. Ausência de prova de abusividade. Súmula 383 do STJ. Taxas que, ademais, encontram-se dentro da média de mercado, para o tipo de operação; capitalização de juros e prática de anatocismo. Afastamento. Contrato firmado em parcelas mensais prefixadas. Juros que foram aplicados uma única vez, ausente qualquer previsão de nova incidência. Inteligência da Medida Provisória nº 1.963-17/2000 (reeditada como Medida Provisória nº 2.170-36/2001) e Súmula 596 do STF. Matéria objeto do Recurso Especial Repetitivo nº 973827/RS. Inaplicabilidade da Súmula 121 do STF aos contratos bancários. Anatocismo não verificado. **Cláusula *rebus sic stantibus***. Inaplicabilidade. Ausência de onerosidade contratual excessiva decorrente de fatos supervenientes. Sentença mantida. Recurso não provido. Tem-se, assim, que o ajuste pactuado, no caso dos autos, não se apresenta ilegal ou abusivo, à luz da jurisprudência ora dominante, de modo que não comporta revisão. Ante o exposto, por meu voto, nego provimento ao recurso de apelação" (*TJSP* – Ap 0079484-04.2009.8.26.0114, 25-2-2015, Relª Cláudia Grieco Tabosa Pessoa).

"**Apelação** – Cobrança – Prestação de serviços – Fornecimento de energia elétrica pela modalidade demanda contratada. Arguição de cerceamento de defesa em razão do julgamento simultâneo da exceção de incompetência em razão do lugar e da ação principal. Descabimento. Disponibilização da sentença no *DJE* na mesma data que a decisão da exceção de incompetência apensa. Ré não se utilizou da via adequada para expressar sua irresignação. Decurso *in albis* do prazo para interposição de agravo de instrumento. Preliminar afastada. – Arguição de nulidade da cláusula de eleição de foro. Descabimento. Inaplicabilidade do CDC, em razão do contrato ter sido firmado para fomentar a atividade empresarial da apelante, o que permite estabelecer o foro para dirimir quaisquer questões relativas ao contrato, em detrimento de qualquer outro. Preliminar afastada. – Arguição de falta de documento essencial à propositura da ação (art. 283 do CPC). Vícios apontados no contrato. Descabimento. O representante legal da empresa que firmou o ajuste tinha poderes para tanto à época da contratação, a qual foi realizada por ato voluntário do interessado. Existência de pedido de fornecimento de energia, o que vincula a contratante às condições regulamentares do ajuste. Preliminar afastada. – Apelação. Cobrança de multa pelo distrato. Exploração de jogo de bingo mantida por liminar. Sentença de procedência. Irresignação. Alegação de inexigibilidade da cobrança da multa em razão do encerramento das atividades por motivo de força maior, ou seja, por imposição do poder público que cassou a liminar e determinou o fechamento de todos os bingos do país. Cláusula *rebus sic stantibus*. Cabimento em parte. Possibilidade de cassação da liminar conhecida também pela concessionária. Fato jurídico público e notório, com abrangência nacional. Risco do empreendimento que onera ambas as contratantes. Multa rescisória afastada. Recurso em parte provido" (*TJSP* – Ap 0022991-41.2008.8.26.0114, 27-3-2014, Rel. Erson de Oliveira).

teoria. Tantos foram os planos econômicos que sofremos, que deve o juiz usar de extrema cautela para admitir a intervenção. Nossa desoladora história econômica nas últimas décadas vem exigindo que os contratantes passem a ser cada vez mais imaginativos, tornando as cláusulas contratuais verdadeiros arsenais contra surpresas econômicas.

Não podemos, contudo, obstar a apreciação da revisão judicial, uma vez que a experiência e a prática demonstraram que, sem a intervenção judicial, importantes segmentos sociais seriam levados à penúria. Sempre deve imperar o bom senso, que felizmente tem sido apanágio de nossos tribunais. Com o instrumento da intervenção à mão dos juízes, concede-se um meio de evitar as temidas iniquidades, sem quebra dos princípios tradicionais orientadores dos contratos. É aplicação do sentido geral de justiça. Vai longe, portanto, a noção individualista, presente em nosso Código de 1916 inclusive, não podendo o contrato servir de puro jogo das competições particulares (Silva Pereira, 1986, v. 3:108).

8.4 ORIGENS HISTÓRICAS. A CLÁUSULA *REBUS SIC STANTIBUS*

É costume colocar na Idade Média a materialização dessa doutrina. É levada em consideração a aplicação da *conditio causa data non secuta*, segundo a qual o contrato devia ser cumprido conforme as condições em que foi ultimado. Possibilitava-se a alteração se se modificassem as condições: *contractus qui habent tractum sucessivum et dependentiam de futuro rebus sic stantibus intelligentur*. Difundiu-se a cláusula resumidamente como *rebus sic stantibus*, nos contratos de trato sucessivo e dependentes do futuro, como implícita em todo contrato de trato sucessivo.

No entanto, princípios da mesma natureza foram observados em legislações muito anteriores a Roma. J. M. Othon Sidou (1984:3) cita texto do Código de Hammurabi pelo qual se admitia a imprevisão nas colheitas. Destarte, parece que o fenômeno já era conhecido antes do direito romano, o qual, entretanto, não o sistematizou, mas plenamente o conheceu e aplicou. Ganha altura na Idade Média, passa um tempo esquecido, para ressurgir com força após a Primeira Guerra Mundial. Esta conflagração de 1914-1918 trouxe um desequilíbrio para os contratos a longo prazo. Conhecida é a famosa Lei Failliot, da França, de 21-1-1918, que autorizou a resolução dos contratos concluídos antes da guerra porque sua execução se tornara muito onerosa. Esse diploma demandava a participação obrigatória do juiz.

Após a Segunda Guerra Mundial, com a desvalorização da moeda, os contratos de longa duração tornaram-se mais raros. Entre nós, os mecanismos de correção monetária afastaram, atualmente, ao menos nesse aspecto, a possibilidade de alegação de excessiva onerosidade.

Ocorre, portanto, um renascimento histórico da teoria no século XX, embora os fundamentos sejam bastante antigos.

8.5 REQUISITOS PARA A APLICAÇÃO DA CLÁUSULA

Como vemos, não é qualquer contrato nem qualquer situação que possibilitam a revisão.

Em primeiro lugar, devem ocorrer, em princípio, *acontecimentos extraordinários e imprevisíveis*. Há sempre uma gradação, na prática, em torno da compreensão desses fatos. No direito do consumidor, mais leve têm se mostrado esses requisitos. Como examinamos, tais acontecimentos não podem ser exclusivamente subjetivos. Devem atingir uma camada mais ou menos ampla da sociedade. Caso contrário, qualquer vicissitude na vida particular do obrigado serviria de respaldo ao não cumprimento da avença. Um fato será extraordinário e anormal para o contrato quando se afastar do curso ordinário das coisas. Será imprevisível quando as partes não possuírem condições de prever, por maior diligência que tiverem. Não podemos atribuir a qualidade de extraordinário ao risco assumido no contrato em que estavam cientes as partes da possibilidade de sua ocorrência; neste sentido, tem decidido a jurisprudência majoritária.[2]

---

2 "Apelação cível – Ação monitória – Sentença de procedência – Insurgência da parte requerida – Contrato de abertura de crédito rotativo para aquisição de insumos agrícolas – inaplicabilidade da teoria da imprevisão – **Intempéries climáticas que não se caracterizam como fato imprevisível** – **Mero risco da atividade desenvolvida** – Precedentes desta corte e do Superior Tribunal de Justiça – Cooperativa agroindustrial que não se confunde com instituição financeira, o que afasta a incidência do Decreto-lei nº 167/1967 – Cláusulas contratuais que não se mostram abusivas – Majoração da verba honorária em razão do resultado do julgamento – recurso conhecido e não provido" (*TJPR* – Ap 0003632-92.2023.8.16.0103, 20-9-2024, Rel. Antonio Franco Ferreira da Costa Neto).

"Apelações. Ação revisional de contrato bancário. Empréstimos e financiamentos. Alegação de onerosidade excessiva em razão da pandemia de Covid-19. Pedido da parte autora para que o banco réu suspenda a exigibilidade das prestações mensais durante o período de excepcionalidade. Sentença de procedência. Apelo do banco réu. Sem razão. Súmula nº 297 do STJ. Mesmo incidindo o Código de Defesa do Consumidor e se tratando de contrato de adesão, não há como se considerar, automaticamente, tudo o que foi pactuado como sendo abusivo. Cabe ao consumidor pleitear a revisão das cláusulas contratuais, sob alegação de ilegalidade ou abusividade, não havendo o que se falar em aplicação inflexível do princípio do pacta sunt servanda. Onerosidade excessiva. Teoria da imprevisão (**clausula *rebus sic stantibus***). A resolução contratual pela onerosidade excessiva reclama superveniência de evento extraordinário, impossível às partes antever, não sendo suficientes situações que se inserem nos riscos ordinários. Cediço que as medidas adotadas, visando impedir a disseminação do coronavírus, mais especificamente a partir da segunda quinzena de março de 2020, já causam impactos de ordem financeira em uma parte da população, afetando as relações jurídicas, devendo seus efeitos sobre estas ser analisados pelo Poder Judiciário individualmente. Aplicável à hipótese a teoria da imprevisão, haja vista que a parte autora trabalha com festas e eventos, e ficaram impedidas de exercer suas atividades. Assim a superveniência da pandemia de Covid-19 tornou excessivamente onerosos os termos avençados. Apelo da parte autora pretendendo postergar a suspensão da cobrança das prestações até a data da prolação da sentença. Com razão. Relação de consumo. Reconhecimento do direito das demandantes a que as parcelas fiquem suspensas até a prolação da sentença, retornando a seguir, mensal e sequencialmente. Apelação da autora provida e apelo do banco réu desprovido" (*TJSP* – Ap 1001115-36.2021.8.26.0541, 16-5-2023, Rel. Roberto Maia).

"Cédula de crédito bancário – Pretensões de revisão e de suspensão de vencimentos das parcelas mensais – Tese pautada em queda brusca de faturamento decorrente da crise sanitária da Covid-19, impeditiva de adimplemento da obrigação – **Cláusulas *rebus sic stantibus*** – Arts. 478 e 480 do CC – Inaplicabilidade – A pandemia do Coronavírus (SARS-CoV-2) não significou o desequilíbrio nas prestações envolvidas no contrato, ou, em outros termos, não gerou o aumento excessivo dos valores das parcelas avençadas, de modo a autorizar a redução, alteração ou modo de pagamento – Mútuo, ademais, contratado durante a crise sanitária – Ausência dos requisitos superveniência e imprevisibilidade do fato – Seguro 'Capital de Giro Protegido' – Contratação na oportunidade de emissão da cédula – Seguradora e corretora integrantes do mesmo grupo econômico da instituição financeira – Oferecimento de possibilidade de escolha de outra segurada não demonstrado – Abusividade da disposição – Devolução dos valores pagos, de forma simples – Procedência, em parte, mantida – Recursos de ambas as partes não providos" (*TJSP* – Ap 1014497-77.2021.8.26.0224, 9-8-2022, Rel. Gil Coelho).

"Apelação. Tutela cautelar antecedente. Contratos bancários. Pandemia do Coronavírus. Sentença de parcial procedência, mantendo e ampliando a tutela deferida até setembro de 2021 e conferindo período de moratória, não correndo juros nos pactos celebrados. Apelo da parte ré pugnando pela reforma da r. decisão. Sem razão. Preliminar. Sentença *extra petita*. Inocorrência. Mérito. Teoria da imprevisão (**cláusula *rebus sic stantibus***). Disseminação do vírus causador da Covid-19 causadora de impacto de ordem financeira em uma parte da população, afetando as relações jurídicas, devendo seus efeitos ser analisados pelo Poder Judiciário individualmente. Empresa atuante no comércio de comunicação e equipamentos de informática que demonstrou, por meio de e-mails e extratos, prejuízos em seu faturamento decorrentes da situação de pandemia mundial. Evidente o abalo econômico na atividade exercida pela requerente em razão dos meios de enfrentamento da emergência de saúde pública. Manutenção do decidido. Apelo desprovido" (*TJSP* – Ap 1005302-22.2020.8.26.0477, 5-7-2022, Rel. Roberto Maia).

"Procedimento comum. Pretensão de quitação das parcelas de empréstimo estrangeiro com alienação fiduciária para aquisição de máquina de ressonância magnética, de acordo com a taxa do dólar vigente na data do vencimento da primeira prestação. Parcial procedência. – Preliminar de ilegitimidade passiva da ré GE em razão da cessão de crédito à ré De Lange rejeitada. Requerida atua como agente de recebimento, podendo, inclusive, inscrever o nome da autora no cadastro de inadimplentes. Condição da ação aferida segundo 'in status assertionis'. – Mérito. Repasse em moeda estrangeira autorizado pelo Banco Central. **Inerente o risco da variação cambial, o qual foi livremente assumido pela demandante**. Inaplicável a teoria da imprevisão em razão da onerosidade excessiva. Efeitos deletérios da pandemia que devem ser suportados por todos os envolvidos no negócio. Litigância de má-fé não configurada. Requerente apenas exerceu o seu direito de ação. Conduta não se enquadra nas hipóteses do artigo 80 do CPC/2015. Sentença reformada para julgar a ação improcedente. Recursos das rés parcialmente providos e desprovido o da autora" (*TJSP* – Ap 1055113-15.2020.8.26.0100, 8-11-2021, Rel. Paulo Alcides).

Esses acontecimentos devem refletir-se diretamente sobre a prestação do devedor. Não são motivo de revisão os fatos, por mais imprevistos, que não aumentam o sacrifício do obrigado. O instituto caracteriza-se pela incidência sobre a *prestação* devida, tornando-a *excessivamente onerosa para o devedor*. Isto é o que distingue a imprevisão do caso fortuito e da força maior. É questão de fato a ser apreciada no caso concreto.

Os *contratos devem ser a prazo*, ou *de duração*. O contrato de cumprimento instantâneo, como é elementar, não se amolda à problemática da excessiva onerosidade. Esta surge com o decorrer de certo tempo, ainda que muito próxima à feitura do contrato. O fato deve ser imprevisto e imprevisível aos contratantes. Se algum deles já souber de sua existência ou ocorrência, o enfoque desloca-se para os vícios de vontade. O campo de atuação é dos *contratos bilaterais comutativos, ou unilaterais onerosos*. A onerosidade, como a própria denominação está a dizer, é essencial. Não se aplica, em linha geral, aos contratos aleatórios, embora possamos defender a onerosidade excessiva se o fato imprevisível nada tem a ver com a álea propriamente dita do contrato, isto é, fatores estranhos aos riscos próprios do contrato. Aliás, a dicção da segunda parte do art. 1.198 do Código Civil argentino é expressa em descrever, com minúcias, os contratos atingidos pelo princípio, o que é mantido pelo código atual.

Ainda, os fatos causadores da onerosidade devem desvincular-se de uma atividade do devedor. Portanto, temos de verificar uma *ausência de culpa do obrigado*. A doutrina e algumas legislações também mencionam como requisito a *ausência de mora do devedor*. No entanto, devemos tomar cuidado com esse aspecto. O devedor somente pode beneficiar-se da revisão se não estiver em mora no que diga respeito ao cumprimento das cláusulas contratuais não atingidas pela imprevisão, isto porque o inadimplemento poderá ter ocorrido justamente pela incidência do fenômeno. Não podemos considerar, nesse caso, em mora o devedor se a falta não lhe é imputável.

Vale a pena lembrar que tivemos uma lei temporária, para acudir presumivelmente situações da pandemia que o mundo atravessou (Lei nº 14.010/2020). Essa norma, para ter vigência somente durante os tempos de pandemia, expressamente colocou que não se consideram fatos imprevisíveis o aumento da inflação, a variação cambial, a desvalorização ou substituição do padrão monetário (art. 7º). Esses aspectos já vinham sendo aceitos pelos tribunais, independentes do texto legal.

8.6 COMO SE OPERA A REVISÃO. EFEITOS

A revisão dos contratos é judicial. Portanto, é necessária a intervenção do juiz de uma sentença. O devedor onerado deve ingressar com a ação, requerendo o reconhecimento da teoria da imprevisão. O pedido poderá ser tanto de liberação do devedor da obrigação como de redução do montante da prestação. Note que a revisão judicial não deve limitar-se exclusivamente a resolver a obrigação. Pode, e com muita utilidade, colocar o contrato em seus bons e atuais limites de cumprimento, sem rescindi-lo. Se a prestação se tornou excessiva, nada impede que o julgador a coloque no limite aceitável, de acordo com as circunstâncias (*TJSP* – AC 50.836-4, 23-2-99, Rel. Des. Franciulli Netto). Se o devedor, porém, pede exclusivamente a extinção da obrigação, não poderá o juiz decidir fora do pedido. Conveniente que, ao ser proposta a ação, seja dada margem, quando possível, ao magistrado de reduzir o valor da prestação. Denota boa-fé o contratante que quer pagar o justo, diferentemente daquele que simplesmente deseja livrar-se da obrigação. A questão, todavia, é de exame do caso concreto.

O pedido terá em mira as obrigações ainda não cumpridas. Aquelas cumpridas já estão extintas. A cessação do pagamento, porém, somente pode ocorrer com o ajuizamento da ação e a autorização judicial. Na pendência da lide, ainda em homenagem à boa-fé, deve o autor depositar o que entender devido.

Não se descure, também, que na arbitragem se encontra campo fértil para a revisão contratual, fazendo o árbitro o mesmo papel do juiz na seara ora tratada. A arbitragem, como se sabe, foi colocada no mesmo nível do procedimento judicial e decorre da vontade negocial das partes.

8.6.1 Soluções Legais. Direito Comparado

O Código Civil de 1916 não possuía regra sobre a onerosidade excessiva, orientado que foi por princípios individualistas. Desse modo, embora de há muito os tribunais tenham acolhido a teoria, sua aplicação sofria as incertezas da inexistência de um texto legal expresso.

O atual Código traz três artigos específicos sobre a resolução do contrato por onerosidade excessiva, embora a noção também esteja espalhada por outros dispositivos:[3]

---

[3] "Apelação cível. Ação indenizatória. Contrato de compra e venda de ureia nitrogenada. Sentença que reconheceu o inadimplemento por parte da compradora ré, condenando-a no pagamento da cláusula penal compensatória fixada em 20% do valor do negócio jurídico. Insurgência da ré. Pedido de gratuidade de justiça. Hipótese que não autoriza o deferimento do benefício diante da falta de provas da alegada hipossuficiência. Balanço comercial que instrui o recurso que indica a existência de lucros acumulados no valor de R$ 17.454.643,77, ainda que tenha experimentado prejuízo de R$ 6.403.282,57 no ano de 2023. Ré-apelante que ostenta ativos no valor de R$ 36.569.106,50. Prejuízos financeiros recentemente experimentados que não são suficientes para que se caracterize situação financeira inviabilizadora de acesso à Justiça. Benesse negada. Tese de resolução do contrato de compra e venda por força de onerosidade excessiva decorrente da redução do preço da ureia nitrogenada após o início da guerra da Ucrânia. Pretendida aplicação do art. 478 do Código Civil que pressupõe a superveniência de alteração de grande relevo na equivalência das prestações em decorrência de evento extraordinário e imprevisível, a qual, além de excessivamente onerosa para uma das partes, resulte em lucro inesperado e injustificável para a outra. Negócio jurídico paritário e simétrico. Hipótese na qual as partes ajustaram o preço de USD 1.047,87 para a tonelada de ureia nitrogenada, sobrevindo sua redução para o valor de USD 872,50 na data avençada para a retirada da commodity. Redução do valor de mercado da tonelada de ureia nitrogenada na ordem de 16,7% que não resulta lucro injustificável, notadamente porque não houve em tão curto período de tempo (contrato firmado em 01/04/2022 para pagamento em 20/05/2022), alteração dos custos de produção da *commodity*, o que evidencia a não existência de vantagem excessiva para a autora. Gráfico de oscilação de preço da *commodity*. Variações do câmbio de cotação de *commodity*, mesmo em face de conflitos bélicos internacionais, que não consubstanciam fato inesperado. Volatividade que é consabida e comum em negócios jurídicos que transitam entre vários países. Variação do preço de produção commodity que é intrinsecamente não estável. Superveniência de fato extraordinário e imprevisível, isoladamente considerada, que não é suficiente para romper a responsabilidade contratual dos contraentes. Cláusulas contratuais que corroboram a regulação contratual dos riscos de oscilação de preço da *commodity*, ao se estabelecer a venda futura por preço pré-fixada. Embora a superveniência de guerra caracterize evento extraordinário e imprevisível, as acentuadas flutuações no preço da ureia nitrogenada são congênitas a tal espécie de insumo, ocorrendo mesmo antes do conflito bélico, sendo bem conhecida das partes a possibilidade tanto de queda quanto de elevação dos preços. Inaplicabilidade do art. 478 do Código Civil. Precedentes do C. Superior Tribunal de Justiça que são no sentido de que nos contratos de compra futura de commodity o risco é inerente à espécie, não se aplicando a teoria da imprevisão. Apelo da autora buscando a ampliação de condenação da ré, a bem de que haja a cumulação de indenização por lucros cessantes com a cláusula penal compensatória. Inadmissibilidade. Instrumento contratual que não ressalva a possibilidade de cobrança de indenização suplementar. Aplicação do parágrafo único do art. 416 do Código Civil. Precedentes. Sentença mantida. Recursos desprovidos" (*TJSP* – Ap 1001419-98.2022.8.26.0153, 4-8-2025, Rel. Rômolo Russo).

"Apelação. Ação de rescisão contratual c/c cobrança de aluguéis. Sentença que julgou procedente a ação. Inconformismo da parte ré. Locação de equipamento. Aquisição de equipamento pela locadora com o exclusivo objetivo de locação à locatária. Inadimplemento dos alugueres justificado em onerosidade excessiva, por causa da pandemia de Covid-19. **Ausência de onerosidade excessiva "in casu".** Inexistência de excessiva onerosidade e de vantagem extrema à parte contrária (artigo 478, do C.C.). Efeitos das restrições sanitárias enfrentados por ambas as partes. Locadora que implementou a suspensão do pagamento dos alugueres por um período, cumprindo o princípio da conservação contratual. Alteração contratual insuficiente à continuidade do contrato. Cláusulas contratuais que não devem mais ser alteradas, diante da regularidade e proporcionalidade da cobrança. Sentença mantida. Recurso improvido". (*TJSP* – Ap 1012887-27.2022.8.26.0002, 29-8-2023, Rel. Rodolfo Cesar Milano).

"Apelação. Ação de revisão contratual. Locação de espaço em shopping center. Substituição do índice para a correção monetária anual das prestações. Locatária que pretende a substituição do índice ajustado (IGP-M) por outro que reflete a realidade econômica atual (IPC ou IPCA). Improcedência na origem. Inconformismo. **Onerosidade excessiva**. Constatação. Conquanto a correção monetária não revele abusividade, já que visa apenas a manter o

"Art. 478. Nos contratos de execução continuada ou diferida, se a prestação de uma das partes se tornar excessivamente onerosa, com extrema vantagem para a outra, em virtude

---

poder aquisitivo da moeda, é cediço que o IGP-M apresentou elevação inesperada e desproporcional a partir de 2020. Alteração da base objetiva do contrato. Aumento que supera, em muito, a evolução dos índices inflacionários. O fator de correção monetária acarretaria extrema vantagem econômica para o locador, em um cenário em que as dificuldades econômicas de inúmeras classes sociais e categorias de trabalhadores vêm se agravando significativamente. Inteligência do art. 478 do Código Civil. Tendo em vista a recuperação econômica gradual com o arrefecimento da pandemia, se justifica a substituição do índice contratado pelo IPCA somente no ano de 2021, retomando-se o IGP-M no próximo exercício. Sentença reformada. Sucumbência. Redistribuição do ônus. Recurso parcialmente provido" (*TJSP* – Ap 1012298-72.2021.8.26.0001, 7-12-2021, Rel. Rosangela Telles).

"Embargos à execução – Sentença de improcedência – Recurso do embargante – Contrato de prestação de serviços educacionais – Pretensão de ser afastada a cobrança da multa pela rescisão antecipada, em razão da pandemia – Possibilidade – Relação de consumo – Pandemia que frustrou o objeto do contrato (prestação de serviço de educação infantil em período integral, com alimentação) – Prestação alternativa (aula on-line) que não substitui de maneira adequada o objeto inicialmente contratado – Atividades disponibilizadas à aluna, que contava com 03 anos de idade à época, que tiveram que ser desenvolvidas sob a supervisão dos pais – Onerosidade excessiva evidenciada – Aplicabilidade da teoria da imprevisão ao caso – **Pandemia causada pelo Covid-19 é fato imprevisível, que autoriza a intervenção judicial na relação contratual das partes** – Possibilidade de resolução do contrato, sem aplicação da multa – Aplicação dos artigos 478 a 480 do CC – Afastamento da penalidade – Sentença reformada – Embargos acolhidos – Execução extinta – Sucumbência alterada – Recurso provido" (*TJSP* – Ap 1009458-69.2020.8.26.0019, 10-11-2021, Rel. Achile Alesina).

"Agravo de instrumento – Locação de imóvel comercial – Pedido de tutela cautelar antecedente – Insurgência da locadora contra r. "decisum" que trouxe deferida, em parte, tutela de urgência – redução dos locativos no percentual de 70% (setenta por cento) e das despesas condominiais no de 20% (vinte por cento) – **Pandemia do coronavírus – fato superveniente imprevisível desencadeador de onerosidade excessiva – Revisão do contrato de locação autorizada** – Artigos 317, 'caput', e 478, 'caput', ambos do Código Civil – Aplicabilidade, ainda, da teoria da imprevisão – Requisitos autorizadores da excepcional medida evidenciados em sede de cognição sumária – Locativos minorados no percentual de 50%(cinquenta por cento) – Distribuição equitativa, 'prima facie', dos prejuízos decorrentes da conjuntura – Despesas condominiais – Redução no percentual de 20% (vinte por cento) – Razoabilidade – Decisão reformada – Recurso parcialmente provido, com determinação" (*TJSP* – AI 2113909-88.2020.8.26.0000, 29-3-2021, Rel. Tercio Pires).

"Civil e processual civil – Revisão contratual – Empréstimo bancário – Código de defesa do consumidor – Aplicabilidade – Juros Remuneratórios – Onerosidade excessiva – Nítida desvantagem – Equilíbrio contratual – Reestabelecimento – 1- Verificada a abusividade na taxa de juros remuneratórios praticada em empréstimo bancário, é possível a revisão do contrato para limitá-la à taxa média de mercado divulgada pelo BACEN. Precedentes. 2- A taxa de juros estabelecida no contrato fixada em mais de 60% (sessenta por cento) da média praticada pelo mercado na época, sem razão plausível. 3- A apelante prevaleceu de sua posição contratual para exigir do autor vantagem manifestamente excessiva, além de elevar sem justa causa o preço de produtos ou serviços, conduta vedada pelo art. 39, V e X, do Código de Defesa do Consumidor. 4- O Código de Defesa do Consumidor estabelece que é direito básico do consumidor a modificação das cláusulas contratuais que estabeleçam prestações desproporcionais e que são nulas de pleno direito as cláusulas contratuais que fixam obrigações consideradas iníquas, abusivas, que coloquem o consumidor em desvantagem exagerada, ou que sejam incompatíveis com a boa-fé ou equidade. Arts. 6º e 51, IV do CDC. 5- Apelação parcialmente provida" (*TJDFT* – Proc. 07159388620188070003 – (1166503), 30-4-2019, Rel. Hector Valverde).

"Agravo interno no recurso especial – Direito processual civil (CPC/73) – Ação revisional de contrato de locação – Julgamento Monocrático – Possibilidade – Manutenção do equilíbrio econômico contratual – **Onerosidade Excessiva – Revisão Contratual** – Cabimento – 1 – O relator está autorizado a decidir monocraticamente recurso especial, pois eventual nulidade da decisão singular fica superada com a apreciação do tema pelo órgão colegiado em agravo regimental. 2 – 'Os comandos dos arts. 18 e 19 da Lei nº 8.245/1991 autorizam que tanto o locador quanto o locatário, passados 3 (três) anos da vigência do contrato de locação ou de acordo por eles anteriormente celebrado a respeito do valor do aluguel, promovam ação objetivando a revisão judicial da referida verba, com o propósito de ajustá-la ao preço de mercado, servindo, assim, como instrumento jurídico para a manutenção do equilíbrio contratual e o afastamento de eventual situação de enriquecimento sem causa dos contratantes.' (REsp 1566231/PE, Rel. Ministro Ricardo Villas Bôas Cueva, Terceira Turma, julgado em 01/03/2016, DJe 07/03/2016). 3 – O Superior Tribunal de Justiça possui entendimento firme no sentido de que a intervenção do Poder Judiciário nos contratos, à luz da teoria da imprevisão ou da teoria da onerosidade excessiva, exige a demonstração de mudanças supervenientes nas circunstâncias iniciais vigentes à época da realização do negócio, oriundas de evento imprevisível (teoria da imprevisão) ou de evento imprevisível e extraordinário (teoria da onerosidade excessiva). 4 – Não apresentação pela parte agravante de argumentos novos capazes de infirmar os fundamentos que alicerçaram a decisão agravada. 5 – Agravo interno desprovido" (*STJ* – AGInt-REsp 1.543.466 – (2015/0172555-2), 3-8-2017, Rel. Min. Paulo de Tarso Sanseverino).

> *de acontecimentos extraordinários e imprevisíveis, poderá o devedor pedir a resolução do contrato. Parágrafo único. Os efeitos da sentença, que a decretar, retroagirão à data da citação.*
>
> *Art. 479. A resolução poderá ser evitada, oferecendo-se o réu a modificar equitativamente as condições do contrato.*
>
> *Art. 480. Se no contrato as obrigações couberem a apenas uma das partes, poderá ela pleitear que a sua prestação seja reduzida, ou alterado o modo de executá-la, a fim de evitar a onerosidade excessiva.*"

O projeto de reforma do Código Civil alarga, a nosso ver exageradamente, os textos desses dispositivos, incluindo longos parágrafos.

Há, portanto, várias sugestões de alteração desses textos no projeto de reforma do Código Civil entregue ao Senado.

Lembre-se também do já citado art. 317, quando do estudo do pagamento:

> *"Quando, por motivos imprevisíveis, sobrevier desproporção manifesta entre o valor da prestação devida e o do momento de sua execução, poderá o juiz corrigi-lo, a pedido da parte, de modo que assegure, quanto possível, o valor real da prestação."*

Esse artigo, valendo-se do conceito fundamental da imprevisão, "*estabelece uma autêntica cláusula tácita de correção do valor das prestações* contratuais ou de escala móvel, na hipótese do silêncio do contrato a esse respeito" (Rodrigues Júnior, 2002:157). Ainda, podem ser lembrados os arts. 620 e 625 do atual Código, que traduzem princípios da imprevisão no contrato de empreitada.

Verificamos, por esses princípios da mais recente lei civil, o que dissemos. Observemos que a lei ressalta o direito do réu, no caso o credor demandado, a exemplo do estatuto italiano, de concordar com a modificação equitativa do contrato, para sua manutenção e aproveitamento. À falta de texto expresso de lei nesse sentido, havia dificuldades processuais para que isso se aplique entre nós, sem concordância do autor. Deve, no entanto, o juiz buscar a melhor solução no caso concreto, levando em conta a natureza do instituto e a harmonização dos interesses das partes.

No entanto, como notamos no art. 479 transcrito, pode o devedor, no pedido, formular uma pretensão de solução e adaptação equitativa do contrato, sem demonstrar interesse pela resolução. Vale o que afirmamos. O Código italiano, no art. 1.467, traz a mesma solução. Lembremos, mais uma vez, que o juiz não poderá livremente intervir na vontade contratual, para, perante um pedido de resolução, concluir por alterar simplesmente as cláusulas. A questão submete-se às regras de processo.

O Código argentino, em redação não original incorporada ao diploma mais recentemente, na segunda parte do art. 1.198, dispõe:

> *"Nos contratos bilaterais comutativos e nos aleatórios onerosos de execução diferida ou continuada, se a prestação a cargo de uma das partes se tornou excessivamente onerosa, por acontecimentos extraordinários e imprevisíveis, a parte prejudicada poderá demandar a resolução do contrato. O mesmo princípio se aplicará aos contratos aleatórios quando a excessiva onerosidade se produza por causas estranhas ao risco próprio do contrato. Nos contratos de execução continuada a resolução não alcançará os efeitos já cumpridos. Não*

procederá a resolução, se o prejudicado tiver agido com culpa ou estiver em mora. A outra parte poderá impedir a resolução oferecendo melhorar equitativamente os efeitos do contrato."

Essa redação e inserção legal na lei da Argentina decorreram de uma proposta do Terceiro Congresso Nacional de Direito Civil de Córdoba (1961), apresentada por Jorge Mosset Iturraspe (1988:316). Como o próprio autor da proposta pontua, a lei descreveu com minúcias o instituto, por ser ele novo no ordenamento portenho.

O vigente Código português avançou no alcance dessa figura jurídica, obtendo uma forma mais vinculada ao negócio jurídico em si e ao princípio da boa-fé, realçando com propriedade a *alteração das circunstâncias do contrato.* O art. 437 dispõe:

> *"1. Se as circunstâncias em que as partes fundaram a decisão de contratar tiverem sofrido uma alteração anormal, tem a parte lesada direito à resolução do contrato, ou à modificação dele segundo juízos de equidade, desde que a exigência das obrigações por ela assumidas afecte gravemente os princípios da boa-fé e não esteja coberta pelos riscos próprios do contrato. 2. Requerida a resolução, a parte contrária pode opor-se ao pedido, declarando aceitar a modificação do contrato nos termos do número anterior."*

A fórmula encontrada pelo legislador lusitano afigura-se a mais elegante, moderna e eficiente, inclusive mencionando tecnicamente que o demandado pode opor-se à pretensão, aceitando a modificação do contrato. O art. 438 seguinte desse Código refere-se à mora da parte lesada:

> *"A parte lesada não goza do direito de resolução ou modificação do contrato, se estava em mora no momento em que a alteração das circunstâncias se verificou."*[4]

A legislação comparada mostra os elementos constantes que devem estar presentes na revisão judicial. Deve servir de orientação para a aplicação do instituto entre nós. Não se esqueça, no entanto, de que se trata de remédio de caráter excepcional no ordenamento.

Na dicção do art. 478 de nosso vigente estatuto critica-se o fato de ser exigido que na hipótese ocorra *"uma extrema vantagem para a outra parte"*. Como apontamos, o essencial nesse instituto é a posição periclitante em que se projeta uma das partes no negócio, sendo irrelevante que haja benefício para a outra. Desse modo, não se deve configurar a onerosidade excessiva com base em um contraponto de vantagem. Esse aspecto é levado em conta pelo Projeto nº 6.960/2002, que altera o dispositivo para suprimir essa exigência e dá nova redação ao artigo. No entanto, sugere esse projeto que se introduza texto especificando que para o benefício da revisão a parte não deve encontrar-se em mora. Já apontamos que nem sempre esse aspecto

---

4 "**Revisão Contratual** – Contratos de Abertura de Crédito Direto ao Consumidor ou CDC'S. Obtenção de recursos depositados diretamente em conta corrente. Pagamento em prestações mensais e fixas. Sentença de improcedência calcada no não reconhecimento de abusividades ou ilegalidades nos contratos. Inicial genérica e superficial restrita à abusividade da taxa de juros. Apelo do autor que a rigor incide na mesma falha e não impugna especificamente os fundamentos da sentença. Caráter subjetivo das alegações que não reúnem condições de prosperar. Exposição clara dos encargos, do valor da prestação mensal e do valor total a ser pago. Não há ilegalidade na capitalizados mensal de juros à luz da Medida Provisória 2.170/36 e na aplicação da Tabela Price. Súmula 596 do STF. Autorização implícita por força da Súmula nº 541 do STJ. Não há que falar em descaracterização da mora pela abusividade de encargos acessórios do contrato. Tese recentemente firmada no STJ (Tema 972). Valor incontroverso que igualmente não restou depositado nos autos. Recurso desprovido" (*TJSP* – AC 1000599-95.2016.8.26.0248, 27-5-2019, Rel. Ramon Mateo Júnior).

dará uma solução justa. Referido projeto reformula totalmente a redação do instituto, inclusive com nova numeração. Na conceituação, a dicção projetada é a seguinte:

> *"Nos contratos de execução sucessiva ou diferida, tornando-se desproporcionais ou excessivamente onerosas suas prestações em decorrência de acontecimento imprevisível, anormal e estranho aos contratantes à época da celebração contratual, pode a parte prejudicada demandar a revisão contratual, desde que a desproporção ou a onerosidade exceda os riscos normais do contrato."*

Acrescenta o texto que não basta ser o acontecimento imprevisível; deve ser *anormal e estranho* aos contratantes quando da contratação. Ora, essa dicção enfatiza a excepcionalidade da situação, que é elementar ao instituto. Destarte, por exemplo, a nosso ver, não pode ser tomada como fato anormal e estranho uma desvalorização cambiária no país, tantas e tantas já ocorreram entre nós.

Nosso Código de Defesa do Consumidor (Lei nº 8.078/90), no art. 6º, ao enumerar os *direitos básicos do consumidor*, dispõe, entre eles,

> *"a modificação das cláusulas contratuais que estabeleçam prestações desproporcionais ou sua revisão em razão de fatos supervenientes que as tornem excessivamente onerosas".*

O dispositivo é genérico, preferindo o legislador não descer a uma profunda definição do que entende por excessiva onerosidade. No sistema do consumidor, não se faz referência à imprevisibilidade. Valem, sem dúvida, os princípios sedimentados de há muito na doutrina, paralelamente ao espírito geral de proteção ao consumidor que norteia essa lei. A tal respeito, no entanto, Otávio Luiz Rodrigues Junior lembra que alterações da realidade econômica, tais como mudança de padrão monetário, elevação de taxas de juros, planos econômicos, têm sido comumente trazidas à baila para justificar a teoria da imprevisão nas relações de consumo.

> *"Trata-se, na verdade, de uma discussão mais ampla, que abrange a possibilidade de que a imprevisão no Código do Consumidor exige apenas a onerosidade excessiva para que se configure"* (2002:167).

Nessa situação, desconsidera-se, em princípio, o aspecto subjetivo do instituto. A dispensa da imprevisibilidade, contudo, ainda que exclusivamente nas relações de consumo, traz, sem dúvida, maior desestabilidade aos negócios e deve ser vista com muita cautela. Como temos reiterado, o excesso de prerrogativas e direitos ao consumidor opera, em última análise, contra nós mesmos, todos consumidores, pois deságua no aumento de despesas operacionais das empresas e acresce o preço final. Com maestria, conclui a respeito o mesmo citado monografista cearense:

> *"Em síntese, os corifeus da objetividade da excessiva oneração dos contratos de consumo pretendem apenas qualificar o fato que altera as circunstâncias de execução da avença como sendo superveniente, deixando em posição subalterna qualquer outra tentativa de adjetivá-lo, o que se revelaria desnecessário ante a constatação pura e simples de seus efeitos deletérios ao equilíbrio das prestações"* (2002:169).

Aponte-se que a maior linha jurisprudencial tem-se voltado para essa corrente nas questões de consumo. O tratamento diferenciado ao fenômeno em sede de lei do consumidor decorre da proteção deste, pois o legislador distribui de forma diferenciada os riscos, imputando-os na maior parte ao fornecedor.

8.7 CLÁUSULA DE EXCLUSÃO DA REVISÃO JUDICIAL

Discute-se se é válida a cláusula que, no contrato, proíbe as partes de recorrerem à teoria da imprevisão e à revisão contratual. Quer-nos parecer que uma cláusula genérica nesse sentido não pode ter validade, por cercear o direito de ação em geral e ser uma renúncia prévia genérica a direitos. Ainda, essa cláusula é a própria negação do instituto da imprevisão, que tem caráter geral para os contratos (Iturraspe, 1988:323). A situação muda de figura quando as partes preveem expressamente fatos configurativos de excessiva onerosidade, o que, na verdade, torna-os previsíveis, fazendo-os cláusulas ordinárias do contrato. Assim, não será válida a cláusula pela qual as partes concordam em não ingressar com ação de revisão contratual, qualquer que seja a causa ou fato futuro. Deve ser admitida, por outro lado, uma cláusula que proíba as partes de pedirem a revisão do contrato, no caso, por exemplo, da edição de um plano econômico que altere os parâmetros de correção monetária. Nessa situação, que mencionamos apenas como exemplo teórico, haverá necessidade, evidentemente, de levarmos em conta os demais princípios gerais do instituto do contrato. Em sede de contrato com cláusulas predispostas, e especificamente nas relações de consumidor, essa cláusula não é de ser admitida.

9

RESPONSABILIDADE CONTRATUAL, PRÉ-CONTRATUAL E PÓS-CONTRATUAL

9.1 RESPONSABILIDADE CONTRATUAL E EXTRACONTRATUAL

O Direito e, em especial, o direito das obrigações impõem deveres de conduta. Esses deveres que nos são impostos resultam de um dever geral de conduta segundo o Direito e os bons costumes ou de obrigações voluntariamente contraídas, emanadas de contratos.

Há situações em que a existência de um contrato resulta bem clara: na compra e venda, no mútuo, na locação, por exemplo, ficam bem caracterizados os direitos e deveres do comprador e vendedor, mutuante e mutuário, locador e locatário.

Doutro lado, há situações nas quais surge a responsabilidade pela transgressão de um dever geral de conduta. Assim, se o motorista, dirigindo veículo em velocidade incompatível, atropela um transeunte sobre a faixa de pedestres, desrespeitando o semáforo, evidencia-se infração a um dever geral de conduta.

Por vezes, surgem situações em que a preexistência de um contrato não resta muito cristalina, porque tanto a responsabilidade contratual como a extracontratual se interpenetram, ou correm paralelas. É o que sucede, por exemplo, nas responsabilidades profissionais. O cirurgião, por exemplo, ao executar uma operação de seu mister, poderá manter um contrato de prestação de serviços com o paciente ou com uma instituição hospitalar, mas sua responsabilidade emana não somente do contrato, como também dos deveres de conduta ínsitos a sua arte profissional. A transgressão de um dever de conduta médica, que poderá gerar o dever de indenizar, será aferida nos termos do contrato ou, dependendo da situação de fato, nos deveres genéricos da conduta profissional atinente à ciência médica. Assim ocorrerá com frequência em outras atividades profissionais, mais ou menos técnicas, pouco importa. Muito se divaga, por exemplo, para concluir se a responsabilidade decorrente do transporte gratuito é contratual ou não.

Importa-nos fixar com essa introdução ser o pressuposto inicial do dever de indenizar, portanto da responsabilidade em geral, o exame de um dever de conduta. A responsabilidade civil em geral parte, pois, de princípios fundamentais idênticos, quer esse dever de indenizar decorra do inadimplemento contratual, quer decorra de uma transgressão geral de conduta. Na prática, quando pedimos indenização por perdas e danos, seu montante poderá ter pouco a ver com o correspondente benefício almejado pelo contrato. Podemos contratar uma orquestra para um espetáculo. O inadimplemento contratual dessa avença, motivado pelo cancelamento da apresentação, pode ensejar perdas e danos muito mais vultosos do que o valor devido ao contratado dessa obrigação personalíssima.

O marco inicial do exame da responsabilidade é, portanto, a apreciação de um dever violado. Entendemos por dever o ato ou a abstenção que devem ser observados pelo homem diligente, vigilante e prudente. Como mesmo os homens diligentes incidem com frequência em transgressão a deveres legais, morais e contratuais, surge a necessidade de conceituação e exame do dever de indenizar. Exclui-se, em princípio, do Direito, a transgressão a um dever exclusivamente moral.

Sob tais aspectos, ou seja, da distinção entre responsabilidade contratual e extracontratual, a responsabilidade extracontratual tem maior relevância para o exame da conduta culposa. Se há contrato, o exame da culpa inicia-se pela verificação da conduta do agente cotejada com o que ele se obrigou no contrato. No entanto, esse exame pode extravasar a simples investigação contratual e partir para o dever de conduta em geral, dependendo da relação jurídica em jogo. O contrato pode até excluir o dever de indenizar, que pode ser cláusula válida, como vimos (ver seção 12.3.1 deste livro). Ou pode o contrato predeterminar uma indenização, incluindo cláusula penal compensatória, evitando custoso exame da culpa (ver Capítulo 7 do Vol. II). Não havendo contrato, a responsabilidade extracontratual ou aquiliana parte, desde o início, dos postulados fundamentais do art. 159 do Código Civil de 1916:

> *"Aquele que, por ação ou omissão voluntária, negligência, ou imprudência, violar direito, ou causar prejuízo a outrem, fica obrigado a reparar o dano."*

E no Código de 2002, art. 186:

> *"Aquele que, por ação ou omissão voluntária, negligência ou imprudência, violar direito e causar dano a outrem, ainda que exclusivamente moral, comete ato ilícito."*

O ato ilícito dá margem à reparação do dano (art. 927 do Código).

É claro que há nuanças aptas a interferir nas duas modalidades de responsabilidade: o incapaz, por exemplo, não pode contratar, mas não significa, em tese, que seus atos, em sede de dever de conduta, fiquem irressarcidos, porque a lei determina a responsabilidade de outrem por fato desse incapaz, a responsabilidade por fato de terceiro. Quanto ao ônus da prova, na responsabilidade contratual, incumbe ao devedor provar que não se houve com culpa, uma vez demonstrado o inadimplemento; na responsabilidade aquiliana, como regra geral, cabe à vítima provar a culpa do causador do dano. Isso, no entanto, não retira o sentido amplo e comum que existe na responsabilidade civil em geral.

A responsabilidade contratual ocupa um campo mais limitado em relação à responsabilidade aquiliana, porque fica jungida justamente aos termos do contrato. A responsabilidade extracontratual permite voos investigatórios do dever de indenizar mais profundos dentro da amplitude do art. 186. Estudamos no Vol. II, Capítulo 12, as consequências da frustração no cumprimento das obrigações, o inadimplemento. Aí são examinadas as questões relativas à culpa contratual e suas consequências. A indenização obedece aos ditames do art. 389: *Não cumprida a obrigação, responde o devedor por perdas e* danos, *mais juros, atualização monetária e honorários de advogado*. Todavia, a noção compreensiva de perdas e danos que vem estampada no art. 402, e diz respeito a qualquer modalidade de indenização, seja ela decorrente de contrato ou não: *"as perdas e danos devidos ao credor abrangem, além do que ele efetivamente perdeu, o que razoavelmente* deixou de lucrar". Perfeitamente solidificado o entendimento quanto ao montante da indenização, o Código de 2002 é mais sintético a respeito no art. 944: "*A indenização mede-se pela extensão do dano*". No entanto, numa guinada de perspectiva do que se aplicou por tanto tempo, o Código inova no parágrafo único desse artigo: "*Se houver excessiva desproporção entre a gravidade da* culpa e o dano, poderá o juiz reduzir, equitativamente, a indenização". Entre duas posições axiológicas a escolher, a lei protege a vítima que agiu com reduzida culpa, permitindo que se reduza a indenização, em detrimento do ofendido. Trata-se de vertente de proteção social sistemática adotada pelo Código e deverá ser avaliada pelos tribunais.

Em razão desses princípios comuns, defende-se um tratamento legal único às duas modalidades de responsabilidade. No entanto, é mais didático (e o legislador não se furta a ser didático para ser claro) manter a divisão de tratamentos, embora por vezes com princípios inelutavelmente interpenetráveis. A conclusão, porém, é ser o conceito de responsabilidade o único no direito privado, qualquer que seja a fonte que a origine. Sempre precisamos examinar o dever de indenizar e a forma de reparação dos danos. Colocamos em outro plano a responsabilidade penal, que parte da tipificação estrita e tem finalidade eminentemente punitiva e pessoal, enquanto a responsabilidade civil é sempre de reparação do dano e, portanto, patrimonial.

9.2 REQUISITOS DA RESPONSABILIDADE CIVIL

Dentro da unicidade de tratamento básico das duas modalidades de responsabilidade civil, ressaltamos os mesmos requisitos comuns.

Não surgirá o dever de indenizar se não ocorrer uma conduta injurídica, a *antijuridicidade*. O agente responsável deve ter praticado uma conduta contra o Direito, contratual ou em geral. O problema de saber quando a conduta é antijurídica no Direito Civil é de exame mais lato do que no Direito Penal. Não existe um critério formal. Apuramos a antijuridicidade, como vimos, no exame de uma transgressão de um contrato, de uma técnica profissional, da diligência de um homem normal. A descrição do art. 186 é fundamental entre nós. Quando existe um contrato a ser examinado, a tipificação da ação irregular é mais fácil, porque existe uma redução da conduta a uma descrição.

Outro requisito é a *imputabilidade*. A responsabilidade civil somente ocorrerá se puder ser imputada a um agente, ainda que terceiro responda por essa conduta, como ocorre com frequência. Não existe dever de indenizar quando a falha de conduta decorre de caso fortuito ou força maior, por exemplo. A tendência do direito privado, no entanto, é alargar o dever de indenizar e, consequentemente, a imputabilidade, para permitir que maior número de atos ilícitos seja indenizável. A falta de indenização é elemento de desequilíbrio social.

Entre o dano e a conduta do agente, deve existir um *nexo causal*. A relação de causalidade, dentro de todas as suas teorias, procura elucidar a questão. Em outras palavras, deve indenizar quem concorreu para o evento danoso. A matéria deverá ser estudada por nós quando tratarmos da responsabilidade civil aquiliana. Deve ser levada em conta a teoria da causalidade adequada, que exige um nexo preciso, uma relação mais estreita entre a ação e o dano.

9.2.1 Consequências da Responsabilidade Civil

Quando o contratante descumpre sua parte no contrato, pode ser obrigado a adimpli-lo judicialmente, tanto que o estatuto processual tem normas específicas de procedimento para as obrigações de dar, fazer e não fazer. No entanto, quando o cumprimento em espécie não é possível, quer porque não mais exista o objeto do contrato ou não seja ele idôneo, quer porque o cumprimento coativo da obrigação se converteria numa violência contra a liberdade do indivíduo, o denominador comum do descumprimento é o pagamento de uma indenização em dinheiro. O Direito não tem outra forma geral de ressarcimento. A indenização substitui o cumprimento da obrigação, mas não equivale a ela.

Em sede de responsabilidade aquiliana ou extracontratual, a indenização fundamental, ainda que para ressarcimento de dano exclusivamente moral, é em dinheiro. Ainda que o causador do dano fique obrigado a fornecer alimentos, tratamento médico, ou assemelhado, o denominador comum que substitui essas obrigações é uma quantia em pecúnia.

Tanto num como noutro caso, a indenização, por mais ampla que seja, nunca equivale à obrigação assumida, nem ao valor perdido, mas serve de lenitivo e diminuição do sofrimento da vítima, ofendida em valores morais ou patrimoniais. De qualquer forma, trata-se de aspecto que diz respeito à crise das obrigações, como denominamos. Na indenização, procura-se, com ou sem contrato, tanto quanto possível, colocar as coisas no estado anterior, devendo o juiz zelar para que isto ocorra.

9.2.2 Requisitos da Responsabilidade Contratual em Particular

Como estudamos, a responsabilidade contratual nasce do descumprimento de um contrato ou de alguma de suas cláusulas. Destarte, esse descumprimento pode ser total ou parcial.

Para nos situarmos dentro do âmbito da responsabilidade contratual, devemos examinar a existência de um contrato, sua validade, uma ou mais obrigações descumpridas e o prejuízo sofrido pelo contratante.

A *existência de um contrato*, que à primeira vista parece tão elementar, pode apresentar, na prática, suspeitas. Por vezes, terá o intérprete fundadas dúvidas acerca da existência de uma avença entre as partes. Em cada caso concreto, devemos examinar se houve a intenção de contratar. Caso típico, por exemplo, é o do transporte desinteressado ou gratuito. A inexistência de contrato não inibe, em princípio, o dever de indenizar, que se regulará pela responsabilidade aquiliana.

Em segundo lugar, deve ser verificado se há *contrato válido*. O contrato nulo não gera direitos e obrigações. Nesse caso, também, o dever de indenizar liga-se à responsabilidade extracontratual. O contrato anulável é válido, como examinamos em *Direito civil: parte geral*, originando efeitos até que tenha sua nulidade decretada.

Doutro lado, o *descumprimento da obrigação* deve emanar do contrato em tela, sob objeto. Se é descumprido um dever geral de conduta, como vimos, desloca-se a óptica para a responsabilidade aquiliana ou extracontratual. Nem sempre será fácil, na prática, aferir se o descumprimento é contratual ou geral. Há contratos em que percebemos claramente as obrigações emergentes; outros, por sua natureza, terão obrigações decorrentes tanto da vontade das partes como deveres gerais de conduta do obrigado. Por isso, vemos que a simples existência de um contrato entre as partes não permite concluir que a responsabilidade seja contratual.

Por fim, o descumprimento por parte de um dos contratantes deve ter ocasionado *prejuízo ao outro contratante*. Quando não existe prejuízo, pode o interessado pedir a rescisão do contrato, mas não existirão perdas e danos a serem indenizados. Só deve ser indenizado prejuízo efetivamente provado e decorrente de ato imputado ao outro contratante. A cobrança da cláusula penal, esta sim, independe de prova de qualquer prejuízo. A rescisão do contrato, de per si, é uma proteção ao contratante inocente, para que no futuro não venha a ser penalizado. A indenização por perdas e danos é consequência eventual, não necessária dessa resolução contratual, dentro do nosso sistema (Chaves, 1985:310). Os danos devem sempre ser provados no processo de conhecimento ou na execução.

Se o prejuízo dentro do contrato é ocasionado por terceiros, sem qualquer relacionamento com o contratante, o dever de indenizar contratual somente poderá surgir se fizer parte da avença. Caso contrário, o terceiro responderá nos termos do art. 186.

Na responsabilidade contratual, é dentro do contrato que se examina o direito violado, não se prescindindo do conceito de culpa.

9.3 RESPONSABILIDADE PRÉ-CONTRATUAL

A matéria ganha cada vez mais relevo não só pelos princípios estabelecidos pelo Código de Defesa do Consumidor, como pela orientação e interesse social que deve preponderar em todos os negócios, sejam eles contratuais ou não. No amplo horizonte dos negócios, com muita frequência surgem questões referentes a promessas não cumpridas ou simples recusa injustificada de contratar. Trata-se do que a doutrina costuma denominar "dano de confiança", dentro do que se entende por "interesse negativo". Fundamentalmente, denomina-se interesse negativo porque o interessado deseja que o ato ou negócio jurídico em questão nunca tivesse existido (Gonçalves, 1997:27). Em qualquer situação em que se avalie a hipótese de uma responsabilidade anterior ao contrato, deve preponderar o exame da quebra de confiança. Nossa jurisprudência ainda não é profícua nesse campo.

9.3.1 Recusa de Contratar

O que dissemos a respeito da responsabilidade em geral serve de base para uma conclusão apriorística sobre o presente tema: quem se recusa a contratar, pura e simplesmente, ou quem, injustificadamente, desiste de contratar após iniciar eficientes tratativas, pode ser obrigado a indenizar. São aplicados, em síntese, os princípios do art. 186; a responsabilidade é aquiliana. Não há dispositivo expresso a esse respeito, nem cogitamos da questão nos serviços públicos em que existe um dever da Administração.

No entanto, imagine a hipótese de o comerciante se recusar a vender sua mercadoria, ou prestar serviços em seu estabelecimento, por mero espírito emulativo, por simples idiossincrasia.

Imaginemos, também, a situação das marchas e demarchas de uma compra e venda do imóvel, com toda uma série de tratativas, que culminam com a designação de data e local para a escritura. Na data marcada, o proponente deixa de comparecer, alegando que houve por bem simplesmente desistir do negócio.

Em sede de responsabilidade fora do contrato, pré-contratual (não podemos usar a terminologia extracontratual por motivos óbvios), existem essas duas hipóteses bem nítidas, em que eventual responsabilidade emana de um contrato projetado, mas não concluído. Isso ocorre tanto na recusa peremptória de contratar, como na desistência de um contrato já entabulado.

Advirta-se, contudo, que não se trata muito propriamente de uma responsabilidade pré-contratual, porque contrato ainda inexiste, mas de um aspecto da responsabilidade aquiliana que tem a ver com o universo contratual.

Nessa situação, na recusa de contratar, a questão coloca-se primeiramente em âmbito sociológico. Em sociedade, cada um exerce uma atividade para suprir necessidades dos outros, que não podem satisfazê-las. Destarte, o vendedor de determinada mercadoria, ou o prestador de serviços, validamente estabelecidos, desempenham uma função social relevante. Fornecem bens e serviços à sociedade e estão obrigados a fazê-lo, se foi essa a atividade escolhida para seu mister. A recusa injustificada na venda ou prestação do serviço constitui ato que se insere no campo do abuso de direito, não sendo propriamente uma responsabilidade pré-contratual. O comerciante não está obrigado a vender, mas se se dispôs a tal, não pode recusar-se a fazê-lo a quem pretende adquirir o objeto de sua mercancia. Essa conduta extravasa os limites do direito, é prática abusiva, pois existe um desvio de finalidade. Veja o que dissemos a respeito do instituto do abuso de direito em nosso primeiro volume. Como afirmamos, a noção de abuso de direito é supralegal, não deve ser buscada na letra da lei, mas na intenção e conduta das partes. Quando o titular de uma prerrogativa jurídica, de um direito subjetivo, atua de modo tal que sua conduta contraria a boa-fé, a moral, os bons costumes, os fins econômicos e sociais da norma, incorre no ato abusivo. Em tal situação, o ato é contraditório ao Direito e ocasiona a responsabilidade do agente pelos danos causados.

A situação amolda-se à responsabilidade civil e a indenização deve obedecer a seus princípios. O abuso de direito deve ser indenizado como um ato ilícito. Sob esse prisma, o presente Código erige regra específica sobre o abuso de direito, colocando-o na esfera do ato ilícito (art. 187):

> *"Também comete ato ilícito o titular de um direito que, ao exercê-lo, excede manifestamente os limites impostos pelo seu fim econômico ou social, pela boa-fé ou pelos bons costumes."*

Como vemos, a questão relaciona-se com as regras gerais de convivência, os princípios de boa-fé e bons costumes, ainda que em fase não contratual. Por outro lado, como vimos, só se indenizam prejuízos efetivos, que devem ser comprovados. Não se esqueça de que também os danos exclusivamente morais devem ser indenizados (Constituição Federal, art. 5º, V). A recusa de contratar pode gerar uma situação de vexame ou constrangimento pessoal que ocasiona um dano moral.

O Código de Defesa do Consumidor concede direitos contra o fornecedor de produtos ou serviços que se recusa a cumprir a oferta (art. 35). Por outro lado, o art. 39, II considera

> *"prática abusiva o fornecedor recusar atendimento às demandas dos consumidores, na exata medida de suas disponibilidades de estoque, e, ainda, de conformidade com os usos e costumes".*

Na lei positiva, portanto, já existe norma a disciplinar a recusa injusta de contratar. A situação amplia-se, é bem verdade, a todas as hipóteses profissionais, ainda que tecnicamente não contempladas pelo Código do Consumidor, embora essa lei seja bastante abrangente. Na verdade, todos nós, integrantes da sociedade, somos consumidores de bens ou serviços. A sociedade moderna não permite outra interpretação. Vai longe a época em que o individualismo exagerado dava como plena a liberdade de contratar ou não. Como lembra Antônio Chaves (1985:263),

> *"a seriedade que se exige no cumprimento de um contrato, não há razão para não demandá-la na fase preliminar, em que cada um confia na lisura, na lealdade, na sinceridade da outra".*

Note-se, no entanto, que somente pode ser responsabilizado pela recusa aquele que estava em condições de contratar e não o fez. A questão será de cada caso concreto e de acordo com o prudente arbítrio do juiz. Ninguém pode ser obrigado a contratar se subjetiva e objetivamente não tem condições para isso. Não podemos exigir que alguém carregue um fardo se não tem braços. O que responsabiliza é a recusa arbitrária de contratar. Não pode, por exemplo, um hoteleiro recusar serviços a um viajante. Poderá fazê-lo, porém, se este se apresenta embriagado, colocando em risco sua segurança e a dos demais hóspedes.

A denominada recusa de contratar, advirta-se, não se coloca propriamente como uma modalidade de responsabilidade contratual, mas situa-se no plano geral da responsabilidade aquiliana.

9.3.2 Rompimento de Negociações Preliminares

A segunda hipótese de possibilidade de responsabilidade fora do contrato é o rompimento abusivo e arbitrário das tratativas ou negociações preliminares. Cumpre, nessa hipótese, examinar o caso concreto.[1]

Há necessidade de que o estágio das preliminares da contratação já tenha imbuído o espírito dos postulantes da verdadeira existência do futuro contrato. A frustração da contratação gerará então frustração moral, além de material. Podem as partes ter despendido com certidões, viagens, pesquisas. Assim como no caso anterior, não é qualquer desistência que será responsabilizadora.

---

[1] "Apelação. **Responsabilidade pré-contratual**. Locação. Contrato verbal. Instalação de um açougue nas dependências do supermercado réu. Negócio frustrado, por desistência injustificada do locador. Reparação por danos materiais e morais. Pretensão parcialmente procedente em primeiro grau. Pagamento da quantia despendida para aquisição do mobiliário. Inconformismo do autor. Lucros cessantes. Inocorrência. O dano indenizável deve ser certo e atual e decorrer de forma direta e imediata da conduta do devedor. Exegese dos arts. 402 e 403 do CC. Na hipótese, havia mera expectativa de lucro, uma vez que o apelante sequer iniciou a atividade empresária. O fato de ter investido certa quantia para atividade de açougue não gera a presunção automática de lucro. Os danos reclamados não são certos e atuais. Danos morais. Em regra, mero inadimplemento contratual não geral dano moral. Mas o caso particular se distancia da regra na medida em que os efeitos decorrentes do descumprimento do contrato não apenas atingiram a esfera patrimonial do autor, mas também na sua dignidade e saúde emocional, diante da situação experimentada. A prova demonstrou que as partes estavam em tratativas adiantadas para a instalação e abertura do açougue dentro das dependências de um dos mercados da ré. Porém, inesperadamente, houve uma contraordem da direção e, a partir de então, não foi possível a abertura do estabelecimento, mesmo já tendo sido instalada parte da mobília. Grande frustação e quebra de expectativa. Indenização fixada em R$ 7.000,00. Sucumbência. A sucumbência experimentada pela recorrida foi significativa, de modo que arcará integralmente com o pagamento das custas e despesas processuais, além de pagar os honorários do patrono do autor, que ora estabeleço em 15% do valor da condenação. Aplica-se à hipótese, a Súmula 326. Sentença reformada em parte. Recurso parcialmente provido" (*TJSP* – Ap 1007868-49.2020.8.26.0248, 20-8-2024, Relª Rosangela Telles).

"Ação de cobrança – Locação comercial – Fase pré-contratual – Autora que pretende a devolução de quantia paga a título de 'sinal para reserva do imóvel', após o **rompimento das tratativas preliminares** para aperfeiçoamento de locação – Partes que pactuaram acordo pré-negocial, pelo qual estipularam pagamento de cifra pecuniária a título de reserva, pela ora autora, com a perda do referido valor em caso de rompimento das negociações – Sentença de procedência, determinando-se a restituição do valor pago – Recurso da ré – Acolhimento – Validade da disposição convencional – Exercício regular da liberdade contratual em sede de relação interempresarial paritária, em que prevalece o conteúdo livremente estipulado pelos contratantes – Pactos para disciplina da fase pré-contratual consagrados pelos usos e costumes empresariais, não se vislumbrando qualquer ilicitude em sua formação – Risco negocial que impõe o ônus às partes, de suportar eventual inconveniência comercial da concretização da locação – Ruptura das negociações motivada pelo fato de a autora não ter logrado êxito no recebimento de valores devidos por terceiros em seu favor – Imputabilidade da circunstância à esfera da autora, com consequente perda da quantia paga – Inocorrência de abuso de direito da ré, pela mera pretensão ao cumprimento do negócio entabulado entre as partes, sem qualquer violação de dever de probidade – Sentença reformada, com inversão do ônus da sucumbência – Recurso provido" (*TJSP* – Ap 1027987-93.2020.8.26.0001, 27-2-2023, Rel. Angela Moreno Pacheco de Rezende Lopes).

"Apelação cível. Ação de cumprimento de contrato c/c indenização por dano material e moral. Responsabilidade civil. Contrato. Fase de tratativas. **Rompimento de negociações**. Violação ao princípio da boa-fé. Não configurado. Recurso conhecido e desprovido. 1. A responsabilidade pré-contratual somente se dá quando há descumprimento dos deveres acessórios, anexos dos deveres principais da relação contratual, decorrentes da boa-fé dos contratantes (art. 422 do CC). 2. No caso concreto, não se divisa, qualquer conduta ardilosa e inidônea da parte demandada, na ruptura das negociações preliminares (fase pré-contratual), aptas a justificar o acolhimento do pedido indenizatório, seja por danos materiais, seja por danos morais. 3. Recurso conhecido e desprovido" (*TJDFT* – AP 07016671020208070001,20-10-2021, Rel. Diva Lucy de Faria Pereira).

"Franquia – Contrato – **Negociações Preliminares** – **Responsabilidade civil** pré-contratual – Investimentos feitos pela autora, que tinha justa expectativa atinente à celebração do contrato de franquia. Rompimento das negociações pela ré. Alegação de que a autora teria causado prejuízos, explorando a marca sem o pagamento da devida contraprestação. Falta de prova a respeito deste fato alegado. Ausência de justa razão para o rompimento das tratativas. Ré que criou expectativa a respeito da conclusão do negócio. Nome da autora que foi veiculado no site da ré como franqueada. Apoio prestado pela ré durante a tomada de providências pela autora no estabelecimento do negócio. Má-fé da ré caracterizada. Dever de indenizar a autora pelas despesas por ela contraídas na instalação da franquia. Dano moral não configurado. Dissabor ínsito às relações empresariais. Recurso parcialmente provido" (*TJSP* – AC 1008676-50.2013.8.26.0361, 20-9-2019, Rel. Alexandre Marcondes).

O desistente poderá ter tido razões relevantes: morte de parente próximo, falta de idoneidade que vem a ser conhecida quanto ao outro contratante, modificação substancial do objeto do contrato etc. A apreciação não pode ser casuística. Deve ser examinada também aqui, no caso concreto, a existência do abuso de direito, e forjar a indenização com base nos arts. 186 e 187. Não podemos, no entanto, levar essa modalidade a uma sistemática indenização por qualquer rompimento de contrato, sob pena de violarmos a garantia da autonomia da vontade. O tema diz respeito à boa-fé dos contratantes, mais propriamente, à boa-fé objetiva. Segundo alguns, a responsabilidade civil pré-contratual tem natureza jurídica de um terceiro gênero, ao lado da responsabilidade contratual e da responsabilidade aquiliana (Pereira, 2001:442). O art. 422 do Código dispõe: *"Os contratantes são obrigados a guardar, assim na conclusão do contrato, como em sua execução, os princípios de probidade e boa-fé"*. Não restam dúvidas de que esse texto também se aplica à responsabilidade pré-contratual.

Ainda que não tivéssemos no Código de 1916 um dispositivo expresso que mencionasse a boa-fé na contratação, a exemplo do Código italiano, todo o período pré e pós-contratual deve ser dirigido por ela, além, evidentemente, do próprio período contratual. Nesse diapasão, é de se sentir que a responsabilidade pré-contratual pode emanar da culpa civil em geral, que engloba a culpa propriamente dita e o dolo. O vigente Código, como apontamos, realça a presença da boa-fé objetiva em vários dispositivos.

Nesse âmbito, o comportamento lesivo da parte é determinado em um momento precedente ao contrato. Por isso, falamos em uma responsabilidade pré-contratual. Como o contrato pode até não vir a existir, melhor que se refira a uma responsabilidade "fora do contrato". A responsabilidade, tanto na recusa de contratar (não tão marcantemente), como no rompimento de negociações preliminares (aqui necessariamente de forma acentuada), dá-se na fase preliminar de tratativas, isto é, na tentativa de formação do contrato. Esse aspecto pode caracterizar-se *uno acto* quando se trata de recusa de contratar em um contrato instantâneo. Como a culpa sempre se faz necessária, ainda que sob a forma de abuso, nunca é demais lembrar que o fenômeno requer uma responsabilidade subjetiva.

Regis Ficter Pereira (2001:442) aponta quatro hipóteses sob as quais se pode configurar a responsabilidade pré-contratual: (a) responsabilidade pela ruptura das negociações preliminares; (b) responsabilidade por danos causados à pessoa ou aos bens do outro contraente durante as negociações preliminares; (c) responsabilidade pela constituição de contrato inexistente, nulo ou anulável; (d) responsabilidade por danos causados por fatos ocorridos na fase de negociações, quando tenha sido validamente constituído o contrato. No aspecto que exclusivamente agora nos interessa, referimos precipuamente ao rompimento das negociações. As demais hipóteses inserem-se na responsabilidade civil em geral, embora se liguem inexoravelmente à responsabilidade pré-contratual.

A indenização nem sempre será naquele valor que seria objeto do contrato. Poderá sê-lo, no entanto. Indenizam-se as perdas e danos, tendo em vista a situação fática e o efetivo prejuízo da vítima. O proponente que perde a aquisição de um imóvel, por exemplo, no rompimento injustificado das tratativas, pode intitular-se a receber a diferença de preço que pagou a mais em outro imóvel similar e o aluguel que teve que pagar durante o período até a concretização do segundo negócio. Cabe ao postulante fazer o pedido em termos sensíveis, como sensível deverá ser a decisão do juiz.

Como várias vezes sublinhado, estamos, na matéria, numa modalidade de responsabilidade extracontratual. Nem sempre o negócio frustrado servirá de base para a indenização.

Pode ocorrer ainda que surja esse tipo de responsabilidade, posto que o contrato venha a se concretizar. Imagine a hipótese do interessado criar desnecessariamente uma série de entraves paulatinos à realização do negócio para forçar um preço mais favorável ou para conseguir uma finalidade diversa da pretendida ou para beneficiar terceiro (Maiorca, 1981:204). Trata-se da máxima vulgarmente mencionada, e tão a gosto da corrupção neste País: criar dificuldades para obter facilidades.

Se, por um lado, possui o prejudicado eventual direito de indenização pelo contrato não realizado, não tem ele qualquer direito a exigir que o contrato seja concretizado pela outra parte. Enquanto não firmado ou compromissado, a desistência de contratar é direito do proponente, que se submeterá às consequências de seus atos. Destarte, é imprópria a propositura de uma ação de obrigação de fazer para que o desistente conclua o contrato. A questão somente se resolve em perdas e danos. Posição diversa deve ser vista no sistema do consumidor, quando a proposta integra o contrato e a simples oferta de produtos e serviços é vinculativa.

9.4 RESPONSABILIDADE PÓS-CONTRATUAL

Nem sempre é fácil delimitar exatamente no tempo os efeitos de um contrato. O contrato já cumprido pode apresentar reflexos residuais, pois, a exemplo do período anterior ao contrato, pode o antigo contratante praticar ações ou omissões responsabilizáveis. Trata-se do que se pode conceber como pós-eficácia das obrigações, do rescaldo do contrato.

Imagine, por exemplo, o empregado, que, após terminar a relação de emprego com uma empresa, revela segredos industriais a um concorrente. Ou o mandatário que pratica atos após a revogação ou o término do contrato. Os princípios nesse tipo de responsabilidade são os mesmos que regem a pré-contratual aqui estudados e situam-se no campo dos atos ilícitos, na falta de dispositivo expresso a esse respeito. De qualquer forma, como expressa o art. 422 do Código, os contratantes devem guardar, tanto na conclusão do contrato como em sua execução, os princípios da boa-fé. É inelutável que essa mesma boa-fé objetiva deve perdurar antes e depois de cumprido o contrato e tendo em vista as consequências advindas do negócio. Nesse sentido, analisa Maurício Jorge Mota:

> *"A pós-eficácia das obrigações constitui portanto um dever lateral de conduta de lealdade, no sentido de que a boa-fé exige, segundo as circunstâncias, que os contratantes, depois do término da relação contratual, omitam toda conduta mediante a qual a outra parte se veria despojada ou essencialmente reduzidas as vantagens oferecidas pelo contrato. Esses deveres laterais de lealdade se consubstancializam primordialmente em deveres de reserva quanto ao contrato concluído, deveres de segredo dos fatos conhecidos em função da participação na relação contratual e deveres de garantia da fruição pela contraparte do resultado do contrato concluído"* (Tepedino, coord., 2000:204).

Desse modo, essa responsabilidade pós-contratual, ou *culpa post factum finitum*, decorre primordialmente do complexo geral da boa-fé objetiva em torno dos negócios jurídicos. Trata-se de um dever acessório de conduta dos contratantes, depois do término das relações contratuais, que se desprende do sentido individualista do contrato imperante até o século passado e se traduz em um sentido social das relações negociais, como, aliás, propõe o Código Civil. Os contratantes devem assegurar à outra parte a tranquilidade na execução do contrato.

O projeto de reforma do Código Civil em curso propõe alterar a redação do art. 422, tornando-se mais abrangente, englobando, na exigência de probidade e boa-fé, além da fase contratual propriamente dita do negócio, as negociações preliminares e a fase pós-contratual.

A ausência ainda do princípio expresso, como visto, não é óbice para sua aplicação.

10

RELATIVIDADE DOS CONTRATOS. EFEITOS COM RELAÇÃO A TERCEIROS

10.1 TERCEIROS E O CONTRATO

Vimos no Capítulo 2 deste volume que um dos princípios fundamentais do contrato é sua relatividade, isto é, o negócio só ata os participantes, não podendo beneficiar ou prejudicar terceiros, como aplicação do princípio *res inter alios acta, aliis neque nocet neque potest.*

No entanto, como sempre enfatizamos, toda afirmação peremptória na ciência jurídica pode dar margem a uma compreensão não verdadeira.

Existem sucessores que tomam o lugar das partes no contrato, sem que dele tenham participado. Os *sucessores a título universal*, basicamente decorrentes da sucessão *causa mortis*, acabam envolvidos pelo contrato, tanto como credores quanto como devedores. O crédito é bem economicamente apreciável que integra o patrimônio do morto. O herdeiro sucede o *de cujus* nesse valor positivo, assim como responderá pelas dívidas do falecido, até as forças da herança. A transmissão das obrigações por via hereditária é fator de segurança social. Seria estabelecida total incerteza caso as obrigações em geral simplesmente se extinguissem com a morte de seus titulares.

Os sucessores *mortis causa* são continuadores do patrimônio do morto. Extinguem-se apenas as obrigações personalíssimas. Enquanto não se faz a partilha, o espólio materializa a massa de bens do falecido. Como já examinamos, *o espólio* é uma massa patrimonial que permanece coesa até a atribuição dos quinhões hereditários aos herdeiros (Venosa, *Direito civil: direito das sucessões*, seção 1.4). Com a morte, abertura da sucessão, o domínio e a posse dos bens do morto (a herança) transmitem-se imediatamente aos herdeiros legítimos e testamentários (art. 1.784). Incluem-se as posições contratuais nessa transmissão.

O legatário é um sucessor singular *causa mortis*. Tem ele necessidade de pedir a posse dos bens que lhe são atribuídos em um testamento. O legatário também pode suceder o morto em um contrato do qual este era parte, por disposição de última vontade.

Do ponto de vista passivo, a herança deve bastar-se a si mesma para atender às responsabilidades do espólio. O herdeiro tem o ônus de fazer inventário exatamente para que não se confunda seu patrimônio com o patrimônio hereditário. O Código Civil menciona no art. 1.997

que a herança responde pelo pagamento das dívidas do falecido. Responde cada herdeiro na proporção de seus quinhões. A herança, entre nós, sempre é recebida sob *benefício de inventário*, o que não impede o herdeiro de suceder o *de cujus* em direitos e obrigações:

> *"o herdeiro não responde por encargos superiores às forças da herança; incumbe-lhe, porém, a prova do excesso, salvo se existir inventário, que a escuse, demonstrando o valor dos bens herdados"* (art. 1.792).

No contrato, também existe a *sucessão a título particular por ato entre vivos*. Vimos que créditos e débitos podem ser transferidos, assim como a própria posição contratual (ver Capítulo 7 do Vol. II). Nessas hipóteses, terceiros assumem posição de contratantes anteriores. O comprador recebe a coisa do vendedor e é um sucessor de sua posse.

No entanto, nessas situações de sucessão no contrato aqui mencionadas, não existem propriamente efeitos de contratos com relação a terceiros, porque esses novos integrantes ingressam na relação contratual e substituem os predecessores, integrando-se como parte no negócio jurídico. Não fogem eles ao conceito de *parte* nessa relação jurídica de direito material.

Questão particular de sucessão obrigacional é a relacionada com as obrigações *propter rem* ou reipersecutórias (ver Capítulo 4 do Vol. II). Essas obrigações acompanham o titular de um direito real. Há mudança subjetiva do devedor sempre que se altera a propriedade. Existe vinculação obrigacional relacionada com uma coisa. O nascimento, a transmissão e a extinção da obrigação *propter rem* seguem o Direito Real, com uma vinculação de acessoriedade.

O contrato coletivo, usado para as relações de trabalho, bem como presente no Código de Defesa do Consumidor (art. 107), apresenta um conceito extensivo de parte, conforme estudamos no Capítulo 2. Nesse negócio, o acordo de vontades é estabelecido entre duas pessoas jurídicas de direito privado, com repercussão em todos os membros integrantes dessas entidades. Os reflexos desses contratos serão mais ou menos amplos de acordo com a amplitude da representação das pessoas jurídicas envolvidas. Todavia, não podemos conceituar tecnicamente como terceiros esse universo de pessoas atingidas pelo acordo coletivo.

10.2 VERDADEIROS TERCEIROS NA RELAÇÃO CONTRATUAL

A noção técnica de *terceiros* no contrato é restrita e não pode compreender os terceiros impropriamente ditos, mencionados. Terceiro é aquele que não participa do negócio jurídico, para quem a relação é absolutamente alheia. Nesse sentido, o contrato não pode prejudicar terceiros. Esses, sim, terceiros propriamente ditos. Aí reside a pureza de aplicação do princípio da relatividade dos contratos.

Jorge Mosset Iturraspe (1988:293) faz afirmação com excelente figuração. Diz ele que não apenas os Direitos Reais são oponíveis *erga omnes*. Sob certo aspecto, um contrato também é absoluto e oponível perante todos, porque os terceiros são estranhos a esse negócio e devem, portanto, respeitá-lo. A interferência indevida do terceiro numa relação negocial que não lhe pertence pode acarretar-lhe o dever de indenizar. Pode o terceiro, por exemplo, ser cúmplice em um vício de vontade contra um dos contratantes. Tanto isso é verdadeiro que os terceiros podem ter interesse na declaração de existência de um contrato do qual não participam, e não têm o direito de ignorar tais vínculos e neles interferir. Sob tal aspecto, não se nega que, se, por um lado, não existem efeitos dos contratos com relação aos terceiros estranhos, por outro, pode haver repercussões que, por via oblíqua, atinjam terceiros, porque nada em sociedade se mostra exclusivamente individual (Lopes, 1964, v. 3:122).

10.3 CONTRATOS EM FAVOR DE TERCEIROS

A expressão tem sentido técnico de extensão restrita. Quando falamos em contratos ou estipulações em favor de terceiros, procura-se mencionar aqueles que originalmente não participaram da relação jurídica, mas podem ser chamados a fazê-lo. A estipulação em que dois contratantes procuram beneficiar terceiros apresenta-se, portanto, como uma exceção ao princípio da relatividade dos contratos.

Historicamente, no Direito Romano, não se admitia, a princípio, a interferência de terceiros na relação negocial. Os negócios jurídicos em Roma eram essencialmente individualistas. A época pós-clássica veio a admitir a contratação em favor de terceiros, tal como a conhecemos.

Os artigos de nosso ordenamento, referentes ao tema, apresentam, pois, uma derrogação do princípio da relatividade dos contratos. Acentue-se que essa exceção é mais aparente do que real: o terceiro participa da relação jurídica exclusivamente para aferir benefícios e como decorrência da autonomia da vontade contratual. Dentro dos princípios gerais, aliás não alinhavados em nossa lei, que não define o instituto, há estipulação em favor de terceiro quando uma das partes (*o estipulante*) contrata em seu próprio nome com a outra parte (*o promitente*), que se obriga a cumprir uma prestação em favor de terceiro (*o beneficiário*). Os contratantes, portanto, celebram um contrato em nome próprio, tendente a proporcionar diretamente uma vantagem a terceiro, estranho a esse negócio. A lei nacional preocupa-se com as consequências do negócio. O Código português, porém, no art. 443, apresenta a seguinte estrutura para o instituto:

> *"1. Por meio de contrato, pode uma das partes assumir perante outra, que tenha na promessa um interesse digno de protecção legal, a obrigação de efectuar uma prestação a favor de terceiro, estranho ao negócio; diz-se promitente a parte que assume a obrigação e promissário o contraente a quem a promessa é feita. 2. Por contrato a favor de terceiro, têm as partes ainda a possibilidade de remitir dívidas ou ceder créditos, bem assim de constituir, modificar, transmitir ou extinguir direitos reais."*

O que mais comumente é atribuído ao terceiro é um direito de crédito, como é feito nos seguros de vida.

A prestação do promitente é em favor do terceiro. Ao contrário do beneficiário, o estipulante *é parte no contrato*. Nessa condição, como qualquer contratante, *o que estipula em favor de terceiro pode exigir o cumprimento da obrigação* (art. 436). Esse negócio tem a particularidade de o terceiro beneficiário também ter legitimidade para exigir o cumprimento da prestação (art. 438), mantido o mesmo princípio no mais recente Código. Este último dispositivo diz que, se o terceiro anuir no contrato, ficará sujeito a suas condições e normas (parágrafo único do art. 436).[1] O texto não é suficientemente claro, porque, ao anuir no contrato, deixa o estranho de

---

[1] "Agravo de instrumento. Ação indenizatória. Decisão que revogou o deferimento da denunciação da lide. Inconformismo da parte autora. Autora que defende a manutenção da denunciação. Cabimento. Proprietário do veículo que, embora não seja parte contratante, é beneficiário do negócio jurídico celebrado entre segurada e seguradora. Artigo 436, parágrafo único, do Código Civil. Precedente deste Tribunal de Justiça. Legitimidade reconhecida. Denunciação da lide que deve seguir. Decisão reformada. Recurso provido" (*TJSP* – AI 2140336-49.2025.8.26.0000, 31-7-2025, Rel. Rogério Murillo Pereira Cimino).

"Doação. Ação de obrigação de fazer e reconvenção. 1.- Ilegitimidade ativa. Não acolhimento. Estipulação em favor de terceiros. **Hipótese de legitimidade concorrente entre o estipulante e os terceiros (art. 436, par. único, do CC)**. Impugnação ao valor da causa. Rejeição. Necessário espelhamento ao valor real da propriedade, e não daquele lançado para efeitos meramente fiscais. 2.- Destacada impossibilidade de cumprimento de promessa de doação. Negócio, porém, que não se alinha a típica promessa, considerando que realizada como condição à extinção do vínculo conjugal. Hipótese, assim, em que a liberalidade não foi recepcionada na formatação daquele

ser terceiro. E, mesmo que não tenha havido anuência, o promitente não pode ser obrigado a cumprir mais do que se comprometeu.

Diz ainda esse parágrafo único do art. 436 que o beneficiário perde a legitimidade para exigir o cumprimento, se o estipulante *não o inovar nos termos do art. 438*. Ora, o art. 438 estabelece que *"o estipulante pode reservar-se o direito de substituir o terceiro designado no contrato, independentemente de sua anuência e da do outro contratante"*. Trata-se de norma dispositiva.

---

ajuste, devidamente homologado. Precedentes. Indiferente outorga de escritura pública. Homologação judicial que produz efeitos idênticos àquele instrumento, independente do valor do patrimônio. *Supressio*, outrossim, não identificado. Instituto que não é estabelecido em virtude unicamente do transcurso de tempo, pois esse não presume a renúncia do direito. Pretendido adiantamento de legítima. Questão que supera os limites da demanda, tratando-se de assunto a ser equacionado por ocasião da abertura do inventário. Apelo desprovido" (*TJSP* – Ap 1005045-26.2020.8.26.0047, 13-9-2021, Rel. Donegá Morandini).

"Civil – Cobrança – **Estipulação em favor de terceiro** – Ilegitimidade passiva afastada – Inadimplência – Responsabilidade do contratante – Sentença Cassada – Causa madura – Pretensão inicial julgada procedente – 1- Resta caracterizada a estipulação em favor de terceiro, o contrato subscrito pelo filho, no qual celebra com pessoa jurídica de prestação de serviço de assistência médica domiciliar (*home care*), o tratamento da saúde de seu genitor, responsabilizando-se pelos custos dele advindos. Afastada a alegação de ilegitimidade passiva. 2- Comprovada a prestação do serviço, injustificada se mostra a inadimplência, a exigir a condenação do réu ao pagamento do montante cobrado, devidamente atualizado. 3- Deu-se provimento ao recurso" (*TJDFT* – Proc. 00035763620178070001 – (1156966), 15-3-2019, Relª Leila Arlanch).

"Apelação cível – Ação de despejo por falta de pagamento – Ilegitimidade ativa – Não reconhecimento – Inadimplência do locatário – Configuração – **Estipulação em favor de terceiro** – Responsabilidade do terceiro – Vinculação a obrigação – Em se tratando da legitimidade ativa, deve-se aferir a pertinência, em abstrato, da relação jurídica material entre autor e réu, não havendo que se perquirir acerca da sustentação jurídica do direito controvertido – Em se concluindo que a autora é a possível titular do direito sustentando na peça de ingresso, bem como que a parte ré deve suportar a eventual procedência da demanda, estará consubstanciada a condição da ação relativa à legitimidade das partes – A partir do momento que o terceiro se vincular à obrigação, deixa de ser terceiro e passa a ser parte contratante e, caso não desempenhe a obrigação, será responsabilizado" (*TJMG* – AC 1.0016.16.011958-8/001, 28-8-2018, Rel. Evandro Lopes da Costa Teixeira).

"Apelação cível – Código de defesa do consumidor – Plano de saúde – Ilegitimidade Ativa – Responsabilidade objetiva e solidária dos fornecedores – **Estipulação em favor de terceiro** – Arts. 14 do CDC e 436 do CC – Câncer – Fornecimento de medicamento – Quimioterapia – Tratamento domiciliar – Exclusão de cobertura – Dano moral – Valoração – Aplica-se o Código de Defesa do Consumidor aos contratos de plano de saúde. Súmula 469 do STJ. II – Nos termos do art. 14 do CDC, a responsabilidade dos fornecedores de serviços é objetiva e solidária. Outrossim, o art. 436 do CC permite que o terceiro, em favor de quem se estipulou a obrigação, exija sua prestação, ficando, todavia, sujeito às condições e normas do contrato. Preliminar de ilegitimidade ativa rejeitada. III – O plano de saúde apresenta cobertura de quimioterapia no tratamento de câncer, em regime hospitalar ou ambulatorial, sem qualquer limitação ao atendimento de eventos de saúde dessa natureza. Não cabe, portanto, à seguradora-ré definir a qual tratamento deve ser submetido o beneficiário. IV – Embora o art. 16, inc. VI, da Resolução 211/10 possibilite a exclusão de fornecimento de medicamento para uso domiciliar, o art. 12, inc. I, da Lei 9.656/98 estabelece como exigência mínima nos planos de assistência que incluem atendimento ambulatorial a cobertura de tratamentos e procedimentos ambulatoriais solicitados pelo médico assistente e cobertura de tratamentos antineoplásicos domiciliares de uso oral. V – A recusa injusta do fornecimento do medicamento quimioterápico prescrito pelo médico da autora causou-lhe sofrimento, estresse e angústia. Dano moral configurado. VI – A valoração da compensação moral deve observar o princípio da razoabilidade, a gravidade e a repercussão dos fatos, a intensidade e os efeitos da lesão. A sanção, por sua vez, deve observar a finalidade didático-pedagógica, evitar valor excessivo ou ínfimo, e objetivar sempre o desestímulo à conduta lesiva. Mantido o valor fixado pela r. sentença. VII – Apelações desprovidas" (*TJDFT* – Proc. 20130710309875APC – (948858), 28-6-2016, Relª Vera Lucia Andrighi).

"Apelação cível. Ação de cobrança. Sentença de extinção. Ilegitimidade ativa. Reclamo da autora. Contrato de compra e venda de caminhão, firmado entre pessoas jurídicas, que expressamente averbou que o pagamento das parcelas seria efetuado na conta-corrente da autora. Hipótese de **estipulação em favor de terceiro**, que ostenta legitimidade para exigir o cumprimento da obrigação. Exegese do art. 436 do Código Civil. Decisão reformada. Retorno dos autos à origem para regular instrução. Recurso conhecido e provido. 'Na estipulação em favor de terceiro, tanto o estipulante quanto o beneficiário podem exigir do devedor o cumprimento da obrigação (art. 436, par. único, do CC/2002 ou art. 1.098, par. único, do CC/1916). Com isso, o terceiro, até então estranho à relação obrigacional originária, com ela consente e passa efetivamente a ter direito material à prestação que lhe foi prometida' (STJ, REsp nº 1.086.989-RS, Rel. Min. Nancy Andrighi, j. em 23-2-2010) (*TJSC* – AC 2014.074965-5, 15-6-2015, Rel. Des. Subst. Jorge Luis Costa Beber).

No silêncio do contrato, o estipulante pode substituir o beneficiário. No seguro de vida, por exemplo, deve comunicar a substituição do beneficiário ao segurador. A isso não pode opor-se o beneficiário, que não é parte no contrato. Todavia, uma vez expresso no contrato que o beneficiário não pode ser substituído, a revogação somente poderá ocorrer com anuência do estipulante, se não se exigir na avença que também o próprio beneficiário concorde. A situação será muito de interpretação da vontade contratual. O art. 437 estatui que, *"se ao terceiro, em favor de quem se fez o contrato, se deixar o direito de reclamar-lhe a execução, não poderá o estipulante exonerar o devedor"*. Nessa hipótese, apenas o beneficiário é quem poderá deixar de exigir o cumprimento, isto quando o contrário não decorrer dos termos do contrato. A disposição em favor de terceiro está, portanto, como regra geral, sujeita à revogação por parte do estipulante. Essa revogação não exige qualquer formalidade, bastando que seja oportunamente comunicada ao promitente, para que este saiba a quem efetuar o pagamento.

Essa faculdade de revogar o benefício é pessoal, não passando aos herdeiros do estipulante, no caso de seu falecimento.

É particularidade típica do instituto que o direito do beneficiário surge independentemente de sua aceitação. Não está ele, evidentemente, obrigado a aceitar o benefício. A ninguém pode ser imposto um benefício contra sua vontade. O beneficiário pode, portanto, repudiar a promessa. Se aderir à promessa, existe um ato simplesmente confirmativo da aquisição, que se consolida. Como pode o beneficiário rejeitar o benefício, essa rejeição opera como uma condição resolutiva da prestação (Telles, 1992:111).

Essa estipulação em favor de terceiro não é necessariamente gratuita e de cunho filantrópico ou benéfico exclusivamente, segundo pensam alguns. Essa exigência não está na lei. Como menciona Washington de Barros Monteiro (1980, v. 5:51),

> *"se o proprietário de um bem no valor de Cr$ 100.000,00 convenciona com outrem transferi-lo a terceiro, mediante pagamento que este fará de Cr$ 10.000,00, ninguém poderá negar a existência da vantagem legal, e, portanto, da estipulação em favor de terceiro, embora não seja gratuita".*

O terceiro, nessas condições, aderirá ao negócio se desejar, não estando obrigado, porque assim não contratou. Nessa hipótese, mescla-se a estipulação em favor de terceiro com a promessa de fato de terceiro, que estudaremos a seguir. Não aderindo o terceiro ao contrato, pode o estipulante vir a ser responsabilizado por essa negativa.

10.3.1 Natureza Jurídica

A doutrina é fértil ao enumerar várias teorias para explicar a natureza jurídica do instituto.

Pela teoria da oferta, enquanto o beneficiário não manifestasse sua aquiescência, haveria simples oferta de contratar. A explicação é insuficiente, porque simples oferta não é contrato. É a teoria mais antiga e mais insuficiente.

Pela teoria da gestão de negócios, o estipulante estaria gerindo negócios alheios, sendo o beneficiário o titular do negócio. O terceiro, ao aceitar, ratificaria o negócio. Todavia, na gestão de negócios, o gestor não contrata, nem administra em seu próprio interesse, como ocorre no contrato em favor de terceiro.

Outros entendem que existe um benefício direto do terceiro, sendo o negócio consequência da autonomia da vontade. Outros ainda acrescentam que nesse negócio direto está inserida uma declaração unilateral de vontade.

Não é exaustiva essa enumeração. Afigura-se inócuo tentar engendrar uma natureza jurídica para o instituto, que é negócio típico entre nós e, como diz Antonio Chaves (1984, v. 2, t. 1:444), *"escapa, pois, realmente, ao figurino comum dos contratos, em que cada uma das partes procura retirar para si o máximo das vantagens"*. Seu campo de atuação, além do contrato de seguro, inclui as doações modais, a constituição de renda e os contratos com o Poder Público, pelos quais o promitente convenciona com a Administração (estipulante) a prestação de serviços aos administrados (beneficiários).

10.3.2 Posição do Terceiro com Relação ao Contrato

Nesse negócio peculiar, distinguimos claramente dois estágios. Numa primeira fase, existe o pacto entre o estipulante e o promitente. O terceiro somente é mencionado no bojo do contrato como beneficiário da avença. Numa segunda fase, que pode ocorrer somente quando a prestação já for exigível, é necessário saber se o terceiro concorda ou não com o benefício.

Com a concordância do beneficiário, completa-se o negócio em sua integralidade, perante o cumprimento da prestação ou ao menos sua exigibilidade. O estipulante também pode exigir o cumprimento, mas, se tal exigência é feita tão somente pelo beneficiário, desaparece a figura do estipulante no contrato, passando o negócio jurídico doravante a interessar apenas ao beneficiário e ao promitente. A aceitação, quando já exigível a prestação, legitima o beneficiário, não podendo mais a atribuição ser revogada. Não sendo o terceiro parte no contrato, apesar de se colocar na posição de credor, não pode ele exigir direito algum fora do assinalado no pacto. Por sua vez, o promitente pode opor contra o terceiro todas as exceções que poderia opor contra o estipulante, nascidas do contrato em que se originou o benefício. Pode o promitente, por exemplo, alegar que não cumpre a prestação porque o estipulante não cumpriu o que lhe cabia no contrato. É aplicação da *exceptio non adimpleti contractus* (Iturraspe, 1988:301).

Se o beneficiário não concorda com o benefício, desaparece o objeto do contrato, se as partes não colocaram um substituto na posição do terceiro. Deve o promitente devolver o que recebeu, sob pena de ocorrer injusto enriquecimento.

10.4 CONTRATO PARA PESSOA A DECLARAR

O contratante pode reservar-se o direito de fazer figurar outra pessoa em sua posição contratual. O instituto é comum nos compromissos de compra e venda de imóveis, nos quais ao promissário comprador atribui-se a faculdade de indicar terceiro para figurar na escritura definitiva. Contudo, pode ser inserido em qualquer contrato, mormente nos onerosos. A regra figura em alguns códigos e faz parte de nosso vigente diploma civil. Nesses contratos, existe a cláusula especial denominada *pro amico eligendo*.

O Código português, sob o título "Contrato para pessoa a nomear", assim define o instituto no art. 452:

> *"Ao celebrar o contrato, pode uma das partes reservar o direito de nomear um terceiro que adquira os direitos e assuma as obrigações provenientes desse contrato."*

A mesma lei exige a forma escrita para a cláusula.

Não se trata de uma cessão de posição contratual, na qual se exige um negócio trilateral. Nessa situação específica existe faculdade de substituição do contratante para um efeito determinado. Normalmente, não estará o estipulante obrigado a indicar substituto, podendo, se desejar, ele próprio permanecer na relação negocial.

A faculdade de substituição do contratante caracteriza esse negócio, e não propriamente uma alternatividade. A eleição do terceiro é feita de forma pura e simples, na celebração do contrato, sem qualquer ônus ou condição para o estipulante, colocando-o em situação idêntica ao contratante originário. Evidentemente, o terceiro deve aceitar a condição de contratante, sem qualquer alteração do pacto.

A característica do contrato de pessoa a declarar é a indeterminação, que durante algum tempo se mantém com relação a uma das partes. No momento da estipulação, isto é, no nascedouro do contrato, subsiste um estado de incerteza quanto à parte contratante.

Nosso Código assim estipula no art. 467:

> *"No momento da conclusão do contrato, pode uma das partes reservar-se a faculdade de indicar a pessoa que deve adquirir os direitos e assumir as obrigações dele decorrentes."*

Agrada-nos mais, por sua clareza, a disposição do Código lusitano. Ademais, nesta dicção, pode parecer que unicamente no momento da conclusão do contrato pode ser nomeado o terceiro: na verdade, nada impede que as partes contratantes acordem antes, durante ou depois desse negócio sobre a pessoa a declarar. Como negócio típico, porém, a indicação já é feita no bojo e na conclusão do contrato. A nomeação de terceiro, assim acordada, passa a integrar o negócio jurídico. Não se esqueça, contudo, de que estamos em sede de direito dispositivo e as partes podem sempre acordar diferentemente das regras positivas.

O art. 468 do estatuto prossegue:

> *"Essa indicação deve ser comunicada à outra parte no prazo de cinco dias da conclusão do contrato, se outro não tiver sido estipulado.*
>
> *Parágrafo único. A aceitação da pessoa nomeada não será eficaz se não se revestir da mesma forma que as partes usaram para o contrato."*

Feita a nomeação, o outro contratante deve tomar conhecimento dela no prazo de cinco dias ou no prazo que fora acordado no contrato. A mesma disposição consta do Código português, no art. 453.

Normalmente, o contrato confere a faculdade ao contratante de nomear pessoa posteriormente, sem identificar esse terceiro. Uma vez conhecido o terceiro, o fato deve ser comunicado ao outro contratante. Como dissemos, essa estratégia jurídica é utilizada comumente nos contratos preliminares, contratos de administração e de fornecimento, sem exclusão de outros. De acordo com o art. 469 do Código,

> *"a pessoa, nomeada de conformidade com os artigos antecedentes, adquire os direitos e assume as obrigações decorrentes do contrato, a partir do momento em que este foi celebrado".*

Desse modo, considera-se participante do negócio o terceiro *ex tunc*, com efeito retroativo, isto é, desde o momento pretérito em que o contrato-base foi celebrado.

Adverte, porém, o art. 470:

> *"O contrato será eficaz somente entre os contratantes originários:*
>
> *I – se não houver indicação de pessoa, ou se o nomeado se recusar a aceitá-la;*
>
> *II – se a pessoa nomeada era insolvente, e a outra pessoa o desconhecia no momento da indicação."*

Complementa o art. 471:

> *"Se a pessoa a nomear era incapaz ou insolvente no momento da nomeação, o contrato produzirá seu efeito entre os contratantes originários."*

Como se nota, no contrato com pessoa a declarar o agente contrata em seu próprio nome, mas se reserva o direito de indicar um outro sujeito para figurar como parte contratual, que pode ser denominado *"contraente in eligendo"* (Messineo, 1973, v. 1:502).

Contudo, se a nomeação não for idônea, no prazo e na forma corretos, o contratante originário permanece na relação contratual, assim como se o indicado era insolvente, com desconhecimento da outra parte. Da mesma forma ocorrerá, se o nomeado era incapaz no momento da nomeação ou ao menos quando da assunção da posição contratual. Também permanecerão os partícipes originários, se o nomeado não aceitar a posição contratual.

10.5 PROMESSA DE FATO DE TERCEIRO

Nessa hipótese, o promissário não beneficia terceiro, mas se responsabiliza por uma prestação de terceiro. Trata-se de promessa de fato alheio. Como o terceiro não pode ser obrigado pela avença, se o contratante não obtiver o fato prometido, responderá por perdas e danos.

Suponhamos a situação de um empresário que se compromete a apresentar o espetáculo com determinado ator ou músico. Não cumprida a prestação, será o empresário o responsável pela indenização por perdas e danos. Esse o sentido do art. 439: *"Aquele que tiver prometido fato de terceiro responderá por perdas e danos, quando este o não executar."* A relação porventura existente entre o terceiro e o promitente é irrelevante para o outro contratante.

Como vemos, não se confunde a promessa de fato de terceiro com a estipulação em favor de terceiro. Nesta, o terceiro coloca-se exclusivamente para receber um benefício. Na promessa de fato de terceiro, este cumpre uma obrigação assumida por outrem. Na verdade, nesse fenômeno, o terceiro é totalmente estranho à relação jurídica, não está vinculado ao contrato; ele é simples objeto dessa prestação. A não prestação do fato equivale à não entrega da coisa, na obrigação de dar, ou à negativa a prestação da obrigação de fazer. Ademais, cumpre observar que a prestação de fato de terceiro é modalidade da obrigação de fazer, mas cujo inadimplemento só pode resumir-se em perdas e danos. Note que a obrigação do promissário é de resultado. Ele não se compromete a tecer todos os esforços para conseguir a prestação, compromete-se efetivamente ao fato de terceiro. Lembre o que dissemos acerca do exemplo do empresário artístico.

Guillermo Borda (1989:120) recorda a possibilidade de três modalidades de promessa de fato de terceiro: (a) o estipulante promete que o terceiro ratificará o contrato, mas não garante o cumprimento do contrato pelo terceiro; (b) o estipulante promete que o terceiro não somente ratificará o contrato como irá cumpri-lo. Nesse caso, o estipulante passa a garantir o cumprimento do contrato, tal como um fiador, podendo ser responsabilizado por perdas e danos; e (c) o estipulante promete envidar os melhores esforços para obter a ratificação por parte do terceiro. Nesse caso, somente poderá ser responsabilizado se não agiu devidamente para obter a participação do terceiro. Nos dois primeiros casos, o estipulante assume uma obrigação de resultado e, o último, uma obrigação de meio. Apenas a segunda hipótese, quando é garantida a participação do terceiro, configura o tipo descrito no art. 439. Nas outras situações, como regra, o estipulante não assume obrigação pela participação do terceiro indicado e eventual indenização dependerá do exame do caso concreto e da interpretação do negócio. Lembre que estamos em sede de autonomia da vontade.

O Código de 2002 acrescenta disposições a esse tema. Assim, o parágrafo único do art. 439 dispõe:

> *"Tal responsabilidade não existirá se o terceiro for cônjuge do promitente, dependendo de sua anuência o ato a ser praticado, e desde que, pelo regime do casamento, a indenização, de algum modo, venha recair sobre os seus bens."*

A ressalva é deveras salutar. Imagine a hipótese de o cônjuge ter se comprometido a obter a autorização para prestar fiança ou obter a própria fiança do outro cônjuge, seu esposo ou esposa: a responsabilidade pela frustração da avença atingiria o patrimônio comum do casal.

Ainda, no art. 440, o Código adverte: *"Nenhuma obrigação haverá para quem se comprometer por outrem, se este, depois de se ter obrigado, faltar à prestação."* Essa disposição também é elogiável. Ora, nessa hipótese, o terceiro assume posição de contratante e exonera o estipulante, salvo se no pacto for expressamente mantida a responsabilidade conjunta ou solidária deste último. Veja a situação de alguém que prometa a exibição de um ator: tendo esse ator se obrigado pessoalmente quanto à obrigação, responsabilidade alguma caberá mais ao estipulante, pois sua promessa (de fato de terceiro) foi, em síntese, cumprida.

11

DESFAZIMENTO DA RELAÇÃO CONTRATUAL. EXTINÇÃO DOS CONTRATOS

11.1 TRANSITORIEDADE E DESFAZIMENTO DOS CONTRATOS. EXTINÇÃO

As obrigações, direitos pessoais, têm como característica fundamental seu caráter *transitório* (ver neste volume seção 1.1). A obrigação visa a um escopo mais ou menos próximo no tempo. Atingida a finalidade para a qual foi criada, a obrigação extingue-se. Essa é a exata noção presente no contrato. O contrato desempenha importantíssima função social, mas nasce para em determinado momento ser extinto em prazo mais ou menos longo. Essa é sua nobre e importante função social. Não existem obrigações perenes. Isso não é da natureza do direito pessoal. A permanência é característica dos direitos reais, a partir da propriedade, que é o direito real mais amplo.

Ao contrair uma obrigação, ao engendrar um contrato, as partes têm em mira, desde o início, a possibilidade de seu término, ainda que não se fixe *a priori* um prazo para o cumprimento. O vínculo contratual, quando o bojo de suas obrigações atinge o desiderato, desfaz-se.

Ora, a doutrina muito diverge em termos de nomenclatura ao tratar da extinção dos contratos. Com razão Maria Helena Diniz (1984, v. 3:111), que, ao sentir a dificuldade, afirma: "*Não há uma teoria que ponha termo à confusão reinante sobre esse assunto.*" Procuremos, ao menos, compreensão quanto às denominações, pois a questão tem importância eminentemente didática.

Situamos, em primeiro lugar, esse aspecto do *desfazimento*, porque sua compreensão traz a noção de desate de uma obra, de um vínculo, qualquer que seja a razão. Uma coisa que se desfaz desaparece como objeto primitivo que era. Podem sobrar resquícios desse desfazimento, mas nunca com a integridade perfeita anterior.

Com o desejo das partes, ou contra sua vontade, ou até independentemente dessa vontade, existem possibilidades de desatar o vínculo contratual. O contrato desfaz-se, deixa de tomar parte ativa no mundo jurídico, e passa a ser reminiscência e história jurídica das pessoas envolvidas.

Como não existe concordância na doutrina acerca dos termos *extinção*, *resolução*, *resilição*, *rescisão*, *revogação*, melhor que partamos da noção de desfazimento, que vai englobar todos esses institutos, qualquer que seja a compreensão jurídica a eles outorgada. A dificuldade terminológica surge entre nós por não estar a questão totalmente disciplinada na lei. O vínculo chega a um final, termina, desfaz-se, de várias maneiras.

O contrato pode estar inquinado, desde o início de sua elaboração, de um vício. Se ocorrer vício insanável, a nulidade opera desde a raiz do vínculo. Embora se decrete a nulidade *ex tunc*, é inegável que o contrato nulo deixa rastros materiais que não podem ser ignorados. A compra e venda efetuada por agente incapaz, por exemplo, pode ter transferido a posse da coisa e pode ter gerado benfeitorias, direito de retenção, perdas e danos etc. Nesse caso, o desfazimento retroage à data do contrato, mas o momento em que se declara desfeito o vínculo em juízo não deixa de ter importância.

Quando se trata de anulabilidade, presentes os vícios de vontade (erro, dolo ou coação), ou vícios sociais (fraude contra credores, não se esquecendo da lesão), os efeitos operam *ex nunc*. Todavia, tanto nos casos de nulidade, incluindo-se nesta a simulação, como nos de anulabilidade, as causas que desfazem o vínculo contratual existem desde o nascimento do negócio jurídico. São hipóteses em que as causas de dissolução do contrato são contemporâneas a sua origem; o ato nasce com a potencialidade do desfazimento. Essas formas de desfazimento do vínculo são modalidades que dizem, de fato, respeito à extinção dos contratos.

Contudo, parece-nos que o termo *extinção* apresenta noção mais clara para os contratos que tiveram vida normal e por qualquer razão vieram a ser extintos, seja porque o contrato foi cumprido, seja porque o vínculo extinguiu-se a meio caminho de seu cumprimento. Parece mais apropriado reservar o termo *extinção* para essas hipóteses.

Não se identificam, também, as causas extintivas das obrigações com as causas extintivas dos contratos. Vimos no estudo da teoria geral que as obrigações extinguem-se pelo pagamento e por várias outras formas, como a consignação, a transação, a novação, a remissão etc. O contrato dissolve-se por motivos que lhe são próprios, e pode incluir várias obrigações, em suas diversas modalidades. Como, no entanto, o contrato traz em seu bojo uma ou mais obrigações, pode extinguir-se em decorrência da extinção da obrigação. Não se amolda à obrigação o termo *desfazimento*, em razão de sua natureza.

A extinção do contrato, por sua vez, pode ocorrer de forma normal ou não. Um contrato regularmente cumprido em suas obrigações extingue-se normalmente. O contrato extingue-se por sua *execução*. É na extinção anormal, antecipada no tempo ou alterada no objeto ou na forma, que vamos encontrar outras hipóteses de extinção, um desfazimento mais restrito.

11.2 RESILIÇÃO DOS CONTRATOS

O termo *resilição* é importado do direito francês. Advirta-se, porém, que não é expressão consagrada no passado em nosso meio negocial. Com muita frequência, as partes, e mesmo a lei, usam da palavra *rescisão*, para significar a mesma coisa (Lopes, 1964, v. 3:199). A resilição é a cessação do vínculo contratual pela vontade das partes, ou, por vezes, de uma das partes. A resilição é, portanto, termo reservado para o desfazimento voluntário do contrato. O Código de 2002 utiliza essa denominação:

> "*A resilição unilateral, nos casos em que a lei expressa ou implicitamente o permita, opera mediante denúncia notificada à outra parte*" (art. 473, *caput*).[1]

[1] "Bancário. Ação cominatória para restabelecimento de conta e indenizatória por danos materiais e morais. Contrato de conta de pagamento. Recurso do réu. Retenção de valores porque o CPF do representante legal do autor estaria vinculado a irregularidades praticadas perante outras instituições financeiras e recebimento de valores sem histórico financeiro que justificasse a movimentação. Retenção de valores por nove meses sem comprovação de licitude do bloqueio. Abusividade. Devolução com juros e correção monetária. Consectários legais que visam recompor o valor da moeda e compensar o atraso no cumprimento da obrigação. Juros moratórios a contar da citação, pois

Esse texto possui várias sugestões de alteração no projeto de reforma do Código Civil em curso.

A *rescisão* é palavra que traz, entre nós, a noção de extinção da relação contratual por culpa. Originalmente, vinha ligada tão só ao instituto da lesão. No entanto, geralmente quando uma parte imputa à outra o descumprimento de um contrato, pede a *rescisão* em juízo e a sentença decreta-a. Os interessados, no entanto, usam com frequência o termo com o mesmo sentido de *resilir*, isto é, terminar a avença de comum acordo, distratar o que foi contratado. Nada impede que assim se utilize, num costume arraigado em nossos negócios.

A *resilição bilateral* é o distrato mencionado por nossa lei no art. 472. É o mútuo consenso para o desfazimento do vínculo.

---

o caso é de responsabilidade civil contratual. Resilição unilateral do contrato permitida. Art. 473 do Código Civil e Resolução art. 12, caput, da Resolução nº 2.025 do BACEN. Danos morais inexistentes. Precedentes. Cumprimento tempestivo de tutela de urgência a ser apurado em incidente próprio, pena de supressão de instância. Apelação provida em parte" (*TJSP* – Ap 1027092-17.2024.8.26.0576, 31-7-2025, Rel. Guilherme Santini Teodoro).

"Contrato de prestação de serviços. Ação de reparação por danos materiais. Cláusula que prevê **resilição unilateral e imotivada do contrato** celebrado por tempo indeterminado. Inteligência do art. 473, "caput" e § único, do CC. Indenização descabida. Relação contratual que perdurou por mais de dez anos, tempo suficiente para a recuperação dos investimentos realizados pela apelante. Ausência de ilicitude ou de abuso de direito a ensejar a indenização pleiteada. Sentença de improcedência mantida. Recurso desprovido, com majoração da verba honorária" (*TJSP* – Ap 1044573-10.2017.8.26.0100, 13-6-2023, Rel. Jairo Brazil).

"Apelação – Ação de Obrigação de Fazer c/c repetição do indébito – Improcedência – Contratação de empréstimo através de cartão de crédito na forma da Lei nº 13.172/15, que alterou a Lei nº 10.820/03, diploma de regência dos empréstimos consignados devidamente assinada pelo autor – Inexistência de ilícito ou de venda casada – Ausência de vício na contratação e ausência de prova de pedido administrativo para cancelamento do cartão – Nos termos do artigo 473 do Código Civil a **resilição unilateral**, nos casos em que a lei expressa ou implicitamente o permita, opera mediante denúncia notificada à outra parte – Inexistência de qualquer valor a ser restituído – Sentença Mantida – Recurso Desprovido" (*TJSP* – Ap 1000269-37.2022.8.26.0362, 4-7-2022, Rel. Ramon Mateo Júnior).

"Apelação cível. Ação de reintegração de posse. Contrato de locação de bens móveis. **Resilição unilateral. Prévia notificação**. Possibilidade. 1. Diante da ausência de previsão contratual em sentido contrário, à locadora se resguarda o direito de resilir unilateralmente o pacto, desde que previamente notificada a parte contrária, nos termos do art. 473/CC. 2. Negou-se provimento ao apelo" (*TJDFT* – AP 07351503120208070001, 26-8-2021, Rel. Sérgio Rocha).

"Promessa de compra e venda imobiliária – **Resilição unilateral pelo adquirente** – Direito de retenção, pela incorporadora, de 15% dos valores desembolsados pelo comprador. Atualização da base de cálculo da cláusula penal moratória e correção monetária das parcelas mensais: enriquecimento sem causa não configurado. Honorários recursais descabidos por conta da falta de condenação na decisão recorrida" (*TJDFT* – Proc. 07165056320178070000 – (1180796), 8-7-2019, Rel. Fernando Habibe).

"Cobrança – Contrato de arrendamento rural – **Resilição unilateral** – Pretensão de parcela vencida e multa contratual de 30% do valor do contrato. Sentença de procedência. Relação civil e não de consumo. Previsão de renovação automática na ausência de notificação. Contrato com cláusulas expressas sobre o período de vigência e o termo final para notificação de denúncia. Incidência da multa contratual de 30% do valor do contrato. Ausência de abusividade ou excesso. Majoração dos honorários. Art. 85, § 11, do CPC. Recurso não provido, com observação. O que salta claro é que a relação não é de consumo e que há contrato de arrendamento rural com cláusulas livremente pactuadas. O réu comunicou a intenção de resilir o contrato fora do prazo designado para tal fim, na vigência da prorrogação por mais cinco anos, inclusive com pagamentos mensais pelo réu, sendo caso de aplicação da multa contratual pela desistência imotivada extemporânea. Ademais, não há abusividade no contexto global do contrato que dispõe sobre o período de vigência, remuneração e termo para notificação. A multa contratual é prevista em 30% sobre o total do contrato a ser suportada pela parte que dá causa à rescisão. Logo, diante da natureza de penalidade, não cabe alteração, pois não se revela excesso, sendo observadas regras de equidade" (*TJSP* – Ap 1000346-90.2017.8.26.0210, 23-5-2018, Rel. Kioitsi Chicuta).

11.2.1 Distrato e Forma

O art. 472 estatui que *"o distrato faz-se pela mesma forma que o contrato"*. Ou seja, na resilição do contrato existe uma atração da forma por força de lei. A questão deve ser vista com reservas, tendo em vista a validade e eficácia do negócio de desfazimento.[2]

Nada impede que um contrato oral seja desfeito pela forma escrita e que um escrito particular seja desfeito por uma escritura pública. Esse crescendo de formas dá até garantias mais amplas ao negócio, servindo mesmo para confirmar o contrato desfeito. A maior dúvida pode residir na

---

[2] "Rescisão contratual. Sentença de improcedência. Apelo do autor. Pedido de justiça gratuita indeferido. Hipossuficiência não demonstrada. Mérito. Contrato de promessa de compra e venda firmado em 2013 com previsão de entrega em abril de 2015. Instrumento particular de distrato firmado pelas partes em março de 2016, com a devolução parcial das prestações pagas pelo apelante. Pretensão ao recebimento da diferença, além de outras indenizações. Inadmissibilidade. **Distrato** que observou a forma exigida para o contrato (art. 472, do CC). Ausência de alegação de vício de consentimento. Parcela devolvida que não fere a lei consumerista. Sentença mantida. Recurso desprovido" (*TJSP* – Ap 1024430-03.2017.8.26.0002, 25-7-2023, Rel. Wilson Lisboa Ribeiro).

"Rescisão contratual. Compra e venda de veículo automotor. Sentença de improcedência. Inconformismo. Desacolhimento. Contrato entabulado de forma válida. Arrependimento do comprador e pedido de rescisão. Impossibilidade de distrato pela palavra verbalizada em contrato escrito válido. O **distrato** deve seguir a mesma forma da avença e exige a concordância das partes envolvidas no negócio jurídico. Exegese do artigo 472 do Código Civil. Precedentes. Imprestabilidade da prova oral na hipótese. Restituição do bem móvel, ademais, não comprovada. Fato controvertido. Temática recursal que não encontra sustentação no quociente probante, notadamente na quadra da devolução do bem móvel, negada pela ré. Incidência do brocardo *Allegare nihil et allegatum non probare paria sunt*. Entrega da atividade jurisdicional que não deve pautar-se em deduções ou presunções, mas em prova concreta de natureza induvidosa. Improcedência mantida. Recurso desprovido" (*TJSP* – Ap 1000003-53.2020.8.26.0125, 26-7-2022, Rel. Rômolo Russo).

"Compromisso de compra e venda – Resilição – Distrato – Possibilidade de análise da legalidade das cláusulas previstas no distrato – Desistência da compradora – Possibilidade de retenção de até 20% dos valores pagos em favor da ré – Afastamento da pretensão a retenção em valor maior, embora prevista no contrato – Abusividade – Incidência de juros de mora a partir do trânsito em julgado – Comissão de corretagem – Admissibilidade da cobrança, desde que expressamente prevista – Ocorrência – Devolução indevida – Ilegitimidade passiva *ad causam* – Empresa que não firmou nem o contrato nem o distrato – Discussão que se cinge ao rompimento da relação negocial – Não se pode impor a rescisão de contrato a quem não integrou a formação do negócio – Ilegitimidade passiva configurada – Devolução da diferença na forma simples – Recurso provido em parte" (*TJSP* – AC 1000704-27.2016.8.26.0554, 29-8-2019, Relª. Mônica de Carvalho).

"Compromisso de venda e compra – **Distrato celebrado com construtora** – Parcial procedência – Celebração de termo de distrato – Inocorrência de carência da ação, por falta de interesse processual – Preliminar afastada – Abusividade do percentual descontado reconhecida – Possibilidade de rediscussão – Aplicação dos artigos 413 do CC e 53 do CDC – Precedentes – Manutenção da taxa de retenção de 10% dos valores pagos, para evitar enriquecimento indevido – Sentença mantida – Recurso desprovido" (*TJSP* – Ap 1030427-61.2017.8.26.0100, 14-3-2018, Rel. Moreira Viegas).

"Monitória – Prestação de serviços educacionais – Cancelamento de curso – Apelação – Razões recursais dissociadas dos fundamentos da sentença – Ausência de impugnação específica – Desrespeito ao artigo 514, II, do CPC – Ré que alega ter transferido o curso – Cancelamento que deve ser comprovado de forma documental – Artigo 472 do CC – **Distrato** que deve obedecer à mesma forma do contrato. Recurso da autora não conhecido. Recurso da ré improvido" (*TJSP* – Ap 1016401-57.2014.8.26.0005, 4-2-2016, Rel. Walter Cesar Exner).

"Apelação cível. Ação de cobrança. Recurso da ré. 1. Preliminares. a) Nulidade da sentença por falta de fundamentação. Inocorrência. Juízo que indica, de modo conciso, os motivos de sua decisão. b) Cerceamento de defesa ante o julgamento antecipado da lide. Tencionada a produção de prova testemunhal para comprovar o distrato. Impossibilidade. Avença escrita. **Distrato que se opera na mesma forma do contrato**. Exegese do art. 472 do Código Civil. Prova testemunhal inviável. Prefacial rechaçada. Concretizado de modo escrito o pacto, seu distrato deve revestir-se da mesma formalidade, em prol da segurança jurídica. Assim, inexiste cerceio de defesa quando se obsta a produção de prova testemunhal, com o fito de demonstrar o rompimento contratual, que deveria ser documentado também por escrito" (*TJSC* – AC 2011.036765-0, 29-4-2015, Rel. Des. Subst. Gerson Cherem).

"A regra do art. 1.093 do Código Civil de 1916, repetida no art. 472 do Código Civil de 2002, não cuida de matéria de prova, mas da forma como elemento essencial ou substancial do negócio jurídico. Assim, ainda que a locação tenha sido formalizada por escrito, o distrato e a desocupação do imóvel demonstram-se também de modo verbal. Reconhecido, nas circunstâncias, o cerceamento de defesa no julgamento antecipado e no indeferimento de produção de prova pelos fiadores, anula-se a sentença" (*TJSP* – Ap 0013.565-82.2010.8.26.0292, 7-2-2013, Rel. Celso Pimentel).

hipótese invertida. Pode um contrato por escritura pública ser distratado por um instrumento particular? Na prática, não se tratando de alienação imobiliária, em razão da natureza da transmissão da propriedade, é raro que isso aconteça. O comprador devolve ao vendedor as mercadorias recebidas, que as aceita, e devolve o dinheiro; o inquilino devolve as chaves ao senhorio antes do prazo contratual, sem resistência. Nesses casos, em que o desfazimento do contrato revela-se por atos materiais, não se questiona a validade do distrato, ainda que não se obedeça à forma originária.

O distrato se fará necessário naqueles contratos mais complexos, que não se revelam facilmente com atos materiais. Aí, sim, será necessária a forma escrita, pois não terão as partes outros meios de provar que houve o *contrarius consensus*. Suponhamos, por exemplo, a hipótese de um advogado que é contratado para aconselhar juridicamente um cliente, orientando procedimentos, em advocacia denominada "preventiva". Os atos externos que caracterizam essa prestação de serviço são irregulares, sobretudo orais, e podem até mesmo não se materializar. Nesse caso, será necessário o distrato escrito, perante a existência de um contrato, também escrito, em curso. A utilização do distrato passa a ser, então, uma questão de oportunidade e conveniência dos contratantes.

O distrato gera efeitos a partir de sua ultimação, a não ser que as partes reconheçam o contrário no ato. Quando se trata de desfazimento de alienação imobiliária, o ato pode gerar nova transmissão de propriedade, com nova incidência tributária.

11.2.2 Quitação, Recibo

A quitação é um direito de quem paga, do *solvens*. Estudamos, na seção 8.5.1 deste livro, que, se a quitação é negada ou oferecida de forma irregular, o *solvens* pode validamente reter o pagamento (art. 319). O art. 320 descreve os requisitos da quitação. O art. 1.093 do Código anterior dizia que a quitação vale, qualquer que seja sua forma. Deve, no entanto, ser idônea e apresentar materialidade suficiente. O recibo, que é o instrumento da quitação, não necessita de palavras sacramentais, mas deve identificar o débito. Dissemos, ao estudar o instituto, que quem paga tem direito a munir-se de prova desse pagamento, *da quitação* (ver neste livro Cap. 8).

11.2.3 Iniciativa de um dos Contratantes. Resilição Unilateral, Revogação

Em alguns contratos, sua natureza permite que unilateralmente a parte dê por finda a relação. Isso ocorre no comodato, no mandato, no depósito; contratos em que o fator *confiança* tem papel importante. Como a confiança no outro contratante pode cessar no curso do contrato, permite-se que unilateralmente somente um dos contratantes dê por terminada a avença, obedecendo-se a trâmites específicos.

Os contratos de trato sucessivo, de execução continuada, quando por prazo indeterminado, permitem que, por meio de uma denúncia prévia, para não surpreender o outro contratante, sejam resilidos (ou rescindidos, como quer o termo mais vulgar). É o que sucede, por exemplo, na prestação de serviços em geral, no fornecimento, no contrato de trabalho, na locação.

Até o momento de vigência do contrato, isto é, até o decurso do prazo da denúncia da avença, todas as obrigações do negócio continuam exigíveis.

O contrato bilateral pode dispor em cláusula a possibilidade de resilição unilateral. Não é dispensável o aviso prévio de resilição, mas a autorização dessa denúncia é consequência da convenção dos contratantes. A situação é de distrato, previamente autorizado.

Por vezes, essa resilição unilateral leva o nome de *revogação*. Por esse ato unilateral, são retirados os efeitos de um ato jurídico, que foram previamente outorgados. É o que ocorre na revogação da doação e do testamento. Dizemos também revogação do mandato, embora o caso seja típico de resilição unilateral, mas é expressão consagrada.

O Código traz importante inovação, já por nós mencionada, ao direito positivo quanto à resilição unilateral, a chamada denúncia vazia do contrato, dispondo no parágrafo único do art. 473:

> *"Se, porém, dada a natureza do contrato, uma das partes houver feito investimentos consideráveis para a sua execução, a denúncia unilateral só produzirá efeito depois de transcorrido prazo compatível com a natureza e o vulto dos investimentos."*

Essa disposição atende à finalidade social que o vigente estatuto procurou imprimir ao cumprimento das obrigações e se apresenta com o caráter de cogente. O projeto de reforma do Código Civil apresenta sugestões de alteração no texto.

A regra geral é no sentido de que nos contratos por prazo indeterminado ou naqueles que se converterem em tal, após o decurso de um prazo estabelecido, basta a vontade unilateral de um contratante para resili-lo. No entanto, a notificação com prazo exíguo pode trazer injustiças. Imagine a hipótese de quem se estrutura para distribuir determinados produtos de um fabricante; contrata muitos empregados; adquire veículos; contrata publicidade; faz longas previsões orçamentárias e, após pouco tempo de relação negocial, se vê perante uma singela notificação de resilição do contrato em 30 dias. É evidente que essa resilição é abusiva e que tempo razoável deve ser concedido ao contratante, tendo em vista os investimentos realizados. A matéria já vinha sendo enfrentada dessa forma pela jurisprudência. O caso concreto, contudo, deverá dar a melhor solução ao juiz, que sempre levará em conta o princípio da boa-fé objetiva.

11.3 RESOLUÇÃO. CLÁUSULAS RESOLUTIVAS EXPRESSA E TÁCITA. ADIMPLEMENTO SUBSTANCIAL

O termo *resolução* é, geralmente, reservado para as hipóteses de inexecução do contrato por uma das partes, embora, como vimos, seja utilizada, na prática, indiferentemente a palavra *rescisão*.

> *"Resolução é, portanto, um remédio concedido à parte para romper o vínculo contratual mediante ação judicial"* (Gomes, 1983*a*:190).

Essa inexecução pode ser culposa ou não. Quando se imputa culpa ao outro contratante, o demandante pode pedir a resolução do contrato, ou a execução em espécie, quando a natureza do negócio permitir, com indenização por perdas e danos. Quando existe o dever de indenizar, parece que o termo *rescindir* é mais forte, porque significa e traz a noção de rasgar, dilacerar, destruir o que está feito, e não simplesmente finalizar um acordo de vontades. Estudamos no Capítulo 3 do vol. 3 a exceção de contrato não cumprido, que permite esse desfazimento. Outra hipótese de resolução é a *excessiva onerosidade* enfocada anteriormente, que, como vimos, não leva necessariamente à extinção do contrato.

A figura jurídica que autoriza a resolução por descumprimento imputável a uma das partes é conhecida pela denominação de *pacto comissório* ou *cláusula resolutória*, que pode ser expressa ou tácita. Evita-se o termo *condição*, para que não se confunda com o elemento acidental que pode ser aposto no negócio jurídico, de acordo com o art. 127 do Código. A noção primeira, porém, daí decorre.

Pode ser conceituado o pacto comissório como a cláusula pela qual se estipula que qualquer das partes opte pela resolução do contrato, se o outro contratante não cumpre a obrigação que lhe compete. Existe uma *cláusula resolutória tácita* em todos os contratos. São diversos os efeitos quando as partes expressamente declinam as consequências do descumprimento do contrato.

A origem desse pacto comissório remonta ao Direito Romano, que originalmente não o conhecia. Com a introdução da chamada *lex commissoria* nas vendas a crédito, o não pagamento do preço no dia do vencimento determinava a resolução do contrato de pleno direito.

O direito francês adotou o sistema pelo qual a cláusula entendia-se presente em todos os contratos sinalagmáticos, ainda que os contratantes não a mencionassem expressamente. Passou a ser uma cláusula subentendida, *tácita*.

No sistema adotado pelo Código alemão, no caso de inadimplemento de uma das partes, a outra deve fixar um prazo fatal para o cumprimento da avença, para considerar o contrato resolvido. O Código argentino segue essa orientação, repelindo o pacto comissório tácito. Pelo art. 1.203 desse diploma, se as partes não dispuserem expressamente que o contrato se dissolve em caso de inadimplemento, somente se poderá pedir seu cumprimento. Destarte, fica excluído o pacto comissório tácito como um elemento presente em todos os contratos, conforme ocorre entre nós. O Código de 1916, secundado pelo diploma em vigor, ao admitir a condição resolutiva tácita, ingressou no sistema francês, embora com alguns matizes.

Quando as partes estipulam no contrato que o descumprimento de qualquer de suas cláusulas autoriza a resolução dos contratos, estamos perante uma *cláusula resolutória expressa*, que legitima a resolução por iniciativa de uma delas. Esse princípio, em tese, derroga a noção de que a ninguém é dado fazer justiça de mão própria (Bessone, 1987:318). Essa cláusula autoriza a parte a considerar resolvido o contrato em face de inadimplemento. No entanto, uma compreensão apressada do instituto poderia supor que se afasta sistematicamente uma declaração judicial na hipótese. Não é o que acontece na maioria das vezes. Quando se dá por resolvido um contrato, há outros efeitos concretos de que necessitam as partes, além do singelo desfazimento. Basta lembrar que o inadimplemento culposo acarreta o dever de indenizar, que só pode ser obtido, em princípio, com uma sentença. Doutro lado, a parte indigitada como inadimplente pode ter interesse em demonstrar sua inocência, arguindo a improcedência da resolução, ou imputando culpa ao outro contraente. Conjunturas sociais, inclusive, fizeram com que a lei exigisse a denúncia prévia do contrato, ainda que na presença de uma cláusula expressa de resolução; é o que ocorre com os compromissos de venda e compra de imóveis loteados (Decreto-lei nº 58/37 e Lei nº 6.766/79), cujos delineamentos estudaremos ao tratar desse contrato em espécie. Todavia, essa hipótese é uma derrogação expressa da regra geral.

Questão tormentosa na doutrina é saber se, com a possibilidade de resolução automática, decorrente da cláusula expressa, há necessidade de notificação. É comum as partes estatuírem no contrato a resolução de pleno direito, independentemente de notificação ou aviso, no caso de descumprimento. No entanto, há situações de fato que tornam aconselhável a notificação, mesmo na presença dessa disposição. A declaração de resolução do contrato por inadimplência operará *ex tunc*. A notificação, ou simples aviso, poderá tornar-se importante meio de avaliação do momento em que o contrato se teve por resolvido, isto é, o momento em que se caracterizou o inadimplemento, contemporâneo ou próximo à denúncia do contratante. O que justifica essa retroação de efeitos é a culpa contratual, que dissolve o contrato. A partir desse momento, deve o contratante sentir-se e portar-se como desvinculado do pacto. Destarte, a resolução de pleno direito ocorre, é fato, mas com frequência a declaração judicial é necessária e útil, o que por si só não torna a cláusula inútil, como argumentam alguns. A diferença entre o pacto comissório tácito e o pacto comissório expresso é que, se a cláusula não está expressa no contrato, pode ele, também, resolver-se por inadimplemento, mas a notificação é essencial para conferir ao devedor uma derradeira oportunidade de cumpri-lo. Se a cláusula vem expressa, o contratante inocente limita-se a comunicar ao inadimplente sua vontade de resolver o contrato (Borda, 1989:143). A lei pode, no entanto, em relações jurídicas específicas, exigir sempre a notificação prévia para a purga da mora, como aqui já mencionado.

Messineo recomenda que a cláusula resolutória expressa indique com precisão o descumprimento contratual, porque a referência indiscriminada e geral à transgressão de todo o contrato transforma-se em cláusula desprovida de força, equivalendo à cláusula resolutória tácita (Bessone, 1987:319). De fato, não há como caracterizar um inadimplemento genérico de toda e qualquer cláusula de um contrato. Nesse caso, torna-se essencial o aviso, para que tome conhecimento o contratante do que efetivamente descumpriu e a fim de que possa cumpri-lo, se a prestação ainda for possível e útil ao credor.

Quando da dicção da cláusula resolutória redigida pelas partes não surgir claramente sua adequação ao caso concreto, será prudente que os interessados usem do mecanismo da cláusula tácita, com o devido aviso e reconhecimento judicial, evitando entraves posteriores, e eventual desqualificação, pela parte indigitada, do motivo de descumprimento do contrato (Miguel, 1986:205). A esse respeito observe que a cláusula resolutória expressa, sendo restrição à possibilidade de cumprimento de obrigações, sujeita-se à interpretação restritiva, isto porque, de acordo com o princípio geral da boa-fé, as obrigações e os contratos nascem para serem cumpridos. Por outro lado, deve ser levado em conta, no caso concreto, que a cláusula expressa não necessita de termos sacramentais, mas deve prever não apenas a resolução do contrato, como também as situações aptas a provocá-la. Isto é, para que a cláusula fique isenta de dúvidas, mormente para sua operosidade automática, deve ter um conteúdo específico dirigido a obrigações descritas no contrato. Forçoso concluir que a cláusula em termos gerais é de mero estilo e não pode ter a aplicação automática colimada.

Presume-se presente em todos os contratos a *cláusula resolutória tácita*. A ocorrência da causa de resolução deve ser apurada pelo juiz. O art. 1.092, parágrafo único, do Código Civil de 1916 dispunha que *"a parte lesada pelo inadimplemento pode requerer a rescisão do contrato com perdas e danos"*. O art. 475 do Código se refere não somente à possibilidade de a parte lesada pedir a resolução do contrato, como também à possibilidade de exigir-lhe o cumprimento, sem prejuízo, em qualquer caso, da indenização por perdas e danos.[3] Não se esqueça de que,

---

[3] "Contrato – Como (a) o art. 475, do CC, assegura ao contratante pontual, no caso a parte credora embargada apelante, lesada pelo inadimplemento do outro contraente, a parte devedora apelada, a alternativa de resolução o contrato e indenização por perdas e danos, ou cumprimento da execução específica, e, (b) na espécie, com o ajuizamento da execução por quantia certa, objetivando para recebimento da parcela em aberto do preço contratado, acrescidos dos encargos contratuais pelo atraso no pagamento pactuados e da multa rescisória de 50% do valor do avençada, após a conclusão da obra, (c) é de se reconhecer que a parte apelante fez opção cumprimento do da execução específica do contrato, o que torna inexigível a multa rescisória cobrada na execução, visto que a alternativa de cumprimento da prestação não pode ser cumulada simultaneamente com da multa rescisória ajustada para esta hipótese de escolha da alternativa de resolução do contrato, (d) impondo-se, em consequência, a manutenção da r. sentença, no que concerne ao reconhecimento de excesso de execução, quanto à multa em questão. Recurso desprovido" (*TJSP* – Ap 1167631-40.2023.8.26.0100, 18-8-2025, Rel. Rebello Pinho).

"Compromisso de compra e venda. CDHU. Ação de rescisão contratual c.c. reintegração de posse e indenização. Sentença de procedência. Irresignação da ré. Inadimplemento da ré caracterizado. Direito da vendedora a postular a resolução do contrato, a reintegração de posse e perdas e danos (**art. 475 do CC**). Autora que não está obrigada a firmar acordo que possibilite a preservação do contrato. Direito constitucional à moradia que não impede a resolução do contrato por inadimplemento. Preservação do contrato contrária ao princípio da isonomia. Permanência graciosa da ré no imóvel injusta com os promitentes compradores adimplentes. Sentença mantida. Recurso desprovido" (*TJSP* – Ap 1001970-56.2021.8.26.0495, 21-8-2024, Rel. Alexandre Marcondes).

em qualquer caso, o contrato deve ser examinado à luz de sua função social (art. 421) e sob o prisma dos princípios de probidade e boa-fé (art. 422). Pode também a parte prejudicada pedir o cumprimento da obrigação em espécie, como aponta o mais recente estatuto e permite o CPC, quando assim permitir sua natureza. A opção é do interessado. Note que, quando as obrigações de dar e fazer inviabilizam-se, acabam por desaguar nas perdas e danos, lugar-comum de qualquer inadimplemento culposo. Como temos sempre reiterado, a substituição da prestação por uma indenização não equivale ao cumprimento da obrigação.

Cabe lembrar que o projeto de reforma do Código Civil, no art. 475-A, faz oportuna referência ao "adimplemento substancial do contrato pelo devedor". Quando o contrato é cumprido em parte considerável, tal deve ser levado em conta no seu desfazimento, quanto à indenização e ao consectário. Aguardemos sua aprovação. A matéria vem sendo enfrentada pelos nossos tribunais, algo que já de há muito era visto na doutrina e nas legislações estrangeiras. O texto desse dispositivo é longo. Vários aspectos do cumprimento parcial devem ser vistos no caso concreto.

O art. 476 refere-se aos contratos bilaterais. A exceção de contrato não cumprido não é aplicada aos unilaterais porque não existe equivalência de direitos e obrigações. Como existe nesse caso apenas um devedor, se este deixa de cumprir a obrigação, a execução coativa ou o pedido de perdas e danos é simplesmente dirigido contra ele, que nada pode exigir do outro contratante, não onerado ou obrigado no contrato.

Essa cláusula tácita possibilita tão só a decretação judicial da resolução. Vimos que mesmo a condição resolutória expressa somente alcançará efeitos concretos com a sentença. Tanto numa, como noutra, a resolução opera *ex tunc*, desde o momento caracterizador do inadimplemento, portanto. Até a resolução, aproveitam-se as prestações realizadas e resguardam-se os terceiros de boa-fé. Efeito típico da resolução é sua retroatividade, no sentido de que elimina entre as partes o vínculo, sem prejuízo dos direitos adquiridos no entretempo por terceiros. E nos contratos de execução continuada ou periódica, as prestações já cumpridas ficam a salvo.

Não devemos confundir as possibilidades de resolução do contrato, que surgem após sua elaboração, com as causas que decretam a nulidade ou a anulação do negócio jurídico, que, como vimos, pertencem ao estudo da teoria geral e têm como causa um fato contemporâneo à elaboração do contrato.

A resolução do contrato por inadimplemento que ora enfocamos está relacionada com a *exceptio non adimpleti contractus*, por nós já examinada quando da classificação dos contratos bilaterais.

"Compromisso de compra e venda. Atraso na entrega do imóvel. Indenização. **Faculdade do credor de pedir rescisão ou cumprimento da obrigação com perdas e danos. Art. 475 do CC**. Interesse processual configurado. Contrato posterior de financiamento a prever, segundo a vendedora, prazo de entrega diverso do previsto no instrumento de compromisso. Prevalecimento, na espécie, do ajuste primitivo. Ausência de novação. Dano moral, contudo, não configurado. Mero inadimplemento. Circunstância excepcional não configurada. Recursos improvidos" (*TJSP* – Ap 1011710-13.2018.8.26.0602, 7-5-2021, Rel. Augusto Rezende).

"Compromisso de compra e venda – Ação de rescisão, cumulada com pedido de reintegração de posse e indenização por perdas e danos. Demanda ajuizada pela promitente vendedora em face do inadimplemento do promissário comprador. Possibilidade jurídica do pedido. **Cláusula resolutória tácita**. Inexistência de novação que não se restrinja à dívida contraída pelo réu. Indenização pela ocupação devida no percentual de 0,5% do contrato ao mês. Imposição de multa, tidos os embargos declaratórios opostos por protelatórios. Caráter infringente que, por si só, já não revelaria evidente propósito procrastinatório. Intuito meramente protelatório, de toda sorte, que não se verifica. Multa afastada. Sentença parcialmente revista. Recurso provido em parte" (*TJSP* – Ap 1001921-25.2017.8.26.0634, 1-2-2019, Rel. Claudio Godoy).

11.4 RESOLUÇÃO POR INEXECUÇÃO INVOLUNTÁRIA

Até aqui, realçamos bastante a inexecução do contrato por culpa das partes. Sabemos que, com frequência, surgem situações maiores do que o desejo dos contratantes em cumprir a obrigação, o que validamente, com respaldo legal, autoriza a resolução, sem indenização. É o que sucede no caso fortuito e na força maior. Lembre-se, também, do que foi dito acerca da excessiva onerosidade, que pode (não é sistemático que assim ocorra) causar a resolução sem culpa.

Nessas hipóteses, há uma causa superveniente ao contrato que inviabiliza seu cumprimento. A força maior ou o caso fortuito constituem causas objetivas a resolver o contrato. Essas causas podem obstar o cumprimento total ou parcial do negócio. Quando o contrato ainda pode ser cumprido parcialmente, pode o credor manter o interesse em que assim se faça. Não se confunde a impossibilidade superveniente com mera dificuldade de cumprimento. A impossibilidade deve ser examinada no caso concreto. A simples dificuldade é de cunho subjetivo e não serve de escudo para a parte deixar de cumprir o contratado.

A ocorrência da impossibilidade caracteriza o momento no qual o contrato já não pode ser cumprido. Se houver declaração judicial, esta retroagirá a esse momento. A impossibilidade superveniente no cumprimento rege-se pelos princípios da cláusula resolutória expressa. Apenas há necessidade de sentença declaratória quando são almejados efeitos concretos. Até o divisor de águas da impossibilidade, qual seja, o momento em que esta eclodiu, as prestações eram exigíveis. Tratando-se de contrato de trato sucessivo, permanecem incólumes e válidas as prestações já cumpridas, e devem ser indenizadas aquelas que não o foram, até o momento da impossibilidade, por culpa do devedor. Pode haver cláusula, contudo, que responsabiliza expressamente o devedor, ainda que a impossibilidade advenha de caso fortuito ou força maior.

11.5 RESOLUÇÃO POR INADIMPLEMENTO ANTECIPADO

Essa questão não é versada com frequência entre nós, sendo de grande interesse prático. Antes de tornar-se exigível uma prestação inserida no contrato, a situação material do negócio e dos contratantes, em especial do devedor, já pode denotar que não haverá cumprimento, ou porque o devedor manifestou intenção de não cumprir a prestação, ou porque se frustrou materialmente essa possibilidade. Ora, é noção básica de nossa matéria que os contratos extinguem-se pela impossibilidade do cumprimento.

Fortunato Azulay (1977:101), discorrendo em monografia sobre o tema, narra as origens do instituto na doutrina do *anticipatory breach of contract* existente no *common law*. Aponta o autor que

> *"desde meados do século passado surgiu na Inglaterra a chamada doutrina do* anticipatory breach *do contrato, pela qual veio a ficar consagrada em outros sucessivos julgados, também nos EUA, que, se um dos contraentes revela, por atos ou palavras peremptórias e inequívocas, a intenção de não cumprir a sua prestação, diferida a tempo certo, pode a outra parte considerar esse comportamento como inadimplência contratual".*

Nosso legislador não trouxe dispositivo próprio ao instituto, embora nada exista no ordenamento a impedir-lhe aplicação. A própria cláusula resolutiva tácita do art. 476 permite a resolução antecipada do contrato.

Nessa hipótese, importa examinar as situações potenciais de descumprimento apriorístico do contrato. Se forem suficientemente fortes e justificadas, será desnecessário fazer com que o credor aguarde a época da respectiva exigibilidade, para caracterizar o inadimplemento, e só nesse momento denunciar e pedir a decretação da resolução da avença. Existe aí, evidentemente, uma derrogação do princípio geral que rege a exigibilidade das obrigações. Todavia, a situação é lógica e justa, não contrariando a lei positiva. De nada adianta ter o contratante de suportar a avença contratual, se já é certo que a outra parte vai descumpri-la, ou porque assim se manifestou, ou porque não tem mais condições materiais e técnicas de fazê-lo. No entanto, como se pisa o terreno da dúvida, pois com raridade a certeza do não cumprimento é absoluta, deve o contratante pedir a intervenção judicial, para que se declare resolvido o contrato, desatando-se, assim, antecipadamente, o liame. Note que a hipótese não deve ser confundida com a exigência antecipada da obrigação, só excepcionalmente permitida.

Levada a questão ao tribunal, terá o descumpridor do contrato oportunidade de provar a inveracidade da alegação. Todavia, uma vez comprovada a alegação e resolvido o contrato, essa resolução opera-se *ex tunc*, isto é, desde o momento em que eclodiu e caracterizou-se a impossibilidade do cumprimento. Esse aspecto será importante para, no caso concreto, avaliar-se a extensão das perdas e danos. Em sede de inadimplemento antecipado, o pedido judicial não pode ser, à primeira vista, de execução específica da obrigação. No entanto, imagine-se a hipótese do promitente vendedor que se comprometeu a outorgar a escritura definitiva do imóvel em certo prazo. Se o promitente vendedor se manifesta expressamente que não irá emitir essa vontade (estando a exigir um sobrepreço, por exemplo), ou se pratica ato que impede ou torna impossível ou inviável o cumprimento, ao chegar o termo fixado (promete o mesmo imóvel a um terceiro, por exemplo), abre-se a via processual, para exigir-se tal manifestação de vontade. Seria gravame inútil para o adquirente aguardar, nessas premissas, o prazo contratual para a execução da obrigação. Se a obrigação é de pagar em pecúnia, por outro lado, ainda que não seja admissível a cobrança antecipada da dívida, é justificável o ingresso de medidas acautelatórias para o credor, para que não se esvaia definitivamente a possibilidade de adimplemento. Nas obrigações personalíssimas, somente existe a possibilidade de rescisão com perdas e danos. É o caso de um artista contratado para pintar um retrato: se o devedor já de plano, antes do prazo, diz que já não tem inspiração para a arte, caracterizado estará o inadimplemento antecipado da obrigação.

A propósito da aplicação do instituto entre nós se manifesta o monografista citado:

> *"Em nosso direito, seria curial a aplicação da doutrina do* anticipatory breach *através do art. 1.092 do Código Civil (cláusula resolutiva tácita) quando o estado caracterizado de insolvência do devedor demonstrasse a quase, senão a total, impossibilidade do cumprimento da prestação. Seria facultado ao credor, não só o direito de desobrigar-se do cumprimento da prestação que lhe caberia, como demandar perdas e danos (parágrafo único do citado art. 1.092)"* (Azulay, 1977:115).[4]

---

[4] "Ação de rescisão de instrumento particular de compromisso de compra e venda de imóvel – Extinção do feito sem resolução do mérito na forma do art. 485, IV, do Código de Processo Civil – Decisão fundamentada de forma clara e objetiva, art. 93, IX, da Constituição Federal – Contrato celebrado que estabeleceu obrigação líquida e com termo certo para pagamento – Caracterização de mora *ex re*, na forma do art. 397 do Código Civil – Dispensabilidade da prévia notificação pelo credor – Legitimidade da pretensão de rescisão da avença por força da previsão de **cláusula resolutiva tácita**, ínsita aos contratos bilaterais – Inteligência do art. 474 do Código Civil – Precedente do Superior Tribunal de Justiça – Determinação do retorno dos autos ao primeiro grau para o regular processamento do feito – Sentença reformada – Recurso provido, com determinação" (*TJSP* – Ap 1007507-49.2021.8.26.0037, 12-7-2022, Rel. César Peixoto).

"Agravo de instrumento – Contrato – Inadimplemento – **Cláusula resolutória genérica** – Recurso desprovido – 1- A liberalidade de contratar deve ser exercida nos limites da função social, de forma a impor a realização do empreendimento, dando uso efetivo à propriedade. 2- A cláusula resolutória expressa opera-se de pleno direito e a tácita mediante interpelação. 3- A previsão de cláusula genérica decorrente da infração contratual aliada à prova de que a obrigação contratual assumida pela contratada não foi efetivada permite a concessão de liminar, de forma a

O instituto tem aplicação mesmo que já parcialmente cumprido o contrato. Aproveita-se o que foi executado.

Contudo, a aplicação da doutrina requer cautela. Não pode o credor, mediante simples suspeitas, concluir pelo inadimplemento antecipado. Sujeita-se a decair da ação se for destemperado e intempestivo. O caso concreto melhor orientará a solução. Havendo apenas um *fumus iuris* do inadimplemento antecipado, conveniente que a parte se valha das medidas prévias e acautelatórias de direitos a seu dispor no estatuto processual, antes de se arvorar diretamente na resolução do contrato. O juiz, ao examinar a hipótese, deve levar em conta a natureza do contrato, bem como o princípio da boa-fé contratual e o comportamento dos contratantes.

A aplicação da doutrina do inadimplemento antecipado nada mais é do que corolário do princípio da exceção de contrato não cumprido. Não deixa de ser útil também para o devedor que, com a declaração antecipada de seu inadimplemento, terá, muitas vezes, reduzido o montante indenizatório devido ao credor. Ademais, liberam-se as partes do liame obrigacional, ao qual inutilmente ficariam presas até a caracterização do inadimplemento. É necessário não esquecer, por fim, que também o inadimplemento antecipado pode ter ocorrido por caso fortuito ou força maior, de sorte a afastar o dever de indenizar.

---

resolver o vínculo contratual firmado entre as partes. 4- Recurso improvido" (*TJES* – AI 0016908-37.2018.8.08.0024, 17-5-2019, Rel. Des. Telemaco Antunes de Abreu Filho).

"Apelação Cível – Ação Ordinária – Contrato de compra e venda de coisa móvel – Entrega de equipamento com especificações diversas da ofertada – Inexecução Culposa – **Cláusula resolutiva tácita** – Retorno ao status quo ante – Devolução dos valores pagos – Caracterizada a mora do devedor pela entrega de equipamentos discrepantes dos ofertados, nasce para o credor o direito de obter judicialmente a resolução do contrato, a qual tende à restauração do *status quo ante*, fazendo jus a parte adimplente à devolução dos valores já pagos" (*TJMG* – AC 1.0024.12.297503-0/001, 20-6-2017, Rel. Vasconcelos Lins).

"Consignatória c.c. Obrigação de fazer e rescisão contratual c.c. Perdas e danos – Compromisso de compra e venda – Improcedência da consignatória e procedência da rescisão contratual – Preliminares de cerceamento de defesa e nulidade da decisão dos embargos – Cerceamento de defesa – Inocorrência – Matéria controvertida unicamente de direito (art. 330, I, do CPC) – Despicienda a dilação probatória – Nulidade da decisão dos embargos de declaração – Contradição – Inexistência – Caráter infringente do recurso – Omissão – Possibilidade de sanar-se no julgamento da apelação se o conhecimento da matéria, suscitada e discutida nos autos, for devolvido ao tribunal, a teor do art. 515, § 1º, do CPC – Preliminares afastadas – Consignação em pagamento – Descabimento – Inadequação às hipóteses legais – Divergência entre credor e devedor que não se subsume à hipótese do art. 335, inc. V, do Código Civil – Não preenchimento, ademais, dos requisitos objetivos da consignação, uma vez que o depósito não corresponde à totalidade da prestação devida e o devedor encontra-se há longo tempo constituído em mora – Improcedência da consignatória a acarretar a procedência da rescisão contratual – **Cláusula resolutiva tácita** que se encontra subentendida em todos os contratos sinalagmáticos – Arts. 474 a 476, do Código Civil – Resolução do contrato que acarreta o retorno das partes ao *status quo ante*, o que implica na reintegração dos alienantes na posse do imóvel e na devolução das quantias pagas pelos adquirentes – Benfeitorias – Indenização – Descabimento, diante da inexistência de prova de sua efetivação – Indenização pelo uso do imóvel – Cabimento durante o período de ocupação, na forma de aluguel mensal, autorizada a compensação de créditos – Apelo dos adquirentes improvido, provido o recurso adesivo dos alienantes" (*TJSP* – Ap 0016875-83.2011.8.26.0576, 18-1-2016, Rel. Salles Rossi).

"**Apelação**. Compromisso de compra e venda. Cessão de direitos. Ação de resolução de contrato. Extinção sem julgamento do mérito. Alteração da causa. Ausente a interpelação do devedor, requisito indispensável à resolução pretendida. 1 – O preço ajustado entre as partes para aquisição do imóvel seria quitado mediante o pagamento de uma única prestação. A nota promissória, portanto, foi emitida *pro solvendo*, porque somente com o pagamento da quantia nela indicada é que o compromissário vendedor daria quitação, conforme expressamente disposto no contrato. A falta de previsão de resolução do contrato para a hipótese de inadimplemento não significa que a nota promissória foi dada *pro soluto*, porque em todo contrato bilateral, como é o caso da cessão de direitos em questão, existe **cláusula resolutória tácita**. 2 – No caso em exame, os compromissários compradores não negaram a falta de pagamento afirmada pelo autor como fundamento do pedido de resolução do contrato celebrado entre as partes, contudo não foram devidamente constituídos em mora, requisito indispensável para a resolução do contrato. Exige a Lei e a jurisprudência a notificação preliminar do devedor para dar por resolvido o negócio de compromisso de compra e venda de imóvel (art. 1º do Decreto 745/69 e Súmula 96 do STJ). Recurso não provido, alterada, contudo, a causa de extinção do processo, decretada com fundamento na falta de prévia interpelação do devedor, nos termos explicitados" (*TJSP* – Ap. 0000216-31.2009.8.26.0297, 14-3-2013, Rel. Carlos Alberto Garbi).

12

FORMAÇÃO E CONCLUSÃO DOS CONTRATOS

12.1 CONSENTIMENTO. VONTADE CONTRATUAL

Como sempre ressaltado, o contrato é uma modalidade do negócio jurídico. Ao estudarmos os elementos do negócio jurídico (Venosa, *Direito civil: parte geral*, Cap. 20), demos realce ao papel primordial da vontade. Em qualquer negócio jurídico, a vontade, muito antes de ser somente um elemento do negócio jurídico, é um seu pressuposto. Esse pressuposto ora interferirá na validade, ora na eficácia do negócio. Importante fixar também quando houve mera aparência de manifestação de vontade. A vontade contratual, que se subsume em um consentimento no contrato, é uma vontade negocial: isto é, dirigida para a obtenção de efeitos jurídicos, tutelados e vinculantes. O consentimento contratual é o cerne desse negócio jurídico.

A vontade negocial constitui-se de um elemento interno e de um elemento externo. A vontade externa, ou declaração de vontade propriamente dita, constitui-se naquele elemento material, palpável, do declarante. A vontade interna é aquele elemento psíquico, que deve ser exteriorizado para ganhar efeitos jurídicos. Já vimos, ao estudarmos o erro como vício da vontade, que nem sempre coincide o elemento interno com o elemento externo da vontade.

Ao lado do objeto, portanto, posiciona-se a manifestação de vontade como elemento estrutural do negócio jurídico. Quando a vontade é posta em um acordo com outra vontade para obter efeitos jurídicos, estamos diante do consentimento, forma de manifestação de vontade contratual. A vontade contratual, pois, não se apresenta dirigida a esmo, mas vem colimar um fim concreto, em relação a um objeto, um bem economicamente avaliável. Destarte, a vontade contratual deve ser sempre orientada para um fim.

A partir da existência do consentimento são examinados os outros elementos do negócio jurídico contratual: o objeto, comum a todos os contratos, como aqueles exigidos em determinadas relações; a forma prescrita em lei; a entrega da coisa integrante da natureza do contrato (contratos reais) etc. O contrato que opera exclusivamente pela vontade, consensual, era, como vimos na classificação feita nesta obra, de aplicação inicialmente restrita no Direito Romano. Modernamente, a regra geral é ser necessário tão só o consentimento para aperfeiçoar o contrato. O consenso é o encontro de duas ou mais vontades. Explica a vontade contratual, portanto. Numa acepção mais restrita, o consentimento é a adesão que uma parte dá à outra perante uma oferta.

De várias formas exterioriza-se a vontade. Mais comumente, a vontade é *expressa* quando vem materializada por palavras, escritas ou orais. É também expressa a vontade manifestada por mímica, gestos. Geralmente, nos contratos utilizamos a palavra. Há situações de costume, no entanto, que admitem a vontade gestual, como o sinal de um lanço que se faz num leilão, por exemplo, lembrando ainda a situação dos surdos-mudos. Quando a forma é livre, podem as partes escolher a forma oral, ou escrita; particular, ou pública. A vontade *tácita* também pode ocorrer nos contratos, quando surgem do comportamento atos e fatos dos contratantes. A forma tácita é modalidade indireta de manifestação.

Sempre que não houver determinação de forma pela lei (art. 107), a manifestação de vontade pode ser expressa ou tácita, com pessoas presentes ou ausentes, por intermédio de mandatário ou não. A própria vontade das partes pode exigir, para certos negócios, a manifestação expressa.

Há frequentes relações negociais que se ultimam sem maior formalidade, até mesmo sem que se perceba, ou se dê importância à manifestação da vontade.

Nosso Código Civil de 1916 não trazia disposição para regrar o consentimento. O art. 1.079 apenas dizia: "*A manifestação da vontade, nos contratos, pode ser tácita, quando a lei não exigir que seja expressa.*" O Código Comercial era mais explícito no art. 126:

> "*Os contratos mercantis são obrigatórios; tanto que as partes se acordam sobre o objeto da convenção, e os reduzem a escrito, nos casos em que esta prova é necessária.*"

O Código de 2002, uma vez assentes na doutrina esses aspectos, prefere se referir às cláusulas abertas de boa-fé e probidade, várias vezes por nós mencionadas.

A manifestação tácita decorre de atos inequívocos, induvidosos da intenção de contratar, tornando-se desnecessária a manifestação expressa.

Sob outro aspecto, concluímos que a manifestação da vontade negocial pode ser produzida por uma declaração ou comportamento declarativo, ou por intermédio de um comportamento não declarativo (Iturraspe, 1988:87). É *declarativa* a manifestação expressa (fonética, gráfica ou mímica). É *não declarativa* a vontade tácita.

Alguns preferem distinguir a manifestação de vontade *direta e indireta*. A *direta* tem por finalidade dar conhecimento da declaração ao interessado, podendo expressar-se por palavras, gestos ou sinais. A manifestação *indireta* é perceptível por atos que, não tendo a finalidade precípua de demonstrar a vontade contratual, denotam a vontade de contratar. Destarte, se alguém recebe mercadorias para exame e depois as continua recebendo regularmente, comercializando-as, essa atitude faz por concluir pela existência de um contrato de fornecimento. A correspondência entre as manifestações expressa e direta, por um lado, e tácita e indireta, por outro, não é total, uma vez que a manifestação indireta, por vezes, apresenta-se sob a forma expressa.

12.1.1 Silêncio na Formação dos Contratos

Apontamos na obra de *Direito civil: parte geral*, Cap. 20, e lembramos do Vol. III (Capítulo 6) que o dito popular *quem cala consente* não é jurídico. A discussão doutrinária e as consequências que podem advir em casos concretos impõem o exame do silêncio na vontade contratual.

Como ressaltamos, a regra geral, a partir da qual se inicia o exame do problema, é ser o silêncio um fato ambíguo e por si só não representa uma manifestação de vontade: quem cala não nega, mas também não afirma. Ele não se confunde com a manifestação tácita, que deixa perceptível o consentimento pelos atos e fatos externos de comportamento do agente.

Concluímos que o silêncio somente estará apto a materializar um consentimento contratual quando vier acompanhado de outras circunstâncias ou condições, que envolvem a vontade contratual no caso concreto. Trata-se, portanto, de um silêncio qualificado que equivale a uma manifestação de vontade. Como dissemos,

> *"o silêncio de um contratante só pode induzir a manifestação, aquiescência de contratar, se naquelas determinadas circunstâncias, inclusive pelos usos e costumes do lugar, se pode intuir uma manifestação de vontade"* (Venosa, *Direito civil: parte geral*, seção 20.2.2).

Nesse sentido, a redação do art. 111 do Código.

Nessas premissas, não se pode aceitar a ideia de que quem simplesmente se cala em face de uma proposta de contrato aceita-a (*qui tacet consentire videtur* – quem cala consente).[1] Em

---

[1] "Apelações cíveis – Ação de cobrança – Contrato de prestação de serviços – Alegação de aceitação tácita – Art. 111 do Código Civil – Inocorrência – Silêncio que, no caso concreto, não configura anuência – Ausência de cláusulas pactuadas formalmente – Valores limitados ao período de execução efetiva – Sentença mantida – Recurso autoral improvido – Apelação da ré – Deserção – Não conhecimento" (*TJSP* – Ap 1137607-63.2022.8.26.0100, 4-7-2025, Rel. João Casali).

"Apelação – Representação comercial – Rescisão e quitação do primeiro contrato de representação comercial – Celebração no dia seguinte de um segundo contrato de representação comercial – Simulação – Pretensão de que seja declarada a nulidade da rescisão e da quitação do primeiro contrato de representação comercial – Cabimento – Hipótese em que a simulação pode ser alegada por quaisquer das partes celebrantes dos negócios simulados – Precedentes do STJ – Não comprovação nos autos do processo de justa causa para a rescisão e a quitação do primeiro contrato de representação comercial, seguida da imediata celebração de um novo contrato de representação comercial, tendo em vista o prosseguimento, sem hiato temporal algum, da relação comercial entre as partes – Necessidade de perquirir quanto à validade do negócio jurídico dissimulado, qual seja, o segundo contrato de representação comercial – Novo contrato de representação comercial que previu considerável redução de percentuais de comissão (de 10% para 3%), redução de clientela e redução do prazo de vigência – Contratação lesiva à representante comercial, parte contratante vulnerável e hipossuficiente – Consequente diminuição da média dos resultados auferidos no âmbito da representação comercial em periodicidade inferior à autorizada em lei (Lei nº 4.886/1965, art. 32, § 7º) – Rescisão e quitação do primeiro contrato de representação que não se prestaram a encerrar a relação comercial entre as partes, e, sim, a modificar a dinâmica contratual, em violação à lei de regência – Nulidade reconhecida, por simulação (CC, art. 167, 'caput', c/c § 1º, inciso II) – Aplicação da comissão de 10% também para o segundo contrato de representação comercial – Recurso provido. Apelação – Representação comercial – Redução unilateral pela representada durante a vigência do primeiro contrato de representação comercial, do percentual de comissão aplicável a determinado produto, cuja vendagem era nova – Anuência tácita da representante comercial – Pretensão de que seja declarada a nulidade da redução, de 10% para 6%, da comissão paga pela venda dos produto 'Hada Labo' ao cliente 'Campos Floridos' – Cabimento – Hipótese em que o primeiro contrato de representação comercial celebrado entre as partes nada estabeleceu quanto a comissões distintas para produtos novos – Redução aplicada unilateralmente pela ré – Inviabilidade de se reconhecer uma suposta concordância tácita da autora, pois o **silêncio não importa anuência** (CC, art. 111) e, também, porque o contrato previa expressamente que a tolerância a infrações contratuais não poderia ser tida como transação ou novação – Redução da comissão que, ademais, é nula de pleno direito, pois realizada em desacordo com o art. 32, § 7º, da Lei de Representação Comercial – Comissão restabelecida para 10% para o produto em questão – recurso provido" (*TJSP* – Ap 1008819-65.2021.8.26.0003, 17-4-2024, Relª Ana de Lourdes Coutinho Silva da Fonseca).

"Locação de imóvel não residencial – Ação de cobrança proposta por quem figura como locador em contrato que tinha como objeto 'locação e arrendamento de lava-rápido e estacionamento' – Tese defensiva no sentido da anulação do contrato, porque o autor não era proprietário nem possuidor do imóvel, tendo, tão somente, figurado como fiador em contrato de locação originário, com cláusula que vedava sublocação, sem autorização expressa do proprietário – Sentença que acolheu a defesa e julgou improcedente a ação, que está a admitir reforma parcial – Incontroverso que, os réus, em razão do contrato firmado com o autor, tomaram a posse do ponto comercial, tratando-se de lava-rápido e estacionamento e o usufruíram durante anos, pagando os valores acordados, a menor – Evidente a concordância tácita do proprietário, neste longo período, sem qualquer providência contrária, até que se desaveio com o autor e os réus passaram a pagar a ele, diretamente, o valor locativo – Procedência da ação em relação à (incontroversa) diferença de aluguéis no período de janeiro/2017 a dezembro/2019 – Incidência do art. 111 do Código Civil, no sentido de que o **silêncio importa em anuência** – Elementos documentais dos autos

qualquer situação, o silêncio deve ser visto pelo intérprete com muita cautela, propendendo pela inexistência de manifestação volitiva, se dúvida houver. Não podemos admitir, também, como consentimento a situação de quem se cala, quando podia e devia se manifestar (*qui tacet, ubi loqui potuit ac debuit, consentire videtur* – quem cala, quando poderia ou deveria falar, consente). A conclusão básica acerca do tema é quem cala não nega nem confessa; não diz que não nem que sim; não rejeita nem aceita (*qui tacet neque negat, neque utique fatetur*). Não sendo o silêncio qualificado, sua admissão indiscriminada fatalmente desaguaria no abuso de direito. A esse respeito o Código de Defesa do Consumidor (art. 39, VI) diz que:

> *"é vedado ao fornecedor de produtos ou serviços:... executar serviços sem a prévia elaboração de orçamento e autorização expressa do consumidor, ressalvadas as decorrentes de práticas anteriores entre as partes".*

Em qualquer situação em que pretenda examinar o silêncio como manifestação de vontade, o intérprete deve levar em conta o princípio da boa-fé, orientador da conduta dos participantes. Darcy Bessone (1987:193) menciona as seguintes hipóteses de silêncio qualificado, e por conseguinte gerador da vontade contratual:

> *"(a) preexistência de convenção das partes, estabelecendo que o silêncio, em face de dada proposta, equivalerá à aceitação; (b) relações anteriores entre as partes, frequentes e sucessivas, permitindo inferir-se a vontade abstencionista; (c) provocação da proposta por quem silencie; (d) ser a oferta do interesse exclusivo de quem não se manifesta".*

Em qualquer caso desses, é importante a atividade do juiz no exame da qualificação do silêncio. Já enfatizamos em várias oportunidades que, por vezes, a própria lei concede um valor qualificado ao silêncio. O mesmo pode ocorrer com os costumes. Deve o intérprete examinar suas circunstâncias sob o aspecto social e psicológico. Enfim, o silente pretendeu mesmo contratar, do contrário faltaria o pressuposto fundamental da vontade no negócio jurídico. O silêncio circunstanciado cai no domínio da vontade tácita, embora não se confunda com a manifestação tácita.

Por outro lado, deve ser sublinhado que não pode o ofertante de um contrato indicar as condições pelas quais o silêncio deva ser admitido como manifestação de vontade. Conhecida é, a esse respeito, a prática inescrupulosa de comércio que, sem iniciativa da parte, remete mercadoria a ela, e menciona na proposta que a não devolução em certo prazo implica aceitação do contrato de venda e compra. Não apenas o silêncio, nessa hipótese, não tem valor, como existe abuso de direito a ser coibido pelos tribunais.

---

indicando que, a partir de janeiro de 2020, os alugueres passaram a ser pagos diretamente ao proprietário do imóvel, que comunicou aos réus que a sublocação era vedada – Recurso provido, em parte" (*TJSP* – Ap 1004521-46.2020.8.26.0009, 29-4-2022, Rel. Caio Marcelo Mendes de Oliveira).

"Apelação cível proposta de transação – Acordo não realizado – **Silêncio de uma das partes** – Impossibilidade de efeito vinculativo do silêncio ou aceitação tácita. Sentença anulada. Recurso conhecido e provido à unanimidade – No caso dos autos, houve a apresentação de uma proposta de transação por uma parte e a parte adversa, intimada, não se pronunciou, tendo o magistrado homologado a propositura de transação, considerando o silêncio como aceitação à proposta de acordo – No caso em tela, não há de se falar em aceitação tácita já que a transação possui caráter contratual, sendo assim, a vontade das partes elemento essencial à sua formação, não se podendo admitir que quem pura e simplesmente silencia em face de proposta de contrato a aceita – Não se deve confundir consentimento tácito com efeito vinculativo do silêncio, pois este, não sendo nem afirmação nem negação, não pode ser considerado como manifestação tácita do querer. Por conseguinte, a expressão corrente, segundo a qual quem cala consente, não apresenta foros de juridicidade, pois, em rigor, quem cala não diz coisa nenhuma (Sílvio Rodrigues, in *Direito Civil*, Vol. 3, Ed. Saraiva, 29ª Ed., 2003, p. 67)" (*TJSE* – AC 201800828298 – (27050/2018), 9-10-2019, Rel. Des. Ricardo Múcio Santana de A. Lima).

12.2 PERÍODO PRÉ-CONTRATUAL. FORMAÇÃO DA VONTADE CONTRATUAL

O período de formação da vontade contratual pode ser mais ou menos extenso. O contrato pode ser concluído instantaneamente, ficando quase imperceptível, ou inexistindo uma fase preliminar. Contudo, não é o mais comum. Geralmente, os contratos com maior complexidade exigem uma troca normal de tratativas e negociação. Essa fase de tratativas, ou puntuação, será tanto mais extensa e complexa quando no futuro contrato existir um interesse econômico relevante, um conteúdo complexo, a observância de determinada forma imposta pela lei ou pelas partes etc. É a fase também conhecida por *negociações*.

Essas tratativas ocorrem na presença ou na ausência das partes, como veremos, bem como por meio de representantes ou núncios. As pessoas jurídicas fazem-se representar por seus órgãos, nem sempre aqueles que celebrarão o negócio.

Existe, portanto, maturação das negociações antes que culminem na conclusão do contrato. Ao final das tratativas, as partes desembocam quer num contrato definitivo, quer num contrato preliminar, ou então não concluem negócio algum, frustrando-se as expectativas. No contrato preliminar, as partes preordenam o que será disposto no definitivo, mas o contrato em si já é definitivo. A questão da *responsabilidade pré-contratual*, tanto pela recusa de contratar como pelo rompimento injustificado das negociações, foi examinada no Capítulo 9 desta obra. A responsabilidade, nesse caso, é extracontratual, porque contrato não houve.

Já se mencionou que as tratativas podem ser ingentes, precedidas de estudos, projetos e reflexão profunda sobre as implicações da contratação. Deixando agora à margem o rompimento das negociações preliminares, questão importante que surge na matéria é a fixação do momento em que reputamos concluído o contrato.

As negociações preliminares não obrigam, enquanto não firmado o contrato. As concordâncias paulatinas obtidas ainda constituem tratativas; não são contratos. Essas tratativas podem transcorrer unicamente sob a forma oral, mas também podem ser documentadas, com correspondência entre os interessados, anotações etc. Por vezes, há interesse das partes de se assegurarem por escrito nessa fase pré-contratual, denominada pontuação, em que pode surgir um esboço ou rascunho do contrato, ou uma carta de intenções. Denomina-se geralmente *minuta* o esboço do futuro contrato. O termo significa algo que é menor, leve. A minuta, em regra, não obriga, mas serve de subsídio para a interpretação do futuro contrato. Pode também servir de base probatória para o exercício da ação de indenização pelo rompimento injustificado das tratativas. Há outro significado impróprio para a minuta, que é o de um resumo ou sinopse de um contrato já firmado, o que não se aplica ao tema tratado.

As negociações preliminares ou as tratativas não podem ter o mesmo tratamento jurídico da oferta, esta com consequências estabelecidas na lei. A oferta já traz uma manifestação de vontade inequívoca de contratar e, enquanto não revogada, até o momento legalmente permitido, é obrigatória (Lopes, 1964, v. 3:75).

As negociações preliminares não traduzem uma vontade definitiva de vincular-se ao contrato. As circunstâncias concretas serão importantes para distinguir ambos os fenômenos. A lei dá força vinculativa à proposta. Essa é sua verdadeira natureza jurídica. A frustração da proposta pode gerar um dever de indenizar, por vontade da lei, dever esse que não é contratual, porque contrato não existe. Contudo, ao rompimento da proposta aplicamos princípios legais quando ocorrer inadimplemento, assemelhando-se a uma obrigação, enquanto o rompimento injustificado das negociações preliminares e a recusa de contratar situam-se, como já estudamos, no plano exclusivo da responsabilidade extracontratual.

Discute-se se a minuta assinada é vinculativa. A questão é exclusivamente de exame do caso concreto. Se apenas uma das partes firmou a minuta, poderá ela ter os efeitos de uma proposta. Se firmada por ambos os contratantes, a questão é de interpretação de sua vontade. Poderá valer como contrato se a lei, ou a vontade das partes, não exigir escritura pública. Por outro lado, se o contrato é apresentado à parte em desacordo com a minuta e mesmo assim concluído, a questão é transferida para os vícios de vontade, podendo ocorrer erro ou dolo.

12.2.1 Contratos Preliminares. A Opção

Já se referiu a esses institutos no Capítulo 5, seção 5.8. Os contratos preliminares, que por negócios jurídicos devem ser entendidos, são contratos perfeitos e concluídos. Podem ser bilaterais, quando, por exemplo, as partes se comprometem reciprocamente a cumprir obrigações e a firmar a escritura definitiva de venda e compra de um imóvel; mas podem ser unilaterais, quando uma só das partes se obriga a contratar. A outra parte, nesse caso, fica com a faculdade de exigir a outorga definitiva em certo prazo, como ocorre com a *opção*, conforme já mencionado (Capítulo 5).

Na opção, o outorgante compromete-se a não revogar a avença, a qual, se violada, o sujeita a perdas e danos. Ocorre uma verdadeira renúncia temporária à revogação da proposta. Voltaremos à matéria ao examinarmos os contratos em espécie.

12.3 OFERTA OU PROPOSTA

A oferta ou proposta, também denominada policitação, é a primeira fase efetiva do contrato, disciplinada na lei. Na proposta, existe uma declaração de vontade pela qual uma pessoa (o proponente) propõe a outra (o oblato) os termos para a conclusão de um contrato.[2] Para

---

2 "Apelação cível. Ação com pedido de cobrança. Comissão de corretagem imobiliária. Alegação de arrependimento imotivado dos comitentes. Inocorrência. **Negociação que não ultrapassou a fase de policitação**. Proposta formulada pelos proponentes compradores que sequer foi aceita pelos vendedores. Mera aproximação das partes sem obtenção de resultado útil. Ademais, proposta de compra que apresentou condições novas, que não estavam descritas na opção dada ao corretor. Negócio não aperfeiçoado. Inexistência de direito ao recebimento de comissão. Inteligência do art. 725, do Código Civil. Sentença de improcedência mantida. Honorários advocatícios recursais fixados. Recurso de apelação conhecido e não provido" (*TJPR* – Ap 0000825-62.2021.8.16.0138, 20-6-2023, Rel. José Sebastião Fagundes Cunha).

"Compromisso de venda e compra de imóvel – **Negócio frustrado na fase de puntuação**, na qual ainda se redigia a minuta do futuro contrato. Os autores se propuseram adquirir o imóvel dos réus, desde que aprovado o projeto de construção na Prefeitura e averbado no registro do imóvel. O projeto aprovado não coincidia com a construção existente no terreno. Situação que justificou a retirada da mesa de negociação. Ausência de culpa *in contrahendo*, geradora de responsabilidade pré-contratual por violação da confiança. Ainda que se admita que as partes iniciaram o ciclo de formação do contrato, a aceitação não guarda exata coincidência com a proposta. Obrigação dos réus de devolução de sinal pago antes mesmo da celebração do contrato que não foi concluído. Inexistência de arras, que não se confundem com mero sinal. Ação de restituição do sinal procedente. Recurso não provido. (*TJSP* – AC 1000842-76.2017.8.26.0095, 26-6-2019, Rel. Francisco Loureiro).

"Ação de rescisão contratual c/c indenizatória – **Instrumento particular de proposta de compra de imóvel** – Pagamento de sinal – Estipulação no sentido de que se o financiamento não fosse aprovado, a quantia seria integralmente devolvida ao autor. Revelia da parte ré. Fatos incontroversos. Financiamento não aprovado pela instituição financeira. Proprietária do imóvel que concordou com o desfazimento do negócio jurídico, tendo devolvido ao autor parte da quantia recebida. Parte ré que reteve maior parte do valor pago pelo autor, sem qualquer justificativa, eis que não houve qualquer estipulação em relação a comissão de corretagem. Na ausência de disposição em contrário, a comissão de corretagem deve ser arcada pelo vendedor. Teor do artigo 490 do Código Civil. Dano moral não caracterizado. Descumprimento de contrato. Mero aborrecimento. Parcial provimento da Apelação" (*TJRJ* – AC 0029672-21.2014.8.19.0208, 22-5-2018, Rel. Camilo Ribeiro Ruliere).

"Mediação – Comissão de corretagem – Proposta e aceitação imediata – Não implementação por culpa do comprador – Comissão Devida – A proposta, também chamada **policitação**, é o momento inicial da formação do contrato;

que este se aperfeiçoe, basta que o oblato a aceite. Serpa Lopes (1964, v. 3:86) conclui que a oferta é uma declaração unilateral do proponente, receptícia, e que deve conter, em princípio, os elementos essenciais do negócio jurídico.

A proposta deve ser clara e objetiva, descrevendo os pontos principais do contrato. Nesse aspecto, apresenta-se, portanto, de forma diversa das negociações preliminares. A proposta vincula a vontade do proponente, que somente ficará liberada com a negativa do oblato ou o decurso do prazo estipulado na oferta (ou pela caducidade, em razão da natureza da proposta). A esse respeito diz o art. 427 do Código Civil:

> *"A proposta de contrato obriga o proponente, se o contrário não resultar dos termos dela, da natureza do negócio ou das circunstâncias do caso."*[3]

É o ato pelo qual uma das partes solicita a manifestação de vontade da outra. Não depende em regra, de forma especial e, uma vez formulada, obriga o proponente, se o contrário não resultar dos termos dela, da natureza do negócio, ou das circunstâncias do caso (art. 427, CC). Entre presentes, o contrato reputa-se concluído no instante em que o solicitado, a quem foi dirigida a proposta, emite a sua aceitação. É devida a comissão de corretagem quando aceita a proposta de compra e venda de imóvel, ainda que não implementada a condição suspensiva do negócio jurídico – Obtenção de financiamento pela Caixa Econômica Federal –, respondendo a parte que impossibilitou a eficácia do negócio jurídico pela obrigação de pagar o corretor. Recurso desprovido" (*TJSP* – Ap 4012625-84.2013.8.26.0602, 17-8-2017, Rel. Gilberto Leme).

"Direito civil. Declaratória. Negócio jurídico. Aceitação. Contrato não aperfeiçoado. Distrato. Proposta. Não aceita. Reconhecimento do contrato. Impossibilidade. Enriquecimento sem causa. Não configurado. Honorários sucumbenciais. *Quantum* fixado. Patamar ínfimo. Majoração. Possibilidade. I – A formação dos contratos envolve quatro fases, sendo elas: a fase de negociações preliminares ou de puntuação; A fase de proposta, **policitação ou oblação**; A fase do contrato preliminar e a do contrato definitivo ou de aperfeiçoamento do contrato. II – Ocorre o distrato quando o liame subjetivo entre as partes é desfeito, em especial, quando a proposta e a aceitação são desfeitas, antes do aperfeiçoamento da relação contratual. III – Tratativas contratuais preliminares não ensejam, necessariamente, formalização do negócio jurídico, razão por que inexiste, até então, vinculação com eventual compromisso assumido por qualquer das partes, com base no contrato ainda não formalizado. IV – É ônus do autor comprovar o fato constitutivo do seu direito, inteligência do artigo 333, I, do Código de Ritos. V – A mera alegação de que o réu teria enriquecido por conta do dinheiro do autor não se justifica, quando não há comprovação. VI – Nas causas em que não houver condenação, embora caiba ao juiz a fixação equitativa da verba honorária, deverá fixar o valor observando os critérios estabelecidos no § 3º do art. 20 do Código de Processo Civil. VII – Possibilidade de majoração dos honorários de sucumbências, quando verificada a alta complexidade e importância da causa e, mesmo assim, ocorre a fixação em *quantum* ínfimo. VIII – Ambas as apelações conhecidas. Recurso do autor desprovido. Apelação do réu provida" (*TJDFT* – Proc. 20130110905647-(875014), 22-6-2015, Rel. Des. Gilberto Pereira de Oliveira).

"**Títulos de crédito (duplicatas)** – Ação declaratória de inexigibilidade de débito c.c. – Repetição de indébito c.c. – Reparação de danos, Precedida de ações cautelares de sustação de protesto, com reconvenção. Reconvenção. Interesse processual presente. A ré/reconvinte pretende a condenação da autora/reconvinda a pagar-lhe a dívida inadimplida (interesse-necessidade), e a via eleita não é só possível, mas adequada à formulação de sua pretensão (interesse-adequação). Aquisição de mercadoria e inadimplemento confessados. Novação não configurada. Licitude dos protestos. A ré/reconvinte não praticou ato ilícito ao apontar os títulos a protesto, mormente porque a aquisição da mercadoria e o inadimplemento foram confessados. As tratativas para cumprimento da obrigação não ultrapassaram a fase de negociações preliminares ou de puntuação, e, à míngua de proposta (ou policitação), não se concretizou o acordo de vontades, não havendo falar, portanto, em novação. Honorários advocatícios. Manutenção. O arbitramento da verba honorária revelou-se adequado, remunerando de forma adequada o trabalho desenvolvido pelo patrono da ré/reconvinte, à luz das diretrizes estatuídas nas alíneas do § 3º, do art. 20, do CPC. Apelação não provida" (*TJSP* – Ap 0000350-71.2010.8.26.0152, 14-5-2014, Rel. Sandra Galhardo Esteves).

3 "Direito do consumidor. Apelação cível. Corretagem de plano de saúde. Proposta comercial formalizada por meio eletrônico. Oferta vinculante. Descumprimento. Obrigação de cumprimento forçado da oferta. Condenação. Indenização por danos morais indevida. Recurso parcialmente provido. I. Caso em exame 1. Ação visando ao cumprimento forçado de oferta comercial referente a descontos sobre mensalidades de plano de saúde. A autora alegou que a ré ofertou desconto vitalício de 15% no plano de saúde, assumindo o compromisso de arcar anualmente com o valor correspondente a duas parcelas do plano de saúde. No entanto, a ré não cumpriu o acordo, deixando de efetuar os pagamentos pactuados. A sentença de primeiro grau julgou improcedentes os pedidos sob o fundamento de ausência de contrato formal. A autora interpôs apelação pleiteando a reforma da decisão. II. Questão em discussão 2. Há três questões em discussão: (i) definir se a oferta realizada por meio eletrônico vincula a ré ao cumprimento forçado das condições ofertadas; (ii) estabelecer se a autora faz jus ao pagamento das parcelas vencidas; e (iii) estabelecer se há direito a indenização por danos morais. III. Razões de decidir 3. O

As exceções dispostas na lei permitem a conclusão de que a manifestação de vontade nesse aspecto não é oferta, mas apenas parte das negociações preliminares.

No entanto, leve em conta também que a proposta pode ter um prazo certo de validade, ou então os usos e costumes não a fazem obrigatória. É o que será examinado no caso concreto. Não persistindo as exceções legais, a recusa em contratar pelo ofertante o sujeitará à indenização por perdas e danos.

Código de Defesa do Consumidor se aplica ao caso, pois a autora, ainda que pessoa jurídica, é destinatária final do serviço contratado de corretagem de seguros. 4. A oferta formalizada por e-mail vincula a requerida, nos termos do art. 30 do CDC e do art. 427 do Código Civil. 5. A proposta enviada pela requerida continha previsão expressa de desconto por prazo indeterminado, desde que a autora permanecesse com a apólice ativa, tornando exigível seu cumprimento. 6. A requerida deve ser condenada ao cumprimento forçado da oferta, com pagamento dos descontos ofertados mediante quitação das prestações anuais do plano de saúde, nos meses de março e abril, por prazo indeterminado. Tal obrigação se estende a todas as prestações que se venceram no curso do processo e também às vincendas. 7. A autora faz jus ao reembolso das parcelas vencidas em março e abril de 2023 e 2024, com correção monetária e juros moratórios desde a data de cada desembolso. 8. O pedido de indenização por danos morais deve ser rejeitado, pois a pessoa jurídica apenas faz jus a esse tipo de reparação quando comprovado prejuízo à sua honra objetiva, o que não ocorreu no caso. IV. Dispositivo e tese 9. Recurso parcialmente provido. Dispositivos relevantes citados: CDC, arts. 2º, 3º, 30 e 35, I; CC, arts. 389, 404, 406 e 427; Lei nº 14.905/2024, art. 5º, II. Jurisprudência relevante citada: STJ, REsp nº 1.660.164/SP, Rel. Min. Marco Aurélio Bellizze, 3ª Turma, j. 17.10.2017, DJe 23.10.2017; STJ, REsp nº 1.822.640/SC, Rel. Min. Nancy Andrighi, 3ª Turma, j. 12.11.2019, DJe 19.11.2019" (*TJSP* – Ap 1010622-63.2024.8.26.0008, 24-4-2025, Rel. Léa Duarte).

"Apelação cível. Ação de busca e apreensão. Consumidor. Concomitância da ação judicial com a proposta de acordo extrajudicial. Violação do direito de informação e da transparência. Verificado. Conclusão da proposta de renegociação enviada ao oblato. Faculdade do credor proponente. Descabível. **Vinculação aos termos da proposta. Obrigação do policitante. Art. 427 do CC e art. 48 do CDC**. Formalização da alteração do contrato determinada em sentença. Possibilidade. Incoerência entre a demanda judicial e a proposta de alteração contratual/refinanciamento. Improcedência da ação de busca e apreensão. Possibilidade. Recurso desprovido. 1. Cabe frisar que a relação jurídica em análise deve ser examinada de acordo com as balizas do sistema consumerista, porquanto as partes envolvidas se enquadram no conceito de consumidora e fornecedora, respectivamente, nos termos do art. 2º, caput, e art. 3º, caput, ambos do CDC. 2. Das regras aplicáveis à formação dos contratos, extrai-se a vinculação do proponente à proposta formulada, sobretudo quando imediatamente aceita, à exegese do disposto no art. 427 do CC: "A proposta de contrato obriga o proponente, se o contrário não resultar dos termos dela, da natureza do negócio, ou das circunstâncias do caso", e também art. 48 do CDC: "As declarações de vontade constantes de escritos particulares, recibos e pré-contratos relativos às relações de consumo vinculam o fornecedor, ensejando inclusive execução específica, nos termos do art. 84 e parágrafos". 3. No particular, o e-mail, no qual veiculou-se proposta de repactuação, à Inteligência do disciplinado no art. 427 do CC, vincula/obriga o proponente/policitante, nos seus termos, tendo em vista que a aceitação do oblato aperfeiçoa e conclui o acordo pelo encontro das declarações de vontade. 4. Por conseguinte, a proposta enviada vincula o banco policitante, pois gera uma expetativa de que o combinado seria finalizado, fato este afasta o acolhimento da ação de busca e apreensão, posto que totalmente contraditória com comportamento do recorrente em relação às tratativas feitas do refinanciamento. 5. Nesse contexto, verifica-se que o negócio jurídico entabulado entre as partes (renegociação/alteração contratual) é legal, válido e vinculante, eis que seu conteúdo especificou claramente as condições e a nova forma de pagamento, situação que afasta qualquer suposta faculdade do apelante em não assumir e concluir a proposta formulada. 6. Recurso desprovido" (*TJDFT* – AP 07051344320208070018, 19-5-2021, Rel. Alfeu Machado).

"Apelação cível – Ação de repetição de indébito c/c indenização – Contrato de empréstimo com portabilidade – **Proposta que não vincula o proponente em razão das circunstâncias do caso** – Saldo creditado a menor em conta corrente – Débito indevido em conta corrente – Pequena quantia devolvida no mesmo mês – Danos morais – Ausência de prova da ofensa ou lesão à honra – Mero dissabor – I- De acordo com o art. 427 do Código Civil, a proposta somente obriga o proponente se o contrário não resultar dos termos dela, da natureza do negócio, ou das circunstâncias do caso. II- No caso de o valor do empréstimo efetivamente contratado e o valor quitado do contrato objeto da portabilidade serem diversos daqueles constantes na proposta, não há vinculação do proponente em razão das circunstâncias do caso. III- Ao dever de reparar, impõe-se a configuração de ato ilícito, nexo causal e dano, nos termos dos arts. 927, 186 e 187 do CC/02 , de modo que, afastado um destes requisitos, não deve haver condenação, ressalvada a hipótese de responsabilidade objetiva, na qual prescindível a demonstração da culpa. IV- Ausente nos autos a comprovação do abalo psicológico ou das lesões de ordem moral causadas pelo desconto indevido de pequena quantia na conta corrente do autor, cuja devolução foi feita no mesmo mês, e pelo crédito a menor de quantia ínfima de saldo de empréstimo, faz-se indevida a indenização por danos morais, configurando-se o ocorrido como meros aborrecimentos" (*TJMG* – AC 1.0000.18.125139-8/001, 29-3-2019, Rel. João Cancio).

A proposta séria é aquela que demonstra efetiva vontade de contratar, não um simples espírito jocoso ou social, por exemplo. A proposta feita ao público em vitrinas, mostruários, catálogos, anúncios etc. vincula o ofertante. O conteúdo completo desse tipo de proposta é um direito básico do consumidor (art. 6º, III, do Código de Defesa do Consumidor):

> *"A informação adequada e clara sobre os diferentes produtos e serviços, com especificação correta de quantidade, características, composição, qualidade, tributos incidentes e preço, bem como sobre os riscos que apresentem."*

O fornecedor deve garantir não somente o preço e as características do produto e serviços, mas também as quantidades disponíveis em oferta. As ofertas de espetáculos públicos, por exemplo, devem discriminar o número de pessoas que pode ser admitido no teatro, cinema, estádios esportivos etc. Por outro lado, o art. 30 dessa lei do consumidor dispõe, a respeito da oferta:

> *"Toda informação ou publicidade, suficientemente precisa, veiculada por qualquer forma ou meio de comunicação com relação a produtos e serviços oferecidos ou apresentados, obriga o fornecedor que a fizer veicular ou dela se utilizar e integra o contrato que vier a ser celebrado."*

O aderente, no caso o consumidor, deve saber exatamente o conteúdo de sua aquisição. Desse modo, perante essa lei expressa, está dirimida entre nós qualquer dúvida que pudesse haver acerca da vinculação das ofertas feitas ao público em geral ou a um número indeterminado de pessoas. O art. 31 da mesma lei é absolutamente expresso sobre o que deve conter a proposta nesse caso:

> *"A oferta e apresentação de produtos ou serviços devem assegurar informações corretas, claras, precisas, ostensivas e em língua portuguesa sobre suas características, qualidades, quantidade, composição, preço, garantia, prazos de validade e origem, entre outros dados, bem como sobre os riscos que apresentam à saúde e segurança dos consumidores.*
>
> *Parágrafo único. As informações de que trata este artigo, nos produtos refrigerados oferecidos ao consumidor, serão gravadas de forma indelével (Redação incluída pela Lei 11.989, de 2009)."*

A omissão desses requisitos na oferta ou na simples exposição de produtos à venda implica a responsabilidade do fornecedor, responsabilidade solidária com seus prepostos ou representantes (art. 34 do CDC). A referida lei é rigorosa, exigindo que os produtos importados tenham não somente a oferta, mas também os manuais em português. Nesse diapasão, a oferta obriga também os sucessores do proponente. Esses dispositivos vinculam tanto o fabricante como o comerciante e respectivos prepostos.

12.4 FORÇA VINCULANTE DA OFERTA

Importa precisar que a proposta é vinculativa da vontade do proponente, dentro do sistema de nosso Código. Lembre-se de que tanto a proposta como a aceitação são manifestação de vontade unilateral, com efeitos jurídicos. A proposta e a aceitação buscam a integração de duas vontades, para formar a vontade contratual.

No Código francês, não há dispositivo expresso acerca da obrigatoriedade da proposta. Entendemos ali que a oferta não tem força vinculante. Em consequência, o ofertante pode retirar a proposta até a aceitação. Tal sistema gera insegurança para os interessados.

No sistema do Código alemão, a proposta é vinculativa e deve ser mantida sob certo prazo e sob certas condições. Não se confunde a vinculação da proposta com sua revogabilidade. O ofertante pode deixar de realizar o negócio, submetendo-se a perdas e danos. Não poderá fazê-lo, porém, se a proposta vier com a cláusula de *irrevogabilidade*.

O art. 427 de nosso Código filia-se ao sistema germânico. A proposta é vinculativa, com efeitos concretos, sendo esses efeitos já disciplinados pela lei do consumidor. A formação do contrato diz respeito tanto aos interessados presentes quanto aos ausentes. No entanto, como vemos da dicção legal, esse princípio vinculante da proposta não é absoluto.

Em sede de direitos do consumidor, entretanto, com a simples oferta ao público o fornecedor vincula-se aos termos da proposta, conforme o acima expresso. Isto ocorre independentemente da presença do consumidor no estabelecimento comercial. Desde a proposta, e enquanto ela tiver validade, o fornecedor deve garantir suas condições: não pode revogar a proposta nem alterar o preço. Existe aqui, sem dúvida, evolução de posição com relação às teorias expostas no passado. Deve o fornecedor atender aos adquirentes no limite do estoque anunciado, sob pena de responsabilidade. A esse respeito dispõe o art. 35 do Código de Defesa do Consumidor:

> *"Se o fornecedor de produtos ou serviços recusar cumprimento à oferta, apresentação ou publicidade, o consumidor poderá, alternativamente e à sua livre escolha: I – exigir o cumprimento forçado da obrigação, nos termos da oferta, apresentação ou publicidade; II – aceitar outro produto ou prestação de serviço equivalente; III – rescindir o contrato, com direito à restituição de quantia eventualmente antecipada, monetariamente atualizada, e a perdas e danos."*

12.4.1 Manutenção da Proposta pelos Sucessores do Ofertante

No campo dos direitos do consumidor, não resta sombra de dúvida de que o espírito da lei obriga o sucessor do fornecedor à proposta oferecida por este. Isto é aplicado tanto no caso de sucessão *inter vivos* como *causa mortis*.

A teoria tradicionalmente aceita em nosso Direito também entende que os herdeiros obrigam-se a cumprir a oferta do proponente falecido. Trata-se de consequência da adoção da teoria germânica entre nós. No sistema francês, como a oferta não era vinculativa, a morte do proponente extingue-a sem consequência para os herdeiros. No entanto, a oferta tem existência jurídica independentemente da aceitação. Constituindo-se uma obrigação, transmite-se aos herdeiros do ofertante, que somente poderão retratar-se na forma do art. 428, IV. O princípio, evidentemente, não se aplica a uma proposta de obrigação personalíssima.

O vigor da oferta vai até a realização do contrato. No dizer de Arnaldo Rizzardo (1988, v. 1:73), a morte intercorrente não desfaz a promessa, que se insere como elemento passivo da herança. A proposta se transmite aos herdeiros como qualquer outra obrigação.

12.4.2 Proposta Não Obrigatória

Vamos examinar a seguir, neste tópico e nos demais, as várias hipóteses, contidas nos arts. 427 e 428, que retiram a obrigatoriedade da proposta. O próprio ofertante ou proponente pode ressalvar que a proposta não é obrigatória, tanto que o art. 427 do Código Civil menciona: *"se o contrário não resultar dos termos dela"*. O ofertante pode inserir no documento cláusulas como *"não vale como proposta"; "sujeita a confirmação"; "apenas para divulgação"* etc. Aplicamos essa hipótese também no âmbito do consumidor.[4]

Por vezes, como diz a lei, a própria natureza do negócio deixa de tornar a proposta obrigatória. O exame será do caso concreto e das situações dos próprios incisos do art. 428, o que é examinado na seção 12.4.4.

O projeto de reforma do Código Civil busca adaptar e atualizar os textos sobre inteligência artificial e os contratos eletrônicos, algo absolutamente necessário.

12.4.3 Aceitação

A proposta é uma declaração de vontade dirigida a outra pessoa, ou a um grupo de pessoas. Essa oferta pode ocorrer na presença do oblato ou não. Se os interessados não estiverem presentes, há necessidade de que se expeça, por carta, ou outro meio, a proposta. Hoje o correio eletrônico (*e-mail*) é eficaz meio de comércio.

A aceitação é o ato de aderência à proposta feita. Somente é aceita proposta existente e válida, o que deve ser examinado em cada caso. A aceitação sob condição ou com novos elementos equivale a uma nova proposta, uma contraproposta, como veremos. Decorre daí que, para ser idônea a formar o contrato, a aceitação deve equivaler à proposta formulada. A aceitação deve ser pura e simples, obedecendo aos requisitos de tempestividade de forma, se houver. Exterioriza-se a aceitação com um simples aquiescer, um "de acordo", um "sim" ou palavra equivalente. A simples aposição de um "visto" do oblato não significa que a proposta tenha sido aceita. Nada impede, porém, que a aceitação venha com redação mais completa, inclusive com repetição de todos os termos da oferta. Também a rejeição da proposta ocorre de forma singela, com um simples "não aceita", "rejeitada" ou equivalente. Nas ofertas ao público em geral, são elas aceitas à medida que os interessados se apresentam no estabelecimento do ofertante, quando não se tratar de reembolso postal ou outra modalidade de compra.

12.4.4 Duração e Eficácia da Proposta e da Aceitação. Retratação. Contratos por Correspondência: Teorias

A proposta não pode ter eficácia indefinida. O tempo de sua duração deve ser determinado ou determinável.

---

4 "Apelação cível – Ação de cobrança – Seguro Facultativo – Preliminares – Afronta à dialeticidade – Ilegitimidade – Rejeição – **Prazo para aceitação da proposta** – Envio de boleto para pagamento do prêmio – Aceitação tácita – Pagamento do prêmio posterior ao sinistro – Cobertura não iniciada – Se as razões recursais, conquanto sem primor, defendem teses aptas à reforma da sentença, resta observada a dialeticidade recursal. Havendo indício de relação de direito material entre as partes, exsurge sua pertinência subjetiva para demandar. Nada obstante disponha a seguradora do prazo de quinze dias para aceitar a proposta encaminhada pelo consumidor, o envio de boleto para pagamento do prêmio se traduz em aceitação tácita. Se a vigência da cobertura se iniciou após o sinistro, afastado o direito à indenização" (*TJMG* – AC 1.0000.18.141643-9/001, 26-4-2019, Rel. José Augusto Lourenço dos Santos).

"Locação – **Proposta – Aceitação condicionada à entrega de documentos** – Além disso, ao ajuste sobre o prazo de carência – Ausente demonstração de implemento da condição e de ajuste de vontades quanto ao prazo de carência – Proposta que não obriga em razão das circunstâncias do caso concreto – Ausente formação do contrato – Responsabilidade pré-contratual – Boa-fé e lealdade mantidas durante as tratativas para a contratação – No caso concreto, sem efetiva prática de atos preparatórios – Não alteração de endereço perante órgão oficial – Não recebimento de chaves – Desistência legítima durante as negociações preliminares – Ausente também abuso de direito – Sem hipótese para a exigência da prestação pretendida – Sentença mantida. Apelação não provida" (*TJSP* – Ap 1013267-81.2015.8.26.0071, 30-8-2018, Rel. Sá Moreira de Oliveira).

Cumpre examinar os efeitos da proposta entre *presentes* e *ausentes*. O inciso I do art. 428 diz que a proposta, *feita sem prazo a uma pessoa presente*, deixa de ser obrigatória, se não for imediatamente aceita. A lei considera presentes as partes na contratação por telefone ou meios assemelhados. Com as possibilidades de uso da linha telefônica para a contratação por computadores e fac-símile, a situação passa a merecer análise, o que faremos a seguir.

O contrato realizado *entre presentes* é aquele em que a proposta e a aceitação ocorrem diretamente entre as partes ou seus representantes. A lei entende como *entre ausentes* o contrato em que as partes se manifestam indiretamente, por intermediário, mensageiro ou outra forma de correspondência (Lopes, 1964, v. 3:85). O contato negocial por telefone ou meio semelhante, como, por exemplo, o chamado "chat" da internet, é entre presentes. Nessa orientação, verificamos que a ausência nada tem a ver com a distância em que se encontram os interessados, já que presentes são os que contratam por telefone. Quando ocorre a troca de correspondência, intercâmbio de documentos entre as partes, os participantes devem ser considerados ausentes, para os fins legais.

Quanto às pessoas ausentes, várias foram as opções encontradas no direito comparado. A proposta entre ausentes diz respeito à correspondência por carta ou telegrama, com ou sem a intervenção dos serviços de correio. A correspondência pode ser remetida e entregue pelo próprio interessado, ou por alguém contratado para tal.

Pelo *sistema da cognição ou informação*, o contrato somente se perfaz no momento em que o proponente toma conhecimento da aceitação. Tem o inconveniente de deixar ao arbítrio do ofertante tomar a iniciativa de conhecer a resposta, abrindo ou não a correspondência.

Pelo *sistema da agnação ou declaração em geral*, o contrato aperfeiçoa-se pela declaração do oblato. Existem três correntes dentro do sistema da agnação: pela *teoria da declaração propriamente dita*, o contrato completa-se no momento em que o oblato redige a aceitação. Nesse momento é que se exterioriza a vontade. No entanto, enquanto não expedida a resposta, a aceitação não ingressa no mundo jurídico, porque dela não se toma conhecimento. O sistema não pertence a qualquer lei comparada. Pela *teoria da expedição*, o momento de ultimação do contrato é aquele em que a aceitação é *expedida* pelo oblato. A partir daí, a aceitação ingressa no mundo jurídico, não tendo mais o aceitante como obstar, em tese, os efeitos de sua manifestação de vontade. Finalmente, pela *teoria da recepção*, o aperfeiçoamento do negócio jurídico somente ocorre quando o proponente recebe o comunicado da aceitação, ainda que não o leia.

Vejamos a redação do art. 1.086 do Código de 1916, que cuidava do aperfeiçoamento da *aceitação* da proposta:

> *"Os contratos por correspondência epistolar, ou telegráfica, tornam-se perfeitos desde que a aceitação é expedida, exceto:*
>
> *I – no caso do artigo antecedente;*
>
> *II – se o proponente se houver comprometido a esperar resposta;*
>
> *III – se ela não chegar no prazo convencionado."*

O Código de 2002 substitui o *caput* do artigo pela terminologia referente aos contratos entre ausentes, mantidas as três alíneas (*"Os contratos entre ausentes tornam-se perfeitos desde que a aceitação é expedida, exceto:..."*). Desse modo, é inescusável inferir que pertencem ao passado os contratos ultimados por via telegráfica, sendo substituídos pelo correio eletrônico ou outros meios informatizados. Embora a matéria do chamado comércio eletrônico deva ser regulamentada, inclusive no plano internacional, em princípio os contratos pelo chamado *e-mail* devem ser considerados entre ausentes, aplicáveis os princípios gerais do Código (art. 434).

Em termos claros, verificamos que nossa lei civil adotou a *teoria da expedição*, como já o fizera anteriormente o velho Código Comercial. Portanto, a regra geral está no *caput* do dispositivo aqui transcrito: nada se dispondo em contrário, temos como aperfeiçoado o contrato com a *expedição da aceitação*. No entanto, há temperamentos nessa adoção, porque o Código permite, apesar de acatar a teoria da expedição, a retratação da proposta, atendendo a uma necessidade social. Lembre-se, acima de tudo, de que essas regras acerca do momento da conclusão do contrato são supletivas da vontade das partes, que podem dispor diferentemente.

O oblato, que expedir a resposta aceitando-a, não estará impedido de se retratar; porém, torna-se imperioso que proceda de acordo com o art. 433, mencionando na exceção do inciso I do artigo posterior transcrito: "*Considera-se inexistente a aceitação, se antes dela ou com ela chegar ao proponente a retratação do aceitante.*" Deve então o aceitante envidar esforços para atender ao requisito legal, sob pena de responder por perdas e danos.

Questão que pode surgir na prática é acerca da contemporaneidade da chegada da retratação: a carta ou telegrama (ou *e-mail*) com a proposta e a carta ou telegrama (ou *e-mail*) com a retratação chegam, por exemplo, na mesma data. Temos de entender que o requisito da retratação foi cumprido, embora as características do caso concreto possam forçar interpretação diversa. Quem se vale do telegrama, por exemplo, pretende uma comunicação rápida.

O art. 428, disciplinador da obrigatoriedade da proposta, deve ser examinado em conjunto com o art. 434. Aí se afirma que a proposta deixa de ser obrigatória, "*se, antes dela, ou simultaneamente, chegar ao conhecimento da outra parte a retratação do proponente*" (art. 428, IV). Destarte, também o proponente pode desistir da proposta, mas, da mesma forma, deve fazer com que antes do recebimento pelo oblato, ou concomitantemente, receba ele a retratação. Essa simultaneidade deve ser vista como temperamento interpretativo, que se mencionou a respeito da retratação da aceitação. Nas ofertas feitas ao público, a retratação deve ocorrer da mesma forma da oferta e com o mesmo destaque, sob pena de ser ineficaz. É mais uma garantia que decorre da defesa dos direitos do consumidor.

A proposta pode trazer um prazo de validade, o que ocorre com frequência. Decorrido o prazo sem manifestação do oblato, desobriga-se o proponente. Deve ele tomar conhecimento da aceitação dentro do prazo. É o que diz o inciso III do art. 434. A proposta, mesmo sem prazo de validade, não pode ter vigência ilimitada no tempo. O momento em que caduca a proposta, nessa hipótese, é questão para o caso concreto e dependerá das circunstâncias.

Nos contratos que costumeiramente não exigem maiores tratativas, geralmente estabelecidos entre presentes, a proposta é feita sem prazo. Deve o oblato manifestar-se de imediato. Se nada disser, deixa de ser obrigatória a proposta (art. 428, I). Quando a proposta for feita *sem prazo à pessoa ausente*, ficará o proponente liberado da proposta se *tiver decorrido tempo suficiente para chegar a resposta* a seu conhecimento (art. 428, II). A questão é de exame do caso concreto, importando bastante os usos e costumes. O inciso III do art. 428 é corolário da teoria da expedição adotada pelo Código: a proposta deixa de ser obrigatória se feita a pessoa ausente, e *a resposta não é expedida no prazo dado*. É hipótese de proposta com prazo certo, portanto. Toda a matéria de oferta e aceitação é excessivamente casuística, realçando a importância das circunstâncias do negócio, apuradas na prova. Cumpre examinar, no caso concreto, quando ocorre uma aceitação tardia. Na hipótese em que ocorrer circunstância imprevista e a aceitação chegar tarde ao conhecimento do proponente, *este comunicá-lo-á imediatamente* ao aceitante, sob pena de responder por perdas e danos. Pode ocorrer que o aceitante tenha expedido a aceitação no prazo, mas tenha havido extravio ou retardamento na entrega da correspondência, por exemplo. Recebendo a aceitação a destempo, o proponente já poderia ter tomado outro rumo, não contando mais com esse negócio jurídico. Para que não incorra no dever de indenizar, deve comunicar imediatamente o fato ao oblato, que àquela altura já tinha o negócio como certo e ultimado.

A aceitação pode ser feita sob condição, com modificações e alterações. Configura-se, aí, uma contraproposta. Nesse caso, a espécie deve ser tratada como uma *nova proposta*, apresentada, então, pelo oblato. Não está o proponente obrigado a contratar o que não propôs. Equivale a nova proposta, também, quando a aceitação vem fora do prazo. É o que decorre da dicção do art. 431, que disciplina duas espécies que devem ser entendidas como contraproposta: a aceitação tardia, fora do prazo razoável ou estabelecido, e a aceitação com modificação na proposta original. A aceitação só ocorre com a adição total à proposta. Mormente sob inflação ou desequilíbrio econômico, não estará o proponente obrigado a contratar após o prazo concedido, ou nas hipóteses em que devemos entender como escoado o prazo razoável de aceitação. É possível a aceitação parcial quando o negócio admite fragmentação.

Há contratos em que as partes iniciam de plano o cumprimento das obrigações, com *aceitação tácita*, não sendo comum a aceitação. O início do cumprimento implica aceitação. Semelhante é a situação do proponente que abre mão expressamente da aceitação. Se o oblato não pretender ingressar na relação jurídica, deve notificar em tempo hábil o ofertante (art. 432):

> *"Se o negócio for daqueles em que se não costuma a aceitação expressa, ou o proponente a tiver dispensado, reputar-se-á concluído o contrato, não chegando a tempo a recusa."*

É o caso de um contrato de fornecimento de materiais ou prestação de serviços, por exemplo, em que periodicamente são alteradas as condições mediante comunicação do fornecedor (o que equivale à proposta de renovação). Se o oblato não concordar com as novas condições, deve comunicar a recusa antes de se iniciar o novo fornecimento ou a continuação da prestação de serviços.

Como acenamos, o art. 428 do Código substitui o art. 1.081 do antigo diploma:

> *"Deixa de ser obrigatória a proposta:*
>
> *I – se, feita sem prazo a pessoa presente, não foi imediatamente aceita, considerando-se também presente a pessoa que contrata por telefone, ou meio de comunicação semelhante;*
>
> *II – se, feita sem prazo a pessoa ausente, tiver decorrido tempo suficiente para chegar a resposta ao conhecimento do proponente;*
>
> *III – se, feita a pessoa ausente, não tiver sido expedida a resposta dentro do prazo dado;*
>
> *IV – se, antes dela, ou simultaneamente, chegar ao conhecimento da outra parte a retratação do proponente."*

Modifica-se a dicção para declarar que os contratantes por telefone são considerados presentes. A lei se refere a outro meio de comunicação semelhante, como a videoconferência. Parece-nos que a contratação por correio eletrônico deve ser reputada entre ausentes, salvo se estabelecido um diálogo permanente entre as partes. Os demais dispositivos são mantidos idênticos pelo diploma de 2002.

12.4.5 Vinculação da Oferta no Código de Defesa do Consumidor

Já analisamos no introito desta obra que cabe ao intérprete harmonizar a aplicação do Código de Defesa do Consumidor com a legislação em geral e com o Código Civil. Como reiteradamente acentuado, não há compartimentos estanques no Direito. Essa intercambialidade jurídica torna-se mais evidente com o sistema do consumidor. A preponderância deve ser a aplicação teleológica da lei na proteção do consumidor. A sobrevivência das regras gerais dos contratos é fundamental, porque nem todos os contratos são regidos pela lei de consumo, como nem todos podem ser considerados consumidores. Ademais, o Código de Defesa do Consumidor não teve a finalidade de regular toda a matéria referente à existência, validade e eficácia dos contratos.

Nunca devemos esquecer, contudo, na análise do caso concreto que envolve o consumidor, que os princípios protetivos em seu favor não podem ser levados ao extremo de aniquilar a livre iniciativa e o incentivo à produção. Ou seja, embora a finalidade da lei seja protetiva do economicamente mais fraco, não podemos sistematicamente entender prevalente sempre o interesse do consumidor. Protege-se o consumidor à medida que a atividade do fornecedor de produtos ou serviços seja abusiva ou contrária a princípios gerais. Essa proteção não afasta os princípios tradicionais, pois, na realidade, não se criou um novo Direito. Ainda que sob nova filosofia, sempre serão levados em conta os tradicionais princípios de direito contratual, tais como o da autonomia da vontade; da força obrigatória dos contratos; da relatividade das convenções; e, principalmente, o princípio da boa-fé, entre outros.

Quando o Código de Defesa do Consumidor estabelece a vinculatividade da oferta ou proposta, nada mais faz do que ratificar o estabelecido como princípio no Código Civil. Esse é mais um aspecto da harmonização buscada e referida neste capítulo, concernente às normas do consumidor. A distinção fundamental é a destinação do Código de Defesa do Consumidor à contratação em massa, como regra geral. A proposta feita ao público em vitrinas, mostruários, catálogos, anúncios, panfletos, jornais, revistas, rádio, televisão etc. vincula o ofertante. Como delineado a princípio, o conteúdo dessa proposta está no rol de direitos fundamentais do consumidor: a informação adequada e clara sobre os diferentes produtos e serviços, com especificações corretas, composição, qualidade e preço (art. 6º, III).[5] O fornecedor deve assegurar não apenas o preço e as características dos produtos e serviços, mas também as quantidades

---

5 "Direito processual civil e do consumidor. Produção antecipada de provas. Exibição de contratos bancários. Sentença de indeferimento da inicial por irregularidade na representação processual e ausência de interesse de agir. Superação. Recurso provido. I. Caso em exame 1. Apelação interposta em ação de produção antecipada de provas ajuizada por consumidor que buscava a exibição de contratos bancários firmados com a instituição financeira ré. A sentença de origem indeferiu a petição inicial, com base no art. 330, IV, do CPC, por ausência de regularização da representação processual e falta de demonstração de prévio pedido administrativo. O autor recorreu, sustentando a validade de sua representação e a existência de notificação extrajudicial dirigida ao banco. II. Questão em discussão 2. Há duas questões em discussão: (i) definir se estavam sanadas as irregularidades relativas à representação processual, aptas a justificar o indeferimento da inicial; (ii) estabelecer se houve demonstração de interesse de agir, à luz da notificação administrativa enviada ao banco para exibição dos contratos. III. Razões de decidir 3. A juntada, em grau recursal, de procuração com firma reconhecida, comprovante de residência e documentos financeiros regulariza a representação processual, afastando o fundamento da extinção. 4. O art. 6º, III, e o art. 54-G, II, do CDC asseguram ao consumidor o direito de obter cópias de seus contratos junto às instituições financeiras, independentemente de formalidade específica ou pagamento prévio. 5. A notificação extrajudicial encaminhada pelo consumidor, com aviso de recebimento, comprova o prévio requerimento administrativo, configurando interesse de agir. 6. O banco, ao deixar de responder à notificação, frustrou o direito à informação do consumidor, legitimando o ajuizamento da demanda. 7. Com a apresentação espontânea dos contratos pela instituição financeira em sede recursal, resta satisfeita a pretensão de exibição, inexistindo pretensão resistida a justificar condenação em honorários advocatícios, conforme precedentes do STJ. IV. Dispositivo e tese 8. Recurso provido para afastar a extinção do feito e julgar procedente o pedido de exibição de documentos. Dispositivos relevantes citados: CPC, arts. 320, 330, IV, 381, 396 e seguintes, 1.013, § 3º, I; CDC, arts. 6º, III, 54-G, II, e 83; Lei nº 14.181/2021. Jurisprudência relevante citada: STJ, Tema Repetitivo nº 1198; STJ, REsp nº 1.349.453 (recursos repetitivos); STJ, AgInt no AREsp nº 2.587.387/PR, Rel. Min. Nancy Andrighi, 3ª Turma, j. 07.10.2024; STJ, AgInt no REsp nº 2.143.829/SC, Rel. Min. Moura Ribeiro, 3ª Turma, j. 19.08.2024; TJSP, Apelação Cível nº 1016993-30.2024.8.26.0562, Rel. Des. Ferreira da Cruz, j. 25.02.2025; TJSP, Apelação Cível nº 1001473-46.2024.8.26.0589, Rel. Des. Afonso Celso da Silva, j. 12.03.2025" (*TJSP* – Ap 1012440-83.2024.8.26.0482, 21-8-2025, Rel. Léa Duarte).

disponíveis em estoque. O mesmo se aplica, com as necessárias adaptações, ao fornecimento de serviços. Nos termos do art. 30 dessa lei, toda informação ou publicidade, suficientemente precisa, veiculada por qualquer forma ou meio de comunicação com relação a produtos ou serviços oferecidos ou apresentados, obriga o fornecedor, integrando o contrato. O art. 31 completa acerca da necessidade de informações claras e preciosas na oferta. A omissão dos requisitos aí estampados, na oferta ou na simples exposição de produtos, implica a responsabilidade solidária do fornecedor com seus prepostos ou representante (art. 34 do CDC). A oferta deve, portanto, ser verdadeira, clara, precisa, veiculada em língua portuguesa. Essencial é o uso do vernáculo.

Decorre do art. 30 que a oferta, proposta, anúncio ou publicidade deve ter conteúdo suficientemente preciso, quer dizer, nos termos do princípio tradicional de Direito Civil, a proposta deve ser séria. Nesse sentido, não pode ser levado em conta anúncio de imóveis do tipo "venha morar como um rei" ou "more em um paraíso", pois seu conteúdo de generalidade não tem condições de ser vinculativo. Por outro lado, se a divulgação menciona, por exemplo, "aquecimento central" ou "tábuas de ipê na área social", inegavelmente representam verdadeiras cláusulas contratuais. Pelas informações suficientemente precisas responde o fornecedor, cabendo, inclusive, a execução específica.

Por outro lado, também em harmonia com o princípio tradicional, enquanto a oferta ou proposta tiver validade, o fornecedor é obrigado a garantir suas condições, não podendo revogá-la ou alterá-la. O fornecedor deve atender à clientela nos limites do estoque garantido e informado, sob pena de responsabilidade. O art. 35 é expresso ao especificar que, se o fornecedor recusar dar cumprimento a sua oferta, o consumidor poderá exigir, alternativamente, o cumprimento forçado da obrigação, um produto equivalente ou ainda a rescisão do contrato, recebendo perdas e danos. Na hipótese de veiculação errônea da oferta, como, por exemplo, modelo inexistente de produto, ou preço diverso do pretendido pelo vendedor, o fornecedor somente exonerar-se-á da proposta se, oportunamente, e com igual destaque e mesmo instrumento de divulgação, pelo menos, fizer retratação da proposta, de acordo com o art. 428, IV do Código Civil. Sem o alerta oportuno ao consumidor, a oferta é vinculante. Nessa hipótese, as empresas jornalísticas e publicitárias ou qualquer terceiro que integre a cadeia de divulgação não podem, como regra, responder diretamente perante o consumidor por mensagem defeituosa. Perante este responde o fornecedor, que terá ação de regresso contra o responsável pela

---

"Apelação. Ação cominatória c.c. declaração de nulidade de cláusula contratual e indenização. Plano de saúde contratado que tem como beneficiários três vidas, caracterizado como 'falso coletivo'. Sentença de parcial procedência. Inconformismo da ré. Descabimento. Reajustes por sinistralidade. Dever da operadora de demonstrar eventual aumento de custos e sinistralidade de forma minuciosa e clara, o que não ocorreu. Requerida que não se desincumbiu do ônus de provar os fatos extintivos, impeditivos ou modificativos do direito alegado pela parte autora (art. 373, II, do CPC). Ausência de efetivação do direito básico de informação adequada e clara ao consumidor, nos termos do **art. 6º, III, da Lei nº 8.078/1990**. Precedentes. Sentença mantida. Recurso a que se nega provimento" (*TJSP* – Ap 1027458-79.2017.8.26.0001, 12-8-2024, Rel. José Rubens Queiroz Gomes).

"Ação anulatória. Auto de Infração e Imposição de Multa. Infrações ao Código de Defesa do Consumidor. Pertinência da autuação lavrada pelo PROCON, em regular procedimento administrativo. Violação a princípios da administração pública inexistente. Irregularidades na oferta/publicidade do produto 'Novo Enfagrow'. Ocorrência. Inexistência de informação adequada e clara sobre composição do produto, incluída na tabela nutricional apenas a nomenclatura científica. Além, caracterização de **publicidade enganosa** ante informação de ser produto com altos níveis de DHA, afirmação dissonante do contido no item 5.1 da RDC 54/2012 da ANVISA. Situação apta a induzir em erro os adquirentes. Violações a direitos básicos do consumidor. Infrações bem caracterizadas. Vigência que se dá aos artigos 6º, III, 12, 31, 37 e 38 da Lei Federal 8.078/90. Entendimento no E. Superior Tribunal de Justiça. Multa imposta nos termos da Portaria Normativa 45/2015. Legalidade. Improcedência da ação. Critério para verba honorária. Regência do tema pelo Tema 1.076/STJ. Provida a apelação interposta pelo PROCON, nega-se provimento ao recurso da autora" (*TJSP* – Ap 1060881-97.2019.8.26.0053, 21-9-2022, Rel. Borelli Thomaz).

divulgação. Não se esqueça de que a responsabilidade do fornecedor é objetiva, conforme os arts. 12, 14, 18, 20, 30 e 35 do Código de Defesa do Consumidor.

No campo do consumidor, inelutavelmente o sucessor do fornecedor, *inter vivos* ou *causa mortis*, também responderá pela oferta. Essa é a teoria tradicionalmente aceita em nosso Direito. A proposta é transmitida aos herdeiros e sucessores dos fornecedores, como qualquer outra obrigação.

A *aceitação da oferta* nos negócios de massa, efetuada a proposta ao público em geral, é efetivada à medida que os interessados se apresentam no estabelecimento do ofertante, quando não realizado o negócio em domicílio ou em outro local. Há outro momento de aceitação a ser analisado no caso concreto, quando tratarmos de ofertas por telefone, reembolso postal, fac-símile, meio informatizado etc.

12.5 FORMAÇÃO DOS CONTRATOS POR MEIO DE INFORMÁTICA

Ninguém mais duvida que o mundo ingressou definitivamente em uma nova era, a da tecnologia da informação. A maior riqueza das nações e dos produtores de bens ou serviços está constituída pelo conhecimento estratégico das informações. Hoje, são produzidas informações em massa do mesmo modo que os países industrializados produzem bens de consumo. A reforma pretendida de nosso Código está atenta a essa particularidade. Esperemos as alterações.

A cibernética é a ciência que se ocupa das redes de controle e comunicações que governam os computadores e sistemas respectivos. Já estamos inseridos no contexto de uma nova cultura, que não pode prescindir da ciência da informática, hoje à disposição de todos, com a popularização cada vez mais frequente dos computadores pessoais (PCs). Atualmente, a antiga ideia de que o conhecimento é poder mostra-se obsoleta. Na época contemporânea e cada vez mais, haverá necessidade de se conhecerem as técnicas de conhecimento para o próprio conhecimento.

Essa informática cria novos problemas jurídicos, derivados de relações formadas por ela. Já podemos dizer que existe uma responsabilidade civil decorrente da informática:

> *"Informática é a ciência que tem por objeto próprio o conhecimento da informação; como método a teoria de sistemas; como instrumento operativo a computação; como âmbito de desenvolvimento a organização; como objeto da racionalização para a eficiência e eficácia na ação, a partir do processo de produção e circulação da informação"* (Gutiérrez, 1989:121).

No tema aqui estudado, importa saber a mecânica da formação dos contratos por computadores e fac-símiles, aparelhos que se comunicam entre si. Essa forma de contratação torna-se mais e mais frequente à medida que esses equipamentos vão tornando-se padrão em todas as empresas, e muito difundidos entre as pessoas naturais, que os utilizam como instrumento de trabalho, utilidade doméstica e lazer.

Na celebração de contratos por meio dessa modalidade, intervêm duas ou mais partes, que se comunicam entre si, com um ou mais equipamentos de informática. A questão passa a ter relevância para nós, porque se utilizam cabos e outros meios de comunicação cada vez mais sofisticados, com transmissão de dados eletrônicos, que são traduzidos para linguagem compreensível. Os dispositivos eletrônicos se multiplicam e se modernizam a cada dia para essa finalidade. Para o diálogo entre os computadores, utiliza-se um *software* de comunicação (programação armazenada no computador).

Assim, o proponente, que deseja enviar uma proposta contratual a outro por meio dos computadores, digita o endereço eletrônico do destinatário em seu aparelho e remete a mensagem. Há necessidade que as linguagens do *software* sejam compatíveis. Uma vez estabelecida a comunicação, os computadores dialogam entre si, com a execução de ordens previamente estabelecidas pelos interessados.

Embora seja utilizada a linha telefônica, cabo, antena ou outro sistema, temos de ter em mente que essa contratação, como regra geral, não pode ser tida como entre presentes. A contratação por telefone, reputada entre presentes, mencionada pelo Código (art. 428, I), é a que se aperfeiçoa pelo colóquio direto entre as partes, seus núncios ou representantes. Na contratação via computador, somente podemos reputar entre presentes a formação do contrato quando cada pessoa se utiliza de seu computador de forma simultânea e concomitante, como se ocorresse uma conversa ordinária, materializada na remessa recíproca de dados: remetemos a proposta, o destinatário está à espera, lê-a no monitor e envia a aceitação ou rejeição, ou formula contraproposta.

Quem opera com esse sistema sabe que não é isso que geralmente ocorre. As transmissões são normalmente decorrentes de pré-programação, com horários acertados de transmissão, que procuram, por vezes, os momentos de menor sobrecarga na rede telefônica. Por sua vez, o receptor, o oblato no caso, raramente estará à espera da mensagem, a postos diante de seu equipamento eletrônico. Destarte, a contratação, nesse caso, é feita entre ausentes. Existem fases de apresentação da proposta e de aceitação bem nítidas.

Desse modo, a contratação por computadores assim como pelos antigos aparelhos de *fax* serão entre presentes ou entre ausentes, dependendo do posicionamento das partes quando das remessas das mensagens e documentos. As partes podem manter uma comunicação interativa, e, portanto, um diálogo instantâneo, ou os computadores podem dialogar entre si de forma instantânea, sem intervenção atual dos interessados, conforme programas previamente carregados. Pode também a mensagem ficar armazenada na memória do equipamento receptor, aguardando que os comandos sejam acionados para conhecimento. Todas as hipóteses exigirão um exame concreto da prova.

Não existe a menor dificuldade, com a informática, de que os mesmos princípios do Código Civil sejam aplicados. Levamos em conta a teoria da expedição adotada na lei (lembre-se de que os computadores podem registrar data e horário). Tudo o que foi dito acerca da retratação e suas variantes aplica-se, com muito maior dinamismo e facilidade de prova. Lembre-se de que as possibilidades de fraude existem em qualquer atividade humana e a informática não é exceção. As questões são resolvidas pelos princípios gerais da responsabilidade civil.

Também a oferta ao público, a um número indeterminado de pessoas, pode ocorrer pelo computador, como já é feito nos países mais desenvolvidos. O fornecedor possui um banco de ofertas, com acesso possível ao público, por meio de computadores. As compras perfazem-se por meio dos equipamentos. Aplicam-se os princípios de defesa do consumidor.

A prova da concretização do contrato por computador, admitindo-se que não há necessidade de escritura pública, faz-se pela impressão gráfica das comunicações trocadas, quando não pelas próprias gravações nos discos magnéticos que armazenam os dados. Essas gravações, no entanto, devem ser transcritas em linguagem vernacular. Há necessidade, portanto, de uma decodificação dos dados, o que não apresenta maior problema. As comprovações fática e jurídica do contrato resultam da impressão gráfica, daí derivando um documento particular (o que não impede que os cartórios de notas, já informatizados, redijam os documentos públicos da mesma forma).

Dúvidas são levantadas quanto à forma de assinatura dos contratos realizados no comércio eletrônico (*e-business*, *e-commerce*). Na maioria das vezes, esses contratos são firmados por meio de um simples toque no *mouse*. Apesar de serem distantes das formas tradicionais, as assinaturas eletrônicas, cujo procedimento deve ser regulamentado, devem ser consideradas válidas e capazes de gerar uma relação contratual. Cuidados devem ser tomados para que se possa verificar a real intenção de contratar. Os meios para tal averiguação não são jurídicos, mas da seara da tecnologia da informática, cabendo a seus técnicos implementá-los.

Caberá à jurisprudência e à doutrina, e à futura legislação, aprofundar as questões que fatalmente decorrerão da era da informática. Não há necessidade premente, porém, ao menos nesse estágio, de normas específicas reguladoras, porque mais uma vez se mostram perenes os velhos postulados românicos do Direito Civil. Há Medida Provisória (nº 2.200-1, de 2001) que institui a Infraestrutura de Chaves Públicas Brasileira, ICP-Brasil, cuja finalidade é regular a autenticidade, integridade e validade jurídica de documentos em forma eletrônica. Em princípio, os documentos assim produzidos reputam-se válidos nos termos do art. 131 do Código Civil de 1916 desde que produzidos com a utilização do processo de certificação. O diploma regula as chamadas AC, autoridades certificadoras. Há ainda que se aguardar novidades na matéria. Lembre-se de que todo documento, eletrônico ou não, ainda que não certificado, será reputado válido se não for impugnado pelos interessados.

A questão da assinatura digital é algo que ainda não apresenta solução definitiva, embora largamente utilizada. Como lembra Ricardo Lorenzetti, há que se distinguir a problemática da assinatura em si com a tecnologia utilizada para ela. No mundo digital, com quase toda certeza, não é mais a grafia que se utilizará: permite-se que um código identifique o autor de um documento ou uma declaração. Acrescenta esse autor argentino:

> *"Em sentido amplo, a assinatura é qualquer método ou símbolo usado por uma parte com a intenção de vincular-se ou autenticar um documento. As técnicas podem ser variadas: a assinatura hológrafa, assinatura manual transformada em carimbo, assinatura manual digitalizada, o código em cartão de crédito, a chave na criptografia"* (2004:102).

Todos os sistemas apresentam grau maior ou menor de segurança. Por enquanto a criptografia assimétrica é o que apresenta maior garantia. O futuro nos apontará os caminhos.

12.6 LUGAR EM QUE SE REPUTA CELEBRADO O CONTRATO

Dispõe o art. 435 que *"reputar-se-á celebrado o contrato no lugar em que foi proposto"*. O local do contrato é importante para a lei aplicável, em âmbito internacional. Por sua vez, o art. 9º, § 2º, da atual Lei de Introdução às Normas do Direito Brasileiro, Lei nº 12.376, de 30-12-2010, reza que *"a obrigação resultante do contrato reputa-se constituída no lugar em que residir o proponente"*. A regra geral é a aplicação da lei do local em que foi feita a proposta. Dentro da autonomia da vontade, no entanto, podem as partes escolher o foro competente e a lei aplicável.

12.7 CONTRATOS QUE DEPENDEM DE INSTRUMENTO PÚBLICO

Quando, para o negócio, é necessário o instrumento público, enquanto não formalizado, não existe contrato. Vimos que o contrato preliminar vale de per si. Podem as partes tornar a vontade no instrumento particular *irrevogável e irretratável*, o que vai gerar para o credor um "direito" ao contrato subsequente, geralmente por escritura pública, que, dependendo da situação jurídica, permitirá que a sentença substitua a emissão de vontade pelo outorgante. Nessa impossibilidade, sempre permanecerá o direito à indenização.

No entanto, não fixada no contrato preliminar a irretratabilidade, quando o instrumento público for exigido como prova do contrato, qualquer das partes pode arrepender-se, antes de o assinar, ressarcindo à outra as perdas e danos resultantes do arrependimento.

A hipótese é aplicada também na existência de tratativas idôneas, ou mesmo negociações preliminares efetivas e concretas, dentro do que vimos acerca da responsabilidade pré-contratual. Com relação a solenidades dos contratos, há uma peculiaridade quanto aos contratos internacionais. O art. 9º, § 1º, da Lei de Introdução, estipula que:

> *"Destinando-se a obrigação a ser executada no Brasil e dependendo de forma essencial, será esta observada, admitidas as peculiaridades da lei estrangeira quanto aos requisitos extrínsecos do ato."*

Representa tal preceito o princípio da *locus regit actum*, que determina que qualquer ato praticado conforme os termos da lei local é reputado válido em qualquer parte. Portanto, nos casos de contratos internacionais, serão respeitadas as solenidades e, quando for o caso, as características exteriores do ato, conforme a legislação do local onde houver sido celebrado o contrato. Exemplo clássico é a celebração de contrato de transferência de propriedade imóvel em valor que exige o instrumento público, avençado no exterior por notário ou equivalente. Nesse caso, o instrumento lavrado no exterior, apesar de não ser exatamente igual ao nacional, pode ser considerado equivalente, portanto, válido.

12.8 CONTRATOS SOBRE HERANÇA DE PESSOA VIVA

O art. 426 proíbe que se contrate, tendo-se como objeto herança de pessoa viva. Trata-se da proibição de pactos sucessórios, tradição que vem do Direito Romano. Como afirmamos em nossa obra *Direito das sucessões*, Capítulo 3, a razão da existência de norma expressa em nosso ordenamento é que o direito germânico não fazia a ressalva. Somente o testamento, ato de última vontade e unilateral, pode dispor do patrimônio para após a morte.[6] O projeto de

---

[6] "Agravo de instrumento. Abertura de Inventário e Partilha. Insurgência contra decisão que entendeu que o imóvel ainda se encontra na esfera de disponibilidade do espólio, podendo ser partilhado entre os herdeiros nos autos, por ser o objeto do contrato vedado pela legislação vigente, não tendo havido a adjudicação compulsória do bem e não tendo a ação de usucapião sido julgada procedente até a presente data. Ausência de informação relevante para formalização da venda do imóvel. Alienação de **herança de pessoa viva**. Ocorrência da nulidade prevista no art. 426 do Código Civil. Decisão mantida. Recurso improvido" (*TJSP* – AI 2277384-21.2023.8.26.0000, 1-7-2024, Rel. Luis Fernando Cirillo).

"Anulatória de ato jurídico – Demanda ajuizada pelo filho, visando a anulação de venda de imóvel realizada pelo genitor, sob a alegação da prática de simulação – Carência da ação decretada – Inconformismo – Não acolhimento – Autor que, de fato, é parte ilegítima para questionar venda realizada em vida pelo genitor (cuja capacidade sequer foi questionada) – Pretensão que encontra vedação na regra do artigo 426 do Código Civil, já que se assemelha ao **pacta corvina** ou herança de pessoa viva – Precedentes – Sentença mantida – Recurso improvido" (*TJSP* – Ap 1098735-18.2018.8.26.0100, 29-9-2022, Rel. Salles Rossi).

"Apelação cível – "Ação Anulatória de Ato Jurídico com Pedido de Antecipação dos Efeitos da Tutela" (sic.) – Sentença de procedência – Insurgência dos autores – Não acolhimento – Autores que são filhos do réu Elvino, o qual vendeu o único imóvel da sua propriedade à companheira Ivete, também demandada nos autos – D. Juízo que entendeu pela configuração de simulação na venda, bem como de nulidade da doação dissimulada, eis que inoficiosa – Ato, por isso, declarado nulo – Pretensão recursal dos autores voltada exclusivamente à declaração de indisponibilidade judicial do imóvel – Impossibilidade – Genitor dos autores que, a despeito da idade avançada (87 anos) e de padecer de Doença de Parkinson, não teve sua interdição decretada até o momento, de modo que é plenamente capaz para os atos da vida civil – Bloqueio preventivo do imóvel com finalidade de preservar a herança dos autores que configura disposição sobre herança de pessoa viva **(pacta**

reforma do Código Civil apresentado ao Senado abre exceção a essa regra peremptória, permitindo, em princípio, discussão de herança entre herdeiros necessários entre outros. Aguardemos a manifestação do Congresso Nacional.

Não bastasse o aspecto moral, os pactos sucessórios violariam as regras do Direito das Sucessões, com a interferência do contrato nas disposições exclusivas atinentes à herança. Haveria, ademais, uma especulação sobre a morte de uma pessoa, contrariando a moral e os bons costumes, tanto que eram denominados *pacta corvina*.

No entanto, há duas exceções ao princípio em nosso ordenamento. Na primeira delas, os nubentes podem, em pacto antenupcial, dispor a respeito da futura e recíproca sucessão. Na chamada doação *propter nuptias*, as disposições podem aproveitar aos filhos do donatário, se este falecer antes do doador (art. 314 do Código de 1916). A exceção é apenas aparente, porquanto a doação não vem subordinada ao evento morte, mas sim ao casamento, sendo a morte mera consequência.

A exceção mais palpável é a possibilidade de partilha em vida. O art. 2.018 dispõe: "*É válida a partilha feita pelo pai, por ato entre vivos ou de última vontade, contanto que não prejudique a legítima dos herdeiros necessários.*" A partilha em vida tem o inconveniente de abarcar somente os bens existentes no momento do negócio. Pode ser feita por testamento ou doação. Ver o que foi por nós examinado (*Direito das sucessões*, Cap. 24).

12.9 IMPOSSIBILIDADE DA PRESTAÇÃO E VALIDADE DOS CONTRATOS

A prestação no contrato deve ser lícita, possível e determinada. No entanto, dispunha o art. 1.091: "*A impossibilidade da prestação não invalida o contrato, sendo relativa ou cessando antes de realizada a condição.*" O que a lei pretendia dizer é que o contrato obriga sempre que a obrigação tenha possibilidade de ser cumprida. Frustra-se o objeto do contrato apenas quando ocorre impossibilidade absoluta na prestação. Nessa mesma ideia, dispõe o Código no art. 106: "*A impossibilidade inicial do objeto não invalida o negócio jurídico se for relativa, ou cessar antes de realizada a condição a que ele estiver subordinado.*"

A impossibilidade será absoluta quando realizável em qualquer circunstância, por qualquer pessoa. Não podemos exigir que o obrigado pratique ato que a lei proíbe, por exemplo. A impossibilidade é relativa quando não atinge a todos indiscriminadamente. Será relativa, por exemplo, a impossibilidade de o falido pagar, mas essa impossibilidade pode desaparecer, e não ocorre para outras pessoas. A impossibilidade viciadora do contrato, portanto, é apenas a absoluta. Lembre-se de que, se a impossibilidade de cumprimento decorreu de ato do devedor, responderá ele por perdas e danos. A lei não se refere a essa hipótese, mas à impossibilidade examinada no momento da ultimação do contrato.

---

corvina), prática vedada no regime jurídico atual (art. 426 do Código Civil) – Eventual ato de disposição (oneroso ou gratuito) eivado de ilegalidade ou nulidade a ser praticado pelo réu Elvino no futuro que, se o caso, deverá ser objeto de ação anulatória própria – Bloqueio preventivo que, dadas as circunstâncias dos autos, não pode ser determinado – Sentença mantida – recurso desprovido" (*TJSP* – Ap 1016585-64.2016.8.26.0224, 5-3-2021, Rel. Rodolfo Pellizari).

"Apelação – Execução de título extrajudicial – Contrato de doação de Pai para filha com encargo de adiantamento da legítima. Cessão onerosa de direitos hereditários. **Contrato cujo objeto corresponde à herança de pessoa viva.** Não cabimento. Nulidade do negócio jurídico firmado. Cláusula de renúncia da autora à herança de pessoa viva. Inadmissibilidade. Não abertura da sucessão. Extinção sem resolução de mérito. Possibilidade. Vedação expressa contida nos artigos 426 c.c. Art. 166, inciso VII, do Código Civil e artigo 1808 do mesmo diploma legal. Sentença mantida. Recursos desprovidos" (*TJSP* – Ap 1000777-62.2015.8.26.0415, 23-1-2019, Rel. Beretta da Silveira).

13

VÍCIOS REDIBITÓRIOS

13.1 OBRIGAÇÕES DE GARANTIA NA ENTREGA DA COISA

As obrigações do vendedor ou do transmitente da coisa em outros contratos diversos da compra e venda não terminam com a entrega da *res*. O alienante deve garantir ao adquirente que ele possa usufruir da coisa conforme sua natureza e destinação. Essa obrigação resulta do princípio da boa-fé que deve nortear a conduta dos contratantes. Essa modalidade de garantia, que sucede a entrega da coisa, assume três diferentes facetas. De plano, deve o transmitente da coisa abster-se de praticar qualquer ato que implique turbação do direito transmitido. Como consequência dessa obrigação, deve também evitar que o adquirente seja turbado no exercício do direito por atos espoliativos emanados de terceiros, decorrentes de causas anteriores à transmissão. Se esse terceiro triunfa, e obtém a coisa para si, o alienante tem a obrigação de indenizar o adquirente pela perda. Finalmente, o alienante deve assegurar a materialidade idônea da coisa, garantindo o adquirente de vícios ocultos.

Como decorrência dos princípios da boa-fé e da *exceptio non adimpleti contractus*, a garantia elementar a resguardar o adquirente é no sentido que o próprio alienante não venha a turbar a posse e o uso manso e pacífico da coisa. A noção participa da compra e venda, mas fica também ressaltada em contratos como a locação, o comodato, a doação etc. Essa obrigação é um *prius* presente em todos os contratos nos quais existe a transferência de uma coisa a outrem, definitiva ou temporariamente. A interferência indevida do alienante pode gerar direito à indenização por parte do adquirente. Não é necessário que, a cada caso, a lei repita essa obrigação. Em matéria de locação, o legislador resolveu realçar expressamente esse dever, tendo em vista a natureza de direitos envolvidos, dizendo que o locador é obrigado a *garantir, durante o tempo da locação, o uso pacífico do imóvel locado* (Lei nº 8.245/91, art. 22, II). O locador não só está impedido de tolher o uso da coisa locada pelo inquilino, como também deve garantir, no que estiver a seu alcance, o uso inconturbado do imóvel (ver nosso *Direito Civil: contratos*, Cap. 23). Isto se aplica em qualquer contrato em que a posse seja transferida. O transmitente deve garantir ao adquirente tanto as turbações de direito, como as turbações de fato. A questão da origem da causa turbativa deve ser vista de acordo com a natureza e os efeitos de cada contrato. Na compra e venda, troca e doação, a proteção a ser conferida pelo vendedor, permutante ou doador é, evidentemente, apenas aquela originada de fatos anteriores à transmissão. Na locação e no comodato, por se tratar de contratos continuativos, durante toda a avença a garantia persiste. Esses atos turbativos podem motivar não somente as perdas e danos, como também a rescisão do contrato ou os remédios possessórios, dependendo de sua gravidade.

Como se trata de elemento integrante do próprio contrato e relativo à boa-fé dos contratantes, unicamente o acordo de vontades admite uma cláusula que exima o vendedor ou outro transmitente dessa garantia. Também porque resulta da natureza mesma da contratação, não há necessidade de disposição específica a descrevê-la.

Muito se discute acerca da natureza jurídica dos vícios redibitórios. Participando da natureza de certas obrigações emergentes dos contratos, fundam-se, sem dúvida, no inadimplemento contratual e nas regras de boa-fé. Não há razão para maiores digressões a esse respeito.

A lei preocupa-se, tradicionalmente, em disciplinar os vícios de fato (redibitórios) e de direito (evicção) na coisa transferida.

13.2 VÍCIOS REDIBITÓRIOS. CONCEITO

O art. 441 encarrega-se de conceituar, entre nós, o instituto:

> *"A coisa recebida em virtude de contrato comutativo pode ser enjeitada por vícios ou defeitos ocultos, que a tornem imprópria ao uso a que é destinada ou lhe diminuam o valor."*[1]

---

[1] "Direito civil. Apelação. Contratos. Cerceamento de defesa. Inocorrência. Postulações inúteis. Provas eminentemente documental e técnica. Vícios Redibitórios. Não caracterização. Veículo adquirido era usado e com alta quilometragem. Manutenções ordinárias que não se enquadram no conceito de vício oculto. Inteligência da norma do CC, art. 441. Sentença mantida. Recurso desprovido" (*TJSP* – Ap 1007559-65.2023.8.26.0428, 19-8-2025, Rel. Marcello do Amaral Perino).

"Compra e venda de bem imóvel – ação de rescisão contratual c.c. devolução de valores – Demanda ajuizada em face dos vendedores e do construtor – Procedência decretada e condenação solidária dos réus – Inconformismo – Afastamento – Arguição de error in judicando – Inexistência – Embora tenha a r. sentença mencionado trecho do laudo do assistente técnico da autora, antes transcreveu as conclusões do perito (e que dão lastro ao decreto de procedência) – **Vício redibitório**: Imóvel adquirido com vícios construtivos ocultos (conforme conclusão pericial) – Irrelevância, para o deslinde do feito, da perquirição a respeito da culpa pelo surgimento do problema – Cabimento da rescisão do contrato – Inteligência do art. 441, do Código Civil – Condenação dos réus à restituição do valor integral recebido (entrada em dinheiro pela autora, além do restante por esta última obtido através de financiamento junto ao agente financeiro: CEF, excluído da lide quando ainda esta tramitava perante a Justiça Federal) – Descabido limitar a condenação ao valor da entrada (até mesmo porque a responsável pelo valor do financiamento é a autora, a quem os réus devem restituir a integralidade dos valores recebidos por conta do contrato ora rescindido) – Pagamento de aluguel pela fruição do bem – Inadmissibilidade – Apelantes que, neste tópico, inovam nas razões recursais – Sentença mantida – Recursos improvidos". (*TJSP* – Ap 0000762-22.2021.8.26.0441, 8-3-2023, Rel. Salles Rossi).

"Venda e compra de bem móvel. **Vícios redibitórios.** Preliminares de mérito afastadas. Inversão do ônus da prova nos litígios consumeristas que, em que pese não ser automática, pode ser determinada à luz do art. 6º, VIII, do Código de Defesa do Consumidor. Resistência da ré em solucionar o problema extrajudicialmente faz surgir ao autor interesse de agir. Defeito do produto que o tornou impróprio para uso. Fornecedora que não o reparou a contento. Incidência do art. 18, §1º, II, do Código de Defesa do Consumidor. Dano moral caracterizado. Quantum bem fixado pela r. sentença. Recurso desprovido" (*TJSP* – Ap 1007196-53.2021.8.26.0071, 25-10-2021, Rel. Mary Grün).

"**Vício redibitório** – Ação de obrigação de fazer c/c indenização por danos materiais e morais – Ação improcedente – Revisões programadas não realizadas – Perda da garantia contratual – Perícia conclusiva – Cerceamento de defesa afastado – Recurso não provido" (*TJSP* – AC 1001199-60.2016.8.26.0008, 28-3-2019, Rel. Luiz Eurico).

"**Vício redibitório** – Ação cominatória cumulada com pedido de indenização por danos morais – Ação parcialmente procedente – Ar-condicionado com defeito – Indisponibilidade de peça para conserto do produto por período extenso – Dano moral caracterizado – Sentença reformada – Recurso provido" (*TJSP* – Ap 0000813-65.2015.8.26.0369, 15-3-2018, Rel. Luiz Eurico).

Como dissemos, a garantia decorre da própria natureza do contrato. Contrato comutativo, é verdade, porque o contrato aleatório é incompatível com essa modalidade de garantia, ao menos no que diga respeito ao aspecto da prestação sujeita à álea. Fez bem nossa lei em generalizar a aplicação do instituto, ao contrário de algumas legislações que o disciplinam dentro da compra e venda. Pelo que expusemos, nota-se que a garantia dos vícios redibitórios se aplica, embora com particularidades, aos contratos comutativos em geral.

A garantia refere-se a vícios ocultos na coisa, ao tempo da transmissão. Presume-se que o negócio não teria sido realizado, ou teria sido realizado de outra forma, se o adquirente soubesse da existência do defeito na coisa. A lealdade contratual manda que o transmitente alerte o adquirente da existência do vício. No entanto, ainda que o vício seja desconhecido do próprio titular, os efeitos da teoria aplicam-se como consequência do princípio do equilíbrio das relações negociais (art. 443). Evidente que, como em toda situação em que existe culpa, esta acarreta a indenização por perdas e danos, afora o desfazimento do negócio ou o abatimento do preço, como veremos. A má-fé é elemento secundário do instituto.

A noção aplica-se aos contratos comutativos onerosos, mas igualmente às doações com encargo, em que também existe certa onerosidade, por expressa disposição do art. 1.101, parágrafo único. O Código de 2002, aliás, se reporta especificamente às *doações onerosas*, no parágrafo único do art. 441. Não a aplicaremos aos contratos gratuitos, porque nestes o beneficiário da liberalidade não terá realmente o que reclamar, uma vez que nada perde, apenas deixa de ganhar. Ainda que menos valiosa do que o esperado, a coisa transmitida o é graciosamente. Nesse caso, o donatário sempre terá tido um aumento patrimonial. Escapa a essa situação a hipótese em que a coisa transferida gratuitamente venha a causar um dano decorrente de culpa. O enfoque transfere-se para os princípios gerais de responsabilidade civil. Nada impede, também, que mesmo nos contratos gratuitos as partes convencionem expressamente a garantia.

Não é qualquer vício que se traduz em redibitório, senão aquele que torna a coisa imprópria para o uso colimado no contrato, ou diminua-lhe o valor. Quem compra um cavalo de corridas portador de uma moléstia respiratória, que o impede de correr, recebe o semovente com vício oculto que o torna impróprio para o uso pretendido. Quem compra um animal para abate, por outro lado, não pode ver nessa moléstia um vício redibitório. Este deve ser grave, de acordo com o caso concreto, oculto e existente ao tempo da transmissão.

Não se confunde o vício redibitório com o erro no negócio jurídico. No erro, o adquirente tem uma ideia falsa da realidade. A deficiência é subjetiva, emanada do próprio declarante da vontade. Se o erro é induzido intencionalmente pelo alienante ou por terceiros, o vício de vontade passa a ser o dolo. No erro, o adquirente recebe uma coisa por outra. O vício redibitório decorre da própria coisa, que é a verdadeiramente desejada pela parte, e o adquirente não toma conhecimento do defeito, porque está oculto. No erro, o declarante forma uma convicção diversa da realidade, a coisa em si não é viciada; ocorre o oposto no vício redibitório. Quem compra um quadro falso, pensando que é verdadeiro, incide em erro. Quem compra um quadro que apresenta fungos invisíveis, e, após a aquisição, vem a mofar, estará perante um vício redibitório. A distinção é importante, visto que gera consequências diversas, a começar por diferentes prazos de decadência.

13.3 NOÇÃO HISTÓRICA

A princípio, em Roma, não havia uma garantia implícita na coisa, no contrato de compra e venda. Para que surgisse responsabilidade do alienante, era necessário que, ao concluir a venda, fosse feita uma declaração de que a coisa estava isenta de vícios. Geralmente, essa declaração vinha unida à evicção.

Na falta dessas declarações de garantia, surgiam disputas, principalmente relacionadas com a venda de escravos. O *edil curul*, que era o magistrado encarregado da fiscalização dos mercados, editou normas para evitar as celeumas, que passaram a ser definitivas. Segundo o edito, o vendedor de escravos ou de certos animais estava obrigado a declarar expressamente os vícios ou defeitos das coisas vendidas (o escravo era considerado coisa, *res*).

Em consequência dessa garantia, surgiram a *actio redhibitoria* e a *actio quanti minoris*. A ação redibitória, que teria surgido em primeiro lugar, tem por fim a resolução da venda. Deveria ser ajuizada em seis meses a contar da data do contrato e deveria objetivar a devolução de tudo quanto fora pago. O comprador devolvia a coisa com todos os seus acessórios, e o vendedor devolvia o preço, com os juros correspondentes. Delineava-se um caráter penal na ação, porque, se o vendedor se negasse a efetuar a restituição, ficaria condenado a pagar o dobro. O comprador também podia cobrar os gastos com a manutenção da coisa e pelos danos eventualmente ocasionados por ela.

A ação *quanti minoris* tem por objeto obter do vendedor uma dedução do preço pago pela coisa. O pedido deveria ser feito em um ano a contar da venda, mas podia ser exercitado várias vezes, à medida que o comprador descobrisse novos vícios. Essa ação, contrariamente ao que hoje ocorre, poderia dar margem à rescisão do contrato.

A ingerência dos *edis* nos contratos tornou obrigatória uma estipulação dupla, em que eram garantidos não somente os vícios ocultos na coisa, como também os vícios de direito, protegidos pela evicção. Não era excluída, porém, uma ação geral e mais ampla, decorrente da estipulação, que visava a uma indenização geral pelo descumprimento da avença, fora da atividade dos edis (Zulueta, 1945:51). No Direito Romano, assim como no atual, as partes, por força de acordo, podiam dispensar as garantias.

No direito de Justiniano, já existe a garantia implícita acerca dos vícios da coisa, consagrando a ação redibitória e a ação *quanti minoris*.

13.4 REQUISITOS

O vício deve ser oculto. O art. 441 do Código também se refere a vícios ou defeitos ocultos. Os defeitos aparentes não dão margem à responsabilidade do alienante. Há necessidade de valoração prática desse requisito em cada caso concreto. Há coisas que na vida social são conhecidas pela sociedade em geral. Há coisas que dependem de maior ou menor conhecimento técnico, para serem conhecidas. A noção de homem médio no caso dos vícios redibitórios tem que ser avaliada dessa forma. Um mecânico ou um vendedor de automóveis não pode ser tratado como um comprador comum na aquisição de um veículo, sob o prisma de aferição de conhecimento do vício. O que se mostra como defeito notório para um especialista não o será para o homem médio. Modernamente, quanto mais lidamos com aparelhos cada vez mais sofisticados, maior deverá ser o cuidado do juiz no caso concreto.[2]

---

2 "Apelação. Compra e venda. Motocicleta usada. Ação condenatória de indenização por danos materiais. Vício oculto. Sentença de parcial procedência. – Vício oculto. Motocicleta vendida sem condições de uso. Documentos colacionados com a inicial suficientes para confirmar a existência de vício oculto, consistente em trinco no quadro, defeito que inviabiliza o uso e diminui o valor do bem. Exegese do art. 441 do Código Civil. Danos materiais bem demonstrados, representativos dos custos despendidos pelo adquirente para reparos necessários a fim de viabilizar o uso da motocicleta. Sentença mantida. Recurso desprovido" (*TJSP* – Ap 1002763-39.2024.8.26.0220, 16-6-2025, Rel. Claudia Menge).

"Apelação – Ação de rescisão contratual c.c. indenizatória – Compra e venda de bem móvel – Vício oculto em aparelho celular anunciado pelo apelante em plataforma de vendas online – Substituição de componentes por peças não originais – Sentença de parcial procedência – Insurgência do corréu vendedor – Defeitos que não foram

Como menciona Guillermo Borda (1989:216), a reputação dos vícios ocultos é uma questão sujeita à livre apreciação judicial. Como primeiro enfoque do problema, podemos afirmar que os vícios ou defeitos ocultos são os que não poderiam ser descobertos mediante exame atento e cuidadoso da coisa, praticado pela forma usual no caso concreto. Não deve ser entendido que o homem comum tenha o dever de se assessorar de um técnico em qualquer negócio jurídico. O alienante é quem tem o dever de boa-fé no contrato, alertando sobre eventual vício. O Código de Defesa do Consumidor realça esse *direito à informação* do adquirente, que deve inclusive ser alertado sobre os riscos que a coisa possa apresentar (art. 6º, III). À lei do consumidor voltaremos em seguida, para o exame da garantia ora estudada nesse diploma. O projeto para o novo Código busca várias inserções nessa matéria, procurando atualizá-la.

Não pode reclamar de vício oculto quem adquire objeto usado ou avariado, com a ressalva do vendedor ou transmitente de que a coisa é entregue "no estado". Não deve operar o vício quando o adquirente da coisa sabia, ou segundo as circunstâncias, deveria saber do vício na coisa. Tudo depende de prova.

---

informados no anúncio e que restaram devidamente comprovados – Impugnação do apelante ao laudo pericial fundada em assertivas genéricas e desprovidas de técnica, não apresentando pontos específicos de divergência ou dúvida sobre os quais se fizessem necessários esclarecimentos do perito – Responsabilidade do vendedor que exsurge independentemente da aplicação das normas consumeristas, uma vez que o Código Civil dispõe expressamente que 'a coisa recebida em virtude de contrato comutativo pode ser enjeitada por **vícios ou defeitos ocultos**, que a tornem imprópria ao uso a que é destinada, ou lhe diminuam o valor' (**art. 441**) e que 'a responsabilidade do alienante subsiste ainda que a coisa pereça em poder do alienatário, se perecer por vício oculto, já existente ao tempo da tradição' (art. 444) – Honorários advocatícios recursais – Negado provimento" (*TJSP* – Ap 1008106-93.2021.8.26.0002, 28-7-2024, Rel. Hugo Crepaldi).

"Compra e venda – **Ação *quanti minoris*** e de indenização consequente – Hipótese, entretanto, em que a venda deu-se *ad corpus*, e não *ad mensuram*. Improcedência decretada. Recurso provido" (*TJSP* – Ap 1016996-31.2015.8.26.0002, 28-1-2019, Rel. Araldo Telles).

"Ação ordinária – ***Quanti minoris*** – Alegação de desvalorização do imóvel, pois o entregue divergia daquele prometido à venda. Sentença de improcedência. Redistribuição por força da Resolução nº 737/2016 e Portaria nº 02/2017. Apela o autor, alegando cerceamento de defesa, sequer lhe foi oportunizada a especificação das provas pretendidas. Cabimento. Cerceamento de defesa. Caracterização. Sentença de improcedência embasada na ausência de comprovação das alegações da inicial, sem que fosse concedida oportunidade de produção de provas às partes. Laudos periciais acostados após a interposição da apelação, sem que fosse oportunizada a manifestação do autor, corroborando o cerceamento de defesa. Presunção de veracidade das informações trazidas na inicial, que carecem de provas a fim de serem ratificadas ou elididas. Recurso provido, para afastar a sentença de f. 280/284 e determinar o retorno dos autos à Vara de Origem, para seu prosseguimento até os ulteriores termos" (*TJSP* – Ap 1012039-27.2015.8.26.0506, 19-3-2018, Rel. James Siano).

"Apelação cível – Promessa de compra e venda – **Ação *quanti minoris*, nominada estimatória** – Compra e venda de terreno urbano – Comprador que, após a alienação, percebeu que a área alienada era menor. Decadência do direito de propor ação com o objetivo de obter ressarcimento. Exegese do art. 501 do código civil. Negaram provimento. Unânime" (*TJRS* – AC 70072720907, 25-5-2017, Rel. Des. Pedro Celso Dal Prá).

"Apelação – Compra e venda de bem móvel – Vício Redibitório – Constatação – Abatimento no preço – Possibilidade – Nos termos do art. 441 do Código Civil, a coisa recebida em virtude de contrato comutativo pode ser enjeitada por **vícios ou defeitos ocultos**, que a tornem imprópria ao uso a que é destinada, ou lhe diminuam o valor – Constatado que o solo do bem imóvel é composto, em quase sua totalidade, por formações rochosas, procede o pedido de abatimento no preço. V.V. 1. Na ação estimatória (ou *quanti minoris*), não ocorre julgamento *extra petita* se o magistrado, no dispositivo da sentença, utiliza o termo 'indenização' para se referir ao 'abatimento do preço', mormente se, na fundamentação, a causa de pedir foi analisada dentro dos limites da lide. 2. Para configuração de vício redibitório é necessário que: a) o adquirente tenha recebido a coisa em virtude de contrato comutativo; B) os vícios ou defeitos sejam prejudiciais ao uso em que a coisa é destinada ou ao seu valor; C) os vícios ou defeitos ocultos já existam ao tempo em que a coisa foi adquirida e que tenham sido então desconhecidas do adquirente. 3. As características geológicas de um terreno, em especial, a inclinação e composição rochosa do solo, não constituem vícios ocultos capazes de ensejar o abatimento do preço, mormente se o adquirente, no momento da celebração, teve ciência das condições do imóvel adquirido" (*TJMG* – AC 1.0114.13.011623-8/001, 15-7-2016, Relª Shirley Fenzi Bertão).

O defeito deve ser grave. E deve ser de tal importância que, se dele tivesse tomado conhecimento anteriormente o adquirente, o contrato não teria sido concluído. Essa importância vista no caso concreto é que torna a coisa imprópria para o uso destinado, ou lhe diminui o valor, como dispõe o art. 441. A impropriedade para o uso, ou a diminuição do valor, norteará a escolha da ação a ser proposta pelo prejudicado, a redibitória, para desfazimento do negócio, ou a *quanti minoris*, para abatimento do preço.[3] A escolha da ação, no entanto, incumbe à parte.

---

[3] "Apelação cível – Promessa de compra e venda – **Ação *quanti minoris*** – Alegado vício oculto em imóvel negociado entre as partes. Inocorrência. Prova dos autos suficientes a demonstrar que os propalados defeitos na rede elétrica eram de pleno conhecimento da promitente compradora no momento do negócio jurídico. Pretensão afastada. Negaram provimento. Unânime" (*TJRS* – AC 70079652129, 25-4-2019, Rel. Des. Pedro Celso Dal Prá).

"Acidente de veículos – **Ação '*quanti minoris*'** – Alegação de defeito no sistema de '*air bag*' que não foi acionado em grave acidente envolvendo o veículo de fabricação da ré (Toyota) – Prova técnica produzida nos autos e que demonstrou de forma bastante conclusiva o funcionamento do sistema de segurança e em que circunstâncias ele é acionado – Estudo do sistema de segurança e do acidente envolvendo o veículo – Conclusão embasada em dados técnicos de que o acidente não tinha potencial de acionar o 'air bag', sobretudo porque não houve colisão frontal – Informação constante do manual de que, em caso de capotamento, o sistema não é acionado – Prova técnica que somente pode ser contrariada por prova equivalente – Defeito não evidenciado – Ação julgada improcedente – Sentença correta, ora confirmada pelos próprios fundamentos – Apelação desprovida" (*TJSP* – Ap 0941733-38.2012.8.26.0506, 24-1-2018, Rel. Edgard Rosa).

"Apelação cível compra e venda **ação estimatória** – Indenização por vícios ocultos e aparentes, além de danos morais – Sentença de improcedência – Recurso do autor – Taxa de corretagem – inovação recursal – Pedido formulado em sede de apelação, ausente na inicial. Impossibilidade. Pedido não conhecido. Cobrança de taxa de evolução de obra – Cobrança de juros de obra e encargos que estão previstas de forma clara no contrato de financiamento imobiliário celebrado entre autor e Caixa Econômica Federal, tanto para o período de obras quanto para o restante do financiamento. Ausência de alegação de atraso na entrega do imóvel. Indenização por vícios aparentes e ocultos – Vícios não comprovados pelo autor, que frustrou a realização de perícia técnica. Provas documentais trazidas aos autos que foram impugnadas e são insuficientes para configurar a responsabilidade das rés. Danos morais – Não preenchimento, na espécie, dos requisitos necessários para a configuração dos danos morais. Sentença mantida. Negado provimento ao recurso" (*TJSP* – Ap 0029358-06.2012.8.26.0320, 6-3-2017, Relª Viviani Nicolau).

"Agravo de instrumento. Prestação de serviços. Ação estimatória c.c. Indenização material e moral e pedido de antecipação de tutela. Alegação de atraso na entrega e não conclusão de instalação de móveis planejados, bem como de defeitos em alguns móveis e danos no imóvel durante a instalação. Pedido liminar de suspensão da exigibilidade de parte do pagamento (cheque no valor de R$ 17.000,00). Pedido liminar indeferido, ausente o necessário contraditório. Recurso a que se nega provimento. Deve ser mantido o indeferimento do pedido liminar, pois não se encontram presentes os requisitos necessários à sua total concessão, além de ausente o contraditório" (*TJSP* – AI 2051906-73.2015.8.26.0000, 6-5-2015, Rel. Francisco Occhiuto Júnior).

"Compra e venda de imóvel rural – Ação estimatória (ou *quanti minoris*) – Tratando-se de ação de índole condenatória (em obrigação de indenizar), o prazo para exercício é de 3 anos, prescricional (§ 3º, incs. IV e V, do Código Civil), não decadencial (art. 501 do mesmo corpo legislativo). Caso em que houve troca de correspondência eletrônica entre as partes, que importou em ato dos devedores de reconhecimento do direito das autoras. Interrupção da prescrição (art. 202, VI, sempre do Código Civil). Pedido, por isso, formulado a tempo. Decretos sentenciais consecutivos, de decadência e de prescrição, afastados. § 1º do art. 500 do Código Civil. Aquisição pelas autoras de área com menos do que 1/20 (5%) daquela anotada no título. Presume-se que a menção à área foi meramente enunciativa e, deste modo, a venda foi *ad corpus*, quando tal divergência é de menos de 5%. Excludente de indenizar decorrente de inadimplemento mínimo, tradicional no direito obrigacional pátrio quando se cuida da compra e venda de imóveis (Código Civil de 1916, § único do art. 1.136). Improcedência da ação que se confirma, por tal motivo. Apelação desprovida" (*TJSP* – Ap 0000580-10.2011.8.26.0563, 15-5-2014, Rel. Cesar Ciampolini).

"**Agravo de instrumento**. Compra e venda de imóvel. **Ação *quanti minoris***. Decisão que deferiu pedido de antecipação de tutela determinando a entrega das chaves do imóvel. Insurgência da construtora. Não acolhimento. Averbação na matrícula do imóvel informando sobre a contaminação do solo em que edificado o empreendimento e que impediu a obtenção de financiamento bancário, para o pagamento do saldo do preço. Despacho no procedimento administrativo dando conta da aptidão do terreno para o uso residencial, mas recomendando o monitoramento da área por mais 2 anos, além de indicar o risco à saúde humana em caso de ingestão de água subterrânea. Possibilidade, ao menos em tese, de desvalorização do imóvel. Presença dos requisitos autorizadores da medida. Não demonstração da existência de risco de dano irreparável ou de difícil reparação pela recorrente. Decisão mantida. Agravo desprovido" (*TJSP* – AI 0030.868-10.2013.8.26.0000, 2-7-2013, Rel. A. C. Mathias Coltro).

Defeitos irrelevantes que não alteram a destinação da coisa, nem seu preço não são considerados vícios.

Os defeitos devem existir ao tempo do contrato. O dever do alienante é de garantia e, portanto, não pode ter como origem uma causa posterior à transferência da coisa. A questão da fixação do momento da origem do vício é resolvida por meio de prova, nem sempre muito fácil. É matéria complexa, por exemplo, saber se a umidade em um prédio provém de vazamento de tubulação anterior ao negócio, assim como o é a moléstia do gado vendido, o defeito no motor de um veículo etc. Os exemplos são profusos em matéria de construção civil atinentes a vícios de construção, do solo e má qualidade de materiais empregados. As questões técnicas devem ser deslindadas por perícia. Os vícios que eclodem após a transferência são de responsabilidade do adquirente. É importante fixar, nesse diapasão, que será considerado vício ou defeito oculto aquele cujo fato gerador é anterior ou concomitante ao negócio jurídico.

13.5 EFEITOS

Como foi exposto na origem histórica, dos vícios redibitórios decorrem duas ações viáveis, a ação redibitória e a ação *quanti minoris*. A escolha entre uma e outra é opção exclusiva do adquirente. A esse respeito dispõe o art. 442, que, *"em vez de rejeitar a coisa, redibindo o contrato* (art. 441), *pode o adquirente reclamar abatimento no preço"*. Escolhida uma ação, não pode o autor pretender ou ingressar com o outro remédio. No entanto, em nosso Direito, a liberdade de optar por uma ou outra ação é ampla, podendo, por exemplo, ser escolhida a ação de redução do preço, ainda que a coisa se torne imprópria para sua destinação. Uma vez proposta a ação escolhida, não poderá o autor variar o pedido, porque nosso ordenamento processual não o permite, sem o consentimento do réu. A prova do vício incumbe ao adquirente, seguindo-se a regra geral do ônus probatório do autor.

Em defesa, o réu poderá alegar que o vício era de conhecimento prévio do adquirente, ou que o defeito originou-se exclusivamente após a transferência. Ademais, pode ter havido renúncia à garantia, possível dentro da autonomia da vontade, ou pode ter transcorrido o prazo decadencial de reclamação.

Questão importante é saber se o adquirente pode reclamar da coisa, mesmo tendo efetuado pagamento após ter-se inteirado do vício. É necessário, nessa hipótese, o exame das condições em que esse pagamento é feito, uma vez que nem sempre será cômodo ao adquirente deixar de cumprir sua obrigação, sendo preferível o *solve et repete*. Não sendo essa a conclusão, o pagamento pode significar renúncia tácita à reclamação.

Se a coisa não mais existe, remanesce o direito de redibição para o adquirente, persistindo a responsabilidade do alienante (art. 444), se presentes os pressupostos gerais.[4] Se a coisa foi

---

[4] "Apelação cível. Direito civil. Direito processual civil. Preliminar de não conhecimento do recurso por ausência dos requisitos formais de admissibilidade. Qualificação das partes. Rejeitada. Aquisição de veículo. Alegação de vício oculto. Laudo particular. Vícios comprovados. Defeito verificado. Responsabilidade da alienante. Ausência de manutenção preventiva. Dano moral. Afastado. Recurso conhecido e parcialmente provido. 1. Preliminar de Não Conhecimento do Recurso. Havendo indicação correta do nome das partes no recurso de apelação, fica dispensada nova qualificação completa, quando esta já foi realizada na petição inicial, reputando-se observada a formalidade prevista no art. 1.010, I do CPC. Preliminar rejeitada. 2. Nos termos do art. 441 do Código Civil, 'A coisa recebida em virtude de contrato comutativo pode ser enjeitada por vícios ou defeitos ocultos, que a tornem imprópria ao uso a que é destinada, ou lhe diminuam o valor'. Em sequência, o **art. 444 do CC** determina que 'A responsabilidade do alienante subsiste ainda que a coisa pereça em poder do alienatário, se perecer por vício oculto, já existente ao tempo da tradição'. 3. No caso dos autos, a prova constituída demonstrou que o vício existente no câmbio do veículo negociado pelas partes já existia ao tempo da tradição e foi decorrente da ausência de manutenção preventiva do

transformada, não pode o contratante ser compelido a receber coisa diversa da que entregou. Nesse caso, subsistirá somente a possibilidade da ação estimatória.

Há uma aplicação específica da teoria do dolo em sede de vícios redibitórios. Se o alienante sabia da existência do vício e não alertou seu contratante, responderá por perdas e danos, além da restituição. Se não houve culpa, restituirá o valor singelamente, com as despesas do contrato (com correção monetária até o efetivo pagamento, é evidente). As perdas e danos seguem a regra geral: devem efetivamente ser provadas. O dever de garantia subsiste, pois, mesmo na ignorância do alienante, podendo, a esse respeito, ser convencionado o contrário (art. 1.102), ainda porque as partes podem excluir, restringir ou ampliar essa garantia. Esse dispositivo não é repetido no Código de 2002. Podem as partes, sem dúvida, transigir a respeito dos vícios redibitórios e da cláusula de garantia, mas, em toda situação, deve ser examinado o abuso de direito e levado em conta que o âmbito da vontade é restrito no campo dos direitos do consumidor.

---

veículo. 3.1. Não há como imputar ao adquirente a responsabilidade pelo vício existente no bem, uma vez que o evento danoso ocorreu apenas um dia após o recebimento do automóvel pelo autor. 4. Nos termos do art. 373, II do CPC, incumbe à ré demonstrar fato impeditivo, modificativo ou extintivo do direito do autor, ônus do qual não se desincumbiu, considerando que não anexou aos autos elementos de prova capazes de corroborar a alegação de que o defeito do veículo teria ocorrido por mau uso do adquirente (autor). 5. Em que pese os transtornos vivenciados pelo autor, com a ocorrência do dano no veículo recém adquirido, não existem nos autos provas de que o abalo sofrido tenha atingido a sua personalidade, motivo pelo qual a condenação da ré em pagar indenização por danos morais foi afastada. 6. Recurso conhecido e parcialmente provido" (*TJDFT* – Ap 07170581020228070009, 7-2-2024, Rel. Carlos Pires Soares Neto).

"Compromisso de compra e venda – **Ação de abatimento (*quanti minoris*)** – Alegação de que a vaga de garagem possui 1,79m^2 a menos do que o previsto na matrícula. Caso em tela que se aplica o prazo decadencial ânuo previsto no art. 501 do CC. Princípio da especialidade. Ação ajuizada mais de ano após imissão na posse do imóvel e registro da aquisição na matrícula. Decadência corretamente reconhecida. Sentença mantida. Apelo improvido" (*TJSP* – AC 1029625-56.2018.8.26.0576, 5-6-2019, Rel. Ruy Coppola).

"**Ação estimatória – 'Quanti minoris'** – Julgamento de procedência – Inconformismo da ré – Negociação celebrada entre as partes que não caracterizou venda 'ad corpus'. Inaplicabilidade do disposto no § 3º do artigo 500 do Código Civil. Ausência de prova de que a área privativa da unidade imobiliária entregue ao comprador é a mesma que constou do panfleto de publicidade do empreendimento. Matrícula do bem aponta área inferior. Cabível a condenação da vendedora ao pagamento do montante correspondente à diferença de metragem anunciada e a efetivamente entregue ao comprador. Sentença mantida. Recurso desprovido" (*TJSP* – Ap 1003584-71.2015.8.26.0248, 13-6-2018, Rel. Paulo Alcides).

"Apelação Cível – Ação de obrigação de fazer c/c indenização por danos morais – **Contrato Estimatório** – Inadimplência da consignatária – Inoponibilidade ao adquirente de boa-fé – Obrigação de entrega dos documentos para transferência do veículo – Falha na prestação dos serviços – Danos morais configurados – Responsabilidade solidária das fornecedoras – Recurso não provido – Encaixando-se as partes nos conceitos de consumidor e fornecedor do CDC, o dever de reparar por danos causados na prestação defeituosa de serviços dispensa a prova da culpa do prestador, bastando a comprovação do dano e do nexo de causalidade, nos termos do art. 14 do citado diploma legal – Nos termos do art. 534 do Código Civil, a inadimplência da consignatária em relação à consignante não tem o condão de invalidar o negócio jurídico celebrado entre a primeira e o adquirente de boa – Fé, ensejando apenas sua condenação ao repasse da quantia recebida, descontado o valor da comissão pelo serviço realizado – Não é lícito afirmar que o autor 'pagou mal', já que efetuou o pagamento à empresa escolhida pela própria apelante para realizar a venda do veículo – A transferência da propriedade de bens móveis se realiza com a tradição (art. 1.226 do Código Civil) – Por imperativo da regra insculpida no parágrafo único do art. 7º do CDC, todos aqueles que integram a cadeia de fornecedores respondem solidariamente em caso de falha na prestação do serviço" (*TJMG* – AC 1.0521.16.003750-8/003, 24-8-2017, Rel. Sérgio André da Fonseca Xavier).

"Agravo de instrumento – Ação de reintegração de posse c.c. – Indenização por perdas e danos – Bem móvel – **Contrato estimatório** – Ausência do esgotamento das medidas legais postas à disposição da agravante para a apuração de patrimônio em nome da empresa executada. Prova apenas indiciária no sentido de que os sócios da executada se utilizaram de terceira empresa para a prestação de serviços, objetivando o desvio de faturamento, a fim de evitar que este seja alcançado pela penhora. Impossível, por ora, a desconsideração da pessoa jurídica, assim como a extensão da responsabilidade patrimonial à outra empresa do grupo econômico de fato. Recurso desprovido, com observação" (*TJSP* – AI 2025217-55.2016.8.26.0000, 2-6-2016, Rel. Antonio Nascimento).

A ação redibitória é indivisível, se participam do negócio jurídico vários alienantes e vários adquirentes. Não é possível destruir o negócio com relação a apenas algum dos participantes. A ação estimatória deve ser considerada divisível, por outro lado. O objeto dessa ação é o pagamento de uma soma em dinheiro, podendo ser intentada por qualquer dos adquirentes contra qualquer dos vendedores, em proporção à parte de cada um (Borda, 1989:223).

Quando várias coisas são vendidas conjuntamente, o defeito oculto de uma não autoriza a redibição de todas, desde que os bens admitam separação e ainda que tenha havido um preço global (art. 503). Só a coisa defeituosa no conjunto será objeto de redibição.

Por vezes, haverá necessidade de perícia para avaliar o correto valor a ser concedido na ação *quanti minoris*, pois nem sempre de plano se saberá o montante do abatimento do preço em relação à utilidade da coisa.

13.6 EXCLUSÃO DA GARANTIA EM VENDAS SOB HASTA PÚBLICA

O Código de 1916 excluía a possibilidade de alegação de vícios redibitórios nas vendas em hasta pública. Trata-se de modalidade coativa de alienação cuja natureza não se harmoniza com a garantia. A lei refere-se às vendas decorrentes de execuções judiciais. As vendas decorrentes de leilão escolhido pelo próprio titular da coisa ficam garantidas contra os defeitos ocultos, não eximindo o vendedor. Isso ocorrerá ainda que a venda seja autorizada pelo juiz nas situações de alienação judicial decorrentes de jurisdição voluntária, como aquela que é utilizada para a extinção de condomínio. Nesse caso, trata-se de tutela judicial de interesses privados, não havendo venda forçada. O presente Código não repete essa regra, o que certamente fará com que mais um elemento de instabilidade seja inserido nas vendas em hasta pública.

13.7 MODIFICAÇÕES DA GARANTIA

Vimos que as partes podem expressamente excluir a garantia por defeitos ocultos. Também não são aplicáveis os princípios quando o adquirente conhecia do vício. Doutro lado, se houver má-fé do transmitente, fica aberta a possibilidade de indenização por perdas e danos.

É da natureza do instituto que a garantia possa ser diminuída, ampliada ou renunciada, dentro do princípio pleno da autonomia da vontade. Não se trata de disposição de ordem pública, embora o Código de Defesa do Consumidor, levando em conta a natureza da relação, imponha o dever ao fornecedor de produtos ou serviços.

A renúncia à garantia pode ser tácita, decorrente de comportamento inequívoco do adquirente, que pode, por exemplo, continuar a pagar pela aquisição, sem ressalva nenhuma. Quando o adquirente aliena, consome ou transforma a coisa, não ficará inibido de reclamar dos vícios, porém não poderá mais devolver a coisa, restando-lhe somente a ação estimatória, que poderá vir cumulada com perdas e danos. Na dúvida, devemos concluir pela inexistência de renúncia, assim como as cláusulas que excluem ou diminuem a garantia devem ser interpretadas restritivamente. Deve ser examinada com cuidado a cláusula de exclusão da garantia quando o alienante já conhece o vício, desconhecido por parte do adquirente. Quando há dolo do alienante, na cláusula de pré-exclusão da responsabilidade, temos de concluir pela nulidade dessa disposição (Miranda, 1971, v. 38:286).

A cláusula de exclusão da garantia pode limitar-se apenas a alguma das qualidades da coisa, bem como pode excluir unicamente a possibilidade de redibição, mantendo a ação estimatória, e vice-versa.

Nem sempre a garantia geral estampada na lei satisfaz aos contratantes. Em razão disso, é comum que o alienante conceda uma extensão da garantia, tanto com relação à qualidade da coisa, como com relação ao tempo concedido para a reclamação. Essa garantia estendida gera uma ação derivada do contrato, em que as perdas e danos serão apurados, e não uma típica ação de vício redibitório, embora o cerne da questão seja o mesmo. No exame dessa garantia, importa examinar, no caso concreto, os termos do contrato. O prazo nele fixado também será levado em conta, e é certo que os usos de comércio determinam matizes a essas discussões: quando há substituição de peças, por exemplo, há normalmente uma extensão da garantia referente a elas. Quando as partes contratam acerca de certa garantia, há o que denominamos *qualidade prometida*. O alienante acrescenta um *plus* às características normais da coisa e assegura sua existência. A ausência de qualidade prometida não constitui anomalia natural, mas a falta de determinada qualidade que diferencia a coisa de outras similares, sim. Para fins de reclamação judicial, no entanto, quer exista somente a garantia legal, quer exista uma extensão na garantia, o tratamento jurídico deve ser o mesmo. São aplicados os princípios que regem o inadimplemento das obrigações em geral.

13.8 PRAZOS DECADENCIAIS. DIREITO ANTERIOR. NOVA PERSPECTIVA

Os prazos para o exercício da ação redibitória e da ação estimatória (também denominadas *edilícias*, tendo em vista suas origens) são de decadência, iniciando-se no momento em que o adquirente recebe o bem por força do contrato. Nem sempre coincidirá a data do contrato com a data da entrega da coisa, a tradição. O art. 178, §§ 2º e 5º, do Código anterior, fixava o prazo de 15 dias para as ações relativas aos móveis e seis meses para as ações relativas a imóveis. O Código Comercial, em seu art. 211, estabelecia o prazo de 10 dias para os bens móveis.[5]

O prazo de 15 dias era demasiadamente exíguo, mormente para equipamentos cada vez mais sofisticados, cuja utilização plena pode levar muito mais tempo. Há casos concretos em que a aplicação desse prazo decadencial mostra-se extremamente ínfima. Destarte, é perfeitamente defensável, e não contraria o espírito do Código e a natureza milenar do

---

[5] "Ação de indenização – **Vício redibitório** – Bem Móvel – Prazo Decadencial – Perda da pretensão – Decurso do prazo – Na hipótese de vício oculto de coisa móvel, o prazo decadencial também é o de 30 (trinta) dias, conforme dispõe o *caput* do art. 445 do CC . Contudo, esse prazo de 30 (trinta) dias conta-se a partir do momento em que o adquirente tiver ciência, até o prazo máximo de 180 (cento e oitenta) dias, conforme prevê o § 1º do referido artigo. No caso em tela, houve a perda da pretensão pelo decurso do prazo" (*TJMG* – AC 1.0000.19.102064-3/001, 11-10-2019, Rel. Octávio de Almeida Neves).

"Civil – **Vício Redibitório** – Caminhão – Prazo Decadencial – CC, art. 445, caput e § 1º. 1 Analisando o art. 445 do Código Civil, em recente julgado, seguindo orientação da Corte Superior, este Órgão Fracionário reconheceu que 'o prazo decadencial para o exercício da pretensão redibitória ou de abatimento do preço de bem móvel é de 30 dias (art. 445 do CC). Caso o vício, por sua natureza, somente possa ser conhecido mais tarde, o § 1º do art. 445 estabelece, em se tratando de coisa móvel, o prazo máximo de 180 dias para que se revele, correndo o prazo decadencial de 30 dias a partir de sua ciência. (STJ, REsp 1095882/SP, Relª Minª Maria Isabel Gallotti, 4ª Turma, j. em 9.12.2014)' (AC nº 0301306-16.2016.8.24.0166, Des. Henry Petry Júnior). 2 No caso, como o autor tomou conhecimento do vício em caminhão dentro do prazo de 180 dias desde a tradição, tinha 30 dias para ajuizar a demanda, contados desde que o defeito foi revelado. Não o tendo feito, deve ser reconhecida a decadência do direito" (*TJSC* – AC 0002945-32.2011.8.24.0033, 10-7-2018, Rel. Des. Luiz Cézar Medeiros).

"Compra e venda de veículo. Indenização por perdas e danos. Alegação da autora que sofreu prejuízos ante a irregularidade do chassi do veículo. Ação julgada improcedente pela ocorrência da decadência. Apelação da autora. Cerceamento de defesa. Afastado. **Prazo decadencial que deve ser aplicado somente em casos de vício redibitório**. Responsabilidade pelo fato do produto. Indenização que se sujeita ao prazo prescricional previsto pelo art. 27 do CDC (5 anos). Falta de comprovação da alegada conduta culposa da ré a ensejar a reparação pretendida. Recurso parcialmente provido" (*TJSP* – Ap 0012566-88.2012.8.26.0477, 20-5-2015, Rel. Francisco Occhiuto Júnior).

instituto, que esse prazo se inicia, no que se refere a máquinas e equipamentos, a partir da efetiva utilização e funcionamento. A esse respeito, como veremos, dispôs diferentemente o Código de 2002:

> *"Quando o vício, por sua natureza, só puder ser conhecido mais tarde, o prazo contar-se-á do momento em que dele tiver ciência, até o prazo máximo de 180 dias em se tratando de bens móveis, e de um ano para os imóveis"* (art. 445, § 1º).

A jurisprudência e a doutrina majoritárias vinham sufragando no passado esse entendimento (Chaves, 1984: v. 2, p. 462).

Por outro lado, quando existe extensão do prazo de garantia, o exercício da reclamação ou ação deve ocorrer em seu curso. O estatuto civil dispõe que nessa hipótese não se inicia o curso de prazo para a ação, mas o defeito deve ser comunicado ao alienante no prazo de 30 dias (art. 446). Havendo prazo contratual de garantia, existe uma suspensão convencional do início do prazo de decadência.

13.8.1 Prazos Decadenciais Atuais

Como já reportamos no estudo da teoria geral, o mais atual estatuto preocupou-se em inserir os respectivos prazos de decadência na Parte Especial, em cada um dos institutos jurídicos pertinentes. Em matéria de vícios redibitórios, foram atendidos os reclamos da doutrina e da realidade negocial, com inovações sobre os prazos e sua forma de contagem. Peca, porém, o legislador do Código, aqui como alhures, ao permitir que tenhamos dois estatutos, o Código Civil e o Código de Defesa do Consumidor, para regular o mesmo instituto, em matéria que poderia ser perfeitamente unificada, evitando-se o desnecessário desgaste jurisprudencial.

Estabeleceu o art. 445 o prazo de 30 dias para o adquirente obter a redibição ou abatimento no preço, se a coisa for móvel, e de um ano se for imóvel, contado da entrega efetiva. O dispositivo acrescenta, ainda, que se o adquirente já estava na posse da coisa, o prazo conta-se da alienação, mas reduzido à metade. Destarte, se o locatário, que já está na posse do imóvel, vem a adquirir a coisa, seu prazo decadencial para a reclamação é reduzido para seis meses. Essa inovação, contrariando a regra geral, não parece ser eficiente. Quem está na posse da coisa deve conhecê-la devidamente e saber de seus vícios. Melhor seria que o legislador mantivesse os prazos da regra geral nesses casos, computados, no entanto, desde o início efetivo da posse.

Assim, por exemplo, em prol da estabilidade das relações negociais, se o inquilino estivesse na posse do imóvel há um ano, não teria mais como reclamar de vício ou defeito oculto.

Para atender àquelas situações nas quais os vícios existem, mas somente se manifestam e se tornam perceptíveis posteriormente, dispõe o § 1º do art. 445:

> *"Quando o vício, por sua natureza, só puder ser conhecido mais tarde, o prazo contar-se-á do momento em que dele tiver ciência, até o prazo máximo de cento e oitenta dias em se tratando de bens móveis; e de um ano, para os imóveis."*[6]

---

6 "Direito processual civil. Embargos de Declaração. Alegação de contradição. Inocorrência. Rediscussão do mérito. Recurso desprovido. I. Caso em exame 1. Embargos de declaração opostos pela autora-reconvinda em face de acórdão proferido pela 31ª Câmara de Direito Privado do Tribunal de Justiça de São Paulo (TJSP), pelo qual negado provimento à apelação interposta contra sentença em ação de despejo. A autora sustenta existência de contradição quanto ao reconhecimento do termo inicial da decadência, bem como ausência de relação locatícia e impossi-

Melhor seria que o Código se utilizasse da denominação mais acessível e clara do Código de Defesa do Consumidor: esta lei faz distinção entre *vícios aparentes ou de fácil constatação* e *vícios ocultos*.

Esse dispositivo socorre, por exemplo, o adquirente de uma máquina, que possui originalmente peça defeituosa, mas cujas consequências danosas somente se manifestam após o uso mais ou menos prolongado da coisa; ou no caso de imóvel que possui defeitos nas fundações, mas cujos efeitos, tais como recalques, fendas ou rachaduras, surgem muito tempo após a posse do adquirente.

O estatuto preocupa-se também com a venda de animais, dadas as suas particularidades nos diversos rincões do país, estabelecendo:

---

bilidade jurídica do pedido de usucapião formulado na contestação. II. Questão em discussão 2. A questão em discussão consiste em verificar se o acórdão incorreu em vício de contradição ao afastar a decadência com base no art. 445, § 1º, do Código Civil (CC) e ao reconhecer a possibilidade de usucapião no bojo da ação de despejo. III. Razões de decidir 3. A Turma Julgadora, no acórdão, assentou que, nos termos do art. 445, § 1º, do CC, o prazo decadencial para alegação de vício oculto inicia-se a partir da ciência do vício, inexistindo prova nos autos de que essa ciência tenha ocorrido em 29/12/1999, como sustentado pela autora. 4. A relação locatícia foi afastada com base na ausência de assinatura da ré no contrato apresentado, nas inconsistências cronológicas do instrumento e na ausência de verossimilhança do documento, tudo já examinado no acórdão embargado. 5. Não há contradição no reconhecimento da possibilidade jurídica da usucapião como matéria de defesa na ação de despejo, conforme orientação do Superior Tribunal de Justiça (STJ) no REsp 1.720.288/RS e previsão do art. 493 do Código de Processo Civil (CPC). 6. A autora busca rediscutir o mérito da decisão, finalidade para a qual os embargos de declaração não se prestam, ante a inexistência dos vícios previstos no art. 1.022 do CPC. IV. Dispositivo e tese 7. Recurso de embargos de declaração rejeitados. Tese de julgamento: '1. A ausência de prova sobre o momento da ciência do vício afasta a decadência nos termos do art. 445, § 1º, do Código Civil (CC). 2. A inexistência de relação locatícia pode ser reconhecida com base em elementos fáticos e documentais constantes dos autos. 3. É juridicamente possível alegar usucapião como matéria de defesa na ação de despejo, desde que presentes os requisitos legais'. Dispositivos relevantes citados: CC, arts. 445, § 1º, 1.238; CPC, arts. 493 e 1.022. Jurisprudência relevante citada: STJ, REsp nº 1.720.288/RS, Rel. Min. Marco Aurélio Bellizze, Terceira Turma, j. 27/02/2018" (*TJSP* – ED 1003567-52.2021.8.26.0045, 17-6-2025, Rel. Adilson de Araujo).

"Bem móvel – Compra e venda de veículo – Ação redibitória c/c perdas e danos julgada parcialmente procedente – Aquisição de carreta reboque – Veículo reprovado em perícia, por conta de solda feita em cima da numeração do chassis – **Vício** que não era aparente, não se exigindo da autora que, no momento da compra, fizesse uma análise técnica sobre tal avaria – Inocorrência de decadência – Observância pela autora do prazo de 30 dias, contado após a sua ciência, descoberta dentro de 180 dias da data da compra – Exegese do art. 445 e § 1º do Código Civil – Existência da solda no chassis que configura vício passível de retorno das partes ao estado em que estavam antes da negociação – Irrelevância do fato de haver numeração do chassis também em outro local, já que o veículo foi reprovado em vistoria, mesmo após se constatar esse fato – Depoimentos testemunhais que em nada beneficiam o réu – Despachante que foi contratado, regularizar a transferência, que confirmou a reprovação do bem em duas vistorias, esclarecendo, ainda, que, no caso de remarcação no chassis, o veículo perde o seu valor de mercado – Sentença que fica mantida – Recurso improvido" (*TJSP* – Ap 1001878-74.2020.8.26.0346, 23-9-2022, Rel. Caio Marcelo Mendes de Oliveira).

"Apelação – *Vício Redibitório* – Ação redibitória cumulada com pedido de danos morais. Sentença de improcedência. Interposição de apelação pelo autor. Compra de veículo que apresentou defeitos dias após a entrega. Autor que ajuizou a ação um ano e cinco meses após a compra, pois foi quando veio a conhecer a razão do suposto vício, o que não afeta a contagem do prazo decadencial, que se inicia quando o vício se torna evidente. Ocorrência de decadência. Vício no veículo não provado. Ônus da prova do autor, que dele não se desincumbiu. Inocorrência de dano moral. Sentença mantida. Recurso improvido" (*TJSP* – AC 1036329-09.2015.8.26.0506, 13-3-2019, Rel. Carlos Dias Motta).

"Bem móvel – Compra e venda de resina para piso externo – Alegação de **vício redibitório** – Prazo decadencial para reclamação de vício oculto – Art. 26, inc. II e § 3º do CDC – Inaplicabilidade do prazo previsto no art. 27 do CDC – Decadência Reconhecida – Em caso de existência de vícios ocultos em bem durável, o prazo para reclamação, de caducidade, é de noventa dias contados do momento em que ficam evidenciados (CDC, art. 26, inc. II, e § 3º). Inaplicabilidade do art. 27 do CDC, que não se refere aos defeitos ou vícios do produto ou serviço, mas aos danos causados por fato do produto ou serviço e cujo prazo é de natureza prescricional. Decadência reconhecida. Recurso desprovido" (*TJSP* – Ap 1007660-29.2017.8.26.0003, 29-1-2018, Rel. Gilberto Leme).

> *"Tratando-se de venda de animais, os prazos de garantia por vícios ocultos serão os estabelecidos em lei especial, ou, na falta desta, pelos usos locais, aplicando-se o disposto no parágrafo antecedente se não houver regras disciplinando a matéria"* (art. 445, § 2º).

Lembre-se, por exemplo, de caso concreto que enfrentamos na venda de um cavalo de corridas que sofria de grave moléstia respiratória que afetava seu desempenho. Caberá ao juiz aferir se há costumes que se aplicam ao negócio. Não se esqueça que nesse e nos negócios em geral as partes podem estabelecer prazos de garantia ou para reclamação, devendo preponderar sua vontade. Em qualquer caso, não podem renunciar à decadência fixada em lei (art. 209), mas nada impede que convencionem prazos mais extensos.

Por fim, o art. 446 conclui:

> *"Não correrão os prazos do artigo antecedente na constância de cláusula de garantia; mas o adquirente deve denunciar o defeito ao alienante nos trinta dias seguintes ao seu descobrimento, sob pena de decadência."*

A redação não é das melhores, devendo ser alterada, e sustenta o que dissemos sobre a necessidade de unificação do instituto dos vícios redibitórios para todos os negócios, sejam típicos do consumidor ou não. Aliás, peca o legislador desse Código como um todo, por ignorar, como regra geral, o microssistema do consumidor. O que o dispositivo pretende firmar é que, quando o alienante (fornecedor de produtos ou serviços) estabelece prazo de garantia, há causa impeditiva para o início de prazo decadencial. Como regra, terminado o prazo de garantia, inicia-se a contagem dos prazos estabelecidos em lei. Contudo, se durante a garantia surgir o defeito na coisa, o adquirente deve denunciar o fato nos 30 dias seguintes a seu descobrimento, *"sob pena de decadência"*. Desse modo, uma vez evidenciado o defeito, o adquirente deve denunciá-lo ao alienante. Não se trata de prazo para o ingresso de ação, mas para simples comunicação, denúncia do defeito, solicitando as providências cabíveis. Com isso, se não for resolvida a questão, abre-se a possibilidade para a ação redibitória ou *quanti minoris*. Como os prazos decadenciais não correm durante o período de garantia, conforme a dicção legal, eles somente se iniciam após o termo final dessa garantia. Trata-se de obstáculo legal do prazo decadencial (art. 207). No entanto, o adquirente deve comunicar o evidenciamento do defeito no prazo de 30 dias, para manter viva a possibilidade de reclamar; não efetivando essa denúncia, o que ocorre nessa situação melhor se denomina *perempção*, pois estará tolhida a ação judicial. Nesse caso não há mais que se falar em decadência, cujo prazo nem se iniciara. Ademais, em se tratando de defeito de manifestação tardia, aplica-se o § 1º do art. 445. A óptica da questão se transfere para a prova.

13.9 VÍCIOS OCULTOS SEGUNDO O CÓDIGO DE DEFESA DO CONSUMIDOR

Sem sombra de dúvida, é no âmbito do consumidor que avultará de importância a garantia pelos produtos ou pelos serviços. Já ressaltamos que o fornecedor tem o dever de informar o consumidor acerca das qualidades do produto ou serviço, bem como adverti-lo dos riscos. Entre as regras de programa que traz a lei (Lei nº 8.078/90), é reconhecida a *vulnerabilidade* do consumidor no mercado de consumo. Lembre-se do que falamos a respeito do contrato nos tempos atuais, no Capítulo 1 da obra *Direito Civil: obrigações e responsabilidade civil*. A garantia em relação ao consumidor deve ser vista, *a priori*, dentro desse balizamento.

No campo dos vícios redibitórios, a lei do consumidor reforça a responsabilidade do fornecedor. O art. 12 da Lei nº 8.078/90 faz com que o fabricante, o produtor, o construtor, nacional ou estrangeiro, e o importador respondam,

> *"independentemente da existência de culpa, pela reparação dos danos causados aos consumidores por defeitos decorrentes de projeto, fabricação, construção, montagem, fórmulas, manipulação, apresentação ou acondicionamento de seus produtos, bem como por informações insuficientes ou inadequadas sobre sua utilização e riscos".*

O âmago da lei é de inspiração idêntica aos princípios históricos dos vícios redibitórios; apenas o legislador teve que ser mais minucioso, para impedir que escapassem o fornecedor e assemelhados a sua responsabilidade social.

Quanto à responsabilidade por vício do produto ou do serviço, a lei do consumidor abre novas possibilidades, colocadas à disposição do consumidor, no art. 18:

> *"Os fornecedores de produtos de consumo duráveis ou não duráveis respondem solidariamente pelos vícios de qualidade ou quantidade que os tornem impróprios ou inadequados ao consumo a que se destinam ou lhes diminuam o valor, assim como por aqueles decorrentes da disparidade, com as indicações constantes do recipiente, da embalagem, rotulagem ou mensagem publicitária, respeitadas as variações decorrentes de sua natureza, podendo o consumidor exigir a substituição das partes viciadas."*

Existe um alargamento da responsabilidade legal do fornecedor, atendendo ao dinamismo e à forma das práticas de comércio. O fornecedor responsabiliza-se não somente pelo produto em si que coloca no mercado, como também pela imagem que divulga desse produto, sendo obrigado a respeitar sua veracidade.

O consumidor pode pedir a substituição de peças ou reparação da coisa adquirida, o que deve ser feito em 30 dias. Não sendo feitos os devidos reparos nesse prazo, a contar da solicitação (§ 1º do art. 18), é aberta ao consumidor tríplice possibilidade:

> *"I – a substituição do produto por outro da mesma espécie, em perfeitas condições de uso;*
>
> *II – a restituição imediata da quantia paga, monetariamente atualizada, sem prejuízo de eventuais perdas e danos;*
>
> *III – o abatimento proporcional do preço."*

Não está o prejudicado, porém, obrigado a aguardar esse prazo de reparo: pode partir diretamente para uma das três alternativas apontadas:

> *"sempre que, em razão da extensão do vício, a substituição das partes viciadas puder comprometer a qualidade ou características do produto, diminuir-lhe o valor ou se tratar de produto essencial"* (§ 3º).

Imagine que o adquirente tenha comprado ou locado equipamento básico para sua atividade profissional. Aguardar o prazo de reparo lhe trará enorme prejuízo. Deve pedir imediatamente a redibição. O mesmo pode ser dito se o defeito atinge o funcionamento básico do produto, colocando a perder a própria confiabilidade do fornecedor.

Note que persistem nessa lei as clássicas ações edilícias aqui estudadas. Nesse ponto, afora as ações redibitória e estimatória, tem o consumidor o direito de pedir a substituição da coisa por outra idêntica. Essa possibilidade não fica afastada na ação redibitória clássica. Apenas não se imagina que nas relações exclusivamente privadas exista a possibilidade de o vendedor, ou assemelhado, ter condições de substituir uma coisa por outra, pois nem sempre o bem será fungível. Por essa razão, essa derivação na ação redibitória clássica somente é possível com a concordância do alienante. Na lei do consumidor, também existe alternatividade por disposição expressa: o consumidor escolhe um dos três pedidos permitidos.

Embora exista alternatividade, parece-nos que em sede de ação judicial nada impede que o autor-consumidor peça do produtor a restituição do valor corrigido, em alternatividade ou em subsidiariedade, porque, como foi exposto, tanto um, como outro pedido se inserem no espírito da ação redibitória. Se optarmos pela *quanti minoris*, o pedido deve ser feito isoladamente, porque incompatível com as outras alternativas. Observe que, quando o consumidor opta pela pretensão de substituição da coisa, não sendo esta possível, o Código permite a substituição por outro objeto de espécie, marca ou modelo diversos, mediante complementação ou restituição de eventual diferença de preço, sem prejuízo das ações redibitória e estimatória. É o que dispõe o § 4º do art. 18. No entanto, uma vez proposta a ação para a substituição, e não tendo o fornecedor produto para substituir, não pode a sentença julgar fora do pedido, e resumir-se-á a condenação em perdas e danos. Desta forma, podemos optar pelo pedido alternativo ou subsidiário.

Quanto ao prazo que tem o fornecedor para efetuar os reparos na coisa, o § 2º do art. 18 dispõe:

> *"Poderão as partes convencionar a redução ou ampliação do prazo previsto no parágrafo anterior, não podendo ser inferior a sete nem superior a cento e oitenta dias. Nos contratos de adesão, a cláusula de prazo deverá ser convencionada em separado, por meio de manifestação expressa do consumidor."*

Não se trata de prazo de decadência para o ajuizamento de ação, mas de prazo para o fornecedor efetuar os reparos. É prazo de direito material.

O art. 19 responsabiliza o fornecedor solidariamente pelos vícios de quantidade de produto posto à disposição do consumidor. Não ficará o consumidor, portanto, obrigado a localizar o fabricante, tarefa nem sempre fácil. Responde solidariamente quem comercializa os produtos. Daí decorrem também as ações conhecidas, além de existir possibilidade de pedido de complementação do peso ou medida, questão que se agrega à natureza da ação estimatória, quando então haverá o inverso: não é abatido o preço, mas o vendedor ou assemelhado fica obrigado a completar a quantidade de produto faltante.

O dever de informação do fornecedor de serviços fica reforçado: não somente responde ele

> *"pelos vícios de qualidade que os tornem impróprios ao consumo, ou lhes diminuam o valor, assim como por aqueles decorrentes da disparidade com as indicações constantes da oferta ou mensagem publicitária..."* (art. 20).

Trata-se de uma proteção à extensão da qualidade. Se um fotógrafo anuncia que entrega a foto em cinco minutos, deve cumprir sua mensagem publicitária; assim também o construtor que informa terminar uma casa em 90 dias, e assim por diante. Vale consequentemente o brocardo popular *"quem não tem competência que não se estabeleça"*. A mensagem publicitária vincula o fornecedor. Também nessa hipótese haverá a alternatividade das ações edilícias, bem como a possibilidade, também alternativa, de ser pedida a reexecução dos serviços, sem custo adicional e quando cabível. Lembre-se de que os serviços devem ser executados não apenas no prazo dado, mas também com a perfeição suficiente para sua finalidade. Isso é decorrência da própria garantia clássica que regula a teoria dos vícios redibitórios. Aqui, são trazidos os princípios dos vícios também para a prestação de serviços. É necessidade da vida social. O defeito é examinado não propriamente na coisa, mas no resultado da atividade prestação de serviços. Nem sempre haverá um resultado material nessa prestação. No entanto, a orientação será sempre a mesma do aqui exposto. São objeto de exame, portanto, a qualidade de serviços da pintura de um prédio, da manutenção de uma máquina, como também o nível de um músico contratado para animar uma festa, de acordo com sua oferta ou mensagem publicitária. Estas, como já estudado, não apenas fazem parte da proposta, mas também do próprio contrato de prestação de serviços. O mesmo dispositivo, paralelamente com o que se permite no estatuto processual a respeito das obrigações de fazer, diz que *"reexecução dos serviços poderá ser confiada a terceiros devidamente capacitados, por conta e risco do fornecedor"* (art. 20, § 1º). Aqui, a iniciativa é do fornecedor, em nível pré-processual.

Na avaliação dos vícios redibitórios de serviços, o intérprete levará em conta que:

> *"são impróprios os serviços que se mostrem inadequados para os fins que razoavelmente deles se esperam, bem como aqueles que não atendam as normas regulamentares de prestabilidade"* (art. 20, § 2º).

Em cada caso concreto, porém, os critérios de aferição terão inelutavelmente uma parcela maior ou menor de apreciação subjetiva.

Em sede de direitos do consumidor, o dever de garantia legal não pode ser restringido, nem pode o fornecedor dele exonerar-se contratualmente. Qualquer cláusula nesse sentido, que impossibilite, exonere ou atenue a obrigação de indenizar, é nula (art. 25). Ademais, a garantia é de cunho legal e independe de termo expresso (art. 24). Se o fornecedor de bens ou serviços é o Estado, também a entidade pública será responsabilizada nos termos do Código (art. 22).

13.9.1 Decadência e Prescrição no Código de Defesa do Consumidor. Vícios Aparentes e Ocultos

Considerando-se o espectro amplo que qualifica o *fornecedor* nessa lei (art. 3º) é que devemos posicionar-nos dentro ou fora do Código. Ficam fora do alcance do Código do Consumidor, em princípio, apenas as relações paritárias, exclusivamente de cunho privado, sem conotação com bens ou serviços oferecidos ao público consumidor em geral, em que prepondera, mas não é exclusivo, o contrato de adesão. Portanto, na sociedade moderna, diminuto será o alcance exclusivo dos princípios tradicionais do Código Civil. Aliás, a nosso ver, sempre que existir a vulnerabilidade de uma das partes no contrato, podem ser aplicados os princípios de direito material do Código do Consumidor. O ideal é que o instituto recebesse tratamento unificado, como já dissemos.

Assim, em matéria de prescrição ou decadência, devem ser examinados os dispositivos dos arts. 26 e 27.

A lei faz distinção entre *vícios aparentes ou de fácil constatação* e *vícios ocultos*. O fornecedor responsabiliza-se por uns e outros. Não devemos ver na possibilidade de reclamação de vícios aparentes uma derrogação do princípio dos vícios redibitórios. Como expusemos nas linhas introdutórias desta obra, a sociedade de consumo é uma sociedade de massa. Como tal, os serviços e produtos oferecidos em grande quantidade não permitem ao consumidor que faça um exame detalhado do que está adquirindo. Quando muito, e se tanto, fará ligar o televisor na loja para saber se está funcionando; inspecionará externamente um veículo novo que adquire em uma concessionária; e lerá o folheto publicitário de um prestador de serviços. Evidentemente, vícios aparentes e comezinhos podem surgir quando o consumidor efetivamente colocar em uso a coisa adquirida: o televisor não tem som; o veículo foi entregue com defeito somente perceptível com dias de uso etc. Desse modo, a aparência de que fala a lei é a que surge após a utilização da coisa, o que não retira a aplicação dos princípios dos vícios redibitórios; na verdade, mais acentua sua utilidade. O fato de o defeito ser facilmente percebido influirá somente nos prazos de reclamação, e isto fica bem nítido na lei, mesmo porque em qualquer situação será responsável o fornecedor. Inadmissível, e fora de raciocínio lógico, que o fornecedor coloque à disposição bens ou serviços defeituosos ou inadequados, assim adquiridos conscientemente pelo consumidor. Evidente que não opera a distinção quando o comércio refere-se a produtos de refugo, em que se ressalvam as possibilidades de defeito.

Pois bem, nos casos em que os defeitos logo se manifestam e são facilmente perceptíveis, a caducidade ocorre em:

> *"I – trinta dias, tratando-se de fornecimento de serviço e de produtos não duráveis;*
>
> *II – noventa dias, tratando-se de fornecimento de serviço e de produto duráveis.*
>
> *§ 1º Inicia-se a contagem do prazo decadencial a partir da entrega efetiva do produto ou do término da execução dos serviços.*
>
> *§ 2º Obstam a decadência:*
>
> *I – a reclamação comprovadamente formulada pelo consumidor perante o fornecedor de produtos e serviços até a resposta negativa correspondente, que deve ser transmitida de forma inequívoca;*
>
> *II (...);*
>
> *III – a instauração de inquérito civil, até seu encerramento"* (art. 26).

Destarte, não flui, isto é, obsta ou impede o prazo de decadência, a reclamação que o consumidor faz, nos termos do art. 18, § 1º. Devemos entender que a fluência do prazo decadencial ficou impedida até a reclamação e só passou a transcorrer com a resposta negativa do fornecedor, que deve ser *inequívoca*. A matéria conflita em parte com os princípios da decadência. Um prazo começa a transcorrer desde a entrega da coisa, mas a reclamação faz com que outro novamente se inicie. Não devemos ver aí uma interrupção, porque a decadência não o permite. Para que se harmonizem os princípios da caducidade, entendamos que há dois momentos em que surge o direito do consumidor: quando da entrega e quando da reclamação. Se o consumidor não reclamar no prazo fixado a partir da entrega efetiva, decai do direito. Se reclamar nesse prazo, e até a resposta negativa do fornecedor, o prazo de caducidade que decorre dessa reclamação, que é de direito material, não se inicia. Não podemos admitir interrupção de prazo de decadência. O fornecedor tem 30 dias para sanar o vício (art. 18).

Por outro lado, quanto ao tratamento decadencial para os vícios de difícil percepção, os ocultos propriamente ditos, o prazo inicia-se no momento em que ficar evidenciado o defeito (§ 3º). A questão pode dar margem a dúvidas nos casos limítrofes. Entendamos, porém, que, sempre que o consumidor reclama "administrativamente", provoca o início do prazo de caducidade, com a resposta negativa do fornecedor. Nada impede, porém, que o consumidor ingresse com a ação independentemente da reclamação, em qualquer situação. Tratando-se de vício de difícil entendimento, porém, terá que provar, se for o caso, que sua "evidência" ocorreu dentro do prazo decadencial de 30 e 90 dias da lei. Lembre-se do que foi dito a respeito da extensão temporal da garantia concedida pelo alienante em geral, que suspende o curso do prazo decadencial.

No entanto, o legislador poderia ter sido mais feliz na disciplina da decadência na lei do consumidor. Melhor seria que traçasse princípios bem nítidos, para diferençar a prescrição da decadência, sem necessidade de o intérprete tentar harmonizar os princípios de direito material. Na verdade, os primeiros comentadores do estatuto fugiram ao problema (Oliveira,

1991:128). No entanto, caso não entendamos que existem no dispositivo dois marcos de início de caducidade, um embutido dentro do outro, admitiremos que a lei criou uma monstruosidade jurídica, qual seja, o mesmo prazo poderá ser de prescrição ou decadência, o que é inadmissível. A decadência inicia-se com a possibilidade do exercício de um direito. A pretensão gera um direito de ação pela transgressão de um direito (por isso, todas as ações de cobrança são prescritíveis, porque nascem com o inadimplemento). No sistema do consumidor, o direito à ação é gerado quando a coisa ou o serviço é entregue. O cumprimento da obrigação faz iniciar a caducidade. A lei deveria ter colocado a atividade reclamatória do consumidor como um divisor de águas entre a prescrição e a decadência. Com a reclamação, no prazo de decadência, iniciar-se-ia o prazo prescritivo. Lembre-se do que dissemos em outra obra:

> *"Como critério seguro de distinção, ao se examinar o caso específico, toma-se em consideração a origem da ação; se a origem for a mesma do direito e nasceu com ele, configura-se a decadência; se for diversa, se a ação nascer posteriormente, quando o direito já era existente e vem a ser violado, tal ato caracteriza a prescrição"* (Venosa, Direito civil: parte geral, Cap. 30).

Os termos peremptórios da lei afastam qualquer aplicação dos princípios da prescrição, e a interpretação aqui dada parece a que se harmoniza com a intenção do legislador. Inobstante, bastaria que a lei dissesse que com a resposta negativa do fornecedor inicia-se o prazo de prescrição para o consumidor que as questões práticas seriam muito mais facilmente resolvidas, ainda porque há necessidade de análise da *forma inequívoca* da resposta do consumidor, o que torna dúctil e duvidoso o termo inicial do prazo.

A prescrição tratada pelo art. 27 nada tem a ver com os defeitos de produtos ou serviços, mas com os danos ocasionados por eles, tanto materiais como pessoais. Essa ação é típica de responsabilidade civil, e o prazo prescritivo inicia-se a partir do conhecimento do dano e de sua autoria. O dispositivo prescricional, aqui corretamente determinado, refere-se à responsabilidade pelo fato do produto e do serviço, nos termos dos arts. 12 a 17.

14

EVICÇÃO

14.1 CONCEITO

Como vimos no início do Capítulo 13, existe um conjunto de garantias que o alienante, por força de lei, está obrigado, na transferência da coisa ao adquirente. Essas garantias estão presentes tanto na compra e venda, como naqueles contratos em que se transferem a posse e a propriedade. O alienante deve não somente abster-se de interferir na fruição da coisa por parte do adquirente, como também impedir que terceiros o façam. Essa garantia ocorre tanto nas questões de direito, como nas questões de fato. Nos ataques de fato à coisa transferida, tem o adquirente as ações possessórias, entre outros meios a sua disposição.

Examinamos que os defeitos ocultos trazem atrás de si toda a teoria dos vícios redibitórios.

Na evicção, o dever de garantia refere-se a eventual perda da coisa, total ou parcial, cuja causa ou origem seja anterior ao ato de transferência. Dispunha o art. 1.107 do Código de 1916:

> *"Nos contratos onerosos, pelos quais se transfere o domínio, posse ou uso, será obrigado o alienante a resguardar o adquirente dos riscos da evicção, toda vez que se não tenha excluído expressamente esta responsabilidade."*[1]

---

[1] "**Apelação cível** – Compra e venda de veículo. Posterior apreensão. Evicção. Ação indenizatória. Hipótese em que ambas as partes, por atuarem em parceria comercial, contribuíram para a produção dos danos à imagem da autora. O oferecimento de um imóvel pessoal como caução nos autos dos embargos de terceiro propostos pelo cliente dos autores consistiu em ato de vontade destes, para preservar a sua imagem, não se exigindo da ré que substitua a caução ou proceda ao depósito de valores. Danos morais confirmados, decorrentes da violação da honra objetiva da pessoa jurídica autora. Quantum mantido. Apelação da ré parcialmente provida. Apelação dos autores desprovida" (*TJRS* – Ap. 70083079822, 29-7-2020, Rel. Paulo Alcides).

"**Ação de evicção** – Recurso de agravo de instrumento contra decisão que indeferiu o pedido de gratuidade de justiça formulado pelos agravantes. Pretensão recursal rejeitada. Agravantes que possuem reserva expressiva de capital em espécie, conforme declaração de imposto de renda juntada aos autos. Possibilidade de pagamento das custas processuais. Decisão mantida. Recurso desprovido. Prejudicado o agravo interno interposto contra decisão que indeferiu o pedido de efeito suspensivo" (*TJSP* – AgRg 2100313-71.2019.8.26.0000, 27-6-2019, Rel. Paulo Alcides).

"**Evicção** – Parcial Procedência – Composição extrajudicial que não é obrigatória e sequer caracteriza falta do interesse de agir – Acordo que pode ser realizado em qualquer fase do processo – Preliminar afastada – Indenização que deve considerar o valor do imóvel ao tempo da evicção, nos termos do artigo 450, parágrafo único,

O Código de 2002 decanta em dois artigos o mesmo princípio:

> *"Art. 447. Nos contratos onerosos, o alienante responde pela evicção. Subsiste esta garantia ainda que a aquisição se tenha realizado em hasta pública."*
>
> *"Art. 448. Podem as partes, por cláusula expressa, reforçar, diminuir ou excluir a responsabilidade pela evicção."*

Essa garantia está presente em todo contrato oneroso, e não apenas na compra e venda, como vem regulada em algumas legislações. Quem transmite uma coisa por título oneroso (vendedor, cedente, arrendante etc.) está obrigado a garantir a legitimidade, higidez e tranquilidade do direito que transfere. Desde que exista equivalência de obrigações para as partes, a garantia faz-se presente. Deve ser assegurado ao adquirente que seu título seja bom e suficiente e que ninguém mais tem direito sobre o objeto do contrato, vindo a turbá-lo, alegando melhor direito. A evicção garante contra os defeitos de direito, da mesma forma que os vícios redibitórios garantem contra os defeitos materiais. Nos contratos gratuitos, não há razão para a garantia, porque a perda da coisa pelo beneficiário não lhe traz um prejuízo, apenas obsta um

---

do CC – Reconhecimento da responsabilidade do alienante, que independe de culpa ou má-fé no momento da alienação – Art. 447 do CC – Boa-fé irrelevante – Sentença reformada – Recurso do autor provido e recurso do réu não provido" (*TJSP* – Ap 1056234-47.2016.8.26.0576, 28-6-2018, Rel. Moreira Viegas).

"Agravo de instrumento – Ação de obrigação de fazer convertida em perdas e danos. **Perda do imóvel negociado em razão de suposta evicção.** Responsabilidade pela evicção que deve recair exclusivamente no alienante, no caso, os recorrentes. Aplicação do disposto no art. 447 do Código Civil. Pretensão de inserção no polo passivo da demanda todos aqueles que tomaram parte na cadeia negocial. Afastamento. Inexistência, perante o adquirente, da solidariedade alegada pelos recorrentes. Aplicação, ainda, do disposto no art. 295 do CC ('o cedente, ainda que não se responsabilize, fica responsável ao cessionário pela existência do crédito ao tempo em que lhe cedeu'). Extinção da ação, sem julgamento do mérito, em relação aos réus DGC, José Vicente Fonseca e Sônia Guimarães Passos Fonseca, preservada. Litigância de má-fé dos recorrentes. Eventual tentativa de alteração da verdade dos fatos que não interferiu no rumo deste recurso. Afastamento. Decisão preservada. Agravo desprovido" (*TJSP* – AI 2017881-63.2017.8.26.0000, 1-8-2017, Rel. Donegá Morandini).

"Agravo de instrumento – Ação de obrigação de fazer/entrega de coisa certa – Réu que adquiriu o imóvel, onde se encontram as pertenças questionadas, em leilão da Caixa Econômica Federal e requereu a denunciação da lide à alienante. Decisão agravada que indeferiu o pedido. Recurso do réu. Não acolhimento. Conforme os fatos narrados, o que se discute na demanda é se a venda englobou as pertenças e os acessórios noticiados na inicial. Diante da indefinição, não resta caracterizada a evicção. Ainda assim, a denunciação não contribuiria para a celeridade processual no caso dos autos, em decorrência da alteração de competência. A ausência de denunciação não impede o evicto de pedir perdas e danos em ação autônoma. Decisão mantida. Negado provimento ao recurso" (v.23167) (*TJSP* – AI 2072839-33.2016.8.26.0000, 8-8-2016, Relª Viviani Nicolau).

"Direito civil. Recurso especial. **Evicção.** Descaracterização. Art. 457 do Código Civil. Ausência de boa-fé do adquirente. Indenização afastada. 1. Reconhecida a má-fé do arrematante no momento da aquisição do imóvel, não pode ele, sob o argumento de ocorrência de evicção, propor a ação de indenização com base no art. 70, I, do CPC, para reaver do alienante os valores gastos com a aquisição do bem. Para a configuração da evicção e consequente extensão de seus efeitos, exige-se a boa-fé do adquirente. 2. Recurso especial conhecido e provido" (*STJ* – REsp 1.293.147-(2011/0163068-4), 31-3-2015, Rel. Min. João Otávio de Noronha).

"**Agravo de instrumento** – Venda e compra de veículo automotor – **Risco de evicção** – Abordagem resolutória encaminhada pelo adquirente, com pedido de reintegração de posse, à consideração de veículo, que ofertou em garantia do negócio, frustrado. Concessão de liminar. Recurso da ré. Desprovimento" (*TJSP* – AI 2084964-04.2014.8.26.0000, 23-7-2014, Rel. Carlos Russo).

"**Bem móvel** – Compra e venda – Resolução de negócio jurídico cumulado com indenização por danos materiais. Veículo objeto de constrição judicial emanada de juízo trabalhista. Preliminar. Intempestividade. Afastamento. Sentença sem resolução do mérito. Inadequação da via eleita. Afastamento. Teoria da causa madura (CPC, art. 515, § 3º). Evicção. Não configuração. Constrição judicial efetivada em razão de o adquirente não ter transferido para si a titularidade de veículo na repartição de trânsito. Ausência de oposição de preexistente direito de terceiro ao bem. Óbice à alienação a terceiro. Responsabilidade civil da ré não configurada. Indenização descabida. Recurso improvido" (*TJSP* – Ap. 9.276.322-46.2008.8.26.0000, 8-5-2013, Rel. Hamid Bdine).

ganho. No entanto, nada impede que, mesmo em uma doação, as partes estipulem a garantia, que não existe na lei.

Desse modo, para que se torne operativa essa garantia, é necessário que exista uma turbação de direito com relação à propriedade ou posse do adquirente e que esse terceiro invoque um título anterior ou contemporâneo ao negócio que atribuiu a coisa ao adquirente. A perda da posse ou da propriedade põe em marcha o direito de evicção. O termo vem de *evincere, ex vincere*, vencer, colocar de lado, excluir. Nossa língua possui o verbo *evencer*, com sentido técnico. Evictor é o que vence, o vencedor que fica com a coisa; evicto é o que se vê despojado dela, o excluído, o perdedor. No caso, o evicto está intitulado aos direitos decorrentes da evicção.

Geralmente, o evicto é posicionado como réu em que se reivindica a coisa, ou se pede a posse. O comprador recebe a coisa e vê-se acionado por um terceiro que alega ser o verdadeiro titular. Como as ações possessórias são dúplices, eventualmente também o autor pode ser evicto, se a posse for deferida em favor do réu. Por isso, o CPC admite a denunciação da lide para proteção dos direitos da evicção ao autor e ao réu, como examinaremos (art. 125). A evicção significa, portanto, a perda em juízo da coisa adquirida (ou em situação assemelhada, como veremos), isto é, a perda da coisa pelo adquirente em razão de uma decisão judicial. Tratando-se de uma garantia, o alienante é responsável pelos prejuízos em razão de ter transferido um "mau" direito, isto é, um direito viciado ou alheio.

14.2 NOÇÃO HISTÓRICA

A responsabilidade por evicção surge nos contratos consensuais em Roma. Em época mais antiga, nascia das formalidades da *mancipatio*, ou, quando faltava esta, do negócio correspondente, menos formal, a *stipulatio* (Venosa, *Direito civil: parte geral*, seção 30.3). Se o adquirente pela *mancipatio* era demandado por um terceiro antes de ocorrer a usucapião, poderia chamar o vendedor a fim de que ele se apresentasse em juízo para assisti-lo e defendê-lo na lide. Se o vendedor se negasse a comparecer, ou, se mesmo comparecendo, o adquirente se visse privado da coisa, teria este último a chamada *actio auctoritatis*, para obter o dobro do preço que havia pago no negócio.

Posteriormente, a venda passou a admitir dupla estipulação, em que o adquirente privado da coisa poderia pedir uma indenização ao alienante. No direito pretoriano, a garantia da evicção decorria do princípio da boa-fé entre os contratantes, ficando por fim presente em qualquer contrato.

A situação era muito semelhante, como ainda o é, aos vícios redibitórios. No direito de Justiniano, o remédio para o comprador privado da coisa por defeito de título do vendedor era tanto a *actio empti* para uma indenização, como a *actio ex stipulatu*, ação baseada na *stipulatio*, para obter o dobro do preço. O prejudicado deveria optar por uma das ações. De qualquer modo, a noção é no sentido de que a evicção não influi na validez do contrato. A venda continua válida e a única consequência é o dever do vendedor de indenizar o comprador pelo prejuízo. O pagamento do dobro do preço foi fixado como limite dos prejuízos na época de Justiniano.

14.3 REQUISITOS

Para que se opere a garantia da evicção, em primeiro lugar é indispensável que ocorra uma perturbação de direito, qual seja, fundada em causa jurídica. As turbações de fato provenientes de terceiros devem ser protegidas pelo próprio adquirente, que tem a sua disposição os remédios possessórios. A periclitação de direito fica patente em toda pretensão ou defesa deduzida em juízo por um terceiro, que possa culminar na perda da propriedade ou da posse do adquirente, total ou parcial. Essa turbação pode fundar-se em um direito real (propriedade, usufruto, por exemplo), ou em direito pessoal (arrendamento, por exemplo) arvorado pelo terceiro em relação à coisa.

Na evicção, é examinado um vício no título do alienante; ou seja, quando do negócio o defeito jurídico já existe.

Esse vício de direito deve ser anterior ou concomitante à alienação, o que é ponto primordial. Se o vício tem origem posterior ao negócio, a responsabilidade é do novo titular. Nos vícios redibitórios, o momento em que se examina sua existência é a tradição; na evicção, é no momento da transferência da posse ou da propriedade, a data, enfim, da formalização do negócio jurídico.

Finalmente, é da tradição do instituto que para a evicção deve haver sentença, por via da qual o adquirente perde o uso, posse ou propriedade. Na verdade, somente após a ação do evictor o evicto age contra o alienante para reclamar os prejuízos.

14.3.1 Requisito da Existência de Sentença Judicial

A doutrina vinha dogmaticamente repetindo essa exigência de origem romana. A realidade do mundo negocial já não permite uma posição dogmática. A esse respeito, podemos perguntar qual a diferença entre o adquirente de imóvel que o perde por decisão judicial, porque o alienante não era proprietário, e o adquirente de veículo, que o perde porque a autoridade policial o apreende por se tratar de coisa furtada com documentação falsificada, mas emitida pelo Estado. Destarte, temos acompanhado sem rebuços essa corrente jurisprudencial que entende ser a apreensão administrativa, nessas premissas, equivalente a uma decisão judicial, dentro do espírito do instituto.

A questão não é só nossa. O mestre Guillermo Borda (1989:888) aponta:

> *"Nossos tribunais aceitam hoje sem discrepâncias que, quando o direito do terceiro fora indiscutível, o comprador pode fazer o abandono da coisa e reclamar a garantia da evicção. É solução lógica, pois não tem sentido obrigar o comprador a seguir um juízo que certamente há de perder, o qual ocasionará incômodos e gastos que de forma definitiva redundarão em prejuízo do devedor."*

É claro que o direito do terceiro deve apresentar-se de forma precisa e cristalina. Havendo dúvida, devemos seguir o princípio tradicional de existência de sentença para elucidar a questão, porque pode o vendedor defender-se e sustentar que a posição do terceiro não era pacífica, negando-se à garantia. Nada mais cristalino se mostra à evicção do que nas situações processuais de apreensão pela autoridade policial ou administrativa em geral de veículos furtados, em que se apresentam sucessivas transmissões da coisa. Arnoldo Wald (1979:208) sustenta o mesmo entendimento entre nós, e também traz exemplo expressivo:

> *"O mesmo princípio podemos aplicar à apreensão administrativa que importará em responsabilidade do alienante, se o vício de direito for anterior à alienação, como tem acontecido com as apreensões pelas autoridades alfandegárias de automóveis que entraram ilegalmente no país, havendo no caso responsabilidade dos vendedores pela evicção, salvo causa explícita, em sentido contrário."*

Não é, porém, toda apreensão administrativa, ou ato administrativo, que pode ser equiparado à sentença para os fins de evicção. No caso de desapropriação, por exemplo, diverge a doutrina. No entanto, se o bem foi alienado como livre e desembaraçado, quando já havia decreto expropriatório, devemos ter como configurado o direito de evicção. Note que a responsabilidade pela evicção independe de culpa. A perda da coisa por ato administrativo de política sanitária ou de segurança pública, como regra geral, não faz operar a garantia.

No entanto, leve em conta que não existe responsabilidade pela evicção se era sabido que a coisa era alheia ou litigiosa (art. 457). Também na evicção, não se esqueça, a exemplo das outras modalidades legais de garantia, de que o que se protege é a boa-fé nos contratos, mormente a boa-fé objetiva.

14.4 INTERVENÇÃO DO ALIENANTE NO PROCESSO EM QUE O ADQUIRENTE É DEMANDADO

Dispunha o art. 456 do Código Civil:

> *"Para poder exercitar o direito, que da evicção lhe resulta, o adquirente notificará do litígio o alienante, quando e como lho determinarem as leis do processo."*[2]

---

[2] "Compra e venda – **Evicção** – Ocorrência – Perda da coisa a terceiro em virtude de decisão judicial – Dever de indenizar – Configuração – Exclusão da responsabilidade da intermediária do negócio – Cabimento – Obrigação que compete ao proprietário do bem – Sentença de parcial procedência mantida – Ratificação dos fundamentos do "*decisum*" – Aplicação do art. 252 do RITJSP/2009 – Recurso improvido" (*TJSP* – AC 0111083-40.2008.8.26.0002, 11-7-2019, Rel. Álvaro Passos).

"Indenizatória – **Evicção** – Compromisso de venda e compra e respectivas cessões de direitos. Parte ideal do imóvel rural prometido à venda era de titularidade de herdeiro menor. Negócio celebrado pela genitora do menor, sem o indispensável alvará judicial. Posterior cessão de direitos, seguida de promessa de permuta. Menor que, ao atingir a maioridade, ajuíza e vence ação reivindicatória em face dos promissários permutantes, ocupantes da gleba rural. Adquirentes que se voltam contra a promitente permutante e com ela celebram negócio de confissão de dívida com garantia hipotecária, correspondente ao prejuízo em razão da perda dos direitos sobre o imóvel. Promitente permutante que se volta nesta ação para, em sede de regresso desfazer o negócio ou reaver o prejuízo em face dos promitentes vendedores. Inocorrência da prescrição da pretensão, uma vez que o prazo prescricional somente começa a fluir a contar da data em que houve a perda da coisa – Negócio celebrado entre as partes que não teve natureza aleatória, mas sim comutativa, com promessa de regularização da documentação. Autora não assumiu o risco pelo fato de o imóvel rural se encontrar registrado em nome de terceiros e de um menor, pois existia anterior contrato de promessa de venda e compra, com obrigação dos promitentes compradores, entre os quais a genitora do menor, de obter os documentos indispensáveis à regularização e outorga da escritura definitiva de venda e compra. Inviabilidade de se invocar a exclusão do dever do alienante de indenizar o adquirente pela perda da coisa, em razão do disposto no art. 457 do NCC. Promessa de regularização do imóvel que gerou na autora justas expectativas de obter a escritura definitiva. Ação indenizatória procedente, para determinar aos réus a indenização do valor confessado pela autora em favor de terceiro sub-adquirente que perdeu a coisa por sentença judicial. Denunciação da lide – Possibilidade de se voltarem os réus, em sede de regresso, em face da mãe e representante legal do então menor condômino, pois esta recebeu o preço, prometeu depositá-lo em conta judicial e obter alvará, o que nunca fez. Inviabilidade da denunciação, porém, em face do próprio menor, que, ao atingir a maioridade, posteriormente ajuizou e venceu ação reivindicatória em face dos ocupantes da gleba" (*TJSP* – Ap 0002400-34.2011.8.26.0185, 7-8-2018, Rel. Francisco Loureiro).

"Evicção – Ação possessória – **Denunciação da lide – Obrigatoriedade** – Recurso especial. Processual civil e civil. Ação possessória. Denunciação da lide, pelo réu, ao alienante (CPC/1973, art. 70, I). Evicção (CC/1916, art. 1.107; CC/2002, art. 447). Obrigatoriedade (CC/1916, art. 1.116; CC/2002, art. 456). Recurso provido. 1. Discute-se a denunciação da lide ao alienante do imóvel, promovida pelo réu adquirente em ação possessória, com fundamento no art. 70, I, do CPC/1973, a fim de garantir o exercício de direito de evicção (CC/1916, art. 1.107; CC/2002, art. 447). 2. Alegada pelo réu a aquisição onerosa de domínio e posse de terreno objeto de ação possessória, a denunciação da lide ao alienante era obrigatória ao tempo do ajuizamento da demanda, nos termos da lei material, para a garantia do direito decorrente da evicção (CC/1916, arts. 1.107 e 1.116; CC/2002, arts. 447 e 456). 3. Sendo obrigatória para o adquirente a denunciação da lide no caso, é despicienda a discussão acerca da natureza jurídica da ação judicial, pois cabível essa modalidade de intervenção de terceiros em todas as ações do processo de conhecimento, salvo as exceções legais expressas (CPC/1973, art. 28; CDC, art. 88). 4. Recurso especial provido" (*STJ* – REsp 1.047.109 – (2008/0078210-1), 14-2-2017, Rel. Min. Raul Araújo).

Esse dispositivo foi revogado pelo CPC de 2015 (art. 1.072, II). Portanto, sem essa litisdenunciação, no direito prévio, o adquirente decaía, na letra da lei, do direito à evicção. O Código Civil remete às leis processuais. O CPC em vigor, por sua vez, inseriu a norma de garantia de evicção dentro da *"denunciação da lide"* (arts. 125 a 129). O Código de 2002 enfatiza que é o alienante imediato que deve ser notificado, e não todos os alienantes anteriores. Desse modo, a denunciação da lide continua a ser o caminho processual, nos termos do recente art. 125 do CPC de 2015. Note que o § 1º do novo art. 125 esclarece que *"o direito regressivo será exercido por ação autônoma quando a denunciação da lide for indeferida, deixar de ser promovida ou não for repetida"*. Fica assim mais uma vez patente que essa denunciação em torno da evicção não é obrigatória, mas facultativa, como admitia, inclusive, jurisprudência majoritária. Não se reconhece também a denunciação *per saltum*, mas sim o alienante imediato.

A denunciação da lide é uma das modalidades de intervenção de terceiros no processo. O denunciante promove, na verdade, uma ação contra o denunciado. Há uma lide secundária que deve ser julgada juntamente com a principal. Diz o art. 125 do CPC:

> *"É admissível a denunciação da lide promovida por qualquer das partes:*
>
> *I – ao alienante, imediato processo relativo à coisa, cujo domínio foi transferido ao denunciante, a fim de que esta possa exercer os direitos que da evicção lhe resultam."*

Como afirmamos, essa denunciação pode ser tanto por parte do réu como por parte do autor (art. 126 do CPC). O terceiro a que a lei processual se refere diz respeito ao sujeito da relação jurídica de direito material, porque ele é parte no processo. Sempre que na sentença puder ser afirmada a propriedade ou a posse do terceiro, a denunciação será obrigatória. A lei disse menos nesse artigo, porque a evicção não se limita à discussão de domínio.

Se a ação for julgada procedente e privado o adquirente da coisa, a sentença acolherá o pedido desse adquirente denunciante, declarando seu direito de evicto (art. 129). Na verdade, a sentença *reconhece* o direito do evicto, e não o declara. A indenização, portanto, será aí pleiteada, como se fosse ação autônoma. O denunciado, no caso o alienante, quando comparece no processo, deverá coadjuvar o réu-adquirente e denunciante, na defesa do direito, assumindo, nesse aspecto, uma posição equiparada ao litisconsorte (art. 127). Observe que, nos termos expressos do direito material, perderá o adquirente a proteção da evicção se não denunciar a lide.

Pode ocorrer, e sucede com frequência, que o vício jurídico no título seja anterior ao próprio alienante e este tenha também que exercer a denunciação, sob pena de perder seu próprio direito de evicção, e assim por diante, formando-se uma cadeia de denunciantes e denunciados.

Lembre-se de que uma cadeia muito longa de alienantes poderia ser formada no processo. Nem sempre será conveniente, melhor que se inicie processo autônomo, para julgamento conjunto conforme o caso. É importante atentar para o termo que utilizava o estatuto processual anterior nesse caso: a partir da segunda denunciação, o denunciado *intimará* o alienante. A intimação, cujo procedimento deve ser mantido, servirá para os propósitos da lei material, mas não é estabelecida uma cadeia de lides secundárias, como muitos juízes erradamente permitiram no passado. A lei pregressa, ao determinar a *intimação* e não a citação do segundo denunciado, não o transformava automaticamente em parte. Caso contrário, o processo corria o risco de ter uma infindável cadeia de lides secundárias, o que dificultaria e retardaria sobremaneira seu processamento e julgamento, em prejuízo absoluto do autor, que nada tem a ver com o sucessivo encadeamento. Com a *intimação* sucessiva, atende-se à determinação do art. 456 do Código Civil, devendo as partes, posteriormente, valer-se de ações regressivas autônomas. Não é negado, porém, o direito de o *intimado* intervir no processo como assistente, porque tem interesse no litígio.

Doutro lado, para atender ao que manda a lei civil, o adquirente deve denunciar o alienante no primeiro processo em que periclite sua posse ou propriedade, sob pena de perder o direito.

Concluímos, como ressalta Serpa Lopes (1964, v. 3:189), que a exigência absoluta da litisdenunciação não inibia, em sua falta, a ação de indenização decorrente dos princípios gerais, do inadimplemento dos contratos, ação essa transmissível aos sucessores universais e singulares, o que continua verdadeiro.

Essas disposições processuais são ricas em detalhes e deveras elucidativas. Como, geralmente, a causa da evicção é estranha ao denunciante, poderá ele deixar de contestar nos casos de absoluta evidência, como no exemplo de título falsificado. O dispositivo ainda menciona que o adquirente poderá deixar de oferecer contestação, ou usar recursos, quando for manifesta a evicção. Essa hipótese ocorre com frequência, na prática. Imagine-se, por exemplo, que a evicção decorre de um título absolutamente falso; além de os aspectos de fato serem desconhecidos pelo adquirente, uma contestação nessa hipótese seria absolutamente inócua. Desse modo, nessa premissa, não pode o adquirente que deixa de contestar (ou recorrer) sofrer os consectários da revelia ou contumácia se sua manifestação nos autos se limitar exclusivamente a denunciar a lide. Deve, no entanto, esclarecer ao juízo os motivos pelos quais não resiste à pretensão proposta. A matéria requer exame mais aprofundado na ciência processual.

14.5 EXCLUSÃO DA RESPONSABILIDADE POR EVICÇÃO. REFORÇO DA GARANTIA

A garantia é direito disponível das partes. O art. 448 do mais moderno diploma refere-se expressamente à possibilidade de reforçar, diminuir ou excluir a responsabilidade pela evicção. Por sua vez, o art. 449 do Código Civil dispõe:

> *"Não obstante a cláusula que exclui a garantia contra a evicção, se esta se der, tem direito o evicto a recobrar o preço que pagou pela coisa evicta, se não soube do risco da evicção, ou, dele informado, o não assumiu."*

Portanto, a cláusula que dispensa a garantia não é absoluta. Para que não exista qualquer direito do evicto, deve ele ser alertado do risco sobre a coisa se já de conhecimento do alienante. Caso contrário, cai o princípio de boa-fé que deve pairar nas convenções. Se, por exemplo, o alienante sabe que sua posse é duvidosa, que existem terceiros a turbá-la, somente poderá impingir sua irresponsabilidade ao adquirente se adverti-lo desse risco. Ademais, se o adquirente soube do risco e ressalvou não o assumir, também não opera a cláusula de irresponsabilidade. A questão pode tornar-se difícil na prova. Nesses casos, poderá o evicto recobrar o preço.

Quando o adquirente cientemente dispensa a garantia, sabendo duvidoso o direito do alienante, sujeita-se a um contrato aleatório.

Se as partes podem excluir, também podem reforçar a garantia. Nada obsta que seja estipulada uma cláusula penal para o caso de perda da coisa pelos princípios da evicção. Isto é possível com ou sem o conhecimento de periclitação do direito.

Lembre-se de que, afora a assunção expressa do risco, a exclusão da evicção não dispensa a devolução das quantias pagas, sob pena de ocorrer injusto enriquecimento, excluindo-se apenas a indenização disposta no instituto. Os princípios aplicáveis são os do enriquecimento sem causa.

14.6 MONTANTE DO DIREITO DO EVICTO

De acordo com o art. 450 do Código Civil,

> *"Salvo estipulação em contrário, tem direito o evicto, além da restituição integral do preço, ou das quantias, que pagou:*
>
> *I – à indenização dos frutos que tiver sido obrigado a restituir;*
>
> *II – à indenização pelas despesas dos contratos e pelos prejuízos que diretamente resultarem da evicção;*
>
> *III – às custas judiciais e aos honorários de advogado, por ele constituído."*[3]

O Código manteve a mesma redação do diploma anterior, acrescentando os *honorários de advogado* e as custas judiciais. Esse acréscimo é inócuo: se o direito da evicção resultou de sentença, os honorários de advogado são uma consequência processual da sucumbência; se o direito foi reconhecido fora do processo, os honorários de advogado serão objeto da transação. Se nada foi dito a esse respeito no negócio jurídico, o advogado terá ação autônoma para cobrá-los, dentro dos princípios gerais.

O montante indenizatório é consequência do direito de garantia, que, por sua vez, tem relação com o princípio da boa-fé, como vimos. Os prejuízos efetivos decorrentes da perda da coisa devem ser devidamente provados. Cuida-se, nessa hipótese, do princípio geral que rege as perdas e danos.

---

[3] "Direito civil. Agravo de instrumento. Liquidação de sentença. Indenização por evicção. Recurso desprovido. 1. Agravo de instrumento interposto contra decisão que homologou laudo de avaliação de imóveis, reconheceu direito a indenização por lucros cessantes, fixou valores de ITBI e despesas cartorárias, e determinou restituição de honorários e custas processuais. 2. A questão em discussão consiste em determinar a legalidade da condenação ao pagamento de lucros cessantes e outras despesas, considerando a evicção dos imóveis e a extensão dos lucros cessantes, além da incidência de correção monetária e juros de mora. 3. O pedido inicial contemplou a reparação integral dos danos decorrentes da evicção, incluindo frutos e lucros cessantes (arts. 447 e 450 do CC). 4. Os contratos de locação demonstram relações locatícias consolidadas, justificando a indenização por lucros cessantes até a restituição do valor indenizatório. 5. A restituição de despesas relacionadas à evicção é devida, como é o caso do ITBI e verbas de sucumbência da lide principal. 6. Juros de mora a partir da citação, com incidência de correção monetária, exceto em relação aos lucros cessantes. 7. Recurso desprovido" (*TJSP* – AI 2085044-79.2025.8.26.0000, 1-7-2025, Rel. Alexandre Marcondes).

"Apelação cível. Resolução de contrato verbal de compra e venda. Responsabilidade civil contratual. Evicção. Parcial procedência para condenar o réu a indenizar o autor. Irresignação. Alegação de que o autor está de má-fé e deveria assumir o risco do negócio jurídico realizado, pois tinha conhecimento das dívidas relacionados ao imóvel. Descabimento. Sendo incontroversa nos autos a perda da propriedade do bem pelo adquirente, não há como se afastar a responsabilidade do réu de ressarcir integramente os prejuízos materiais causados a ele. Autor que deve ser indenizado pela evicção, como enuncia o **art. 450, *caput*, do Código Civil**, Sentença mantida. Recurso desprovido" (*TJSP* – Ap 1001957-29.2021.8.26.0472, 5-4-2024, Rel. Rodolfo Pellizari).

"Compromisso de compra e venda. Evicção. Adjudicação do imóvel em execução de alimentos. Penhora anterior ao negócio jurídico. Ausência de prova de que a adquirente estava ciente da litigiosidade da coisa e de que, além disso, assumiu com exclusividade o risco da **evicção**. Indenização devida. Exegese dos artigos 449 e 450 do CC. Quantum equivalente ao preço do imóvel ao tempo em que se evenceu. Dano moral configurado. Arbitramento. Recurso provido" (*TJSP* – Ap 1026358-39.2019.8.26.0577, 21-6-2023, Rel. Augusto Rezende).

"Compra e venda de bem imóvel – declaratória de nulidade contratual c.c. restituição de valores e indenização por danos morais – Parcial procedência decretada – Cerceamento de defesa – Inocorrência – Despicienda dilação probatória para deslinde da controvérsia – Contrato de compra e venda celebrado entre o apelante e seu causídico (posteriormente alienado à autora) rescindido por sentença proferida em demanda diversa – Correta aplicação do art. 450 do Código Civil e, bem assim, a restituição dos valores pagos à autora, com o retorno ao estado anterior à celebração do negócio – Para caracterizar a **evicção**, é suficiente que a compra e venda tenha sido desfeita por decisão judicial, o que já evidencia o prejuízo quanto à livre disposição do imóvel (hipótese dos autos) – Precedentes – Sentença mantida – Recurso improvido" (*TJSP* – Ap 1001634-91.2020.8.26.0655, 28-9-2022, Rel. Salles Rossi).

Questão importante é saber se o preço a ser devolvido é o da época do negócio ou o da época em que ocorreu a evicção. O bem provavelmente terá tido uma oscilação de seu valor entre os dois tempos, independentemente da desvalorização da moeda. Caio Mário da Silva Pereira (1986, v. 3:92) entende que o alienante responde pela *plus valia* da coisa. Sustenta, a nosso ver com razão, que a Lei de 1916 mandava que a indenização englobasse os prejuízos sofridos pelo adquirente (art. 1.109, II), lembrando também, como temos feito com insistência, que o art. 1.059 inseria, na indenização, não apenas o que se perdeu, mas também o que razoavelmente se deixou de ganhar. Na evicção, a ideia é de que o patrimônio seja recomposto integralmente. Assim também se posiciona Washington de Barros Monteiro (1980, v. 5:64), lembrando que na evicção parcial o art. 1.115 do Código de 1916 determinava que se indenizasse o valor da coisa com base em seu valor no momento em que se evenceu. Não poderia o Código ter adotado outro peso e outra medida para a evicção integral. Acrescenta ainda esse autor que essa era a posição tradicional em nosso Direito e seguia a orientação adotada pelas leis estrangeiras. Doutro lado, a simples correção monetária do valor do preço pago normalmente não se equiparará ao valor atual da coisa, mormente em se tratando de imóveis.

É computado no valor da evicção tudo o que o evicto perdeu, referindo-se a lei aos frutos que teve de restituir e às custas judiciais. Evidentemente, também a verba a que foi condenado, relativa a honorários de advogado, deve ser incluída, inserindo-se nos prejuízos advindos da perda da coisa.

O parágrafo único do art. 450 do Código pretendeu solucionar a quizília a propósito do valor:

> *"O preço, seja a evicção total ou parcial, será o do valor da coisa, na época em que se evenceu, e proporcional ao desfalque sofrido, no caso de evicção parcial."*[4]

---

[4] "Compra e venda de imóvel – Rescisão contratual – Permuta – Declaração judicial de rescisão contratual de compra e venda do imóvel rural entregue aos autores e realizada entre o réu e os antecessores vendedores – Evicção configurada – Ressarcimento dos danos materiais devidos – Aplicação do artigo 447 e seguintes, do Código Civil – Indenização correspondente ao preço do bem na época em que se evenceu, devidamente atualizado pela Tabela Prática deste Egrégio Tribunal e incidentes juros de mora a contar da citação – **Artigo 450, parágrafo único, do Código Civil** – Sentença confirmada – Aplicação do art. 252 do Regimento Interno deste Tribunal de Justiça – Verba honorária majorada, em atendimento ao artigo 85, parágrafo 11º do CPC – Recursos não providos" (*TJSP* – Ap 1005116-77.2023.8.26.0320, 01-8-2024, Rel. Elcio Trujillo).

"**Evicção** – Perda da posse de imóvel adquirido mediante leilão extrajudicial por fato anterior à alienação – Responsabilidade objetiva do alienante de resguardar o adquirente dos riscos da evicção – Caso em que não constou do edital de praça a existência de precedente penhora – Ausência de elementos nos autos que comprovem que os autores tinham ciência da penhora, realizada em processo do qual não participaram – Autor varão que não era representante da administradora do condomínio, nem mesmo constituída por ocasião da aquisição, mas mero condômino que participou de assembleias nesta condição – Má-fé que não se presume, devendo ser cabalmente comprovada – Dever do evictor de restituir o preço pelo valor da coisa à época em que se evenceu e de indenização por danos morais, no caso bem configurada – Art. 450 do Código Civil – Ação julgada procedente – Recurso provido" (*TJSP* – AC 1010682-72.2014.8.26.0562, 13-9-2019, Rel. Augusto Rezende).

"**Apelação cível** – Ação de rescisão de compromisso particular de compra e venda de imóvel cumulada com pedido de ressarcimento de perdas e danos, acrescida de multa por descumprimento contratual. Imóvel hipotecado e penhorado à época da pactuação da avença. Promitentes compradores previamente informados da constrição. Réus que se comprometeram à promover a liberação dos gravames existentes na matrícula do bem. Descumprimento da obrigação expressamente assumida. Posterior arrematação da gleba de terras em autos de execução. Sentença de parcial procedência que declarou rescindido o negócio jurídico em decorrência da evicção e condenou os réus ao ressarcimento dos valores despendidos pelos apelados, equivalentes a pouco menos da metade do preço total do terreno e ao pagamento de multa contratual. Apelo dos réus. Preliminar de impossibilidade jurídica do pedido afastada. Viabilidade de rescisão unilateral do pacto em razão do descumprimento contratual praticado pelos recorrentes. Incidência do disposto no art. 475 do Código Civil. Inaplicabilidade da teoria da evicção ao caso concreto. Ciência dos adquirentes acerca dos gravames (art. 457 do Código Civil). Mora automática (*ex re*). Desnecessidade de notificação para adimplemento da promessa de regularização do imóvel.

Acolhe-se, portanto, o que a doutrina já sufragava.

Em continuação à ideia de integridade da indenização, o art. 451 manda que, mesmo estando a coisa evicta deteriorada, ainda assim persiste a obrigação integral, salvo se a deterioração ocorreu por dolo do adquirente. Persiste, portanto, a indenização se a deterioração decorreu de simples culpa. O dolo de terceiro é irrelevante para essa indenização. Ressalva, porém, o art. 452 que o adquirente pode ter recebido vantagens dessa deterioração: pode ter recebido o valor de um seguro, por exemplo. Nesse caso, deverá deduzir o valor dessa vantagem, pois do contrário ocorreria injusto enriquecimento.

O regime das benfeitorias em matéria de evicção vem disciplinado nos arts. 453 e 454. São consequências lógicas dos princípios gerais que regem as benfeitorias. Se o adquirente fez benfeitorias úteis e necessárias e não tiver sido reembolsado, na sentença (a lei diz *abonado*), seus respectivos valores devem ser incluídos na indenização devida pelo alienante (que terá ação regressiva contra o evictor). Se houve abono delas na sentença, mas foi o alienante quem as realizou, devem ser descontadas na ação contra este último. Se as benfeitorias, feitas pelo adquirente, foram abonadas na sentença de perda da coisa, este não terá direito a qualquer reembolso, porque não teve prejuízo por elas. As benfeitorias voluptuárias, pelo regime geral, podem ser levantadas pelo benfeitor, desde que isso não prejudique a coisa.

14.7 EVICÇÃO PARCIAL

Estabelece o art. 455:

> *"Se parcial, mas considerável for a evicção, poderá o evicto optar entre a rescisão do contrato e a restituição da parte do preço correspondente ao desfalque sofrido. Se não for considerável, caberá somente direito à indenização."*

O evicto pode perder toda a coisa ou parte dela, daí a possibilidade de evicção total ou parcial. A evicção parcial pode referir-se à parte de um todo: o adquirente de um imóvel rural perde para o terceiro parte dele. Pode ocorrer que haja um conjunto de bens na coisa vendida,

---

Obrigação com termo final especificado no instrumento contratual. Perdas e danos. Cabimento. Devolução da quantia paga pelos apelados devidamente corrigida, pelo INPC, a partir do adimplemento de cada prestação e juros de mora contados da citação. Condenação dos compradores ao pagamento de indenização pelo uso do imóvel. Descabimento. Rescisão perpetrada por culpa dos insurgentes. Ademais, ausência de provas acerca da alegada fruição. Multa contratual. Cabimento. Apuração em sede de liquidação se sentença, cujo valor não pode ser superior ao montante efetivamente pago pelos acionantes. Sentença adequada no ponto. Apelo conhecido e parcialmente provido" (*TJSC* – AC 0011983-39.2013.8.24.0020, 26-3-2019, Rel. Des. Stanley Braga).

"Apelação cível – Promessa de compra e venda – **Ação de evicção** – Simulação não comprovada – Conforme o art. 447 do CCB, nos contratos onerosos, o alienante responde pela evicção. Incumbe à parte ré provar a alegação de simulação, o que não ocorreu no caso concreto. Sentença mantida. Apelação desprovida" (*TJRS* – AC 70080191638, 28-3-2019, Rel. Des. Marco Antônio Ângelo).

"Agravo Retido – Impugnação ao valor da causa – **Ação indenizatória fundada em evicção** – Inaplicabilidade do art. 259, V, do CPC/73 no caso em apreço, haja vista que a parte autora não pretende discutir a existência, modificação, validade ou rescisão de negócio jurídico – Pretensão meramente indenizatória – Valor da causa que deve corresponder à soma dos pedidos indenizatórios formulados na inicial (art. 258 c.c. 259, II, do CPC/73) – Valor corretamente atribuído à causa pela parte autora – Decisão reformada – Agravo provido. Evicção – Parcial procedência – Indenização que deve considerar o valor do imóvel ao tempo da evicção, nos termos do artigo 450, parágrafo único, do CC – Ressarcimento dos honorários convencionais – Princípio da reparação integral – Art. 450, III, do CC – Precedentes do STJ – Denunciação da lide aos terceiros que reivindicaram a propriedade do imóvel, em sede de embargos à arrematação – Impossibilidade – Inaplicabilidade do art. 70, I, CPC/73 à espécie – Sentença reformada – Recurso do autor provido e recurso do réu não provido" (*TJSP* – Ap 1011557-17.2014.8.26.0344, 11-5-2017, Rel. Moreira Viegas).

e apenas alguns são perdidos: é vendida uma biblioteca e parte dos livros é reivindicada. A exemplo dos vícios redibitórios, o evicto pode escolher entre duas ações, a ação de evicção ou a de indenização pela perda (a lei fala em *desfalque*). Vale o princípio de que, eleita uma via processual, não é possível o retorno a outra. Para que essa escolha opere, a lei exige que a evicção seja considerável, o que se apurará no caso concreto. Se o adquirente perde 90% da propriedade, não há como exigir que se mantenha a coisa, ainda que recebendo o valor do desfalque. Um prédio vendido livre e desembaraçado, que após se verifica existir uma hipoteca sobre ele, enseja a evicção parcial, sem a rescisão do contrato, se o valor do débito não for preponderante. Não sendo considerável a perda, o adquirente não terá opção e deverá pedir o correspondente a ela. O que é considerável será matéria para apuração no caso concreto. Como vimos, a lei fala em indenização dos prejuízos pelo valor da época da evicção. Lembre-se de que pode ter havido depreciação no valor, que será suportada, então, pelo adquirente, se para essa desvalorização não concorreu o alienante.

14.8 EVICÇÃO NAS AQUISIÇÕES JUDICIAIS

Nas arrematações judiciais, é possível ocorrer a evicção. O arrematante ou adjudicante pode pedir que seja restituído o preço da coisa perdida integralmente, ou o valor do desfalque, porque possível, no caso, a evicção total ou parcial. A ação é movida contra o credor ou credores que se beneficiaram, ou contra o executado, se esse recebeu saldo remanescente (Miranda, 1972, v. 38:181).

Nas alienações judiciais decorrentes de jurisdição voluntária, os princípios gerais são aplicáveis, persistindo, com maior razão, a garantia de evicção. O art. 447 do Código é expresso no sentido de serem aplicados os princípios da evicção nas aquisições em hasta pública.[5]

---

5 "Direito civil. Ação de indenização por danos materiais. Arrematação judicial anulada. Evicção. Falha na condução do processo executivo. Nulidade reconhecida em embargos de terceiro. Comprovação do prejuízo. Dever de ressarcimento integral. Recurso desprovido. I. Caso em exame Apelação cível do Banco Bradesco S.A. contra sentença que julgou procedente ação de H.P.O., condenando-o a indenizar R$ 28.606,77, referentes à arrematação judicial anulada, comissão do leiloeiro, ITBI e honorários, com correção desde os desembolsos e juros de 1% ao mês desde a citação. A anulação, em ação de embargos de terceiro, decorreu da ausência de intimação do coproprietário em ação de execução. O banco alega ausência de responsabilidade, inexistência de nexo causal, má distribuição do ônus da prova e erro na fixação dos juros. II. Questões em discussão. Há quatro questões em discussão: (i) responsabilidade civil do Banco Bradesco S.A., como exequente, pela evicção decorrente da anulação da arrematação; (ii) nulidade da sentença por inversão indevida do ônus da prova; (iii) comprovação dos danos materiais e do nexo causal; (iv) termo inicial dos juros de mora. III. Razões de decidir A responsabilidade do alienante pela evicção, inclusive em hasta pública, é objetiva (art. 447 do CC), bastando a perda do bem por decisão judicial fundada em direito de terceiro. A anulação da arrematação decorreu da ausência de intimação do coproprietário já constante da matrícula, configurando evicção total. O Banco Bradesco S.A., ao indicar bem de titularidade alheia sem diligenciar quanto à intimação do coproprietário, agiu com negligência, assumindo os riscos da expropriação inválida. A sentença não inverteu o ônus da prova, apenas aplicou os efeitos da revelia (art. 344 do CPC), amparada por prova documental robusta. O autor comprovou os pagamentos relativos à arrematação anulada, evidenciando danos materiais diretos. O nexo causal é evidente, dado que os prejuízos decorreram do vício processual imputável ao exequente. Os juros moratórios foram corretamente fixados desde a citação (art. 405 do CC). Precedentes deste E. TJSP e a doutrina reconhecem o dever de indenização integral na evicção, inclusive em arrematação judicial. Sentença mantida. IV. Dispositivo e tese Recurso desprovido. Tese de julgamento: 1. Responsabilidade do exequente por evicção em arrematação anulada é objetiva, prescindindo de culpa. 2. A ausência de intimação do titular registral configura vício insanável, acarreta nulidade da arrematação e impõe dever de indenizar. 3. Revelia gera presunção de veracidade quando amparada por prova documental. 4. Danos materiais abrangem valores pagos, tributos, despesas e honorários contratuais devidamente comprovados. 5. Juros moratórios incidem desde a citação, conforme art. 405 do Código Civil. Dispositivos relevantes citados: CF, art. 5º, XXXV e LIV; CC, arts. 447, 448, 450, 927 e 405; CPC, arts. 344, 373, § 1º e 405" (*TJSP* – Ap 1018904-90.2024.8.26.0008, 16-7-2025, Rel. Lidia Regina Rodrigues Monteiro Cabrini).

"Apelação cível. Ação de rescisão contratual cumulada com reintegração de posse, cancelamento de procuração pública e indenização por danos materiais e morais. Gratuidade de justiça. Indeferida. Inovação recursal. Não ocorrência. Reforma de imóvel. Matéria preclusa. Aquisição de imóvel. Permuta. Perda do bem por sentença judicial transitada em julgado. **Evicção**. Configurada. Sentença mantida. 1. A controvérsia recursal consiste em se verificar a configuração ou não da evicção, para fins de rescisão do contrato de permuta celebrado entre as partes litigantes, com o retorno das partes ao 'status quo ante', e, consequentemente, o dever de indenizar. (...) 5. A evicção é a perda do bem objeto do negócio em razão de uma decisão judicial ou administrativa que reconheça o direito de um terceiro sobre o bem. 5.1. Os requisitos necessários à configuração da evicção – aquisição onerosa de um bem, até mesmo em hasta pública; perda da posse ou da propriedade (total ou parcial) – privação do direito do adquirente; prolação de sentença judicial ou execução de ato administrativo que reconhece direito preexistente; e risco anterior à aquisição da coisa – inferem-se dos arts. 447 e seguintes do Código Civil. Requisitos presentes no caso concreto. 6. O instituto jurídico da evicção coíbe o enriquecimento ilícito por parte daquele que alienou algo que não lhe pertence e a sua configuração não demanda culpa da alienante, em razão do princípio da garantia que permeia a relação obrigacional em apreço. 7. O acervo probatório dos autos evidencia que os adquirentes não tinham conhecimento da litigiosidade do bem. 8. O exercício dos direitos oriundos da evicção independe do trânsito em julgado da sentença que determinou a perda da coisa adquirida. 9. Apelo conhecido e não provido" (*TJDFT* – AP 07039960320228070008, Rel. Carlos Pires Soares Neto).

"Compra e venda. Ação indenizatória. Veículo objeto de penhora em execução fiscal. Hipótese que não trata de vício redibitório, e sim de **evicção**, nos termos do artigo 447 do CC. Apelante que é responsável pelos prejuízos experimentados pela autora. Desnecessária a determinação para que a demandante efetue a devolução do bem, uma vez que essa questão será resolvida pelo juízo que determinou a constrição. Quanto ao valor da indenização, deverá ser considerado o valor de mercado do bem na data da expropriação, ocasião em que a demandante sofreu, efetivamente, o prejuízo. Sentença mantida. Recurso não provido" (*TJSP* – Ap 1007913-90.2019.8.26.0344, 23-6-2022, Rel. Cármen Lúcia da Silva).

15

VONTADE PRIVADA E CONTRATOS ADMINISTRATIVOS

15.1 DIREITO PRIVADO EM FACE DO DIREITO PÚBLICO

Ressaltamos, ao iniciar o estudo do Direito Civil (Venosa, *Direito civil: parte geral*, Cap. 4), a problemática acerca da distinção do direito público em face do direito privado. Vimos que não há uma dicotomia, nem compartimentos estanques: o profissional operador do Direito, seja ele juiz, advogado ou jurista em geral, não pode ter uma visão particularizada da ciência jurídica. Todo caso concreto estudado pode ter um cerne privado, mas não prescinde de exame e postulados de direito público, e vice-versa, além, é fato, de uma visão cósmica do Direito.

O *ius civile* dos romanos distinguia direito público de direito privado com o objetivo de traçar fronteiras entre o Estado e o indivíduo. O *ius publicum* procurava as relações políticas e os fins do Estado. O direito privado dizia respeito às relações entre os cidadãos e os limites do indivíduo em seu próprio interesse. Várias doutrinas, sem unanimidade, procuram explicar as diferenças.

Na prática, torna-se importante diferençar os interesses aplicáveis ao caso concreto, pois diferentes consequências decorrerão da aplicação de normas de direito público e normas de direito privado. De qualquer forma, o entrosamento dos dois campos jurídicos torna difícil uma distinção teórica. Por vezes, as entidades de direito público agem como particulares e como tal devem ser tratadas, ficando sujeitas aos princípios privatísticos. No direito privado, como ressaltado neste texto, cada vez mais o Estado imiscui-se, impondo sua vontade e tolhendo a autonomia privada. No entanto, não é o fato de uma relação jurídica ser orientada por normas de ordem pública que torna essa relação de direito público. A preponderância de normas de ordem pública na relação jurídica envolvendo a Administração é importante fator distintivo, mas não exclusivo. De qualquer forma, neste estudo dos contratos não cabe aprofundar o tema. Como nosso estudo é eminentemente de cunho privatístico, porque temos estudado o contrato de direito privado, é oportuno focalizar perfunctoriamente a vontade privada em face da Administração, sob o prisma contratual, razão pela qual optamos por examinar alguns aspectos do contrato administrativo. É certo que um maior aprofundamento do tema cabe aos estudiosos do Direito Administrativo e extrapola o limite deste livro.

Partimos, neste exame, da noção que demos acerca da distinção aqui acenada. Consideramos como direito público o direito que tem por finalidade regular as relações do Estado, dos Estados entre si, do Estado com relação a seus administrados, quando procede com seu poder de soberania, isto é, poder de império. Direito privado é o que regula as relações entre particulares, no que é de seu peculiar interesse. Dentro do direito público, encontramos o direito administrativo, que tem por estudo a Administração Pública em seus vários aspectos, abrangendo seus sujeitos, sua atividade, seus bens e as respectivas relações jurídicas. Maria Sylvia Zanella Di Pietro (1989:27) aduz,

> *"que o direito público, composto por normas prevalentemente imperativas, tem por objeto a proteção dominante do interesse coletivo, tem por sujeito as pessoas jurídicas públicas ou as pessoas físicas ou jurídicas de direito privado que agem em seu nome, numa posição de supremacia sobre as demais pessoas, em decorrência da parcela de poder público que estão investidas".*

Surgem do *ius civile* os fundamentos básicos do Direito em geral. O direito administrativo vale-se de institutos dele originados e com frequência o fundamento de uma relação jurídica pública parte de um instituto típico de Direito Civil. Há institutos privados utilizados com normas adaptadas pelo direito público e há institutos privados utilizados integralmente pela Administração, porque o Estado os considera mais adequados para a realização de certos fins.

Nesse panorama, devemos posicionar os contratos com intervenção da Administração.

15.2 CONTRATOS DA ADMINISTRAÇÃO E CONTRATOS ADMINISTRATIVOS

A Administração pode optar por realizar contratos, quando autorizada por lei, tal como faria qualquer pessoa de direito privado. Esses *contratos da Administração* têm uma conotação mais ampla, que abrange os contratos feitos pelas entidades estatais, ou equiparadas a pessoas de direito privado, como também abrange os contratos administrativos propriamente ditos. Nos contratos de âmbito privado, a Administração nivela-se ao particular, embora nunca seja sua posição tratada exclusivamente fora de princípios de direito público.

A noção geral de contrato foi por nós exposta neste livro. O contrato, contudo, deve ser tratado como uma categoria geral do Direito, daí por que existe uma *teoria geral dos contratos*. Há princípios persistentes, permanentes e imanentes que se aplicam também no âmbito administrativo.

Se o contrato faz lei entre as partes e se os pactos devem ser cumpridos (*pacta sunt servanda*), esses princípios não podem deixar de ser seguidos pelo próprio Estado, quando se utiliza de tal instituto, sob pena de negar sua própria razão de existir como entidade de Direito. No contrato administrativo, o Estado submete-se à estrita legalidade; o negócio reveste-se de princípios rígidos, que não podem vir em prejuízo do particular que com ele contrata, mas devem ser harmonizados com a finalidade pública do Estado. Isso distingue basicamente o contrato de direito privado do contrato de direito público. O ponto ideal da harmonização dos privilégios do Estado em face do particular constitui-se no ponto nevrálgico do tema, que tem relação com a própria orientação política do Estado. No entanto, existe um direito natural, que orienta a própria criação do Estado, e contra o qual não se podem antepor os privilégios da Administração, privilégios esses necessários para a consecução de seus fins. Desse modo, *contrata* a Administração:

"contrato administrativo é o ajuste que a Administração Pública, agindo nessa qualidade, firma com o particular ou com outra entidade administrativa, para a consecução de objetivos de interesse público, nas condições estabelecidas pela própria Administração" (Meirelles, 1973:181).

Não afastamos o conceito de contrato do acordo de vontades para a busca de um fim, objeto de nosso estudo em todo o decorrer deste livro.

É minoritária a corrente que nega a existência do contrato administrativo, porque no negócio existiria apenas a manifestação unilateral da vontade da Administração. Ainda que com cláusulas predispostas, existe contrato quando a parte adere a elas, como já estudamos. E essa forma de manifestação de vontade contratual é inexorável no contrato administrativo.

A distinção entre contratos de direito privado e contratos administrativos, entre nós, não tem a mesma relevância que possui em países onde existem tribunais administrativos, em razão da fixação da competência. Todavia, é importante saber quais os princípios de uma ou de outra natureza, não somente para o intérprete, mas também, e principalmente, para a elaboração e execução desses contratos. Não se esqueça de que as regras de direito público, em um contrato administrativo, orientam a elaboração, interpretação, cumprimento e sua extinção. Posicionar o particular contratante contra eventuais desmandos do Estado passa a fazer parte do que chamamos, no início desta obra, de *crise do contrato*. A esse respeito, não olvide que há princípios de justiça e de equidade que dominam todos os contratos, qualquer que seja sua natureza, pública ou privada. A esse respeito, manifesta-se o administrativista mexicano Gabino Fraga (1969:416):

> *"Esses princípios derivam de algumas ideias fundamentais: a palavra dada deve ser respeitada; o que comete uma falta na execução de suas obrigações deve suportar as consequências; as cláusulas de um contrato devem ser interpretadas e executadas razoavelmente, segundo a intenção das partes; as obrigações das partes não são somente as que estão formalmente expressas no contrato, senão todas as que resultem da natureza do contrato e dos usos admitidos para esses contratos etc."*

15.3 ESPÉCIES DE CONTRATOS ADMINISTRATIVOS

A Administração pode celebrar contratos que são *tipicamente de direito privado*, como a compra e venda, troca, comodato, locação etc., cujos princípios se veem mesclados com disposições de direito público, bem como *contratos administrativos propriamente ditos*, que não encontram paralelo no campo privado: concessão de serviço público, contrato de obra pública, de uso de bem público etc. Ao lado dos contratos tipicamente administrativos, encontramos os de *formas mistas*, cuja tipicidade decorre originalmente do Direito Civil, mas cujos princípios no caso concreto são públicos, como a empreitada, o empréstimo, por exemplo.

Incumbe ao intérprete, no caso concreto, diferençar e escolher as disposições aplicáveis, de direito privado e de direito público; o que nem sempre será fácil, porque existe uma interpenetração de normas.

15.4 CARACTERÍSTICAS DOS CONTRATOS ADMINISTRATIVOS

Os contratos administrativos, como regra geral, são formais, onerosos, comutativos e pessoais. Eventualmente, pode faltar alguma dessas características. São *formais* porque exigem a forma escrita. Normalmente, são *intuitu personae* porque somente o contratado pode executá-los, vedado o subcontrato ou a cessão de posição contratual.

Característica fundamental do contrato administrativo é a necessidade de prévia licitação, somente dispensável quando autorizado por lei. Licitação é um procedimento pelo qual a Administração seleciona a proposta mais vantajosa para um contrato de seu interesse. Não se confunde com o contrato em si, como vemos.

O que de fato, porém, diferencia o contrato administrativo do contrato de direito privado são as chamadas *cláusulas exorbitantes*. São elas reflexos da preponderância do interesse público nesses contratos. Por elas, o Estado assegura certas vantagens. Essas disposições favorecem apenas o ente estatal, *exorbitam* da esfera do direito privado. Marcam-se não só pelo fato de permitir à Administração o que ao particular é vedado, mas também por submeter o administrado contratante a um regime de sujeição mais ou menos ampla no negócio. É a finalidade do Estado que permite sacrificar a participação do contratante. Não é fácil especificar teoricamente seu conceito. Visam elas à boa execução do serviço público. No entanto, em cada caso deve ser examinado se a Administração não extravasa seus poderes para o campo do abuso de direito.

Entre as cláusulas exorbitantes, é costume enunciar a exigência de garantia, a alteração unilateral, a anulação, além de restrições à exceção de contrato não cumprido. Não é necessário que essas cláusulas estejam no bojo do contrato; podem decorrer diretamente da lei, de ato administrativo, ou podem vir implícitas como princípios gerais de direito público.

O contrato administrativo pode exigir garantias de execução por parte do contratado, como fiança, caução, seguro.

A Administração tem o privilégio de alteração unilateral do contrato, atendendo às finalidades de interesse público. A esse direito da Administração se contrapõe o direito do contratado de ver mantido o equilíbrio econômico do contrato, para que não tenha prejuízo, princípio disciplinado no Decreto nº 2.300/64, que disciplina a Administração Federal. Se aumentam os encargos do contratado, deve aumentar equitativamente seu pagamento. Celso Antônio Bandeira de Mello (1980:149) define o que entende por equilíbrio econômico-financeiro no contrato administrativo:

> *"é a relação de igualdade formada, de um lado, pelas obrigações, assumidas pelo contratante no momento do ajuste e, de outro lado, pela compensação econômica que lhe corresponderá".*

É decorrência do princípio da boa-fé, ao qual repetidamente temos nos referido, que deve estar presente tanto no contrato paritário como no de adesão; tanto no contrato de direito privado como no contrato com a Administração.

O princípio da mutabilidade do contrato pela Administração é inafastável, em prol do interesse público, não podendo ela abrir mão desse direito (Meirelles, 1989:191). Só podem ser modificadas, no entanto, as chamadas cláusulas regulamentares ou de serviço, e não aquelas típicas de Direito Civil. Destarte, afasta-se a ideia de que a modificação unilateral possa ser exercida de forma absolutamente discricionária pela Administração. O desvio do interesse público, o desvio de finalidade, deve ser punido, já que configura ato abusivo.

Como o contrato administrativo emana, em última análise, de um ato administrativo, a Administração pode revogá-lo, em razão de oportunidade e conveniência, como decorrência de seu poder discricionário. Nessas premissas, pode ocorrer a rescisão unilateral do contrato, levando-se em conta o interesse público. Rompido dessa forma o equilíbrio contratual, deve o contratante ser indenizado. Pode também ocorrer a anulação do contrato administrativo por qualquer vício aferido pela própria Administração. Na anulação, examinamos a legalidade e o ato é vinculado às premissas legais. A indenização do contratante, nesse caso, dependerá do caso concreto. Nesse sentido, a Súmula 473 do Supremo Tribunal Federal:

> *"A Administração pode anular seus próprios atos quando eivados de vícios que os tornem ilegais, porque deles não se originam direitos, ou revogá-los, por motivo de conveniência ou oportunidade, respeitados os direitos adquiridos, e ressalvada, em todos os casos, a apreciação judicial."*

A anulação, no entanto, ao contrário da rescisão, fica reservada somente aos contratos tipicamente administrativos; os contratos de direito privado firmados pela Administração ficam dependentes de acordo das partes ou de decisão judicial (Meirelles, 1989:191).

O princípio da *exceptio non adimpleti contractus* deve ser visto com mitigação no contrato administrativo. Em prol da continuidade do serviço público, não pode o particular interromper sua prestação, pelo inadimplemento do Estado. Vigora o princípio do *solve et repete*. Não devemos entender, no entanto, que o sacrifício do contratante deva ser levado a extremo.

Ainda, devemos lembrar do poder de fiscalização da execução do contrato, também inerente a todo contrato realizado pela Administração. Esta também pode aplicar penalidades ao contratante faltoso e retomar o objeto do contrato, isto é, assumir a atividade e o serviço, sempre que houver possibilidade de paralisação que possa prejudicar o interesse público, mormente quando se trata de atividade essencial. Não pode o interesse público satisfazer-se com a morosidade, retardamento, má execução ou inércia do particular contratado. Isto é uma decorrência da possibilidade de rescisão unilateral do contrato.

Dentro dessas características, e principalmente tendo em vista as cláusulas exorbitantes, não negamos a possibilidade de aplicação da teoria da imprevisão nos contratos administrativos. Levando em conta que a Administração pode alterar unilateralmente o contrato, a excessiva onerosidade, sem o correspectivo equilíbrio financeiro em favor do contratado, pode levá-lo a pedir a intervenção judicial. Evidente que são aplicáveis também os princípios de caso fortuito e força maior.

Concluímos que toda problemática do contrato administrativo, no que tange a suas características, gravita em torno do interesse do serviço público e das cláusulas exorbitantes. Enquanto o serviço público é o objeto do contrato, a cláusula exorbitante refere-se a seu regime jurídico (Altamira, 1971:501).

As questões de interpretação do contrato administrativo levam em conta o que dissemos a respeito dos contratos de cláusulas predispostas ou de adesão. No entanto, temos de considerar sempre o interesse público, sem nos descurarmos dos princípios que norteiam a participação do particular.

Um aprofundamento maior da matéria cabe no estudo de Direito Administrativo, lembrando sempre que, quando não aplicáveis as disposições de direito público, para criação, modificação, execução e extinção do contrato administrativo, vigoram os princípios tradicionais de Direito Civil. Assim fazemos com relação aos contratos administrativos típicos (contrato de obra pública, contrato de serviço, de trabalhos artísticos, de fornecimento, de concessão, entre outros), bem como, e com maior razão, nas avenças diretamente importadas do direito privado. Os princípios fundamentais da contratação pela União encontram-se no art. 175 da Constituição Federal.

16

ARBITRAGEM

16.1 CONCEITO E UTILIDADE

A Lei nº 9.307, de 23-9-1996, inseriu definitivamente no meio negocial brasileiro o juízo arbitral. A matéria, presente no Código Civil de 1916, nunca se amoldara ao gosto e às necessidades pátrias, mormente pela forma como instituída na lei antiga.

O Decreto nº 737, de 25-11-1850, que regulou o processo dos litígios entre comerciantes, já previa o juízo arbitral nos arts. 411 ss. O Código Comercial referia-se ao juízo arbitral em vários dispositivos (arts. 245, 294, 348, 739, entre outros).

O Código Civil de 1916 disciplinava o instituto no Título II, dentre os "*efeitos das obrigações*" (arts. 1.037 a 1.048), logo após tratar da transação. O CPC de 1973 dedicou-lhe os arts. 1.072 a 1.102 entre os procedimentos especiais de jurisdição contenciosa. A Lei nº 9.307/96 derrogou expressamente esses dispositivos no art. 44, encampando o tema sob o prisma material e processual.

A mais recente Lei nº 13.129, de 26-5-2015, introduziu várias modificações na sistemática da arbitragem, destacando-se, entre outros temas, a possibilidade expressa de a administração pública direta e indireta poder utilizar a arbitragem para conflitos envolvendo direitos patrimoniais disponíveis, entre outros aspectos, inclusive procedimentais.

Pelo compromisso, "*as pessoas capazes de contratar poderão valer-se da arbitragem para dirimir litígios relativos a direitos patrimoniais disponíveis*" (art. 1º da Lei nº 9.307/96). O conceito explicita e ratifica a dicção do art. 1.037 do Código Civil. Pelo instituto, pessoas plenamente capazes podem atribuir a decisão de suas pendências e controvérsias à decisão de árbitros por elas escolhidos, furtando-se assim de recorrer diretamente ao Poder Judiciário.

Os pontos de contato do juízo arbitral com a transação são evidentes. Tanto que a Lei nº 13.129/2015 estatuiu que os órgãos públicos autorizados a realizar acordos e transigir também podem estabelecer convenção de arbitragem (§ 2º acrescentado ao art. 1º da Lei nº 9.307/96).

Enquanto na transação as partes previnem ou colocam fim a um litígio, no compromisso, *ex radice*, antes mesmo da instalação de qualquer litígio, ainda que potencialmente, as partes já contratam preliminarmente que eventual pendência será dirimida pelo juízo arbitral. Esse também o sentido do derrogado art. 1.072 do CPC de 1973, que se referia a direitos patrimoniais que admitissem transação. A arbitragem privada destina-se aos litígios sobre direitos disponíveis. Os direitos indisponíveis são afetos exclusivamente ao Poder Judiciário.

O Código de 2002 trata do compromisso entre as modalidades de contratos típicos, nos arts. 851 a 853, logo em seguida a transação. Limita-se a admitir o compromisso para resolver litígios entre pessoas que podem contratar; veda o compromisso para solução de questões de estado, de direito pessoal de família e de outras que não tenham caráter estritamente patrimonial; e, ao admitir a cláusula compromissória nos contratos, reporta-se à aplicação da lei especial.

O juízo arbitral é o conteúdo do compromisso, que a lei denomina de convenção de arbitragem. O art. 9º da Lei nº 9.307/96 dispõe que *"compromisso arbitral é a convenção através da qual as partes submetem um litígio à arbitragem de uma ou mais pessoas, podendo ser judicial ou extrajudicial"*.

A lei arbitral busca conceder ampla autonomia ao juízo e à sentença arbitral. No sistema revogado, a par da inexecutoriedade da cláusula compromissória, a ligação umbilical da arbitragem com o Poder Judiciário era robusta, mercê da necessidade de sua homologação (arts. 1.045 do Código Civil).

A lei brasileira considera a sentença arbitral, juntamente com a sentença homologatória de transação ou de conciliação, títulos executivos judiciais conforme decorre do art. 41 da lei de arbitragem. A decisão arbitral, portanto, prescinde de homologação pelo Judiciário não se sujeitando a recurso: *"O árbitro é juiz de fato e de direito, e a sentença que proferir não fica sujeita a recurso ou à homologação pelo Poder Judiciário"* (art. 18 da Lei nº 9.307/96). No entanto, como não poderia deixar de ser, em princípio, havendo necessidade de atos executórios emanados da decisão arbitral, são eles privativos do Estado, pois somente este detém o poder de coerção. A execução da sentença arbitral far-se-á, pois, com a intervenção do Poder Judiciário, ultrapassada eventual fase de embargos. Já se descortina a possibilidade de a legislação permitir a execução pelo próprio juízo arbitral. Se no curso da arbitragem houver necessidade de medidas cautelares que impliquem atos coercitivos, matéria que deve ser examinada caso a caso, podem ser dirimidas pelo juízo arbitral.

O *conteúdo contratual* do compromisso arbitral é acentuado. O juízo arbitral que se instala pelo compromisso é exceção aparente à regra geral tradicional, segundo a qual nenhuma causa pode ser suprimida do Poder Judiciário. Não se confunde, porém, com um tribunal de exceção, cujo conceito escapa às garantias do pleno direito. Ninguém é obrigado a pactuar o juízo arbitral, tanto que somente as pessoas capazes de contratar podem fazê-lo sobre direitos disponíveis.

O sentido da lei é incentivar a adoção da arbitragem, ainda restritivamente utilizada no direito interno, embora de largo espectro e aceitação no direito comparado e no campo internacional.

A lei arbitral buscou inserir o país nesse contexto. Dois eram os principais impedimentos para a não utilização da arbitragem entre nós: a falta de previsibilidade legal para a inexecução da cláusula compromissória e a necessidade de homologação obrigatória do laudo arbitral pelo Poder Judiciário. Isto eliminava as principais vantagens do instituto: o sigilo e a celeridade.

Inegável é sua vantagem sob determinadas circunstâncias. Com frequência, as partes, mormente pessoas jurídicas de porte, levam aos tribunais assuntos excessivamente técnicos com amplas dificuldades ao juiz, que somente pode decidi-los louvando-se em custosas e problemáticas perícias. Valendo-se de árbitros de sua confiança, especialistas na matéria discutida, podem as partes lograr decisões mais rápidas e quiçá mais justas e técnicas. De outro lado, o sentido é aliviar o Poder Judiciário da pletora que assola invariavelmente os tribunais.

Ainda, com o juízo privado, as partes poderão manter em sigilo suas pendências, não as submetendo aos alardes do processo que nem o segredo de justiça, quando concedido, consegue evitar. Em se tratando de empresas e de segredos industriais, a questão assume vital importância. Com a arbitragem, poderão os interessados, em regra, obter decisões mais simples, rápidas e econômicas. É necessário, contudo, que a sociedade interessada se estruture. Nem sempre os árbitros, não afeitos à arte de julgar, saberão colocar suas decisões em termos jurídicos e exequíveis. Há necessidade de orientação técnica para tal. Sem dúvida, já surgiram entidades, acrescendo àquelas já existentes, que se constituíram como Câmaras Arbitrais, para atuarem nos mais diversos campos e especialidades tecnológicos, integradas por membros com conhecimento jurídico. Foi com esse sentido que foi instituída pelo CIESP (Centro das Indústrias do Estado de São Paulo) a Câmara de Mediação e Arbitragem de São Paulo, bem como várias outras bem estruturadas. Como observou Miguel Reale em feliz síntese a respeito da promulgação da lei:

> *"O hábito da arbitragem pressupõe certo desenvolvimento econômico, e mais do que isso, a verificação de que a crescente necessidade de conhecimentos técnicos, envolvendo atualmente perícias altamente especializadas, torna cada vez mais inseguros os julgamentos proferidos por juízes togados, por mais que estes, com a maior responsabilidade ética e cultural, procurem se inteirar dos valores técnicos em jogo. Além disso, questões há que, pela própria natureza, não comportam rígidas respostas positivas ou negativas, implicando largo campo de apreciação equitativa, ou, por outras palavras, de um equitativo balanceado de valores econômicos"* (O Estado de S. Paulo, 5 out. 1996).

Mais adiante, nesse artigo, conclui o saudoso eminente filósofo do Direito, criticando o sectarismo de parte do Judiciário:

> *"Como se vê, vamos aos poucos, também no Brasil, superando o formalismo tradicional, uma das pesadas heranças da cultura portuguesa, o que vem ao encontro das novas doutrinas que pregam a aplicação do Direito em concreção ou como experiência concreta, o que causa arrepios a certos magistrados, que qualificam tais imperativos como meros 'exercícios de retórica' como, ainda recentemente, tive oportunidade de ler, perplexo."*

Aguardava-se, pois, que a lei fizesse com que a sociedade se amoldasse ao novo contexto internacional, o que já ocorre sensivelmente nos últimos anos.

16.2 NATUREZA JURÍDICA

O instituto possui duas facetas: uma de índole material e outra de índole processual. Com a nossa lei, ambos os aspectos são tratados no mesmo diploma. Classificar a arbitragem representa um desafio, pois possui um caráter polimórfico dentro do campo jurídico, abrangendo princípios de direito material, direito processual, bem como direito internacional privado e público, quando se trata de sentença arbitral produzida no estrangeiro.

Os dois aspectos material e processual são bem nítidos. Se analisarmos os dispositivos revogados, o compromisso tratado no Código Civil se referia a regras de direito material. Ali se encontravam regras de fundamento e previsão para um futuro juízo arbitral, este sim, então, o procedimento. Desse modo, o Código Civil traçava os fundamentos do instituto e o estatuto processual, a forma de sua atuação.

Parte da doutrina nega o caráter meramente contratual do compromisso, vendo em sua estrutura apenas uma forma de dirimir questões e não um meio de criar, modificar ou extinguir direitos. No entanto, parece-nos evidente o caráter contratual do compromisso como defendido por parte substancial da doutrina. Ademais, o próprio legislador coloca o compromisso arbitral ao lado da transação, cuja natureza contratual não se nega, dados os inúmeros pontos de contato entre ambos os negócios jurídicos. Ainda que se repila essa posição, ao menos não podemos negar que o compromisso se avizinha mais do contrato do que de qualquer outro negócio jurídico. O compromisso é ato de vontade privada capaz de criar novas relações jurídicas, com obrigações para todos os seus participantes.

No Código Civil de 1916, o compromisso foi situado como uma das formas de extinção de obrigações, essa sua função precípua.

16.2.1 Mediação, Negociação e Conciliação

Não se pode examinar o compromisso sem que antes dele ou com ele se faça referência à mediação. Conflito de interesses algum, seja versado em tribunal arbitral ou perante o Poder Judiciário, pode prescindir de uma fase de tentativa efetiva de conciliação. O novo Código de Processo Civil já menciona expressamente essa outra possibilidade de solução de litígios. Hoje, mais do que nunca, é de toda a conveniência que as partes cheguem a bom termo, antes de instaurar oficialmente um litígio. Em qualquer campo jurídico. Na esfera de família, por exemplo, a mediação será essencial. Essa, portanto, é a importante fase de mediação. Por essa razão, os tribunais de arbitragem devem ser também institutos de mediação.

Geralmente, nos contratos, quando se estipula a cláusula compromissória, ao se disciplinar a resolução de contendas, as próprias partes estabelecem uma fase prévia de mediação, antes do início da arbitragem.

A figura do mediador deve ter um perfil próprio, pois sua missão não é julgar, mas compor as partes, aparando arestas e propondo soluções. Ainda, se por um lado a arbitragem se dirige aos direitos patrimoniais disponíveis, a mediação está aberta a direitos de qualquer natureza, públicos ou privados. No direito de família, por exemplo, avulta a importância da mediação e a criação de entidades especializadas, para impedir que as partes se lancem em processos judiciais de perspectivas trágicas. A matéria está a merecer o cuidado legislativo, pois ao lado da mediação há que se lembrar da conciliação, seu aspecto dinâmico. A conciliação obrigatória prévia, presente no CPC de 2015, é mais um aspecto dentre as várias tentativas de facilitar a solução de pendências, em todos os níveis e em todos os campos sociais.

A negociação vai mais além, quando o negociador, escolhido pelas partes, propõe soluções e acertos nas pendências.

16.3 ORIGEM HISTÓRICA

Na Grécia, mesmo com o aperfeiçoamento da estrutura estatal, o procedimento arbitral coexistiu com o processo judicial, até o século II a.C. (Soares. In: *Enciclopédia Saraiva de Direito* (1996), verbete "Arbitragem internacional"). Era incutida a ideia de que o árbitro visava à equidade, enquanto o juiz se prendia exclusivamente à lei, noção que persiste na arbitragem moderna.

O compromisso em Roma possuía idênticas feições atuais. A arbitragem entre particulares era considerada um pacto contratual. Sem ficar preso a fórmulas, o árbitro decide conforme lhe pareça mais conveniente nas circunstâncias. Para fazer respeitar o compromisso ou a cláusula compromissória, o pretor concedia a ação *arbiter in causis bonae fidei*. Como o negócio não possuía originalmente força obrigatória, as partes estabeleciam multa para sancionar seu descumprimento (Cuq, 1928:515). Havia ação pertencente aos princípios do enriquecimento injustificado para sua cobrança (*conditio ob rem data re non secuta*). Originalmente, apesar de a sentença arbitral ser irrecorrível para os tribunais, não havia meios legais para exigir seu cumprimento. O procedimento era baseado na boa-fé.

Na época de Justiniano, a pena tornou-se desnecessária, passando a decisão do árbitro a ser obrigatória.

Também em Roma, o compromisso podia atingir qualquer direito disponível, não podendo as questões atinentes à ordem pública e ao estado das pessoas ser decididas pela arbitragem.

A arbitragem ganha relevo na Idade Média. Sua reiterada prática pela Igreja justifica seu sucesso. Da mesma forma, os senhores feudais, em corolário à hierarquia então imperante, recorriam à arbitragem numa época em que o sistema judiciário mostrava-se confuso. Observa Guido Fernando Silva Soares: (op. cit.)

> *"acentue-se o fato de que, especialmente nas corporações de ofícios e de profissões liberais, onde imperava rígida hierarquia entre os membros, era natural que se buscassem soluções de controvérsias, por meio de recursos que não saíssem do âmbito daquelas comunidades".*

O absolutismo dos governos que se seguiu ao feudalismo não favoreceu o instituto, ao menos até por volta de meados do século XVIII. Aponta Tavares Guerreiro (1993:16) que o revigoramento da arbitragem ocorre com a Revolução Francesa, quando passa a ser considerada instrumento ideal de reação contra a justiça real, composta por magistrados ainda ligados ao velho regime.

16.4 CLÁUSULA COMPROMISSÓRIA. NOVOS RUMOS IMPOSTOS PELA LEI. EXECUÇÃO ESPECÍFICA: AÇÃO PARA INSTITUIÇÃO DA ARBITRAGEM

Em qualquer contrato de direito privado, portanto no âmbito de direito disponível das partes, podem estas estipular que quaisquer pendências emanadas do negócio jurídico sejam dirimidas por juízo arbitral. Por essa cláusula ou pacto compromissório (termo que deriva de *compromissum* do Direito Romano, conhecido na língua inglesa como *submission agreement*), as partes comprometem-se a submeter-se a um futuro julgamento arbitral. Não se trata ainda de estabelecer compromisso; cuida-se de contratação preliminar, promessa de contratar. A relação contratual que se sujeita à arbitragem pode ser denominada de *contrato-base*. Nesse sentido, o art. 4º da Lei nº 9.307/96 define:

> *"A cláusula compromissória é a convenção através da qual as partes em um contrato comprometem-se a submeter à arbitragem os litígios que possam vir a surgir, relativamente a tal contrato."*

Acrescenta o § 1º que citada cláusula pode estar inserta no bojo do próprio contrato ou em documento à parte. Assim, a promessa de contratar arbitragem pode também ser anterior, concomitante ou posterior ao contrato-base.

A menção à *convenção arbitral* deve ser evitada, embora a lei a ela se refira. A expressão "convenção arbitral" *é* ambígua, pois engloba as noções de cláusula compromissória e compromisso.

No regime anterior, o descumprimento da cláusula, ou seja, a resistência ou negativa da parte em se submeter à arbitragem, furtando-se assim ao que prometera contratar, ensejava tão somente as consequências de um inadimplemento contratual. Em síntese, a parte que se sentisse prejudicada pela recusa poderia pedir perdas e danos.

A Lei nº 9.307/96 procurou solucionar a problemática, atribuindo execução específica à cláusula, e nesse aspecto introduz inovação importante para a arbitragem, certamente seu aspecto doravante fundamental.

Como se nota, no Direito brasileiro, a simples inserção da cláusula compromissória no contrato não trazia garantia alguma de que seria instituído o juízo arbitral. A orientação doutrinária pátria sempre foi de que a cláusula compromissória não tinha o condão de instituir por si só a arbitragem. Quando do descumprimento do contrato-base ou de dificuldades em sua condução, não estando a cláusula compromissória devidamente regulamentada, o dispositivo tornava-se letra morta na avença, lançando-se as partes inevitavelmente à ação judicial. A dificuldade de obrigar o recalcitrante a admitir a arbitragem desestimulava qualquer iniciativa, preferindo os interessados aguardar a decisão judicial. Se nem mesmo a cláusula compromissória, firmada juntamente com o contrato, incentivava as partes a recorrer à arbitragem, enganoso seria imaginar que o fizessem após instaurado o conflito de interesses, quando já sobressaltados os ânimos.

Esse óbice, que estimulava o desuso e a repulsa à arbitragem entre nós, somente poderia ser contornado por meio de intervenção legislativa, conferindo ao pacto compromissório caráter irrevogável e, portanto, coativo, no intuito de incrementar a arbitragem em nosso meio. Nesse sentido, a Lei nº 9.307/96 dispõe no art. 7º:

> *"Existindo cláusula compromissória e havendo resistência quanto à instituição da arbitragem, poderá a parte interessada requerer a citação da outra parte para comparecer em juízo a fim de lavrar-se o compromisso, designando o juiz audiência especial para tal fim."*

A finalidade desse procedimento é a instituição do juízo arbitral, cuja sentença que julgar procedente a pretensão o determinará.[1] Desse modo, uma vez existente, válida e eficaz a

---

1 "Recurso – Embargos de declaração – Alegação de omissão – Inocorrência – Contrato de seguro – Existência de cláusula compromissória – Lei nº 9.307/96 – Convenção feita em contrato que só permite a intervenção estatal para obrigar os renitentes a formular o **compromisso arbitral**, nos termos do art. 7º, ou em casos excepcionalíssimos que antecedem a formação do juízo arbitral e apenas para assegurar direitos ou preservar situações que permitam o posterior julgamento pela justiça arbitral – Hipótese de extinção do processo, sem julgamento do mérito – Artigo 485, inciso VII, e 803, inciso I, ambos do Código de Processo Civil – Embargos rejeitados" (*TJSP* – ED 1013623-23.2019.8.26.0011, 22-2-2021, Rel. Maia da Rocha).

"Embargos declaratórios – Negócios jurídicos bancários – Retorno dos autos do STJ para sanar as omissões no acórdão embargado – Embargos à execução – Título extrajudicial. Cláusula contratual – **Arbitragem**. 1. Embargos acolhidos a fim de sanar as omissões apontadas pelo Superior Tribunal de Justiça. 2. O instrumento firmado entre as partes expressamente prevê a arbitragem como método de solução de litígios e excepciona a execução judicial, em consonância com o entendimento do STJ. 3. Não há prova capaz de afastar a validade da cláusula arbitral prevista no contrato firmado pelas partes. 4. Os embargos à execução são improcedentes, pois as discussões relativas às cláusulas contratuais não podem ser dirimidas no âmbito do Poder Judiciário. Embargos declaratórios acolhidos com atribuição de efeito infringente". (*TJRS* – Embargos 70073442600, 26-11-2020, Rel. Jucelana Lurdes Pereira dos Santos).

"Agravo de instrumento – **Compromisso arbitral** – Ação de cumprimento de sentença arbitral – Desconsideração da personalidade jurídica – Não preenchimento dos requisitos legais relativamente a Kuala S/A – Condenação da agravante em honorários sucumbenciais – Possibilidade – Montante fixado de forma equitativa, com observância das diretrizes do art. 85, § 2º, I a IV, do CPC. Recurso parcialmente provido" (*TJSP* – AI 2239791-31.2018.8.26.0000, 31-7-2019, Rel. Antônio Nascimento).

"Processual Civil – **Compromisso arbitral** – Submissão à arbitragem – Não conhecimento do agravo em recurso especial que não ataca os fundamentos da decisão recorrida – I – Negou-se seguimento ao recurso especial com base nos óbices de: Súmula 83/STJ, Súmula 7/STJ, Súmula 5/STJ e ausência/deficiência de cotejo analítico. Agravo nos próprios autos que não impugna os fundamentos da decisão recorrida. II – São insuficientes para considerar

cláusula compromissória entre os pactuantes, qualquer deles pode exigir judicialmente a instituição da arbitragem. Entendemos que, salvo ressalva expressa em contrário, essa pactuação é unilateralmente irretratável.

Outra modificação fundamental introduzida pela lei de 2015 foi expressamente determinar que o procedimento arbitral "interrompe a prescrição", retroagindo à data do requerimento de sua instauração, ainda que extinta a arbitragem por ausência de jurisdição (§ 2º introduzido ao art. 19 da Lei de Arbitragem). A instauração de arbitragem conflita com a inércia inerente aos princípios da prescrição. Parecia-nos claro esse aspecto, mas em boa hora temos texto expresso legal, a conformar espíritos recalcitrantes no meio jurídico.

Ao estipular essa cláusula, o compromitente transige sobre direitos em discussão e renuncia à jurisdição estatal. Acentuado o caráter contratual do instituto, nele é proeminente a autonomia da vontade. A arbitragem tem origem e fundamento na manifestação de vontade das partes. Qualquer lanço interpretativo sobre o compromisso deve partir dessa premissa.

Esse dispositivo esteve sob discussão acerca de eventual inconstitucionalidade no Supremo Tribunal Federal, matéria felizmente superada, após alguns anos de injustificado suspense, inserindo-se hoje o Brasil definitivamente no contexto internacional da arbitragem, como exige o mundo negocial globalizado.

16.4.1 Aspectos da Cláusula Compromissória

A cláusula compromissória pode ser considerada como um contrato dentro de outro. Nada impede que já nessa cláusula as partes instituam de plano orientação para a futura arbitragem, fixando número de árbitros, forma de coleta de prova, possibilidade de utilização de princípios gerais de direito, equidade, usos internacionais etc., mas isso não é obrigatório ou essencial. A Lei nº 13.129/2015 veda que a equidade seja utilizada em arbitragem que envolva a administração pública (art. 1º, § 2º, da Lei de Arbitragem).

Como é usual nos exemplos internacionais, o conteúdo do juízo arbitral somente é fixado no momento oportuno, ainda porque nada está a indicar que *a priori* ele se fará necessário. Se os contratantes, contudo, estabelecem todo o conteúdo da arbitragem no momento de elaboração do próprio contrato-base, já existirá juízo instituído e não simples promessa de contratar. Nesta última hipótese, tanto o contrato-base como o compromisso arbitral devem ser considerados negócios jurídicos perfeitos e acabados. Nada impede, no entanto, que no momento de operacionalizar a arbitragem as partes modifiquem suas cláusulas e introduzam outras. Por outro lado, havendo conflito de interesses a respeito da arbitragem já regulada, o judiciário pode compor a instituição definitiva, complementando com o que for necessário, com fundamento no sentido da nova lei.

---

como impugnação aos fundamentos da decisão que nega seguimento ao recurso especial na origem: meras alegações genéricas sobre as razões que levaram à negativa de seguimento, o combate genérico e não específico e a simples menção a normas infraconstitucionais, feita de maneira esparsa e assistemática no corpo das razões do agravo em recurso especial. III – No caso em que foi aplicado o Enunciado nº 83 do STJ, incumbe à parte, no agravo em recurso especial, pelo menos, apontar precedentes contemporâneos ou supervenientes aos referidos na decisão impugnada. Não o fazendo, é correta a decisão que não conhece do agravo nos próprios autos. IV – Agravo interno improvido" (*STJ* – AGInt-AG-REsp 1.001.268 – (2016/0273832-6), 24-5-2017, Rel. Min. Francisco Falcão).

"Ação de compromisso arbitral. Sentença que acolheu a pretensão da agravante para instituir o juízo arbitral. Apelação recebida em seu duplo efeito. Impossibilidade. Art. 520, VI, do CPC. Sentença que equivale ao compromisso arbitral, conforme art. 7, § 7º, da Lei de Arbitragem, devendo ser recebida somente no efeito devolutivo. Inexistência de excepcionalidade que justifique a incidência do art. 558, *caput* e par. único, do CPC. Recurso provido, prejudicado o agravo interno" (*TJSP* – AgRg 2189671-23.2014.8.26.0000, 23-3-2015, Rel. Maia da Cunha).

Ordinariamente a cláusula compromissória é genérica. As partes preveem que de futuro poderão adotar o juízo ou compromisso arbitral. Desse modo, anotamos que a cláusula compromissória é preparatória e precursora do compromisso. O compromisso que se pode seguir é mais específico, delineando os limites do litígio e o procedimento de julgamento.

A própria Lei nº 9.307/96 admite a possibilidade de orientação prévia da arbitragem, ao se referir no art. 5º que, na cláusula compromissória,

> *"reportando-se as partes às regras de algum órgão arbitral institucional ou entidade especializada, a arbitragem será instituída e processada de acordo com tais regras, podendo, igualmente, as partes estabelecer na própria cláusula, ou em outro documento, a forma convencionada para a instituição da arbitragem".*

As partes poderão modificar no todo ou em parte o regulamento sugerido pela corte arbitral (§ 4º do art. 13, introduzido pela lei de 2015).

Eventual nulidade na futura arbitragem, em princípio, não inquinará a obrigatoriedade da cláusula. Assim, por exemplo, ao se comprometer para arbitragem, as partes podem indicar árbitros impedidos ou suspeitos, bem como entidade inexistente. Tal não obsta que se obtenha judicialmente a arbitragem, cabendo ao juiz, na sentença proferida conforme os §§ 3º e 7º do art. 7º, suprir deficiências ou falhas perpetradas pelas partes. Em resumo: não se contamina de nulidade a cláusula compromissória somente porque aspectos delineados pelos contratantes esbarram em proibições legais, nos bons costumes ou na ordem pública.

A Lei nº 9.307/96, corroborando o que afirmamos, é expressa ao definir a *autonomia* da cláusula compromissória no art. 8º:

> *"A cláusula compromissória é autônoma em relação ao contrato em que estiver inserta, de tal sorte que a nulidade deste não implica, necessariamente, a nulidade da cláusula compromissória.*
>
> *Parágrafo único. Caberá ao árbitro decidir de ofício, ou por provocação das partes, as questões acerca da existência, validade e eficácia da convenção de arbitragem e do contrato que contenha a cláusula compromissória."*

Se o juízo arbitral entender que a cláusula compromissória inexiste, é inválida ou ineficaz, ficará inibido de decidir o mérito por falta de condição de procedibilidade. Nessa hipótese, devem as partes recorrer ao processo comum. No entanto, a existência, validade e eficácia da cláusula podem ser decididas por sentença no processo judicial de instituição do juízo na forma do art. 7º.

Vimos que a Lei nº 9.307/96 exige *forma escrita* para a cláusula compromissória (art. 4º, § 1º). Não admite, portanto, pactuação oral.

Por outro lado, a regra geral é de que ninguém é obrigado a contratar, muito menos submeter-se a juízo arbitral. Destarte, a manifestação de vontade nesse sentido deve ser absolutamente livre. Nesse diapasão, o § 2º do art. 4º menciona:

> *"Nos contratos de adesão, a cláusula compromissória só terá eficácia se o aderente tomar a iniciativa de instituir a arbitragem ou concordar, expressamente, com a sua instituição, desde que por escrito em documento anexo ou em negrito, com a assinatura ou visto especialmente para essa cláusula."*

O legislador procurou contornar uma das principais críticas que usualmente se faziam à contratação da arbitragem, qual seja o abuso do poder econômico. A livre possibilidade de inserção da cláusula compromissória nos contratos com cláusulas predispostas poderia obstar o direito inarredável do aderente à composição do litígio pelo Poder Judiciário. Desse modo, há de ser considerada cláusula abusiva, portanto írrita, o pacto compromissório colocado em contrato de adesão sem que o aderente se manifeste por escrito em documento anexo, ou sem que a cláusula conste em destaque (**em negrito**, como reza a lei), de molde a dar pleno conhecimento, bem como possibilidade de ressalva ou recusa pelo aderente. Sem dúvida, esse aspecto dependerá de exame do caso concreto. Analisa-se, no sentido da lei, que a vontade do aderente deva ser livre e expressa quando admitir a arbitragem. Será válida, pois, a ressalva que fizer no contrato de adesão, não aceitando o compromisso.

Se o contrato se inserir no âmbito do Código de Defesa do Consumidor (Lei nº 8.078/90), além dos aspectos definidos pelo citado § 2º, deve ser levado em conta o conceito de abusividade da cláusula contratual e de sua respectiva nulidade dentro do rol do art. 51 dessa lei. Aliás, o inciso VII desse dispositivo determina a nulidade de cláusulas contratuais relativas ao fornecimento de produtos e serviços *que determinem a utilização compulsória de arbitragem.* Esse mesmo diploma legal impõe que os contratos consumeristas de adesão sejam redigidos em termos claros e com caracteres ostensivos e legíveis, cujo tamanho da fonte não será inferior ao corpo doze, de modo a facilitar sua compreensão pelo consumidor (art. 54, § 3º), com a redação da Lei 11.785/2008 e que as cláusulas que implicarem limitação de direito do consumidor deverão ser redigidas com destaque, permitindo sua imediata e fácil compreensão (art. 54, § 4º). No mesmo diapasão, no tocante à interpretação "*as cláusulas contratuais serão interpretadas de maneira mais favorável ao consumidor*" (art. 47 do Código de Defesa do Consumidor). Desse modo, na dúvida, não é válida a cláusula compromissória nas relações consumeristas. Para tal, será necessária a manifestação expressa e inequívoca do consumidor. Como se vê, a lei não proíbe a cláusula arbitral na esfera do consumidor, submetendo-a apenas a requisitos específicos de validade e eficácia.

Esse espírito também deverá nortear a interpretação do § 2º do art. 4º da lei vertente. É certo que não será nas relações de consumo que vicejará a arbitragem. No entanto, ainda que o contrato não seja regido pelo estatuto do consumidor, em se tratando de contrato de adesão, as regras dessa lei podem ser utilizadas subsidiariamente na proteção do aderente porque se tratam, na verdade, de regras aplicáveis aos contratos com cláusulas predispostas em geral.

16.4.2 Procedimentos para Execução Específica da Cláusula Compromissória

De acordo com o art. 6º da Lei nº 9.307/96,

> *"não havendo acordo prévio sobre a forma de restituir a arbitragem, a parte interessada manifestará à outra parte sua intenção de dar início à arbitragem, por via postal ou por outro meio qualquer de comunicação, mediante comprovação de recebimento, convocados para, em dia, hora e local certos, firmar o compromisso arbitral".*

Evidentemente, a questão da arbitragem aflorará quando do descumprimento do contrato-base. Essa matéria poderá ser, e na maioria das vezes o será, objeto da decisão arbitral.

A parte indigitada recusando-se, de qualquer modo, à instituição da arbitragem abrirá ensejo à parte notificante que ajuíze o processo de instituição do juízo arbitral (parágrafo único do art. 6º). Competente para tal processo, segundo esse dispositivo, será *"o órgão do Poder*

Judiciário a que, originalmente, tocaria o julgamento da causa". Devemos seguir, pois, as regras ordinárias de competência do processo civil.

De acordo com o art. 7º, o processo de instituição de arbitragem iniciar-se-á com a citação da parte recalcitrante para comparecer em juízo a fim de lavrar-se o compromisso, designando o juiz audiência especial para tal fim. Nessa audiência, antes de ser obtida a composição das partes para a arbitragem, deve ser tentada a conciliação sobre o próprio fulcro do litígio, o qual, uma vez ocorrendo, extinguirá o processo, colocando fim à pretensão de direito material. O acordo ou transação objetivando o direito material em questão será então homologado, produzindo os devidos efeitos legais. Não obtida a conciliação sobre esse aspecto, o passo seguinte será obtê-la no tocante ao compromisso. Essa sequência lógica é definida pelo § 2º do art. 7º.

Na composição sobre o juízo arbitral devem as partes definir, com a intervenção e auxílio do juiz, os requisitos obrigatórios do art. 10, podendo ser incluídos os facultativos do art. 11. Melhor que os itens deste último dispositivo constem do compromisso a fim de serem evitadas dificuldades posteriores, mormente no tocante à responsabilidade das partes pelas despesas e honorários dos árbitros, bem como a respectiva fixação destes últimos. Não dispondo a cláusula compromissória a respeito da nomeação dos árbitros, caberá ao juiz, ouvidas as partes, estatuir, a respeito, podendo nomear árbitro único para a solução do litígio (art. 7º, § 4º).

O procedimento disciplinado pelo art. 7º é omisso quanto à resposta do réu. Este pode opor-se ao juízo arbitral porque, por exemplo, a cláusula compromissória é inexistente, inválida ou ineficaz. Essa matéria, atinente à higidez do negócio jurídico que possibilita a arbitragem, deve ser examinada nesse processo. Leve em conta que a inexistência ou nulidade de qualquer negócio jurídico deve ser decretada de ofício. O § 3º refere-se à oitiva do réu sobre o conteúdo do compromisso e não exatamente sobre defesa indireta que inquine o próprio ato. Não devemos afastar a possibilidade de ajuizamento das exceções, como também da contestação. Nesse sentido, a citação do requerido abrirá ensejo para a contestação nos termos do art. 335 do CPC. Se quando da audiência ainda não houver decorrido o interregno de 15 dias da citação, o réu poderá requerer que se aguarde o escoamento do prazo para contestar, ficando prejudicada a designação.

Destarte, a sentença que reconhece a inexistência, invalidade ou ineficácia da cláusula julgará o autor carecedor da ação. Para que não pairem dúvidas acerca da coisa julgada material quanto aos alegados defeitos da cláusula, será oportuno que o réu ingresse com pedido de declaração incidental, no qual pedirá a declaração de nulidade ou ineficácia da cláusula, obstando que a matéria seja novamente discutida. A parte também poderá, evidentemente, ter ingressado com ação autônoma nesse sentido, a fim de obstar o processo de instituição ora tratado. Por outro lado, se procedente o pedido, a sentença valerá como compromisso arbitral. Verificamos, pois, que, nessa hipótese, a sentença é substitutiva da vontade.

Lembre-se de que se o juízo arbitral institui-se por mútuo acordo, independentemente do processo específico, ou se neste não for ventilada a questão, a matéria atinente à existência, validade e eficácia da convenção de arbitragem e do contrato poderá ser examinada pelo árbitro de ofício ou por provocação das partes (art. 8º, parágrafo único).

De acordo com o § 5º do art. 7º da Lei nº 9.307/96, a ausência do autor à audiência, sem motivo justificado, importará extinção do processo sem julgamento do mérito. Não comparecendo o réu, o juiz, após ouvir o autor, estatuirá a respeito do conteúdo do compromisso, nomeando árbitro único (art. 7º, § 6º). Em que pese a revelia do réu, é de ser lembrado que o juiz não fica impedido de apreciar as questões que deva conhecer de ofício.

Note que a existência de convenção de arbitragem é matéria de exceção que deve ser alegada antes do mérito se proposta ação judicial sobre a matéria (art. 337, X, do CPC, com redação dada pela lei de arbitragem, art. 41), e uma vez reconhecida obsta seu exame. Havendo pacto de arbitragem, extingue-se o processo sem julgamento do mérito (art. 485, VII, do CPC). O juiz não pode, em princípio, desconhecer dessa matéria de ofício.

O procedimento estabelecido no art. 7º também será adotado para a nomeação de árbitro em número ímpar, quando as partes tiverem indicado número par (art. 13, § 2º), bem como para a nomeação de árbitro substituto (art. 16, § 2º). Quando a cláusula arbitral é daquelas ditas "cheias", isto é, já estabelecendo os princípios do procedimento arbitral como indicando órgão julgador, nomeação de árbitros etc. não haverá necessidade de instauração do processo descrito no art. 7º e a parte renitente sofrerá as consequências de sua recusa na participação da arbitragem. De qualquer forma, poderão ocorrer particularidades na cláusula a fazer com que não se prescinda desse procedimento judicial. Importa verificar o caso concreto.

16.5 MODALIDADES

Assim como a transação, o compromisso pode instaurar-se com o processo judicial em andamento. Assim já era segundo o art. 1.038 do Código Civil de 1916. Essa é também a orientação da Lei nº 9.307/96 (art. 9º). Conforme o § 1º desse dispositivo, o compromisso arbitral judicial celebrar-se-á por termo nos autos, perante o juízo ou tribunal, em que tem curso a demanda.[2] As partes podem firmar a convenção arbitral, por escrito público ou particular, e submetê-la ao juízo da demanda que, tomando por termo, a homologará. Tal manterá seu aspecto judicial.

O compromisso extrajudicial, utilizável quando não há demanda em curso, pode ser celebrado por instrumento particular, com duas testemunhas, ou por instrumento público (art. 9º, § 2º).

Firmado o compromisso arbitral no curso do processo, a capacidade decisória do juiz cessa, passando aos árbitros. O juiz togado, no entanto, remanesce ainda com algumas poucas atribuições instrutórias.

O art. 22-A da Lei nº 9.307, introduzido pela lei de 2015, areja a questão em torno das tutelas cautelares e de urgência, estatuindo que, antes de instituída a arbitragem, as partes poderão recorrer ao Poder Judiciário para a concessão de medida cautelar ou de urgência. Cessará a eficácia da medida se não proposta a arbitragem em 30 dias da data da concessão liminar.

Uma vez instituída a arbitragem, caberá aos árbitros manter, modificar ou revogar a medida cautelar ou de urgência concedida pelo Judiciário. Estando já instituída a arbitragem, a medida cautelar ou de urgência será requerida diretamente aos árbitros (art. 22-B). Note, contudo, que, como os árbitros não possuem poder de *imperium*, as medidas que impliquem

---

[2] "Ação cautelar antecedente pré-arbitral – Jurisdição estatal que se exauriu diante da instauração do procedimento arbitral – Antes de instituída a arbitragem, cabe ao Poder Judiciário analisar o pedido de medida cautelar ou de urgência – Porém, com a instituição da arbitragem, a competência passa ao tribunal arbitral – Arts. 22-A e 22-B da Lei nº 9.307/1996 (LA) – No caso em debate, cabe agora ao Juízo Arbitral manter, revogar ou modificar a tutela cautelar concedida – Exame do mérito da apelação que fica prejudicado, devendo o processo ser extinto sem julgamento do mérito por perda do interesse processual, à luz dos arts. 485, VI, e 493, CPC. Recurso prejudicado" (*TJSP* – AC 1026300-46.2018.8.26.0100, 19-9-2019, Rel. Sérgio Shimura).

"Processual Civil – Recurso Especial – Ação cautelar – Produção antecipada de provas – Existência de cláusula compromissória arbitral – Ajuizamento prévio perante a justiça estatal – **Instituição do juízo arbitral – Competência** – 1- O prévio ajuizamento de ação cautelar perante o Poder Judiciário deriva do poder geral de cautela insculpido na legislação processual e hoje previsto expressamente nos artigos 22-A e 22-B da Lei nº 9.307/1996, incluídos pela Lei nº 13.129/2015. A atribuição de processá-la, todavia, após a instauração da arbitragem, é do juízo arbitral, ocasião em que poderá reanalisar a medida eventualmente concedida. 2- Recurso especial conhecido e provido" (*STJ* – REsp 1.586.383 – (2014/0236615-2), 14-12-2017, Relª Minª Maria Isabel Gallotti).

invasão de privacidade ou de qualquer forma, meio coercitivo, deverão ser solicitadas pelos árbitros ao Judiciário.

Essas medidas, por sua natureza, são privativas da atuação do poder estatal. Como se percebe por mais esse aspecto, o juízo arbitral não se desgarra totalmente da jurisdição. Há necessidade de cooperação entre o poder estatal e o juízo arbitral. Note que essas medidas urgentes, coercitivas ou cautelares, poderão anteceder ao próprio juízo arbitral, como por exemplo o depoimento de testemunha que se encontre em risco de morte. Ademais, a execução coercitiva da sentença arbitral é atribuição do Poder Judiciário.

16.6 REQUISITOS DO COMPROMISSO. AUTORIZAÇÃO PARA DECIDIR POR EQUIDADE

O art. 10 da Lei nº 9.307/96 enuncia os requisitos obrigatórios do compromisso:

> *"I – o nome, profissão, estado civil e domicílio das partes;*
>
> *II – o nome, profissão e domicílio do árbitro, ou dos árbitros, ou, se for o caso, a identificação da entidade à qual as partes delegaram a indicação de árbitros;*
>
> *III – a matéria que será objeto da arbitragem; e*
>
> *IV – o lugar em que será proferida a sentença arbitral."*

O art. 11 enumera os requisitos acidentais do compromisso arbitral:

> *"I – local, ou locais, onde se desenvolverá a arbitragem;*
>
> *II – a autorização para que o árbitro ou os árbitros julguem por equidade, se assim for convencionado pelas partes;*
>
> *III – o prazo para apresentação da sentença arbitral;*
>
> *IV – a indicação da lei nacional ou das regras corporativas aplicáveis à arbitragem, quando assim convencionarem as partes;*
>
> *V – a declaração da responsabilidade pelo pagamento dos honorários e das despesas com a arbitragem; e*
>
> *VI – a fixação dos honorários do árbitro, ou dos árbitros."*

O parágrafo único do art. 11 da mencionada lei especifica que, quando as partes fixarem os honorários dos árbitros no compromisso arbitral, este constituirá título executivo extrajudicial. Se não ocorrer essa fixação, os árbitros devem requerer ao órgão do Poder Judiciário, que seria competente para julgar originalmente a causa, que os fixe por sentença. Nessa ação, cuidar-se-á, portanto, do arbitramento dos honorários. Por conseguinte, será de toda conveniência que as partes já estabeleçam de plano o valor dos respectivos honorários.

Embora os requisitos essenciais possam ser complementados a qualquer momento pelas partes, sua falta tornará ineficaz o compromisso. A matéria requer o devido cuidado, pois, por exemplo, nem sempre a omissão da correta profissão de um dos compromitentes terá o condão de jogar por terra a avença.

O aspecto que exige maior cuidado diz respeito ao objeto do litígio, pois desse modo fixam-se os contornos e limites de atuação dos árbitros, evitando-se julgamento *extra petita*, portanto anulável. Desse modo, cumpre que os compromitentes descrevam perfeitamente o objeto do litígio, circunscrevendo a atividade do juízo arbitral.

Estabelecido prazo para a apresentação da sentença arbitral, as partes devem fixar pena para a prolação a destempo. Essa multa, na qual incorrerão os árbitros, será pecuniária. Poderá ocorrer a ineficácia da sentença arbitral se prolatada a destempo, com a extinção do compromisso, nos termos do art. 12, III. A matéria é de manifestação de vontade das partes e sua consequente interpretação. Proferida serodiamente, sem justa causa, podem os árbitros ficar sujeitos à indenização por perdas e danos.

Em contratos internacionais, principalmente, é importante que se estabeleça qual o ordenamento jurídico nacional que se utilizará. A lei também se refere à aplicação de regras corporativas. Podem ser expressamente indicados para aplicação, por exemplo, o estatuto social de uma empresa, o regulamento de uma entidade ou um acordo de cavalheiros. Nada obsta ainda que as partes indiquem determinada lei de um país e, supletivamente, que se aplique o direito de outro. Em qualquer caso, porém, o cuidado das partes deve ser no sentido de não dificultar a tarefa dos árbitros a ponto de impedir a decisão. O local da arbitragem nem sempre coincidirá com o do ordenamento aplicável.

Omisso o compromisso sobre a lei nacional aplicável, temos que ter em mira que deve preponderar a vontade presumida das partes. Se as partes têm domicílio no mesmo país, há de se presumir que esse respectivo ordenamento seja a lei escolhida. Se domiciliadas em países diversos ou de nacionalidades diversas, há que averiguar o que mais se amolda à vontade das partes, em síntese, à vontade contratual, pois assim deve ser considerado o compromisso.

A autorização para os árbitros decidirem por *equidade* segue a tradição histórica no campo da arbitragem. Como vimos, nem sempre a decisão com estrita observância da técnica jurídica será conveniente para o caso concreto, geralmente ilustrado por questões tecnológicas de alta complexidade. Por isso, podem as partes autorizar a decisão por equidade. A função da equidade é atenuar a rudeza da regra jurídica. Na realidade, o conceito de equidade não se afasta do conteúdo do próprio Direito, pois, enquanto este regula a sociedade com normas gerais, a equidade procura adaptar essas normas a um caso concreto.

A equidade busca aparar arestas na aplicação da lei, a fim de que não se cometa injustiça. A equidade é não só o abrandamento de uma norma em um caso concreto, como também sentimento que brota do âmago do julgador. Como seu conceito é filosófico, dá margem a várias concepções. O Código Civil, em princípio, não se refere diretamente à equidade, a qual não se classifica exatamente como uma fonte de direito, mas um recurso, para que não ocorra o *summum ius summa iniura*, isto é, para que a aplicação cega da lei não leve a uma iniquidade. O art. 1.040, IV, do Código Civil de 1916 já a ela se referia, autorizando os árbitros no compromisso a decidirem por equidade. O art. 1.456 também lhe fazia menção ao tratar da interpretação de aspecto do contrato de seguro.

Como a equidade é antes de tudo uma posição filosófica, cada aplicador do direito lhe dará uma valoração própria, mas com idêntica finalidade, qual seja, o abrandamento da norma. Em sua aplicação, existe muito de subjetivismo, portanto. Decide-se pelo que é justo, nem sempre pelo que é legal. É oportuno lembrar que as compreensões dos fins sociais do contrato e da boa-fé objetiva, decantados pelo Código de 2002, relacionam-se diretamente com a equidade. Segundo nos demonstra a experiência de aplicação da arbitragem entre nós, as partes repelem a decisão por equidade e raramente farão essa autorização.

Se não há autorização expressa das partes para o julgamento por equidade, a decisão arbitral que o faça fica sujeita à anulação por meio de ação própria pelo procedimento comum ou por meio de embargos do devedor, se houver execução judicial (art. 33, § 1º).

16.7 DOS ÁRBITROS

É da essência do compromisso que as partes se louvem em um ou mais árbitros. Conforme o art. 13, *caput*, "*pode ser árbitro qualquer pessoa capaz e que tenha a confiança das partes*". Segundo esse dispositivo, poderão nomear um ou mais árbitros, *sempre em número ímpar*, podendo nomear os respectivos suplentes. Lembre-se de que se o árbitro se recusar à tarefa, inexistindo substituto indicado, o compromisso extinguir-se-á (art. 12, I).

Se as partes nomearem árbitros em número par, a lei autoriza que desde logo os próprios julgadores indiquem mais um árbitro. Se não houver acordo a esse respeito, as partes requererão ao órgão do Poder Judiciário a que tocaria, originalmente, o julgamento da causa, a nomeação do árbitro, aplicando-se, no que couber, o mesmo procedimento de execução da cláusula compromissória (art. 13, § 2º).

Leve em consideração que, em sede de compromisso arbitral, a proeminência é da vontade dos interessados. Podem as partes estabelecer o processo de escolha dos árbitros, inclusive atribuindo a uma entidade especializada a possibilidade de fazê-lo. Refere a Lei nº 9.307/96 que podem "*adotar as regras de um órgão arbitral institucional ou entidade especializada*" (art. 13, § 3º). Desse modo, podem os compromitentes admitir o julgamento de uma entidade especialmente estruturada para atuar como câmara ou juízo arbitral. Podem, pois, as partes submeter a escolha dos árbitros a essa entidade à qual confiaram o julgamento.

Quando forem nomeados vários árbitros, estes, por maioria, elegerão o presidente do tribunal arbitral. As partes podem estabelecer outras formas de escolha dos membros do tribunal. O árbitro ou o presidente poderá designar um secretário, cuja escolha pode recair sobre um dos próprios julgadores (§ 5º).

Os árbitros desempenham no compromisso a mesma função do juiz togado, ficando sujeitos a idênticas responsabilidades. Esse o sentido do art. 18: "*O árbitro é juiz de fato e de direito, e a sentença que proferir não fica sujeita a recurso ou a homologação pelo Poder Judiciário.*" Assim como o magistrado inserido no órgão estatal, "*no desempenho de sua função, o árbitro deverá proceder com imparcialidade, independência, competência, diligência e discrição*" (art. 13, § 6º).

Desse modo, não pode o árbitro divulgar sua opinião sobre o processo antes de proferida a decisão nem comentá-la com terceiros sob pena de comprometer sua atuação, tornando-a suspeita.

O custeio do juízo arbitral cabe às partes. Por isso, o árbitro ou o tribunal arbitral podem determinar que se adiantem despesas e valores necessários para diligências (art. 13, § 7º).

Como juízes da questão que lhe foi afeita, na forma do art. 14 da Lei nº 9.307/96, os árbitros submetem-se a idênticas restrições de impedimento e suspeição estabelecidos no CPC para os magistrados togados, com os respectivos deveres e responsabilidades (arts. 144 e 145). Dentro desses princípios, quem for indicado para funcionar como árbitro tem o dever de revelar, antes de aceitar a função, qualquer fato que denote dúvida justificada quanto a sua imparcialidade e independência (art. 14, § 1º). Nada impede, porém, que ambas as partes, cientes de eventual impedimento ou suspeição, admitam o árbitro. Para tal é necessário que os compromitentes sejam expressos a respeito da causa de impedimento e suspeição. É possível, por exemplo, que as partes escolham para árbitro amigo comum, que tenha conhecimento prévio da pendência. Acordando a esse respeito, desaparece o impedimento ou suspeição.

O § 2º do art. 14 complementa que o árbitro somente poderá ser recusado por motivo ocorrido após sua nomeação, podendo sê-lo por motivo anterior quando não for nomeado diretamente pela parte ou o motivo para sua recusa for conhecido posteriormente a sua nomeação.

Desse modo, tão logo tenha conhecimento da suspeição ou impedimento, a parte deve opor a recusa, fazendo-o sob a forma de exceção, nos termos do art. 20.

A escusa, falecimento ou impossibilidade de o árbitro indicado aceitar o encargo fará com que assuma o substituto indicado no compromisso, se houver (art. 16). Se não houver substituto indicado para integrar o corpo de julgadores, poderão ser obedecidas as regras do órgão arbitral institucional ou entidade especializada, se assim for previsto na convenção. Indicada uma entidade para o julgamento, essa pessoa jurídica se encarregará de providenciar a formação do conselho de arbitragem, se o contrário não resultar da pactuação. Se nada dispuser a convenção e se as partes não lograrem acordo a respeito da substituição de árbitro, proceder-se-á conforme o procedimento do art. 7º (procedimento de instituição de arbitragem), a menos que as partes tenham declarado expressamente não aceitar substituto (art. 16, § 2º). Nesta última hipótese, extingue-se o compromisso arbitral (art. 12, I).

A Lei nº 9.307/96 equipara os árbitros, "*no exercício de suas funções ou em razão delas*", a funcionários públicos, para efeitos da legislação penal (art. 17). Desse modo, além de sujeitarem-se à indenização por perdas e danos se agirem com culpa nos termos do art. 159 do Código Civil, são passíveis de responsabilização penal por delitos próprios de funcionário.

16.8 DO PROCEDIMENTO ARBITRAL

Da cláusula compromissória as partes decolam para a redação do compromisso. Esse compromisso converte-se verdadeiramente em arbitragem quando aceita a nomeação pelo árbitro (art. 19): "*Considera-se instituída a arbitragem quando aceita a nomeação pelo árbitro, se for único, ou por todos, se forem vários.*"

Os árbitros, ao examinarem a questão, podem entender que há aspectos que devem ser aclarados. Pode, por exemplo, não estar muito clara a extensão da arbitragem ou a descrição do litígio. Nessa hipótese, prevê a lei que por iniciativa do tribunal arbitral seja elaborado um adendo à convenção, se houver necessidade de algum esclarecimento (art. 19, § 1º).

A suspeição ou o impedimento dos árbitros, bem como a nulidade, a invalidade ou a ineficácia da convenção, deverão ser alegados pela parte na primeira oportunidade que tiver para se manifestar após a instituição da arbitragem (art. 20). Acolhida a suspeição ou o impedimento, será o árbitro substituído na forma do art. 16 examinado supra. Se for reconhecida a incompetência do árbitro ou tribunal arbitral, bem como a nulidade, invalidade ou ineficácia da convenção de arbitragem, serão as partes remetidas ao órgão do Poder Judiciário competente para julgar a causa (art. 20, § 1º). No juízo competente, o magistrado decidirá sobre os aspectos formais respectivos do juízo arbitral. O rito será o do procedimento comum, por extensão do que consta no art. 33 da Lei nº 9.307/96. Julgada insubsistente a decisão do árbitro ou juízo arbitral, voltarão os autos aos árbitros, que procederão à arbitragem. Decretada por sentença a incompetência ou invalidade, extingue-se o juízo arbitral. Pode ocorrer que a nulidade inquine apenas parcialmente a atividade arbitral, hipótese na qual esta prosseguirá nos limites definidos pela sentença judicial.

Se os árbitros não acolherem a arguição sobre incompetência, nulidade, invalidade ou ineficácia, terá prosseguimento a arbitragem, sem prejuízo de a questão ser examinada pelo Poder Judiciário (art. 20, § 2º). O procedimento será o comum, conforme o art. 33 da Lei nº 9.307/96.

Quanto ao procedimento da arbitragem, cabe às partes discipliná-lo (art. 21). Segundo o dispositivo, os compromitentes podem adotar as regras estabelecidas por órgão arbitral ou entidade especializada, facultando-se, ainda, ao próprio árbitro, ou ao tribunal arbitral, regular o procedimento. A tendência será escolherem as partes uma entidade arbitral especializada, a qual já terá estruturadas as regras básicas procedimentais. Qualquer que seja a situação, ainda que o procedimento seja estabelecido pelo próprio árbitro ou tribunal arbitral (art. 21, § 1º) (a exemplo do que estabeleciam os pretores romanos), *"serão sempre respeitados no procedimento arbitral os princípios do contraditório, da igualdade das partes, da imparcialidade do árbitro e de seu livre convencimento"* (art. 21, § 2º). A condução atrabiliária do procedimento e o cerceamento de defesa transgredindo esses princípios darão margem à anulação pelo judiciário da sentença arbitral (art. 32, VIII).

É facultativa a participação de advogado na arbitragem, cabendo às partes sempre a possibilidade de designar representante (art. 21, § 3º). Se, por um lado, pode a parte fazer-se representar por advogado ou leigo, não pode o compromisso proibir a representação por meio de advogado, pois é direito fundamental a possibilidade de constituição de advogado qualquer que seja a esfera de direito em discussão.

A exemplo do processo comum, competirá ao árbitro ou ao tribunal, no início do procedimento, tentar a conciliação das partes. Embora a lei não o diga, conveniente que se designe audiência para tal ou que essa tentativa ocorra na primeira audiência. A ausência de tentativa de conciliação por si só não inquina a decisão final.

Os árbitros, como julgadores de fato e de direito, conduzirão a instrução a exemplo dos magistrados togados. Mediante requerimento das partes ou de ofício podem tomar o depoimento das partes, ouvir testemunhas e determinar a realização de perícias ou outras provas que julgarem necessárias (art. 22).

> *"O depoimento das partes e das testemunhas será tomado em local, dia e hora previamente comunicados, por escrito, e reduzido a termo, assinado pelo depoente, ou a seu rogo, e pelos árbitros"* (art. 22, § 1º).

Nada impede que, acordando a respeito os compromitentes, possam os depoimentos ser admitidos por escrito, mediante questionário previamente remetido às partes e testemunhas. Ideal, porém, que como no processo judicial, exista concentração da prova e oralidade. Os depoimentos podem ser tomados por estenotipia, com a devida transcrição, bem como com utilização da informática. Nada obsta que com meios eletrônicos a audiência e a coleta de provas sejam realizadas a distância, com enorme economia de tempo e despesas para os interessados, geralmente domiciliados em países diferentes, com utilização de imagens televisivas simultâneas, com uso de redes informatizadas *online* e tudo aquilo que o futuro próximo nos reserva nesse campo. A arbitragem com esses novos meios tecnológicos pode servir de laboratório e desbravar novo campo e dar impulso para sua utilização pela Justiça comum. Toda inovação tecnológica será possível desde que concordem as partes e respeitados os princípios fundamentais do processo.

A ausência da parte para prestar depoimento pessoal, sem justa causa, será levada na devida consideração pelo árbitro. Não podemos falar em pena de confissão na arbitragem, mas a simples recusa em depor poderá ser forte elemento de convicção para o julgador contra os interesses do faltoso. A ausência injustificada da testemunha abrirá ensejo ao árbitro ou tribunal arbitral para que requeira à autoridade judiciária a condução coercitiva da testemunha renitente (art. 22, § 2º).

O § 3º do artigo é expresso ao estatuir que a *"revelia da parte não impedirá que seja proferida a sentença arbitral"*. A revelia caracteriza-se pela ausência de contestação. Consubstancia-se quando o demandado deixa transcorrer em branco o respectivo prazo; quando contesta intempestivamente e quando não impugna especificamente os fatos narrados pelo autor na petição inicial. Neste último aspecto, a revelia pode ser parcial. Na arbitragem, a revelia não só não impede a sentença, como não se presumem verdadeiros os fatos não contestados (art. 344 do CPC). Trata-se de mais um aspecto que deverá ser levado em conta pelos árbitros, em desfavor do contumaz, que não ficará impedido de participar do procedimento, sendo intimado de todos os atos, inclusive produzindo provas.

Eventuais medidas cautelares poderão ser deferidas pelos árbitros, concedidas ou modificadas se anteriormente à arbitragem versadas no Poder Judiciário (art. 22-B).

Em caso de substituição de árbitro, ficará a critério do substituto repetir as provas já produzidas (art. 22, § 5º).

16.9 DA SENTENÇA ARBITRAL

A sentença arbitral encerra a atividade dos árbitros e põe termo ao compromisso (art. 29). A fase executória judicial ou extrajudicial não mais pertence à arbitragem propriamente dita.

É obrigação dos árbitros proferir a sentença no prazo estipulado pelas partes. Se não houver prazo, este será de seis meses a partir da instituição da arbitragem ou da substituição do árbitro. As partes e os árbitros poderão de comum acordo prorrogar o prazo fixado (art. 23). Caso fortuito ou força maior devidamente comprovados podem justificar eventual retardamento dos árbitros na apresentação da sentença. Conforme visto, tendo expirado o prazo e notificado o árbitro pela parte para apresentar a sentença em 10 dias, extingue-se o compromisso (art. 12, III).

A sentença será necessariamente escrita (art. 24). Podem as partes estipular que seja redigida em língua estrangeira, mas a executoriedade em nosso país exigirá tradução juramentada. Havendo vários árbitros, a decisão será tomada por maioria. Se não for obtida maioria, prevalecerá o voto do presidente do tribunal arbitral (art. 24, § 1º). O voto divergente pode ser declarado em separado (§ 2º).

Se no curso da arbitragem o julgamento se deparar com questão que diga respeito a direito indisponível, como matéria prejudicial para a controvérsia, o juízo arbitral remeterá as partes à autoridade competente do Poder Judiciário, suspendendo o procedimento arbitral. Pode ocorrer que a questão dependa, por exemplo, do reconhecimento de paternidade de uma das partes envolvidas. Resolvida essa questão pela sentença judicial, juntar-se-á aos autos com prova do trânsito em julgado, tomando a arbitragem seu curso normal.

O art. 26 da Lei nº 9.307/96 enumera os requisitos obrigatórios da sentença arbitral:

> *"I – o relatório, que conterá os nomes das partes e um resumo do litígio;*
>
> *II – os fundamentos da decisão, onde serão analisadas as questões de fato e de direito, mencionando-se, expressamente, se os árbitros julgaram por equidade;*
>
> *III – o dispositivo, em que os árbitros resolverão as questões que lhe foram submetidas e estabelecerão o prazo para o cumprimento da decisão, se for o caso; e*
>
> *IV – a data e o lugar em que foi proferida.*
>
> *Parágrafo único. A sentença arbitral será assinada pelo árbitro ou por todos os árbitros. Caberá ao presidente do tribunal arbitral, na hipótese de um ou alguns dos árbitros não poder ou não querer assinar a sentença, certificar tal fato."*

Os requisitos da sentença arbitral coincidem, em suma, com os da sentença judicial (art. 489 do CPC). Acresce-se que a decisão arbitral deve mencionar expressamente se foi utilizada a equidade para o julgamento, matéria que exige autorização das partes. A decisão pode ser concisa, mas deve necessariamente ser motivada, pois aí reside a garantia das partes. A decisão dos árbitros deverá obedecer aos mesmos requisitos tanto se julgar o mérito como o descabimento do juízo arbitral. A sentença acolherá ou rejeitará os pedidos das partes, na forma do estatuto processual.

O nome das partes é essencial para identificar os agentes atingidos pela decisão. A data e o lugar são essenciais, pois o requisito temporal poderá influir em eventual nulidade, com reflexos igualmente decorrentes do local onde foi proferida.

Proferida a sentença e consequentemente finda a arbitragem, o árbitro ou o presidente do tribunal arbitral remeterá cópia da decisão às partes, por via postal ou por outro meio qualquer de comunicação, mediante comprovação de recebimento, ou ainda, entregando-a diretamente às partes, mediante recibo (art. 29). Não importa o meio pelo qual se faça chegar a decisão ao interessado; basta que seja comprovadamente efetuado. A comprovação desse recebimento é importante porque estabelece o termo inicial para o pedido de correção ou esclarecimento (equivalente aos embargos de declaração) (art. 30) e para a propositura da ação de nulidade (art. 33, § 1º).

Dispõe o art. 30 da Lei nº 9.307/96:

> *"No prazo de 5 (cinco) dias, a contar do recebimento da notificação ou da ciência pessoal da sentença arbitral, salvo se outro prazo for acordado entre as partes, a parte interessada, mediante comunicação à outra parte, poderá solicitar ao árbitro ou ao tribunal arbitral que: I – corrija qualquer erro material da sentença arbitral; II – esclareça alguma obscuridade, dúvida ou contradição da sentença arbitral, ou se pronuncie sobre ponto omitido a respeito do qual devia manifestar-se a decisão. Parágrafo único. O árbitro ou o tribunal arbitral decidirá no prazo de 10 (dez) dias ou em prazo acordado com as partes, aditará a sentença arbitral e notificará as partes na forma do art. 29."*

Cuida-se do equivalente aos embargos de declaração do processo judicial (arts. 1.022 ss do CPC). No *pedido de aditamento* em tela, a lei exige a ciência da interposição da parte contrária, possibilitando, sem dúvida, que também se manifeste sobre a pretensão, ao contrário do que sucede nos embargos.

A finalidade do aditamento, assim como dos embargos de declaração, é restrita às hipóteses definidas em lei. Lembre-se de que na esfera judicial houve um desmedido alargamento no âmbito desse recurso. De qualquer modo, em princípio não podemos admitir o aditamento se o pedido tiver mero caráter infringente, objetivando nova decisão sobre a matéria já decidida. Não pode o aditamento objetivar insurgência sobre a justiça ou injustiça da decisão consubstanciando verdadeiro recurso, mas unicamente os limites de correção e esclarecimento descritos na lei. No entanto, se, por exemplo, o erro apontado na sentença referir-se a premissa fundamental que altere o rumo da decisão, é inevitável que o pedido e o aditamento poderão ter caráter infringente ou modificativo. Da mesma forma, estabeleceu-se ultimamente o mau vezo de ajuizar embargos declaratórios sob a forma de questionário ou consulta formulada ao juiz. Evidente que esse procedimento não serve para esse propósito, pois, além de deselegante, refoge totalmente à finalidade da medida.

O art. 31 introduz a inovação fundamental da Lei nº 9.307/96:

> *"A sentença arbitral produz, entre as partes e seus sucessores, os mesmos efeitos da sentença proferida pelos órgãos do Poder Judiciário e, sendo condenatória, constitui título executivo."*

Como anotado, a sentença arbitral constitui título executivo judicial (art. 515, VII), prescindindo de homologação. Desse modo, a sentença arbitral faz coisa julgada entre as partes. Nesse sentido, aproxima-se da transação (art. 1.030 do Código Civil de 1916).

Essa decisão arbitral, afora o pedido de aditamento, não permite outro recurso. Nada impede, no entanto, que as partes estabeleçam a possibilidade de recorrer para outro órgão arbitral, mormente na contingência de se submeterem ao ordenamento de entidade, câmara arbitral ou organismo internacional, que preveja recurso para outro órgão arbitral. Em matéria de compromisso, prepondera a vontade contratual. A tramitação do recurso será determinada pela regra estabelecida. Contudo, se não houver faculdade expressa a esse respeito, a sentença arbitral, tal como descrita, será definitiva.

Note que as partes podem convencionar que apenas parte do litígio seja submetido à arbitragem, não podendo os árbitros decidir além do que foi pactuado.

16.9.1 Nulidade da Sentença Arbitral

Duas são as formas para pleitear judicialmente a nulidade, invalidade ou ineficácia da sentença arbitral: por meio da ação própria de nulidade e dos embargos do devedor, conforme o art. 914 ss do CPC. É evidente que os embargos somente podem ser opostos se houver execução, e dentro do âmbito da matéria que pode ser versada nesses embargos, conforme o estatuto processual. Caso contrário, deve a parte interessada propor a ação para decretação de nulidade da sentença arbitral, no prazo estabelecido de 90 dias, a qual seguirá o procedimento comum do CPC (art. 33 da Lei nº 9.307/96).

Leve em conta que, sendo a sentença arbitral um negócio jurídico, em princípio todos os vícios que o afetam podem inquiná-la. No entanto, tendo em vista a natureza e finalidade do juízo arbitral e seu cunho eminentemente procedimental substitutivo da sentença judicial, a lei fixa prazo decadencial de 90 dias para sua propositura (art. 33, § 1º):

> *"A demanda para a declaração de nulidade da sentença arbitral, parcial ou final, seguirá as regras do procedimento comum, previstas na Lei no 5.869, de 11 de janeiro de 1973 (Código de Processo Civil), e deverá ser proposta no prazo de até 90 (noventa) dias após o recebimento da notificação da respectiva sentença, parcial ou final, ou da decisão do pedido de esclarecimentos."*

Destarte, não temos de chamar à baila os prazos prescricionais estabelecidos no Código Civil, nem se levar em conta o prazo para a ação rescisória. Pela redação legal, contudo, verificamos que o pedido de aditamento suspende a contagem do prazo.

O art. 32 da Lei nº 9.307/96 elenca as hipóteses de nulidade da sentença arbitral:

> *"I – for nula a convenção de arbitragem;*
>
> *II – emanou de quem não podia ser árbitro;*
>
> *III – não contiver os requisitos do art. 26 desta Lei;*
>
> *IV – for proferida fora dos limites da convenção de arbitragem;*
>
> *V – Revogado.*
>
> *VI – comprovado que foi proferida por prevaricação, concussão ou corrupção passiva;*
>
> *VII – proferida fora do prazo, respeitado o disposto no art. 12, inciso III, desta Lei; e*
>
> *VIII – forem desrespeitados os princípios de que trata o art. 21, § 2º, desta Lei."*

A nulidade deverá ser pleiteada em ação judicial conforme exposto. Essa nulidade também pode ser arguida por meio de embargos do devedor, se proposta a execução, conforme o art. 914 ss. do CPC (art. 33, § 3º da Lei nº 9.307/96). Nesse caso, a alegação de nulidade não fica sujeita ao prazo de 90 dias para a ação de rito ordinário, mas à iniciativa da parte vencedora em promover a execução, cujo prazo é o mais extenso estabelecido para as ações pessoais (20 anos, art. 177 do Código Civil de 1916; reduzido para dez anos no atual Código).

Nos casos dos incisos I, II, VI, VII e VIII do art. 32, acolhida a pretensão, a sentença decretará a nulidade da decisão arbitral (art. 33, § 2º, I). Nas demais hipóteses, ao julgar procedente o pedido, a sentença determinará que o árbitro ou juízo arbitral profira novo laudo (art. 33, § 2º, II). Em qualquer situação, o juiz apenas examinará a validade do laudo, não podendo ingressar no mérito da decisão arbitral. Como percebemos, quando existem apenas vícios sanáveis no laudo arbitral, a sentença cassará a decisão e determinará que outra seja proferida. Assim, se a decisão não açambarcou todo o litígio proposto na arbitragem ou extrapolou seus limites, a hipótese será de nova decisão arbitral. Nada impede que o juiz entenda que a sentença arbitral é apenas parcialmente nula; o pedido será, pois, parcialmente procedente, subsistindo naquilo que for aproveitável. A cautela do juiz deve ser no sentido de não decidir sobre o que não foi objeto de contratação pelas partes.

Conforme o citado dispositivo, reconhecido pela sentença a nulidade do compromisso (I), a incapacidade ou impossibilidade de atuação do árbitro (II), sua prevaricação, concussão ou corrupção passiva (VI), a decisão fora de prazo (VII) e o desrespeito aos princípios do contraditório, igualdade das partes, imparcialidade do árbitro e seu livre convencimento (VIII), a decisão arbitral estará irremediavelmente perdida com o decreto de nulidade. Nas demais hipóteses do art. 32, quais sejam, se a decisão não contiver os requisitos obrigatórios do art. 26 (III); se foi proferida fora dos limites da convenção de arbitragem (IV) e se não decidiu todo o litígio a ela submetido (V), a sentença determinará que novo laudo arbitral seja proferido.

Há evidente paralelismo entre a ação de nulidade da decisão arbitral e a ação rescisória. Contudo, é muito mais amplo o âmbito de nulidade da decisão arbitral, pois seu conteúdo, em síntese, resulta de convenção entre as partes, que lhe serve de base. A decisão arbitral é analisada, como enfatizado, sob o prisma do negócio jurídico.

Sob esse diapasão, ao estabelecer a Lei nº 9.307/96 no art. 32, I, a hipótese de nulidade do compromisso, devem ser reportados os princípios de nulidade em geral dos atos jurídicos fundamentados no art. 104 do Código Civil (*"agente capaz, objeto lícito e forma prescrita ou não defesa em lei"*). A nulidade da sentença arbitral não se confunde com a nulidade ou anulabilidade do compromisso ou cláusula compromissória, sujeitos aos defeitos que afetam os negócios em geral. Estes últimos seguem as regras ordinárias aplicáveis aos contratos ou negócios jurídicos bilaterais. Desse modo, em princípio, pode ser nulo ou anulável o compromisso arbitral e nesse caso os prazos prescricionais ou decadenciais são os gerais e não o especificado na lei em questão utilizável para anular exclusivamente o laudo arbitral. Assim, declarada a nulidade do compromisso, evidentemente cairá por terra a arbitragem que se lhe seguiu. Suponhamos, por exemplo, a hipótese de o compromisso ter vertido matéria que constitua objeto ilícito. Ainda que proferida a decisão arbitral, o vício intrínseco do negócio de conteúdo material que deu margem à arbitragem não desaparece e não se altera.

Não esqueça, ademais, que os próprios árbitros devem examinar a validade do compromisso e a matéria de nulidade pode e deve ser versada pelas partes. No entanto, como os atos nulos não se ratificam, não devemos entender vedada a pretensão anulatória contra o compromisso porque existente a sentença arbitral.

16.10 SENTENÇAS ARBITRAIS ESTRANGEIRAS

Como acentuado, o mais vasto campo de atuação da arbitragem ora tratado é o dos contratos privados internacionais. Desse modo, o juízo arbitral pode ter sido convencionado para atuar dentro ou fora do território nacional. Sob tal prisma, especifica o art. 34:

> *"A sentença arbitral estrangeira será reconhecida ou executada no Brasil de conformidade com os tratados internacionais com eficácia no ordenamento interno e, na sua ausência, estritamente de acordo com os termos desta Lei. Parágrafo único. Considera-se sentença arbitral estrangeira a que tenha sido proferida fora do território nacional."*

Para tal, a sentença arbitral sujeitava-se unicamente à homologação do Superior Tribunal de Justiça (art. 35), aplicando-se, no que coubesse, o disposto nos arts. 960 ss. do CPC (art. 36). A reforma constitucional do Judiciário atribuiu ao Superior Tribunal de Justiça esse procedimento. A sentença estrangeira obtém eficácia no Brasil mediante a homologação (art. 961 do CPC). Segundo o art. 965 do CPC de 2015:

> *"o cumprimento de decisão estrangeira far-se-á perante o juízo federal competente, a requerimento da parte, conforme as normas estabelecidas para o cumprimento de decisão nacional".*

Desse modo, podem ser opostos embargos à execução nos termos de nossa lei.

São vários os tratados e convenções firmados por nosso país atinentes à matéria. Lembre-se do Decreto Legislativo nº 90/95, que aprovou o texto da Convenção Interamericana sobre Arbitragem Comercial Internacional, de 30-1-1975, da cidade do Panamá; do Decreto Legislativo nº 93/95, que aprovou o texto da Convenção Interamericana sobre Eficácia Extraterritorial das Sentenças e Laudos Arbitrais Estrangeiros, concluído em Montevidéu, em 8-5-1979, e do Decreto nº 1.476/95, que promulgou o Tratado Relativo à Cooperação Judiciária e ao reconhecimento e execução de Sentenças em Matéria Civil, entre a Itália e o Brasil, de 17-10-1989. Certamente, outros tratados, acordos e convenções internacionais se seguirão decorrentes da intenção do legislador em fomentar a arbitragem e em decorrência da globalização dos problemas jurídicos e econômicos, como a adesão de nosso país à chamada Convenção de New York, mais recentemente.

O interessado requererá a homologação, em escrito, que obedeça aos requisitos para a petição inicial (art. 37). Este artigo da Lei de Arbitragem enumera quais os documentos que devem instruir necessariamente essa petição:

> *"I – o original da sentença arbitral ou uma cópia devidamente certificada, autenticada pelo consulado brasileiro e acompanhada de tradução oficial;*
>
> *II – o original da convenção de arbitragem ou cópia devidamente certificada acompanhada de tradução oficial."*

Outros documentos úteis para a homologação, a critério da parte, podem ser anexados. O procedimento da homologação era o previsto no Regimento Interno do Supremo Tribunal Federal (arts. 218-224). A homologação de sentença estrangeira era atividade privativa do Supremo Tribunal Federal, como expressão da soberania do Estado brasileiro nas relações de direito internacional, segundo a Constituição Federal (art. 102, I, *h*). A reforma constitucional do Judiciário, como se disse, atribuiu a homologação de sentenças estrangeiras ao Superior Tribunal de Justiça, devendo ser obedecido seu próprio regulamento.

O art. 38 da Lei nº 9.307/96 descreve as hipóteses nas quais a homologação poderá ser negada. É expresso o dispositivo:

> *"Somente poderá ser negada a homologação para o reconhecimento ou execução de sentença arbitral estrangeira, quando o réu demonstrar que:*
>
> *I – as partes na convenção de arbitragem eram incapazes;*
>
> *II – a convenção de arbitragem não era válida segundo a lei à qual as partes a submeteram, ou, na falta de indicação, em virtude da lei do país onde a sentença arbitral foi proferida;*
>
> *III – não foi notificado da designação do árbitro ou do procedimento de arbitragem, ou tenha sido violado o princípio do contraditório, impossibilitando a ampla defesa;*
>
> *IV – a sentença arbitral foi proferida fora dos limites da convenção de arbitragem, e não foi possível separar a parte excedente daquela submetida à arbitragem;*
>
> *V – a instituição da arbitragem não está de acordo com o compromisso arbitral ou cláusula compromissória;*
>
> *VI – a sentença arbitral não se tenha, ainda, tornado obrigatória para as partes, tenha sido anulada, ou, ainda, tenha sido suspensa por órgão judicial do país onde a sentença arbitral for prolatada."*

Ainda que homologada, não tendo sido a matéria especificamente controvertida e decidida pelo Superior Tribunal de Justiça, em sede de embargos o interessado pode discutir a nulidade do laudo arbitral estrangeiro no que for aplicável segundo o elenco do art. 32. A matéria, contudo, não deve ter sido objeto de decisão judicial pelo Estado estrangeiro, cuja decisão também deve ser homologada em nosso país.

Também será denegada a homologação do laudo, se o Tribunal Superior constatar que, segundo a lei brasileira, o objeto do litígio não é suscetível de ser resolvido por arbitragem e se a decisão ofender a ordem pública nacional (art. 39). O art. 216 do regimento do Supremo Tribunal Federal determinava indeferir a homologação, além do conflito quanto à ordem pública, também quanto à soberania nacional e os bons costumes, o que também continuará a ser aplicável à arbitragem, embora será difícil ocorrer estas questões no campo arbitral. O parágrafo único do art. 39 teve o cuidado de ressalvar a possibilidade de citação de parte residente ou domiciliada em nosso país, aos moldes da convenção de arbitragem ou da lei processual do país de realização da arbitragem, admitindo-se inclusive a citação postal com prova inequívoca de recebimento, desde que assegure à parte tempo hábil para o exercício do direito de defesa. Não fosse a ressalva, certamente muitas seriam as alegações de nulidade de citação. Tal como posto na lei, a citação internacional na arbitragem pode ser realizada sem maiores formalidades, desde que se comprove o efetivo recebimento e prazo razoável ou hábil para a defesa.

O indeferimento da homologação por vícios formais não obsta à parte que renove o pedido, uma vez sanados os defeitos apontados (art. 40). Note que o processo homologatório não pode adentrar o mérito, discutir a justiça ou injustiça, o acerto ou desacerto da decisão.

16.11 EXTINÇÃO DO COMPROMISSO

Extingue-se a convenção arbitral ordinariamente quando o juízo profere a sentença.

O compromisso pode ser extinto por vontade das partes, pelo distrato, pois foi essa mesma vontade que o criou. Tratando-se de negócio bilateral, não pode ocorrer resilição unilateral. A qualquer momento, podem as partes desfazer o compromisso, mesmo que já proferida a sentença arbitral. Havendo vontade manifesta das partes, não há como obrigá-las a aceitar a decisão arbitral. O mesmo podemos dizer a respeito da sentença judicial: nada obsta que as partes transijam, ainda que já transitada em julgado a sentença.

O art. 12 da Lei nº 9.307/96 disciplina três situações de extinção do compromisso arbitral:

> *"I – escusando-se qualquer dos árbitros, antes de aceitar a nomeação, desde que as partes tenham declarado, expressamente, não aceitar substituto;*
>
> *II – falecendo ou ficando impossibilitado de dar seu voto algum dos árbitros, desde que as partes declarem, expressamente, não aceitar substituto; e*
>
> *III – tendo expirado o prazo a que se refere o art. 11, inciso III, desde que a parte interessada tenha notificado o árbitro, ou o presidente do tribunal arbitral, concedendo-lhe o prazo de dez dias para a prolação e apresentação da sentença arbitral."*

Como vemos, a renitência das partes em aceitar substitutos dos árbitros pode pôr a perder o sentido da arbitragem.

17

INTRODUÇÃO AO DIREITO ESPECIAL DOS CONTRATOS

17.1 DIREITO ESPECIAL DOS CONTRATOS OU CONTRATOS EM ESPÉCIE

Já assentamos que o Código Civil simplifica e facilita o estudo dos contratos e dos negócios jurídicos. A teoria geral dos negócios jurídicos, de forma ampla, regrada fundamentalmente por esse compartimento do Código, norteia todo o estudo e compreensão dos contratos. A teoria geral dos contratos apenas possui o condão de particularizar as regras jurídicas dirigidas a esses institutos, como modalidade de negócio jurídico. A propósito, leve em conta agora tudo o que se explanou nos capítulos acerca da posição atual do contrato no universo jurídico.

Ao encetarmos o estudo das várias modalidades de contratos em particular, outra questão antepõe-se: existe um direito especial dos contratos, ou somente vários contratos regidos por idênticas regras fundamentais? A problemática relaciona-se precipuamente com o título da obra ora proposto.

A expansão do fenômeno contratual não é somente de ordem quantitativa. Nessas últimas décadas, os contratos diversificam-se e especializam-se em multifacetárias modalidades. Essa é a tendência deste século. No universo contemporâneo, já não podemos qualificar um tipo genérico de compra e venda, mas inúmeras modalidades de venda que obedecem a regimes diversos, embora o negócio jurídico receba o mesmo rótulo. Idêntica afirmação fazemos, por exemplo, quanto à locação, que encontra no inquilinato, na locação imobiliária, princípios próprios, muitas vezes antagônicos e distantes dos postulados clássicos da locação de coisas. Desse modo, tanto o contrato de compra e venda, como o contrato de locação de coisas descritos pelo Código Civil apresentam princípios básicos que nem sempre coincidem com as várias espécies atuais de compra e venda ou locação, não somente porque as partes regulam os negócios de forma diversa, mas principalmente porque em muitas oportunidades o contrato é dirigido pelo legislador, que impõe normas cogentes, como ocorre na locação imobiliária. Nesse sentido, podemos perguntar: que há de comum entre os princípios que regem o contrato de locação de um imóvel residencial e o contrato de locação de uma máquina agrícola? Apenas o conceito fundamental de locação, em singela resposta, pois os negócios se apresentam com princípios apartados, com parentesco distante.

Essa magnitude do fenômeno contratual se enfatiza quanto mais acentuada for a necessidade social de contratar. Até mesmo os poderes públicos preferem engajar-se em uma política contratual de inspiração privada a impor condutas por meio da lei.

A heterogeneidade do universo contratual salienta a importância mais uma vez decantada da teoria geral dos negócios jurídicos, em primeiro plano, e da teoria geral dos contratos, em segundo, ambos, no entanto, com crucial importância para o deslinde dos fenômenos dos vários contratos e negócios jurídicos. No exame de cada contrato em particular, não havendo regra específica, o intérprete deve recorrer à teoria geral.

Como descrito, a própria terminologia desse estudo é dificultada pela amplitude do fenômeno. Podemos falar em contratos especiais ou em contratos em espécie ou talvez em principais contratos com mais propriedade, porque, por mais abrangente que seja um estudo, obra alguma logrará esgotar suas modalidades. Lembre-se, a propósito, do que foi explanado aqui na *teoria geral dos contratos* acerca dos contratos nominados e inominados, típicos e atípicos. O fato de um contrato ser regulado pelo Código Civil, ou por outra lei, como é intuitivo, não significa que seja na atualidade quantitativamente importante. A dinâmica contratual por vezes coloca na berlinda social modalidade atípica de contrato, obedecendo à premência social.

O legislador intervirá com a regulamentação, nominando ou tipificando o contrato, se entender necessário.

Caminha-se nesta obra, portanto, por um direito especial dos contratos, isto é, sobre disposições próprias a cada categoria contratual ou contrato em particular a ser examinado, independentemente e sem prejuízo da aplicação das regras gerais referidas. Nesse sentido, compreende-se a expressão *direito especial dos contratos*, ou *contratos em espécie*.

Não se olvide, porém, que as regras especiais sobre cada contrato apresentam verdade inegável: por serem particulares e dirigidas a contratação específica, muitas dessas normas são efêmeras, pois baloiçam sob os ventos das mudanças sociais. Quantas já foram, por exemplo, as leis do inquilinato a alterar a relação locatícia imobiliária em nosso país? Que dizer também dos contratos bancários cujos princípios são constantemente alterados pelos planos e necessidades econômicas? Essa dificuldade é particularmente desafiadora para o jurista que, por formação, necessita de princípios estáveis. No entanto, o desafio da especialização é desafio deste período, era de rápidas e radicais mudanças em todos os ramos do conhecimento. Aos juristas é dada a tarefa de acompanhar essa especialização, que nada mais é do que a busca da vocação histórica da ciência jurídica.

17.2 EVOLUÇÃO DA TÉCNICA CONTRATUAL

As estruturas contratuais, como percebemos, estão em constante mutação. Os contratos mais utilizados vão paulatinamente tornando-se refinados. Alguns resultam de uma organização social e econômica mais elaborada, como os contratos de franquia, de distribuição, arrendamento mercantil, incorporação imobiliária, cartão de crédito etc. Há um grupo que pertence a categorias elementares do negócio jurídico facilmente identificáveis, como compra e venda, doação, mandato, aqueles que a criatividade romana já reconhecera. Outros pertencem a relações jurídicas mais complexas e são difíceis de ser enquadrados numa ou noutra categoria.

A coexistência de novas manifestações contratuais com os chamados contratos clássicos nem sempre é pacífica e estreme de dúvidas. Importa em cada caso examinar a evolução do negócio contratual no curso da história, a fim de obter sua devida classificação e, consequentemente, sua natureza jurídica, crucial para a definição dos respectivos efeitos. Partindo de errada premissa na classificação de fenômeno contratual, chegamos à conclusão errônea de seus efeitos, com patente prejuízo para as partes contratantes e para o corpo social atingido pelo negócio.

O antigo Direito Romano conhecia determinados contratos, mas não elaborou uma teoria geral. Como examinamos na seção 13.2 deste volume, eram quatro as categorias conhecidas: contratos reais, verbais, literais e consensuais. Muito tardou a evolução romana para reconhecer os contratos conhecidos como inominados, admitindo-se a partir de então a obrigatoriedade de todo pacto de vontades. No entanto, persistiam os simples pactos desprovidos de ação, que não possuíam reconhecimento jurídico. O Direito Romano apenas concedia ação; portanto, proteção e reconhecimento jurídico, sob situações previamente determinadas. Sem a respectiva ação para a relação jurídica, não existia, portanto, proteção do ordenamento.

A necessidade de maior intercâmbio mercantil levou a situação a modificar-se, com simplificação das formas contratuais. A vontade contratual passa a ser obrigatória, não importando a forma. Essa concepção ingressa nos códigos modernos, com a dimensão universal que deu o Código napoleônico.

Durante muito tempo, até meados do século XX, a doutrina contratual fundou-se na teoria geral das obrigações, sem maior preocupação com uma teoria geral contratual. Hoje, podemos dizer que a situação se inverteu, fenômeno facilmente perceptível na atividade dos tribunais. A teoria geral das obrigações é residual, chamada à intervenção no fenômeno vertente apenas na omissão da teoria especial do contrato em exame e da teoria geral dos contratos. Muitas situações poderiam ser citadas. Assim, por exemplo, o contrato de alienação fiduciária em garantia é deslindado primordialmente pelos princípios estampados na lei específica. Os princípios gerais gravitadores em torno desse negócio, referentes à compra e venda, mútuo, depósito, apenas excepcionalmente são chamados à berlinda. O mesmo se diga a respeito do contrato de trabalho, entre nós desgarrado de há muito da teoria geral, dos contratos bancários em geral, do compromisso de compra e venda etc. A informática, por seu turno, sofistica a relação negocial, criando novas modalidades com infindáveis meandros.

Outro fenômeno que não pode ser relegado é o fato de, com muita frequência, os contratos surgirem coligados em vasto complexo negocial, em grupo interligado de contratos, o que mais ainda desafia o intérprete. Imagine, por exemplo, quantos contratos são necessários para o lançamento no mercado de um novo produto ou serviço de alto consumo, como um refrigerante ou novo modelo de automóvel. Em razão disso, afirma-se que as transformações econômicas e sociais contemporâneas criaram um direito fracionado, no qual nem sempre os princípios fundamentais são facilmente identificáveis.

Dentro desse contexto e da contratação de massa por nós enfatizada na *teoria geral dos contratos*, a legislação protetiva do consumidor, com definição e compreensão deste bastante larga, enunciada pelo art. 2º do Código de Defesa do Consumidor (Lei nº 8.078/90), traz princípios ainda em ebulição e não totalmente assimilados pela doutrina e jurisprudência, fazendo-se presente permanentemente na atual relação contratual. Trata-se de consequência direta da complexidade crescente da sociedade, para a qual nem sempre os instrumentos clássicos são satisfatórios. O direito dos contratos também se apoia em tratados e convenções internacionais, a interferirem com frequência na contratação interna.

Por outro lado, a repetição de julgados dos tribunais do país reflete sua paisagem social. As questões ligadas ao compromisso de compra e venda, contrato de locação imobiliária, incorporação de imóveis, consórcios para aquisição de bens duráveis, alienação fiduciária em garantia para o financiamento desses bens, contratos bancários em geral, por exemplo, demonstram residir aí os principais problemas contratuais das últimas décadas entre nós. De outra face, as novas manifestações contratuais, como contratos de franquia, de faturização, de *know-how*, entre outros, estarão certamente a desafiar em breve as decisões jurisprudenciais.

A inteligência artificial e os meios informáticos nos levam a uma nova base contratual, que exigirá novos cuidados técnicos. O projeto em curso de reforma do Código Civil já nos traz vários princípios em torno dessa problemática.

18

COMPRA E VENDA

18.1 CONCEITO. EFEITOS OBRIGACIONAIS DO CONTRATO DE COMPRA E VENDA

Nos grupos primitivos, quando não era conhecido o valor fiduciário, ou seja, a moeda, a troca (permuta ou escambo) era o contrato mais importante. A partir da criação da moeda, a compra e venda passa a desempenhar o papel mais proeminente no campo contratual.

Em singela síntese, a compra e venda pode ser definida como a troca de uma coisa por dinheiro. Nesse contexto, cumpre fixar que inexiste na sociedade moderna contrato mais importante e mais utilizado. A compra e venda, bem como a locação e a doação, inserem-se no grupo dos contratos que objetivam a transferência de um bem de um contratante a outro. Sua importância não se prende unicamente à compra e venda propriamente dita, em todas as suas nuanças e modalidades, mas também ao fato de serem aplicados seus princípios na elaboração e interpretação de inúmeros outros contratos que lhe estão próximos e que com ela possuem semelhança em estrutura e efeitos. Portanto, por sua importância econômica, a compra e venda é o contrato mais importante e mais frequente. Em razão disso, trata-se do contrato mais minuciosamente regulado pela lei, tanto na hipótese de compra e venda pura e simples, como nas numerosas cláusulas e subespécies do contrato-padrão.

A primeira questão que se antepõe é básica para a compreensão do sistema jurídico adotado por nosso legislador, do qual decorrem consequências fundamentais. Como o objeto do contrato de compra e venda é a transferência de um bem do vendedor ao comprador, mediante pagamento em dinheiro, nosso sistema põe esse negócio jurídico exclusivamente no campo obrigacional. Ou, então, expondo esse aspecto de forma mais direta: pelo sistema brasileiro, o contrato de compra e venda por si só não transfere a propriedade. Desse modo, o vendedor obriga-se a transferir a coisa, enquanto o comprador, pagando o preço, possui direito e obrigação de recebê-la. Esse o sentido estabelecido por nossos Códigos:

> *"Art. 481. Pelo contrato de compra e venda, um dos contratantes se obriga a transferir o domínio de certa coisa, e o outro, a pagar-lhe certo preço em dinheiro".*[1]

---

[1] "Direito civil e processual civil. Apelação cível. Ação declaratória de propriedade de automóvel. I. Caso em exame: 1. Apelação cível interposta por contra sentença que julgou procedente ação declaratória de propriedade de au-

Não apenas nesse artigo nota-se a preferência de nosso ordenamento. O art. 620 do estatuto antigo assinalava que o domínio das coisas somente se transfere com a tradição, e não com os contratos. Isto no tocante aos bens móveis. A mesma ideia é mantida pelo art. 1.226 do Código em vigor: "*Os direitos reais sobre coisas móveis, quando constituídos, ou transmitidos por ato entre vivos, só se adquirem com a tradição.*" O art. 1.245 completa o sistema ao estatuir que "*transfere-se entre vivos a propriedade mediante o registro do título translativo no Registro de Imóveis*". O art. 860, parágrafo único, do Código de 1916 complementava que, "*enquanto se não transcrever o título de transmissão, o alienante continua a ser havido como dono do imóvel, e responde pelos seus encargos*". Nesse mesmo diapasão se coloca o art. 1.227 do Código Civil, a respeito dos direitos reais sobre bens imóveis, repetindo o disposto no art. 676 do antigo diploma legal.

---

tomóvel. II. Questão em discussão: 2. Possibilidade de reconhecimento da propriedade do automóvel em favor do Apelado. III. Razões de decidir: 3. Nos termos do art. 481 do Código Civil, o contrato de compra e venda é avença na qual um dos contratantes se obriga a transferir o domínio de certa coisa, e o outro obriga-se a pagar-lhe certo preço em dinheiro. 4. Na hipótese dos autos, o Autor comprovou a realização de contrato verbal de compra e venda do veículo objeto da lide, com transferência de soma de R$ 22.000,00 para a convivente do falecido, que confirmou a celebração do contrato e o recebimento do preço. 5. A tradição do veículo ao Autor foi comprovada, sendo suficiente para confirmar a existência do negócio jurídico, conforme jurisprudência pátria. 6. Os Réus não comprovaram fato impeditivo, modificativo ou extintivo do direito do Autor, limitando-se a alegações genéricas de ausência de provas. IV. Dispositivo e tese: 7. Sentença mantida – recurso não provido. Tese de Julgamento: 'A alienação de bem móvel se aperfeiçoa com a tradição, sendo esta suficiente para confirmar a existência do negócio jurídico' Legislação relevante citada: Código Civil, art. 481. Jurisprudência relevante citada: TJSP; Agravo de Instrumento 2062840-22.2017.8.26.0000; Rel. José Joaquim dos Santos; 2ª Câmara de Direito Privado; j. 11/09/2017" (*TJSP* – Ap 1004082-14.2023.8.26.0079, 8-7-2025, Rel. Corrêa Patiño).

"Apelação. Ação de anulação contratual com pedido de indenização por dano material. Contrato de compra e venda de veículo usado. Alegação de erro ao assinar contrato e vício oculto no veículo. Sentença de improcedência. Aplicação de multa por litigância de má-fé. Recurso manejado pela autora. Exame: Preliminar de cerceamento de defesa. Produção de prova oral que se mostrava desnecessária. Controversa que pôde ser esclarecida com as provas colacionadas aos autos. Juiz que tem o poder-dever de indeferir diligências inúteis ou protelatórias, *ex vi* do art. 370 do CPC. Mérito: autora que alega ter sido vítima de fraude, uma vez que o contrato não corresponderia aos termos pactuados verbalmente. Contrato de compra e venda que foi devidamente assinado pela autora e pela parte ré. Impossibilidade de romper o vínculo contratual por suposto vício de consentimento apenas diante da alegação da parte, sem provas. Respeito ao princípio da boa-fé da *pacta sunt servanda*. Dicção do **art. 481 do CC**. Autora que teve ciência do alegado vício oculto em 31/07/2019, mas que somente comprovou ter procurado o requerido em 05/11/2020, após o prazo legal constante do art. 26 do CDC. Recurso desprovido" (*TJSP* – Ap 1008800-80.2022.8.26.0114, 23-7-2024, Relª. Celina Dietrich Trigueiros).

"Agravo de instrumento. Arrematação. Bem móvel. Óbice da arrematante ao levantamento do preço depositado até a localização do bem. Viabilidade. Pedido realizado antes da expedição do auto de entrega. Veículo arrematado não localizado em razão do desaparecimento da empresa devedora. Requerimento do credor para intimação do devedor à apresentação do bem ou substituto. Pedido de desistência formulado pela arrematante. Pendência de apreciação de tais requerimentos pelo MM. Juízo *a quo*. Transferência do domínio do bem é requisito essencial ao aperfeiçoamento da **compra e venda** (CC, art. 481), ainda que feito em leilão judicial. Viabilidade da manutenção dos valores nos autos até solução das questões pendentes. Decisão reformada. Recurso provido" (*TJSP* – AI 2069579-35.2022.8.26.0000, 23-9-2022, Rel. Régis Rodrigues Bonvicino).

"Apelação cível – Promessa de compra e venda – Ação de cobrança – **Contrato particular de compra e venda** – Adimplemento parcial da avença que restou devidamente comprovado nos autos. Pagamento parcial do preço ajustado. Supostos vícios construtivos que não encontraram amparo na prova produzida. Sentença de procedência dos pedidos iniciais confirmada. Recurso desprovido. Unânime" (*TJRS* – AC 70079185658, 28-3-2019, Rel. Des. Pedro Celso Dal Prá).

"**Contrato de compra e venda** – Requerimento de outorga da escritura definitiva de imóvel, a qual já havia sido formalizada antes mesmo da propositura da ação – Pedido cumulativo de indenização por danos materiais e morais – Extinção do processo sem julgamento de mérito – Reconvenção em que se requereu o ressarcimento do valor do IPTU de 2011 e 2012, que foi pago pelo réu – Procedência da reconvenção – Apresentação de pedido diverso nas razões recursais – Inadmissibilidade – Artigo 329, do CPC – Impossibilidade de averbação da escritura por culpa exclusiva da autora, que deixou de recolher o imposto predial – Não incidência de multa contratual – Indenização por danos morais e materiais indevida – Sentença mantida – Recurso não provido" (*TJSP* – Ap 0026728-88.2012.8.26.0477, 8-6-2018, Relª Mônica de Carvalho).

Em nossa obra *Direito civil: direitos reais* (Cap. 9), enfatizamos que o contrato é veículo, instrumento, embora não o único, para aquisição de bens, mas por si só não transfere a propriedade. O domínio transmite-se pela tradição, quanto aos móveis, e pela transcrição do título aquisitivo para os imóveis.

Neste nosso sistema, o acordo de vontades negocial produz, como regra geral, unicamente a obrigação de o vendedor entregar a coisa ao comprador. Em contrapartida, nos sistemas que adotam orientação diferente, o simples pacto, com o pagamento do preço, já torna o comprador titular do domínio da coisa vendida, antes mesmo da entrega ou outra formalidade.

O Código francês estabeleceu o caráter de transferência da propriedade para o contrato de compra e venda, no que foi seguido por inúmeras legislações que se lhe sucederam. Optaram pelo sistema francês, entre outros, os códigos civis da Polônia, Itália, Portugal. Seguiram o modelo alemão os da Áustria, Suíça, Holanda e Espanha. No estatuto napoleônico, a compra e venda, assim como a doação e a permuta, embora de caráter consensual, são contratos de transferência da propriedade, de efeito real instantâneo, ou seja, o domínio transfere-se ao adquirente pelo simples consentimento, sem necessidade de tradição (Magalhães, 1981:17). A troca de consentimentos estampada no contrato é suficiente para converter o comprador em proprietário. O Direito francês desgarrou-se, portanto, da tradição romana. O registro imobiliário no sistema napoleônico, por decorrência, não é constitutivo; tem apenas caráter declarativo, com finalidade de dar publicidade ao ato. A não publicação do ato tem unicamente o efeito de tornar a transferência inoponível a terceiros, que, nessa hipótese, em princípio, têm o direito de ignorá-la.

Os Códigos italianos de 1865 e 1942 acolheram o mesmo princípio francês. Em Portugal, no Código de 1867, após vacilação inicial, solidificou-se a noção de que o contrato de compra e venda possuía eficácia real. O código lusitano vigente de 1966 consagra também sistema que atribui efeito real à compra e venda.

Pela orientação romana, *traditionibus, non nudis pactis, dominia rerum transferuntur*. Na tradição, a entrega da coisa transfere o domínio e não o simples pacto. No Direito Romano, o contrato de venda é um compartimento jurídico, criando unicamente obrigações entre as partes; a entrega do bem é outro, que se traduz no ônus de o vendedor transferi-lo e no de o comprador pagar o preço (Zulueta, 1945:2).

A compra e venda caracteriza-se, portanto, entre nós, como contrato consensual, que se completa pelo mero consentimento, com efeitos exclusivamente obrigacionais, tornando-se perfeita e acabada mediante o simples acordo de vontades sobre a coisa e o preço, nos termos do art. 482 (*res, pretius, consensus*).[2] A entrega da coisa e o pagamento do preço pertencem à fase posterior de execução do contrato, que se ultimara anteriormente (Lasarte, 2003:202).

---

2 "Direito civil. Apelação cível. Ação declaratória de validade de negócio jurídico. Compra e venda de veículo automotor. Fraude praticada por terceiro. 'Golpe da OLX'. Ausência de consenso entre as partes sobre os elementos essenciais do contrato. Inexistência de responsabilidade da ré. A configuração de fraude por terceiro, que atua como falso intermediário ocultando a identidade das partes legítimas, compromete a formação do vínculo contratual, por ausência de consenso direto e recíproco entre os contratantes acerca dos elementos essenciais do contrato, conforme exige o art. 482 do Código Civil. O conjunto probatório evidencia que todas as tratativas relativas à negociação foram conduzidas exclusivamente por terceiro estelionatário, inexistindo qualquer estipulação direta entre autor e ré quanto ao objeto, preço e forma de pagamento. Não se verifica qualquer conduta, comissiva ou omissiva, imputável à ré que pudesse ensejar sua responsabilização civil, tampouco sua participação no recebimento de valores, sendo também vítima do ardil perpetrado. A boa-fé objetiva, embora presente na conduta do apelante, não supre a ausência de elementos mínimos de cautela exigíveis em contratos dessa natureza, como a verificação da identidade da contraparte e da titularidade da conta bancária beneficiária do pagamento. Recurso desprovido. Majoração da verba honorária ao percentual de 12% do valor dado à causa, nos termos do art. 85, § 11, do Código de Processo Civil, observada a concessão da gratuidade da justiça ao autor

A tradição gera o direito mobiliário. Para os imóveis, acolheu-se o requisito do registro imobiliário como ato constitutivo, decorrente do sistema alemão, mas não com este perfeitamente identificável

> *"no sentido de que, enquanto no sistema tedesco, o ato material do 'convênio' de transmissão (Einigung), de natureza real e abstrata, não se confunde com o contrato causal, configurando-se assim dois contratos, um obrigatório ou causal, e outro real e abstrato, entre nós, ao invés, é a própria compra e venda que se submete à transcrição, sem necessidade de um novo negócio jurídico"* (Magalhães, 1981:65).

Sobre os efeitos do registro imobiliário no direito pátrio, examine-se o que é enfocado em nossa obra sobre direito imobiliário (Venosa, *Direito civil: direitos reais*, Cap. 9).

Destarte, o inadimplemento do contrato de compra e venda por parte do vendedor resolve-se por meio de ação pessoal para a entrega da coisa. Conforme lembramos na obra

---

concedida em sede recursal" (*TJSP* – Ap 1000094-54.2023.8.26.0541, 25-8-2025, Rel. Flavia Beatriz Goncalez da Silva).

"Apelação cível – Ação de cobrança de comissão de corretagem imobiliária c/c exibição de documento – Comissão de corretagem – Caso concreto – O dever de pagamento da comissão de corretagem em face da intermediação de determinado negócio somente se materializa com a sua perfectibilização e com a prova da prática de atos tendentes a esse resultado, ou seja, da aproximação das partes até o ponto de obter a realização do negócio, mediante o consenso quanto aos elementos essenciais do negócio: quanto à coisa e ao preço (***res, pretium et consensus***). Precedentes. Manutenção da sentença de improcedência que se impõe. Negaram provimento ao recurso. Unânime" (*TJRS* – AC 70079260881, 24-4-2019, Rel. Des. Otávio Augusto de Freitas Barcellos).

"Apelação Cível – Ação de cobrança – Comissão de corretagem imobiliária – Caso concreto – A comissão de corretagem é devida ao corretor que aproxima as partes até o ponto de obter a realização do negócio, com resultado útil, mediante o consenso quanto aos elementos essenciais do negócio, seja, quanto à coisa e o preço (**res, pretium, et consensus**), independentemente da perfectibilização e do posterior desfazimento do negócio. Negaram provimento ao recurso. Unânime" (*TJRS* – AC 70070205653, 12-9-2018, Rel. Des. Otávio Augusto de Freitas Barcellos).

"Apelação cível – Anulatória de ato jurídico – Cercamento de defesa – Não ocorrência – Prolação de sentença antes do oferecimento de memoriais que não causou prejuízo ao apelante. *Pas de nullité sans grief.* Omissão na sentença ao não fixar sucumbência quando homologou desistência de um dos pedidos do apelado (autor). Irresignação que não ocorreu no momento oportuno. Preclusão temporal. Anulação de ato jurídico. Apelante que realizou transferência de veículos do autor/apelado para seu próprio nome como se lhe tivesse sido outorgado mandato em causa própria. Impossibilidade da celebração de contrato consigo mesmo sem autorização do mandante. Inteligência do art. 117 do Código Civil. Primeira procuração outorgada que, apesar de dispensar o dever de prestar contas, não continha elementos do mandato em causa própria, tais como previsão de preço, declaração de quitação do negócio e irrevogabilidade. Alegação do apelante de que as transferências dos veículos ocorreram por ter celebrado compra e venda com o apelante. Compra e venda que para concretização necessita da presença dos elementos: **coisa, preço e consenso**. Elementos ausentes no caso concreto. Documentos de transferência dos veículos do apelado em que o apelante assinou como vendedor e comprador ao mesmo tempo. Procuração outorgada que não era em causa própria. Impossibilidade de o apelante celebrar contrato consigo mesmo. Anulação dos atos jurídicos de transferência dos bens de propriedade do apelado. Exclusão de 02 veículos adquiridos pelo apelante de terceiros em decorrência de sua própria atividade de venda de veículos. Honorários sucumbenciais. Valor que não merece redução pois fixado dentro dos princípios da razoabilidade e proporcionalidade. Sentença parcialmente modificada. Recurso de apelação parcialmente provido" (*TJPR* – AC 1517863-9, 26-4-2017, Rel. Des. Sigurd Roberto Bengtsson).

"Compra e venda de bem móvel – Inadimplemento dos cheques pós-datados entregues como pagamento do preço – Pretendida resolução do negócio jurídico e restabelecimento das partes ao *status quo ante* – Impossibilidade – Da análise dos documentos acostados aos autos e do comportamento dos contratantes, denota-se que os títulos de crédito foram entregues com intenção de pagamento – Cheques entregues com caráter *pro soluto* – negócio obrigatório, perfeito e acabado após o consenso sobre a coisa e o preço, tendo se efetivado a transferência da propriedade móvel pela tradição, remanescendo ao alienante a possibilidade de cobrança dos valores contidos nos títulos – Resolução do contrato, com indenização pelo tempo de uso do veículo, ademais, que importaria onerosidade excessiva ao adquirente – Aplicação da teoria do dever de mitigar os próprios prejuízos (*duty to mitigate the loss*), como decorrência dos deveres anexos impostos pela cláusula geral da boa-fé objetiva – Dano Moral – Inocorrência – Fatos alegados que, nem em tese, repercutem de forma danosa na esfera de direitos do contratante – Mero inadimplemento contratual que não é suficiente para acarretar abalo indenizável – Sentença mantida – Recurso desprovido" (*TJSP* – Ap 1005013-56.2014.8.26.0362, 2-8-2016, Rel. Edgard Rosa).

mencionada, embora inexista direito real, o adquirente de coisas móveis ou imóveis pode acionar o vendedor para entregá-la. Cuida-se de fazer cumprir obrigação de dar coisa certa. *Pacta sunt servanda.* Não se deve entender que o inadimplemento do contrato de compra e venda dê origem sistemática à indenização. Esta é substitutivo da prestação de entregar a coisa vendida e não objeto de obrigação facultativa em prol do vendedor. Se assim fosse, qualquer obrigação não cumprida em espécie poderia ser substituída por um valor indenizatório. É intuitivo que o ordenamento almeje em primeiro plano o cumprimento das convenções. Cuida-se de princípio contratual fundamental. Na impossibilidade de isso ocorrer, porque a coisa foi transferida validamente a terceiro ou porque, de qualquer forma, não mais existe no patrimônio do devedor ou porque não pode ser alienada, a obrigação converter-se-á em perdas e danos. O aparente prejuízo que esse sistema pode acarretar ao comprador é superado pela maior estabilidade nas relações jurídicas que envolvem a transmissão da propriedade.

A Lei nº 10.444, de 7-5-2002, introduziu nova modificação ao estatuto processual de 1973, que anteriormente permitia no seu art. 621 a execução para entrega de coisa certa tanto para título judicial como para título extrajudicial. O art. 806 do CPC de 2015 dispõe: *"o devedor de obrigação de entrega de coisa certa, constante de título executivo extrajudicial, será citado para, em (15) quinze dias, satisfazer a obrigação. Parágrafo único. Ao despachar a inicial, o juiz poderá fixar multa por dia de atraso no cumprimento da obrigação, ficando o respectivo valor sujeito a alteração, caso se revele insuficiente ou excessivo"*. Desse modo, sempre que a obrigação de dar, decorrente de compra e venda, estiver documentada em título descrito no art. 784 do CPC.

É admissível a execução, de acordo com os arts. 806 ss do estatuto processual. Contudo, nos compromissos de compra e venda de imóveis, a obrigação do promitente-vendedor é de concluir o contrato definitivo, sendo modalidade de obrigação de fazer.

Em acréscimo ao exposto, recorde-se que o art. 809 do CPC refere-se ao direito de recebimento de perdas e danos, além do valor da coisa, em favor do credor quando se impossibilita sua entrega, apurando-se o *quantum* em liquidação.

Uma vez que a existência do simples pacto gera apenas vínculo obrigacional entre os contratantes, inexistindo registro imobiliário ou tradição, a ação não será nem reivindicatória, nem possessória, mas pessoal, obrigacional. Buscam-se as consequências do inadimplemento. Procura-se o cumprimento coativo do contrato porque inexiste direito real. O fato de o diploma processual permitir, na mais recente redação, a execução de obrigação de dar coisa certa não altera o caráter obrigacional do negócio jurídico. Não se confunde o título aquisitivo da propriedade com os títulos executivos extrajudiciais, descritos no art. 784 do CPC. No entanto, ao ampliar as possibilidades da ação executória, o legislador processual deu grande passo para facilitar o adimplemento dos contratos de compra e venda, sob proteção da boa-fé objetiva e na busca do sentido social do contrato.

Há, porém, situações de exceção na lei pátria, a confirmarem a regra, nas quais o domínio transfere-se pelo contrato. Maria Helena Diniz (1995, v. 3:334) aponta o art. 8º do Decreto-lei nº 3.545/41, referente à compra e venda de títulos da dívida pública da União, dos Estados e dos Municípios, e o Decreto-lei nº 911/69, alusivo à alienação fiduciária em garantia, que transferem a propriedade independentemente da tradição. A Lei nº 14.711/2023 trouxe várias alterações em torno da alienação fiduciária.

18.2 CLASSIFICAÇÃO

No que diz respeito à estrutura, a compra e venda é um contrato oneroso, translativo, bilateral ou sinalagmático (de prestações correspectivas) e geralmente comutativo.

É *oneroso* porque supõe equivalência de prestações, ambas as partes obtêm vantagem econômica. Para o comprador, o direito de receber a coisa; para o vendedor, o direito de obter soma em dinheiro, o preço. O preço constitui a contraprestação pela transmissão da coisa. Existem interesse e utilidade jurídica para ambos os contratantes.

É *translativo* de propriedade porque, como reiteradamente apontado, é instrumento para a transferência e aquisição da propriedade. Como vimos, na compra e venda busca-se o efeito real, o qual, contudo, não é seu elemento integrante em nosso sistema. Da compra e venda nasce uma série de obrigações, a principal delas é a transferência da propriedade.

Trata-se de contrato *bilateral* ou de prestações correspectivas porque cada parte assume respectivamente obrigações. O comprador deve pagar o preço e receber a coisa. O vendedor deve receber o preço e entregar a coisa.

É contrato geralmente comutativo porque, no momento de sua conclusão, as partes conhecem o conteúdo de sua prestação. Admite-se a compra e venda aleatória quando uma das partes pode não conhecer de início o conteúdo de sua prestação, o que não suprime os fundamentos básicos do negócio. A compra e venda aleatória vem tratada no Código nos arts. 458 a 461, antigos 1.118 a 1.121.

A compra e venda pode ser *contrato de execução simultânea ou diferida*, dependendo da vontade das partes. A execução pode ocorrer de plano, imediatamente, ou então ser postergada para data futura. A prestação, contudo, deve ser considerada una. Ainda que as partes avencem o pagamento em prestações, tão só por isso não se converte a compra e venda em contrato de duração ou de execução continuada.

Ao contrário do sistema francês, nosso contrato de compra e venda não pode ser classificado como causal, pois por si só não produz a transferência da propriedade.

Mantida entre nós, durante a vigência do Código de 1916, a díade legislativa com a vigência do Código Comercial, por vezes são encontrados efeitos diversos na *compra e venda civil* e na *compra e venda mercantil*, embora não se altere o âmago da teoria geral. Hoje, há que se entender como una a teoria geral das obrigações e dos contratos. Torna-se despiciendo, na era do direito empresarial e dos direitos do consumidor, definir a aparente dicotomia apresentada por obrigações e contratos civis e mercantis. O Código de 2002 revogou expressamente a Parte Primeira do Código Comercial, com os dispositivos acerca da compra e venda (art. 2.046).

A *compra e venda mercantil* era regulada pelos arts. 191 a 220 do Código Comercial. Seu interesse cairá paulatinamente na medida da vigência do presente Código Civil. Esse código mercantil não definiu o contrato de compra e venda, descrevendo apenas como ele se aperfeiçoa. Por sua natureza, cuidava unicamente de coisas móveis ou semoventes, embora não se retire do comércio, modernamente, a compra e venda de imóveis. A distinção perde importância à medida que o chamado direito da empresa e do consumidor absorve todo o universo negocial. Não obstante,

> *"a comercialidade do contrato de compra e venda decorrerá, portanto, de três elementos: participação de um comerciante, no exercício de sua profissão, como comprador ou vendedor; referência à coisa móvel, ou semovente, ou a imóvel sendo atividade empresarial; intenção de revenda ou de aluguel de uso"* (Diniz, 1993, v. 1:337).

Levada em consideração a compreensão moderna de empresa, não existe atualmente preocupação maior a conceituação de ato de comércio, tão em voga no século passado. Presentes no negócio, porém, o uso e o costume mercantil e, principalmente, a figura de um comerciante no exercício de sua atividade, a compra e venda é mercantil. Essa avaliação, hoje com conotação histórica, era conferida pelo art. 191 do Código Comercial, *in fine: "contanto que nas referidas transações o comprador ou vendedor seja comerciante"*. De outro lado, independentemente da pessoa natural ou jurídica envolvida, o contrato de compra e venda pode ser atingido pelo Código de Defesa do Consumidor. Deviam ser regulados exclusivamente pelos princípios do Código Comercial somente os contratos de compra e venda nos quais não se tipificava para um dos contratantes o conceito de *vulnerabilidade*, do art. 4º, I, e o de *consumidor*, do art. 2º, ambos da Lei nº 8.078/90.

A comercialidade da compra e venda não pode, pois, residir mais na vetusta definição de atos de comércio, de compreensão confusa e incompleta. O ponto saliente para classificar a venda como mercantil era a participação do comerciante, como comprador ou vendedor, ou de dois comerciantes, no exercício de sua profissão (Bulgarelli, 1984:171). Também o objeto da prestação podia não ser exclusivamente composto de móveis porque a atividade empresarial pode ser a construção, alienação e intermediação de imóveis.

A compra e venda civil é vista geralmente como ato de consumo, enquanto a compra e venda mercantil como ato especulativo, com intuito de lucro e revenda, em varejo ou atacado. De qualquer modo, é conveniente que as obrigações de direito privado sejam vistas, examinadas e interpretadas em conjunto, aplicando-se, quando for necessário, regras específicas ao caso concreto, o Código Civil e as leis civis extravagantes, as leis empresariais, o Código de Defesa do Consumidor etc. O velho Código Comercial, doravante, terá papel meramente ilustrativo e histórico. A tendência jurisprudencial, que já se faz sentir, mostra propensão dos tribunais na aplicação dos princípios da lei do consumidor sempre que na relação jurídica houver contratante vulnerável.

O Código Civil não regulou separadamente a venda de móveis e de imóveis como fazem diplomas mais recentes. Essas modalidades na realidade se afastam, sendo a compra e venda imobiliária verdadeira especialidade desse contrato, exigindo disciplina diversa, aspecto que, no entanto, também não foi observado no Código de 2002, derivado do Projeto de 1975.

18.3 ELEMENTOS CONSTITUTIVOS. COISA, PREÇO E CONSENTIMENTO. FORMA

Como reiteradamente lembrado, a parte geral do Código e os princípios gerais de direito contratual encarregam-se de apontar a conceituação dos sujeitos do contrato de compra e venda, sua capacidade, bem como a manifestação de vontade, sua forma e seus eventuais defeitos. Em qualquer contrato há que se ter em mira sempre a denominada cláusula aberta da responsabilidade objetiva.

Enunciam-se tradicionalmente três elementos no contrato de compra e venda: *res* (a coisa), *pretius* (o preço) e *consensus* (o consentimento).

A *res* ou *merx* é qualquer coisa suscetível de apreciação econômica, que pode sair do patrimônio do vendedor e ingressar no do comprador. É necessário, obviamente, que a coisa objeto do contrato de compra e venda esteja no comércio, isto é, seja suscetível de alienação.

Essa noção leva originalmente em conta as coisas corpóreas; todavia, os bens incorpóreos também podem ser objeto do negócio, embora para este assuma a denominação de cessão. Daí a cessão de crédito, cessão de direito hereditário, cessão de direito de uso de marca, cessão de direito autoral etc. Contudo, a cessão de direitos possui o mesmo conteúdo fundamental da compra e venda.

As coisas fora do comércio, inalienáveis, portanto, não podem ser objeto de compra e venda. No Direito Romano, em princípio, as coisas sacras, religiosas ou públicas inseriam-se na restrição. No direito moderno, os bens públicos, como regra, não podem ser alvo de alienação, salvo autorização legal e processo administrativo específico (desafetação). O art. 69, do velho diploma, dispunha que *"são coisas fora do comércio as insuscetíveis de apropriação e as legalmente inalienáveis"*. A inalienabilidade decorre da própria natureza, da força da lei ou da vontade (ver o que foi exposto em nosso *Direito civil: parte geral*, seção 16.10). Os arts. 1.848 e 1.911 cuidam da cláusula de inalienabilidade imposta por doadores ou testadores. O art. 426 veda que a compra e venda tenha por objeto a herança de pessoa viva.

A coisa deve ter existência real ou potencial quando do negócio, seja ela corpórea ou incorpórea. Nem sempre, porém, a coisa vendida é perfeitamente conhecida no momento do negócio, visto que se permite a venda de coisas futuras no contrato aleatório. Examine o que foi exposto a respeito dos contratos aleatórios neste volume (seção 4.2.1). Os arts. 458 a 461 cuidam do tema. Como vimos, no contrato aleatório, a álea ou incerteza deve afetar ambas as partes, como regra. Há uma situação de expectativa para os agentes, enquanto não conhecem perfeitamente o objeto de sua prestação. Nula, porém, é a compra e venda de coisa que nunca existiu ou deixou de existir quando do negócio.

Essa mesma existência potencial deve ocorrer na venda de coisas a serem fabricadas, bens produzidos sob encomenda. A venda de coisa a ser feita (*venditio rei speratae*) é alienação de coisa futura. Em qualquer hipótese, porém, como vimos, a propriedade somente tornar-se-á do comprador com a tradição. Embora a existência da coisa possa ser potencial quando do pacto, deve ela ser individuada, *determinada* ou *determinável*, ao menos identificada pelo gênero e quantidade, estabelecendo obrigação de dar coisa incerta (art. 243). A simples possibilidade ou probabilidade de existência futura do objeto do contrato de compra e venda é suficiente para justificar o negócio. Nessa hipótese, como vimos, o contrato assume, ou pode assumir, o caráter aleatório, deixando de ser comutativo, pois não será nem mesmo necessário que a existência futura da coisa seja certa. Para o contrato aleatório, basta que ocorra probabilidade de existência da coisa. A esse propósito dispõe o art. 483 do Código:

> *"Art. 483. A compra e venda pode ter por objeto coisa atual ou futura. Neste caso, ficará sem efeito o contrato se esta não vier a existir, salvo se a intenção das partes era de concluir contrato aleatório."*

Desse modo, é importante que as partes declinem exatamente sua vontade: o contrato aleatório não se presume, salvo usos e costumes em determinadas situações. Se a situação não é clara, há que se pesquisar a intenção das partes e o universo negocial que as cerca.

Nas vendas sob encomenda, modalidade típica de compra e venda de coisa futura não aleatória, é usual o pagamento antecipado parcial ou total. O art. 218 do Código Comercial estabelecera que o dinheiro adiantado antes da entrega da coisa vendida entende-se por conta do preço, não estabelecendo condição suspensiva nem direito de arrependimento de qualquer das partes, salvo estipulação em contrário. Esse princípio lógico que se traduz no que ordinariamente acontece deve prevalecer.

A regra geral, porém, é de que ninguém pode transferir mais direitos do que tem. Desse modo, o vendedor deve ter a disponibilidade da coisa quando do negócio. No entanto, admite-se *a venda de coisa alheia* se o vendedor, estando de boa-fé, posteriormente, vier a adquiri-la. Nessa hipótese, o § 1º do art. 1.268 entende revalidada e eficaz a transferência e operado o efeito da tradição, desde o momento de seu ato. Contudo, mesmo que esteja o vendedor, quando do negócio, de má-fé e, depois, adquira a coisa validamente, não há razão para ter-se a venda como viciada se de boa-fé o terceiro não adquirente (art. 1.268). Como por nosso sistema o vendedor se obriga tão somente a transferir a coisa, nada está a impedir que o contrato objetive coisa que não lhe pertence, pois, se vier a adquiri-la, cumprirá a obrigação no tempo, lugar e forma contratada; na hipótese contrária, a questão se resumirá em indenização por perdas e danos.

A coisa litigiosa não é retirada do comércio, podendo também ser objeto da compra e venda. O art. 109 do CPC dispõe que *"a alienação da coisa ou do direito litigioso, a título particular, por ato entre vivos, não altera a legitimidade das partes"*. Não ocorre alteração processual com essa alienação, podendo o alienante atuar como substituto processual do adquirente, isto é, substituí-lo no processo. No mesmo diapasão, o art. 457 estipula que o adquirente, nessa hipótese, não pode invocar a proteção da evicção se sabedor da litigiosidade.

O *pretium*, como vimos, deve ser em dinheiro, *pecunia numerata*, sob pena de não ser conceituado o negócio como compra e venda. Na hipótese de existir pagamento com parte em dinheiro e parte em outra coisa diversa de moeda, pode ser caracterizada uma troca, dependendo da preponderância, o que será estudado no capítulo próprio. A venda pressupõe necessariamente um preço. Sem estipulação de preço, inexiste venda. O preço é a contrapartida da entrega da coisa na compra e venda.

Além de ser em *pecunia numerata*, dinheiro de contado, normalmente se afirma que o preço deve ser certo, real ou justo e verdadeiro. Apenas após determinado o valor em dinheiro, a compra e venda torna-se perfeita e obrigatória (art. 482). O preço deve ser determinado ou determinável. Se não vier determinado, é necessário que sejam fixados parâmetros para essa determinação. O extinto Projeto nº 6.960/2002 procurava tornar mais clara a dicção do art. 482, estatuindo que a compra e venda pura tornar-se-á obrigatória e perfeita *"a partir do momento em que as partes contratantes se tenham acordado no objeto e no preço"*.

A lei considera nula a compra e venda quando a taxação do preço é relegada ao arbítrio exclusivo de uma das partes (art. 489). Trata-se de modalidade de cláusula puramente potestativa, como definida na parte geral do Código. Pode, porém, o preço ser fixado por terceiro designado pelos contratantes:

> *"Art. 485. A fixação do preço pode ser deixada ao arbítrio de terceiro, que os contratantes logo designarem ou prometerem designar. Se o terceiro não aceitar a incumbência, ficará sem efeito o contrato, salvo quando acordarem os contraentes designar outra pessoa".*

Discute a doutrina acerca da posição jurídica desse terceiro. Para alguns, seria ele mandatário comum dos contratantes, os quais não poderiam insurgir-se quanto ao preço por ele fixado. Para outros, o terceiro coloca-se na posição de perito, auxiliar das partes no contrato, podendo sua taxação ser revista judicialmente quando injusta ou imprópria, o que nos parece ser a posição mais acertada. Na verdade, seja qual for o instituto jurídico, nunca deve ser admitida a pura arbitrariedade.

O art. 486 admite que pode ser deixada *"a fixação do preço à taxa do mercado, ou da bolsa, em certo e determinado dia e lugar"*. Se na data fixada houver ocorrido oscilação de preço, levar-se-á em conta o preço médio, se o contrato não estipular diferentemente, como, por exemplo, o preço mais alto ou mais baixo do dia, o preço de determinado horário, o preço de abertura ou encerramento do mercado ou do pregão etc.

Não viola o princípio geral a estipulação de correção monetária, na forma e na periodicidade permitidas pela lei especial, com fixação de índices de reajuste, principal e subsidiários, na hipótese de supressão do primeiro, tantos já foram os parâmetros e siglas utilizados neste país. A correção monetária, em sua essência, não altera o preço, mas somente o valor nominal da moeda. As partes podem escolher o índice de correição anual que lhes aprouver.

Válido também é o preço traduzido em títulos de crédito: letras de câmbio, notas promissórias, cheques. A venda será *pro soluto* quando a entrega das cártulas representa pagamento definitivo. Os cheques ou outros títulos representam, nesse caso, outra dívida. Se emitidos e recebidos na modalidade *pro soluto*, serão títulos autônomos, que se desgarram do negócio subjacente. Se o pagamento em títulos é efetuado *pro solvendo*, somente se terá o pagamento como ultimado quando liquidados os valores dos títulos de crédito. Destarte, na venda com pagamento *pro solvendo*, sem provisão de fundos o cheque ou não honrada a promissória no vencimento, é possível a rescisão do contrato. Recebido o pagamento na modalidade *pro soluto*, os títulos possuem perfeita autonomia, dentro dos princípios cambiais, desvinculam-se do negócio, que não mais pode ser atingido. Deve, portanto, o vendedor ressalvar expressamente que recebe os títulos *pro solvendo* se quiser manter aberta a via da rescisão contratual na hipótese de inadimplemento. Quando não existe menção expressa, cumpre examinar a intenção das partes e os usos e costumes no caso concreto. Se emitidos os títulos *pro solvendo*, considera-se pago o total do preço somente depois de solvido o último título.

Sob este último prisma, o presente Código introduz a regra do art. 487: "*É lícito às partes fixar o preço em função de índices ou parâmetros, desde que suscetíveis de objetiva determinação.*" Nesse campo, é comum que determinados setores da indústria e do comércio se utilizem de parâmetros conhecidos da categoria para fixar o preço. Assim, por exemplo, a construção civil e a indústria automobilística. Normalmente, esses parâmetros são determinados por uma fórmula matemática que leva em conta custos específicos de um ramo de atividade. Para que esse estratagema seja válido, porém, é necessário que ambas as partes conheçam seus métodos perfeitamente, ou, como dispõe a lei, que sua aferição seja suscetível de determinação objetiva, caso contrário o contrato ou a cláusula será nula, pois o preço ficará ao arbítrio exclusivo de uma das partes, esbarrando na vedação citada do art. 489. Note, no entanto, que o art. 487 permite o estabelecimento de índices ou parâmetros para fixar o preço; no entanto, o pagamento será sempre em moeda corrente do país, ou em moeda estrangeira quando norma específica o permitir. Oportuno notar que na maioria das vezes os usos e costumes mercantis se encarregam de consagrar esses índices ou parâmetros, na maioria das vezes incompreensíveis para o leigo.

O preço deve ser *real*. Valor ínfimo, irrisório ou fictício, equivale a sua inexistência, pode simular ou caracterizar negócio diverso da compra e venda, como doação ou negócio fictício, por exemplo. O mesmo se pode dizer da hipótese oposta: valor astronomicamente elevado e desproporcional em relação a valor de mercado pode mascarar outro negócio nem sempre muito cristalino e honesto, como evasão de divisas ou lavagem de dinheiro.

Repete-se tradicionalmente que *preço justo* no direito moderno, ao contrário do Direito Romano mais recente e do direito medieval, não é requisito essencial do negócio, nem está presente em nossa lei. No entanto, hoje se observa cada vez mais a interferência estatal com imposição de preços, bem como tendência de se admitir o preço justo como elemento da compra e venda, mormente nas relações de consumo. Ademais, leve-se em conta a finalidade social do contrato e a boa-fé objetiva estampadas no Código (arts. 421 e 422). Tudo isso insere exceções ou nova perspectiva à regra consagrada. Ainda, a propósito, recorde-se dos princípios inspiradores da lesão nos contratos (ver nosso *Direito civil: parte geral*, Capítulo 25). O Código de Defesa do Consumidor (Lei nº 8.078/90), entre as cláusulas que considera nulas nos contratos de fornecimento de produtos ou serviços, inclui as que

> "*estabeleçam obrigações consideradas iníquas, abusivas, que coloquem o consumidor em desvantagem exagerada, ou sejam incompatíveis com a boa-fé ou a equidade*" (art. 51, IV).

Por outro lado, o mesmo diploma entende que se presume exagerada a vantagem que

> *"se mostra excessivamente onerosa para o consumidor, considerando-se a natureza e conteúdo do contrato, o interesse das partes e outras circunstâncias peculiares ao caso"* (art. 51, § 1º, III).

No entanto, como regra geral, deve-se entender que o contrato de compra e venda é válido, ainda que lhe falte absoluta correspectividade entre preço e valor. Nem sempre o valor apresenta conteúdo objetivo, de fácil percepção. As hipóteses de exceção devem prender-se ao caso concreto. A lesão nos contratos, inclusive como conceituada em nossa lei do consumidor e do Código Civil, orienta a questão do preço justo.

A compra e venda torna-se perfeita e acabada com o acerto de seu objeto, do preço e da modalidade de pagamento. Sob tal vertente, acrescenta o art. 488 do novel diploma:

> *"Convencionada a venda sem fixação de preço ou de critérios para a sua determinação, se não houver tabelamento oficial, entende-se que as partes se sujeitaram ao preço corrente nas vendas habituais do vendedor.*
>
> *Parágrafo único. Na falta de acordo, por ter havido diversidade de preço, prevalecerá o termo médio."*

Pode ocorrer que as partes não se preocupem em fixar preços, pois estes serão os usuais de seus negócios. Afora essa situação, será mais raro que não estabeleçam o preço. Para isso vem em socorro o artigo citado: a venda se sujeitará aos preços habitualmente praticados pelo vendedor. No entanto, não agrada o parágrafo que estabelece termo médio, e não é muito esclarecedor.

A compra e venda não se submete, como regra geral, à forma especial. Pode ser ultimada verbalmente ou por escrito, público ou particular. Em sua essência, o contrato é meramente consensual. No entanto, o art. 134, II, do Código antigo dispunha que nos contratos constitutivos ou translativos de direitos reais sobre imóveis, de valor superior a 50.000 cruzeiros, excetuado o penhor agrícola, a escritura pública é da substância do ato. O valor era pequeno para imóveis, ainda que atualizado para o valor e padrão monetário atual, como determinava o § 6º desse mesmo dispositivo. Portanto, na prática, como regra, igualmente no sistema do atual Código, a compra e venda imobiliária sujeitar-se-á à escritura pública. Nesse sentido, o art. 108 do atual Código dispõe:

> *"Não dispondo a lei em contrário, a escritura pública é essencial à validade dos negócios jurídicos que visem à constituição, transferência, modificação ou renúncia de direitos reais sobre imóveis de valor superior a trinta vezes o maior salário mínimo vigente no País."*

A tendência, como regra geral, é reduzir a utilização de contratos meramente verbais.

Nos contratos de compra e venda mercantil, mais do que na civil, existe quase sempre uma fase prévia, *fase de puntuação*, antecedente ao momento da conclusão do contrato. Com frequência, atuam intermediários, agentes auxiliares do comércio, corretores, agentes, representantes autônomos. Usual que, em certos ramos de atividade, a compra e venda, nessa fase, seja precedida de um *pedido* ou *orçamento*. O pedido constitui por si aceitação da proposta do vendedor, concluindo-se o contrato no momento em que o vendedor faz chegar ao comprador o documento devidamente assinado. Nos termos do Código de Defesa do Consumidor, esses instrumentos integram o contrato, não somente porque toda informação ou publicidade é vinculativa para o ofertante (art. 30), tornando-se obrigatória para o fornecedor, como ainda por força do art. 40 desse diploma, que dispõe:

> *"O fornecedor de serviço será obrigado a entregar ao consumidor orçamento prévio discriminando o valor da mão de obra, dos materiais e equipamentos a serem empregados, as condições de pagamento, bem como as datas de início e término dos serviços.*
>
> *§ 1º Salvo estipulação em contrário, o valor orçado terá validade pelo prazo de dez dias, contado de seu recebimento pelo consumidor.*
>
> *§ 2º Uma vez aprovado pelo consumidor, o orçamento obriga os contraentes e somente pode ser alterado mediante livre negociação das partes.*
>
> *§ 3º O consumidor não responde por quaisquer ônus ou acréscimos decorrentes da contratação de serviços de terceiros, não previstos no orçamento prévio."*

Nunca é demais recordar que, em nosso sistema consumerista, pessoas naturais ou jurídicas qualificam-se como consumidor na dicção ampla do art. 2º. Desse modo, reconhecida a vulnerabilidade do art. 4º, I, para uma das partes, seja ou não comerciante, a relação negocial será atingida pelo Código de Defesa do Consumidor.

Na compra e venda mercantil, não só o pedido poderia servir de prova escrita, como também a fatura prevista na Lei nº 5.474/68, a qual deve conter relação das mercadorias, com indicação de quantidade, qualidade e preço, podendo comprovar também a entrega com o *canhoto* firmado pelo comprador ou seu preposto. Se nenhum outro fosse estipulado, o prazo para entrega da coisa na venda mercantil seria de 10 dias (art. 137 do Código Comercial).

18.3.1 Falta de Legitimação do Contratante na Compra e Venda

Ao regular a compra e venda e seus vários matizes, a lei incumbe-se de traçar eventuais modificações ou restrições às regras gerais. Como todo contrato, a compra e venda pressupõe *capacidade geral* das partes. Todavia, por vezes regra específica suprime a capacidade para certos e determinados negócios jurídicos, hipótese que mais propriamente se define como *ausência de legitimação*, que, na verdade, é uma especificação da capacidade. O falido, por exemplo, não pode alienar porque perde o poder de disposição sobre os bens. A venda feita pelo incapaz, sendo ato de disposição patrimonial, exige autorização judicial. Várias são essas hipóteses no ordenamento, cabendo aqui examinar as situações mais importantes (ver o que foi estudado a respeito da legitimação aqui apontada em nossa obra *Direito civil: parte geral*, subseção 20.3.1).

18.3.1.1 Venda a Descendente (Art. 1.132 do Código de 1916 e Art. 496 do Código de 2002)

Situação elucidativa marcante de ausência de legitimação situava-se no art. 1.132 do antigo Código, que proibia os ascendentes de vender aos descendentes, sem que os outros descendentes expressamente o consentissem. A intenção do legislador, ao exigir o consentimento expresso dos demais descendentes, é evitar que o ascendente, numa venda simulada fraudulenta, altere a igualdade dos quinhões hereditários de seus descendentes, encobrindo doações sob o disfarce de uma compra e venda. As doações nessa hipótese importam adiantamento de legítima, nos termos do art. 544. O descendente beneficiado por esse ato de liberalidade deve colacionar o bem recebido em vida após a morte do autor da herança. A colação tem por finalidade igualar as porções legítimas dos herdeiros necessários, na linha descendente, na hipótese vertente, evitando que uns recebam mais que outros (ver nosso *Direito civil: direito das sucessões*). As doações, como percebemos, são permitidas. O que se pretende rechaçar, em última análise, é o excesso que afronta as legítimas. O dispositivo legal do Código de 1916 inquinava a venda de ascendente a descendente.

> *"O motivo da proibição reside em que os pais, levados, muitas vezes, por desigual afeto, ou por artimanhas de um dos filhos, acabam vendendo bens a um deles, por preço inferior ao que valem, em prejuízo dos demais"* (Alvim, 1961:59).

O compromisso de compra e venda de imóveis também se inclui na proibição, pois se trata de venda. Nada obsta, contudo, a venda de descendente a ascendente, que não se insere na dicção legal impeditiva de extensão interpretativa.

O art. 496 do Código de 2002 passa a estipular expressamente a anulabilidade dessa modalidade de venda, pondo fim à celeuma anterior, e amplia a falta de legitimidade para a ausência de consentimento do cônjuge: *"É anulável a venda de ascendente a descendente, salvo se os outros descendentes e o cônjuge do alienante expressamente houverem consentido"*. O parágrafo único do dispositivo dispensa o consentimento do cônjuge quando o regime de bens for o da separação obrigatória.[3]

Sobre esse novo enfoque do tema nos ocuparemos adiante, neste capítulo.

---

3 "Apelação. Ação declaratória de nulidade de ato jurídico c.c. com indenização por danos morais. Insurgência das rés contra sentença de parcial procedência. Cerceamento de defesa. Julgamento antecipado do mérito (art. 355, I, CPC). Inocorrência, pois a matéria é exclusivamente de direito. Desnecessidade de prova testemunhal ou pericial (art. 370, CPC). Promessa de compra e venda de imóvel de ascendente a descendentes. Ausência de consentimento expresso de outro herdeiro (autor). Nulidade do negócio. Inteligência do artigo 496 do CC. Exigência, ainda, de prova de anuência no próprio instrumento, nos termos do artigo 220 do CC, inobservada no caso. Sentença mantida. Recurso improvido" (*TJSP* – Ap 1005948-40.2023.8.26.0602, 20-5-2025, Rel. Luis Fernando Cirillo).

"Apelação. Nulidade ou anulação. Venda de ascendente a descendente sem anuência dos demais. Venda simulada. Doação dissimulada. Adiantamento da herança. 1) Sentença julgou parcialmente procedente o pedido do autor para reconhecer a simulação e declarar nula a compra e venda, subsistindo, porém, a doação. 2) Interpretação do **artigo 496 do Código Civil** que não permite a presunção de dissimulação como requisito adicional à não anuência. Literalidade. Máxima eficácia da norma. Dissimulação já tutelada pelo artigo 167 do Código Civil que deve ter sua máxima eficácia preservada, não lhe retirando a incidência sobre os casos de doação de ascendente para descendente dissimulada como venda e compra. Normas que, em conjunto, oferecem a tutela suficiente dos direitos envolvidos. Interpretação contrária que pode acabar por privilegiar quem atua de má-fé. 3) Pelas provas dos autos reconhece-se a ocorrência de simulação de venda e compra, declarando-se nula, subsistindo a doação dissimulada, que deverá ser considerada adiantamento da herança. 4) Recurso não provido" (*TJSP* – Ap 1005810-97.2018.8.26.0004, 10-7-2024, Relª. Lia Porto).

"Ação Declaratória Anulatória de Registro Público c.c. Nulidade de Escritura Pública. Negócio praticado em 1997. Sentença de procedência. Inconformismo da ré. Descabimento. **Venda de imóvel pelos ascendentes para descendente**. Nulidade absoluta. 'ex vi' do artigo 496, CC. O negócio jurídico nulo não é suscetível de confirmação, nem convalesce pelo decurso do tempo. Artigo 169, CC. Inexistência de prescrição. Sentença mantida. Aplicação do artigo 252 do Regimento. Recurso desprovido" (*TJSP* – Ap 1026815-68.2020.8.26.0114, 28-9-2022, Rel. Fábio Quadros).

"Apelação cível – **Ação anulatória de promessa de compra e venda de imóvel efetuada por ascendente a descendente** sem a anuência dos demais – Prazo decadencial de dois anos não implementado – Cuidando-se de ação anulatória de promessa de compra e venda de imóvel efetuada por ascendente a descendente, é de dois anos o prazo decadencial para o exercício do direito potestativo dos herdeiros prejudicados, computado da data em que tomaram conhecimento do ato. Intelecção dos arts. 179 e 496 do CC. Decadência afastada. Sem a anuência dos demais descendentes, é anulável a promessa de compra e venda de imóvel celebrada entre pai e filho, não importando se o pagamento foi realizado pelo comprador ou se esse, desde a transação, era quem vinha pagando os débitos decorrentes do IPTU da área. Declarada a anulabilidade do negócio jurídico, eventual ressarcimento dos valores despendidos deve ser buscado pela parte interessada em ação própria. Apelo provido. Unânime" (*TJRS* – AC 70080181506, 30-1-2019, Rel. Des. Dilso Domingos Pereira).

"Ação anulatória de negócio jurídico – **Venda de imóvel por ascendente a descendente** – Alegação de que não foi obtido o consentimento do outro descendente, e de que houve simulação, uma vez que o negócio celebrado não foi venda, mas doação – Ausência de impugnação do réu a respeito da simulação – Hipótese, no entanto, em que, reconhecida a nulidade do negócio simulado, subsiste o dissimulado – Inteligência do art. 167, 'caput', do CC – Doação que não pode ser considerada nula, por inoficiosidade, já que, feita por ascendente a descendente, importa adiantamento de legítima – Recurso parcialmente provido" (*TJSP* – Ap 0226196-34.2011.8.26.0100, 22-5-2018, Rel. Marcus Vinicius Rios Gonçalves).

18.3.1.2 Negócios Jurídicos Assemelhados à Compra e Venda. Incidência ou Não da Anulabilidade

a) Troca

Tratando-se de restrição a direito amplo, a interpretação do artigo não pode ser extensiva, embora existam nuanças a requerer cuidado do exegeta. Como o diploma apenas menciona a compra e venda, não há que se ter como compreendida, em princípio, a *troca*, negócio com conteúdo diverso, que pode ser atingido pelo vício da simulação em geral e não pela falta de legitimação específica desse artigo. Contudo, se na troca existe parcela em dinheiro ou os valores das *res* são desiguais, há que se examinar o caso concreto, pois existe possibilidade de fraude descrita pelo legislador. Neste último aspecto, o Código antigo era expresso: "*é nula a troca de valores desiguais entre ascendentes e descendentes, sem consentimento expresso dos outros descendentes*" (art. 1.164, II). O presente Código se posiciona pela anulabilidade nessa hipótese: "*é anulável a troca de valores desiguais entre ascendentes e descendentes, sem o consentimento dos outros descendentes e do cônjuge do alienante*" (art. 533, II).

Se, na troca, apenas existe o escambo de coisas com equivalência de valores, não há proibição, portanto. Nesse sentido tem pendido a jurisprudência predominante. Contudo, muito próximos estão esses dois negócios, troca e compra e venda. A diferença mais proeminente é que, na troca, em vez de o preço ser pago em dinheiro, há outra coisa dada em permuta. Quando existe parte do pagamento em dinheiro do lado do ascendente, o negócio é passível de nulidade (ou anulação, como menciona o mais recente diploma) perante os termos peremptórios do dispositivo legal aqui transcrito. Quando os valores dos objetos colocados na permuta apresentam disparidade, a situação exigirá cuidadoso exame. Não há motivo para anulabilidade se o bem entregue pelo descendente é de valor maior do que o do ascendente. Nula no sistema anterior e anulável atualmente será a troca se o valor do bem do ascendente for superior. Isso porque a lei não proíbe a venda de descendente a ascendente, como examinamos. Essas dificuldades aconselham que os interessados sempre obtenham a aquiescência dos descendentes (e doravante do cônjuge) na troca, para evitar dissabores.

A fraude também pode ocorrer na permuta quando é utilizada interposta pessoa ou colocado um testa de ferro no negócio para contornar a proibição. Devem ser levados em conta os princípios examinados abaixo, no tópico específico. A fraude, como sempre enfatizamos, é vício de muitas faces.

b) Dação em pagamento

Com pontos de contato com a compra e venda, a dação em pagamento, contudo, é modalidade de extinção de obrigações. O credor concorda com a extinção da obrigação mediante o recebimento de coisa diversa do dinheiro avençado no pacto. A doutrina majoritária entende que a dação está incluída na proibição do art. 496. O art. 357 estabelece:

"Anulatória de escritura e registro de matrícula – Procedência – Insurgência dos réus – Arguição de cerceamento de defesa – Provas dos autos que se mostram, de fato, suficientes para apreciação da lide – Juízo que houve por bem julgar a lide antecipadamente e que fundamentou adequadamente a sentença – Inteligência dos arts. 355, I, e 370, § único, do CPC – Preliminar afastada – **Anulação de compra e venda realizada entre ascendente e descendentes,** sem o expresso consentimento do autor, também descendente, já concebido por ocasião do negócio – Possibilidade – Inteligência dos arts. 4º e 1.132, do Código Civil de 1916 – Decisão mantida – Recurso desprovido" (*TJSP* – Ap 0108330-58.2009.8.26.0008, 25-8-2017, Rel. Miguel Brandi).

> *"Determinado o preço da coisa dada em pagamento, as relações entre as partes regular--se-ão pelas normas do contrato de compra e venda."*

No entanto, é defensável a opinião que vê na dação em pagamento tão só uma forma de extinção de obrigações, a dispensar o consentimento dos demais descendentes, porque na hipótese existe pagamento e não compra e venda. Para tal, argumentemos ainda que não se pode dar sentido ampliativo a uma restrição legal. Os dois negócios têm em comum apenas a obrigação de transferência de bens. A partir daí, os institutos afastam-se. As fraudes, aspecto patológico dos negócios jurídicos, devem ser apuradas caso a caso.

c) Penhor, hipoteca e anticrese

A dúvida surge perante a dicção do art. 1.420:

> *"Só aquele que pode alienar, poderá empenhar, hipotecar ou dar em anticrese; só os bens que se podem alienar poderão ser dados em penhor, anticrese ou hipoteca."*

Levando-se em conta que restrições de direitos não podem sofrer interpretação ampliativa, a ideia inicial é de que a proibição não se estende aos direitos reais de garantia. Se o legislador desejasse a restrição, tê-lo-ia feito expressamente. Nessas hipóteses, a coisa não sai do domínio do ascendente. Destarte, o ascendente está legitimado a constituir esses direitos reais de garantia. Esse tem sido o entendimento majoritário na doutrina e na jurisprudência. Alertemos, porém, que existem vozes em contrário. De qualquer modo, as fraudes, como acentuado, devem merecer a reprimenda judicial. A imaginação fraudatória das partes está sempre à frente da lei. O ascendente poderá, por exemplo, constituir hipoteca em favor do descendente e deixar este excuti-la, com ou sem interposição de terceira pessoa no processo, como arrematante em hasta pública, contornando assim a proibição legal.

d) Venda de fundo de comércio. Cessão de direitos

O ascendente não pode vender fundo de comércio a um descendente sem o consentimento dos demais. Vimos que a proibição do art. 496 (antigo, art. 1.132) dispõe sobre o negócio da compra e venda, não distinguindo sobre o objeto. Desse modo, incluem-se na dicção legal móveis e imóveis, direitos corpóreos e incorpóreos, seres inanimados e semoventes. Enfim, tudo o que no patrimônio do ascendente integra o patrimônio sucessível não pode ser alienado ao descendente sem os consentimentos da lei. Nisto se inserem as cessões de direitos como cessão de crédito, cessão de direito hereditário, cessão de direito de marcas e patentes, cessão de direitos de autor etc. A cessão de direitos possui o mesmo conteúdo jurídico da compra e venda. Cuida-se apenas de compra e venda relativa a bens incorpóreos. Os pressupostos são idênticos. Esse também o sentido do art. 498, cuja natureza é igual e expressamente se refere à cessão de crédito.

A propósito, já se decidiu que a restrição do dispositivo é extensiva à cessão de quotas de capital de sociedade mercantil, ainda que os compradores sejam seus sócios (*RT* 474/221; em sentido contrário STJ, REsp. 32246/SP, Rel. Min. Waldemar Zveiter 11-5-93).

18.3.1.3 Natureza Jurídica da Nulidade Conforme o Código de 1916. Prescrição. Leitura Complementar

Mantemos, primeiramente, a redação originária de nosso estudo tocante especificamente ao antigo diploma, pois seu valor histórico é inafastável.

Esse art. 1.132 do Código Civil antigo levantou dificuldades e celeuma interpretativa desde sua promulgação no que tange à categoria de nulidade e ao consequente prazo prescricional. Após vacilação jurisprudencial, a Súmula 494 do Supremo Tribunal Federal concluiu:

> *"A ação para anular venda de ascendente a descendente, sem consentimento dos demais, prescreve em 20 (vinte) anos, contados da data do ato, revogada a Súmula nº 152."*

A revogada Súmula 152 dava como anulável o negócio, com fundamento na simulação, com prescrição da respectiva ação em quatro anos, a contar da abertura da sucessão. A orientação mais recente, que seguia princípios doutrinários e práticos mais eficazes, permitia que a ação anulatória seja ajuizada contra o ascendente, ainda em vida.

O interesse na propositura dessa ação era, então, unicamente dos descendentes não anuentes. Observe que o texto legal não se limitava a enunciar pais e filhos, mas ascendentes e descendentes. Na compreensão legal, portanto, a nulidade atingia não apenas a venda de pais a filhos, como também a de avós a netos, bisavós a bisnetos. Destarte, não existia legitimidade para outra classe de herdeiros na ação de nulidade, quais sejam, ascendentes, cônjuge e colaterais. Se é ação atribuída a descendentes, nestes se incluem todas as categorias, legítimos ou ilegítimos. Por tal razão, defendeu-se o negócio como sendo anulável. Todavia, em detrimento dessa anulabilidade pura, recorde que os descendentes podiam dar seu consentimento posteriormente ao negócio. A Súmula 494 colocou a hipótese definitivamente no campo da nulidade, embora nulidade tida como relativa, pois somente os interessados podiam alegá-la. Foi fixado, de outro lado, o prazo prescricional no máximo permitido pelo ordenamento até então vigente, 20 anos, uma vez que não atenta contra o sistema do Código antigo fixar-se prazo prescricional para atos nulos. Ingressando no campo da nulidade relativa,

> *"é um tipo de nulo que não é o absoluto. Ela entra em cena quando houver infração à norma de ordem pública, mas que se refira a interesses privados; só as pessoas titulares desses interesses é que podem pleitear em juízo a decretação da nulidade do negócio; finalmente, assim como os atos anuláveis, a nulidade relativa também é passível de sanação, podendo o negócio ser confirmado"* (Gozzo, 1988:49).

18.3.1.4 A Hipótese de Venda de Ascendente a Descendente no Código de 2002

O vigente diploma não alterou substancialmente o alcance e a finalidade da norma, mantendo a orientação vigente. O projeto de reforma do Código Civil em curso trará novas vestes ao instituto, sem modificar sua essência. No art. 496, o texto atual aclarou que o negócio é anulável, tomando posição contrária à orientação sumulada mais recente, colocando fim à celeuma doutrinária e jurisprudencial. Acrescentou ainda a necessidade de o cônjuge do ascendente consentir, juntamente com os demais descendentes, uma vez que o consorte é nesse diploma colocado, em determinadas hipóteses, como herdeiro necessário. Destarte, essa venda passa a interessar diretamente ao consorte. Dispensa expressamente o consentimento do supérstite se o regime de bens for o de separação obrigatória. Sendo negócio anulável, pode ser confirmado pelas partes, com o consentimento outorgado posteriormente ao negócio (arts. 172 e 176). O prazo para essa anulação será de dois anos, a contar da conclusão do acordo de vontades (art. 179).

18.3.1.5 Consentimento dos Descendentes. O Consentimento do Cônjuge no Código de 2002

O mencionado art. 496 do estatuto civil exige o consentimento *expresso* dos demais descendentes. Esses descendentes são evidentemente os mais próximos em grau que teriam interesse, em tese, na sucessão. Recorde-se da regra segundo a qual, nas várias classes de herdeiros, os mais próximos excluem os mais remotos, salvo o direito de representação (art. 1.851). Herdeiros representantes de descendente pré-morto, nos termos da lei sucessória, também devem dar seu consentimento, portanto.

O consentimento expresso exigido pela lei afasta qualquer possibilidade de alegação de concordância tácita.

Trata-se de manifestação de vontade de quem não é parte no contrato. A lei refere-se à anuência, autorização para dar validade ao negócio, a assentimento. Consentimento é termo próprio para quem é parte. Contudo, não há dificuldade na apreensão semântica do vocábulo posto na lei. Essa manifestação de vontade é a dos outros descendentes não participantes do negócio da compra e venda. São os demais descendentes herdeiros necessários, não importando se legítimos ou ilegítimos, pois não mais se distinguem quanto aos respectivos direitos. Apenas os herdeiros ilegítimos já reconhecidos devem dar seu assentimento. Não se inquina o negócio se o reconhecimento é posterior ao contrato. Também os descendentes adotivos ao tempo do negócio devem manifestar o consentimento, pois a lei em vigor confere-lhes os mesmos direitos. O art. 227, § 6º, da Constituição Federal proíbe qualquer discriminação na filiação.

Consentimento expresso não necessita, na regra geral, de forma solene. Desse modo, para a venda de coisas móveis, pode ser admitida a prova testemunhal para evidenciar o consentimento, somente quando não superasse o valor fixado no art. 227 do Código Civil. Lembre-se, ainda, de que o art. 401 do CPC de 1973 admitia a prova exclusivamente testemunhal nos contratos cujo valor não exceda o décuplo do maior salário mínimo. O CPC de 2015 não repete a norma de difícil e injusta aplicação na prática. Por outro lado, para os imóveis, cuja alienação depende de escritura pública, nesta deve constar o consentimento ou em escrito de outro documento. Basta que o escrito seja idôneo. A anuência pode ser dada anterior ou concomitantemente ao negócio. Se concedida após o negócio, equivale a pacto de *non petendo* por parte do manifestante e obsta a ação anulatória. Não há como entender, como faz parte da doutrina, que nessa hipótese persiste a nulidade, simplesmente porque desaparece expressamente o interesse de agir. Inútil e gravoso para todos os envolvidos sustentar que o negócio é nulo e não admite ratificação (nesse sentido, a opinião do monografista Adahyl Lourenço Dias, 1976:234). Como vimos, essa nulidade de índole relativa, causa de anulabilidade no Código em vigor, depende da iniciativa dos descendentes interessados e, eventualmente, do cônjuge.

Nada impede que tal permissão seja outorgada por mandato com poder autorizador expresso.

Os descendentes menores e incapazes não podem anuir por lhes faltar capacidade. A cautela recomenda que se recorra à autorização judicial e à nomeação de curador especial nessas hipóteses. Lembre-se, ademais, da regra do art. 1.692, que determina a nomeação de curador especial sempre que alguém, no exercício do pátrio poder, necessitar de participar de negócio jurídico com interesse colidente com o do filho. Também ao nascituro deve ser dado curador especial, pois, podendo ser herdeiro, até mesmo testamentário, pode ser prejudicado pela compra e venda em questão. Essa curadoria do nascituro é unicamente para o ato, não integrando a curadoria do nascituro típica, descrita pelo art. 1.779 (Dias, 1976:280).

Não há necessidade de autorização do cônjuge do descendente, pois não se alarga a restrição legal. Por maior razão, não havemos de falar em assentimento da concubina do descendente. Genros e noras também não necessitam anuir. Como vimos, o mais recente diploma requer a autorização do cônjuge do alienante.

Persiste incerteza acerca da possibilidade de *suprimento judicial do consentimento* quando da recusa por parte do descendente (ou do cônjuge, modernamente). Embora existam ponderáveis opiniões em contrário que entendem que o ato é personalíssimo, temos que admitir o suprimento quando a recusa do agente é injusta, prejudicial às partes ou motivada por mero egoísmo e emulação. Sílvio Rodrigues (1983:156), após apontar as opiniões eminentes em contrário de Clóvis Beviláqua, Washington de Barros Monteiro e Agostinho Alvim, conclui conosco:

> *"Se o suprimento judicial corrige o arbítrio de uma recusa injusta, deve ser admitido, pois o interesse social da circulação da riqueza prevalece sobre o individual do descendente recusante, cada vez que o móvel deste último não seja legítimo."*

As mesmas palavras se aplicam, no diploma de 2002, ao cônjuge renitente.

Desse modo, deve ser admitido o suprimento judicial do consentimento quando a recusa dos descendentes (ou do cônjuge) for imotivada, provada a seriedade do negócio e idoneidade das partes (*RT* 520/259, 607/166).

Acentue-se que o consentimento do cônjuge somente ficará dispensado se o casamento estiver sob o regime de separação obrigatória de bens (art. 496, parágrafo único). Ainda que o regime de bens não torne o cônjuge herdeiro (art. 1.829, I), será necessário o consentimento do cônjuge, pois a lei não fez distinção, salvo essa hipótese de separação obrigatória.

18.3.1.6 Venda a Descendente por Interposta Pessoa

Vejamos o texto que escrevemos em edição anterior: a ideia geral decorrente do dispositivo é de que a venda do ascendente ao descendente sem o consentimento dos demais é nula também quando efetuada à interposta pessoa. O ascendente vende a um terceiro que, por sua vez, transfere a coisa ao descendente. O segundo negócio conceitua o alienante como interposta pessoa, em negócio fraudatório. Ambas as vendas são nulas, como se fossem um único negócio. A nulidade evidencia-se quando se ultima o segundo negócio.

Diremos atualmente, sob o pendão do corrente Código, que a causa de anulação se evidencia no segundo negócio.

Por outro lado, suponha a hipótese na qual é mantida a venda de direito em nome do terceiro, mas se suspeita ou se comprova que, de fato, o verdadeiro adquirente é um descendente. A situação tipifica simulação, surgindo como ato anulável dentro do sistema geral. Importante aduzir, no entanto, que no Código de 2002 a simulação ocasiona nulidade e sob esse prisma deve ser encarado esse ato simulatório, com reflexos importantes no tocante à prescrição.

Questão mais elaborada na prática ocorre quando a venda ao descendente é ultimada muito tempo após o primeiro negócio de venda a terceiro. Nessa hipótese, devemos entender que ocorre nulidade a partir da primeira transferência à interposta pessoa. Porém, na permanência da compra e venda em nome do agente interposto, não há que se inibir aos prejudicados a ação de anulação por simulação. No atual sistema, haverá nulidade na simulação, como apontamos. Temos que entender o vício da simulação, tal como descrito na parte geral, como integrante da nulidade ampla de fraude do art. 1.132, não se incompatibilizando com este. No sistema do art. 496, a simulação muda o enfoque do ato para o campo da nulidade.

> "A fraus legis, *mal maior, aglutina os vícios elementares de que se compõe a simulação. Para demonstrar o agravamento do mal da fraude à lei, corrobora a simulação*" (Dias, 1976:111).

Mais comumente ocorre a fraude por meio de um presta-nome, pois este permanece pouco tempo com a titularidade da coisa. Nessa venda oblíqua, a questão segue a regra geral de nulidade sem qualquer outra nuança. Recorde que, embora a reprimenda da disposição sob enfoque se aplique indistintamente a móveis e imóveis, na prática, reside na alienação imobiliária a caudal da jurisprudência.[4]

---

[4] "Apelação – Ação Anulatória – Sentença de procedência – Apelo do requerido – Nulidade do negócio – Venda de imóvel por instrumento particular de ascendente para descendente sem anuência dos demais descendentes – Anulabilidade prevista no artigo 496 do Código Civil – Negócio realizado em 2006, meses antes do falecimento do vendedor, ao neto – Inventário aberto em 2011 e retomado em 2022, ocasião em que, citado, o descendente comprador noticiou a aquisição do imóvel – Prescrição – Inocorrência – Demais descendentes, autores da ação, que só tiveram conhecimento do negócio anulável em 2022 – Prazo prescricional de 2 anos – Ação proposta em 2023, dentro do prazo prescricional – Sentença mantida, nos moldes do artigo 252 do Regimento Interno do ETJSP e bem assim pelos novos fundamentos contidos no item 3 abaixo – Recurso desprovido" (*TJSP* – Ap 1032346-63.2023.8.26.0007, 11-8-2025, Rel. Jane Franco Martins).

"Apelação cível – Ação declaratória de nulidade de ato jurídico – **Compra e venda de imóvel rural entre ascendente e descendente** – Sentença de improcedência – Recurso dos autores – Art. 1.132 do cc/1916 , vigente à época da celebração do contrato – Pai que vendeu a um dos seus filhos uma pequena fração de uma propriedade rural, sem que houvesse a anuência expressa do outro descendente, o qual confessou, em depoimento, ter aquiescido com o negócio, tanto que o patriarca, em outro momento, deu-lhe também um lote – Demandantes (filho e nora do vendedor, irmão e cunhada do comprador) que concordaram com os termos do contrato entabulado, mas que, por desavenças familiares, postularam pela nulidade do negócio jurídico – Eventuais diferenças entre o proveito econômico auferido entre os lotes já sabidas pelos acionantes desde a pactuação – impossibilidade de se contravir comportamento anterior, sob pena de violação à boa-fé objetiva – Precedentes – *Supressio* bem configurada – Anulabilidade afastada– Sentença mantida – Recurso conhecido e desprovido – Não deve prosperar o pleito ao desfazimento de contrato pela parte que, em teoria, seria prejudicada, mas que, desde à época da celebração, concordou com o pacto, criando a legítima expectativa aos interessados de que jamais reclamariam acerca dos termos negociados, motivo pelo qual o direito de requerer a nulidade do negócio jurídico foi suprimido com o tempo (*supressio*), sobretudo no caso dos autos, em que os autores, por quase vinte anos, manifestaram a concordância entre aquilo que o pai e o genitor do autor (sogro e genro da autora) pactuaram" (*TJSC* – AC 0032134-06.2012.8.24.0038, 2-4-2019, Rel. Des. Stanley Braga).

"Ação declaratória de nulidade – **Venda de ascendente para descendente** – Prazo decadencial de 20 anos reduzido para 2 anos – Incidência da regra de transição do art. 2.028 do CC/2002 – Prazo de 2 anos a partir da vigência do CC/2002 – Ação foi ajuizada em 26/11/2013 – Pretensão da autora de anulação da primeira venda alcançada pela decadência. Pronúncia de decadência da anulação da primeira venda mantida – Nulidade. Venda de ascendente para descendente – Irmã da autora não era casada com o comprador na época da alienação. Simulação não demonstrada. Improcedência do pedido de anulação da segunda venda mantida. Recurso improvido" (*TJSP* – Ap 3003214-87.2013.8.26.0358, 27-7-2018, Relª Silvia Maria Facchina Espósito Martinez).

"**Anulação de venda e compra de ascendentes a descendentes**, sem participação dos demais descendentes – ato anulável – Por se tratar de ato praticado na surdina, sem suficiente publicidade que pudesse demonstrar aos demais descendentes a necessidade de agir na defesa de seus interesses, incapaz, portanto, de dar início ao prazo prescricional ou decadencial extintivo do direito destes, por inexistência de omissão, o termo inicial deverá ser o da abertura da sucessão da última ascendente. Precedentes do STJ. Termo aqui nem mesmo iniciado. Decadência afastada. Alienação no curso do feito, mesmo depois de averbação na matrícula, com realização de fusão e incorporação, a promover potencial colisão com o direito de terceiros. Diante da ausência de prova de pagamento e levando em conta o bem jurídico que se pretende tutelar (igualdade das legítimas), reconheço aqui tratar-se de doação, autorizando a colação e obrigando os réus, solidariamente, a pagar aos autores o percentual que seria cabível a cada um deles em relação ao imóvel que herdariam, evitando discussão com direito de terceiros adquirentes de unidades no empreendimento incorporado no local" (*TJSP* – RN 4005575-54.2013.8.26.0554, 3-3-2017, Rel. Luis Mario Galbetti).

"Negócio jurídico – **Compra e venda de ascendente à descendente** – Não aquiescência dos demais descendentes – Ato anulável (outorga de escritura) – Inteligência do artigo 496 do Código Civil – Sentença mantida, por seus próprios e bem deduzidos fundamentos – Aplicação do artigo 252 do RITJSP – Recurso desprovido" (*TJSP* – Ap 0038371-24.2010.8.26.0506, 19-5-2016, Rel. Ronnie Herbert Barros Soares).

"**Sentença** – Julgamento antecipado da lide – Nulidade – Cerceamento de defesa (CPC, arts. 331 e 333) – Reconhecimento. Princípio da persuasão racional (CPC, arts. 131 e 330) – Natureza das alegações que possibilitam a produção das provas requeridas – Ineficácia da doação de ascendente a descendente que pode alcançar a venda do bem doado pelo donatário a terceira pessoa. Prova da licitude que afasta a presunção da má-fé dessa aquisição por *consilium fraudis* – Código Civil artigos 158, 391 e 942. Sentença anulada" (*TJSP* – Ap 0006130-20.2009.8.26.0445, 11-3-2015, Rel. Henrique Rodriguero Clavisio).

Lembre-se de que em qualquer momento, o pai é livre para vender seus bens a quem lhe aprouver. A venda feita a terceiro é válida. O negócio corrompe-se se este terceiro aliena a propriedade ao descendente do transmitente originário. O vício retroage à origem, qual seja, a venda feita ao terceiro testa de ferro.

Tanto na venda e compra direta feita pelo ascendente como naquela em que se usa o subterfúgio da interposição de estranho, existem fraude e, portanto, nulidade, no sistema do art. 1.132 do antigo diploma legal. O ordenamento não pode admitir que se obtenha por via indireta o que proíbe por via direta. Caracteriza-se, em ambas as situações, a intenção dos agentes de ferir a lei.

A venda feita a nora ou genro incidirá na reprimenda legal se o regime de bens do casamento permitir a comunicação. Contudo, ainda que o regime seja o de separação, é harmoniosa a opinião no sentido da nulidade, *"dadas as relações entre os cônjuges, a separação de bens não exclui de fato o comércio econômico que entre eles se estabelece"* (Alvim, 1961:66).

18.3.1.7 Ação de Nulidade do Art. 1.132. A Anulação no Código de 2002

É aberta possibilidade para a ação de nulidade sempre que faltar o consentimento do descendente. Este se legitima para a ação. Não possui interesse aquele que consentiu no negócio. De outro lado, não há necessidade de todos os descendentes no polo ativo da ação. Basta a presença de um deles. O litisconsórcio é facultativo. Essa pretensão é de ordem pessoal e não real. Seu objetivo é desfazer o vínculo contratual. De acordo com a orientação sumulada do Supremo Tribunal Federal (Súmula STF 494), a ação podia ser proposta com base na conclusão do contrato, quando principia o prazo prescricional de 20 anos, independentemente da morte do ascendente. Para os menores impúberes, não se inicia o prazo prescricional enquanto perdurar a incapacidade. Quanto aos interditos e aos maiores de 16 e menores de 18, se houver desídia de seu curador, responderá ele por perdas e danos. Se o curador for o próprio ascendente, é evidente que, enquanto durar a incapacidade, não corre prazo prescricional. Para os absolutamente incapazes que não tiveram seu estado reconhecido, não corre a prescrição (art. 198).

O próprio ascendente não tem legitimidade para a ação porque partícipe do ato, segundo o princípio pelo qual a ninguém é dado impugnar fato próprio.

A ação deve ser movida contra os ascendentes e descendentes participantes do negócio, bem como contra terceiros eventualmente colocados como interpostas pessoas. No polo passivo, é essencial a colocação de todos. É conveniente que o terceiro de boa-fé tenha ciência da ação, pois será atingido em sua esfera jurídica. Se perder a coisa, estando de boa-fé, terá direito a indenização por perdas e danos contra o descendente e o ascendente, se o caso, que lhe vendeu a coisa quando não viável solução mais equânime. Decretada a nulidade, a sentença desconstitui a compra e venda, fazendo a coisa retornar ao estado anterior, ao patrimônio do ascendente. Contudo, há que se proteger o terceiro adquirente de boa-fé sempre que possível, em prol da aparência e estabilidade das relações jurídicas, permitindo-se que ele permaneça com o bem, condenando-se o descendente a repor ao patrimônio do ascendente o valor equivalente (Gozzo, 1988:87). Nem sempre, na prática, em virtude dos meandros processuais, essa solução é aplicável.

Não se admite, na defesa dos réus, a alegação de que a venda tenha sido real com preço efetivamente pago. Em outros termos: é irrelevante para a nulidade do negócio, de acordo com a orientação sumulada do Supremo Tribunal Federal, a prova da onerosidade do negócio e da equivalência das prestações. Fixada a nulidade da compra e venda, não é dado aos partícipes provar que inexistiu simulação. Também é inoponível a alegação de desconhecimento da lei, erro de direito, em matéria de nulidade.

Filho natural, reconhecido voluntária ou judicialmente após a venda, tem legitimidade para impugná-la porque o reconhecimento opera ex tunc, embora também se sustente o contrário. Essa legitimidade já inexiste para o filho nascido após o negócio de compra e venda.

No corrente Código, partindo-se do princípio de que o negócio é anulável, há que se ver com cuidado a hipótese de simulação por interposta pessoa. A simulação é vício mais amplo que busca a fraude e, sendo causa de nulidade, assim deve ser visto o negócio, não podendo ficar restrito ao exíguo prazo de anulação. Ainda, levando-se em conta a nova sistemática adotada pelo Código de 2002, o prazo dos arts. 178 e 179 é de decadência.

18.3.2 Ausência de Legitimidade para Sujeitos com Ingerência sobre Bens do Vendedor

Determinadas pessoas, em face de posição subjetiva que ocupam em uma relação jurídica, são incapazes para adquirir bens, postadas que estão de forma a influenciar, dirigir ou suprimir a vontade do alienante.

> *"Art. 497. Sob pena de nulidade, não podem ser comprados, ainda que em hasta pública:*
>
> *I – pelos tutores, curadores, testamenteiros e administradores, os bens confiados à sua guarda ou administração;*
>
> *II – pelos servidores públicos, em geral, os bens ou direitos da pessoa jurídica a que servirem, ou que servirem, ou que estejam sob sua administração direta ou indireta;*
>
> *III – pelos juízes, secretários dos tribunais, arbitradores, peritos e outros serventuários ou auxiliares de justiça, os bens ou direitos sobre que se litigar em tribunal, juízo ou conselho, no lugar onde servirem, ou a que se estender a sua autoridade;*
>
> *IV – pelos leiloeiros e seus prepostos, os bens de cuja venda estejam encarregados.*
>
> *Parágrafo único. As proibições deste artigo estendem-se à cessão de crédito".*

A inspiração de ordem moral nessas restrições é evidente. As pessoas aí designadas estão colocadas em posição que lhes permite facilmente dela prevalecer para obter vantagens e locupletar-se indevidamente.

Questão mais palpitante e complexa era a da proibição de o mandatário adquirir bens do mandante, em disposição por isso não repetida na nova lei. Não era de se admitir a restrição quando as partes se faziam presentes no ato realizado de forma direta, devendo ser considerado como qualquer outro. Presentes mandante e mandatário no negócio, deixava de existir razão para a restrição. O mandatário podia ser autorizado, no próprio mandato, a adquirir o bem. Surgia aí a problemática do mandato em causa própria e do contrato consigo mesmo ou autocontrato, por nós estudado (*Direito civil: teoria geral das obrigações e teoria geral dos contratos*, seção 19.10). Como vemos no estudo respectivo, o mesmo se aplica quando do mandato constam precisamente todas as condições de venda do bem, não permitindo maior atividade voluntária do mandatário. A venda se efetuará nessa hipótese como a qualquer terceiro. Afora essa situação específica, existente, mas não muito comum na prática, o que a lei veda, em linhas gerais, é a aquisição pelo mandatário com poderes gerais de administração. Aliás, a proibição ou ausência de legitimidade decorre da própria natureza das disposições sobre o mandato e não particularmente desse dispositivo. Assim é que o art. 661 do atual Código, acompanhando regra tradicional do sistema anterior, determina que "*o mandato em termos gerais só confere poderes de administração*". Complementa o § 1º:

> *"Para alienar, hipotecar, transigir, ou praticar outros quaisquer atos que exorbitem da administração ordinária, depende a procuração de poderes especiais e expressos."*

Essa proibição alcança qualquer modalidade de mandato. A lei almeja evitar conflito de interesses entre mandante e mandatário, o que traria inelutavelmente prejuízo ao primeiro. Desse modo, eventual exorbitância de poderes no desempenho do mandato deve ser examinada no âmbito exclusivo do próprio mandato e não dentro dessa regra geral proposta pelo Código de 1916.

No sistema de 1916, nessa situação do mandatário, a nulidade era de cunho relativo, pois somente o mandante poderia argui-la. Os demais casos descritos no Código pretérito, em linha geral, permitiam que o Ministério Público promovesse a nulidade, bem como fosse declarada de ofício, quando estivesse presente o interesse público ou de incapazes. A afirmação peremptória de nulidade absoluta, no entanto, era discutível: a venda podia ser vantajosa para o incapaz, por exemplo, o qual é possível com ela aquiescer quando atingir a maioridade. Não haveria dúvida, contudo, na nulidade relativa no que diz respeito ao administrador adquirir bens do administrado, pois a hipótese assemelha-se à do mandatário, presente apenas o interesse privado na nulidade.

O testamenteiro, sendo também herdeiro, não estará inibido de adquirir bens do espólio a seu cargo porque não se proíbe ao herdeiro. A inibição dirige-se ao testamenteiro estranho à sucessão (Borda, 1989:172). Se não há interesse de menores e incapazes no inventário, essa nulidade deve ser tida como relativa, de iniciativa apenas dos interessados.

O atual Código põe um paradeiro a essa dificuldade interpretativa, mencionando expressamente que a pena para transgressão do preceito é de nulidade. Contudo, essa nova posição expressa poderá gerar iniquidades na prática.

18.3.3 Falta de Legitimação Decorrente do Casamento

De acordo com o art. 1.647 do Código em vigor, salvo caso de suprimento judicial de vontade e exceto no regime de separação absoluta, nenhum dos cônjuges pode, sem autorização do outro, alienar ou gravar de ônus real os bens imóveis. No sistema de 1916, o cônjuge, qualquer que fosse o regime de bens, não podia também "*alienar, hipotecar ou gravar de ônus os bens imóveis ou direitos reais sobre imóveis alheios*" (art. 235, I, e art. 242, I a III).

Nosso Código anterior não estipulou proibição, contudo, de venda de um cônjuge a outro. A doutrina inclina-se por entendê-la nula. O atual Código, assumindo nova posição em matéria de família, autorizando inclusive a modificação do regime de bens no curso do casamento, permite expressamente: "*É lícita a compra e venda entre cônjuges, com relação a bens excluídos da comunhão*" (art. 499).

No sistema anterior, sustentava-se:

> *"Se o regime vigente for o da comunhão universal, a venda não seria senão um ato fictício, pois que o acervo dos bens do casal é comum, e não pode haver compra e venda sem a consequente mutação de patrimônio. Se o regime for outro, a venda é proibida, porque contrária ao princípio que se opõe à sua alteração pela convenção das partes (Código Civil, art. 230; atual, art. 1.639)"* (Pereira, 1994:128).

Serpa Lopes (1991:263), ao contrário, entendia que, não havendo impedimento expresso na lei, a compra e venda entre cônjuges era válida desde que não ocorresse a simulação ou fraude à lei: "*se a lei entendeu inútil uma determinada forma de proteção, não pode ela ser introduzida por força de dedução*". No tocante aos bens da comunhão, será inútil e inócua, e, portanto, suspeita de interesses simulados, a venda feita por um consorte a outro na comunhão de bens. Por essa razão o novel Código é expresso em permitir esse negócio apenas com relação aos bens excluídos da comunhão. Pondere-se, ainda, contra a utilidade dessa compra e venda em tese, que outra não fosse a causa, o dinheiro para a compra sairia da própria comunhão.

Na compra e venda no regime de separação ou da comunhão parcial, o sistema não impõe proibição (Alvim, 1961:84), importando examinar o caso concreto para averiguar eventual fraude ou prejuízo de terceiros. Essa é a orientação que deve preponderar no ordenamento em vigor.

18.3.4 Falta de Legitimação do Condômino para Vender a Estranho a Coisa Indivisa (Art. 504). Direito de Preferência

O condômino de parte indivisa não pode alienar sua parte a estranho, se outro condômino quiser, tanto por tanto. O Código institui preferência em favor dos condôminos porque a intenção é, sempre que possível, extinguir o condomínio e evitar o ingresso de estranhos na comunidade condominial, sempre ponto de discórdias.[5] Sob a regência do art. 504, o condômi-

---

[5] "Apelação cível – ação de adjudicação compulsória – imóvel em estado de indivisão – direito de preferência dos condôminos – ausência de notificação – ineficácia do negócio jurídico em relação ao condômino preterido – ausência de registro do contrato – impossibilidade de oponibilidade a terceiros – necessidade de dissolução do condomínio – sentença mantida – recurso desprovido. I. Caso em Exame Recurso de apelação interposto contra sentença que julgou improcedente pedido de adjudicação compulsória de imóvel, condenando os autores ao pagamento de custas e honorários advocatícios. Os apelantes sustentam ter cumprido todas as obrigações contratuais referentes à compra de 50% do imóvel, não obtendo a escritura definitiva em razão da recusa de um dos corréus. II. Questão em Discussão 2. A controvérsia envolve: (i) a validade do negócio jurídico diante da ausência de notificação formal dos demais condôminos, com possível violação ao direito de preferência; e (ii) a eficácia do contrato perante terceiros, considerando a ausência de registro na matrícula do imóvel. III. Razões de Decidir 3. A adjudicação compulsória é instrumento processual destinado a suprir a recusa injustificada do promitente vendedor em outorgar a escritura definitiva. Contudo, seu deferimento exige o cumprimento dos requisitos legais, incluindo a notificação prévia de todos os condôminos, em observância ao direito de preferência, conforme preconiza o artigo 504 do Código Civil. A ausência dessa notificação torna o negócio jurídico ineficaz em relação ao condômino preterido. 4. A ausência de registro do contrato na matrícula do imóvel impede a oponibilidade a terceiros, restringindo seus efeitos às partes contratantes e afastando a eficácia erga omnes, consoante o preceituado no artigo 1.245 do Código Civil. 5. A adjudicação compulsória pressupõe a existência de um imóvel passível de individualização e transmissão. No caso de bem imóvel em estado de indivisão, a solução adequada é a extinção do condomínio, nos termos do artigo 1.320 do Código Civil. Assim, enquanto persistir a indivisão, afigura-se inviável a adjudicação compulsória sem a prévia partilha do bem. IV. Dispositivo e Tese 5. Recurso desprovido. Tese de julgamento: 1. A adjudicação compulsória exige a notificação prévia de todos os condôminos para o fim de se respeitar o direito de preferência. 2. A ausência de registro do contrato na matrícula do imóvel impede a oponibilidade a terceiros. 3. A individualização do bem é requisito para a adjudicação compulsória e, na sua ausência, a extinção do condomínio é a via adequada para a prévia partilha do bem. 4. Honorários advocatícios majorados de 10% para 15% do valor da causa atualizado, nos termos do artigo 85, §11, do Código de Processo Civil, observada a justiça gratuita concedida aos autores. Legislação Citada: Código de Processo Civil, art. 487, I; art. 85, §2º e §11. Código Civil, art. 504; art. 1.245; art. 1.320. Jurisprudência Citada: STJ, REsp nº 1207129/MG, Rel. Min. Luis Felipe Salomão, T4 – Quarta Turma, j. 16.06.2015. STJ, RE nos EDcl nos EDcl no REsp nº 1724716/MS, Rel. Min. Maria Thereza de Assis Moura, DJ 23.05.2019" (*TJSP* – Ap 1005287-17.2020.8.26.0198, 17-3-2025, Rel. Mario Chiuvite Junior).

"Ação de preferência cumulada com adjudicação compulsória de imóvel pro indiviso. Condôminos autores alegam preterição quando da alienação de metade da fração ideal para pessoa estranha à relação condominial. Sentença de procedência. Apela o corréu adquirente sustentando cerceamento de defesa e ciência dos autores acerca da venda. Descabimento. Preliminar. Cerceamento por falta de oitiva de testemunhas. Inocorrência. Preliminar rejeitada. Mérito. Ausente prova do oferecimento da meação aos condôminos autores 'tanto por tanto', ou seja, por valor idêntico e com as mesmas condições que foram concedidas a terceiro estranho ao condomínio. **Incidência do art. 504 do CC**. Recurso improvido" (*TJSP* – Ap 1002441-46.2022.8.26.0072, 17-4-2024, Rel. James Siano).

"Agravo de instrumento – Ação de Anulação de Contrato de Compra e Venda c/c Adjudicação Compulsória – Decisão agravada determinando a suspensão dos efeitos do contrato de compra e venda realizado entre os agravantes e terceiro, bem como autorização de depósito do valor da venda apenas da unidade por parte dos agravados – Descabimento – **Direito de Preferência** que foi observado pelos Agravantes (art. 504, CC) – Dispositivo legal que não obriga a exibição de contrato de compra e venda aos demais condôminos – Notificação que englobou a unidade imobiliária e as vagas de garagem – Valor total informado aos Agravados que ofertaram importe inferior – Decisão reformada – Recurso Provido" (*TJSP* – AI 2021669-75.2023.8.26.0000, 25-5-2023, Rel. Vitor Frederico Kümpel).

no preterido pode depositar o preço no prazo de cento e oitenta dias, havendo para si a parte vendida ao estranho, sob pena de decadência. O parágrafo único do artigo estabelece ordem de preferência na hipótese de mais de um condômino interessar-se pela aquisição. Preferirá o que tiver benfeitorias de maior valor e, na falta de benfeitorias, o de quinhão maior. Se os interessados tiverem quinhão igual, todos poderão adquirir a parte vendida, depositando o preço.

Essa disposição aplica-se ao condomínio tradicional, não servindo ao condomínio de apartamentos ou assemelhados, com unidades autônomas.

Cuida-se na hipótese de direito de *preempção ou preferência*, regulado nos arts. 513 a 520, cujo estudo deve ser aprofundado quando do exame das cláusulas especiais da compra e venda. O condômino não tem no negócio outro direito senão o de comprar a coisa. É direito, e não obrigação. Por outro lado, o vendedor não está obrigado a vender a coisa, mas, se o fizer, terá que oferecê-la ao condômino, que poderá adquiri-la, tendo preferência nas mesmas condições oferecidas pelo terceiro. Esse direito torna-se exercível, portanto, somente quando o condômino resolve vender sua parte na comunhão. Não se aplica quando se tratar de negócio diverso da compra e venda, salvo na dação em pagamento por força do art. 513, que é expresso a seu respeito. Os princípios são idênticos ao Código anterior.

Entende-se que esse depósito deve corresponder ao preço integral, atualizado se for o caso. Ainda, enfatizando que se trata de prazo de decadência, o atual diploma estabelece 180 dias para o requerimento, e não mais os seis meses do art. 1.139, prazos que não são coincidentes. Esse prazo inicia-se no dia em que o negócio da venda a estranho se consumou e é contínuo e peremptório, não se suspendendo nem interrompendo.

18.4 EFEITOS COMPLEMENTARES DA COMPRA E VENDA

Vimos que na compra e venda a obrigação do vendedor é entregar a coisa e a do comprador é pagar o preço. O principal efeito colimado é a transferência do domínio conforme explanado.

Tratando-se de imóveis, o vendedor não pode opor-se a que o comprador efetue a transcrição imobiliária do título. Trata-se de obrigação negativa. Ao lado dela, também ocorrem obrigações acessórias inafastáveis conforme o contrato, tais como desocupação do imóvel,

---

"Agravo de instrumento. Ação anulatória de arrematação. Bem alienado a terceiro em ação de extinção de condomínio. Condômino que alega ter sido preterido, não sendo citado na demanda antecedente. Decisão que determina o depósito judicial do valor de arrematação para o exercício do **direito de preferência** está em consonância com o art. 504, CC. Ausência de prejuízo. Recurso não provido" (*TJSP* – AI 2067877-54.2022.8.26.0000, 12-9-2022, Rel. Enio Zuliani).

"Ação anulatória de negócio jurídico c/c adjudicação compulsória. **Direito de preferência de condômino**. 1. Preliminar de deserção afastada. 2. Preliminar de inovação recursal. Possibilidade de adução de argumentos diversos dentro de mesmo pedido de resistência à pretensão autoral. Preliminar afastada. 3. Direito de preferência. Direito que não nasce apenas com o registro a compra e venda. A 'venda' a que se refere o art. 504 do CC abrange a promessa de venda, cessão de direitos ou a promessa de cessão de direitos. Não faria sentido exigir que o condômino aguarde que o negócio realizado chegue aos seus últimos efeitos para interferir e reivindicar sua preferência. Aplicação analógica do art. 27 da Lei de Locações (Lei 8.245/91), expresso nesse sentido. Argumentação de que o preço é demasiadamente baixo que configura alegação da própria torpeza (*nemo auditur propriam turpitudinem allegans* – art. 276 do CPC). Depósito do preço que não precisa ser feito à vista. Contrato paradigma que previa o pagamento parcelado. Direito de preferência se dá sempre em igualdade de condições. Correta a r. sentença ao anular o negócio celebrado em desconformidade com o art. 504 do CC e adjudicar o imóvel à condômina mediante o pagamento do preço. 4. Titularidade dos depósitos do preço. Cessionária que não comprovou o pagamento do preço. Preço pago pela autora deve ser direcionado aos réus-condôminos. 5. Sucumbência. Ré-apelante que sucumbiu na totalidade dos pedidos a ela direcionados. Distribuição sucumbencial mantida. Esclarecimento, porém, para que cada parte ré arque com metade dos ônus sucumbenciais (art. 87, § 1º, do CPC) por não haver responsabilidade solidária diante da diversidade de posições jurídicas que possuem. 6. Recurso parcialmente provido" (*TJSP* – Ap 1010934-02.2019.8.26.0562, 26-5-2021, Rel. Mary Grün).

entrega das chaves, de documentos etc. Para os móveis, há que se operar a tradição, real ou simbólica. A tradição real é a que efetivamente faz passar a coisa da posse do alienante para a posse do adquirente. A simbólica é tradição presumida, pode ocorrer também nos imóveis para transferir a posse, como a entrega das chaves do imóvel adquirido, ou, para os móveis, a entrega da chave de veículo automotor adquirido ou do armazém onde se guarda a coisa comprada. A tradição consensual se perfaz pela modificação do *animus* dos contratantes em relação à coisa, como no constituto possessório, quando se transforma a relação possessória do vendedor com a coisa, passando ele a possuir não mais em seu nome, mas em nome do comprador (Lopes, 1991:297).

Com a tradição, toda perda, deterioração ou benefício sobre a coisa atinge unicamente o adquirente, para quem foi transferida a titularidade dos bens (*res perit domino*).

Examinados os efeitos obrigacionais principais da compra e venda, cumpre assinalar que dela decorrem outros, como obrigações acessórias. Devem ser ponderados os riscos pela perda ou deterioração da coisa até a tradição, as despesas com o respectivo contrato, a proteção jurídica da evicção e a garantia de fato pelos vícios redibitórios.

18.4.1 Riscos da Coisa Vendida

Se o vendedor tem obrigação de entregar a coisa vendida, está implícito que deve conservá-la, sem modificação de seu estado, até o momento da tradição. Mais do que uma obrigação propriamente dita, trata-se de encargo inerente a qualquer obrigação de entrega. Cuida-se de atividade preparatória que colocará o vendedor em posição de cumprir sua obrigação. Essa custódia da coisa vendida, portanto, não é uma prestação em sentido técnico, nem pode ser objeto de reclamação por parte do comprador. Para este, o que interessa é unicamente o resultado, qual seja, receber a coisa que comprou nas condições pactuadas (Borda, 1989:201). Essa guarda ou custódia da coisa é importante para a venda de coisa certa. Quando a obrigação tem por objeto coisas fungíveis, vigora o princípio pelo qual o gênero nunca perece (*genus non perit*), cumprindo o vendedor a tradição, entregando coisas do mesmo gênero, quantidade e qualidade.

O art. 492 coroa o princípio, já presente nas obrigações de dar coisa certa, da *res perit domino*: "*até o momento da tradição, os riscos da coisa correm por conta do vendedor, e os do preço por conta do comprador*". Preço está colocado no texto no sentido de pagamento. Risco está colocado no sentido do perigo a que pode estar sujeita a coisa de perecer ou se deteriorar por caso fortuito ou força maior, ou culpa. Recorde-se: sempre que houver culpa, existirá responsabilidade por perdas e danos do culpado. No caso vertente, o vendedor que ainda não efetuou a tradição.

Enquanto não entregue a coisa ao comprador, o vendedor deve suportar a perda ou deterioração da *res*, se no contrato não ficou estipulado diferentemente. A tradição é marco divisor na responsabilidade pela perda ou deterioração. Como em nosso sistema o contrato não transmite a propriedade, a coisa continua a pertencer ao alienante até sua entrega, ainda que a posse esteja com terceiro. Se a perda ou deterioração decorrer de culpa do vendedor, responderá ele pelo valor da coisa mais perdas e danos (art. 234). No entanto, o § 1º desse artigo 492 estatui que

> *"os casos fortuitos, ocorrentes no ato de contar, marcar, ou assinalar coisas, que comumente se recebem, contando, pesando, medindo ou assinalando, e que já tiverem sido postas à disposição do comprador, correrão por conta deste".*

Desse modo, se já ocorreu a tradição simbólica ou a coisa já foi posta à disposição do comprador, entendemos que já houve entrega, liberando-se o alienante da responsabilidade pela perda ou deterioração. Na realidade, não existe exceção ao princípio do *caput*. No mesmo sentido a dicção do art. 494: se o comprador pede a expedição da coisa para local diverso, o vendedor exime-se da responsabilidade por ela tão logo a entrega ao transportador, salvo se proceder diferentemente das instruções recebidas. Nessa hipótese, a tradição ocorre no momento em que a coisa é entregue à pessoa encarregada de transportá-la. Ocorrendo perda ou deterioração no transporte, quem irá suportá-las é o comprador que já é dono da coisa adquirida.

Na ocorrência de perda parcial ou deterioração da coisa adquirida, o comprador tem a faculdade de resolver o contrato, ou aceitá-la com abatimento proporcional do preço (art. 236).

Se o objeto do contrato for coisa fungível, obrigação de dar coisa incerta, portanto, quando deverá ser indicada ao menos pelo gênero e pela quantidade (art. 243), o Código dispõe que antes da escolha não poderá o vendedor alegar perda ou deterioração, "*ainda que por força maior ou caso fortuito*" (art. 246). Cuida-se de corolário do princípio segundo o qual o gênero nunca perece. Nessa obrigação fungível, a escolha pertence ao devedor (o vendedor), salvo estipulação contratual em contrário. Somente depois de feita a escolha, isto é, concentrada a obrigação, é que se torna obrigação de dar coisa certa.

Pelo lado do comprador, até o momento da tradição, é por sua conta o risco do preço. Trata-se de consequência de sua obrigação de pagar. Se estiver, porém, em mora para receber a coisa que comprou, deve arcar com suas respectivas consequências. Entre as decorrências da mora do credor, *mora accipiendi*, estão os riscos pela perda da coisa. Supõe-se a hipótese de o comprador ter injustamente se recusado a recebê-la. Constituído em mora pela consignação da coisa, exime-se o vendedor dos riscos. Tal deflui do sentido da mora como instituto geral nas obrigações (art. 400), sendo também expresso nesse sentido o § 2º do art. 492. Nessa situação, o adquirente ainda não é dono, mas sua culpa em não receber a coisa o faz suportar os riscos.

No que nos referimos aos cômodos na coisa comprada (acréscimos ou melhoramentos), a regra aplicável é a do art. 237. O acréscimo ocorrido entre a celebração da compra e venda e a entrega favorece o dono (*res crescit domino*), ou seja, o vendedor. Este poderá reclamar aumento de preço e, se houver negativa por parte do comprador, considerará desfeito o negócio. Se, porém, o vendedor encontra-se em *mora accipiendi*, os acrescidos pertencerão ao comprador, não podendo aquele exigir aumento de preço (Borda, 1989:201). Essa solução decorre do princípio da inversão de responsabilidade que a mora do credor (no caso, o vendedor) acarreta.

Se realizadas benfeitorias na coisa, do interregno até a tradição, pode o vendedor levantar as que não danificam a coisa. Não pode exigir pagamento pelas benfeitorias necessárias porque decorrem do princípio geral do risco pela perda e consequente conservação da coisa até a entrega. Também, não pode pretender pagamento, nem exercer retenção, pelas benfeitorias úteis, porque não pode unilateralmente alterar a coisa, agravando o preço.

Após a tradição, a perda, deterioração ou benefício sobre a coisa toca unicamente o adquirente. Em toda esta matéria, revise o que foi por nós explanado no volume específico acerca das obrigações de dar coisa certa e coisa incerta (Venosa, *Direito civil: teoria geral das obrigações e teoria geral dos contratos*, seção 6.2.1).

18.4.2 Garantia para Tradição da Coisa. Insolvência do Comprador

O prazo para a entrega é o estatuído no contrato. Silentes as partes, entende-se que a obrigação do vendedor e a do comprador são simultâneas, exigíveis desde logo, seguindo-se o descrito no art. 134 da parte geral, "*salvo se a execução tiver de ser feita em lugar diverso, ou depender de tempo*". Por outro lado, o art. 491 dispõe: "*Não sendo a venda a crédito, o vendedor não é obrigado a entregar a coisa, antes de receber o preço.*" Nada mais é do que decorrência do princípio dos arts. 476 e 477 (*exceptio non adimpleti contractus*) e também porque a tradição importa a transferência da propriedade. Na prática, afigura-se muito difícil ocorrer perfeita simultaneidade porque a troca da coisa por dinheiro sempre estará a requerer atos sucessivos, em perfeita sincronia.

O art. 495 permite que o vendedor sobreste a entrega da coisa na compra e venda, ainda não ocorrida, "*se antes da tradição o comprador cair em insolvência*", até que o comprador ofereça caução de pagar no tempo ajustado.

Aplica-se o princípio geral da exceção de contrato não cumprido, ficando o vendedor munido de direito de retenção para evitar prejuízo. Seria extremamente gravoso para o vendedor, nessa hipótese, ser obrigado a entregar a coisa, com a situação financeira periclitante do comprador. O dispositivo vem em socorro do vendedor. A este cabe a prova da insolvência.

Aparentemente, nesse artigo o vendedor usufrui de situação mais confortável em relação ao comprador, mas Clóvis Beviláqua (1934:307) recorda a hipótese oposta, qual seja, se antes de pago o preço sobrevier ao vendedor diminuição em seu patrimônio capaz de comprometer ou tornar duvidosa a tradição da coisa, assiste ao comprador direito correspondente ao que se atribui ao vendedor, com sustação do pagamento até prestação de efetiva garantia de entrega.

Como consequência, o comprador pode não só sustar o pagamento do preço se o vendedor não está apto para entregar a coisa, como também o vendedor pode recusar-se a firmar escritura de venda, antes de receber o preço. A escritura, como regra, importa em quitação, total ou parcial, do preço, sendo ato posterior ao recebimento da coisa (Alvim, 1961:56).

18.4.3 Despesas de Escritura e Tradição. Exigência Fiscal

O art. 490 traz norma dispositiva: as despesas da escritura ficarão a cargo do comprador, enquanto as da tradição caberão ao vendedor. As partes têm ampla liberdade de alterar a atribuição legal e com frequência o fazem. Nesse sentido, no direito mercantil, as cláusulas FOB (*free on board*), quando as despesas correm por conta do comprador, e CIF (*cost, insurance, freight*), quando o preço abrange também o seguro e o frete. Os costumes também podem inverter a dicção legal.[6]

---

6 "Apelação – adjudicação compulsória e dano moral – procedência – inconformismo da ré – acolhimento – Pretensão recursal que visa afastar as condenações relativas às despesas cartorárias de registro da escritura definitiva e ao dano moral – **Despesas cartorárias para transferência da propriedade registral da unidade individualizada são de responsabilidade do adquirente do imóvel** – Inteligência do art. 490, CC – Inexistência de previsão contratual em contrário – Encargos que não se confundem com os de individualização da matrícula ou baixa de gravame, cuja responsabilidade é da incorporadora – Danos morais – Inocorrente – Descumprimento contratual que por si só não configura dano moral indenizável – Situação de mero aborrecimento – Sentença reformada – Deram provimento ao recurso" (*TJSP* – Ap 1005199-34.2020.8.26.0309, 31-8-2023, Rel. Alexandre Coelho).

"Apelação Cível – Obrigação de fazer – Adjudicação compulsória de imóvel – Escritura de compra e venda – Regularização do domínio de imóvel negociado – Custeio de despesas de ITBI e atos notariais pela apelada – Possibilidade – Despesas relativas à transferência do imóvel que devem ser suportadas pela compradora apelada por força de disposição contratual – Disposição que se trata de reiteração da regra estabelecida no art. 490, do CC – Recurso provido" (*TJSP* – Ap 1043986-17.2019.8.26.0100, 15-9-2022, Rel. José Joaquim dos Santos).

"**Compra e venda de imóvel** – Recebimento de escritura e restituição de valores – Ação ajuizada pela vendedora em face do adquirente visando compeli-lo a transferir para o seu nome o imóvel adquirido, bem como ressarci--la pelo dano material suportado em razão do pagamento de débitos de condomínio incidentes sobre o bem. Sentença de procedência. Apelo do requerido. Preliminar de ausência de fundamentação da sentença rejeitada. Partes que celebraram contrato de compromisso de compra e venda de imóvel há mais de 23 (vinte e três) anos, deixando o adquirente de transferir o bem para o seu nome. Despesas de escritura e registro correm a cargo do comprador. Artigo 490 do Código Civil. Possibilidade de exigência das obrigações assumidas no contrato em

No tocante aos imóveis especificamente, o art. 1.137 do antigo diploma determinava que em todas as escrituras deveriam ser transcritas as certidões negativas de impostos federais, estaduais e municipais. Acrescentava o parágrafo único que "*a certidão negativa exonera o imóvel e isenta o adquirente de toda responsabilidade*". O Projeto nº 6.960/2002 propugnava que voltasse o texto, inserindo-o como parágrafo único do art. 502. Uma vez apresentada e transcrita a certidão tributária, o Fisco não mais pode voltar-se contra o adquirente do imóvel, devendo voltar-se contra o alienante. A regra apresenta vantagem para o Fisco, porque assegura o recolhimento, e para o adquirente que se isenta de qualquer responsabilidade tributária pretérita relativa ao imóvel comprado. Nesse mesmo campo, dispõe o art. 502 do atual Código que, "*salvo convenção em contrário, responde o vendedor por todos os débitos que gravem a coisa até o momento da tradição*". As exigências tributárias decorrem também das leis fiscais.

18.4.4 Defeito Oculto na Venda de Coisas Conjuntas

Dispõe o art. 503: "*Nas coisas vendidas conjuntamente, o defeito oculto de uma não autoriza a rejeição de todas.*"

O artigo sofre acerba crítica no comentário de Clóvis, endossada por vários autores que se seguiram. Isso porque o defeito em uma das unidades pode macular ou prejudicar as demais. Suponhamos a hipótese de uma enciclopédia que apresenta defeito de impressão em um dos volumes. A devolução desse volume prejudica toda a obra (Rodrigues, 1983:173). A interpretação de Agostinho Alvim é razoável. Entende esse autor que o artigo se refere à compra de várias unidades autônomas, sem relação de interdependência: 100 livros da mesma edição, 10 automóveis etc. Nesse caso, o defeito em uma ou algumas unidades não interfere nas demais.

> "*Para o bom entendimento do art. 1.138 deve ser empregada a interpretação restritiva, porque ele disse mais do que queria. Assim, aplica-se o texto às coisas singulares, ainda que vendidas na mesma ocasião e por um só preço; aplica-se às coisas coletivas, quando se perceba que não há estreita interdependência econômica entre os indivíduos que formam a coisa, como em regra não há num rebanho, ou numa biblioteca; não se aplica o dispositivo, quando, sendo coletiva a coisa, exista uma razão econômica a ditar sua inseparabilidade, sendo permitido, neste caso, rejeitar ambas, ou todas as coisas, pelo defeito de uma*" (Alvim, 1961:112).

---

face do requerido. Dívidas de condomínio incidentes sobre o bem que ensejaram o ajuizamento de execução em face da autora, com o consequente bloqueio de valores em conta de sua titularidade. Responsabilidade do requerido pelo pagamento do débito. Pagamento de dívida por terceiro não interessado assegura o direito de restituição. Impossibilidade de dilação de prazo para cumprimento do quanto determinado na sentença. Postura que tangencia a má-fé do requerido. Infundada resistência ao cumprimento de uma obrigação que se posterga por no mínimo 19 (dezenove) anos. Falta de comprovação de que a autora tenha se recusado a qualquer trâmite quanto à outorga da escritura. Impossibilidade de fixação de astreinte em face de parte contra a qual inexiste determinação judicial a ser exigida. Sentença mantida. Recurso desprovido" (*TJSP* – AC 1011550-24.2018.8.26.0008, 30-5-2019, Relª Mary Grün).

"**Compromisso de compra e venda** – Imóvel – Ação de repetição de indébito – Despesas de cancelamento de hipoteca – Inadmissibilidade – Cláusula de teor claro e inequívoco, atribuindo ao adquirente a responsabilidade pelo adimplemento de tal despesa. Compromissário comprador que, salvo estipulação em contrário, deve arcar com as despesas de escritura e registro imobiliário, ficando a cargo do vendedor as de tradição. Cláusula que traduz mera reprodução do art. 490 do CC. Sentença de improcedência mantida. Recurso improvido" (*TJSP* – Ap 1048264-59.2017.8.26.0576, 13-3-2018, Rel. Vito Guglielmi).

Desse modo, não temos que entender que o dispositivo em análise se refira unicamente à compra e venda de universalidades, como pretende parte da doutrina.

Essa questão deve atualmente ser analisada conjuntamente com os princípios do Código de Defesa do Consumidor (Lei nº 8.078/90). O fornecedor de produtos de consumo duráveis e não duráveis responde pelos vícios de qualidade ou quantidade que os tornem impróprios ou inadequados ao consumo ou lhes diminuam o valor, podendo o consumidor exigir a substituição das partes avariadas (art. 18, que discrimina a forma e modalidade de reclamação por parte do adquirente). Determina o mesmo dispositivo dessa lei que se não sanado o vício no prazo máximo de 30 dias, ao consumidor se abrem três alternativas: substituição do produto por outro; restituição da quantia paga, sem prejuízo de perdas e danos, ou abatimento proporcional do preço (§ 1º). Essa aplicação da lei do consumidor deve ter em mira a interpretação preconizada ao art. 503 do Código Civil, para avaliar se é atingida a totalidade dos bens incluídos na venda, ou apenas as unidades defeituosas. O art. 503, do novel Código, como se nota, mantém a mesma redação do diploma anterior.

18.4.5 Garantia contra Vícios Redibitórios e Evicção

Essas duas modalidades de garantia agregam-se de tal forma à compra e venda que muitas legislações as disciplinam juntamente com esse contrato. Como vimos nesta obra, Capítulos 13 e 14, para qual remetemos o estudo respectivo, a posição deste instituto é mesmo dentro da teoria geral dos contratos porque essas garantias aplicam-se aos contratos comutativos e onerosos em geral. Os vícios redibitórios têm a ver com defeitos materiais na coisa vendida, enquanto a evicção diz respeito à perda da coisa em razão de vício jurídico.

No Código de Defesa do Consumidor, realça-se mais a garantia inerente ao fornecedor de serviços. O consumidor é favorecido com a inversão do ônus da prova a seu favor a fim de facilitar a defesa de seus direitos quando, "*a critério do juiz, for verossímil a alegação ou quando for ele hipossuficiente, segundo as regras ordinárias de experiências*" (art. 6º, VIII). Nesse diapasão, caberá ao fornecedor indigitado provar ausência de culpa, culpa da vítima, caso fortuito ou força maior. A lei do consumidor erigiu responsabilidade objetiva do fornecedor, o qual se safará de responsabilidade somente se provar as excludentes aqui enumeradas.

A obrigação do vendedor não é unicamente entregar a coisa, mas fazê-la de forma livre e desembaraçada de vícios. Essa é a efetiva garantia pela evicção e pelos vícios redibitórios. Deve o vendedor garantir que a coisa seja efetivamente útil para o destino proposto e que não sofra turbação de terceiros por fato ou ato anterior ao contrato. O vendedor assegura a posse pacífica e útil da coisa entregue. Como não se trata de condições essenciais à compra e venda, podem as partes, dentro de sua autonomia de vontade, dispensá-las, restringi-las ou alargá-las, modificá-las, enfim. Por tal razão, admite-se, por exemplo, que o vendedor reforce a garantia de evicção contra determinado terceiro, eventual turbador da coisa, ou que distenda o prazo legal de garantia dos vícios redibitórios.

18.5 VENDA POR AMOSTRA

Quando a venda se efetua mediante amostras, "*entender-se-á que o vendedor assegura ter a coisa vendida qualidades por elas apresentadas*" (art. 1.135 do Código anterior). O art. 484 atual amplia a compreensão das amostras:

> *"Se a venda se realizar à vista de amostras, protótipos ou modelos, entender-se-á que o vendedor assegura ter a coisa as qualidades que a elas correspondem.*

Parágrafo único. Prevalece a amostra, o protótipo ou o modelo, se houver contradição ou diferença com a maneira pela qual se descreveu a coisa no contrato."[7]

Em síntese, a amostra, o protótipo ou o modelo devem ser idênticos às coisas apresentadas para venda. A venda por amostras tem por finalidade simplificar o processo, evitando transporte e maiores entraves no exame da coisa a ser adquirida. Leve em consideração, no entanto, que, por vezes, as amostras são miniaturizadas ou compactadas por sua própria natureza, não dando noção do todo. A questão reverte-se para o caso concreto, mas a regra geral é a de que o comprador pode enjeitar a coisa que não se identificar com a amostragem. A amostra deve apresentar as qualidades da coisa vendida. Na dúvida, por vezes, apenas a perícia poderá esclarecer. Essa modalidade de venda é comum em feiras e exposições.

No tocante aos modelos e protótipos, nem sempre se iniciou a produção em série desses produtos, os quais, por vezes, dependem ainda de atualização tecnológica. Deve ser feita ressalva no contrato quanto a possíveis alterações, pois, na dúvida, prevalecerá o modelo ou o protótipo apresentado.

Em edições anteriores desta obra já dizíamos que o mesmo princípio, a nosso ver, podia ser estendido às vendas por catálogos, modelos, maquetas, protótipos, sob determinadas circunstâncias, embora estes não se identifiquem perfeitamente com o conceito de amostra. A nova lei veio em auxílio ao que afirmávamos. Os desenhos, fotografias ou qualquer material de representação

---

[7] "Apelação cível. Ação de inexigibilidade de débito. Sentença de procedência. Insurgência do réu. Contrato de fornecimento de caixas de papelão. **Venda sob amostragem**. Inteligência do art. 484, do Código civil. Presença de vícios de impressão e de qualidade do material aparentes na mercadoria. Novo acordo realizado entre as partes. Desconto sobre a parcela da mercadoria utilizável e estorno do valor restante. Inteligência do art. 441 e 442, do Código Civil. Impossibilidade de cobrar o valor referente a mercadoria devolvida sob pena de enriquecimento ilícito. Inteligência do art. 884, do Código Civil. Majoração dos honorários em sede recursal. Recurso conhecido e desprovido" (*TJPR* – Ap 0011851-79.2020.8.16.0045, 4-3-2024, Rel. Marcelo Wallbach Silva).

"Apelação. Compra e Venda de máscaras faciais para fins de revenda. Alegada divergência entre a amostra apresentada e a mercadoria efetivamente entregue. Pretensão à rescisão contratual e devolução dos valores pagos. Sentença de procedência. Pretensão à reforma. Desacolhimento. Conjunto probatório suficiente para demonstrar a existência de discrepância entre a amostra apresentada ao autor e o produto efetivamente entregue. Mercadoria que, à toda evidência, possuía padrões de qualidade e acabamento inferiores às amostras remetidas ao autor. Adquirente que, à luz da interpretação do artigo 484 do CC, faz jus à rescisão do negócio e consequente devolução das quantias pagas. Apelante que, na qualidade de vendedora do produto, é parte legítima para responder pela obrigação. Sentença mantida. Recurso não provido" (*TJSP* – Ap 1021264-18.2021.8.26.0100, 17-5-2022, Rel. Ricardo Chimenti).

"Bem Móvel – Ação de indenização por danos materiais – Compra e venda de sacas de café – **Negociação sujeita à prova** (art. 510, do CC) – Não comprovação de que a qualidade da amostra de café assegurada no início da negociação fosse a mesma da amostragem final – Legítima recusa do comprador à concretização do negócio – Ação improcedente – Recurso desprovido, com observação" (*TJSP* – Ap 3005265-23.2013.8.26.0180, 27-8-2018, Rel. Melo Bueno).

"Ação de cobrança – Contrato de compra e venda de invento – Reconvenção – Pedido julgado parcialmente procedente – Improcedência do pedido reconvencional – Insurgência de ambas as partes – Aquisição de projeto de maquinário industrial e fórmula química para produção de telhas e caixas d'água derivadas de polietileno tereftalato – Alegada inutilidade do invento – Maquinário projetado pelos autores e desenvolvido por empresa alemã que se mostrou útil ao fim industrial previsto no contrato, qual seja, fabricação de produtos com base na matéria-prima escolhida – Ademais, expressa aceitação das rés quanto ao protótipo e amostra desenvolvida pelos autores - Estado do Paraná – Apelação 1.361.857-8 – 12ª câmara cível – Ausência de manifestação quanto a eventual intento de rescisão contratual após decorridos quase oito anos de sua aceitação – Aplicação dos princípios da boa-fé objetiva e da vedação do comportamento contraditório no âmbito do contrato – Participação dos autores em percentual da venda efetiva dos produtos comercializados pela ré oriundos do invento – Possibilidade somente em relação a empresa contratante – Expressa previsão contratual – Falta de provas quanto à fabricação do produto pela outra empresa integrante da lide – Apuração de valores na fase de liquidação por arbitramento – Distribuição e venda dos produtos finais pelos autores em quatro estados da federação – Averiguação na fase executória, ante a ausência de prova inequívoca quanto à interrupção da produção dos bens pela parte ré – Por maioria de votos foi negado provimento ao agravo retido e por unanimidade a apelação dos réus – Por unanimidade de votos foi negado provimento a apelação dos autores – Estado do Paraná – Apelação 1.361.857-8 – 12ª Câmara Cível 3" (*TJPR* – AC 1361857-8, 22-3-2016, Rel. Des. Luiz Cezar Nicolau).

promocional devem possuir as mesmas qualidades da coisa vendida. O desenvolvimento tecnológico dos instrumentos de publicidade não permite outra conclusão. Os produtos apresentados em catálogos, filmes, representações informatizadas etc. possuem condições técnicas avançadas, até mesmo tridimensionais, que permitem equiparação à amostra descrita pelo legislador do Código.

No Código de Defesa do Consumidor, toda oferta ou publicidade obriga o fornecedor que a fizer veicular e integra o contrato a ser celebrado (art. 30). Assim, toda divulgação de produto ou serviço, com ou sem fornecimento de amostra, que pode ser apresentada a título de promoção no mercado, vincula o fornecedor. Também de acordo com o estatuto do consumidor, cabe ao fornecedor de produtos ou serviços, portanto o vendedor, provar que a amostra se identifica com a coisa vendida. Se a coisa não se conforma com a amostra, existe inadimplemento por parte do vendedor. Se a relação negocial não é atingida pela lei do consumidor, parece-nos que a prova do fato incumbe em princípio ao comprador que a alega, seguindo-se os ditames processuais gerais a respeito da prova. A nosso ver, não existe substrato para trazer ao nosso sistema situações alienígenas que fazem distinção no tocante ao ônus da prova quanto a coisas fungíveis e não fungíveis (ver, com essa sustentação, Diniz, 1993: v. 1: 355, Rizzardo, 1988: v. 1:389, entre outros).

O Código Comercial disciplinava a venda por amostras no art. 201:

> *"Sendo a venda feita à vista de amostras ou designando-se no contrato qualidade de mercadoria conhecida nos usos do comércio, não é lícito ao comprador recusar recebimento se os gêneros corresponderem perfeitamente às amostras, ou à qualidade designada; oferecendo-se dúvida será decidida por arbitradores."*

Portanto, a contrário senso, não havendo identidade com a amostra, é lícito ao comprador recusar a mercadoria.

A venda por amostra apresenta-se, segundo alguns, como modalidade de negócio condicional, que somente se aperfeiçoa comprovando-se a identidade da coisa comprada com as qualidades da amostra. Pontes de Miranda (1972, v. 39:102) entende que se trata de venda pura e simples:

> *"Não há de pensar-se em condicionalidade. O que se comprou foi o que se disse, empregando-se a amostra como expressão. Nenhuma condição se insere no negócio jurídico, salvo se explícita ou implicitamente se inexou."*

A venda por amostras não se confunde com a venda a contento, embora possam ter os contratantes se valido da amostra como instrumento da venda *ad gustum*, matéria a ser enfocada adiante.

Se não há prazo fixado pelos contratantes, a verificação da coisa deve ser imediata e a reclamação deve ser feita em momento próximo. Embora a dissonância da coisa com a amostra não se afigure propriamente como um vício redibitório, pela natureza do defeito, razoável que se admita o direito de reclamar tal como posto no Código de Defesa do Consumidor, quando há vícios aparentes e de fácil constatação, em 30 dias, tratando-se de bens não duráveis e 90 dias para os bens duráveis (art. 26). Esse dispositivo pode ser aplicado a qualquer espécie de vício em favor do consumidor e a hipótese vertente a ele amolda-se. O prazo é decadencial. A interpretação desse artigo, contudo, deve ser vista com a reserva que faz o § 2º, que dispõe:

> *"Obstam a decadência:*
>
> *I – a reclamação comprovadamente formulada pelo consumidor perante o fornecedor de produtos e serviços até a resposta negativa correspondente, que deve ser transmitida de forma inequívoca.*

> *II – (vetado).*
>
> *III – a instauração de inquérito civil, até seu encerramento.*
>
> *§ 3º Tratando-se de vício oculto, o prazo decadencial inicia-se no momento em que ficar evidenciado o defeito."*

Recorde-se que o art. 18 do Código de Defesa do Consumidor responsabiliza solidariamente os fornecedores de produtos duráveis e não duráveis pelos vícios de qualidade e quantidade. Desse modo, mostra-se aplicável à questão aqui versada o mencionado art. 26. A lei do consumidor deu, sem dúvida, maior abrangência à compreensão de vícios ocultos (Wald, 1992:230). Esse, aliás, já era o alcance do art. 211 do estatuto mercantil, que permitia ao adquirente reclamar do vendedor falta de quantidade ou *defeito de qualidade*, equiparando-os aos vícios ocultos. Com maior proteção ao adquirente, na sistemática do CDC não se permite exoneração da garantia dos vícios de parte do fornecedor.

Apontamos, ao cuidar dos vícios redibitórios, que esse dispositivo encerra dificuldade interpretativa no tocante aos prazos (ver nossa crítica e interpretação ao dispositivo neste volume, seção 13.9.1). Como discorremos, então, a matéria conflita com os princípios da decadência. Um prazo começa a transcorrer desde a entrega da coisa, mas a reclamação faz com que outro se inicie. Na hipótese em análise, a dissonância entre a amostra e a coisa comprada pode não ser facilmente notada, o que permitirá a analogia com o vício oculto mencionado pela lei transcrita.

Na compra e venda mercantil, de acordo com o Código Comercial, se afastada a aplicação do Código de Defesa ao Consumidor, o comprador deve enjeitar a coisa, apresentando reclamação, em 10 dias imediatamente seguintes ao recebimento.

Por outro lado, se não aplicável o Código de Defesa do Consumidor, em sede de direito civil, é sustentável que a compra e venda, com descompasso entre a amostra e a coisa, é negócio anulável. Incumbirá ao comprador comprovar a existência de dolo do vendedor, pois dificilmente se configurará o erro. Nessa situação, o prazo de anulação é de quatro anos (art. 178, II). Na presente lei civil, o prazo geral de prescrição é de 10 anos (art. 205). Pelo que se observa na doutrina e na jurisprudência, há tendência de abrangência ampla da lei do consumidor nas relações de compra e venda e negociais em geral. Contudo, desborda espaço para negócios não atingidos pela lei de consumo, regulados então pelo Código Civil, Código Comercial e leis extravagantes. A matéria requer digressão de fundo, imprópria no presente estudo. Todavia, leve em conta, como afirmação sintética, que o conceito de vulnerabilidade de uma das partes contratantes dirigirá a aplicação da lei do consumidor à relação negocial (art. 4º, I, da Lei nº 8.078/90).

18.6 VENDA *AD CORPUS* E *AD MENSURAM*

O art. 500 enuncia regra especial aplicável à compra e venda de imóveis. Diz respeito à venda de imóvel como corpo certo e determinado, independentemente das medidas especificadas no instrumento, assim tidas apenas como enunciativas (venda *ad corpus*); e à venda por medida certa, pela qual se garantem as dimensões descritas no instrumento para fixar a extensão e a área (venda *ad mensuram*).[8]

---

8 "Compromisso de compra e venda de imóvel. Sentença de parcial procedência. Apelação. Insurgência da parte ré. Alegação de que a vaga de garagem foi entregue exatamente de acordo com o projeto estrutural. Acolhimento. Contrato que não mencionou a metragem quadrada do imóvel. Memorial descritivo que previa a garagem em asfalto e gramado. **Venda que não ocorreu *ad mensuram*, mas sim *ad corpus***, não havendo falar em dever de indenizar. Sentença reformada. Recurso provido". (*TJSP* – Ap 1034726-40.2019.8.26.0576, 19-7-2023, Rel. Maria Salete Corrêa Dias).

A venda *ad corpus* é mais usual em imóveis rurais, embora se aplique indistintamente também aos imóveis urbanos. Quando se adquire imóvel tendo o instrumento enunciado medidas às quais se acrescentam termos como aproximadamente, mais ou menos ou equivalente, ou quando se mencionam e se descrevem apenas os confinantes, é de concluir-se que as medidas são exemplificativas, enunciativas, e que o imóvel está sendo alienado como corpo certo e determinado, presumivelmente conhecido das partes, não se admitindo reclamação quanto à falta de área. Isso, porém, não é regra inflexível, pois dependerá do exame da real intenção das partes. Assim, também, quando se nomeia e se identifica o imóvel e as circunstâncias presumem a venda de corpo certo, determinado e conhecido, referindo-se, por exemplo, a *Sítio São João, Fazenda Bela Vista, Chácara dos Sousas, Mansão Oliveira, Edifício Conde, Palácio Veneza* etc. Não é necessário que conste do instrumento a expressão *ad corpus*, embora aconselhável que assim se faça. Nesse sentido, a dicção da lei que não admite ação de complementação de área ou de rescisão do contrato ou abatimento de preço, "*se o imóvel foi vendido como coisa certa e discriminada, tendo sido apenas enunciativa a referência às suas dimensões*". Se apenas existe referência ao imóvel como corpo certo, sem menção a medidas, evidente que a venda realiza-se *ad corpus*. Se existe referência a medidas, cumpre interpretar a vontade das partes e as circunstâncias do negócio.

"Contrato – Compra e venda de imóvel – Danos materiais – Diferença de metragem da vaga de garagem entregue ao adquirente – **Hipótese de venda "ad mensuram"** – Ausência de redução da metragem efetivamente entregue – Necessidade de consideração da área gramada para fins de medição da área total da vaga de garagem – Laudo pericial que comprovou ausência de redução da metragem efetivamente entregue – Recurso desprovido" (*TJSP* – Ap 1040599-55.2018.8.26.0576, 22-11-2021, Rel. Luiz Antonio de Godoy).

"Ação indenizatória por danos materiais em razão de vaga de garagem com metragem inferior ao contratado – Improcedência da ação – Cerceamento de defesa não verificado – Desnecessidade da produção de prova pericial – Compromisso de compra e venda – Inexistência de fixação do valor do metro do imóvel no contrato firmado entre as partes – **Venda ad corpus caracterizada** – Inteligência do artigo 500, § 3.º do Código Civil – Dimensão da área apenas enunciativa – Ausência de ato ilícito – Indenização indevida – Sentença mantida – Recurso não provido" (*TJSP* – Ap 1012573-13.2019.8.26.0576, 15-9-2021, Rel. César Peixoto).

"Promessa de compra e venda – Execução de cheques – Contrato de compra e venda – Embargos do executado – Diferença de área – **Venda *ad corpus* configurada** – Inocorrência de cerceamento de defesa. Nulidade da fiança. Pedido não conhecido, pois se trata de inovação recursal. Em se tratando de contrato de compra e venda em que se estipulou a entrega de lote certo e determinado, sem qualquer menção a valor por metragem, está-se diante de **venda *ad corpus***, em que descabe deduzir do valor executado qualquer quantia em razão de eventual área inferior à mencionada nas matrículas dos imóveis. Manutenção da sentença que julgou improcedente os embargos. Preliminar afastada. Apelação conhecida em parte e, nesta, desprovida" (*TJRS* – AC 70079743985, 14-3-2019, Rel. Des. Voltaire de Lima Moraes).

"Adjudicação compulsória – **Venda 'ad corpus'** – Autor comprovou a aquisição de gleba de terra, com a quitação do preço. Outorga da escritura deve abranger o que fora efetivamente adquirido, delimitado nos documentos acostados. Pretensão de indenização por danos morais pelo polo ativo sem suporte. Questão estritamente de direito material. Dissabor que não alcança a estatura de dano moral. Apelo da ré provido em parte. Recurso do autor desprovido" (*TJSP* – Ap 0002198-42.2015.8.26.0177, 7-3-2018, Rel. Natan Zelinschi de Arruda).

"Agravo de instrumento – **Compra e venda de imóvel** – Abatimento de parte do valor do compromisso de compra e venda ou complementação do tamanho do imóvel – Ação *ex empto* – Perícia – Recurso não provido – 1. Decisão que, nos autos da ação proposta pelos agravados para abatimento de parte do valor do compromisso de compra e venda celebrado com os réus ou complementação do tamanho do imóvel, não reconheceu a ocorrência de prescrição e deferiu a realização de prova pericial. 2. Imóvel que seria inferior em tamanho em mais 50% em relação ao que constou do compromisso de compra e venda firmado entre as partes. Presunção legal de que a referência às dimensões do imóvel foi meramente enunciativa que não milita em favor do alienante de modo a caracterizar venda ad corpus. Art. 500, § 1º, do CC. 3. Área total do imóvel denominado 'Fazenda Pequena' que foi desmembrada em duas Glebas ('A' e 'B'), vendidas a compradores distintos em épocas diferentes. Medidas e confrontações do bem adquirido que deveriam ter sido observadas pelos alienantes/réus, inclusive em respeito ao contrato firmado anteriormente com o comprador da dita Gleba 'B'. Relevância da perícia evidenciada. 4. Ação ex empto fundamentada em venda ad mensuram e vício de quantidade. Prazo decadencial de 01 ano previsto no art. 501 do CC. Ausência de registro do título. Não configuração. 5. Recurso não provido" (*TJSP* – AI 2257373-49.2015.8.26.0000, 30-6-2016, Rel. Alexandre Lazzarini).

Na venda *ad corpus*, presume-se que o comprador adquire o imóvel conhecendo-o em sua extensão e dimensão. Não pode reclamar complemento de área ou desconto. Presume-se que pagou preço global pelo que viu e conheceu.[9] Trata-se de presunção, contudo, que pode soçobrar perante evidências em contrário. Dúvidas podem surgir no caso concreto sobre ocorrência de venda de corpo certo ou com medidas garantidas. Nem sempre será fácil concluir por uma ou outra. Como as consequências jurídicas são relevantes, importa fazer cuidadoso exame da prova, das circunstâncias da venda, da intenção das partes, dos costumes da região e do meio social dos contratantes, quando então a presunção legal pode não ter aplicação.

Por outro lado, especifica a lei que, se a venda imobiliária se faz com estipulação do preço por medida de extensão ou se determina a respectiva área, o vendedor está a garantir as dimensões. O comprador está a adquirir 30 alqueires ao preço de X por alqueire, ou imóvel de 1.500 m^2, ao preço total de Y. Não pode ser obrigado a receber menor número de alqueires ou área menor da que comprou e pagou. Nessas hipóteses, abre-se ao comprador a possibilidade de acionar o alienante para que complemente a área. Se isso não for possível, pois poderá não existir área remanescente na disponibilidade do vendedor, o comprador pode optar pela rescisão do contrato ou pelo abatimento proporcional do preço. A primeira ação que se lhe abre, todavia, é a de complementação de área. Pode fazer pedido de rescisão ou de redução de preço subsidiariamente. Se existe área disponível, a complementação é direito do vendedor, que pode opor-se à ação de rescisão ou de abatimento (Alvim, 1961:92). A área que se pode complementar deve ser contígua ou contínua ao imóvel. Não pode constituir-se de outro imóvel, salvo com a concordância do comprador. Cuida-se de complemento à mesma área vendida.

Denomina-se essa ação de *ex empto* ou *ex vendito*, ação do comprador para pedir complemento de área. É ação pessoal; prescreve em 20 anos no sistema de 1916. Não se confunde

---

9 "Direito civil. Apelação. Contrato de compra e venda. Indenização. Recurso não provido. I. Caso em Exame 1. A autora adquiriu um imóvel cuja vaga de garagem foi entregue com área menor do que a anunciada, pleiteando indenização pela diferença de metragem. II. Questão em Discussão 2. A questão em discussão consiste em determinar se a venda foi realizada ad mensuram ou ad corpus e se a diferença de metragem justifica indenização. III. Razões de Decidir 3. O Superior Tribunal de Justiça afastou o prazo decadencial ânuo, aplicando o prazo prescricional decenal. 4. A perícia constatou que a diferença de metragem é inferior a um vigésimo da área total, presumindo-se a venda ad corpus, não cabendo indenização. IV. Dispositivo e Tese 5. Recurso não provido. Tese de julgamento: 1. A venda de imóvel com diferença de metragem inferior a um vigésimo presume-se ad corpus. 2. Não cabe indenização se a diferença não impede o uso regular do bem. Legislação Citada: Código Civil, art. 500, § 1º; Código de Processo Civil, art. 85, § 11º, art. 98, § 3º. Jurisprudência Citada: TJSP, Apelação Cível 1040068-66.2018.8.26.0576, Rel. Ramon Mateo Júnior, 6ª Câmara de Direito Privado, j. 14/01/2025. TJSP, Apelação Cível 1020988-69.2019.8.26.0451, Rel. Galdino Toledo Júnior, 9ª Câmara de Direito Privado, j. 28/11/2024. TJSP, Apelação Cível 1042381-63.2019.8.26.0576, Rel. Carlos Castilho Aguiar França, 4ª Câmara de Direito Privado, j. 01/08/2024. TJSP, Apelação Cível 1018058-86.2022.8.26.0576, Rel. Coelho Mendes, 10ª Câmara de Direito Privado, j. 26/01/2024" (*TJSP* – Ap 1004920-57.2019.8.26.0576, 28-8-2025, Rel. Marcia Dalla Déa Barone).

"Compromisso de compra e venda – Resolução do contrato – **Venda *ad mensuram*** – Alegação de que a área vendida tinha área menor do que a prometida no contrato – Prova pericial que comprovou a correspondência entre a metragem constante do contrato e a área real do imóvel – Questões relativas à titularidade do imóvel que foram suscitadas apenas na fase de apelação – Impossibilidade de alterar os fundamentos do pedido na fase recursal (art. 1.014 , do CPC) – Inexistência de fundamento para a resolução do contrato por culpa do réu – Recurso desprovido" (*TJSP* – Ap 0006208-21.2013.8.26.0268, 12-2-2019, Rel. Marcus Vinicius Rios Gonçalves).

"Compromisso de compra e venda – Compra de terreno com área menor do que a prometida – **Venda *ad mensuram*** – Contrato que descreve o imóvel pelas suas dimensões, com indicação precisa das metragens – Prova pericial que comprova que a diferença entre a área vendida e a área real ultrapassa 1/20 do total – Inteligência do artigo 500, § 1º do Código Civil – Direito ao abatimento proporcional do preço – Valor apurado pela perícia – Comprovação de que, em razão do problema, tornou-se inviável a construção projetada pelos autores no imóvel, de dimensões incompatíveis com a área real – Dano moral configurado – Situação que ultrapassa o mero aborrecimento decorrente de inadimplemento contratual – Valor fixado com razoabilidade – Recurso desprovido" (*TJSP* – Ap 0000676-10.2013.8.26.0319, 14-8-2018, Rel. Marcus Vinicius Rios Gonçalves).

com a ação redibitória ou *quanti minoris*, cujos pressupostos são vícios ocultos na coisa, cujo prazo decadencial é de seis meses. O Código de 2002 preferiu fixar prazo decadencial de um ano para essa ação, a contar da transcrição do título (art. 501), como regra geral, embora disponha, no parágrafo único, que, se houver atraso na imissão de posse do imóvel, atribuível ao alienante, a partir dela fluirá esse prazo de decadência. Há, portanto, esses dois prazos iniciais decadenciais a serem analisados, dependendo das circunstâncias. A nova lei procura encurtar prazos, evitando que permaneçam instáveis as vendas imobiliárias. Esta, sem dúvida, foi a justificativa do legislador.

O parágrafo único do art. 1.136, contudo, dava margem de tolerância e certa elasticidade à venda *ad mensuram*, fazendo presumir que

> *"a referência às dimensões foi simplesmente enunciativa, quando a diferença encontrada não exceder de um vinte avos da extensão total enunciada".*

Esse dispositivo é parcialmente modificado pelo presente Código, mantido, porém o mesmo sentido, art. 500, § 1º:

> *"Presume-se que a referência às dimensões foi simplesmente enunciativa, quando a diferença encontrada não exceder de um vigésimo da área total enunciada, ressalvado ao comprador o direito de provar que, em tais circunstâncias, não teria realizado o negócio."*

Essa presunção pode ser modificada pelas partes se expressamente avençarem sua não aplicação. As disposições legais acerca da venda *ad mensuram* e *ad corpus* são supletivas da vontade das partes. Se não são os contraentes expressos em contrário, não pode haver reclamação de área dentro do limite descrito na lei. A razão do dispositivo justifica-se porque nem sempre as medições do mesmo imóvel apresentam resultados idênticos, ocorrendo certa disparidade de resultados. Tolera-se então divergência de 5% nas medidas totais, equivalente a 1/20. O presente Código fala em um vigésimo. Essa pequena diferença, em princípio, não autoriza ação alguma. A regra do parágrafo único, no entanto, somente deve ser chamada a operar nos casos de dúvida. Importa examinar a intenção dos contratantes. Nada impede que, apesar de existir diferença de menos de um vigésimo, o vendedor prove que a venda foi *ad mensuram* (Rodrigues, 1983:171). Daí então ter o corrente diploma feito a menção final, no sentido de que o comprador pode provar que nessas circunstâncias não teria realizado o negócio, o que dá margem ao desfazimento do negócio ou a indenização.

A corrente majoritária da doutrina e da jurisprudência sustenta que a hipótese sob exame não se aplica às compras feitas em hasta pública, praça ou leilão, por aplicação do art. 1.106, no sistema do Código de 1916. Vale lembrar que a venda de imóveis, vista sob o prisma do Código de Defesa do Consumidor, é sempre *ad mensuram*, conforme entendimento doutrinário predominante. No entanto, esse dispositivo é norma derrogatória do princípio geral aplicável apenas aos vícios redibitórios. A hipótese vertente do art. 500 não é de vício redibitório. Nenhuma exceção referente às hastas e leilões está colocada no capítulo da compra e venda em nosso Código.

> *"A hipótese do art. 1.136 não é a de vício redibitório, porque dar menos não é dar coisa defeituosa. E o Código trata da diferença de área no capítulo da compra e venda, e não no dos vícios redibitórios, sendo de acrescentar que os autores, em geral, entendem que a prescrição da ação do comprador é a ordinária, e não a especial, do vício redibitório"* (Alvim, 1961:102).

Embora a venda em hasta seja venda forçada, se houver menor área, haverá prejuízo do comprador e enriquecimento injusto do alienante, não importando as circunstâncias, se não for completada a área ou reduzido o preço.[10]

No sistema de 1916, se ficasse apurado existir área maior que a citada no instrumento, não se deferia ao vendedor, em princípio, pela doutrina preponderante, pedido de complementação do preço ou anulação da venda (*TJSP*, AC 179.039-1, 17-12-92, Rel. Des. Marcus Andrade). Argumenta-se que o dispositivo em exame estava colocado como uma das modalidades de garantias postas em favor do comprador. Presume-se que o vendedor saiba o que está vendendo porque conhece o que lhe pertence (Monteiro, 1980:96, Beviláqua, Comentários). Essa afirmação peremptória, todavia, pode gerar injustiça. Se houvesse *erro* por parte do vendedor,

---

10 "Compromisso de compra e venda – Apartamento e vaga de garagem – **Venda *'ad mensuram'*** – Convenção de condomínio que especifica medidas, área útil e total da vaga. Área de vaga inferior à prometida em contrato, prejudicando o estacionamento de veículos. Vagas de garagem que, por sua própria natureza, sempre devem ser consideradas *'ad mensuram'*, à vista da destinação da coisa e da relevância falta de área de superfície. Inviabilidade de complementação da área faltante. Inequívoco o prejuízo decorrente da diferença de dimensões da garagem, que supera a tolerância legal de 5%. Dimensão da vaga que deve ser analisada de forma autônoma em relação ao apartamento. Valor da metragem faltante que deve ser devolvido a título de perdas e danos ao adquirente. Ação procedente. Ônus de sucumbência que deve ser imposto à requerida, não ao autor. Princípios da sucumbência e causalidade. Honorários advocatícios estimados em 10% sobre o valor da condenação, à luz dos critérios do art. 85 do CPC. Demanda de escassa importância e ajuizada mediante reduzido trabalho do patrono. Condenação por litigância de má-fé mantida. Autor que, de modo pouco usual, ajuizou quatro demandas diferentes relativas ao mesmo contrato, cada qual postulando indenização de pequeno valor. Expediente utilizado para multiplicar seus ganhos de sucumbência, em litigância predatória que assoberba o Poder Judiciário. Recurso do autor provido em parte. Recurso da ré improvido" (*TJSP* – AC 1035414-36.2018.8.26.0576, 12-8-2019, Rel. Francisco Loureiro).

"Ação redibitória – **Venda *ad mensuram*** – Redução do preço – Possibilidade – Honorários – Equidade – Art. 20, CPC/73 – Recurso não provido – I – Na venda ad mensuram, a determinação da área está diretamente relacionada ao preço, ou seja, a compra da área se dá pelo valor do metro quadrado ou outra medida utilizada para definir a extensão do imóvel. II – Não sendo possível complementar a área faltante, possível efetivar o abatimento proporcional ao preço. III – Correta a fixação de honorários de acordo com a equidade (art. 20, § 4º CPC/73), já que a ação se mostrou de média complexidade, exigiu maior dilação probatória, inclusive com a produção de prova pericial" (*TJMS* – Ap 0804031-06.2013.8.12.0021, 27-3-2018, Rel. Des. Alexandre Bastos).

"Agravo interno no agravo em recurso especial – Contrato de compra e venda de imóvel rural – ***Venda ad mensuram*** – Reexame de fatos e provas – Impossibilidade – Súmula 7 – Agravo não provido – 1 – A Corte de origem, mediante análise do contexto fático-probatório dos autos, concluiu que a venda do imóvel em questão foi realizada na modalidade *ad mensuram*, e não *ad corpus*, como alega o agravante. 2 – A alteração da conclusão a que chegou a Corte *a quo* demandaria o revolvimento do suporte fático-probatório dos autos, o que encontra vedação na Súmula 7 do Superior Tribunal de Justiça. 3 – Agravo interno não provido" (*STJ* – AGInt-AG-REsp 1.001.275 – (2016/0271792-9), 23-6-2017, Rel. Min. Raul Araújo).

"**Ação *ex empto*** – Compra e venda *ad corpus* e *ad mensuram* – Escrituras públicas – Reconvenção – Manifestação de vontade – Vício de consentimento – Prova – Provada pelas escrituras públicas a venda *ad corpus*, sem eficácia a pretensão de declaração de venda *ad mensuram* para haver complementação de área ou restituição de preço pago. A reconvenção do vendedor em face da ação *exempto* pelo comprador não pode ser tutelada, quando provada se revela a venda *ad corpus*, e não a cogitada *ad mensuram*, no todo inexistente um possível vício de consentimento. Embora certa a colocação de vocábulos incompatíveis entre si nas escrituras públicas de compra e venda, ainda assim não hábeis para tornar nula a real vontade da venda operada *ad corpus*" (*TJMG* – AC 1.0188.02.003307-5/003, 18-6-2015, Rel. Saldanha da Fonseca).

"**Agravo regimental**. Decisão monocrática. Agravo em recurso especial desprovido. Apresentação de fundamentos sólidos. Alegação de utilização de novo enquadramento jurídico. Não ocorrência. Não impugnação específica aos fundamentos. Confirmação da decisão. Agravo regimental desprovido. 1 – Se o acórdão recorrido, com base na narrativa dos fatos, entendeu que a ação pertinente era a *ex empto* em vez da ação *quanti minoris* (ação edílica), não há inovação de tese quando é feita a distinção entre vício de qualidade e vício de quantidade. A propósito, a diferenciação que se faz entre as ações edílicas (redibitória e *quanti minoris*) e a ação *ex empto* decorre precisamente de que, naquelas, há vício de qualidade e, nesta, de quantidade. 2 – A parte agravante deve apontar, de forma clara e específica, os pontos em que, a seu ver, a decisão incorreu em equívoco e as razões pelas quais entende deveria ser alterada a conclusão do julgado. Se a argumentação é genérica e inapta a infirmar os fundamentos constantes da decisão agravada, impõe-se sua confirmação. 3 – Agravo regimental desprovido" (*STJ* – AgRg-AG-REsp. 33.444 – (2011/0104150-6), 22-8-2013, Rel. Min. João Otávio de Noronha).

na dicção legal de 1916, tal deveria ser tratado pelos princípios da teoria geral do erro como vício do negócio jurídico (arts. 138 a 144; antigo, arts. 86 a 91). Caberia, portanto, ao vendedor provar o erro. O Código de 2002 preferiu solução diversa, mais justa, fazendo constar o erro expressamente no § 2º do art. 500:

> *"Se em vez de falta houver excesso, e o vendedor provar que tinha motivos para ignorar a medida exata da área vendida, caberá ao comprador, à sua escolha, complementar o preço ou devolver o excesso."*

Essa solução era preconizada por Agostinho Alvim (1961:99), sendo certamente inspiração desse saudoso mestre a nova redação.

Lembramos também, como já apontamos, que o § 1º do art. 500 presume que a referência às dimensões foi simplesmente enunciativa quando a diferença encontrada "*não exceder de um vigésimo da área total enunciada, ressalvado ao comprador o direito de provar que, em tais circunstâncias, não teria realizado o negócio*". Abandona, portanto, a nova lei, a referência a "*um vinte avos*" e permite, como reclamava parte da doutrina, que o comprador possa provar que, se soubesse da real extensão do imóvel, não teria realizado o negócio.

A parte final do art. 1.136 foi destacada no Código de 2002 como o § 3º do art. 500, com redação mais enfática, inclusive com referência à possibilidade de devolução do excesso:

> *"Não haverá complemento de área, nem devolução de excesso, se o imóvel for vendido como coisa certa e determinada, tendo sido apenas enunciativa a referência às suas dimensões, ainda que não conste, de modo expresso, ter sido a venda* ad corpus."

Quando surgem dúvidas a respeito da modalidade de venda, portanto, a óptica se desloca para o exame da real intenção das partes.

18.7 PROTEÇÃO DO CONSUMIDOR-COMPRADOR. APLICAÇÃO DO CÓDIGO DE DEFESA DO CONSUMIDOR À COMPRA E VENDA. CLÁUSULAS ABUSIVAS. PERDA DAS QUANTIAS PAGAS NA VENDA A PRAZO

A proteção ao comprador é o principal núcleo da defesa ao consumidor. Essa proteção, de forma geral, diz respeito a sua segurança e saúde, bem como contra fraudes e privilégios excessivos perante o vendedor-fornecedor. Portanto, como pontilhado em vários tópicos deste capítulo, o Código de Defesa do Consumidor é diploma aplicável aos negócios de compra e venda (bem como aos outros contratos cujo estudo se seguirá nesta obra) na extensão e compreensão expostas. Destarte, acrescem-se ao rol de garantias, ínsitas a venda civil e a comercial, os princípios gerais consumeristas e, especificamente, a proibição de cláusulas abusivas tal como elencadas pelo art. 51 da Lei nº 8.078/90. Leis especiais do consumidor vêm sendo promulgadas em inúmeros países, uma vez que se comprovou no passado que o controle judicial das condições gerais dos negócios não é bastante para proteger o comprador na sociedade de consumo. As leis de defesa do consumidor vêm em defesa das limitações abusivas de seus direitos. Nesse sentido, a promulgação entre nós da Lei nº 8.078/90, que entrou em vigor em 11-3-1991, representou considerável avanço no ordenamento pátrio. Da visão liberal e individualista do Código Civil se passou, por força das profundas modificações estruturais do universo econômico e negocial, a uma visão social, buscando o equilíbrio das relações entre consumidor e fornecedor, municiando o primeiro, economicamente mais fraco, com maior âmbito de proteção jurídica. Há, sem dúvida, maior limitação à autonomia da vontade contratual, em prol de maior equilíbrio entre as partes. A matéria foi por nós vista na obra *Direito civil: teoria geral das obrigações e teoria geral dos contratos.*

De tudo isso, conclui-se que não existe incompatibilidade ou derrogação pura e simples de normas do Código Civil, ou Comercial, pelo Código de Defesa do Consumidor. Cabe ao intérprete harmonizá-las, aplicando ambas, quando compatíveis, dando proeminência ora a uma, ora a outra disposição, de acordo com o interesse e as partes envolvidas na relação contratual.

Existe uma perspectiva especial quando se insere a relação contratual na esfera do consumidor. Poucas serão, na realidade, tal como colocada a lei brasileira e na maioria das legislações estrangeiras, as relações negociais que refugirão a seu alcance.

> *"Em outras palavras, o consumo aparece como o objetivo econômico e social primordial da maioria dos tipos de contrato. Em suma, em princípio, se há um contrato, há um consumidor"* (Stiglitz, na revista *Direito do Consumidor*, 1/184).

Como corolário, a proteção jurídica do consumidor encontrará seus fundamentos, na maioria das oportunidades, nas normas e instituições do direito contratual. Ainda que admitamos a aplicação exclusiva das normas do Código Civil ou Comercial a um caso concreto, há ocorrer, na prática, como já ocorria na jurisprudência antes da promulgação do Código de Defesa do Consumidor, um desligamento da concepção individualista do século passado que até recentemente imperou no pensamento jurídico ocidental.

Desse modo, com o ingresso da lei do consumidor em nosso sistema, o Direito Privado e especialmente a compra e venda passaram a ser regidos por três diplomas básicos, quais sejam, o Código Civil, o Código Comercial e o Código de Defesa do Consumidor. O presente Código Civil revogou expressamente a Parte Primeira do Código Comercial. A utilização nuclear da lei do consumidor, por tudo o que se tem visto até aqui, deve ser trazida à aplicação quando for tipificada relação de consumo. A presença do consumidor, tal como definida na abrangência do art. 2º do Código de Defesa do Consumidor, segundo entendemos, definirá a relação, tendo em vista o objetivo da lei, e não exatamente a conjunção de um consumidor e um fornecedor (definido no art. 3º) na mesma relação, como tem sustentado a maioria da doutrina. Exigir-se sistematicamente a presença de típico fornecedor na relação contratual pode injustamente afastar a aplicação da lei protetiva e esta não é sua teleologia. Em outras palavras, basta a presença de um consumidor e sua *vulnerabilidade* para o negócio ser atingido pelas normas do Código de Defesa do Consumidor. Como a compreensão da definição do consumidor nessa lei é abrangente da pessoa jurídica, não há substrato para afastar a empresa dessa definição, como pretendem alguns, ainda presos a conceitos individualistas, se presente o requisito da vulnerabilidade e da relação de consumo. A empresa também é consumidor. A conclusão pela vulnerabilidade dependerá evidentemente do caso concreto. Não se olvide que *as normas desse código são de ordem pública e interesse social*, obrigando o juiz a aplicá-las de ofício.

Destarte, além da aplicação dos princípios genéricos estatuídos pelo Código de Defesa do Consumidor, na compra e venda atingida pela relação consumerista deve ser levado em conta o rol das cláusulas abusivas descritas pelo art. 51 dessa lei. A nulidade de cláusulas não é só daquelas ali expostas, mas também de todas as cláusulas contratuais que contrariem a orientação da lei:

> *"são nulas de pleno direito, entre outras, as cláusulas contratuais..."*

A noção de cláusula abusiva, mencionada pelo artigo, é mais ampla que a de cláusula ilícita.

> *"Cláusula abusiva será toda cláusula que por apresentar caráter extremamente opressivo ou causar excessiva onerosidade para o consumidor perverte o equilíbrio das prestações nos contratos para o consumo"* (Amaral Júnior, 1993:256).

Advirtamos, porém, que em matéria de princípios gerais de direito contratual, a descrição das cláusulas abusivas nada mais fez do que trazer para a letra da lei o que a doutrina e parte da jurisprudência já admitiam desde há muito. É o que sucede, apenas para exemplificar, com o princípio da boa-fé nos contratos (inciso IV); a proibição de modificação unilateral do preço (nº X) e do conteúdo ou qualidade do contrato após sua conclusão (nº XIII); vedação de cancelamento unilateral do contrato (nº XI) etc.

Anotemos que o explanado aqui, integrante do capítulo da compra e venda, aplica-se a todos os contratos a serem estudados, compatíveis com os limites expostos. Sendo a compra e venda contrato nuclear, é evidente que em torno dela girará gama maior de questões, as quais, como vemos, não lhe são exclusivas.

De todas as disposições contratuais desse diploma, talvez a que maior dificuldade e celeuma levantou foi a do art. 53, que toca expressamente a compra e venda:

> *"Nos contratos de compra e venda de móveis ou imóveis mediante pagamento em prestações, bem como nas alienações fiduciárias em garantia, consideram-se nulas de pleno direito as cláusulas que estabeleçam a perda total das prestações pagas em benefício do credor que, em razão do inadimplemento, pleitear a resolução do contrato e a retomada do produto alienado."*

A doutrina nunca duvidou de que a perda total do que foi pago, nessa circunstância, caracteriza enriquecimento indevido, possibilitando a ação respectiva de *in rem verso*, remédio de mais demorada utilização e mal-empregado na prática. Procurou a lei do consumidor evitar esse locupletamento indevido. A dúvida maior reside em justamente avaliar o montante a ser devolvido ao comprador inadimplente, se a perda total é vedada. O que deve ser evitado nos contratos é o enfraquecimento do alcance pretendido pela norma. A cláusula contratual que prevê a perda das importâncias pagas, no caso de inadimplemento dos compradores, tem caráter de cláusula penal compensatória, podendo o juiz, portanto, reduzi-la proporcionalmente (*STJ*, Recurso Especial nº 16.239, Rel. Min. Nilson Naves). Se o vendedor sofrer prejuízo com o inadimplemento, de tal monta que a *perda total* do que foi pago em seu favor lhe serve de indenização, tal deve ser cabalmente provado. Há que serem admitidas deduções que não limitem ou anulem a disposição. Admissível, por exemplo, que se deduza o valor da cláusula penal, levando-se em conta que o comprador é inadimplente, desde que colocada a multa em parâmetros razoáveis de acordo com o contrato e os fundamentos que a regem. Despesas com intermediação, publicidade, custos, administração do contrato etc., no silêncio da lei, merecerão criterioso exame do caso concreto. Ainda não existe caminho seguro na jurisprudência. Indubitavelmente, o preceito legal deveria ter sido mais explícito. Advirão situações, na prática, nas quais a devolução ao inadimplente, com a devida correção monetária que é inafastável, será extremamente gravosa e iníqua para o vendedor. Exemplificativamente, podemos lembrar que, nos contratos de consórcio, a tendência da jurisprudência é deferir a devolução das quantias pagas ao consorciado desistente, ao final do respectivo grupo, deduzindo-se a taxa de administração. Nas hipóteses de compra e venda, o curso dos julgados certamente definirá uma linha a seguir, se antes não o fizer o legislador.

18.8 COMPRA E VENDA INTERNACIONAL. CONVENÇÃO DE VIENA DE 1980 (CISG)

A crescente importância das relações internacionais na esfera privada e a consequente globalização do consumo aconselham que sejam abordadas, ainda que perfunctoriamente, dentro do que propomos neste livro, as vendas internacionais.

Se é o contrato de compra e venda o catalisador do comércio em geral, evidente que também se trata do negócio preponderante no comércio internacional, envolvendo pessoas naturais ou jurídicas, privadas ou públicas, de diferentes nacionalidades. Nesse aspecto, caracteriza-se, *prima facie*, como internacional, a compra e venda entre o vendedor em um país e o comprador em outro. No entanto, podem os dois contratantes possuir a mesma nacionalidade e encontrar-se no mesmo local quando da avença e o negócio assumir caráter internacional. Comprador e vendedor podem estar no mesmo país, por exemplo, comprando e vendendo bem que se encontra no estrangeiro.

Desse modo, deve ser compreendida a compra e venda internacional como aquela na qual mais de uma ordem jurídica, mais de um ordenamento nacional ou mais de um sistema jurídico surgem aptos para disciplinar o contrato (Bastos e Kiss, 1990:1). Exceção pode ocorrer a essa compreensão quando o próprio ordenamento nacional resolve definir o que entende por compra e venda internacional, ao discipliná-la. Quando isso não ocorre, cabe às partes e às circunstâncias do negócio essa definição.

Reduzindo-se o tema em estudo ao direito material da compra e venda internacional, advirtamos que não se confunde o direito aplicável à conduta dos sujeitos das relações contratuais com o direito processual ou ordenamento competente para dirimir eventuais pendengas judiciais emergentes do negócio. Sob tal aspecto, no que diz respeito à aplicação das cláusulas do contrato e sua conduta no negócio, podem as partes que contratam internacionalmente especificar, dentro dos limites legais, sua vontade no sentido de que seja submetido o contrato a este ou àquele ordenamento nacional. Não se confunde o foro competente para dirimir as questões contratuais com o direito aplicável a essas questões mesmas. Nesse tópico, prepondera a vontade das partes.

O fato de decidirem as partes aplicar a seu contrato um ou outro sistema jurídico situa-se no âmbito de autonomia da vontade, e essa estipulação é considerada cláusula contratual, assim interpretada, e como tal obrigatória. Somente se refutará essa obrigatoriedade decorrente do princípio *pacta sunt servanda* se contrariar norma cogente interna, a ordem pública ou os bons costumes.

Desse introito decorre que até a recente adesão pelo Brasil à Convenção das Nações Unidas sobre Contratos de Compra e Venda (CISG, como é conhecida em inglês), a qual passou a vigorar em nosso país a partir de 1º de abril de 2014 (Decreto Legislativo nº 583/2012), não existia para nós exatamente um direito internacional textual a reger a compra e venda. Trata-se, portanto, de uma lei uniforme a regular esse contrato internacional. Admitida a autonomia da vontade na relação contratual como dogmática, cabe ao interesse das partes fixar quais as normas ou qual o direito aplicável. As partes internacionais devem, no entanto, ser expressas para a aplicação de um direito interno. Caso contrário, a preponderância será das normas da convenção.

O art. 9º da atual Lei de Introdução às normas do Direito Brasileiro, Lei nº 12.376, de 30-12-2010, em seu *caput*, disciplina:

> *"Para qualificar e reger as obrigações, aplicar-se-á a lei do país em que se constituírem."*

Completa o § 2º:

> *"A obrigação resultante do contrato reputa-se constituída no lugar em que residir o proponente."*

Decorre desse dispositivo saber se nosso ordenamento permite que os contratantes escolham a lei aplicável ou se obrigatoriamente se aplica a lei do país onde se originou o contrato. Embora existam vozes dissonantes, levando-se em conta o espírito e o sistema contratual de nosso sistema, havemos de concluir que essa disposição não é cogente; aplica-se supletivamente à vontade das partes. Prevalecerá a lei do país de origem da obrigação no silêncio das partes. O mais será matéria de interpretação da vontade contratual. A exemplo de outras legislações, é permitido que partes escolham a lei aplicável ao contrato. Optando pela escolha de uma legislação, cabe a elas a identificação das normas aplicáveis. Não é de se admitir a escolha, no entanto, quando as partes procuram contornar lei de ordem pública ou contrariam os bons costumes.

> *"Desde que tais normas não afrontem o ordenamento jurídico vigente no local onde é proposta a ação, a escolha pode prevalecer, sem prejuízos aparentes"* (Bastos e Kiss, 1990:6).

Esse o sentido da atual Lei de Introdução às normas do Direito Brasileiro, Lei nº 12.376, de 30-12-2010, a sustentar essa opinião:

> *"As leis, atos e sentenças de outro país, bem como quaisquer declarações de vontade, não terão eficácia no Brasil, quando ofenderem a soberania nacional, a ordem pública e os bons costumes."*

Em nosso país, a formação do contrato internacional de compra e venda, a fixação do preço, forma e prazo de pagamento dependem de autorização oficial, expedida pelo órgão competente da área ministerial.

Sob esse aspecto de escolha das normas aplicáveis, pode emergir o fenômeno denominado *dépeçage*. Ocorre quando as partes escolhem regras de diferentes países para reger seu contrato. Suponhamos a hipótese de, na compra e venda, as partes admitirem a lei brasileira, no que se refere aos vícios redibitórios, e a lei de ordenamento estrangeiro, no tocante à responsabilidade por perdas e danos. Existe o seccionamento, o *despedaçamento* da legislação aplicável ao contrato. Essa decomposição do contrato deve decorrer da vontade das partes. Em nosso sistema jurídico, o juiz poderá supri-la apenas como forma de integração e interpretação da vontade contratual (ver a esse respeito no capítulo 7, seção 7.7). De qualquer forma, a *dépeçage*, vanguarda da autonomia da vontade na contratação internacional, nunca poderá ter o condão de ferir leis cogentes do ordenamento jurídico no qual o contrato deva ser aplicado (Georgette Nazo, verbete *Dépeçage*, da *Enciclopédia Saraiva*). Guido Fernando Silva Soares, ao criticar os que veem no art. 9º da atual Lei de Introdução às normas do Direito Brasileiro, Lei nº 12.376, de 30-12-2010, uma disposição cogente, conclui:

> *"No lugar de tal disparate, muito mais simples admitir a autonomia da vontade e dizer que as partes, qualquer que seja o lugar da constituição das obrigações, têm autonomia para despedaçar o contrato e indicar para cada pedaço a lei que bem desejarem"* (Cahali, 1995:170).

Com a adesão à lei uniforme, fica simplificada a tarefa dos contratantes e intérpretes. Como em outros institutos, as *convenções de direito uniforme*, inúmeras as existentes, são normas vigentes para os Estados ratificantes. Não esgotam a legislação interna de cada país e, como regra, não impedem a autonomia da vontade dos contratantes. Essas normas, salvo para os organismos estatais diretamente vinculados, somente se tornam imperativas para os particulares "*na medida e na proporção em que estes os adotam por via de cláusulas de incorporação expressa*" (Soares, in: Rodas, 1985:162).

Sob tal diapasão, diz-se que há uma *lex mercatoria*, criada pela prática de comércio internacional, constituída de fontes não estatais. A forma mais usual de as pendências serem resolvidas nesse campo é pelo compromisso e juízo arbitral, objeto de nosso estudo em *Direito civil: contratos* (Capítulo 16). Na maioria das vezes, o recurso ao Judiciário mostra-se inconveniente e nada prático para dirimir as quizilas internacionais.

O Brasil foi o 79º país a aderir à lei uniforme da compra e venda, possibilitando a contratação sob tal ordenamento com países importantes como Estados Unidos, China e Japão. A aplicação da CISG entre países signatários, segundo a opinião de corrente doutrinária, obriga sua aplicação, sobrepondo-se até mesmo ao Código Civil. No entanto, não se pode afastar a autonomia das partes de escolherem outro ordenamento, como já sustentamos, mas devem ser expressas a esse respeito no instrumento contratual. Não resta dúvida, porém, de que a recepção da convenção no nosso direito interno representa uma alavanca importante para nosso comércio internacional, já que a compra e venda ocupa mais de 90% do movimento negocial universal. O que deve ficar bem claro é que quando as partes internacionais não especificam qual a legislação que desejam aplicar, o texto legal aplicável será o da lei uniforme da CISG.

A elaboração da CISG teve participação de juristas tanto do sistema europeu continental como do direito anglo-saxão. Procurou-se fazer uma harmonização do texto que levasse em conta o direito alemão codificado dos contratos e o *Uniform Commercial Code* americano. Nesse diploma há, portanto, um exercício de direito comparado.

No desiderato dessa harmonização, é de se ressaltar o princípio da boa-fé estampado no art. 7º:

> "*Na interpretação desta Convenção, será levado em conta o seu caráter internacional, a necessidade de promover a uniformidade na sua aplicação e a observância da boa-fé no comércio internacional.*"

Trata-se de mesma boa-fé objetiva decantada como cláusula aberta em nosso Código Civil de 2002, no art. 422. Ao especificar o texto que na interpretação da Convenção será levado em conta o seu caráter internacional, não foge o texto da função social do negócio jurídico, nos termos do art. 421 do Código Civil.

18.8.1 *Incoterms*

O comércio é dinâmico e costumeiro por natureza. A compra e venda é o verdadeiro instrumento de comércio. Em torno dela gravitam os demais contratos. A necessidade de um comércio tanto quanto possível homogêneo entre os diversos países provocou uniformização parcial de procedimentos, enquanto longe se está de uma legislação supranacional. Em 1928, surge pela primeira vez, como resultado de trabalhos da Câmara de Comércio Internacional (CCI), uma relação de "termos comerciais". A ideia era definir termos mais frequentemente utilizados no contrato de compra e venda internacional, para que os negócios pudessem ter maior estabilidade nas contratações.

Em 1936, a mesma CCI tratou de estabelecer regulamento mais completo sobre as obrigações das partes na compra e venda. Daí a terminologia *International Commercial Terms* 1936 (Incoterms).

Esse foi, sem dúvida, o primeiro regulamento efetivamente utilizável pelo comércio internacional. Em 1941, foi criado outro regulamento nos Estados Unidos, com idêntica finalidade, denominado *Revised American Foreign Definitions*. Atingiu-se maior certeza com os *Incoterms* de 1953, da CCI. Essa relação é apresentada sob a modalidade de catálogo, com as siglas adotadas pelo comércio, com descrição das obrigações respectivas do vendedor e do comprador. Incluídas no contrato com a observação de que se trata de *Incoterms*, passam a ter eficácia. Entendemos que a simples menção das siglas faz a compra e venda inserir-se no rol de obrigações dos termos internacionais referidos, se do contrário não resultar a vontade das partes.

Desse modo, os *Incoterms* apresentam-se como uma das modalidades de fontes normativas da compra e venda internacional, ao lado das convenções e tratados e dos contratos-tipos, entre outras.

A CCI divide os *Incoterms* em quatro grupos básicos: *E-terms*, que são os que iniciam com a vogal *E* e geram a menor obrigação ao vendedor; *F-terms* são os que dão ao vendedor a obrigação de entregar o produto a um transportador indicado e custeado pelo comprador, pelo qual se responsabiliza; os *C-terms*, nos quais o vendedor tem a maior obrigação, ou seja, entregar o produto custeando o transportador e responsabilizando-se por ele; e os *D-terms*, que representam cláusulas de maior responsabilidade do vendedor.

Como são fórmulas sintéticas, perfeitamente conhecidas no trato internacional, de valor universal no meio mercantil, em muito facilitam as contratações, evitando repetitivas e circundantes cláusulas contratuais. No dizer de Waldirio Bulgarelli (1984:212), constituem-se uma espécie de súmula dos costumes internacionais em matéria de compra e venda. Cuidam basicamente das questões referentes à entrega da mercadoria, da transferência da responsabilidade, da repartição das despesas e das providências relativas aos documentos alfandegários e de fronteira (Machado, in: Rodas, 1985:146).

Elencam-se a seguir as siglas do glossário dos 13 *Incoterms* 2000, que já sofrem atualização, com descrição sumária de sua compreensão. Para outros detalhes necessários aos casos concretos, há estudos detalhados da matéria na literatura nacional, entre os quais os utilizados em nossa bibliografia: Maria Luiza Machado, Os *Incoterms*, por sua vez, com vasta bibliografia sobre o tema (Rodas, 1985); Celso Ribeiro Bastos e Eduardo Amaral Gurgel Kiss, *Contratos internacionais*; Esther Engelberg, *Contratos internacionais do comércio*, além do próprio texto oficial que deve ser consultado.

EX WORKS (no local de trabalho, na fábrica, no estabelecimento etc., também conhecida como *ex factory, ex mill, ex plantation, ex warehouse*). A única responsabilidade do vendedor é colocar a mercadoria à disposição do comprador em seu estabelecimento, seu local de trabalho. O carregamento e o transporte ficam a cargo do comprador, salvo acordo em contrário. Nesse caso, a obrigação do vendedor é a mais restrita.

Assim, esse termo representa a menor obrigação por parte do vendedor, e deve o comprador suportar todo o custo e risco envolvido na retirada e transporte das mercadorias das instalações do vendedor.

FCA (*Free Carrier*, livre transportador). Idêntico ao FOB, liberando-se o vendedor quando entrega a coisa ao transportador no local indicado. Utilizado para transportadores em *containers, roll-on-roll-off, trailers e barcos* (Bastos e Kiss, 1990:62).

FAS (*Free Alongside Ship*, livre no costado do navio). A obrigação do vendedor é colocar a mercadoria junto ao costado do navio, no porto de embarque designado. O vendedor deve designar o nome, embarcadouro e data de entrega no navio. Com a entrega da mercadoria no cais, assume o comprador os riscos.

FOB (*Free On Board*, livre a bordo, posto a bordo). A mercadoria deve ser colocada a bordo de um navio pelo vendedor, no porto de embarque designado no contrato. O risco transfere-se ao comprador no momento em que a coisa é embarcada. É das mais utilizadas. O vendedor obriga-se a transferir a mercadoria desde seu estabelecimento até o embarque. Cessa sua responsabilidade quando a mercadoria ultrapassa a amurada do navio.

C&F (*Cost and Freight*, custo e frete). O vendedor assume os custos para transportar a mercadoria até o destino (frete), mas o risco de perdas e danos, bem como aumento de despesas, é do comprador a partir da transposição da amurada do navio. Desse modo, o seguro deve ser por conta do comprador. Na venda C&F, o preço já inclui o valor da mercadoria, com embalagem, transporte até o porto, carregamento e demais despesas até sua efetiva entrega a bordo, bem como o frete até o destino final. Não se permite a decomposição do preço.

CIF (*Cost, Insurance and Freight*, custo, seguro e frete). Além das obrigações C&F, o vendedor obriga-se a pagar prêmio de seguro contra riscos e perdas durante o transporte. A contratação CIF decompõe-se em três contratos: compra e venda, transporte e seguro. Seu preço, no entanto, é indivisível.

CPT (*Carriage Paid To*). Significa que o vendedor entrega a mercadoria ao transportador nomeado por ele. No entanto, o vendedor deverá pagar o custo de transporte necessário para trazer a mercadoria para o destino apontado. Isso significa que o comprador suporta todos os riscos e todo e qualquer custo adicional ocorridos após a entrega das mercadorias. Se utilizados transportadores subsequentes, o risco transfere-se quando a mercadoria tiver sido entregue para o primeiro transportador.

CIP (*Freight/Carriage and Insurance – Paid To* ... Frete, transporte e seguro pago até...). Acresce-se ao termo anterior a obrigação de o vendedor pagar seguro de transporte.

DAF (*Delivered at Frontier*, entregue na fronteira). O vendedor cumpre sua obrigação quando a mercadoria chega à fronteira dos países designados. A transposição da fronteira é obrigação do comprador.

DES (*Ex Ship*, no navio). O vendedor obriga-se a colocar a mercadoria à disposição do comprador a bordo do navio, no local designado. O comprador assume os riscos a partir daí.

DEQ (*Ex Quay*, no cais). O vendedor coloca a mercadoria no porto indicado. Quando a venda nessa modalidade é *duty paid* (imposto pago), a liberação da mercadoria é por conta do vendedor, ou então *duties on buyer's account*, impostos por conta do comprador.

DDU (*Delivered Duty Unpaid*). Significa que o vendedor entrega a mercadoria ao comprador, não liberada para importação, comprometendo-se com os custos e responsabilizando-se pelos riscos envolvidos no transporte das mercadorias até o local de destino indicado. O comprador deverá arcar com as despesas de internalização e desembaraço da mercadoria.

DDP (*Delivered Duty Paid*, entregue com imposto pago). É a obrigação mais ampla do vendedor. Deve entregar a mercadoria no local indicado, livre e desembaraçada.

Essas cláusulas são normalmente utilizadas em nosso país. Maria Luiza Machado anota que os *Incoterms 1953* (e os de 2000) são utilizados no comércio Brasil/Europa e Brasil/Japão. Com os Estados Unidos, são utilizadas as regras de *Revised Foreign Trade Definitions 1941*. Se houver modificação na compreensão e extensão do incoterm utilizado, as partes devem ser expressas. Não devemos esquecer que tais cláusulas, cuja finalidade é facilitar o comércio internacional, são facultativas, e não são imutáveis pela própria natureza dinâmica do direito mercantil.

19

CLÁUSULAS ESPECIAIS DA COMPRA E VENDA

19.1 RETROVENDA

O Código Civil, após disciplinar a compra e venda sob a epígrafe "Disposições Gerais", nos arts. 481 a 504, examinados no Capítulo 18 do vol. III, trata das chamadas cláusulas especiais à compra e venda, nos artigos seguintes, dispondo acerca da retrovenda (arts. 505 a 508); da venda a contento (arts. 509 a 512); da preempção ou preferência (arts. 513 a 520); do pacto de melhor comprador e do pacto comissório. Estes dois últimos estão ausentes no Código em vigor, que introduz a conhecida venda com reserva de domínio (arts. 521 a 528) e venda sobre documentos (arts. 529 a 532).

A maioria desses institutos apresenta, modernamente, pouca aplicação e diminuta importância prática. Em passado recente, a venda com reserva de domínio, não disciplinada pelo Código de 1916, mas regida pelo atual diploma, teve larga aplicação e utilidade, substituída mais recentemente pela alienação fiduciária em garantia, também regulada por lei extravagante, com maior eficácia e garantia para as instituições financeiras e consórcios. Dessa matéria ocupa-se este capítulo, procurando realçar o que ainda mais possuir interesse prático.

Pela cláusula de retrovenda, o vendedor de coisa imóvel reserva-se o direito de recobrar, no prazo máximo de decadência de três anos, o que vendeu, restituindo o preço recebido, mais as despesas feitas pelo comprador (art. 505; antigo, art. 1.140). Pelo exposto, percebemos que a cláusula aplica-se unicamente aos imóveis. Trata-se de imposição inconveniente, que mantém a venda e a propriedade resolúvel, ao alvedrio do vendedor, durante certo prazo, que não poderá ultrapassar os três anos. Esse lapso era fixado pelo art. 1.141 do Código anterior, para o denominado *resgate ou retrato* do vendedor, *"presumindo-se estipulado o máximo do tempo, quando as partes o não determinarem"*. O Código de 2002, mais enfático, aponta o máximo de três anos para o retrato, como prazo de decadência.

Dois são os pontos fundamentais da cláusula, portanto: somente se defere à compra e venda de imóveis e seu prazo não pode ultrapassar os três anos. Houve quem no passado defendesse sua utilização para os móveis, sem sucesso, contudo. O fato de os móveis se transferirem sem maiores formalidades pela tradição, sem maior publicidade para cautela de terceiros, bem como os termos peremptórios da lei não permitem outra conclusão. Se estabelecida a retrovenda na alienação de bem móvel, a questão ficará no campo negocial da autonomia de vontade contratual, subordinando-se aos princípios obrigacionais em geral, desvinculando-se da aplicação das normas do Código ora examinadas.

Sabendo-se da importância das vendas imobiliárias para o patrimônio dos contratantes, resulta extremamente inconveniente essa cláusula, cuja franca utilidade facilmente percebida é mascarar empréstimos onzenários, exorbitantes, ou camuflar negócios não perfeitamente transparentes. Geralmente, a inserção desse pacto na venda de imóvel procura atender a dificuldades econômicas do vendedor, que as entende passageiras. Se era útil no passado para garantir o pagamento por parte do comprador nas vendas a prazo, o compromisso de compra e venda substituiu-a com ampla vantagem, sepultando definitivamente a utilidade da retrovenda.

O Código, no entanto, como vimos, seguindo a orientação da maioria dos códigos estrangeiros, manteve a cláusula com os mesmos contornos. É, porém, mais completo o art. 505, no tocante à possibilidade de se agregar valor no resgate:

> *"O vendedor de coisa imóvel pode reservar-se o direito de recobrá-la no prazo máximo de decadência de três anos, restituindo o valor recebido e reembolsando as despesas do comprador, inclusive as que durante o período de resgate se efetuaram com a sua autorização escrita, ou para realização de benfeitorias necessárias."*[1]

---

[1] "Agravo de Instrumento – Ação de obrigação de fazer – Tutela de urgência indeferida em primeira instância – Recorrentes pretendem concessão de liminar para que parte contrária seja compelida a outorgar escritura de imóveis recebidos através de dação em pagamento. Recorrida alega que exerceu direito de retrovenda dos imóveis, de forma que a dação em pagamento não se concretizou. Probabilidade do direito não demonstrada. Questão demanda maiores elementos de prova que serão colhidos ao longo da instrução. Decisão mantida. Recurso desprovido". (*TJSP* – AI 2190079-04.2020.8.26.0000, 21-10-2020, Rel. Francisco Carlos Inouye Shintate).

"Apelação – Escritura de compra e venda de imóvel com retrovenda – Ação declaratória de nulidade do negócio jurídico em razão de simulação destinada a encobrir negócio usuário. Acolhimento. Negócio desprovido de qualquer interesse econômico para os adquirentes, envolvendo bem gravado com usufruto, cuja pose permaneceu com os alienantes. Ausência de registro, deixando os adquirentes sem qualquer garantia quanto à eficácia do negócio perante terceiros. Venda realizada em contexto de elevado endividamento dos vendedores para com a adquirente. Conjunto de indícios que atribuem verossimilhança à alegação de negócio usuário, carreando ao credor o ônus da prova da regularidade do contrato (Medida Provisória nº 2.172-32/2001). Sentença mantida. Alteração da base de cálculo dos honorários, com adoção do valor atualizado do negócio cuja nulidade se declarou. Recurso parcialmente provido" (*TJSP* – AC 1008508-52.2014.8.26.0510, 12-8-2019, Rel. Enéas Costa Garcia).

"Indenização – **Partes celebraram compra e venda com retrovenda** – Posteriormente houve desfazimento do avençado retornando as partes ao 'statu quo' primitivo. Fato ocorrido em 1999/2000. Pretensão de indenização envolvendo lotes de terrenos comercializados pelos réus. Ocorrido já ultrapassara 10 anos. Aplicação do artigo 205, combinado com o artigo 2.028, ambos do Código Civil vigente. Prescrição caracterizada. Referências genéricas e superficiais de que tivera conhecimento dos fatos 'a posteriori' são insuficientes para afastar o lapso temporal legal. Improcedência da ação deve prevalecer. Apelo desprovido" (*TJSP* – Ap 1004222-63.2016.8.26.0218, 20-2-2018, Rel. Natan Zelinschi de Arruda).

"Rescisão de contrato – Compra e venda de imóvel – **Cláusula de retrovenda** – Cancelamento – Quitação – Fraude – Ausência de provas – Decisão nº 4340/2003 do TCDF – Ônus probatório – Art. 373, I do CPC/2015 – Revelia – Efeitos – Impossibilidade – 1 – Nos termos do art. 373, inciso I do CPC/2015, o ônus da prova do fato constitutivo do direito incumbe, em regra, ao autor da ação. 2 – Uma vez que o fato constitutivo do direito da autora pauta-se em uma provável fraude, são indispensáveis provas específicas e inequívocas de que esse ilícito de fato ocorreu e que ele seja o real o motivo do que se pretende desconstituir em Juízo. 2.1. A notícia genérica de um fato ilícito e da existência de seu procedimento investigativo não gera presunção absoluta de que o negócio jurídico realizado pelos réus foi objeto de crime. 3 – A citação por edital com a consequente atuação da Curadoria de Ausentes da Defensoria Pública impede a incidência da revelia e de seus efeitos, conforme dispõe o art. 341, parágrafo único do CPC/2015. 4 – Recurso conhecido e desprovido" (*TJDFT* – Proc. 20080111373740APC – (999380), 6-3-2017, Rel. Diaulas Costa Ribeiro).

"Processual civil – Agravo regimental no agravo em recurso especial – Compromisso de compra e venda – cláusula de retrovenda – Simulação – Inexistência – Dissídio jurisprudencial não demonstrado – Decisão mantida – 1. O conhecimento do recurso especial, interposto com fundamento na alínea 'c' do permissivo constitucional, exige a indicação do dispositivo legal objeto de interpretação divergente, a demonstração do dissídio, mediante a verificação das circunstâncias que assemelhem ou identifiquem os casos confrontados e a realização do cotejo analítico entre elas, nos moldes exigidos pelos art. 541, parágrafo único, do CPC/1973, ônus dos quais o recorrente não se desincumbiu. 2. O recurso especial não comporta o exame de questões que impliquem revolvimento de

O pacto deve constar do mesmo instrumento da venda. Se constar de documento autônomo, isto é, em instrumento à parte, não será pacto adjeto, mas promessa de contratar ou outro negócio subordinado aos princípios da retrovenda. Se o pacto não constar do instrumento, não haverá como o terceiro adquirente tomar conhecimento. Veja o que explanamos a seguir.

Pelo pacto de retrovenda, que é acessório à compra e venda, o vendedor mantém o direito de resolver o negócio, dentro de certo prazo, de acordo com sua única vontade, devolvendo ao comprador o preço recebido, mais despesas feitas pelo comprador, reembolsando também, *"as empregadas em melhoramentos do imóvel, até ao valor por esses melhoramentos acrescentado à propriedade"* (parágrafo único do art. 1.140 do Código anterior). Como vimos, o presente diploma reporta-se às despesas autorizadas por escrito e às benfeitorias necessárias. Sob essa lei, as partes devem especificar quais as despesas que serão passíveis de reembolso, além do valor das benfeitorias necessárias. Evidente que, modernamente, a devolução deve ocorrer com a devida e inafastável correção monetária, quando aplicável, sob pena de ocorrer injusto enriquecimento. Destarte, acresce-se mais esse entrave a desencorajar o negócio. Aos frutos e benfeitorias aplicam-se as regras gerais, inclusive quanto ao direito de retenção. Cumpre examinar as circunstâncias em concreto. Não está o vendedor, por exemplo, *"obrigado a reembolsar o comprador de benfeitorias que este, maliciosamente, tenha feito para dificultar-lhes o exercício do direito de retrato"* (Alves, 1987:222). Esse aspecto a mais recente lei procurou evitar. Em qualquer situação, tendo agido o comprador com culpa ou dolo, deve indenizar o prejuízo ao

---

cláusulas contratuais e do contexto fático-probatório dos autos, conforme dispõem as Súmulas nº 5 e 7 do STJ. 3. O Tribunal de origem, com base no contrato e nas provas coligidas aos autos, concluiu pela inexistência de indícios ou provas de simulação do negócio jurídico. Alterar tal conclusão demandaria o reexame de fatos e provas, inviável em recurso especial, a teor do disposto nas mencionadas Súmulas. 4. Agravo regimental a que se nega provimento" (*STJ* – AgRg-AG-REsp. 840.516 – (2016/0001648-1), 11-5-2016, Rel. Min. Antonio Carlos Ferreira).

"**Apelação cível** – Ação de anulação de ato jurídico – Alegação de ausência da parte autora na realização do acordo homologado judicialmente. Sentença que julgou improcedente o pleito pórtico. Irresignação da autora. Tese de vício de consentimento a macular o acordo celebrado. Parte que outorgou poderes para transigir ao patrono presente no ato. Ausência de demonstração do vício a ensejar a nulidade do acordo. Tese insubsistente. Reiteração de teses suscitadas no curso de ação anulatória. Escritura de retrovenda incabível em contrato relativo a bens móveis. Nulidade de instrumento particular de confissão de dívida. Necessidade de revisão de valores cobrados. Ação que se restringe a pugnar pela nulidade de acordo homologado. Recurso conhecido e desprovido" (*TJSC* – AC 2010.053459-5, 6-3-2015, Rel. Des. Subst. Altamiro de Oliveira).

"**Embargos de declaração em recurso especial** – Ação de imissão de posse cumulada com ação condenatória – Compromisso de compra e venda firmado com **cláusula de retrovenda** – Ao concluir que o negócio jurídico foi celebrado no intuito de garantir contrato de mútuo usurário e, portanto, consistiu em simulação para ocultar a existência de pacto comissório, o tribunal de origem procedeu à reforma da sentença proferida pelo magistrado singular, julgando improcedentes os pedidos veiculados na demanda – Pacto comissório – Vedação expressa – Artigo 765 do Código Civil 1916 – Nulidade absoluta – Mitigação da regra inserta no artigo 104 do diploma civilista (1916) – Possibilidade de arguição como matéria de defesa – Insurgência recursal da parte autora – 1- Ausência de quaisquer dos vícios elencados no artigo 535 do Código de Processo Civil (omissão, contradição ou obscuridade). Acórdão deste órgão fracionário que se encontra devidamente fundamentado, com o enfrentamento de todos os aspectos necessários à resolução da controvérsia, isto é, a possibilidade de arguição de simulação, sob a égide do Código Civil de 1916, como matéria de defesa, notadamente em hipótese que visou ocultar o estabelecimento de pacto comissório. 2 – Embargos de declaração rejeitados" (*STJ* – EDcl-REsp 1.076.571 – (2008/0165413-0), 10-6-2014, Rel. Min. Marco Buzzi).

"**Apelação**. Ação de anulação de escritura de compra e venda de bem imóvel, com **cláusula de retrovenda**. Alegação de agiotagem, coação, incapacidade da autora decorrente da doença 'Alzheimer' e lesão. Em primeiro grau, decisão de improcedência. Preliminares de cerceamento de defesa e nulidade, por falta de intervenção do Ministério Público. Teoria da Causa Madura. Prova pericial grafotécnica inconclusiva. Julgamento da lide no estado em que se encontra. Juiz como destinatário das provas. Intervenção do Ministério Público em Segundo Grau supre quaisquer irregularidades. Sentença de improcedência devidamente fundamentada. Motivação do decisório adotada como julgamento em segundo grau. Inteligência do art. 252 do RITJ. Inexistência de provas dos fatos alegados. Inexistência sequer de início de prova, inviabilizando inversão do ônus probatório. Preliminares rejeitadas. Recurso não provido" (*TJSP* – Ap 0272377-73.2009.8.26.0000, 24-9-2013, Rel. Edson Luiz de Queiroz).

vendedor que se retrata. Eventuais indenizações a que tenha direito o retratante são direitos pessoais indenizatórios que não se confundem com o direito ao retrato. Nada impede que os pedidos sejam cumulados na mesma ação, mas são independentes.

Discute-se sobre a possibilidade de as partes fixarem na retrovenda um preço maior ao retrato, questão controvertida na doutrina que não mereceu tratamento expresso de nosso legislador. Os códigos italiano e português consideram nulo o valor excedente ao preço originalmente pago. O silêncio de nossa lei não proíbe essa contratação, preço maior ou menor. Ocorre, no entanto, que na hipótese estará configurado negócio jurídico diverso da retrovenda, que estará desfigurada da tipicidade descrita na lei. A constatação de usura mediante a utilização do pacto dá margem à anulação por vício de simulação fraudulenta. Aliás, é de entender que o simples disfarce de mútuo pela retrovenda torna-a passível de anulação, pois traduz fórmula para permitir o pacto comissório, possibilitando ao credor ficar com a coisa que garante seu crédito, o que é vedado pelo art. 1.428 (Wald, 1992:257, citando jurisprudência). Tratando-se de fraude à lei e sendo ilícito o objeto, o ato deve ser considerado nulo.

O prazo de retrato, decadencial por natureza, até o limite legal de três anos, prevalecerá em qualquer situação. Será ineficaz, portanto, qualquer prazo de retrato contratado que ultrapassar três anos. Avençado por prazo maior, operará o limite legal. Nesse pacto, existe condição resolutiva. Como se trata de resolução de negócio anteriormente feito, operada a cláusula do retrato, desfaz-se a compra e venda, isto é, não há negócio vigente. Tudo fica como se venda originária nunca houvesse ocorrido. Por isso, não incidem tributos sobre o ato de retrato, porque não há negócio novo (Alvim, 1961:133). Com esse desfazimento, desaparecem todos os direitos criados e surgidos *medio tempore*.

Pendente a cláusula, dentro do prazo especificado, a propriedade é resolúvel nos termos do art. 1.359. A maior parte da doutrina entende que o pacto não dá origem a direito real. Melhor seria que a lei fosse expressa a respeito, para melhor resguardo do direito de terceiros. A jurisprudência majoritária tem corroborado a doutrina nesse aspecto, entendendo que contrato com cláusula de retrovenda não constitui título hábil para a criação de direito real.

O direito do vendedor deve ser considerado potestativo, isto é, daqueles que podem ser utilizados a qualquer tempo, pelo titular, dentro do lapso permitido. No dizer de Moreira Alves (1987:108), ao ser classificado como potestativo, essa natureza jurídica afasta a dificuldade de classificar o direito de retrato como pessoal ou real, porque o direito potestativo não é nem pessoal nem real. Pendente a condição resolutiva de retrato, "*o comprador é o verdadeiro e único proprietário* do imóvel. O vendedor é apenas titular de um direito potestativo à resolução do contrato" (Lopes, 1991, v. 3:310).

A natureza desse direito em tese não permitiria sua cessão por ato entre vivos (assim opina parte da doutrina, ver Pereira, 1994:144), mas prevalecera, no sistema anterior, o entendimento contrário. O vigente Código é expresso, proibindo a cessão desse direito por ato entre vivos e autorizando apenas no direito sucessório, para herdeiros e legatários (art. 507). Atende-se ao que reclamava a doutrina anterior: melhor conclusão seria sem dúvida tratar-se de direito personalíssimo, portanto intransmissível por ato entre vivos, como sustentava Washington de Barros Monteiro (1980:101). A possibilidade de cessão entre vivos, do direito de retrato abriria, sem dúvida, mais uma possibilidade de fraude, entre todas aquelas que já dá margem o instituto. No entanto, todos os argumentos contrários à possibilidade de cessão do direito de retrovenda eram subjetivos, porque a lei de 1916 não o proibia. Se tivesse sido intenção do legislador vedá-lo, tê-lo-ia feito, como fez expressamente com o direito de preferência (art. 520). Agora, o mais recente Código é expresso nessa restrição. No sistema anterior, tratando-se de direito pessoal, nada estava a determinar na lei que o direito à retrovenda fosse personalíssimo.

Embora se reafirme a inexistência de direito real em nosso sistema, dispunha o art. 1.142 do Código de 1916: "*Na retrovenda, o vendedor conserva a sua ação contra os terceiros adquirentes da coisa retrovendida, ainda que eles não conhecessem a cláusula de retrato.*" A cláusula, devendo constar da escritura e do registro imobiliário, presume-se conhecida de eventuais adquirentes. Institui-se assim direito de sequela. Restava, portanto, inexplicável a menção da lei ao desconhecimento por parte de terceiros. O Código menciona no art. 507, de forma singela, que o direito de retrato poderá ser exercido contra o terceiro adquirente, que é efeito natural do instituto. O direito pode ser exercitado e a consequente ação pode ser então movida contra o comprador ou seus herdeiros, bem como contra o terceiro adquirente. A condição opera, ainda que se trate de aquisição por terceiro em hasta pública, que também não pode ignorar a cláusula.

Se o direito de retrato é atribuído a duas ou mais pessoas e apenas uma delas, ou algumas, mas não todas, o exercem, o comprador não é obrigado a cumprir parcialmente o pacto. Este pode intimar as outras para que concordem. Se não houver acordo entre os retratantes, e não querendo apenas um deles pagar a totalidade, caducará o direito de todos (art. 508). Essa regra não se aplica quando se tratar de alienação de condomínio, na hipótese de a retrovenda não se ter ultimado no mesmo ato, isto é, quando os condôminos não venderam suas quotas na mesma oportunidade. Nessa hipótese, cada condômino poderá exercer individualmente o direito de retrato sobre seu quinhão respectivo. Cuida-se de regra que se prende aos princípios do condomínio.

Extingue-se a retrovenda pelo exercício do direito potestativo do vendedor, pela preclusão do prazo decadencial, pelo perecimento do imóvel ou pela renúncia. Como o prazo é decadencial, não se admite interrupção, nem suspensão. O direito é renunciável, porque somente beneficia o vendedor de forma unilateral, a ele não podendo opor-se o comprador.

Uma vez extinto o direito por seu exercício, não se exaurem as obrigações do vendedor, que deve entregar o bem, não obstando seu registro imobiliário pelo adquirente.

Há inovações trazidas pelo corrente Código.

O art. 506, reportando-se aos acréscimos de valor no retrato, dispõe:

> "*Se o comprador se recusar a receber as quantias a que faz jus, o vendedor, para exercer o direito de resgate, as depositará judicialmente. Parágrafo único. Verificada a insuficiência do depósito inicial, não será o vendedor restituído no domínio da coisa, até enquanto não for integralmente pago o comprador.*"

Tomando posição a respeito da cessão desse direito e da oponibilidade a terceiros, como vimos, aduz o art. 507: "*O direito de resgate, que é cessível e transmissível a herdeiros e legatários, poderá ser exercido contra o terceiro adquirente.*" Portanto, o terceiro deve tomar conhecimento do direito com sua menção no instrumento de compra e venda. O direito registrário poderá aclarar melhor a situação, atribuindo expressamente eficácia real a esse pacto pessoal.

Dispondo a lei que o direito somente é cessível e transmissível para herdeiros e legatários, está vedada a transmissão e cessão por ato entre vivos, embora a nova lei pudesse ter sido expressa a esse respeito.

No tocante ao direito atribuído a duas ou mais pessoas, o presente diploma simplifica a questão, descrita de forma confusa no antigo art. 1.143, como vimos. Sinteticamente, reza o art. 508:

> "*Se a duas ou mais pessoas couber o direito de retrato sobre o mesmo imóvel, poderá o comprador intimar as outras para nele acordarem, prevalecendo o pacto em favor de quem haja efetuado o depósito, contanto que seja integral.*"

19.2 VENDA A CONTENTO. VENDA SUJEITA A PROVA

Por essa cláusula de venda a contento, o comprador reserva-se o direito de rejeitar a coisa se não lhe aprouver, se não gostar, dependendo de sua exclusiva apreciação. Se não houver disposição contrária no contrato, a cláusula atribui direito potestativo ao comprador que não necessita justificar a eventual recusa. Como regra geral, não pode o vendedor opor-se ao desagrado manifestado pelo comprador. A rejeição pelo comprador não decorre de vício na coisa ou de sua má qualidade. Eventual abuso de direito na recusa deve merecer exame no caso concreto, levando-se em conta que se está perante condição potestativa simples em favor do comprador. Não se examina a utilidade da coisa em si, de forma objetiva, mas a manifestação do arbítrio outorgada ao comprador. A condição é potestativa simples e não puramente potestativa, pois o arbítrio do comprador fica sujeito ao fato de a coisa experimentada agradar-lhe (Pereira, 1994:146; Rodrigues, 1983:193).

O art. 1.144 do Código de 1916 colocou-a sob a modalidade de venda sob condição suspensiva, salvo manifestação expressa em favor da condição resolutiva. Por seu lado, o art. 509 do diploma de 2002 estabelece:

> *"A venda feita a contento do comprador entende-se realizada sob condição suspensiva, ainda que a coisa lhe tenha sido entregue; e não se reputará perfeita, enquanto o adquirente não manifestar seu agrado."*

Portanto, no silêncio das partes, a venda a contento fica sob condição suspensiva. Na regra geral, a venda apenas é dada por finalizada quando o comprador demonstra sua aquiescência acerca da coisa recebida. A venda *ad gustum*, como acrescentou o parágrafo único do art. 1.144 do diploma anterior, aplica-se aos gêneros que, costumeiramente, são experimentados, provados, medidos, pesados, antes de aceitos. Deve ser expressa no contrato de compra e venda, ou depender eficazmente de usos e costumes segundo a natureza da coisa vendida. Não pode o pacto ser presumido.

O ordenamento anterior reportava-se à possibilidade de as partes estabelecerem a venda a contento sob condição resolutiva. A possibilidade ainda persiste, desde que as partes sejam expressas a respeito, pois se trata de direito dispositivo. No entanto, há inconveniência na venda sob condição resolutiva, pois a propriedade da coisa passa a ser resolúvel.

A cláusula posta em nosso ordenamento civil engloba tanto a venda *ad gustum* propriamente dita, dependente unicamente do agrado do comprador, como aquela na qual se submete a coisa a ensaio ou experimentação, sujeitando-se ambas à mesma solução legal. Sob esse aspecto, o vigente diploma civil foi expresso, referindo-se à *venda sujeita a prova*, também sob condição suspensiva (art. 510).[2] A venda sob condição de prova, contudo, não se constitui

---

[2] "Bem Móvel – **Compra e venda de sacas de café sujeita à prova** – Ação de execução por quantia certa contra devedor solvente – Agravo de instrumento tirado contra decisão de Primeiro Grau que considerou preclusa a matéria levantada pelo executado/agravante – O agravante já havia escolhido a via processual da exceção de pré-executividade para se defender da pretensão executória contra ele formulada, de modo que já deveria ter alegado, naquela peça processual, todas as matérias de defesa possíveis, inclusive a ora apontada inadequação da via eleita, sob pena de ocorrência da preclusão consumativa, que realmente veio a se realizar – Recurso improvido" (*TJSP* – AI 2065329-61.2019.8.26.0000, 17-5-2019, Rel. José Augusto Genofre Martins).

"Apelação Cível – Contrato de compra e venda – Venda a contento – **Venda sujeita a prova** – Fato impeditivo do direito do autor – ônus da prova – réu – 1 – As cláusulas de venda a contento ou de venda sujeita a prova alteram o contrato de compra e venda e, por isto, devem ser precisas e determinadas, não podendo ser presumidas. 2 – A existência da cláusula de venda a contento ou de venda sujeita a prova, por envolver fato impeditivo do direito

em condição potestativa, salvo expressa menção no contrato, visto que, possuindo a coisa as qualidades asseguradas pelo vendedor e sendo idônea para o fim a que se destina, a rejeição por parte do experimentador, ao contrário da venda a contento, não pode ser injustificada. Esse, aliás, o sentido da nova lei nesse citado dispositivo.

É comum a oferta de bens com essa cláusula, principalmente pela via postal ou meios eletrônicos de comunicação destinados ao consumidor. Ressalta-se que o art. 49 do Código de Defesa do Consumidor confere ao consumidor o direito potestativo de desistir da compra realizada fora do estabelecimento no prazo de 7 (sete) dias. Também ocorre nos usos de comércio. O art. 207, II, do Código Comercial a ela referia-se expressamente, reconhecendo ao comprador, consoante contrato ou uso mercantil, direito de examinar a coisa vendida e declarar se lhe agrada, antes que o negócio seja tido como venda perfeita e acabada.

O vendedor deve estipular prazo para a prova ou experimentação. Se não o fizer, a ele incumbe intimar judicialmente o comprador para reputar a venda como definitiva. O art. 512 do Código Civil estipula que nessa intimação se fixe prazo improrrogável. Se o comprador se mantiver silente nesse interregno, "*reputar-se-á perfeita a venda, quer seja suspensiva a condição, quer resolutiva; havendo-se, no primeiro caso, o pagamento do preço como expressão de que aceita a coisa vendida*", em disposição suprimida no mais recente diploma, mas perfeitamente aplicável. Trata-se, no entanto, de presunção relativa.

Se antes do prazo concedido o comprador manifesta seu agrado, ter-se-á como concluída a venda. A venda será tida como perfeita no âmbito do art. 511, também na hipótese de o comprador alienar a coisa a terceiro, quando então, tacitamente, aceitou-a.

Recebida a coisa sob condição suspensiva, a situação jurídica do adquirente é de comodatário até que manifeste sua aceitação. Nesse sentido também se coloca o art. 511 do Código. Mantém a posse direta em razão do contrato e como comodatário. Como tal responde pelos riscos de perda ou deterioração da coisa. Deve conservá-la como se fosse sua (art. 582), sujeitando-se às demais rígidas obrigações desse contrato impostas ao comodatário.

Entretanto, na hipótese de caso fortuito ou força maior, a perda ou deterioração da coisa será suportada pelo vendedor, uma vez que ainda não se havia operado a transferência da titularidade, incidindo a regra do "*res perit domino*". Como comodatário, pode usar da coisa para o uso a que se destina. Se a coisa é daquelas que se prova ou se degusta, o adquirente não estará obrigado a devolver o que retirou, contanto que se tenha limitado ao que for indispensável para a prova (Alvim, 1961:177).

Se estipulada sob condição resolutiva, a posição do adquirente é de possuidor a título de proprietário, pois o domínio já se transferiu pela tradição.

Não é a contento a venda na qual se estipula direito do comprador de trocar ou substituir a coisa. Também não o é aquela na qual são remetidas várias coisas ao comprador para que escolha uma ou algumas delas.

O direito resultante dessa cláusula, utilizável para os bens que se costumam provar ou experimentar, "*é simplesmente pessoal*", gerando, portanto, apenas ação pessoal para entrega de

---

do autor, deve ser demonstrada, de forma cabal, pelo réu" (*TJMG* – AC 1.0481.07.078758-7/001, 17-9-2018, Rel. Maurílio Gabriel).

"Bem móvel – Ação indenizatória – Compra e venda de sacas de café – Negociação com características típicas de um contrato de compra e **venda sujeita a prova**, nos termos do art. 510, do CC – Questões centrais da lide, relacionadas à discrepância de qualidade entre as provas de amostragem e ocorrência ou não de distrato, não dirimidas – Necessidade de abertura de fase instrutória – Ação improcedente – Sentença anulada" (*TJSP* – Ap 3005265-23.2013.8.26.0180, 27-8-2015, Rel. Melo Bueno).

coisa ou indenizatória nas hipóteses de inadimplemento. Na verdade, o dispositivo refere-se a direito *personalíssimo*, não pretendendo contrapor-se aos direitos reais. Sua natureza personalíssima, pois, impede que esse direito seja transmitido aos sucessores do comprador por ato *inter vivos* ou *causa mortis*. O falecimento do comprador extingue o direito. Se sob a venda pendia condição suspensiva, esta se desfaz. Se resolutiva a condição, frustrada esta, a venda restará perfeita. O fato de ser direito de atividade pessoal não inibe, contudo, que seja exercido por mandatário habilitado, dependendo da natureza da prova ou experimento a ser realizado na coisa. Essas assertivas continuam vivas, ainda que o Código em vigor não se refira ao disposto no art. 1.148 expressamente, mesmo porque as disposições legais respectivas se encontram na seção de direitos obrigacionais. Nada impede, no entanto, que a lei o converta em direito real.

O Código de Defesa do Consumidor estabeleceu direito do consumidor de "desistir do contrato, no prazo de 7 dias a contar de sua assinatura ou do ato de recebimento do produto ou serviço, sempre que a contratação de fornecimento de produtos e serviços ocorrer fora do estabelecimento comercial, especialmente por telefone ou a domicílio" *(art. 49 da Lei nº 8.078/90)*.

Nessa situação, o adquirente não necessita, da mesma forma, justificar o motivo de sua recusa, nem pode o fornecedor a ela se opor. Cuida-se, evidentemente, de aplicação técnica que mais se aproxima da venda a contento em razão da natureza das relações de consumo, do que propriamente do direito de arrependimento, que o legislador denominou no parágrafo de prazo de reflexão. Como a lei refere-se a direito de arrependimento, a hipótese assume feição de condição resolutiva, no silêncio do contrato. Procurou o legislador proteger o consumidor nessas vendas por impulso, situações nas quais não trava contato mais direto com o produto ou serviço ou com o fornecedor. Acrescenta o parágrafo único desse dispositivo que, exercendo o consumidor o direito de arrependimento, deverá receber os valores pagos, devidamente corrigidos. Como o direito de arrependimento aplica-se de forma mais ampla do que a cláusula em estudo, não somente às coisas que se provam e se experimentam, a proteção do consumidor na dicção legal apresenta espectro mais amplo.

Não se esqueça, outrossim, de que todos os termos das ofertas publicitárias (art. 30 do Código de Defesa do Consumidor), quaisquer que sejam suas formas ou instrumentos, vinculam o fornecedor, integrando a proposta e, portanto, o contrato que vier a ser celebrado. Desse modo, anunciando o fornecedor a possibilidade de o adquirente-consumidor examinar, experimentar, provar, testar o produto por determinado prazo, com direito à devolução sem justificação, caracteriza-se a venda a contento.

19.3 PREEMPÇÃO OU PREFERÊNCIA

Pelo direito de preferência, o comprador, ao vender ou dar em pagamento o imóvel adquirido, obriga-se a oferecê-lo ao primitivo vendedor para que este adquira a coisa se assim desejar, tanto por tanto (art. 513).[3] Para isso, o proprietário da coisa deve afrontar o vendedor para que

3 "Ação declaratória de nulidade de negócio jurídico c.c. indenização por danos materiais – Sentença de improcedência – Insurgência dos autores – Decadência – Ocorrência – Ciência inequívoca quanto a alienação da parte ideal do bem imóvel (25%) por meio de notificação extrajudicial, ainda que enviada pelos adquirentes do imóvel – Finalidade atingida – Autores que deixaram de exercer o **Direto de Preferência** no prazo de 180 dias – Contrato Preliminar celebrado entre os corréus – Validade – Artigo 462 do CC – Ausência de nulidade. A falta de oportunidade aos condôminos para a aquisição prévia do bem não torna nula a venda, pois eles podem exercer o direito posteriormente, no prazo decadencial – Sentença mantida – Recurso não provido" (*TJSP* – 1037523-13.2016.8.26.0602, 18-11-2020, Rel. Benedito Antonio Okuno).

"**Direito de preferência** – Insurgência do condômino quanto ao desconhecimento da intenção de venda do bem indiviso pelo réu. Ação julgada improcedente. Réus que demonstraram documentalmente a notificação e resposta

este exerça seu direito de prelação, que caducará se não se manifestar em três dias se a coisa for móvel, e sessenta dias (trinta, no Código anterior) se for imóvel, a contar dessa notificação (art. 516). Origina-se do *pactum protimiseos* do Direito Romano, de origem grega. O preferente não tem no negócio outro direito senão o de recomprar a coisa. Compra novamente se o desejar.

---

do autor pelo desinteresse no negócio jurídico. Venda realizada, sob as mesmas condições e preço, ainda que transcorrido 17 (dezessete) meses da manifestação de desinteresse, que não afasta a validade da notificação. Sentença mantida. Recurso desprovido" (*TJSP* – Ap 1000796-82.2016.8.26.0011, 22-1-2019, Rel. Nilton Santos Oliveira).

"Anulação negócio jurídico cc adjudicação compulsória – Condomínio – **Direito de preferência do condômino** – Inexistência – Imóvel pro diviso – Nas situações em que o condomínio se constitui sobre bem divisível, mas não dividido, inicialmente prevalecia o entendimento de que não era necessário observar o direito de preempção, pois o condômino permanecia sob o regime de condomínio por vontade própria, já que poderia, a qualquer tempo, manejar ação divisória, assumindo o risco de, não o fazendo, um estranho ingressar no condomínio (...) Posteriormente, o art. 1.139 do Código Civil de 1916 passou a ser objeto de interpretação extensiva, com o termo indivisível sendo tomado como bem em 'estado de indivisão'. Assim, mesmo na alienação de parte de bem divisível, mas indiviso, seria necessário dar aos condôminos a oportunidade de adquirir a quota do imóvel, com sua notificação. Entendimento firmado pelo STJ no REsp 489.860/SP. Inteligência do artigo 504 do Código Civil. Alegação de que ofereceram verbalmente o imóvel aos coproprietários. Prova oral produzida insuficiente para suprir a ausência da notificação a que alude o artigo 504 Código Civil, vez que apenas revelaram que a parte ideal do imóvel rural pertencente à apelante estava à venda. Ônus sucumbenciais majorados para 15% do valor da causa, nos moldes do artigo 85, § 11º, do CPC. Não provimento dos recursos – Recurso não provido" (*TJSP* – Ap 1003550-90.2016.8.26.0368, 25-9-2018, Rel. Enio Zuliani).

"Direito civil e processual civil – Apelação Cível – Ação ordinária de preferência – Imóvel objeto de condomínio decorrente de sucessão causa mortis – Estado de indivisão do bem – Caracterização – Alienação, por condômino, de sua fração ideal sobre o bem comum – Observância ao **direito de preempção** dos demais coproprietários em relação a terceiros – Necessidade – Divisibilidade do bem – Irrelevância – Inteligência do artigo 504 do Código Civil – Tratando-se de imóvel que, por ser objeto de condomínio instituído em razão de sucessão *causa mortis*, encontra-se em estado de indivisão, a alienação, por um dos condôminos, de sua fração ideal, depende de prévia notificação dos demais para, querendo, exercerem o direito de preferência em relação a terceiros em iguais condições, previsto no artigo 504 do Código Civil, independentemente de ser divisível ou indivisível o bem" (*TJMG* – AC 1.0003.10.000091-2/001, 5-6-2017, Rel. Márcio Idalmo Santos Miranda).

"Ação declaratória de nulidade de negócio jurídico c/c adjudicação de fração ideal de imóvel – Cessão de quota-parte a condômino – Embargos de declaração em recurso especial. Ação declaratória de nulidade de negócio jurídico c/c adjudicação de fração ideal de imóvel. Cessão de quota-parte a condômino. Acórdão deste órgão fracionário dando provimento ao apelo extremo, a fim de restabelecer a sentença de improcedência. Direito de preferência. Interpretação restritiva. Inaplicabilidade quando se trata de negócio jurídico realizado entre condôminos. Insurgência dos autores. 1. Nos termos do art. 535 do Código de Processo Civil de 1973 (vigente à época da oposição dos aclaratórios), os embargos de declaração são apenas cabíveis quando verificado, no *decisum* impugnado, vício de obscuridade, contradição ou omissão, admitindo-se, outrossim, para saneamento de erro material. 2. Na hipótese em tela, o aresto proferido por este órgão fracionário encontra-se devida e suficientemente fundamentado, tendo enfrentado todas as questões essenciais à solução da controvérsia instaurada por meio do recurso especial, qual seja: saber se, a partir da análise do art. 504 do Código Civil, o direito de preferência nele previsto abrange apenas a hipótese de alienação de condômino para estranho ou se estende também aos contratos de compra e venda ou cessão celebrados entre consortes. Efetivamente, analisou-se de modo exaustivo todos os aspectos pertinentes à interpretação do dispositivo já mencionado, concluindo-se pela inexistência de direito de preempção quando se trata de alienação entre consortes. Desse modo, a pretensão veiculada nos aclaratórios traduz manifesto caráter infringente, razão pela qual não merece acolhida. 3. Embargos de declaração rejeitados" (*STJ* – EDcl-REsp 1.137.176 – (2009/0079625-5), 29-4-2016, Rel. Min. Marco Buzzi).

"**Ação de preempção cumulada com de adjudicação compulsória** – Autor que é arrendatário rural de imóvel alienado a terceiros. Depósito do valor não efetuado. Descumprimento de requisito previsto pelo artigo 92, § 4º da Lei 4.504/1963. Extinção do feito sem julgamento do mérito que é de ser mantida. Recurso desprovido" (*TJSP* – Ap 300591989.2013.8.26.0283, 6-2-2015, Relª Ana Lucia Romanhole Martucci).

"**Condomínio – Direito de prelação.** Primeiro requerido que procedeu à alienação de sua cota-parte a terceiro, sem notificar a autora para que exercesse seu direito de preferência, nos termos do artigo 504, *caput*, do Código Civil. Ausência de provas de que a suplicante conhecia da transação ilegítima. Termo inicial do prazo decadencial de cento e oitenta dias do direito de preempção que deve ser a data do conhecimento da alienação por parte do preterido, o que melhor se afeiçoa à boa-fé objetiva. Depósito judicial regularmente efetuado, conforme valor indicado na escritura de venda e compra. Anulação da alienação levada a cabo e consequente adjudicação do bem em nome da autora, com determinação de expedição da respectiva carta. Sentença reformada. Recurso provido" (*TJSP* – Ap 0003607-18.2010.8.26.0601, 23-5-2013, Rel. Helio Faria).

É direito; não obrigação. Entretanto, o comprador não está obrigado a vender. Se o fizer, deve afrontar o vendedor primitivo. Para que esse direito se torne exercitável, é absolutamente indispensável que o comprador tenha decidido revender ou dar em pagamento o objeto da compra e venda primitiva. O instituto possui como características ser *intransmissível*, *indivisível* e *com prazo de caducidade*, como aqui se examina. Decorre da vontade das partes, no âmbito de sua autonomia, podendo constar do próprio instrumento de alienação ou de documento à parte, ou da lei, nas hipóteses de venda de propriedade condominial por condômino ou pelo locador ao locatário. Como é direito pessoal, pode constar de instrumento autônomo, porque irrelevante sua presença na escritura imobiliária e no registro respectivo para fins de ciência de terceiros. Ademais, o pacto não possui efeitos resolutivos, nem afeta direito de terceiros (Borda, 1989:258).

A venda com inserção dessa cláusula é definitiva, pois nada a condiciona, sendo plena a propriedade do adquirente que não está obrigado a alienar. Trata-se de negócio acessório à compra e venda, mas não incompatível com outros contratos, como a locação e permuta, dentro da autonomia da vontade contratual, embora assim não entenda parte da doutrina. Pactuado em outro negócio jurídico, no entanto, perde a tipicidade conferida pela lei nos dispositivos em estudo. Não há como se entender proibido o pacto em outros negócios se a matéria não é cogente e de ordem pública. Por sua natureza, o pacto de preempção opera como um contrato dentro de outro maior, que é a compra e venda.

Por meio desse pacto, o comprador contrai a obrigação de avisar, intimar, notificar, dar ciência, afrontar, enfim, o vendedor das condições que oferecerá a terceiro. Essa obrigação deve ser cumprida cabalmente, sem subterfúgios. Da notificação deve constar o preço da venda para que o vendedor possa exercer seu direito, pagando o preço e obedecendo às condições. Deve ser ultimada de forma idônea a comprovar que foi efetivamente recebida, pessoalmente, por via postal, por meio de cartório de títulos e documentos ou de forma judicial. Importa que o interessado tenha sido afrontado de forma efetiva para que não se sujeite o alienante a pagar indenização. Nada impede que os prazos fixados na lei sejam acrescidos na notificação. Omissa esta, persistem os prazos de caducidade de lei. Da informação do preço da venda também devem constar os prazos e condições de pagamento, bem como qualquer outra vantagem oferecida no negócio. Modificada a proposta de venda a terceiros, nova afronta deve ser efetivada sob pena de não se ter por cumprida a exigência legal. Não pode o notificante esconder aspectos da oferta que integram a proposta. O vendedor, por sua vez, somente poderá exercer a preferência se, pagando o preço, cumprir todas as condições da proposta.

O vendedor pode, por sua vez, tomar a iniciativa da prelação, intimando o proprietário, se souber que este pretende vender a coisa (art. 514). Essa atitude, porém, pode servir de alerta ao comprador, mas não lhe inibe a venda a terceiro. Se for dada ciência a terceiro antes da aquisição, este poderá ser acionado solidariamente por perdas e danos, pois não mais poderá alegar boa-fé. Isto inclusive é expresso no diploma vigente (art. 518):

> *"Responderá por perdas e danos o comprador, se alienar a coisa sem ter dado ao vendedor ciência do preço e das vantagens que por ela lhe oferecem. Responderá solidariamente o adquirente, se tiver procedido de má-fé."*

Cuida-se de direito pessoal. É faculdade pessoal assegurada ao vendedor para readquirir a coisa vendida em igualdade de condições com terceiro, na hipótese de revenda do bem. O proprietário não está obrigado a vendê-la e muito menos tem prazo para fazê-lo; mas, se o fizer, deve oferecê-la ao vendedor.

Distingue-se da *retrovenda*, porque se aplica tanto a móveis como a imóveis, criando apenas direito obrigacional, sem qualquer reflexo no direito real. A retrovenda, no entanto, depende da iniciativa exclusiva do vendedor em reaver o imóvel vendido, enquanto na preempção é necessário que o comprador queira revender a coisa. Na retrovenda, a reaquisição é feita pelo preço pago anteriormente com os acréscimos especificados na lei já examinados; na preempção, o preço de venda é aquele aposto pelo titular oferecido a terceiros. Na retrovenda, há uma venda que se resolve; a preempção dá origem a novo contrato.

Não observada a preempção, cabe pedir indenização por perdas e danos, "*se ao vendedor não der ciência do preço e das vantagens, que lhe oferecem pela coisa*". Leve-se em conta, no entanto, que perdas e danos não são sinônimos de cláusula penal. Ao pedir indenização por perdas e danos, aquele que alega prejuízo deve prová-lo. Não há perda ou dano sem prova do que efetivamente se perdeu e razoavelmente se deixou de ganhar (art. 402). Destarte, o preferente marginalizado no negócio não pode anular a venda feita a terceiro. Não tem legitimidade para tal, porque seu direito não é real. Esse negócio com o terceiro adquirente é-lhe estranho. O direito de preempção não confere, em nosso sistema, um direito real sobre a coisa vendida. Somente a lei pode criar direito real e aqui não o faz. O CPC de 1939 estranhamente alterara a ordem tradicional do instituto, assegurando ao preferente ação para exigir a coisa do terceiro adquirente, afora a ação indenizatória. O estatuto processual vigente não repetiu o dispositivo, de modo que persiste a situação jurídica tradicional. Efetuada a venda a terceiro, o preterido não só está impossibilitado de anular a venda a terceiros, como também não possui meios efetivos para impedir que ela ocorra (Lopes, 1991:318).

Ao exercer o direito de preempção, o preferente tem obrigação de pagar o mesmo preço oferecido, encontrado ou ajustado a terceiros, em condições iguais (art. 515). Nessa cláusula, a lei é expressa no sentido de que a preferência é direito personalíssimo, somente podendo ser exercida pelo preferente indicado no contrato, ou seja, o vendedor, não sendo direito passível de cessão entre vivos nem por causa de morte (art. 520).

Ambos os Códigos restringem a possibilidade de ampliação, limitando a preempção unicamente à compra e venda e à dação em pagamento (art. 513), além da hipótese do art. 1.150 do velho diploma. Neste último dispositivo, mantida a mesma orientação no art. 519 do presente Código, a lei faz incidir a obrigação de preferência nas hipóteses de desapropriação, obrigando o Poder Público a oferecer imóvel desapropriado ao ex-proprietário, pelo preço da expropriação, caso não lhe tenha dado o destino para o qual se expropriou. Entende-se, porém, que não haverá essa obrigação da denominada retrocessão, se foi dada finalidade de utilidade pública ao bem expropriado. Da dicção do art. 519 deflui que a preempção pode emanar da lei ou da vontade das partes. Assim, com a tipicidade ora descrita, não pode haver preferência em negócios jurídicos de outra natureza, por exemplo, na permuta, na venda judicial, na inclusão de imóvel em patrimônio de pessoa jurídica para integralização de capital social, nem no penhor ou na hipoteca.

Desobedecida a obrigação de retrocessão pelo órgão público, cabe ao expropriado ingressar com ação indenizatória, na qual pedirá a diferença entre o valor do bem quando deveria ter sido oferecido e o valor que o preterido teria recebido se houvesse sido respeitado seu direito de preferência. O art. 519 diz que o preço nessa preferência será o atual. O prazo de prescrição para essa ação é de cinco anos nos termos do Decreto nº 20.910/32. Após vacilação inicial na doutrina e na jurisprudência, concluiu-se como inadmissível a ação reivindicatória contra o Poder Público na hipótese de retrocessão, uma vez que não se caracteriza o direito real. Cabível, porém, mostra-se, em nosso entender, a ação de obrigação de fazer contra a Administração, para que reintegre o bem ao patrimônio do expropriado, quando houve desvio de finalidade expropriatória, nos termos do estatuto processual, pois se trata de ação pessoal.

Questão dúbia pode surgir na dação em pagamento, quando nela não se estabelece preço. A dação em pagamento não se restringe, como fizemos ver (*Direito civil: teoria geral das obrigações e responsabilidade civil*, seção 10.4) , à substituição de dinheiro por coisa. Basta que se substitua, quando do cumprimento da obrigação, seu objeto original. Pode consistir na substituição de dinheiro por coisa (*rem pro pecunia*), como também de uma coisa por outra (*rem pro re*), assim como a substituição de uma coisa por uma obrigação de fazer. Se não for necessária a fixação de preço na dação, não há como se dar eficácia à cláusula de preferência. Se as partes não se manifestaram expressamente sobre essa lacuna, há que se concluir como ineficaz a cláusula nessa hipótese.

Ainda que atribuída a prelação a mais de um titular, o direito de preferência somente pode ser exercido com relação a todo o bem, não podendo ser feito parcialmente, salvo se houver menção expressa no pacto. Se algum dos titulares da preferência não exercer ou perder o direito, tal não inibe os demais de fazê-lo, obedecidos os requisitos (art. 517).

Recorde-se ainda da preferência conferida ao condômino no art. 1.322, por nós analisada no capítulo anterior. O condômino de coisa indivisível não pode vender sua parte a estranhos, se outro condômino a desejar. A situação foi analisada como ausência de legitimidade para a venda, que a torna ineficaz, atingindo o direito real, pois o condômino preterido pode depositar o preço no prazo de seis meses, por meio de ação de adjudicação, havendo a coisa para si.

O Código de 1916 não impôs prazo para vigência dessa cláusula. Se as partes silenciassem a respeito, o direito de preferência permaneceria indefinidamente. O vigente Código procurou restringir o alcance dessa norma, pois há, de fato, inconveniência na ausência de termo final. Desse modo, estabelece o parágrafo único do art. 513: "*O prazo para exercer o direito de preferência não poderá exceder a cento e oitenta dias, se a coisa for móvel, e a dois anos, se imóvel.*" Os prazos, como ressalta à primeira vista, são decadenciais.

Assim, ainda que as partes disponham sobre prazos maiores, o prazo que exceder os tetos legais será ineficaz, a exemplo do que ocorre na retrovenda, preponderando o máximo permitido doravante pela lei.

19.3.1 Preferência do Inquilino

A legislação do inquilinato já tornou tradicional entre nós a preferência legal do inquilino para aquisição do imóvel locado, introduzida pela primeira vez pela Lei nº 3.912/61. Foi transplantado do pacto adjeto da compra e venda ora sob exame. Por essa razão, aplicam-se à relação inquilinária os mesmos princípios, naquilo que não conflitar com a lei específica.

Como enfatizamos em nossa *Lei do Inquilinato Comentada*, na qual desenvolvemos a matéria com maiores detalhes, com a preferência concedida ao inquilino o legislador visa não só diminuir os riscos de uma venda simulada, que na maioria das vezes rompe a locação, como também facilitar a permanência do locatário no imóvel, sua moradia ou sede de seu comércio. Aplica-se, portanto, tanto à locação residencial, como à não residencial. Desse modo, não importando a natureza da locação, deve sempre o proprietário do imóvel afrontar o inquilino se desejar vendê-lo.

A atual lei inquilinária (Lei nº 8.245/91) apresenta redação mais detalhada ao cuidar do instituto. Disciplina no art. 27 que a preempção deve ser efetivada nos casos de venda, promessa de venda, cessão ou promessa de cessão de direitos, ou dação em pagamento. As promessas de venda e cessões equiparam-se à venda, buscando igual efeito. Quanto à afronta em si, o parágrafo único desse artigo é minucioso:

> "*A comunicação deverá conter todas as condições do negócio e, em especial, o preço, a forma de pagamento, a existência de ônus reais, bem como o local e horário em que pode ser examinada a documentação pertinente.*"

Embora isto já decorresse da preempção no Código Civil, a lei do inquilinato acentua que a comunicação deve conter a descrição de todas as condições de venda, com menção expressa à existência de ônus reais, os quais efetivamente interferem no preço.

O art. 28 dessa lei menciona que o direito de preferência do locatário caducará se não houver manifestação, de maneira inequívoca, de aceitação integral da proposta, no prazo de 30 dias. A redação atual diz *"aceitação integral, de maneira inequívoca"*, o que induz aspectos a serem examinados no caso concreto. O prazo inicia-se da data do efetivo recebimento da proposta pelo locatário e, sendo de caducidade, não permite suspensão ou interrupção.

O art. 29 trouxe inovação ao especificar:

> *"Ocorrendo aceitação da proposta, pelo locatário, a posterior desistência do negócio pelo locador acarreta, a este, responsabilidade pelos prejuízos ocasionados, inclusive lucros cessantes."*

Procurou o legislador coibir abusos do locador que pode tentar venda simulada para forçar a desocupação do imóvel pelo locatário. O locatário, porém, como em toda ação indenizatória, deve provar prejuízos. A lei refere-se expressamente a *lucros cessantes*, que é superfetação, uma vez que os prejuízos englobam, de forma genérica, lucros cessantes e danos emergentes.

O art. 30 da Lei do Inquilinato dispõe acerca da preferência quando o imóvel está sublocado. Se a sublocação é de todo o imóvel, a preempção cabe primeiramente ao sublocatário e, em seguida, ao locatário. Devem ser efetivadas duas afrontas sucessivas, ao sublocatário integral e ao locatário. Se forem vários os sublocatários de todo o imóvel, a preferência caberá a todos em comum, ou a qualquer deles, se um só for o interessado. De qualquer forma, a preferência somente pode ser exercida com relação ao imóvel por inteiro, não se admitindo alienação parcial da coisa. A aquisição em condomínio somente é possível por acordo entre os interessados. O parágrafo único esclarece que, na hipótese de existir pluralidade de pretendentes, a preferência caberá ao locatário mais antigo e, se da mesma data, ao mais idoso. A lei refere-se, evidentemente, à sublocação consentida pelo locador, porque, se ocorrer sem consentimento, trata-se de infração legal da locação e não merece a proteção da preempção.

Para espancar dúvidas, por vezes criadas pela jurisprudência do passado, embora o Código Civil seja claro e peremptório, o art. 32 esclarece que o direito de preferência não se aplica na perda da propriedade ou venda por decisão judicial, permuta, integralização de capital, cisão, fusão e incorporação de pessoas jurídicas. Procurou o legislador evitar infindáveis discussões acerca desses negócios. Aplica-se à dação em pagamento, por força do princípio do Código, quando nela se estabelece preço. Como visto, *a datio in solutum* pode ocorrer sem atribuição de preço. Tendo em vista o espírito e finalidade da lei do inquilinato, na relação *ex locato*, há que se concluir sempre necessária a fixação de preço para o imóvel locado na dação em pagamento. Se a ação decorrente da preterição da preferência no sistema do Código Civil é sempre pessoal, na lei do inquilinato criou-se a possibilidade de *eficácia real* à cláusula (art. 33). Estando o contrato de locação registrado no cartório imobiliário pelo menos 30 dias antes da alienação, pode o locatário depositar o preço e haver para si o imóvel. Se não houver registro imobiliário, a ação será a pessoal indenizatória já referida, expressa no início da dicção desse artigo: *"O locatário preterido no seu direito de preferência poderá reclamar do alienante as perdas e danos"*, em ação movida contra o alienante. Há, nesse caso, necessidade, como enfatizado, da prova do prejuízo. A preferência ou preempção não é pena. Locatário que, por exemplo, *"ainda ocupa o imóvel objeto do litígio não tem direito a perdas e danos, pois só se indeniza prejuízo efetivamente sofrido"* (2º TACSP, Ap. 195.416 – 3ª Câm. – Rel. Juiz Oswaldo Breviglieri).

O efeito real somente é obtido mediante os dois requisitos da lei: a efetivação do registro mediante averbação junto à matrícula 30 dias antes da alienação, e o depósito do preço por meio da ação respectiva, segundo as condições da venda. Essa ação é movida contra o alienante e o terceiro adquirente. Cuida-se de pedido de adjudicação do imóvel. Presente a eficácia real, a única pretensão do locatário é haver o imóvel para si. Não há possibilidade de escolha entre duas ações. Não pode o locatário optar pela indenização, porque existe incompatibilidade lógica que suprime seu legítimo interesse: se o locatário pôde adquirir o imóvel e não o fez, não há como persistir o direito a indenização. Não proposta a ação para depósito do preço e adjudicação do bem no prazo de seis meses, ocorre decadência do direito, não subsistindo interesse para indenização, portanto. O registro em cartório de títulos e documentos é ineficaz para a obtenção de eficácia real (*JTACSP* 105/240). Não havendo contrato escrito, impossível o registro e inviável a eficácia real (*JTACSP* 95/415, 92/443, 91/275, 81/308).[4]

O art. 34 refere-se à situação de condomínio no imóvel locado no que diga respeito ao direito de preferência. A lei do inquilinato estabelece *prioridade* na preferência em favor do condômino, em detrimento do locatário. Portanto, na hipótese de venda de imóvel locado indivisível, a questão é decidida em primeiro plano, em nível de direito real (art. 1.322) e não de direito pessoal. Os locatários, com mero direito obrigacional, não terão direito de preferência, salvo se todos os condôminos expressamente dele abrirem mão. A prioridade primeira é dos condôminos. Não se aplica, evidentemente, ao condomínio constituído de unidades autônomas. Não havendo interesse dos condôminos na aquisição do imóvel, deve ele ser oferecido aos locatários.

19.4 PACTO DE MELHOR COMPRADOR

Pelo pacto de melhor comprador (*pactum addictionis in diem*), as partes estipulam que a compra e venda se desfaz se outro comprador se apresentar, oferecendo preço e condições mais vantajosos, dentro de determinado prazo. O art. 1.158 do antigo Código dispunha que esse prazo não poderia ultrapassar um ano, vigorando a cláusula exclusivamente entre as partes. Ao contrário de outras legislações, nossa lei não permitia a cessão e transmissão desse direito, nem mesmo hereditariamente. Caracterizava-se como obrigação personalíssima,

---

4 "Apelação cível – Locação comercial – Venda do imóvel a terceiros – Ciência inequívoca do inquilino – Não comprovação – **Direito de preferência** inobservado – Ato ilícito – Perdas e danos – Ausência de nexo de causalidade – 1- A respeito do direito de preferência do locatário em relação à alienação do imóvel locado, o colendo Superior Tribunal de Justiça orienta que 'O art. 27 da Lei nº 8.245/91 prevê os requisitos para que o direito de preferência seja exercido pelo inquilino que tenha interesse em adquirir o imóvel locado em igualdade de condições com terceiros, sendo certo que, em caso de inobservância de tal regramento pelo locador, poderá o locatário fazer jus à indenização caso comprove que tinha condições de comprar o bem nas mesmas condições que o adquirente (...) Além dos efeitos de natureza obrigacional correspondentes ao direito a perdas e danos, o desrespeito à preempção do locatário pode ter eficácia real consubstanciada no direito de adjudicação compulsória do bem, uma vez observados os ditames do art. 33 da Lei do Inquilinato' (REsp 1554437/SP, Rel. Ministro João Otávio De Noronha, Terceira Turma, julgado em 02-06-2016, *DJe* 07-06-2016). 2- Caso concreto em que, apesar de reconhecida a inobservância do direito de preferência do locatário, os danos alegadamente suportados não possuem nexo causal com o ato ilícito praticado pela ré. 3- Recurso desprovido" (*TJES* – Ap 0003875-24.2015.8.08.0011, 19-12-2019, Rel. Des. Subst. Cristovao de Souza Pimenta).

"Apelação cível – Ação de despejo – Preliminar de ilegitimidade ativa – Autora que detém procuração em causa própria com registro em cartório – Parte legítima – Rejeição – Mérito – Alegada ofensa ao direito de preferência da locatária – Contrato não averbado em cartório – **Ausência de eficácia real** – Manutenção da sentença – Desprovimento – Comprovada a outorga da procuração em causa própria, registrada no Cartório de Registro de Imóveis, mencionando o preço, considera-se o mandatário proprietário do bem, e não mero intermediário da venda do imóvel – A averbação do contrato de locação é indispensável para que o direito de preferência revista-se de eficácia real e permita ao inquilino haver para si o imóvel locado e vendido" (*TJPB* – Ap 0040088-88.2009.815.2001, 17-5-2019, Rel. Des. Oswaldo Trigueiro do Valle Filho).

"Apelação cível – Ação de indenização – Aluguel de vaga de garagem – Alienação do bem locado para terceiros – **Direito de preferência do locatário** – Inexistência – Sentença de improcedência mantida – Tratando-se de contrato de locação de vaga de garagem, inaplicável o direito de preferência do locatário no caso de alienação do bem, previsto na Lei 8.245/91 , posto que o artigo 1º da mencionada lei é claro no sentido de que a locação da vaga de garagem será disciplinada pelo Código Civil , e não pela Lei de Locações" (*TJMG* – AC 1.0024.12.099302-7/001, 8-2-2019, Rel. José de Carvalho Barbosa).

portanto. Desse modo, não podia ser invocada por terceiros. Os herdeiros não estavam legitimados a manter o negócio, porque a morte de uma das partes fazia desaparecer a obrigação. Se o compromisso fosse respeitado pelos herdeiros, existiria novo pacto, interpretado como liberalidade ou dever de consciência (Alvim, 1961:213).

Não gerando efeito com relação a terceiros, nada obstava que constasse de instrumento à parte da escritura, embora não fosse ideal que assim ocorresse. No entanto, a maioria da doutrina, sem maior aprofundamento, insistia na necessidade de constar da escritura.

A venda subordinada a melhor comprador era resolutiva, estabelecendo, portanto, modalidade de propriedade resolúvel, salvo se as partes convencionassem expressamente a condição suspensiva (art. 1.159). O prazo era essencial à cláusula que devia ser tida como nula se inexistente o termo.

O Código antigo restringiu sua aplicabilidade aos bens imóveis, proibindo-a nos móveis (art. 1.160). A vedação explica-se dada a dificuldade de acompanhar a coisa nos bens móveis, que se transferem com a tradição sem maiores dificuldades.

Embora suprimido o instituto no vigente Código, nada impede que os contratantes, no âmbito de sua autonomia de vontade, avencem esse pacto, subordinando-o às cláusulas que estabelecerem. O Código antigo se transforma, então, em subsídio para a interpretação de sua vontade.

É necessário que o melhor comprador que se apresente o faça por meio de proposta séria e idônea. Sua proposta poderá ser melhor não somente no tocante ao preço, mas também no que diz respeito a todas as circunstâncias do negócio, tais como prazo de pagamento, taxas de juros, pagamento de seguro etc. Por vezes, a vantagem da proposta nem tocará mesmo o preço, mas se reportará às demais condições. Esse era o sentido a ser tomado pela dicção *maior vantagem* do art. 1.158. Se a proposta do terceiro é falsa ou simulada, o comprador pode pedir o desfazimento do contrato com pedido de perdas e danos. De qualquer forma, a *addictio in diem* depende sempre de uma proposta de terceiro e da conduta do comprador que pode ou não se adequar a ela, cobrindo-lhe as vantagens (Rubino, 1971:1076). É necessário, entretanto, que o comprador tenha prazo razoável para manifestar-se sobre a oferta de terceiro.

Não aceitando o vendedor melhor proposta no prazo fixado, a venda reputar-se-ia definitiva, frustrando-se a condição (art. 1.162). De acordo com o art. 1.161, *"o comprador prefere a quem oferecer iguais vantagens"*. Sendo idênticas as condições oferecidas pelo terceiro, não havia que se resolver a venda. Solução que daí decorre, a nosso ver, seria possibilitar ao adquirente complementar o preço e cobrir idênticas vantagens a fim de evitar a resolução. A isso, contudo, o contrato pode opor-se expressamente.

De pequena utilidade, dada a desvantagem de inserir certa insegurança na compra de imóvel, a cláusula de melhor comprador, originária do Direito Romano, encontra campo da atuação nas vendas feitas sob necessidade e pressão econômica, de afogadilho, quando o comprador benevolente admite-a no sentido de auxiliar o vendedor obrigado a vender por preço mais baixo. Pode-se, no entanto, divisar certo intuito especulativo no comprador que obtém preço mais favorável na hipótese de não surgir melhor comprador.

Distingue-se *da preempção ou preferência*, também negócio condicional, porque esta é exercitável pelo vendedor na hipótese de o comprador querer vender a coisa, enquanto o pacto de melhor comprador é direito que surge a partir do momento em que o vendedor logra obter terceiro que ofereça maiores vantagens. Como regra geral, a preferência dá origem a negócio sob condição suspensiva, enquanto a regra geral no pacto de melhor comprador é a condição resolutiva. Ainda, aplica-se a preferência tanto aos móveis como aos imóveis; o pacto de melhor comprador é reservado unicamente para os imóveis.

É essencial que o comprador saiba quem é o novo comprador e quais as condições da proposta, pois, como linha geral, poderá cobri-la. Ainda que assim não fosse, deve tomar conhecimento da vantagem oferecida para aquilatar da seriedade da oferta. Desse modo, deve o comprador ser validamente notificado dos termos da nova oferta. O requisito da melhor oferta, no entanto, deve ser examinado objetivamente, sem adentrar em preferências subjetivas. Essa melhor oferta também pode referir-se à *dação em pagamento* (Lopes, 1991, v. 3:324), pois nela o vendedor também poderá obter maior vantagem, a ser analisada no caso concreto.

No silêncio do comprador, libera-se o vendedor para alienar a coisa ao terceiro proponente. A questão da posse é por natureza eminentemente fática e deve ser solucionada na hipótese concreta. Estando o bem na posse do comprador, operado o pacto de melhor comprador, deve transferir a posse ao novo adquirente. A maior vantagem deve referir-se ao preço da coisa no estado em que se achava quando foi vendida, porque pode ter ocorrido variação de valor no curso do prazo.

Conclui-se, destarte, que três são os requisitos do pacto de melhor comprador: *"que tenha por objeto bem imóvel, que o prazo de exercício não exceda um ano e que o novo comprador seja alheio ao contrato"*.

No sistema do Código de 1916, se avençado por período maior que um ano, não vigoraria além desse lapso. Esse prazo é de caducidade.

Se o terceiro, que se propõe a comprar a coisa, participa do negócio, descaracteriza-se o pacto da tipicidade ora tratada.

Resolvida a venda, o bem retorna ao patrimônio do vendedor, por distrato. Novo contrato ocorrerá para então revendê-lo ao melhor comprador.

O regime das benfeitorias, quando a venda se desfaz, deve obedecer às regras gerais, para impedir o injusto enriquecimento, inclusive no tocante ao direito de retenção. Leve-se em conta, no entanto, que aquele que pactua a possibilidade de melhor comprador tem conhecimento de que poderá entregar a coisa dentro de certo prazo. Sua boa-fé deve ser examinada segundo essa premissa. Por isso, conclui Agostinho Alvim (1961:212) que, ao menos tenha sido convencionado diferentemente,

> *"o comprador parece que só terá direito de ser indenizado pelas benfeitorias necessárias, e pelas úteis, se feitas com o consentimento do vendedor, havendo, em ambos os casos, direito de retenção (analogia do art. 1.199 do Código Civil)"*.

O corrente Código não contemplou esse pacto, o qual, no entanto, dentro do campo da autonomia da vontade, apesar de inconveniente, pode ser aposto pelas partes. Há que preponderar, como vimos, a intenção das partes e os princípios gerais que regem os negócios jurídicos.

19.5 PACTO COMISSÓRIO

A compra e venda pode ficar sujeita a condição suspensiva ou resolutiva, pois o ordenamento não o proíbe.

Pacto comissório é cláusula inserida no contrato de compra e venda a prazo ou de execução diferida, que possibilita ao vendedor resolver o contrato, se o comprador não pagar o preço na data fixada.[5] Dispunha a respeito o art. 1.163 do Código de 1916:

---

[5] "Direito civil. Apelação em dúvida registrária. Registro de imóveis. Provimento. I. Caso em Exame 1. Apelação interposta contra sentença que manteve o óbice ao registro de formal de partilha. O apelante sustenta que não há cláusula resolutiva no contrato de compra e venda que deu origem ao registro anterior e pede a improcedência da dúvida. II. Questão em Discussão 2. A questão em discussão consiste em determinar se é possível registrar o formal de partilha. III. Razões de Decidir 3. Diferentemente do sustentado pelo registrador, não há

cláusula resolutiva nem nos registros das matrículas, nem nas escrituras públicas que lhes deram origem. 4. Mesmo que houvesse cláusula resolutiva, o registro do título translativo deveria ser efetuado, dele constando menção à cláusula. IV. Dispositivo e Tese 5. Recurso provido. Tese de julgamento: '1. A cláusula resolutiva de contrato de compra e venda (pacto comissório) deve ser enunciada de forma clara. 2. A existência de cláusula resolutiva não impede o registro do título subsequente, conforme art. 1.359 do Código Civil'. Legislação Citada: – Código Civil, art. 1.359" (*TJSP* – Ap 0008082-34.2024.8.26.0566, 11-6-2025, Rel. Francisco Loureiro). "Negócio Jurídico – Compra e Venda Imobiliária – Simulação – Empréstimo – Agiotagem – preliminar de julgamento extra petita rejeitada – Empréstimo – Agiotagem – Configuração. Verossimilhança das alegações dos apelados. Indícios suficientes. Escritura pública de venda e compra de imóvel – Negócio efetuado em garantia de empréstimo – Simulação configurada – Elementos de convicção a revelarem pacto comissório – Sentença mantida. Recurso desprovido. (*TJSP* – AP 1009467-44.2018.8.26.0005, 1-12-2020, Rel. J.B. Paula Lima).

"Embargos à execução – Escritura de dação em pagamento – Vício de consentimento – Alegação de pacto comissório – Mera forma de pagamento por dívida oriunda de contratos de mútuos avalizados. Sentença de improcedência mantida. Recurso não provido" (*TJSP* – AC 0619932-29.1994.8.26.0100, 2-4-2019, Rel. Silveira Paulilo).

"Apelação – Pedido de cancelamento de registro de **pacto comissório** – Negativa da serventia do registro de imóveis – Exigência de assinatura da última nota promissória pelo vendedor ou sua esposa, com firma reconhecida – Falecimento dos credores atestado por certidão de óbito – Impossibilidade de cumprimento deste requisito. Desnecessidade de reconhecimento de firma – Formalidade exacerbada. Prestações do pacto comissório representadas por notas promissórias – Juntada aos autos de referidos documentos – Presunção de pagamento – Inteligência do art. 324 do CC. Prestações já prescritas – Possibilidade de cancelamento. Recurso provido" (*TJPR* – AC 1702864-7, 7-3-2018, Rel. Des. Mario Nini Azzolini).

"Recurso Especial – Civil e processual civil – Ação de adjudicação compulsória – Contrato de mútuo garantido por imóvel – Inexistência de **pacto comissório** – Ausência De Nulidade – Dação em pagamento – Reconhecimento – 1 – O pacto comissório, vedado pelos ordenamentos jurídicos pretérito (art. 765 do CC/1916) e hodierno (art. 1.428 do CC/2002), é aquele que, em contratos simultâneos, permite o credor ficar, diretamente, com o bem dado em garantia, se a dívida não for paga no vencimento, caracterizando verdadeiro ato simulado. 2 – Consoante a Orientação Jurisprudencial firmada nesta Corte Superior, é nulo o compromisso de compra e venda que se traduz, em verdade, como instrumento para o credor obter o bem dado em garantia em relação a obrigações decorrentes de contrato de mútuo, quando estas não forem adimplidas. 3 – O próprio art. 1.428, parágrafo único, do CC/2002 permite ao devedor, após o vencimento, dar a coisa em pagamento da dívida. 4 – No caso em exame, não se verifica a cristalização de pacto comissório, mormente porque o contrato de mútuo foi firmado em 30.7.2002, ao passo que o compromisso de compra e venda do imóvel ocorreu em 6.5.2003, isto é, quase 1 (ano) após a celebração do contrato primevo. 5 – Além disso, não houve previsão, no contrato de mútuo, de cláusula que estabelecesse que, em caso de não pagamento, o imóvel passaria a pertencer ao credor. 6 – Verifica-se, portanto, que, na hipótese vertente, não ocorreu nulidade, notadamente porque os contratos não foram celebrados concomitantemente, sendo o ato de compra posterior ao mútuo, caracterizando-se, em verdade, a legítima possibilidade de dar a coisa em pagamento da dívida após o vencimento, máxime em virtude da natureza jurídica alternativa das obrigações que ficaram à livre escolha do devedor, consubstanciadas no pagamento do empréstimo ou na venda de 61% (sessenta e um por cento) dos imóveis oferecidos em garantia. 7 – Recurso especial provido" (*STJ* – REsp 1.424.930 – (2013/0372967-3), 24-2-2017, Rel. Min. Marco Buzzi).

"Apelação – **Pacto comissório** – Bem imóvel dado em garantia de dívida – Empréstimo disfarçado contrato de promessa de venda – Ausência de prova das alegações – Validade do negócio jurídico – Sentença de improcedência mantida por seus próprios fundamentos. Recurso improvido" (*TJSP* – Ap 0001290-03.2010.8.26.0648, 28-1-2016, Rel. Pedro de Alcântara da Silva Leme Filho).

"Agravo regimental no recurso especial – Direito civil e processual civil – Ação anulatória – Compra e venda e locação – Simulação – **Agiotagem e pacto comissório** – Violação do art. 535 do CPC – Não ocorrência – Art. 178, § 9º, inciso V, do Código Civil de 1916 – Arts. 364, 401 e 405 do Código de Processo Civil – Prova testemunhal – Suspeição – Necessidade de revolvimento do acervo fático-probatório – Impossibilidade – Súmula nº 7/STJ – Arts. 102, 104 e 105 do Código Civil de 1916 – ausência de impugnação de fundamento suficiente do acórdão recorrido – Súmula nº 283/STF – 1 – Não subsiste a alegada ofensa ao artigo 535 do CPC, pois o tribunal de origem enfrentou as questões postas, não havendo no aresto recorrido omissão, contradição ou obscuridade. 2 – A ausência de prequestionamento da matéria suscitada no recurso especial, a despeito da oposição de embargos declaratórios, impede o conhecimento do recurso especial (Súmula nº 211/STJ). 3 – A desconstituição das conclusões a que chegou a Corte de origem, no tocante à higidez da prova testemunhal, ensejaria incursão no acervo fático-probatório dos autos, o que, como consabido, é vedado nesta instância especial, nos termos da Súmula nº 7/STJ. 4 – É inviável o recurso especial que deixa de impugnar fundamento suficiente, por si só, para manter a conclusão do julgado, atraindo à hipótese a aplicação da Súmula nº 283 do Supremo Tribunal Federal. 5 – Consoante a orientação jurisprudencial desta Corte Superior, é nulo o compromisso de compra e venda que, em realidade, traduz-se como instrumento para o credor ficar com o bem dado em garantia em relação a obrigações decorrentes de contrato de mútuo usurário se estas não forem adimplidas. 6 – Nesse caso, a simulação, ainda que sob o regime do Código Civil

> *"Art. 1.163. Ajustado que se desfaça à venda, não se pagando o preço até certo dia, poderá o vendedor, não pago, desfazer o contrato, ou pedir o preço.*
>
> *Parágrafo único. Se, em 10 (dez) dias de vencido o prazo, o vendedor, em tal caso, não reclamar o preço, ficará de pleno direito desfeita a venda."*

No Direito Romano, *comisso* significava pena; perda da coisa dada em penhor, em benefício do credor, quando havia inadimplemento. O direito moderno repudia a cláusula comissória dadas as implicações leoninas, que impedem que o credor fique com a coisa dada em garantia. Dessa noção atinge-se o conceito analógico de pacto comissório, que se reduz à possibilidade de ser considerado desfeito o contrato, voltando as partes ao estado anterior. A *lex commissoria* do Direito Romano, contudo, introduzia condição suspensiva à compra e venda, como forma de garantia ao vendedor, caso não se recebesse o preço. Até integralmente pago o preço, não poderia o comprador dispor da coisa, nem usucapir (Miranda, 1972, v. 39:197). O pacto comissório de nosso direito traduz-se em possibilidade de resolução, portanto condição resolutiva.

Utiliza-se, em geral, a expressão *cláusula resolutiva ou resolutória* no mesmo sentido do pacto ora referido. No entanto, a cláusula, tal como posta no dispositivo, significa que, quando inserida expressamente em um contrato, faculta ao vendedor resolvê-lo, acrescentando o Código, ainda, se no prazo de 10 dias não for cobrado o preço. O principal efeito da inserção dessa cláusula de forma expressa na avença é dispensar o vendedor de qualquer formalidade para obter a resolução da compra e venda. Como podemos perceber, o pacto comissório, como cláusula especial da compra e venda, é aplicação específica de regra geral de todos os contratos bilaterais. Nos termos do art. 1.092 (arts. 476 e 477 do Código) (*exceptio non adimpleti contractus*), nos contratos bilaterais, contratante algum pode exigir o cumprimento da obrigação da outra parte se não cumprir o que lhe cabe na avença. Presumimos sempre, portanto, nesses contratos bilaterais, a existência de uma condição resolutiva pela qual o inadimplemento de uma parte autoriza o desfazimento do contrato pela outra. O pacto comissório é aplicação do instituto da cláusula resolutória expressa. Não se trata de nulidade de negócio jurídico, mas de resolução, desfazimento do negócio pelo inadimplemento.

A menção ao prazo de 10 dias constante do parágrafo é, como bem aduz Caio Mário da Silva Pereira (1994:152), *perturbadora* da regra geral do art. 119, parágrafo único do Código de 1916 (condição resolutiva expressa). A falta de pagamento abre ao vendedor a possibilidade de escolher entre cobrar o preço ou considerar desfeita a venda. A opção é do vendedor. O comprador não tem possibilidade de oferecer o preço para evitar a resolução. Seu prazo para pagamento já se esvaiu. *"O pacto comissório envolve renúncia ao direito da purgação da mora"* (Alvim, 1961:221). Não deferimos, pela dicção legal, acréscimo de mais 10 dias para que este pague. Esse prazo de 10 dias está na lei em benefício do credor, o vendedor. Optando o vendedor por cobrar o preço, entendemos que renunciou à resolução do contrato (*RT* 608/177).

No pacto comissório aqui tratado, os contratantes acertam o desfazimento da compra e venda de pleno direito na hipótese de não pagamento do preço até certo dia. Ao vendedor é deferido desfazer a venda, ou pedir o preço em 10 dias do vencimento. Importa notar que, mesmo na ausência desse pacto, tal direito é-lhe deferido de acordo com o princípio da *exceptio* mencionado.

---

de 1916 e, portanto, concebida como defeito do negócio jurídico, visa encobrir a existência de verdadeiro pacto comissório, expressamente vedado pelo artigo 765 do Código Civil anterior. 7 – Agravo regimental não provido" (*STJ* – AgRg-REsp 996.784 – (2007/0244396-7), 4-2-2015, Rel. Min. Ricardo Villas Bôas Cueva).

O efeito prático buscado pelo pacto é a dispensa de intervenção judicial para declarar rescindido o contrato. Ocorre que, na prática, todavia, nem sempre o vendedor logrará eximir-se da propositura da ação judicial: ainda que se considere o contrato desfeito, há efeitos materiais desse desfazimento que somente podem ser obtidos pela via judicial, por exemplo, indenização por perdas e danos, reintegração na posse do bem objeto da venda; alteração ou cancelamento de registro público etc. Nesse caso, a sentença que dá como rescindido o contrato tem efeito meramente declaratório. Na ausência do pacto, na esfera da vala comum dos contratos, a sentença desconstituirá o contrato. Por isso, mostra-se restrito o alcance prático da disposição, a qual, no entanto, quase sistematicamente é colocada nos instrumentos. Salvo estipulação contrária, na venda a prestações, o não pagamento de uma delas implica descumprimento do contrato, permitindo, pois, a resolução. Ressalte-se, por exemplo, que a Lei do Parcelamento do Solo Urbano exige a notificação para constituição da mora.

A questão da perda das quantias pagas em prol do vendedor é matéria estudada no capítulo anterior à luz do Código de Defesa do Consumidor. Ainda que não se aplicasse essa lei protetiva, o pacto comissório por si só não autoriza essa perda, nem o ordenamento há que permitir o injusto enriquecimento. Esse mesmo princípio deve vigorar no tocante às benfeitorias feitas na coisa pelo comprador que se vê obrigado a devolvê-la.

O efeito prático mais palpável decorrente do pacto resolutório expresso consiste na prescindibilidade de interpelação prévia para desconstituir o contrato, exceto para os casos previstos em lei, conforme mencionamos. Existente apenas o pacto tácito, decorrente da regra geral dos contratos, haverá necessidade de interpelação prévia para possibilitar o desfazimento, embora em muitas oportunidades a citação tenha essa finalidade.

Desfeito o contrato, a coisa objeto da venda deve retornar ao patrimônio do vendedor. No caso concreto, examina-se a situação de terceiros de boa-fé.

No vigente diploma, ausente a norma expressa, aplicam-se os princípios gerais que regem as condições e o contrato, à exceção de contrato não cumprido do art. 476 e o estabelecido como intenção das partes. De fato, os princípios gerais são suficientes para o deslinde do descumprimento do contrato. Nada impede, contudo, que as partes sejam expressas a respeito da cláusula resolutória e apliquem os princípios do antigo Código, inclusive permitindo, expressamente, a prescindibilidade de interpelação prévia para constituir em mora.

19.6 VENDA COM RESERVA DE DOMÍNIO

Na venda com reserva de domínio, o alienante reserva para si o domínio da coisa vendida até o momento no qual todo o preço é pago. Pacto adjeto muito empregado em passado recente, para vendas a prazo, com a difusão das vendas a prestação, hoje tem sua utilidade diminuída perante a alienação fiduciária em garantia, e do *leasing* à disposição das instituições financeiras e administradoras de consórcios, de roupagem mais moderna e atuante. A origem histórica da reserva de domínio é antiga, presente no Código de Processo Civil, mas não foi disciplinada pelo Código Civil antigo.[6] O atual Código traça os princípios do instituto nos arts. 521 a 528.

---

6 "Agravo de instrumento. Propriedade. Instrumento particular de venda e compra de equipamento industrial com **cláusula de reserva de domínio**. Inadimplemento. Busca e apreensão. Impossibilidade. Não preenchimento dos requisitos legais. Recurso desprovido. Em caso de inadimplemento do comprador, a teor do que dispõe o art. 525 do Código Civil (CC), o vendedor poderá executar a cláusula de reserva após constituí-lo em mora, mediante protesto do título ou interpelação judicial. Sucede que, na hipótese, a parte agravante não comprovou a mora da parte agravada como pressuposto para a execução da cláusula de reserva de domínio" (*TJSP* – AI 2134730-74.2024.8.26.0000, 18-6-2024, Rel. Adilson de Araujo).

Estipulado o pacto, o comprador recebe pela tradição a coisa e ingressa de plano no uso e gozo do bem, em sua posse, ficando subordinada a aquisição da propriedade ao pagamento integral do preço. É contrato definitivo, não se confundindo, portanto, com contrato preliminar. Pago o preço, a propriedade é atribuída ao comprador, sem outra formalidade, sem necessidade de qualquer outro negócio jurídico. O *pactum reservati dominii* institui condição suspensiva à compra e venda, subordinando a aquisição do domínio ao pagamento do preço total. O implemento da condição ocorre, portanto, com o pagamento. Não se trata de condição resolutiva, como defende parte da doutrina, uma vez que o contrato de compra e venda não atinge a plenitude de seus direitos senão após a integralização do pagamento (Pereira, 1994:156). Não pago o preço, o credor pode optar por cobrar a dívida, ou pedir a devolução da coisa.

A venda com reserva de domínio distingue-se do pacto comissório, pois este não passa de modalidade especial de cláusula resolutória expressa, presente tacitamente em todos os contratos de obrigações recíprocas. Em todos os contratos, entendemos que existe a possibilidade de resolução na hipótese de inadimplemento. No pacto comissório, garante-se ao vendedor a possibilidade de rescindir o contrato. Na venda com reserva de domínio, o vendedor mantém a propriedade, podendo reaver a coisa na hipótese de inadimplemento.

O domínio reservado ao vendedor é bastante limitado. Não pode dispor da coisa. Seu único direito, afora a cobrança do débito em aberto, é na verdade recuperar o bem, por meio da reintegração de posse, na hipótese de inadimplemento do comprador. A posse do comprador é *animus domini*, pois somente deixará de ser dono se não pagar o preço. Por essa razão, não havemos de sustentar a precariedade da posse, pois não existe obrigação de restituir a coisa da parte do comprador.

Tendo em vista a peculiar posição dos contratantes nesse negócio, os riscos pela perda e deterioração da coisa são transferidos ao comprador, com a tradição, ao adquirir a posse (Lopes, 1991:335), salvo se dispuserem diversamente de forma expressa. Inverte-se, portanto, o princípio da *res perit dominus*, aplicando-se a concepção do *res perit emptoris;* a coisa perece com o comprador (Rizzardo, 1988, v. 1:471).

O CPC de 1973 disciplinava a reserva de domínio nos arts. 1.070 e 1.071. No novo sistema, a solução deve ser buscada nas vias procedimentais ordinárias, como as tutelas prévias, antecipatórias e urgentes, quando possíveis.

Ordinariamente, a venda com reserva de domínio é utilizada para bens duráveis, não fungíveis, identificados por números, marcas ou outros caracteres. Exigindo a forma escrita, podendo ser efetivada por instrumento particular, todo o procedimento do estatuto processual amolda-se aos bens móveis, sendo instituto incompatível para os imóveis, segundo majoritariamente se sustenta na doutrina, embora nada exista que proíba essa utilização. Nada impede que, com relação aos imóveis, também se deixe em suspenso a aquisição do domínio. Em

---

"Apelação cível – Reserva de domínio – Embargos de terceiro – Ausência de registro da cláusula de reserva de domínio – Adquirente de boa-fé – Sentença mantida. A cláusula de reserva de domínio não registrada no órgão competente é inoponível em relação a terceiros, a teor do que dispõe o art. 522 do Código Civil, presumindo-se a condição de boa-fé do terceiro adquirente, salvo se demonstrada, modo inequívoco, que este tinha pleno conhecimento da situação do bem e da impossibilidade de realização do negócio. No caso dos autos, diante da ausência de registro do contrato de compra e venda com reserva de domínio, incumbia à embargada demonstrar a alegada má-fé do embargante, ônus do qual não se desincumbiu. Apelo desprovido" (*TJRS* – AP 70083883488, 27-11-2020, Rel. Angela Terezinha de Oliveira Brito).

"**Agravo de instrumento** – Compra e venda com reserva de domínio – Ação de rescisão do contrato cumulada com reintegração de posse. Pedido de antecipação da tutela. Propriedade do bem e mora comprovadas. Liminar deferida *'inaudita altera pars'*, nos limites do art. 1.071 do CPC. Recurso provido" (*TJSP* – AI 2099907-89.2015.8.26.0000, 16-6-2015, Rel. Pedro Baccarat).

tese, portanto, não há óbice para a venda com reserva de domínio para os imóveis. Contudo, o compromisso de compra e venda a substitui com vantagens nas vendas imobiliárias; daí a razão de ser diminuto o interesse da discussão teórica.

A forma escrita é necessária não somente em razão do registro para obtenção de eficácia com relação a terceiros.

Levando-se em conta a utilização do instituto entre nós unicamente para as vendas de bens móveis, há necessidade do registro do instrumento no cartório de títulos e documentos do domicílio do comprador para a devida publicidade e eficácia perante terceiros. A jurisprudência, aqui representada pela decisão do 2º TAC de São Paulo, declarou que estão sujeitos a registro, no Cartório de Registro de Títulos e Documentos, para surtir efeitos em relação a terceiros, os contratos de compra e venda em prestações com reserva de domínio. O pacto não obsta que a coisa seja vendida pelo adquirente, posto que o ônus da suspensividade da venda acompanha-a. Constando de registro público, o pacto é oponível a terceiros, ainda que o contrato seja omisso a esse respeito. Salvo expressa contratação pelas partes, o comprador não se qualifica como depositário da coisa vendida, e sim como mero comodatário, não podendo sofrer os ônus decorrentes desse instituto, mormente a prisão civil.

O Decreto-lei nº 1.027/39 determinava o registro do instrumento de compra e venda com esse pacto no cartório de títulos e documentos para a eficácia *erga omnes*. A Lei dos Registros Públicos reafirma a regra primitiva, sujeitando a venda de móveis a prestações, com ou sem reserva de domínio, ao respectivo registro, para surtir efeito com relação a terceiros. Evidente que essa publicidade é mera presunção legal de conhecimento de estranhos ao negócio, pois não se alcança efetivamente esse conhecimento por parte de terceiros interessados, mormente nos grandes centros populacionais. No tocante aos veículos automotores, a menção da reserva de domínio nos respectivos certificados expedidos pelo órgão de trânsito contorna em parte a dificuldade. Note, contudo, que esse certificado não é prova de propriedade, servindo de mero controle administrativo e princípio de prova de domínio. Visto está que a tradição faz surgir a propriedade dos bens móveis.

Como mencionamos, a venda com reserva de domínio está presente no atual Código, nos arts. 521 a 528. São mantidos os mesmos princípios. Expressamente, o art. 522 estatui que são obrigatórios a forma escrita e o registro no domicílio do comprador para valer contra terceiros. Enfatiza o diploma que somente pode ser objeto do instituto coisa suscetível de perfeita caracterização (art. 523):

> *"Não pode ser objeto de venda com reserva de domínio a coisa insuscetível de caracterização perfeita, para estremá-la de outras congêneres; na dúvida, decide-se a favor do terceiro adquirente de boa-fé."*

O Código pretende é proteger a aquisição do terceiro de boa-fé que não sabia, nem tinha condições de saber, que a coisa estava com reserva de domínio.

O art. 524 dispõe que a transferência de propriedade ao comprador ocorre no momento em que o preço esteja totalmente pago e que pelos riscos da coisa responde o comprador a partir da tradição. Exige-se o protesto dos títulos ou interpelação judicial antes da execução da cláusula (art. 525). Como no direito vigente, o vendedor terá opção da ação de cobrança ou da reintegração (art. 526). Optando pela recuperação da coisa, o vendedor poderá reter as parcelas recebidas até o montante suficiente para cobrir a depreciação do valor da coisa. O excedente será devolvido ao comprador; o que faltar poderá ser cobrado na forma da lei processual (art. 527). O art. 528 menciona a sub-rogação de instituição financeira na pessoa do devedor que desta recebe o pagamento integral pela coisa. Nessa hipótese, a instituição financeira será legitimada a exercer os direitos e as ações decorrentes do contrato.

19.7 VENDA SOBRE DOCUMENTOS

Na venda sobre documentos, a tradição da coisa é substituída pela entrega do título representativo ou de outros documentos referentes ao contrato, ou, no silêncio deste, pelos usos. Essa definição está presente no corrente Código Civil (art. 529). Essa lei trata desse pacto nos arts. 529 a 532. O comprador, nessa modalidade, não pode recusar o pagamento, alegando defeito na coisa vendida, salvo se este já estiver comprovado (art. 529, parágrafo único). Cuida-se de modalidade criada pelos usos e costumes mercantis dirigida à coisa móvel. Baseada na confiança em determinados ramos negociais, o comprador assume o risco maior, porque geralmente não examina a coisa.

Se a coisa descrita no título ou no documento não existe quando da conclusão do contrato, o negócio é nulo por falta de objeto.

O pagamento deve ser efetuado na data e no lugar da entrega dos documentos, salvo estipulação contrária (art. 530). O pagamento é efetuado mediante a apresentação dos documentos. Se entre os documentos figurar apólice de seguro que cubra os riscos de transporte, estes correm por conta do comprador, salvo se, quando da conclusão do contrato, o vendedor já tivesse ciência da perda ou avaria da coisa (art. 531).

Se o pagamento for estipulado por intermédio de estabelecimento bancário, a este caberá efetuar a entrega de documentos, sem obrigação de verificar a coisa vendida, pela qual não responde (art. 532). Ao banco caberá unicamente examinar os documentos e realizar a operação financeira. Acrescenta o parágrafo único desse último artigo que, somente após a recusa do banco a efetuar o pagamento, poderá o vendedor pretender o preço diretamente do comprador.

Essa modalidade é regulada pelo Código italiano. Premissa ordinária da venda contra documentos é que a coisa se encontre na posse de um terceiro em nome e por conta do vendedor. Ocorre com frequência na compra e venda internacional por nós já examinada. Sua utilidade maior acentua-se quando um ou ambos os contratantes se encontram em local diverso da mercadoria no momento da conclusão do contrato. Há, sem dúvida, a interferência dos princípios dos títulos de crédito no contrato de compra e venda. Esse negócio tem lugar quando esses documentos representam a própria coisa, como ocorre em alguns títulos de crédito.

19.8 VENDA MEDIANTE POUPANÇA

Nessa modalidade (*vendita a risparmio*), ocorre exatamente o inverso da venda com reserva de domínio. O comprador pactua a aquisição de bem em prestações e somente vem a recebê-lo após completar o pagamento do preço. O comprador antecipa o preço antes de receber a coisa. Como lembram Waldirio Bulgarelli (1984:204) e Maria Helena Diniz (1993, v. 1:385), o exemplo pátrio mais patente dessa modalidade de compra é o "Baú da Felicidade". A relação entre o comprador e o vendedor é exclusivamente pessoal, pois a posse somente ocorre com a integralização do preço. Denomina-se venda mediante poupança, porque o comprador vai economizando com entrega de valores ao vendedor, até completar o preço, emergindo então o direito de receber a coisa. Não é contrato que deva ser incentivado, pois, no passado, em nosso país, muitas foram as empresas dedicadas a esse ramo que foram à bancarrota, ou simplesmente desapareceram, ilaqueando a boa-fé dos consumidores e locupletando-se da poupança da população mais carente.

19.9 ALIENAÇÃO FIDUCIÁRIA

Da alienação fiduciária em garantia ocupamo-nos em nossa obra *Direito civil: direitos reais*, Capítulo 17, inclusive sob o prisma do Código Civil de 2002 (arts. 1.361 a 1.368). Ali mencionamos também a alienação fiduciária de coisa imóvel, regulada pela Lei nº 9.514/97, para qual remetemos o leitor, bem como as mais recentes alterações introduzidas no instituto. Aqui tratamos basicamente da alienação fiduciária dos bens móveis.

O Marco Legal das Garantias, implementado pela Lei n° 14.711/2023, trouxe várias alterações em torno da alienação fiduciária. Entre elas:

- a criação do instituto da alienação fiduciária superveniente em garantia, que permite que um mesmo imóvel seja utilizado como garantia em mais de uma transação;
- a instituição do agente de garantia, a ser designado pelos credores para fazer o registro do gravame do bem, gerenciar os bens e executar a garantia, inclusive extrajudicialmente, além de atuar em ações judiciais sobre o crédito garantido;
- procedimentos de execução extrajudicial de dívidas garantidas com alienação fiduciária de bens móveis;
- Procedimentos de execução extrajudicial de créditos garantidos por hipoteca;
- Regras relacionadas ao concurso de credores com garantias sobre um mesmo imóvel; e
- possibilidade de os tabeliães desempenharem funções adicionais relacionadas à mediação, conciliação e arbitragem entre credor e devedor.

Como enfatizamos, o instituto foi introduzido pela Lei nº 4.728/65, que estruturou o mercado de capitais, tendo recebido os contornos definitivos com o Decreto-lei nº 911/69, o qual, por sua vez, alterou a redação do art. 66 da referida lei e em seus nove artigos disciplinou a garantia fiduciária. Essa modalidade introduzida à compra e venda surge para maior garantia nos contratos de financiamento, precipuamente de bens móveis e duráveis. Veio atender à demanda de financiamento direto ao consumidor, ampliando o campo de atuação das instituições financeiras, reduzindo seu custo e riscos de inadimplência. Para esse desiderato, as várias modalidades de penhor e a venda com reserva de domínio mostravam-se insuficientes. O contrato de alienação fiduciária é instrumento para constituição da propriedade fiduciária, modalidade de garantia real. A eficácia real decorrente do contrato torna-se palpável, porque a propriedade é transferida sem a entrega da coisa. O adquirente, a instituição financeira, torna-se possuidor indireto, mantendo o alienante fiduciário (o financiado) a posse direta.

O mencionado art. 66, já derrogado, com a mais recente redação, definia:

> *"A alienação fiduciária em garantia transfere ao credor o domínio resolúvel e a posse indireta da coisa móvel alienada, independentemente da tradição efetiva do bem, tornando-se o alienante ou devedor em possuidor direto e depositário com todas as responsabilidades e encargos que lhe incumbem de acordo com a lei civil e penal."*

A alienação fiduciária surge como cláusula adjeta do contrato de compra e venda. Cuida-se de ato de alienação. É instrumento que almeja a garantia fiduciária, esta sim um direito real. Sua finalidade principal é propiciar maior facilidade ao consumidor na aquisição de bens, com garantia mais eficaz ao financiador, protegido pela propriedade resolúvel da coisa financiada enquanto não paga a dívida. O legislador municiou o credor com instrumentos processuais eficazes para a proteção de seu crédito.

O contrato de alienação fiduciária, tal como os contratos que instituem penhor ou hipoteca, é modalidade de garantia real, instrumento para a constituição da propriedade fiduciária. Pertinente a decisão do TACMG que decidiu que

> *"a alienação fiduciária em garantia transfere ao credor o domínio resolúvel e a posse indireta da coisa móvel alienada, independentemente da tradição efetiva do bem, sendo instituto de direito privado que, ao contrário do que sucede com os contratos de penhor, hipoteca e anticrese, não visa à constituição de direitos reais limitados, mas à transferência do direito de propriedade limitado pelo escopo da garantia".*

O credor adquire a propriedade resolúvel da coisa móvel financiada. O devedor fiduciário permanece com a posse direta do bem de molde a usufruí-lo. Esse devedor é, na verdade, o consumidor que objetiva adquirir o bem, mas, para obter o financiamento, é colocado na posição jurídica de alienante fiduciário. A instituição financeira põe-se como adquirente fiduciário. Tudo se passa no nível da criação jurídica para propiciar a dinamização das vendas. A coisa móvel é transferida para fins de garantia. Nesse aspecto, não se confunde com os demais direitos reais de garantia, penhor, hipoteca e anticrese, porque nestes existe direito real limitado, enquanto na alienação fiduciária opera-se a transferência do bem. Existe alienação e não gravame.

A Lei nº 10.931/2004, que tratou sobre o patrimônio de afetação de incorporação imobiliária e vários outros temas, possibilitou expressamente a alienação fiduciária de coisa fungível e a cessão fiduciária de direitos sobre coisas móveis, bem como de títulos de crédito. Trata-se de inovação importante, que objetiva a dinamização do crédito em geral e que contraria o sentido anterior da doutrina e da jurisprudência que, majoritariamente, não admita o instituto sobre bens fungíveis.

Como é instrumento mais eficaz, a alienação fiduciária substituiu com vantagem a venda com reserva de domínio, cuja utilização foi sensivelmente restringida. Dela distingue-se porque na venda com reserva de domínio a propriedade permanece com o vendedor até liquidação integral do preço.

Embora o instituto tenha pontos de contato com o *trust receipt* do direito anglo-saxão e com a fidúcia romana, tal como posta em nossa lei, a alienação fiduciária é original. Desse aspecto histórico ocupamo-nos no Capítulo 17 da obra dedicada aos direitos reais. A origem romana situa-se na *fiducia cum creditore*. Por esse pacto, o fiduciário recebia do fiduciante a propriedade de coisa infungível, obrigando-se, conforme outro pacto aposto no ato de entrega, a restituí-la ao fiduciante após o pagamento do débito. Nessa origem, já se percebe a natureza de garantia de uma obrigação.

Com a alienação fiduciária, o credor fiduciário goza da condição de proprietário do bem alienado pelo devedor fiduciante. Esse credor não é proprietário pleno, mas detém propriedade resolúvel nos termos do art. 1.359 (veja Capítulo 17 de nossa obra *Direitos Reais*). Pago o preço, opera-se a resolução da propriedade que passa a ser plena para o devedor fiduciante. A causa de extinção da propriedade resolúvel é o pagamento integral do preço.

Fiel à tradição de nosso direito, é vedado ao financiador ficar com o bem objeto da alienação, proibindo-se, portanto, a cláusula comissória, a exemplo do que ocorre nos demais direitos reais de garantia (art. 1.365 do CC). Como podemos perceber, essa propriedade fiduciária é exclusivamente uma construção jurídica, doutro modo não se poderia explicar a proibição. A lei visou impedir abusos, pois a finalidade dessa alienação é exclusivamente propiciar uma garantia para a obrigação contraída pelo fiduciante. A finalidade é o crédito e não a aquisição. Por isso, somente as instituições financeiras e, por extensão, as administradoras de consórcios (veja Súmula 6 do extinto Primeiro Tribunal de Alçada Civil de São Paulo) estão legitimadas a figurar como adquirentes fiduciários nesse contrato típico. Alienação fiduciária pactuada por outros credores não poderá gozar das garantias conferidas pela tipicidade legal, caindo na vala comum dos contratos atípicos. Haverá, no caso, negócio fiduciário não regulado pela lei de mercado de capitais, sem possibilidade dos instrumentos processuais específicos.

Embora não seja lícito ao adquirente fiduciário ficar com a coisa na hipótese de inadimplemento, a lei não exige que a venda a terceiros seja judicial:

> *"Vencida a dívida, e não paga, fica o credor obrigado a vender, judicial ou extrajudicialmente, a coisa a terceiros, a aplicar o preço no pagamento de seu crédito e das despesas de cobrança, e a entregar o saldo, se houver, ao devedor"* (art. 1.364 do CC).

Na alienação fiduciária, ocorre a tradição ficta da coisa. A transcrição do contrato no Registro de Títulos e Documentos é essencial para prevalecer com relação a terceiros. O § 10 do art. 66 dispunha que a alienação fiduciária de veículo automotor deveria constar do Certificado de Registro a que se refere o art. 52 do Código Nacional de Trânsito, hoje art. 121 do Código de Trânsito Brasileiro.

Atualmente há outros meios para essa aferição.

A orientação da jurisprudência nesse aspecto é de que essa menção no registro e no certificado de trânsito é essencial para eficácia com relação a terceiros, não bastando o arquivamento em Títulos e Documentos (RSTJ 34/436, 43/483). A jurisprudência majoritária tem entendido que somente é imprescindível a inscrição no Registro de Títulos e Documentos, e que a ausência de registro no Detran não obsta ação de busca e apreensão de veículo alienado fiduciariamente. Protege-se, portanto, nessa hipótese, o terceiro de boa-fé, adquirente do veículo, desconhecedor da alienação.

A natureza desse pacto exige a forma escrita, pública ou particular (art. 1.362 do CC). Do instrumento deve constar o total da dívida ou sua estimativa; o local e a data do pagamento; a taxa de juros, as comissões cuja cobrança foi permitida e, eventualmente, a cláusula penal e a estipulação de correção monetária, com indicação dos índices aplicáveis; a descrição do bem objeto da alienação fiduciária e os elementos indispensáveis a sua identificação.

O fiduciante ou tomador do crédito em tese há de ser proprietário do bem para aliená-lo ao financiador. No entanto, como o mecanismo técnico visa facilitar a aquisição de bens pelo consumidor final, o contrato de alienação fiduciária pode ter por objeto coisa ainda não pertencente ao devedor, coisa futura, portanto, acrescentando que o domínio fiduciário desta se transferirá ao credor no momento da aquisição da propriedade pelo devedor, independentemente de qualquer formalidade posterior. É o que frequentemente sucede na prática.

Embora examinada como um pacto da compra e venda, com a venda pura e simples não se confunde. Trata-se de negócio que visa garantir uma obrigação. Como aqui exposto, cuida-se de transmissão abstrata, simbólica da coisa, pois o alienante continua na posse imediata. A natureza jurídica é de constituto possessório, modalidade de tradição ficta. O adquirente torna-se possuidor da coisa, sem ter disponibilidade física, pois não a recebe do alienante, o qual conserva a posse direta ou imediata.

O objeto da alienação fiduciária será sempre bem móvel, conforme expressão do art. 66. Se houver negócio fiduciário disciplinando bem imóvel, não será regulado por essa lei, mas pela teoria geral dos contratos. Inelutável que a intenção primeira do legislador foi dirigir o diploma legal para bens móveis duráveis, certos e determinados. O § 3º do art. 66 estabelecia:

> *"Se a coisa alienada em garantia não se identifica por números, marcas e sinais indicados no instrumento de alienação fiduciária, cabe ao proprietário fiduciário o ônus da prova, contra terceiros, da identidade dos bens do seu domínio que se encontram em poder do devedor."*

A jurisprudência entendeu, então, que esse dispositivo permitia a alienação fiduciária de bens fungíveis (RTJSP 81/306, 93/674, 106/883, 113/407). Se a coisa não estiver perfeitamente individualizada, é ônus do credor provar sua existência perante terceiros, pois assumiu o risco, conhecendo o objeto do contrato. O contrato dirigido a bens fungíveis traz inúmeras dificuldades e deveria ser vedado expressamente pela lei. A Segunda Câmara do Superior Tribunal de Justiça uniformizou entendimento majoritário no sentido relativo ao descabimento da alienação fiduciária de bens fungíveis e consumíveis.[7] Esse entendimento foi predominante nesse tribunal superior.

Quando ocorre *inadimplemento do devedor*, abrem-se ao credor quatro possibilidades consagradas na lei:

a) *alienação da coisa* para haver o preço do débito em aberto, se esta lhe for efetivamente entregue pelo devedor (art. 2º do Decreto-lei nº 911);
b) *ação de busca e apreensão*, que autoriza a apreensão liminar (art. 3º do Decreto-lei nº 911);
c) *ação de depósito*, em que foi convertida a ação antecedente de busca e apreensão na qual não foi o bem encontrado;
d) *ação executória* (art. 5º) pela qual pode o credor optar se lhe for mais conveniente e para cobrança de eventual saldo em aberto.

O credor pode, em princípio, optar por uma dessas medidas. No entanto, é a ação de busca e apreensão regulada pelo decreto-lei que proporciona meio mais eficaz de realização do valor da dívida. Quando se sabe *a priori* que o valor do bem não cobre o débito, é movida a ação executória e penhorados outros bens do devedor.

A mora decorre do simples vencimento do prazo para pagamento; mora *ex re* (§ 2º do art. 2º), podendo ser comprovada por carta registrada expedida pelo cartório de títulos e documentos ou pelo protesto do título, a critério do credor. Embora decorra a mora do decurso de prazo, a lei exige sua comprovação documental. A mora ou inadimplemento antecipado permite que se considere vencida de pleno direito a integralidade da dívida (§ 3º), confirmando o princípio da indivisibilidade.

Como o contrato de alienação fiduciária, devidamente registrado, outorga eficácia real à obrigação, o credor fiduciário poderá ingressar com a ação de busca e apreensão contra o devedor ou terceiro que se encontre com a coisa. Estando em termos o pedido, será deferida liminarmente a apreensão. A Lei nº 10.931/2004 modificou o procedimento dessa ação, tornando-o ainda mais efetivo em favor do credor, permitindo que cinco dias depois de executada a medida liminar de apreensão, a propriedade do bem consolida-se em favor do

---

[7] "Execução de título extrajudicial – Contratos de câmbio garantido por **alienação fiduciária de bens fungíveis** (estoque de mercadorias) – Pretensão de reforma da decisão que acolheu a impugnação à penhora apresentada pelos executados, determinando que a penhora recaia apenas sobre os bens dados em garantia ao negócio, com levantamento das penhoras que recaíram sobre imóveis – Descabimento no caso – A execução de crédito garantido por bem móvel, a penhora deve recair sobre os bens oferecidos em garantia real, na forma do art. 835 , § 3º, do CPC/2015, não se admitindo o arresto de bens diversos, sem que antes se verifique a insuficiência da garantia. Recurso desprovido" (*TJSP* – AI 2194354-64.2018.8.26.0000, 18-2-2019, Rel. Walter Fonseca).

credor fiduciário. Somente após essa fase é que se abre possibilidade de pagamento da dívida e apresentação de resposta, permitindo-se ambos conjuntamente. Há novas particularidades processuais que devem ser estudadas.

Ao contrário da ação decorrente da venda com reserva de domínio, nesta ação de busca e apreensão não existe necessidade de avaliação do bem. O acolhimento da pretensão na ação de busca e apreensão é o único meio legal de a propriedade consolidar-se em favor do credor. Essa propriedade, como visto, é transitória, pois o proprietário fiduciário está obrigado a alienar o bem assim obtido. A apelação dessa decisão terá efeito apenas devolutivo e não impedirá a venda extrajudicial do bem.

Se o bem não for encontrado, ou não se achar na posse do devedor, o credor poderá requerer a conversão da ação de busca e apreensão em ação de depósito, processando-se nos mesmos autos. O CPC de 2015 não trata mais da ação especial de depósito.

Na garantia fiduciária, o equivalente em dinheiro da ação de depósito é o valor do débito em aberto, com juros, multa, correção monetária e acréscimos contratuais cabíveis. Nesse sentido, a Súmula 20 do Primeiro Tribunal de Alçada Civil de São Paulo.

A Constituição de 1988 manteve a possibilidade de prisão do depositário infiel (art. 5º, LXVII). O devedor fiduciário assume o compromisso de fiel depositário da coisa alienada com o contrato. Há os que sustentam a insubsistência da prisão do devedor decorrente desse depósito. Não se trata de prisão por dívida, mas de prisão por quebra na confiança decorrente do depósito. A prisão não decorre do inadimplemento, mas do fato de o devedor já não estar na posse do bem. Contudo, entende-se que, em se tratando de bens alienados fungíveis, a situação é análoga ao mútuo, tornando-se incabível a prisão. Na hipótese de a coisa ter sido furtada, por falta de cuidado do alienante fiduciário, não se eximiria ele da prisão, segundo a jurisprudência mais antiga, porque sua situação é idêntica à de depositário infiel.

O devedor não pode dispor da coisa a qualquer título, pois ficará sujeito às penas do crime de estelionato. A alienação da coisa ou a cessão de posição contratual somente podem ocorrer com a inafastável concordância do credor.

De outro modo, extinta a obrigação, resolve-se a propriedade para o credor, sem outra formalidade. Deve ele dar quitação ou declaração equivalente. O alienante fiduciário converte-se, então, em proprietário pleno do bem objeto do negócio.

Note, como apontamos, que nosso ordenamento regula também a garantia fiduciária de coisa imóvel. A Lei nº 9.514/97 dispôs sobre o Sistema de Financiamento Imobiliário. Além de regular vários institutos em prol do financiamento, instituiu a *alienação fiduciária de coisa imóvel*. Estudamos esse instituto em nosso volume dedicado ao Direito das Coisas (Capítulo 17).

O Código Civil vigente absorve os princípios básicos da alienação fiduciária de coisa móvel, tratando-a como propriedade fiduciária. Voltamos ao tema em nossa obra sobre direitos reais.

20

TROCA OU PERMUTA

20.1 CONCEITO

Como realçado na abertura do estudo da compra e venda, a troca, permuta ou escambo foi o primeiro contrato utilizado pelos povos primitivos, quando não conhecido valor fiduciário ou moeda. Desempenhava o papel fundamental da compra e venda da atualidade. O Código Civil de 1916 utilizou o termo *troca*, embora a prática tenha consagrado *permuta* para o negócio que envolve imóveis. O Código de 2002 adota ambos os vocábulos.

Nesse contrato, existe a obrigação de dar uma coisa em contraposição à entrega de outra. *Rem pro re* em vez de *rem pro pretio*, coisa por dinheiro, como na compra e venda. Nesse contrato, as partes comprometem-se a entregar uma coisa por outra. No aspecto material, a compra e venda também não deixa de ser uma troca, de coisa por dinheiro.

Embora fosse o negócio mais utilizado primitivamente, o Direito Romano clássico não incluía a permuta como contrato reconhecido. A troca inseria-se no rol de negócios bilaterais que abriam possibilidade apenas à *condictio ob causam datorum*, sem ação específica para o permutante exigir o cumprimento da avença (Miranda, 1972, v. 39:377). Como modalidade de *condictio*, ficava-se apenas no campo da origem do enriquecimento sem causa, portanto.

Tudo o que pode ser objeto de compra e venda também pode ser de permuta, exceto o dinheiro.

Desse modo, são passíveis de troca coisas fungíveis por infungíveis. Bens incorpóreos também podem ser objeto de permuta, assimilada a cessão de direitos à compra e venda. Contudo, antepor-se-ia a esta última afirmativa a dicção do art. 481, porque na compra e venda o vendedor obriga-se a transferir o *domínio*, vocábulo tradicionalmente reservado às coisas corpóreas. No entanto, pela acepção aceita, não há que se restringir nem a permuta nem a compra e venda às coisas corpóreas, pois as cessões de direitos não possuem compreensão diversa da compra e venda. Os bens objeto de propriedade intelectual ou de propriedade industrial podem, pois, ser também objeto de troca. Aliás, o Código Comercial já expressava que "tudo que pode ser vendido pode ser trocado" (art. 221). Todavia, a troca deve ter por objeto dois bens. Não há troca se, em contraposição à obrigação de entregar coisa, o outro contratante compromete-se a prestar fato, por exemplo, a execução de determinado serviço.

A escassa regulamentação da troca em ambos os códigos, em um único artigo, não se deve evidentemente a sua desimportância, mas ao fato de a ela serem aplicados supletivamente os princípios da compra e venda. A diferença mais notável com a compra e venda reside no aspecto de que nesta há plena distinção entre a coisa e o preço; existem a coisa vendida e o preço, enquanto na permuta há dois objetos que servem reciprocamente de preço.

20.2 NATUREZA

Assim como a compra e venda, trata-se de contrato *consensual*, *bilateral* e *oneroso*. Exige escritura pública somente quando tem por objeto imóveis que suplantam o valor mínimo legal. A permuta é contrato *comutativo*, porque as partes conhecem suas respectivas obrigações, visando, em princípio, prestações equilibradas no tocante aos objetos da permuta ou o justo valor. A diferença de valores no tocante aos bens não desvirtua a natureza do contrato. Se a desigualdade for, porém, de grande monta, poderá haver ato gratuito ou oneroso no que sobejar, permuta com doação ou compra e venda embutida quanto ao valor exorbitante. Sabe-se que dificilmente lograr-se-á que os valores dos bens permutados sejam idênticos. A preponderância dos valores em questão afigura o critério mais seguro para a distinção da compra e venda.

Nesse contrato, não há propriamente preço, porque os contratantes prometem entregar reciprocamente bens que não dinheiro. Não se desnatura a troca em que houver complemento de pagamento em dinheiro.[1] Necessário, porém, que a coisa seja o objeto predominante do

---

1 "Agravo de instrumento. Ação de troca ou permuta. Decisão que indeferiu a tutela de urgência pleiteada. As partes firmaram instrumento particular de **compra e venda** de imóvel residencial, no qual o Agravante daria como pagamento parte do valor em dinheiro e o restante através de dação de bens móveis e imóveis. Documentos juntados aos autos que demonstram a existência de vícios gravíssimos nos bens objetos da dação, os quais, frisa-se, representam parte substancial do pagamento. Necessidade de ampla dilação probatória para que se decida sobre o litígio. Cassação da tutela anteriormente deferida, a fim de excluir a anotação de existência da presente ação na matrícula do imóvel objeto do litígio. Recurso desprovido, com determinação". (*TJSP* – Ap 2064854-66.2023.8.26.0000, 12-4-2023, Rel. Lia Porto).

"Recurso inominado – Ação de reparação de danos – Contrato de permuta de equinos – Complexidade da causa, por necessidade de perícia, afastada. Inviabilidade de periciar animal morto há quase dois anos. Além disso, a prova documental é suficiente à solução da controvérsia. Incidência do disposto no § 1° do art. 445 do cc, uma vez que foi necessário o diagnóstico de médico-veterinário para apontar a existência do vício. Assim, considerando que tal diagnóstico ocorreu em 15/02/2019, atrelada à negativa de acordo entre as partes em 06/03/2019, e a ação ajuizada em 16/04/2019, não se cogita decadência. Mérito. Autor que entregou quatro éguas em troca de um garanhão, todos da raça crioula. Arguição de doença no cavalo preexistente à data da aquisição. Demonstração, de forma efetiva, de que a doença que levou à morte do animal era anterior à permuta realizada. Art. 373, I, do CPC. Dever de ressarcimento do valor do animal, sob pena de enriquecimento indevido, já que o réu permanece com as quatro éguas. Princípio da imediatidade. Sentença confirmada. Aplicação do art. 46 da Lei 9.099/95. Recurso desprovido". (*TJRS* – 71009090028, 11-12-2020, Rel. Jerson Moacir Gubert).

"Apelação – **Troca ou permuta de bens móveis** – Ação de obrigação de fazer cumulada com indenizatória de danos materiais – Resolução do contrato, com devolução dos veículos e valor recebido – Correção do valor a partir do desembolso – Ausência de prejuízo. Não há nenhum desequilíbrio contratual nem ofensa ao ordenamento jurídico na determinação de devolução do veículo e dos valores que foram inclusos no negócio para o retorno ao *status quo ante*, pois, o fato de o réu ter efetuado pagamento ao autor no ato de pactuação do contrato não conduz a nenhum direito à compensação. Apelação desprovida, com observação" (*TJSP* – Ap 1011214-56.2014.8.26.0009, 12-2-2019, Rel. Lino Machado).

"Apelação – **Ação de troca ou permuta** – Bens móveis – Aparelhos celulares – Não tendo sido demonstrado pelos autores fato constitutivo de seu direito, isto é, eventual defeito para anulação do negócio jurídico, tarefa que lhes cumpria, nos termos do art. 373, I, do CPC/2015, correta a improcedência do pedido inicial. Apelação desprovida" (*TJSP* – Ap 1002294-08.2016.8.26.0629, 3-5-2018, Rel. Lino Machado).

"Apelação – **Troca ou permuta de bens móveis** – Ação de obrigação de fazer cumulada com indenizatória de danos morais e materiais – Contratante que deixa de pagar parcelas do financiamento do veículo entregue à outra parte e, com isso, dá causa à busca e apreensão do bem – Infração contratual e desrespeito à boa-fé objetiva – Resolução do contrato, com devolução à contratante prejudicada do veículo que entregou ao contratante

contrato e não o montante em dinheiro. Se o valor em dinheiro é primordial, ficando a coisa que integra o preço em segundo plano, não existe troca, mas compra e venda. A distinção a ser feita no caso concreto pode ter importância, em virtude de diversas consequências jurídicas que advêm de um ou de outro negócio. Lembre-se de que algumas particularidades afastam a troca de princípios da compra e venda, como, por exemplo, a desnecessidade de o ascendente obter o consentimento dos demais descendentes para trocar com um deles, salvo se os valores dos bens forem desiguais (art. 533, II), questão que nem sempre se resolve com facilidade na prática. A lei proíbe que sob o disfarce de uma permuta seja contornada a proibição do art. 496.

20.3 EFEITOS

Os efeitos da troca são, em regra, os da compra e venda, inclusive no tocante aos riscos e cômodos da coisa, garantias da evicção e vícios redibitórios, identificando-se o permutante com o vendedor. Da mesma forma, os requisitos quanto à capacidade: para a permuta de imóvel há necessidade de outorga conjugal. Existe apenas um negócio jurídico, cada contratante tendo como obrigação entregar a coisa, recebendo outra. Cada permutante é credor do bem que o outro prometeu trocar. As partes podem fixar prazo idêntico ou diverso para a entrega dos bens. A pretensão de entrega materializa-se na ação da obrigação de dar, pois, como vimos, em nosso sistema, o contrato não transfere a propriedade. Tendo em vista a natureza do negócio, porém, sem que se perca de vista sua unitariedade, existe um desdobramento da noção da compra e venda.

---

inadimplente – Dano moral – Configuração – Redução da indenização – Possibilidade. O não pagamento, pelo réu, do financiamento do veículo que passou à autora ocasionou a constrição do bem e a impossibilidade de seu uso pela demandante, que se viu privada do veículo que entregou ao autor livre de ônus e, também, daquele que recebeu em troca. Evidentemente, essa conduta não se coaduna com a obrigação assumida contratualmente pelo réu de efetuar o pagamento do financiamento até a décima quinta parcela e implicou não apenas sua mora junto à instituição financeira, mas também o descumprimento do contrato que celebrou com a autora. Consoante dispõe o artigo 422 do Código Civil, 'os contratantes são obrigados a guardar, assim na conclusão do contrato, como em sua execução, os princípios de probidade e boa-fé'. Do início ao fim do contrato, seus celebrantes devem pautar sua conduta de acordo com a boa-fé, comportando-se segundo padrões de eticidade esperados do homem probo, aceitáveis em determinado momento e local. A quantificação da indenização do dano moral deve pautar-se pela razoabilidade, tendo de levar em consideração o caráter repressivo, que iniba a prática de novas ofensas por parte do agressor, e o caráter compensatório à vítima. Acrescenta-se a tais critérios a adequação da reparação às circunstâncias do caso concreto e à situação socioeconômica das partes. Apelação provida em parte" (*TJSP* – Ap 0009079-68.2012.8.26.0006, 20-7-2016, Rel. Lino Machado).

"**Apelação cível** – Contrato de troca de veículos – Alegação de vício – Veículo usado por veículo usado – Concordância expressa do apelante com o negócio – Dano material e dano moral não configurado. A prova dos autos é bastante no sentido da prova da existência, validade e eficácia do contrato de permuta de veículos entre as partes. Concordância expressa do apelante com as avaliações dos veículos e com a permuta, cada um assumindo obrigações acessórias de financiamentos. Alegação de vício no veículo. Alegação de garantia. Veículos usados, não configurando vício oculto ou de difícil entendimento. Inocorrência de ilícito na conduta do apelado capaz de gerar dever de ressarcimento pelos transtornos havidos. Indenização por danos materiais e morais indevida. Negaram provimento ao apelo" (*TJRS* – AC 70058585357, 26-8-2015, Rel. Alex Gonzalez Custodio).

"**Anulação de negócio jurídico**. Permuta de bens imóveis. Sentença de procedência parcial. Invalidade do negócio reconhecida. Reintegração de posse que é consequência imediata da anulação dos contratos. Fase de execução. Ocupação por terceiros do imóvel a ser retomado pela ré. Pretensão de se condicionar a entrega do imóvel atualmente ocupado à obtenção da posse do imóvel a ser por ela retomado. Decisão de primeiro grau que indefere o pedido. Fato superveniente que não impede o cumprimento do acórdão na parte referente ao imóvel a ser retomado pelos autores. Impugnação à ordem de desocupação pela recorrente que não subsiste. Prejuízos e responsabilidades dependentes de apuração em sede diversa. Expedição de ordem de imissão da ré na posse que, no entanto, deve ser acolhida. Recurso parcialmente provido" (*TJSP* – AI 2058107-18.2014.8.26.0000, 10-7-2014, Rel. Carlos Henrique Miguel Trevisan).

O Código Civil de 1916 dedicou apenas o art. 1.164 à matéria:

> *"Aplicam-se à troca as disposições referentes à compra e venda, com as seguintes modificações:*
>
> *I – salvo disposição em contrário, cada um dos contratantes pagará por metade as despesas com o instrumento da troca;*
>
> *II – é nula a troca de valores desiguais entre ascendentes e descendentes, sem consentimento expresso dos outros descendentes."*

O Código de 2002 mantém a mesma orientação no art. 533, acrescentando a necessidade do consentimento do cônjuge na hipótese do inciso II, conforme já examinamos. Todavia, consentaneamente com o art. 496, o vigente Código expressa nesse inciso II que será *anulável* a troca de valores desiguais entre ascendentes e descendentes, sem consentimento dos outros descendentes e do cônjuge do alienante. Não mais nula, como estava no diploma anterior. Já analisamos a razão dessa guinada de posição.

Na troca, cada permutante pagará o imposto sobre o valor do bem adquirido, salvo disposição expressa em contrário. Afora essas peculiaridades, o interesse prático na distinção com a compra e venda é restrito. O Código Comercial disciplinava a troca ou escambo nos arts. 221 a 225. A troca é instrumento importante no comércio interno e externo.

Atente-se, porém, que na permuta o contratante pode pedir a devolução da coisa que entregou, se o outro não cumprir sua parte, pelo princípio da exceção de contrato não cumprido.[2]

---

[2] "Ação indenizatória – Alugueis e lucros cessantes – Contrato de permuta de terreno para incorporação – Partes que firmaram instrumento particular de permuta de terreno, em que se obrigaram os réus a promover a construção de um empreendimento, dando em pagamento à autora, trinta unidades autônomas – Autora que reclama indenizações por danos materiais, decorrentes das despesas com a manutenção do terreno, além de lucros cessantes pelo ativo imobilizado e alugueis das unidades, uma vez que o empreendimento sequer foi comercializado – Sentença de procedência – Recursos das partes – Réus que alegam não ter havido a transferência do imóvel e, portanto, do registro da incorporação, somados ao fato de que, após pesquisas de campo, concluiu-se que a comercialização do empreendimento era inviável – Recurso adesivo da autora visando à modificação da base de cálculo dos honorários advocatícios – Preliminar de intempestividade do recurso adesivo – Rejeição – Prova de que houve falta de energia na região do Vale do Paraíba, inclusive veiculada nos meios de comunicação – Justa causa para o protocolo no dia seguinte ao termo final do prazo – Recurso da autora conhecido – No mérito, é caso de afastar as indenizações reclamadas – Relação de parceria entre as partes – Mera assinatura do contrato de permuta, que não tem o condão de transferir o terreno, o que somente se formaliza com o registro na matrícula, conforme art. 1.245 do CC – Comercialização das unidades que só pode ser realizada após o registro da incorporação – Partes que assumiram obrigações recíprocas, a permitir a chamada exceção do contrato não cumprido – Autora, como advogada que, decerto, não ignora os trâmites burocráticos e legais que envolvem uma incorporação imobiliária, não tendo adotado qualquer medida cabível, de modo a fazer com que seu prejuízo não extrapolasse o limite do razoável – Contrato assinado em 2013 – Ação ajuizada em 2021 – Conduta que vai de encontro ao dever de mitigar o próprio dano (*duty to mitigate the loss*), corolário do princípio da boa-fé objetiva – Indenizações indevidas, inclusive em relação às despesas do imóvel, quitadas pelos réus até 2017 – Autora que não refuta especificamente a desocupação na data indicada – Alegada falta de ciência da saída dos réus do imóvel, que não convence, diante das provas produzidas nos autos – Sentença reformada para afastar a condenação dos réus nas indenizações postuladas na inicial, mantendo-se a rescisão do contrato – Sucumbência integral a cargo da autora – Exame do recurso adesivo prejudicado – Preliminar rejeitada. Recurso dos réus provido. Recurso adesivo da autora prejudicado" (*TJSP* – Ap 1003652-02.2021.8.26.0445, 29-7-2025, Rel. Angela Moreno Pacheco de Rezende Lopes).

"Direito civil. Processo civil. Apelações cíveis. Ação de obrigação de fazer. Ação indenizatória. Sentença conjunta. Contrato. Culpa pela rescisão. **Exceção de contrato não cumprido**. Nulidade das matrículas de imóveis. Alteração substancial do objeto do contrato. *Supressio*. Caso fortuito. Inocorrência. Taxa de fruição do imóvel. Não cabimento. Responsabilidade pelo pagamento do IPTU. Detentor da posse. 1. No caso concreto, as partes celebraram contrato de permuta, por meio do qual a primeira disponibilizou fração ideal de um lote para a construção de um empreendimento. Em contrapartida, a segunda entregaria à primeira 40% das unidades comerciais construídas. No entanto, o cancelamento de registro das matrículas do imóvel alterou o objeto do contrato e condicionou a aprovação do projeto arquitetônico à anuência da empresa coproprietária do lote. 2. A rescisão contratual decorre do descumprimento da obrigação de regularizar as matrículas dos lotes e obter a anuência da coproprietária. 3. A *supressio* é a

Enquanto na compra e venda existem obrigações distintas, pagamento do preço e entrega da coisa, na permuta os contratantes têm idêntica obrigação, qual seja, entregar a coisa.

---

renúncia tácita a um direito ou a uma posição jurídica pelo seu não exercício. É o comportamento que gera na outra parte contratante a representação de que o direito não seria mais exercido. 4. O fato de a segunda permutante tentar prosseguir com a execução do contrato por cinco anos não impede a rescisão pelo inadimplemento contratual pela *supressio*. Era condição essencial à aprovação do projeto a renúncia ao potencial construtivo por terceiro proprietário de parte do lote, cuja obtenção era de responsabilidade da primeira permutante que, até o pedido de rescisão contratual, não tinha previsão de êxito. 5. Não se trata de caso fortuito, pois a regularidade dos registros do imóvel objeto do contrato e a anuência da coproprietária eram condições previstas no contrato. 6. Demonstrada a culpa de um dos contratantes pela rescisão contratual, exsurge o dever de indenizar o outro pelos danos decorrentes da rescisão. 7. Em se tratando de lote não edificado sem proveito econômico proporcionado pela terra nua, não há se falar em indenização pelo uso do imóvel. 8. Conforme previsão contratual, as despesas de IPTU devem ser pagas pela parte que detinha a posse do imóvel até a rescisão do contrato, em valor a ser apurado em liquidação de sentença. 9. Apelações parcialmente providas. Maioria" (*TJDFT* – Ap 00182505320168070001, 26-6-2024, Relª Fátima Rafael).

"Apelação. Ação de adjudicação compulsória. Sentença de improcedência. Recurso da autora. **Permuta de imóveis** verbalmente realizada entre as partes que não tem o condão de autorizar a adjudicação compulsória. Imóvel adquirido pelo réu através de contrato de promessa de compra e venda, que sequer está quitado. Autora que não cumpriu sua parte na avença. Princípio da exceção do contrato não cumprido. Precedentes. Sentença mantida. Recurso não provido" (*TJSP* – Ap 1008447-10.2021.8.26.0297, 1-6-2023, Rel. Emerson Sumariva Júnior).

"Apelação. Embargos à execução. **Permuta de bens**. Multa por atraso na entrega. Sentença que declarou a exigibilidade da multa contratual por atraso até a data de assinatura da escritura de venda e compra de imóvel. Inconformismo das partes. Apelo do embargante. Nulidade da sentença e inadequação da via eleita afastas. Prova de entrega das chaves que é documental. Julgamento antecipado que se impunha. Instrumento particular de permuta de bens, assinado por duas testemunhas, com cláusula penal em valor que prescinde de liquidação. Título executivo extrajudicial. Mérito. Exceção de contrato não cumprido. Não verificada. Recusa de assinatura em termo de entrega das chaves. Alegação incompatível com a inércia do embargante, diante da penalidade ajustada. Apelo do embargado. Termo final da multa corresponde ao da averbação da propriedade no registro imobiliário. Inadmissibilidade. Contrato que estipula prazo para entrega do bem e não para transferência de titularidade. À míngua de prova da data de entrega das chaves, acertada a adoção da data da escritura de venda e compra, por meio da qual houve expressa transferência da posse. Recursos não providos" (*TJSP* – Ap 1019592-12.2020.8.26.0196, 17-5-2022, Rel. Schmitt Corrêa).

"Direito civil, processual civil – Apelação Cível – **Contrato de permuta de imóvel** – Empresas – Incorporação Imobiliária – Terreno em troca de apartamentos – Resolução – Previsão contratual expressa – Não aprovação do projeto pelo ente público – Demolição de edificação antiga pelo autor – Falta de previsão contratual – Imposição pela empresa ré – Não comprovação – Pedido de indenização – Ausência de fundamento – Contrato de risco – Honorários advocatícios – Fixação na origem com base no art. 85 , § 2º, do CPC – Fixação por equidade – Cabimento somente quando inestimável ou irrisório o proveito econômico ou quando o valor da causa for muito baixo (art. 85 , § 8, do CPC) – Caso concreto que não se enquadra na hipótese – Estabelecimento da verba honorária no percentual mínimo e sobre o valor da causa – Redução – Impossibilidade – Apelação Desprovida – Sentença mantida – 1- Contrato de permuta de imóvel entre empresas, entrega de terrenos em troca de apartamentos construídos no local. Resolução contratual. Previsão expressa no contrato no caso de não aprovação do projeto pelo ente público. 2- Prejuízo com a demolição de edificação antiga existente no terreno. Previsão contratual apenas após aprovação do projeto. Antecipação por parte da autora. 2.1- Provas produzidas nos autos não comprovam a imposição antecipada da demolição pela empresa ré ou qualquer outra ação capaz de gerar o dever de indenizar pretendido pela autora. 2.2- Contrato de risco assumido pelas partes, demolição da edificação realizada por responsabilidade da própria autora, sem a previsão contratual, indenização não cabível. 3- Nos termos do art. 85, § 2º, do CPC, os honorários advocatícios devem ser fixados entre o mínimo de 10 (dez) e 20% (vinte por cento) sobre o valor da condenação, do proveito econômico obtido ou, não sendo possível mensurá-lo, sobre o valor atualizado da causa. 3.1- A fixação de honorários advocatícios por equidade somente é cabível nas causas em que for inestimável ou irrisório o proveito econômico ou quando o valor da causa for muito baixo (art. 85, § 8º, do CPC), situações nas quais não se enquadra o caso em exame. 3.2- Tendo sido fixada a verba honorária no percentual mínimo (10% – dez por cento), incabível sua redução. 4- Apelação desprovida. Sentença mantida" (*TJDFT* – Proc. 00035055920168070004 – (1197662), 3-9-2019, Rel. Alfeu Machado).

"**Permuta de imóvel** – Rescisão c.c – Cobrança de multa – Reconvenção – Procedência do pedido inicial e improcedência do pedido reconvencional – Inconformismo do réu-reconvinte – Acolhimento parcial – Aplicação do disposto no art. 252 do RITJSP – Ratificação da maioria dos fundamentos da sentença – Inocorrência da exceção de contrato não cumprido – Recorrente que foi o primeiro a descumprir a sua parte na avença – Rescisão por culpa do recorrente – Restabelecimento do status quo ante – Recorrido que deve devolver ao recorrente o veículo dado como parte da avença ou restituir-lhe o valor correspondente, caso já tenha sido alienado – Dano moral não configurado – Procedência parcial da reconvenção – Sentença parcialmente reformada para determinar a restituição do veículo entregue como parte do negócio ou de valor correspondente – Recurso provido em parte" (*TJSP* – Ap 1004686-10.2016.8.26.0664, 20-7-2018, Rel. J. L. Mônaco da Silva).

21

CONTRATO ESTIMATÓRIO OU DE CONSIGNAÇÃO

21.1 CONCEITO. CONTEÚDO. CARACTERÍSTICAS

Pelo contrato de consignação ou contrato estimatório, uma parte, denominada consignante, faz a entrega a outra, denominada consignatário, de coisas móveis, a fim de que esta conclua a venda em um prazo e preço fixados.[1] Muito utilizado e difundido na vida negocial, não foi regulado pelo Código Civil de 1916. Considerado pela teoria tradicional como cláusula

---

1 "Apelação – Bancários – Ação de declaração de inexistência de negócio jurídico c.c. indenização por danos morais, pela qual a autora alega irregularidade em anotação de gravame feita pelo banco réu em seu veículo – Sentença de parcial procedência – Recurso do réu. Contrato estimatório – Autora que deixou seu veículo em consignação para venda em empresa de sua confiança – Venda do veículo a terceiro, com financiamento bancário junto ao réu – Alienação fiduciária com anotação de gravame junto ao Detran – Irregularidade – Inexistência – Contrato de financiamento aperfeiçoado – Tese inicial de ausência de consentimento para a venda que não se sustenta – Legitimidade da venda feita pelo consignatário a terceiro, ante a permissão legal inerente ao contrato em discussão – Inteligência do art. 534, do Código Civil e Enunciado 32, CJF/STJ, I Jornada de Direito Civil - Ausência responsabilidade da instituição financeira pela falta de repasse do preço de venda pelo consignatário à autora – Julgados deste E. TJSP – Improcedência da ação que se impõe. Sentença reformada, julgando-se improcedente ação – Recurso do réu provido, com inversão do ônus da sucumbência" (*TJSP* – Ap 1006725-83.2024.8.26.0248, 12-3-2025, Rel. João Battaus Neto).

"Bem móvel. Veículo automotor usado. Venda em consignação. **Contrato estimatório**. Valor da transação não repassado pelo consignatário ao proprietário consignante. Impossibilidade de dupla cobrança do comprador. Inteligência do art. 534 do CC. Sentença mantida. Recurso não provido". (*TJSP* – Ap 1019943-93.2020.8.26.0451, 11-9-2023, Rel. Gilson Delgado Miranda).

"Civil e processual. Bem móvel. Ação de nulidade de contrato de compra e venda de bem móvel e de nulidade do contrato de financiamento celebrado entre terceiros. Veículo deixado em revendedora para venda em consignação. Sentença de procedência da ação e de improcedência da reconvenção. Pretensão à reforma manifestada pelo adquirente. Ilegitimidade passiva. Inocorrência. Não é possível reconhecer a ilegitimidade passiva *ad causam* se a pertinência subjetiva emerge da causa de pedir, *in statu assertionis*. **Contrato estimatório** (art. 534 do CC/2002). Se o bem foi vendido pelo consignatário a terceiro de boa-fé, a compra e venda é válida, devendo o consignatário repassar o valor da venda ao consignante, conforme inicialmente avençado. Entretanto, se o consignatário, após a venda do bem, não repassa o valor recebido do adquirente ao consignante, não pode esse terceiro de boa-fé ser privado do bem. Dano moral não configurado. Não comprovada circunstância excepcional que tenha colocado o adquirente em situação de extraordinária angústia ou humilhação que, em tese, pudesse excepcionalmente conduzir a abalo psicológico significativo e, portanto, indenizável. Recurso parcialmente provido" (*TJSP* – Ap 1037866-13.2019.8.26.0114, 30-9-2022, Rel. Mourão Neto).

especial da compra e venda, merece, no entanto, disciplina autônoma, como fez o atual Código nos arts. 534 a 537. O primeiro desses dispositivos descreve:

> *"Pelo contrato estimatório, o consignante entrega bens móveis ao consignatário, que fica autorizado a vendê-los, passando àquele o preço ajustado, salvo se preferir, dentro do prazo estabelecido, restituir-lhe a coisa consignada."*

O negócio não era desconhecido nas fontes romanas, que em duas passagens se refere a coisas entregues para vender (Pereira, 1994:160).

O contrato estimatório implica necessariamente para seu aperfeiçoamento a entrega da coisa pelo *tradens* ao *accipiens*, classificando-se, portanto, como contrato *real*. Sem a entrega efetiva, ainda que ocorra permissão de venda a outrem, haverá pacto diverso, a tipicidade será outra. É *oneroso, comutativo* e *bilateral*, impondo obrigações recíprocas.

Nesse contrato, o *tradens* ostenta a condição de dono, titular da disponibilidade da coisa móvel dada em consignação. O *accipiens*, o consignatário, recebe a coisa com finalidade de vendê-la a terceiro, segundo preço e condições estabelecidos pelo consignante, que os estima; daí sua denominação. Nada obsta que o consignatário fique com a coisa para si, pagando o preço estimado, embora isso não seja da essência e da finalidade precípua da avença. O consignatário assume o encargo de vender a coisa, entregando o preço estabelecido ao consignante. Auferirá lucro no sobrepreço que obtiver nessa venda. O contrato estabelece uma *obrigação facultativa*, visto que pode optar por devolver a coisa, em vez de pagar o preço. Não nos parece que a obrigação seja alternativa, como defendido por alguns, pois a possibilidade de devolver a coisa é subsidiária, o que caracteriza a facultatividade, inclusive como define o atual Código.

Durante a vigência do Código de 1916, a ausência de orientação legislativa trouxe incerteza quanto aos problemas concretos, chamando-se muitas vezes à baila princípios analógicos da compra e venda, do mandato, da corretagem ou da comissão.

O negócio é daqueles que dinamizam a circulação de bens móveis, ativando a economia. Contudo, tecnicamente, o negócio abstrai a destinação final das coisas móveis entregues que podem destinar-se a terceiro adquirente que compra do consignatário ou não.

"**Contrato estimatório** – Fornecimento de materiais médico-hospitalares, sob o regime de consignação – Rejeição de embargos monitórios – Documentação juntada com a petição inicial adequada ao procedimento monitório escolhido – Razões recursais protelatórias – Comprovação da emissão de notas fiscais de remessa de produtos em consignação – Apresentação de canhotos assinados e com chancela mecânica – Ônus probatório da consignatária de comprovar a devolução de produtos – Inteligência do art. 534 do Código Civil – Manutenção da sentença – Recurso improvido" (*TJSP* – Ap 1066048-51.2019.8.26.0100, 24-6-2021, Rel. Caio Marcelo Mendes de Oliveira).

"Embargos de declaração – Alegação de omissão e obscuridade – Inexistência – Mora do credor – Cerceamento de defesa – Inocorrência – Intercorrências não maculam o **Contrato Estimatório** na hipótese de as joias serem devolvidas sem qualquer dano, não há qualquer prejuízo à requerida, que só não teve os bens restituídos há mais tempo por sua exclusiva culpa na recusa indevida – Embargos rejeitados". (*TJSP* – Emb1000613-79.2017.8.26.0366, 23-11-2020, Rel. Maia da Rocha).

"**Contrato estimatório** – Veículo automotor – Pretensões indenizatória e condenatória ao cumprimento de obrigação de fazer julgadas parcialmente procedentes – Adquirente que não transfere o veículo para seu próprio nome no prazo legal – Obrigação da consignatária garantir, no caso, que o veículo não mais permanecesse em nome do consignante – Escusas apresentadas que não exoneram a consignatária do cumprimento dessa obrigação – Verba honorária advocatícia majorada para 15% do valor da condenação, a termo do disposto no artigo 85, parágrafo 11, do NCPC – Apelação não provida" (*TJSP* – AC 1015744-82.2018.8.26.0003, 16-9-2019, Rel. Sá Duarte).

21.2 NATUREZA JURÍDICA

Embora apresente afinidades com o mandato, o consignatário não representa o consignante na venda, de modo que atua em nome próprio com relação a terceiro. A consignação é irrelevante e estranha a este último. Particulariza, no entanto, o instituto o fato de o consignante manter o domínio das coisas consignadas, transferindo apenas a posse ao consignatário (art. 534 do atual Código Civil). Há, de fato, características de mandato nesse negócio, porque se autoriza a prática de ato por outrem. Cuida-se, em forçado conceito, de um mandato para vender. No entanto, o mandante não fica responsável pelos atos do *accipiens* perante o terceiro. Trata-se de negócio que apresenta, portanto, características próprias, no qual se destacam seus elementos constitutivos: *entrega da coisa móvel*; *disponibilidade da coisa*; *obrigação de restituir* ou *pagar o preço estimado* e *prazo*, conforme disposto no art. 534 do presente diploma legal.

No entanto, pode ocorrer de não ter sido fixado um prazo. Este não deve ser considerado requisito essencial. Nessa hipótese, cumpre ao consignante, ao desejar o preço ou a coisa em retorno, que fixe prazo razoável, notificando o *accipiens* para o cumprimento, levando-se em conta os princípios que regem as obrigações por prazo indeterminado.[2]

---

[2] "Apelação. Civil. Processo civil. Ação de conhecimento. Contrato estimatório. Venda de veículo. Pedido de concessão de efeito suspensivo. Inadequação da via eleita. Compra e venda. Negócio jurídico válido. Alienação fiduciária. Inclusão do credor fiduciário no polo passivo da demanda. Ausência de repasse do valor da venda do veículo. Responsabilidade da instituição financeira. Impertinência. Sentença mantida. 1. Eventual pedido de concessão de efeito suspensivo deve ser formulado por petição autônoma, dirigida ao tribunal, no período compreendido entre a interposição da apelação e sua distribuição, ou ao relator, se já distribuída, nos termos do § 3º do art. 1.012 do CPC. 2. Consoante dispõe o **art. 534 do Código Civil**, o contrato estimatório é aquele pelo qual o consignante entrega bem móvel de sua propriedade ao consignatário, que fica autorizado a vendê-lo, pagando àquele o preço ajustado, salvo se preferir, ao fim do prazo estabelecido, restituir-lhe a coisa. 3. Quando a instituição financeira apenas realiza o financiamento do veículo, atuando como mero banco de varejo, não está caracterizada a necessária vinculação com a revendedora de automóveis. Precedentes. 4. Não há relação de acessoriedade entre o contrato particular de compra e venda de veículo e o contrato de financiamento bancário com alienação fiduciária, destinado a viabilizar a aquisição do bem. Precedentes. 5. Apelação conhecida e não provida" (*TJDFT* – Ap 07012648420208070019, 21-8-2024, Rel. Mauricio Silva Miranda).

"Apelação – Bem Móvel – **Contrato estimatório** – Ação de obrigação de fazer cumulada com pedido de indenização por danos materiais e morais – Venda realizada sem o repasse do preço ao consignante – Instituição financeira que forneceu o dinheiro necessário para a compra do bem por terceiro – Falta de cuidado em tais negócios – Vendedora que não ofereceu os documentos necessários para a regular transferência – Venda e compra preservada – Perdas e danos – Pagamento ao autor do valor do bem, assim como de todos os impostos, taxas e multas incidentes sobre o bem após a venda – Obrigação solidária da instituição financeira e da consignatária – Danos morais configurados – Indenização arbitrada em valor adequado, compatível e proporcional (R$ 15.000,00) – Ação julgada procedente – Sentença confirmada – Apelação desprovida" (*TJSP* – Ap 1034949-89.2017.8.26.0114, 28-1-2019, Rel. Edgard Rosa).

"**Contrato estimatório** – Veículo automotor – O negócio jurídico de compra e venda celebrado entre consignatário e terceiro não se confunde com o contrato estimatório celebrado entre consignante e consignatária. Terceiro de boa-fé e agente financeiro não podem ser prejudicados pela ausência de repasse, pela consignatária, do produto da venda à consignante. Condenação solidária afastada. Dano moral não caracterizado. Recurso principal provido, não provido o adesivo" (*TJSP* – Ap 0214361-83.2010.8.26.0100, 9-4-2018, Rel. Gilson Delgado Miranda).

"Apelação – bem móvel – Ação de busca e apreensão – **Contrato Estimatório** – Assunção, pela revendedora, da obrigação pela venda do veículo a terceiros e do repasse do valor da venda ao consignante. Ausência de prova do pagamento dessa verba. Cobrança devida. Adquirente de boa-fé que tem o direito de permanecer na posse do bem. Impossibilidade da retomada do bem pelo autor. Julgamento *extra petita* não evidenciado. Preliminar afastada. Recurso do réu Flavio Luis desprovido. Apelação do réu Marcos Paulo Provida" (*TJSP* – Ap 3002589-16.2013.8.26.0629, 4-8-2017, Rel. Antonio Nascimento).

"Apelação cível – Ação declaratória de inexigibilidade de débito, cumulada com rescisão de contrato e indenização por perdas e danos. Sentença de parcial procedência. Recurso da sociedade empresária autora. Pleito de indenização por perdas e danos ante o descumprimento das obrigações contratuais pela ré. Contrato entabulado entre as partes que não previa intermediação de venda através de consignação mercantil. Realização de contrato estimatório. Devolução após o prazo de consignação. Ausência de provas de que a apelada tenha sido a responsável, ou mesmo interveniente, na devolução das mercadorias além do prazo estipulado. Indenização não devida. Razão não provida. Recurso conhecido e desprovido" (*TJSC* – AC 2012.015932-4, 13-5-2016, Rel. Des. Altamiro de Oliveira).

A disponibilidade da coisa móvel deve ser atribuída ao consignatário. Sem essa disponibilidade, descaracteriza-se o contrato. Se a coisa é entregue apenas para demonstração ou amostra, não há consignação. Por vezes, na prática, surge o problema que implica exame mais aprofundado da vontade das partes. Outro aspecto a ressaltar é que, durante o lapso do contrato, o consignante, embora dono da coisa, perde sua disponibilidade. Não pode aliená-la até que lhe seja restituída (art. 537 do atual Código).

21.3 ALCANCE

É ampla a função econômica desse contrato no meio consumidor. Como nem sempre o consignatário classificar-se-á como consumidor final, o caso concreto definirá a aplicação do Código de Defesa do Consumidor. Utiliza-se com frequência para bens duráveis, como veículos usados, eletrodomésticos, equipamentos de informática, maquinaria, joias, artigos de moda e arte etc.

Em torno do procedimento contratual, que se realiza com a entrega das coisas para a venda, podem gravitar outros contratos, como de publicidade, comissão, divulgação etc. O dono de galeria de arte que recebe quadros para a venda, por exemplo, pode comprometer-se a fornecer folhetos, realizar festividades, convidar críticos etc. Findo o prazo da exposição ou mostra, poderá o consignante optar em ficar com as obras remanescentes para seu acervo, pagando o preço estimado.

A utilidade do contrato mostra-se patente também em outras circunstâncias, quando o fabricante ou atacadista coloca produto no mercado de difícil comercialização, sem implicar imobilização de capital por parte dos varejistas, logrando assim melhor distribuição.

21.4 DIREITOS E OBRIGAÇÕES DO CONSIGNANTE

Como acentuamos, é essencial que o *tradens* entregue a coisa móvel ao consignatário, bem como sua disponibilidade. No entanto, conserva a propriedade. Findo o prazo do contrato ou da notificação, conforme assinalado, terá ele direito ao preço ou à restituição da coisa. Outrossim, durante o lapso contratual, não pode pretender a restituição nem turbar a posse direta do consignatário, que pode opor-lhe os meios possessórios. Como mantém o *tradens* o domínio, pode prometer a venda da coisa para após o prazo de consignação, mediante a condição de reaquisição da disponibilidade. A esse respeito dispõe o art. 537 do vigente Código: *"O consignante não pode dispor da coisa antes de lhe ser restituída, ou de lhe ser comunicada a restituição."*

"**Apelação** – Prestação de serviços – Ação de cobrança – Venda de veículo em consignação – Sentença que Decretou a extinção do processo, sem resolução do mérito, relativamente à empresa-apelada, com fundamento no art. 267, VI, do CPC, e integral procedência contra o corréu revel – Pretensão do autor ao reconhecimento da legitimidade passiva de parte da apelada, porquanto a empresa-ré intermediou a venda do automóvel, mediante comissão. Caracterização de contrato estimatório verbal. Empresa que participou ativamente da realização do negócio visando auferir vantagem econômica (comissão) torna-se também responsável pelo descumprimento do contrato por parte do comprador. Inteligência do art. 534 do Código Civil. Ilegitimidade passiva de parte em relação à corré afastada – Teoria da 'causa madura'. Estando a matéria fática já esclarecida pelas provas documentais disponíveis, que se mostram bastantes à solução das questões suscitadas pelas partes, pode o Tribunal julgar o mérito da apelação mesmo que o processo tenha sido extinto sem julgamento do mérito, por carência de ação, nos termos do art. 515, § 3º, do CPC, em respeito aos princípios da economia, da instrumentalidade, da efetividade e da celeridade – Análise da contestação oferecida pela empresa-apelada. Preliminar de impossibilidade jurídica do pedido. Matéria atinente à ausência de documentos indispensáveis à propositura da ação. Não cabimento. Petição inicial aparelhada com os documentos essenciais à sua admissão, sendo desnecessária a juntada das vias originais dos títulos de crédito anexados por cópia. Ação que tramita pelo procedimento ordinário e assegura aos litigantes a ampla dilação probatória. Preliminar rejeitada. Sentença modificada. Recurso parcialmente provido, para afastar a extinção do processo relativamente à empresa-apelada e para condená-la parcialmente e de forma solidária com o corréu, pelos danos causados ao apelante" (*TJSP* – Ap 0025294-41.2012.8.26.0032, 9-9-2015, Rel. Sergio Alfieri).

Como corolário da estrutura do contrato, continuando a coisa a pertencer ao consignante, não pode ser penhorada por credores do consignatário, nem arrecadada em insolvência ou falência, enquanto não pago integralmente o preço. Essa regra é expressa no art. 536 do presente Código.

21.5 DIREITOS E DEVERES DO CONSIGNATÁRIO

Ao consignatário é conferido o direito de dispor da coisa durante certo prazo. A venda da coisa a terceiro é o efeito natural e esperado do negócio. Daí por que entender que a restituição ao consignante constitui obrigação facultativa do *accipiens* (Stiglitz, 1987:186). Note que a restituição do bem é a única faculdade aposta no negócio.

Questão de importância é saber se o consignatário pode antecipar a prestação, devolvendo a coisa antes do prazo. Segundo a natureza do contrato, entende-se que o prazo é concedido em favor do consignatário. Desse modo, não havendo para ele interesse na venda a terceiro, nada impede que restitua o objeto da obrigação ao *tradens*, salvo se o contrário resultar expressamente do contrato. Uma vez feita a opção pelo consignatário, pagando o preço ou devolvendo a coisa, não há, em tese, possibilidade de retratação.

Se utilizada e comunicada a faculdade de restituir a coisa, investe-se o consignante na possibilidade de obtê-la, ainda que judicialmente. A partir desse momento, não pode o consignante recusar a restituição.

O consignatário responde pela perda ou deterioração da coisa e continua obrigado pelo preço estimado, como obrigação principal conforme estatui o art. 535 do corrente diploma legal. Destarte, não está o consignante obrigado a receber a coisa deteriorada, se não indenizado pelos danos, podendo exigir o preço. Permanecendo, durante o contrato, com a posse da coisa, são do consignatário os gastos ordinários com sua conservação, salvo disposição contratual em contrário. Como regra, os gastos extraordinários e urgentes são carreados ao consignante, não podendo, contudo, o consignatário permitir a deterioração ou perda, respondendo por culpa. Estando na posse de coisa alheia, cumpre que exerça toda diligência em sua guarda e manutenção. Por essas razões, há de se entender que o consignatário abriu mão da faculdade de restituir.

21.6 ESTIMAÇÃO DO PREÇO

Como o preço estimado é elemento fundamental do contrato, é de supor que na conclusão do contrato já esteja estabelecido. Nada obsta que seja fixado em momento posterior à entrega da coisa. No entanto, não se aperfeiçoa o contrato estimatório enquanto não determinado o preço. As partes podem estipular que o preço seja fixado por terceiro ou mediante cotação em bolsa, o que não altera a estrutura do instituto. De qualquer modo, subordinado o preço a termo ou evento futuro, a eficácia do contrato estará sob condição suspensiva.

Se for autorizado ao próprio consignatário estabelecer o preço, descaracterizado estará o negócio como contrato estimatório. Podem, no entanto, as partes estabelecer que o preço seja o corrente de mercado. Não haverá dúvidas se esse preço for tabelado ou cotado em bolsa. Se, no entanto, o preço de mercado se subordina a elementos falíveis, não será fácil dirimir a questão, podendo-se fazer necessária a intervenção de perícia. De qualquer forma, temos de entender como preço corrente o valor médio de venda da coisa no mercado.

Decorrido o prazo do contrato e não pago o preço ou restituída a coisa, submete-se o consignatário aos efeitos da mora.[3] Contratado por prazo certo, opera a mora *ex re*. Por prazo

---

3 "**Apelação cível** – Preliminar de ofício – Inovação recursal – **Contrato estimatório** – Inadimplemento contratual – Rescisão – Dano moral – Não cabimento – 1- A inclusão de novos argumentos configura inovação recursal,

indeterminado, como assinalado, os efeitos da mora *ex persona* decorrem da interpelação. Os efeitos da mora incidem sobre o valor estimado, porque constitui a obrigação principal.

O local de pagamento e o da entrega da coisa, no silêncio do contrato, devem ser o do domicílio do devedor, o consignatário, aplicando-se a regra geral.

---

sendo vedado ao Tribunal analisá-los em sede de apelação, porquanto não apreciados na sentença, sob pena de violação aos princípios do contraditório e da ampla defesa, ao se restar caracterizada a supressão de instância. 2- No contrato estimatório, o consignante transfere ao consignatário o poder de alienação da coisa consignada e, ao final do prazo, paga-se o preço, em caso de venda ou a sua restituição. 3- Por inexistir nos autos prazo para a venda do equipamento consignado, bem como notificação para a sua devolução, o alegado inadimplemento contratual não é passível de indenização por danos morais. 4- Recurso conhecido e desprovido" (*TJDFT* – Proc. 07368115020178070001 – (1205464), 9-10-2019, Relª Maria de Lourdes Abreu).

"**Contrato estimatório** – Cerceamento de defesa – Obrigação de restituição das mercadorias recebidas ou o pagamento do preço ajustado – Petição inicial de execução que poderia ser reunida quando da resposta – Ônus de produção da prova da parte – Expedição de ofício a Tabelionato – Execução extinta – Presente demanda que não é fundada em título de crédito – Cabível indeferimento da providência, pois inútil ao deslinde da demanda – Obrigação de pagamento do preço ajustado pelo consignatário, caso a restituição da coisa se torne impossível – Furto da mercadoria – Não se trata de indenização por lucro cessante, mas de obrigação de pagamento do preço ajustado – Condenação em valor bem superior ao de custo das peças, conforme certificado pelas notas fiscais reunidas ao feito – Sem demonstração de que a condenação não corresponda ao que fora pactuado como preço de venda das peças perdidas – Antes da emenda, valor de custo das roupas entregues em consignação em montante mais próximo à soma das notas fiscais reunidas – Ausente hipótese para condenação ao pagamento do preço em extensão maior – Dano moral não caracterizado – Descumprimento contratual que não enseja reparação. Recursos não providos" (*TJSP* – Ap 1003628-83.2015.8.26.0606, 6-6-2018, Rel. Sá Moreira de Oliveira).

"Bem móvel – **Contrato estimatório** – Ação indenizatória – Procedência – Preliminares afastadas – Veículo entregue pela autora à ré em consignação para venda. Perecimento do bem por culpa do sócio da consignatária, que se envolveu em acidente quando o utilizava sem autorização da consignante, resultando em perda total. Indenização securitária que ressarciu apenas parte do valor do veículo. Responsabilidade da consignatária pelo pagamento da diferença, por força do art. 535 do CC. Circunstâncias fáticas alegadas pela apelante que não se mostram suficientes a isentá-la de sua obrigação legal. Indenização devida. Honorários contratuais que não podem ser reclamados pela parte. Precedentes jurisprudenciais. Julgamento 'extra petita' em relação aos danos morais. Recurso provido em parte. O ajuste firmado entre as partes configura contrato estimatório ou de compra e venda em consignação, de natureza real, encontrando regulamentação específica no art. 534 e seguintes do Código Civil. O dispositivo mencionado define que 'Pelo contrato estimatório, o consignante entrega bens móveis ao consignatário, que fica autorizado a vendê-los, pagando àquele o preço ajustado, salvo se preferir, no prazo estabelecido, restituir-lhe a coisa consignada'. De tal modo, não tem o consignatário nenhum poder além da venda do bem. Acrescente-se que, embora o ajuste em questão não tenha o escopo de transferir a propriedade do bem consignado, recaem sobre o consignatário os riscos da coisa. Nos termos do art. 535 do Código Civil, 'O consignatário não se exonera da obrigação de pagar o preço, se a restituição da coisa, em sua integridade, se tornar impossível, ainda que por fato a ele não imputável'. Diante de tais considerações, a condenação da consignatária em ressarcir o consignante pelos prejuízos decorrentes da perda do veículo a ela confiado é medida de rigor. Os honorários advocatícios contratuais não são reembolsáveis pela vencida em favor da vencedora e em decorrência da atuação neste processo. Não se aplica a cláusula de honorários contratuais em caso de manejo de processo judicial, cuidando-se de atribuição exclusiva do magistrado a estimação da verba honorária em caso de sucumbência. Quanto aos danos morais o julgamento é 'extra petita' uma vez que a autora não formulou pedido nesse sentido, extrapolando a MM. Juíza de Direito dos limites da pretensão deduzida inicialmente" (*TJSP* – Ap 1007873-94.2015.8.26.0006, 17-5-2018, Rel. Kioitsi Chicuta).

"Agravo de instrumento – Ação de reintegração de posse c.c. indenização por perdas e danos – Bem móvel – Contrato Estimatório – Ausência do esgotamento das medidas legais postas à disposição da agravante para a apuração de patrimônio em nome da empresa executada. Prova apenas indiciária no sentido de que os sócios da executada se utilizaram de terceira empresa para a prestação de serviços, objetivando o desvio de faturamento, a fim de evitar que este seja alcançado pela penhora. Impossível, por ora, a desconsideração da pessoa jurídica, assim como a extensão da responsabilidade patrimonial à outra empresa do grupo econômico de fato. Recurso desprovido, com observação" (*TJSP* – AI 2025217-55.2016.8.26.0000, 2-6-2016, Rel. Antonio Nascimento).

"**Bem móvel**. Compra e venda de veículo. **Contrato estimatório**. Conduta da instituição financeira que não agravou os danos materiais experimentados pela autora. Danos morais não caracterizados. Situação que não ultrapassou o mero aborrecimento ou dissabor cotidiano. Ausência de lesão a direito da personalidade. Indenização indevida. Recurso improvido" (*TJSP* – Ap 0031255-21.2010.8.26.0003, 19-6-2013, Rel. Hamid Bdine).

22

DOAÇÃO

22.1 CONCEITO. NATUREZA CONTRATUAL. CONTEÚDO. ORIGENS. CARACTERÍSTICAS

A doação fornece ao profano um dos mais fáceis conceitos de intuir, porém apresenta dificuldades técnicas aos doutrinadores, que têm dificuldade em delinear precisamente seus contornos como relação jurídica. Quiçá o empecilho maior resida no fato de que nem todo ato gratuito seja doação. Assim, não o são os atos de disposição de última vontade, como numerosas outras liberalidades que, por vezes, nem sequer ingressam no mundo jurídico. A lei civil, por seu lado, limita-se a descrever o regime de certos atos da doação que considera relevantes. Desse modo, há muitos outros atos gratuitos regulados de forma diversa da doação. A ideia de liberalidade presente na doação é princípio que pode também fazer parte de outros atos.

A primeira celeuma a respeito do instituto, de vetusta origem histórica, parte da própria conceituação do negócio como contrato. Nosso Código Civil de 1916, por exceção, definiu-a no art. 1.165: "*Considera-se doação o contrato em que uma pessoa, por liberalidade, transfere do seu patrimônio bens ou vantagens para o de outra, que os aceita.*" O vigente Código mantém a mesma definição no art. 538, suprimindo apenas a expressão final "*que os aceita*", para melhor compreensão técnica, como veremos, pois nem sempre essa aceitação é expressa ou muito clara. Desse modo, na apropriada definição de Carlos Lasarte, "*doação é a transmissão voluntária de uma coisa ou de um conjunto delas que faz uma pessoa, doador, em favor de outra, donatário, sem receber nada como contraprestação*" (2003:185).[1]

---

1 "Agravo de instrumento. Direito civil e processual civil. **Doação**. Bem imóvel. Trinta salários mínimos. Escritura pública. Necessidade. 1. O art. 538 do Código Civil esclarece que a doação é o contrato em que uma pessoa, por liberalidade, transfere do seu patrimônio bens ou vantagens para o de outra. O art. 541 do Código Civil prescreve que a doação pode ser feita por escritura pública ou instrumento particular. 2. A transferência de bens ou vantagens do patrimônio do doador para o do donatário deve observar a forma solene (escritura pública) quando recair sobre imóvel cujo valor supere o equivalente a trinta (30) salários mínimos. 3. Agravo de instrumento desprovido" (*TJDFT* – AI 07117444220248070000, 29-5-2024, Rel. Hector Valverde Santanna).

"Apelação – Ação de obrigação de fazer – **Promessa verbal de doação** de quotas sociais – Preliminares de inépcia da inicial e impugnação ao valor da causa. Rejeição. Pedido que decorre logicamente da causa de pedir e reflete o benefício econômico perseguido. Prescrição. Inocorrência. Ausência de termo certo para a realização da doação. Circunstância que atrai a aplicação do art. 397 do CC. Mérito do recurso. Réu que prometeu doar ao autor parte

Essa tomada de posição se fez necessária, porque o Código francês e outras legislações que o secundaram disciplinam-na juntamente com os legados, conceituando a doação como ato unilateral e não como um contrato. Naquele sistema, a doação é modalidade particular de aquisição da propriedade. A tradição romana assim a conceituava nas *Institutas*. Nosso legislador partiu da conceituação de ato bilateral, atendendo à doutrina mais moderna.

Nessa concepção, doação é ato *inter vivos*, diferentemente dos testamentos, que são atos *causa mortis* com regime jurídico distinto. Por nosso sistema, não há doações para após a morte. Pela dicção do artigo transcrito, poder-se-ia inferir que a doação iria de encontro, isto é, conflitaria com o sistema geral quanto aos efeitos do contrato, ou seja, teria o condão de transferir a propriedade. No entanto, apesar de a lei expressar que o contrato de doação "*transfere*" o patrimônio, não existe exceção ao sistema geral, consoante o qual a transcrição imobiliária e a tradição são os meios de aquisição da propriedade. Como contrato, a doação traduz, sem dúvida, uma obrigação e não modalidade de aquisição da propriedade.

Observando as várias nuanças das doações na prática, percebemos que, enquanto em muitas oportunidades o conteúdo contratual apresenta-se claro e bem definido, em outras, essa contratualidade não é facilmente identificável, pois a participação do donatário no negócio

---

de suas quotas em sociedades parceiras no desenvolvimento de suas atividades. Existência dessa sociedade ou grupo que ficou suficientemente demonstrado, assim como a promessa de doação. Negócio que tem natureza de contrato preliminar e cuja validade independe da forma prevista para o contrato definitivo. Inteligência do art. 462 do CC. Descumprimento que autoriza a execução forçada, tendo em vista que a exequibilidade da promessa não é incompatível com a liberalidade prevista no art. 538 do CC. Sentença reformada. Recurso provido" (*TJSP* – AC 1007159-17.2018.8.26.0011, 22-4-2019, Rel. Hamid Bdine).

"Apelação cível – Propriedade e direitos reais sobre coisas alheias – Ação de obrigação de fazer – Julgamento antecipado do mérito – Possibilidade – Desnecessidade de dilação probatória – Pretensão de reconhecimento de existência de **promessa de doação verbal** – Inobservância da forma prescrita em lei – Contrato preliminar que não se coaduna com a espontaneidade característica do ***animus donandi*** – Inexigibilidade – Não havendo necessidade de produção de outras provas, bem como não tendo havido pedido de produção de prova oral durante a instrução do feito, correto o julgamento antecipado da lide. Em se tratando de doação de bem imóvel, necessária a observância da forma solene (escrita) prescrita no art. 541 do Código Civil. Suposta 'promessa' de doação que seria inexigível, eis que a execução compulsória da liberalidade retiraria a espontaneidade inerente ao animus donandi, desconfigurando o instituto. Doação pura que não pode ser objeto de contrato preliminar. Apelo desprovido" (*TJRS* – AC 70072506108, 22-2-2018, Relª Desª Mylene Maria Michel).

"Apelação – Direitos Possessórios – Imissão na posse – Redistribuição em atenção à resolução nº 737/2016 – **Doação** – Contrato formal e solene – As provas dos autos demonstram apenas o suposto *animus donandi* da falecida – Ausentes os requisitos para o aperfeiçoamento do negócio jurídico (forma escrita por instrumento público ou particular, art. 541, *caput*, CC) – Sentença mantida – Recurso não provido" (*TJSP* – Ap 1000296-25.2014.8.26.0451, 2-8-2017, Rel. Luis Mario Galbetti).

"Apelação – Ação de anulação de contrato de cessão de direitos e obrigações incidentes sobre imóvel. Doação aperfeiçoada. Ato jurídico unilateral. Verificado o 'animus donandi' da antiga proprietária. Posse mansa, pacífica e incontestada fundada no justo título. Recursos providos" (*TJSP* – Ap 0001154-61.2012.8.26.0219, 28-1-2016, Rel. J. B. Paula Lima).

"**Apelação cível** – Ação de inventário – Doação de bens – Herdeiros – Adiantamento da legítima – Colação – Inteligência do artigo 544, do Código Civil – Avaliação judicial do imóvel – ausência de irregularidade – oitiva dos herdeiros e interessados – preclusão da matéria – 1 – Salvo vontade expressa do doador, toda doação realizada em vida pelo autor da herança a um de seus herdeiros, presume-se como um adiantamento de herança. Tal doação se computará dentro da legítima do herdeiro correspondente, compensando-se com os demais do mesmo grau. 2 – Quando o termo de doação de ascendente para descendente não dispensa expressamente a colação, importa em adiantamento do que lhe cabe por herança (integrando a doação a relação de bens a serem partilhados), consoante a dicção do art. 544 do Código Civil, e, por isso, deve ser submetida à conferência de valores, a fim de igualar as legítimas de todos os herdeiros. 3 – Existindo no bojo dos autos laudo de avaliação judicial do imóvel objeto da doação e, tendo havido manifestação, acerca do seu teor, das partes e interessado (inclusive por parte do recorrente), não há que se falar em necessidade de nova avaliação, mormente quando a matéria foi devidamente enfrentada pelo juízo de 1º grau e encontra-se alcançada pelo instituto da preclusão. 4 – Apelo conhecido e desprovido" (*TJGO* – AC 200792774590, 12-8-2016, Rel. Eudelcio Machado Fagundes).

não é sempre palpável ou ostensiva. Destarte, a referência feita pelo legislador anterior no art. 1.165, tocante à aceitação por parte do donatário, nem mesmo era necessária, dadas as particularidades do instituto; ainda porque fixado seu caráter contratual, a bilateralidade lhe é ínsita, ainda que, aparentemente, possa não ser perceptível outra vontade, qual seja, a do donatário.

A alienação gratuita de direitos imateriais, embora tendo em seu cerne os mesmos princípios de liberalidade da doação, classifica-se como *cessão de direitos*, como vimos ao estudar a teoria geral das obrigações. Assim como para a cessão onerosa recorre-se aos princípios da compra e venda, para a cessão gratuita chamam-se à baila os fundamentos da doação. Várias outras modalidades de liberalidade são encontráveis no ordenamento, as quais, contudo, não configuram doação.

Estabelecida a contratualidade em nosso Código, algo que não ficava muito claro no passado, assim acolhe a doutrina atual. Da definição deflui que se trata de negócio gratuito, unilateral e formal.

É contrato peculiarmente *gratuito*, pois traz benefício ou vantagem apenas para uma das partes, o donatário. Caracteriza-se pelo *animus donandi*, intenção de doar, a ser analisado no caso concreto. Ainda quando presente uma contrapartida por parte do favorecido, como na doação remuneratória ou modal, tal não deve ser de molde a constituir-se contraprestação. É contrato *unilateral*, porque cria obrigações unicamente para o doador. Quando imposto encargo à doação, não se desvirtua a unilateralidade. Se, porém, esse encargo constituir-se contraprestação, ainda que as partes o denominem impropriamente, o contrato não será de doação (Pereira, 1994:169).

No contrato de doação, destacam-se claramente dois elementos constitutivos: objetivo e subjetivo. Elemento subjetivo é a manifestação de vontade de efetuar liberalidade, o *animus donandi*. Elemento objetivo é a diminuição de patrimônio do doador que se agrega ao ânimo de doar.

O contrato deve ser considerado no mais das vezes *formal*, por força do art. 541, que lhe prescreve escritura pública ou instrumento particular, dependendo do valor.[2] O parágrafo

---

[2] "Apelação cível. Ação de cobrança fundada em contrato de mútuo verbal. Sentença de improcedência. Alegação na defesa de que o numerário foi transferido ao réu a título de doação. A doação é negócio jurídico que não pode ser presumido e deve ser feito por escritura pública ou instrumento particular, sendo admitida sua celebração verbal apenas quando versar sobre bens móveis e de pequeno valor, conforme estabelecem o art. 541 e seu parágrafo único, CC. Diante das circunstâncias pessoais da autora, a transferência de numerário no valor equivalente R$ 15.000,00 não configura 'pequeno valor' para fins do parágrafo único do art. 541 do CC. E ainda que o fosse, possibilitando a doação verbal, permanece a premissa de que a doação não se presume e deveria ter sido provada pelo réu, que a alegou. De rigor, assim, se acolher a versão da autora de que houve mútuo, considerando que a transferência de numerário foi realizada, presumidamente para devolução oportuna. O empréstimo foi tomado para aquisição de imóvel em benefício da entidade familiar, o casal. Ambos os cônjuges, beneficiários desse mútuo, respondem pela dívida solidariamente em razão dos arts. 1.643, II e 1.644, do CC. Precedentes. Apelação provida para julgar procedente o pedido" (*TJSP* – Ap 1012062-80.2021.8.26.0079, 8-6-2025, Rel. Morais Pucci).

"Apelação. Obrigação de fazer. Extensão da rede elétrica. Revelia. Ação julgada improcedente. Insurgência do autor. Ausência de comprovação de que o autor seja proprietário do imóvel a ser beneficiado com a extensão da rede elétrica. Alegação de que recebeu o imóvel por doação verbal. Descabimento. **Doação** de imóvel que deve ser realizada por escritura pública ou instrumento particular, não podendo ser feita de forma verbal. Art. 541 do Código Civil. Proprietária do imóvel que já ajuizou ação em face da requerida. Apelante que é parte ilegítima. Sentença reformada. Ilegitimidade ativa declarada de ofício. Processo extinto sem resolução de mérito. Recurso prejudicado". (*TJSP* – Ap 1008652-51.2021.8.26.0099, 19-5-2023, Rel. Rodolfo Cesar Milano).

"Reintegração de posse de imóvel c.c. indenização por danos materiais – Comodato verbal – Imóvel cedido ao filho do autor e ré (ex-nora) para que residissem durante a união, continuando a ré ocupando o imóvel mesmo após término do relacionamento e saída do ex-convivente do imóvel, negando-se a restituí-lo ao autor embora notificada – Sentença de procedência em parte reintegrando o autor na posse do imóvel, rejeitando os danos materiais (fixação de aluguéis) – Recurso da ré versando exclusivamente sobre cerceamento de defesa, alegando

único do dispositivo permite a doação verbal sobre bens móveis e de pequeno valor, se lhe seguir *incontinenti* a tradição, o que, sendo exceção à regra geral, de aplicação restrita, não a transforma em consensual.

22.1.1 *Animus Donandi*

Muitos atos de liberalidade não constituem doação, por lhes faltar a precípua intenção de doar, o *animus donandi*. Nas situações nas quais se entrega ou se recebe algo gratuitamente, mas sem a finalidade de transferir o domínio, por exemplo, no comodato, depósito, mandato gratuito, a relação jurídica será outra. Assim também nos serviços gratuitos, quando não se costuma pedir um preço. Vejam que nessas classes de atos está presente a liberalidade, sem que possam ser conceituados como doação.

A doação exige gratuidade na obrigação de transferir um bem, sem recompensa patrimonial. Essa ausência de patrimonialidade não coincide com a noção de desinteresse. A motivação do ato jurídico de doação é irrelevante para o direito. Sempre haverá um interesse remoto no ato de liberalidade cujo exame, na maioria das vezes, é despiciendo ao plano jurídico. Dificilmente haverá doação isenta de interesse social, ético, político, religioso, científico, desportivo, afetivo, amoroso etc.

Como acentua com maior propriedade Guillermo Borda (1989:671), com sua vasta experiência de vida, a doação é forma de satisfazer vaidades, um instrumento para receber honrarias, alcançar prestígio. Nem mesmo a expectativa de receber benefícios indiretos suprime-lhe o caráter de liberalidade. "*O contrário seria valorizar* ***o motivo****, que o nosso direito não leva em consideração, como elemento do contrato, e que não se deve confundir com a causa, ou objeto*" (Alvim, 1972*a*:9). Motivo, portanto, não se confunde com o *animus donandi*. A doação, por conseguinte, não necessita ter como móvel a benemerência ou beneficência. Estas, por sua vez, não se identificam com o conceito de liberalidade. De outro modo, tão só a liberalidade é insuficiente para caracterizar doação, pois, como vimos, outros atos a possuem em seu cerne, não constituem doação.

Como vemos, ao contrário do negócio oneroso, a doação não se perfaz tendo por objetivo uma contraprestação patrimonial. A aposição de encargo não faz o negócio desviar-se da liberalidade. Digno de menção é o julgado do Tribunal de Justiça de São Paulo, que não veda a possibilidade de encargo em doação.[3] Para que ocorra, contudo, a lei exige que haja obrigação

---

imprescindível a produção de prova oral para comprovar que o autor não detém a posse indireta e direta do bem a justificar a proteção possessória, doando verbalmente o imóvel para os netos (filhos da ré) – Descabimento – Provas documentais autorizando o julgamento antecipado da lide, sendo suficiente para exame do mérito – Inutilidade na produção da prova oral requerida – **Doação** se aperfeiçoa mediante a lavratura de escritura pública ou instrumento particular (art. 541 do CC), inadmitindo-se a prova exclusivamente testemunhal para comprovar doação de bem imóvel (art. 541, § único, do CPC) – Cerceamento de defesa não evidenciado – Recurso negado" (*TJSP* – Ap 1018561-47.2020.8.26.0554, 10-8-2022, Rel. Francisco Giaquinto).

"Apelação – Impugnação à justiça gratuita – Ausência de elementos que infirmem a benesse concedida em primeiro grau de jurisdição. **Ação de revogação de doação** – Pretensão impassível de ser acolhida – Nenhuma das testemunhas deu conta de injúria grave a justificar a revogação do *animus donandi* de outrora, havendo de se considerar que pequenos entreveros ocorridos por força do compartilhamento residencial de ambientes próximos decorrem da própria convivência, impassível de gerar os efeitos jurídicos pretendidos. Ausência de qualquer das hipóteses do art. 557 do Código Civil. Sentença mantida. Recurso não provido" (*TJSP* – AC 1006379-87.2017.8.26.0019, 25-9-2019, Relª Rosangela Telles).

3 "Apelação cível – **Ação de anulação de doação de bem imóvel** – Alegação de incapacidades dos doadores – Sentença de improcedência – Inconformismo – Alegações não provadas – Manutenção do *decisum* – Justiça gratuita. Deferida. Tratando-se, em regra, de um ato de solidariedade humana, a doação de traduz na transferência de um bem ou uma vantagem do patrimônio do doador para outra pessoa, que, por outro lado, expressa o seu aceite

de transferir bens, em sentido amplo. Essa amplitude, porém, não é ilimitada. A vantagem do donatário deve ser de cunho patrimonial, devendo ocorrer o aumento de seu patrimônio em detrimento do doador.

Muitas situações, até mesmo sem conteúdo contratual, mas com sentido de liberalidade, não se convertem em doação, ora porque lhes falta o ânimo de doar, ora porque não ocorre a diminuição no patrimônio do doador. Assim sucede quando da inatividade do proprietário; consuma-se o usucapião em favor de outrem. O que sofre a prescrição aquisitiva de outrem pode ter variados motivos para não interrompê-la, inclusive o de liberalidade. A renúncia de direitos pode decorrer de liberalidade, mas não configura doação, salvo expressa ressalva legal ou vontade do doador. A esse respeito, por exemplo, deve ser examinada a renúncia de herança.

(art. 538 do Código Civil). Assim, é possível observar a necessidade da presença dos seguintes elementos estruturantes: (i) a vontade do doador em praticar o ato de liberalidade; (ii) a transferência do bem ou vantagem; (iii) a aceitação do donatário. No ponto, é importante ressaltar que a controvérsia da presente demanda se situa no âmbito da configuração do primeiro elemento supracitado, qual seja a validade do *animus donandi* dos doadores, que, segundo consta na petição inicial, estariam, no momento da liberalidade, com as capacidades afetadas pelas suas idades e possíveis enfermidades. Compulsando os autos, é possível concluir que não merece prosperar o inconformismo da recorrente, eis que não restou comprovado que as capacidades dos doadores estivessem comprometidas a ponto de desconhecer os efeitos do ato que estavam praticando. Recurso não provido" (*TJPE* – Ap 0003028-63.2015.8.17.0660, 12-6-2019, Rel. Itabira de Brito Filho).

"Apelação cível – **Doação** – Imóvel público – Cumprimento do encargo – 1 – Havendo lei autorizadora de doação de imóvel público, quando dispensada a licitação e cumprido o encargo a ela atribuído, a escritura de doação deve ser outorgada. 2 – Com o cumprimento do encargo, aperfeiçoa-se a transferência do imóvel com o registro dela no Cartório de Registro de Imóveis. 3 – Vencida a Fazenda Pública, os honorários são fixados em um juízo de equidade, observados os parâmetros do art. 20, § 3º, alíneas 'a', 'b' e 'c', do CPC/1973" (*TJMG* – AC 1.0498.10.002079-7/001, 6-8-2018, Rel. Oliveira Firmo).

"Agravo de instrumento – Ação declaratória de nulidade de ato administrativo – Tutela de urgência – **Reversão de doação feita pelo município a particular** – Descumprimento pela donatária de obrigações que constam na lei autorizadora. Mora no início das obras. Inadimplência de obrigações tributárias municipais. Reversão precedida de processo administrativo. Assegurado o direito ao contraditório e à ampla defesa. Manutenção da decisão agravada. Recurso não provido" (*TJPR* – AI 1563198-6, 15-3-2017, Rel. Des. Luiz Taro Oyama).

"Apelação – **Ação de reversão de doação por encargo não cumprido** c.c. reintegração de posse c.c. indenização por perdas e danos – Devida reintegração e revogação da doação – Ré não cumpriu todas as obrigações assumidas no ato legislativo que autorizou a doação do imóvel municipal – Existência de escritura pública de doação com encargos com cláusula de retrocessão – Regularidade das Leis Municipais nºs 1.538/75 e 3.956/05 – Descumprimento parcial dos encargos – Não demonstrado o funcionamento das atividades industriais no local nos termos e pelo prazo assinalado – Ademais, os contratos de locação acostados não suprem o dever de cumprir as obrigações assumidas pela donatária – Aceitação da doação com encargos como válida – Perdas e danos não caracterizados – Ação julgada improcedente em primeira instância – Sentença parcialmente reformada. Recurso parcialmente provido" (*TJSP* – Ap 0008531-16.2007.8.26.0201, 18-7-2016, Rel. Venicio Salles).

"**Reversão de doação por encargo não cumprido** – Possibilidade – Bem público – Imóvel doado visando a expansão industrial do Município, bem como a geração de novos empregos – Encargo descumprido – Interesse público contrariado – Sentença confirmada – Recurso de apelação desprovido" (*TJSP* – Ap 0001395-72.2011.8.26.0218, 8-7-2015, Rel. J. M. Ribeiro de Paula).

"**Ação de anulação de doação com encargo, por descumprimento da obrigação e ingratidão.** Em primeiro grau, decisão de improcedência. Preliminar. Cerceamento de defesa. Não caracterização. As provas necessárias ao julgamento do feito são de natureza exclusivamente documental, e já decorrido o prazo para sua produção. Documentos juntados pelas partes em razões e contrarrazões de apelação, por não se tratar de documentos novos, não podem ser conhecidos, a teor da disposição contida nos artigos 396 e 397, do Código de Processo Civil. Revelia. Inocorrência. Inteligência do artigo 320, inciso I, do CPC. Mérito. O imóvel objeto do processo foi transferido pelo proprietário anterior ao réu, por escritura pública de venda e compra e registro imobiliário subsequente. Nesse documento, não há qualquer referência à alegada doação. Aplicação da regra do artigo 1.168, do Código Civil de 1916. Ausência de provas idôneas acerca da alegada doação, bem como dos alegados encargos que teriam gravado a doação. Sentença mantida. Motivação da sentença adotada como fundamentação do julgamento em segundo grau. Inteligência do art. 252 do RITJ. Preliminar rejeitada. Recurso não provido" (*TJSP* – Ap 0272311-93.2009.8.26.0000, 23-9-2013, Rel. Edson Luiz de Queiroz).

Ordinariamente, a doutrina afasta o *animus donandi* nas oferendas e presentes que são feitos por ocasião de bodas, aniversários ou datas festivas. Não porque sejam de pequeno valor, pois podem não sê-lo, mas porque são juridicamente irrelevantes, sendo atos de cortesia e mera convivência social cuja intenção não se insere na definição de negócio jurídico do art. 185, salvo se as partes expressamente se manifestarem no sentido da doação.

Nesse diapasão, a opinião de Agostinho Alvim (1972*a*: 18). Assim também se colocam as gorjetas, gratificações e esmolas. No entanto, tal não deve ser entendido como regra inflexível, pois situações desse jaez ocorrerão com frequência, nas quais o ânimo de doar poderá fazer-se presente.

No entanto, é possível divisar na doação um negócio misto, isto é, considerá-lo apenas em parte gratuito. Trata-se de *negotium mixtum cum donatione*. Na venda e compra, por exemplo, o comprador sabe que a coisa vale 1.000, mas paga 1.500. Sua intenção estará, sem dúvida, inspirada em liberalidade no sobrepreço que paga voluntária e conscientemente. A questão é saber em que nível o negócio deixa de ser oneroso para converter-se em doação. A solução é examinar a preponderância do negócio, se onerosa ou gratuita. Da conclusão decorrerá a exegese do contrato. Entendemos que no negócio misto, não ocorrendo negócio simulado sob a forma de negócio oneroso, haverá doação na parte referente ao sobrepreço. No tocante à parte onerosa, aplicam-se os princípios próprios da compra e venda.

O sujeito pode valer-se do conteúdo volitivo de liberalidade, para praticar a chamada *doação indireta*. Esse fenômeno conceitua-se por exclusão. Consideram-se doações indiretas todos os atos de liberalidade que não podem ser qualificados como doação direta, nos quais se observa o empobrecimento de um sujeito e o correspondente enriquecimento de outro. Na doação indireta, o doador pratica liberalidade recorrendo a um diverso meio jurídico, para obter o reflexo da gratuidade (Trabuchi, 1992:849). Exemplos típicos são a remissão de dívida, o pagamento de débito alheio, o contrato em favor de terceiro, entre outros. Como percebemos, não existe conceito unitário de doação indireta, pois em sua compreensão inserem-se várias formas de transmissão de direitos a título de liberalidade. A fixação de sua natureza jurídica apresenta importância para o exame da validade e eficácia do ato, bem como para sua hermenêutica. Não se confunde a doação indireta com a *doação simulada*. Nesta, o negócio jurídico é oneroso, mascarado por uma doação.

22.2 ACEITAÇÃO. CAPACIDADE E LEGITIMAÇÃO

A aceitação, no contrato de doação, pode tomar feição peculiar. A capacidade de figurar no pacto como donatário é ampla. Embora indispensável para perfazer o conteúdo contratual, a aceitação pode ser expressa ou tácita, admitindo a lei que também seja *presumida*. Essa possibilidade de presunção de manifestação de vontade do donatário reforça a tese daqueles que lhe negam o caráter contratual. No entanto, embora presumida, a aceitação sempre se fará presente. A esse respeito o art. 1.170 do Código Civil dispunha que *"às pessoas que não puderem contratar é facultado, não obstante, aceitar doações puras"*. O presente Código, de forma mais técnica, dispõe no art. 543: "*Se o donatário for absolutamente incapaz, dispensa-se a aceitação, desde que se trate de doação pura.*"[4] Tratando-se de doação pura, que só benefício

[4] "Apelação. Recurso. Alvará Judicial. Doação de bem móvel a donatário menor impúbere. Juntada de documento novo em apelação. Inadmissível, por não se tratar de documento novo e que poderia ser juntado antes da sentença. **Na doação pura é dispensável a aceitação se o donatário for absolutamente incapaz** (art. 543, CC). Trata-se de consentimento ficto, razão pela qual não se justifica o condicionamento da validade da doação à obtenção

trará ao incapaz, a lei dispensa qualquer formalidade na aceitação. O silêncio qualificado, nessa hipótese, implica aceitação do benefício. Essa solução decorre do senso comum. Somente não será válida se ocasionar gravame ao incapaz, como na hipótese de encargo, dependente de exame do caso concreto.

Na mesma linha de raciocínio, a lei permite que os pais ou representante legal aceitem doação feita ao nascituro (art. 542). Nessa hipótese, a lei não restringe a liberalidade às doações puras, admitindo que o representante legal possa julgar de sua conveniência ou não para o nascituro. O nascimento com vida do beneficiário é condição suspensiva dessa doação.

Também haverá aceitação presumida quando o outorgante, em doação não sujeita a encargo, fixa prazo ao donatário, para declarar se a aceita ou não (art. 539).[5] Seu silêncio presume a aceitação. Trata-se, nessa hipótese, de silêncio qualificado com consequências jurídicas. Situação peculiar na qual o silêncio possui conteúdo de manifestação de vontade, opera efeitos jurídicos. No entanto, esse silêncio somente terá relevância jurídica, se o outorgado tem conhecimento do prazo fixado pelo doador. Essa modalidade de aceitação somente deve ser admitida nas doações puras: se houve encargo, não se pode presumir que o outorgado o tenha admitido. Contudo, uma vez fixado prazo para a aceitação, enquanto este não decorrer, está livre o doador para revogá-la, desde que o faça de forma idônea (Monteiro, 1980, v. 5:120).

Haverá da mesma forma aceitação tácita na doação em contemplação de casamento futuro de certa pessoa, quando esse matrimônio se realizar (art. 546). Nessa hipótese, o negócio não pode ser impugnado por falta de aceitação.

---

de alvará por parte do incapaz. Questão já debatida pelo CSM. Decisão mantida. Recurso improvido" (*TJSP* – Ap 1004392-34.2019.8.26.0637, 3-6-2020, Rel. Beretta da Silveira).

"Apelação – **Anulação de doação** – Necessidade de ingresso no feito do doador varão, pois ainda vivo, e eventuais outros herdeiros do filho comum dos doadores, já falecido – Sentença anulada com determinação de retorno à origem para regular processamento" (*TJSP* – AC 1004727-55.2017.8.26.0562, 2-7-2019, Rel. Luis Mario Galbetti).

"Apelação Cível – Ação Ordinária – Obrigação de fazer – Cessão dos direitos de proprietário – **Doação compulsória de imóvel** – Inadmissibilidade – 1 – A doação de bens imóveis far-se-á por escritura pública ou instrumento particular, inexistindo a figura da doação compulsória em sede de ação cominatória. 2 – A ausência de contrato e aceitação dos donatários impossibilita a formalização da doação, sendo incabível, portanto, a pretensão do autor de compelir os réus a assinarem 'escritura para a transmissão da propriedade dos lotes para seus nomes'" (*TJMG* – AC 1.0148.09.064195-9/001, 13-4-2018, Rel. José Flávio de Almeida).

"Agravo de instrumento – **Ação de nulidade/anulação de negócio jurídico** – Encontram-se presentes os requisitos autorizadores da concessão da tutela antecipada, em especial ante o perigo de dano irreparável ou de difícil reparação, já que há a possibilidade do imóvel objeto do instrumento de doação ser transferido a terceiros de boa-fé, fato que é potencialmente danoso. A averbação deverá se restringir à notícia da existência da demanda de origem. Decisão reformada. Dado provimento ao agravo de instrumento" (*TJSP* – AI 2075427-13.2016.8.26.0000, 28-7-2016, Rel. Fábio Podestá).

5 "Agravo de instrumento – Ação de separação consensual – Alteração de doação – Insurgência do doador contra a r. decisão que rejeitou o pedido de homologação de aditamento da partilha de bens. Impossibilidade. Promessa de doação de parcela ideal de terreno às filhas. Modificação da metragem a ser doada em porcentagem do imóvel por exigência registral. Discordância da ex-esposa e também doadora. Ausência do consentimento das donatárias maiores de idade. Elemento essencial ao aperfeiçoamento do contrato. **Inteligência do artigo 539 do Código Civil**. Precedentes – Recurso desprovido". (*TJSP* – AI 2139240-67.2023.8.26.0000, 19-7-2023, Rel. Gilberto Cruz).

"**Doação – Ação de anulação de ato jurídico** – Intenção de anular doação de bem imóvel para descendentes, com reserva de usufruto vitalício, realizada, em tese, em fraude contra herdeiros – Impossibilidade – Doação válida – Inexistência de outros herdeiros necessários à época da doação, que autoriza os doadores a fazer, em vida, livre destinação do seu patrimônio – Sentença mantida por seus próprios fundamentos, nos termos do art. 252 do Regimento Interno deste Tribunal – Recurso desprovido" (*TJSP* – AC 1005919-54.2017.8.26.0196, 3-5-2019, Rel. Rui Cascaldi).

"Apelação Cível – **Ação anulatória de escritura de doação** – Incapacidade do doador não comprovada – Improcedência do pedido – manutenção da sentença. A comprovação nos autos de que o doador, ao doar imóvel de sua propriedade, tinha capacidade para o ato de liberalidade, implica improcedência do pedido de anulação de escritura de doação" (*TJMG* – AC 1.0112.09.086398-9/001, 21-2-2018, Rel. Edgard Penna Amorim).

A aceitação será *expressa*, quando manifestada externamente de forma verbal, escrita ou mesmo gestual. Será *tácita*, quando resultar de comportamento do donatário no qual se admita a concordância no recebimento da coisa doada. Aquele que, recebendo a coisa, dela passa a utilizar-se, tacitamente aceitou a liberalidade.

A lei, no entanto, restringe a legitimação, para figurar como doador os tutores e curadores na doação relativa a bens dos tutelados ou curatelados, enquanto persistir a tutela ou curatela ou delas pender contas a prestar ou liquidar (art. 1.749). A razão é intuitivamente de ordem moral.

Quanto à capacidade do doador, esta será, como regra, a dos atos da vida civil em geral. No entanto, os menores de 16 anos não podem doar, sob pena de nulidade absoluta, pois seus representantes legais não podem dispor gratuitamente do patrimônio, porque *"as liberalidades nunca se consideram como feitas no interesse do representado"* (Alvim, 1972*a*:24). Ademais, para esses incapazes não há como se reconhecer o *animus donandi*. Os menores de 16 a 18 anos (16 a 21 anos no estatuto de 1916) podem fazê-lo, desde que regularmente assistidos por seus representantes legais, uma vez que também possuem capacidade ativa para testar (art. 1.860), embora esta não seja opinião doutrinária unânime. Assim também o pródigo, desde que obtida autorização judicial.

Há situações legais, contudo, que tolhem a legitimação para doar. É o que sucede com o marido, bem como com a mulher, que estão proibidos de fazer doações individualmente com os bens e rendimentos comuns, exceto os remuneratórios e de pequeno valor, ou as doações ou dotes efetuados às filhas e doações feitas aos filhos para seu respectivo casamento, ou quando estabelecem economia autônoma (art. 1.647). O suprimento judicial nesta e em outras situações de doação não pode ser dado, porque o *animus donandi*, por natureza, é insuprível. Ninguém pode ser forçado a fazer liberalidade, pois a contradição é lógica, decorre de seus próprios termos.

Doação por mandato é possível, desde que o instrumento determine claramente o bem a ser doado. A pessoa do donatário, em princípio, parece não ser essencial nesse mandato, se presente a intenção de doar. De outro lado, restrição alguma existe para que a pessoa jurídica figure como doador ou donatário.

22.3 OBJETO. DOAÇÃO UNIVERSAL. DOAÇÕES INOFICIOSAS

O conteúdo do contrato de doação consiste, como vimos, na obrigação de transferir gratuitamente um bem do doador ao donatário. A regra geral é a de que todos os bens no comércio podem ser seu objeto, tanto móveis como imóveis.

Nosso Código não se manifestou expressamente acerca da doação de bens futuros, expressamente proibida pelo Código argentino e italiano.

Na ausência de norma expressa, há que se entender que nosso ordenamento veda a doação de bens para após a morte, o que somente pode ser alcançado por testamento, bem como bens que tenham por objeto sucessão ainda não aberta (Lopes, 1991:357). De qualquer modo, o instituto da doação não se harmoniza com a doação de coisa futura, porque esse contrato implica necessariamente destaque de algum bem já integrante do patrimônio do doador. Da mesma forma, por lhe faltar objeto, é nula a doação de bens alheios, salvo se vierem a integrar oportunamente o patrimônio do doador.

O ordenamento proíbe a assim denominada *doação universal*, isto é, de todos os bens do doador: *"É nula a doação de todos os bens, sem reserva de parte, ou renda suficiente para subsistência do doador*" (art. 548).[6] O sentido do ordenamento é impedir que o doador seja levado à penúria, em detrimento de sua família e do próprio Estado. Tratando-se de nulidade absoluta, pode ser alegada por todos que tiverem interesse, inclusive o credor. No entanto, essa nulidade não se confunde com a fraude contra credores, com requisitos próprios e pertencente ao campo da anulabilidade. A doação universal exige que se comprove que o doador deixou de reservar renda ou bens suficientes para sua subsistência.

---

[6] "Apelação cível. Ação de anulação de doação de bem imóvel. Vício de consentimento. Doador com sequelas de AVC. Doação realizada poucos dias após falecimento da esposa. Fragilidade emocional e cognitiva. Ausência de reserva de bens para subsistência. Nulidade reconhecida. Sentença mantida. Ação de anulação de doação de bem imóvel ajuizada por autor com sequelas de AVC, posteriormente representado por seu espólio. Alegação de que a doação foi realizada em momento de fragilidade física e emocional, sem reserva de bens para subsistência, em favor de cunhada que teria se aproveitado da situação. Sentença que reconheceu a nulidade da escritura pública de doação. Apelação da ré alegando cerceamento de defesa, ilegitimidade ativa do espólio, ausência de incapacidade do doador e validade do ato notarial. Preliminares afastadas. Prova suficiente nos autos a indicar a incapacidade do doador para compreender os efeitos do ato jurídico. Aplicação do art. 548 do Código Civil. Escritura pública que, embora dotada de fé pública, admite prova em contrário. Sentença mantida. Honorários majorados. Negado provimento ao recurso" (*TJSP* – Ap 1011166-25.2018.8.26.0020, 5-8-2025, Rel. Viviani Nicolau).

"Apelação cível. Ação anulatória. Doação de bem imóvel pelos ex-cônjuges para seus filhos, concomitantemente ao divórcio, com usufruto vitalício instituído em favor do genitor. Sentença de procedência. Insurgência da genitora. Elementos dos autos que comprovam ser o imóvel em questão o único patrimônio adquirido pelo casal, ao longo do matrimônio, não havendo comprovação de que a autora possua outros bens ou meios suficientes para o seu sustento. Incidência das disposições do **artigo 548 do Código Civil**, segundo o qual 'é nula a doação de todos os bens sem reserva de parte, ou renda suficiente para a subsistência do doador'. Nulidade da doação corretamente declarada. Sentença mantida. Recurso desprovido" (*TJSP* – Ap 1019803-38.2021.8.26.0576, 20-8-2024, Rel. Márcio Boscaro).

"Ação declaratória destinada à anulação de doações realizadas à entidade religiosa, cumulada com o pedido de indenização por danos morais – Procedência em juízo de primeiro grau – Coação moral caracterizada, arts. 151 e 152 do Código Civil – Contexto de vulnerabilidade acentuada vivenciado pela autora quando buscou amparo religioso e espiritual na Igreja Universal do Reino de Deus – Discursos religiosos permeados de pressão psicológica – Doações periódicas derivadas de atos volitivos contaminados por fundado temor de dano – Existência de prova do comprometimento da subsistência – Realização de empréstimos – Hipótese de nulidade prevista no art. 548 do Código Civil – Ausência de ofensa ao direito constitucional de crença – Dever do judiciário de promover a tutela contra eventuais abusos – Restituição das partes ao estado primitivo – Legitimidade da devolução integral do numerário comprovadamente doado – Decadência não configurada – Fluência do prazo que somente se dá no momento em que ultimada a coação – Prejuízos extrapatrimoniais caracterizados – Circunstância geradora de reflexos na psique e dignidade da pessoa humana – Sentença mantida – Inclusão de honorários recursais – Recurso não provido" (*TJSP* – Ap 1001562-92.2021.8.26.0001, 13-9-2022, Rel. César Peixoto).

"**Doação universal.** Ação declaratória de nulidade. Doação da totalidade do patrimônio do filho doador em favor de sua mãe, ora ré, composto de dois conjuntos comerciais. Doação instrumentalizada por duas escrituras de compra e venda lavradas no mesmo dia e tabelionato. Participação ínfima em sociedade com a genitora donatária, sem prova alguma de retirada ou distribuição de lucros, que não desfigura a doação universal. Doador que à época da doação mantinha emprego com rendimento de cerca de 1,5 salários mínimos e hoje se encontra desempregado e em situação de miserabilidade. Nulidade que alcança a totalidade da doação, e não apenas parte dela, por força do que dispõe o artigo 548 do Código Civil. Inocorrência de violação a direito da personalidade em razão de negócio voluntário de liberalidade. Recurso do autor provido em parte. Recurso da ré desprovido" (*TJSP* – Ap 1015990-44.2019.8.26.0100, 9-2-2021, Rel. Francisco Loureiro).

"Apelação – Anulação de negócio jurídico – Alegação de **doação universal** – Autora, senhora idosa, que teria se desfeito dos quinhões relativos a seus dois bens imóveis em prol dos donatários, sem reserva sequer de usufruto vitalício. Julgamento antecipado da lide que culminou em cerceamento defesa. Prosseguimento da instrução para verificação da prova de reserva de parte, ou renda suficiente para sua subsistência à época da doação. Nulidade da sentença. Recurso provido para este fim" (*TJSP* – AC 1007415-37.2017.8.26.0320, 1-3-2019, Rel. Pedro de Alcântara da Silva Leme Filho).

"Apelação Cível – **Ação declaratória de nulidade da doação em vida** – Patrimônio do doador – É nula a doação em que de todos os bens são doados sem reserva de parte, ou doados todos eles sem demonstração de que o doador possui renda suficiente para a sua subsistência. Apelação desprovida" (*TJRS* – AC 70076830413, 28-3-2018, Rel. Des. Carlos Cini Marchionatti).

Bastante utilizada na prática, em razão das vantagens que apresenta, é a *doação com reserva de usufruto*. Transfere-se a nua-propriedade ao donatário. O usufruto deve ficar reservado ao doador ou a pessoa determinada.

O art. 549 comina com nulidade a doação cuja parte exceder a que o doador, no momento da liberalidade, poderia dispor por testamento. Trata-se da chamada *doação inoficiosa*. O dispositivo visa proteger os herdeiros necessários, descendentes ou ascendentes. Assim como a liberdade de testar é restrita, quando houver herdeiros necessários, idêntico princípio se aplica às doações. Essa proteção seria contornada, se o testador pudesse doar o que não pode testar. Não tendo ascendentes ou descendentes, é livre o poder de disposição do doador e do testador. Questão importante é calcular a metade disponível, ou seja, o montante que pode ser doado em cada oportunidade. A avaliação do patrimônio é feita no momento da liberalidade, e não quando da abertura da sucessão.[7] Se fosse aguardado esse momento, além

---

[7] "Anulação de negócios jurídicos – **Venda de ascendente a descendente**, por interposta pessoa – Alienação sem o consentimento de um dos filhos – Vício reconhecido – Determinado o ressarcimento do valor dos bens em espécie, porque já em poder de terceiro de boa-fé – Valor que será apurado em liquidação de sentença – Pretensão de indenização dobrada – Descabimento – Indenização pelo valor singelo do bem, devidamente atualizado para os dias de hoje – Inteligência do artigo 182 do Código Civil – Sentença mantida – Recurso desprovido" (*TJSP* – AC 0002035-38.2010.8.26.0080, 2-5-2019, Rel. Moreira Viegas).

"Ação anulatória de negócio jurídico – **Venda de imóvel por ascendente a descendente** – Alegação de que não foi obtido o consentimento do outro descendente, e de que houve simulação, uma vez que o negócio celebrado não foi venda, mas doação – Ausência de impugnação do réu a respeito da simulação – Hipótese, no entanto, em que, reconhecida a nulidade do negócio simulado, subsiste o dissimulado – Inteligência do art. 167, 'caput', do CC – Doação que não pode ser considerada nula, por inoficiosidade, já que, feita por ascendente a descendente, importa adiantamento de legítima – Recurso parcialmente provido" (*TJSP* – Ap 0226196-34.2011.8.26.0100, 22-5-2018, Rel. Marcus Vinicius Rios Gonçalves).

"Apelação – Aquisição de bens em nome das filhas – Cessões de quotas sociais para as filhas – **Doações indiretas de ascendente para descendentes** – Ação de nulidade e ineficácia dos negócios jurídicos – Pleito ajuizado por pai doador e duas filhas, em face de outras duas filhas donatárias. Pedido com amparo nos artigos 548, 549 e 496, *caput*, do Código Civil, além de alegação no sentido de que os negócios jurídicos foram simulados. Sentença de parcial procedência, com reconhecimento de inoficiosidade de doações e determinação de devolução de valor em pecúnia pelas corrés ao coautor doador. Inconformismo dos autores e das rés. 1 – Agravo retido de fls. 584/590 interposto pelos coautores. Ausência de reiteração. Recurso não conhecido. 2 – Nulidade da doação de todos os bens sem reserva de parte, ou renda suficiente para a subsistência do doador (art. 548, CC). Não configuração. Doador que é delegado de polícia aposentado e percebe o respectivo benefício previdenciário, além de ter outros rendimentos. Orientação do Colendo Superior Tribunal de Justiça no sentido de que é possível, até mesmo, a doação da totalidade do patrimônio do doador, desde que remanesça uma fonte de renda que lhe garanta a subsistência. 3 – Doações inoficiosas indiretas (art. 549, CC). Ilegitimidade ativa 'ad causam' do doador. Legitimidade apenas da herdeira necessária. Extinção do processo, nesse aspecto, em relação ao autor, sem apreciação do mérito. Viabilidade, outrossim, de pedido de redução de doação inoficiosa pela herdeira, quando vivo o doador. Jurisprudência do STJ neste sentido. Possibilidade de doação de ascendentes a descendentes, nos termos do artigo 544 do Diploma Civil. No caso de os donatários serem descendentes, configurar-se-á excesso se a doação ultrapassar a soma dos quinhões hereditários dos donatários e da parte disponível do patrimônio do doador (art. 2.007, CC). Perícia que, embora tenha indicado os valores das doações conforme as provas dos autos (e não impugnados pelos autores), não efetuou o cálculo do excesso conforme o ordenamento jurídico vigente. Cálculos aritméticos, porém, que permitem a conclusão de que não houve inoficiosidade das doações. Antecipação da legítima. Quinhão hereditário da única herdeira preterida pelas doações que está garantido. Herdeira Fernanda, não beneficiada, que foi excluída de forma definitiva do polo ativo da presente demanda. 4 – Pedido de anulação com fundamento no fato de as doações terem sido perpetradas por ascendente em favor de descendentes, sem o consentimento de outros descendentes. Artigo 496, *caput*, do CC que é aplicável à compra e venda e, não, à doação. Inteligência do artigo 544 do Diploma Civil, o qual permite a doação de ascendentes a descendentes, sem restringir a liberalidade ao necessário consentimento dos descendentes não agraciados. 5 – Simulação. Ausência de suficiente demonstração. Vontade do doador que foi, efetivamente, a de praticar as liberalidades em favor das filhas donatárias. Administração dos bens doados pelo doador que não desvirtua os negócios jurídicos. Inexistência, outrossim, de notícia de finalidade escusa dos negócios jurídicos, o que, nesse caso, inviabilizaria até mesmo o pedido de nulidade da simulação pelo próprio simulador. 6 – Reforma da sentença. Parcial extinção da ação, sem resolução de mérito, em relação ao autor Carlos de Lena. Improcedência da ação, no que diz respeito aos temas restantes, em relação à ele e à coautora. Condenação dos autores nos ônus da sucumbência. 7 – Agravo retido

de estabelecer insegurança nas relações sociais, o critério poderia trazer injustiças. A regra a ser seguida é, portanto, avaliar o patrimônio do doador, quando do ato. Se o montante doado não atinge a metade do patrimônio, não haverá nulidade.

Outro problema que se coloca é saber quando pode ser proposta a ação de nulidade. Era entendimento jurisprudencial que a prescrição da ação de anulação de venda de ascendente para descendente por interposta pessoa era de quatro anos e corria a partir da data da abertura da sucessão. Diferentemente, a prescrição da ação de nulidade pela venda direta de ascendente a descendente sem o consentimento dos demais era de 20 anos e fluía desde a data do ato de alienação. A prescrição da ação de anulação de doação inoficiosa era de 20 anos, correndo o prazo da data da prática do ato de alienação.[8]

---

não conhecido. Apelação das corrés provido. Negado provimento à apelação dos autores, na parte conhecida" (*TJSP* – Ap 0226729-61.2009.8.26.0100, 10-4-2017, Relª Viviani Nicolau).

"Agravo de instrumento – Ação de improbidade administrativa – Indisponibilidade de bens – Incidente de anulação de doação – **Negócio Jurídico Nulo** – **Simulação** – Decisão agravada mantida – Recurso de agravo desprovido" (*TJSP* – AI 2149551-98.2015.8.26.0000, 5-5-2016, Rel. J. M. Ribeiro de Paula).

"**Antecipação de tutela. Ação anulatória de doação.** Determinada reintegração do autor na posse da parte superior do imóvel. Admissibilidade. Doação celebrada com reserva de usufruto. Presença dos requisitos para a concessão. Decisão mantida. Recurso improvido" (*TJSP* – AI 0076316-06.2013.8.26.0000, 2-7-2013, Rel. Vito Guglielmi).

8 "Doação – Anulação – Ausência de simulação – O negócio jurídico concretizado equivale ao que se pretendeu – Doação inoficiosa – Embora a doação deva respeitar os direitos dos herdeiros necessários, a ação de anulação do contrato está sujeita ao **prazo prescricional**, que é de dez anos – O termo inicial da contagem é a data de registro do ato na matrícula do imóvel – Precedentes do STJ e da 8ª Câmara de Direito Privado – Prescrição reconhecida – Recurso não provido" (*TJSP* – Ap 1001215-29.2023.8.26.0344, 20-6-2024, Rel. Benedito Antonio Okuno).

"**Doação inoficiosa** – Insurgência do autor contra sentença de improcedência do pedido de decretação de nulidade de negócio jurídico. Sentença mantida. Inocorrência de doação inoficiosa na hipótese. Ausência de prejuízo à legítima do autor. 60% do imóvel que teria sido alienado a terceiro e não doado. Aquisição, ademais, de novo imóvel de maior valor pelo genitor corréu, ainda que em condomínio com o atual cônjuge. Inexistência de nulidade na forma do art. 549 do CC. Suposta doação de fração ideal do imóvel à cônjuge, ademais, que deveria ser questionada na forma dos arts. 544 e 2.002 do CC. Recurso não provido" (*TJSP* – AC 1003986-20.2017.8.26.0625, 2-9-2019, Rel. Carlos Alberto de Salles).

"**Doação Inoficiosa** – Redução da doação – Sentença de parcial procedência, invalidando doação no valor correspondente a R$ 4.617,25 (quatro mil, seiscentos, dezessete reais e vinte e cinco centavos), e condenando o réu a restituir tal valor aos autores, com correção monetária desde o desembolso e juros de mora da citação. Irresignação dos autores. Alegação de doação de valores recebidos por doação pelo doador, que não seriam partilhados à esposa, pelo regime de comunhão parcial de bens (art. 1.659, I, CC). Possibilidade de doações entre cônjuges, como adiantamento de herança (art. 544, CC). Nulidade da doação apenas da parte que superar a parte disponível da herança (arts. 649 e 1.846, CC). Doação de R$ 108.000,00 (cento e oito mil reais), além do valor de R$ 103.382,75 (cento e três mil, trezentos, oitenta e dois reais e setenta e cinco centavos), da parte disponível da herança. Redução da doação, para o valor que iguala a parte disponível. Ausência de nulidade da doação, ademais, pelo artigo 641, § único, do Código Civil. Doações de dinheiro, bem móvel, instrumentalizado para a compra de automóvel e imóvel. Registro das compras em momento imediatamente posterior à doação. Sentença mantida. Sucumbência recursal afastada (enunciado administrativo nº 7 do STJ). Recurso desprovido" (*TJSP* – Ap 0007086-22.2012.8.26.0642, 12-3-2018, Rel. Carlos Alberto de Salles).

"Ação anulatória – **Doação Inoficiosa** – Ascendente – Descendente – Ex-Companheira – Meação – Prejuízo – **Prescrição** – Reconhecimento de ofício – Possibilidade – Matéria de ordem pública – Precedentes – Prazo Decenal – Regra de transição – Código Civil 2002 – 1 – Em respeito ao efeito translativo dos recursos ordinários e ao princípio da economia processual, a prescrição constitui matéria de ordem pública passível de ser analisada a qualquer tempo e em qualquer grau de jurisdição. Precedentes do STJ e do TJDFT. 2 – Não havendo previsão específica, é decenal o prazo prescricional para a propositura de ação que busque invalidar doação inoficiosa, conforme dispõe o art. 205 do Código Civil. Esse prazo, associado à incidência da regra de transição contida no art. 2.028 do CC/2002, indicam estar prescrita a pretensão da autora. 3 – O reconhecimento da prescrição extingue o processo com resolução de mérito, nos termos do art. 487 do CPC/15. 4 – Prejudicial acolhida de ofício. Recurso prejudicado" (*TJDFT* – Proc. 20140910045462APC – (988319), 24-1-2017, Rel. Diaulas Costa Ribeiro).

"**Anulação de negócio jurídico** – Venda de bem imóvel a ex-marido e filhas, visando evitar futuro inventário – Rés que confessam não terem pago o preço declarado – Simulação relativa – Subsiste negócio jurídico oculto – Válido em sua substância e forma, consistente em doação de imóvel – Anuência de todos os herdeiros – Validade

A doutrina e jurisprudência mais recentes propenderam pela possibilidade de ajuizamento da ação desde logo, desde o ato, o que atendia melhor à dicção legal, que mandava apurar naquele momento o valor da doação, além de não submeter o negócio a desnecessária incerteza por longo período. Desse modo, o prazo prescritivo principia no momento da doação (Rodrigues, 1983:216). O Projeto de Lei nº 22.960 procurara aclarar qualquer dúvida e sugeriu o acréscimo de parágrafo único ao art. 549: "*A ação de nulidade pode ser intentada mesmo em vida do doador.*" A nulidade não inquina todo o ato, mas somente a parte que exceder o disponível, por expressa disposição do art. 549 (antigo, art. 1.176). Esse deve ser o sentido da ação judicial.

22.3.1 Doações em Prejuízo dos Credores do Doador

De acordo com o art. 158, estudado no livro *Direito civil: parte geral*, a lei presume fraudulentos os atos gratuitos de transmissão de bens, quando o devedor os pratica já insolvente, ou por eles levado à insolvência. Presumida a fraude, possibilita-se a ação pauliana aos credores, apenas comprovando o evento do dano (ver nossa obra *Direito civil: parte geral*, Capítulo 26). O devedor não pode dispor gratuitamente de seu patrimônio, garantia geral dos credores, se seu passivo suplantar o ativo.

22.3.2 Cláusulas Restritivas de Incomunicabilidade, Inalienabilidade e Impenhorabilidade nas Doações

Essa questão se acentua, na prática, nas doações dos ascendentes aos descendentes, embora existam outros herdeiros necessários, aqueles que não podem ser alijados totalmente da herança.

Essa modalidade de doação importa, geralmente, adiantamento de legítima, isto é, doação além do que seria permitido ao doador testar no momento do negócio. Garante-se, como regra

---

da transmissão gratuita do bem – Parcial procedência – Apelação parcialmente provida" (*TJSP* – Ap 1006300-27.2014.8.26.0565, 23-2-2016, Rel. Moreira Viegas).

"**Direito civil** – Recurso especial – anulação de doação de bens do cônjuge adúltero ao cúmplice – prazo decadencial de 2 (dois) anos – a legitimidade do herdeiro necessário para vindicar a anulação exsurge apenas no caso do falecimento do cônjuge lesado – em todo caso, há legitimidade autônoma do herdeiro necessário do cônjuge que procede à doação de bens para vindicar a anulação quanto à parte que exceder a de que o doador, no momento da liberalidade, poderia dispor em testamento (doação inoficiosa) – transmissão de imóvel com utilização de procuração, em que pese a prévia revogação do mandato – nulidade de pleno direito, que não se submete a prazo decadencial para o seu reconhecimento – 1 – O art. 550 do CC/2012 estabelece que a doação do cônjuge adúltero ao seu cúmplice pode ser anulada pelo outro cônjuge, ou por seus herdeiros necessários, até 2 (dois) anos depois de dissolvida a sociedade conjugal. Com efeito, a lei prevê prazo decadencial para exercício do direito potestativo para anulação da doação, a contar do término do casamento, isto é, pela morte de um dos cônjuges ou pelo divórcio. 2 – Ademais, no tocante ao pleito de anulação da doação do cônjuge adúltero, por dizer respeito à meação da lesada (genitora do autor), coautora da ação, fica patente que o filho não tem legitimação para este pedido específico – O que só poderia cogitar se tivesse havido o prévio falecimento de sua mãe –, hipótese em que, a teor do art. 1.177 do CC/1916 [ao], estaria legitimado como herdeiro necessário. 3 – No entanto, o caso é peculiar, pois é vindicada pelos autores anulação de doação praticada pelo cônjuge alegadamente infiel, já falecido por ocasião do ajuizamento da ação, sendo certo que consta da causa de pedir e do pedido a anulação de escrituras para que os bens imóveis doados passem a constar do acervo hereditário, em proveito do inventário. Com efeito, em vista do disposto no art. 1.176 do CC/1916 [ao], que estabelece ser nula a doação quanto à parte que exceder a de que o doador, no momento da liberalidade poderia dispor em testamento, e como o feito foi julgado antecipadamente, sem ter sido instruído, se limitando as instâncias ordinárias a enfrentar a tese acerca da decadência para anulação da doação à apontada cúmplice, é prematuro cogitar em reconhecimento da ilegitimidade ativa do autor. 4 – A transmissão de imóvel efetuada com utilização de procuração, em que pese a prévia revogação do mandato, por não se tratar de vício de consentimento, mas na sua ausência absoluta, não se submete à decadência, constituindo nulidade de pleno direito a atingir todos aqueles que não agiram de boa-fé. 5 – Recurso especial provido" (*STJ* – REsp 1.192.243 – (2010/0077460-9), 23-6-2015, Rel. Min. Luis Felipe Salomão).

do nosso ordenamento, que os descendentes, ascendentes e cônjuge, este último em determinadas situações, tenham direito à metade da herança, que constitui a chamada legítima (art. 1.845). Por força do art. 1.789, o descendente, e os outros aqui nomeados, são herdeiros necessários e a parte reservada de sua herança é denominada legítima (art. 1.846).

Assim, consideram-se duas partes no patrimônio do doador: a porção denominada legítima, atribuída aos herdeiros necessários e a porção denominada disponível, situação que se aplica primordialmente ao testador, mas também ao doador, por força dos arts. 549 e 2.005 do Código Civil.

Desse modo, o doador sempre estará livre para testar ou doar a quem desejar metade do seu patrimônio, mas deverá resguardar a outra metade se tiver herdeiros necessários. Não há qualquer restrição se ele não tiver herdeiros necessários. Essa matéria é por nós desenvolvida no volume VI desta obra. A infringência dessa regra poderá invalidar a disposição no todo ou na parte que invadir a legítima.

Assim, a doação divide-se em duas modalidades, com adiantamento de legítima, ou com os bens saindo da parte disponível do doador. Neste último caso, o donatário não terá que conferir o valor do bem para formar sua herança quando da morte do donatário, mas o doador deve ser expresso no instrumento quanto a essa dispensa de colação. Veja o que falamos acima sobre as doações inoficiosas.

Apresenta-se perante essa problemática, a questão das cláusulas restritivas, quais sejam, a inalienabilidade, impenhorabilidade e incomunicabilidade, permitidas, com restrição, nos testamentos e nas doações, negócios gratuitos por sua essência.

Veja o que expusemos sobre essas cláusulas, principalmente sobre a de inalienabilidade, no Capítulo 29 do volume V desta obra. Note que ali expusemos que nas doações, enquanto o doador viver poderá levantar o vínculo, com a concordância do donatário. No caso de cláusula testamentária, só será possível, como é óbvio, a sub-rogação dos vínculos para outros bens.

Postas estas premissas, há que se interpretar o art. 1.848, *caput*, do vigente Código Civil, à luz das doações:

> *"Salvo se houver justa causa, declarada no testamento, não pode o testador estabelecer cláusula de inalienabilidade, impenhorabilidade, e de incomunicabilidade, sobre os bens da legítima."*

O Código de 2002, atento às críticas que essas restrições sofrem, manteve a possibilidade de sua imposição desde que declarada uma justa causa. Já apontamos na obra de sucessões que a presença da cláusula de incomunicabilidade no texto legal é absolutamente injustificável. Tolera-se a boa vontade do legislador quanto às demais.

A doutrina se posicionou no sentido de que se aplica o art. 1.848 à doação, por força da aplicação sistemática dos arts. 549, 1.789 e 2.005. No entanto, há que se atentar que a justa causa nas doações só se faz necessária quando a doação importar em adiantamento da legítima. Não se justifica o ônus sobre a parte disponível.

Veja o que sustentamos sobre a compreensão e extensão da justa causa no volume indicado (item 8.8). As minúcias do tema pertencem efetivamente ao direito das sucessões.

Para encerrar esta digressão conclui-se que quando há doação que atingem bens da legítima, deve ser declinada a justa causa. Se o doador impõe cláusulas restritivas na parte disponível, com aceitação do donatário no instrumento, estaremos perante a autonomia da vontade contratual. Não se esqueça que há, em princípio, bilateralidade de vontades na doação e cabe ao donatário aceitar ou não as restrições, cabendo-lhe rejeitar o contrato se com elas não concordar.

De qualquer forma, essas conclusões não ficam indenes de dúvidas, pois o legislador não foi expressamente claro a respeito da problemática no tocante às doações. Veja-se, por exemplo, a dificuldade de interpretação quando os donatários são menores ou incapazes, perante a problemática da discussão sobre a prova da justa causa quando esta é colocada em dúvida. Maiores serão, sem dúvida, as dificuldades exegéticas no tocante a essas cláusulas nas doações.

22.4 FORMA

De início, ressaltamos que a lei estabeleceu, no art. 541, a forma escrita para a doação, escritura pública ou instrumento particular. O parágrafo único permite a doação verbal no tocante aos móveis de pequeno valor, se lhe seguir *incontinenti* a tradição.

Dessa disposição decorre que o instrumento público será essencial, quando o bem for imóvel, com valor acima do mínimo fixado (art. 108). O instrumento particular será necessário, quando se tratar de bem móvel de valor considerável, comparativamente com a fortuna do doador. A modalidade verbal é admitida para bens móveis de pequena monta, sob idêntico prisma comparativo, desde que a tradição se lhe siga imediatamente.

A outorga do cônjuge será indispensável, se casado o doador, ainda que filho do casal seja beneficiado (art. 1.647, IV). Não se exige o consentimento conjugal, portanto, se a doação for remuneratória ou de pequeno valor; disposição não mais referida no presente diploma. Se remuneratória, porque de qualquer modo existe uma vantagem recebida em contrapartida; se de valor módico, porque não há em tese prejuízo para o patrimônio comum. Válidas também as doações feitas por um dos pais aos filhos, em razão de casamento ou de eles estabelecerem economia separada (art. 236, em conjunto com o art. 235, IV, exclusivamente no Código anterior). Nestas últimas situações, porém, não havendo consentimento do outro cônjuge, o doador suportará sozinho a liberalidade, imputando-se apenas em sua meação. Essa doação, da mesma forma, não pode suplantar a metade disponível, sob pena de inoficiosidade.

22.5 EFEITOS. OBRIGAÇÕES DAS PARTES

Pelo contrato de doação, o outorgante compromete-se a entregar o bem. Sua principal obrigação, portanto, é fazer a entrega da coisa doada, pela tradição no tocante aos móveis e pela escritura pública, no caso de imóveis, auxiliando o donatário no que couber no tocante à respectiva transcrição (Lopes, 1991:378).

O doador, tanto na doação propriamente dita, como na promessa de doação, não responde pelos defeitos de direito, salvo referência expressa. Não está, portanto, sujeito à evicção (art. 552), ou aos vícios redibitórios (art. 441), salvo nas doações remuneratórias ou modais, ou quando tiver expressamente assumido tais garantias. No mesmo princípio, o doador não está sujeito a juros de mora, dada sua decantada liberalidade. A regra geral é excluir as garantias dos vícios redibitórios e da evicção e o ônus de pagar juros de mora, porque não é razoável impor esses gravames a quem pratica uma liberalidade. No entanto, se demandado para entregar a coisa, responde pelos juros de mora, decorrentes da ação judicial, pois a exceção do artigo refere-se apenas ao direito material. Lembre-se também da regra interpretativa do art. 1.057 do antigo diploma, aplicável à doação: *"Nos contratos unilaterais, responde por simples culpa o contraente, a quem o contrato aproveite, e só por dolo, aquele a quem não favoreça"*; reformulada, mas com idêntico sentido no corrente art. 392. O doador responderá, portanto, no caso concreto, somente por dolo, ou por culpa grave que a ele equivale.

O donatário, entretanto, não se vincula efetivamente a prestação alguma, pois o contrato é de índole unilateral. A aposição de encargo, como vimos, não desnatura o princípio geral.

No entanto, o donatário que não cumpre o encargo incorre em mora. Sua obrigação, uma vez aceito o benefício, é receber a coisa doada.

22.6 MODALIDADES

A forma pura de doação, referida pela doutrina como *pura e simples*, é aquela na qual a liberalidade resplende em sua plenitude, sem condição ou encargo.[9] Não deixa de ser pura a

---

[9] "Apelação cível – Registro de imóveis – Imóvel gravado com **cláusulas de inalienabilidade, incomunicabilidade e impenhorabilidade** – A situação dos autos, regida pelo Código Civil de 1916, não se apresenta excepcional de modo a autorizar o afastamento dos gravames que pesam sobre o bem imóvel objeto da doação. Ausência de demonstração de justa causa. Apelação desprovida" (*TJRS* – AC 70079568259, 21-2-2019, Rel. Des. Heleno Tregnago Saraiva).

"Direito civil e processual civil – Apelação cível – Pedido de alvará judicial – **Imóvel objeto de doação, com cláusulas de inalienabilidade, impenhorabilidade e incomunicabilidade** – Doador falecido – Pleito de revogação dos gravames – Impossibilidade – Justa Causa – Não demonstração – Recurso não provido – Decisão apelada mantida – Para a revogação pura e simples, mediante autorização judicial, de cláusulas de inalienabilidade, incomunicabilidade e impenhorabilidade de bens imóveis objeto de doação, é imprescindível a comprovação, pelo donatário ou herdeiro, de justa causa, traduzida em excepcional situação de grave necessidade financeira – A alienação, por mera conveniência econômica do donatário ou herdeiro, de bens gravados com cláusulas de inalienabilidade, impenhorabilidade e incomunicabilidade, somente pode ser judicialmente autorizada mediante transferência, para outros bens, desses impedimentos" (*TJMG* – AC 1.0344.16.003161-5/001, 23-3-2018, Rel. Márcio Idalmo Santos Miranda).

"União estável – Ação de reconhecimento e dissolução – Contrato de convivência – Ausência – Recurso especial. Direito de família. Ação de reconhecimento e dissolução de união estável. Ausência de contrato de convivência. Aplicação supletiva do regime da comunhão parcial de bens. Partilha. Imóvel adquirido pelo casal. Doação entre os companheiros. Bem excluído do monte partilhável. Inteligência do art. 1.659, I, do CC/2002. Recurso especial não provido. 1. Diante da inexistência de contrato de convivência entre os companheiros, aplica-se à união estável, com relação aos efeitos patrimoniais, o regime da comunhão parcial de bens (CC/2002, art. 1.725). 2. Salvo expressa disposição de lei, não é vedada a doação entre os conviventes, ainda que o bem integre o patrimônio comum do casal (aquestos), desde que não implique a redução do patrimônio do doador ao ponto de comprometer sua subsistência, tampouco possua caráter inoficioso, contrariando interesses de herdeiros necessários, conforme os arts. 548 e 549 do CC/2002. 3. O bem recebido individualmente por companheiro, através de **doação pura e simples**, ainda que o doador seja o outro companheiro, deve ser excluído do monte partilhável da união estável regida pelo estatuto supletivo, nos termos do art. 1.659, I, do CC/2002. 4. Recurso especial não provido" (*STJ* – REsp 1.171.488 – (2009/0244529-0), 11-5-2017, Rel. Min. Raul Araújo).

"Direito processual civil – Embargos de declaração – Apelação Cível – Ação Ordinária – Promessa de doação aos filhos – Divórcio – Ilegitimidade Ativa – Reconhecimento – Litispendência – Identidade configurada – Inexistência de vícios – Reexame da matéria – Rejeição – Em sede de Embargos Declaratórios, impõe-se observar os limites traçados no art. 1.022, do NCPC/15, ou seja, existência de obscuridade, eliminar contradição, suprir omissão de ponto ou questão sobre a qual devia se pronunciar o juiz de ofício ou a requerimento, ou, corrigir erro material – 'Os Embargos de Declaração não se prestam para reabrir o debate da causa, ao fundamento de o acórdão não haver dado a exata aplicação normativa' (*STJ* – ED. Resp. 3.128/MG. Rel. Min. Vicente Cernicchiaro) – Embargos não acolhidos" (*TJMG* – EDcl 1.0024.13.305842-0/002, 9-8-2016, Relª Heloisa Combat).

"**Direito civil** – Apelação cível – Promessa de doação – Negócio complexo – Situação na qual não se identifica ato de mera liberalidade – Impossibilidade de realização da tutela específica – Conversão em perdas e danos – Não comprovação da indenização anterior – Litigância de má-fé – Não configuração – Recurso parcialmente provido – 1 – Não obstante doutrina e jurisprudência clássicas, majoritariamente, recusarem efeitos à promessa de doação pura e simples em razão da incompatibilidade entre a natureza da liberalidade e a possibilidade de execução coativa da obrigação de fazer, força é convir ser a mesma (a promessa de doação) amplamente admitida quanto feita no bojo de um negócio complexo, no qual, dialeticamente identifica-se múltiplas obrigações para ambas as partes, como, *v.g.*, na hipótese de uma separação judicial. Precedentes do STJ. 2 – Independente das razões subjacentes existentes no caso em comento (negócio complexo), que sequer foram questionadas pela parte recorrente, uma boa parcela da doutrina moderna vem entendendo que a promessa de doação há de ser vista como verdadeira relação jurídica patrimonial, permeada pelos princípios da boa-fé objetiva e da função social do contrato. Neste quadro, '[...] dar guarida a promessas descumpridas, quando sua configuração é toda ela contratual, não parece, na atualidade, um comportamento eticamente adequado, ou moralmente sustentável' (MORAES, Maria Celina Bodin de *in* Notas sobre a Promessa de Doação *apud* TEPEDINO, Gustavo, *et al* (Coord.). Código civil interpretado conforme a Constituição da República. Vol. II – Rio de Janeiro: Renovar, 2006). 3 – Não sendo possível a tutela específica ou a obtenção do resultado prático correspondente, é mister a conversão da obrigação de fazer em perdas

doação à qual se apõem as cláusulas de inalienabilidade, impenhorabilidade e incomunicabilidade (ver o que foi por nós estudado na obra *Direito civil: sucessões*, Capítulo 8). Nada impede também que esses gravames sejam cancelados pelo próprio doador, com acordo dos interessados.

Subespécie dessa modalidade é a denominada doação *contemplativa*, aquela na qual o doador enuncia claramente o motivo da liberalidade (art. 540), mas que a lei enfatiza a permanência do caráter de pura liberalidade. Assim será, por exemplo, quando o doador afirma que efetua a dádiva em razão de profunda amizade dedicada ao donatário ou porque este é cientista renomado.

Doação *modal*, *onerosa* ou *com encargo* é aquela na qual a liberalidade vem acompanhada de incumbência atribuída ao donatário, em favor do doador ou de terceiro, ou no interesse geral (art. 553).[10] Será doação onerosa, por exemplo, aquela na qual se doa prédio para instalação de escola, nela colocando-se o nome do doador; doa-se terreno à Municipalidade, para construção de espaço esportivo ou área de lazer etc. Se o doador não fixar prazo para conclusão

---

e danos (art. 461, § 1º, CPC). 4 – A alegação de prévio pagamento de indenização corresponde a alegação de fato extintivo do direito do autor, sendo, portanto, ônus do réu comprová-lo em Juízo (art. 333, II, CPC). Não o fazendo e tendo o autor comprovado o fato constitutivo de seu direito *in casu*, a promessa de doação e a impossibilidade da tutela específica, é mister a condenação do réu em indenização por perdas e danos. 5 – Não restou identificado nos autos a reiteração de argumentos sabidamente improcedentes e/ou desprovidos de fundamento, ou ainda a alteração da verdade dos fatos, o que, em tese, configuraria inequívoca manifestação de má-fé. A parte requerida simplesmente não conseguiu comprovar que já tinha efetuado qualquer pagamento à parte requerente, não se desincumbindo de seu ônus probatório, o que não se confunde com litigância de má-fé ou tentativa de 'retardo processual'. Sentença reformada neste capítulo. 6 – Recurso parcialmente provido. Acórdão" (*TJES* – Ap 0000586-17.2010.8.08.0025, 19-1-2015, Rel. Subst. Lyrio Regis de Souza).

"**Agravo de instrumento** – Inventário – Acordo de partilha de bens celebrado por ocasião da separação de fato do falecido e de sua esposa, no qual foi convencionado que eles doariam bens aos seus filhos. Hipótese em que a promessa de doação feita aos filhos é eficaz e, por isso, não pode ser considerada mera liberalidade revogável pela vontade do promitente doador. Separação de fato que, atualmente, produz efeitos jurídicos equiparados aos da separação judicial. Manifestação de vontade que vincula os declarantes e deve ser privilegiada, inclusive, para que não se viole o postulado da boa-fé que deve orientar as relações jurídicas. Recurso provido" (*TJSP* – AI 0060187-23.2013.8.26.0000, 9-8-2013, Rel. Milton Carvalho).

10 "**Doação onerosa** de imóvel público a pessoa jurídica – Incentivo à indústria e geração de empregos – Criação do Polo Industrial II, nos termos da Lei nº 3.783/2005, do Município de Guaratinguetá – Transferência definitiva da titularidade dominial do imóvel doado com encargos – Inexistência de lotes individualizados até o momento, porquanto não parcelada a gleba em que inseridos os terrenos públicos cedidos às indústrias beneficiárias do incentivo – Pendência de processo administrativo de regularização do loteamento industrial – Inadequação da via eleita do pedido de outorga de escritura definitiva de doação – Improcedência do pleito que visava a compelir a administração a concluir o processo de regularização, porquanto não demonstrados os fatos constitutivos do direito vindicado – Sentença de procedência reformada – Recurso e reexame necessário providos" (*TJSP* – Ap 1000793-14.2018.8.26.0220, 14-6-2019, Rel. Souza Meirelles).

"Apelação Cível – Ação ordinária – **Contrato de doação onerosa** – Encargo não usufruído – Restituição do valor da doação – Prazo Prescricional – Regra de transição – Dívida constante de instrumento particular – Quinquenal – Não usufruído o encargo constante do contrato de doação onerosa, o valor doado deve ser restituído como pactuado, constituindo-se uma dívida líquida constante de instrumento particular, sujeita ao prazo prescricional de cinco anos, estabelecido no art. 206, § 5º, I, do CC – Conjugando o pactuado no contrato e o contido na regra de transição disposta no art. 2.028, do CC, conclui-se que o direito discutido foi fulminado pela prescrição em janeiro de 2008" (*TJMG* – AC 1.0024.12.108728-2/001, 14-9-2018, Rel. Pedro Aleixo).

"Apelação – Pretensão de anulação parcial de **doação onerosa** de terreno de particular que teria por finalidade a abertura de rua, encargo que não foi cumprido pela donatária municipalidade – Reivindicação de parte do imóvel – Doação feita há mais de 50 anos, mas sem estipulação de prazo para execução do encargo – Prescrição não operada – A mora deriva da negativa da donatária em executar o encargo – A ausência de prazo para o cumprimento dessa obrigação e a falta de notificação para fazê-lo, por parte do doador, impedem a identificação da mora e, por conseguinte, do termo inicial do prazo prescricional – A citação, contudo, constituiu a ré em mora, estabelecendo direito ao autor de reivindicar a revogação da doação e a devolução da parte do imóvel que ora reclama, nos termos do art. 562 do CCivil de 2002 ou do art. 1.181, parágrafo único, do CCivil de 1916 – Ação procedente – Sentença de improcedência reformada. Recurso provido" (*TJSP* – Ap 9000016-93.2009.8.26.0223, 31-3-2016, Rel. Venicio Salles).

do encargo, o donatário deve ser constituído em mora. O doador, o terceiro ou o Ministério Público têm legitimidade para exigir o cumprimento do encargo. Se o modo é instituído em benefício da coletividade, o Ministério Público terá legitimidade para exigir sua execução, após a morte do doador, se este não o tiver feito (art. 553, parágrafo único). Os sucessores do doador também possuem ação para exigir o cumprimento do modo. Não há ônus, contudo, se o interesse é exclusivamente do donatário ou se o doador se limita a dar conselho, sugestão ou exortação ao donatário.

A aposição de encargo torna-se inerente ao negócio, determinação anexa, de forma que seu descumprimento pode acarretar a resolução da liberalidade, salvo se o contrário for previsto no contrato. Na hipótese de encargo estabelecido no interesse público, a autoridade competente não está legitimada a pedir a resolução da doação (Miranda, 1972, v. 46:211). A eficácia do modo inicia-se da aceitação da doação. Pode ser estabelecido que o cumprimento do encargo seja concomitante com a aceitação.

Doação *remuneratória* consiste naquela que se faz em recompensa a serviços prestados ao doador pelo donatário. Ainda que esses serviços possam ser estimados pecuniariamente, não se consideram prestação exigível, isto é, o donatário não se torna credor. Como essa doação é conferida em retribuição, esses serviços devem ser anteriores ao ato. O caráter liberal do negócio, como vemos, apresenta-se mais tênue nessa modalidade. Exemplo clássico, não apenas acadêmico, é a doação feita a quem tenha salvo a vida do doador. Outros exemplos podem ser figurados: reconhecimento a quem obteve emprego ou função pública para o doador; retribuição a quem concedeu apoio psicológico ou religioso em momento difícil na vida do doador etc. Nessas situações, como bem anota Arnaldo Rizzardo (1988:517),

> *"a transferência de bens ou vantagens está alicerçada numa causação, sem perder o caráter de liberalidade, por não constituir dívida exigível e por conter gravame inferior ao valor do bem doado".*

Nessa doação, o doador nada deve juridicamente ao donatário. Efeito que deve ser acentuado na doação remuneratória é que sua aceitação equivale a pagamento pelo serviço ou benefício. Mesmo que, por hipótese, esse pagamento pudesse ser exigido, tem-se que o donatário satisfez-se com a doação, nada podendo reclamar a respeito do fato posteriormente (Borda, 1989:692).

A doação *por merecimento* do donatário submete-se aos mesmos princípios (art. 540), por aproximar-se da remuneratória, pois pressupõe uma recompensa de favor ou serviço prestado que não se converte em obrigação.

O art. 1.172 do Código de 1916 referiu-se à doação sob a modalidade de *subvenção periódica. "A doação em forma de subvenção periódica ao beneficiado extingue-se, morrendo o doador, salvo se este outra coisa dispuser."* O art. 545 do atual Código mantém a mesma possibilidade, mas no final do artigo enfatiza que o benefício "*não pode ultrapassar a vida do donatário*". Assim, a doação não pode invadir a seara do testamento. Desse modo, superando dúvida da doutrina, essa forma de doação extinguir-se-á sempre com a morte do donatário. Normalmente estabelecida em dinheiro, nada impede que se estabeleça contribuição periódica em outros gêneros. O dispositivo demonstra a vicinitude da doação com o legado, embora a regra geral seja a extinção do benefício com a morte do outorgante, se nada foi expresso pelo outorgante. Agostinho Alvim (1972*a*:113) não divisa no artigo doação *causa mortis*, em tese vedada pelo ordenamento, mas a obrigação dos herdeiros de dar execução a um contrato perfeito estabelecido pelo *de cujus, o que é normal na vida da obrigação*. Ressalta o autor, contudo, que a obrigação transfere-se aos herdeiros do doador, mas não aos herdeiros do donatário, exceto quando o tempo estabelecido no contrato os atingir, pois tal contrariaria a regra geral do fideicomisso. Para evitar esses entraves e a confusão com o direito hereditário, o art. 545 do atual ordenamento foi expresso, vedando a continuidade do benefício após a morte do donatário. O mesmo se aplica na doação à pessoa jurídica, sob pena de perpetuar-se uma obrigação, o que não pode ser admitido.

Tratando-se de ato de liberalidade, na hipótese de o doador ficar empobrecido, em penúria, há que se entender, pelo princípio da imprevisão, que o benefício não pode subsistir, sob pena de levar o doador à míngua.

Doação *conjuntiva* é aquela feita a mais de uma pessoa, distribuindo-se porção entre os beneficiados, que será igual para todos, se o contrário não se estipulou (art. 551).[11] O parágrafo único do dispositivo estipula o direito de acrescer, se feita a marido e mulher, remanescendo o bem na totalidade para o cônjuge sobrevivo. Esse direito de acrescer deve ser expresso nas outras situações. A doação pode ser *condicional*, submetendo-se aos princípios gerais da condição suspensiva ou resolutiva, sofrendo a restrição no tocante às condições puramente potestativas. A doação modal é exemplo de condição resolutiva por descumprimento do encargo. Assim também o é a sujeita à cláusula de reversão, quando estipula o doador que os bens retornarão a seu patrimônio, se sobreviver ao donatário (art. 547). O dispositivo do mais recente Código, porém, no parágrafo único, é expresso que "*não prevalece cláusula de reversão em favor de terceiro*". Se fosse possível essa atribuição a terceiro, teríamos um fideicomisso e confusão com o direito sucessório.

A doação feita *em contemplação de casamento futuro*, modalidade sob condição suspensiva, independe de aceitação expressa, segundo o art. 546, ficando, no entanto, sem efeito, se o casamento não se realizar. O disposto significa que não pode o doador arrependido reclamar os bens, se o casamento se realizou, sob fundamento de ausência de aceitação. Essa doação não se confunde com a condicional *se o donatário vier a casar*, de conteúdo mais amplo. A modalidade aqui enfocada supõe que o donatário esteja para casar com determinada pessoa. Por isso contempla-se, isto é, tem-se em mira, um casamento já prometido. A doação é feita sob esse motivo. Tendo em vista a finalidade do ato, não se admite essa doação sob exame que não por escritura pública, ainda que os bens sejam móveis ou inferiores à taxa legal. Por sua natureza, devem realizar-se no bojo de pacto antenupcial.

Essa modalidade de doação é negócio sob condição suspensiva. Quando feita a filhos dos nubentes, se estes não vierem a nascer, frustra-se a condição. A questão passa a ser o momento no qual a impossibilidade de implemento da condição ocorre. A adoção de filho, a nosso ver, não consistirá implemento da condição, independentemente da condição legal hoje usufruída pelos adotivos, salvo menção expressa do doador, sob pena de violação do disposto ao art. 129, segunda parte. Nesse sentido, também se coloca Agostinho Alvim (1972*a*:125), entendendo que a adoção de filho escaparia ao intento do doador e aos termos da lei.

Recorde, ainda, que a doação *propter nuptias*, de acordo com o art. 314 do antigo Código, podia ter eficácia após a morte, noutro ponto de contato com os legados:

> *"As doações estipuladas nos contratos antenupciais, para depois da morte do doador, aproveitarão aos filhos do donatário, ainda que este faleça antes daquele.*

---

11 "Nulidade de ato jurídico – Imóvel recebido por doação pelo falecido – Ato em que não compareceu a sua esposa à época – Inaplicabilidade do direito de acrescer – Cabimento somente na hipótese de **doação conjuntiva ao casal,** e não a apenas um dos cônjuges – Nulidade do ato notarial que, com o falecimento da esposa, faz constar a propriedade da totalidade do imóvel para o cônjuge sobrevivo – Sentença mantida – Recurso improvido" (*TJSP* – Ap 1001535-46.2014.8.26.0554, 13-2-2017, Rel. Eduardo Sá Pinto Sandeville).

Parágrafo único. No caso, porém, de sobreviver o doador a todos os filhos do donatário, caducará a doação."

A matéria, tratada diferentemente no vigente Código, deve ser mais aprofundada no direito de família e das sucessões. De qualquer forma, ao dispositivo se aplicarão primordialmente os princípios do contrato de doação, e não de direito sucessório.

22.6.1 Doações entre Cônjuges

A doação entre cônjuges não será válida, se subverter o regime de bens, não podendo contrariar sua índole respectiva. Assim, não há sentido, se os sujeitos forem casados no regime de comunhão universal, pois o ato não terá sentido prático.

Na separação obrigatória de bens, a doação não pode vicejar, porque os bens são particulares de cada cônjuge por imposição legal. Somente admitir-se-á se essa separação for convencional. Se o regime for de separação parcial, a doação será permitida no tocante aos bens particulares de cada consorte. No regime dotal, extinto pelo vigente ordenamento, cuja referência se faz unicamente por rigor doutrinário, porque não utilizado em nosso meio e ausente no atual estatuto, o patrimônio do dote, em princípio, não pode ser objeto de doação.

22.6.2 Doação entre Companheiros e Concubinos

O art. 550 estabelece a seguinte causa de anulação:

"A doação do cônjuge adúltero ao seu cúmplice pode ser anulada pelo outro cônjuge, ou por seus herdeiros necessários, até dois anos depois de dissolvida a sociedade conjugal."

Esta e outras disposições com o mesmo alcance, como as do art. 1.642; (reivindicação de bens doados ou transferidos pelo marido à concubina), e art. 793; (no seguro de vida, proibição de ser instituído beneficiário pessoa legalmente inibida de receber doação do segurado) visam proteger ao patrimônio do casal, em detrimento das relações concubinárias.[12]

---

12 "Direito civil e direito das famílias. Apelação cível. Ação anulatória de doação à concubina e anulação de doação por simulação de negócio. Sentença de improcedência. Insurgência da parte autora. Pretensão de anulação da doação realizada pelo falecido à apelada com fundamento na anulação da doação do cônjuge adúltero a seu cúmplice. Art. 550, cc. Impossibilidade. Apelante e falecido que se encontravam separados de fato no momento da doação. Inexistência de concubinato. Simulação. Inocorrência. Recurso não provido. I. caso em exame. 1. Apelação Cível interposta contra sentença que julgou improcedente a ação anulatória de doação de veículo, na qual a autora alegou que o falecido, seu cônjuge, doou um veículo à ré dois dias antes de sua morte, enquanto ainda estavam casados sob o regime de separação obrigatória de bens, e sustentou a nulidade da doação com base no artigo 550 do Código Civil, por entender que a doação foi realizada em razão de um relacionamento extraconjugal. II. Questão em discussão 2. Há duas questões em discussão: (i) saber se a separação de fato entre a autora e o falecido afasta a incidência do artigo 550 do Código Civil; (ii) saber se a doação realizada configura negócio jurídico simulado. III. Razões de decidir. 3. O artigo 550 do Código Civil permite a anulação de doação feita por cônjuge adúltero ao seu cúmplice, sendo indispensável a configuração de relação concubinária, o que não se verifica na hipótese, uma vez comprovada a separação de fato anterior à doação. 4. A provas documental (ação de divórcio ajuizada pelo falecido em 2022) e testemunhal evidencia que o falecido e a apelante se encontravam separados de fato desde, ao menos, julho de 2021. 5. A doação foi considerada pura, sem simulação, uma vez que a Apelada prestou cuidados ao falecido nos últimos anos de vida. IV. Dispositivo e tese. 6. Recurso não provido. Tese de julgamento: A doação realizada por cônjuge separado de fato, no momento da doação, não pode ser anulada com base no artigo 550 do Código Civil, uma vez que não se configura a relação de concubinato entre o doador e a donatária. Dispositivos relevantes citados: CC, art. 550. Resumo em linguagem acessível: O Tribunal decidiu que a doação de um carro feita pelo falecido para a ré não pode ser anulada. A autora, que era casada com o falecido, pediu a anulação da doação, alegando que ele tinha um relacionamento com a ré e que a doação foi feita poucos dias antes de sua morte. No entanto, o Tribunal entendeu que, na data da doação, a autora e o falecido já estavam separados de

No entanto, a jurisprudência encarregou-se de situar corretamente a proibição, não admitindo a anulação do ato, quando se trata de concubinato sólido, atualmente denominado união estável, de companheirismo *more uxorio*, com o donatário ou donatária, na hipótese de o doador encontrar-se separado de fato de há muito do cônjuge. O novo direito da união estável reforça ainda mais esse entendimento. Ademais, deve ser aplicado o dispositivo em consonância com o art. 540, que dispõe não perder o caráter de liberalidade a doação feita em merecimento do donatário, no excedente ao valor dos serviços prestados.

Essa proibição somente alcança as pessoas casadas. Não se aplica às solteiras, separadas ou divorciadas, que podem livremente doar seus bens aos companheiros, respeitado o limite de oficiosidade.

22.7 REVERSÃO POR PREMORIÊNCIA DO DONATÁRIO

Como mencionado anteriormente, o doador pode estipular a reversão dos bens a seu patrimônio, na hipótese de sobreviver ao donatário (art. 547). Essa cláusula opera como resolutória do negócio, com efeito retroativo, anulando eventuais alienações feitas pelo outorgado, recebendo-os o doador livres e desembaraçados de quaisquer ônus (Wald, 1992:287). A hipótese é de propriedade resolúvel (ver nossa obra *Direito civil: direitos reais*, Cap. 16). O donatário, apesar da cláusula, goza do poder de disposição da coisa, salvo se imposta a inalienabilidade. A cláusula deve constar do escrito, seja público, seja particular. Não se adapta às doações manuais ou verbais, de pequeno valor, que dispensam a forma escrita (Alvim, 1972*a*:152).

Discutia-se acerca da possibilidade de a reversão operar-se em favor de terceiro, no sistema de 1916, e não do doador. Embora o artigo em questão não fosse expresso, não se lho proíbe como no direito comparado, nada impedindo no ordenamento pretérito que isso ocorresse, se for admitido o mecanismo do fideicomisso como negócio jurídico válido *inter vivos*. Ver o que dissemos a respeito do instituto do fideicomisso em nossa obra *Direito civil: direito das sucessões*. O presente Código houve por bem vedar expressamente a cláusula de reversão em favor de terceiros (art. 547, parágrafo único) em posição já defendida pelo autor do Código de 1916, Clóvis Beviláqua.

---

fato, o que significa que não havia relação de concubinato. Além disso, a doação foi considerada válida, pois não houve simulação ou irregularidade. Assim, o pedido da autora foi negado" (*TJPR* – Ap 0024634-73.2023.8.16.0021, 18-8-2025, Rel. Sérgio Luiz Kreuz).

"Agravo de instrumento. Ação anulatória de doação de bens à concubina. Decisão agravada que indeferiu a antecipação de tutela. Insurgência da parte autora. Pleito para que seja determinado o bloqueio dos bens, a fim de impedir a sua alienação. Acolhimento. Indícios de que os bens objeto da demanda possam ter sido objeto de doação pelo réu à sua amante. Possibilidade de anulação de doação feita pelo cônjuge adultero, nos termos do **art. 550, do Código civil**. Necessidade de dilação probatória. Necessidade de resguardar o patrimônio até melhor instrução do feito. Decisão reformada. Recurso provido" (*TJPR* – AI 0093722-67.2023.8.16.0000, 2-4-2024, Rel. Andrei de Oliveira Rech).

"Apelação cível – Ação declaratória de nulidade de negócio jurídico cumulada com indenização por perdas e danos – Pretendida **anulação de doação** de bem imóvel realizada pelo marido da autora, ainda em vida, à sua concubina – Sentença que julgou improcedente a ação – Julgamento antecipado da lide com base apenas na documentação apresentada pelas partes – Descabimento – Feito que não se encontrava em condições de imediato julgamento – Controvérsia acerca da existência de contrato de cessão de direitos assinado pelo marido da autora e pelo corréu Paulo Cezar, dos pagamentos realizados pelo marido da autora em benefício do titular do domínio do imóvel de matrícula nº 127.749 e da corré Maria Valentina, e do repasse de aluguéis do imóvel à autora – Necessidade de realização de prova testemunhal – Código de Processo Civil de 1973 que, em seu artigo 401, vedava a utilização da prova exclusivamente testemunhal para demonstrar a existência de negócio jurídico cujo valor fosse superior ao décuplo do salário mínimo vigente ao tempo da contratação – Inaplicabilidade da regra – Sentença prolatada já na vigência do Código de Processo Civil atual (Lei nº 13.105/2015) – Ausência de vedação à produção de prova testemunhal em hipóteses como a dos autos – Cerceamento de defesa configurado – Anulação da R. Sentença que se impõe, com determinação. Dá-se provimento ao recurso para o fim de anular a sentença, com determinação" (*TJSP* – Ap 0011844-14.2013.8.26.0576, 20-3-2018, Relª Christine Santini).

Pergunta-se também se essa cláusula pode ser aposta estipulando reversão antes da morte do donatário. A resposta é afirmativa. Cuida-se de aplicar o princípio geral que admite os negócios a termo. Institui-se, por vontade negocial, propriedade resolúvel. A questão refoge do alcance do artigo sob enfoque.

Como a cláusula de reversão é direito patrimonial disponível, pode o doador, com livre capacidade, revogá-la a qualquer tempo.

22.8 RESOLUÇÃO. REVOGAÇÃO DAS DOAÇÕES

A doação pode se resolver por fatos comuns a todos os negócios jurídicos. Todos os defeitos que infirmam os contratos podem atingi-la. Pelo que foi examinado neste estudo, verifica-se que a doação pode configurar negócio resolúvel, com estabelecimento de cláusula de reversão ou termo. Examinou-se também a possibilidade de resolução por descumprimento do encargo nas doações onerosas. Nesse sentido, o art. 562 estatui:

> *"A doação onerosa pode ser revogada por inexecução do encargo, se o donatário incorrer em mora; não havendo prazo para o cumprimento, o doador poderá notificar judicialmente o donatário, assinando-lhe prazo razoável para que cumpra a obrigação assumida."*

Essa revogação somente materializar-se-á por decisão judicial que reconheça o descumprimento, salvo se as partes houverem por bem distratar-se.

Situação peculiar da doação, no entanto, é a possibilidade de revogação por ingratidão do donatário, nos termos do art. 1.181 do antigo Código. O art. 555 do atual estatuto acrescenta ainda a inexecução do encargo como motivação para essa revogação.[13]

---

[13] "Direito administrativo. Apelação. Porto Ferreira. Doação de imóveis públicos para fins de distribuição de renda e geração de empregos. Coisa julgada. Não ocorrência. Descumprimento dos encargos assumidos pela donatária. Reversão. Possibilidade. Provimento. 1. Trata-se de recurso de apelação contra a r. sentença que, no âmbito de ação anulatória c.c. reversão de doação, determinou a extinção do feito sem a resolução do mérito, nos termos do art. 485, V, do Código de Processo Civil, ante a configuração de coisa julgada. 2. Irresignação do Município de Porto Ferreira/SP. Cabimento. 3. Coisa julgada. Não ocorrência. Função negativa da coisa julgada visa impedir que uma única causa seja resolvida duas vezes pelo Poder Judiciário. Para tanto, é indispensável a existência de identidade entre as: (i) partes; (ii) causa de pedir; e (iii) pedido. Ao comparar a presente demanda com a discussão travada nos autos do processo nº 1001584-32.2020.8.26.0472, verifica-se que a causa de pedir não é idêntica, o que afasta a configuração de coisa julgada. 4. Prefeitura Municipal de Porto Ferreira/SP que doou à ré dois imóveis, com encargo, situados no Centro Empresarial Ferreirense. Descumprimento dos encargos por parte da donatária que justifica a reversão do bem ao patrimônio público municipal. Aplicação do artigo 555 do Código Civil, que autoriza a revogação da doação por inexecução de encargo. Reversão prevista, ademais, na Lei Municipal nº 3.066/2014. Precedentes deste E. TJ/SP. 5. Sentença reformada. Recurso provido" (*TJSP* – Ap 1003181-31.2023.8.26.0472, 11-6-2025, Rel. Marcos Pimentel Tamassia).

"Agravo de instrumento – ação ordinária – decisão que indeferiu a tutela de urgência pleiteada pela agravante, consistente em suspender a Lei Comp. Mun. nº 1.412, de 08/03/2.021, mantendo a agravante na posse do bem imóvel e determinando a abstenção dos agravados de praticarem qualquer medida jurídica ou legislativa para afastar a agravante da posse do imóvel ou doá-lo a terceiros – Pleito de reforma da decisão – Não cabimento – A agravante recebeu imóvel público mediante doação com encargos, dentre eles o de se manter regular no tocante às suas obrigações tributárias – Ausência de prova no sentido de que a agravante cumpriu a mencionada condição, de maneira que houve a **revogação da doação**, nos termos do art. 555 do CC – Não verificada, neste momento processual, a alegada ilegalidade na revogação da doação com encargo – Decisão mantida – agravo de instrumento não provido" (*TJSP* – AI 2261103-58.2021.8.26.0000, 24-4-2022, Rel. Kleber Leyser de Aquino).

"**Revogação de doação** – Ingratidão – Rol do art. 557 , III, do Código Civil, que é taxativo (*numerus clausus*) quanto às hipóteses capazes de anular o negócio – Precedentes – Ausência de comprovação da prática de tais atos por parte do requerido – Improcedência mantida – Recurso desprovido" (*TJSP* – Ap 1000420-67.2015.8.26.0323, 1-2-2019, Rel. José Roberto Furquim Cabella).

"Apelação – **Ação de revogação de doação** – Alegação da donatária ter atentado contra sua vida, por deixá-lo em estado de abandono – Sentença de improcedência – Inconformismo do autor, sob alegação de que o imóvel

O desiderato da lei, na hipótese de ingratidão, é não somente punir o donatário ingrato, como também reparar moralmente o doador. Presume-se que o donatário, ao aceitar a doação, assume dever de abster-se de praticar atos desairosos contra quem o beneficiou. A configuração dessa ingratidão, no entanto, depende da tipificação da conduta do donatário em uma das dicções legais. A conceituação de *ingrato* não terá, portanto, conteúdo vulgar ou subjetivo, porque a lei não pode tornar o negócio instável, para não colocar em risco as relações sociais. A medida é excepcional, restritiva, e como tal não admite ampliação, nem pode ficar sob o pálio da vontade das partes.

Acentua o legislador a intenção de punir o ingrato, mais do que satisfazer ao interesse moral do doador, ao proibir a *renúncia antecipada* a esse direito de revogar (art. 556). Mais que isso, no entanto, a revogação de doação encontra seu maior fundamento na vontade presumida do doador.

Há modalidades de doação, no entanto, que não admitem revogação por ingratidão, a saber (art. 564): as puramente remuneratórias, as oneradas com encargo (encargo já cumprido, conforme o atual Código), as que se fizerem em cumprimento de obrigação natural e as feitas para determinado casamento. Não sendo doações puras, entendeu o legislador, nessa hipótese, não introduzir um elemento de incerteza no negócio jurídico.

Ao dispor o ordenamento sobre a irrevogabilidade de doações *puramente* remuneratórias, lembra-se que se submetem à revogação aquelas parcialmente remuneratórias, mas somente na parte de exclusiva liberalidade (Alvim, 1972 *a*:322). Se o objeto for indivisível, a revogação atinge o valor da liberalidade.

Nas doações com encargo, a revogação poderá decorrer do não cumprimento do encargo, não sendo possível por ingratidão. Contudo, o que paga em razão de obrigação natural (o atual Código usa essa expressão, embora em outras oportunidades refira-se a "*obrigações juridicamente inexigíveis*") está extinguindo obrigação, razão pela qual não se amolda a possibilidade de ingratidão. Nesse caso, no entanto, se o doador pagou mais do que o valor da obrigação, nessa parte a doação é pura e admite revogação.

Também a lei exclui possibilidade de revogar por ingratidão as doações feitas em contemplação de determinado casamento. O motivo, sem dúvida, é não introduzir elemento de

---

foi doado para a ré, com reserva de usufruto, em razão de relação de amizade, sob condição dela cuidar dele e de seu irmão, o que não ocorreu – Descabimento – Hipótese em que a doação foi realizada por liberalidade plena, de forma simples e sem a imposição de qualquer condição, não podendo ser exigida da ré qualquer contraprestação – Ausência de comprovação da ocorrência das hipóteses previstas no artigo 557, I e IV, do Código Civil – Recurso desprovido" (*TJSP* – AC 1001817-19.2016.8.26.0650, 5-8-2019, Rel. José Aparício Coelho Prado Neto).

"**Ação de revogação de doação por ingratidão** – Falecido que, apesar de casado, mantinha relacionamento com a autora, tendo esta doado 50% do seu imóvel para o falecido e sua esposa – Demandante que não se desincumbiu de comprovar os fatos constitutivos de seus direitos – Ausência de provas – Sentença mantida – Apelo improvido" (*TJSP* – Ap 1025086-49.2015.8.26.0577, 13-4-2018, Rel. A. C. Mathias Coltro).

"Recurso Especial – **Doação – Ação de revogação – Alegação de ingratidão** – Morte do autor e doador no curso da demanda – Donatária única herdeira do doador – Ação extinta sem resolução de mérito (CPC/73, art. 267, VI) – ausência de interesse de agir e confusão processual – Vulneração ao art. 535 do CPC/73 – Não Ocorrência – Ofensa ao art. 5 º da LINDB – Ausência de prequestionamento (Súmula 282/STF) – Ofensa ao art. 499 do CPC/73 – Fundamento insuficiente para infirmar as razões da decisão recorrida (Súmulas 283 e 284 do STF) – Recurso não provido – 1 – A Corte de origem dirimiu a matéria submetida à sua apreciação, manifestando-se expressamente acerca dos temas necessários à integral solução da lide. Dessa forma, não se verifica ofensa ao artigo 535 do Código de Processo Civil de 1973. 2 – Ausente o prequestionamento, é inviável o conhecimento do tema relativo à violação do art. 5º da LINDB, trazido na petição do recurso especial, mas não debatido e decidido nas instâncias ordinárias. Aplicação, por analogia, da Súmula 282 do STF. 3 – Os recorrentes, netos do autor falecido e filhos da ré, ora recorrida, não impugnaram especificamente, tampouco apontaram violação a dispositivo de lei federal apto a infirmar o fundamento do v. acórdão recorrido, de que não teriam legitimidade para suceder o polo ativo da ação, o que atrai, na hipótese, a incidência, por analogia, das Súmulas 283 e 284 do Supremo Tribunal Federal. 4 – Recurso parcialmente conhecido e desprovido" (*STJ* – REsp 1.168.929 – (2009/0234960-3), 23-5-2017, Rel. Min. Raul Araújo).

instabilidade no matrimônio. A proibição, como é evidente, não atinge as doações em geral somente porque o donatário é casado.

Vistas as exceções, examina-se o *numerus clausus* do art. 557, que enumera as únicas hipóteses de revogação por ingratidão, que não permitem extensão alguma:[14]

---

[14] "Doação. Revogação. Ingratidão. Ação de revogação de doação. Sentença de improcedência. Insurgência do autor. Determinado o desentranhamento das contrarrazões, nos termos do art. 76, § 2º, II, do CPC. Rol do art. 557 CC que é meramente exemplificativo. Doador que deve ser duramente atingido em sua dignidade pelo donatário por ato especialmente grave. Inocorrência. Autor que doou à ex-esposa 50% de um imóvel. Intenso estado de beligerância entre as partes em relação ao filho menor. Ausente prova inequívoca de que a ré acusou o autor de tê-la ameaçado e xingado mesmo o sabendo inocente. Mensagens enviadas pela ré que foram escritas em contexto de intenso litígio entre as partes. Condutas que não caracterizam ato de **ingratidão**. Sentença mantida. Recurso desprovido". (*TJSP* – Ap 1006811-81.2021.8.26.0564, 14-3-2023, Rel. Alexandre Marcondes).

"Doação de duas chácaras para o companheiro e pedido de **revogação por ingratidão** e pela injúria grave cometida. As provas indicam que o donatário agrediu a companheira e terminou o relacionamento de forma humilhante, com expulsão da casa de propriedade da mulher e isso depois de receber os bens doados, sem contar o total alheamento a uma execução de dívida solidária, com comprometimento do patrimônio da doadora. O art. 557, II e III, do CC, permitem a revogação pela eliminação do *animus donandi* em razão da conduta reprovável e inadmissível daquele que deveria ser e manter-se grato pela benesse recebida e que não constitui acertamento de legítima pela vida em comum (as chácaras eram de propriedade exclusiva da mulher). O donatário buscou fraudar o objetivo da ação e, após o ajuizamento da lide, transmitiu aos seus filhos (que não são filhos da doadora e que integram a lide) por doação, os bens disputados, o que não surte efeito diante da má-fé. Inocorrência de dano moral indenizável. Provimento, em parte, para revogar as doações, retornando os imóveis ao patrimônio da autora" (*TJSP* – Ap 1000084-77.2019.8.26.0079, 28-4-2022, Rel. Enio Zuliani).

"Doação. Revogação. Pretensão da autora, irmã do donatário, à revogação da doação de imóvel. **Atos de ingratidão.** Donatário que instalou câmera de monitoramento na residência da autora, sem seu consentimento. Divulgação de informações a respeito do estado de saúde da autora, que padecia de doença mental grave, em afronta ao direito de intimidade da doadora. Dissolução de sociedade em comum mantida entre as partes em virtude de fortes indicativos de apropriação pelos réus de aluguéis de imóveis mantidos em condomínio, em prejuízo aos interesses financeiros da autora, como sócia. Fatos corroborados por provas oral e documental. Violação aos deveres de lealdade e respeito devidos à doadora. A conduta dos réus é sancionada conforme previsto no artigo 557, inc. III, do Código Civil. Revogação da doação corretamente determinada. Sentença de procedência do pedido mantida. Recurso desprovido" (*TJSP* – Ap 0004700-35.2014.8.26.0129, 19-5-2021, Rel. Alexandre Marcondes).

"Apelação cível – Direito civil – **Revogação de doação** – Alegação de ingratidão da ex-namorada donatária, diante do rompimento da relação logo após as doações, diante de suposto novo afeto. Sentença de improcedência. Manutenção. Necessidade de demonstração de situação de gravidade relevante para configuração da ingratidão, haja vista o rol exemplificativo do art. 557 do Código Civil. Doação não condicional. Fim do relacionamento entre as partes e início da relação com terceiros (não comprovada) que não obstam a proteção à doação como negócio firme e acabado. Ausência de prova da traição à confiança do doador, mácula de sua honra, agressão física ou psicológica ou negativa de alimentos. Não configura ingratidão a conduta inapta a produzir lesão efetiva, adotada no calor da discussão entre as partes. Reações destemperadas durante uma discussão nem sempre configuram ingratidão, nada obstante possam representar comportamento inadequado e reprovável. Doação que não obsta o fim do relacionamento, nem confere livre acesso do doador aos limites de tolerância da donatária. Não observância do ônus probatório previsto no art. 373, I, do CPC. Majoração dos honorários sucumbenciais, nos termos do § 11 do art. 85 do CPC. Desprovimento do recurso" (*TJRJ* – AC 0032075-98.2014.8.19.0066 – 21ª C.Cív. – Relª Desª Regina Lucia Passos – *DJe* 09.08.2019).

"Recurso especial – Processo Civil – **Doação** – **Revogação** – **Ingratidão** dos donatários – Ofensa à integridade psíquica – Prova – Art. 557 do CC/2002 – Rol meramente exemplificativo – Enunciado nº 33 do conselho da Justiça Federal – Injúria Grave – Demonstração – Revisão – Impossibilidade – Súmula 7/STJ – 1. O conceito jurídico de ingratidão constante do artigo 557 do Código Civil de 2002 é aberto, não se encerrando em molduras tipificadas previamente em lei. 2. O Enunciado nº 33 do Conselho da Justiça Federal, aprovado na I Jornada de Direito Civil, prevê que 'o Código Civil vigente estabeleceu um novo sistema para a revogação da doação por ingratidão, pois o rol legal do art. 557 deixou de ser taxativo, admitindo outras hipóteses', ou seja, trata-se de rol meramente exemplificativo. 3. A injúria a que se refere o dispositivo envolve o campo da moral, revelada por meio de tratamento inadequado, tais como o descaso, a indiferença e a omissão de socorro às necessidades elementares do doador, situações suficientemente aptas a provocar a revogação do ato unilateral em virtude da ingratidão dos donatários. 4. Rever o entendimento do acórdão impugnado, que considerou cabível a revogação por ingratidão no presente caso, ante a gravidade dos fatos narrados na inicial e demonstrados nos autos, implicaria o reexame do contexto fático-probatório, procedimento inadmissível em âmbito de recurso especial, nos termos da Súmula nº 7/STJ. 5. Recurso especial não provido" (*STJ* – REsp 1.593.857 – (2015/0230088-5), 28-6-2016, Rel. Min. Ricardo Villas Bôas Cueva).

I – *Atentado contra a vida do doador ou homicídio doloso contra ele*

Aberra o sentimento moral que alguém beneficiado pelo doador possa atentar contra sua vida. Anote-se, porém, a incongruência da lei de 1916, pois não dispunha acerca do homicídio praticado pelo donatário. Como a ação somente podia ser movida pelo doador e unicamente prosseguida por seus herdeiros, o donatário que consumasse o crime ficaria isento da revogação. Apenas a tentativa, deixando o doador vivo para se insurgir, possibilitaria a revogação. Evidente que esse paradoxo devia ser coarctado pela jurisprudência, admitindo-se que herdeiros ingressassem com ação revogatória nessa hipótese, pois o direito não compactua com imoralidades. Essa possibilidade já foi albergada na jurisprudência (*RT* 524:65). O sentido personalíssimo dessa ação não se vê violentado por tal orientação. O presente Código corrigiu a falha expressamente (art. 557, I). O art. 561 da lei mais recente acrescentou que nesse caso a legitimidade da ação será dos herdeiros, salvo se o doador tiver perdoado o homicida. A lei, evidentemente, refere-se ao crime doloso, não se aplicando à modalidade culposa.

Não há necessidade que o atentado à vida seja julgado pelo juízo criminal. A responsabilidade civil independe da penal. Entretanto, nem sempre a absolvição criminal impedirá a ação civil, mormente quando por insuficiência probatória. O doador moverá ação contra o donatário, fundando-a no atentado contra sua vida, que nesse processo será examinado. O mesmo se diga, na posição que adotamos, quanto ao homicídio consumado, em ação movida pelos interessados. Leve em conta, no entanto, o art. 65 do Código de Processo Penal, pelo qual faz coisa julgada no cível a sentença penal que reconhecer ter sido o crime praticado em estado de necessidade, em legítima defesa, em estrito cumprimento do dever legal ou no exercício regular de direito. Nessas excludentes, não é de ser admitida a revogação. Também, se no juízo criminal já foi decidido sobre o fato ou quem seja seu autor, tais questões já não podem ser trazidas a julgamento civil (art. 935).

II – *Ofensa física contra o doador*

A lei refere-se à ofensa física, de modo que não há que se levar em conta meras ameaças ou atos que não a configurem. O Código Penal reporta-se à lesão corporal, mas não há que se afastar para a dicção civil as vias de fato. A matéria, como no tópico anterior, também é examinada na ação civil de revogação.

III – *Injúria grave e calúnia contra o doador*

Os conceitos de calúnia e injúria são os encontrados no Código Penal. Não é possível na hipótese de difamação, não cominada pela lei civil, porque o delito não era descrito autonomamente na lei penal de então. Não se tolera ampliação na restrição de direitos. No entanto, o Projeto nº 6.960/2002 tentou incluir a difamação no dispositivo.

Também, nessas hipóteses não se faz necessária a condenação criminal, dirimindo-se a questão no juízo civil, admitidos os reflexos da sentença penal, como acenado. Os crimes de calúnia e injúria dependem de queixa. Nada obsta que o doador lance mão de ambas as ações

---

"**Apelação** – Ação de anulação de doação cumulada com pedido de devolução de valores e indenização por danos materiais e morais – Sentença de improcedência – Inconformismo do autor – Doação de metade de um imóvel com reserva de usufruto mediante escritura pública. Doador capaz, sem herdeiros necessários. Ausência de prova de vícios do consentimento, bem como de fatos previstos em lei ensejadores de ingratidão por parte da donatária que autorizassem a revogação do ato. Levantamento de numerário, necessidade de prova cabal e não somente indícios. Transferência de veículo para o nome da apelada, ausência de prova de que não foi feita mediante contraprestação ou que houve vício do consentimento. Sentença mantida por seus próprios fundamentos. Recurso não provido" (*TJSP* – Ap 0173380-12.2010.8.26.0100, 29-7-2015, Rel. Pedro de Alcântara da Silva Leme Filho).

ou se restrinja unicamente à ação civil (Alvim, 1972*a*:298). Lembre-se de que a gravidade da injúria, mencionada na lei, deve ser apurada no caso concreto.

IV – *Recusa de alimentos ao doador*

Para que se configure essa última hipótese de revogação da doação, mister que o doador necessite de alimentos, que não existam parentes próximos capazes de prestá-los e que o donatário esteja, em situação de fazê-lo, recusando-se. O conceito e conteúdo dos alimentos são fornecidos pelo direito de família. O sentido moral e ético da norma é evidente.

Ampliando o sentido moral dessas possibilidades de revogação, o art. 558 do vigente diploma, dispõe:

> *"Pode também ocorrer a revogação quando o ofendido, nos casos do artigo antecedente, for cônjuge, ascendente, descendente, ainda que adotivo, ou irmão do doador."*

Nessas hipóteses caberá ao juiz concluir, por exemplo, se a injúria perpetrada pelo donatário contra o cônjuge, o filho, o neto, o pai ou o irmão do doador foi de tal monta e de tal gravidade que autorize a revogação da doação por este. Como regra geral, contudo, qualquer causa de ingratidão praticada contra essas pessoas, assim como contra o doador, autorizam a revogação do negócio.

22.8.1 Prazo Decadencial da Ação Revogatória

É de um ano o prazo decadencial, a contar de quando chegue ao conhecimento do doador o fato autorizador da revogação. O art. 178, § 6º, I, do antigo Código continha disposição idêntica.[15]

[15] "Direito civil. Apelação. Revogação de doação por ingratidão. Decadência reconhecida. Recurso desprovido. I. Caso em Exame Recurso de apelação interposto contra sentença que julgou improcedente pedido de revogação de doação de bem imóvel a filho por ingratidão, reconhecendo a decadência prevista no art. 559 do Código Civil. O apelante alega cerceamento de defesa e violação do princípio da inafastabilidade da jurisdição. II. Questão em Discussão 2. A questão em discussão consiste em determinar se houve cerceamento de defesa e se o prazo decadencial para revogação da doação por ingratidão foi corretamente aplicado. III. Razões de Decidir 3. A sentença deve ser confirmada pelos seus próprios fundamentos, adotados como razão de decidir pelo desprovimento do recurso, conforme art. 252 do Regimento Interno deste Tribunal. 4. A decadência é matéria de ordem pública e pode ser reconhecida de ofício. O prazo de um ano para revogação da doação por ingratidão, conforme art. 559 do Código Civil, foi ultrapassado, não havendo elementos concretos para afastar a decadência. IV. Dispositivo e Tese 5. Recurso desprovido. Tese de julgamento: 1. A decadência para revogação de doação por ingratidão é de um ano, contado do conhecimento do fato pelo doador. 2. A ausência de produção de provas sobre o mérito não configura cerceamento de defesa quando a decadência é reconhecida. Legislação Citada: Código Civil, art. 559. Código de Processo Civil, art. 485, IV; art. 85, § 11" (*TJSP* – Ap 1033784-74.2024.8.26.0562, 4-8-2025, Rel. Eduardo Francisco Marcondes).

"Apelação cível. 'Ação de revogação de doação de imóvel c/c reparação de danos materiais e morais com pedido de tutela antecipada'. Sentença de parcial procedência dos pedidos principais e de improcedência dos pedidos reconvencionais. Insurgência pela parte requerida/reconvinte. 1. Pleito de reconhecimento da decadência sobre o pedido revocatório. Acolhimento. Pedido de revogação da doação por ingratidão da donatária. **Prazo decadencial ânuo. Art. 559 do CC**. Atos de ingratidão iniciados em 2017. Ajuizamento da demanda em 2020. Decadência operada. 2. Pleito de reconhecimento da prescrição em relação ao pedido de indenização por danos morais. Acolhimento. Pedido fundado no alegado abandono socioafetivo praticado pela ré contra a autora, iniciado em 2017. Prazo prescricional trienal. Art. 206, § 3.º, V, do CC. Prescrição operada. Sentença reformada. Readequação da sucumbência, a qual recai, integralmente, sobre a parte autora, vencida. 3. Pleito de reforma da sentença em relação à condenação nos ônus da sucumbência no pedido reconvencional. Necessidade, apenas, de saneamento de obscuridade no dispositivo. Condenação ao pagamento de honorários advocatícios que deve ser calculada sobre o valor atribuído à reconvenção. Vício sanado. Recurso conhecido e provido" (*TJPR* – Ap 0006806-35.2020.8.16.0194, 9-9-2024, Rel. Elizabeth de Fatima Nogueira Calmon de Passos).

"Apelação cível. Ação revogatória de partilha de bens c/c alimentos e danos morais. Reconhecimento da decadência. Sentença mantida, porém, por outro fundamento. Prazo de um ano previsto no art. 2.027, parágrafo único do

Como percebemos, o prazo não se conta do fato, mas do momento no qual o doador tem dele conhecimento. Pelo princípio da *actio nata*, a ação torna-se exercitável no momento em que o doador toma ciência da violação do direito. As características do prazo, no antigo diploma, não se amoldam, em princípio, à decadência, como defendem alguns. A doutrina dividia-se a esse respeito. A questão temporal e o início do lapso prescricional exigiam exame no caso concreto.

O novel Código assumiu expressamente que o prazo é de decadência, colocando fim à dúvida doutrinária, dispondo no capítulo das doações, no art. 559:

> *"A revogação por qualquer desses motivos deverá ser pleiteada em um ano, a contar de quando chegue ao conhecimento do doador o fato que a autorizar, e de ter sido o donatário o seu autor."*

22.8.2 Consequências da Sentença que Decreta a Revogação

Segundo o art. 563, a revogação por ingratidão não prejudicará direito de terceiros, nem obrigará o donatário a restituir os frutos percebidos antes de contestada a lide. Pagará os frutos posteriores. Se impossibilitada a devolução das coisas doadas, a indenização far-se-á *pelo meio-termo de seu valor*.

Desse modo, em prol da proteção a terceiros de boa-fé, a revogação não terá o condão de resolver direitos reais anteriormente constituídos. A eficácia da sentença é *ex nunc*.

O meio-termo de valor referido na lei significa a média entre o maior e o menor valor alcançado no período de titularidade do donatário, levando-se em conta o valor real, sem computar-se a desvalorização da moeda.

22.8.3 Legitimidade para a Ação Revogatória

A lei entende personalíssimo o direito de revogar, atribuindo legitimidade unicamente ao doador (art. 560).[16] O direito à propositura não se transmite aos herdeiros do doador. No

---

CC, aplicável para anulação de partilha do direito sucessório. Incidência do prazo quadrienal disposto no art. 178, II do CC, em se tratando de pretensão de anulação de partilha homologada judicialmente nos autos de ação de dissolução de união estável havida entre as partes, sob alegação de vício do consentimento, como no caso dos autos. Jurisprudência do STJ. Decurso do prazo evidenciado. Impossibilidade de contagem a partir da maioridade da segunda apelante. – Processo anterior que tratou da partilha de bens, questão patrimonial do casal, não prejudicando os direitos da filha menor – Pedido formulado em sede de contrarrazões para condenação da parte autora como litigante de má-fé rejeitado – Justiça gratuita mantida para as apelantes e indeferida para o apelado – Contestação tempestiva – Pedido de decretação de revelia insubsistente – Recurso conhecido e desprovido unânime – Mantém-se a sentença que reconheceu a decadência, embora por fundamentação diversa, já que o prazo a ser verificado é o de 04 (quatro) anos, e não o de 01 (um) ano; – Considerando que o acordo de partilha foi homologado em 09/04/2012, nos autos do processo nº 201254100293 e a presente ação foi distribuída em 13/09/2018, por certo que deve ser reconhecida a decadência do direito autoral, tanto se considerarmos o prazo ânuo quanto o quadrienal" (*TJSE* – AC 201900719846 – (27762/2019), 10-10-2019, Rel. Des. Cezário Siqueira Neto).

16 "Apelação civil – ação de revogação de doação de bem imóvel – Sentença que extinguiu o processo pela ilegitimidade ativa da parte – Direito exclusivo do doador – Indeferimento da gratuidade de justiça – Aplicação de multa por declaração falsa de condição financeira – insurgência da autora – Pleito pelo deferimento da gratuidade de justiça e pela revogação da doação por inexecução do encargo imposto de prestar assistência – Mérito (...) (2) imóvel que foi propriedade unicamente do companheiro da requerente, fazendo dele o único doador – somente o respectivo doador pode pleitear a revogação da doação em caso de ingratidão ou inexecução de encargo – **Direito personalíssimo abarcado pelo art. 560 do Código Civil** – Ilegitimidade ativa da autora, que não era proprietária do imóvel ao momento da doação, não configurando como doadora – Precedentes da corte – Sentença reformada no tocante à gratuidade de justiça e mantida no mérito – Fixação sucumbência recursal – Recurso conhecido e parcialmente provido" (*TJPR* – Ap 0001116-27.2022.8.16.0106, 7-7-2023, Fabian Schweitzer).

"Cumprimento de sentença – Pedido de extinção do feito, em razão do superveniente falecimento da parte exequente – Descabimento – Hipótese em que, muito embora não se olvide de que o direito de **revogação de doação**

entanto, uma vez iniciada e contestada a ação, segundo o Código passado, podem eles prosseguir, continuando inclusive contra os herdeiros do donatário. Nesta última situação, como dispõe a lei de 1916, não bastava a simples propositura para essa sucessão processual no polo passivo: necessária a contestação. Havia que se entender que bastava o decurso de prazo de contestação para que a exigência fosse satisfeita, de outro modo possibilitar-se-ia a fraude. O que a lei deveria ter dito, mas buscou, foi a possibilidade de prosseguimento da ação *após a fase de contestação*. O atual Código aclarou suficientemente a questão ao dispor que os herdeiros podem prosseguir na ação *"iniciada pelo doador, continuando-a contra os herdeiros do donatário, se este falecer depois de ajuizada a lide"*.

Morto, porém, o donatário, antes da propositura da ação, não podem ser acionados seus herdeiros. Nessa hipótese, não há como ser revogada a doação.

Deve ser entendido o dispositivo da intransmissibilidade *cum granum salis* quanto ao que foi dito acerca do homicídio praticado pelo donatário contra o doador. Não se esqueça de que no caso de homicídio doloso do doador, os herdeiros terão legitimidade para a ação, segundo o atual diploma (art. 561).

Se o doador perdoar o donatário, desaparece o interesse de agir. O perdão implica renúncia tácita ao interesse de agir.

22.9 PROMESSA DE DOAÇÃO

Persiste a polêmica acerca da possibilidade da promessa de doação. Dividem-se a doutrina e a jurisprudência. Pela promessa de doar, o doador compromete-se a praticar uma liberalidade em benefício do compromissário donatário ou de terceiro. Admitida sua validade e eficácia, dentro dos princípios gerais dos contratos preliminares, investe-se o beneficiário no direito de exigir o cumprimento do prometido.

A dúvida maior reside na possibilidade de alguém comprometer sua vontade para uma liberalidade. Para os que defendem sua impossibilidade, não há como se admitir uma doação coativa, porque, na impossibilidade da execução em espécie, de acordo com a regra geral, a obrigação será substituída por perdas e danos, o que não se amolda à gratuidade inerente à

é personalíssimo, não se transmitindo aos herdeiros do doador, o certo é que, na presente hipótese, este, antes de seu óbito, ajuizou ação declaratória de nulidade, tendo a sentença que declarou nula a doação já transitado em julgado – Inteligência do art. 560, do Código Civil – Existência de crédito líquido e certo em favor da parte exequente – Determinação de prosseguimento do cumprimento de sentença que era de rigor, inclusive no que diz respeito a eventual levantamento de valores depositados nos autos – Decisão mantida – Agravo desprovido" (*TJSP* – AI 2079841-44.2022.8.26.0000, 8-6-2022, Rel. Luiz Antonio de Godoy).

"Apelação. Doação modal. Revogação da doação por inexecução do encargo. Demanda ajuizada pelo herdeiro da doadora, já falecida. Descabimento. Ausência de legitimidade ad causam. **O direito de revogar a doação por inexecução do encargo é personalíssimo**, de modo que não se transmite aos herdeiros. Inteligência do art. 560 do Código Civil. Precedente desta C. Câmara. Sentença mantida. Recurso não provido" (*TJSP* – Ap 1023762-50.2018.8.26.0114, 20-3-2020, Rel. Rosangela Telles).

"Apelação cível – Ação reivindicatória – Doação de imóvel – Ilegalidade na doação – Inexistência – Propriedade inferior ao módulo rural – Exceção – Art. 65 da lei nº 4.504/1964 (estatuto da terra) – Art. 2º do decreto nº 62.504/1968 – **Revogação da doação** – Legitimidade apenas do doador – Intransmissibilidade aos herdeiros – Usucapião – Arguição em sede de defesa – Possibilidade – Inexiste ilegalidade na doação realizada em conformidade com o art. 2º do Decreto nº 62.504/1968, que regulamenta o art. 65 da Lei nº 4.504/1964 e permite, em certas ocasiões, a divisão do imóvel em área inferior ao módulo rural – Em observância ao disposto nos Códigos Civis de 1916 e de 2002, o direito de revogar a doação é apenas do doador, não se transmitindo aos seus herdeiros, que apenas poderiam prosseguir em eventual ação já ajuizada – Nos termos do Enunciado nº 237 da Súmula do STF, é possível o reconhecimento da usucapião em sede de defesa" (*TJMG* – AC 1.0713.14.007769-2/001, 28-3-2019, Rel. Versiani Penna).

doação. Entre nossos doutrinadores, despontam como contrários à promessa de doar Caio Mário da Silva Pereira e Miguel Maria de Serpa Lopes. Forte corrente jurisprudencial os secunda.

No entanto, existem também argumentos ponderáveis em sentido contrário. Com o peso de sua autoridade, Pontes de Miranda (1972, v. 46:261) admite que,

> *"se houve pacto* ***de donando****, e não doação, o outorgante não doa, isto é, não conclui o contrato de doação, contrato unilateral, tem o outorgado a pretensão ao cumprimento. Para exercê-lo judicialmente, ou propõe ação condenatória, ou a ação de preceito cominatório".*

Caso se torne impossível a entrega da coisa, por culpa do promitente doador, o outorgado tem ação de indenização por inadimplemento. Destarte, admitida a teoria do pré-contrato no ordenamento para os pactos em geral, não existe, em tese, obstáculo para a promessa de doar. Não é suficientemente convincente o argumento em contrário, afirmando que, se o doador pretende fazer liberalidade, que o faça logo e não em momento posterior. A vida prática ensina que razões várias podem determinar o pré-contrato, por exemplo, quando, na separação conjugal, prometem os consortes fazer doações entre si ou para a prole. A manifestação de vontade liberal já se torna cristalina no momento da promessa unilateral (Rizzardo, 1988:512). Não admitir exigibilidade nessa promessa é criar entrave embaraçoso para os outorgados e para terceiros. Em suma, a promessa de contratar doação, a nosso entender, deve ser admitida quando emanar de vontade límpida e sem vícios e seu desfecho não ofender qualquer princípio jurídico. Conclui-se que

> *"inexiste razão para excluir tal promessa, cuja possibilidade jurídica é expressamente admitida pelo direito alemão (BGB, art. 2.301). Ela não contraria qualquer princípio de ordem pública e dispositivo algum a proíbe"* (Monteiro, 1980, v. 5:118).

Há, no entanto, corrente jurisprudencial ponderável no país que resiste a esse entendimento no sentido de que não há como coagir alguém a cumprir uma doação, sendo esta ato de pura liberalidade.[17]

---

17 "Indenização por danos materiais e morais. A apuração dos valores indenizatórios foi corretamente relegada para a fase de liquidação por arbitramento, uma vez que nesta fase se obterá o justo valor devido às partes. A Autora tem direito ao ressarcimento dos valores investidos no imóvel, pois houve expectativa legítima de aquisição da propriedade, a evitar-se o enriquecimento sem causa dos Réus. Lucros cessantes afastados, uma vez que a ocupação do imóvel, pela Autora, ocorreu em razão do consentimento dos Réus. Não há direito à indenização por danos morais, pois as promessas de doação não podem ser obtidas judicialmente, por se tratar de ato de mera liberalidade que admite retratação, quando não mais persiste o 'aminus donandi', enquanto não formalizada a doação. Ademais, ofensas proferidas que não ultrapassaram o âmbito familiar. Sentença de parcial procedência mantida, sem majoração da verba honorária. Recursos não providos" (*TJSP* – Ap 1000032-14.2025.8.26.0292, 29-8-2025, Rel. João Pazine Neto).

"Bem imóvel – **Promessa de doação** – Ação de obrigação de fazer objetivando compelir os réus a outorgarem a escritura definitiva – Pacto válido e eficaz, porquanto celebrado por agentes maiores e capazes – Caso, ainda, em que a doação não ultrapassou a parte que os doadores poderiam dispor em testamento (art. 549 do Código Civil) – Ação julgada procedente – Sentença mantida – Recurso não provido" (*TJSP* – AC 0003089-54.2014.8.26.0547, 7-5-2019, Rel. Augusto Rezende).

"Ação cominatória de outorga de escritura de doação – **Promessa de doação a filho menor** – Sentença de procedência para determinar a outorga da escritura de doação. Reconvenção improcedente. Recurso redistribuído pela Resolução nº 737/2016 e Portaria nº 02/2017. Apela o réu-reconvinte sustentando ofensa ao contraditório e ampla defesa, pois não teriam sido apreciadas todas as questões aventadas pelo recorrente; pede pela reversão do julgado. Cabimento. A doação de fração do bem imóvel só se aperfeiçoa com a lavratura do ato notarial, não tendo sido realizada, não se efetivou. Mera promessa de doação não assegura direitos e nem pode ser exigida. A promessa de doação é ato de liberalidade, que comporta o arrependimento do doador. Não se pode exigir que o apelante seja obrigado a doar parte do seu patrimônio compulsoriamente, sem o desejo de fazê-lo, notadamente porque o ato jurídico da doação não foi formalizado. Precedentes do STJ e deste TJSP. Recurso provido" (*TJSP* – Ap 1057212-31.2015.8.26.0100, 20-6-2018, Rel. James Siano).

23

LOCAÇÃO DE COISAS. LEI DO INQUILINATO

23.1 ESPÉCIES. CONCEITOS. NATUREZA

Toda a estrutura da locação em nosso Código Civil anterior baseou-se na preponderância da posição jurídica do locador, levando em consideração que na maioria das vezes ele é o proprietário da coisa locada, o titular do capital. A mesma ideia orientou a prestação de serviços. As modificações sociais exigiram que outras estruturas fossem concebidas, mormente na locação de imóveis e na prestação de atividade laboral, derrogando normas do Código.

O Direito Romano conhecia três modalidades de locação. A *locatio conductio rerum*, locação de coisas, pela qual o locador cedia ao locatário o uso de um bem mediante soma em dinheiro; a *locatio conductio operarum*, locação de serviços, pela qual um sujeito se comprometia a prestar serviços para outro, mediante certo pagamento, e a *locatio conductio operis*, locação de obra ou empreitada, pela qual um sujeito encomendava a outro a execução de uma obra mediante pagamento de um preço.

A prestação de serviços no direito moderno, também tratada por nossos códigos, foi na maior parte absorvida pelo contrato de trabalho, com princípios autônomos dentro do chamado direito trabalhista e social. A locação de obra redundou no contrato de empreitada.

O Código Civil de 1916 disciplinou a locação de coisas com princípios gerais nos arts. 1.188 a 1.199, cuidando após da locação de prédios. A locação de serviços era disciplinada entre os arts. 1.216 e 1.236; a empreitada, arts. 1.237 a 1.247. O Código de 2002, seguindo nova ordem, trata da "locação de coisas" nos arts. 565 a 578; da "prestação de serviço" nos arts. 593 a 609 e da empreitada nos arts. 610 a 626.

Atualmente, a locação imobiliária é disciplinada de forma geral pela Lei do Inquilinato, nº 8.245/91, modificada pela Lei nº 12.112/2009, após vários diplomas legais anteriores que regularam a matéria. A prestação de serviço civil, sem vínculo de subordinação, aplica-se a universo negocial restrito, porque a matéria, como dito, é objeto quase integral da legislação trabalhista.

De forma geral, a locação, dentro do conceito romano tradicional, é contrato pelo qual um sujeito se compromete, mediante remuneração, a facultar a outro, por certo tempo, o uso e gozo de uma coisa (locação de coisas); a prestação de um serviço (locação de serviços); ou a executar uma obra (empreitada).

Na locação de coisas, que pode ter por objeto bens móveis e imóveis, as disposições gerais do estatuto civil aplicam-se principalmente no tocante à locação de móveis e subsidiariamente, quando não houver disposição específica em contrário, às locações imobiliárias. Alugam-se veículos, animais de carga ou montaria, máquinas e vestimentas, como se alugam lotes, lojas, residências e apartamentos. Não se alugam energia elétrica, gás, calor ou semelhantes, porque seu uso os consome. Nas locações de imóveis, há que se obedecer à legislação especial, embora a própria Lei do Inquilinato ressalve a vigência pelo Código Civil das locações que enumera no parágrafo único do art. 1º. Devemos acentuar que os princípios gerais estudados nos tópicos introdutórios deste capítulo aplicam-se, destarte, primordialmente, à locação de bens móveis.

O contrato de locação imobiliária situa-se logo em seguida à compra e venda quanto à utilização e importância no mundo negocial. Cuida-se do regramento da função social da propriedade. Exige, portanto, permanente atenção do legislador e do jurista, tendo em vista as implicações sociais referentes à moradia dos que não possuem casa própria e à produção e fornecimento de serviços e bens de consumo na locação com finalidade mercantil ou não residencial. No Direito Romano, a supremacia do locador sobre o locatário era gritante, em face das condições sociais da época. "*Daí as relações entre locadores e locatários terem sido como que transformadas entre senhores e súditos*" (Miranda, 1972, v. 40:6). Essa tradição foi assimilada por nosso Código do início do século XX.

Segundo a definição do art. 565, "*na locação de coisas, uma das partes se obriga a ceder à outra, por tempo determinado, ou não, o uso e gozo de coisa não fungível, mediante certa retribuição*". A locação pode ser de coisa apenas para uso, sem direito de apropriação dos frutos, aproximando-se nesse caso do comodato, com a diferença constante da remuneração no contrato ora tratado. A locação de gozo, envolvendo também o uso, concede, além da utilização da coisa, a possibilidade de apropriação dos frutos. Podemos dizer, tendo em vista a definição legal, que as coisas não produtivas são objeto de locação de uso; as coisas frutíferas são, em princípio, objeto de locação de uso e gozo, exceto ressalva contratual.

A locação é, portanto, contrato *bilateral* e *comutativo*, a ela sendo aplicável o princípio da exceção de contrato não cumprido dos arts. 476 e 477. Existem obrigações recíprocas para ambas as partes. É *onerosa* porque importa em vantagem e sacrifício para as partes. Se a cessão da coisa é gratuita, tipifica-se como comodato.

É *consensual* porque independe da entrega da coisa para que se tenha por perfeito. Como se trata de direito obrigacional, não transfere a propriedade. O locador obriga-se a ceder a coisa, mas a tradição não é essencial ao negócio, porque não se trata de contrato real.

Constitui *relação duradoura* porque o decurso de tempo lhe é essencial. É *não solene* porque a lei não exige forma especial, embora na Lei do Inquilinato o contrato escrito conceda maior proteção ao inquilino. Nada impede, porém, que seja verbal.

O contrato de locação pode ser pactuado por tempo determinado ou indeterminado. Se o tempo for indeterminado, atingirá seu término com a denúncia das partes ou outras formas de resolução ou resilição dos contratos. As cláusulas que normalmente integram o contrato são as do prazo de duração do contrato, do prazo da denúncia e do valor do aluguel. É importante, também, para essa modalidade contratual, que estejam presentes, mormente na locação imobiliária, a cláusula penal e a cláusula de garantia, geralmente fidejussória, embora esta enfrente hoje dificuldades estruturais. Ressalvem-se, porém, as situações de locação predial, com intervenção legal nessas cláusulas. Podem as partes estipular prazo de duração de tantos meses ou anos, estabelecendo prazo de denúncia dita vazia, aviso prévio ou pré-aviso de 30 dias após os quais o locatário se despojará da coisa. Cessando ou não se determinando o lapso da locação, o locatário permanece com a coisa *ad nutum*, sob o alvedrio do locador. Cabe a este utilizar-se da retomada quando desejar. No tocante ao inquilinato, desde a primeira lei emergencial (Lei nº 4.403/21) esse exercício foi limitado.

Discute-se se a relação locatícia é *intuitu personae*. Miguel Maria de Serpa Lopes (1993, v. 4:24) chama atenção para as leis do inquilinato que restringem a possibilidade de cessão ou sublocação, bem como estabelecem medidas tendentes a evitar transferências da coisa a terceiros, entendendo existir aí conteúdo pessoal no contrato. Embora essa opinião não seja unânime, sem dúvida há acentuado conteúdo de confiança pessoal depositada na pessoa do locatário.

Embora a lei de 1916 tratasse da locação de coisas e de serviços no mesmo capítulo, há tênue elemento comum entre ambas. Na locação de serviços, o trabalho apresenta-se como o valor principal, pouca relação tendo com o uso e gozo da coisa. O vigente Código, acertadamente, disciplina a locação de coisas autonomamente, nos arts. 565 a 578, após tratar da doação, disciplinando a prestação de serviço e a empreitada mais adiante (arts. 593 ss, após cuidar do empréstimo).

O termo *arrendamento* é sinônimo de locação, sendo utilizado entre nós preferentemente para as locações imobiliárias rurais. Nada impede que, para ser evitada repetição, *locação* e *arrendamento*, *locar* e *arrendar* sejam utilizados indistintamente. No entanto, arrendamento prende-se mais à ideia de imóvel rural porque abrange a percepção de frutos, além do uso. Na locação, realça-se a relação de uso. *Aluguel* é vocábulo destinado a representar o valor da retribuição pela locação. Emprega-se tanto para designar o contrato como estritamente o preço. Quanto às partes, o *locador* ou *senhorio* é aquele que se compromete a ceder a coisa. De outro lado, coloca-se o *locatário* ou *inquilino*, reservando-se este último termo unicamente para as locações prediais. Utilizamos também os termos *arrendador* e *arrendatário*, derivados do arrendamento, mais apropriados ao arrendamento rural.

A locação distingue-se da *compra e venda*, embora na origem romana tenha havido confusão, porque nesta há obrigação de transferir o domínio; na locação, cede-se o uso com obrigação de restituição. O locatário exerce posse direta sobre a coisa, mas posse precária. Distingue-se, também, do *depósito*, embora neste possa haver autorização de uso da coisa, porque depósito é contrato real, enquanto a locação é consensual; nesta, a remuneração é essencial, podendo o depósito ser gratuito. Com o *empréstimo*, a locação também apresenta afinidade, porque ambos os negócios implicam utilização da coisa alheia. No *comodato*, porém, empréstimo destinado às coisas não fungíveis, a gratuidade é essencial, enquanto a onerosidade é essencial na locação. Mútuo é empréstimo de coisas fungíveis, implicando a transferência da propriedade. Na *enfiteuse* também existe cessão onerosa de uso, mas esta é instituto dos direitos reais e implica cessão perpétua, enquanto a locação é sempre temporária. O mesmo se pode dizer com relação ao direito de superfície, instituto de direito real, reintegrado ao ordenamento positivo pelo presente Código (arts. 1.369 a 1.377).

No *contrato de garagem*, a doutrina procura encontrar uma mescla de negócios, embora subsista a dúvida sobre a preponderância, se da locação de coisas ou do depósito. Melhor posição é considerá-lo contrato autônomo que se utiliza dos princípios de ambos, com gradações diversas conforme se trate de local fechado ou aberto para abrigo e guarda dos veículos, local com ou sem vigilância etc. (veja o Capítulo 43).

23.1.1 Capacidade. Objeto. Aluguel

A capacidade do agente é aquela para os atos da vida civil em geral. O contrato de locação, como visto, não transfere a propriedade. Não se trata, pois, de ato de disposição. Inclui-se desse modo entre os atos considerados de administração. Assim, a exigência de outorga conjugal presente na compra e venda não se faz necessária na locação, como regra geral. O pai e o tutor podem dar em locação os bens dos filhos e pupilos. Há, porém, determinadas regras de legitimação, como no condomínio tradicional, hipótese em que a coisa somente pode ser concedida em locação com o consentimento da maioria do valor dos quinhões (arts. 1.323 ss.). A Administração Pública não está inibida de dar em locação desde que devidamente autorizada por lei.

Quanto ao objeto da coisa locada, o art. 565 adverte que se trata de bem *não fungível*. Isso porque incumbe ao locatário restituí-la ao locador uma vez findo o contrato, nos termos do art. 569, IV. Ficam, portanto, excluídas da locação as coisas consumíveis, como a energia elétrica anteriormente referida. O objeto do contrato deve ser apto à utilização e fruição pelo locador. Objeto inidôneo, neste ou em qualquer outro contrato, torna nulo o negócio. Destarte, nula será a locação de objeto ilícito. Não é necessário que o locador tenha o poder de dispor da coisa, pois pode até não ser seu dono, como ocorre com o usufrutuário. Basta que tenha o poder de cedê-la; dá-la em locação.

O preço, aluguel ou aluguer é essencial neste contrato. Mais comum que seja fixado em dinheiro e pago periodicamente, por semana, mês, bimestre etc. Nada impede, embora não seja usual, que seja pago de uma só vez por todo o período da locação, bem como seja constituído de outra espécie que não dinheiro, mas sempre redutível a um valor. O aluguel é devido durante o tempo em que a coisa estiver à disposição do locatário, ainda que dela não se utilize.

23.2 OBRIGAÇÕES DO LOCADOR E DO LOCATÁRIO NA LOCAÇÃO EM GERAL

Sendo contrato bilateral, na locação há obrigações que emergem para o locador e para o locatário. O elenco de obrigações recíprocas estabelecido nos Códigos é consideravelmente alargado na Lei do Inquilinato.

De acordo com o art. 566, o locador é obrigado:

> *"I – a entregar ao locatário a coisa alugada, com suas pertenças, em estado de servir ao uso a que se destina, e a mantê-la nesse estado, pelo tempo do contrato, salvo cláusula expressa em contrário;*
>
> *II – a garantir-lhe, durante o tempo do contrato, o uso pacífico da coisa."*

A principal obrigação é entregar e possibilitar o uso e fruição da coisa. A recusa na entrega da coisa pelo locador permite ação judicial para execução em espécie. Impossibilitando-se a entrega por culpa do locador, responderá ele por perdas e danos. A entrega da coisa pode ocorrer em momento concomitante ou posterior à conclusão do contrato. O locatário ingressa na posse direta da coisa. Sua posse é precária, como toda aquela derivada de contrato na qual existe a obrigação de restituir. Da relação jurídica irradia-se o dever de conceder o uso e gozo e a manutenção nesse estado. No curso da locação, não pode o locador turbar o uso do locatário nem permitir que outros o façam. O locador tem obrigação de proteger o locatário de embaraços e turbações de terceiros, respondendo também por vícios ou defeitos anteriores à locação (art. 568). Aplicam-se os princípios dos vícios redibitórios. Não há, porém, que se exigir que esses vícios sejam ocultos, pois não está o locatário obrigado a manter-se com a coisa se não se adapta para o uso colimado. O art. 568 deve ser interpretado em consonância com os deveres do locador. Mesmo pelos defeitos posteriores à locação responde o locador, porque tem o dever de garantir o uso e o gozo da coisa para o fim a que se destina.

Obrigação sucessiva do locador é manter a coisa no estado em que foi entregue. Se o bem deteriorar-se no curso da locação, sem culpa do locatário, este poderá pedir redução proporcional do aluguel ou rescindir o contrato, caso já não mais sirva para o fim colimado (art. 567). A vigência do contrato pode iniciar-se antes que o locatário ocupe a coisa alugada. O locatário tem direito de ocupar a coisa, mas não obrigação. Qualquer perda ou deterioração na coisa, uma vez vigente o contrato, reclama a aplicação do art. 567.

Do lado do locatário, este é obrigado:

> *"I – a servir-se da coisa alugada para os usos convencionados, ou presumidos, conforme a natureza dela e as circunstâncias, bem como a tratá-la com o mesmo cuidado como se sua fosse;*
>
> *II – a pagar pontualmente o aluguer nos prazos ajustados, e, em falta de ajuste, segundo o costume do lugar;*
>
> *III – a levar ao conhecimento do locador as turbações de terceiros, que se pretendam fundadas em direito;*
>
> *IV – a restituir a coisa, finda a locação, no estado em que a recebeu, salvas as deteriorações naturais ao uso regular" (art. 569).*

O desvio de uso implica infração legal da locação, autorizando o pedido de rescisão por parte do locador cumulável com indenização por prejuízos. Se preferir, pode o locador ingressar com ação para que o locatário cesse ou se abstenha do uso indevido. A lei especifica o uso convencionado ou presumido. É necessário examinar o caso concreto. Importante por vezes tornar-se-á a prova pericial.

Utilizar animal de montaria para tiro ou veículo de passeio para trânsito fora de estradas por exemplo, caracteriza, desvio de uso. Quando prepondera a pessoa do locatário para a utilização da coisa locada, a permissão de uso por terceiros pode configurar desvio de uso, como, por exemplo, permitir que pessoa não habilitada dirija veículo. A sublocação não autorizada situa-se no mesmo diapasão.

Como possuidor direto, o locatário assume o dever de manutenção da coisa. Trata-se de cuidado qualificado, porque a lei vai além da simples manutenção. Estatui que o locatário deve tratar da coisa locada como se sua fosse. Desse modo, responde por culpa se em caso de sinistro antepuser o salvamento de suas coisas em detrimento da coisa alugada. O art. 570 conclui que se o desvio de uso ocasionar danos, o locador, além de pleitear a rescisão, poderá exigir perdas e danos.

O pagamento de aluguel, conforme já acentuado, é essencial à locação. O inadimplemento caracteriza infração legal da locação, autorizando a rescisão e a retomada da coisa. Na locação predial, a ação de retomada será sempre de despejo. Na locação de bens móveis, a pretensão de rescisão será acompanhada do pedido de reintegração de posse. Admite-se a purgação de mora na locação de imóveis enquanto não rescindida a locação; possível, portanto, no prazo de contestação. Em ação autônoma, que será executória se presentes os requisitos legais, também podem ser cobrados os alugueres em aberto. A consignação em pagamento pode ser utilizada pelo locatário dentro dos pressupostos legais.

É obrigação do locatário comunicar ao locador turbações de terceiros sobre a coisa. Deve protegê-la de ataques à posse e a outros direitos. Como possuidor direto, pode defendê-la por intermédio dos interditos, inclusive contra o próprio locador, se seu âmbito de posse for afetado. Se a ameaça ou turbação provier de terceiros, porém, além de poder exercitar pessoalmente a defesa, conforme o caso, o locatário tem a obrigação de comunicar oportunamente ao locador para que este possa providenciar a defesa de seu direito. Se se omitir e disso resultar prejuízo, além de sujeitar-se à rescisão da locação, responderá por perdas e danos perante o locador.

A obrigação de restituição é ínsita à locação, por isso que, nessas premissas, a posse do locatário é sempre precária. O locatário não pode mudar unilateralmente a natureza de sua posse. A ausência da obrigação de restituir transforma o contrato em outro negócio diverso da locação. A lei disciplina que a coisa deve ser devolvida no mesmo estado em que foi recebida, salvas as deteriorações naturais do uso regular. É preciso examinar a natureza da coisa locada. O aluguel de veículo automotor, por exemplo, implica desgaste natural de algumas peças, como pneus, pastilhas ou discos de freios etc. No caso concreto, examina-se a anormalidade que implicará indenização.

O art. 577 acolheu a sucessão *causa mortis* dos herdeiros e legatários do locador e do locatário na locação por tempo determinado. Na locação por tempo indeterminado, possibilita-se o rompimento da relação. As leis do inquilinato sempre admitiram a locação feita no intuito da família no âmbito residencial, alargando o conceito hereditário.

O art. 578 contém norma específica a respeito das benfeitorias e o respectivo direito de retenção. Este somente é deferido ao locatário no tocante às benfeitorias necessárias ou, quanto às úteis, se tiveram o expresso consentimento do locador. Quanto à indenização, segue-se o princípio geral. Decorrendo de contrato paritário, sem cláusulas predispostas, não sendo atingido pelo Código de Defesa do Consumidor, em princípio será válida a cláusula que admite a perda das benfeitorias de qualquer natureza em favor do locador. De outro modo, há de ser considerada abusiva e, portanto, írrita, acarretando injusto enriquecimento.

O parágrafo único do art. 1.193 do Código de 1916 estabelecera regra geral pela qual, antes de findo o prazo determinado, o locador não poderia reaver a coisa alugada nem poderia o locatário devolvê-la. No entanto, estabeleceu que podia o locador pedir a restituição da coisa antes do vencimento, se pagasse perdas e danos, enquanto o locatário, se a devolvesse, deveria pagar o aluguel pelo prazo faltante. O art. 571 do vigente Código já não se refere ao aluguel faltante nesse caso, mas ao pagamento da multa prevista no contrato. De fato, essa é a orientação que assumiu a jurisprudência, na hipótese de devolução da coisa pelo locatário, antes de findo o prazo da locação. Essas regras são excessivamente rigorosas favoráveis ao locador, tendo em vista a natureza do negócio. Como apontamos, com relação ao pagamento do aluguel faltante nessa premissa, a doutrina e a jurisprudência entenderam ser o pagamento integral pelo tempo faltante na restituição antecipada pelo locatário excessivamente gravoso. Admitida a hipótese como cláusula penal, porém, é de ser permitida a redução proporcional do valor ao tempo cumprido pela via judicial. Em boa hora, a dicção foi modificada pelo vigente Código: tratando-se essa hipótese de descumprimento de cláusula contratual, a devolução antecipada da coisa permite a cobrança proporcional da multa pactuada.

Não havendo cláusula penal, há que se admitir a possibilidade de avaliação de perdas e danos no caso concreto, seguindo-se a regra geral:

> *"Art. 571. Havendo prazo estipulado à duração do contrato, antes do vencimento não poderá o locador reaver a coisa alugada, senão ressarcindo ao locatário as perdas e danos resultantes, nem o locatário devolvê-la ao locador, senão pagando proporcionalmente, a multa prevista no contrato."*

O art. 572, contudo, chama a atenção e merece um cuidado maior do intérprete: "*Se a obrigação de pagar o aluguel, pelo tempo que faltar, constituir indenização excessiva, será facultado ao juiz fixá-la em bases razoáveis.*"

Como vimos, o Código antigo no parágrafo único do art. 1.193 mencionava a obrigação de pagar o aluguel faltante. No corrente diploma, a referência é à multa contratual e não ao aluguel restante. Parece que houve uma impropriedade do novel legislador ao manter essa noção no art. 572. Nessa hipótese, a nosso ver, há que se entender que as partes podem ter estipulado no contrato a obrigação de pagar o aluguel restante nessa situação de resilição antecipada pelo locatário: nesse caso, como na jurisprudência mais recente, o juiz pode reduzir equitativamente o valor dos alugueres faltantes, cuja índole é reparatória, no caso, sentido de cláusula penal.

Acrescenta ainda o parágrafo único do art. 571 do presente diploma que, se a indenização for a cabível ao locatário, este terá direito à retenção da coisa, enquanto não for ressarcido. A hipótese não terá muita utilidade na prática, pois a regra geral é de que o locatário não está obrigado a devolver a coisa antes de findo o prazo contratual. Se, por qualquer razão, for obrigado a isso, terá direito a perdas e danos e poderá reter a coisa, não a restituindo ao locador, até sua liquidação, isto é, até receber o que lhe é devido em razão dessa locação, ou seja, a multa contratual e outros acréscimos que podem decorrer da utilização da coisa (benfeitorias, por exemplo).

23.2.1 Prazo. Alienação da Coisa Locada na Locação em Geral

O art. 573 dispõe acerca do término da locação pelo escoamento do prazo determinado. A locação por prazo determinado cessa de pleno direito findo o prazo, independentemente de notificação ou aviso. Terminada a relação contratual, pode o locador *incontinenti* pedir a retomada da coisa. Se, porém, deixar escoar tempo sem reclamá-la, presume-se prorrogada a locação, pelo mesmo aluguel, mas sem prazo determinado (art. 574). Note que o Projeto nº 6.960/2002 acrescentara ao art. 574 que se presumiria prorrogada a posse do locatário se este continuasse na posse da coisa "*por mais de trinta dias*". Trata-se, de qualquer modo, de direito dispositivo. Nada impede que o locador conceda prazo superior no bojo do contrato, nessa situação. Prorrogado dessa forma o contrato, a qualquer momento pode o locador resili-lo, mas nessa hipótese deve notificar o locatário para devolver a coisa (art. 575).

A vigente Lei do Inquilinato, como veremos a seguir, consolidando posição jurisprudencial, admite a denúncia vazia imediata após o término do prazo determinado em até 30 dias de seu escoamento. Após esse interregno, entende-se prorrogada a locação e faz-se necessária a notificação para desocupação em 30 dias. Observe que a restituição, findo o prazo da locação, ou por denúncia do locador, situa-se fora da locação, com o contrato já terminado. Trata-se, como podemos denominar, de efeito residual do contrato.

Nas locações regidas pelo Código Civil, nessa notificação, o locador arbitrará aluguel, caso a coisa não seja devolvida (art. 575). Trata-se de *aluguel-pena* a que se sujeita o locatário pela retenção indevida da coisa. Sua natureza é de cláusula penal, subordinando-se a seus princípios, inclusive à redução que pode ser feita pelo juiz.[1] A propósito, o vigente Código,

---

[1] "Apelação. Embargos à execução. Contrato assinado pela devedora e por duas testemunhas. Título executivo extrajudicial. Artigo 784, inciso III, do CPC. Certeza, liquidez e exigibilidade do título não desconstituídas pela apelante. Indicação e identificação clara e inequívoca dos sujeitos da relação jurídica subjacente, da natureza e espécie da obrigação, além do valor das prestações devidas e do débito inadimplido. Preenchidos os requisitos elencados pelos artigos 783 a 786, e 798, todos do CPC. Locação de coisas. Inadimplemento comprovado. Locatária responsável pela quitação dos aluguéis vencidos e vincendos até a data da efetiva

atendendo ao que sustentávamos em doutrina, acrescentou no parágrafo único do art. 575: "*Se o aluguel arbitrado for manifestamente excessivo, poderá o juiz reduzi-lo, mas tendo sempre em conta o seu caráter de penalidade.*" A finalidade dessa norma é de uma verdadeira "*astreinte*", isto é, constranger o locatário a devolver a coisa, pagando um *plus* pelo fato de não tê-lo feito na época oportuna. Na locação predial, o dispositivo foi aplicado por parte da jurisprudência na vigência de leis do inquilinato anteriores, quando se autorizava a denúncia vazia, não sendo mais admitido na lei vigente.

A alienação da coisa locada rompe o contrato de locação, não ficando o adquirente obrigado a respeitar o contrato, salvo se estiver presente cláusula de vigência para essa hipótese e constar de registro público (art. 576). O registro para os móveis é o de títulos e documentos, salvo se houver norma especial que autorize outro. O registro imobiliário é o destinado aos imóveis. O Projeto nº 6.960 objetivou estabelecer que o locatário deveria manifestar sua preferência para adquirir a coisa no prazo de trinta dias. Cuida-se do mesmo direito de preempção e preferência, de caráter obrigacional, já por nós estudado, e presente tradicionalmente nas várias leis inquilinárias. Tal como estabelecido originalmente no mais recente Código, esse direito de preferência somente aflorará se previsto como cláusula contratual. Há que se entender, como faz o Projeto, que o direito de preferência do locatário nesse caso é inerente à própria natureza da locação.

Quanto ao registro, o § 1º do art. 576 do vigente diploma preferiu ser expresso sobre o Cartório de Registro de Títulos e Documentos, no tocante aos móveis, e o registro imobiliário, quanto aos imóveis.

Não havendo registro, o novo proprietário pode denunciar imediatamente a locação. Se não o fizer e admitir a continuidade, assume a posição de locador, sucedendo-o. A matéria trouxe muita discussão no âmbito da locação predial, sendo razoavelmente bem dirimida na lei em vigor. O Código Civil de 1916 trazia prazos de desocupação expressos para imóveis urbanos e rurais (art. 1.209).

O § 2º desse artigo traz norma que deveria ser inserida na Lei do Inquilinato, pois o presente Código não trata especificamente da locação imobiliária:

> "*Tratando-se de imóvel, e ainda no caso em que o locador não esteja obrigado a respeitar o contrato, não poderá ele despedir o locatário, senão observado o prazo de noventa dias após a notificação.*"

Aliás, esse prazo de noventa dias para a desocupação é o mesmo do art. 8º da Lei nº 8.245/91. Há um dispositivo inovador no vigente Código que certamente será chamado à utilização nessa hipótese, bem como em outras situações inquilinárias e negociais que a multiplicação de casos

---

devolução dos equipamentos à locadora, observado o marco temporal delimitado pela credora. Mantido o valor dos locatícios. Retribuição que não supera o valor normal da locação ajustada. Artigos 574 e 575, ambos do CCB. Sentença mantida. Recurso desprovido" (*TJSP* – Ap 1105444-98.2020.8.26.0100, 18-8-2022, Rel. Lidia Conceição).

"**Ação de cobrança de aluguéis** – Locação de espaço para colocação de *outdoor* – Lei 8.245/91 – Inaplicabilidade – Valor dos locativos – Artigo 575 do novo Código Civil – Redução do valor estabelecido pelo locador – Possibilidade. A locação de espaço para colocação de *outdoor* não é regida pela Lei 8.245/91, que dispõe sobre a locação dos imóveis urbanos, mas pelo Código Civil, artigos 565 a 578. Nos termos do artigo 575 do Novo Código Civil o locador notificado que não restituir a coisa pagará, enquanto estiver em seu poder, o aluguel arbitrado pelo autor. Se o aluguel arbitrado for excessivo, poderá o Juiz reduzi-lo, mas levando sempre em conta o caráter de penalidade da norma retro citada (Inteligência do parágrafo único, do artigo 575, do Novo Código Civil)" (*TJMG* – Acórdão Apelação Cível 1.0024.05.873737-0/001, 18-4-2011 – Rel. Des. Otávio Portes).

concretos traz. Trata-se do parágrafo único do art. 473, que já examinamos ao estudarmos a teoria geral dos contratos:

> *"Se, dada a natureza do contrato, uma das partes houver feito investimentos consideráveis para a sua execução, a denúncia unilateral só produzirá efeito depois de transcorrido prazo compatível com a natureza e o vulto dos investimentos."*

Segundo podemos antever, mormente em situações de locação, principalmente a não residencial não albergada pela ação renovatória, haverá oportunidade e conveniência para aplicação desse dispositivo pelo julgador, na busca do equilíbrio social dos contratos, colimado pelo corrente diploma civil. Nessas premissas, e em outras que se apresentarem análogas na locação de móveis ou imóveis, sob o caso concreto, poderá ser concedido prazo superior para a restituição da coisa ou a desocupação do imóvel. O dispositivo exige a argumentação exaustiva dos interessados e a correlata visão aberta do juiz para ser aplicado corretamente.

Como deflui dos dispositivos enfocados, o legislador do Código de 1916 tomou francamente partido do locador na locação. Levando-se em conta a moradia e a problemática geral da locação inquilinária, é facilmente perceptível porque a vigência do Código Civil antigo na parte referente à locação imobiliária foi tão efêmera, com sucessivas leis emergenciais no tocante às locações prediais.

23.3 LOCAÇÃO PREDIAL. LEI DO INQUILINATO

A vigente Lei nº 8.245/91 e toda a legislação emergencial anterior conhecida como do inquilinato destinaram-se a regular as locações de imóveis urbanos. Portanto, em princípio são excluídos do alcance da lei os bens móveis e os imóveis rurais. As modificações introduzidas pela Lei nº 12.112/2009 tiveram por objetivo corrigir algumas distorções e dificuldades do texto originário, mormente no que se refere à eficiência processual e à posição do fiador e do sucessor na locação. O âmbito deste livro não permite maior detalhamento, o que fazemos em nossa obra específica de comentários à lei.

A lei inquilinária em vigor é fruto da relação difícil, que perdurava por muitas décadas, entre locatários e proprietários, decorrente da problemática da moradia em geral. Havia desequilíbrio nas relações de procura e oferta e crise na construção civil, em face do desestímulo ocasionado pelo amordaçamento dos alugueres. Essa lei regula todas as locações urbanas, incluindo em seu bojo os dispositivos do Decreto nº 24.150/34, Lei de Luvas, que por tantas décadas se mostrou útil na proteção do ponto comercial.

O âmbito deste estudo não autoriza maior aprofundamento das questões emergentes desse diploma legal, o que foi objeto de outra obra nossa (*Lei do inquilinato comentada*).

Não podemos ter como singelamente derrogados os artigos do Código Civil, que continuam aplicáveis naquilo que não conflitar com a legislação especial. A Lei nº 8.245 buscou tornar mais realista a relação inquilino-senhorio, diminuindo o excesso de proteção ao inquilino que causou tantos danos ao mercado sem protegê-lo suficientemente. O leitor que desejar se aprofundar nessa matéria pode consultar minha obra *Lei do Inquilinato Comentada*, em sucessivas edições, também por esta editora.

Os arrendamentos rurais, não alcançados por essa lei, também sofrem na legislação específica restrições de índole social, colocando em paralelo os donos da terra e os trabalhadores rurais. Os tempos atuais colocam sob novas vestes o contrato de locação predial, transformando-o em um direito social, a exemplo do que ocorre com o contrato de trabalho e as relações de consumo, a meio-termo entre o direito privado e o direito público, como um terceiro gênero.

Conforme o art. 1º, a lei disciplina a locação de *imóvel urbano*. Considera-se imóvel urbano conforme sua destinação e não de acordo com sua localização. Ainda que situado em área rural, mas destinado à moradia ou ao comércio, o imóvel deve ser considerado urbano para fins da locação e do direito que a rege. São dois os contratos que em nossa legislação regulam a posse e o uso temporário da terra: o arrendamento rural e a parceria, fora, portanto, da legislação do inquilinato. A matéria é basicamente disciplinada pela Lei nº 4.504/64, Estatuto da Terra.

Prédio, na acepção jurídica tradicional, pode ser edificado ou não. Um lote ou terreno vazio pode ser locado para fins comerciais ou industriais e até mesmo residenciais. No âmbito da lei, também são reguladas as locações, não só de armazéns, casas e apartamentos, como também terrenos. A locação de galpões, boxes de mercados e outro tipo de construção que se preste ao comércio ou à indústria também é regulada pela lei.

O preço na locação deve ser, como em todo contrato, determinado ou determinável, nada impedindo que o valor seja variável de acordo com índices aceitos pela lei. O art. 17 proíbe a vinculação do aluguel à moeda estrangeira, à variação cambial ou ao salário-mínimo. Nada impede, como vimos, que se pague de uma só vez. Os aluguéis de imóveis de temporada geralmente são solvidos em um único pagamento, podendo ser exigidos antecipadamente (art. 20). O preço é devido ao locador durante todo o período em que a coisa esteve à disposição do locatário, ainda que não utilizada. No silêncio do contrato, a obrigação locatícia é *quesível* (art. 327), devendo o locador receber o aluguel no imóvel locado, quando outro local não houver sido convencionado (art. 23, I). Geralmente, as partes convencionam outro local para o pagamento, transformando a obrigação em *portável*.

23.3.1 Locações Regidas pelo Código Civil e Leis Especiais

Já apontamos, ao tratarmos da conceituação inquilinária de "imóvel urbano", que a lei exclui de sua abrangência os arrendamentos rurais. No parágrafo único do art. 1º, a lei exclui expressamente determinadas locações e situações assemelhadas.

Assim, os *imóveis de propriedade do Estado* (União, Estados e Municípios) não se sujeitam a essa lei, assim como os das respectivas autarquias e fundações. O interesse público não permite que essas locações se sujeitem ao regime privado. Os arrendamentos dos imóveis da União são regidos pelo Decreto-lei nº 9.760/46 e pelo Decreto-lei nº 6.874/44.

As locações de *vagas autônomas de garagem ou de espaços para estacionamento de veículos* também ficam excluídas dessa lei. Não se excluem, porém, as vagas ou espaços de estacionamento ligados a uma locação de imóvel. A exclusão refere-se às locações precipuamente destinadas a veículos, sem qualquer vinculação com a locação de um imóvel residencial ou não. Aplica-se o art. 575 do Código Civil. O *contrato de garagem* é celebrado entre o garagista e o possuidor do veículo, geralmente automotor. O usuário da garagem tem direito a usar espaço para a coisa, para o fim de guarda ou custódia, em local determinado ou não, mediante pagamento de quantia em dinheiro. Como é contrato atípico, uma figura jurídica complexa, o contrato de garagem possui características de contrato de locação de coisas, mas também de depósito e de locação de serviços.

Os *espaços destinados a publicidade* também são incompatíveis com a lei de locação predial, dizendo-o agora o legislador expressamente. Inclui-se na expressão legal qualquer espaço publicitário em prédio alheio. São os espaços utilizados por cartazes, *outdoors*, luminosos e assemelhados. Essa modalidade de locação afasta-se da finalidade da lei que é regular o inquilinato de prédio urbano como um todo com finalidade residencial ou não residencial.

A Lei do Inquilinato é expressa no excluir de seu alcance os *apart-hotéis, hotéis residência ou equiparados*. São novas formas jurídicas que florescem no mundo negocial. Os *apart-hotéis* possuem forma de ocupação diferenciada da locação. A própria lei especifica que assim se entende os locais prestadores de serviços regulares a seus usuários e como tais estejam autorizados a funcionar. O fenômeno merece atenção do legislador que ainda não regulou essa modalidade de ocupação de imóvel. Pode ocorrer que, embora o *apart-hotel* esteja assim estruturado, a ocupação se dê por contrato de locação destinado à moradia, portanto alcançada a relação pela lei inquilinária. Há necessidade de exame das circunstâncias do caso concreto. Nos prédios destinados a essa modalidade de moradia, o pagamento é feito sob a forma de diárias, pois o contrato é de hospedagem e não de locação. Se a relação não estiver submetida à lei do inquilinato, a relação de hospedagem não está sujeita à ação de despejo, sendo utilizável a possessória para a restituição do imóvel.

Finalmente, o art. 1º exclui o *arrendamento mercantil* ou *leasing* do âmbito do inquilinato. A retribuição que se paga não é mero aluguel, mas serve, ou pode servir de pagamento parcial do bem. Ver o que expusemos no Capítulo 48.

23.3.2 Locação Residencial. Hipóteses de Denúncia Vazia ou Imotivada. Desfazimento da Locação

A lei triparte as modalidades tratadas em locação residencial, não residencial e para temporada, submetendo cada uma a regime diverso. Para as *locações residenciais* foi ampliada a possibilidade da tão discutida denúncia vazia, como adotada originalmente no Código Civil. Assim, o art. 46 estabeleceu que nas locações por escrito e com prazo igual ou superior a 30 meses, a resolução ocorrerá findo o prazo estipulado, independentemente de notificação ou aviso. Se, porém, findo o prazo e o locatário permanecer na posse do imóvel por mais de 30 dias sem oposição do locador, presumir-se-á prorrogada a locação por prazo indeterminado (art. 46, § 1º). Nesta última hipótese, poderá o locador reaver o imóvel a qualquer tempo, desde que notifique previamente o locatário, concedendo prazo de 30 dias para desocupação (art. 46, § 2º). A ação de despejo deve ser ajuizada imediatamente após o escoamento desse prazo de notificação, caso contrário perderá esta a eficácia. Admite-se que a ação deva ser proposta nos 30 dias subsequentes ao prazo da notificação.

Desse modo, findo o contrato por prazo determinado, o locador tem o prazo de 30 dias para ingressar com ação de despejo. Decorrido esse prazo, fica obrigado a notificar. A lei abriu amplas possibilidades de denúncia vazia, em oposição à legislação anterior. Buscou o legislador maior dinâmica no mercado de locações residenciais, com solução menos demagógica para ambas as partes. Como fica franqueada a possibilidade de denúncia vazia em todas locações residenciais por escrito, com prazo igual ou superior a 30 meses, tudo é no sentido de que os locadores preferirão este prazo, pois com prazo inferior subordinar-se-ão às restrições do art. 47, ou seja, denúncia justificada.

Conforme este último dispositivo legal, se a locação for avençada verbalmente, ou por escrito, porém neste caso com prazo inferior a 30 meses, o contrato prorrogar-se-á automaticamente, por prazo indeterminado, somente podendo ocorrer a retomada justificadamente na forma de um dos cinco incisos do artigo. A quinta hipótese do art. 47 refere-se ao decurso de prazo ininterrupto do contrato superior a cinco anos. Assim, há possibilidade de denúncia vazia nas locações avençadas conforme o artigo em tela após o interregno de cinco anos da locação.

O inciso I do art. 47 permite a retomada nos casos do art. 9º. Este diz respeito a hipóteses de desfazimento da locação, a saber:

> *"I – por mútuo acordo;*
>
> *II – em decorrência da prática de infração legal ou contratual;*
>
> *III – em decorrência da falta de pagamento do aluguel e demais encargos;*
>
> *IV – para a realização de reparações urgentes determinadas pelo Poder Público, que não possam ser normalmente executadas com a permanência do locatário no imóvel, ou, podendo, ele se recuse a consenti-las."*

O legislador refere-se a desfazimento da locação, evitando utilizar os termos *resolução*, *resilição* ou *rescisão*, equívocos na doutrina. O art. 9º diz que a locação *também* poderá ser desfeita. Refere-se às hipóteses anteriores de desfazimento da relação locatícia descritas nos arts. 7º e 8º, casos de extinção de usufruto ou de fideicomisso e alienação do imóvel no curso da locação, respectivamente.

O *mútuo acordo* ou distrato permite o desfazimento de qualquer relação contratual, admitindo, portanto, o despejo. A lei extirpou dúvida da legislação anterior acerca da executoriedade de acordo para desocupação firmado pelas partes, autorizando a ação de despejo.

Quanto à *infração legal ou contratual*, qualquer das partes pode nelas incidir. Avulta a importância da infração por parte do inquilino, pois autorizará o despejo. Se a infração for do locador, tal poderá determinar uma indenização em favor do inquilino, além da rescisão do contrato. Como o contrato de locação imobiliária é dirigido pelo Estado, tanto autoriza o desfazimento da locação a transgressão de disposições legais, como daquelas estabelecidas pelas partes.

Na lei, encontramos os deveres do locador no art. 22 e do locatário no art. 23. Esses deveres são de espectro mais amplo que o daqueles elencados no Código Civil, anteriormente citados. No bojo do contrato, serão examinadas eventuais transgressões de cláusulas, também sendo levados em conta o espírito da lei e as regras gerais de interpretação.

A *falta de pagamento de aluguel e encargos* também constitui infração contratual. O pagamento é essencial à locação, como visto. Como se trata da natureza mesma da relação contratual, o legislador foi levado a mencionar a hipótese expressamente. A obrigação de pagar aluguel e encargos vem descrita no art. 23, I.

Embora a natureza das ações de despejo, mormente aquelas por infração contratual, seja idêntica, há particularidades que afetam a ação de despejo por falta de pagamento. Em inovação introduzida pelo art. 62, a lei permite que a cobrança dos alugueres em atraso possa ser cumulada com o pedido de despejo, além de permitir a emenda da mora, a exemplo da lei revogada. O despejo decretado por esse fundamento, assim como fundado nos incisos I (mútuo acordo) e IV (realização de obras urgentes determinadas pelo Poder Público), poderá também ser executado independentemente do depósito da caução, inserida na lei para autorizar a execução da sentença (art. 64), embora a lei se refira a caução no despejo por falta de pagamento.

Nada obsta que se cumulem na ação de despejo os fundamentos de falta de pagamento e outra infração contratual. Uma vez purgada a mora pelo primeiro fundamento, prosseguirá a ação pelo outro.

O inciso IV do art. 9º refere-se às *reparações urgentes no imóvel determinadas pelo Poder Público*. Essa disposição já fazia parte das leis anteriores. Inclui-se, na verdade, entre as infrações em geral. O locatário é obrigado não só a consentir na realização dos reparos citados, mas também a comunicar essa necessidade ao senhorio (art. 23, IV). A lei menciona reparações determinadas pelo interesse público. Em cada caso, deve ser examinado se a exigência administrativa é idônea. Se as reparações necessárias afetarem o uso do prédio, mas não decorrerem de iniciativa da Administração, o contrato poderá extinguir-se por impropriedade do objeto, examinando-se a ocorrência de culpa dos contratantes. A ação de despejo, neste caso, terá outro fundamento.

Afora, pois, as hipóteses do art. 9º da lei, o art. 47 menciona, como possibilidade de denúncia justificada da locação, "*a extinção do contrato de trabalho, se a ocupação do imóvel pelo locatário estiver relacionada com seu emprego*". No caso concreto, deve ser examinado se há locação e se esta se relaciona com a relação de emprego do locatário. Pode ocorrer que o imóvel locado não pertença ao empregador. Nessa dicção, a lei procurou envolver zeladores, vigias, porteiros etc. A terminologia legal abrange tanto a locação que é concedida ao empregado para facilitar o desempenho de seu trabalho ou sua produtividade como também as hipóteses em que a moradia é condição para esse exercício. Na relação, deve ficar incontroversa a ocupação do imóvel exclusivamente em razão da relação de emprego. Desfeito o vínculo trabalhista, abre-se ensejo ao despejo. Se não houver locação, mas comodato incontroverso, não havendo relação locatícia, a ação para desalojamento será possessória. A lei vigente, removendo óbice anterior, permite que nessa hipótese seja concedido o despejo liminar (art. 59, § 1º, II), o que impede que o empregador tenha que tolerar ex-empregado no local até a sentença, pois a apelação na lei revogada, nesse caso, tinha apenas efeito devolutivo.

O inciso III do art. 47 refere-se ao pedido de retomada do imóvel para

> *"uso próprio, de seu cônjuge ou companheiro, ou para uso residencial de ascendente ou descendente que não disponha, assim como seu cônjuge ou companheiro, de imóvel residencial próprio".*

Com a possibilidade de a locação superior a 30 meses ficar sujeita à denúncia vazia, diminui a importância desse pedido de retomada. Mantém-se a mesma orientação das leis anteriores. Uso próprio é qualquer utilização do imóvel, residencial ou não residencial. A retomada para esse fim é facultada para o próprio locador, seu cônjuge ou companheiro. Para ascendente ou descendente o pedido é para uso exclusivamente residencial. Nessas pretensões, ocorre a já clássica presunção de sinceridade no pedido de retomada. Presunção de índole relativa, cabendo ao réu provar em contrário. Não compete ao autor comprovar fato negativo, qual seja, não possuir outro imóvel. O § 1º desse artigo sob mira acrescenta que a necessidade deve, no entanto, ser judicialmente demonstrada se

> *"o retomante, alegando necessidade de usar imóvel, estiver ocupando, com a mesma finalidade, outro de sua propriedade situado na mesma localidade ou, residindo ou utilizando imóvel alheio, já tiver retomado o imóvel anteriormente".*

A necessidade que se provará conforme esse dispositivo é a mais variada: o retomante reside em condomínio e pretende residir sozinho; o prédio em que reside ou utiliza está em ruínas e não pode ser reparado sem sua mudança; aumento de prole exigindo imóvel maior; transferência de local de trabalho; matrimônio próximo etc. O exame da necessidade dependerá do prudente exame da prova. Possuindo o locador vários imóveis locados, cabe escolher dentre eles, devendo eventual abuso de direito ser verificado no caso concreto. Nesse sentido, a Súmula 409 do Supremo Tribunal Federal: *"Ao retomante, que tenha mais de um prédio alugado, cabe optar entre eles, salvo abuso de direito."*

Ao especificar retomada para o ascendente ou descendente, entende a jurisprudência que a lei engloba também os afins, permitindo que os sogros do locador sejam beneficiados (*JTACSP* 106/403, 106/411). Nessa linha de raciocínio, há que se permitir ao espólio a retomada para herdeiro que é condômino da massa hereditária (*RT* 613/153).

Tal como redigida a lei, a pessoa jurídica locadora pode pedir o imóvel, com base no inciso III, para ali se instalar e exercer suas atividades. Cuida-se de uso próprio. Não tem, porém, possibilidade de pedir o imóvel para uso de seu empregado.

O § 2º do art. 47 estende a possibilidade de retomada não só ao proprietário, mas também ao promissário comprador ou promissário cessionário, em caráter irrevogável, com imissão na posse do imóvel e registro imobiliário.

O inciso IV permite a retomada justificada se há

> *"pedido para demolição e edificação licenciada ou para a realização de obras aprovadas pelo Poder Público, que aumentem a área construída em, no mínimo, vinte por cento ou, se o imóvel for destinado a exploração de hotel ou pensão, em cinquenta por cento".*

Essa possibilidade de despejo não se confunde com a que se encontra no art. 9º, IV. No texto transcrito, a demolição, edificação ou reforma no prédio locado dá-se por iniciativa do locador e não do Poder Público. A inicial deve ser instruída com plantas comprobatórias da reforma e do aumento de área. Note-se que a lei não permite a retomada singelamente para demolição, mas para posterior edificação. Refoge ao interesse social que se proteja unicamente a especulação da propriedade.

O inciso V do art. 47 é o mais importante, sendo um dos dispositivos fundamentais da nova lei em relação à legislação pretérita. Cuida da *denúncia imotivada da locação com vigência ininterrupta por mais de cinco anos*. O art. 47 é dirigido para avenças sem contrato escrito e aquelas com escrito inferior a 30 meses. Desse modo, se o locador houver preferido locação por período inferior a dois anos e meio, deverá esperar os cinco anos para poder despejar com denúncia injustificada. O legislador estabeleceu que, quando o contrato inicial for igual ou superior a 30 meses, se aplicará o art. 46. O art. 47 terá aplicação sempre que a locação for verbal e quando o contrato escrito inicial for inferior a 30 meses. Transformando-se em prazo indeterminado, não tem o locatário necessidade de renovar por escrito a locação. Nesse caso, como na locação verbal, o pedido de despejo deve vir precedido da notificação.

23.3.3 Locação para Temporada

O art. 48 considera locação para temporada

> *"aquela destinada à residência temporária do locatário, para prática de lazer, realização de cursos, tratamento de saúde, feitura de obras em seu imóvel, e outros fatos que decorram tão-somente de determinado tempo, e contratada por prazo não superior a noventa dias, esteja ou não mobiliado o imóvel".*

A lei vigente ampliou consideravelmente a compreensão da locação por temporada. O dispositivo socorre situações transitórias, para atender a interesses tanto do locador como do locatário. Por outro lado, o próprio legislador forneceu instrumentos para minimizar as possibilidades da fraude.

Como é exigido prazo determinado para a modalidade, há necessidade de contrato escrito. A locação verbal não pode reger essa situação, porque ficará subordinada ao art. 47.

A redação original remetida à Câmara continha a exigência expressa de contrato escrito. Melhor seria que tivesse sido mantido o texto. Como se trata de locação excepcional e a prazo certo, há incompatibilidade com o contrato verbal. Deve ao menos existir início de prova escrita, como o recibo, mencionando a natureza da locação. Ademais, o parágrafo único do artigo transcrito refere-se ao rol de móveis e utensílios que devem integrar o contrato quando o imóvel é cedido mobiliado, o que reforça a necessidade de pacto escrito.

Deve, aliás, constar do instrumento a finalidade da locação, se lazer, estudos, tratamento de saúde etc., porque o motivo da locação excepcionalmente colocado nesse negócio jurídico poderá ter influência na resilição. De fato, conforme o art. 50, findo o prazo, se o locatário permanecer no imóvel sem oposição do locador por mais de 30 dias, presumir-se-á prorrogada a locação por tempo indeterminado. Nessa hipótese, o locador somente poderá denunciar o contrato após 30 meses de seu início ou nas hipóteses do art. 47 (parágrafo único do art. 50). Quando as partes não expressam o motivo da locação, é evidente que as circunstâncias da locação poderão dar a resposta: imóvel situado na vizinhança de hospital é geralmente utilizado para período de tratamento do locatário ou de pessoa de sua família; imóvel nas cercanias de universidade certamente se destina a período de estudos e assim por diante.

A lei pressupõe modificação automática da vontade das partes, se a locação superar os 90 dias ou prazo inferior ajustado. Mantém-se a natureza da relação *ex locato*, mas altera-se a causa da obrigação. O silêncio das partes, após o prazo, denota que concordaram com a alteração. O locador deve demonstrar sua oposição ingressando com ação de despejo no prazo de 30 dias ou notificando previamente a essa ação. Essa notificação, porém, nesse caso, é despicienda. Figure-se, por exemplo, a locação deferida a um atleta que fará período de testes em um clube esportivo próximo, para ser definitivamente admitido. A locação poderá deixar de ser temporária se o locatário permanecer no imóvel por prazo superior.

A presunção, todavia, não tem caráter absoluto. Imagine, por exemplo, uma locação temporária para tratamento de saúde do locatário ou ocupante do imóvel. Se não terminado o tratamento no prazo de 90 dias, justificável que se prorrogue a relação, mantida a mesma natureza. A matéria requer exame do caso concreto. Trata-se, porém, de negócio jurídico a termo e não condicional. Não se pode subordinar o término da locação ao início das chuvas na orla marítima, por exemplo.

A locação por temporada permite, por exceção, que o aluguel e encargos sejam recebidos antecipadamente. Também, podem ser exigidas quaisquer das formas de garantia previstas no art. 37 (fiança, caução real, seguro de fiança e cessão fiduciária de quotas de fundo de investimento, com a redação da Lei 11.196/2005). Admite-se, porém, de acordo com a regra geral, uma única modalidade de garantia. Justifica-se o pagamento antecipado tendo em vista tratar-se de contrato de curta duração.

Não se subsumem à locação por temporada do Inquilinato as hospedagens de curta estada propiciadas por entidades como *Airbnb* e outras. A matéria exigiria uma digressão, que fazemos na obra específica mencionada.

Da mesma forma há que se enfocar outra modalidade de locação, o "*co-living*". Nessa hipótese são alugados cômodos de unidades, geralmente em condomínios, para pessoas naturais, que usufruem dos serviços comuns da unidade e do condomínio, podendo ainda ter serviços de limpeza e alimentação fornecidos pela empresa locadora ou sublocadora. Trata-se de nova modalidade de locação residencial, que não é locação por temporada, a ser enfrentada, pelos condomínios, pela doutrina e pelos tribunais.

23.3.4 Locação Não Residencial. Ação Renovatória

Para as locações não residenciais existe importante divisor de águas, qual seja, estar ou não a relação jurídica sob a égide da ação renovatória. Quando não há possibilidade de renovação compulsória da locação, o contrato submete-se aos princípios gerais da Lei do Inquilinato, sujeitando-se à denúncia vazia após findo o prazo determinado, e mais o que fixam as disposições gerais (arts. 1º a 45). O art. 56 dispõe que na vala comum das locações não residenciais, não havendo cobertura da renovação compulsória, ou outra exceção (como o caso de hospitais e estabelecimentos de ensino), o contrato por prazo determinado cessa, de pleno direito, findo o prazo estipulado, independentemente de notificação ou aviso. Segue-se o princípio geral: findo o prazo do contrato, se o locatário permanecer no imóvel por mais de 30 dias sem oposição do locador, presumir-se-á prorrogada a locação nas condições ajustadas, mas sem prazo determinado. De acordo com o art. 57, o contrato de locação por prazo indeterminado pode ser denunciado por escrito, pelo locador, concedidos ao locatário 30 dias para a desocupação.

Mantém, portanto a lei a denominada denúncia vazia para os imóveis não residenciais, como regra geral. Terminado o prazo do contrato, cumpre ao locador promover a ação de despejo nos 30 dias seguintes; caso contrário, terá que notificar previamente.

A finalidade especulativa, na maioria das vezes, da locação não residencial, é incompatível com restrição ao exercício do direito de retomada. Na denúncia vazia, é inadmissível qualquer discussão a respeito de eventual insinceridade do pedido, ainda porque não há necessidade de motivação. A questão da locação mista, para fins de denúncia vazia, é essencialmente casuística. Como balizamento para as decisões, devem ser levadas em conta a finalidade estampada no contrato, a preponderância da utilização do imóvel, bem como sua natureza e localização. No entanto, não pode a locação dirigida preponderantemente para finalidade não residencial ser convertida em residencial exclusivamente por interesse do locatário, a fim de gozar da proteção conferida a esta última.

Quando o legislador passa a cuidar da locação não residencial no art. 51, o faz com relação à ação renovatória. O direito à renovação do contrato de locação de imóvel destinado ao comércio e indústria, introduzido pela Lei de Luvas, Decreto nº 24.150/34, atendeu na época a uma nova realidade. Vigorou por mais de meio século, protegendo o fundo de comércio, restringindo a liberdade de contratar. Essa lei era essencialmente um diploma processual, na qual o direito material nela expresso servia apenas para delimitar e ordenar as ações decorrentes desse ordenamento. Regulava as ações renovatórias de locação e revisionais de aluguel, além das hipóteses de indenização do locatário, traçando ainda as condições objetivas e subjetivas dessas ações. Integrada de forma marcante em nosso direito positivo, a Lei de Luvas, ao contrário de outras leis do inquilinato, nunca teve caráter emergencial. O legislador da presente lei inquilinária pretendeu transcender o caráter nitidamente emergencial, continuísta, contingencial, demagógico e excepcional das leis anteriores. Inseriu o conteúdo fundamental do Decreto nº 24.150/34 no bojo da lei vigente. Desse modo, todas as locações com finalidade urbana são regidas pela presente lei, inclusive aquelas com direito à renovação compulsória.

O direito à renovação é disposição de norma cogente, por expressa referência do art. 45, não sendo possível a dispensa pelas partes. Não pode o contrato impedir ou dificultar o direito à renovação, porque qualquer cláusula nesse sentido é nula de pleno direito. O prazo máximo para a renovação sob essa ação é de cinco anos. Se as partes acordarem, podem estender o prazo locativo, mas na ação a sentença fixará a renovação em cinco anos.

O termo *luvas*, consagrado em nosso meio, referia-se a qualquer soma em dinheiro que o locatário pagasse ao locador por ocasião da renovação independentemente do aluguel mensal. Trata-se, aliás, de prática presente também em outros negócios.

A lei vigente, atendendo a irrefreável tendência jurisprudencial, estende a proteção renovatória às sociedades civis com fins lucrativos, como dispõe o § 4º do art. 51.

Para a renovação exige-se *contrato escrito com prazo determinado*, além do *período de cinco anos de locação*.

O objeto da renovação é o contrato em vigência. Não haverá direito à renovação se não houver contrato escrito. Desse modo, não pode ser renovado compulsoriamente o contrato que vige por prazo indeterminado. Pequenos intervalos na renovação dos contratos para o perfazimento da soma de cinco anos eram tidos na lei antiga como fraude à norma de ordem pública. Assim deve prosseguir a jurisprudência. Esta sempre se mostrou elástica no exame da exigência da *locação ininterrupta*. Se as partes contratam por escrito, mas por prazo indeterminado, não são atingidas pela renovatória.

Embora o prazo mínimo da lei seja de cinco anos, as partes podem contratar a renovação com prazo inferior. Os interessados não podem furtar-se ao alcance da lei, mas podem a ela submeter-se voluntariamente, se desejarem.

A renovação judicial será concedida por prazo de cinco anos. Nada impede que se conceda prazo maior, se assim foi estipulado. A jurisprudência entende como fraudatório ao direito de renovação o contrato firmado por prazo pouco inferior a cinco anos, com o objetivo de impedir a renovação (*RT* 610/154). Essa posição não se justifica se não houver prova da fraude.

Outro requisito do art. 51 é comprovação de *exercício no mesmo ramo pelo prazo de três anos*. Não se trata do mesmo ramo de comércio, porque a lei é mais abrangente. Há que se provar o mesmo ramo de atividade. A renovação aplica-se à indústria, ao comércio e às sociedades civis com fins lucrativos. Devemos atentar para o mesmo ramo de negócio com relação a escritórios de contabilidade, salões de beleza, barbeiros, escolas profissionais etc.

O locatário deve apresentar a prova da exploração trienal no mesmo ramo de comércio com a inicial. Entende a lei que três anos é o prazo mínimo para criação do ponto e da clientela. Prazo inferior não terá a proteção da lei. Ampliação ou restrição na atividade negocial do locatário devem ser examinadas no caso concreto.

Há possibilidade de *cessionários* ou *sucessores da locação* utilizarem-se da ação renovatória. Do mesmo modo, essa ação pode repercutir para o *sublocatário*. Nesse sentido o § 1º do art. 51. O cessionário pode ingressar com a ação quando se tratar de cessão consentida. Ver o que estudamos a respeito da cessão de posição contratual em nosso *Direito civil: obrigações e responsabilidade civil* (Capítulo 7). O cessionário comprovará sua condição com a inicial juntando os documentos necessários. Cumpre provar que prossiga no mesmo ramo, perfazendo o triênio legal. Protege-se, desse modo, o fundo de comércio criado por um locatário e continuado por outro. Não se aplica o § 1º se o locatário apenas transfere a locação, sem transmitir o fundo de comércio. Nem sempre o sucessor na locação será sucessor no negócio. A esse respeito a Súmula 482 do Supremo Tribunal Federal:

> *"O locatário, que não for sucessor ou cessionário do que o precedeu na locação, não pode somar os prazos concedidos a este, para pedir renovação, nos termos do Decreto nº 24.150."*

A sucessão *causa mortis* do comerciante individual ou a sucessão *inter vivos* da pessoa jurídica devem ser comprovadas também com a inicial, sem prejuízo de prova complementar durante a instrução.

Quanto à sublocação, estando o prédio integralmente sublocado, somente o sublocatário tem legitimidade para a renovação. Ele é o titular do fundo de comércio. Deferida a renovação, esta se dará entre o sublocatário e o locador, ocorrendo aí nova relação subjetiva, da qual ficará alijado o locatário primitivo.

> *"As distribuidoras de derivados de petróleo, quando sublocam totalmente os imóveis a terceiros, não têm legitimidade para propor ação renovatória, embora dotem os estabelecimentos revendedores dos implementos necessários à comercialização dos seus produtos, ou os orientem e fiscalizem, ainda que lhes propiciando financiamentos e cuidando dos investimentos publicitários."*

Na sublocação parcial, há situações peculiares. Devemos levar em conta, sempre, que na renovatória proposta pelo sublocatário em face do sublocador, o âmbito do contrato tem de ser examinado à luz do que dispõe o parágrafo único do art. 71:

> *"Proposta a ação pelo sublocatário do imóvel ou de parte dele, serão citados o sublocador e o locador, como litisconsortes, salvo se, em virtude de locação originária ou renovada, o sublocador dispuser de prazo que admita renovar a sublocação; na primeira hipótese, procedente a ação, o proprietário ficará diretamente obrigado à renovação."*

Outro aspecto importante na renovação diz respeito a *contrato firmado por integrante de sociedade*. Por vezes, a pessoa jurídica ainda não está legalmente constituída quando do início da locação. Um dos futuros sócios é quem loca o imóvel, ao encetar empreendimento. Anos depois, quando da renovação, já existe empresa próspera no local que pleiteia a renovação. A redação do § 2º do art. 51 é mais abrangente do que a lei anterior. Terá direito a renovação, com legitimidade ativa para tal, tanto a pessoa natural, que firmou originalmente o contrato, quanto a empresa que veio a existir ou já existia. Podem também ambos figurar no polo ativo como litisconsortes.

A dissolução da sociedade por morte de um dos sócios não extingue o direito à renovação, pois o sócio sobrevivente fica sub-rogado no direito, desde que continue em idêntico ramo (art. 51, § 3º). O mesmo sucede, segundo o § 3º, se a sociedade se dissolve e remanesce um único sócio da extinta instituição exploradora do ponto e locatária do imóvel. Desnecessária a aplicação do dispositivo se a locação prosseguiu com empresa sucessora.

Questão que aflora nessa oportunidade é quanto à *possibilidade de renovação concedida a indústrias e sociedades civis sem finalidade lucrativa*. A Lei de Luvas assegurou a renovação às locações destinadas ao uso comercial e industrial. A jurisprudência propendeu a admitir proteção a situações que nada tinham de mercantis. A lei vigente dirime dúvidas e coloca paradeiro às discussões. As sociedades civis, entendendo-se na dicção também o profissional liberal individual, advogado, médico, dentista etc., desde que desempenhem atividade com intuito de lucro, passam a gozar da proteção renovatória. Excluem-se, em princípio, apenas as entidades que não possuem atividade lucrativa, dedicando-se a recreação, esporte, filantropia etc.

No âmbito da lei, em qualquer situação, englobando a locação também uma dependência residencial, a preponderância do uso comercial ou lucrativo é que deve ser examinada. Nessa hipótese, a residência será tratada como acessório da locação.

O *prazo decadencial* para a propositura da renovatória, presente no Decreto nº 24.150, foi mantido na lei. A ação deve ser proposta no interregno de um ano até seis meses anteriores ao final do contrato. Tratando-se de decadência, esse prazo não admite interrupção ou suspensão, sendo disposição cogente. É intempestivo o ajuizamento antes ou depois desse prazo. Há decisões entendendo que o direito estará atendido tão só com o ajuizamento da inicial, independentemente da citação. Não foi esse o intuito do legislador. Não admitindo a decadência prorrogação, caindo o último dia do prazo para ajuizamento da renovatória em data em que não há expediente forense, a ação deve ser proposta até o dia útil imediatamente anterior (*JTACSP* 75/195, 60/219).

23.3.4.1 Oposição à Pretensão de Renovação

O art. 52 da lei enumera as situações que permitem ao locador opor-se à pretensão de renovação. O primeiro inciso refere-se a *obra exigida pelo Poder Público e reforma por iniciativa do locador*. A redação da lei vigente repete, com poucas alterações, a letra *d* do § 1º do art. 8º da Lei de Luvas. O dispositivo não era claro, permanecendo a dificuldade exegética. A conclusão possível é no sentido de que o locador pode opor-se à renovação em razão de obras no imóvel em duas circunstâncias: se o Poder Público exigir reforma que importe sua radical transformação, ou se a reforma decorrer da iniciativa do próprio locador de molde que aumente o valor do negócio ou da propriedade. Ao tratar da ação renovatória, o art. 72 dispõe que nessas hipóteses a contestação deverá trazer prova da determinação da Administração ou relatório pormenorizado das obras a serem realizadas, bem como a estimativa de valorização que sofrerá o imóvel, assinado por engenheiro habilitado. A dificuldade de entendimento do dispositivo na antiga lei motivou a Súmula 374 do Supremo Tribunal Federal: "*Na retomada para construção mais útil, não é necessário que a obra tenha sido ordenada pela autoridade pública.*" De qualquer modo, a reforma do imóvel deve ser radical, sob pena de lançar por terra a proteção pretendida ao fundo de comércio. Anote que a retomada para reforma ou demolição só pode ser deferida ao proprietário ou a quem a ele se equipare, embora a lei se refira ao locador. Não procedendo às reformas, o locador submete-se às reprimendas de índole civil e criminal da lei (art. 44).

O inciso II do art. 52 reporta-se à utilização do imóvel pelo locador "*ou transferência de fundo de comércio existente há mais de um ano, sendo detentor da maioria do capital o locador, seu cônjuge, ascendente ou descendente*". O locador pode impedir a retomada requerendo o prédio para seu uso. Nesse caso, a utilização é ilimitada e inclui até mesmo o uso residencial, se o imóvel o permitir. Para as demais pessoas relacionadas no inciso, é necessário que a retomada se destine a transferência de fundo de comércio existente há mais de um ano e que esses sujeitos sejam detentores da maioria do capital. O locador, na hipótese, pede o imóvel em nome próprio em favor de terceiro, em autêntica figura de substituto processual. Nesse sentido, a Súmula 486 do Supremo Tribunal Federal: "*Admite-se a retomada para sociedade da qual o locador, ou seu cônjuge, seja sócio, com participação predominante no capital social*". Em qualquer situação de retomada, deve o locador indicar a destinação que dará ao imóvel. A lei não estabelece um prazo mínimo em que o imóvel deva ser utilizado pelo retomante, ao contrário do que ocorre para as locações residenciais (art. 44, II). O abuso de direito deve ser examinado em cada caso. A presunção de sinceridade do locador na espécie não é absoluta. É necessário que o pedido tenha credibilidade e convença o juiz de que a intenção de utilizar o imóvel é real. Nesse sentido:

> *"Em sede de locação comercial, resguardada pela Lei de Luvas, não há que se falar em presunção de sinceridade no pedido de retomada. O locador deve provar a real intenção de se utilizar do prédio, sob pena de se jogar por terra os princípios que por decênios inspiram a Lei de Luvas, na proteção do ponto de comércio"* (2º TACSP, 6ª Câmara, Rel. Sílvio Venosa, 23-5-90).

Esse também o sentido da Súmula 485 do Supremo Tribunal Federal: "Nas locações regidas pelo Decreto nº 24.150, de 20 de abril de 1934, a presunção de sinceridade do retomante é relativa, podendo ser elidida pelo locatário."

Nessas hipóteses do inciso II, de acordo com o § 1º do artigo em testilha, não pode ser instalado no imóvel comércio ou indústria do mesmo ramo do inquilino. Não pode o retomante locupletar-se do fundo de comércio criado por outrem. A exceção fica por conta da situação em que o fundo de comércio, com suas instalações e pertenças, foi originalmente alugado, sendo, portanto, preexistente à locação. O que se entende por *mesmo ramo de comércio* vedado na retomada dependerá do exame do caso concreto, mormente quando se tratar de ramos afins ou paralelos.

O locatário terá direito a indenização do § 3º desse artigo no caso de desvio de uso. Compreenderá ressarcimento dos prejuízos e dos lucros cessantes suportados pelo locatário com a mudança, perda do lugar e desvalorização de seu fundo de comércio, isto se a renovação não ocorrer em razão de proposta de terceiro em melhores condições. Também haverá direito a essa indenização se o locador, no prazo de três meses da entrega do imóvel, não der o destino alegado ou não iniciar as obras determinadas pelo Poder Público ou que declarou que pretendia realizar. Não há indenização tão só pela retomada. Essa indenização deve ser apurada em processo de conhecimento autônomo.

O § 2º do art. 51 estabeleceu que nas locações de espaço em *shopping centers*, o locador não poderá recusar a renovação do contrato com fundamento no inciso II, isto é, utilização para uso próprio ou de pessoa jurídica relacionada. A utilização nesse molde iria contra as finalidades e os objetivos sociais dos centros de compras que timidamente ingressam em nossa legislação. O art. 54 faz nova referência aos *shopping centers*, advertindo sobre a atipicidade do contrato locativo nesses empreendimentos, matéria que requer legislação e estudo específicos.

Essas hipóteses de oposição material ao pedido de renovação devem ser vistas em conjunto com o art. 72, que diz respeito ao conteúdo da contestação na ação renovatória. Segundo o dispositivo, além da defesa de direito, ficava adstrita, quanto à matéria de fato, ao seguinte:

> *"I – não preencher o autor os requisitos estabelecidos nesta Lei;*
>
> *II – não atender, a proposta do locatário, o valor locativo real do imóvel na época da renovação, excluída a valorização trazida por aquele ao ponto ou lugar;*
>
> *III – ter proposta de terceiro para a locação, em condições melhores;*
>
> *IV – não estar obrigado a renovar a locação (incisos I e II do art. 52)."*

23.3.4.2 Rescisão do Contrato de Locação de Hospitais, Estabelecimentos de Saúde e de Ensino

O art. 53 estabelece condições especiais para a rescisão de contrato de locação de imóveis utilizados por hospitais, unidades sanitárias oficiais, asilos, bem como estabelecimentos de saúde e de ensino autorizados e fiscalizados pelo Poder Público. Lei recente incluiu no dispositivo os templos religiosos. Nesses casos, o contrato poderá ser rescindido com fundamento nas hipóteses já vistas do art. 9º (inciso I) e se o proprietário ou assemelhado pedir o imóvel para demolição, edificação licenciada ou reforma que venha a resultar em aumento mínimo de 50% da área útil (inciso II).

Essa disposição tem evidente sentido social, protegendo a permanência desses estabelecimentos que desempenham importante papel de assistência e educação. Por isso mesmo a lei parte para uma grande restrição ao direito de propriedade e suprime dessas locações o sistema ordinário do art. 56, qual seja, a denúncia vazia das locações não residenciais. Trata-se de proteção maior que a conferida pela ação renovatória, uma vez que a permanência da locação independe de qualquer iniciativa do locatário. Também o prazo de desocupação, quando decretado o despejo nas situações permitidas, é mais elástico (art. 63, § 3º).

Cabe à jurisprudência definir o que se entende por *asilo*, introduzido pela vigente lei. Quanto aos estabelecimentos de saúde e ensino, a lei qualificou seu conceito, trazendo para seu amparo essas locações quando autorizados e fiscalizados pelo Poder Público. Essa menção à autorização e fiscalização, ausente na lei anterior, é aquela específica das atividades de saúde e ensino. Embora esteja ampliado o alcance da norma, continuam fora dessa proteção os cursos que ministram aulas privadas ou conhecimentos que independem de autorização ou fiscalização específica, como corte e costura, cursos livres de informática, de arte, de atividade profissionalizante sem ligação oficial, como escolas de cabeleireiro, empregados domésticos etc., assim como cursinhos preparatórios.

Quanto às escolas maternais ou dirigidas à primeira infância, desde que comprovada sua autorização e fiscalização pelo Poder Público, em termos de ensino e não como simples hotel ou berçário, é possível sua proteção. O mesmo seja dito a respeito dos cursos de idiomas (*RT* 631/167).

O legislador poderia ter feito referência a estabelecimentos de ensino de primeiro, segundo grau e superior e não o fez. Tal situação permite um conceito mais ampliativo na vigente lei. Também não se inserem na dicção legal simples clínicas e consultórios médicos, nos quais não existe internação, mas apenas consultas e tratamento ambulatorial. Por outro lado, nada impede que os contratantes voluntariamente se submetam a esse regime legal, dentro da autonomia de vontade contratual.

O artigo permite o despejo nas hipóteses do art. 9º. Cai-se na vala comum de todas as locações. A locação pode ser desfeita por mútuo acordo; por infração contratual ou legal; por falta de pagamento do aluguel e encargos e para realização de obras urgentes determinadas pelo Poder Público, com os matizes já estudados. A ação de despejo é autorizada como regra geral.

Além disso, conforme o inciso II do art. 54, o prédio pode ser pedido para demolição, edificação licenciada ou reforma que resulte aumento mínimo de 50% de área útil. Esse critério objetivo já deve constar de plantas e projeto apresentado com a inicial.

Todas as hipóteses de despejo nessas modalidades de locação são de denúncia cheia e dispensam notificação prévia. Pode, no entanto, a exigência de notificação constar do contrato. Como não há restrição expressa na lei, e mencionando o art. 9º que o despejo *também* pode ser concedido nas hipóteses nele elencadas, é de entender que os arts. 7º (extinção de usufruto e fideicomisso) e 8º (alienação do imóvel durante a locação) igualmente permitem o despejo. Houvesse sido intenção do legislador excluir essas hipóteses, tê-lo-ia feito expressamente. Aliás, sob a lei anterior houve entendimento nesse sentido (*RT* 633/167, também embargos infringentes do 2º *TACSP*, 232.531 – 7ª Câmara, Rel. Emmanoel França, 12-9-89).

23.3.4.3 Locação Destinada a Titulares de Pessoa Jurídica em Razão do Exercício da Função

O art. 55 considera não residencial a locação feita a pessoa jurídica, destinando-se o imóvel ao uso de seus titulares, diretores, sócios, gerentes, executivos ou empregados. Essa inovação, introduzida pela Lei nº 8.245, retira do âmbito residencial modalidade de locação que serve a interesses da empresa e não propriamente a necessidades habitacionais. Aplica-se às *locações em que figura como locatário a pessoa jurídica*. Se a locação foi firmada com pessoa natural, não se aplica o dispositivo, ainda que a pessoa jurídica figure como fiadora. Se for locação não residencial, submete-se aos princípios do art. 56, admitindo a denúncia vazia.

Ainda que se deduza do empregado um valor a título de pagamento pelo uso do imóvel, ou que pague ele contribuição a qualquer título, não se transforma a relação em sublocação, salvo contrato expresso. Desse modo, a relação entre os ocupantes do imóvel e a pessoa jurídica é estranha ao locador. Será a empresa responsável pela locação, pelo pagamento do aluguel e encargos e eventuais danos no imóvel de responsabilidade do locatário. O desfazimento da relação de emprego ou outra relação jurídica entre o morador e a empresa locatária, salvo existência inequívoca de sublocação entre eles, resolve-se na esfera possessória.

23.3.5 Extinção de Usufruto e de Fideicomisso

O art. 7º estabelece:

> *"Nos casos de extinção de usufruto ou de fideicomisso, a locação celebrada pelo usufrutuário ou fiduciário poderá ser denunciada, com o prazo de trinta dias para a desocupação, salvo se tiver havido aquiescência escrita do nu-proprietário ou do fideicomissário, ou se a propriedade estiver consolidada em mãos do usufrutuário ou do fiduciário."*

O conceito de usufruto pertence ao direito das coisas; o de fideicomisso, ao direito das sucessões. Os fundamentos desses institutos devem ser buscados nesses ramos, por nós já estudados nos volumes específicos. A lei, em seus princípios gerais, permite a retomada pelo nu-proprietário e pelo fideicomissário não anuentes na locação porque são pessoas estranhas ao contrato. Trata-se de retomada imotivada decorrente do fato da extinção desses negócios jurídicos. Todas as demais ações decorrentes da locação, inclusive a de despejo, devem ser propostas pelo usufrutuário e fiduciário, porque são eles as partes contratantes, independendo de participação dos nu-proprietários e fideicomissários, estranhos às vicissitudes da locação. Desse modo, vigente o usufruto ou o fideicomisso, não podem os nu-proprietários e fideicomissários ingressar com ação de despejo para uso próprio, por exemplo, porque não exercem os poderes necessários de fruição da propriedade.

Atente que nessa hipótese do art. 7º a ação cabível é de despejo, de acordo com o art. 5º. A extinção do usufruto ou do fideicomisso por si só não rompe o contrato de locação, tanto que o silêncio dos novos titulares da relação no prazo de 90 dias contados da extinção do fideicomisso ou da averbação da extinção do usufruto faz presumir a continuidade do trato contratual, nos termos do art. 7º. A situação desses sujeitos que denunciam a locação equipara-se à do novo adquirente citado no art. 8º. Tanto num como noutro caso, há necessidade da notificação prévia para desocupação em 30 dias, para que não se surpreenda o locatário. Pela dicção do parágrafo único do art. 7º, essa denúncia deve ser exercitada no prazo de 90 dias contados do desaparecimento do usufruto ou do fideicomisso. O ingresso da ação de despejo deve guardar proximidade temporal com o decurso de prazo da notificação, sob pena de esta perder eficácia e ter de ser renovada. Há hipóteses de extinção de usufruto ou de fideicomisso que independem de qualquer ato judicial. Há que se examinar prova idônea de término em cada caso.

23.3.6 Alienação de Imóvel Durante a Locação

A alienação do imóvel durante a locação permite a denúncia do contrato. Disciplina o art. 8º:

> *"Se o imóvel for alienado durante a locação, o adquirente poderá denunciar o contrato, com o prazo de noventa dias para a desocupação, salvo se a locação for por tempo determinado*

e o contrato contiver cláusula de vigência em caso de alienação e estiver averbado junto à matrícula do imóvel."

O § 1º equipara a proprietário o promissário comprador e o promissário cessionário, em caráter irrevogável, com imissão na posse do imóvel e título registrado junto à matrícula. A exemplo do artigo anterior, a denúncia deverá ser exercitada no prazo de 90 dias, contados do registro da venda ou do compromisso, presumindo-se, após esse prazo, a concordância com a manutenção da locação (§ 2º).

Presente o dispositivo nas regras gerais da lei, aplica-se a todas as locações. O novo adquirente é estranho ao pacto locatício, em princípio, salvo o registro imobiliário que tem por finalidade tornar a avença conhecida por todos. Com essa regra impede-se maior restrição ao direito de propriedade. Na prática, poucas vezes encontrar-se-á o contrato sob registro junto à matrícula. Não é bastante, porém, o registro: necessário que o contrato preveja sua continuidade mesmo na hipótese de alienação. Impróprio também se mostra o registro em outro cartório que não seja o imobiliário. Aplica-se, em princípio, a toda modalidade de alienação, inclusive doação. Possibilidade de fraude não afasta a aplicação da lei, porque exige exame do caso concreto.

O mesmo prazo estabelecido no artigo anterior, 90 dias, foi estabelecido para presumir continuidade da locação, com aquiescência do novo proprietário. Desse modo, nesse prazo, ainda que este receba os alugueres, tal não implica recondução da locação, porque a lei lhe concede esse prazo de deliberação. Com isso, dirime-se dúvida da legislação anterior que trouxe vacilação à jurisprudência.

Não há forma exigível para a notificação. Pode ser feita por carta, por via judicial ou extrajudicial. Somente após o decurso de seu prazo pode ser ajuizado o despejo, no prazo subsequente de 30 dias, como é razoável, sob pena de ineficácia da denúncia.

Veja o que discorremos anteriormente sobre a aplicação do art. 473, parágrafo único, do vigente Código Civil.

23.3.7 Morte do Locador e do Locatário

Morrendo o locador, a locação transmite-se aos herdeiros (art. 10). A morte do locador, portanto, não faz desaparecer a relação *ex locato*. Em tese, o espólio é o continuador das relações transmissíveis do morto. No entanto, os herdeiros já ingressam na relação negocial no momento da morte. Os herdeiros continuam na posição contratual por prazo determinado ou indeterminado. Poderão ingressar com pedido de retomada nas mesmas situações que poderia fazê-lo o *de cujus*. Aplica-se o princípio pelo qual o contrato, não sendo personalíssimo, vincula os sucessores *causa mortis*. O espólio, com personalidade processual, possui legitimidade para propor ações locativas, bem como para pedir o imóvel para uso de um dos herdeiros (*RT* 613/153, 572/216, *JTACSP* 72/173, 11/351). O inventariante tem legitimidade para receber e dar quitação dos alugueres, pois é administrador do espólio.

Enquanto não aberto inventário, há que se entender que a locação prossegue com o herdeiro que estiver na administração dos bens ou com o cônjuge meeiro.

O dispositivo legal em apreço é norma cogente. Ineficaz será a cláusula que preveja o término da locação com a morte do locador.

Entretanto, conforme o art. 11, morrendo o locatário, haverá sub-rogação da locação nas pessoas ali enumeradas. Nas locações residenciais, pode prosseguir na locação o cônjuge sobrevivente ou o companheiro e, sucessivamente, os herdeiros necessários e as pessoas que viviam na dependência econômica do *de cujus*, desde que residentes no imóvel (inciso I). Nas locações não residenciais, prosseguem como locatários o espólio e, se for o caso, o sucessor no negócio (inciso II).

Acentua-se nesse tópico o intuito protetivo da lei inquilinária. O contrato de locação, especialmente o residencial, é *intuitu familiae*. Irrelevante saber se a locação é por prazo determinado ou indeterminado para o alcance dessa norma.

O dispositivo menciona *sub-rogação* nos direitos e obrigações do locatário. O termo significa substituição subjetiva nessa dicção. Não se trata de mera continuação, mas de sub-rogação por força de lei.

Servindo o imóvel residencial de moradia da família, a intenção da lei é que ali ela permaneça, ainda que com a morte do locatário. Há uma ordem estabelecida no dispositivo, a qual, contudo, é estranha para o locador. Cumpre que a família, não contando sua natureza, continue sob o mesmo teto, pouco importando se unida ou não pelo casamento, daí a menção ao companheiro do locatário. O cônjuge ou companheiro poderá continuar na locação. Se não o fizer, o direito de sub-rogação será dos herdeiros necessários e dos citados dependentes. Se forem vários os sucessores na locação, serão tratados como responsáveis solidários, na forma do art. 2º.

Nas locações não residenciais, o espólio poderá prosseguir na locação. Desaparecendo o espólio, com a partilha, terá direito o sucessor no negócio, se houver, inclusive podendo propor ação renovatória. Se a locação é com pessoa jurídica, note-se que ordinariamente ela não se extingue com a morte de sócio.

A fiança, sendo garantia pessoal, extingue-se com a morte do locatário. Deve ser apresentada nova garantia, se assim for exigido pelo locador.

Se os que ocupam o imóvel após a morte do locatário forem estranhos à relação locatícia, a ação para desalojá-los será possessória, pois serão intrusos.

23.3.7.1 Separação e Divórcio do Locatário

Consoante o art. 12, em redação melhorada pela Lei nº 12.112/2009, ocorrendo separação judicial, separação de fato, divórcio ou rompimento de sociedade em união estável, a locação prosseguirá com o cônjuge ou companheiro que permanecer no imóvel. No entanto, conforme o § 1º, com redação dessa mais recente lei, exige que essa sub-rogação na posição de locatário seja comunicada por escrito ao locador e ao fiador, se houver. O locador terá direito de exigir, no prazo de 30 dias, a substituição do fiador ou o oferecimento de nova garantia, conforme permite o ordenamento.

Sabido é que no mais das vezes apenas um dos cônjuges ou um dos companheiros contrata a locação. O dispositivo corrobora a afirmação de ser a relação locatícia firmada no intuito familiar. Permite-se, portanto, a sub-rogação. A lei diz menos do que pretendeu. O cônjuge ou o convivente terá direito de permanecer na locação, qualquer que seja a forma de dissolução da sociedade conjugal, como na anulação de casamento. De outra parte, se a separação ocorre no curso de ação de despejo, tem o sub-rogado direito de ingressar no processo, purgando a mora se for o caso, e recorrendo da sentença desfavorável.

A comunicação exigida pela lei tem a finalidade de possibilitar ao locador que exija novo fiador. A lei exige que seja escrita. Se a fiança for pessoal, extingue-se com a exclusão do afiançado da relação contratual. A omissão do cônjuge ou companheiro implicará infração legal. Se, no entanto, feita a comunicação, o locador se mantiver silente, não há mais que se responsabilizar o primitivo fiador.

23.3.8 Cessão, Sublocação e Empréstimo do Imóvel

A lei proíbe a transferência do contrato de locação e a cessão e sublocação do imóvel sem o consentimento expresso do locador. O art. 13 exige a manifestação de vontade prévia e por escrito do locador para cessão, sublocação e empréstimo. Espancam-se dúvidas da legislação anterior. Não é eficaz consentimento tácito. Não se presume o consentimento pela simples demora do locador em manifestar formalmente sua oposição (§ 1º). O consentimento pode constar do contrato ou de outro instrumento. Se o fato ocorre no curso da locação, o locatário deve notificar por escrito o locador, que tem 30 dias de prazo para manifestar sua oposição (§ 2º). Se o imóvel já está cedido, a não concordância do locador será demonstrada com a propositura da ação de despejo por infração legal. Se apenas terceiros ocupam o imóvel, não fica afastado o remédio possessório. O dispositivo, presente na parte geral da lei, aplica-se a todas as locações, inclusive àquelas sob proteção da ação renovatória.

23.3.9 Sublocação

A lei vigente destacou as disposições sobre a sublocação em seção autônoma. A natureza dessa modalidade negocial, o subcontrato, já foi estudada neste volume. Em princípio, o contrato de sublocação deve ser tratado como uma locação. Só não se aplicará à sublocação o que for incompatível com esse contrato derivado. Esse o sentido do art. 14 que manda aplicar às sublocações, *no que couber*, as disposições relativas às locações. Desse modo, as regras atinentes ao direito material e processual do inquilinato são aplicáveis. Nada obsta, portanto, que o sublocador exerça, por exemplo, o direito de retomada para uso próprio. Como na locação, o sublocatário não pode ceder, emprestar ou sublocar. Há, porém, aspectos específicos na sublocação. No tocante ao direito de preferência, por exemplo (art. 28). Pela lei em vigência, o sublocatário terá essa preempção em primeiro lugar, se todo o imóvel estiver locado. Abrindo mão desse direito, surgirá então a preferência do locatário.

Como o âmbito da sublocação é limitado pelo contrato-base, o contrato derivado só pode abranger materialmente, no máximo, o imóvel objeto da locação. De outro lado, as cláusulas desse subcontrato podem variar e ser diversas daquelas do contrato-base. No entanto, não pode o sublocador permitir o que o contrato-base lhe proíbe, porque não pode transferir mais direitos do que tem. Se o subcontrato cuidou de mais do que era possível, esse extravasamento resolve-se no plano obrigacional entre os subcontratantes, mas não afeta o locador.

Em qualquer hipótese, a sublocação não consentida expressamente dá margem à rescisão do contrato de locação. O sublocador assume o risco de responder por indenização perante o sublocatário, se o risco não era de conhecimento deste. Entre a subcontratação e a contratação, existe independência, embora a lei inquilinária permita alguns efeitos reflexos.

Extinto o contrato de locação, qualquer que seja sua causa, extinguem-se as sublocações. O sublocatário deve desocupar o imóvel. O art. 15 ressalva direito de indenização do sublocatário contra o sublocador. Este deve voltar-se contra o sublocador em ação autônoma, se presentes os pressupostos de perdas e danos. O sublocatário pode exercer direito de retenção por benfeitorias contra o locador conforme as regras gerais. A disposição em apreço repete regra do Código Civil de 1916 (art. 1.203).

Embora não exista, em tese, relação do sublocatário com o locador, pode o primeiro purgar a mora do locatário, como terceiro interessado, a fim de evitar o despejo. Ainda, de acordo com o art. 16, o sublocatário responde subsidiariamente ao locador pela importância que dever ao sublocador, quando este for demandado, e pelos aluguéis que se vencerem durante a lide. A disposição repete, com pouca diferença, a dicção do art. 1.202 do Código Civil antigo.

A regra visa evitar o enriquecimento ilícito. Qualquer ação que objetive a responsabilidade por locação, despejo, cobrança, dá suporte ao entendimento de que os aluguéis e encargos devidos e os que se vencerem durante a locação pelo sublocatário devem ser pagos ao locador. De outro modo, locupletar-se-ia o sublocador. Essa obrigação do sublocatário é subsidiária, porque somente aflora nas condições de lei, quais sejam, a inadimplência do locatário e a propositura de ação contra ele. Esse dispositivo aplica-se tanto à locação consentida como à não consentida, porque o enriquecimento injusto é categoria geral que independe de norma. Desse modo, pagará mal o sublocatário quando for cientificado de ação proposta ou de débito em aberto onerando o locatário.

O art. 21 estipula que o aluguel da sublocação não poderá exceder o da locação. O descumprimento desse limite autoriza o sublocatário a reduzir o aluguel até o valor permitido. O dispositivo tem cunho moral, no intuito de evitar que o locatário aufira vantagem com a locação. Nas habitações coletivas, a lei permite até o dobro do valor do aluguel, segundo o mesmo artigo, atendendo à natureza dessas contratações.

23.3.10 Aluguel. Ação Revisional

O preço, denominado aluguel, é essencial à locação. Como o contrato de locação predial é dirigido pelo Estado, o valor do aluguel assume importância fundamental na política e economia oficiais. Por isso, a Administração interfere com frequência, mormente no tocante aos índices e à periodicidade de majoração dos alugueres. Esse ponto é crucial, e o excesso de interferência pode gerar a perda da praticidade almejada pela nova lei, principalmente no tocante ao aumento de oferta de imóveis de locação. Com frequência, são editadas leis apressadas para minorar, nem sempre de forma eficiente, os impactos de planos econômicos ou vicissitudes financeiras. Ora, ainda que admitida certa ingerência estatal, a situação tende a ser normalmente absorvida por uma economia de mercado. A forma de correção dos aluguéis é sem dúvida o ponto mais complexo do problema.

O art. 17 da lei estabeleceu ser livre a convenção do aluguel, proibindo sua estipulação em moeda estrangeira e sua vinculação à variação cambial ou ao salário-mínimo. O mais que se legislou e ainda se legislará é contingente. Ideal que permanecesse unicamente o que foi fixado pela lei, a fim de que se acomode o mercado. O art. 18 permite que as partes fixem a qualquer momento novo valor locativo. Não precisaria dizê-lo, mas o caráter cogente e o espírito que norteou as leis pretéritas obrigou a menção expressa.

O art. 19 estabelece o fundamento da *ação revisional*. Na ausência de acordo, tanto o locador, como o locatário, após três anos de vigência do contrato ou do acordo, poderão pedir revisão judicial do aluguel, a fim de ajustá-lo ao preço de mercado. Essa ação revisional é aplicável às locações residenciais e não residenciais, protegidas ou não pela ação renovatória. Sua finalidade é recolocar o aluguel a preço de mercado como se supõe estivesse quando da contratação. Historicamente, essa ação surge sem ligação com o fenômeno inflacionário. A situação de mercado do imóvel pode variar, para mais ou para menos, independentemente da variação do valor nominal da moeda. Todavia, no passado a inflação insistente tornara-se a principal causa de seu ajuizamento. A legitimidade é tanto do locador como do locatário.

O prazo de cinco anos da Lei nº 6.649/79 mostrava-se excessivo, considerando-se a situação do mercado imobiliário. Optou a lei vigente pelo prazo de três anos, que já constava da Lei de Luvas. A dúvida maior é saber se simples reajustes monetários, conforme índices inflacionários, devem ser considerados novo acordo. Sempre nos posicionamos pela negativa, embora não seja essa a orientação majoritária da jurisprudência.

23.3.11 Direitos e Deveres do Locador

O rol de deveres do locador e do locatário foi alargado em relação ao que constava do Código Civil de 1916, tendo em vista as particularidades da locação predial moderna.

No art. 9º, a lei regula que a locação pode ser desfeita pela prática de infração legal ou contratual. As infrações que autorizam o desfazimento da relação contratual podem ser tanto do locador quanto do locatário.

A cada direito de um contratante corresponde obrigação de outro. Na enumeração sob o título de "deveres", a lei enumera também direitos das partes. No art. 22, encontram-se as obrigações do locador. A obrigação de "*entregar ao locatário o imóvel alugado em estado de servir ao uso a que se destina*" (inciso I) é noção fundamental da locação, conforme a regra do art. 566 do Código Civil. O contrato de locação, como visto, não é de natureza real. Descumprindo essa obrigação, o locador sujeita-se à rescisão e a perdas e danos. Verificando o locatário que o imóvel não está apto, de molde que a dificulte ou impeça seu uso, deve o locatário pedir a rescisão ou o abatimento do aluguel.

O imóvel deve ser entregue com suas *pertenças*, como afirma o art. 93 do mais recente Código Civil. A exigência persiste, pois é da própria natureza do negócio. Pertenças são coisas acessórias destinadas a conservar ou facilitar o uso das coisas principais. A linha telefônica, instalada no imóvel, deve constar expressamente do contrato, não podendo ser considerada, em princípio, como acessório. O contrato deve ser expresso a respeito de pertenças que possam ser facilmente retiradas, como lustres e aparelhos de ar-condicionado.

A presunção relativa, não havendo ressalva do locatário, é de que a coisa foi recebida a contento.

O locador deve "*garantir, durante o tempo da locação, o uso pacífico do imóvel locado*" (art. 22, II). O locatário assume a posse direta do imóvel. O locador está impedido de tolher o uso pelo inquilino, devendo garantir, no que estiver em seu alcance, o uso inconturbado. O locador deve garantir o locatário das turbações de terceiros, de direito e de fato. Para tal, em contrapartida, o locatário deve comunicar oportunamente essas turbações ao locador. Essa garantia exerce papel semelhante à dos vícios redibitórios e à da evicção. Se o locador violar essa obrigação, abre-se ao locatário o direito de pedir perdas e danos ou rescindir o contrato. Complemento a essa obrigação é a de *manter, durante a locação, a forma e o destino do imóvel locado*. Repete-se o art. 1.204 do Código Civil de 1916.

O locador responde pelos *vícios ou defeitos anteriores à locação* (art. 22, IV). Como examinado, sendo a locação um contrato comutativo e oneroso, a ele se aplica a teoria dos vícios redibitórios (arts. 441 a 446 do Código Civil). A espécie cuida de vício ou defeito oculto que torne o prédio impróprio. Nesse caso, o inquilino pode pedir a rescisão do contrato ou a redução do valor do aluguel (*ação redibitória* e *quanti minoris*, respectivamente). Não lhe é dado, porém, sem a chancela judicial, reter ou reduzir aluguel. O locador responderá por perdas e danos, se tinha conhecimento do defeito ou vício ao contratar (art. 443 do Código Civil). De sua parte, o inquilino não fará jus à garantia, se tinha conhecimento dos vícios quando celebrou o contrato. Terá, se o locador expressamente assumiu a responsabilidade (art. 443).

Compete ao locador "*fornecer ao locatário recibo discriminado das importâncias por este pagas, vedada a quitação genérica*" (art. 22, VI). As sucessivas leis do inquilinato sempre determinaram o recibo discriminado, proibindo quitação genérica, admissível em outros negócios que requerem unicamente o determinado no art. 320 do Código Civil. Recibo é a prova natural da quitação, a qual pode, no entanto, ser comprovada por outros meios. Pode o locatário reter o pagamento no caso de recusa no fornecimento de recibo adequado (art.

319), podendo valer-se da ação de consignação em pagamento para extinguir a obrigação e obter a quitação.

O locador deve

> "*pagar as taxas de administração imobiliária, se houver, e de intermediações, nestas compreendidas as despesas necessárias à aferição da idoneidade do pretendente à locação ou de seu fiador*" (art. 22, VII).

O abuso quanto a essa obrigação grassa no mercado, praticado com a conivência das administradoras. Geralmente, essas despesas são embutidas nos encargos do locatário. Provado o pagamento, pode o locatário pleitear a devolução dessas verbas. É importante, portanto, o detalhamento do recibo referido no tópico anterior.

A lei fixa a obrigação do locador no pagamento de

> "*impostos e taxas, e ainda prêmio de seguro complementar contra fogo, que incidam ou venham a incidir sobre o imóvel locado, salvo disposição expressa em contrário no contrato*" (art. 22, VIII).

A prática determinou que ordinariamente esses encargos sejam carreados ao inquilino. A ressalva, porém, deve vir expressa no contrato, ou em instrumento autônomo.

Compete também ao locador "*exibir ao locatário, quando solicitado, os comprovantes relativos às parcelas que estejam sendo exigidas*" (art. 22, IX). Ainda que esteja discriminado o recibo, o locatário tem o direito de saber se as quantias ali constantes estão sendo efetivamente pagas e são devidas. Por isso, pode exigir que sejam exibidos os comprovantes relativos a despesas de condomínio, impostos, reparações e reformas etc.

Finalmente, o art. 22, X, determina que o locador arque com as "*despesas extraordinárias de condomínio*", elencando em sete dispositivos do parágrafo único o que assim deve ser entendido. Aquelas que não se refiram aos gastos rotineiros de manutenção do edifício. A disposição é inelutavelmente de ordem pública, não podendo o locador carrear as despesas extraordinárias de condomínio ao inquilino. A enumeração da lei é apenas exemplificativa. O caso concreto pode trazer dúvida acerca da natureza da despesa, uma vez que as ordinárias ficam por conta do locatário (art. 23, XII). Fora da relação de despesas da lei, a questão será casuística.

23.3.12 Direitos e Deveres do Locatário

O rol de deveres do locatário está enumerado no art. 23. Repetimos, como dito anteriormente, que qualquer infração dos deveres legais ou contratuais por parte do inquilino enseja a rescisão contratual e o despejo. Há, porém, infrações maiores e menores que devem ser levadas na devida conta pelo bom-senso do julgador.

> "*Não é qualquer infração contratual que justifica a drástica consequência do despejo. Pequenos deslizes como o acolhimento de parentes, em caráter transitório, para atender situações de emergência, não autorizam a imposição de qualquer sanção ao locatário*" (JTACSP 115/267).

Já de outro lado se decidiu que "*o descumprimento da obrigação contratual de pagar impostos incidentes sobre o imóvel não constitui 'deslize', mas falta autorizadora da decretação do despejo do inquilino*" (JTACSP 98/329).

A principal obrigação do inquilino é

> *"pagar pontualmente o aluguel e os encargos da locação, legal ou contratualmente exigíveis (art. 23, I), no prazo estipulado, ou, em sua falta, até o sexto dia útil do mês seguinte ao vencido, no imóvel locado quando outro local não tiver sido indicado no contrato".*

Não basta o simples pagamento. Cumpre que seja pontual e não moroso, aliás como toda obrigação. Desse modo, o advérbio pontualmente constante da lei mostra-se desnecessário.

Converteu-se em prática generalizada estipular-se no contrato que o locatário gozará de certo desconto se efetuar o pagamento antecipadamente, até determinado dia. Embora existam opiniões em contrário, as quais entendem existir nesse caso incentivo à pontualidade, conclui-se que as partes erigem aí uma cláusula penal ao inverso. Isso é facilmente perceptível quando o valor do aluguel "bonificado" é traduzido por valor exato, enquanto o valor do aluguel a ser pago no vencimento estabelecido é constituído de número fracionado. Costumeiramente, o valor redondo é o do aluguel avençado. O pagamento feito após sofre o acréscimo penal.

Leve em conta que, não havendo contrato escrito, o prazo para pagamento é o sexto dia útil do mês seguinte ao vencido, conforme o dispositivo em tela. A lei estabelece o local do pagamento no próprio imóvel, obrigação quesível, que pode ser transformada em portável pela vontade contratual. Os efeitos da mora somente poderão ser alcançados pelo locador por meio da ação de despejo. Eventual retardamento no recebimento de alugueres não significa renúncia ao direito de ingressar com a ação de despejo por falta de pagamento. O locatário tem direito de purgar a mora (art. 62, II).

O locatário pode *"servir-se do imóvel para o uso convencionado ou presumido, compatível com a natureza deste e com o fim a que se destina, devendo tratá-lo com o mesmo cuidado como se fosse seu"* (art. 23, II). Desse aspecto já tratamos ao mencionar o art. 569, I (1.192, I), do Código Civil, com redação semelhante. Devemos examinar a natureza da locação. O abuso é matéria a ser apurada no caso concreto. Pequenas alterações de uso não constituem transgressão legal, como é o caso do médico, que, locando imóvel para residência, nele também instala consultório. Tendo o locatário em mãos bem alheio, deve tratá-lo com igual cuidado o imóvel como se fosse seu. Daí por que é sua responsabilidade o pagamento das despesas ordinárias de conservação, a exemplo das despesas ordinárias de condomínio. A utilização anormal do imóvel pode dar margem à rescisão.

O contrato de locação em geral consagra *obrigação de restituir* (art. 569, IV, do Código Civil). É o que deve ser feito com o imóvel, *"finda a locação, no estado em que o recebeu, salvo as deteriorações decorrentes do seu uso normal"* (art. 23, III). A entrega de imóvel dá-se pela tradição simbólica, geralmente a entrega das chaves. Pode ser ficta, mediante a prática de qualquer ato que faça o locador voltar a ser possuidor direto do imóvel. Havendo recusa no recebimento, poderá o locatário depositar o imóvel em juízo. Enquanto não restituído o prédio, responde o inquilino pelos aluguéis e encargos. Não poderá abandoná-lo, porque ficará sujeito a perdas e danos.

A questão mais corrente diz respeito à compreensão da expressão *uso normal* do imóvel. O desgaste pelo uso anormal é apurável no caso concreto.

O locatário deve

> *"levar imediatamente ao conhecimento do locador o surgimento de qualquer dano ou defeito cuja reparação a este incumba, bem como as eventuais turbações de terceiros"* (art. 23, IV).

O art. 569, III, do Código Civil, reporta-se da mesma forma ao aviso da turbação de terceiros. Nesse dispositivo situa-se dupla garantia para o locador. Há um duplo dever do locatário. Trata-se de contrapartida à obrigação de o locador garantir, durante o contrato, o uso pacífico do imóvel locado (art. 22, II).

Se o inquilino, por um lado, não responde pelos danos anormais do prédio, por outro, tem o dever de comunicá-los prontamente ao senhorio, a fim de que este tome as devidas providências. O dispositivo visa garantir o pronto socorro do locador aos danos anormais, bem como a defesa perante ataque de terceiros. Sempre é oportuno recordar que estamos em sede de obrigação legal do locatário. A omissão na comunicação em tela não só lhe acarretará a indenização pelos danos que provocar, como também o despejo por infração a uma obrigação legal.

Também compete ao locatário *"realizar a imediata reparação dos danos verificados no imóvel, ou nas suas instalações, provocados por si, seus dependentes, familiares, visitantes e prepostos"* (art. 23, V). Se o locatário deve cuidar do prédio *com o mesmo cuidado como se fosse seu* (inciso II), deve reparar danos ocasionados no imóvel por todos que dele se utilizam, sob a relação locatícia. A lei é ampliativa. Leva em consideração os danos praticados por qualquer pessoa do relacionamento do inquilino, inclusive visitantes. E não poderia ser de outra forma, pois essa responsabilidade decorre da posse direta que o inquilino exerce. Evidente que se objetiva a anormalidade. O desgaste normal do prédio não é de ser levado em conta. Ciente dos danos, incumbe ao locador constituir o inquilino em mora. Não executando os reparos em prazo razoável concedido, caracterizada estará a infração contratual autorizadora do despejo, sem prejuízo da indenização pelas perdas e danos. Responderá pela indenização mesmo no caso fortuito e na força maior, se o contrato o obrigava a manter seguro e não o fez. Aplica-se o art. 1.208 do Código Civil antigo:

> *"Responderá o locatário pelo incêndio do prédio, se não provar caso fortuito ou força maior, vício de construção ou propagação de fogo originado em outro prédio.*
>
> *Parágrafo único. Se o prédio tiver mais de um inquilino, todos responderão pelo incêndio, inclusive o locador, se nele habitar, cada um em proporção da parte que ocupar, exceto provando-se ter começado o incêndio na utilizada por um só morador, que será então o único responsável."*

Os fiadores, responsabilizando-se pela locação na integralidade, respondem também pelos danos que o afiançado suporta, nessas situações.

O locatário não pode *"modificar a forma interna ou externa do imóvel sem o consentimento prévio e por escrito do locador"* (art. 23, VI). O locatário deve restituir a coisa locada no estado em que a recebeu, salvo a deterioração normal. Sem autorização expressa e prévia do locador não pode alterar o imóvel. Nada obsta que, após a reforma não autorizada, o senhorio com ela concorde expressamente. Trata-se, porém, de risco que corre o inquilino. Desse modo, a regra geral proíbe, salvo a devida autorização, que o locatário quebre paredes, levante muros, abra valas, construa edículas etc.

Também é obrigação do inquilino

> *"entregar imediatamente ao locador os documentos de cobrança de tributos e encargos condominiais, bem como qualquer intimação, multa ou exigência de autoridade pública, ainda que dirigida a ele, locatário"* (art. 23, VII).

As despesas de condomínio e os encargos tributários ou fiscais incidentes sobre o imóvel são obrigações reipersecutórias. Responsabilizam sempre o titular do domínio. Ainda que o locatário se tenha responsabilizado pelo respectivo pagamento, deve entregar os comprovantes ao senhorio. O retardamento no cumprimento dessa obrigação pode sujeitar o locador a multas e outros encargos. Deve responder por essa desídia, sujeitando-se, portanto, à rescisão da locação com o despejo. Os papéis devem ser entregues ao senhorio em tempo hábil para que tome as devidas providências.

O inciso VIII do art. 23 atribui ao locatário a obrigação de *"pagar as despesas de telefone e de consumo de força, luz e gás, água e esgoto"*. Essas despesas dizem respeito ao consumo do próprio locatário.

O inquilino deve

> *"permitir a vistoria do imóvel pelo locador, ou por seu mandatário, mediante a combinação prévia de dia e hora, bem como admitir que seja o mesmo visitado e examinado por terceiros, na hipótese de ser colocado à venda"* (art. 23, IX).

Se, por um lado, o locatário tem a posse direta que não pode ser turbada, por outro, o direito do locador de examinar seu imóvel não pode ser tolhido. Poderá fazê-lo sob a condição de designar data e hora. No caso de recusa do inquilino em permitir a visita, deve o locador recorrer às vias judiciais. Cabe-lhe justificar a necessidade da visita. Provada a necessidade, não pode opor resistência o locatário. Pode o locador fazer-se acompanhar de outra pessoa ou de interessado na aquisição. Não será válida, destarte, cláusula contratual que autorize o locador a ingressar no imóvel a qualquer momento. Em face da natureza do contrato, cláusula nesse sentido seria meramente potestativa, eivada de nulidade.

Acrescenta o inciso X do art. 23 que é obrigação do locatário *"cumprir integralmente a convenção de condomínio e os regulamentos internos"*. Ao locar imóvel em condomínio, o locatário insere-se na vida condominial. Deve submeter-se aos regulamentos do edifício ou assemelhado. Provando o locador que o inquilino transgrediu suas normas, estará autorizado o despejo. Tanto mais grave é a situação do locador, que, sendo titular do domínio da unidade autônoma, qualquer imposição pecuniária relativa a ela o onerará, restando-lhe o direito de regresso contra o locatário. A direção do condomínio deve fornecer o substrato para evidenciar a infração. A gravidade da falta será sopesada em cada caso. Nada impede, porém, dentro dos princípios da responsabilidade civil, que o inquilino responda pessoalmente por danos ocasionados ao condomínio.

O inciso XI do art. 23 dispõe que incumbe ao locatário *"pagar o prêmio do seguro de fiança"*. Entre as garantias locatícias, pode ser escolhido o seguro de fiança. O pagamento de seu prêmio é responsabilidade do locatário. Poderá ser periódico ou parcelado, pago juntamente com o aluguel. Essa modalidade de seguro abrange não somente os alugueres, como também os demais encargos decorrentes da locação.

Finalmente, o inciso XII obriga o locatário a *"pagar as despesas ordinárias de condomínio"*. O § 1º desse artigo enumera o que a lei entende, sem ser exaustiva, por despesas ordinárias. No artigo anterior, estão enumeradas, também sem exaustão, as despesas extraordinárias, estas a cargo do locador. Sempre restarão dúvidas na classificação nos casos concretos. Incumbe seja cerceada a tendência de carrear todas as despesas, indistintamente, para o locatário. A lei vigente, conforme o § 2º, subordina o pagamento dessas despesas pelo inquilino à cientificação prévia da previsão anual e ao rateio mensal. Com frequência, essa previsão inexiste. Inevitável que o pagamento se torne exigível tão logo comprovada a despesa. O que a lei busca evitar é que sejam carreadas despesas extraordinárias ao inquilino.

O § 3º do art. 23 refere-se a prédio locado por partes, em unidades autônomas, pertencente a um único locador. Cada inquilino está obrigado a pagar apenas o rateio proporcional referente a sua unidade, subordinando-se também à divisão das despesas ordinárias e extraordinárias. Supondo que o locador mantenha unidades em sua posse, a falta de divisão faria com que os inquilinos pagassem despesas de outras unidades.

Entre os demais dispositivos que atinem essa matéria, o art. 25 permite que o locador cobre do inquilino, quando assim pactuado, os tributos, encargos e despesas de condomínio juntamente com o mês a que se refiram.

O art. 26 estampa que, necessitando o imóvel de reparos urgentes, cuja realização seja de responsabilidade do locador, o inquilino é obrigado a consenti-las. Se os reparos durarem mais de 10 dias, o locatário terá direito ao abatimento proporcional do aluguel; se durarem mais de 30 dias, é facultado ao locatário resilir o contrato.

23.3.13 Direito de Preferência

A preferência do inquilino na aquisição do imóvel locado, para quando o locador pretender aliená-lo, tornou-se tradicional em nossa legislação do inquilinato, introduzida que foi pela Lei nº 3.912/61. É instituto que foi transplantado da compra e venda, na qual é peculiar. Por essa razão, naquilo que a lei das locações for omissa, aplicam-se os princípios tradicionais da preempção, conforme estudamos no Capítulo 19, que trata das cláusulas especiais da compra e venda. Conforme aqueles princípios, com base no art. 513, o vendedor não tem no negócio outro direito senão de recomprar a coisa. É direito, não obrigação. Por seu lado, o comprador não está obrigado a revender, mas se o fizer, terá que oferecer ao vendedor, que poderá adquiri-la, tendo preferência nas mesmas condições oferecidas por terceiro.

Para que esse direito se torne operável, é indispensável que o comprador tenha decidido revender ou dar em pagamento o objeto da compra e venda primitiva. É importante notar que na compra e venda, desde a origem, o direito de preempção não confere um direito real sobre a coisa alienada. Na essência desse instituto, o vendedor preterido tem apenas uma ação pessoal contra o comprador. O Código Civil não deixa margem a dúvidas no art. 518. Não se anula a venda efetivada. O CPC de 1939 é que canhestramente alterara a ordem tradicional do instituto, assegurando ao preferente preterido ação para exigir a coisa do terceiro adquirente, afora a ação indenizatória. O estatuto processual vigente não repetiu o dispositivo.

Na compra e venda, a preempção decorre da vontade das partes, podendo constar do próprio instrumento de alienação ou de documento à parte. Possui como características fundamentais ser intransmissível, indivisível e com prazo de caducidade.

No tocante à preferência do inquilino, a lei visa não só diminuir os riscos de uma venda simulada, que pode fazer romper a locação, como também facilitar a permanência do locatário no imóvel, sua moradia ou seu comércio. Aplica-se, portanto, às locações residenciais e não residenciais. A possibilidade mais ampla de denúncia vazia na lei vigente faz com que o instituto perca a importância que tinha nas leis revogadas.

O art. 27 da Lei do Inquilinato é minucioso. O direito de preempção ou preferência cabe nos casos de venda, promessa de venda, cessão de direitos ou dação em pagamento do imóvel locado. O locatário terá preferência na aquisição, em igualdade de condições com terceiros. O parágrafo único exige que a comunicação ao locatário contenha a descrição de todas as condições da venda. Assim, a notificação não pode ser vaga e imprecisa. Deve conter o preço, com condições, prazo, índices de juros e correção monetária se houver. A lei vai mais além, obrigando que o vendedor comunique a existência de ônus reais e indique local e horário em que a documentação referente ao imóvel se encontrará à disposição do inquilino. Será ineficaz, portanto, notificação que omita essas formalidades. Essa comunicação ou afronta deve ser remetida inequivocamente ao inquilino, seja por via judicial, seja por extrajudicial. Não importa a forma da ciência. Não pode, contudo, ser verbal. Observe-se que nem sempre quem aliena o imóvel é o locador. O dever de afronta incumbe a quem aliena o bem, ainda que não seja o locador.

Será nula, conforme o art. 45, qualquer cláusula visando elidir esse direito do locatário. Só poderá ser exercido se houver igualdade de condições no negócio, por parte do inquilino. Se o terceiro faz melhor oferta, ou oferece preço ou condições melhores, quando já efetivada a comunicação, o procedimento deve ser reiniciado, com nova notificação ao inquilino, sob pena de não ser atendida a exigência legal.

O locatário tem prazo de caducidade de 30 dias para manifestar sua aceitação integral à proposta (art. 28). Se forem vários os locatários, todos devem ser notificados. A aceitação deve ser integral. Não pode fazer contraproposta. Se assim for feito e aceita pelo locador, o negócio desloca-se para o campo da compra e venda em geral, refugindo aos princípios da locação.

Se o inquilino aceitar a proposta e posteriormente o locador desistir de vender, responderá este por prejuízos (art. 29). Essa inovação da vigente lei visou, sem dúvida, coibir eventual abuso de direito do locador. Por vezes, engendra ele uma proposta de venda, sem a real intenção de fazê-lo, a fim de facilitar a desocupação do imóvel. Erige-se nesse dispositivo hipótese de responsabilidade pré-contratual. A proposta deve ser séria. Feita a proposta, o proponente não está obrigado a vender, mas sujeita-se a indenização se não o fizer.

Se o imóvel estiver sublocado na totalidade, a preferência cabe ao sublocatário, primeiramente, e em seguida ao locatário. Se forem vários os sublocatários, a preferência caberá a todos, em comum, ou a qualquer um deles, se um só for o interessado. Havendo pluralidade de pretendentes, caberá a preferência ao locatário mais antigo, e, se da mesma data, ao mais idoso (art. 30). Nessa hipótese, a sublocação gera efeitos para o locador. Prefere-se o sublocatário que ocupa todo o imóvel por óbvias razões. Trata-se de sublocação autorizada. Na sublocação não consentida, não há direito do sublocatário.

O art. 31 imagina a hipótese de alienação de mais de uma unidade imobiliária, quando o direito de preferência incidirá sobre a totalidade dos bens objeto da alienação. Pretendendo o proprietário de edifício de apartamentos, de escritórios ou de vila vendê-los por inteiro, a preferência somente pode ser exercida em relação ao todo. Não se pode obrigar o titular a fracionar o imóvel.

O art. 32 abre exceções nas quais não se aplica a preferência em favor do inquilino: perda da propriedade ou venda por decisão judicial, permuta, doação, integralização de capital, cisão, fusão e incorporação. O parágrafo único do art. 32, incluído pela Lei nº 10.931, de 2004, dispõe que nos contratos firmados a partir de 1º de outubro de 2001, o direito de preferência não alcançará os casos de constituição da propriedade fiduciária e de perda de propriedade ou venda por quaisquer formas de realização de garantia, inclusive mediante leilão extrajudicial, devendo essa condição constar expressamente em cláusula contratual específica, destacando-se das demais por sua apresentação gráfica. Em nossa obra *Lei do inquilinato comentada: doutrina e prática*, tecemos considerações sobre a natureza desses negócios e sua repercussão no direito de preferência.

O art. 33 diz respeito aos direitos do locatário preterido na preferência. A lei estabeleceu eficácia real para o contrato de locação nesse tópico, ao dispor que o inquilino, depositando o preço e demais despesas de transferência, haja para si o imóvel locado, *"se o requerer no prazo de seis meses, a contar do registro do ato no Cartório de Imóveis, desde que o contrato de locação esteja averbado pelo menos trinta dias antes da alienação junto à matrícula do imóvel".*

O registro do contrato no momento oportuno confere, portanto, eficácia real ao negócio, permitindo que o locatário se torne proprietário do imóvel. Trata-se de exemplo de obrigação com eficácia real. Somente a lei pode fazê-lo. O inquilino deve ingressar com ação de adjudicação do imóvel, contra o alienante e o adquirente, depositando o preço e consectários. Não proposta a ação no prazo decadencial de seis meses, a contar do registro do ato da alienação, desaparece o direito de preferência. Nem mesmo terá direito o locatário a perdas e danos, que desapareceu pelo fato de ter tido possibilidade de haver o imóvel para si, sem tê-lo feito. Nessa hipótese, há incompatibilidade lógica para possibilitar ação indenizatória.

Salvo essa hipótese de averbação, se o locatário for desrespeitado no direito de preferência, não havendo registro, ou sendo este ineficaz, resta o direito obrigacional de pedir perdas e danos, como estabelecido na primeira parte do art. 33. Essa ação indenizatória é movida unicamente contra o alienante. O terceiro adquirente é estranho a essa lide. Incumbe ao autor da ação comprovar prejuízos. Não há indenização sem comprovação de perdas e danos. *"Locatário que ainda ocupa objeto do litígio não tem direito a perdas e danos, pois só se indeniza prejuízo efetivamente sofrido"* (2º *TACSP*, Ap. 195.416, 3ª Câmara – Rel. Juiz Oswaldo Breviglieri).

O art. 34 ressalva a preferência do condômino sobre a do locatário. O locatário não concorre no direito de preferência do condômino na aquisição da coisa comum. É a hipótese do art. 632 do Código Civil. Na disposição do art. 504, atinente à compra e venda, complementa-se a noção. Portanto, na hipótese de venda de imóvel locado indivisível, a questão é decidida, em primeiro plano, no direito real. Os locatários, com mero direito obrigacional sobre o imóvel, não terão direito de preferência, salvo se todos os condôminos expressamente dele abrirem mão. A regra não se aplica no condomínio com unidades autônomas.

23.3.14 Benfeitorias

A lei do inquilinato traçou regras específicas sobre as benfeitorias introduzidas pelo locatário no imóvel. O contrato pode dispor diferentemente, mas a regra geral determina que as benfeitorias necessárias feitas pelo inquilino, ainda que não autorizadas pelo locador, bem como as úteis, desde que autorizadas, serão indenizáveis, permitindo direito de retenção (art. 35). As voluptuárias não serão indenizáveis, podendo ser levantadas pelo locatário, finda a locação, desde que sua retirada não afete a estrutura e a substância do imóvel (art. 36).

Na conceituação tripartida, benfeitorias necessárias, úteis e voluptuárias, aplicam-se os princípios estudados na parte geral, bem como as noções dos arts. 516 e 517 do Código Civil. Como se percebe, o sistema de benfeitorias na locação não difere, em linhas gerais, do sistema civil. O locatário de boa-fé tem direito à retenção pelas benfeitorias necessárias e úteis, podendo levantar as voluptuárias, desde que não prejudique o imóvel.

A lei autoriza que cláusula expressa negue indenização a qualquer classe de benfeitorias, assim como o direito de retenção. Nada dizendo o contrato, terá o locatário direito ao ressarcimento dos gastos com as despesas necessárias, ainda que não autorizadas pelo locador. Terá direito às benfeitorias úteis, desde que autorizadas. As voluptuárias sempre poderão ser levantadas, não havendo prejuízo para o imóvel, e isto nem mesmo pode ser tolhido pelo contrato. Como se percebe, permite-se que a indenização por benfeitorias necessárias e úteis e o direito de retenção sejam afastados pelo contrato.

O adquirente do imóvel locado não está obrigado pelas benfeitorias realizadas pelo locatário. Assim dispõe a Súmula 158 do Supremo Tribunal Federal.

23.3.15 Garantias Locatícias

A Lei do Inquilinato especifica as seguintes modalidades de garantia: caução, fiança, seguro de fiança locatícia e a cessão fiduciária de quotas de fundo de investimento, esta última incluída pela Lei 11.196, de 2005. Apenas uma dessas garantias é permitida (art. 37, parágrafo único). Nessa quarta modalidade de garantia locatícia, é ofertado o fundo de investimento do locatário para o locador. As quotas de investimento fiduciário serão cedidas como garantia ao locador no caso de inadimplemento de aluguéis. Essa cessão deverá constar no contrato de locação, mencionando o prazo de duração, que poderá ser determinado ou indeterminado.

Sob a teoria geral, *caução* é qualquer garantia para a realização de um direito. No que interessa aos direitos pessoais, caução é uma garantia que se apõe ao cumprimento de obrigações. A garantia genérica do cumprimento das obrigações é o patrimônio do devedor. Quando, por disposição de lei ou vontade das partes, há necessidade de reforço a essa garantia genérica, recorre-se à caução.

Quando a lei diz que as garantias locatícias podem constituir-se de caução, fiança e seguro de fiança, está utilizando o termo *caução* apenas em uma de suas acepções, ou seja, *caução real*, tanto que o art. 38 dispõe que a caução poderá ser em bens móveis ou imóveis. Constituem-se cauções quaisquer formas de garantias: reais (penhor, hipoteca e anticrese) ou pessoais (fiança). Não há necessidade de que se constitua penhor ou hipoteca para perfazer a caução locatícia. Essa garantia destaca um bem, móvel ou imóvel para a garantia, sem que existam as formalidades dos direitos reais de garantia típicos. Os princípios a serem aplicados são os da caução judicial e legal.

As garantias são importantes para o contrato de locação. Raros serão os contratos que se apresentam sem garantias.

A *fiança* é sem dúvida a forma tradicionalmente mais utilizada nas locações. No Código Civil, é disciplinada nos arts. 818 a 839. Na locação, aplicam-se os princípios gerais da fiança (ver Capítulo 37). Há orientação jurisprudencial entendendo que o imóvel onde reside o fiador sempre pode ser considerado bem de família, ao contrário do que excepcionava a lei específica (Lei nº 8.009/90). Com isso, essa modalidade de garantia nem sempre será conveniente e oportuna, quando o fiador possui apenas o imóvel em que reside, o que dificulta o mercado das locações.

A lei civil vigente ampliou as possibilidades de caução real, porque a lei anterior somente admitia a caução em dinheiro. O art. 38 admite a caução em bens móveis e imóveis. A publicidade desses atos será alcançada pelo registro público, em cartório de títulos e documentos para os bens móveis, e no registro imobiliário para os imóveis. A caução estabelece um privilégio real sobre o bem, com preferência sobre os créditos quirografários, na forma dos arts. 955 e seguintes do Código Civil. O registro da caução torna o ato público com efeito com relação a terceiros.

A caução em dinheiro fica limitada ao valor de três meses de aluguel (art. 38, § 2º) e será depositada em caderneta de poupança especialmente regulamentada. Nada impede que terceiro preste a caução real, quer em dinheiro, quer em outros bens. Ao final da locação, não restando qualquer obrigação para o locatário, este, ou o terceiro, levantará o depósito com os acréscimos. O levantamento de numerário somente será possível com anuência escrita dos contratantes. Afora isso, somente poderá ser levantado o dinheiro dessa poupança mediante ordem judicial.

Desse modo, na cobrança de aluguéis ou qualquer outra verba da locação, esse depósito (ou outro bem caucionado) pode ser penhorado para servir de satisfação do débito.

A caução real também pode ser constituída de valores fiduciários: letras de câmbio, títulos da dívida pública, ações de sociedades anônimas, certificados de depósito bancário etc. Aplicam-se as mesmas regras para a caução em dinheiro. O § 3º do art. 38 esclarece que a caução citada deve ser substituída em 30 dias, em caso de concordata, falência ou liquidação das instituições emissoras, porque nessa hipótese desaparece a garantia.

Qualquer que seja a modalidade de caução real, há que se ter em mente que se constitui em garantia da locação e não em pagamento antecipado, não podendo o locador, sem atuação judicial, lançar mão desses valores para quitação de aluguéis e encargos.

Todas as garantias se estendem, em princípio, até a efetiva devolução do imóvel. Para que a caução real ou fidejussória ou o seguro sejam limitados, é necessário expressa disposição contratual (art. 39). O art. 41, no entanto, é peremptório ao afirmar que o seguro de fiança abrangerá a totalidade das obrigações do locatário. O seguro pode ter limite temporal, mas não pode limitar a extensão da cobertura somente aos alugueres, por exemplo.

O art. 40 elenca sete hipóteses nas quais o locador pode exigir novo fiador ou substituição da garantia. Desaparecida ou esmaecida a garantia da locação, é direito do locador exigir a substituição. Lembre-se, ainda, de que, não estando a locação garantida por qualquer das modalidades de garantia, abre-se ao locador a possibilidade de exigir o pagamento antecipado do locatário, até o sexto dia útil ao mês vincendo (art. 42). Trata-se de exceção à regra geral, porque o contrato estará desguarnecido. Possibilita-se, assim, que, na falta de pagamento antecipado, o locador tenha pronta possibilidade de acionar o locatário devedor, sem aguardar o decurso do mês.

23.3.16 Penalidades Decorrentes da Locação

O legislador da Lei nº 8.245/91 optou por abrir capítulo reservado às penalidades criminais e civis em conjunto, nos arts. 43 e 44. As penas civis, que interessam a nosso estudo, somente estão presentes no parágrafo único do art. 44. Ali, permite-se a cobrança de multa em todas as situações em que ocorrer tipificação de crimes, definidos no corpo desse artigo, inclusive a multa constante na lei predecessora, concernente ao desvio de uso quando da retomada para uso próprio, de cônjuge ou companheiro, ou para uso residencial de ascendente ou descendente (art. 47, III).

No ordenamento inquilinário vigente, foram ampliados os tipos penais. Distinguem-se crimes e contravenções do inquilinato. Essa distinção da ciência penal é de natureza quantitativa. Ontologicamente, não se distinguem. O legislador opta pela classificação numa ou noutra categoria. Punem-se com maior rigor as condutas estabelecidas como crime. As contravenções recebem punição mais branda. A questão é de política criminal.

A presente lei inquilinária, ao mesmo tempo que estabeleceu maior equilíbrio nos direitos das partes, fixa maior reprimenda para certas condutas do locador ou de terceiros a ele ligados, erigindo-as em infrações penais, quer em contravenções, quer em crimes. Os fatos delituosos previstos na lei aplicam-se a qualquer das modalidades de locação: residenciais, não residenciais e para temporada.

Pelo art. 43, são contravenções penais, puníveis com prisão simples de cinco dias a seis meses e multa de três a doze meses o valor do último aluguel atualizado, revertida em favor do locatário:

> *"I - exigir, por motivo de locação ou sublocação, quantia ou valor além do aluguel e encargos permitidos;*
>
> *II - exigir, por motivo de locação ou sublocação, mais de uma modalidade de garantia num mesmo contrato de locação;*
>
> *III - cobrar antecipadamente o aluguel, salvo a hipótese do art. 42 e da locação para temporada."*

A lei inovou com relação à destinação da multa. Na legislação anterior, a multa tinha compreensão exclusivamente penal, porque nenhum dispositivo mencionava sua destinação. A matéria era regulada, portanto, na forma dos arts. 49 ss do Código Penal, consistindo em pagamento destinado ao fundo penitenciário. A lei vigente dispõe que a multa, baseada no valor do último aluguel atualizado, será revertida em favor do locatário. Cuida-se de multa penal em benefício da vítima. Desse modo, estará o locatário legitimado a executar essa multa no juízo civil, matéria que exige digressão incabível neste estudo.

O art. 44 caracteriza como crimes de ação pública, puníveis com detenção de três meses a um ano, que poderá ser substituída pela prestação de serviços à comunidade:

> *"I - recusar-se o locador ou sublocador, nas habitações coletivas multifamiliares, a fornecer recibo discriminado do aluguel e encargos;*
>
> *II - deixar o retomante, dentro de cento e oitenta dias após a entrega do imóvel, no caso do inciso III do art. 47, de usá-lo para o fim declarado ou, usando-o, não o fizer pelo prazo mínimo de um ano;*
>
> *III - não iniciar o proprietário, promissário comprador ou promissário cessionário, nos casos do inciso IV do art. 9º, inciso IV do art. 47, inciso I do art. 52 e inciso II do art. 53, a demolição ou a reparação do imóvel, dentro de sessenta dias contados de sua entrega;*
>
> *IV - executar o despejo com inobservância do disposto no § 2º do art. 65."*

Não cabe aqui aprofundar os aspectos técnicos de cunho criminal da lei. Importa saber que o parágrafo único do art. 44 disciplinou que

> *"ocorrendo qualquer das hipóteses previstas neste artigo, poderá o prejudicado reclamar, em processo próprio, multa equivalente a um mínimo de doze e um máximo de vinte e quatro meses do valor do último aluguel atualizado ou do que esteja sendo cobrado do novo locatário, se realugado o imóvel".*

Como percebemos, só existe coincidência de tipicidade entre infrações civis apenas nos crimes estabelecidos no art. 44. Não há possibilidade de multa civil na ocorrência das contravenções do art. 43. Sendo nosso sistema independente no tocante aos juízos civil e criminal, nada obsta que o prejudicado promova a cobrança da multa sem que tenha sido ajuizado processo criminal. Ainda porque o conteúdo, a compreensão e a extensão da responsabilidade civil possuem espectro mais amplo que a culpa criminal. Basta a culpa leve no juízo civil para acarretar o dever de indenizar, enquanto para os crimes descritos há necessidade da prova do dolo.

No sistema vigente, ampliaram-se as possibilidades de multa. Na prática, porém, mais importará a multa pelo desvio ou retardamento de uso pelo retomante (inciso II). A lei confere legitimidade para ingressar com a ação ao *prejudicado*, que eventualmente poderá não ser o locatário, como, por exemplo, no caso de despejo no período de luto de morador do imóvel, que não o locatário (inciso IV). Réu da ação será o retomante, seja locador, proprietário ou assemelhado que se insira nas descrições desse artigo. Numa hipótese, o processo próprio de que fala a lei será o de execução: quando houver condenação criminal com trânsito em julgado, hipótese em que haverá título executório (art. 515, VI, do CPC). No bojo de embargos, somente discutir-se-á o valor devido, entre o mínimo e o máximo legais.

Essa multa tem a natureza de cláusula penal legal. A fixação entre os limites legais dependerá do caso concreto. Tenha-se em mira que se trata de multa compensatória, que substitui a indenização por perdas e danos, com prefixação legal. Como multa que é, no entanto, independe da comprovação do prejuízo por parte do autor. Isso é da própria natureza da cláusula penal. Em todos os incisos que permitem a cominação, há que se levar em conta que a força maior e o caso fortuito são fatos impeditivos da procedência do pedido.

Ampliadas as possibilidades de denúncia vazia, diminuem as ações de pedido para uso próprio. Desse modo, diminuirão as possibilidades de imposição da multa. O *desvio de uso*, contudo, será ainda a questão que mais preocupará os tribunais. Como não se trata de responsabilidade objetiva do retomante, a jurisprudência exige a comprovação de sua culpa ou dolo para a caracterização do desvio de uso.

23.3.17 Nulidades no Contrato de Locação Predial

Dispõe o art. 45 da Lei nº 8.245/91:

> *"São nulas de pleno direito as cláusulas do contrato de locação que visem a elidir os objetivos da presente Lei, notadamente as que proíbam a prorrogação prevista no art. 47 ou que afastem o direito à renovação, na hipótese do art. 51, ou que imponham obrigações pecuniárias para tanto."*

Pelo Código Civil, o negócio jurídico é nulo nos termos do art. 166. Desse modo, além de a nulidade decorrer de falta de agente capaz, da ilicitude ou impossibilidade do objeto ou da preterição da forma legal, será nulo o negócio *"quando a lei taxativamente o declarar nulo ou lhe negar efeito"* (art. 166, VII). É o que sucede no dispositivo transcrito. O Estado brasileiro vem intervindo de há muito nas relações locatícias. Por isso, na locação a autonomia da vontade estanca perante normas impostas pelo legislador, que não podem ser postergadas pelas partes. O presente artigo inspira-se na Lei de Luvas, pois ali o ordenamento cominava pena de nulidade às cláusulas contrárias aos objetivos do diploma.

A primeira questão que se coloca para o intérprete é definir os objetivos da Lei do Inquilinato. Ora, o próprio legislador encarrega-se de nomear os principais: prorrogação automática dos contratos de locação residencial, de acordo com o art. 47; direito à renovação dos contratos de imóveis não residenciais protegidos anteriormente pela Lei de Luvas, com a consequente proibição de qualquer pagamento para essa renovação. Note que a lei impõe a nulidade apenas de cláusulas e não de todo o contrato. Trata-se de nulidade parcial, porque evidentemente o legislador pretende manter a vigência da locação.

Entretanto, como serão nulas as cláusulas que contrariarem os objetivos da lei, competirá ao intérprete, no caso concreto, definir se a cláusula examinada tem essa finalidade. No dispositivo em exame, como em tantos outros existentes no ordenamento, o legislador delega ao juiz a função de individualizar, em concreto, cláusulas que contrariem normas imperativas ou de ordem pública. A presente Lei do Inquilinato é mais flexível do que a anterior, não cerceando em demasia os direitos do locador. No entanto, a lei busca proteger de forma mais ampla o inquilino. Desse modo, o que se tem em mira no aspecto vertente é a proteção a ele direcionada.

As cláusulas tidas como nulas não podem produzir efeitos. Se delas resultaram efeitos materiais, deve ser reposto o estado anterior. Tornando-se isso impossível, substitui-se por perdas e danos. Em matéria de aplicação da cláusula contratual ao caso concreto, a cláusula nula não operará nenhum efeito entre as partes. As cláusulas ilegais são tidas como não escritas.

23.3.18 Direito Processual do Inquilinato

A Lei do Inquilinato vigente optou por regular de forma mais ampla os processos derivados da locação predial nos arts. 58 ss. Aplica-se subsidiariamente o CPC. Como princípios gerais, entre outros, estabelece-se que os processos não se paralisam nas férias forenses e que as citações e notificações podem ser efetuadas por correspondência e, tratando-se de pessoa jurídica ou firma individual, mediante telex ou fac-símile, além das formas processuais ordinárias.

Ponto crucial que reverteu a pletora de feitos que abarrotavam os tribunais e ocasionavam retardamento na prestação jurisdicional foi a atribuição de efeito unicamente devolutivo nas respectivas sentenças. Nas ações de despejo, de consignação em pagamento de aluguel e acessórios, revisionais e renovatórias, os recursos não terão efeito suspensivo. Pode a sentença ser executada independentemente da interposição de apelação. Nas ações de despejo, a lei permite a execução provisória mediante a prestação de caução, de acordo com o art. 64.

A lei inovou ao permitir, em determinadas situações na ação de despejo, concessão de liminar para desocupação, sem audiência da parte contrária (art. 59, § 1º). A Lei nº 12.112/2009 introduziu outras possibilidades de liminar de desocupação. A mais reclamada, quando da redação original da lei, foi a hipótese de despejo por falta de pagamento, a qual inexplicavelmente ficara de fora no texto primitivo. Assim, o inciso IX do referido § 1º agora reza:

> *"a falta de pagamento de aluguel e acessórios da locação no vencimento, estando o contrato desprovido de qualquer das garantias previstas no art. 37, por não ter sido contratada ou em caso de extinção ou pedido de exoneração dela, independentemente de motivo".*

Note que essa liminar de desocupação só pode ser concedida no despejo por falta de pagamento quando não existe garantia válida.

A novel lei também introduziu outras possibilidades de despejo liminar nesse dispositivo, inclusive o término do prazo de locação não residencial, tendo sido proposta a ação em até 30 dias do termo ou do cumprimento da notificação comunicando o intento de retomada (inciso VIII). Trata-se de outra hipótese muito reclamada também pelo meio negocial locatício de nosso país.

O âmbito deste livro não aconselha que entremos em detalhes de cunho processual. Comentamos todas as situações do art. 59 em nossa obra *Lei do inquilinato comentada.*

A ação de despejo por falta de pagamento pode ser cumulada com o pedido de cobrança de aluguéis e acessórios (art. 62). A ação de consignação em pagamento, antes mesmo da alteração do estatuto processual, já previra a supressão da audiência prévia de oblação, que se mostrava inútil na prática.

Na ação revisional de aluguel, o juiz pode fixar aluguel provisório, não excedente a 80% do pedido (art. 68, II). As questões processuais exigem aprofundamento em estudo próprio, como fizemos nos comentários à referida lei (*Lei do inquilinato comentada:* doutrina e prática) cuja digressão se mostra imprópria no presente estudo. Houve modificações nesse artigo também introduzidas pela Lei nº 12.112/2009, comentadas na obra referida.

24

EMPRÉSTIMO: COMODATO

24.1 EMPRÉSTIMO EM GERAL

Nossos Códigos, assim como grande parte das legislações, distinguem o mútuo (empréstimo de consumo) e o comodato (empréstimo de uso). Justifica-se a separação, porque os efeitos de ambos os contratos são diversos. No mútuo, o mutuário recebe a propriedade da coisa emprestada; no comodato, o comodatário recebe apenas a posse de coisa não fungível, mantendo o comodante o domínio ou outro direito correlativo.

No entanto, a finalidade dos dois negócios é idêntica, com semelhante significado econômico, sem diferenças estruturais. Em ambos, as partes propõem-se entregar e receber um empréstimo, devendo o tomador devolver o que foi recebido. Desse modo, percebe-se que a diferença não reside na intenção das partes, mas na natureza do objeto do contrato. O emprestador entrega sempre coisa a fim de que o tomador dela se utilize. A diferença está no aspecto das coisas fungíveis, que não podem ser utilizadas sem perecimento. Por essa razão, o contrato de mútuo reconhece a transferência da propriedade ao mutuário, exigindo normas diversas do comodato.

24.2 COMODATO. NATUREZA. OBJETO. FORMA

Commodum datum no latim significa o que se dá para o cômodo ou proveito de outrem. Esse o sentido do contrato.

Principia o Código a definir comodato como *"o empréstimo gratuito de coisas não fungíveis. Perfaz-se com a tradição do objeto"* (art. 579). Trata-se de contrato unilateral gratuito por meio do qual o comodante entrega bem não fungível para uso ao comodatário, o qual deve devolvê-lo após certo tempo.[1] O conceito de fungibilidade há de se reportar ao art. 85 e ao que estudamos em nossa obra *Direito civil: obrigações e responsabilidade civil* (Cap. 6).

---

1 "Apelação. Direito civil. Arbitramento e cobrança de aluguel. Uso exclusivo de imóvel comum. Contrato de comodato extinto com o falecimento do comodante. Citação como marco da mora. Ausência de prejudicialidade externa com a ação de usucapião em curso. Sentença mantida. Recurso desprovido. I – Caso em Exame Recurso de apelação interposto contra sentença que julgou parcialmente procedente ação de arbitramento e cobrança de aluguel, condenando-a ao pagamento de aluguel mensal no valor de R$ 1.017,72 (equivalente a 84,81% do valor locativo de

R$ 1.200,00), desde 07/11/2022 até a desocupação do imóvel situado em Mogi das Cruzes/SP. A sentença também condenou a ré ao pagamento das custas e honorários advocatícios, arbitrados em 10% sobre o valor da condenação. No recurso, a apelante pleiteia: (i) o reconhecimento da validade de contrato de comodato firmado com o falecido genitor; (ii) a nulidade da cobrança em razão da ausência de notificação extrajudicial prévia; (iii) a suspensão da presente ação até o julgamento da ação de usucapião conexa; ou, subsidiariamente, (iv) a exclusão ou revisão da obrigação arbitrada. II – Questão em Discussão 2. A controvérsia recursal reside na legalidade da cobrança de aluguéis pela posse exclusiva de imóvel comum indivisível, à luz da existência de contrato de comodato celebrado com o pai falecido, da ausência de notificação extrajudicial anterior à ação e da pendência de ação de usucapião sobre o mesmo bem. III – Razões de Decidir 3. Nos termos do art. 1.314 do Código Civil, é assegurado o uso da coisa comum por todos os condôminos, sendo vedada sua utilização exclusiva sem consentimento dos demais. 4. A ocupação exclusiva do bem por um dos condôminos, sem anuência dos demais, enseja o dever de indenizar proporcionalmente, nos termos do art. 884 do Código Civil, independentemente da demonstração de ilicitude. 5. O comodato é contrato gratuito e personalíssimo, regido pelo art. 579 do CC, e extingue-se com o falecimento do comodante, salvo manifestação expressa dos herdeiros, o que não ocorreu nos autos. 6. Em conformidade com o parágrafo único do art. 397 do Código Civil, a citação judicial configura interpelação válida e supre a ausência de notificação extrajudicial prévia, não havendo mora retroativa. 7. A existência de ação de usucapião não constitui prejudicialidade externa, pois não há interdependência lógica entre os feitos (CPC, art. 313, V, "a"). 8. A alegação de fruição desigual do terreno e de percepção de rendas por outros condôminos não foi acompanhada de pedido reconvencional, devendo ser discutida em ação autônoma. 9. Sentença mantida por seus próprios fundamentos. IV – Dispositivo e Tese 10. Recurso desprovido. Tese de julgamento: 1.A ocupação exclusiva de imóvel comum por condômino, sem anuência dos demais coproprietários, enseja indenização proporcional à quota-parte alheia não fruída, ainda que não caracterizado esbulho. 2. O contrato de comodato extingue-se com o falecimento do comodante, não produzindo efeitos em face dos herdeiros, salvo anuência expressa. 3. A constituição em mora do ocupante de bem comum, na ausência de termo contratual, ocorre validamente com a citação judicial. 4. Honorários advocatícios fixados na origem em 10% sobre o valor da condenação, majorados para 12% nesta instância recursal, nos termos do art. 85, § 11, do CPC, observada a gratuidade processual deferida. (...)" (*TJSP* – Ap 1020210-73.2022.8.26.0361, 16-7-2025, Rel. Mario Chiuvite Junior).

"Apelação. Ação de reintegração de posse. Sentença de procedência. Irresignação do réu. Descabimento. Sentença ratificada nos termos do art. 252 do Regimento Interno deste Tribunal. Nulidade da notificação. Inocorrência. Documento recebido no endereço do sócio administrador. Validade. Condomínio edilício. Notificação recebida pelo funcionário da portaria sem qualquer ressalva. Art. 248, § 4º, CPC. Ademais, a empresa foi constituída em mora com a citação nos autos. Alegação sobre a existência de pagamento de alugueres. Ausência de prova. Ínfimos pagamentos que não representam prova segura sobre a existência de contrato de locação. Comodato verbal. Empréstimo de coisa não fungível a título gratuito. **Art. 579, Código Civil**. Inexistência de óbice para empréstimo dos imóveis em favor da empresa, independentemente de o proprietário/comodante dos bens figurar (ou não) no quadro social da pessoa jurídica. Notificação acerca do encerramento do comodato. Prazo para restituição/desocupação dos imóveis. Não cumprimento espontâneo que caracteriza o esbulho. Defesa que pode ser exercida por meio de ação possessória. Cumpridos os requisitos do art. 561, do CPC. Documento novo. Ata de assembleia para deliberação sobre a cobrança de aluguéis. Fato que não modifica a sentença, considerando a obrigação constituída para reintegração de posse. Possibilidade de ulterior ajuste entre as partes para estabelecimento de alugueres. Sentença mantida. Recurso improvido" (*TJSP* – Ap 1011221-32.2020.8.26.0011, 19-9-2024, Rel. Pedro Paulo Maillet Preuss).

"Ação de despejo por denúncia vazia. Sentença de procedência. Insurgência da requerida. Admissibilidade. Contrato de locação fruto de simulação. Recorrente que nunca pagou aluguel ao locador, o que desconfigura relação jurídica de locação. Recorrido que, evidentemente, emprestou o bem, de forma gratuita. Caracterização de **comodato**. Inteligência do artigo 579 do Código Civil. Inadequação da via eleita. Falta de interesse de agir. Extinção do feito, sem resolução do mérito, nos termos do artigo 485, VI, do CPC, que se impõe. Recurso provido". (*TJSP* – Ap 1000374-16.2021.8.26.0405, 3-4-2023, Rel. Marcos Gozzo).

"Apelação. Ação ordinária. Reconvenção. Contratos de fornecimento de combustíveis, exploração, uso de marca e bonificação, e **comodato** de equipamentos. Cerceamento de defesa. Inocorrência. Prova coligida suficiente ao deslinde do feito. Indenização por perdas e danos e lucros cessantes. Pedido genérico, sem a especificação dos efetivos prejuízos causados pela ré-reconvinte, além do nexo causal. Abusividade contratual. Inocorrência. Contrato de compra e venda mercantil. Operação que se realiza à luz do princípio da autonomia privada. Diferenciação de preços praticados pela Petrobrás em relação às suas revendedoras, por si só e neste caso, não representa ilícito concorrencial. Variação do mercado de distribuição. Lógica intrínseca da livre concorrência. Diversidade de fatores que impactam o preço final praticado aos revendedores, individualmente (circunstâncias mercadológicas). Precedente do C. STJ. Autoposto que objetiva a aquisição compulsória dos tanques de combustível cedidos em comodato. Impossibilidade. Bens infungíveis. Recusa da apelada fundada em cláusulas contratuais. Comodante que não é obrigada a receber prestação diversa da que lhe é devida. Artigos 313 do CCB. Restituição dos tanques à comodante, no prazo de 30 dias após a indicação do local de entrega, em decorrência da extinção do contrato

De plano, verificamos que o legislador optou por erigir o negócio em *contrato real*. O contrato se conclui pela entrega, ou seja, a tradição da coisa. Sem esse procedimento, sem a entrega da coisa ao comodatário, não há comodato. Poderá haver outro negócio jurídico. A promessa de efetuar comodato não se amolda à tipicidade; é negócio atípico. A posição legal, porém, não impediu que parte da doutrina conceituasse o instituto como negócio simplesmente consensual, isto é, concluído pelo simples acordo de vontades. A questão tem fundamental importância para caracterizar o inadimplemento. Sustentam os que admitem a simples consensualidade que a entrega não integra a formação do contrato, mas uma atividade posterior referente à execução da obrigação assumida. Essa é a opinião longamente fundamentada de Serpa Lopes (1993, v. 4:348 ss), por exemplo. No entanto, esse mesmo autor conclui que não há como ser afastado o caráter real do contrato perante nossa legislação, a exemplo de tantas outras, como os Códigos francês, português, argentino e alemão. Não é, porém, a posição do Código suíço que define o empréstimo de uso como aquele pelo qual um sujeito "***se obriga*** *a ceder gratuitamente o uso de uma coisa*" (art. 305); e no empréstimo de consumo (mútuo) "***se obriga*** *a transferir a propriedade de uma soma de dinheiro ou outras coisas fungíveis*" (art. 312). Por esse estatuto, basta o acordo de vontades, independentemente da tradição, para ter-se o empréstimo perfeito e acabado. Concluindo, perante os termos peremptórios de nosso Código, o contrato é real, dependente da tradição.

É contrato *unilateral*. Como somente há comodato com a entrega da coisa emprestada, integrando essa tradição a natureza do contrato, resta ao credor o direito de exigir a restituição do bem. Nenhuma obrigação é atribuída ao comodante. A tradição inicial não é elemento do contrato, não podendo ser considerada obrigação do emprestante. Destarte, apenas uma das partes contrai obrigações, ou seja, o comodatário. Além de zelar pela coisa, com as obrigações complementares, compete-lhe restituí-la findo o prazo do contrato ou quando solicitado, conforme examinaremos. O fulcro do contrato é o direito conferido ao comodatário de usar a coisa com a consequente obrigação de restituição.

É contrato *gratuito*, conforme inclusive a definição legal, pois, se há retribuição pelo uso da coisa, transforma-se em locação. A liberalidade é o móvel do negócio. O eventual interesse moral que leva o comodante a emprestar (amizade, religião, amor, recompensa) não terá cunho

---

e com lastro em expressa previsão contratual para devolução. Artigos 579 do CCB. Relativização do princípio do 'pacta sunt servanda'. Prevalência da presunção da boa-fé e da probidade da contratante que tomou conhecimento das condições, obrigações e valores ajustados no momento da celebração da avença. Ausência de vício de consentimento. Contratos hígidos, inclusive no que tange às cláusulas penais pela rescisão antecipada por culpa das reconvindas. Reconhecido o 'supressio' em relação a cobrança da multa pela falta de instalação da unidade franqueada no prazo e condições ajustadas. Multas contratuais. Obrigações pactuadas parcialmente cumpridas. Impositiva a redução dos valores das penas convencionais por expressa disposição legal. Equidade. Artigo 413 do Código Civil. Norma de ordem pública. Recursos parcialmente providos" (*TJSP* – Ap 1132410-69.2018.8.26.0100, 9-6-2022, Rel. Lidia Conceição).

"**Comodato** – Indenizatória – Comodato verbal entre irmãos – Suposta retirada à força, demolição de construção e venda de móveis. Autor mudou-se para outro Estado e deixou filha alcoólatra residindo no local, que passou a vender móveis e partes do imóvel construído pelo apelado. Desnecessidade de intimação para desocupação de comodatário que não mais ocupa o local. Legítima retomada da posse diante da degradação de seu patrimônio pela pessoa deixada no local pelo comodatário. Danos morais e materiais não configurados. Sentença de improcedência mantida. Recurso não provido" (*TJSP* – Ap 1003514-25.2016.8.26.0505, 18-2-2019, Relª Mary Grün).

"**Comodato** – Ação de resolução contratual cumulada com pedido de reintegração de posse de produtos médicos. 1 – Conquanto já se tenha resolvido que 'O Código de Defesa do Consumidor é aplicável às instituições financeiras' (Súmula 297 do STJ), tal aplicação fica restrita aos casos de efetiva relação de consumo, com destinatário final. 2 – Alteração do ajuste após dois anos de vigência, e após a rescisão, que violaria o princípio da boa-fé objetiva. 3 – Cláusula de exclusividade que não se mostra abusiva. 4 – Cabível a multa prevista no instrumento. Ação procedente. Recurso não provido, com majoração da verba honorária" (*TJSP* – Ap 1014732-67.2016.8.26.0564, 24-4-2018, Rel. Gilberto dos Santos).

jurídico. Não ofende a gratuidade o fato de o comodatário pagar impostos, taxas, despesas de condomínio, ou até prestações referentes ao bem comodado (Marmitt, 1991:13). Tal situação não afasta o caráter gratuito do negócio.

Esse negócio possui natureza *intuitu personae*, pois o comodante tem em mira a fidúcia que deposita na pessoa do comodatário, tanto que é contrato gratuito. Traduz favorecimento pessoal do comodatário. O benefício, salvo ratificação do comodante, não se estende, portanto, aos sucessores do comodatário.[2]

É negócio *temporário* porque traz ínsita em seu bojo a obrigação de restituir. Por isso a posse do comodatário é sempre precária. Ausente esse aspecto, o negócio tipifica-se como doação. A devolução deve ocorrer findo o prazo ou finalidade estipulados no contrato ou, se por prazo indeterminado, após a notificação, como se examinará.[3]

---

[2] "**Reintegração de posse** – Demanda julgada procedente para reintegrar os autores na posse do bem, com condenação da parte requerente a indenizar a ré pela edificação realizada – Incontroverso que os autores são proprietários e possuidores do bem objeto desta demanda e que cederam o imóvel em comodato verbal à apelante – Pretensão da demandada de manutenção do comodato até seu filho atingir a maioridade – Descabimento – Comodatária que desocupou o imóvel para que sua irmã nele viesse a residir – O **comodato** é **negócio jurídico "intuitu personae"**, sendo inadmissível sua cessão a terceiro – Constatado pelo oficial de justiça que no imóvel não residem pessoas – Apelante que já reside em outro local – Inovação da parte requerida em sede de apelo alegando que deveria ser reconhecida a acessão inversa (art. 1.255, parágrafo único, do CPC), sob o argumento de que o valor da construção que realizou no local teria superado consideravelmente o valor do imóvel – Inadmissibilidade (art. 1.014 do NCPC) – Recurso desprovido, com majoração dos honorários advocatícios, devidos pela apelante ao patrono dos apelados, de 10% para 12% sobre o valor da causa, atualizado, cuja exigibilidade fica suspensa (arts. 85, § 11, e 98, § 3º, do NCPC)" (TJSP – Ap 1000538-07.2020.8.26.0634, 28-6-2021, Rel. Mendes Pereira).

"**Comodato** – Ação de rescisão contratual cumulada com reintegração de posse e perdas e danos. Comodato verbal de coisa móvel (botijões). Desnecessidade, no caso, de interpelação ou notificação para a rescisão do contrato por conter o ajuste prazo certo para o seu fim. Reintegração de posse ordenada, condenado o réu, alternativamente, caso não ocorra a restituição dos bens móveis, ao pagamento do valor dos botijões constante da nota fiscal. Admissibilidade de apuração dos lucros cessantes na fase de liquidação de sentença. Pedido inicial julgado procedente. Sentença mantida. Preliminares, rejeitadas. Recurso improvido. Dispositivo: rejeitaram as preliminares, conheceram de parte e, nesta, negaram provimento ao recurso" (*TJSP* – AC 1007561-54.2015.8.26.0189, 23-4-2019, Rel. João Camillo de Almeida Prado Costa).

"**Comodato por prazo determinado** – Recusa da restituição da coisa, que foi irregularmente transferida a terceira pessoa – Esbulho caracterizado – Direito subjetivo do comodante à reintegração – Renda mensal e demais encargos devidos como indenização pela privação do uso – Interpretação lógico-sistemática dos arts. 473 e 582, 2ª parte, do Código Civil – Ausência de comprovação das benfeitorias realizadas no imóvel – Acessão realizada em terreno alheio – Impossibilidade de compensação entre as perdas e danos com os eventuais gastos com o uso e gozo da coisa – Art. 584, do Código Civil – Dano moral inexistente – Sentença mantida – Recurso não provido" (*TJSP* – Ap 1002557-31.2015.8.26.0223, 4-5-2018, Rel. César Peixoto).

[3] "**Comodato verbal** – Desocupação voluntária do imóvel após a citação em ação reintegração de posse. Indenização pela ocupação indevida, que deve ser calculada até a efetiva entrega das chaves e não apenas até a desocupação. Recurso não provido, com majoração da verba honorária" (*TJSP* – Ap 1007195-86.2018.8.26.0002, 19-2-2019, Rel. Gilberto dos Santos).

"Reintegração de posse – **Comodato verbal** – Apuração de que o réu ocupava o imóvel litigioso na condição de caseiro da autora e que, após ser demitido, obteve dela autorização para permanecer no local até que encontrasse outro lugar para residir. Consideração de que, após tomar conhecimento de que passou a vender lotes do terreno, ajuizou ação de reintegração de posse e obteve liminar, mas este processo foi julgado extinto, sem resolução do mérito, por falta de recolhimento da taxa judiciária devida, o que a levou a renovar o pedido por meio desta ação reintegratória. Apuração de que esta Turma Julgadora já deixou assentado, em outra demanda, a ilegitimidade da posse dos compradores dos terrenos e o vício da transmissão dos lotes a terceiros. Hipótese em que, denunciado o comodato e ante a resistência dos réus em desocuparem o imóvel litigioso, configurou-se o esbulho que está a autorizar a reintegração de posse postulada. Pedido inicial julgado procedente. Sentença mantida. Recurso improvido. Dispositivo: negaram provimento ao recurso" (*TJSP* – Ap 1001744-42.2016.8.26.0587, 17-8-2018, Rel. João Camillo de Almeida Prado Costa).

"Agravo de instrumento – Ação de reintegração na posse – **Comodato** – Denúncia – Permanência dos comodatários após vencido o prazo para a desocupação voluntária – Pretensão à antecipação dos efeitos de tutela jurisdicional com vistas ao desalijo imediato – Julgamento de um recurso posterior que deu pela negativa de tal pretensão – Fato superveniente que faz com que se torne prejudicado o recurso ora analisado – Não conhecimento" (*TJSP* – AI 2073129-82.2015.8.26.0000, 31-3-2016, Rel. Sebastião Flávio).

Podem ser objeto de comodato os bens não fungíveis móveis e imóveis. Nada impede que bem fungível, para finalidade de pompa e ostentação, como garrafas de vinho para decorar vitrina, possam ser objeto de comodato. Examina-se a intenção das partes. No comodato, a restituição deve ser da mesma coisa emprestada.

Os bens incorpóreos, desde que suscetíveis de uso e posse, também podem ser objeto de comodato. Desse modo, a linha telefônica, o direito autoral, a marca e o nome comercial, a patente de invenção podem ser objeto de comodato. (Ver o que expusemos a respeito da posse desses bens em *Direito civil: direitos reais*, Cap. 4). Também as universalidades podem ser objeto de comodato, assim como parte de determinado bem. O comodato de bem público depende de autorização legal.

O comodatário exerce a posse direta da coisa, mantendo o comodante a posse indireta. A posse do comodatário é precária, como toda aquela que insitamente traz a obrigação de restituir. (Ver o que examinamos a respeito da posse direta ou imediata e da posse indireta ou mediata na obra *Direito civil: direitos reais*.)

Trata-se de contrato *não solene*, porque não exige forma especial. Pode ultimar-se verbalmente, como é comum. Havendo início de prova escrita como missiva ou outro documento, haverá maiores elementos para evidenciar a existência do contrato. Pode ser formalizado por instrumento público ou particular. Prudente, porém, que, em se tratando de imóveis, seja utilizada a forma escrita, afastando-o da dificuldade probatória e da locação, regida por estatuto particular.

24.3 CAPACIDADE DAS PARTES

Requer-se a capacidade geral para figurar no comodato. Não somente o proprietário pode emprestar a coisa, mas também aquele que tem a posse em razão de outro ato jurídico, como enfiteuta, superficiário, usufrutuário, usuário e locatário. Na locação de imóveis, o empréstimo da coisa locada pelo locatário depende de autorização expressa do locador (art. 13 da Lei nº 8.245/91). Os tutores, curadores e os administradores de bens alheios necessitam de autorização especial que os legitime a emprestar bens dos pupilos e administrados (arts. 580 e 1.749, II).

Embora demandando agente capaz, se o empréstimo é feito por menor gerando com isso efeitos materiais, a restituição há que ser efetuada na pessoa do pai ou tutor, sob pena de ineficácia e responsabilidade.

Como visto, não é indispensável que o comodante seja proprietário da coisa infungível, basta que sobre ela tenha um direito real ou pessoal de uso e gozo e possa transferir a posse. Restam dúvidas sobre a possibilidade de o comodatário também ceder em comodato, utilizando-se desse modo do subcomodato. Como o contrato é baseado na confiança, temos de entender que, na falta de expressa autorização, o subcomodato é vedado. Sem autorização do comodante, essa subcontratação constitui abuso, com desvio de finalidade.

24.4 PROMESSA DE COMODATO

Como referido, o comodato é contrato real que se perfaz com a entrega da coisa. A promessa de dar em comodato se apresenta como contrato preliminar, cujo conteúdo seria contratar futuramente o comodato. Em tese, não havendo proibição no ordenamento, nada impede que se crie a figura como contrato atípico. A maior dúvida reside em seu inadimplemento. Como o comodato é contrato gratuito, pergunta-se se poderia arcar com multa ou perdas e danos aquele que se recusasse a contratar definitivamente. Levando-se em conta o princípio geral do pré-contrato, a resposta deve ser afirmativa, embora restrito o interesse de contratar sob essa modalidade, salvo quando esse pacto surge como complemento de envolvimento negocial complexo, de caráter oneroso. De qualquer modo, afigura-se inviável a execução coativa dessa promessa de emprestar, tendo em vista o caráter de gratuidade. Ninguém pode ser obrigado a emprestar, ainda que assim se tenha comprometido. Restará, na premissa, apenas a via indenizatória. Atento a essas dificuldades, o código argentino nega eficácia à promessa de dar em comodato, excluindo possibilidade de ação ao promitente (art. 2.256). Guillermo Borda (1989:871) comenta que essa proibição se justifica não somente porque se trata de contrato gratuito, mas também porque se considera uma "prestação de cortesia".

De qualquer modo, acentuemos, não haverá comodato, enquanto não houver a tradição da coisa.

24.5 PRAZO

Como se trata de contrato temporário, presume-se que a coisa deva ser utilizada pelo comodatário durante certo prazo, ou até que se conclua determinada finalidade. Sob esse aspecto, deduz o art. 581, primeira parte, que, se o contrato não estipular prazo, presumir-se-lhe-á o necessário para o uso concedido. O prazo presumido nunca pode ser entendido de molde a excluir a temporariedade do contrato. A utilização da coisa alheia há de ser sempre temporária.

O comodato de implementos agrícolas pode ter sido efetivado para determinada safra. Finda esta, emerge a obrigação de restituir. O imóvel de praia teve a finalidade de propiciar moradia durante as férias escolares, ou feriado prolongado em relação à família do comodatário. Na ausência de prazo avençado, cabe no caso concreto analisar o fim colimado.

Importante o aspecto temporal, porque o comodante deve abster-se de pedir a devolução da coisa emprestada, antes de findo o prazo convencional ou presumido pelo uso (art. 581, segunda parte). Segundo esse dispositivo, porém, abre-se exceção em favor do comodante que, provando *necessidade imprevista e urgente*, reconhecida judicialmente, pode pedir a restituição antecipadamente.[4] Trata-se de corolário do conteúdo benéfico do contrato.

[4] "Indenizatória – **Comodato verbal** – Pretensão de ressarcimento por benfeitorias realizadas pelos comodatários em edícula para oferecer-lhe condições de habitabilidade – Gastos parcialmente comprovados, determinado o reembolso das despesas cujas faturas estão legíveis nos autos – Benfeitorias úteis reembolsáveis, bem como a mão de obra gasta com a reforma, prevalecendo a inteligência do art. 1.219, CC, sobre o art. 584 do mesmo Código – Má-fé dos comodatários não provada – Precedentes deste Tribunal – Requeridos que também pretendem ressarcimento, porém pelos serviços de energia e água não pagos – Cabimento – Negação do ressarcimento da reforma que representaria enriquecimento indevido dos requeridos, proprietários do imóvel – Pedido de indenização por danos morais improcedente, não provadas as agressões – Recurso parcialmente provido para determinar o pagamento, pelos requeridos, dos gastos com materiais de construção e mão de obra" (*TJSP* – AC 1012576-91.2015.8.26.0451, 1-3-2019, Rel. Mendes Pereira).

"Apelação Cível – **Comodato verbal** – Ação de cobrança – Despesas com consumo de energia elétrica e de água – Extinção de comodato – No caso, extinto o comodato cabível a cobrança das despesas com consumo de energia elétrica e de água descritas na inicial, relativas ao período de vigência do contrato. No caso, a apelante não nega a divisão proporcional das despesas, apenas, não se desincumbiu do ônus do art. 373, II, do NCPC, de modo a demonstrar que cumpriu sua obrigação. Sentença confirmada. Apelação desprovida" (*TJRS* – AC 70075271528, 11-4-2018, Rel. Des. Glênio José Wasserstein Hekman).

"Agravo de instrumento – **Comodato** – Ação de reintegração de posse – Decisão que, acolhendo impugnação ao valor da causa, determina que seja atribuída à demanda o valor venal atualizado do imóvel em disputa – Irresignação parcialmente procedente – Valor da causa que deve corresponder ao proveito econômico almejado com a demanda, isto é, ao correspondente a doze meses de aluguel – Aplicação analógica do art. 58, III, da Lei 8.245/91 – Precedentes do STJ e do TJSP – Aluguel que se estima, para esse efeito, em 0,75% do chamado valor venal do imóvel. Deram provimento parcial ao agravo" (*TJSP* – AI 2264098-54.2015.8.26.0000, 13-4-2015, Rel. Ricardo Pessoa de Mello Belli).

"**Agravo regimental no recurso especial** – civil e processual civil – ação de reintegração de posse – comodato/cessão – pedido de desocupação – ausência de prazo – impossibilidade de eternização do comodato – procedên-

A necessidade imprevista e urgente mencionada pela lei pode ser de várias naturezas: o comodante foi despejado do imóvel em que residia, necessitando daquele bem comodado para sua moradia; foi furtado seu veículo de molde a necessitar do que emprestou; perdeu as ferramentas que utilizava no ofício, necessitando retomar as comodadas etc. Como a lei estabelece a obrigatoriedade da definição de necessidade, tendo em vista a exigência de intervenção judicial, esta pode vir dentro das medidas cautelares, ou na antecipação de tutela no processo de conhecimento. A necessidade imprevista é a que não podia ser aferida ou não existia quando da conclusão do contrato. Na realidade, presume-se no comodato uma cláusula tácita que permite ao comodante recuperar a coisa nessa contingência.

Tendo em vista essa regra, não é admitido o chamado comodato precário, que permitiria a retomada da coisa pelo comodante *ad nutum*, a qualquer momento. Isto porque a retomada abrupta da coisa pode ocasionar prejuízos ao comodatário. Não se confunde o comodato por prazo indeterminado com o comodato precário. No primeiro, se não houver prazo para sua extinção, o comodante deve notificar o comodatário, concedendo-lhe prazo razoável para a restituição.[5]

---

cia do pedido – I- 'Dado em comodato o imóvel, mediante contrato verbal, onde, evidentemente, não há prazo assinalado, bastante à desocupação a notificação ao comodatário da pretensão do comodante, não se lhe exigindo prova de necessidade imprevista e urgente do bem.' (REsp 605.137/PR, Rel. Ministro Aldir Passarinho Junior, Quarta Turma, julgado em 18/05/2004, *DJ* 23/08/2004, p. 251). 2 – Aplicação da regra do art. 581 do Código Civil. 3 – agravo regimental desprovido" (*STJ* – AgRg-REsp 1.424.390 – (2012/0177938-4), 24-2-2015, Rel. Min. Paulo de Tarso Sanseverino).

"**Agravo de instrumento**. Decisão. Ausência de fundamentação. **Ação de reintegração de posse fundada na extinção de comodato verbal**. Comodatário que, após ter sido notificado, permaneceu no imóvel. Liminar de reintegração de posse inicialmente deferida, sob o fundamento, apenas, de que estavam 'presentes os requisitos da lei'. Liminar posteriormente revogada, com base na contestação e nos documentos que a acompanharam. Decisão que não explicita os fundamentos, de fato e de direito, que motivaram a convicção do Magistrado. Violação aos artigos 165 do Código de Processo Civil e 93, inciso IX, da Constituição Federal. Necessidade do Juiz expor os fundamentos que embasaram a sua decisão, levando ao conhecimento das partes as razões que determinaram a sua convicção, para possibilitar eventual interposição de recurso voltado à matéria analisada, assegurando, desta forma, o duplo grau de jurisdição. Decisão anulada de ofício" (*TJSP* – AI 0171749-71.2012.8.26.0000, 8-5-2013, Rel. Plinio Novaes de Andrade Júnior).

5 "Apelação cível. Ação de reintegração de posse c.c pedido de indenização por danos materiais (alugueres). Sentença de procedência. Insurgência da requerida. Preliminar de prejudicial externa, pelo curso de ação de usucapião. Matéria não passível de conhecimento, pois já decidida, por esta C. Câmara, em recurso pretérito. Preclusão. Art. 505 do Código de Processo Civil. Preliminar de falta de interesse processual afastada. Condições da ação que devem ser analisadas em abstrato. Teoria da asserção. Interesse de agir dos requerentes, pois asseveram ser possuidores do imóvel objeto do esbulho, acudindo-lhes, abstratamente, o pedido possessório. Irrelevância se inaugurada a lide por apenas dois dos coproprietários do imóvel. Condômino que pode isoladamente reivindicar a coisa de terceiro que injustamente a possua. Art. 1.314 do Código Civil. Preliminar de inadequação da via eleita. Não ocorrência. Instrumento processual que se revela abstratamente útil ao reconhecimento da pretensão exercitada. Mérito. Requerentes que, herdeiros dos primevos possuidores, sub-rogaram-se na posse por estes exercitada. Art. 1.206 do Código Civil. Inegável a posse pretérita dos requerentes, portanto. Posse direta do imóvel transmitida à requerida, a certo momento, por razão de vínculo de parentesco entre cônjuge daquela e os primevos possuidores. Inegável existência de comodato entre os litigantes. Comodato verbal e por tempo apenas determinável que fez justa a posse da requerida, enquanto não rompida a avença por adequado ato extrajudicial. Art. 581 do Código Civil. Posse da requerida que, após o desfazimento do comodato, tornou-se precária. Irrelevante a permanência da requerida, no imóvel, por mais de vinte anos, enquanto vigia o comodato, porque, durante tal lapso, não exercitou posse com *animus domini*, requisito essencial à usucapião, inclusive em sua modalidade extraordinária. Art. 1.240-A do Código Civil. Inescapável acolhimento do pedido possessório. Conclusão. Sentença mantida. Recurso desprovido" (*TJSP* – Ap 1018560-80.2022.8.26.0008, 27-5-2025, Rel. Márcio Teixeira Laranjo).

"Agravo de instrumento – **Comodato** – Reintegração de posse – Nos termos do art. 561, do Código de Processo Civil, o pedido reintegratório deve ser deferido quando o autor demonstrar a sua posse, o esbulho praticado pelo réu, a data do esbulho, bem como a perda da posse. No caso, caracterizada a existência do contrato de comodato entre as partes e a notificação da agravante para desocupação, notificação esta não atendida, deve ser mantida a decisão que deferiu o pedido liminar. Jurisprudência da Corte. Negaram provimento ao recurso. Unânime" (*TJRS* – AI 70079791679 – 20ª C.Cív. – Relª Desª Walda Maria Melo Pierro – J. 27.02.2019).

24.6 DIREITOS E OBRIGAÇÕES DO COMODATÁRIO. RISCOS

O cerne do contrato situa-se justamente no uso e gozo da coisa emprestada. Esse, portanto, o âmbito maior dos direitos do comodatário. A problemática maior no caso concreto é colocar os verdadeiros limites a esse direito de utilização da coisa, distinguir o uso do abuso. Nesse prisma, deve ser entendida a dicção do art. 582:

> *"O comodatário é obrigado a conservar, como se sua própria fora, a coisa emprestada, não podendo usá-la senão de acordo com o contrato, ou a natureza dela, sob pena de responder por perdas e danos."*

O comodatário deve ajustar-se aos termos e limites do contrato e, na falta de previsão deste, usar a coisa conforme sua natureza e destinação.[6]

"Reivindicatória – **Comodato verbal** – Possibilidade de cumulação com pedido de arbitramento de aluguel pelo uso indevido que se fez do bem. Aplicação do artigo 582 do Código Civil. Respeito aos princípios da razoável duração do processo e da celeridade processual. Artigo 5º, LXXVIII da Constituição Federal e artigo 139, II, do Código de Processo Civil. Recurso provido para se admitir dilação probatória e análise do mérito também quanto ao arbitramento de aluguel" (*TJSP* – AI 2094947-85.2018.8.26.0000, 26-7-2018, Rel. Maia da Cunha).

"Agravo de instrumento – **Comodato** – Ação de reintegração de posse – Decisão que indefere o pedido de antecipação de tutela tendente a ser reintegrada na posse do bem esbulhado – Comprovação dos requisitos necessários ao seu deferimento – Requisitos do contrato cumpridos pela agravante – Liminar confirmada – Decisão reformada – Recurso provido" (*TJSP* – AI 2077539-86.2015.8.26.0000, 10-2-2016, Rel. José Wagner de Oliveira Melatto).

6 "Apelação. Ação de cobrança. Sentença de improcedência. Recurso da parte autora pugnando pela condenação da parte ré ao pagamento de aluguéis, considerando o encerramento do contrato de comodato a título gratuito. Inconformismo parcialmente justificado. Recurso que merece ser conhecido, diante da impugnação específica dos fundamentos da sentença. Inviabilidade de análise dos documentos colacionados junto à apelação, uma vez que não se tratam de documentos novos, nos termos do art. 435 do CPC, restando caracterizada a preclusão consumativa. No mérito, verifica-se que a parte autora celebrou com a parte ré, sua ex-cunhada, contrato de comodato de imóvel, a título gratuito, pelo prazo de 12 meses, cujo prazo se encerrou, buscando a cobrança dos aluguéis após o encerramento do prazo contratual. Imóvel que integra o patrimônio partilhável entre o autor e sua ex-esposa, na proporção de 50% para cada um. Parte ré que não se desincumbiu de seu ônus probatório de comprovar sua alegação de que houve autorização da ex-esposa do autor para que continuasse no imóvel (art. 373, inc. II do CPC). Desnecessária a notificação para a constituição em mora. Contrato de comodato por prazo determinado em que, advindo o termo contratual, a configuração da mora é automática (mora *ex re*). Possibilidade de o comodante cobrar aluguéis, nos termos do **art. 582 do CC**, desde a configuração da mora da parte ré até a desocupação do imóvel. Valor do aluguel fixado a partir de laudo não impugnado especificamente pela parte ré. Valor que deve ser cobrado pela metade, pois o autor detém apenas 50% dos direitos sobre o imóvel. Sentença reformada. Sucumbência alterada. Recurso da parte autora parcialmente provido" (*TJSP* – Ap 1003864-79.2023.8.26.0048, 18-7-2024, Relª Claudia Carneiro Calbucci Renaux).

"Reintegração de posse – **Comodato verbal** – Mera ocupação autorizada, decorrente de relação de parentesco, que restou continuada diante permissão dos proprietários – Réus que, mesmo notificados para desocuparem o imóvel, se mantiveram inertes – Esbulho caracterizado – Reintegração na posse do imóvel pelos autores bem determinada – Alugueres devidos pelos réus pela fruição do bem a partir do decurso de prazo concedido na notificação extrajudicial, e enquanto perdurar a ocupação – Procedência da ação – Sentença confirmada – Verba honorária majorada, em atendimento ao artigo 85, parágrafo 11º do CPC – Recurso não provido, com determinação" (*TJSP* – Ap 1006915-17.2015.8.26.0004, 22-1-2018, Rel. Elcio Trujillo).

"Preliminar – Nulidade da sentença – Inocorrência – O que a CF exige é que o juiz ou tribunal dê as razões do seu convencimento, não estando ele obrigado a responder, uma a uma, a todas as alegações da parte, quando já tenha encontrado motivo suficiente para fundar a decisão – Preliminar afastada. Ação de reintegração de posse – **Comodato Verbal** – Esbulho – Autor que logrou provar sua posse, bem como o esbulho praticado pelos réus, preenchendo os requisitos do art. 927 do CPC/1973 – Réus que não negam a posse anterior do falecido pai do autor, apenas sustentando em sua defesa que a parcela do imóvel foi dado a título de doação – Doação sobre bens imóveis que exige forma escrita, qual seja, escritura pública ou instrumento particular – Inadmissibilidade de doação de forma verbal sobre bem imóvel – Inexistindo qualquer documento que comprove a suposta doação afirmada pelos réus, caracterizado está o comodato verbal entre as partes, como sustentado pelo autor – Réus notificados extrajudicialmente para desocupação, tornando-se sua posse, a partir de então, precária e não autorizada – Notificação para desocupação do imóvel descumprida, que caracteriza o esbulho – Sentença reformada

É, pois, direito do comodatário usar gratuitamente do bem emprestado durante o prazo convencionado ou presumido do contrato. Como é contrato essencialmente temporário, não podemos admitir que o comodante possa pedir a restituição pronta e imediata, seguida à tradição.

Na falta de autorização, o comodatário não pode assenhorear-se dos frutos da coisa. Essa permissão poderá até mesmo ser tácita e decorrer dos usos e costumes, mas não pode estar ausente. Aqui, como em todos os contratos, deve-se ter em mente a boa-fé objetiva, em paralelo com a subjetiva.

Os gastos com a manutenção da coisa são de sua responsabilidade; o art. 584 é peremptório ao determinar que *jamais* poderá o comodatário cobrar as despesas feitas com o uso e o gozo da coisa emprestada, pelos gastos ordinários.[7] Não pode, no entanto, responder pelas despesas extraordinárias, o que nem sempre será de fácil aferição no caso concreto.

Pode-se concluir que o comodatário responde, ainda que por força maior, se utilizou a coisa fora de sua destinação e finalidade e se já estava em mora na obrigação de restituir. Poderá eximir-se da responsabilidade se provar que o dano adviria, ainda que a coisa estivesse em poder do comodante.

O art. 583 exacerba o dever de guarda do comodatário estabelecido no art. 582, dispondo que, correndo riscos coisas suas e do comodante, responderá por danos ocorridos, se antepuser as suas na salvação, em detrimento das coisas do emprestante, respondendo até mesmo por caso fortuito ou força maior.

– Ação procedente, com Decreto de reintegração e autorização de derrubada do muro e sua construção no local exato da divisa, tudo às expensas do autor – Autor que tem direito de receber os aluguéis mensais do imóvel, a partir do fim do prazo da notificação extrajudicial, cujo valor deverá ser apurado em sede de liquidação de sentença – Inteligência do art. 582 do CC – Ônus sucumbenciais carreados aos réus – Apelo provido" (*TJSP* – Ap 0000154-03.2013.8.26.0474, 20-1-2017, Rel. Salles Vieira).

"Agravo de instrumento – Ilegitimidade passiva ad causam – Pretensão de rescisão de contrato de comodato firmado com terceiros. Decisão que julgou parcialmente extinto o processo, sem resolução de mérito, em relação ao pedido de rescisão contratual. Admissibilidade: Contrato de comodato firmado com terceiros que não integram a lide. Ilegitimidade passiva do réu reconhecida. Decisão mantida. Pedido de reintegração de posse – Alegação de esbulho possessório – não conhecimento: Questão que deverá ser apreciada pelo juízo no momento processual adequado, não podendo ser analisada em grau de recurso, sob pena de supressão de instância. Recurso não conhecido em parte e, na parte conhecida, desprovido" (*TJSP* – AI 2014383-90.2016.8.26.0000, 8-3-2016, Rel. Israel Góes dos Anjos).

7 "Reintegração de posse. 1. Contrato de comodato verbal. Caracterização. Notificação para desocupação. Desatendimento. Esbulho possessório configurado. Existência dos pressupostos para a reintegração de posse. 2. Alegação de usucapião. Inadmissibilidade. Caracterizada a relação de comodato, não há se cogitar em aquisição da propriedade por usucapião. 3. Pedido de retenção por benfeitorias. Descabimento. Ausência de especificação das benfeitorias. Pleito genérico. **Consideração, ademais, de que a comodatária não pode recobrar do comodante as despesas pela fruição da coisa emprestada** (art. 584, do CC). Pedido inicial julgado procedente. Sentença mantida. Recurso desprovido. Dispositivo: negaram provimento ao recurso". (*TJSP* – Ap 1007441-76.2018.8.26.0004, 15-9-2023, Rel. João Camillo de Almeida Prado Costa).

"Reintegração de posse – Imóvel Urbano – Pretensão do autor fundada em comodato precário – Denúncia do comodato, mediante notificação premonitória – **Comodato verbal** iniciado entre o pai do autor e os réus, para ocupação de pequena casa em lote do fracionamento de uma gleba, com o fim de que vigiassem a posse – Legitimidade do autor para a pretensão, em sendo um dos herdeiros cuja posse foi-lhe transmitida pelo pai com a morte – Exegese do art. 1.784 do Código Civil – Inalterabilidade do caráter da posse e condômino autorizado ao exercício de todos os direitos da indivisão – Esbulho caracterizado, findo o prazo da notificação e constituídos em mora os réus – Réus sem direito a retenção por benfeitorias introduzidas na casa – Obrigação de conservar a coisa conforme arts. 582 e 584 do Código Civil – Aluguel mensal a cargo dos réus desde o esbulho, a ser apurado em liquidação por arbitramento – Recurso do autor provido e recurso dos réus desprovido, ficando os réus onerados com sucumbência, ressalvada a gratuidade processual" (*TJSP* – Ap 0020149-41.2005.8.26.0002, 15-8-2018, Rel. Cerqueira Leite).

"**Indenização.** Benfeitorias. **Comodato.** Autor que não se desincumbiu do ônus de comprovar a realização das benfeitorias no imóvel. Comodatário que não pode recobrar despesas realizadas com uso e gozo da coisa. Art. 584, CC. Sentença de improcedência mantida. Recurso improvido" (*TJSP* – Ap 0011973-31.2010.8.26.0606, 25-3-2015, Rel. J. B. Franco de Godoi).

O art. 585 estabelece a solidariedade na hipótese de pluralidade de comodatários sobre a mesma coisa. Essa solidariedade pode, contudo, ser afastada pela vontade contratual.

24.7 DIREITOS E OBRIGAÇÕES DO COMODANTE

Em princípio, pela natureza do contrato, não poderíamos falar em obrigações do comodante. No entanto, qualquer contrato, ainda que unilateral, gera efeitos inafastáveis para ambas as partes.

Como contrato de natureza real, a obrigação de entregar a coisa participa da estrutura do negócio e não pode ser considerada verdadeiramente obrigação do comodante. A omissão nessa tradição transforma o pacto em mera promessa de comodato, com a perspectiva apontada. Supondo, portanto, a coisa já entregue, o comodante tem a obrigação de não tolher o uso e o gozo dela durante o prazo convencionado. Trata-se, como vemos, de obrigação omissiva, obrigação de não fazer. Correlatamente a essa obrigação, deve o comodante respeitar o prazo do negócio, não turbando a utilização nem pleiteando a devolução da coisa nesse ínterim.

Se a coisa apresentar vícios ocultos que impossibilitem ou diminuam seu uso, o comodante deve responder se os conhecia e deixou de avisar o comodatário. Como é contrato gratuito, o comodante somente deve responder por dolo ou culpa grave e na hipótese de a coisa ter ocasionado prejuízos. De outro modo, não se amolda esse contrato benéfico à teoria dos vícios redibitórios, assim como não é aplicável às doações puras (art. 441). Sob esse aspecto, o Código argentino é expresso na existência de responsabilidade apenas se o comodante tinha conhecimento dos defeitos e não deu ciência ao comodatário (art. 2.286). Segundo esse estatuto, não há necessidade de provar prejuízo. A nosso ver, essa solução não é possível em nosso ordenamento, na falta de texto expresso. Aplica-se entre nós a regra geral de responsabilidade por dano causado pela coisa. Veja-se, por exemplo, a hipótese de alguém que empresta veículo, sabedor que os freios estão em más condições e o comodatário vem a acidentar-se. Responde o comodante porque dele era o dever de vigilância sobre a coisa.

Será também do comodante a responsabilidade pelo pagamento de despesas extraordinárias e urgentes, aquelas excedentes à conservação normal, aos gastos ordinários, estes necessários ao uso e gozo, consoante, a contrário senso, o art. 584. Essa atribuição não se insere no rol de responsabilidades de guarda do comodatário. Ademais, os gastos decorrentes de simples melhoria da coisa, como as despesas voluptuárias, não podem ser carreados ao comodante, aplicando-se o princípio geral das benfeitorias.

Findo o prazo do comodato, não é apenas direito, mas também obrigação do comodante receber a coisa em restituição. Recusando-se ou opondo-se a isso, deve ser constituído em mora, cabendo a ação de consignação a ser movida pelo comodatário. Importante para este a inversão do ônus da mora, tendo em vista a responsabilidade pela perda ou deterioração da coisa. A partir da imputação de mora ao comodante, o comodatário somente será responsável pelos danos decorrentes de dolo ou culpa. Com esse procedimento, afrouxa-se o dever de vigilância que o comodatário deve dedicar à coisa, mormente o enunciado no art. 583:

> *"Ao comodante cabe, assim, não criar problemas inúteis e infundados na hora de restituir o bem. Do contrário, arcará com as consequências da mora, em que irá incidir em semelhantes situações"* (Marmitt, 1991:194).

São direitos principais do comodante: exigir do comodatário o desvelo na guarda e conservação da coisa, apenas de acordo com sua destinação e finalidade; exigir que o comodatário efetue os gastos ordinários de conservação da coisa e restituição do bem findo o prazo avençado ou presumido; receber equivalente de aluguel pelo prazo referente ao atraso na restituição. O comodante não se sujeita à evicção, porque se trata de contrato gratuito (art. 447).

Decretada a quebra do comodatário, o comodante tem direito à restituição, pois, salvo acordo com a massa, extingue-se o contrato. Havemos de dar por extinto o contrato sempre que houver infringência do pacto por infração legal ou contratual. Restituída a coisa com deterioração anormal, decorrente de sua culpa, incumbe ao comodatário indenizar. Se a coisa se deteriorou a ponto de perder sua finalidade, a indenização deve ser total, hipótese em que ela pode ficar com o comodatário, ou ser deduzido o valor da sucata ou salvados.

24.8 RESTITUIÇÃO. INTERPELAÇÃO. PAGAMENTO DE ALUGUEL. BENFEITORIAS

Conforme analisado, a posse precária transmitida ao comodatário traz em si, como toda posse precária, a obrigação de restituir. Se pactuado o contrato de comodato por prazo certo, findo este, tem o comodante o direito de receber a coisa em retorno. Havendo recusa, incumbe que ingresse com a ação de reintegração de posse, pois a posse do comodatário passou a ser indevida. A ação já não é proposta propriamente pelo contratante, mas pelo ex-comodante, porque se parte do pressuposto de que o comodato já se extinguiu. Se as ações versarem sobre a existência, validade e eficácia do comodato, serão derivadas do contrato e não possessórias. Nada obsta que o comodante opte pela reivindicatória, na qual o domínio será discutido, sem o procedimento possessório, com caminho mais demorado e tortuoso. Se terceiros detêm a coisa, sem relação contratual, o caminho será também o possessório. Em qualquer dessas situações, não se justifica a propositura de ação de despejo, porque não existe relação locatícia.

Terminado o prazo e silente o comodante, entende-se que o contrato passou a vigorar por prazo indeterminado. Nessa hipótese e nas hipóteses em que não se fixou prazo, deve o comodatário ser interpelado para devolver a coisa em prazo razoável, a fim de que não seja tomado de surpresa.

Questão importante é saber, no caso de término de prazo pactuado, quanto tempo após pode ser proposta diretamente a ação de reintegração, sem notificação prévia. Pode ser empregada a sistemática da lei do inquilinato, que solidificou posição jurisprudencial, como analogia, admitindo-se a propositura direta da ação até 30 dias após o esgotamento do prazo. Após este, faz-se necessária a interpelação (art. 46, §§ 1º e 2º, da Lei nº 8.245/91). Defensável também que seja considerada a citação como interpelação, concedendo-se prazo razoável para a desocupação ou devolução na hipótese de concessão de liminar.

Constituído o comodatário em mora, conforme o art. 582, segunda parte, responderá ele pelos efeitos naturais dela, bem como pagará aluguel da coisa durante o tempo do atraso em restituí-la. Pode o comodante arbitrar o valor desse aluguel na petição inicial. Nada impede que o valor seja fixado no curso da ação, por intermédio dos meios de prova, inclusive perícia, se necessário, se o valor for impugnado pelo réu. Esse aluguel é imposto tanto para os móveis como para os imóveis, sem distinção. Sua natureza é indenizatória pelo uso indevido da coisa, sua supressão em detrimento do comodante. Equivale a aluguel, por analogia à locação, mas a hipótese não transforma o negócio em locação.

Não havendo prazo especial, o prazo prescritivo para o comodante reaver a coisa era, no sistema de 1916, o de 10 anos entre presentes e de 15 entre ausentes, conforme o art. 177, por se tratar de ação real (Chaves, 1984, v. 3:862). No Código de 2002, o prazo geral de extinção de direitos é de dez anos (art. 205). Inicia-se o prazo quando a ação pode ser proposta, isto é, no momento em que a restituição passou a ser exigível. Aplica-se o princípio da *actio nata*.

Quanto à retenção por benfeitorias, o art. 584 estabelece, a contrário senso, que o comodante deve reembolsar o comodatário das despesas extraordinárias. As ordinárias ficam a cargo do comodatário. Sobre os gastos extraordinários, se o comodatário possuidor for de boa-fé, é de se aplicar o princípio geral que rege as benfeitorias, permitindo-lhe o direito de retenção no tocante àquelas efetivadas antes do término da relação contratual ou da notificação de restituição. Da mesma forma, o regime das construções e plantações é aplicável (arts. 1.255 e 1.256).

24.9 COMODATO MODAL

Embora gratuito, e precipuamente como ato dessa natureza, o comodato admite a aposição de modo ou encargo, que não se equipara a contraprestação, não o transformando em contrato bilateral. O encargo é uma restrição que se apõe ao beneficiário de um negócio jurídico, ora estabelecendo um fim específico para a coisa objeto do ato, ora impondo uma obrigação em favor do próprio instituidor, de terceiro ou de coletividade indeterminada.[8]

Como examinamos em nossa obra *Direito civil: obrigações e responsabilidade civil* (Cap. 6), o modo ou encargo é restrição que se impõe ao beneficiário de uma liberalidade. Veja o que ali expusemos, inclusive no tocante à diferença com as condições. Mais comum nas doações, admite-se o encargo, porém, em todos os negócios de natureza gratuita. Sua feição é de restrição aposta a uma liberalidade. Se há contraprestação, não há encargo; o contrato deixa de ser gratuito. O encargo deve ser visto com amplitude ponderavelmente menor do que seria uma contraprestação. De outro lado, enfatizemos, ninguém está obrigado a aceitar liberalidade; se o fizer, e esta contiver encargo, este deve ser cumprido.

Na legislação, o termo *encargo* é aplicado de maneira equívoca, nem sempre com o conteúdo ora em exame. O legislador não fez referência ao comodato modal.

Fabricante empresta prateleiras, refrigeradores e dispositivos de divulgação a fim de que o comerciante exponha e venda os produtos de sua fabricação; municipalidade empresta imóvel para ser utilizado como centro esportivo; distribuidora de derivados de petróleo fornece equipamentos, tais como bombas, elevadores de veículos, compressores etc., desde que o posto de serviços de veículos comercialize unicamente produtos de sua bandeira etc. Com efeito, o modo introduz certa onerosidade ao contrato, mas, podemos dizer, essa onerosidade situa-se em grau inferior à contraprestação.

> *"Nada impede que ao mesmo tempo se emprestem bens ao comodatário, e se o obrigue a revender bens do comodante, com exclusividade, sem que isso constitua remuneração.*

---

8 "Apelação – Rescisão contratual cumulada com reparação de danos – Contrato de comodato – Alegação de nulidade de cláusula que impõe à comodatária a compra de, no mínimo, cem placas por mês da comodante – Inocorrência – **Comodato modal** – Imposição de tal ônus que, por si só, não desnatura a gratuidade do contrato de comodato – Ré que anuiu livremente com o quanto pactuado – Aplicação do princípio da 'pacta sunt servanda' – Ressarcimento das quantias devidas pelas placas que deveriam ter sido adquiridas pela ré pelo período em que o bem objeto do comodato permaneceu em seu estabelecimento – Devolução das despesas com o transporte para retirada do maquinário, conforme cláusula contratual – Excluído, contudo, o pagamento da quantia de R$ 670,00 que a autora alega ter suportado com o reparo do bem em razão do mau uso pela comodatária – Ausente demonstração de que os danos apontados foram provocados pela ré, bem como inexistente prova das despesas realizadas. Recurso provido em parte" (*TJSP* – Ap 1007702-14.2016.8.26.0068, 11-4-2018, Rel. Luis Fernando Nishi).

"**Apelação cível** – Ação de despejo por inadimplemento cumulada com cobrança – Sentença de extinção sem julgamento de mérito por ilegitimidade ativa do locador – controvérsia quanto à propriedade do imóvel – Irrelevância negócio jurídico de natureza pessoal. Empréstimo gratuito de coisa infungível intitulado de locação – Nominação equivocada que não desnatura o **comodato modal** – Inadequação da ação de despejo – Esbulho que se enfrenta mediante ação de reintegração de posse – Inadequação da via eleita – Extinção da ação mantida (art. 267, VI, do CPC), por fundamento diverso. Recurso conhecido e não provido" (*TJPR* – AC 1312293-3, 6-5-2015, Rel. Des. Ruy Muggiati).

Esta não se encontra no comodato, mas no outro pacto, no de compra e venda, no qual os contratantes gozam de vantagens inerentes ao negócio. O comodante não tem remuneração direta pelo uso de seu equipamento, que é emprestado. A obrigação de revenda exclusiva não representa remuneração ao comodato" (Marmitt, 1991:102).

Com o modo ou encargo, o comodatário passa a ter outras obrigações além daquelas naturais a todo comodato. "*Se o que o comodatário tem de prestar é ínfimo, ou se, não sendo ínfimo, é insuficiente para que se pense em correspectividade, há comodato*" (Miranda, 1972, v. 46:163).

Tal como na doação, o encargo introduz modalidade de obrigação no negócio e como tal pode ser exigido judicialmente, ou seu descumprimento pode gerar inadimplemento contratual. O comodante pede a rescisão por inadimplemento, ou o cumprimento do encargo. Qualquer beneficiário do encargo e o Ministério Público, se for o caso, podem pedir exclusivamente seu cumprimento, não tendo estes legitimidade para inquinar o contrato. Dessa forma, o encargo é obrigatório, o que não importa em anular o caráter gratuito da liberalidade.

Por outro lado, pode o contrato ter previsto cláusula penal para a hipótese de descumprimento do encargo. O mesmo óbice aqui acenado já foi examinado sob o aspecto da promessa de comodato. À primeira vista, repugna à consciência jurídica que se possa introduzir multa a um contrato essencialmente gratuito. No entanto, o ordenamento não o proíbe. O comodatário assume a avença ciente do encargo e sabedor de que se sujeita à pena no caso de descumprimento. Ainda que não se estabeleça multa, descumprindo o comodatário suas responsabilidades contratuais, sujeita-se a perdas e danos, como em qualquer contrato. O valor da cláusula penal é matéria examinada na obra *Direito civil: obrigações e responsabilidade civil*, Cap. 13, aplicando-se seus princípios. Conclui-se, em última análise, que essa multa nunca poderá superar o valor do contrato ou o valor da prestação descumprida, conforme o caso.

Nada obsta, ainda, que o comodante exija caução do comodatário para garantir o cumprimento do encargo. Esse aspecto também não desnatura o contrato e mostra-se consentâneo com a natureza do encargo.

24.10 EXTINÇÃO

Decorrido o prazo do contrato, restituída a coisa, extingue-se o contrato. Vimos que, quando há prazo indeterminado, a notificação denuncia o contrato. Decorrido seu prazo, a permanência do comodante com a coisa é indevida. Na hipótese de premente necessidade, como estudado, comprovada judicialmente, também pode extinguir-se o negócio.

Como em todos os negócios, o perecimento do objeto do contrato também o extingue. Responsável será o comodatário por perdas e danos se essa perda ocorreu por culpa sua. Também será sua a responsabilidade, como vimos, ainda nas hipóteses de caso fortuito ou força maior, sob as premissas do art. 583.

Por vontade unilateral do comodatário, restituída a coisa, também se extingue o comodato. Se não houver cláusula contrária no pacto, pode o comodatário sujeitar-se a multa se foi convencionada.

A morte do comodatário não extingue automaticamente o comodato, como regra geral, apesar de ser *intuitu personae*. A relação jurídica transmite-se aos herdeiros. Incumbe ao comodante denunciar o contrato, se desejar a resilição.

25

EMPRÉSTIMO: MÚTUO

25.1 CONCEITO. NATUREZA

Examinado o comodato, quanto ao mútuo, podemos afirmar que sua estrutura não se altera como contrato de empréstimo. Uma vez que seu objeto é constituído de coisas fungíveis, seu regime jurídico exige variações. Sob tal prisma, diz-se que o mútuo é empréstimo de consumo, em paralelo ao comodato, empréstimo para uso.

Define o art. 586 do Código Civil: *"O mútuo é o empréstimo de coisas fungíveis. O mutuário é obrigado a restituir ao mutuante o que dele recebeu em coisas do mesmo gênero, qualidade e quantidade".*[1]

---

1 "Apelação. Ação de cobrança. Mútuo verbal. Empréstimo tomado por genitor da companheira do autor. Improcedência. Apelo do demandante. Inocorrência de prescrição. Empréstimo contraído no período da união estável entre o autor e a filha do réu, ora devedor. Prova documental e testemunhal que também confere verossimilhança às alegações do demandante. Art. 373, I, do CPC. Transferência de valor considerável de dinheiro sem ressalva de natureza diversa. Presunção da obrigação de restituir já reconhecida pelo C. STJ. Presença dos elementos identificadores do mútuo no caso concreto. Art. 586, do CC. Ação ora julgada procedente. Apelo provido" (*TJSP* – Ap 1032948-29.2020.8.26.0114, 12-3-2025, Rel. Luis Fernando Camargo de Barros Vidal).

"Apelação cível. Código de defesa do consumidor. Direito civil. Natureza. Empréstimo. Mútuo. Dever de informação. Ilegalidades. Configuração. 1. **É de mútuo o negócio jurídico de empréstimo de dinheiro que obriga o mutuário a restituir ao mutuante o que dele recebeu em coisa do mesmo gênero, qualidade e quantidade nos termos do art. 586 do Código Civil.** 2. A prestação de informação nos contratos de empréstimos é obrigação legal das instituições financeiras e deve ser dirigida ao consumidor de maneira adequada e clara sobre os diversos aspectos do serviço. Exige-se que a informação esclareça os parâmetros legais para o cumprimento das respectivas prestações como, por exemplo, taxa de juros remuneratórios, juros de mora e tributos incidentes. 3. O negócio jurídico anulado impõe que as partes retornem ao estado anterior a sua celebração nos termos do art. 182 do Código Civil. 4. Apelação desprovida" (*TJDFT* – Ap 07051585420228070001, 24-5-2023, Rel. Hector Valverde Santanna).

"Apelação cível – Ação de cobrança – Contrato de mútuo. Obrigação do mutuário de restituir ao mutuante o que dele recebeu (Cód. Civil, art. 586). Ausência de prova do pagamento da integralidade do empréstimo. Dação em pagamento que se refere a outro negócio jurídico celebrado entre as partes. Observância ao disposto no art. 355 do Cód. Civil. Cobrança devida. Laudo pericial elucidativo e esclarecedor dos fatos. Sentença alterada. Recurso provido" (*TJSP* – Ap 1023070-14.2019.8.26.0309, 15-2-2022, Rel. Antonio Nascimento).

"Apelação cível – Ação monitória – Contrato de mútuo. **Obrigação do mutuário de restituir ao mutuante o que dele recebeu** (Cód. Civil, art. 586), observada, todavia, a quantia já adimplida. Ausência de prova do pagamento do empréstimo. Procedência mantida. Juros de mora, porém, devidos a partir da interpelação extrajudicial. Incidência do art. 397, § único, do Cód. Civil. Carência da ação não evidenciada. Via adequada ao manejo da pretensão

Necessário, portanto, ter em mente, na visão e emprego desse instituto, a noção de coisas fungíveis do art. 85, com a explanação feita em nossa obra *Direito civil: obrigações e responsabilidade civil* (Cap. 6). Note, como lá fizemos, que nem sempre a noção de bens consumíveis se identifica com a de bens fungíveis. De regra, a coisa fungível é sempre consumível, mas pode ocorrer de a infungível ser consumível. O mútuo refere-se especificamente aos bens fungíveis.

Em razão do objeto desse empréstimo, o mutuante transfere o domínio da coisa emprestada ao mutuário (art. 587).[2] Destarte, tornando-se o tomador proprietário da coisa mutuada, pode dar-lhe o destino que lhe aprouver. Findo o empréstimo, devolverá em coisas do mesmo gênero, qualidade e quantidade. Assim, ao contrário do que sucede no comodato, o mutuário há de ser necessariamente dono da coisa entregue, doutro modo não poderia transferir o domínio.

Recebendo a coisa em propriedade, o tomador do empréstimo assume seus riscos. Na restituição, aplicam-se os princípios da obrigação fungível, de dar coisa incerta. Perdida ou deteriorada a coisa mutuada, suportará o mutuário o prejuízo. No entanto, como facilmente percebemos, o fito do contrato não é transferir o domínio, mas proporcionar a utilização da coisa pelo mutuário, na verdade seu consumo, para que este a devolva findo certo prazo. A transferência do domínio apenas se faz necessária para possibilitar o consumo por parte do mutuário.

É da estrutura do contrato a obrigação de restituir as coisas fungíveis. Mediante esse negócio, emprestam-se, por exemplo, cereais, produtos químicos, gêneros alimentícios em geral e, principalmente, dinheiro. Lembre-se de que bens fungíveis em certas situações poderão ser infungíveis em outras; devemos atentar para o caso concreto. Moedas de ouro e prata, aliás, referidas no art. 1.258 do Código de 1916, poderão assumir o caráter de infungibilidade, se

---

do autor. Justiça gratuita. Indeferimento. Preliminar afastada. Recurso desprovido, com observação" (*TJSP* – Ap 1003399-59.2020.8.26.0506, 19-11-2021, Rel. Antonio Nascimento).

"Apelação cível – Contrato verbal de Mútuo – Ação declaratória de nulidade de negócio jurídico cumulada com reparatória por danos morais – Indícios da prática de agiotagem – Necessidade de inversão do ônus da prova – Obrigação do credor em demonstrar a regularidade da transação – exegese do artigo 3º da MP n. 2.172-32/2001 – Sentença declarada sem efeito, com ordem de retorno à origem para regular seguimento – Recurso provido" (*TJSP* – Ap 1013640-02.2015.8.26.0625, 16-11-2020, Rel. Tercio Pires).

2 "Civil – Processo Civil – **Contrato – Mútuo** – Prova do negócio jurídico – Ação de cobrança proposta para reaver o empréstimo feito pelo Autor a sua mãe e padrasto. Rejeita-se a preliminar de intempestividade da resposta pois o prazo somente começa a fluir com a citação pessoal ou com o ingresso espontâneo do Réu, sendo inviável presumir a ciência da lide pela citação em processo cautelar apensado ou pelo equívoco do inventariante em contestar o feito em nome próprio. Segundo a causa de pedir, o Autor sustenta que os recursos usados para haver a cessão de direitos sobre o imóvel tiveram origem na sua caderneta de poupança, e embora seja possível admitir tal fato pela prova, era essencial que o Autor provasse a natureza jurídica do negócio jurídico de transferência de valores dele para sua mãe e padrasto, se doação ou mútuo. Como era do Autor o ônus de provar a condição de credor do empréstimo pessoal, mas nada demonstrou, inviável acolher a pretensão de cobrança. Recurso desprovido" (*TJRJ* – AC 0010645-04.2013.8.19.0203, 3-7-2018, Rel. Henrique Carlos de Andrade Figueira).

"Apelação Cível – Embargos de terceiro – **Contrato de mútuo – Soja – Bem Fungível** – Contrato que implica a transferência da propriedade – Art. 587 do CC – Mutuante que não detém a posse sobre o bem objeto da avença – Parte ilegítima – Bem restituído em ação própria – Ausência de constrição judicial – Requisitos para a propositura da ação – Art. 1.046 do CC – não comprovados – ônus sucumbencial invertido – recurso provido – O mútuo é o empréstimo de coisas fungíveis, no qual o mutuário é obrigado a restituir ao mutuante o que dele recebeu em coisa do mesmo gênero, qualidade e quantidade. Este empréstimo transfere o domínio da coisa emprestada ao mutuário. Transferida a propriedade, não detém, o mutuante, legitimidade ativa para opor embargos de terceiro, já que tal remédio processual tem como objetivo a proteção da posse (art. 1046 do CPC). Não comprovados os requisitos para o manejo dos embargos de terceiro, ante a falta de legitimidade do mutuante e a ausência de constrição sobre o bem, que foi restituído em ação própria, não resta configurado o esbulho" (*TJMT* – Ap 18091/2012, 6-8-2016, Rel. Des. Dirceu dos Santos).

não estiverem em circulação e servirem para coleção. Empréstimos em dinheiro somente podem ser feitos em moeda nacional (estrangeira quando autorizado por lei), não se admitindo destarte a vigência do citado art. 1.258, revogado pelo Decreto nº 23.501/33, bem como pela farta legislação a respeito que se seguiu.

A exemplo do que foi dito sobre o comodato, o mútuo é contrato *real*. A tradição da coisa emprestada integra sua estrutura. Desse modo, enquanto não ocorrer a entrega, não há mútuo. Poderá haver outro negócio, inclusive contrato preliminar, promessa unilateral de efetuar ou receber mútuo. Nessa categoria, colocam-se o contrato de abertura de crédito e o de subscrição de ações, embora a questão seja controvertida na doutrina. No contrato de abertura de crédito, assegura-se ao agente a possibilidade de utilizar por certo prazo um crédito, convencionando-se os respectivos juros e outras taxas. O contrato de abertura de crédito visa atender a quem não tenha premência de obter o empréstimo imediatamente. Destina-se a operações econômicas mais complexas que não podem ser supridas pelo mútuo singelo, permitindo que o tomador se utilize paulatinamente do limite de crédito concedido. O velho Código Comercial também fez referência ao contrato de conta corrente que a doutrina considera mútuo de natureza especial (Wald, 1992:381), o qual também pode ser combinado com o de abertura de crédito. Nesse negócio, as partes asseguram-se reciprocamente créditos mediante remessas, efetuando compensação, sua maior utilidade no comércio. Não se confunde, porém, com o contrato de depósito bancário, no qual apenas existe demonstrativo contábil de débitos e créditos (Pereira, 1994:246).

Trata-se de contrato *unilateral* porque, em princípio, apenas o mutuário contrai obrigações. O mutuante esgota sua atividade com a entrega da coisa emprestada, cuja tradição não pode ser vista como obrigação por ser integrante da estrutura do negócio. No entanto, o mútuo oneroso é contrato bilateral, como defendem alguns. Pontes de Miranda (1971, v. 42:18), por exemplo, afirma que o mútuo com juros se assemelha à locação de uso; o mútuo sem juros, ao comodato.

O enfoque que o considera contrato *gratuito* é tradicional, mas não se harmoniza com a realidade, quando se trata de empréstimo de dinheiro. Raramente, esse mútuo se apresenta sem o caráter especulativo. Em sua origem romana, sempre foi pacto gratuito. Nos negócios atuais, o empréstimo de dinheiro vem em primeiro plano; assim não era no passado. Incomum, porém, se apresentará empréstimo de dinheiro sem exigência de juros. No entanto, no sistema de 1916, a onerosidade deveria ser expressa, quer se tratasse de juros, quer se tratasse de outras coisas fungíveis em contraprestação, por força do art. 1.262, o qual permitia a fixação de juros ao empréstimo de dinheiro ou de outras coisas fungíveis. O art. 248 do Código Comercial dispunha que juros podiam ser exigidos, como regra geral, quando estipulados. Afora isso, a exigência aplicava-se na hipótese de mora no pagamento das dívidas líquidas e nas ilíquidas após a liquidação. O mesmo dispositivo ressalva também a ocorrência de juros nos casos expressos no Código.

O atual Código, porém, atento à perspectiva atual e na trilha da jurisprudência, modifica o entendimento ao estatuir no art. 591:

> *"Destinando-se o mútuo a fins econômicos, presumem-se devidos juros.*
>
> *Parágrafo único. Se a taxa de juros não for pactuada, aplica-se a taxa legal prevista no art. 406 deste Código."*

O art. 406, estudado neste volume deste nosso trabalho, dispõe que, nesse dispositivo do mútuo, os juros deverão obedecer, em síntese, como limite, a taxa legal.[3] A matéria longe está de ser pacífica.

---

[3] "Direito civil. Apelação. Ação revisional de contrato de financiamento. Cobrança de tarifas. Juros remuneratórios e capitalização. Contratação de seguros. Improcedência. Recurso desprovido. I. Caso em exame Ação revisional de contrato de financiamento de veículo, visando à declaração de nulidade de cláusulas abusivas, como tarifas bancárias, juros remuneratórios, capitalização de juros e contratação de seguros. II. Questão em discussão Há três questões em discussão: (i) legalidade das tarifas; (ii) validade dos juros e capitalização; (iii) contratação dos seguros. III. Razões de decidir As tarifas de avaliação e registro do contrato são válidas, desde que comprovada a prestação do serviço (REsp nº 1.578.526-SP). A capitalização de juros e a pactuação de juros remuneratórios acima de 1% ao mês são legais em contratos bancários firmados após 2000, desde que pactuados (Súmula 539/STJ). Não há abusividade na taxa de juros remuneratórios praticada, que foi inferior a uma vez e meia a taxa média de mercado à época, conforme jurisprudência consolidada no REsp 1.061.530/RS. A contratação de seguros prestamista e auto foi voluntária e válida, sem indícios de abusividade. IV. Dispositivo e tese Sentença mantida. Recurso desprovido. Tese de julgamento: A cobrança de tarifas é válida quando há prestação de serviço. A capitalização de juros é permitida, desde que pactuada. Contratação voluntária de seguros não é abusiva. A taxa de juros remuneratórios livremente pactuada entre as partes prevalece, desde que não seja superior a uma vez e meia a taxa média de mercado à época. Dispositivos relevantes citados: CF/1988, art. 192, § 3º; CDC, arts. 39, V e 51, IV; CC, arts. 591 e 406. Jurisprudência relevante citada: STJ, Súmula nº 121, nº 539 e nº 596" (*TJSP* – Ap 1001989-41.2023.8.26.0156, 23-9-2024, Relª Léa Duarte).

"Recurso especial. Direito civil e processual civil. CPC/2015. Cumprimento de sentença. Obrigação de fazer convertida em perdas e danos. Juros de mora. **Art. 406 do Código Civil.** Taxa SELIC. Temas 99 e 112/STJ. Negativa de prestação jurisdicional. Prejudicialidade. Princípio da primazia do julgamento de mérito. 1. Controvérsia acerca da taxa de juros moratórios incidentes sobre valor correspondente à conversão em perdas e danos de obrigação de fazer de origem contratual. 2. Nos termos do art. 406 do Código Civil: "quando os juros moratórios não forem convencionados, ou o forem sem taxa estipulada, ou quando provierem de determinação da lei, serão fixados segundo a taxa que estiver em vigor para a mora do pagamento de impostos devidos à Fazenda Nacional". 3. Nos termos dos Temas 99 e 112/STJ, a taxa de juros moratórios a que se refere o art. 406 do Código Civil é a taxa referencial do Sistema Especial de Liquidação e Custódia – SELIC, vedada a acumulação com correção monetária. 4. Reforma do acórdão recorrido para substituir a taxa de 1% ao ano pela taxa SELIC, vedada a cumulação com correção monetária. 5. Prejudicialidade da alegação de negativa de prestação jurisdicional, tendo em vista a aplicação do princípio da primazia do julgamento de mérito no presente julgamento. 6. Recurso especial provido" (*STJ* – REsp 1846819/PR, 13-10-2020, Rel. Ministro Paulo de Tarso Sanseverino).

"Apelação cível e recurso adesivo em embargos à execução por título extrajudicial – Discussão acerca da legalidade da cláusula de juros que fixa os juros remuneratórios em 2,5% ao mês e exigibilidade de multa moratória fixada em instrumento particular vinculado a nota promissória ao qual faltam as assinaturas de testemunhas – 1 – A nota promissória vinculada a instrumento particular de confissão de dívida não perde sua característica de título executivo extrajudicial, sendo possível, ademais, cumular ao valor do crédito por ela documentado os encargos previstos no dito instrumento, desde que ele constitua título executivo. A *contrario sensu*, faltando a esse documento algum dos requisitos previstos no artigo 784, III do CPC (artigo 585, II do CPC/1973) – No caso, a assinatura de duas testemunhas será ele inapto ao embasamento de execução, ainda que conjugado a uma nota promissória, caso em que os encargos nele previstos não poderão ser adicionados ao crédito documentado pela cártula. 2 – Por inteligência dos artigos 591 e 406 do Código Civil, os juros remuneratórios, nos mútuos feneratícios celebrados entre particulares, não podem ultrapassar 1% ao mês. 3 – O **contrato de mútuo** é não solene e, destinando-se a fins econômicos, por força dele presumem-se devidos juros remuneratórios, não sendo repetíveis os pagamentos feitos a tal título antes do vencimento da nota promissória, compensando-se o que tenha excedido a taxa de 1% ao mês com o capital. 4 – Cobrança indevida, porém de boa-fé, não sujeita quem a faz às penas do artigo 940 do Código Civil. 5 – Havendo sucumbência recíproca, em partes desiguais, a responsabilidade sobre os ônus sucumbenciais deve ser distribuída proporcionalmente entre os litigantes, na medida dos respectivos ganhos e perdas (CPC, artigo 86, caput). 6. Recursos de apelação e adesivo conhecidos e parcialmente providos" (*TJPR* – AC 1632412-0, 10-9-2018, Rel. Des. Fernando Ferreira de Moraes).

"**Direito Civil** – Ação Monitória – Cerceamento de defesa – Perícia Contábil – Capitalização de juros – Comissão de permanência – 1 – Rejeitada a preliminar de cerceamento de defesa, ante a não produção de prova pericial e de julgamento antecipado da lide, tendo em vista tratar-se de questão eminentemente de direito, na medida em que objetiva a determinação de quais critérios devem ser aplicados na atualização do débito. Nesse sentido, o entendimento dos Tribunais Regionais Federais. 2 – A capitalização dos juros pressupõe a incidência de juros sobre essa mesma grandeza – Juros – Acumulada em período pretérito, dentro de uma mesma 'conta corrente', diferentemente do que ocorre com os juros simples, em que o encargo incide apenas sobre o capital, sem que os juros voltem a incorporar o montante principal. 3 – A insurgência contra a capitalização de juros calculados em prazo inferior a um ano tem respaldo, de modo expresso, em lei, consoante previsão do artigo 4º, do Decreto nº 22.626, de 7 de abril de 1933, 'Art. 4º. É proibido contar juros dos juros; Esta proibição não compreende a acumulação de juros vencidos aos saldos líquidos em conta corrente de ano a ano' e, no caso dos contratos de mútuo, no artigo 591 do Código Civil, nos seguintes termos: 'Destinando-se o mútuo a fins econômicos,

Destarte, a regra geral, no sistema em vigor, é que o mútuo é contrato oneroso, remunerado. A regra geral é serem os juros presumidos nesse empréstimo. A lei menciona a presunção para os mútuos destinados a fins econômicos. O caso concreto definirá quando o mútuo não terá essa finalidade econômica, especulativa, o que será marcante exceção. Poderá ser assim gratuito o mútuo com o caráter de pura liberalidade sem que sua destinação econômica seja ressaltada ou acentuada. As partes, por outro lado, poderão também dispor, expressamente, que não serão devidos os juros.

O mútuo é contrato *temporário*, como o comodato, porque traz em seu bojo a possibilidade de consumir em certo tempo e a obrigação de restituir. Sem esta, o negócio transforma-se em doação. Sem o prazo, o negócio torna-se inviável. Trata-se, pois, de *contrato de relação duradoura*. O fim do mútuo, como vemos, não é transferir a propriedade. Essa transferência ocorre a fim de que se possibilite ao mutuário o consumo da coisa. O termo final não é cláusula essencial, porque o contrato pode ser concluído por prazo indeterminado.

O mútuo pode ter finalidade específica. A obrigação pode ser contraída no bojo de negócio complexo, comprometendo-se o mutuário a aplicar o dinheiro ou coisa recebida para certo escopo. Obtém-se empréstimo, por exemplo, a fim de financiar construção ou aquisição de imóvel, ou para financiar indústria e lavoura. Se foi estipulado o escopo, outra destinação do mútuo constituirá infração contratual por desvio de finalidade. Como pondera Pontes de Miranda, a infração é do *dever de aplicar*, salvo se a disposição é mera recomendação (1972, v. 42:10).

---

presumem-se devidos juros, os quais, sob pena de redução, não poderão exceder a taxa a que se refere o art. 406, permitida a capitalização anual'. 4 – Não obstante os termos da Súmula 121 do Supremo Tribunal Federal, que veio estabelecer que 'é vedada a capitalização de juros, ainda que expressamente convencionada', aquela Corte, posteriormente, veio expedir outro entendimento sumulado, orientando que 'as disposições do Dec. nº 22.626/33 não se aplicam às taxas de juros e aos outros encargos cobrados nas operações realizadas por instituições públicas ou privadas que integram o Sistema Financeiro Nacional' (Súmula 596). 5 – As instituições financeiras integrantes do Sistema Financeiro Nacional têm expressa autorização para capitalizar os juros com periodicidade inferior a um ano, desde a edição da Medida Provisória 1.963-17, de 30 de março de 2000, culminando com a Medida Provisória de nº 2.170-36, de 23 de agosto de 2001. 6 – O C. Superior Tribunal de Justiça já se manifestou sobre a questão, pacificando o entendimento sobre a possibilidade de haver capitalização de juros nos contratos bancários firmados por instituições financeiras integrantes do Sistema Financeiro Nacional a partir de 31 de março de 2000, por força do disposto na Medida Provisória nº 1.963-17/2000, atual MP nº 2.170-36/2001. 7 – Somente será nula a cláusula que venha a permitir a capitalização mensal dos juros nos contratos firmados antes de 31/03/2000. O contrato cogitado na lide é posterior a essa data e conta com previsão de capitalização mensal dos juros, inexistindo razão para que se proceda à revisão das cláusulas contratuais aqui impugnadas. 8 – Consoante entendimento do Superior Tribunal de Justiça, é admitida a comissão de permanência durante o período de inadimplemento contratual (Súmula nº 294), desde que não cumulada com a correção monetária (Súmula nº 30), com os juros remuneratórios (Súmula nº 296) ou moratórios, nem com a multa contratual (Súmula nº 472). Conclui-se assim pela impossibilidade de cumulação com qualquer outro encargo, o que inclui a cobrança de eventual taxa de rentabilidade. 9 – É lícita a incidência da indigitada comissão de permanência quando observada a taxa média dos juros de mercado, apurada pelo Banco Central do Brasil, e desde que respeitada a taxa máxima pactuada entre as partes, por observância ao princípio da força obrigatória dos contratos. Nesse sentido, o entendimento deste Tribunal Regional. 10 – Para fins de prequestionamento, refutadas as alegações de violação e negativa de vigência aos dispositivos legais e constitucionais apontados no recurso interposto. 11 – Apelação parcialmente provida" (*TRF – 3ª R.* – AC 0017161-07.2009.4.03.6105/SP, 25-4-2017, Rel. Des. Fed. Wilson Zauhy).

"Agravo de instrumento – Ação de cobrança – **Mútuo** – Controvérsia acerca da natureza do capital transferido à sociedade empresária. Quesito formulado a perito contábil. Manutenção. Prova técnica que é destinada ao convencimento do juiz, e não às partes. Decisão que deve ser prestigiada, ante o princípio do livre convencimento do magistrado, a quem compete e direção do processo. Decisão mantida. Recurso improvido" (*TJSP* – AI 2078618-03.2015.8.26.0000, 30-5-2016, Rel. Walter Cesar Exner).

Como notamos, tanto há mútuo decorrente de amizade, sem interesse econômico, como decorrente de atividade usual do mutuante, profissional ou não, com intuito lucrativo. É contrato baseado na fidúcia. É, pois, contrato de crédito.

25.2 OBJETO. FORMA

Destinado a coisas fungíveis, o art. 247 do Código Comercial enunciava que o mútuo seria mercantil, se a coisa fungível emprestada pudesse ser considerada comercial ou destinada ao uso mercantil, sendo pelo menos o mutuário comerciante. Não havia diferença na estrutura, como se percebe. O corrente Código derrogou a primeira parte do Código Comercial, que passa a ser, mais do que dantes, mera referência histórica. Esse contrato não pode ter como objeto bens imóveis, embora possam ser considerados fungíveis, por exemplo, os lotes de um loteamento para o loteador e as unidades condominiais para o incorporador imobiliário. Objeto do mútuo, portanto, serão bens fungíveis ou fungibilizados. A fungibilidade deve depender precipuamente da natureza e finalidade das coisas. Quem empresta livro a amigo efetua comodato; quem empresta livro a livreiro para comercializá-lo, efetua mútuo.

No empréstimo em dinheiro, leva-se em conta o nominalismo, o valor da moeda. A correção monetária, fenômeno tantas vezes mencionado, não é retribuição ou acréscimo ao mútuo, mas mera reavaliação numérica do valor da moeda. Será devida sempre que houver variação, sob pena de ocorrer injusto enriquecimento. A correção monetária não violentava, portanto, o art. 1.256 do velho Código Civil, que mandava fossem restituídas ao mutuante as coisas emprestadas do mesmo gênero, qualidade ou quantidade.

O mútuo não requer forma especial, exceto se fosse oneroso, quando deveria ser convencionado expressamente, dentro do sistema de 1916, como vimos (art. 1.262). O mútuo mercantil, e agora no sistema do Código de 2002, o mútuo em geral, não exige forma escrita, mas, para efeito de prova e de registro contábil, deve formalizar-se por escrito. O mútuo pode provar-se por título de crédito, embora este por si só, principalmente o cheque, não seja sua prova cabal e definitiva. O mútuo é contrato e, como tal, negócio bilateral. Os títulos de créditos decorrem de atos unilaterais.

Inobstante a inexigibilidade de forma especial, há que se recordar a regra do art. 109, pela qual as partes podem convencionar a exigência do instrumento público para a substância do ato (veja o que falamos a esse respeito no vol. 1).

25.3 OBRIGAÇÕES DAS PARTES

A tradição da coisa ao mutuário integra a própria natureza do contrato, como no comodato, não podendo ser considerada propriamente uma obrigação do mutuante, tendo em vista a natureza real admitida para o contrato. A isso se agrega a responsabilidade pelos vícios da coisa e a obrigação negativa de não tolher o consumo por parte do mutuário.

A responsabilidade por vícios na coisa entregue, dentro da teoria dos vícios redibitórios, somente opera na totalidade quando se tratar de mútuo oneroso. Como o contrato é gratuito, exige-se dolo por parte do mutuante, para lastrear pedido de perdas e danos.

Durante o prazo do empréstimo, o mutuante deve abster-se de praticar atos que impeçam ou dificultem a utilização dos bens mutuados, exigindo a restituição apenas quando findo o prazo ou torne-se exigível.

O principal direito do mutuante é exigir a restituição da coisa no momento oportuno: findo o prazo determinado, escoado o prazo da notificação quando indeterminado ou finda a utilização da coisa para o fim emprestado (prazo presumido).

Pode, no entanto, o mutuante exigir garantia de restituição, se antes do vencimento o mutuário sofrer notória mudança de fortuna que faça periclitar sua solvência (art. 590). Não sendo prestada essa garantia de forma eficiente, o mutuante pode considerar vencido o empréstimo. Essa modificação na fortuna do tomador do empréstimo deve ser posterior à celebração do contrato. A falência do mutuário ou abertura de concurso de credores também acarretam o vencimento antecipado da dívida de mútuo. Se, por qualquer razão, extingue-se a garantia do mútuo, real ou fidejussória, também se torna exigível o objeto do mútuo, se o mutuário não substituí-la oportunamente.

Em contrapartida ao direito do mutuante, o mutuário tem a obrigação de restituir a coisa no tempo e forma devidos. Pagará juros, se convencionados. O mutuante não pode ser obrigado a receber parcialmente a coisa, se assim não foi convencionado ou não autorizar a lei.

25.4 EMPRÉSTIMO DE DINHEIRO. JUROS

O mútuo que estabelece pagamento de juros é denominado *feneratício*, porque em Roma se rotulava de *foenus* a esse negócio. A estipulação de juros depende de expressa convenção no Código de 1916, conforme o art. 1.262, como acentuamos. No sistema vigente, como vimos, os juros presumem-se devidos se o mútuo tiver destinação para finalidade econômica. Os juros podem referir-se a empréstimo de dinheiro ou de outras coisas fungíveis. A segunda parte do artigo de 1916 requer maior digressão, pois estabeleceu que esses juros podiam fixar-se abaixo ou acima da taxa legal do art. 1.062, com ou sem capitalização. Consoante esse art. 1.062, a taxa de juros moratórios, quando as partes não dispusessem em contrário, seria de 6% ao ano. Como apontamos, o limite legal dos juros no sistema em vigor é o estabelecido no art. 406, com nova redação, do vigente Código. O novel estatuto assume, portanto, uma nova perspectiva econômica nessa matéria, de acordo com as mais recentes leis econômicas. Será difícil, porém, como temos afirmado, que as autoridades monetárias e financeiras do país permitam vida longa a esse dispositivo.

O art. 1.263 do antigo diploma dispunha acerca da irrepetibilidade de pagamento dos juros não estipulados. Isso porque, nesse sistema, os juros deviam ser expressamente convencionados. Desse modo, quem paga juros não convencionados não os poderá reaver, nem imputar no capital, salvo no tocante ao excesso acima do permitido em lei. Cuida-se de situação que se equipara a obrigação natural, colocando-se na mesma posição os juros prescritos. A regra cai por terra no sistema de 2002 quando somente por exceção os juros não serão devidos.

Juros representam o proveito auferido pelo capital emprestado; são a renda do dinheiro. Serão *compensatórios*, quando representarem fruto do capital, ou *moratórios*, quando representarem indenização pelo atraso no cumprimento da obrigação. Geralmente, os juros compensatórios são pactuados no contrato, mas nada impede que os moratórios também o sejam.

O fenômeno inflacionário exigiu que a reavaliação monetária fosse feita, a fim de evitar o injusto enriquecimento, colocando na berlinda o princípio do nominalismo adotado pelo Código de 1916, em época de moeda estável. O Código de 2002 admite expressamente a reavaliação do valor nominal da moeda e a intervenção judicial para essa finalidade.

Em matéria de juros, deve ser trazido à baila o sempre lembrado e pouco aplicado Decreto nº 22.626/33, Lei de Usura, que em seu art. 1º proibiu juros superiores ao dobro da taxa legal. Por essa norma, portanto, permite-se a convenção de juros até 12% ao ano. O art. 4º do citado decreto proibiu a contagem de juros sobre juros, ou seja, a capitalização. Sobre essa última vedação posicionou-se o Supremo Tribunal Federal na Súmula 121: *"É vedada a capitalização de juros, ainda que expressamente convencionada."* O intérprete desavisado, que possivelmente tivesse vindo para o país de outra esfera astral, admiraria essa legislação como perfeita harmonia econômica, a proibir juros extorsivos e coibir o anatocismo. No entanto, sabido é que de exceção em exceção na própria legislação esse aferrolhamento de abuso financeiro é apenas aparente. A inflação que se seguiu a essa lei, bem como as normas que ordenaram o mercado de capitais, fizeram cair por terra toda pretensão de restrição. O próprio Estado, por meio de normas econômicas, sob o escudo discutido e decantado direito econômico, encarregou-se de estabelecer política monetária, fixando juros muito acima dos limites originalmente legais. Continuam, porém, os mais desavisados a defender a aplicabilidade dos limites privados fora do chamado mercado financeiro. A tentativa constitucional de limitar o teto dos juros em 12% ao ano também caiu no vazio (art. 192, § 3º), por falta de regulamentação, como era de esperar e não poderia ser de outra forma, pois não há como refrear leis econômicas com leis jurídicas. Levianos os que pensaram o contrário e ousaram colocar a disposição no texto constitucional tal como está, em nada abonando a cultura jurídica nacional.

A capitalização de juros é permitida por várias leis. Lembre-se, apenas como exemplo, dos financiamentos rurais (Decreto-lei nº 167/67) e industriais (Decreto-lei nº 413/69) que autorizam a expedição das respectivas cédulas, com capitalização semestral, das cadernetas de poupança e dos empréstimos hipotecários celebrados por agentes financeiros do sistema de habitação. Desse modo, concluímos, com a jurisprudência, que é proibida a convenção que permita a capitalização de juros.

As instituições financeiras, sob o escudo da lei de Mercado de Capitais (Lei nº 4.595/64), colocam-se fora do sistema de juros do Código Civil e da Lei de Usura. Desvinculam-se, pois, os bancos e congêneres de qualquer limite ali estabelecido, subordinando-se à política financeira oficial. Nesse sentido, a Súmula 596 do Supremo Tribunal Federal:

> *"As disposições do Decreto nº 22.626/33 não se aplicam às taxas de juros e aos encargos cobrados nas operações realizadas por instituições públicas ou privadas que integram o Sistema Financeiro Nacional."*

A Lei nº 4.595/64 autorizou o Conselho Monetário Nacional a estabelecer política de moeda e crédito no país, permitindo que, por meio do Banco Central, fixe os juros e taxas de mercado. Os contratos ligados ao Sistema Financeiro de Habitação são regulados por legislação própria, que também estabelece índices peculiares de reajuste.

Como decorrência da inflação, as instituições financeiras estabeleceram ainda, com beneplácito de órgãos oficiais, outras taxas incidentes sobre financiamentos e débitos, mascaradas sob a denominação de *comissão de permanência*, *juros remuneratórios* e outras. Essas parcelas embutem índices totais ou parciais de inflação. São estratagemas utilizados pelas instituições, a fim de aumentar as taxas de juros já elevadas e a remuneração do capital. Nesse sentido, a jurisprudência coibiu a cumulação dessas taxas com a correção monetária, porque, evidentemente, constitui um *bis in idem*. Nesse sentido, a Súmula 30 do Superior Tribunal de Justiça: *"A comissão de permanência e a correção monetária são inacumuláveis."* Sob o prisma interpretativo, há que se entender que, fora do sistema financeiro, os juros e seus respectivos limites continuam regulados pelo Decreto-lei nº 22.626/33. Tudo é no sentido de que essa lei deva ser considerada revogada pelo Código de 2002, aliás, embora muitos já a considerassem ineficaz há muito tempo. Ainda, o simples fato de uma entidade inserir-se no sistema financeiro não lhe outorga o direito de fixar unilateralmente o montante dos juros e outras taxas, acima do permitido pelos órgãos oficiais e do limite legal, *"malgrado entendimentos distorcidos e nocivos à economia nacional, criados numa época em que jazia sepultada a democracia no país"* (Rizzardo, 1988:1.022). Aplica-se ainda, em favor do consumidor dos serviços bancários, os princípios do Código de Defesa do Consumidor, em que pesem denodados esforços corporativistas em provar e estabelecer o contrário.

25.5 CAPACIDADE. EMPRÉSTIMO FEITO A MENOR

Os arts. 588 e 589 referem-se ao mútuo feito a pessoa menor. O primeiro dos dispositivos estatui que feito a menor, sem prévia autorização do responsável pela guarda, não pode ser reavido nem do mutuário, nem dos fiadores ou abonadores. O Código em vigor exclui da dicção o termo *abonadores*, sem que se restrinja o sentido da disposição. O art. 589 dispõe sobre exceções a essa regra geral.

> *"Cessa a disposição do artigo antecedente:*
>
> *I – se a pessoa de cuja autorização necessitava o mutuário, para contrair o empréstimo, o ratificar posteriormente;*
>
> *II – se o menor, estando ausente essa pessoa, se viu obrigado a contrair o empréstimo para os seus alimentos habituais;*
>
> *III – se o menor tiver bens ganhos com seu trabalho. Mas, em tal caso, a execução do credor não lhes poderá ultrapassar as forças;*
>
> *IV – se o empréstimo reverteu em benefício do menor;*
>
> *V – se o menor obteve o empréstimo maliciosamente."*

O antigo Código referia-se, no inciso III, ao art. 391, II, que dizia respeito a bens adquiridos pelo menor no serviço militar, no magistério ou em outra função pública. Despicienda a disposição, porque nessas hipóteses o menor torna-se capaz. O mais recente Código, nesse tópico, de forma mais compreensível, refere-se a bens ganhos pelo menor com seu trabalho, o que não o transforma automaticamente em maior. Nesses casos, a satisfação do credor não poderá superar seu respectivo valor. Acrescente-se ainda a hipótese do art. 155 do Código de 1916: o menor entre 16 e 21 anos não podia invocar sua idade, para eximir-se de obrigação, se dolosamente a ocultou, inquirido pela outra parte, ou se, no ato de se obrigar, espontaneamente se declarou maior. No Código de 2002, menor entre 16 e 18 anos, art. 180. Nessa situação, o mutuante não pode ser prejudicado. Não se pode beneficiar aquele cuja malícia revelou grau de desenvolvimento capaz de levar a engodo a outra parte. O Código se reporta ao menor que *maliciosamente* obteve o empréstimo.

Também, o mútuo deve ter plena eficácia, quando o empréstimo contraído pelo menor beneficiar diretamente a pessoa que deveria autorizá-lo. É evidente que nesse caso não se pode admitir o injusto locupletamento. A ação deve ser movida contra quem do menor se valeu para se locupletar (Pereira, 1994:242).

A regra geral da capacidade tem plena aplicação, contudo. O empréstimo feito a menor possui exceções que visam obstar o injusto enriquecimento. O regime de mútuo feito a menor submete-se a regras especiais. Embora o valor lhe acresça em princípio o patrimônio, não se limitou a lei a considerá-lo ineficaz, mas impôs ao mutuante o risco de nem mesmo recuperá-lo por meio da ação de enriquecimento, salvo as exceções do art. 589. O art. 1.259 do Código antigo referia-se aos abonadores do fiador, que são garantes da fiança. A origem dessa proteção ao menor tem origem no Direito Romano, em estágio social no qual se pretendeu evitar a exploração de menores. A matéria ingressou no Código Civil proveniente das Ordenações, que traziam idêntica orientação.

Vimos, ademais, que para o mutuante é necessário, além da capacidade em geral, ter a disponibilidade da coisa mutuada.

Os detentores do pátrio poder, o poder familiar no vigente estatuto civil, tutores e curadores somente podem contrair empréstimos onerando os pupilos, como representantes ou assistentes, mediante prévia autorização judicial e provada a evidente utilidade, independente de o mútuo ser gratuito ou oneroso, conforme princípios do art. 1.691 (Miranda, 1972, v. 42:40). As pessoas jurídicas podem contrair mútuo conforme estabelecido em seus respectivos estatutos ou contratos sociais.

O Código de 2002 menciona ainda, no rol do art. 589, dando como hígido o mútuo, e possível de reaver, se o empréstimo reverteu em benefício do menor e se o menor obteve o empréstimo maliciosamente. Em ambas as situações, que se afinam com a doutrina e o sistema tradicional, não há como se punir o mutuante, em prol da boa-fé objetiva e da reprimenda à malícia ou má-fé do menor.

25.6 EXTINÇÃO

O modo normal de extinção de todo contrato é seu cumprimento. O próprio contrato de mútuo pode estipular outras formas de extinção. Como regra geral, o contrato de mútuo estabelece prazo para seu cumprimento e extinção. Uma vez estabelecido e não ocorrendo exceções, somente pode ser exigida a restituição, uma vez findo o prazo. As partes podem de comum acordo resilir o pacto, operando distrato.

Silenciando o contrato, aplica-se a regra do art. 133 da Parte Geral, segundo a qual os prazos se presumem estabelecidos em proveito do devedor. Desse modo, pode o devedor restituir a coisa antes do término do prazo. Para que tal direito possa ser afastado, há necessidade de regra expressa no contrato instituindo o prazo em favor do credor, exigindo, por exemplo, o pagamento de juros de todo o período contratual (Lopes, 1993, v. 4:370).

Não havendo previsão contratual, o art. 592 especifica situações de extinção do mútuo:

> *"I – até a próxima colheita, se o mútuo for de produtos agrícolas, assim para o consumo, como para semeadura;*
>
> *II – de trinta dias, pelo menos, se for de dinheiro;*
>
> *III – do espaço de tempo que declarar o mutuante, se for de qualquer outra coisa fungível."*

O descumprimento de cláusula contratual também pode dar azo à extinção, como, por exemplo, o não pagamento de juros ou apresentação oportuna de garantias.

O mútuo, ao contrário do comodato, não possui regra que permite ao mutuário pedir a restituição antes do prazo na hipótese de necessidade imprevista e urgente (art. 581), tendo em vista a natureza fungível das coisas emprestadas.

Se não foi fixado prazo para o mútuo, incumbe ao mutuante que efetive *denúncia vazia ou imotivada* do contrato, a fim de que exija a restituição. Havendo prazo e não exigindo o mutuante a devolução a seu final, o contrato passa a ter vigência por prazo indeterminado. Não se confunde essa vigência com a recondução ou renovação do contrato, que pode decorrer dos próprios termos do negócio.

26

PRESTAÇÃO DE SERVIÇOS

26.1 CONCEITO. DENOMINAÇÃO

Como explanado nos capítulos referentes à locação de coisas e à empreitada, a origem romana da locação partiu de três modalidades contratuais do negócio-base *locatio conductio*. A *locatio conductio rei*, atual locação de coisas, consiste no fato de um contratante ceder a outro o gozo temporário de uma coisa, mediante retribuição. A *locatio conductio operis*, atual empreitada, consiste em prometer a outro, também mediante pagamento, toda atividade necessária para obter determinado resultado de trabalho, como, por exemplo, a construção de uma casa.

Pela *locatio conductio operarum*, um sujeito coloca à disposição de outrem, durante certo tempo, seus próprios serviços, em troca de retribuição. Este último negócio foi incluído no Código de 1916, por amor à tradição, em conjunto com os dois outros, no capítulo dedicado à locação, sob a epígrafe *locação de serviços* (arts. 1.216 a 1.236). Sob o título *prestação de serviço*, o atual Código de 2002 disciplina a matéria nos arts. 593 a 609.

Quem desavisadamente se debruçasse sobre o tema, no Código de 1916 e sua doutrina mais antiga, haveria de se surpreender que *locador*, no negócio relativo a coisas, fosse quem cedesse o uso de móvel ou imóvel e recebesse pagamento, enquanto na locação de serviços, *locador de serviços* era quem exercia a atividade em favor de outrem, cedendo seus serviços, sendo *conductor* ou locatário o patrão ou contratante dos serviços. A razão residia no fato de que o locador de serviços em Roma era conduzido pelo patrão, o dono do serviço ou *conductor*, à semelhança dos escravos e dos filhos sob pátrio poder (Miranda, 1972, v. 40: 15). O Código de 2002 buscando a compreensão moderna e melhor operosidade da lei refere-se ao *prestador de serviço*.

Esse apego à tradição no Código de 1916, com base na própria denominação e classificação do negócio como modalidade de locação, além de dificultar seu estudo e compreensão, já não se justificava no direito moderno. Ainda mais porque a maior parte da prestação hodierna de serviços já não se submete a princípios de direito privado, mas pertence ao campo do direito trabalhista e da legislação especial, com supremacia de fundamentos de ordem pública. Trata-se de terminologia e topologia anacrônicas, baseadas em circunstâncias históricas ultrapassadas. Sua sobrevivência no direito moderno é surpreendente, inclusive no direito estrangeiro (Borda, 1989:478).

No Direito Romano, era natural que se denominasse locação tanto o contrato pelo qual era cedido o uso de uma coisa, como aquele em que era prometido um serviço, pois este dependia na maior parte das vezes do trabalho escravo. O escravo era propriedade de um senhor, que o alugava a outrem como quem hoje aluga uma coisa. Contudo, a denominação *locação de serviços* ao homem livre não tem sentido, não somente porque desapareceram as razões históricas, mas também porque o instituto não guarda maior relação com a locação de coisas. Se a denominação é hoje difícil de aceitar, muito mais problemático para as atuais gerações que se dedicam ao estudo do Direito é denominar *locatário ao empregador* e *locador ao trabalhador*. Destarte, neste nosso estudo, desde as primeiras edições, não são empregados esses vocábulos. Desse modo, ainda que presente a terminologia no Código de 1916, devem ser buscados títulos mais adequados ao negócio, segundo sua compreensão e extensão. Daí por que se prefere denominar esse contrato de *prestação de serviços*, como fez o Projeto de 1975 que deu origem ao Código de 2002, assim como se denomina empreitada ao que a doutrina antiga referia-se a locação de obra.

O art. 594 define a locação de serviços como *"toda a espécie de serviço ou trabalho lícito, material ou imaterial, pode ser contratada mediante retribuição"*.[1]

---

[1] "Apelação. **Prestação de serviços**. Ação de cobrança, julgada procedente. Recurso do condomínio corréu. Serviços de limpeza, portaria, manutenção e zeladoria. Contrato celebrado entre a autora e a associação ré – eleita para administrar o condomínio em Assembleia Extraordinária realizada anteriormente à sua Instituição, Especificação e Convenção. Serviços prestados que exigem retribuição, pena de se prestigiar o enriquecimento sem causa do beneficiário. Inteligência dos arts. 594 e 884 do Código Civil. Débito hígido, não impugnado. Sentença mantida. RECURSO NÃO PROVIDO, majorados os honorários advocatícios devidos pelo condomínio, nos termos do art. 85, § 11, do CPC" (*TJSP* – Ap 1027258-30.2021.8.26.0196, 27-7-2024, Rel. João Casali).

"**Prestação de serviços** – Cobrança – Contrato de prestação de serviços – Autora que pretende receber valores atinentes ao período em que se encontrava rescindida a relação contratual entre as partes – Cerceamento de defesa não verificado – Sentença de improcedência mantida – Recurso desprovido" (*TJSP* – Ap 0003173-95.2015.8.26.0296, 7-2-2019, Rel. Claudio Hamilton).

"**Contrato** – **Prestação de serviços** – Falha na prestação de serviços – Corte unilateral de serviços de TV por assinatura, acesso à internet e telefonia fundada em alteração da política de preços – Inadmissibilidade – Plano oferecido pela própria apelante e a cujos termos vincularam-se as partes – Pagamentos regularmente efetuados – Dano moral – Conduta da prestadora de serviços que ultrapassa o mero dissabor – Indenização arbitrada – Redução inadmissível – Sentença mantida – Apelação improvida" (*TJSP* – AC 1016929-86.2017.8.26.0005, 12-9-2019, Rel. José Tarciso Beraldo).

"Apelação – Ação de cobrança – Reconvenção – **Prestação de serviços de limpeza em obra** – Contrato por prazo determinado – Atraso na entrega da obra – Desentendimento quanto à limpeza efetuada – Sentença de improcedência – recurso – Valores impagos do contrato mais cobrança de serviços extras – Comprovação de parte do serviço impago – Serviço extra – Não comprovação – Ônus da prova – Artigo 373, inciso I, do CPC – Sentença parcialmente reformada – Recurso parcialmente acolhido. 2 – Apelação – (ENPLAN) – Ação de cobrança – Reconvenção – Prestação de serviços de limpeza em obra – Contrato por prazo determinado – Atraso na entrega da obra – Desentendimento quanto à limpeza efetuada – Sentença de improcedência da reconvenção – Recurso adesivo – Restituição do valor pago à nova empresa – Possibilidade – Não comprovação do abandono da obra antes do prazo estipulado – Ônus da prova – Artigo 373, inciso I, do CPC – Indenização devida – Compensação com os valores a serem pagos – Sentença parcialmente reformada – Recurso parcialmente provido. 3 – Ambos os recursos conhecidos e parcialmente providos" (*TJSP* – Ap 1081895-98.2016.8.26.0100, 13-9-2017, Rel. Carlos Abrão).

"Agravo de instrumento – Ação de cobrança – **Prestação de serviços de arquitetura** – Liminar – Indeferimento – Medida cautelar buscada pela parte autora que implicaria em arresto, entretanto, sem a incidência das condições ensejadoras para tanto. Não preenchimento dos requisitos do artigo 813 e 814 do Código de Processo Civil. Decisão reformada. Deram provimento ao recurso. Unânime" (*TJRS* – AI 70067498113, 25-2-2016, Rel. Des. Ergio Roque Menine).

"**Prestação de serviços** – Rescisão contratual – Inversão do ônus da prova – Inteligência do art. 6º, inciso VIII, do CDC – Serviços contratados não concluídos – Danos morais configurados – Recurso provido – Nenhuma das partes, antes de cumprida a sua obrigação, pode exigir o implemento da do outro" (*TJSP* – Ap 0038070-06.2010.8.26.0562, 18-8-2015, Rel. Renato Sartorelli).

"**Apelação**. Ação declaratória cumulada com pedido de ressarcimento. Indevido protesto de duplicatas. Ausência de demonstração, pela ré-reconvinte, de que a autora foi responsável pela contratação de **prestação de serviços**. Declaração de inexistência de relação jurídica entre as partes que era mesmo de rigor, assim

A época de elaboração do Código anterior e o estágio da sociedade brasileira de então não permitiam imaginar as modificações sociais e tecnológicas que se seguiriam no país e no mundo. Daí ter sido frugal e parcamente regulado o contrato de trabalho, fundamental para a economia e proteção de direitos e garantias individuais. Essa noção vazia de contrato de prestação de serviços é completada por poucos artigos. Nada foi disciplinado acerca de associações profissionais ou sindicatos, salário mínimo, segurança e higiene do trabalho, apenas para mencionar alguns temas. Pelo estatuto civil, regulou-se o trabalho dentro dos estritos termos da lei da oferta e da procura, como se a sociedade apresentasse trabalhadores e donos do capital em pé de igualdade.

Essa pobreza de legislação, decorrente do restrito vulto das conquistas sociais da época, evidentemente não poderia suportar as pressões advindas não muito tempo após a promulgação do Código de 1916. Surge o direito do trabalho, hoje considerado um direito do ramo social, pois fica a meio caminho entre o direito público e o direito privado, culminando com a Consolidação das Leis do Trabalho (CLT, Decreto nº 5.452/43). Desse modo, a expressão *contrato de trabalho* deve ficar reservada àqueles regidos pela extensa legislação trabalhista, afastada também do regime estatutário do funcionalismo público. A relação tradicional que une o funcionário à Administração escapa ao esquema de direito civil e da legislação do trabalho, embora haja tendência de unificação. O objeto deste estudo no campo civil é reservado exclusivamente aos negócios residuais, prestações de serviços não atingidas pela legislação própria de índole trabalhista ou estatutária, que ainda permanecem regulados pelo ordenamento civil. O contrato de trabalho constitui hoje um dos pilares em que se apoia a economia, a produção, a paz social e a organização do Estado. Sua regulamentação deve obedecer aos princípios básicos de proteção do ser humano. Os direitos do trabalhador constituem capítulo dos direitos e garantias individuais. Por isso, sua disciplina transcende a distinção entre direito privado e direito público. Ademais, atualmente o contrato individual de trabalho cede passo aos acordos coletivos.

Dentro desse contexto que ora traçamos, o vigente Código estatui: *"A prestação de serviço, que não estiver sujeita às leis trabalhistas ou a lei especial, reger-se-á pelas disposições deste Capítulo"* (art. 593). Nesse diploma continuam a ser parcos os dispositivos sobre o tema, mas há que se compreender que essa disciplina é residual, destinada a um espectro mais restrito de negócios jurídicos. O grande universo da prestação de serviço é regulado pela legislação trabalhista.

26.2 NATUREZA. DISTINÇÃO DE OUTROS CONTRATOS

A prestação de serviços pode ser conceituada como o contrato sinalagmático pelo qual uma das partes, denominada prestador, obriga-se a prestar serviços a outra, denominada dono do serviço, mediante remuneração.

Interessante notar que o Código em vigor se refere ao "prestador de serviço" (arts. 600, 601, 602 etc.), não adotando a terminologia "dono do negócio", talvez por entendê-la dúbia em determinadas situações; preferindo referir-se à "outra parte" (arts. 603, 604, 605), perdendo a expressão para a compreensão técnica. Nada impediria que a nova lei se referisse ao "dono do negócio", expressão consagrada pela doutrina, ou utilizasse termo mais compreensivo, como encomendante ou contratante do serviço, por exemplo.

como a condenação da ré ao pagamento de indenização por danos morais no valor de R$ 7.400,00. 'Quantum' indenizatório arbitrado de forma adequada para o caso dos autos. Manutenção da sentença por seus próprios fundamentos, nos termos do artigo 252 do Regimento Interno deste E. Tribunal de Justiça. Negado provimento ao recurso" (v. 14789) (*TJSP* – Ap 0004905-60.2008.8.26.0554, 13-2-2014, Relª Viviani Nicolau).

Trata-se de contrato *bilateral*, pois gera direitos e obrigações para ambas as partes e como decorrência é *oneroso*; *consensual*, por se aperfeiçoar com simples acordo de vontades, e *comutativo*, porque impõe vantagens e obrigações recíprocas que se presumem equivalentes, conhecidas pelas partes. Quanto ao objeto, conforme o art. 594, absorve toda a espécie de serviço ou trabalho lícito, material ou imaterial. O art. 1.217 de 1916 anotava que, quando qualquer das partes não soubesse ler, nem escrever, o instrumento poderia ser escrito e assinado a rogo, com subscrição de quatro testemunhas. O art. 595 do Código mantém a redação, reduzindo o número de testemunhas para duas. Tal não o transforma, porém, em contrato formal. Não se exige a forma escrita para consubstanciá-lo. Mormente na legislação trabalhista, os direitos do trabalhador estão detalhadamente protegidos, independentemente de qualquer formalidade que não a prestação pura e simples do serviço.

A atividade do prestador não se presume gratuita. A retribuição pecuniária é consequência natural do trabalho, não importando seja denominada salário, honorários, pagamento, proventos, estipêndio etc.

O art. 596 afirma que

> *"não se tendo estipulado, nem chegado a acordo as partes, fixar-se-á por arbitramento a retribuição, segundo o costume do lugar, o tempo de serviço e sua qualidade"*.

O art. 460 da CLT tem alcance semelhante ao estabelecer que

> *"na falta de estipulação do salário ou não havendo prova sobre a importância ajustada, o empregado terá direito a perceber salário igual ao daquela que, na mesma empresa, fizer serviço equivalente ou que for habitualmente pago para serviço semelhante"*.

O Projeto nº 6.960/2002 tentou modificar a redação do art. 596, esclarecendo que a retribuição pelo serviço seria arbitrada judicialmente, na hipótese de divergência, enfatizando que o preço é essencial a esse contrato. Não se esqueça de que a arbitragem, antecedida de prévia fase de negociação e conciliação, também pode ser solução rápida e eficaz nesse campo.

O art. 597 estipula que a retribuição será paga após a prestação do serviço, se não houver de ser adiantada ou paga em prestações, em virtude de convenção ou costume.[2]

---

[2] "Direito civil. Apelação cível. Ação de cobrança. Contrato de prestação de serviço. Plano de saúde. Ex-credenciado. Rescisão. Comunicação tempestiva. Inexistência. Comprovação. Ausência. Art. 373, II, do CPC. Recurso conhecido e desprovido. I. Caso em exame 1. Cuida-se de apelação interposta pelo plano de saúde réu em face de sentença proferida em ação de cobrança que tem como causa de pedir a sua possível inadimplência quanto ao pagamento por serviços prestados pelo Autor a beneficiários deste plano de saúde, apesar das autorizações correlatas de seus prepostos, nos termos dos arts. 107, 389, 398, 432 e 884, todos do Código Civil. II. Questão em discussão 2. A controvérsia recursal consiste em verificar se o plano de saúde Apelante tem o dever de pagar ao Apelado, ex-integrante de sua rede credenciada, os valores referentes aos serviços prestados a 3 (três) beneficiários, no período de 09/2023 a 12/2023 e no mês 01/2024, os quais migraram para outra Operadora. III. Razões de decidir 3. No contrato de prestação de serviço, 'a retribuição pagar-se-á depois de prestado o serviço, se, por convenção, ou costume, não houver de ser adiantada, ou paga em prestações', nos termos do art. 597 do Código Civil. 4. Não se constata a comprovação de que os serviços não foram prestados ou que o Apelado conhecia, tempestivamente, a migração dos beneficiários para outra Operadora de plano de saúde, nos termos do art. 373, II, do CPC. IV. Dispositivo e tese 5. Apelação conhecida e desprovida. Tese de julgamento: 'Quando não comunicar tempestivamente a integrante de sua rede credenciada sobre a migração de beneficiário para outra Operadora de plano de saúde, haverá obrigação de pagar por serviços prestados'. Dispositivos legais relevantes citados: art. 597 do Código Civil; e art. 373, II, do CPC" (*TJDFT* – Ap 0716825-66.2024.8.07.0001, 13-3-2025, Rel. Roberto Freitas Filho).

"Apelação. **Prestação de serviços.** Manutenção e consertos de aparelhos de ar-condicionado. Ação de indenização por danos materiais e morais, julgada improcedente. Preliminares. Nulidade da sentença, por cerceamento

No sistema trabalhista, leva-se em conta o paradigma de outro trabalhador nas mesmas condições para a fixação da remuneração, critério perfeitamente amoldável ao que estabeleceu o Código Civil. O caráter remuneratório do negócio lhe é essencial. O serviço ou trabalho desinteressado refogem à tipicidade desse contrato civil e do contrato de trabalho.

Ao dono do serviço é vedado cobrar juros sobre pagamento que tenha adiantado ao obreiro, nem sobre dívida alguma, pelo tempo do contrato, que ele esteja pagando com serviços. Inescondível aí o ranço da origem histórica do instituto, que submetia o prestador de serviços aos desígnios e ao alvedrio do patrão. A cobrança de juros nesses casos poderia facilmente subjugar o serviente à condição de escravo.

O caráter pessoal desse contrato, embora não seja como regra geral *intuitu personae*, é acentuado, tanto que o art. 605 estabelece que

> *"Nem aquele a quem os serviços são prestados, poderá transferir a outrem o direito aos serviços ajustados, nem o prestador de serviços, sem aprazimento da outra parte, dar substituto que os preste."*

A maior dificuldade doutrinária é distinguir a prestação de serviços da *empreitada*. Em ambos os casos, ocorre uma atividade pessoal em favor de outrem. Por isso, também, encontra-se na doutrina a classificação dos dois negócios como modalidades da *locação de atividade*. A prestação de serviços seria locação de serviços em sentido estrito. Nem sempre os critérios apriorísticos, todos sem exceção, fixados pela doutrina mostram-se suficientes. A nosso ver, há que se levar em conta o conjunto de princípios e não somente um dos critérios. De qualquer modo, é importante fixar a natureza jurídica de ambos os negócios, porque o regime legal de

---

de defesa. Não ocorrência. Pretensão à produção de prova testemunhal. Julgamento no estado que atendeu ao preceito contido no art. 355, I, do CPC. Dilação probatória pretendida inútil e desnecessária. Prescrição alegada em contrarrazões. Aplicabilidade da prescrição decenal. Entendimento firmado pelo C. STJ de que o prazo prescricional incidente sobre os casos de responsabilidade civil contratual é decenal (art. 205 CC). Termo 'reparação civil' constante do art. 206, § 3º, V, do CC que se restringe aos danos decorrentes do ato ilícito não contratual. Uniformização jurisprudencial. Prazo decenal não superado. Preliminares rejeitadas. Mérito. Autora que não comprovou o nexo de causalidade entre os danos descritos na petição inicial e a conduta ilícita ativa ou omissiva atribuída ao agente (arts. 186 e 927 do CC). Remuneração que deveria ser realizada na forma do que dispõe o art. 597 do CC por não terem as partes ajustado contratualmente o pagamento de forma antecipada. Ausência de cláusula contratual a inviabilizar o reconhecimento do vínculo de exclusividade. Lícita a rescisão promovida pela contraparte, porquanto a autora não logrou êxito em demonstrar o cumprimento de sua parte no contrato. Serviços prestados pela autora no mês de fevereiro/2016, que foram confirmados pela ré, sem comprovação dos respectivos pagamentos, ônus que lhe competia. Pagamentos que são devidos. Acolhimento do recurso nesse ponto. Sentença parcialmente modificada. Recurso parcialmente provido, mantida a sucumbência exclusiva da autora, aplicado o disposto no art. 86, parágrafo único, do CPC" (*TJSP* – Ap 1042225-06.2019.8.26.0114, 15-7-2021, Rel. Sergio Alfieri).

"**Prestação de serviços** – Ação declaratória de rescisão contratual e de condenação a indenizar por perdas e danos. Procedência em primeiro grau. Morte do réu antes de ser proferida a r. sentença. Suspensão do processo pelo prazo previsto em lei. Inércia do autor em promover o incidente de habilitação dos sucessores. Defeito processual irremediável. Ausência de pressuposto processual de existência e desenvolvido válidos do processo. Sentença modificada. Extinção do processo. Recurso provido" (*TJSP* – Ap 1004506-61.2016.8.26.0286, 22-1-2019, Rel. Sebastião Flávio).

"**Apelação** – Ação declaratória cumulada com pedido de reparação de danos morais e materiais. Procedência parcial. Reconvenção. Improcedência. **Prestação de serviço**. Contrato de construção civil e empreitada. Atraso e má execução dos serviços. Rescisão unilateral, pelo contratante, que se mostrou justificada. Saldo do preço não cobrável. Constatação, por perícia, de que as irregularidades foram causadas por condutas de ambas as partes. Despesas para recomposição do serviço defeituoso que não pode ser atribuída a apenas uma delas. Sucumbência recíproca bem aplicada. Inteligência do art. 86 do CPC. Sentença mantida. Recursos não providos" (*TJSP* – Ap 1014301-70.2016.8.26.0002, 17-8-2017, Rel. Silveira Paulilo).

cada um é próprio, peculiar com consequências jurídicas diversas. Basta dizer que a legislação trabalhista se aplica unicamente, como regra geral, à prestação de serviços.

Na empreitada ou contrato de obra, busca-se a obra perfeita e acabada dentro do que foi contratado. Trata-se de critério finalístico. A prestação de serviços não destaca o fim da obra, mas a atividade do obreiro, em favor do dono do serviço, durante certo lapso de tempo. Desse modo, divisa-se na empreitada uma obrigação de resultado, enquanto na prestação de serviços há obrigação de meio. O critério afigura-se acertado como princípio geral e decorre da natureza dos dois contratos ora comparados. No entanto, em muitas situações práticas, mostrar-se-á insuficiente, pois sempre haverá uma zona intermediária de interpenetração dos dois conceitos, pois amiúde na prestação de serviços ambas as partes têm em mira o resultado final. A diferença deve ser buscada na atividade contratada. Na empreitada, o empreiteiro compromete-se a uma atividade e à entrega de um resultado concluído, de um bem ou serviço futuro. O prestador de serviços somente promete sua atividade em direção a um resultado com a entrega subsequente, mas a compreensão de cada ato da atividade já perfaz cumprimento de uma obrigação de meio (Zavalía, 1993, v. 4:96). Nem sempre a conclusão da obra será essencial na prestação de serviços. O que se entende na prestação de serviços é que cada parcela ou fração da atividade do agente constitui cumprimento da obrigação. Na empreitada, a obrigação somente ter-se-á por cumprida quando apresentado o resultado contratado. Nesse diapasão, apresenta-se a atividade precípua dos profissionais liberais, como médicos e advogados. Caracteriza-se como prestação de serviços, porque a cura do paciente buscada pelo médico e o ganho de causa buscado pelo advogado não são resultados que se possam garantir. Esses profissionais cumprem a obrigação à medida que desempenham sua atividade. Esses contratos colocam-se na esfera residual da prestação civil de serviços, embora também regulados por leis específicas de cada mister. Não se submetem à legislação trabalhista. Por outro lado, pessoas jurídicas em geral podem tanto realizar prestação de serviços como empreitada. Cumpre analisar o caso concreto.

Outro critério leva em conta a forma de retribuição. Se a remuneração é feita em relação ao tempo de duração do trabalho, há prestação de serviços. Se o pagamento tem relação com a obra em si, seus vários estágios ou o resultado final, haverá empreitada. Não se trata de conclusão peremptória, contudo, porque a prestação de serviços pode levar em conta a produção do trabalhador e a empreitada levar em conta o tempo de execução, ao menos como critério subsidiário.

Também deve ser ponderada a relação de dependência do prestador em relação ao patrão, encomendante ou dono do serviço. Em princípio, existirá prestação de serviços quando o obreiro executar trabalho sob dependência e fiscalização do outro contratante. Na atividade dos profissionais liberais e em outras situações, não fica caracterizada a relação de dependência. Haverá empreitada se o que executa o serviço o faz de forma independente, por sua conta e responsabilidade, sem ingerência do dono da obra. É justamente a subordinação hierárquica do trabalhador que caracteriza a relação trabalhista, atingida pela legislação social.

Por vezes, a prestação de serviços apresenta aparente similitude com o *mandato*. A existência de atividade continuada do agente pode dar margem à confusão. A existência da representação por si só será suficiente para caracterizar o mandato. No entanto, há mandatos sem representação. Ver o que examinamos no capítulo a ele referente. O critério de distinção nesse caso, em princípio, deve ser o da subordinação do prestador de serviços. O vendedor subordinado ao dono do negócio é prestador de serviço. Aquele que age em nome próprio, com liberdade de ação, mas no interesse do comitente, é mandatário.

Como já afirmado, ontologicamente não há diferença entre a prestação de serviços de índole civil e o contrato de trabalho. Portanto, o contrato de prestação de serviços e o *contrato de trabalho* possuem diferenças apenas relativas a enfoques legislativos. Cuida-se apenas de saber qual a legislação aplicável, sendo cada vez menor a atividade não atingida pelas leis do direito social.

Quando isso ocorre, busca-se residualmente a solução no contrato civil do Código e de leis complementares, sem abrangência trabalhista em regra geral, como o Estatuto da Ordem dos Advogados, por exemplo. Especialmente nas profissões liberais, quando a atividade é exercida com independência intelectual, não ocorre subordinação hierárquica do profissional perante o contratante do serviço. Há posição de independência profissional do médico, dentista, advogado, administrador. Essa liberdade é proeminente quanto à execução do serviço contratado.

Com a Constituição Federal vigente, há maior abrangência das atividades de prestação de serviço pela legislação trabalhista, passando para esse campo também o trabalho doméstico e o avulso, até então em zona intermediária. Situa-se residualmente na prestação de serviços de índole civil o trabalho dos profissionais autônomos, o estritamente eventual e aquele levado a cabo por pessoas jurídicas prestadoras de serviço, como de limpeza, administração, conservação etc. (Diniz, 1993, v. 2:148).

26.3 OBJETO E ALCANCE DA PRESTAÇÃO DE SERVIÇOS

O objeto desse contrato é uma obrigação de fazer, uma conduta, tanto material, como intelectual. A lei não faz distinção quanto à natureza do serviço. Se o prestador não foi contratado para certo e determinado trabalho, entende-se que sua obrigação diz respeito a todo e qualquer serviço compatível com suas forças e condições, daí então os chamados serviços gerais nos usos trabalhistas (art. 601). Não pode o dono do serviço exigir do prestador que faça o que seu físico ou seu intelecto não suporta. Por outro lado, não pode também o prestador de serviços recusar-se a desempenhar atividade para a qual foi contratado e que era de sua ciência. Importa que fiquem bem claros os serviços contratados. Contudo, há atividades que usualmente são conhecidas por sua própria natureza: assim, por exemplo, não pode alguém que tenha sido contratado como motorista recusar-se a dirigir veículo; não pode quem tenha se comprometido a fazer limpeza em determinado local recusar-se a executá-la.

A locação de serviços originalmente disciplinada pelo Código Civil de 1916 abrange larga escala da atividade humana. Se sua tipificação refoge ao alcance do contrato de trabalho, submete-se à disciplina civil. Ocorre modernamente ser muito rara a contratação exclusiva da prestação de serviços. Geralmente, esse negócio vem acompanhado de outro contrato, como mandato, fornecimento, assistência técnica etc. Lembre que o Código de Defesa do Consumidor também alcança essa prestação de serviços.

Aspecto de relevância na prestação de serviços do Código, desvinculada do vínculo trabalhista, é sua natureza eventual e esporádica, embora esse não seja um critério absoluto de distinção. A prestação de serviços e o contrato de trabalho apresentam aspectos comuns, porque sua natureza é idêntica. Na dúvida, há de se entender existir relação de trabalho, no desiderato de proteção ao hipossuficiente. Essa diferenciação avulta de importância, pois se definida a natureza trabalhista da relação, competente será a Justiça do Trabalho para dirimir qualquer conflito dela emanando.

26.3.1 Aliciamento de Mão de Obra Alheia

Há, em ambos os códigos, dispositivo que estabelece modalidade de responsabilidade para aquele que aliciar pessoas que prestam serviços a outrem. Essa responsabilidade, aliás, é de índole civil e deveria estar colocada no capítulo da responsabilidade aquiliana, pois foi substancialmente alargada pelo mais recente Código. Sob esse prisma, rezava o art. 1.235 do Código de 1916:

> *"Aquele que aliciar pessoas obrigadas a outrem por locação de serviços agrícolas, haja ou não instrumento desse contrato, pagará em dobro ao locatário prejudicado a importância, que ao locador, pelo ajuste desfeito, houvesse de caber durante quatro anos."*

O Código anterior preocupava-se com o aliciamento da mão de obra alheia na esfera agrícola, numa sociedade essencialmente rural e que acabara de dispensar a força da mão escrava. Essa modalidade de aliciamento prejudicava a produção rural e o dispositivo vinha como um alerta ao punir pecuniariamente o infrator. Hodiernamente, esse aliciamento é tanto mais grave no setor de prestação de serviços técnicos cada vez mais especializados e, ainda que não houvesse norma expressa, com base nos princípios gerais da responsabilidade civil, o aliciamento indevido de prestadores de serviços contratados por outrem pode gerar dever de indenizar.

Sob esse prisma, o art. 608 do Código dispõe:

> *"Aquele que aliciar pessoas obrigadas em contrato escrito a prestar serviço a outrem pagará a este a importância que ao prestador de serviço, pelo ajuste desfeito, houvesse de caber durante dois anos."*

Como se infere, esse aliciamento é punível qualquer que seja a natureza da prestação de serviço; contudo, a lei vigente exige que exista contrato escrito com o terceiro, ao contrário da lei revogada, tornando mais objetiva a possibilidade de indenização. Contudo, a nosso ver, haverá situações evidentes nas quais a existência de contrato escrito será dispensável no caso concreto. A matéria é para a argumentação prática e orientará os julgados.

Presentes essas premissas, o dono do negócio que perdeu seu prestador de serviço em favor de outro poderá ser indenizado, com o valor de dois anos da remuneração do prestador. Há, no entanto, aspectos que devem ser considerados no caso concreto: a especialidade ou não da prestação; o grau de especialização do sujeito; a exclusividade nessa prestação de serviço etc. Se não há cláusula de exclusividade e o prestador continua a atender eficazmente a ambos contratantes, por exemplo, não haverá, em tese, possibilidade de indenização. Há prestadores de serviço cuja atividade é precipuamente atender a vários clientes. No entanto, imagine-se a situação de técnico, de alta especialização, que se vincula com exclusividade para a manutenção de um equipamento perante um dono do serviço. O aliciamento por terceiro, concorrente no mesmo mercado, nesse caso, gerará dever de indenizar.

26.3.2 Ausência de Habilitação para a Prestação do Serviço

O art. 606 estatui:

> *"Se o serviço for prestado por quem não possua título de habilitação ou não satisfaça requisitos outros estabelecidos em lei, não poderá quem os prestou cobrar retribuição normalmente correspondente ao trabalho executado; mas se deste resultar benefício para a outra parte, o juiz atribuirá a quem o prestou uma compensação razoável, desde que tenha agido com boa-fé.*
>
> *Parágrafo único. Não se aplica a segunda parte deste artigo, quando a proibição da prestação de serviço resultar de lei de ordem pública."*

Essa disposição visa evitar o enriquecimento injusto. Trata-se de situações correntias de prestação de serviço irregular, por quem não tenha habilitação legal ou regularização para a atividade. Assim, por exemplo, pode ocorrer com corretores não credenciados; agentes não autorizados; técnicos não diplomados; artesãos informais como encanadores, eletricistas, pedreiros, mecânicos etc. em situações cuja atividade exige habilitação ou credenciamento legal. A lei não quer que esses serviços sejam remunerados tal qual o seriam se o agente fosse devidamente habilitado ou credenciado; mas, ao mesmo tempo, se da atividade do prestador de serviços houve resultado útil para o dono do serviço, deverá haver remuneração, "razoável" segundo especifica a lei, se tiver agido o agente com boa-fé. Note que essa remuneração razoável pode ser até mesmo o justo preço pelo serviço, dependendo da finalidade social do negócio e dos costumes. Numa sociedade de crescente e vultosa economia informal como a nossa, essa disposição é muito importante.

Por outro lado, como enfatiza o parágrafo único, quando a proibição resulta de lei de ordem pública, a remuneração "razoável" é obstada. Não se aplica a segunda parte desse artigo. Assim, em princípio, não pode ser remunerado quem exerce indevidamente, por exemplo, a medicina ou a advocacia. A lei diz que a segunda parte do artigo não é aplicada, ou seja, nesses casos não há que se atribuir remuneração razoável. No entanto, pela dicção legal, a primeira parte do artigo tem aplicação, ainda que haja proibição legal de ordem pública para a atividade. Nessa primeira parte diz-se que não pode ser atribuída a retribuição normalmente correspondente ao trabalho executado. Contudo, não se nega integralmente a retribuição; doutro modo ficaria sem alcance a dicção do parágrafo único. Não existindo má-fé do contratante e perante os princípios da boa-fé objetiva e da finalidade social dos contratos, se houve resultado útil para o encomendante do serviço não pode ser negada a remuneração, ainda que fora dos parâmetros do razoável. A nosso ver, nessa hipótese devem ser aplicados os princípios do enriquecimento sem causa.

26.4 DURAÇÃO DO CONTRATO

Segundo o art. 598, o prazo máximo do contrato é de quatro anos:

> *"A prestação de serviço não se poderá convencionar por mais de quatro anos, embora o contrato tenha por causa o pagamento de dívida de quem o presta, ou se destine à execução de certa e determinada obra. Neste caso, decorridos quatro anos, dar-se-á por findo o contrato, ainda que não concluída a obra."*

Nesse aspecto do lapso temporal, também reside outra diferença com relação à empreitada. A intenção da lei, orientada pela origem histórica do instituto ligado à escravidão, é evitar ligação indefinida do trabalhador com o dono do serviço. Admite-se como suficiente o prazo de quatro anos para a conclusão de qualquer serviço. Nada impede, no entanto, que findo o quatriênio novo contrato seja firmado. O objetivo da lei foi permitir que a relação seja revista nesse período. O excesso de prazo no contrato não implica em sua nulidade, mas ineficácia do prazo exorbitante.

Contratado o serviço por prazo indeterminado, a denúncia do contrato depende de prévio aviso, instituto também absorvido de forma mais protetiva pela legislação trabalhista. De acordo com o art. 599, quando não for possível divisar o final do contrato por sua natureza ou costume do lugar, a parte que pretender desfazer o vínculo deverá dar aviso com antecedência de oito dias, se o salário se houver fixado por tempo de um mês ou mais; com quatro dias se ajustado por semana ou por quinzena e de véspera, quando se tenha contratado por menos de sete dias.[3] O extinto Projeto nº 6.960 sugeriu a substituição do termo *salário* por *retribuição*, o que se mostra mais correto para esse contrato de natureza civil e não trabalhista. Pela mesma razão, referiu-se à *denúncia* do contrato, e não *aviso*, que tem conotação do direito do trabalho.

O art. 1.222 do Código anterior dispunha que, quando se tratasse de locação de serviços agrícolas, sem prazo estipulado, presumia-se de um ano agrário, que terminaria com a colheita ou safra da principal cultura explorada pelo contratante do serviço. O Código de 2002 suprime a disposição, certamente absorvida pela legislação agrária e trabalhista.

A ausência de aviso prévio ou denúncia do contrato dará margem à indenização. A ocorrência de justa causa de rescisão suprime a necessidade do aviso, necessário apenas na denúncia vazia ou imotivada do contrato.

Considera-se suspenso o contrato – sem direito a pagamento – portanto, durante o tempo em que o prestador, por culpa sua, deixou de servir. Nesse sentido se coloca o art. 600 do vigente Código: "*Não se conta no prazo do contrato o tempo em que o prestador de serviço, por culpa sua, deixou de servir.*" Cumpre, no entanto, ao dono do serviço que remunere pelo tempo que o obreiro não trabalhou por culpa do primeiro. A matéria é de exame das circunstâncias fáticas.

O art. 602 aproxima a locação de serviços da empreitada, ao proibir que o agente contratado por tempo certo, ou por determinada obra, não pode ausentar-se, ou despedir, sem justa causa, antes de preenchido o tempo ou concluída a obra. O Projeto de Lei citado, no mesmo intuito de afastar qualquer conotação trabalhista nessa avença, substitui a referência a "despedida sem justa causa" por "denúncia imotivada". Como todo contrato, o de locação de serviços não pode ser desfeito unilateralmente pelo arbítrio da parte, antes de vencido o prazo. A cessação da prestação de serviços, no caso, ocasiona prejuízo ao dono. Apontamos que o fato de alguém ter sido contratado até o término de determinada obra não o converte

---

3 "**Prestação de serviços médico-hospitalares** – Cobrança – Ilegitimidade passiva – Ausência – Réu que não nega ser o responsável pelos repasses de verbas à empresa autora por atendimentos cobertos pelo SUS – Comprovação de repasse do réu à autora relativo a serviços prestados em fevereiro de 2019, mesmo sem contratação por escrito- Apelante que admite ser o único hospital da cidade a atender pacientes pelo SUS e que realizou repasse por serviços efetivamente prestados pela apelada nas dependências do Hospital Dia. 2. Secretaria Municipal de Saúde que cuidava do controle dos atendimentos e das verbas do convênio SUS pertinentes para serem repassadas – Réu que nega ter recebido o relatório de serviços prestados em março/21 e, tampouco, a verba a ser repassada – Comprovação testemunhal – Impossibilidade de atribuir ao demandado a prova de fato negativo – Demandante, a quem incumbia provar fazer jus ao repasse relativo ao mês de março/19, que não se desincumbiu de seu ônus – Inexistência de mínima prova da prestação de seus serviços no citado mês junto ao Hospital Dia. 3. Aviso prévio de dois meses – Ausência de contratação efetivamente firmada entre as partes para que se reconheça como válida a cláusula 6.2 – Incidência, porém, da previsão de oito dias de aviso prévio existente no Código Civil a ser indenizado (CC, artigo 599, parágrafo único, inciso I). Parcial procedência decretada para manter apenas a condenação do aviso prévio acima – Inversão do ônus da sucumbência – Autora vencida em maior parte – Provimento parcial do apelo" (*TJSP* – Ap 1007353-48.2019.8.26.0248, 29-6-2023, Rel. Vianna Cotrim).

"**Prestação de serviços – Empreitada** – Não conclusão das obras e rompimento do vínculo, com reconhecimento de excesso no pagamento dos serviços até então executados. Não restituição do valor avençado em acordo firmado. Ação da cobrança julgada parcialmente procedente. Condenação dos dois réus. Recurso da empresa e que nega existência de qualquer vínculo com o autor. Contrato de empreitada firmado em nome da empresa ré e assinado apenas por aquele que se apresentou como seu representante. Representante legal mencionado nos documentos e que não subscreveu qualquer deles. Ausência de prova de que a corré se beneficiou com os pagamentos feitos ou mesmo de que tenha contratado a obra. Insuficiência da prova oral. Improcedência do pedido em relação à apelante. Recurso provido. Embora firmados o contrato de empreitada e o documento de confissão de dívida em nome da empresa ré, bem se vê que eles foram apenas subscritos pelo corréu e que não é seu representante. Sua condição de cunhado em relação ao sócio da corré, por si só, não autoriza conclusão adotada na sentença, inexistindo qualquer subsídio de que a empresa tenha se beneficiado dos pagamentos feitos ou anuído com a obra. A prova oral, nesse sentido, não se mostra convincente para demonstrar o vínculo contratual com a empresa" (*TJSP* – AC 1080301-83.2015.8.26.0100, 21-5-2019, Rel. Kioitsi Chicuta).

em empreiteiro, porque não se compromete com a entrega da obra, mas unicamente com sua atividade laborativa. Do lado do trabalhador, se este for despedido sem justa causa (ou houver denúncia imotivada como se refere o projeto), além da retribuição vencida, fará jus a perdas e danos (art. 602, parágrafo único).

26.5 EXTINÇÃO. JUSTA CAUSA

O conceito de justa causa, fundamental na relação trabalhista, encontra sua base histórica no Código Civil de 1916, pois o art. 1.226 enunciava o rol do que se entende por justa causa para o trabalhador desfazer a relação contratual:

> *"I - ter de exercer funções públicas, ou desempenhar obrigações legais, incompatíveis estas ou aquelas com a continuação do serviço;*
>
> *II - achar-se inabilitado, por força maior, para cumprir o contrato;*
>
> *III - exigir dele o locatário serviços superiores às suas forças, defesos por lei, contrários aos bons costumes, ou alheios ao contrato;*
>
> *IV - tratá-lo o locatário com rigor excessivo, ou não lhe dar a alimentação conveniente;*
>
> *V - correr perigo manifesto de dano ou mal considerável;*
>
> *VI - não cumprir o locatário as obrigações do contrato;*
>
> *VII - ofendê-lo o locatário ou tentar ofendê-lo na honra de pessoa de sua família;*
>
> *VIII - morrer o locatário."*

O elenco de causas de rescisão era criticável, pois melhor seria uma fórmula genérica. Há prestações de serviços específicas com condições particulares de desfazimento. O Código de 2002, entendendo solidificada a matéria no entendimento dos tribunais, suprime esse elenco enunciativo.

Se, por um lado, morrendo o dono do serviço, pode o trabalhador dar por findo o contrato, pois não está obrigado a trabalhar para o sucessor, a morte do obreiro ocasiona a extinção do contrato, dada a natureza pessoal do negócio (art. 607). A extinção da pessoa jurídica equivale à morte da pessoa natural.

O art. 1.227 do antigo diploma legal considerava os casos de justa causa como inafastáveis pela vontade das partes. Nos casos dos incisos I, II, V e VIII, o obreiro faria jus à remuneração vencida, sem outra responsabilidade para o dono (§ 1º). Se a despedida tivesse por causa os incisos III, IV, VI e VII, ou por falta do contratado no caso do nº V, teria direito ao pagamento do período vencido trabalhado e ainda a metade do que teria direito a receber até o fim do contrato. Sob esse aspecto, o art. 1.228 também trazia princípio assimilado pela legislação trabalhista: se houvesse despedida sem justa causa, o dono do serviço estaria obrigado a pagar a retribuição vencida e a metade do que tocaria até o termo final do contrato.

De parte da atividade do prestador, o dono do serviço poderia dar por findo o contrato, ocorrendo as justas causas enunciadas no art. 1.229:

> *"I - força maior que o impossibilite de cumprir suas obrigações;*
>
> *II - ofendê-lo o locador na honra de pessoa da sua família;*
>
> *III - enfermidade ou qualquer outra causa que torne o locador incapaz dos serviços contratados;*
>
> *IV - vícios ou mau procedimento do locador;*

> *V – falta do locador à observância do contrato;*
> *VI – imperícia do locador no serviço contratado."*

Ainda que convencionado em contrário, ocorrendo qualquer das hipóteses desse dispositivo, o trabalhador poderia ser despedido. Haveria direito a indenização, se com base nos incisos II, IV e VI. As hipóteses, como se percebe, serviram de embrião para o direito do trabalho, que surgiria décadas após a promulgação do Código de 1916. O vigente Código, pela mesma razão já exposta, não repete essa descrição.

A alienação de prédio agrícola onde o serviço é prestado não rompe o contrato, com opção de o trabalhador continuá-lo com o novo adquirente ou com o locatário anterior (art. 609).

O art. 603 do Código de 2002[4] dispõe que se o prestador de serviço for despedido sem justa causa, isto é, se denunciado imotivadamente o contrato, o dono do serviço deverá pagar-lhe por inteiro a retribuição vencida, e por metade a que lhe tocaria de então ao termo legal do contrato.[5] Esse artigo repete a mesma disposição do art. 1.228 antigo. Essa metade a que se refere a lei constitui indenização pelo desfazimento injustificado do contrato.

O art. 604 acentua que

> *"findo o contrato, o prestador de serviço tem direito a exigir da outra parte a declaração de que o contrato está findo, cabendo-lhe igual direito, se for despedido sem justa causa, ou se tiver motivo justo para deixar o serviço".*

O espírito dessa disposição é de inspiração na lei trabalhista. Há necessidade de que fique bem clara a extinção do contrato. Trata-se de modalidade de quitação no âmbito da prestação

---

4 A Terceira Turma do Superior Tribunal de Justiça, no REsp 2.206.604, definiu que a indenização prevista no artigo 603 do Código Civil (CC) é aplicável aos contratos de prestação de serviço entre pessoas jurídicas, nos casos de rescisão unilateral, imotivada e antecipada, independentemente de estipulação contratual expressa.

5 "Apelação. Direito Civil. Prestação de serviços de projeto arquitetônico. Ação indenizatória por perdas e danos. Resolução imotivada do negócio pela ré. Incidência do art. 603, do Código Civil. Apelação da ré desprovida. Sentença de procedência mantida. 1. Caso em exame: 1.1. Ação de indenização por perdas e danos julgada procedente em primeira instância, para condenar a ré a pagar à autora verba indenizatória por rescisão imotivada de contrato de prestação de serviços arquitetônicos. 1.2. Recurso da ré insistindo na improcedência da ação. 2. Questão em discussão: Verificar se é cabível a indenização pretendida, com fundamento no art. 603, do Código Civil. 3. Decisão da Turma Julgadora/Razões de decidir: Rescisão imotivada do contrato pela ré. Incidência do art. 603, do Código Civil. Indenização devida. 4. Dispositivo: Recurso da ré desprovido. Sentença de procedência mantida" (*TJSP* – Ap 1013495-50.2024.8.26.0068, 27-8-2025, Rel. Paulo Alonso).

"Ação de indenização por lucros cessantes – Serviço de manutenção de equipamentos médico-hospitalares – Rescisão imotivada antes do vencimento das avenças firmadas – Procedência – Pretensão de reforma – Cabimento parcial – Nas hipóteses de rescisão imotivada de contratos de prestação de serviços antes do término da vigência estipulada, deve a tomadora do serviço ressarcir a prestadora pela metade da contraprestação que seria devida até o fim do contrato – Aplicação do **art. 603 do Código Civil** – As partes mantém relações contratuais individualizadas para cada uma das nove filiais da ré, sendo que três delas carecem de instrumento subscrito pela tomadora do serviço, mostrando-se incabível qualquer indenização, à míngua de prova do prazo de vigência e das condições para a rescisão antes do vencimento – Sentença reformada em parte. Recurso parcialmente provido" (*TJSP* – Ap 1012896-44.2021.8.26.0577, 24-9-2024, Rel. Walter Fonseca).

"Embargos à execução – **Contrato de prestação de serviços** – parcial procedência dos embargos – cumprimento pelas partes de parte das obrigações – rescisão pela embargante executada (contratante) sem justa causa/imotivada – redução da penalidade/multa prevista em contrato – dever do magistrado – art. 413 do CC/02 – norma cogente e de ordem pública – precedentes do STJ – inaplicabilidade do art. 603 do mesmo diploma substantivo – apelo da embargada exequente (contratada) – elevação da multa arbitrada conforme proporcional adimplemento contratual, prejuízos e ganhos incorridos, grau de culpa do devedor e vantagens que obteve com o credor prestador dos serviços – sentença modificada – recurso provido parcialmente" (*TJSP* – Ap 1093307-84.2020.8.26.0100, 26-4-2022, Rel. Jovino de Sylos).

de serviço. Se houver recusa do dono do serviço em fornecer a declaração, a matéria pode ser versada em ação judicial para obtenção de tal fim.

Para a extinção do contrato sob estudo, aplicam-se também as causas gerais de extinção dos negócios jurídicos. Contudo, o art. 607 do vigente estatuto prefere enfatizar:

> *"O contrato de prestação de serviço acaba com a morte de qualquer das partes; termina também, pelo escoamento do prazo, pela conclusão da obra, pela rescisão do contrato mediante aviso prévio, por inadimplemento de qualquer das partes ou pela impossibilidade de continuação do contrato, motivado por força maior."*

É oportuno lembrar que nesse dispositivo também o Projeto nº 6.969/2002 objetivou substituir *aviso prévio* por *denúncia imotivada*.

O projeto em curso de reforma do Código Civil insere, nessa matéria, toda uma estrutura destinada a regulamentar a prestação de serviços digitais.

O projeto de reforma do Código Civil sugere vários dispositivos em torno da prestação de serviços e do acesso a conteúdos digitais (arts. 609-A a 609-G). Um campo ainda a ser mais bem conhecido e explorado.

27

EMPREITADA

27.1 CONCEITO. IMPORTÂNCIA

O contrato de empreitada, ou contrato de obra como prefere denominar o direito comparado, possui ampla importância no mundo jurídico, pois são muitos os fins por ele alcançados, principalmente, mas não exclusivamente, no campo da edificação. Encontra-se primordialmente ligado à construção civil, daí sua marcante relevância econômica.

Pelo contrato de empreitada, uma das partes, denominada *empreiteiro, empresário* ou *locador*, obriga-se a executar uma obra, mediante pagamento de um preço que outra parte, denominada *dono da obra, comitente* ou *locatário*, compromete-se a pagar. Como dissemos no capítulo dedicado à prestação de serviço, também quanto à empreitada caíram em desuso os termos *locatário* e *locador*. Nosso Código não o define, como fazem outras legislações. No conceito, identificam-se claramente três elementos do contrato: os sujeitos, o preço e a realização da obra para entrega futura. Instituto, também largamente utilizado para execução de obras públicas, apresenta particularidades de contrato de direito administrativo quando realizado por órgão estatal direto ou indireto. Também é denominado em outras legislações contrato de *locação de obra*, completando a trilogia clássica romana formada em conjunto com a locação de coisas e de serviços. Embora colocado pelo legislador de 1916 no capítulo referente à locação, não participa de seus conceitos, exceto no que diz respeito à obrigação principal a cargo do locatário, que em todos os casos consiste no pagamento de um preço estipulado em dinheiro (Ghersi, 1994, v. 1:531). No atual Código, como apontamos no capítulo anterior, é em novo local disciplinada a matéria (arts. 610 a 626), após a prestação de serviço.

Pelo que se observa na locação de coisas e na de serviços, a prestação correspondente do locador é diversa; aqui é representada pela obrigação de entregar a obra.

Cuida-se, portanto, de contrato *oneroso, sinalagmático, comutativo* e *consensual*. É oneroso porque exige dispêndio de ambas as partes; é sinalagmático porque dele emergem obrigações recíprocas e interdependentes (a obrigação de pagar o preço e a de executar a obra); é comutativo porque as obrigações são de plano conhecidas dos contratantes no momento da conclusão da avença (nada impede, porém, que as partes o estabeleçam sob a modalidade aleatória); é consensual porque a lei não estabelece forma determinada e não depende da entrega de coisa, aspecto esse que é de sua fase executória.

O contrato de empreitada pode ser ajustado com prestação instantânea: pagar o preço quando terminada e entregue a obra. Os contratantes podem ajustar forma de cumprimento permanente, como, por exemplo, a manutenção e conservação de imóvel. No entanto, a modalidade usual é que se alongue no tempo, com pagamento em prestações periódicas, à medida que se executa a obra, sob estágios definidos em cronograma, porque, em regra, da empreitada emergem prestações de execução prolongada. Em razão disso, é mais costumeiro que nesse contrato as partes fixem termo inicial e final para a obra. Fixado por tempo indeterminado, o devedor deve ser constituído em mora.

Embora essencialmente dirigido à construção de edifícios, à construção civil em geral, é vasto o campo da empreitada. Alguns pretendem circunscrever seu objeto apenas à execução de obras corpóreas. No entanto, em princípio não há óbice que objetive perfazimento de atividade incorpórea por parte do empreiteiro, como, por exemplo, a obrigação de escrever um livro, organizar um evento festivo ou espetáculo, elaborar programa de informática (*software*) etc. (Martinez, 1994:16).

A empreitada funda-se em uma obrigação de fazer. Contudo, o termo *fazer* possui conteúdo por demais vasto no Direito. Na empreitada, esse fazer é qualificado, pois a atividade do empreiteiro deve satisfazer a certos critérios. De fato, o empreiteiro deve concluir certo trabalho, mas um trabalho particular que requer determinadas qualidades. Nesse contrato, existe um fazer, mas também um *saber fazer* (Dutilleuel e Delebecque, 1991:480). O resultado materializado na obra objeto da empreitada decorre de habilidade, técnica, arte ou competência. Depende-se da habilidade do artífice ou artesão, da criatividade do arquiteto, da técnica do engenheiro, da ciência jurídica do advogado etc. Por essa razão, com muita frequência, o contrato é realizado *intuitu personae*: o empreiteiro, pessoa natural ou jurídica, geralmente é conhecido e indicado ao dono da obra por suas qualidades, seu renome, mas isso não é, entretanto, elemento essencial do negócio, pois dependerá das circunstâncias e do caráter da obra. Por essas circunstâncias, o empreiteiro é devedor de uma precisa e determinada obrigação de fazer, qual seja, a ultimação da obra. Principalmente dirigida aos imóveis, há também empreitada que tem por objeto coisas móveis, quando então poderá preponderar a pessoa do artesão ou trabalhador intelectual.

27.1.1 Espécies. Revisão de Preço. O Projeto e a Fiscalização

São duas as modalidades de empreitada, segundo o art. 610:

> *"O empreiteiro de uma obra pode contribuir para ela ou só com seu trabalho, ou com ele e os materiais".*[1]

---

1 "Ação declaratória de nulidade – duplicatas – cerceamento de defesa não configurado – causa subjacente não comprovada – compra de mercadorias realizadas por empreiteira – **contrato de empreitada global** – art. 610 do Código Civil – presunção de responsabilidade da contratante que se mostra descabida – ausência de prova da concordância da autora – ação julgada procedente – recurso provido para esse fim" (*TJSP* – Ap 1031252-26.2018.8.26.0114, 26-4-2022, Rel. Coutinho de Arruda).

"Apelação Cível – Direito privado não especificado – Ação de rescisão de contrato de empreitada, cumulada com cobrança de haveres – Dano emergente e lucros cessantes. 1. Hipótese em que, diante do distrato unilateral operado pelo espólio réu da avença de empreitada global firmada com a empresa autora, incumbe que lhe ressarça os prejuízos que esta experimentou, a título de danos emergentes, consoante corretamente apontados em laudo pericial judicial. 2. Lucros cessantes indevidos, uma vez que não cabe indenização por dano meramente hipotético. 3. Ônus sucumbenciais redimensionados, pois que dos dois pedidos formulados pela autora em sua peça portal, sagrou-se vencedora de somente um deles, não havendo falar, portanto, em decaimento mínimo, na espécie. Recurso da autora desprovido e apelo do espólio réu provido em parte" (*TJRS* – Ap 70082790445, 26-8-2020, Rel. Cláudia Maria Hardt).

A empreitada de *lavor* ou de *mão de obra* exige exclusivamente a atividade do empreiteiro. Cabe ao proprietário fornecer materiais. O empreiteiro recebe remuneração acertada, que pode incidir sobre porcentagem da obra. Cabem ao empreiteiro unicamente a administração e condução dos trabalhos. Nessa circunstância, todos os riscos, em que não tiver culpa o empreiteiro, correrão por conta do dono (art. 612).[2]

"**Contrato de empreitada mista** – A relação contratual entre as partes, em que intervém a parte autora tabeliã, prestadora de serviço público delegado, em caráter privado, remunerado, não destinatária final do contrato de empreitada mista de instalação elétrica, de telefonia e de rede no prédio, destinado ao exercício da função pública delegada, consistente na atividade notarial, celebrado com a ré prestadora de serviços de empreitada – Inexistente, na espécie, relação de consumo entre as partes, visto que: (a) a autora não é destinatária final do serviço contratado, porquanto tal ajuste foi efetivado para o exercício de sua atividade de fornecedora de serviços, nos termos do art. 3º, caput e § 2º do CDC; e (b) desnecessário perquirir sobre a vulnerabilidade da parte autora, visto que não reconhecida sua qualidade de destinatária final dos serviços contratados. Contrato de empreitada mista – Não provada a existência da má prestação de serviços e da responsabilidade dos réus pelas danificações nas instalações afirmada na inicial, nem de que os valores pela parte apelante dona da obra superaram os dos serviços e materiais fornecidos pela parte ré empreiteira, ou seja, o fato constitutivo do direito em que a parte autora fundamentou sua pretensão de condenação das partes rés ao pagamento dos danos materiais e morais, prova cujo ônus era seu (CPC/2015, art. 373, I), de rigor, a manutenção da r. sentença, que julgou improcedente a ação. Recurso desprovido" (*TJSP* – Ap 1003424-24.2014.8.26.0590, 17-8-2018, Rel. Rebello Pinho).

"Ação de rescisão contratual cumulada com indenização – **Contrato de empreitada** – Pedido de ressarcimento de despesas extraordinárias em razão da execução de serviços não contratados – Danos morais não configurados – Hipótese de sucumbência recíproca – Distribuição dos ônus sucumbenciais entre os litigantes, respeitada a isenção que goza a autora – Agravo retido não conhecido, apelações improvidas, rejeitadas as preliminares, com observação – Em ações que envolvem contrato de empreitada, o trabalho técnico pericial é o elemento mais seguro que se vale o magistrado para um pronunciamento firme sobre a pretensão deduzida em juízo" (*TJSP* – Ap 1001496-53.2014.8.26.0100, 31-5-2017, Rel. Renato Sartorelli).

"Agravo de instrumento – **Contrato de empreitada** – Decisão que relegou o exame da tutela antecipada para após a contestação. Alegação de que a empresa está propositalmente atrasando a obra e cobrando valores excessivos e não pactuados. Pedido de tutela antecipada para obrigar a ré a terminar a obra em trinta dias, sob pena de multa diária. Inadmissibilidade. O contrato firmado entre as partes deverá ser minuciosamente analisado durante a instrução probatória. Decisão mantida. Recurso desprovido" (*TJSP* – AI 2096652-89.2016.8.26.0000, 12-8-2016, Rel. Alberto Gosson).

"**Apelação** – Prestação de serviços (empreitada para construção de um prédio destinado a ser consultório médico) – Ação de indenização por danos materiais e moral – Parcial procedência – Necessidade – Intelecção do art. 333, II, do CPC – o réu não logrou demonstrar fato impeditivo e/ou modificativo do direito dos autores – afastado o pleito de indenização por dano moral – cabimento – recurso do réu improvido – O acervo probatório coligido nestes autos fornece seguro juízo de certeza de que o réu deixou de cumprir satisfatória e cabalmente sua obrigação assumida no contrato de empreitada total. Além de não observar o prazo avençado, a obra foi entregue inacabada" (*TJSP* – Ap 0023669-77.2012.8.26.0482, 9-4-2015, Rel. Adilson de Araujo).

"**Agravo**. Ação anulatória. **Contrato de obra por empreitada global**. Rescisão. Tutela antecipada. Produção antecipada de prova. Art. 273, § 7º, do CPC. Admissibilidade do pedido. Ausência, contudo, dos requisitos ensejadores da determinação da perícia reclamada. Medições periódicas e laudo de vistoria que apuraram o índice de adimplemento contratual. O que se verifica é a divergência das partes quanto ao limite da contratação e respectiva remuneração, circunstâncias que ultrapassam os lindes desta sede recursal, que objetiva meramente a designação de prova pericial de engenharia civil e contábil, contrapondo-a ao laudo de vistoria já existente que apurou o percentual de adimplemento contratual em cada um dos serviços contratados, e cuja elaboração, conforme asseverado, foi acompanhada por representantes da agravante. Fase inicial, que ainda não apresenta elementos para decisão sobre o tema. Decisão mantida. Recurso não provido" (*TJSP* – AI 2041952-71.2013.8.26.0000, 18-3-2014, Rel. Oswaldo Luiz Palu).

2 "Apelação. Direito civil e processual civil. Ação de rescisão contratual c/c indenização por danos materiais e morais. Revelia. Presunção relativa de veracidade dos fatos alegados na petição inicial. Contrato de empreitada de mão de obra. Responsabilidade civil por eventuais riscos do dono da obra. Culpa do obreiro. Ausência de demonstração. Dano material indevido. Ofensa a direitos de personalidade não demonstrada. Dano moral não configurado. Recurso conhecido e desprovido. 1. Embora a revelia implique presumir verdadeiros os fatos alegação na exordial (art. 344 do CPC), disso não acarreta a automática procedência dos pedidos formulados pela autora e a impossibilidade do exercício da dialeticidade jurídica. Trata-se de presunção relativa, sendo que compete ao Magistrado o exame das alegações da parte autora e do conjunto probatório, nos termos do art. 345, IV, do CPC. 2. O **art. 612 do CC** dispõe que, 'se o empreiteiro só forneceu mão de obra, todos os riscos em que não tiver culpa correrão por conta do dono'. 3. Nos contratos de empreitada de mão de obra ou de lavor, em que o empreiteiro apenas contribui com

A empreitada *mista* é aquela na qual o empreiteiro fornece os materiais e executa o trabalho. Nesta, existe obrigação de fazer e de dar. A responsabilidade do empreiteiro nessa modalidade é mais ampla, pois fica a seu cargo não somente a mão de obra, como também a aquisição e o emprego dos materiais. A esse respeito é expresso o atual Código ao estabelecer que "*a obrigação de fornecer materiais não se presume; resulta da lei ou da vontade das partes*" (art. 610, § 1º). Empreitada *a preço de custo* é aquela na qual o empreiteiro realiza o trabalho, com fornecimento de materiais e mão de obra, com reembolso do que foi gasto, acrescido de lucro estipulado. De acordo com o art. 611, correm por conta do empreiteiro todos os riscos até a entrega da obra a contento. Apenas se inverterá a responsabilidade pelos riscos, se houver mora do dono em receber.

Não sendo admitida variação de preço, não caberá nenhum acréscimo. A regra geral de proibição de reajuste de preços com relação a salários ou material é expressa no art. 619. O preço fixo é garantia originária do dono da obra. Sendo o arquiteto ou construtor, ou equiparados, referidos no dispositivo, especialistas em seu mister, presume-se que estipulem preço inalterável pelas vicissitudes do mercado, pois deles são conhecedores. No passado, a inflação descontrolada por largos períodos no país colocou em choque, no entanto, essa disposição, que sofreu a devida mitigação dos tribunais. As partes podem entabular que o valor sofrerá aumento conforme a oscilação dos preços de material e mão de obra, fixando-se assim a escala móvel no contrato. A teoria da imprevisão, tão só sob fundamento da inflação por si só, fator absolutamente previsível no país, não terá o condão de variar o preço.

---

a administração e a execução dos trabalhos, ficando o fornecimento de materiais ao encargo do proprietário, a responsabilidade civil por eventuais riscos é do dono da obra, desde que não comprovada a culpa do obreiro (art. 373, I, do CPC). Não há que se falar em condenação do apelado ao pagamento de indenização por danos materiais. 4. No caso, não restou demonstrada a ofensa significativa a direitos da personalidade capazes de atingir a integridade física ou psíquica da autora, bem como sua honra ou dignidade. Portanto, não merece prosperar o pedido de compensação por danos morais. 5. Recurso conhecido e desprovido" (*TJDFT* – Ap 07218960220228070007, 15-5-2024, Rel. Robson Barbosa de Azevedo).

"Apelação cível – Ação de indenização por danos morais e materiais – Aplicação apenas do Código Civil – **Contrato de empreitada** de lavor cabendo ao Réu a mão de obra de projeto arquitetônico – Responsabilidade do Réu em relação aos danos que tiver culpa (CC, art. 612), demais danos são de responsabilidade da Autora (dona da obra) – De acordo com o laudo pericial o projeto arquitetônico e a execução das obras não respeitaram as Normas Técnicas da ABNT, o que, levou aos defeitos constatados após a conclusão da obra – A responsabilidade pelos danos divide-se entre a Autora, o projetista e o Réu – O pagamento voluntário e espontâneo por serviço não incluído no escopo do contrato, não autoriza o reembolso – Redução do valor da indenização por dano material – Recurso da autora conhecido e não provido e recurso do réu conhecido e provido em parte" (*TJSP* – Ap 0209412-79.2011.8.26.0100, 23-3-2021, Rel. Berenice Marcondes Cesar).

"**Contrato de empreitada** – Ação declaratória de rescisão contratual cumulada com anulatória de protesto e pedido de indenização por danos materiais e morais – Revelia – Parcial procedência – Pretensão recursal de rejeição da prescrição em relação ao pedido de indenização por danos materiais, bem como de majoração da indenização arbitrada a título de danos morais – Relação de consumo configurada – Inocorrência de prescrição – Ação de natureza pessoal decorrente de responsabilidade contratual – Aplicação do prazo prescricional do art. 205 do Código Civil – Indenização por danos materiais que é devida somente em relação aos valores efetivamente comprovados – Danos morais majorados – Sentença parcialmente modificada – Recurso parcialmente provido" (*TJSP* – Ap 1093499-56.2016.8.26.0100, 6-2-2019, Rel. José Wagner de Oliveira Melatto Peixoto).

"**Empreitada** – Prestação de serviços – Contrato de empreitada – Construção civil – Ação proposta pelo contratado em face do contratante e ação proposta por este em face daquele. Sentença de parcial procedência de ambas. Condenação do contratado à devolução do veículo recebido como parte de pagamento e indenização por danos materiais. Apelo do contratado. Descabimento da pretensão do contratado em receber valores. Contrato que se encontrava totalmente quitado pelo contratante. Laudo pericial produzido pelo Instituto de Criminalística, não infirmado pelo contratado. Constatação de que somente 20% da obra são aproveitáveis. Mantida a condenação à devolução do veículo. Danos materiais não demonstrados. Contrato correspondente somente a serviços de mão de obra, que não incluía fornecimento de materiais, ao contrário do que alegou o contratante na ação que ajuizou. Afastamento da indenização. Sucumbência recíproca. Repartição das despesas e compensação de honorários advocatícios, nos termos do art. 21 do CPC/1973. Apelo parcialmente provido" (*TJSP* – Ap 0010268-74.2013.8.26.0482, 13-6-2018, Rel. Carlos Dias Motta).

O mesmo art. 619 permite o aumento de preço unicamente se decorrente de aumento, ou alteração na obra mediante *instruções escritas* do outro contratante.[3] Trata-se de garantia que a lei concede ao dono da obra de não sofrer reajuste, salvo sua autorização expressa. A jurisprudência abrandou o alcance da norma, para evitar o injusto enriquecimento, dependendo de circunstâncias no caso concreto. Dispensa-se a autorização escrita, quando o dono da obra não contesta a execução da alteração ou aumento, aceitando-a tacitamente.[4] Quando o dono

---

[3] "Apelação – Ação de rescisão de contrato cumulada com indenização por danos materiais – Empreitada – Afirma o apelante que foi paralisada a execução da obra em razão do aumento no preço dos materiais de construção – Descabimento – Empreitada por preço certo que afasta o acréscimo do valor devido à empreiteira (CC, art. 619, *caput*) – Réu que executou 30% do contrato – Afirmação de que não houve entrega de projeto executivo descabida – Recurso desprovido" (*TJSP* – Ap 1008237-89.2023.8.26.0037, 29-7-2025, Rel. Monte Serrat).

"Processual civil. Cerceamento de defesa que não se identifica na espécie. Magistrada que expôs satisfatoriamente as razões do seu convencimento. Hipótese em que as provas materiais dispensavam o prolongamento da instrução. Princípio constitucional que impõe a razoável duração do processo. Art. 5º, LXXVIII, da CF. Pronto julgamento que, nessas circunstâncias, é dever do Juiz, não mera faculdade. Preliminar rejeitada. **Empreitada.** Hipótese em que se aplica a disciplina legal do contrato de empreitada, não da prestação de serviços. Apelante que não comprovou, por escrito, a alteração da área a ser construída, nem demonstrou que os donos da obra nela sempre estavam presentes, por continuadas visitas. Ônus que lhe cabia e do qual não se desincumbiu a contento, a tanto não se prestando a segunda perícia que pretendia produzir. Inteligência do art. 619 do CC. Por se tratar de matéria de direito, irrelevante a resposta do perito quanto à problemática da efetiva extensão do objeto do contrato. Conclusão do expert que permanece hígida. Ação improcedente. Sentença mantida. Recurso desprovido". (*TJSP* – Ap 1002268-73.2017.8.26.0629, 16-2-2023, Rel. Ferreira da Cruz).

"Apelação cível – Ação de indenização por danos morais e materiais – Aplicação apenas do Código Civil- **contrato de empreitada** de lavor cabendo ao Réu a mão de obra de projeto arquitetônico – Responsabilidade do Réu em relação aos danos que tiver culpa (CC, art. 612), demais danos são de responsabilidade da Autora (dona da obra) – De acordo com o laudo pericial o projeto arquitetônico e a execução das obras não respeitaram as Normas Técnicas da ABNT, o que, levou aos defeitos constatados após a conclusão da obra – A responsabilidade pelos danos divide-se entre a Autora, o projetista e o Réu – O pagamento voluntário e espontâneo por serviço não incluído no escopo do contrato, não autoriza o reembolso – Redução do valor da indenização por dano material – Recurso da autora conhecido e não provido e recurso do réu conhecido e provido em parte" (*TJSP* – Ap 0209412-79.2011.8.26.0100, 23-3-2021, Rel. Berenice Marcondes Cesar).

"**Contrato de empreitada** – Vícios construtivos – Legitimidade passiva de construtora que sucedeu aquela que firmou originariamente o contrato e que realizou quase a totalidade das obras, as quais, de todo modo, assumiu. De resto, maior parte dos vícios que é, efetivamente de sua responsabilidade. Ressalvam-se poucos, porém, inexistentes ou atribuíveis à falta de manutenção pelo condomínio. Sucumbência que não se altera substancialmente e pedidos, ademais, ilíquidos. Impossibilidade da adoção do critério do proveito econômico. Adequação da repartição e da adoção do critério do valor da causa para fixação da base de cálculo dos honorários. Sentença parcialmente revista. Recurso da Construtora parcialmente provido. Recurso do Condomínio desprovido" (*TJSP* – AC 1018753-53.2015.8.26.0554, 1-8-2019, Rel. Claudio Godoy).

"**Contrato de empreitada** – Ação indenizatória – Apelação cível e recurso adesivo. Ação indenizatória. Contrato de empreitada. Contratação de nova equipe para dar andamento às obras pela ré, sob a alegação de suspensão indevida dos trabalhos pela empresa autora. Pedido contraposto de indenização por perdas e danos formulado em contestação. Sentença de improcedência. Insurgência recíproca. Recurso de apelação interposto pela autora. Alegação de que a sentença foi contrária à prova dos autos. Insubsistência. Autora que, conquanto tenha demonstrado que o inadimplemento do contrato adveio da ré, não logrou êxito em comprovar os prejuízos materiais suportados. Materiais de construção que, embora compusessem o preço total da empreitada, foram fornecidos pela ré. Ausência de parâmetros técnicos capazes de indicar quais os custos efetivamente arcados pela autora, bem como o percentual de conclusão das obras quando da paralisação dos serviços. Dano não comprovado. Sentença mantida. Recurso desprovido. Recurso adesivo interposto pela ré almejando o acolhimento dos pedidos contrapostos indenizatórios. Impossibilidade. Processo que tramitou sob o rito ordinário. Ausência de caráter dúplice. Formulação de pedidos que deveria ter sido realizada por meio de reconvenção, nos termos da legislação processual civil de 1973, vigente à época dos fatos. Inadequação da via eleita. Carência de interesse processual. Pleitos que não poderiam ter sido apreciados na origem. Cassação de ofício da sentença nesse ponto. Recurso não conhecido" (*TJSC* – AC 0001442-84.2012.8.24.0018, 3-7-2018, Rel. Des. Saul Steil).

[4] "Apelação – Prestação de serviço – **Subempreitada** – Ação de cobrança em razão de contrato verbal para execução de obras de instalação elétrica em posto de distribuição de gás. Sentença de parcial procedência que reconheceu a solidariedade entre a dona da obra, a empreiteira contratada e o engenheiro responsável por fiscalizar as obras nas verbas pleiteadas pela empresa subempreiteira (autora). A solidariedade não se presume, decorre da lei ou da vontade das partes, conforme art. 254 do Código Civil. O contrato de empreitada é regido pelos art. 610 a 626

da obra está presente, ou se faz continuamente se representar por prepostos seus, usualmente técnicos, os acréscimos são devidos. É o que geralmente ocorre em obras de vulto.

É de ser lembrado também, como faz o atual Código, que não se confunde o contrato de empreitada com o contrato de elaboração do projeto ou contrato de fiscalização da obra. Nem sempre quem faz o projeto será o executor da obra ou seu fiscal. Assim expressa o art. 610, § 2º: *"O contrato para elaboração de um projeto não implica a obrigação de executá-lo, ou de fiscalizar--lhe a execução"*.[5] Desse modo, há de ficar bem claro se o autor do projeto irá executar ou ao

---

do CC e não prevê responsabilidade solidária da construtora ou dono da obra com as despesas de material e mão de obra que o empreiteiro contratado fizer com um subempreiteiro por ele contratado. Sentença reformada para reconhecer a responsabilidade apenas da empreiteira, afastada a solidariedade com a construtora dona da obra e com o engenheiro responsável por fiscalizar a obra, que também é um mero prestador de serviços. Ilegitimidade passiva da construtora e do engenheiro responsável por fiscalizar a obra reconhecida. Responsabilidade exclusiva da empreiteira contratada pelo pagamento dos valores reclamados pela subempreiteira (autora). Valores relativos à suposto reajuste contratual não comprovados pela autora, que não se desincumbiu do ônus que lhe competia, a teor do artigo 373, inciso I, do Código de Processo Civil. Cálculo dos valores devidos realizado com base no orçamento apresentado na peça vestibular, descontada a quantia confessadamente recebida pela autora. Recursos conhecidos para o fim de: I) negar provimento ao recurso da primeira ré; II) dar provimento ao recurso da segunda ré; III) dar provimento ao recurso do terceiro réu e IV) dar parcial provi-mento ao recurso da autora" (*TJSP* – Ap 0043327-83.2010.8.26.0506, 21-1-2019, Rel. L. G. Costa Wagner).

"**Execução fundada em contrato de subempreitada** – Locação de equipamentos para utilização em construção de planta industrial – Responsabilidade da empreiteira pelos aluguéis em atraso devidos ao subempreiteiro – Reconhecimento – Ilegitimidade passiva não caracterizada – Título extrajudicial que estampa obrigação líquida, certa e exigível – Inexistência de nulidade da execução – Improcedência dos embargos mantida apelação desprovida" (*TJSP* – Ap 1001624-08.2014.8.26.0445, 3-5-2018, Rel. Andrade Neto).

"Prestação de serviços – **Contrato de subempreitada** – Inadimplemento contratual – Prova dos fatos constitutivos do pedido – Ônus da autora – Art. 333, inciso I, do CPC/73 – Recurso improvido – Havendo fundadas dúvidas quanto a veracidade das alegações contidas na inicial, afigura-se incogitável o acolhimento da prédica recursal, sobretudo porque a decisão judicial não pode se basear em hipóteses ou meras suposições, mormente quando impugnados os fatos pela parte adversa" (*TJSP* – Ap 0008223-15.2007.8.26.0157, 21-6-2016, Rel. Renato Sartorelli).

"Ação de cobrança – **Contrato de subempreitada** em construção civil – Possibilidade de rescisão antecipada (CC, art. 623) – Prova dos autos que demonstrou que a contratada atrasou a obra injustificadamente e empregou técnica de baixa qualidade para a realização dos serviços – Culpa exclusiva da autora – Justa causa para o rompimento do pacto que afasta o pagamento das quantias pleiteadas – Pedido inicial improcedente – Sentença mantida – Aplicação do artigo 252, do regimento interno deste egrégio tribunal – Recurso improvido" (*TJSP* – Ap 0197294-71.2011.8.26.0100, 9-9-2015, Rel. Francisco Thomaz).

"**Apelação** – **Contrato de subempreitada** em que a prestadora de serviços de engenharia emitiu notas promissórias em garantia do serviço a ser realizado – 05 primeiras parcelas contratadas não estavam adstritas a nenhuma contraprestação – 03 parcelas adimplidas – Protesto das notas promissórias após o decurso do prazo prescricional. Descabimento – Inviabilidade da devolução de valores pagos à prestadora de serviços de engenharia, pois não se adimpliu a quantidade correta de parcelas que daria ensejo ao início da execução dos serviços. Recurso improcedente" (*TJSP* – Ap 0064280-98.2005.8.26.0100, 5-5-2014, Relª Mônica Serrano).

"**Agravo. Prestação de serviços. Subempreitada.** Fornecimento de materiais e execução de obras civis, montagem eletromecânica e lançamento de cabos para transporte de energia elétrica. Ação de desconstituição de garantia contratual, bem como condenação ao pagamento de custos adicionais ajustados. Oitiva de testemunhas. Cartas precatórias. Prazo para cumprimento fixado pelo juiz. Notória demora desmedida na prática dos atos processuais na atualidade. Art. 203 do CPC. Recurso parcialmente provido" (*TJSP* – AI 0018168-02.2013.8.26.0000, 22-4-2013, Rel. Sebastião Flávio).

5 "Apelação – Ação de cobrança – Autora que visa o ressarcimento por empréstimos que alegou ter contraído por inadimplência de contratos de locação de equipamento e cessão de mão de obra. Sentença que reconheceu a ilegitimidade passiva da empresa beneficiária da obra. Empreitada e subempreitada decorrentes de contratos distintos. Ausência de comprovação de que a corré tenha assumido a gestão compartilhada ou a responsabilidade por dívidas perante as subcontratadas. Ilegitimidade passiva da corré mantida. Ressarcimento por empréstimos. Nexo entre a condição financeira da autora e o inadimplemento da ré não comprovado. Atividade econômica da autora que não é adstrita à ré. Improcedência mantida. Majoração dos honorários advocatícios. Artigo 85, § 11, do CPC. Apelação não provida" (*TJSP* – AC 1080223-21.2017.8.26.0100, 2-10-2019, Rel. Nestor Duarte).

"Apelação – Prestação de serviço – **Subempreitada** – Ação de cobrança em razão de contrato verbal para execução de obras de reforma e construção civil. Reconhecida a revelia da Empreiteira que, citada pessoalmente, não contestou a ação, bem como não ingressou posteriormente nos autos. Sentença de procedência que reconheceu

menos fiscalizar a execução. O contrato de fiscalização de obra também não se confunde com o de empreitada, o qual implica a execução material. O fiscalizador apenas examina, verifica e sugere com relação à execução do projeto e se reporta diretamente ao dono da obra, salvo se o contrário foi avençado. Acrescenta ainda o art. 622 que

> *"se a execução da obra for confiada a terceiros, a responsabilidade do autor do projeto respectivo, desde que não assuma a direção ou fiscalização daquela, ficará limitada aos danos resultantes de defeitos previstos no art. 618".*

Esse art. 618 diz respeito ao prazo de cinco anos de garantia pela solidez e segurança do trabalho.[6] Na verdade, o que a lei quer dizer com relação ao projetista é que este somente

---

a solidariedade entre a empreiteira e a construtora nas verbas pleiteadas pelo subempreiteiro (autor) para as duas obras reclamadas com relação a mão de obra e materiais fornecidos. Apelação da construtora para afastamento da solidariedade com a empreiteira e reconhecimento de ausência de sua relação com uma das obras indicadas na inicial. Autor que comprovou apenas sua relação com a Empreiteira. Relação da Construtora com a Empreiteira comprovada apenas em relação a uma das obras reclamadas pelo autor. A solidariedade não se presume, decorre da lei ou da vontade das partes, conforme art. 254 do Código Civil. O contrato de empreitada é regido pelos arts. 610 a 626, do CC e não prevê responsabilidade solidária da construtora ou dono da obra com as despesas de material e mão de obra que o empreiteiro contratado fizer com um subempreiteiro por ele contratado. É reconhecida a responsabilidade subsidiária da Construtora em relação à Empreiteira apenas no âmbito trabalhista em relação a mão de obra contratada como subempreitada (art. 455 da CLT), o que aqui não se discute e nem se pode decidir. Sentença reformada para reconhecer a responsabilidade apenas da empreiteira, afastada a solidariedade com a construtora apelante. Recurso provido" (*TJSP* – Ap 1000809-44.2013.8.26.0704, 20-4-2018, Rel. L. G. Costa Wagner).

"Bem móvel – Ação indenizatória – Compra e venda de materiais para execução de **subempreitada** – Conjunto probatório que infirma a versão inicial dos fatos – Culpa exclusiva da autora quanto à aquisição e utilização de chumbadores (parafusos fixadores) inadequados para a instalação dos guarda-corpos na obra em que foi contratada – Responsabilidade, pelos prejuízos decorrentes do refazimento do serviço e da aquisição do material correto, que não pode ser imputada à ré – Ação parcialmente procedente – Recurso provido" (*TJSP* – Ap 1020791-66.2014.8.26.0071, 11-8-2016, Rel. Melo Bueno).

6 "Apelação – Empreitada – Ação de rescisão contratual cumulada com pedido de indenização por perdas e danos. Há reconvenção. Respeitável sentença de parcial procedência da ação principal e parcial procedência da reconvenção, com o reconhecimento de culpa concorrente. Apela o autor buscado reconhecimento da responsabilidade exclusiva da empresa requerida, bem como ao pagamento da multa contratual. Recurso do autor provido. Recurso da empresa empreiteira desprovido. A controvérsia exige saber se o contrato abrangia a prestação de serviço de engenharia técnica ou se foi contratado somente mão de obra e auxílio para compra de materiais, para assim haver a justificativa da ré em responder apenas às orientações de terceiro profissional na execução da obra. Contrato não exclusivo de mão de obra, pois seu próprio objeto prevê responsabilidade técnica de engenharia. Construtor é responsável por vícios de solidez e segurança da obra, militando contra ele presunção de culpa por todo e qualquer defeito da obra que venha a se apresentar dentro de cinco anos de sua entrega ao proprietário (artigo 618 do Código Civil). Laudo pericial não fez qualquer apontamento de erro nos projetos, mas sim, de diversas falhas estruturais, decorrentes de patologias e vícios de construção. Empreiteira que deveria conferir os serviços que estavam sendo executados por os prepostos, sob sua responsabilidade (artigo 932, III, do Código Civil), principalmente a verificação técnica para apontar erros durante o andamento, enquanto poderiam ser corrigidos. Contratação por parte do autor de arquiteto para elaboração de projeto arquitetônico básico e de engenheiro para acompanhamento de medições, não retira a responsabilidade da empreiteira/construtora. Contratação, pelo dono da obra, de engenheiro que sugeriu a interrupção imediata. Responsabilidade concorrente afastada para ser atribuída exclusivamente à empreiteira, com imposição da multa de dez por cento (10%) do valor do contrato. Indenização material devida. Saldo devido à ré já era incontroverso. Reconvenção improcedente. Recurso do autor provido. Recurso da empresa empreiteira desprovido" (*TJSP* – Ap 1001591-26.2024.8.26.0038, 30-6-2025, Rel. Dario Gayoso).

"Compromisso de venda e compra. Ação indenizatória de desvalorização do imóvel e danos morais. Instalação de caixa de gordura ou inspeção sob área de uso privativo do apartamento do autor. **Empreitada sujeita a prazo de garantia quinquenal** e prescrição decenal, contada da ciência do vício. Artigos 618 e 205 do Código Civil. Inaplicabilidade do art. 27 do CDC, pena de sob pena de conceder ao consumidor regime menos protetivo do que o dedicado ao regime do Código Civil. Pedido indenizatório procedente. Prejuízo às condições sanitárias e à salubridade do prédio, com acréscimo considerável de risco de acidente de consumo e redução de seu uso cômodo e valor. Defeito de informação, pela omissão da construtora acerca das caixas de inspeção, na fase pré-contratual. Fato e vício do produto e serviço, a acarretar o dever de indenizar, conforme valor apurado no laudo pericial. Lesão

responde por defeitos intrínsecos em seu projeto e não pela falha na execução, da qual não participa. Ao contratar, as partes devem definir claramente se essa responsabilidade do projetista não executor será de maior amplitude.

Ainda, no que se refere ao projeto, há de ser preservada sua autenticidade, como fruto da criação intelectual. A esse respeito dispõe o art. 621 do vigente Código:

> *"Sem anuência de seu autor, não pode o proprietário da obra introduzir modificações no projeto por ele aprovado, ainda que a execução seja confiada a terceiros, a não ser que, por motivos supervenientes ou razões de ordem técnica, fique comprovada a inconveniência ou a excessiva onerosidade de execução do projeto em sua forma originária.*
>
> *Parágrafo único. A proibição deste artigo não abrange alterações de pouca monta, ressalvada sempre a unidade estética da obra projetada".*

Da redação desse dispositivo afloram imediatamente as noções de estética e segurança. Garante-se a obra intelectual como um todo. O projeto reflete um direito imaterial do projetista. Este poderá obstar o dono da obra de executar o projeto ou prosseguir na obra se se afastar da estética criada e se colocar em risco a segurança do empreendimento com alterações de estrutura ou materiais. As modificações de pouca monta, referidas no parágrafo, bem como os motivos supervenientes ou razões de ordem técnica, a inconveniência ou a excessiva onerosidade do *caput* ficarão por conta da análise no caso concreto, nem sempre de fácil deslinde. O Poder Público, por exemplo, pode exigir alterações no projeto original. Afora essas premissas, as alterações no projeto somente serão admitidas com a anuência expressa de seu autor, com a afirmação feita anteriormente. Há modificações que decorrem de dificuldades do solo, por exemplo, impossíveis de ser conhecidas antes da atuação do empreiteiro.

Especificamente quanto à variação de preço na empreitada, para que se estabeleça um paralelo com a norma equivalente no presente Código, vejamos a redação do art. 1.246 do velho Código:

> *"O arquiteto, ou construtor, que, por empreitada, se incumbir de executar uma obra segundo plano aceito por quem a encomenda, não terá direito a exigir acréscimo no preço, ainda que o dos salários, ou o do material, encareça, nem ainda que se altere ou aumente, em relação à planta, a obra ajustada, salvo se se aumentou, ou alterou, por instruções escritas do outro contratante e exibidas ao empreiteiro".*

Esse dispositivo, de certa prolixidade, indica que o arquiteto ou construtor, o empreiteiro enfim, deve conhecer o seu mister e, portanto, deve avaliar corretamente o preço. A referência ao arquiteto ou construtor dá ideia de que o dispositivo só se aplica à construção civil, o que não é verdadeiro. A norma atinge, ainda que por analogia, qualquer modalidade de empreitada.

O corrente Código, no art. 619, persiste com a mesma ideia, em artigo mais sintético, mas com compreensão mais extensa:

---

a direito de personalidade, de caráter extrapatrimonial. Dano moral arbitrado adequadamente em R$ 5.000,00. Juros de mora tem termo inicial na data da citação, por se tratar de ilícito contratual. Recurso da ré improvido. Recurso dos autores provido em parte". (*TJSP* – Ap 1003543-33.2021.8.26.0624, 7-7-2023, Rel. Francisco Loureiro).

"Prestação de serviços – **empreitada** – construção de moradia – ação de indenização por danos morais e materiais – Decadência – Inocorrência – CC, art. 618 – Vícios construtivos – Responsabilidade bem aferida em prova pericial – Laudo pericial conclusivo – Danos morais configurados – Redução da indenização – Cabimento – Ação parcialmente procedente – Recurso parcialmente provido" (*TJSP* – Ap 1002341-06.2020.8.26.0123, 4-8-2022, Rel. Melo Bueno).

> *"Salvo estipulação em contrário, o empreiteiro que se incumbir de executar uma obra, segundo plano aceito por quem a encomendou, não terá direito a exigir acréscimo no preço, ainda que sejam introduzidas modificações no projeto, a não ser que estas resultem de instruções escritas do dono da obra.*
>
> *Parágrafo único. Ainda que não tenha havido autorização escrita, o dono da obra é obrigado a pagar ao empreiteiro os aumentos e acréscimos segundo o que for arbitrado, se, sempre presente à obra, por continuadas visitas, não podia ignorar o que se passava e nunca protestou".*

São muitas as dificuldades enfrentadas numa construção civil. Há construções de alta complexidade como a de usinas e plataformas de petróleo. Com muita frequência, há necessidade de se afastar do projeto original e do memorial descritivo por motivos os mais variados: escassez de material adequado para utilização; exigência do Poder Público para concessão do "habite-se"; razões de segurança imprevisíveis de início, majoração inesperada de preço de materiais etc. A regra geral, para toda alteração no preço, é a exigência de documento escrito autorizador pelo dono da obra, inclusive dentro do sistema do Código antigo. No entanto, sabiamente o atual diploma admite a cobrança pelo empreiteiro de acréscimo no preço quando a alteração da obra ocorreu com o conhecimento tácito ou implícito do encomendante: se sempre esteve presente à obra, por si ou por preposto, em continuadas visitas e não podia ignorar o que se passava e nunca protestou. É evidente que essa assertiva legal deve ser vista *cum granum salis*: avaliará o juiz, no caso concreto, se as visitas do dono da obra foram suficientes para que entendesse as modificações realizadas e, ainda, se tinha o devido discernimento técnico para conhecê-las. Há determinadas particularidades técnicas numa obra que não são facilmente percebidas pelo leigo.

No atual Código é introduzido dispositivo em favor do dono da obra:

> *"Se ocorrer diminuição no preço do material ou da mão de obra superior a um décimo do preço global convencionado, poderá este ser revisto, a pedido do dono da obra, para que se lhe assegure a diferença apurada" (art. 620).*

No passado, em tempos de inflação endêmica, sempre raciocinamos em razão do aumento do preço. O atual diploma, com essa disposição introduzida mais recentemente no Projeto originário de 1975, imagina que também pode ocorrer redução do preço inicialmente pactuado, tanto do material quanto da mão de obra. Se superior a um décimo do valor total, é permitida a revisão do preço em favor do encomendante. Não nos parece que essa norma seja cogente: poderão as partes avençar, ao menos fora do alcance da lei de defesa do consumidor, que essa alteração não será admitida.

Duas são as modalidades de preço na empreitada. Preço fixo, quando se estabelece pagamento pela obra na totalidade (*marché à forfait*), sem consideração de suas etapas. *Preço escalonado* ou *por tarefa*, conforme o andamento da obra, de acordo com organograma previamente fixado, que leva em conta o fracionamento da empreita (*marché sur dévis*). Em ambas as hipóteses, o preço poderá ser inalterável ou sob escala móvel. A distinção entre preço fixo ou escalonado é importante para fixar a responsabilidade de cada parte e a *exceptio non adimpleti contractus.*

Inserindo-se no contexto do Código de Defesa do Consumidor, se o dono da obra assim for qualificado, e na maioria das vezes o será, terá a proteção dessa lei. Leve em conta, também, que já pelas disposições do próprio Código Civil o legislador presumiu a vulnerabilidade do dono da obra, impondo maiores responsabilidades ao empreiteiro. Recordamos, a propósito, a dicção do art. 613, que determina a perda do salário do empreiteiro, na modalidade de lavor, se a coisa perecer antes da entrega, sem mora do dono, nem culpa do empreiteiro, salvo se este provar que a perda resultou de defeito dos materiais e que reclamara em tempo contra sua qualidade ou quantidade.

27.1.2 Forma

Não existe forma prescrita em lei para o contrato de empreitada, sendo, portanto, negócio não solene. As contratações mais singelas geralmente se aperfeiçoam sem maiores formalidades, inclusive verbalmente, como, por exemplo, a confecção de uma roupa por um alfaiate. Apenas se exige escrito na lei nas hipóteses de aumento ou de alteração da obra encomendada (art. 619). Os contratantes deverão municiar-se, todavia, de provas que os capacitem à execução do contrato. A jurisprudência tem sido rígida nesse aspecto e, muitas vezes, não aceita a prova exclusivamente testemunhal.

Se o negócio se reveste de maior complexidade, mais ampla será a fase pré-contratual e será certamente exigido o documento escrito, como, por exemplo, notas fiscais, notas de transporte. No entanto, quanto mais complexa a obra, mais se torna necessário o instrumento escrito, sob pena de acarretar transtornos intransponíveis na execução.[7] Além do simples contrato, costuma-se e aconselha-se elaborar organograma de obras e memorial descritivo dos materiais a serem empregados, instrumentos que integram o contrato. Não se afasta também o contrato por adesão na empreitada.

---

[7] "Direito administrativo – Apelação cível – Ação de cobrança – Contrato administrativo – Legitimidade passiva – Teoria da asserção – Subcontratação – Responsabilidade pelo pagamento das obrigações assumidas no contrato de subempreitada – Responsabilidade do subcontratante – 1- Segundo a teoria da asserção, as condições da ação, dentre as quais se inclui a legitimidade, devem ser aferidas exclusivamente sob o aspecto processual, tendo por parâmetro os fatos narrados na petição inicial e não os fatos comprovados. 2- A relação jurídica estabelecida entre o subcontratante e o subcontratado é civil, própria e autônoma em relação àquela firmada entre a Administração e o contratado, razão pela qual vincula apenas as partes do contrato de subempreitada. 3- A questão relativa à legitimidade é meramente processual e sua análise se dá exclusivamente com base nos fatos narrados na petição inicial, conforme preceitua a teoria da asserção, enquanto a análise acerca da responsabilidade pelo pagamento dos valores cobrados pelo subcontratado é questão de mérito, cuja solução demanda a aplicação das normas de direito material e o exame dos elementos subjetivos e objetivos da relação jurídica que a parte autora pretende seja reconhecida. 4- Apelações conhecidas, mas não providas. Preliminares rejeitadas. Unânime" (*TJDFT* – Proc. 07085277820178070018 – (1205403), 4-10-2019, Relª Fátima Rafael).

"Ação de reparação de danos e cobrança fundada em **contrato de subempreitada** – Paralisação das obras e execução parcial do objeto contratado – Culpa da subempreiteira pelo inadimplemento do contrato – Reconhecimento – Pretensão de impor à ré o dever de indenizar os danos materiais suscitados – Impossibilidade – Não demonstração, ademais, da existência de crédito remanescente, oriundo de serviços realizados e não pagos pela ré – Pretensões improcedentes – Sentença mantida reconvenção julgada extinta sem resolução do mérito – Mero erro material quanto à indicação do nome da autora/reconvinda – Decisão reformada – Julgamento de mérito com fulcro no disposto no artigo 515, § 3º, do CPC/73 (atual art. 1.013, I) – Possibilidade – Prova de pagamento de encargos trabalhistas devidos originalmente pela autora – Direito de ressarcimento da reconvinte estabelecido em contrato – Condenação da autora – Sentença reformada apelação da ré provida apelação da autora desprovida" (*TJSP* – Ap 1076014-14.2014.8.26.0100, 22-5-2018, Rel. Andrade Neto).

"Apelação – Reparação de danos – Contrato de prestação de serviços – **Empreitada** – Interrupção do contrato – Valores pagos ao empreiteiro pelos serviços realizados – Falta de comprovação de outros que devem ser reembolsados – Ação improcedente – Nos termos do ajuste contratual – Mão de obra com fornecimento de material – As partes cumpriram suas obrigações até a paralisação da obra. Provas dos autos que não demonstram a existência de serviços extras não quitados. Ônus da prova que incumbia ao autor. Inteligência do artigo 331, inciso, I do Código de Processo Civil. Depoimentos e documentos que corroboram o raciocínio judicial da inexistência de valores a serem recompostos ao contratante, pois demonstrado que o empreiteiro desempenhou aquilo que lhe competia até o momento da rescisão do ajuste – Sentença que merece ser confirmada por seus próprios fundamentos – Apelo improvido" (*TJSP* – Ap 0004639-86.2011.8.26.0451, 6-7-2015, Rel. Luis Fernando Nishi).

27.2 FIGURAS AFINS: PRESTAÇÃO DE SERVIÇO, CONTRATO DE TRABALHO, MANDATO, COMPRA E VENDA, FORNECIMENTO. CONSTRUÇÃO POR ADMINISTRAÇÃO

Como assinalamos no exame da locação, o Direito Antigo conheceu a *locatio conductio* sob três modalidades. A *locatio conductio rei* corresponde à atual locação. A *locatio conductio operarum* refere-se à locação de serviços e dá origem ao contrato de trabalho. A *locatio conductio operis faciendo* originou o atual contrato de empreitada. Algumas legislações o denominam contrato de obra.

A empreitada é, sem dúvida, modalidade de *prestação de serviços* ou *locação de serviços*. A distinção, nem sempre muito clara, reside no fato de que o fulcro da prestação de serviço é a atividade prometida do prestador, enquanto na empreitada seu objetivo é a conclusão da obra proposta. Na empreitada, existe obrigação de entregar obra; na prestação de serviços, existe obrigação de executar trabalho. Daí concluir-se que na empreitada há obrigação *de resultado*. Se existe atividade, mas não há resultado, ocorre inadimplemento, não podendo o empreiteiro exigir o preço. Na prestação de serviços, como regra, a obrigação será de meio. De outro lado, geralmente, o pagamento da prestação de serviços é periódico, em razão do tempo de serviço prestado. O pagamento da empreitada tem em mira o valor contratado da obra, ou de parte dela. Todavia, nenhum desses critérios é absoluto, podendo figurar ou não em conjunto na empreitada. O advogado, por exemplo, que se compromete a ultimar escritura de venda e compra para seu cliente, compromete-se a prestar serviço, cuja obrigação é de resultado e não de meio. Na empreitada, o empresário executa trabalho para o dono da obra sem estar a seu serviço, nem sob sua dependência hierárquica, não se submetendo, portanto, a horário e subordinação. A execução desse trabalho é livre, estando apenas subordinada ao resultado final, sem prejuízo da faculdade de fiscalização atribuída ao comitente, como veremos.

Por sua parte, o *contrato de trabalho*, derivado da prestação de serviços, regulado por legislação específica, mais se afasta da empreitada, dada sua marcante característica de subordinação hierárquica do empregado em relação ao empregador.

Como notamos, nem sempre é clara a linha divisória entre prestação de serviços e empreitada. Clóvis Beviláqua afirma que o objeto da empreitada e da prestação de serviços seria o mesmo, qual seja, o trabalho humano. A distinção deve residir, sem dúvida, no conceito de *obra*, objeto da empreitada, como fixado no art. 610. Para De Plácido e Silva, *obra* representa o resultado do trabalho, sendo o efeito de tudo o que se tenha gerado com interferência da ação humana. Ademais, a característica de autonomia na execução é acentuada na empreitada, que não é afetada pelo fato de poder o dono da obra fiscalizá-la e alterá-la. Ainda, é o empreiteiro que suporta o risco decorrente da construção, do resultado final, não sendo isso o que ocorre na prestação de serviços de natureza civil, no contrato de trabalho e no mandato.

No *mandato*, o mandatário compromete-se a praticar atos em nome do mandante, por conta deste, enquanto na empreitada, o empreiteiro pratica atos materiais sem subordinação à vontade do dono da obra. O mandatário tem que respeitar as instruções do mandante. O objeto principal do mandato é a prática de atos jurídicos; o objeto principal da empreitada é a prática de atos materiais, embora possam ambos os negócios admitir atos de uma ou de outra espécie, sem desvio de sua natureza.

A principal distinção anotada quanto a *compra e venda* refere-se que nela existe obrigação de dar, enquanto na empreitada existe obrigação de fazer. No entanto, podem confundir-se as obrigações da empreitada, porque ao fazer sucede-se um *entregar a obra* a seu dono, mormente no caso de o empreiteiro se obrigar a construir com obrigação de fornecer os materiais. Contudo, esse *dar* é sucessivo ao *fazer*, que é primordial na empreitada. Critério palpável, embora não definitivo, é entender que haverá compra e venda sempre que a coisa já estiver pronta quando da conclusão do contrato; empreitada, quando ainda estiver por fazer.

Por vezes, o contrato de empreitada toma a feição de um *contrato de fornecimento*, tendo também como objeto a prestação de serviços. A distinção reside na qualidade dos serviços, que na empreitada é proeminente e no fornecimento é secundária. No fornecimento, a entrega periódica de bens pelo fornecedor constitui o fundamento do contrato; na empreitada, esse fundamento consiste na entrega da obra (Gomes, 1983*a*:333).

Nem toda construção é regida pelo contrato de empreitada, assim como nem toda empreitada tem por objeto a construção edilícia. *Contrato de construção* é conceito genérico. É todo ajuste para execução de edificação, sob direção e responsabilidade do construtor, pessoa física ou jurídica, legalmente habilitada a construir (Meirelles, 1979:196). Essa construção pode decorrer de contrato de empreitada, ou da denominada *construção por administração*. A essa modalidade nos reportamos no Capítulo 41, que trata da Incorporação Imobiliária, cuja lei específica, nº 4.591/64, a ela se reporta nos arts. 48 e seguintes. Embora apenas mencionada nesse estatuto, sem grandes contornos dogmáticos, é contrato usualmente concluído pelas partes envolvidas na construção civil, independentemente da incorporação de que trata citado diploma. Aplicam-se-lhe subsidiariamente os princípios dessa lei e os dispositivos da empreitada, porque o contrato não está regulado legislativamente de forma particular. Não se confunde com a empreitada, embora alguns autores as identifiquem. De qualquer modo, se coincidência existe, será com a empreitada de lavor, pois no sistema de administração o material e a mão de obra são fornecidos, em regra, pelo dono do empreendimento. Urge, no entanto, que a matéria seja disciplinada.

Na construção por administração, o construtor encarrega-se da execução de obra, mediante pagamento de remuneração fixa ou em percentual sobre os custos periódicos da obra, ficando a cargo do comitente todos os encargos econômicos. O construtor, nessa modalidade, assume todos os riscos técnicos do empreendimento. Incumbe ao dono da obra ou comitente, porém, o custeio e especificações da construção. Como aponta Arnoldo Wald (1992:359),

> *"a diferença básica entre os dois contratos – Administração e Empreitada – é uma diferença de riscos pelas eventuais variações de preço de materiais e mão de obra e de prazo para concluir a construção".*

Na administração, em regra, o dono da obra assume os riscos e o prazo; na empreitada, no sistema do Código Civil, o empreiteiro assume os riscos, de acordo com o art. 619, bem como se compromete a concluir em certo prazo, salvo as hipóteses de aplicação da teoria da imprevisão.

Não se confunde a construção por administração com o contrato de fiscalização de obra ou de *administração contratada*. Neste, o fiscal apenas acompanha a execução dos trabalhos, fornecendo assessoria técnica, acompanhando o projeto, sem assumir riscos técnicos, salvo se expressamente contratado. Tanto a construção por administração, como a fiscalização de obra, são contratos que se desgarram, por sua natureza, do contrato de empreitada, porque apresentam características próprias, como a própria Lei de Condomínio e Incorporações reconhece, com diversas consequências jurídicas. Ainda que a construção seja por administração, a responsabilidade pelos salários dos empregados da obra, bem como pelas contribuições previdenciárias, são do construtor-administrador, por força da Lei nº 2.959/56 (Meirelles, 1979:217).

O contrato de construção, sob qualquer matiz, somente pode ser pactuado por pessoas legalmente habilitadas para serviços de engenharia ou arquitetura, sendo nulo de pleno direito, se ajustado com pessoa física ou jurídica não inscrita no CREA.

Tratando-se de construção, qualquer que seja a modalidade contratada, a responsabilidade pela segurança da obra será sempre do construtor ou arquiteto, nos termos do art. 618. Cuida-se de responsabilidade profissional que, como regra geral, transcende em qualquer caso a natureza do contrato, situando em conteúdo mais amplo de índole extracontratual.

27.3 SUJEITOS. DIREITOS E DEVERES DO DONO DA OBRA

Como acentuamos, no contrato de empreitada, o comitente ou dono atribui a construção ou conclusão de obra ao empreiteiro. A obrigação é de resultado, possibilitando ao dono exigir a entrega da coisa. Como contrato sinalagmático, o negócio gera direitos e obrigações para ambos os contratantes. Na empreitada de obras públicas, cujos princípios fundamentais são de direito privado, com aplicação das normas de direito público, o dono da obra é o Estado por si ou por seus entes indiretos. Nas empreitadas em geral, o comitente ou dono da obra pode ser qualquer pessoa capaz, natural ou jurídica.

As principais obrigações do dono da obra são de pagar o preço e receber a obra. O comitente não tem apenas o direito de receber a coisa, mas obrigação de fazê-lo. Sua recusa injusta em receber possibilita o depósito judicial pelo empreiteiro, pois tal reflete responsabilidades decorrentes da mora (arts. 611 e 613). Somente será possível ao comitente rejeitar a obra se o empreiteiro se afastou das instruções recebidas, não a executando conforme o contratado ou na hipótese de defeitos (art. 615). Nessas hipóteses, faculta-se ao comitente receber a coisa com abatimento do preço, em vez de enjeitá-la (art. 616).

> *"consistirá numa importância suficiente para escoimar a obra de seus defeitos e pô-la de acordo com o contrato; tem cabimento sempre que o proprietário ainda não chegou a pagar todo o preço. O que não é possível, é o recebimento da obra com retenção do preço, pois, em tal hipótese, ocorrerá ilícito locupletamento do dono à custa do empreiteiro"* (Monteiro, 1980, v. 3:198).

Há direito do comitente na verificação da obra, antes de seu recebimento, matéria examinada no tópico referente à extinção do contrato.

Na empreitada e nos contratos de construção em geral, a prestação pecuniária do comitente, salvo os casos de reajuste, não apresenta maiores dificuldades. A ele cumpre pagar o valor avençado, de uma só vez, ou periodicamente, conforme prazos ou etapas do andamento da obra. Geralmente, o preço costuma ser fixado de forma global, ainda que com solução periódica, no que difere do contrato por administração, quando a retribuição pecuniária geralmente é em percentual sobre os dispêndios ou preço, não guardando relação direta com o custo ou curso do empreendimento. Se ordenar modificações ou acréscimos, deve o comitente com eles arcar. Se essas modificações decorrerem de exigências técnicas ou imposições administrativas, o caso concreto deve dar a solução. Por vezes, a modificação na execução decorre de errônea elaboração do projeto. Em outras oportunidades, esbarrar-se-á em objeções administrativas. Como regra geral, cabe ao construtor, que é um técnico, estar ciente tanto das dificuldades que o projeto apresenta, como das posturas edilícias. Ademais, em favor do comitente, salvo especiais situações, aplicam-se os princípios do direito do consumidor, cabendo ao fornecedor de serviços ou de produtos o ônus da prova.

Quando o pagamento é fixado por etapas ou pelo que ordinariamente se denomina *medição*, a quitação de cada parcela presume a verificação de cada estágio da obra pelo comitente. O contrato ou os usos podem, no entanto, dispor em contrário. Nesse sentido, dispunha o art.

1.241 antigo, cujo parágrafo único acrescentava: "*Tudo o que se pagou, presume-se verificado*". Melhor dispõe agora o vigente Código no art. 614:

> "*Se a obra constar de partes distintas, ou for de natureza das que se determinam por medida, o empreiteiro terá direito a que também se verifique por medida, ou segundo as partes em que se dividir, podendo exigir o pagamento na proporção da obra executada.*[8]
>
> *§ 1º Tudo o que se pagou presume-se verificado.*
>
> *§ 2º O que se mediu presume-se verificado se, em trinta dias, a contar da medição, não forem denunciados os vícios ou defeitos pelo dono da obra ou por quem estiver incumbido da sua fiscalização*".

---

[8] "Apelação. Preliminar. Cerceamento de defesa. Inocorrência. Prescindibilidade da prova pericial para apuração da realização das obras, posto não existir nenhuma comprovação do que efetivamente restou acertado entre as partes. **Prestação de serviço.** Sentença de parcial procedência, quanto ao pedido principal, e de improcedência, no que toca ao pedido reconvencional. Insurgência da ré-reconvinte. Descrição dos fatos, corroborada por ambas as partes, que revela a existência de contrato de empreitada e não simples prestação de serviço. Empreiteiro que deve receber o preço combinado, mesmo com acréscimo de tempo para realização da obra. Inexistência de prova de que os pagamentos realizados, admitidos pelo autor, não tenham se referido ao serviço inicialmente combinado. Improcedência do pedido inicial configurada. Impossibilidade de atendimento do pleito reconvencional. Inteligência do artigo 614 do Código Civil, que presume a aceitação da obra contratada, se realizado o pagamento. Sentença parcialmente reformada. Apelação parcialmente provida" (*TJSP* – Ap 1006726-37.2021.8.26.0066, 22-6-2022, Rel. César Zalaf).

"Ação de rescisão contratual c.c – Devolução de valores e indenização por danos morais – **Prestação de serviços** de fornecimento e instalação de esquadrias de alumínio – Pagamento antecipado de parte do valor total do contrato – Descumprimento contratual por parte da contratada – Devolução de parte dos valores recebidos – Cláusula penal prevista para a parte que der causa ao inadimplemento – Admissibilidade – Não cumulação com perdas e danos – *Pacta sunt servanda* – Sentença parcialmente reformada – Comprovada a inadimplência por parte da contratada, devida é a rescisão do contrato, com a devolução dos valores pagos antecipadamente, abatido o montante dos materiais entregues. Montante, ademais, reconhecido pelo próprio demandante como devido, não cabendo insurgência por ocasião do ajuizamento da ação. O contrato obriga os contratantes, sejam quais forem as circunstâncias em que tenha de ser cumprido. Estipulado seu conteúdo, vale dizer definidos os direitos e obrigações de cada partes, as respectivas cláusulas têm, para os contratantes, força obrigatória. A cláusula penal compensatória visa recompor a parte lesada pelos prejuízos que eventualmente venham a decorrer do inadimplemento contratual, seja ele total ou parcial, e representa um valor previamente estipulado pelas próprias partes contratantes a título de indenização em caso de descumprimento contratual. É devida a incidência da cláusula penal prevista para caso de inadimplemento de qualquer das partes, sem que implique incidência de *bis in idem*, já que não cumulado com perdas e danos. Recurso parcialmente provido" (*TJSP* – Ap 1059802-10.2017.8.26.0100, 15-2-2019, Rel. Gilberto Leme).

"**Agravo retido** – Contrato de prestação de serviços com fornecimento de materiais e mão de obra para execução de instalações de esquadrias de alumínio para fachada, sob o regime de empreitada global. Pretensão à reabertura de instrução probatória para que o perito preste esclarecimentos em audiência ou para que seja nomeado outro *expert* a fim de sanar as alegadas contradições e ausência de fundamentação das conclusões do laudo pericial. Descabimento. Esgotamento dos objetivos da prova técnica produzida nos autos. Desnecessidade de ampliação da instrução probatória, já que as provas existentes nos autos são suficientes à formação do livre convencimento do juiz. Encerramento da etapa de instrução processual. Decisão mantida. Recurso improvido. Prestação de serviço – Contrato de prestação de serviços com fornecimento de materiais e mão de obra para execução de instalações de esquadrias de alumínio para fachada, sob o regime de empreitada global. Hipótese em que a r. sentença concluiu, com base em provas periciais e documentais, que a recorrente atrasou o término da obra em três meses por sua culpa, já considerados a prorrogação do prazo e os serviços intercorrentes e extras por ela executados. Possibilidade de aplicação das penalidades estabelecidas contratualmente, compensando-se o montante resultante deste inadimplemento com o saldo residual do contrato. Existência de cláusula contratual neste sentido. Pedido inicial julgado parcialmente procedente. Possibilidade de ratificação dos fundamentos da sentença quando, suficientemente motivada, reputar a Turma Julgadora ser o caso de mantê-la. Aplicação do disposto no artigo 252, do Regimento Interno do Tribunal de Justiça do Estado de São Paulo. Sentença mantida. Recurso improvido" (*TJSP* – Ap 0259855-73.2007.8.26.0100, 20-1-2015, Rel. João Camillo de Almeida Prado Costa).

Geralmente, nessa modalidade de empreitada, as partes se documentam com cronogramas, planilhas e documentos de medição da obra. As presunções apontadas na lei são relativas e admitem prova em contrário. A matéria é de exame no caso concreto.

Se o contrato dispuser obrigação de receber a obra apenas quando concluída, essa obrigação é indivisível, não podendo o empreiteiro exigir que seja recebida parcialmente.

Como acentuamos, na ausência de autorização contratual, o preço não pode ser majorado sob fundamento de acréscimo de salários ou aumento de preço de materiais (art. 619).

Quando a empreitada é estabelecida com fornecimento de materiais, incumbe ao dono que os forneça de acordo com as especificações. Não está o empreiteiro obrigado a prosseguir na obra, se o material for inferior ao contratado ou ao exigido para a natureza do empreendimento. Não colocando os materiais eficazmente à disposição do empreiteiro, incorre o comitente em mora. Esse inadimplemento autoriza que o empreiteiro notifique o comitente, para o fim de rescindir o contrato.

Na empreitada de lavor, como os materiais pertencem ao dono da obra, suportará ele os riscos por sua perda ou deterioração, sem culpa do empreiteiro.

O dono da obra não pode injustificadamente rescindir o contrato, após iniciada a execução, sem indenizar o empreiteiro das despesas e do trabalho feito, bem como pelos lucros cessantes calculados com base na conclusão da obra.

Esse o sentido expresso do art. 1.247 do velho Código (atual, art. 623), que, no entanto, ressalvava as situações de desfazimento contratual autorizadas pelo art. 1.229, III, IV e V, pertencente ao regulamento do contrato de locação de serviços. Essas hipóteses referem-se à enfermidade, ou qualquer outra causa que torne o empreiteiro incapaz para os serviços contratados: vícios ou mau procedimento deste e sua falta quanto à observância do contrato. Apenas a casuística permitiria a conclusão nas hipóteses de desfazimento e, em particular, de rescisão, principalmente no tocante à indenização, para a qual deveriam e devem ser utilizados os princípios gerais de direito contratual, inclusive quanto à responsabilidade pré-contratual. Evidentemente, o rompimento injustificado do contrato, ainda que não iniciada a execução da obra, também pode acarretar prejuízo para as partes.

O art. 1.247 do antigo Código era inconveniente, porque a matéria referente ao descumprimento do contrato deve seguir as regras da teoria geral, tanto que o Projeto de 1975 o suprimiu. O presente Código, porém, estabelece situações em que as partes podem suspender a execução da obra. A propósito, dispõe o art. 623:

> *"mesmo após iniciada a construção, pode o dono da obra suspendê-la, desde que pague ao empreiteiro as despesas e lucros relativos aos serviços já feitos, mais indenização razoável, calculada em função do que teria ganho, se concluída a obra".*

Trata-se de situação que ocorre com frequência na prática. Não se pode tolher a possibilidade de o dono da obra paralisá-la a qualquer momento: deve, no entanto, indenizar devidamente, nos termos da lei, o empreiteiro. O Projeto nº 6.960/2002 tentou substituir a referência à suspensão da obra por parte do dono da obra pela expressão *"rescindir unilateralmente o contrato"*, o que é a correta fórmula técnica. Podem as partes, porém, dispor diferentemente no contrato, aumentando ou reduzindo a possibilidade de indenização nessa premissa.

Por outro lado, se a suspensão da obra ocorre, sem justa causa, por culpa do empreiteiro, deverá ele responder por perdas e danos (art. 624). O Projeto nº 6.960 tentou também substituir nesse dispositivo a referência à suspensão da execução da empreitada sem justa causa, por *"rescisão injustificada do contrato"*. Há no corrente Código, no entanto, um rol de causas que permitem ao empreiteiro suspender a obra:

> *"Art. 625. Poderá o empreiteiro suspender a obra:*
>
> *I – por culpa do dono, ou por motivo de força maior;*
>
> *II – quando, no decorrer dos serviços, se manifestarem dificuldades imprevisíveis de execução, resultantes de causas geológicas ou hídricas, ou outras semelhantes, de modo que torne a empreitada excessivamente onerosa, e o dono da obra se opuser ao reajuste do preço inerente ao projeto por ele elaborado, observados os preços;*
>
> *III – se as modificações exigidas pelo dono da obra, por seu vulto e natureza, forem desproporcionais ao projeto aprovado, ainda que o dono se disponha a arcar com o acréscimo de preço".*

Na realidade, nessas situações, o engenheiro poderá rescindir o contrato motivadamente, redação sugerida pelo decantado Projeto nº 6.960.

Como se sabe, as questões atinentes à paralisação e suspensão de obras são, na maioria das vezes, intrincadas, e dependem de exame pericial. Essas não são as únicas hipóteses que possibilitam ao empreiteiro a suspensão, pois se aplicam as regras gerais dos contratos; mas são casos específicos que a experiência do legislador houve por bem expressar. Há, no inciso II, aplicação da teoria da imprevisão ao contrato de empreitada. Pode, também, o dono da obra exigir modificações ao empreiteiro de tal monta que refogem à sua especialidade e capacidade, como está descrito no inciso III: nesse caso, o empreiteiro pode recusar o prosseguimento da obra, ainda que o dono se disponha a pagar o preço. Nesse caso, para o empreiteiro idôneo será melhor não fazer, do que fazer mal. Toda essa matéria dependerá do farto material probatório apresentado no caso concreto.

Deve ser lembrado que sempre se confere ao dono da obra *direito de fiscalizar* sua execução, embora não possa ele intervir diretamente no âmbito de atuação do empreiteiro. Essa fiscalização poderá ser sua, pessoal, ou de preposto seu, contratado para tal. Com essa fiscalização, poderá embargar a obra ou tomar as medidas necessárias, caso o empreiteiro afaste-se do projeto, do contrato ou das normas técnicas aceitáveis para a hipótese. Nessa fiscalização, poderá averiguar se os materiais empregados estão de acordo, bem como possíveis vícios, os quais, após a conclusão, seriam de difícil percepção. Esse direito é inerente a sua condição de dono, existente ainda que se omita o contrato ou a norma. Não se pode negar esse direito ao dono ou ao seu mandatário, mesmo na hipótese de o contrato proibi-lo (Martinez, 1994:75). Não se pode impedir que o dono fiscalize aquilo que é seu e pelo que está pagando. Evidente que essa fiscalização deve ser exercida *civiliter*, isto é, de molde a não dificultar o trabalho do empreiteiro. Nesse sentido, o Código português estatui que a fiscalização não pode perturbar o andamento ordinário da empreitada (art. 1.209, I). Nada impede que preposto do comitente exerça a fiscalização a seu mando. Em toda essa atividade, deve preponderar o princípio da boa-fé objetiva contratual. Apercebendo-se de irregularidades, pode o dono da obra notificar o empreiteiro para acautelar seus direitos ou optar pela rescisão do contrato, quando se tratar de situação irremediável.

Por outro lado, na empreitada é frequentemente necessária, dada a natureza do contrato, a colaboração do dono da obra para a boa consecução do empreendimento. Assim, por exemplo, a ele cabe fornecer terreno, ceder espaço para maquinaria, obter autorizações em repartições públicas etc. Essa colaboração não se traduz em obrigação típica do comitente, mas decorre da condição jurídica de credor que deve facilitar o adimplemento pelo devedor no que for possível. A falta de colaboração poderá, conforme o caso concreto, implicar inadimplemento ou aumento de preço, quando obstar ou dificultar a atividade do empreiteiro.

27.4 DIREITOS E DEVERES DO EMPREITEIRO

A obrigação principal do empreiteiro, como se deduz, é entregar a obra prevista, perfeita e acabada, conforme o contratado, no prazo avençado. A essa obrigação contrapõe-se seu direito de receber o preço. O prazo prescricional para a ação de cobrança do pagamento da empreitada era o ordinário de 20 anos no Código de 1916, uma vez que não existia prazo especial. O mais recente Código reduz o prazo máximo de prescrição a dez anos (art. 205). Pelos princípios gerais do injusto enriquecimento, tem o empreiteiro direito de retenção da obra, enquanto não receber o preço.

O prazo fixado na empreitada para a entrega da coisa, seja a entrega final, seja a finalização de etapas intermediárias, é elemento importante para a caracterização da mora e do inadimplemento. Na maioria das oportunidades, o prazo na empreitada integra a própria obrigação de resultado nela contida. Cabe ao dono da obra comprovar prejuízo com o atraso que extrapole o simples inadimplemento parcial. A questão remete-nos à casuística. Mormente, em construção edilícia, devem ser levadas em conta, com a devida moderação, mas sem desnecessário elastério, as situações de caso fortuito e força maior em geral, bem como aquelas expressamente descritas no contrato. Não podemos permitir alargamento a essas hipóteses, sob pena de conceder potestatividade ilícita ao empreiteiro, causando desequilíbrio contratual. É costume colocar, por exemplo, como causas que suspendem o prazo fixado para a entrega da obra: dias de greve na construção civil ou nos transportes públicos, de chuvas ou intempéries etc. Essas cláusulas devem sempre ser vistas sob o prisma da boa-fé, que deve orientar todos os negócios, coibindo-se abusos.

Recorde-se, outrossim, de que na empreitada deve ser levada em conta a responsabilidade profissional do construtor, engenheiro, arquiteto ou afim, pois esta independe de avença contratual, decorrendo dos princípios gerais da responsabilidade civil em geral e da extracontratual em particular.

No tocante aos *riscos*, se a empreitada é mista, correm por conta do empreiteiro até a entrega. Aplica-se o princípio *res perit domino*. Como dono dos materiais nessa modalidade, deve suportar a perda. Se, no entanto, o dono da obra estiver em mora, aplica-se a parte final do art. 611. Os riscos seriam repartidos por igual para ambas as partes no sistema de 1916. Optou a lei, nessa hipótese, pela repartição dos prejuízos. O atual Código optou pelos riscos à conta exclusivamente do encomendante, se este estiver em mora.

Se recebe materiais do dono da obra, é obrigado a pagar por sua perda ou deterioração a que deu causa, por culpa. Embora o art. 617 refira-se unicamente à imperícia do construtor, sua responsabilidade pelos materiais decorre da culpa em sentido amplo, englobando hipóteses de negligência ou imprudência em sua utilização ou guarda: "*o empreiteiro é obrigado a pagar os materiais que recebeu, se por imperícia os inutilizar*". O art. 617 do atual Código acrescenta o termo *negligência* a essa dicção legal.

Se a empreitada é unicamente de lavor, perecendo a coisa antes de entregue, sem mora do dono, nem culpa do empreiteiro, perderá este o salário, se não provar que a perda redundou de defeito nos materiais e que sobre eles reclamara a tempo perante o dono, por sua qualidade ou quantidade (art. 613). Na primeira situação, como não há culpa dos contratantes, repartem eles os prejuízos, perdendo o dono os materiais e o empreiteiro o pagamento.

A doutrina refere-se à obrigação acessória do empreiteiro de *aconselhamento* ao dono da obra. O especialista deve aconselhar seu cliente sobre as condições de instalação e execução da obra. Esse aspecto decorre da própria responsabilidade profissional. Em outras palavras, a responsabilidade do profissional determina que, no âmbito de seu mister, impeça que o contratante se arvore em empreendimentos custosos, inúteis, prejudiciais ou arriscados. Ao se lançar no exercício de uma profissão, todo sujeito assume esse dever ético que cada vez mais assume feição jurídica. Por essa razão, o encanador deve opor-se à construção de um sistema de calefação excessivamente poluidor ou oneroso, bem como advertir sobre os inconvenientes de uma instalação sanitária sem ventilação; o empreiteiro de um serviço de erradicação de insetos deve advertir acerca dos perigos do veneno empregado etc. (Dutilleul e Delebecque, 1991:504). A matéria amplia-se quanto mais se amplia a sociedade de consumo e os direitos do consumidor. Cabe ao empreiteiro sempre informar o comitente sobre a melhor condição de execução da obra.

27.5 SUBEMPREITADA

Examine a esse respeito o que foi estudado acerca do contrato derivado ou subcontrato na seção 5.9 deste volume. A subempreitada é negócio derivado do contrato principal, no qual o empreiteiro assume o papel de dono da obra, ou comitente, em relação ao subempreiteiro, que se traveste de *"empreiteiro do empreiteiro"* (Martinez, 1994:115).

No silêncio do contrato, nada impede que ocorra a *subempreitada parcial*, mormente porque, com frequência, são necessários serviços que refogem à especialidade e capacidade técnica do empreiteiro. Assim, na construção de imóvel, é usual o empreiteiro subempreitar a construção da parte hidráulica e elétrica, a edificação de telhado, a instalação de equipamentos especiais etc. No entanto, salvo ressalva expressa, perante o dono da obra responderá sempre o empreiteiro. Há que se entender, contudo, que, por ser o contrato *intuitu personae*, mirando as condições de confiança depositadas pelo dono da obra, a subempreitada de toda obra é vedada no silêncio do contrato. A *subempreitada total* pode ser admitida, quando pelas circunstâncias infere-se que a obra não teve em vista as condições pessoais do empreiteiro (Pereira, 1994:227). A possibilidade de subcontratar pode decorrer dos costumes e das características da obra.

Como na sublocação e nos demais contratos derivados em geral, a empreitada e a subempreitada não se fundem em um único contrato. A particularidade é que o empreiteiro é parte contratante em ambos: como empreiteiro, no contrato com o dono da obra, e como comitente, nas subempreitadas que conclui com terceiros.

Como vimos no estudo geral, o limite da subempreitada nunca poderá ser de âmbito mais amplo que o do contrato principal. Rege-se pelos mesmos princípios da empreitada, pois sua natureza é idêntica. Lembre-se que o instituto não se confunde com a cessão de posição contratual, hipótese pela qual o contrato é transferido em bloco, com a concordância do cedido, para o cessionário; nem com a coempreitada, quando mais de um empreiteiro contrata com o dono da obra.

Embora o subempreiteiro não assuma responsabilidade alguma perante o comitente, se lhe vier a causar prejuízos, pode este optar por acioná-lo com base na responsabilidade extracontratual, dentro dos princípios gerais do arts. 927 e 186. Ademais, nos termos do art. 3º do Código de Defesa do Consumidor, o subempreiteiro posiciona-se como fornecedor de serviços nesse sistema e como tal pode ser responsabilizado. Por outro lado, embora o pagamento ao subempreiteiro seja responsabilidade do empreiteiro, pode o primeiro exercer direito de retenção contra o dono da obra, com base no sistema geral do injusto enriquecimento.

Perante os trabalhadores da obra, devem responder tanto o empreiteiro, como o subempreiteiro, sob pena de fraudar-se a proteção social do direito laboral. Não responderá, porém, em princípio, o dono da obra.

27.6 VERIFICAÇÃO E ACEITAÇÃO DA OBRA. EXTINÇÃO DO CONTRATO

A forma ordinária de extinção deste contrato, como em todos, ocorre com sua execução, com a entrega e recebimento da obra e pagamento do preço. Embora não se mencione no Código, ao contrário de outras legislações, quando da finalização da empreitada deve ser facultada ao comitente a *verificação da obra*. Essa atividade é mais ou menos complexa, dependendo do vulto e da extensão do empreendimento. Deve ser verificado se a obra foi realizada satisfatoriamente e não apresenta vícios. Essa verificação traduz-se não apenas em direito do comitente, como também em ônus. Optando por não realizar a verificação, assume o risco de recebê-la com deficiências. Por outro lado, cabe ao empreiteiro convidar o dono da obra para a verificação, notificando-o se for necessário, para que o faça em prazo razoável, sob pena de tê-la como aceita, operando-se assim todas as consequências da aceitação. O recebimento é sucessivo à aceitação. Essa verificação é direito do comitente, ainda que o contrato a proíba, pois não estará o dono obrigado a receber o que não examinou. De outra forma, a ausência de verificação não obsta a rejeição da obra, se lastreada em suporte fático e legal. Note que, quando se convenciona pagamento por etapas, a verificação deve ocorrer ao final de cada estágio, pois cada um deles pode acarretar inadimplemento.

Na ausência de convenção, as despesas de verificação correm por conta do empreiteiro. A questão possui relevância, pois obras de grande vulto, como a construção de usinas ou instalações industriais, exigem experimentações custosas e, por vezes, demoradas. Nessa última hipótese, a atividade pode tornar-se muito onerosa para o empreiteiro, razão pela qual o monografista lusitano Pedro Romano Martinez (1994:151) entende que os encargos de verificação deverão correr por conta do dono da obra. Justificável a opinião, pois muitas vezes peritos e técnicos devem ser convocados para essa atividade.

A verificação, realizada a final, não se confunde com a fiscalização exposta, que pode ser exercida no curso da empreitada. A verificação é procedimento que antecede o recebimento da obra. A fiscalização possui ordinariamente cunho provisório. Do resultado da verificação decorrerá o recebimento ou não da coisa. Realizada a verificação, não se manifestando o comitente em prazo razoável, há de se ter a obra como aceita. A falta de comunicação no prazo concedido ou razoável faz presumir aceitação. A aceitação, por sua vez, é manifestação de vontade pela qual o comitente declara que a obra foi realizada a contento. Pode ser tácita ou expressa, dependendo dos termos e da natureza do contrato.

O contrato pode estipular *aceitação provisória*, concedendo prazo ao dono da obra para que manifeste a aceitação definitiva. Geralmente, a aceitação provisória tem por finalidade possibilitar o uso da coisa, a fim de apurar eventuais defeitos. Nas empreitadas públicas, ocorre de regra essa aceitação, que possibilita uma primeira vistoria. A aceitação também pode ocorrer com reservas relativas a defeitos encontrados de plano ou a determinadas particularidades da coisa. A matéria requer interpretação no caso concreto. A aceitação sem reservas não elide os prazos e as possibilidades de reclamação por defeitos ocultos. De qualquer modo, aceita a obra, fica o dono obrigado a pagar o preço. Acentue-se que o recebimento da obra apenas para finalidades de teste não tem o condão de converter-se em aceitação.

O recebimento da obra, sucessivo aos atos de verificação e aceitação, fixa o termo final do contrato de empreitada. Como desse ato decorrem efeitos importantes, o ato deve ser perfeitamente caracterizado na conduta das partes. Normalmente, impõe-se a formalização desse ato unilateral. Salvo as hipóteses de defeito na construção, a partir do recebimento, os riscos pela perda da coisa oneram o dono.

Extingue-se também a empreitada nas hipóteses de rescisão acenadas, quando se imputa culpa ou inadimplemento a um, ou a ambos os contratantes.

Perecendo a coisa por caso fortuito ou força maior, desaparece o objeto do contrato. Morrendo o empreiteiro, sendo contrato *intuitu personae*, também se extingue o negócio. Modernamente, porém, a empreitada de construção não é dessa natureza. Sê-lo-á, porém, quando se contrata, por exemplo, a feitura de uma obra de arte. A morte do dono da obra, por outro lado, não extingue o contrato, salvo se assim expressamente avençado. Nesse sentido se reporta o art. 626 do presente estatuto: "*Não se extingue o contrato de empreitada pela morte de qualquer das partes, salvo se ajustado em consideração às qualidades pessoais do empreiteiro*".

Se o comitente resilir o contrato unilateralmente, como vimos, deve indenizar o empreiteiro com as despesas que teve, bem como lucros cessantes.

A falência do empreiteiro não acarretava automaticamente, em princípio, a extinção da empreitada, como estampava o art. 43 do revogado Decreto-lei nº 7.661/45, Lei de Falências, porque os contratos bilaterais dependem da decisão do síndico sobre sua continuidade, de acordo com o interesse e conveniência da massa. No sistema da nossa Lei de Recuperação de Empresas e Falências, com as modificações da Lei nº 14.112/2020, o administrador judicial, título que substitui a figura do síndico, deve fiscalizar o plano de recuperação judicial, quando este for o regime, inclusive a continuidade do contrato de empreitada, se for o caso. Na falência, em princípio, não há mais que se falar em continuação do contrato, embora as necessidades do caso concreto possam apontar o contrário. Com a falência do dono da obra, o empreiteiro habilitar-se-á como credor, com privilégio especial, nos termos do art. 964, do Código Civil, se o contrato referir-se à construção.

27.7 RESPONSABILIDADE DO CONSTRUTOR. RESPONSABILIDADE PERANTE TERCEIROS

O construtor ou empreiteiro responde, durante cinco anos, pela solidez e segurança de edifícios e outras obras consideráveis nos termos do art. 618 do estatuto vigente:

> "*Nos contratos de empreitada de edifícios ou outras construções consideráveis, o empreiteiro de materiais e execução responderá, durante o prazo irredutível de cinco anos, pela solidez e segurança do trabalho, assim em razão dos materiais, como do solo.*
>
> *Parágrafo único. Decairá do direito assegurado neste artigo o dono da obra que não propuser a ação contra o empreiteiro, nos cento e oitenta dias seguintes ao aparecimento do vício ou defeito*".

Trata-se de cláusula legal aplicável a qualquer modalidade de construção, empreitada ou administração. Note que o dispositivo legal enfatiza a aplicação desse prazo a obras *consideráveis*, isto é, de grande vulto, como sói acontecer na construção de edifícios. Na empreitada, aplica-se a disposição tanto na de mão de obra, como na mista, embora existam autores que sustentem diferentemente, restringindo-a apenas à empreitada mista.

> "*Em qualquer forma de construção é sempre o construtor quem dá a última palavra no que se refere ao material, assim como em toda parte técnica. É ele quem tem condições, por força*

de sua formação profissional, de dizer se o material é bom ou não. Sustentar o contrário é mera retórica, argumentação sem fundamento" (Viana, 1981:59).

Ademais, essa responsabilidade deve ser vista em consonância com a responsabilidade profissional dos engenheiros, arquitetos e construtores.

Sendo prazo extintivo de garantia, é decadencial, segundo a doutrina e jurisprudência amplamente dominantes. Destarte, esse prazo, por sua índole, não admite transação, mas, se não é dado às partes restringi-lo, podem distendê-lo, porque instituído em benefício do dono da obra (Meirelles, 1979:255). Parte da doutrina, no entanto, entende que não se trata de norma cogente, nada impedindo a disposição do prazo por vontade das partes. Desse modo, se durante os cinco anos não ocorrer nenhum vício, estará exonerado o construtor. Essa afirmação deve modernamente ser recebida com reservas, pelo que a seguir se expõe sobre a aplicabilidade do Código de Defesa do Consumidor.

A lei estabeleceu presunção de culpa do construtor, profissional técnico e prestador do serviço, reconhecendo a vulnerabilidade do dono da obra nesse aspecto contratual. Acrescente-se a aplicabilidade da lei do consumidor a apontar para a responsabilidade objetiva do fornecedor de serviço. Parte o legislador do pressuposto de que o dono da obra não tem como avaliar de plano, ou em menor prazo, a excelência e perfeição da obra.

A parte final do art. 1.245 do Código de 1916 referia-se à isenção de responsabilidade do construtor na hipótese de ele, não achando o solo firme, ter prevenido o dono da obra a tempo. Desde a promulgação do Código, a disposição não foi bem recebida, porque é inconcebível que o construtor prosseguisse em obra periclitante, sabedor de deficiência do solo. Cabe-lhe, sem qualquer dúvida, recusar-se a executá-la, no âmbito de sua responsabilidade profissional, sugerindo, se for o caso, os meios técnicos para superar a dificuldade. Nessa linha, a disposição sofreu o repúdio da doutrina e da jurisprudência. "*Cabe ao profissional liberal e não ao cliente dizer se os meios ou recursos postos à sua disposição pelo agente são idôneos para a execução do trabalho encomendado*" (Viana, 1981:67, referindo-se à opinião de Aguiar Dias). Nesse diapasão, havia de considerar-se não escrita a parte final do art. 1.245. No mesmo caudal, acrescenta Hely Lopes Meirelles (1979:255) que o dispositivo sob vértice estava superado pelas normas reguladoras do exercício da engenharia e da arquitetura, as quais impõem deveres éticos a seus profissionais. Destarte, não há que se afastar, também sob tal perspectiva, a responsabilidade de engenheiros, arquitetos e construtores em geral. Por erros de concepção e de projeto respondem sempre os construtores responsáveis.

O vigente Código suprimiu essa dicção final, como se percebe no texto transcrito do art. 618. O Código de 2002 acrescentou também o parágrafo único que permite maior estabilidade às relações negociais da empreitada. O exercício do direito descrito no artigo somente poderá ser exercido nos cento e oitenta dias seguintes ao aparecimento do vício e do defeito. Destarte, esse prazo poderá ultrapassar os cinco anos, pois o defeito poderá ter eclodido no final desse lapso. A óptica da questão se transfere, por outro lado, para evidenciação do momento exato do aparecimento do vício.

Devem os interessados documentá-lo da melhor forma possível para que não corram dúvidas sobre esse prazo decadencial.

Por outro prisma, devem ser destacados vícios aparentes e vícios ocultos na obra. O art. 615 estabelece que o proprietário pode rejeitar a obra se o construtor se afastou das instruções recebidas, dos planos acertados ou das regras técnicas exigidas na obra. No entanto, se recebe a obra, presume-se que a examinou e a achou conforme, salvo os defeitos ocultos e mesmo aqueles aparentes para os quais se exigem conhecimentos técnicos. Para os vícios ocultos, aplicar-se-ia o art. 178, IV, § 5º, do Código de 1916 (atual, art. 445; prazo de um ano contado da efetiva entrega da coisa). Desse modo, a ação para haver abatimento do preço do imóvel possui prazo decadencial de seis meses no Código anterior e um ano no atual diploma. Trata-se de prazo de garantia (Viana, 1981:68). Esses conceitos devem ser examinados em conjunto com os prazos estabelecidos no Código de Defesa do Consumidor, arts. 26 e 27. Leve-se em conta que esse ordenamento estabelece que, em se tratando de vício oculto, o prazo decadencial inicia-se no momento em que ficar evidenciado o defeito (art. 26, § 3º). Da mesma forma, o art. 27 estatui que prescreve em cinco anos a pretensão de reparação de danos pelo fato do produto ou do serviço, iniciando-se a contagem do prazo *"a partir do conhecimento do dano e de sua autoria"*. Fixada a empreitada como relação de consumo, a nosso ver são esses os princípios que devem ser aplicados à espécie, sempre que albergarem com maior eficiência a posição jurídica do consumidor. Os princípios decadenciais e prescricionais do Código Civil, exclusivamente, devem ser aplicados às relações não atingidas pelos princípios do Código de Defesa do Consumidor, embora seja raro que tal ocorra nos contratos ora tratados.

No que se refere a *danos ocasionados a terceiros*, cumpre saber se a responsabilidade cabe ao construtor, ou ao dono da obra. A questão tem a ver, sem dúvida, com os direitos de vizinhança. Com frequência, os prédios vizinhos são abalados pela construção. Nada é regulado no capítulo da empreitada a esse respeito. As opiniões da doutrina ora propendem por responsabilizar o dono da obra, ora o construtor, ora ambos conjuntamente, todas com justificáveis argumentos.

A tendência majoritária é responsabilizar o construtor quando o ato danoso decorre de sua conduta ou atividade. Cuida-se, em princípio, de individualizar a culpa nos termos do art. 186. Não podemos concluir, como regra, por responsabilidade do comitente, pois cabe ao construtor, técnico em seu mister, impedir que a construção prejudique terceiros. Na empreitada e na construção em geral, o construtor não se limita a exercer mandato. Seu âmbito de atuação profissional exige que atue dentro de normas técnicas atinentes a sua profissão, recusando-se a cumprir exigências do comitente que a transgridam. Uma das finalidades precípuas do contrato de empreitada é justamente a transferência de riscos ao construtor. Em princípio, somente pode haver responsabilidade do dono da obra quando este contrata pessoas inabilitadas ou economicamente incapazes para o mister (Viana, 1981:73). Cuida-se de aplicação do princípio da culpa *in eligendo*. Desse modo, situações na prática surgem conduzindo a uma responsabilização conjunta do dono e do construtor, com aplicação do art. 937. Dentro do princípio da individualização da culpa, responsável também poderá ser unicamente o proprietário. Não havemos aplicar ao dono da obra a culpa *in vigilando*, que não se amolda à relação contratual em estudo.

27.7.1 Responsabilidade do Construtor no Atual Código

O decantado art. 1.245 do Código de 1916 é substituído, como vimos, pela dicção do art. 618 do vigente diploma:

> *"Nos contratos de empreitada de edifícios ou outras construções consideráveis, o empreiteiro de materiais e execução responderá, durante o prazo irredutível de cinco anos, pela solidez e segurança do trabalho, assim em razão dos materiais, como do solo.*
>
> *Parágrafo único. Decairá do direito assegurado neste artigo o dono da obra que não propuser a ação contra o empreiteiro, nos cento e oitenta dias seguintes ao aparecimento do vício ou defeito".*

A atual lei mantém, como se percebe, a mesma finalidade e o mesmo prazo. Acentua-se que o prazo quinquenal é de decadência. A dicção nova suprime, como enfatizado, a parte final do art. 1.245, que fazia referência à instabilidade do solo e era inútil, como apontáramos.

No entanto, inova o corrente Código ao estabelecer o prazo de 180 dias para a propositura da ação, a partir do aparecimento do defeito ou do vício. Se, por um lado, o prazo de cinco anos é definitivamente de decadência, esse prazo de 180 dias, que se reporta ao nascimento da ação (*actio nata)*, mais se coadunaria com os prazos de prescrição. Mas fez bem o novel estatuto em simplificar a compreensão da decadência. De qualquer forma, o âmbito acentuado da prova, nessa ação, como já pontuamos, poderá ser o momento em que o vício foi conhecido.

De outro lado, o legislador aqui é expresso no sentido de que esse prazo de cinco anos é "irredutível": não se admite redução contratual e qualquer disposição nesse sentido será tida como ineficaz. Não se impede, contudo, que esse prazo seja negocialmente estendido.

28

DEPÓSITO

28.1 CONCEITO. NATUREZA. OBJETO

De acordo com o art. 627, *"pelo contrato de depósito recebe o depositário um objeto móvel, para guardar, até que o depositante o reclame"*. O termo *depósito* é utilizado não somente para nomear o contrato, como também para designar a própria coisa que é seu objeto. Pela definição legal, que acompanha a teoria tradicional, o depósito é contrato *real*, visto que somente se ultima pela entrega da coisa ao depositário. Se as partes estabeleceram negócio para entregar a coisa no futuro, não houve depósito, mas mera promessa de contratar cujo inadimplemento segue as regras gerais para essa categoria negocial. Se o depositário já é possuidor anterior da coisa, inverte-se a noção psicológica de sua posse com o depósito, operando-se a tradição *brevi manu*. Também aquele que aliena a propriedade ou posse do bem pode tornar-se depositário, operando-se o constituto possessório.

O depósito é, em princípio, contrato *unilateral*, pois somente o depositário assume obrigações. No entanto, pode assumir feição de contrato bilateral imperfeito quando se atribuem obrigações ao depositante sob determinadas circunstâncias na hipótese de o depositário tornar-se credor do depositante, como na situação do art. 643. Por esse dispositivo, o depositante é obrigado a pagar ao depositário as despesas com a coisa e os prejuízos decorrentes de seu depósito. Desse modo, desde o nascedouro, o contrato apresenta características de negócio sinalagmático imperfeito.

Embora a lei estabeleça o depósito como negócio gratuito em regra geral, *"as partes podem estipular que o depositário seja gratificado"* (parágrafo único do art. 628). Há numerosos e corriqueiros depósitos que se apresentam remunerados, como o de vestuários em teatros ou restaurantes, de guarda-móveis; de natureza bancária etc. De qualquer forma, não podemos considerar a remuneração elemento essencial do depósito, mas, se a contraprestação é estabelecida de início como remuneração, o contrato assume natureza *bilateral*. Se essa remuneração objetiva apenas a indenização de despesas feitas com a guarda da coisa ou a título de auxílio em sua custódia, permanece o negócio como bilateral imperfeito. A presunção de gratuidade estabelecida no direito civil desaparece perante sua utilização ordinariamente sob modalidade onerosa. Tendo em mira justamente esses aspectos, o atual Código especifica que a regra geral do depósito é sua gratuidade, *"exceto se houver convenção em contrário, se resultante de atividade negocial ou se o depositário o praticar por profissão*" (art. 628).[1] Na maioria das vezes, portanto, na prática, estaremos perante um depósito remunerado. Ademais, acrescenta ainda o parágrafo único do art. 628: "*Se o depósito for oneroso e a retribuição do depositário não constar da lei, nem resultar de ajuste, será determinada pelos usos, e, na falta destes, por arbitramento*".

Nesse contrato, portanto, o peso ou a carga obrigacional, como regra, posiciona-se onerando o depositário que deve zelar pela coisa até sua devolução. Por sua natureza, o depósito voluntário é contrato fundado essencialmente na confiança conferida à pessoa do depositário.

Advirta-se, porém, que nem sempre o depósito derivará de um contrato. Quando o depósito emana de ato judicial, decorrente de várias medidas processuais de apreensão de bens, como penhora, sequestro, arresto, busca e apreensão etc., apesar de estarem ausentes os elementos de contrato, aplicam-se ao depositário, como regra geral, as obrigações que derivam de sua regulamentação material.

A definição legal reporta-se a depósito de *coisa móvel*. No entanto, mormente levando-se em conta a disseminação do depósito como ato judicial, não aberra a ideia do negócio que tenha por objeto imóvel. Por essa razão, tanto a doutrina como a jurisprudência atuais propendem por admitir o depósito de imóvel (Rizzardo, 1988:758). Apenas as coisas incorpóreas estão impossibilitadas de ser depositadas por lhes faltar a necessária materialidade caracterizadora do depósito. No entanto, títulos de crédito, como manifestação cartular dos créditos, podem

---

1 "Apelação. Ação de indenização por danos materiais e morais. Sentença de improcedência em relação a Fernando e Copart do Brasil e de procedência em relação ao Banco Itaú. Inconformismo do autor e do banco requerido. 1. Veículo apreendido em ação de busca e apreensão, mantido sob guarda no estabelecimento da empresa Copart até a purga da mora pelo consumidor. Constatação de avarias durante o período de depósito. 2. Ilegitimidade passiva do banco afastada. Requerido faz parte da cadeia de fornecimento de serviços. Contrato de financiamento de veículo com garantia em alienação fiduciária celebrado entre autor e instituição financeira. Bem danificado no período em que ficou sob responsabilidade da casa bancária. Depositário legal é obrigado a conservar a coisa e restituí-la no mesmo estado do momento da apreensão. **Inteligência do artigo 628, do CC**. Devida a restituição do valor desembolsado para reparo do veículo. 3. Danos morais configurados. Aplicação da teoria do desvio produtivo do consumidor. Valor da indenização de R$ 5.000,00 pleiteado pelo autor e fixado pela sentença mostra-se adequado para o caso concreto. Sentença mantida. Recursos desprovidos". (*TJSP* – Ap 1001256-24.2018.8.26.0650, 3-3-2023, Rel. Régis Rodrigues Bonvicino).

"Apelação – **Ação de depósito** – Restituição de bens apreendidos pelo IBAMA ou pagamento do equivalente em dinheiro. Sentença de prescrição reformada. Termo inicial do prazo prescricional. Data da recusa à entrega ou ao pagamento. Parcial procedência da ação. Inversão do ônus de sucumbência. 1- Tendo em vista que o depositário tem obrigação de cuidar do bem pelo tempo que for necessário até que ele seja reclamado (art. 627 do Código Civil), o termo inicial da prescrição é a data em que houve a pretensão resistida na esfera administrativa, qual seja a data da recusa da entrega ou do pagamento do equivalente pelo depositário. 2- Não transcorrido o prazo de 5 (cinco) anos desde a notificação da depositária para entregar os bens, não há que se falar em prescrição. Também não se cogita em prescrição intercorrente, pois o processo administrativo não ficou paralisado por mais de três anos. 3- O réu que assinou o termo de depositário apenas na condição de representante legal da empresa depositária não responde pela restituição do bem. 4- Não tendo o efetivo depositário (empresa) trazido qualquer fato impeditivo, modificativo ou extintivo do direito do IBAMA, deve ser julgada procedente a ação quanto a ele para condená-lo à obrigação de entregar o bem descrito no termo de depósito ou a depositar em juízo o equivalente em dinheiro. 5- Ônus de sucumbência invertidos. Honorários advocatícios fixados em 12% do valor atualizado da causa. 6- Apelação provida. Ação julgada parcialmente procedente, apenas quanto a um dos réus" (*TRF-4ª R.* – AC 5005109-42.2016.4.04.7002, 13-2-2019, Rel. Des. Fed. Cândido Alfredo Silva Leal Junior).

"Agravo de instrumento – **Ação de depósito** – Pedido de busca e apreensão – Bens que se encontram nas dependências de empresa em recuperação judicial – Competência – 1 – Considerando que o bem objeto do pedido de busca e apreensão insere-se na propriedade da parte agravante, encontrando-se nas dependências do estabelecimento da agravada apenas em decorrência do contrato de depósito firmado entre as partes, o processamento do feito, bem como a análise do pedido de busca e apreensão insere-se na competência da Vara Cível de Brasília (foro de eleição), e não do Juízo onde se processa a recuperação judicial da depositária-agravada. 2 – Agravo de instrumento provido" (*TJDFT* – Proc. 20150020280629AGI – (948703), 27-6-2016, Rel. Arnoldo Camanho de Assis).

ser objeto do contrato. As coisas fungíveis também podem ser depositadas, desde que se especificando gênero, qualidade e quantidade.

O objeto deve ser conhecido do depositário, ainda que venha embalado e lacrado, tendo em vista seu dever de guarda. Por essa razão, não são depósito típico os contratos de cofres bancários individuais, postos à disposição da clientela, porque o banco ignora o conteúdo do depósito. Não se trata também de locação pura e simples, pois não se confere ao titular livre ingresso na coisa locada. Trata-se de singelo contrato de guarda, sem características próprias do contrato de depósito (Dutilleul e Delebecque, 1991:568). Nessa obrigação de guarda, o banqueiro compromete-se a exercer permanente vigilância sobre o cofre, controlando o acesso ao local.

A finalidade do negócio no depósito sob exame é a entrega do bem para guardar, depositar enfim. Desse modo, como regra geral, a coisa não pode ser utilizada pelo depositário, salvo com licença expressa do depositante (art. 640), ou quando essa utilização decorre da própria natureza do negócio, como nos depósitos bancários. Facultada a utilização da coisa pelo depositante, o contrato apreende certas características do mútuo ou da locação. No entanto, analisando mais profundamente esses negócios, notamos que na locação não existe a ínsita obrigação de guarda da coisa, enquanto no mútuo o contrato é estabelecido no interesse de quem recebe a coisa. No depósito, o interesse primário é do depositante (Miranda, 1971, v. 42:318). No comodato, o comodatário guarda a coisa, porque dela se utiliza: essa a finalidade do negócio. Na locação, também está presente a faculdade de o locatário usar e gozar da coisa. No entanto, uma vez autorizado o depositário a utilizar-se da coisa, suas obrigações serão também de locatário e depositário, sem prejuízo da obrigação de restituir. A faculdade de utilização não desnatura o contrato de depósito, como sucede em outras legislações.

O art. 629 estabelece como obrigações do depositário a *guarda* e a *conservação* da coisa depositada.[2] Esses aspectos não são privativos do depósito, pois outros negócios os possuem, como o contrato de transporte, por exemplo. Esses vocábulos não possuem igual compreensão. Exerce a guarda da coisa quem simplesmente por ela zela. A atitude do guardador é passiva.

---

2 "Indenização por danos materiais – Depósito judicial – Perecimento de bens móveis que estavam sob custódia da apelada, depositária judicial em razão de penhora do imóvel em seu favor, ao qual guarneciam os bens móveis do apelante – Incêndio que acometeu o imóvel após a imissão na posse da apelada que se encontrava em local pacífico e sem histórico de delitos ou de incêndios – Ausência de nexo causal entre o incêndio e ação ou omissão imputável à depositária – Estrita observância do dever inscrito no art. 629 do Código Civil – Incêndio que se caracteriza como caso fortuito, imprevisível e inevitável nos termos do art. 393 do Código Civil – Excludente de responsabilidade que se soma à ausência de nexo causal para repelir a pretensão inicial – Ação improcedente – Sentença mantida – RITJ/SP, artigo 252 – Assento Regimental nº 562/2017, artigo 23 – Majoração dos honorários advocatícios recursais – Artigo 85, §§ 2º e 11, do CPC. Recurso não provido" (*TJSP* – AP 1012349-44.2024.8.26.0562, 23-5-2025, Rel. Henrique Rodriguero Clavisio).

"Agravo de instrumento – Embargos de terceiro – Decisão que determinou a imediata devolução do bem depositado ao terceiro embargante, uma vez comprovada sua indevida utilização pelo agravante – **Obrigação de depositário de guardar e conservar a coisa depositada** – A utilização do bem depositado depende de autorização, sob pena de o depositário incorrer em perdas e danos – Inteligência dos arts. 629 e 640 do Código Civil – Questões relativas à alegada má-fé do agravado que serão analisadas quando da decisão de mérito dos embargos de terceiro – Decisão mantida. Recurso não provido" (*TJSP* – AI 2084420-64.2024.8.26.0000, 4-6-2024, Rel. Nazir David Milano Filho).

"Apelação. Responsabilidade civil. Furto de caminhão em estacionamento. Ação de indenização por danos materiais, julgada parcialmente procedente. Recurso da ré. Preliminar de ilegitimidade passiva de parte. Inocorrência. Legitimidade da ré aferida em abstrato, à luz das afirmações contidas na petição inicial. Mérito. Comprovação da existência de contrato de depósito entre as partes e o furto do caminhão pertencente ao autor quando se encontrava estacionado em área locada pela ré. Incumbência da ré à guarda e conservação da coisa, restituindo-a ao depositante assim que reclamada e no estado em que a recebeu (art. 629 CC). Falha na prestação dos serviços configurada, ausentes as excludentes de responsabilidade a que alude o art. 393 do CC. Indenização material devida. Sentença mantida. Recurso desprovido, majorados os honorários advocatícios em mais 2%, nos termos do art. 85, § 11, do CPC" (*TJSP* – Ap 1008813-92.2019.8.26.0564, 18-3-2022, Rel. Sergio Alfieri).

Conserva-a também o depositário, porque tem obrigação de mantê-la em ordem, fazendo com que não se deteriore. A conservação implica conduta ativa do conservador. Daí por que o citado dispositivo determina ao depositário o mesmo cuidado e diligência que teria com o que lhe pertence. Será desidioso tanto o depositário que esmorece em sua obrigação de guarda, permitindo que a coisa saia de seu âmbito de vigilância, como aquele que deixa de praticar atos necessários à conservação do que lhe foi confiado.

Embora parte da doutrina refute a noção, o depositário exerce a posse direta sobre o bem enquanto em seu poder. Não se trata de mera detenção. Trata-se de posse precária com relação ao depositante porque lhe é inerente a obrigação de restituir. Toda posse precária é caracterizada pela obrigação de restituir em certo prazo ou sob certa condição. O depositante tem pretensão à restituição. Essa obrigação complementa o dever de guarda e conservação. Acrescenta o citado art. 629 que o depositário tem obrigação de restituir a coisa, com todos os frutos e acrescidos, quando lho exija o depositante; pode ser apenas possuidor direto, cuja posse transfere ao depositário. Recorde-se de que o depósito não possui condão de transferir a propriedade, como a doação ou compra e venda.

A noção de custódia, *o dever de custodiar*, é, pois, elemento integrante e fundamental do contrato de depósito. Nesse âmbito, incluem-se, portanto, os atos conservatórios praticados pelo depositário. Enfatize-se que essa custódia no depósito é conduta exigida do depositário, que deve exercê-la pessoalmente. Ainda que a confira a prepostos, a responsabilidade sobre o bem em depósito será sempre sua. No dizer de Pontes de Miranda (1972, v. 42:350), o depositário é possuidor imediato, que pode ter servidores da posse. Não pode entregar a posse a outrem. Seus fâmulos ou servidores da posse a exercem em nome do depositário. Não é tolerada a transferência de custódia a terceiro, salvo com permissão do depositante.

Para caracterizar o depósito, é necessário que o contratante manifeste o *animus* de receber a coisa depositada, quando o depósito não decorre da lei. Não existe manifestação de vontade de depositário, por exemplo, no guarda-chuva ou no chapéu que se deixa na sala de espera de um consultório ou escritório, nem no paletó ou bolsa que se coloca sobre a cadeira de um restaurante. Haverá depósito, porém, se preposto do restaurante recebe a coisa com a precípua finalidade de custodiá-la durante a permanência do consumidor no local. Também não se caracterizarão como depósito, como regra, atos de simples gentileza ou cortesia, como alguém que se dispõe a guardar objeto por certo período, durante viagem em ônibus, por exemplo, sem assumir obrigação de custódia.

A *custódia*, constante da natureza do contrato, não é propriamente um dever ou obrigação na hipótese, mas apenas um critério de responsabilidade que afeta o depósito. Cuida-se de diligência necessária que integra a compreensão do instituto. Constitui-se, na verdade, de uma série de atos, de uma conduta do depositário, derivada da natureza do objeto depositado. Destarte, a modalidade de custódia, ou seja, os atos necessários de conservação e proteção do bem depositado derivarão do próprio objeto. Uma máquina ou um semovente necessitarão, portanto, de cuidados diversos de custódia. Em síntese, apenas o caso concreto definirá os limites da responsabilidade de custódia do depositário, que nunca pode ser afastada porque integra a natureza dessa relação contratual. À responsabilidade de custódia acrescemos a de conservar a coisa. Nesse sentido, embora com dúvidas doutrinárias, podemos concluir que o depósito contém uma obrigação de resultado, qual seja a de restituir a coisa ao depositante. No contrato de garagem, que estudamos neste volume, há muito de obrigações do depósito onerando o garagista. No entanto, se visto o depósito exclusivamente sob o prisma da guarda e custódia, nesta última existe inelutavelmente uma obrigação de garantia, isto é, de manter a coisa íntegra, no curso do contrato. Para que não pairassem dúvidas a respeito da responsabilidade do depositante, tendo em vista o direito comparado, o legislador pátrio foi expresso no isentar o depositário de responsabilidade na perda ou deterioração da coisa decorrente de caso fortuito ou força maior, mas impôs-lhe o ônus de prová-los (art. 642).[3] O Projeto nº 6.960/2002 acrescenta a menção aos casos fortuitos, a qual estava ausente no atual e no antigo dispositivo.

O depósito é *contrato de duração ou de execução continuada*, porque pressupõe dilação temporal mais ou menos longa. Pode ser avençado por tempo determinado ou indeterminado. Se fixado sem termo final, cumpre que o depositário devolva a coisa quando lhe for solicitado. Com termo final, a restituição deve ocorrer no dia designado. O pedido de restituição não é denúncia do negócio ou revogação, mas simples *denúncia vazia* do contrato. O pedido de restituição do bem independe de qualquer motivação, ocorrendo por mera conveniência do depositante. A propósito, dispõe o art. 633 que o depositante pode pedir a restituição, ainda que o contrato fixe prazo, devendo, em qualquer circunstância, devolver o depositário tão pronto se lho peça. Importa também verificar no caso concreto se o termo foi estabelecido em benefício do depositante ou do depositário. Normalmente, o prazo é fixado em benefício do depositante. Por esse prisma, se existe pretensão de restituição em favor do depositante, por outro, não pode o depositário obrigar o depositante a receber a coisa em retorno antes do prazo fixado. Destarte, se há termo e não se diz em favor de quem, presume-se que estabelecido em prol do depositante. Se nenhum termo foi estabelecido, qualquer dos contratantes pode denunciar o contrato. Como observa Pontes de Miranda (1972, v. 42:338), a fixação de termo em favor do depositário não transforma o contrato em comodato, penhor ou outro negócio jurídico. Manter-se-á a natureza jurídica do depósito sempre que a guarda e conservação da

---

[3] "Agravo de instrumento – Cumprimento de Sentença – Bloqueio judicial de veículo pelo Sistema RENAJUD que dispensa a necessidade de formalização da penhora ou do depósito em mãos do proprietário – A ocorrência do alegado acidente do veículo por culpa do empregado, que não conseguiu controlar o utilitário ao tentar fazê-lo pegar no tranco, caindo em um barranco, não se equipara ao caso fortuito ou força maior, como seria a hipótese de perda do bem por causas da natureza, não se aplicando a isenção do **art. 642 do Código Civil**, e não exime o depositário de apresentar o valor do bem em dinheiro em Juízo, ou de outras responsabilidade por danos causados a terceiros, ainda que por atos desautorizados de seu empregado, por aplicação do disposto no art. 932, III, do Código Civil – O não atendimento da ordem judicial de substituição do valor da coisa por dinheiro, uma vez não mais existente a possibilidade de prisão civil, efetivamente caracterizará conduta omissiva atentatória à dignidade da justiça, por resistência injustificada à ordem judicial, havendo a multa sido estabelecida no mínimo admissível, e se o valor é alto é por ser elevado o débito dos agravantes – Recurso desprovido" (*TJSP* – AI 2222714-38.2020.8.26.0000, 9-3-2021, Rel. Alcides Leopoldo).

"Agravo de instrumento – Contrato de depósito – Decisão que indeferiu o pedido de tutela provisória de urgência para a retirada imediata de veículo estacionado há mais de quatro anos no estacionamento autor. Pretensão de reforma. Incompetência reconhecida: a competência recursal da matéria é da C. Seção de Direito Privado – III, nos termos da Resolução nº 623/2013 do Órgão Especial deste C. Tribunal de Justiça, art. 5º, inc. III, item III.14. Recurso não conhecido com determinação de remessa" (*TJSP* – AI 2059050-59.2019.8.26.0000, 11-4-2019, Rel. Israel Góes dos Anjos).

"Prestação de serviços – **Depósito e guarda** – Danos materiais e morais – Responsável a requerida RJC pela guarda do veículo – Veículo encontrado com avarias – Comprovados os vícios no serviço de reparo – Comprovados os danos materiais e morais – Sentença de parcial procedência, para condenar a Requerida RJC ao pagamento de indenização por danos materiais (valor de R$ 1.157,00) e indenização por danos morais (valor de R$ 15.000,00), a Requerida Super France ao pagamento de indenização por danos materiais (valor de R$ 7.395,00) e indenização por danos morais (valor de R$ 5.000,00) e a Requerida Bradesco (solidariamente) ao pagamento de indenizações por danos materiais (valores de R$ 377,00 e R$ 7.395,00) e indenização por danos morais (valor de R$ 5.000,00) – Recurso da requerida super France provido, para julgar improcedente a ação, quanto à requerida Super France" (*TJSP* – Ap 0005870-77.2010.8.26.0001, 15-4-2016, Rel. Flavio Abramovici).

"**Apelação cível** – Reparação de danos – Estacionamento particular – Queda de árvore em veículo – Ação regressiva pela seguradora – Improcedência em primeiro grau de jurisdição – recurso da autora – Súmula 130 do colendo Superior Tribunal De Justiça – **Contrato de depósito** – Guarda de veículo – Responsabilidade objetiva – força maior não comprovada – recurso provido" (*TJSP* – Ap 1001998-25.2013.8.26.0068, 18-8-2015, Rel. Dimitrios Zarvos Varellis).

coisa forem os fins primordiais do negócio e não sua utilização, cuja guarda e conservação intervém como elemento acidental.

O dispositivo, na redação do Código de 1916, apenas isentava o depositário de devolução, se o objeto fosse judicialmente embargado, se sobre ele pendesse ação executiva, notificada ao depositário, ou se ele tivesse motivo razoável para suspeitar que a coisa fora furtada ou roubada. Nesta última hipótese, o depositário deveria requerer que se recolha a coisa a um depositário público (art. 1.269).

O atual Código, no art. 633, menciona que a restituição pode ser negada, além das hipóteses descritas no velho Código as quais são mantidas, se o depositário tiver direito de retenção pelo pagamento da retribuição e das despesas descritas no art. 644, despesas feitas com a coisa e prejuízos decorrentes do depósito. Acrescenta ainda o Projeto nº 6.960 que depositário também pode recusar a devolução da coisa se houver outro negócio sobre ela. É possível que mais de um negócio de depósito ou de outra natureza incida sobre o mesmo bem.

O art. 638 ainda remete aos arts. 633 e 634, estabelecendo que não poderá o depositário recusar-se na obrigação de restituir, sob alegação de não pertencer a coisa ao depositante, ou opondo compensação, exceto se noutro depósito se fundar. De qualquer forma, havendo fundado receio do depositante em restituir mal a coisa, não podemos negar-lhe o direito de consigná-la.

O contrato de depósito não perderá sua natureza se forem estabelecidas certas obrigações acessórias para o depositário, relativas a melhoramento, conservação ou utilização da coisa depositada. Nesse aspecto, por exemplo, o depósito de café em que o depositário que deve beneficiá-lo durante sua guarda (Monteiro, 1980, v. 5:226).

28.1.1 Forma

O art. 646 estabelece que *"o depósito voluntário provar-se-á por escrito"*.[4] Por esse dispositivo, concluímos que o escrito é apenas exigido para provar o contrato, não lhe sendo essencial para

---

4 "Apelação – ação declaratória – **Depósito voluntário** – Negócio jurídico, inicialmente gratuito, realizado por escrito – Estrita observância do disposto no art. 646, do Código Civil – Regularidade. Apelação – ação declaratória – depósito voluntário – Permanência de armazenamento para além do período pactuado – Resgate da mercadoria depositada que só foi possível após concessão de tutela provisória – Evidência, entretanto, da inexistência de recusa da depositária quanto à retirada do produto armazenado pela depositante – Retenção lícita da mercadoria uma vez que verificada a ausência de pagamento pela apelante das taxas de armazenamento devidas a contar do marco em que o contrato de depósito passou a ser oneroso. Apelação – ação declaratória – depósito voluntário – Produção de provas oral e documental – Depoimento pessoal de representante da apelada que se mostra afinado com os demais elementos probatórios constantes dos autos – Credibilidade relativa à afirmação de que após o decurso do período gratuito do depósito, a apelante não fez nenhum pagamento pela armazenagem, e que, mesmo assim, permitida foi a liberação gradual do produto depositado – Contexto no qual deve a apelante responder pelo período em que o depósito se tronou oneroso – Incidência do disposto no inc. I, do art. 9º, da Lei nº 9.970/2000. Apelação – ação declaratória – depósito voluntário – não realização de interpelação da apelada quanto à intenção da apelante na retirada da mercadoria depositada – ausência de constituição em mora, a qual, de todo modo, não existiu. Apelação – ação declaratória – depósito voluntário – apelante que reconheceu a existência da dívida em tratativa de acordo, o qual, embora não finalizado, prestigia a conclusão de que devida é a remuneração pelo depósito. Apelação – ação declaratória – depósito voluntário – Pedido subsidiário de liquidação de sentença realizado para justificar reconhecimento de sucumbência recíproca e alteração da verba honorária – Descabimento – Necessária apuração do valor devido que é decorrência da improcedência da ação declaratória, e não do acolhimento do pedido subsidiário que, na espécie, se mostra despiciendo e divorciado das circunstâncias da causa. Recurso desprovido". (*TJSP* – Ap 0004655-79.2007.8.26.0160, 22-3-2023, Rel. João Batista Vilhena).

"**Contrato de depósito** – Ação de obrigação de fazer – Pedido de entrega da coisa depositada (produto agrícola) ou indenização por perdas e danos – Contrato verbal para armazenagem e estocagem de sacas de milho – Romaneio de entrada e notas fiscais do produtor rural – Suficiência – Falta de comprovação de venda ou de dação em pagamento na amortização de débitos do depositante – Mercadoria não restituída após notificação extrajudicial

fixar sua existência (*ad probationem tantum*). Admite-se até mesmo simples início de prova por escrito. Ademais, sendo contrato real, a prova testemunhal será com frequência suficiente para provar a ocorrência ao menos desse ato material. Desse modo, o tíquete de entrega da coisa, cupom ou equivalente serão documentos suficientes para atestar o negócio.

Para o depósito necessário, dispensam-se ainda maiores requisitos, *"podendo estes certificarem-se por qualquer meio de prova"* (art. 648). O depósito judicial evidencia-se pelo termo ou documento em que é lavrado, com a descrição do bem e o compromisso do depositário.

28.1.2 Depositário Incapaz

A capacidade para o contrato em exame é a geral. O depósito concluído com contratante incapaz é nulo, portanto. Surge destarte a imediata pretensão de restituição em prol do depositante. Mesmo nulo, o ato pode gerar efeitos materiais. Se o incapaz, por exemplo, teve despesas com a conservação da coisa, deve ser ressarcido, evitando-se o injusto enriquecimento.

Dispõe o art. 641 que,

> *"se o depositário se tornar incapaz, a pessoa que lhe assumir a administração dos bens, diligenciará imediatamente restituir a coisa depositada e, não querendo ou não podendo o depositante recolhê-la-á ao depósito público, ou promoverá a nomeação de outro depositário".*

Se não houver depositário público, incumbe ao administrador requerer a nomeação de depositário ao juiz. A falência do depositário faz surgir a pretensão de restituição.

Se, no entanto, ocorrer sucessão na pessoa jurídica depositária, sobre a sucessora recaem os termos contratuais.

28.1.3 Pluralidade de Depositantes

Segundo o art. 639,

> *"sendo dois ou mais os depositantes, e divisível a coisa, a cada um só entregará o depositário a respectiva parte, salvo se houver entre eles solidariedade".*

Como sabemos, a solidariedade poderá derivar da lei ou da vontade das partes. Inocorrendo solidariedade, a obrigação de restituir do depositário, na hipótese, restringe-se à parte de cada depositante. A natureza do bem dado em depósito definirá sua divisibilidade ou indivisibilidade. Se a coisa é indivisível, pela regra geral cada depositante pode exigir a coisa toda. Restituirá, portanto, corretamente o depositário a qualquer depositante que se apresente, procedendo de acordo com o art. 260. Sob esse dispositivo, desobrigar-se-á o depositário se pagar a todos os depositantes conjuntamente, ou, se a um deles, exigindo deste caução de ratificação dos outros credores.

Se o depositário tiver dúvidas acerca da parcela de cada depositante ou acerca da existência da solidariedade, deve acautelar-se com o depósito da coisa em juízo.

– Pedido acolhido – Ação procedente – Sentença mantida por seus próprios fundamentos nos termos do RITJSP, artigo 252 – Negado provimento ao recurso, e majorada a verba honorária (art. 85, § 11º do NCPC)" (*TJSP* – Ap 0002376-06.2013.8.26.0615, 19-2-2018, Rel. José Wagner de Oliveira Melatto Peixoto).

28.2 ESPÉCIES. DEPÓSITO VOLUNTÁRIO

Enfatizamos que o depósito ordinário ou tradicional, o depósito voluntário, deriva de contrato. A forma voluntária decorre, portanto, da vontade das partes. A esse negócio aplicamos as regras da seção do Código sob a epígrafe "depósito voluntário" (arts. 627 a 646). Às outras modalidades de depósito nem sempre todas as regras serão aplicáveis. O depósito dito obrigatório consuma-se em regra independentemente da vontade dos interessados, em decorrência de obrigação imposta por lei. Essa modalidade é disciplinada pelos arts. 647 a 652.

No *depósito irregular*, referido como modalidade de depósito voluntário, aquele que tem por objeto coisas fungíveis ou substituíveis, o depositário pode alienar o que recebeu, desde que restitua, quando solicitado, igual quantidade e qualidade. Assim, não podemos afirmar que tenha as obrigações de guarda e conservação nessa hipótese. O legislador admitiu o depósito de coisas fungíveis no art. 645, determinando que a ele se apliquem as disposições acerca do mútuo (arts. 586 a 592). Embora destinado a coisas fungíveis, o âmbito da manifestação de vontade é idêntico. A única diferença reside na natureza do objeto. Não existe perfeita identificação entre o depósito irregular e o mútuo, porque o fim econômico é diverso. O depósito é ultimado no interesse do depositante, enquanto no mútuo o interesse é do mutuário. No depósito bancário, por exemplo, desvirtua-se a natureza do instituto, razão pela qual deve ser regulado pelas regras do mútuo (Gomes, 1983*a*:380). Pelo que notamos, como o depósito irregular refoge ao fundamento do instituto, muitos são inclinados a conceituar esse contrato como outra modalidade contratual autônoma. Essa a razão pela qual não podemos admitir a prisão civil do depositário infiel (a ser examinada adiante) se o depósito versa sobre bens fungíveis, mormente quando as coisas fungíveis depositadas devam servir para a atividade rotineira do depositário. É o que ocorre, por exemplo, quando o construtor, a fim de garantir financiamento, dá em depósito materiais de construção. Nesse sentido, afirma Arnaldo Rizzardo (1988:767):

> *"Se, pelo menos, é discutível a natureza de depósito do contrato (de bens fungíveis), com maior razão não se admite a aplicação da prisão civil se negar-se o depositário a restituir o bem, por não mais possuí-lo, ou porque é indispensável na subsistência de sua atividade".*

O contrato de depósito de natureza mercantil era tratado pelos arts. 280 a 286 do Código Comercial. O primeiro dispositivo enfatizava que somente teria natureza mercantil aquele decorrente de causa de comércio, em poder de comerciante, ou por conta de comerciante. Seus fundamentos em pouco diferiam do depósito civil. O art. 286 daquele diploma determinava a aplicação das regras do penhor mercantil a esse depósito. O depósito mercantil não se presume gratuito, pois deriva da atividade profissional do comerciante. A matéria disciplinada no velho Código de Comércio tem hoje mero interesse histórico, mormente porque o vigente Código Civil aponta para sua revogação.

28.3 OBRIGAÇÕES DAS PARTES

Como contrato ordinariamente unilateral, o depósito cria primordialmente obrigações para o depositário. Como visto, consiste fundamentalmente em guardar e conservar a coisa, bem como restituí-la, quando assim exigido. No exórdio deste capítulo, já enfatizamos a compreensão dos deveres de guarda, custódia, ou conservação da coisa. Desse modo, cabe ao depositário o dever de conservação eficaz da coisa.

A diligência que deve ter o depositário é extremada no citado art. 629: o mesmo cuidado que teria com suas próprias coisas. Entre as obrigações do depositário, o art. 630 estabelece que

> *"se o depósito se entregou fechado, colado, selado, ou lacrado, nesse mesmo estado se manterá".*

O antigo Código acrescentava: *"e se for devassado, incorrerá o depositário na presunção de culpa"*.

O art. 630 do mais recente estatuto suprime a dicção final, não mais fazendo referência à presunção de culpa do depositário, na hipótese de a coisa ter sido devassada. Não havendo presunção de culpa, a responsabilidade e o dever de indenizar regem-se pelas regras gerais. A coisa depositada deve ser restituída com seus frutos, produtos e acessórios, lembrando-se que a devolução pode ser pedida a qualquer tempo, presumindo-se o prazo em favor do depositante. O bem deve ser devolvido no local combinado ou naquele em que foi recebido o depósito. Sob esse aspecto, dispõe o art. 631 do presente Código:

> *"Salvo disposição em contrário, a restituição da coisa deve dar-se no lugar em que tiver de ser guardada a coisa, correndo as despesas de restituição à conta do depositante".*

Acima, referimo-nos às poucas hipóteses nas quais o depositário pode validamente recusar-se a restituir a coisa (arts. 633, 634, 638). Na forma do art. 642, a perda ou deterioração da coisa por caso fortuito ou força maior exonera o depositário que, contudo, tem o ônus de provar essas excludentes de indenização. O art. 642 do atual Código apenas se refere aos casos de força maior, como vimos, o que não restringe seu alcance, contudo.

Se perdida a coisa por força maior, tendo o depositário recebido outra em seu lugar, como o seguro, por exemplo, é obrigado a entregar a coisa sub-rogada ao depositante, bem como ceder-lhe as ações que eventualmente tiver contra terceiro responsável pela perda (art. 636).

Vencido o prazo do depósito, ou ainda que assim não seja, se o depositário já não puder manter a coisa, recusando-se o depositante a recebê-la, poderá o depositário consigná-la judicialmente, como faculta o art. 635. O dispositivo estabelece que o depositário deve ter *motivo plausível* para não mais ficar com o depósito. A restituição, nessa hipótese, não pode decorrer de mera conveniência do depositário.

Se o herdeiro do depositário alienar de boa-fé a coisa em depósito, a lei obriga que assista o depositante na reivindicação, restituindo o preço ao comprador (art. 637). O Projeto nº 6.960 acrescenta parágrafo único a esse dispositivo, mencionando que se o herdeiro estiver de má-fé, responderá por perdas e danos tanto perante o comprador como perante o depositante. A regra é evidente, mas a omissão do texto legal em vigor pode restringir a interpretação.

O art. 644 autoriza o depositário a reter o objeto do contrato até que seja pago o valor das despesas, ou de eventuais prejuízos decorrentes do depósito, desde que os prove de plano. Cuida-se de aplicação específica do direito geral de retenção coibidor do injusto enriquecimento, possível em várias situações no ordenamento. Caso não tenha o depositário prova suficiente do valor dessas despesas, ou se ilíquido, o depositário poderá exigir caução idônea do depositante e, na falta desta, poderá pedir a remoção da coisa para depósito oficial até a respectiva liquidação. Tendo em vista o caráter unilateral, ou bilateral imperfeito do depósito, o legislador procura minimizar as possibilidades de o depositário sofrer prejuízos com o negócio. Lembre-se de que, quando a lei fala em depositário público, deve ser entendido que se trata de depósito determinado por ordem judicial, pois nem sempre a estrutura judiciária contará com local e estrutura para tal. De outro lado, é de acentuar que, tratando-se de depósito remunerado, o depositário também pode validamente utilizar-se do direito de retenção na hipótese de inadimplemento do depositante com relação a essa obrigação contratual.

Quando se tratar de depósito irregular, principalmente em dinheiro, admite-se o pagamento pelo depositário de juros e correção monetária.

Quanto ao depositante, este é obrigado a pagar ao depositário as despesas feitas com a coisa, e os prejuízos que advierem do depósito (art. 643). Não há necessidade de que essas despesas sejam indispensáveis; basta que sejam razoáveis (Miranda, 1979, v. 42:341). Se o depósito for remunerado, cabe também ao depositante pagar o preço, que pode ser periódico, ou exigido de uma única vez. Como vimos, o depositante pode a qualquer tempo pedir a restituição da coisa (art. 633), salvo menção expressa no contrato e quando o prazo for instituído em favor do depositário. Em contraposição, o depositário terá o citado direito de retenção enquanto não ressarcido das despesas e do pagamento do depósito, como regra geral. Já foram examinadas as hipóteses excepcionais pelas quais o depositário pode validamente recusar-se a restituir.

Ocorrendo retenção indevida da coisa, responde o depositário pelos efeitos dessa mora, arcando com perdas e danos.

28.4 DEPÓSITO OBRIGATÓRIO: LEGAL E NECESSÁRIO

O chamado depósito obrigatório, na realidade, biparte-se em *legal* e *necessário* (ou miserável). *Legal* é o depósito obrigatório realizado em decorrência de desempenho de obrigação legal, como o de bagagens em hotéis em relação aos hoteleiros. Depósito necessário ou miserável é o que se faz obrigatoriamente em época de calamidades, como a hipótese de móveis e utensílios que se retiram de imóvel que se incendeia. Essas modalidades são regidas por princípios legais particulares, sendo chamados os dispositivos gerais do instituto apenas supletivamente.

Sob tais prismas eclode o art. 647 sob a epígrafe "Do depósito necessário":

> *"É depósito necessário:*
>
> *I – o que se faz em desempenho de obrigação legal (art. 1.283);*
>
> *II – o que se efetua por ocasião de alguma calamidade, como o incêndio, a inundação, o naufrágio, ou o saque".*

Há situações de depósito legal descrita pelo ordenamento privado, como aquele do administrador dos bens do depositário, que se tornou incapaz (art. 641). Por vezes, o direito público estampa possibilidade de apreensão de bens como corolário de medidas cautelares, medidas executivas, ou medidas de requisição administrativa. Sempre que se apreendem bens, temos de designar alguém para exercer sobre os bens os mesmos direitos de guarda, custódia e vigilância, durante certo período, sob a regência do juiz ou de autoridade administrativa. Sempre que houver determinação do juiz no curso do processo, o depósito é judicial, cujos princípios se equiparam ao depósito legal. Desse modo, temos de entender que o depósito oriundo de atribuição judicial ou administrativa é legal, e é modalidade de depósito necessário. Assim, ocorre, por exemplo, no depósito sucessivo à penhora e naquele decorrente da apreensão de coisa furtada pela autoridade policial. O depositário judicial, quando a estrutura administrativa o contempla, exerce funções de direito público, mas os princípios negociais são de direito privado.

O depósito miserável pode ser provado por qualquer meio e decorre das circunstâncias da calamidade.

O art. 649 equipara a depósito necessário o das bagagens dos viajantes, hóspedes ou fregueses, nas hospedarias, estalagens ou casas de pensão, onde eles estiveram. Cuida-se do chamado *depósito hoteleiro*.[5] Esse depósito não é legal, mas a lei a ele o equipara. Os hospedeiros

---

5 "Apelação. Serviços de hospedagem. Ação de indenização por danos materiais e morais. Furto de pertences de hóspede em hall de hotel. Procedência parcial na origem. Inconformismo da ré. Ato ilícito. Furto ocorrido no hall de hotel. Fato incontroverso que independe de prova. Responsabilidade civil. Reconhecimento do dever de indenizar. Inteligência do art. 649 do Código Civil. Caracterização de fortuito interno. Inevitabilidade da ocorrência

são equiparados a depositários. Lembre-se de que equiparação não coincide com identidade. Respondem eles por si e por seus prepostos. Todos os que permanecem, ainda que por curto lapso, em hotel ou congênere, necessitam manter consigo pertences que os acompanham. Defere-se o dever de vigilância sobre esses itens aos hoteleiros e estalajadeiros, por imposição legal. Quanto a essas coisas, acrescenta o parágrafo único do citado artigo que

> *"os hospedeiros responderão como depositários, assim como pelos furtos que perpetrarem as pessoas empregadas ou admitidas nos seus estabelecimentos".*

A disposição é mantida pelo vigente Código, com atualização de redação. Essa responsabilidade decorre do contrato de hospedagem. A responsabilidade do hoteleiro resume-se aos limites de seu estabelecimento, respondendo por tudo o que o hóspede insere no hotel ou similar, desde a bagagem que coloca no quarto, até o veículo que permanece no estacionamento, ou local a ele reservado do estabelecimento.

A razão de o dispositivo ser tratado no âmbito do depósito é que a responsabilidade do hoteleiro passa a ser responsabilidade de depositário no momento em que o hóspede retarda injustificadamente a retirada de seus bens do estabelecimento. Em síntese, surge a responsabilidade de depositário quando cessa o contrato de hospedagem. A essa noção de hotelaria estendem-se estabelecimentos similares, como hospitais e casas de repouso, ônibus com leito, navios, aeronaves e trens (Miranda, 1972, v. 42:388). Importa indagar em cada caso se incumbia ao hóspede exercer pessoalmente a guarda dos bens, ou se essa vigilância, por sua natureza e localização dos bens, era do hoteleiro ou assemelhado. Todos os artigos dos hóspedes se entregues à guarda do estabelecimento, a seus prepostos, presumem-se de responsabilidade de guarda do hoteleiro. Contudo, o dispositivo em exame não é invocável por aqueles que não se utilizam do estabelecimento e apenas transitoriamente ali se encontram, como, por exemplo, o amigo que visita hóspede.

O art. 1.285 do Código de 1916 apresentava hipóteses de exclusão de responsabilidade dos hoteleiros, impondo-lhes, no entanto, o ônus da prova. Assim, cessaria sua responsabilidade se provassem que os fatos prejudiciais não podiam ser evitados, ou nos casos de força maior,

---

do crime que sequer foi alegada pelo hotel réu. Danos materiais. Bens de uso pessoal ou de porte restrito, sendo plenamente verossímil a alegação de que estariam na mochila subtraída do autor. Não comprovação, porém, de todos os prejuízos alegados. Sentença parcialmente reformada, a fim de limitar a condenação da ré ao pagamento de R$ R$ 8.011,00, a título de indenização por danos materiais. Danos morais. Existência. Abalos excepcionais experimentados pelo autor. Indenização fixada em R$ 5.000,00, na origem, que se revela proporcional e suficiente ao fim que se destina. Sucumbência. Redimensionamento. Recurso parcialmente provido" (*TJSP* – Ap 1096858-33.2024.8.26.0100, 6-5-2025, Rel. Rosangela Telles).

"Prestação de serviços – hospedagem – ação de indenização por danos materiais e morais – parcial procedência – apelo do réu – Autor que busca reparação pelos danos materiais e morais sofridos em razão do furto de pertences pessoais dentro do quarto de hotel – Relação de consumo – Defeito na **prestação do serviço** – Hospedeiro que tem o dever de guarda e vigilância dos bens dos hóspedes – Inteligência dos artigos 647 a 649 do Código Civil – Ausência de provas de que foram adotadas cautelas necessárias para evitar eventos dessa natureza e que o evento era inevitável – Excluída a hipótese de culpa exclusiva da vítima ou culpa concorrente – Presente o dever de indenizar – Dano material demonstrado – Dano moral configurado – Subtração de bens pessoais de dentro de ambiente privado – Frustração da justa expectativa de segurança – Indenização fixada em valor adequado (R$ 3.000,00) – Sentença mantida – Recurso improvido" (*TJSP* – Ap 1016321-36.2020.8.26.0344, 29-3-2022, Rel. José Augusto Genofre Martins).

"**Prestação de serviços** – Criação e hospedagem de avestruzes – Contrato com prazo indeterminado – Possibilidade de resilição a qualquer tempo – Necessidade de restituição das aves pelo réu, tendo em vista a extinção do contrato e a cessação do depósito. Réu, todavia, não tem obrigação de restituir nem indenizar 21 animais que pereceram no criatório, à vista do que restou definitivamente decidido em precedente demanda autônoma. Recurso parcialmente provido" (*TJSP* – Ap 0195912-82.2007.8.26.0100, 26-2-2018, Rel. Gilson Delgado Miranda).

como escalada, invasão da casa, roubo à mão armada, ou violências semelhantes. Nessas situações, entendia a lei que os fatos transbordam os deveres de guarda e vigilância. No entanto, as hipóteses poderiam requerer o exame da responsabilidade civil em geral e a do fornecedor de serviços na forma da lei de defesa do consumidor.

A cláusula de não indenizar somente será válida se ultimada com expressa aceitação do hóspede. Temos de entender como válida a cláusula que impõe ao hóspede a deposição de objetos de valor em cofres especialmente designados pelo hoteleiro, sob pena de sua irresponsabilidade. Trata-se de cláusula limitativa de responsabilidade e não exatamente de não indenizar. Exclui-se a responsabilidade do hoteleiro quando a culpa é exclusiva do hóspede, em aplicação da regra geral.

O art. 650 do vigente Código mantém essa ideia do texto anterior, mas se apresenta mais sintético e genérico:

> *"Cessa, no caso do artigo antecedente, a responsabilidade dos hospedeiros, se provarem que os fatos prejudiciais aos viajantes ou hóspedes não podiam ter sido evitados".*

Suprime-se a referência à força maior e as hipóteses exemplificativas contidas no Código antigo, escalada, invasão da casa, roubo à mão armada, ou violências semelhantes. Portanto, nessas hipóteses, pelo atual Código, é mantida a responsabilidade dos hotéis pelas bagagens, que somente se eximirão do dever de indenizar se provarem que os fatos prejudiciais aos hóspedes não poderiam ter sido evitados; isto é, que adviriam de qualquer forma, não importando quanta precaução se tomasse. Tendo em vista o nível de criminalidade dos últimos anos, os hoteleiros têm a obrigação de proteger a incolumidade de seus hóspedes e das respectivas bagagens. Essa responsabilidade também é objetiva nos termos do Código de Defesa do Consumidor.

Essas situações de depósito descritas nos arts. 647 e 648 não fazem presumir gratuidade (art. 651). Portanto, o depósito necessário, assim definido em lei, em princípio é oneroso, devendo o preço ser fixado judicialmente, na falta de concordância dos interessados, na forma do art. 651. Para o depósito hoteleiro, todavia, o mesmo dispositivo entende que o preço está incluído no valor da hospedagem.

28.5 AÇÃO DE DEPÓSITO

A ação de depósito, com procedimento especial, era regulada pelos arts. 901 a 906 do CPC de 1973. Seu objetivo era exigir a restituição do bem perante o depositário, com frutos e acrescidos ou seu equivalente em dinheiro. A ação de depósito, a par de ser processo de conhecimento com conteúdo condenatório, apresenta forte eficácia executória em sua natureza. Trata-se da chamada execução *lato sensu*, em que não é necessária a propositura de ulterior ação executiva. A pretensão executória traduz-se na devolução da coisa. O Código processual de 2015 não contempla mais essa ação especial. O remédio deve ser buscado no procedimento ordinário e nos regimes de tutelas no CPC de 2015 (arts. 294 ss.).

Nem sempre o depósito irregular amoldava-se a essa ação. Para a restituição de depósito em dinheiro, por exemplo, já se decidiu que a ação é de cobrança, e não de depósito (*RT* 509:189). Destarte, o depósito tipicamente irregular, aquele que objetiva coisas fungíveis, não se amolda à ação de depósito (Hanada, 1987:73). Possível, no entanto, quando decorre de contrato de alienação fiduciária, pois as ações de busca e apreensão e de depósito dela decorrentes apresentam aspectos próprios. A ação de depósito possui limites específicos, não sendo igualmente apropriada para a pretensão de perdas e danos, que deve ser formulada em ação autônoma de procedimento comum.

Podem ingressar com essas medidas o próprio depositante, que poderá não ser o dono da coisa, bem como seu sucessor. Legitimados para figurar no polo passivo serão o depositário que se recusa a devolver o bem, bem como seus herdeiros e sucessores. Terceiros, sem relação negocial com o depositante, não estão legitimados para figurar como réus na ação de depósito. Nesta situação, se há esbulho de posse, incumbe ingressar com os remédios possessórios.

Nos contratos de alienação fiduciária em garantia, nos quais o alienante é depositário do bem financiado, o equivalente em dinheiro compreende o saldo devedor em aberto, com seus acréscimos. Em qualquer hipótese, o equivalente em dinheiro deve ser corrigido monetariamente sob pena de ocorrer enriquecimento injusto. Se a coisa foi furtada ou roubada, ainda que não se defira a prisão do réu, este não se exime de pagar o equivalente em dinheiro, pois sua situação é de depositário infiel.

28.5.1 Depositário Infiel. Prisão

No art. 652 está estabelecido:

> *"Seja voluntário ou necessário o depósito, o depositário, que o não restituir, quando exigido, será compelido a fazê-lo, mediante prisão não excedente a 1 (um) ano, e a ressarcir os prejuízos".*

Essa prisão no estatuto processual de 1973 foi regulada pelo § 1º do art. 902:

> *"No pedido poderá constar, ainda, a cominação da pena de prisão até 1 (um) ano, que o juiz decretará na forma do art. 904, parágrafo único".*

Essa prisão, nos termos do art. 904 do CPC, ocorreria após o decreto de procedência do pedido e o não atendimento do mandado para entrega do bem dado em depósito. Lembre-se, porém, de que a jurisprudência majoritária já não tem admitido prisão nessas hipóteses e o CPC de 2015 não contemplou ação de depósito como procedimento especial.[6] A reforma do Código Civil em curso deve suprimir a referência à prisão do depositário.

---

[6] "Agravo de instrumento. Execução de título extrajudicial. Decisão de indeferimento de expedição de ofício à autoridade policial. Inconformismo do exequente. **Depositário infiel**. O exequente pretende a expedição de ofício à autoridade policial para que seja apurada a prática de eventual crime do depositário infiel. Impossibilidade. Diligência que cabe à própria parte. A notícia crime pode ser levada à autoridade policial pela própria vítima (CPP, art. 5º). A Súmula Vinculante 25 do STF veda a prisão civil do depositário infiel. Decisão mantida. Recurso desprovido". (*TJSP* – AI 2287269-93.2022.8.26.0000, 24-3-2023, Rel. Régis Rodrigues Bonvicino).

"Agravo de instrumento – **Prisão civil do depositário infiel** – Prisão não mais admitida pelo ordenamento jurídico – Súmula vinculante nº 25 – Agravo de instrumento não provido" (*TJSP* – AI 2041612-20.2019.8.26.0000, 28-3-2019, Rel. Sá Moreira de Oliveira).

"Apelação – Processual Civil – **Ação de depósito** – Alienação Fiduciária – Prisão civil por dívida – Súmula Vinculante nº 25 – Recurso provido – 1 – Apelação interposta em face de sentença que julga procedente o pedido formulado em ação de depósito, e condena os demandados ao pagamento de débito assinalado na inicial e/ou a restituir os bens alienados fiduciariamente. 2 – A prisão civil do depositário infiel foi considerada ilícita pelo Supremo Tribunal Federal, que editou a Súmula Vinculante nº 25, com o seguinte teor: É ilícita a prisão civil de depositário infiel, qualquer que seja a modalidade do depósito. 3 – No mesmo sentido: STJ, 3ª Turma, AgRg no REsp 900.314, Rel. Min. Paulo de Tarso Sanseverino, DJe 1.12.2010. 4 – Deve se afastar a ameaça de prisão em decorrência do débito de que trata este feito. 5 – Apelação provida" (*TRF-2ª R.* – AC 0007049-16.2006.4.02.5101, 4-4-2018, Rel. Des. Fed. Ricardo Perlingeiro).

"**Alienação Fiduciária** – Busca e apreensão – Veículo não apreendido – Conversão em ação de depósito – Possibilidade de o credor fiduciário utilizar a via eleita, como decorrência de expresso permissivo legal – Recurso improvido – O fato de não mais ser possível a prisão civil do depositário infiel não autoriza concluir a falta de interesse de agir para a conversão em ação de depósito quando não localizado o bem, sobretudo porque ao credor fiduciário cabe a possibilidade de pleitear a restituição do equivalente em dinheiro" (*TJSP* – Ap 1005093-70.2014.8.26.0604, 15-5-2017, Rel. Antonio Rigolin).

A prisão do depositário infiel inclui-se, juntamente com a do devedor de pensão alimentícia, nas duas hipóteses de prisão por dívida em nosso ordenamento. O sentido não é de punição do devedor, mas de constrangimento ou constrição. A autorização constitucional está materializada no art. 5º, LXVII, da Constituição Federal vigente:

> *"não haverá prisão civil por dívida, salvo a do responsável pelo inadimplemento voluntário e inescusável de obrigação alimentícia e a do depositário infiel".*

O princípio é reiteração do que já constava nas Constituições de 1946 e 1967, também com a Emenda nº 1 de 1969.

Essa possibilidade de prisão por dívida é reminiscência que nos foi legada pelo direito lusitano, que manteve a tradição romana. Justifica-se sua manutenção no sistema com relação ao depositário, tendo em vista a natureza do negócio, de cunho eminentemente fiduciário, em que pesem duras críticas doutrinárias. A medida não é pena, mas procedimento constrangedor para que o devedor cumpra sua obrigação. Sua noção é de meio coercitivo. Por essa razão, não se amolda a essa medida a prisão domiciliar. A administração e os órgãos judiciários devem, no entanto, zelar para que essa prisão (bem como a decorrente de pensão alimentícia) não seja cumprida em conjunto com presos comuns, por óbvias razões de todos conhecidas.

Tendo em vista seu embasamento, como examinamos, essa prisão não se amolda ao depósito irregular, de coisas fungíveis e consumíveis, para o qual se aplicam as regras do mútuo. Nesse sentido, a jurisprudência do Superior Tribunal de Justiça (*RSTJ* 39/439).

Dividiam-se os julgados, no entanto, no que se refere à prisão do depositário, devedor em razão de contrato de alienação fiduciária. A nosso ver, como expusemos em edições anteriores, nesse contrato o alienante fiduciário é em tudo depositário. Submete-se aos princípios do depósito infiel se não apresentar a coisa ou seu equivalente em dinheiro. O alienante é depositário do bem, exercendo a posse imediata, que lhe é transmitida, na maioria das vezes, pelo constituto-possessório. Desse modo, submete-se à pena de prisão. Ao contrário da corrente que não a admite, a Constituição atual em nada alterou o princípio (este seu principal fundamento), mantendo a prisão do depositário infiel. Essa tese, porém, não vingou e o Superior Tribunal de Justiça, majoritariamente, admitiu que esse depósito não é típico e não pode sujeitar o devedor à prisão. Invoca-se, também, o Tratado de Costa Rica para sustentar essas decisões.

"Agravo de instrumento – Execução de título extrajudicial – Decisão interlocutória que aplica multa diária ao depositário infiel até a entrega dos bens em sua guarda ao exequente. Irresignação do executado. Não acolhimento. Condição de depositário fiel dos bens requerida pelo próprio executado. Entrega dos bens quando requisitado que é de sua obrigação (CC, art. 629). Recusa do executado que se revela injustificada. Ausência de prova da impossibilidade de cumprimento da ordem de entrega dos bens. Possibilidade de aplicação de multa diária como forma de dar efetividade ao processo (CPC/1973, art. 461). Precedentes. Valor da multa diária (R$ 1.000,00) que não acarreta enriquecimento ilícito ao exequente. Decisão mantida. Recurso conhecido e não provido" (*TJPR* – AI 1522992-8, 8-8-2016, Rel. Des. Francisco Eduardo Gonzaga de Oliveira).

"**Alienação fiduciária** – busca e apreensão convertida em depósito – Ação de depósito decorrente da conversão de ação de busca e apreensão fundada em contrato garantido por alienação fiduciária. Evidente interesse processual diante da impossibilidade da entrega do bem. Citação válida. Mora caracterizada e constituída regularmente. Responsabilidade pela guarda e conservação e para evitar a perda dos bens, que cabia à devedora fiduciante, depositária do veículo. Irresignação recursal ligada à inadmissibilidade da prisão civil do depositário infiel não conhecida, por não guardar relação com a decisão monocrática (art. 514, II, CPC). Abusividade contratual alegada genericamente. Juros pré-fixados e encargos conhecidos por ocasião da contratação. Procedência do pedido na ação de depósito mantida. Recurso conhecido em parte e, na parte conhecida, não provido" (*TJSP* – Ap 0002187-85.2008.8.26.0491, 6-2-2015, Rel. Alfredo Attié).

Com a Constituição anterior, as dúvidas eram menores sobre essa possibilidade de prisão, embora já existissem opiniões contrárias a ela. Em nosso entender, se há que se refutar a prisão por depósito infiel na alienação fiduciária, em oposição a nossa opinião, melhor que se defenda a inexistência do instituto de depósito no negócio, pois aí os argumentos serão mais palpáveis, como aponta Álvaro Villaça Azevedo (1993:107), defendendo esse ponto de vista. Essa é, aliás, a tese mais acatada pelos tribunais. A posição mais antiga do Superior Tribunal de Justiça foi de admitir a prisão nessa situação, sob os fundamentos ora esposados:

> *"No contrato de alienação fiduciária, o devedor fiduciante equipara-se à figura do depositário, de vez que, embora não proprietário, fica de posse do bem, tornando-se fiel depositário se não salda o débito e deixa de devolvê-lo quando licitamente reclamado, sujeitando-se, assim, a prisão prevista no dispositivo constitucional".* HC 2794, de 26-9-94, Rel. Min. Cid Flaquer Scartezzini; no mesmo sentido RTJ 64/283, 104/1.032, 116/564, 116/1.282, RT 568/201. Em sentido contrário, porém, há volumosa jurisprudência.

Se, por hipótese, admitida a prisão do alienante fiduciário, apenas leve-se em conta que o valor do depósito, nessa situação, é o valor do débito em aberto, e não exatamente o valor do bem. Contudo, tomando-se em consideração a interpretação restritiva que deve merecer essa modalidade de prisão, esse valor devido nunca poderá superar o valor do próprio bem que garantiu a dívida.

Persiste celeuma doutrinária acerca da possibilidade de prisão de depositário infiel decorrente de depósito judicial. Entendem alguns que a prisão somente pode decorrer da ação específica. Outros sustentam que essa decretação pode ocorrer no bojo do próprio processo no qual se constata a infidelidade do depositário. A celeuma prossegue nos tribunais superiores.

Toda essa matéria versando sobre a prisão do depositário infiel, deve ser vista sob o prisma da Súmula 304 do Superior Tribunal de Justiça:

> *"É ilegal a decretação da prisão civil daquele que não assume expressamente o encargo de depositário judicial".*

Assim sendo, qualquer que seja a natureza do ato que tiver propiciado o depósito, se não houver declaração expressa por parte do depositário do recebimento da coisa nesta qualidade, não pode ser decretada sua prisão. Com a supressão da ação típica de depósito, reforçam-se os argumentos pela impossibilidade dessa prisão. E a futura alteração do Código não deverá mencionar mais a prisão do depositário.

28.6 EXTINÇÃO DO CONTRATO DE DEPÓSITO

O depósito extingue-se pelo vencimento do prazo, pela manifestação do depositante que pede a restituição; por iniciativa do depositário, se não quiser ou já não puder manter a coisa em seu poder, na descrição do art. 635. Extinguir-se-á também o negócio se a coisa perecer, por desaparecimento do objeto e pela morte ou incapacidade do depositário, quando exclusivamente *intuitu personae* o contrato. A Lei nº 2.313/54 e o Decreto nº 40.395/65 estabelecem que o depósito extingue-se no prazo de 25 anos, quando não reclamada a coisa.

29

MANDATO

29.1 CONCEITO. NATUREZA. PROCURAÇÃO. REPRESENTAÇÃO E MANDATO

Pelo contrato de mandato, nos termos do art. 653 do Código Civil, alguém, denominado mandatário, recebe poderes de outrem, denominado mandante, para em nome deste praticar atos ou administrar interesses. Acrescenta esses dispositivos que a procuração é o instrumento do mandato. O mandato contém a ideia principal de um sujeito confiar a outro a realização de um ato. A etimologia da palavra dá ideia do conteúdo do negócio: *mandare*, no sentido de mandar ou ordenar, ou *manum dare*, dar as mãos, como até hoje se sacramentam certos negócios e acordos sem cunho jurídico. O mandato confere um poder que se reveste de dever para o mandatário.

Em Roma, como temos insistentemente reiterado, no período mais antigo, a concepção da obrigação era personalista, não sendo admitidas em princípio nem a cessão de direitos nem a representação. Estava presente a noção de que a representação figuraria um desdobramento da personalidade, incompatível com as ideias da época. Como consequência, qualquer ato praticado pela pessoa refletia sobre seu próprio patrimônio. Não se admitia, em outras palavras, a representação, porque tal estamparia uma ficção não muito bem compreendida. A utilização de uma pessoa para realizar atos para outrem exigia negócios jurídicos de mecanismos complexos. Demorou muito no curso da história para que a representação atingisse o patamar tal como conhecemos hoje.

Procuração e *mandato*, porém, não se confundem. Mandato é contrato e como tal requer manifestação bilateral de vontade. Procuração é manifestação unilateral de vontade daquele que pretende ser mandante. Enquanto não há aceitação, a procuração é mera oferta de contratar. Sob tais premissas, portanto, nada impede que se formalize procuração outorgando poderes a qualquer pessoa. Na procuração, há outorga de poderes. Somente haverá mandato se o outorgado aceitar os poderes conferidos. Característica peculiar do instituto, por consequência, é o fato de, ordinariamente, mas não de forma exclusiva, emanar de ato unilateral, que é a procuração.

Da noção de mandato defluem três conceitos que vulgarmente são tomados como sinônimos, embora não se identifiquem plenamente e nem sempre estejam presentes de forma concomitante. O mandato, propriamente dito, é o contrato que se aperfeiçoa com o encontro de vontades. A procuração outorgada é o instrumento que materializa o contrato. A representação é a investidura concedida pelo mandante ao mandatário, em virtude da existência do contrato e, na maioria das vezes, do instrumento do mandato.

Distinguem-se também o mandato ou a representação da *preposição*. Nesta, o preposto age em decorrência de um vínculo empregatício ou de uma locação de serviços em prol do preponente. Pelo mandato e pela representação o mandatário e o representante praticam atos em nome e no interesse do mandante. Na preposição, existem preponderantemente atos materiais, enquanto no mandato e na representação há, primordialmente, atos jurídicos.

Ordinariamente, no mandato haverá representação, que é a modalidade geral de nosso ordenamento, quando o mandatário atua em nome do mandante, conforme a dicção do art. 653. A este a doutrina denomina "mandato propriamente dito" ou "mandato direto".[1] Trata-se do instituto ora tratado como mandato neste estudo.

---

1 "Apelação cível. Mandato. Administração imobiliária. Ação declaratória movida por ex-locatários, julgada extinta, em parte, e, no remanescente, improcedente. Ilegitimidade passiva. Reconhecimento quanto à parte do pedido inicial. Administradora do imóvel que agiu na condição de mandatária da locadora, cabendo-lhe responder somente quanto ao pedido que lhe imputa a falha na prestação de seus serviços, sequer cogitadas as hipóteses do art. 673 do Código Civil. Inteligência do art. 653 do Código Civil. Mérito. Contrato de garantia da locação prestada pela administradora, mediante remuneração paga pelos ex-locatários. Alegação de simulação de negócio jurídico não comprovada, ônus que competia aos autores (art. 373, I, do CPC). Fiança onerosa prestada pela ré. Contrato que não encontra vedação legal, possuindo validade e eficácia, pois preenchidos os requisitos do art. 104 do Código Civil. Pagamentos que se destinaram a remunerar os serviços de garantia do contrato de locação do imóvel onde residiram os autores, prestados pela ré, de modo que não se divisa o alegado enriquecimento ilícito a justificar a restituição reclamada. Sentença mantida. RECURSO IMPROVIDO, majorados os honorários advocatícios sucumbenciais, nos termos do art. 85, § 11, do CPC, observado o disposto no art. 98, § 3º do mesmo estatuto processual" (*TJSP* – Ap 1009541-50.2023.8.26.0320, 11-6-2025, Rel. João Casali).

"Apelação. Direito civil. Prestação de serviços de administração de imóvel. Multas condominiais impostas ao inquilino. Omissão da administradora. Má prestação dos serviços de administração. Incidência das regras do mandato. Responsabilidade da administradora pelo pagamento. 1. Ação julgada parcialmente procedente em primeira instância. 2. Inconformismo da administradora ré não acolhido. 3. Administração de imóvel que segue as regras do **mandato** (arts. 653 e seguintes do CC). Falha na prestação dos serviços de administração. Obrigação do administrador de zelar pela cobrança e quitação dos encargos. Ausência de comprovação de que no curso da locação a imobiliária tenha informado à proprietária acerca das sucessivas infrações praticadas pelo locatário. Negligência verificada. Responsabilidade da administradora reconhecida. Legitimidade para responder a ação. 4. Recurso da ré desprovido. Sentença mantida" (*TJSP* – Ap 1016760-32.2021.8.26.0564, 9-5-2024, Rel. Paulo Alonso).

"Apelação – Ação declaratória c/c obrigação de fazer – Extinção sem resolução de mérito por entender o Juízo a ocorrência de irregularidade quanto à representação processual do autor – Dispõe os artigos 653 e 654 do Código Civil: Art. 653: Opera-se o mandato quando alguém recebe de outrem poderes para, em seu nome, praticar atos ou administrar interesses. A procuração é o instrumento do **mandato**. Art. 654. Todas as pessoas capazes são aptas para dar procuração mediante instrumento particular, que valerá desde que tenha a assinatura do outorgante. Não há negativa do autor quanto a outorga do instrumento de procuração, de modo que não há que se falar em irregularidade do instrumento de mandato, não obstante o seu caráter personalíssimo. Sentença Anulada, com observação – Apelo Provido" (*TJSP* – Ap 1003571-33.2021.8.26.0484, 26-5-2022, Rel. Ramon Mateo Júnior).

"**Cobrança** – **Mandato** – Contrato Verbal – Incontroversa a prestação de serviços advocatícios, sendo devidos honorários como contraprestação, sob pena de locupletamento indevido do recorrente. Arbitramento dos honorários, todavia, que deverá se dar através de perícia. Sentença anulada para a produção de prova necessária ao correto deslinde do feito. Sentença anulada de ofício. Recurso prejudicado" (*TJSP* – AC 1033423-98.2018.8.26.0002, 27-2-2019, Rel. Marcos Gozzo).

"Cobrança – **Mandato – Contrato Verbal** – Alegação de existência de ajuste não comprovada – Ônus que competia ao autor – Incontroversa a prestação de serviços advocatícios, devidos honorários como contraprestação, sob pena de locupletamento indevido do recorrido. Valor, todavia, que deve ser objeto de pedido formulado por terceiro nos termos do art. 22 e parágrafos da Lei 8.906/94. Arbitramento dos honorários que deverá se dar através de perícia. Sentença anulada para a produção de prova necessária ao correto deslinde do feito. Sentença anulada de ofício. Recurso prejudicado" (*TJSP* – Ap 1091140-41.2013.8.26.0100, 28-2-2018, Rel. Marcos Gozzo).

"Apelação – Anulação de negócio jurídico – Autora que teria firmado **contrato verbal de mandato** para que seu irmão adquirisse, em nome da autora, determinado imóvel. Porém, anos após, antes do registro do contrato na matrícula do imóvel, soube que o irmão havia adquirido o imóvel em nome próprio, embora ela tivesse efetuado o pagamento. Pedido de anulação de negócio jurídico e condenação à indenização. Sentença de improcedência, ao fundamento de que ocorreu a decadência, visto que o negócio foi realizado em janeiro de 2003 e a ação ajuizada somente em 2012. Inconformismo da autora. Não acolhimento. Preliminar de intempestividade afastada. Embargos de declaração que interromperam o prazo recursal. O termo inicial do prazo decadencial deve coincidir com o momento em que o

O art. 1.307 do Código de 1916, porém, autorizava o mandatário a agir em seu próprio nome, por conta do mandante, sem representá-lo:

> *"Se o mandatário obrar em seu próprio nome, não terá o mandante ação contra os que com ele contrataram, nem estes contra o mandante.*
>
> *Em tal caso, o mandatário ficará diretamente obrigado, como se seu fora o negócio, para com a pessoa, com quem contratou".*

Nessa situação, por exceção no sistema desse contrato típico, haveria mandato sem representação, ou mandato indireto. Se há mandato sem representação, estabelecem-se relações diretas entre o mandatário e o terceiro, e não entre o mandante e o terceiro. Para este último, as relações internas do mandato são-lhe estranhas. Mais propriamente do que mandato sem representação, em face da orientação de nosso ordenamento, nessa hipótese, haveria negócio denominado *comissão*, tendo em vista a interpretação sistemática de ambos institutos entre nós. O Código disciplina a comissão e suprime esse dispositivo do capítulo do mandato, que se mostrava deslocado e contrariava a noção básica do mandato. Quando não existe representação, como sucede na comissão mercantil, o comissário atua em nome próprio, assume responsabilidade própria, ainda que no interesse do comitente, mandante ou outorgante. Quando ocorre esse fenômeno, a doutrina, por vezes, a ele refere-se como "mandato oculto", principalmente porque pode abrigar negócios simulados, lícitos ou ilícitos, embora esta não seja característica geral do negócio. Com frequência, não há interesse dos envolvidos em ocultar a relação subjacente de outorga de poderes. Uma coisa é ocultar o nome do comitente, como geralmente ocorre; outra é ocultar o negócio. Conforme conclusão do tratadista argentino Fernando J. Lópes de Zavalía (1993, v. 4:506), por meio desse negócio, sob a aparência de uma contratação em nome próprio, oculta-se uma contratação em nome alheio. Acrescenta ainda o autor que nada impede que se acumule na pessoa do outorgado a figura de mandatário e de comissionista, podendo figurar nos negócios com terceiros ora como um, ora como outro personagem. Ao terceiro incumbe certificar-se com quem está contratando, pois disso decorrerá eventual ação contra o mandante ou contra o comissionista. Quem atua em nome próprio não vincula o comitente. O Código argentino traça regra interpretativa a respeito, no art. 1.940, dispondo que, em caso de dúvida, se o ato foi praticado em nome do mandante ou em nome do mandatário, atender-se-ão à natureza e conteúdo do negócio e ao disposto na lei mercantil sobre a comissão.

Oportuno recordar que, conforme o Código de Defesa do Consumidor (nº 8.078/90), se a relação jurídica for por ela alcançada, para fins de proteção consumerista, nos termos do art. 3º, é irrelevante o negócio subjacente entre outorgante e outorgado, podendo o prejudicado voltar-se contra qualquer um deles, na cadeia de produção e distribuição de bens e serviços.

No mandato, o mandatário atua por conta e ordem do representado. A relação, que obriga o agente não somente a praticar o ato, mas também a projetar seus efeitos sobre o verdadeiro titular interessado, tem origem no mandato. Contudo, não devemos esquecer que essa relação de representação também decorre da lei, nos casos por ela expressos, bem como por ordem judicial. O fato de não ter nosso legislador de 1916 ordenado a matéria da representação, permitia certas dúvidas. Conclui a doutrina, no entanto, que não contrariava a lei, em face da dicção do art. 1.307,

---

terceiro teve ou podia ter ciência inequívoca da existência do contrato a ser invalidado. Início do prazo decadencial (art. 178, II, do Código Civil) que ocorreu em sua assinatura. Impossibilidade de mandato verbal para o contrato que seria formalizado. Autora que somente poderia supor que o contrato seria realizado em nome do seu irmão, razão pela qual tinha ciência do contrato, tal como estipulado, desde a assinatura. Decadência. Sentença mantida. Negado provimento ao recurso" (*TJSP* – Ap 0011053-18.2012.8.26.0079, 22-2-2016, Relª Viviani Nicolau).

a constituição de mandatário, sem poderes de representação. Conclui Pontes de Miranda que "*há quase sempre, **poder de representação** no mandato, porém o mandato e o poder de representação não se confundem*" (1972, v. 43:8). Essa também a conclusão de Arnoldo Wald (1992:396):

> "*o mandato pode ser com ou sem representação; se o mandatário atua em nome do mandante, há representação; se só atua por conta do mandante, não o representa. Comparem-se os arts. 1.288 e 1.307 do CC de 1916*".

Contudo, afora poucas vozes, e em que pese a manifestação legal, a doutrina nacional repetidamente repele a possibilidade de mandato sem representação. Nesse diapasão, o Código de 2002 suprimiu o dispositivo, evitando, assim a celeuma.

No Direito Romano mais recente, assim como no Código alemão, o mandato não implica necessariamente poderes de representação. A propósito, assevera Caio Mário da Silva Pereira (1994:275) que nosso estatuto civil, a exemplo das leis portuguesa e francesa, tem a representação como essencial no mandato. Ausente a representação, segundo essa opinião que se afigura preponderante, haverá locação de serviços ou comissão. Advirta-se que, neste capítulo, o estudo versa sobre o contrato de mandato em sentido estrito, restringindo-se, pois, ao mandato com representação.

Como examinamos na teoria geral dos negócios jurídicos (Venosa, *Direito civil: parte geral*, Capítulo 17), a noção fundamental da representação é aquela pela qual o representante atua em nome do representado. Este figura como parte no negócio jurídico. O representante substitui sua vontade. A evolução do fenômeno jurídico da representação originou-se do desenvolvimento econômico dos povos, da necessidade de mecanismos mais rápidos para a circulação de riquezas. Essa representação decorre da lei, como no caso dos incapazes, de situações de nomeação judicial, como o inventariante, ou da vontade das partes, sendo o contrato de mandato o principal veículo para esse objetivo. O mandante escolhe seu mandatário com base nos requisitos pessoais deste. Há proeminente embasamento fiduciário no instituto. Trata-se de negócio jurídico de cooperação que supõe relação de confiança. Destarte, o mandato é contrato *intuitu personae*. Só pode ser admitido para os atos que independem da atuação pessoal do interessado, de natureza personalíssima. Desse modo, certos atos do ordenamento não admitem representação ou mandato, como o testamento, por exemplo. A lei, porém, admite o mandato para casamento (art. 1.542). Dessa compreensão, por ser baseado na confiança, decorre que o mandato, salvo exceções a confirmar a regra, é ato *revogável*, sendo possível, em princípio, para ambas as partes, resilir unilateralmente o contrato, sem necessidade de anuência da outra parte.

O mandato é em primeiro plano um contrato *unilateral*, porque, salvo disposição expressa em contrário, somente atribui obrigações ao mandatário. O mandante assume a posição de credor na relação obrigacional. A vontade das partes ou a natureza profissional do outorgado podem convertê-lo, contudo, em bilateral imperfeito. Presume-se *gratuito* o mandato civil (art. 658) e *oneroso* o mercantil, nos termos de nossa tradição, admitindo-se prova em contrário em ambas as hipóteses. A gratuidade do mandato civil não lhe é essencial, ainda porque, na prática, esse mandato é geralmente oneroso. A onerosidade do mandato provém, na maioria das vezes, da própria atividade profissional e usual do mandatário. Esse o sentido do parágrafo único do art. 658.[2] Importa no caso concreto averiguar a intenção das partes a respeito da gratuidade.

---

[2] "Apelação cível – Ação de exigir contas – Cerceamento de defesa – Rejeição – **Contrato de mandato** – Procuração – Inexistência – Relação jurídica – Confissão – Obrigação de prestar contas – Primeira Fase – Procedência – Como na primeira fase da ação de exigir contas declara-se a existência ou não do dever de prestar as contas, não há cerceamento de defesa se não são realizadas provas que não se referem a existência ou não dessa obrigação. Se a parte confessa a existência da relação jurídica, não há a necessidade de juntada da procuração aos autos. O mandatário é obrigado a dar contas de sua gerência ao mandante, transferindo-lhe as vantagens provenientes

Estabelecida a onerosidade, que fixa desse modo a natureza bilateral do contrato, não tendo as partes firmado um preço, torna-se necessário o arbitramento judicial, que levará em conta o vulto da atividade prestada e o proveito para o mandante.

Trata-se de contrato *consensual*, não solene, pois, como regra geral, independe de forma prescrita em lei, podendo concluir-se pela modalidade tácita, verbal ou escrita (art. 656), por instrumento particular ou público (art. 657).[3] O Código vigente, pondo fim a uma dúvida, é

---

do mandato, por qualquer título que seja (CC, art. 658)" (*TJMG* – AC 1.0000.19.006416-2/001, 16-4-2019, Rel. Juiz Conv. Maurício Pinto Ferreira).

"**Mandato** – Prestação de serviços advocatícios – Ação de arbitramento de honorários advocatícios – Contrato verbal – r. Sentença de procedência – Apelo só da requerida – inocorrência de cerceamento de defesa – Comprovadas a contratação verbal e a prestação de serviços profissionais. A remuneração do causídico deve ser proporcional ao trabalho realizado e ao tempo despendido. Recomendável (mas não obrigatória) a utilização da Tabela da OAB/SP como parâmetro no arbitramento dos honorários, que foram razoavelmente fixados em 20% sobre o valor efetivamente recebido na outra demanda. Intelecção do art. 252 do Regimento Interno. Nega-se provimento ao apelo da acionada" (*TJSP* – Ap 1000769-40.2016.8.26.0063, 1-8-2018, Rel. Campos Petroni).

"Apelação Cível – Arbitramento de honorários – **Contrato verbal de mandato firmado com advogado** – Presunção de onerosidade – Art. 658 do CC – Ausência de demonstração de fato impeditivo pela parte ré. Ônus que lhe competia. Arbitramento de acordo com as disposições do CPC. Tabela da OAB não vincula o julgador. Parcial procedência da pretensão de arbitramento. Deram parcial provimento ao recurso. Unânime" (*TJRS* – AC 70073864340, 29-6-2017, Rel. Des. Paulo Sergio Scarparo).

"Agravo de instrumento – **Mandato** – Alegação de bloqueio indevido de valores por falta de citação e pelo fato de a constrição efetivar-se em conta poupança – Recurso não instruído com cópia da decisão agravada e respectiva intimação, procuração outorgada pela agravante – Ausência de peças facultativas que auxiliariam na verificação das alegações, bem como do recolhimento do preparo – Inobservância do art. 525, I, II e § 1º, do CPC – Recurso não conhecido" (*TJSP* – AI 2256613-03.2015.8.26.0000, 24-2-2016, Rel. Claudio Hamilton).

"**Locação**. Revisional de aluguel. Poderes da cláusula *ad judicia* outorgados à imobiliária. Substabelecimento com reservas. Admissibilidade. Precedentes do e. Superior Tribunal de Justiça. Recurso provido. É lícito à administradora de imóveis, que detém poderes da cláusula *ad judicia*, substabelecer ou mesmo outorgar mandato a advogado, sob pena de se restringir o substabelecimento somente a quem tenha capacidade postulatória" (*TJSP* – AI 2045607-17.2014.8.26.0000, 12-5-2014, Rel. Renato Sartorelli).

3 "Civil. Compra e venda celebrada por mandatário. Instrumento válido. Tese defensiva de venda a non domino rejeitada. Distrato superveniente ineficaz em face do terceiro de boa-fé. 1. A questão em discussão consiste em determinar a validade do instrumento de mandato utilizado para a venda do imóvel e a eficácia do negócio jurídico subsequentemente envolvido na fração ideal do imóvel. 2. O instrumento público de mandato era válido para a finalidade especificamente pretendida, conforme art. 657 do Código Civil, não se cogitando de venda a non domino. 3. A resistência dos autores aos efeitos do negócio jurídico realizado pelo mandatário representa um comportamento contraditório, vedado pela boa-fé objetiva. 4. Recurso improvido" (*TJSP* – Ap 1001478-34.2021.8.26.0408, 4-6-2025, Rel. Ademir Modesto de Souza).

"Bancário. Apelação cível. Ação revisional. Indeferimento da petição inicial. Consumidor analfabeto. Desnecessidade de procuração por instrumento público. **Mandato** judicial que pode ser outorgado por instrumento particular (CC, art. 657), que se encontra regular (CC, art. 595). Precedentes deste tribunal. De justiça. Instrumento de mandato que goza de presunção de veracidade e possui prazo indeterminado. Sentença cassada, com retorno dos autos à origem para prosseguimento da ação. Recurso provido" (*TJPR* – Ap 0012338-82.2022.8.16.0173, 20-8-2023, Rel. Lauro Laertes de Oliveira).

"Apelação. Ação de cobrança. **Mandato.** Prestação de serviços advocatícios. Valores levantados pelo Réu e repassados ao irmão da Autora, o qual intermediou toda a contratação do Réu e manteve as tratativas sobre o processo. Alegação de mandato verbal para representação da Autora pelos seus irmãos. Impossibilidade. O Réu apelante faltou com o cuidado que lhe cabia ao realizar a transferência dos valores devidos à Autora diretamente a terceiros sem representação. Ainda que nunca tivesse tido contato com a Autora, era um dever que lhe cabe, por força do mandato, proceder com a entrega de valores apenas a quem lhe atribuiu poderes de representação naquela ação. Alegação de existência de mandato verbal que não pode prosperar por se tratar de transferência de direitos. Informalidade do ato que necessitava da forma escrita, nos termos do art. 657 do Código Civil. A procuração apresentada nos autos tem poderes específicos e validade apenas para atuação do Réu no processo de inventário, sem qualquer autorização para pagamento do crédito devido pela Autora a terceiro. Restituição dos valores devida, resguardado o direito de regresso em relação a quem recebeu de fato os valores. Sentença reformada. Recurso parcialmente provido" (*TJSP* – Ap 1001228-75.2018.8.26.0288, 30-3-2021, L. G. Costa Wagner).

"Apelação – **Mandato** – Pretensão autoral voltada à declaração de invalidade de termo aditivo assinado pelo autor, bem como a condenação do réu ao pagamento de indenização por danos morais – Sentença de improcedência – No caso dos autos, restou comprovado que o contrato de honorários advocatícios foi assinado pelo irmão do autor,

expresso no sentido de que o mandato obedecerá a mesma forma exigida por lei para o ato a ser praticado. Desse modo, se o ato exige escritura pública, a procuração será pública.

Como acentuado, o mandato não se confunde com a comissão mercantil, porque nesta o comissário atua em nome próprio, embora no interesse do comitente. Também difere da locação de serviços, a qual, a par de ser sempre remunerada, contém preponderantemente atos materiais, enquanto o conteúdo principal do mandato é a prática de atos jurídicos. No entanto, com frequência, o mandato é conferido paralelamente a uma locação de serviços, confundindo-se seu respectivo conteúdo. Em muitas oportunidades, o mandato será ato preparatório para a locação de serviços, como ocorre no mandato judicial.

Em linhas gerais, o mandato tem por objeto a prática de *atos ou negócios jurídicos* em favor do mandante. Tal não impede que atos materiais possam integrar o círculo de atuação conferido ao mandatário. Recorde-se de que, na definição do art. 653, não existe referência à natureza dos atos decorrentes do mandato. Há duas relações bem nítidas nesse negócio jurídico. Uma *relação interna*, que vincula o mandante e o mandatário, disciplinando seus limites. A esses limites se reporta o poder de representação. Uma *relação externa*, que se refere ao ato ou atos que o mandatário pratica com terceiros, em nome do mandante, quando há poder de representação, que é a regra geral.

Na representação, como percebemos, uma parcela da personalidade do representado projeta-se na pessoa do representante. A atividade do representante, por sua vez, projeta-se em relação a terceiros. Ao serem examinadas as obrigações do mandante e do mandatário, devemos atentar para os reflexos que podem advir das relações interna e externa do mandato. Daí concluir-se que o mandato é *contrato preparatório*, servindo sempre para a prática de outro negócio jurídico unilateral ou bilateral.

A relação contratual do mandato inserir-se-á no âmbito do Código de Defesa do Consumidor sempre que presentes os conceitos orientadores desse diploma, mormente a compreensão do mandante como consumidor, nos termos do art. 2º, como destinatário final de fornecimento de serviços do mandatário, no conceito do art. 3º.

29.2 ACEITAÇÃO DO MANDATO

Conforme explanado, a procuração não se confunde com o mandato. Trata-se de ato unilateral de outorga de poderes. Nesse sentido, deve ser entendida a expressão "instrumento do mandato", assim mencionada pelo art. 653. O mandato tácito ou verbal independe de procuração. O contrato formar-se-á por manifestação de vontade concomitante, posterior ou sucessiva do outorgado, com a aceitação dos poderes. Ninguém está obrigado a aceitar mandato, seguindo-se a regra geral do direito privado segundo a qual ninguém está obrigado a contratar.

---

que, à época, possuía poderes para representar o requerente, como atesta procuração firmada por instrumento público – Ademais, o termo aditivo do contrato não apresentou qualquer vício, em vista da falta de demonstração acerca da suposta coação – Sentença mantida – Recurso não provido" (*TJSP* – AC 1008917-40.2017.8.26.0084, 9-10-2019, Rel. José Augusto Genofre Martins).

"Processual civil – Agravo interno nos embargos de declaração no agravo em recurso especial – Ausência de instrumento de procuração ou substabelecimento outorgado aos subscritores do recurso especial – Súmula nº 115 do STJ – impossibilidade de regularização posterior – **Mandato Tácito** – Incabível – 1 – Na instância extraordinária é inexistente recurso interposto por advogado sem procuração nos autos (enunciado 115 da Súmula do STJ). 2 – A disposição contida no artigo 13 do CPC não se aplica nas instâncias extraordinárias. 3 – A atuação de advogado nas instâncias ordinárias, sem poderes para realizar atos processuais, não convalida o vício de representação processual, porquanto esta Corte não admite mandato tácito. Precedentes. 4 – Agravo interno a que se nega provimento" (*STJ* – AGInt-EDcl-AG-REsp 941.723 – (2016/0166605-2), 8-8-2017, Relª Minª Maria Isabel Gallotti).

Característica peculiar do mandato consta do art. 659: *"A aceitação do mandato pode ser tácita, e resulta do começo de execução"*. Na prática, na grande maioria das vezes, é exatamente isso que sucede, pois mais raramente haverá aceitação expressa e escrita. Mais raramente ainda a aceitação constará do próprio instrumento constitutivo. Ultimada a outorga de poderes a alguém, este inicia o desempenho do mister, independentemente de sua aquiescência precípua. Iniciando o outorgado a agir na esfera de poderes conferidos, tem-se por aceito o mandato. Na dúvida sobre a aceitação nessa contingência, o exame do caso concreto, as circunstâncias que envolvem a conduta do agente devem dar a solução. A questão é importante, porque fixará limites entre a responsabilidade contratual e extracontratual. De qualquer modo, é necessário que haja manifestação de vontade do outorgado, sem a qual não existe negócio bilateral, inexistindo conteúdo contratual. Antes da aceitação, tão só com a procuração, se for o caso, ainda não existe contrato, apenas cláusulas predispostas pelo outorgante.

> *"Tem-se de atender a que a outorga de poder de representação, que vai no instrumento, é por declaração unilateral, receptícia, de outorga, e não se confunde com o negócio jurídico bilateral do mandato"* (Miranda, 1972, v. 43:13).

O silêncio por si só, como analisamos em *Direito civil: parte geral*, não induz aceitação, nem qualquer outra manifestação de vontade. No entanto, salvo circunstâncias excepcionais, o recebimento do instrumento procuratório, sem recusa, induz aceitação. Nesse diapasão, o art. 1.293 de 1916, que nos serve de balizamento:

> *"O mandato presume-se aceito entre ausentes, quando o negócio para que foi dado é da profissão do mandatário, diz respeito à sua qualidade oficial, ou foi oferecido mediante publicidade, e o mandatário não fez constar imediatamente a sua recusa".*

Nessa hipótese, o silêncio é qualificado pela atividade do mandatário, implicando aceitação. Note-se que a lei trata de presunção de aceitação e não de aceitação tácita. Essa presunção admite prova em contrário. Nesse sentido, presume-se aceito o mandato conferido a despachante aduaneiro para liberar mercadorias vindas do exterior, por exemplo. O vigente Código não se refere a essa hipótese expressamente e a interpretação, nesse caso, ficará por conta da existência ou não de um contrato tácito. Na mesma linha colocava-se o art. 141 do Código Comercial:

> *"Completa-se o mandato pela aceitação do mandatário, e a aceitação pode ser expressa ou tácita: o princípio da execução prova a aceitação para todo o mandato".*

Não se olvide, todavia, que ambos os artigos em exame eram de cunho dispositivo, permitindo que as partes dispusessem diversamente. Ambos tinham aplicação, e atualmente servem de orientação ao intérprete, se nenhuma disposição em contrário for inserida na oferta ou na resposta do oblato. Na ausência do dispositivo no estatuto de 2002, deverá haver um exame mais detalhado da intenção das partes.

29.3 CAPACIDADE DAS PARTES

A *capacidade ativa para constituir mandatário* é ampla, embora nem sempre coincidente com a capacidade civil em geral, nos termos do art. 1.289 do Código antigo, *caput*, segundo o qual

> *"todas as pessoas maiores ou emancipadas, no gozo dos direitos civis, são aptas para dar procuração mediante instrumento particular, que valerá desde que tenha a assinatura do outorgante".*

O Código em vigor se reporta acertadamente a "todas pessoas capazes" como aptas para dar procuração nesse caso.

O menor de 21 anos e maior de 18, por exemplo, no sistema de 1916, podia nomear procurador para agir na justiça trabalhista. A regra geral para o mandato, porém, é a da capacidade estabelecida na Parte Geral do Código.

A representação dos incapazes devia ser examinada em consonância com o art. 84 do Código de 1916, no mesmo sentido do corrente Código, pelo qual as pessoas absolutamente incapazes são representadas pelos pais, tutores ou curadores em todos os atos jurídicos. Trata-se de representação legal, independente da voluntária, ora em exame. Como decorrência do sistema, os agentes relacionados no art. 5º devem estar representados para outorgar mandato, lavrando-se por instrumento público, por força do art. 654. Os menores relativamente incapazes, maiores de 16 anos, são assistidos pelos pais ou tutores, nos atos em que forem partes. Os pródigos serão assistidos na forma determinada pelo ato de interdição, ficando os silvícolas sujeitos a regime próprio. A ausência de assistência, como regra geral, sujeita o ato a anulação, conforme o art. 171, I. Como as pessoas relativamente incapazes não possuem a livre disponibilidade de seus bens, é de ser aplicada a regra do art. 221, exigindo, a contrário senso, a procuração por instrumento público. Esse artigo permite o instrumento particular para as pessoas que estejam na livre disposição de seus bens. O instrumento particular por si só, porém, não invalidará o ato, quando dele resultar benefício para o incapaz, admitindo ainda a ratificação.

A posição da mulher casada na legislação atual, após a promulgação de seu Estatuto, Lei nº 4.121/62, não lhe restringe qualquer possibilidade de outorgar mandato. No entanto, para certos atos, há necessidade de outorga conjunta de ambos os cônjuges, de acordo com os arts. 235 e 242 do Código de 1916, fosse qual fosse o regime de bens, quando se tratasse de alienação ou oneração de imóveis, atuação em ações imobiliárias, prestação de fiança e doação ou cessão de bens comuns. O mais recente Código mantém a mesma filosofia no art. 1.647, isentando apenas os casados em regime de separação absoluta.

A *capacidade para ser mandatário* abrange todas as pessoas maiores e capazes. Há uma exceção no art. 666, no entanto:

> *"O maior de dezesseis e menor de dezoito anos não emancipado pode ser mandatário, mas o mandante não tem ação contra ele senão de conformidade com as regras gerais, aplicáveis às obrigações contraídas por menores".*

Justificava-se a exceção legal à medida que os bens do incapaz não são colocados em risco. O risco é do mandante, ao admitir mandatário nessa condição, não podendo alegar a incapacidade, para anular o ato. Destarte, nessa hipótese, não responderá o mandatário por perdas e danos em face de má execução do mandato. Ressalva-se apenas, como corolário do sistema geral e não do dispositivo, ação de enriquecimento sem causa para o mandante, ocorrendo seus requisitos.

A mulher casada, como vimos, em face da igualdade de direitos dos cônjuges, inclusive de índole constitucional, não tem impedimento de aceitar mandato, o que tornava ineficaz a norma do art. 1.299 do Código antigo que a proibia ser mandatária sem autorização do marido. O pródigo não está proibido de aceitar mandato, pois sua incapacidade diz respeito à inibição de disposição de seus próprios bens. Na mesma situação, em síntese, coloca-se o falido. Lei especial pode estabelecer restrição no exercício do mandato para determinadas situações, tornando ilegítima a posição de mandatário, como ocorre com os estrangeiros, por exemplo, que não podem representar nas reuniões de assembleia geral os acionistas brasileiros (art. 199 do Decreto-lei nº 2.063/40).

29.3.1 Obrigações do Mandatário e do Mandante. Excesso de Mandato

Ordinariamente, dada a natureza do contrato, toda a carga de obrigações pende para o mandatário. No bojo da avença, são elas estabelecidas, atuando as disposições legais supletivamente à vontade das partes.

Atuando no interesse alheio, o mandatário deve empregar toda sua diligência habitual na execução do mandato. Utiliza-se o padrão do *bonus pater familias* ou homem médio. Ou, mais modernamente, analisa-se a boa-fé objetiva na condução do contrato. O mandatário ficará obrigado a indenizar qualquer prejuízo decorrente de sua culpa, ou daquele a quem, sem autorização, substabeleceu poderes que devia exercer pessoalmente (art. 667). Os parágrafos desse dispositivo e ambos os Códigos tratam especificamente do substabelecimento, examinado a seguir. Como inferimos do § 1º, com redação mantida no estatuto de 2002, mesmo com a proibição, pode o mandatário substabelecer, assumindo as consequências ali cominadas.[4]

---

[4] "Apelação. Ação de arbitramento de honorários. Acordo verbal. Atuação do requerente em ações trabalhista e rescisória sem recebimento da contraprestação. Procedência parcial da ação. Apelação manejada por ambas as partes. Exame: desistência do recurso pelo autor. Perda do objeto. Conhecimento do recurso do réu. Preliminar de inépcia da petição inicial rejeitada. Requisitos previstos no art. 319 e 320 do Código de Processo Civil preenchidos. Preliminar de falta de interesse de agir também rejeitada. Adequação da via eleita. Mandato verbal e contraprestação controvertida que ensejam propositura de ação de arbitramento de honorários, nos termos do art. 22, § 2º do EOAB. Preliminar de ilegitimidade ativa afastada. Teoria da Asserção. Condições da ação aferidas à luz da petição inicial. Manutenção da sentença. Autor que atuou em conjunto com seu genitor em benefício do réu nas demandas, sem constar na procuração. Posterior substabelecimento dos poderes do genitor ao autor, sem reservas. **Procuração que permitia o substabelecimento sem reservas.** Inteligência do art. 667, § 2º do Código Civil. Conhecimento pelo réu da atuação do autor, ainda que sem procuração, demonstrada pelos e-mails e pelas argumentações formuladas na apelação. Demandas que tiveram resultado positivo ao réu. Atuação do requerente que foi exitosa. Posterior celebração de contrato de honorários entre o réu e o autor para atuação na mesma ação trabalhista. Ratificação dos atos exercidos pelo mandatário. Contraprestação devida. Sentença mantida. Redistribuição dos honorários sucumbenciais. Inteligência do art. 86, parágrafo único do CPC. Multa por litigância de má-fé afastada. Recurso do réu provido em parte e recurso do autor não conhecido" (*TJSP* – Ap 1122389-63.2020.8.26.0100, 31-1-2024, Relª Celina Dietrich Trigueiros).

"Apelação cível – **Mandatos** – Ação de arbitramento de honorários – Contrato verbal de prestação de serviços – Prescrição reconhecida – Marco Inicial – Revogação do mandato – Sentença mantida – A prescrição para o arbitramento de honorários é quinquenal e tem seu termo inicial contabilizado da data da revogação do mandato, nos termos do artigo 25 do Estatuto da OAB. Considerando a data da revogação do mandato e o ajuizamento da presente ação, bem como a ausência de causa suspensiva do prazo prescricional, por se tratar de arbitramento de honorários fundada em contrato verbal de prestação de serviços advocatícios, impõe-se manter o reconhecimento da prescrição da pretensão da parte autora. Recurso de apelação desprovido" (*TJRS* – AC 70078958626, 13-3-2019, Relª Desª Adriana da Silva Ribeiro).

"Despesas de condomínio – **Cobrança** – 1 – A doença que acomete o advogado somente se caracteriza como motivo de força maior quando o impossibilita totalmente de exercer a profissão ou de substabelecer o mandato a colega seu para recorrer da decisão. 2 – Em se tratando de extinção da execução por satisfeita a obrigação, não há que se falar em falta de intimação pessoal por abandono da causa formulada pelo apelante. Sentença mantida. Recurso desprovido" (*TJSP* – Ap 1000923-97.2014.8.26.0590, 6-8-2018, Rel. Felipe Ferreira).

"Agravo Interno – Agravo em recurso especial – Prestação de contas – Bens de terceiros – Administração – Não ocorrência – Reexame – Súmula nº 7 do STJ – **Mandato Verbal** – Inovação – Fundamento – Súmula nº 283 do STF – Não provimento – 1 – Concluindo a Corte de origem que não havia administração de bens de terceiros, mas que os réus apenas adquiriram imóvel dos agravantes, comprometendo-se a providenciar a regularização do bem, daí a ausência de interesse no pedido de prestação de contas, o reexame da questão esbarra no óbice de que trata o verbete nº 7 da Súmula desta Casa. 2 – O fundamento do acórdão local, no sentido de que a existência de mandado verbal entre as partes somente foi proposto no segundo grau de jurisdição, o que consistia em inovação, não foi impugnado pelos recorrentes, a atrair as disposições do Enunciado nº 283 da Súmula do Supremo Tribunal Federal. 2 – Agravo interno a que se nega provimento" (*STJ* – AGInt-AG-REsp 832.078 – (2015/0319611-3), 2-2-2017, Relª Minª Maria Isabel Gallotti).

"Ação declaratória c/c indenizatória – Pedido fundamentado no indevido protesto de duplicata mercantil – Título emitido sem lastro e recebido em **endosso-mandato** – Responsabilidade do banco corréu afastada – Aplicação da Súm. 476 do STJ – Ausência de demonstração de que o mandatário extrapolou dos poderes conferidos ou de má-fé – Ilegitimidade passiva reconhecida – Recurso provido" (*TJSP* – Ap 0149427-48.2012.8.26.0100, 12-9-2017, Rel. Miguel Petroni Neto).

Agindo por conta e ordem de outrem, geralmente administrando seus interesses e patrimônio, é inerente a essa situação a obrigação de prestar contas, segundo o art. 668:

> *"O mandatário é obrigado a dar contas de sua gerência ao mandante, transferindo-lhe as vantagens provenientes do mandato, por qualquer título que seja".*[5]

Desde que tenha ocorrido início de execução de mandato, haverá dever de prestar contas. Salvo constituição de mandato em causa própria, como estudamos, esse dever de prestar contas não poderá ser afastado pela vontade das partes. Cláusula que exima o mandatário de fazê-lo constituir-se-á, sem dúvida, em disposição potestativa, vedada pelo ordenamento (art. 122, parte final). Da mesma forma, terminado o mandato, o mandatário deve devolver os bens que recebeu, em razão do contrato, ao mandante ou a outro mandatário nomeado, podendo estes, no caso de recusa de devolução, reivindicá-los. Não somente a prestação de contas formal é devida pelo mandatário, como também a obrigação de informar periodicamente, ou quando solicitado, acerca do que se passa sobre o desempenho do mandato. Não deve, contudo, ficar sujeito a constantes ingerências do mandante, que podem impedir o exercício tranquilo do mandato e justificar sua renúncia. Isso não inquina seu dever de portar-se de acordo com as

---

"Apelação cível – Ação de prestação de contas – **Contrato de prestação de serviços advocatícios** – Recebimento de valores, pelo causídico, em nome dos mandatários, a título de acordo judicial – Dever do mandatário de prestar contas aos mandantes – Sentença de procedência – Falta de interesse de agir – Ocorrência – conhecimento da parte autora quanto às contas pretendidas ausência de utilidade no provimento jurisdicional – Documento de prestação de contas em que consta a assinatura dos requerentes – Suficiência e adequação das contas prestadas – Alegada litigância de má-fé e prática de ato atentatório ao exercício da jurisdição – Inocorrência – Ausência de prova cabal de má-fé – Recurso parcialmente provido – Sentença reformada – improcedência do pedido inicial de prestação de contas" (*TJPR* – AC 1283925-3, 16-3-2015, Relª Desª Denise Kruger Pereira).

5 "Mandato – Ação de exigir contas – Procedência da primeira fase da ação – Relação entre o falecido, mandante, e o réu da prestação de contas, o mandatário – Direito do espólio ou dos herdeiros de terem conhecimento das movimentações financeiras feitas pelo mandatário em nome do mandante – Direito à prestação de contas previsto no art. 668 do Código Civil e que se transmite a eles, após a morte do mandante – Decisão mantida – Recurso improvido" (*TJSP* – AI 2354427-97.2024.8.26.0000, 29-5-2025, Rel. Caio Marcelo Mendes de Oliveira).

"Apelação. Ação de cobrança cumulada com pedido de indenização por danos morais. Mandato. Demora no repasse de valores pelo advogado ao cliente. Sentença de procedência em parte. Recurso apresentado pelos réus, que pugnam pela anulação ou reforma da r. sentença com o reconhecimento da improcedência da ação. Exame: preliminar de impugnação ao benefício da justiça gratuita rejeitada. Obrigação legal dos patronos de repassar valores levantados em processo judicial no qual representam o cliente. **Artigo 668 do Código Civil.** Alegação de que a autora não atualizou dados para contato ou de endereço que não afasta o dever do advogado de adotar diligências para localizar o cliente e, em caso de insucesso, propor ação de consignação em pagamento. Réus que impugnam os cálculos da autora, mas sem apresentar o valor entendido como correto, com demonstrativo de cálculos. Apelantes que não se desincumbiram do ônus probatório previsto no artigo 373, inciso II, do Código de Processo Civil. Condenação dos réus ao pagamento da diferença não repassada à autora mantida. Dano moral caracterizado. Desídia dos réus bem caracterizada. Quantum indenizatório, não expressamente impugnado nas razões recursais, que, ademais, se mostra razoável e proporcional. Sentença mantida. Recurso não provido". (*TJSP* – Ap 1003843-66.2022.8.26.0007, 27-7-2023, Rel. Celina Dietrich Trigueiros).

"Ação de exigir contas – Mandato – Extinção do processo sem resolução do mérito, com base no disposto no artigo 485, inciso I, do Código de Processo Civil, em razão da formulação de pedido genérico – Dever de prestar contas que, entretanto, deve ser reconhecido – Obrigação que constitui decorrência lógica do **mandato**, nos termos do artigo 668, do Código Civil – Pedido explicitado de forma suficiente na inicial, com esclarecimentos em réplica, por força do alegado na contestação – Extinção do processo afastada, julgada procedente a ação de exigir contas na sua primeira fase – Apelação provida" (*TJSP* – Ap 1008258-41.2020.8.26.0564, 12-9-2022, Rel. Sá Duarte).

"Apelação cível. **Prestação de contas.** Legitimidade passiva. Mandatário. Interesse de agir. Teoria da asserção. Sociedade empresária. Evidenciado que o réu tinha poderes para atuar em nome da sociedade empresária, tem o dever de prestação de contas, nos termos do artigo 668, do Código Civil, sendo parte legítima na ação. O ordenamento jurídico brasileiro adotou a teoria da asserção, segundo a qual as condições da ação devem ser aferidas à luz dos fatos narrados na petição inicial, de modo que, constatado interesse de agir a partir da redação da petição inicial, correta a rejeição da preliminar" (*TJDFT* – Ap 07225801320208070001, 16-6-2021, Rel. Esdras Neves).

instruções do constituinte. No mandato, o vínculo é de subordinação, mas não de natureza hierárquica, como ocorre no contrato de trabalho.

Se o mandatário empregar o proveito que obteve com o contrato em seu favor, ficará obrigado a pagar juros ao mandante desde o momento que devia entregar-lhe somas e não o fez (art. 670).[6]

Quem se intitula mandatário perante terceiros deve identificar-se como tal. Para isso o Código antigo instituía a obrigação de apresentar o instrumento do mandato às pessoas com quem trata em nome do mandante no antigo art. 1.305. Trata-se mais propriamente de um direito dos terceiros, e não preponderantemente uma obrigação do mandatário, que não pode ser suprimido, porque contratando com quem não tenha os devidos poderes, ficarão sujeitos a responder por esses atos. O dispositivo legal refere-se à apresentação de instrumento. Se o mandato for verbal, não existindo, portanto, instrumento, em caso de dúvida pode validamente o terceiro recusar-se à prática do ato ou negócio, exigindo confirmação do mandato. Tendo em vista essa conotação, o Código em vigor suprime essa disposição que é perfeitamente absorvida pelo art. 1.306, em redação mantida no fundo e na extensão pelo art. 673, o qual complementa que, se o terceiro, mesmo sabedor dos limites do mandato, praticar com o mandatário atos exorbitantes, não terá ação contra o mandatário,

> *"salvo se este lhe prometeu ratificação do mandante, ou se responsabilizou pessoalmente pelo contrato, nem contra o mandante, senão quando este houver ratificado o excesso do procurador".*

O atual diploma, de forma mais sintética, traduz o mesmo pensamento:

> *"O terceiro que, depois de conhecer os poderes do mandatário com ele celebrar negócio jurídico exorbitante do mandato, não tem ação contra o mandatário, salvo se este lhe prometeu ratificação do mandante ou se responsabilizou pessoalmente".*

Cuida-se, como percebemos, de situações casuísticas cujos detalhes devem ser aferidos na conduta das partes. O que se conclui é que quem contrata com representante e não com a

---

[6] "Apelação – mandato – ação de cobrança – Autor que pretende a devolução de valores alegadamente levantados pelo advogado e não repassados ao cliente – prescrição – Prejudicial de mérito já afastada por acórdão transitado em julgado – Impossibilidade de se reabrir a discussão neste momento, pela ocorrência da preclusão – cerceamento de defesa – inocorrência – Teoria do livre convencimento motivado, nos termos dos artigos 370 e 371 do CPC – Autor que pretende a restituição de quantia indevidamente retida pelo réu após levantamento em ação patrocinada por ele – Condenação do ora apelante à devolução do montante não repassado que se impõe – Correção monetária – Termo inicial é a data do levantamento, a fim de recompor o valor real da moeda – termo inicial da incidência de juros moratórios – A partir do momento em que o advogado deveria ter entregue os valores levantados ao cliente, nos termos do art. 670 do CC – Mora 'ex re' – Precedentes desta Corte – Negado provimento" (*TJSP* – Ap 0181723-26.2012.8.26.0100, 21-8-2025, Rel. Hugo Crepaldi).

"**Mandato – Ação de exigir contas** – Primeira fase – Interesse processual caracterizado – Serviço advocatício prestado pela apelada ao apelante, em reclamação trabalhista. Dever da advogada, na primeira fase da ação, de prestar contas sobre os valores recebidos em nome do ex-cliente. Natureza interlocutória da decisão que julgou procedente o pedido na primeira fase, que impede a condenação da apelada ao pagamento de honorários para esta etapa do procedimento. Precedentes. Recurso provido em parte" (*TJSP* – AC 1000872-18.2019.8.26.0071, 10-9-2019, Rel. Dimas Rubens Fonseca).

"**Mandato – Prestação de contas** – 1 – O marco inicial de contagem do prazo prescricional é a data da ciência da autora do levantamento de valor feito pelo advogado, sem o seu conhecimento. 2 – O advogado é obrigado a prestar contas ao cliente por quantias recebidas, sob pena de cometer infração disciplinar que autoriza suspensão da atividade profissional. Exegese dos artigos 34, XXI e 37, § 2º do Estatuto do Advogado. Sentença reformada. Recurso provido" (*TJSP* – Ap 0003015-94.2015.8.26.0472, 7-5-2018, Rel. Felipe Ferreira).

própria parte, deve tomar redobrados cuidados, examinando os termos e extensão do mandato, sob pena de sofrer prejuízo. Leve-se em consideração, no entanto, que em sede de mandatos verbais importa muito a aparência, cujos aspectos devem ser devidamente sopesados no caso concreto. Deve ser distinguido se há mera aparência de mandato ou se o mandato efetivamente existe. O mandato aparente não se confunde com o mandato tácito. Neste último ocorre efetivamente a representação, surgindo de um comportamento das partes o qual a lei reconhece efeitos (Lorenzetti, 1999:170, t. 2). Esses princípios não refogem às regras gerais de aparência e seus efeitos jurídicos, como estudamos, por exemplo, na hipótese de pagamento aparente.

A morte do mandante ou a mudança de seu estado civil extingue o contrato (art. 682). No entanto, são válidos os atos do mandatário, enquanto não ciente da morte. Mesmo ciente do passamento, interdição ou mudança de estado do mandante, está o mandatário obrigado a concluir negócio já começado, se houver perigo na demora (art. 674). Responderá pelos danos que ocasionar nessa situação perante o espólio e os herdeiros.

A regra do art. 669 veda a compensação de prejuízos que o mandatário tenha dado causa com os proveitos que obteve para o mandante. Trata-se, portanto, de mais uma exceção legal à proibição de compensação (art. 373), embora presentes os requisitos gerais para essa modalidade de extinção de obrigações.

As obrigações do mandante, por sua vez, vêm elencadas nos arts. 675 a 681. A conduta do mandatário vincula em princípio o mandante. Desse modo, deve este satisfazer as obrigações contraídas por aquele na conformidade do contrato, cabendo-lhe adiantar as despesas necessárias para a execução, quando assim for solicitado pelo mandatário (art. 675). Não estabelecendo o pacto que o próprio mandatário adiantará o valor das despesas, poderá ele validamente se recusar a cumprir o mandato, se não receber previamente do mandante, com fundamento na exceção de contrato não cumprido. Se o mandatário adiantar despesas, fará jus a juros desde a data do desembolso (art. 677). Logicamente que a quantia também será corrigida monetariamente pelo princípio geral que busca evitar o injusto enriquecimento, bem como levando-se em conta os princípios a respeito no mais recente Código.

Salvo provando culpa do mandatário, o mandante é obrigado a pagar a remuneração ajustada e as despesas de execução, *"ainda que o negócio não surta o esperado efeito"* (art. 676).[7] O dispositivo abre exceção, que se amolda à regra geral de responsabilidade: provada a culpa do mandatário, cairá por terra a remuneração. Verificamos, pois, que o mandato, independentemente do negócio que predispõe, contém obrigação de meio.

O mandatário deve ser reembolsado das perdas que sofrer em razão da conduta contratual, salvo se resultarem de sua culpa ou de excesso de poderes. Na prática, necessitar-se-á de investigação probatória para estabelecer limites entre prejuízos decorrentes exclusivamente do mandato e outros exorbitantes, dentro da atividade do mandatário.

---

[7] "Anulatória – Endosso-mandato – Mera outorga de poderes para a realização da cobrança – Mandatária da endossante – Conduta hígida dentro dos **limites do mandato** – Súmula 476 do STJ – Danos morais irrefutáveis em arena de protesto indevido. Extinção escorreita. Hipótese do artigo 252 do RITJSP. Sentença mantida. Recurso improvido" (*TJSP* – Ap 0001804-98.2008.8.26.0300, 23-1-2019, Rel. Sérgio Rui).

"Apelação – Ação de reparação de danos morais e materiais – Prestação de serviços de despachante – Contrato Verbal – Repasse de valores para regularização de dívidas de IPTU perante a Prefeitura de Guarulhos. Alegação de que os valores repassados não foram utilizados para a finalidade a que foram destinados. Prova documental que milita em favor dos réus. Demonstração de que o corréu representava o mandante em diversos outros negócios, tendo utilizado os valores para regularização de outras pendências de seu interesse. **Mandatário, que, dada a bilateralidade e onerosidade do contrato, também fazia jus a remuneração**. Alegações do autor que ficam refutadas diante da prova colacionada com a defesa. Improcedência bem decretada. Sentença mantida. Recurso não provido" (*TJSP* – Ap 4026359-72.2013.8.26.0224, 15-9-2017, Rel. Silveira Paulilo).

A lei faculta ao mandatário direito de retenção sobre o objeto do mandato até o reembolso das despesas (art. 681). Devemos entender, em face do princípio geral, que esse direito de retenção também se estende à remuneração do mandato oneroso. Esse era o sentido do art. 156 do Código Comercial, que assegurava o direito de retenção, em razão de tudo o que fosse devido em consequência do mandato.

A obrigação do mandante perante terceiros persiste, ainda que o mandatário tenha contrariado as instruções do outorgante, desde que não tenha excedido os limites do mandato (art. 679).[8] Terá, porém, o mandante, ação contra o mandatário pelas perdas e danos resultantes da contrariedade das instruções. Procura a lei afastar a interferência das relações internas do mandato dos negócios externos praticados com terceiros, em prol de melhor adequação social. De outro modo, o mandato perderia credibilidade e, consequentemente, sua maior utilidade, que é propiciar dinâmica aos negócios. Sempre que for necessário, devemos proteger o ato praticado com terceiro de boa-fé, ainda que perante mandato aparente, levando-se em conta a teoria geral da aparência e a segurança das relações negociais.

A outorga de mandato conjunto por duas ou mais pessoas para negócio comum estabelece solidariedade perante o mandatário, ressalvado direito regressivo daquele que pagar ao mandatário contra os demais mandantes (art. 680).

A matéria atinente à repercussão de atos praticados pelo representante, sem poderes suficientes para tal, deve ser interpretada segundo os princípios de boa-fé, mormente a boa-fé

---

[8] "Apelação. Compromisso de compra e venda. Vagas de garagem. Rescisão e restituição de quantias. Procedência dos pedidos relativamente ao corréu Sergio tão somente, improcedente relativamente aos demais corréus. Inconformismo do autor. Cabimento. Cadeia produtiva. Solidariedade. Existência. Réus pessoas naturais e pessoa jurídica. Relação jurídica, ademais, de mandato entre os réus pessoas naturais, com outorga de poderes específicos para a venda dos boxes de garagem. Responsabilidade dos réus **mandantes** perante terceiro. Exegese do art.679, CC. Condenação de todos, solidariamente. Reconhecimento. Apelação provida" (*TJSP* – Ap 1128629-10.2016.8.26.0100, 10-8-2022, Rel. Pedro de Alcântara da Silva Leme Filho).

"Ação de sustação de efeitos de protesto – Nulidade da sentença – Ausência de fundamentação – Cerceamento de defesa – Denunciação da lide – Duplicata – Protesto – Endosso Mandato – **Mandante** – Danos Morais – Quantum indenizatório – Repetição em dobro. 1 – O julgador deve indicar de forma clara as razões de seu convencimento, não se exigindo exaustiva fundamentação da decisão. 2 – Não há cerceamento de defesa quando o julgamento da lide independe de dilação probatória. 3 – Descabe denunciação da lide, com a finalidade de responsabilização de terceiro, em situação fática que não se ajusta às hipóteses do art. 125 do CPC, envolventes de responsabilidade de garantia do resultado da demanda principal, sendo vedada a introdução de fundamento novo alheio a esta. 4 – Nos termos do art. 679 do Código Civil, é o mandante, em via de regra, quem responde perante terceiros pelos atos que foram praticados em seu nome, em conformidade com os poderes que conferiu ao mandatário. 5 – É presumida a ocorrência de danos morais em razão de inscrição indevida nos cadastros de inadimplentes, uma vez que se trata de ato suficiente para abalar a imagem da pessoa, física ou jurídica, perante a comunidade. 6 – Para a fixação do quantum indenizatório, levam-se em conta determinados critérios baseados nas condições econômicas e sociais das partes, bem como a intensidade do dano, atendidos os princípios da razoabilidade e proporcionalidade. 7 – O arbitramento de indenização pelo dobro do valor indevidamente cobrado pressupõe o ajuizamento de demanda nesse sentido, nos termos do art. 940 do Código Civil. 8 – Sendo devido o pagamento realizado pela autora, em razão da aquisição de mercadorias, não se cogita a possibilidade de qualquer espécie de restituição, nos termos do parágrafo único do art. 42 do CDC. Ação procedente. Recurso da ré improvido. Recurso da autora parcialmente provido" (*TJSP* – Ap 1003615-21.2019.8.26.0323, 7-1-2021, Rel. Itamar Gaino).

"Apelação Cível – Direito Civil – Ação de rescisão contratual c/c restituição de valores – Compra e venda de imóvel – Negócio realizado por procurador – **Limites do mandato** – Abuso – Rescisão Contratual – Restituição do valor pago – Responsabilidade do mandante – 1 – Segundo o disposto no artigo 679 do Código Civil, ainda que o mandatário tenha excedido os limites do mandato, o mandante ficará obrigado para com aqueles com quem o procurador contratou, sendo assegurado apenas pleitear perdas e danos contra o mandatário. 2 – Nessas condições, o mandante é responsável pela restituição do valor pago pelo comprador de boa-fé de imóvel objeto de vendas sucessivas pelo mandatário, realizadas por meio da utilização abusiva da procuração que lhe concedia para alienar o imóvel. 3 – Apelação cível conhecida e não provida" (*TJDFT* – Proc. 00010990320098070007 – (1076161), 7-3-2018, Rel. Getúlio de Moraes Oliveira).

objetiva decantada no corrente Código. Válidos serão os atos, em princípio, não havendo impugnação ou ratificação oportuna pelo mandante, se não se comprovar má-fé dos terceiros.

29.4 FORMA. MODALIDADE. PROCURAÇÃO

O mandato é contrato consensual, não se lhe exigindo forma especial para sua validade ou prova. O art. 656 estipula que o mandato pode ser expresso ou tácito, verbal ou escrito. Ressalvam-se, porém, hipóteses nas quais se exige instrumento público ou particular e, ademais, quando há necessidade de conferir poderes especiais e expressos. Nestas últimas situações, nem sempre será idôneo o mandato verbal.

Mandato verbal não se confunde com mandato tácito. No verbal, inexiste escrito, mas há manifestação expressa de vontade do declarante constituindo mandatário. No conteúdo dessa manifestação verbal, examinar-se-á a extensão dos poderes, inclusive se foram concedidos poderes gerais ou especiais. O mandato tácito decorre da atividade dos sujeitos, agindo o outorgado como mandatário e admitindo o outorgante a existência do mandato. No mandato tácito, ocorre aceitação implícita dos atos do mandatário.

O mandato pode ser *especial* a um ou mais negócios determinados, ou *geral*, relativo a todos os negócios do mandante (art. 660). O mandato, em termos gerais, confere poderes de administração (art. 661). Para atos como os de alienar, hipotecar ou gravar patrimônio sob qualquer modalidade, *"que exorbitem da administração ordinária"*, há necessidade de mandato com poderes especiais e expressos (art. 661, § 1º).[9] A lei acentua que o poder de transigir

---

[9] "Agravo interno nos embargos de declaração no Recurso Especial. Declaratória cumulada com nulidade e inexigibilidade de título de crédito. Nulidade do ato citatório. Comparecimento espontâneo do réu. Não configurado. **Inexistência de procuração com poderes específicos para receber citação**. Consonância do acórdão recorrido com a jurisprudência desta corte. Súmula 83 /STJ. Agravo interno não provido. 1- A Corte Especial do Superior Tribunal de Justiça, recentemente, reafirmou o entendimento de que, 'em regra, o peticionamento nos autos por advogado destituído de poderes especiais para receber citação não configura comparecimento espontâneo apto a suprir tal necessidade' (EREsp 1.709.915/CE, Rel. Ministro Og Fernandes, Corte Especial, julgado em 1º/08/2018, *DJe* de 09/08/2018). 2- O entendimento adotado pelo acórdão recorrido coincide com a jurisprudência assente desta Corte Superior, circunstância que atrai a incidência da Súmula 83/STJ. 3- Agravo interno a que se nega provimento" (*STJ* – AGInt-EDcl-REsp 1777654/MG, 11-9-2019, Rel. Min. Raul Araújo).

"Apelação Cível – Embargos à execução – Contrato de fiança – Outorga Uxória – **Procuração – Ausência de poderes específicos** – Invalidade para o desiderato pretendido – Ineficácia total da garantia – Recurso parcialmente provido – 1 – Consoante iterativa jurisprudência do c. Superior Tribunal de Justiça, ainda que não inserido no polo passivo da execução, o cônjuge ostenta a qualidade de litisconsorte passivo, podendo defender o patrimônio como um todo, sobretudo após a sua intimação para ciência da demanda. 2 – Como cediço, é regra comezinha de hermenêutica que a disposição de direitos deve ser interpretada restritivamente. Nesse sentido já assentou o Tribunal da Cidadania, ao estabelecer que o contrato de fiança deve sempre ser interpretado restritivamente e nenhum dos cônjuges pode prestar fiança sem a anuência do outro, exceto no regime matrimonial de separação patrimonial absoluta (arts. 819 e 1.647 do CC) (REsp 1038774/RS, Rel. Ministro Napoleão Nunes Maia Filho, Quinta Turma, julgado em 15/12/2009, DJe 01/02/2010). 3 – Nada obstante, nos termos do art. 661 do Código Civil, o mandato em termos gerais só confere poderes de administração, sendo que (§ 1º) para alienar, hipotecar, transigir, ou praticar outros quaisquer atos que exorbitem da administração ordinária, depende a procuração de poderes especiais e expressos, sob pena de os atos praticados por quem não tenha mandato, ou o tenha sem poderes suficientes, serem ineficazes em relação àquele em cujo nome foram praticados (art. 662). 4 – Como se vê, não basta a afirmação genérica na procuração de que confere poderes amplos, gerais e ilimitados ou outros, que não a fiança, devendo identificar especificadamente o ato de disposição a ser praticado, consoante jurisprudência da Corte Especial de Justiça e Enunciado nº 183 do CJF, ao assim dispor: para os casos em que o parágrafo primeiro do art. 661 exige poderes especiais, a procuração deve conter a identificação do objeto. 5 – Nesse contexto, a ausência de validade da procuração para o ato praticado – Prestação de fiança – Importa na ausência de vênia conjugal, que segundo a Súmula 332 do STJ, implica na ineficácia total da garantia, tal como decidido na origem. 6 – Registre-se que além de não ter restado demonstrada nos autos má-fé, também não é possível extrair do caderno processual a real intenção consubstanciada na declaração de vontade, razão pela qual, por razões de segurança jurídica, o princípio da legalidade deve prevalecer ao princípio da boa-fé, sendo inviável dar-se validade a um ato jurídico

não importa o de firmar compromisso. Embora a transação se aproxime ontologicamente do compromisso, com este não se confunde. Com a nova dimensão dada para a arbitragem em nosso país, tendo em vista sua regulamentação, o dispositivo ganha importância: para firmar compromisso ou instituir juízo arbitral há necessidade de poderes expressos.

Embora o mandato expresso não necessite ser escrito, para tais atos, por sua natureza, geralmente a forma escrita far-se-á necessária. Desse modo, há necessidade de poderes especiais para, por exemplo, aceitar ou renunciar herança, reconhecer filho, conceder fiança, pois representam negócios que exorbitam a administração ordinária. O mandato especial caracteriza-se pela órbita restrita de atuação conferida ao outorgado, relativa a um ou alguns atos jurídicos, cuja atividade, contudo, será ampla para a consecução de seus fins específicos no âmbito outorgado, salvo restrição expressa no ato. No mandato geral, não são especificados atos jurídicos para a órbita de atuação, não há especificidade. O mandatário com poderes gerais pode e deve praticar atos jurídicos necessários e suficientes para a execução colimada, inclusive atos conservatórios e ações assecuratórias em nome do mandante.

Para os atos que exigem poderes especiais e expressos, conforme o § 1º do art. 661, é necessário que o mandato especifique exatamente o objeto da outorga. Não basta que simplesmente sejam outorgados poderes para efetuar doações ou gravar com hipotecas. Devem ser especificados o objeto e o donatário, por exemplo. A escolha do donatário, em princípio, não pode ficar ao alvedrio do mandatário. Devemos analisar o alcance e repercussão do mandato em cada negócio jurídico. Recorde-se que o § 2º do art. 661 dispõe que o poder de transigir não importa o de firmar compromisso. Embora a transação e o compromisso tenham âmbito próximo, como acentuamos, o mandato deverá ser expresso para cada uma dessas modalidades de extinção de obrigações. O poder para transigir há de referir-se à lide vertente sobre a qual se operará a transação, não podendo ser admitido poder de transigir em geral (Miranda, 1972, v. 43:36). O mesmo pode ser dito a respeito da individualização e âmbito do compromisso ou juízo arbitral.

O mandato pode ser conferido a mais de um mandatário. Nomeados no mesmo instrumento, pelo sistema do Código de 1916, entendia-se serem sucessivos, isto é, um atuaria na falta, recusa ou impossibilidade de outro, salvo se fossem declarados expressamente conjuntos ou solidários, sem divisão de suas atividades (art. 1.304). Desse modo, nesse sistema, nomeados em conjunto, sem especificação, somente poderiam os outorgados atuar concomitantemente. A regra defluía do art. 1.327 do Código antigo, que estava inserida nas disposições acerca do mandato judicial. Cuidava-se do *mandato conjunto*. No *mandato sucessivo*, os mandatários agirão respectivamente um na falta de outro nomeado anteriormente. No *mandato solidário*, forma mais usual e mais eficiente de mandato conjunto, qualquer dos nomeados poderia praticar atos em nome do mandante, independentemente da ordem de nomeação. Quando a vários outorgados são atribuídas atividades distintas, existem na realidade vários mandatos em um único instrumento.

Há uma guindada de posição no vigente Código, a respeito do mandato conjunto, que atende melhor nossa necessidade negocial mais recente. Dispõe o art. 672:

---

que não está cercado de todos os seus requisitos. Precedentes do STJ. 7 – Segundo pacífico entendimento do c. Superior Tribunal de Justiça, nos embargos à execução, os honorários devem ser arbitrados de forma equitativa, nos termos do artigo 20, § 4º, do Código de Processo Civil/1973, [vigente à época], não ficando adstrito o juiz aos limites estabelecidos no § 3º, mas aos critérios naquele previstos, razão pela qual se impõe a reforma da condenação honorária e consequente minoração. 8 – Recurso parcialmente provido" (*TJES* – Ap 0043161-05.2013.8.08.0035, 21-7-2017, Relª Desª Eliana Junqueira Munhoz Ferreira).

> *"Sendo dois ou mais os mandatários nomeados no mesmo instrumento, qualquer deles poderá exercer os poderes outorgados, se não forem expressamente declarados conjuntos, nem especificamente designados para atos diferentes, ou subordinados a atos sucessivos; se os mandatários forem declarados conjuntos, não terá eficácia o ato praticado sem interferência de todos, salvo havendo ratificação, que retroagirá à data do ato".*

Essa disposição coaduna-se melhor com a dinâmica que o mandato busca, qual seja, uma mais rápida conclusão de atos e negócios. O mandato conjunto deverá ser visto, doravante, como exceção, e derivar da vontade expressa das partes. A matéria ganha importância mormente no mandato judicial no qual se nomeiam advogados, ordinariamente, para agir em conjunto ou separadamente. Somente se houver razões ponderáveis, tendo em vista a natureza do negócio, o mandante instituirá procuradores conjuntos ou sucessivos.

Nada impede que mais de um mandatário seja nomeado em instrumentos distintos para o mesmo negócio. Cabe ao outorgante acrescer outros mandatários aos já anteriormente nomeados, impondo-lhes atividade conjunta, sucessiva, solidária ou fracionária. Não se reportando a um mandato anterior, a outorga posterior revoga, em princípio, o mandato primitivo. A matéria merece maior digressão, a ser feita no exame da extinção do mandato.

O mandato verbal pode ser provado por todos os meios admitidos, inclusive testemunhas, não estado mais em vigor o art. 401 quando para a prova exclusivamente testemunhal o valor do negócio não poderia exceder a quantia legal estabelecida. Não se admitirá, contudo, mandato verbal para os atos que exigirem instrumento público ou particular. No mesmo sentido o art. 657 do atual Código:

> *"A outorga do mandato está sujeita à forma exigida por lei para o ato a ser praticado, não se admitindo mandato verbal quando o ato deva ser praticado por escrito".*

Se o negócio a que se destina a representação exige instrumento público, ou particular, há necessidade de procuração escrita; escritura pública, se assim exigido, na nova dicção legal. Advirta-se sempre que procuração não se confunde com mandato. Procuração, como acentuamos, é ato unilateral de oferta. O mandato somente se perfaz com a aceitação dessa oferta.

Modernamente, não devemos obstar a procuração transmitida por meios informatizados ou fax, da mesma forma que se admite a procuração por carta, cuja aceitação resulta da execução do contrato proposto.

Em razão de o ato objetivado com o mandato requerer instrumento público (art. 134 do Código de 1916), nem por isso se exigia procuração pública no velho Código. Há na espécie dois negócios distintos. A procuração e o mandato que dela decorre são atos preparatórios que não se confundem com o ato colimado. A lei mais antiga não exigiu instrumento público nessa hipótese, apenas o escrito. O instrumento público somente deveria ser exigido nos casos expressos em lei. A procuração pública era essencial apenas consoante a dicção do art. 1.289, o qual permitia que todas as pessoas maiores ou emancipadas, no gozo dos direitos civis, outorgassem-na mediante instrumento particular. A contrário senso, por conseguinte, os incapazes deveriam outorgar procuração por instrumento público. Daí concluir-se com Pontes de Miranda (1972, v. 43:28), sob o pálio do Código de 1916: ato jurídico para o qual se exige a forma escrita, a procuração somente pode ser por escrito público ou particular; ato jurídico para o qual se exige instrumento público, a procuração pode ser por instrumento particular ou público.

> *"Não há, no direito brasileiro, a regra jurídica segundo a qual, para os atos jurídicos que exigem a forma de instrumento público, a procuração somente possa ser por instrumento público."*

No entanto, a matéria continuava a gerar polêmica, pois respeitável parcela da doutrina e da jurisprudência entendia diferentemente, ou seja, exigindo escritura pública sempre que para o ato buscado ela for exigida. Se o negócio, porém, não exigisse instrumento público ou particular, não havia, em princípio, necessidade de forma escrita. Em boa hora, o texto da lei civil vigente, oriundo do Projeto de 1975, tomou partido pela exigibilidade de escritura pública para os mandatos destinados a atos ou negócios que também a exigem. Daí por que o art. 657, acima transcrito, dispõe que a outorga do mandato está sujeita à forma exigida por lei para o ato a ser praticado. Tratando-se de uma solidificação do pensamento jurídico nacional. Ainda quando não vigente o presente Código, haveria que se seguir o princípio aí estampado, o qual, na realidade, concede maior segurança aos negócios jurídicos.

A jurisprudência majoritária entende, todavia, que a procuração judicial não se amolda ao princípio do art. 654, permitindo-se o instrumento particular no mandato *ad judicia* mesmo por quem não seja maior ou emancipado, nem esteja no gozo dos direitos civis, por intermédio dos pais ou representantes. Na hipótese, aplica-se o art. 105 do CPC, que cuida do mandato judicial e não faz referência ou exigência à modalidade pública. Restringe-se, portanto, a obrigatoriedade decorrente do art. 1.289 às procurações *ad negotia* (Rizzardo, 1988:702).

O analfabeto, como não pode assinar o instrumento particular, como exige o art. 654 (1.289), somente poderá outorgar procuração por escritura pública.[10]

Já assinalamos o conceito de procuração como instrumento do mandato. A procuração comprova o mandato escrito, mas a outorga de poderes pode ocorrer em outros atos, sem a feição específica de procuração. Com frequência, o mandatário é nomeado no bojo de ato negocial complexo. Devemos entender ser a procuração parte desse complexo, inserida no contexto.

Os requisitos da procuração estão estabelecidos no 654, § 1º: designação do Estado, da cidade ou circunscrição civil em que for passada, a data, o nome do outorgante, a individuação de quem seja o outorgado; o objetivo da outorga, a natureza, designação e extensão dos poderes conferidos. O Código de 2002 refere-se apenas à menção da indicação do local onde foi feita a outorga, o que se mostra suficiente. O instrumento público também deve conter a mesma descrição, no âmbito do que também se exige para os atos notariais.

---

10 "Apelação – Ação cominatória – Serviços bancários – Sentença de rejeição dos pedidos – Irresignação procedente. Exibição de extratos e documentos relacionados à conta-corrente condicionada à presença do próprio correntista ou à apresentação de procuração outorgada por instrumento público, por ser o outorgante analfabeto. 1. Exigência descabida. Art. 654 do CC estabelecendo que qualquer pessoa capaz tem aptidão para outorgar procuração por instrumento particular. Dispositivo diante do qual se entende que a outorga de procuração por analfabeto, assim como a prática de qualquer negócio jurídico para o qual a lei não exige instrumento público, se realizado por instrumento particular, deve conter assinatura a rogo por duas testemunhas, por aplicação analógica da regra do art. 595 do CC. Precedentes. 2. Sentença reformada, com a proclamação da procedência da ação, para determinar a exibição dos documentos requestados, desde que cumprida a formalidade do citado art. 595. 3. Hipótese em que tem lugar a fixação de verbas da sucumbência, ainda a se considerar que o pleito devesse ser deduzido mediante ação de produção antecipada de provas. Consideração, a respeito, de que existiu resistência à pretensão, o que enseja a responsabilização do vencido pelas verbas do decaimento, mesmo que se tratasse de procedimento de jurisdição voluntária. Precedentes. 4. Anotado, por último, a existência de flagrante erro material na sentença apelada ao aludir a tema estranho ao pedido e à discussão travada no processo. Deram provimento à apelação, com observação" (*TJSP* – Ap 1002523-48.2022.8.26.0405, 23-7-2022, Rel. Ricardo Pessoa de Mello Belli).

"Processual – Apelação cível – **Representação processual do analfabeto** – Procuração por instrumento público – Desnecessidade – Erro *in procedendo* – Precedentes deste TJCE – sentença cassada – 1- A lei civil não exige que a representação processual de analfabeto seja feita por meio de instrumento público, sendo suficiente, neste caso, a existência de instrumento particular assinado a rogo e subscrito por duas testemunhas (Código Civil, art. 595). 2- Ademais, ainda há a possibilidade da representação processual ser sanada através de audiência para ratificação do mandato, comparecendo a parte e o advogado perante o juízo; Hipótese esta que respeita a Lei nº 1.060/50 , o princípio da razoabilidade, da inafastabilidade da jurisdição e ainda preserva a intenção de proteção ao analfabeto. 3- Recurso conhecido e provido" (*TJCE* – Ap 0004734-98.2016.8.06.0063, 31-5-2019, Rel. Durval Aires Filho).

O reconhecimento de firma é formalidade que pode ser exigida por terceiros para confirmar a eficácia da outorga. Sua finalidade é conferir autenticidade ao declarante. Nesse sentido, o art. 654, § 2º, do Código de 2002. A lei civil antiga dispunha que o reconhecimento de firma no instrumento particular era condição essencial à sua validade, em relação a terceiros. O termo *validade* escolhido pela lei, no Código de 1916, referia-se mais propriamente à eficácia do negócio. A procuração tem validade, ainda que ausente o reconhecimento de firma, se não houver impugnação dos interessados. Por essa razão, o Código de 2002 apresenta nova redação, pois a tendência, de há muito, é dispensar o reconhecimento de firma nos mandatos: "*O terceiro com quem o mandatário tratar poderá exigir que a procuração traga firma reconhecida*". Desse modo, é direito do terceiro exigir o reconhecimento de firma; se não o fizer, o instrumento é válido e eficaz se não impugnada a assinatura. Temos de fazer referência à procuração *apud acta*, pela qual os poderes são conferidos no momento da realização de um negócio jurídico, como em uma audiência ou inspeção judicial, por exemplo, quando se lavra o termo nos autos do processo, perante o escrivão ou quem lhe faz as vezes. Trata-se, portanto, de procuração passada no curso de processo. Próxima a essa modalidade situa-se a procuração *de rato*, que vem prevista no art. 104 do CPC. O mandatário que comparece a ato processual sem procuração pode comprometer-se a apresentá-la em certo prazo. Nesse sentido, dispõe o citado dispositivo processual:

> "*O advogado não será admitido a postular em juízo sem procuração, salvo para evitar preclusão, decadência ou prescrição, ou para praticar ato considerado urgente.*
>
> *§ 1º Nas hipóteses previstas no caput, o advogado deverá, independentemente de caução, exibir procuração no prazo de 15 (quinze) dias, prorrogável por igual prazo por despacho do juiz.*
>
> *§ 2º O ato não ratificado será considerado ineficaz relativamente àquele em cujo nome foi praticado, respondendo o advogado pelas despesas e por perdas e danos.*"

A Lei nº 13.726/2018 dispensou o reconhecimento de firma, entre outros procedimentos, na relação dos órgãos e entidades dos poderes da União, Estados, Distrito Federal e Municípios com o cidadão. Esperemos que mais essa tentativa de desburocratização funcione, dentre tantas que se propôs no passado.

Não se trata propriamente de modalidade de procuração, mas de promessa de apresentá-la.

Assinalamos, de início, que o mandato pode ser *gratuito* ou *remunerado*. Conforme o art. 658, estabelece-se presunção de gratuidade, quando não se fixou remuneração, "*exceto se o objeto do mandato for daqueles que o mandatário trata por ofício ou profissão lucrativa*". Desse modo, não se presume gratuito o mandato conferido a advogado ou despachante, por exemplo. Recorde-se ainda que o pagamento da remuneração ajustada é uma das obrigações do mandante (art. 676). Decorre daí que a remuneração é exigível, quando ajustada e quando o mandatário faz da atividade seu ofício ou profissão. A execução do mandato remunerado não o transforma em prestação de serviços, embora em certas atividades essa prestação lhe seja inerente, como o mandato conferido a advogado.

29.4.1 Mandato Judicial

Cuida-se do mandato destinado à atuação do advogado em juízo. Como o advogado é essencial às atividades jurisdicionais, salvo exceções a confirmar a regra, apenas o advogado regularmente inscrito na Ordem dos Advogados do Brasil pode postular em juízo, bem como exercer atividades do foro extrajudicial privativas do advogado. Esse mandato para o foro ou *ad judicia* deve ser escrito, salvo nos processos criminais e trabalhistas, nos quais bastará a simples indicação do advogado em audiência. Da mesma forma, dispensa-se a procuração, quando se trata de defensor nomeado pelo juiz segundo o art. 263, parágrafo único, do Código de Processo Penal. Presume-se que esse mandato seja oneroso, confundindo-se, na verdade, com a prestação de serviços ínsita à atividade do advogado (art. 1.330). O Código de 2002 suprimiu as disposições do Código de 1916 a respeito do mandato judicial (arts. 1.324 a 1.330), dispondo, no art. 692, que o mandato judicial fica subordinado às normas que lhe dizem respeito, constantes da legislação processual, e, supletivamente, às estabelecidas no Código. Há também normas que se referem ao mandato judicial no Estatuto da Advocacia (Lei nº 8.906/94).

Há, todavia, atos processuais que dispensam a participação de advogado. Por exemplo, o preparo do processo ou do recurso, a transação e a conciliação, bem como purgação de mora no despejo por falta de pagamento (Cahali, 1995:498). A transação é ato de direito material. A parte apenas não pode transigir quanto aos honorários de advogado, que não é direito seu. A arbitragem também não exige a intervenção de advogado.

Os procuradores da União, dos Estados e dos Municípios também dispensam procuração, porque a lei lhes confere mandato independentemente de outorga de poderes específicos. Na assistência judiciária gratuita, o instrumento de mandato não será exigido quando a parte for representada por advogado integrante de entidade de direito público destinada à prestação de assistência judiciária (art. 16 da Lei nº 1.060/50), salvo exceções que esse diploma especifica.

A atividade do advogado atualmente é disciplinada pela Lei nº 8.906/94. As disposições do mandato judicial do Código, ainda que no Código de 1916, devem ser examinadas em consonância com esse estatuto. O art. 4º firma nulidade para qualquer ato privativo de advogado praticado por terceiros estranhos ou advogados inibidos de praticar o ofício. No tocante à sociedade de advogados, o Estatuto determina que as procurações devem ser outorgadas individualmente aos advogados e indicar a sociedade de que façam parte.

A procuração para o foro em geral habilita o advogado à prática dos atos judiciais necessários, em qualquer juízo ou instância, salvo os que exigirem poderes especiais (art. 5º, § 2º, do Estatuto). O art. 1.326 já estabelecera que a procuração para o foro em geral não confere os poderes para os atos que os exijam especiais. Essas disposições devem ser vistas em conjunto com o art. 105 do CPC:

> *"A procuração geral para o foro, outorgada por instrumento público ou particular assinado pela parte, habilita o advogado a praticar todos os atos do processo, exceto receber citação, confessar, reconhecer a procedência do pedido, transigir, desistir, renunciar ao direito sobre o qual se funda a ação, receber, dar quitação, firmar compromisso e assinar declaração de hipossuficiência econômica, que devem constar de cláusula específica".*

Esses atos enumerados são, portanto, os que exigem poderes especiais. Há outros, porém, espalhados na legislação. Há necessidade de poderes especiais para oferecimento de queixa-crime (art. 44 do Código de Processo Penal e art. 48 da Lei de Imprensa); para renúncia ao direito de queixa (art. 50 do CPP); aceitação do perdão (art. 55 do CPP); para o exercício do direito de representação para os crimes que o exigem (art. 39 do CPP); para arguição de suspeição de juiz (art. 98 do CPP) e de incidente de falsidade (art. 146 do CPP). Parte da doutrina e da jurisprudência entendia que também são necessários poderes especiais para requerer falência, embora a lei processual vigente nada disponha. Nessa hipótese, há que se entender como dispensável a menção a poderes especiais, conforme a jurisprudência mais recente (*RT* 511/211).

O advogado que renunciar ao mandato continuará a representar o mandante nos 10 dias seguintes à notificação da renúncia, salvo se for substituído antes do término desse prazo, segundo o art. 5º, § 3º, do Estatuto. Nos termos do art. 112 do CPC,

> *"o advogado poderá renunciar ao mandato a qualquer tempo, provando, na forma prevista neste Código, que comunicou a renúncia ao mandante, a fim de que este nomeie sucessor.*
>
> *§ 1º Durante os 10 (dez) dias seguintes, o advogado continuará a representar o mandante, desde que necessário para evitar-lhe prejuízo".*

Essa comunicação é dispensada quando forem vários os advogados outorgados, continuando a parte representada por outro ou outros (art. 112, § 2º)

Também de acordo com a regra geral, o mandatário judicial não necessita declinar os motivos da renúncia. Incumbe, porém, que notifique o constituinte para possibilitar que constitua novo procurador.

De acordo com o art. 1.324 do velho diploma, o mandato judicial podia ser conferido por instrumento público ou particular, devidamente autenticado. Somente quem estiver com inscrição regularizada na OAB pode procurar em juízo.

O art. 1.325 inibia certas pessoas de exercer mandato judicial: menores de 21 anos, não emancipados ou não declarados maiores; juízes em exercício; escrivães ou outros funcionários judiciais, correndo o pleito nos juízos onde servirem, e não procurando eles em causa própria; os inibidos por sentença de procurar em juízo, ou de exercer ofício público; ascendentes, descendentes ou irmão do juiz da causa; ascendentes, ou descendentes da parte adversa, exceto em causa própria. O Estatuto do Advogado, que deve doravante ser levado exclusivamente em consideração, estabelece outras incompatibilidades e impedimentos, restrições que não se confundem, para o exercício da advocacia como as dos arts. 27 ss.

O art. 1.327 do velho Código disciplinava o mandato judicial coletivo. Constituídos dois ou mais procuradores pelo mesmo mandante, para a mesma causa, consideravam-se nomeados para funcionar um na falta de outro, pela ordem de nomeação. Cuidava-se, pois, se não houvesse ressalva, de mandato sucessivo. Vimos que o Código de 2002 faz presumir a outorga a mais de um procurador para exercer o mandato conjuntamente (art. 672, veja o que foi exposto acima). Se, no sistema antigo, o mandante estabelecesse a solidariedade, poderiam os outorgados praticar atos em conjunto ou separadamente. No âmbito do corrente Código, já não haverá necessidade de se especificar a solidariedade dos outorgados. O mandato pode, contudo, estabelecer que os procuradores devam atuar sempre conjuntamente.

Aceitando o advogado o mandato, não poderá escusar-se sem motivo justo, devendo avisar em tempo oportuno seu constituinte, a fim de que nomeie sucessor, sob pena de responder por perdas e danos. No mesmo sentido pontilha o estatuto da advocacia.

29.5 SUBSTABELECIMENTO

Substabelecimento é o ato unilateral pelo qual o mandatário, como substabelecente, transfere os poderes recebidos a outrem, o substabelecido. Trata-se de subcontrato ou contrato derivado, conforme estudado na parte inicial deste trabalho. Aplicam-se, portanto, os princípios gerais desse negócio ali expostos. Como a sublocação é uma nova locação que reconhece como contrato-base o anterior, o submandato é um novo mandato. O mandatário do contrato-base será o submandante. Aplicam-se os mesmos princípios de objeto e legitimação do contrato, com a mitigação necessária. Note, nesse tópico, por exemplo, que pessoa não regularmente inscrita na OAB pode receber procuração *ad judicia*, substabelecendo para quem o esteja.

Essa nova outorga pode ser de todos ou de alguns poderes recebidos. Pode ocorrer com reserva de poderes, hipótese na qual o substabelecente mantém os poderes recebidos para atuar juntamente com o substabelecido, ou sem reserva, quando então desvincular-se-á do contrato como mandatário, assumindo-o o substabelecido. Quando ocorre reserva de poderes, é dado ao substabelecente reassumir a conduta de mandatário a qualquer momento. A transferência sem reserva é definitiva, equivalente a renúncia ao poder de representação (Gomes, 1983:398).

Ainda que se trate de procuração por instrumento público, o substabelecimento pode ser feito por instrumento particular, não estando sujeito à forma especial (art. 655). Por outro lado, o Projeto nº 6.960/2002 objetivou acrescentar parágrafo único a esse artigo estabelecendo ser da essência do ato a forma pública, quando a procuração visar a constituição, transferência, modificação ou renúncia de direitos reais sobre imóveis. Se aprovado esse texto, nessas situações o substabelecimento também deverá obedecer a forma pública. Trata-se de garantia mais ampla que se procura conceder a esses atos, sempre sujeitos a inúmeras vicissitudes de nulidades.

O mandato pode autorizar ou omitir-se quanto ao substabelecimento, quando então será admitido.

Por outro lado, o mandato pode vedar o substabelecimento. Mesmo assim, não estará o mandatário inibido de fazê-lo. Se nessa contingência o mandatário substabelecer, assume o risco de escolher mal o terceiro, respondendo perante o mandante inclusive por caso fortuito, salvo provando que o caso teria sobrevindo, ainda que não tivesse havido substabelecimento (art. 667, § 1º). Quando existirem poderes para substabelecer, o mandatário somente responderá por danos causados pelo substabelecido se este for notoriamente incapaz ou insolvente de acordo com o art. 1.300, § 2º, do antigo Código. No Código de 2002, neste último tópico, há uma modificação na redação:

> *"Havendo poderes de substabelecer, só serão imputáveis ao mandatário os danos causados pelo substabelecido, se tiver agido com culpa na escolha deste ou nas instruções dadas a ele"* (art. 667, § 2º).

Como se nota, o texto do Código antigo dizia menos do que pretendera. Visava punir o mandatário substabelecente, em síntese, pela culpa *in eligendo* na escolha do substabelecido. Esse desiderato foi atingido com a nova dicção. A matéria é de prova. Deve o mandante prejudicado evidenciar que a atividade do substabelecido lhe trouxe prejuízos pela má escolha do mandatário ou porque houve desvio das instruções dadas a primitivo outorgado.

O Código em vigor ainda acrescenta:

> *"Se a proibição de substabelecer constar da procuração, os atos praticados pelo substabelecido não obrigam o mandante, salvo ratificação expressa, que retroagirá à data do ato"* (art. 667, § 3º).

Vimos que cabe ao interessado, que contrata com procurador, acautelar-se, exigindo examinar o instrumento do mandato. Apercebendo-se da proibição quanto ao substabelecimento, deverá exigir a ratificação expressa, sob pena de os atos do substabelecido não obrigarem o mandante.

Aduz ainda o estatuto, no art. 667, § 4º:

> *"Sendo omissa a procuração quanto ao substabelecimento, o procurador será responsável se o substabelecido proceder culposamente".*

Nada mencionando a procuração sobre o tema, entende-se que será possível o substabelecimento. O substabelecente assume responsabilidade pela escolha que faz. Na verdade, tanto o mandatário original como o substabelecido respondem por perdas e danos perante o mandante, se agirem com culpa. Aplica-se a regra geral. Se, porém, a atividade material dos atos decorrentes do mandato, por conduta exclusiva do substabelecido, ocasionarem prejuízo por culpa deste, responde o procurador substabelecente perante o mandante. Cuida-se de aplicação que não desnatura os princípios gerais de responsabilidade civil e se aplicavam mesmo perante o sistema do Código de 1916, que não traz estes dois últimos dispositivos.

O art. 1.328 reportava-se ao substabelecimento de mandato judicial, não mais presente no sistema vigente, como afirmado acima. Efetivado sem reserva de poderes, não sendo notificado ao constituinte, o procurador substabelecente continua a responder pelas obrigações do mandato. Trata-se de corolário natural da confiança que rege a outorga do mandato. Devemos entender, contudo, que o poder de substabelecer no mandato judicial é sua consequência natural, implícita no art. 38 do estatuto processual (Cahali, 1995:513). Não há necessidade de poderes expressos.

29.6 RATIFICAÇÃO

De acordo com o art. 1.296 do Código de 1916, o mandante poderia ratificar ou impugnar os atos praticados em seu nome sem poderes suficientes. Acrescenta o parágrafo único que essa ratificação há de ser expressa, ou resultar de ato inequívoco, retroagindo à data do ato. O estatuto de 2002, no art. 662, mantém a mesma orientação, sob nova redação:

> *"Os atos praticados por quem não tenha mandato, ou o tenha sem poderes suficientes, são ineficazes em relação àquele em cujo nome foram praticados, salvo se este os ratificar".*

Daí, portanto, a possibilidade de a ratificação ser *expressa* ou *tácita*. A ratificação é da outorga de poderes e não propriamente do negócio jurídico decorrente.

Ratificar significa *validar*, *confirmar*, *corroborar* o que foi feito. Pode suceder que o mandatário tenha agido com extrapolação dos poderes que lhe foram conferidos, ou porque de natureza diversa, ou porque já vencido o prazo estipulado no mandato. O ato, em princípio, será anulável quanto ao excesso praticado. O mandatário tem poderes para administrar, mas não para dar quitação, por exemplo. Não será anulado, porém, se ocorrer a citada ratificação. O *ato inequívoco* de que tratava a lei de 1916 deve ser apurado na conduta do mandante, denotando que aceitou a atividade do mandatário, não a impugnando oportunamente. Antes da ratificação, o Código trata dos atos excedentes como de gestão de negócios (art. 665), pois estará ausente o mandato. A ratificação é retroativa, entendendo-se como se o mandato fora outorgado desde a prática do ato. Pelo ato de ratificação ocorre a aprovação dos atos praticados pelo mandatário.

O excesso de poder não se confunde com o abuso por parte do mandatário, que o sujeita à indenização. Enquanto o mandante não se decide, pode o terceiro ou o mandatário notificá-lo para que ratifique o ato. Negada a ratificação, deve o mandatário responder pelos atos extravagantes perante o terceiro.

A ratificação pode ser expressa ou tácita, não se exigindo, portanto, a prova escrita, dependendo da vontade bem como da oportunidade e conveniência das partes. A confirmação tácita resultará de qualquer ato do mandante ou comportamento que denote aprovação dos atos praticados pelo outorgado. Nesse sentido pode ser tomado o silêncio do outorgante perante o conhecimento de atos já praticados pelo mandatário; o pagamento ao mandatário pelos serviços prestados etc. A ratificação é uma manifestação receptícia e por isso necessita, na maioria das vezes dependendo do caso concreto, que dela se dê conhecimento a terceiros interessados (Lorenzetti, 1999:176, t. 2). A ratificação, por sua natureza, atinge apenas os atos já praticados e não se refere a atos futuros.

Nessa premissa, quando não houver ratificação, os atos praticados pelo mandatário serão tidos como ineficazes. A lei menciona apropriadamente a ineficácia, pois não se trata, como parece evidente, de nulidade. Em princípio, o ato praticado sem poderes, e sem a respectiva ratificação, não produz consequência jurídica alguma. Se há efeitos materiais danosos atingindo terceiros, apenas o mandatário aparente deverá responder por eles, porque o pretenso mandante será estranho a essa conduta.

29.7 PROCURAÇÃO EM CAUSA PRÓPRIA. CONTRATO CONSIGO MESMO OU AUTOCONTRATO

No capítulo 5 desta obra, reportamo-nos ao contrato consigo mesmo ou autocontrato. A questão está, pois, ligada à denominada procuração em causa própria. Sobre a validade e eficácia desse negócio, examine o que ali foi explanado. Sob tais fundamentos, há que se ter em mente a dicção do art. 1.317, I, do Código de 1916, que mencionava ser irrevogável a procuração em causa própria. O Código, se a admitiu nesse dispositivo, não delimitou seu alcance. Como vimos, essa modalidade de mandato presta-se, na verdade, como contrato preliminar para transmissão de direitos, geralmente imobiliários. Autoriza-se o mandatário a adquirir para si mesmo um bem pertencente ao mandante.

Enfatize-se, como feito anteriormente, que o negócio não admite potestatividade em favor do mandatário, como ocorre no âmbito de credor e devedor, quando se autoriza o primeiro a emitir título de crédito em seu favor, ou em favor de pessoa jurídica coligada (ver o que dissemos a respeito do alcance da Súmula 60 do Supremo Tribunal de Justiça). A utilidade da procuração em causa própria reside na cessão de direitos ou promessa de transferir bens do mandante para o mandatário. Mesmo nesse âmbito, não há que se admitir o negócio quando se permite que o mandatário, por exemplo, fixe unilateralmente o preço e as condições do negócio. De qualquer modo, a *procuratio in rem suam* destina-se a servir como meio auxiliar de transmissão da propriedade ou de outros direitos. Como vimos, deve conter os requisitos plenos do contrato objetivado e como tal deve ser tratado.

A irrevogabilidade da procuração em causa própria justifica-se pelo fato de ser ato jurídico que implica transferência de direitos. Não devemos divisar na hipótese uma exceção à regra geral que permite revogar o mandato. Tanto é assim que esse mandato mantém eficácia plena mesmo após a morte do mandante. Percebemos, portanto, que apenas aparentemente o negócio surge como mandato. Seus princípios devem ser examinados mais profundamente à luz dos contratos de transferência de direitos em geral e não sob o prisma do mandato. Cumpre apenas que se coíba abuso de vontade que traduza uma distorção, um desvio de finalidade desse controvertido negócio jurídico. Como é irrevogável e passado no interesse do mandatário, para este também não há dever de prestar contas.

Não se trata de mandato em causa própria, por exemplo, quando ao mandatário se atribui a alienação de bens do mandante a terceiros e o primeiro vende-os a si mesmo. Essa hipótese encontrava óbice no art. 1.133, I, do Código de 1916, que proibia fossem comprados, ainda que em hasta pública, "*pelos mandatários, os bens, de cuja administração ou alienação estejam encarregados*".

O Código de 2002, atento às críticas e à lacuna legal, delimitou e descreveu corretamente os efeitos da procuração em causa própria no art. 685:

> *"Conferido o mandato com a cláusula 'em causa própria', a sua revogação não terá eficácia, nem se extinguirá pela morte de qualquer das partes, ficando o mandatário dispensado de prestar contas, e podendo transferir para si os bens móveis ou imóveis, obedecidas as formalidades legais".*[11]

Espera-se que, com essa redação, não mais pairem dúvidas sobre esse útil instituto. Como acentuamos, a procuração em causa própria traduz um contrato definitivo ainda que preliminar, no qual as duas vontades se unem em um único instrumento, possibilitando a consecução definitiva do negócio. Na verdade, no chamado contrato consigo mesmo, há mais de contrato definitivo e menos de mandato, que é sempre um contrato preparatório.

Em sede de mandato em causa própria,

> *"se o poder não é preciso e permite discricionariedade na atuação do mandatário, o contrato pode ser anulado, porque a vontade do representado fica em mãos do representante, que não pode agir independentemente já que se trata de seu próprio interesse contra o do representado. Esta ilicitude pode ser excluída se existe autorização anterior ou ratificação do ato"* (Lorenzetti, 1999:185, t. 2).

---

[11] "Apelação. Mandato. Procuração pública com cláusula 'em causa própria'. Arguição de ocorrência de erro trazida somente quando instadas as partes a produzir provas. Inadmissibilidade. Descumprimento do mandato pelos réus não verificado. Mandatários que não tinham a obrigação de obter autorização para a negociação dos imóveis, tampouco de prestar contas. Irrevogabilidade prevista no **art. 685 do Código Civil**. Sentença mantida. Recurso não provido" (*TJSP* – Ap 1032837-25.2022.8.26.0001, 9-9-2024, Relª Ana Lucia Romanhole Martucci).

"Apelação cível. Ação de anulação de ato jurídico. Sentença que julgou procedentes os pedidos iniciais. Insurgência. Preliminares. Ofensa à dialeticidade. Inocorrência. Preclusão. Afastada. Prejudicial de mérito. Decadência. Refutada. Mérito. Réu que de posse de uma procuração outorgada pelo autor há vinte anos atrás, transferiu para si o imóvel deste. **Mandato em causa própria**. Necessidade de cláusula expressa garantindo a transferência de todos os direitos para o mandatário, inclusive com a quitação do valor. Inteligência do disposto no artigo 685 do código civil. Precedentes do superior tribunal de justiça e deste e. Tribunal. Requisitos que não se fazem presentes no caso em mesa. Negócio jurídico anulável nos termos da redação dos artigos 117 e 489 do mesmo diploma legal. Sentença mantida. Prequestionamento. Desnecessidade. Ônus sucumbenciais. Mantidos. Honorários recursais. Majorados. Recurso de apelação conhecido e desprovido" (*TJPR* – Ap 0002884-75.2016.8.16.0048, 30-9-2022, Rel. Ana Lucia Lourenço).

"Apelação. Anulatória de compromisso de compra e venda. Teórica invalidade da alienação do imóvel pelo mandatário após a revogação da procuração. Procuração outorgada ao cessionário do compromisso de compra e venda com a atribuição de poderes para transferir o imóvel nas condições e à pessoa que lhe conviesse. **Mandato** outorgado no interesse do mandatário como meio de cumprimento indireto do negócio jurídico de cessão. Hipótese que não comportava revogação, consoante disciplina do art. 685 do Código Civil. Sentença mantida. Recurso desprovido" (*TJSP* – Ap 1016593-49.2020.8.26.0564, 27-8-2021, Rel. Rômolo Russo).

"Apelação Cível – Mandatos – **Procuração em causa própria** – Ação ordinária – Reconvenção – I- As provas produzidas nos autos demonstram que as partes entabularam contrato de compra e venda de imóvel, que se deu de forma verbal, e que restou instrumentalizado por meio de procuração, de caráter irrevogável, irretratável e livre de prestação de contas. II- Nestes termos, caracterizada a outorga de mandato em causa própria (*in rem suam*), a teor do que dispõe o art. 685, do Código Civil, tem-se como inviável a revogação do instrumento. III- Em consequência, deve ser declarada inválida a revogação de procuração pública escriturada pela parte ré/reconvinte. IV- Pleito de lucros cessantes formulado pelo autor/reconvindo que merece guarida. V- Danos morais inocorrentes. Situação narrada nos autos que não ultrapassa o mero aborrecimento – Oriundo de divergência contratual entre as partes. VI- Reconvenção que se mostra propositada para o fim de compelir o autor/reconvindo ao pagamento da parcela inadimplente – No valor de R$ 1.500,00 (um mil e quinhentos reais). VII- Sucumbência redimensionada. Deram parcial provimento ao recurso. Unânime" (*TJRS* – AC 70079944732, 31-1-2019, Rel. Des. Érgio Roque Menine).

"Recurso Especial – Processual Civil – Ação Rescisória – Desconstituição de sentença proferida nos autos de arrolamento – Partilha de bens – **Procuração em causa própria** – Validade – Morte do outorgante – Ausência de extinção ou revogação (CC/2002, art. 685) – Doação – Caracterização – Dilação Probatória – Necessidade de remessa das partes para as vias ordinárias – Recurso Desprovido – 1 – A procuração em causa própria (*in rem suam*) não se extingue e nem se revoga em decorrência da morte do outorgante. Precedentes. 2 – *In casu*, o v. aresto recorrido, ao rescindir a sentença homologatória da partilha e suspender o processo de arrolamento, remetendo as partes às vias ordinárias para que ali se analisasse a validade da doação do imóvel, não decidiu acerca da higidez desta, ante a ausência de elementos suficientes para aferir a disponibilidade do patrimônio do falecido e eventual prejuízo à legítima. 3 – Recurso especial desprovido" (*STJ* – REsp 1.128.140 – (2009/0047861-4), 29-5-2017, Rel. Min. Raul Araújo).

Não deve ser confundido o contrato consigo mesmo, tal como aqui delineado, com o fato de o mandatário utilizar eventualmente em seu próprio proveito ou adquirir bem ou vantagem mediante informações obtidas em razão do mandato. Nesse caso, a regra é a proibição de realizar esses negócios salvo expressa autorização do representado. Nesta hipótese, não existe mandato em causa própria ou autocontrato.

29.8 EXTINÇÃO DO MANDATO. REVOGAÇÃO

As hipóteses de extinção do mandato são descritas pelo art. 682, segundo o qual cessa o mandato:

> *"I – pela revogação, ou pela renúncia;*
>
> *II – pela morte, ou interdição de uma das partes;*
>
> *III – pela mudança de estado, que inabilite o mandante para conferir os poderes, ou o mandatário, para os exercer;*
>
> *IV – pela terminação do prazo, ou pela conclusão do negócio".*

Todas as situações de término do mandato são intuitivas, decorrem da natureza do negócio e do que já foi anteriormente explanado.

O mandato é em regra essencialmente revogável expressa ou tacitamente, afora as exceções do art. 1.317 do velho Código e a situação descrita no art. 683. Fundado na confiança, a qualquer momento pode o mandante revogá-lo, da mesma forma que pode o mandatário a ele renunciar. Pela revogação, o mandante suprime os poderes outorgados. Essa revogação constitui, na verdade, uma *denúncia vazia ou imotivada* do contrato de mandato, pois independe de qualquer justificativa. Ao mandante cabe julgar do interesse de manter ou não o mandatário. Essa revogação é ato unilateral, independe de justificação ou aceitação do mandatário. Pode ocorrer antes ou durante o desempenho do mandato. Ineficaz e despicienda será a revogação após a conclusão da atividade do mandatário.

Nada impede que o mandante suprima apenas parte dos poderes outorgados, formalizando desse modo revogação parcial. Pode ser expressa quando é notificado o mandatário por qualquer meio idôneo, judicial ou extrajudicialmente; pode ser tácita quando decorrer de atos contrastantes com a manutenção do mandato praticados pelo mandante. Pode ocorrer que este assuma pessoalmente a conduta dos atos, por exemplo, ou na hipótese do art. 687, quando comunicada ao mandatário a nomeação de outro, para o mesmo negócio. Após tomar ciência da revogação, não pode o mandatário praticar qualquer ato, assumindo responsabilidade pessoal por perdas e danos se o fizer.

Quando são vários os mandantes, a revogação por um deles apenas o desvincula, sem afetar o negócio com relação aos outros, a menos que o objeto do contrato seja indivisível.

A revogação não atinge os atos pretéritos já praticados, válidos com relação ao mandante, mandatário e terceiros, operando apenas *ex nunc*. Também não está sujeita à mesma forma do mandato, ainda que para este se exija forma especial, a não ser que excepcionalmente se configure o distrato nos termos do art. 1.093, primeira parte.

A extinção do mandato também pode decorrer de resilição bilateral (distrato); ambos os contraentes abrindo mão do contrato.

A problemática maior, quanto à revogação, reside nos efeitos com relação a terceiros, que em suma não poderão ser prejudicados pela relação interna do mandato. Evidente que deverão tomar conhecimento da revogação pelo mandante. No entanto, nem sempre será fácil sua ciência, mormente se o mandato se destina a prática de atos perante número indeterminado de pessoas. Sob tal diapasão, dispõe do art. 686:

> *"A revogação do mandato, notificada somente ao mandatário, não se pode opor aos terceiros, que, ignorando-a, de boa-fé com ele trataram; mas ficam salvas ao constituinte as ações, que no caso lhe possam caber, contra o procurador".*

Decorre daí que o mandante também deve agir de molde que dê ciência aos terceiros da revogação para impedir que os atos do mandatário repercutam em seu patrimônio. Quando os terceiros são em número indeterminado ou de difícil identificação, devem ser utilizadas as divulgações pela imprensa ou por órgãos que presumivelmente mais atinjam a coletividade ligada ao mandatário. A divulgação da revogação de um mandato conhecido por membros de determinada associação, por exemplo, pode em tese ser idônea mediante fixação do comunicado em quadro de avisos aos associados. Importante que o veículo de comunicação seja eficaz. A questão, porém, poderá trazer barreiras de difícil transposição na prática.

De qualquer modo, presume-se a boa-fé do terceiro que trata com mandatário com outorga cassada. Cabe ao interessado provar que os terceiros foram notificados ou tinham ciência da revogação. Sabedores da revogação, nada mais podem reclamar do mandante, devendo responder perante eles aquele que se arvorou em mandatário.

Nesse tema, acrescenta o parágrafo único do citado art. 686: *"É irrevogável o mandato que contenha poderes de cumprimento ou confirmação de negócios encetados, aos quais se ache vinculado"*. A ideia é não permitir que se revoguem mandatos a meio caminho do negócio que está sendo realizado, negócio que já teve o início de sua execução, sob pena de prejudicar terceiros. Não havendo prejuízo, o que se evidenciará no caso concreto, não há como se admitir essa irrevogabilidade.

O art. 1.317 do Código de 1916 estatuía três exceções de *irrevogabilidade do mandato*:

> *"I – quando se tiver convencionado que o mandante não possa revogá-lo, ou for em causa própria a procuração dada;*
>
> *II – nos casos, em geral, em que for condição de um contrato bilateral, ou meio de cumprir uma obrigação contratada, como é, nas letras e ordens, o mandato de pagá-las;*
>
> *III – quando conferido ao sócio, como administrador ou liquidante da sociedade, por disposição do contrato social, salvo se diversamente se dispuser nos estatutos, ou em texto especial de lei".*

Afora essas situações de lei, não se podia ter o mandato como irrevogável. De plano, concluímos que mandato com poderes gerais nunca poderá ser irrevogável.

Arnoldo Wald (1992:403) anota com acuidade que esses casos de irrevogabilidade se justificam quando há perda da fidúcia inerente ao mandato ou nas hipóteses em que todo o interesse e o direito já foram transferidos ao mandatário. Desaparecida a base fiduciária, o mandato perde, em princípio, a característica da revogabilidade. Tendo em mente que o mandato é essencialmente revogável, é preciso que existam pressupostos suficientes para autorizar a irrevogabilidade.

Da impossibilidade de revogar mandato em causa própria já examinamos antes, como exceção imprópria da regra geral, em face da natureza do negócio que contém o autocontrato. Se no bojo de uma procuração em causa própria para alienação de imóvel, com plena eficácia de acordo com o que estudamos, foi inserida cláusula de irretratabilidade, não se admite a revogação, não porque se trata de mandato, mas porque se trata de compromisso de venda irretratável.

O inciso I contemplava também a hipótese de o próprio mandante ter vinculado sua vontade, estatuindo a impossibilidade de revogação no ato, incluindo *cláusula de irrevogabilidade*. Essa cláusula depende da oportunidade e conveniência das partes. Presente no negócio, o mandatário exerce a atribuição sem ser molestado. A doutrina distingue, porém, se o mandato foi instituído no interesse do mandatário ou de ambas as partes, ou no interesse exclusivo do mandante. Se ocorrer esta última hipótese, nada impede a revogação, ausente qualquer interesse do mandatário em impedi-la.

Embora presente a impossibilidade de revogar, parte da doutrina a admite, ficando o mandante sujeito a pagar a remuneração total ao procurador, bem como prejuízos resultantes do ato, como qualquer contratante inadimplente (Pereira, 1994:290). Na realidade, ao revogar, tendo-se comprometido a não o fazer, o agente descumpre obrigação de não fazer. Contudo, há que se buscar sempre o cumprimento das obrigações tal como avençadas, ainda que de forma coativa de conformidade com os preceitos processuais. A indenização é sempre substitutivo do cumprimento e deve emergir na impossibilidade deste. Por outro lado, quando se trata de irrevogabilidade em contratos bilaterais, assiste razão aos que admitem plena eficácia a essa cláusula. O atual Código, no art. 683, aceita que o mandato possa ter cláusula de irrevogabilidade, dentro do que era defendido pela doutrina: "*Quando o mandato contiver a cláusula de irrevogabilidade e o mandante o revogar, pagará perdas e danos*". O mandante, nessa situação, sabe, *a priori*, que pagará perdas e danos se revogar o mandato.

Por outro lado, ainda dentro da mesma temática, o art. 684 da mais recente lei acrescenta:

> *"Quando a cláusula de irrevogabilidade for condição de um negócio bilateral, ou tiver sido estipulada no exclusivo interesse do mandatário, a revogação do mandato será ineficaz".*

Essa hipótese também era defendida pela doutrina. Caberá, no caso concreto, avaliar se a irrevogabilidade decorre da natureza do contrato bilateral ou se inserida no interesse exclusivo do mandatário.[12]

---

[12] "Apelação. Mandato. Ação declaratória de ineficácia de revogação de mandato, julgada extinta sem julgamento do mérito, de ofício, por ilegitimidade ativa de parte, com fundamento no art. 485, VI, do CPC. Extinção. Não cabimento. Matéria que não foi deduzida e nem debatida judicialmente, ainda que passível de conhecimento de ofício pelo julgador. Violação ao disposto no art. 10 do CPC. Vedação à "decisão surpresa". Precedentes deste Eg. Tribunal de Justiça e do C. STJ. Providência não cumprida. Extinção afastada. Julgamento consoante dispõe o art. 1.013, § 3º, do CPC. Possibilidade. Causa madura. Legitimidade ativa de parte. Reconhecimento. Legitimação extraordinária de origem negocial. Inteligência do art. 18, segunda parte do CPC. Mérito. Outorga de procuração às advogadas indicadas pela promitente compradora como condição para o cumprimento do contrato de venda e compra da área que compreende o Hotel Estância Santa Luzia e de cotas da sociedade dessa empresa. **Mandato outorgado com cláusula de irrevogabilidade.** Réus que formalizaram a convalidação da negociação. Revogação. Ineficácia. Comportamento contrário à boa-fé. Incidência do art. 684 do CC. Alegação defensiva de inadimplemento culposo da parte contrária a ensejar a resolução do contrato ou a cobrança dos títulos emitidos pela promitente compradora, medidas não intentadas pelos réus. Recurso provido para afastar a extinção e, analisado o mérito, julgar procedente a ação, invertidos os ônus sucumbenciais" (*TJSP* – Ap 1006990-23.2017.8.26.0348, 30-9-2020, Rel. Sergio Alfieri).

"Agravo de instrumento – Mandato – Ação de revogação de mandato – Indeferimento tutela de urgência mantido – Mantida a decisão que indeferiu o pedido de tutela de urgência, pois ausente probabilidade no direito pretendido. Procuração outorgada com cláusula de irrevogabilidade. Recurso desprovido" (*TJRS* – AI 70078384591, 18-4-2019, Relª Desª Jucelana Lurdes Pereira dos Santos).

"Apelação Cível – **Revogação do mandato** – Suspensão processual – Intimação pessoal do apelante para constituir novo representante. Representação processual não regularizada. Aplicação do art. 76, § 2º, inciso I, do Código de Processo Civil. Recurso não conhecido" (*TJSC* – AC 0030110-03.2009.8.24.0008, 26-6-2018, Rel. Des. Fernando Carioni).

Acrescentamos que em doutrina não se admitia cláusula de irrevogabilidade nas procurações outorgadas por um cônjuge a outro, no sistema de 1916. Por esse meio, possibilitar-se-ia que um cônjuge dissipasse todos os bens do casal, sem que outro pudesse impedi-lo. Com isso ficaria vulnerada a regra do art. 230, que rezava sobre a imutabilidade do regime de bens no casamento. Essa irrevogabilidade iria contra a necessidade de um cônjuge autorizar outro a realizar alienações imobiliárias e outros atos elencados no art. 242. O art. 244 dispunha que essa autorização era revogável a qualquer tempo. Daí a razão pela qual a outorga de mandato de um cônjuge a outro para alienação de imóvel era sempre revogável, ainda que se inserisse cláusula em contrário na procuração, ressalvados direitos de terceiros (Rizzardo, 1988:748). Mesmo no sistema contemporâneo, que permite a modificação do regime de bens dos cônjuges mediante justificativa e autorização judicial, o princípio continua verdadeiro, como regra.

A lei de 1916 considerava ainda irrevogável o contrato quando acessório de outro contrato bilateral ou como meio de cumprir obrigação contratada. A impossibilidade de revogar justificava-se porque o mandato vinculava-se a outro contrato, não passível de resilição unilateral. Da mesma forma que no tópico anterior, se ainda assim o sujeito revogasse o mandato, sujeitar-se-ia às consequências desse inadimplemento por ele provocado.

O Código antigo ainda acrescentava impossibilidade de revogar mandato conferido a sócio, como administrador ou liquidante de sociedade, por disposição do respectivo contrato social. A matéria diz respeito ao direito societário.

Todas essas hipóteses da lei revogada merecem na atualidade o exame acurado das condições do negócio e das particularidades do caso concreto.

O mandato irrevogável pode ser substabelecido, mantendo-se com as mesmas características. As particularidades para a revogação do substabelecimento obedecem às regras para a revogação do mandato em geral. Entretanto, nesse mandato, se todos os poderes do mandatário são substabelecidos sem reserva, obviamente esse substabelecimento é irrevogável.

Atribuída ao mandante a faculdade de revogar *ad nutum* o mandato, da mesma forma e sob a igual fundamentação é permitida a *renúncia* por parte do mandatário, que também é denúncia do contrato. Cumpre que a comunique ao mandante, que, se por ela for prejudicado, pela inoportunidade, ou pela falta de tempo para constituir novo procurador, poderá pedir indenização ao mandatário, conforme estabelecido no art. 688, *"salvo se este provar que não podia continuar no mandato sem prejuízo considerável"*. A lei de 2002 acrescenta ainda que, nessa situação, o mandatário não só deve provar que não podia continuar no desempenho do mandato sem prejuízo considerável, mas que também não lhe era dado substabelecer (art. 688). Se pudesse substabelecer, cairia por terra esse seu estado de necessidade. A renúncia inoportuna, portanto, não se torna ineficaz, mas sujeita o renunciante a perdas e danos. Desse modo, nada obsta a renúncia, seja gratuito, seja oneroso o mandato. Em razão de sua natureza, a renúncia deve ser sempre expressa.

A *morte* do mandante ou do mandatário extingue o mandato, mas podem persistir efeitos reflexos do contrato impondo obrigações aos sucessores. Não se representa o morto, que deixa de ter personalidade. Enquanto, porém, o mandatário ignorar a morte do mandante, ou a extinção do mandato por qualquer outra causa, são válidos os atos praticados pelo outorgado perante terceiros de boa-fé (art. 689). Estende-se nessas hipóteses a eficácia do mandato. Concluímos que na espécie o mandato prossegue operante. Cuida-se efetivamente de mandato *post mortem*, pois a personalidade do morto projeta-se após seu passamento, embora nossa lei tenha evitado enfrentar diretamente a questão. O que não se admite entre nós é que o contrato disponha a continuidade da representação após a morte. Esse efeito somente pode ser obtido, embora de forma indireta, pelo testamento. A representação que persiste após a morte é apenas residual. Trata-se de operação de rescaldo, a fim de evitar danos ao patrimônio do morto. Havendo má-fé do mandatário ou de terceiros, responderão eles por perdas e danos. Anote-se que a extinção de pessoa jurídica equivale à morte da pessoa natural. Não se extingue, porém, o mandato pura e simplesmente com a alteração dos órgãos diretivos da empresa.

A *interdição* de qualquer das partes do mandato também acarreta sua extinção, pois a ocorrência da *capitis deminutio* inibe as partes de prosseguir validamente nos atos jurídicos. Dentro da tradicional doutrina romana, ocorrendo a interdição há mudança de estado, contemplada especificamente no inciso III do art. 682.

Pelas mesmas razões, e levando em conta a natureza *intuitu personae* do mandato, morto o mandatário não poderão seus herdeiros cumprir o contrato. Devem, porém, tomar as providências necessárias para impedir danos aos interesses do mandante, exercendo as medidas assecuratórias necessárias (art. 690). A desídia dos herdeiros pode acarretar-lhes responsabilidade.

Acrescenta o art. 691 que referidos herdeiros devem limitar-se às medidas conservatórias ou à continuação dos negócios pendentes cuja paralisação possa trazer danos ao outorgante. A razão do dispositivo é de cunho evidente, visando à proteção dos negócios do falecido. Socorre-se o *periculum in mora*. Deverão agir nessa contingência dentro dos limites aceitáveis do mandato, sujeitando-se a suas normas. Projeta-se também aqui o contrato para depois da morte do mandatário. Responderão, portanto, os herdeiros, se extrapolarem os limites do mandato ou agirem contra o interesse presumido do mandante. Contudo, não estarão terceiros obrigados a contratar com os herdeiros, nessa situação, salvo hipótese de iminente perda de direitos.

Outra hipótese legal de extinção do mandato referida na lei é a *mudança de estado* do mandante ou do mandatário, já referida na hipótese de interdição. Desse modo, por exemplo, alguém solteiro, que tenha outorgado procuração para venda de imóveis, e venha a consorciar-se, automaticamente ficará ineficaz o mandato, porque essa alienação doravante dependerá, em princípio geral, do consentimento do outro cônjuge. Embora a falência acarrete tecnicamente *capitis deminutio* parcial para o falido, a antiga lei de quebras (Lei nº 7.661/45) possuía regra própria acerca do mandato no art. 49, dispondo que o mandato conferido pelo falido antes da quebra, relativo aos interesses da massa, continua em vigor até revogação expressa pelo síndico. O mesmo princípio deve ser seguido pelo administrador judicial, que tem poderes amplos, na forma da Lei de Recuperação de Empresas e Falências, atualizada pela Lei 14.112/2020.

Sua nomeação para cargo incompatível com o respectivo exercício, por exemplo, a posse no cargo de juiz em relação à procuração *ad judicia*, equivale à mudança de estado e inibe o mandatário de prosseguir no contrato.

Refere-se ainda o inciso IV do art. 682 à *terminação do prazo* ou *conclusão do negócio* para extinguir o mandato.[13] O mandato conferido por prazo indeterminado opera até a respectiva

---

[13] "Agravo de Instrumento – Assistência judiciária gratuita – Pessoa jurídica – Vício de representação – **Mandato** conferido à suposta representante da pessoa jurídica cessado anteriormente ao ajuizamento da ação originária, por força do término do prazo estipulado na procuração, na forma do art. 682, IV do CC – Outorgante que, à época do ajuizamento da ação originária, sequer integrava o quadro societário da empresa – Exordial que veicula pedido de indenização por danos materiais e morais sofridos pela pessoa jurídica, sendo descabido que a alegada representante pleiteie, em nome da pessoa jurídica, eventual ressarcimento de prejuízos pessoais suportados quando efetivamente geria a empresa – Vício não sanado nestes autos, cabendo ao d. Juízo "a quo" a análise da matéria quanto a ação originária – inteligência dos arts. 75, VIII e 485, IV do CPC – Recurso não conhecido". (*TJSP* – AI 2250742-45.2022.8.26.0000, 7-6-2023, Rel. Luciana Bresciani).

"Ação reivindicatória – Propositura por mandatário constituído mediante instrumento público, com prazo de validade determinado – Ação ajuizada após o término do prazo do **mandato**, encontrando-se este extinto, conforme art.

revogação, não ocorrendo outra causa de extinção. Nos mandatos a prazo, seu decurso faz esvaziar o contrato, que perde eficácia. Conferido para certo negócio, ultimado este, cessa o mandato. Podem ocorrer matizes próprias a certos negócios, relativas ao efetivo término do mandato que a riqueza dos casos concretos deve dar a solução. Quando se frustra ou se impossibilita a consecução do fim buscado no mandato, também ocorre extinção. Não se confunde, porém, o término do prazo com a conclusão do negócio, que são fatores distintos, pois nesta última hipótese há exaurimento do mandato. O mandato pode ser conferido ao outorgado para representar o mandante em determinado órgão público durante certo prazo, por exemplo, ou até que se conclua determinada obra. Vemos que a extensão desses dois mandatos é diversa.

682, IV, do CC – Inércia da parte em proceder à regularização da representação processual – Extinção, sem resolução de mérito, por ausência de pressuposto de validade do processo – Recurso interposto por terceiro prejudicado, nos termos do art. 996, do CPC – Sentença mantida – Recurso desprovido" (*TJSP* – Ap 1001660-61.2017.8.26.0278, 29-3-2022, Rel. Moreira Viegas).

"Autor falecido antes do ajuizamento da demanda. Ausência de pressuposto de desenvolvimento válido e regular do processo. **Efeitos do mandato após a morte do mandante**. Extinção. A existência da pessoa natural termina com a morte, não tendo a pessoa falecida capacidade para ser parte, o que acarreta ausência de pressuposto para a constituição válida do processo. Os efeitos do mandato extinguem-se com a morte, razão pela qual se o outorgante do mandato falecer antes do ajuizamento da ação, este contrato estará extinto, o que acarreta ausência de capacidade postulatória" (*TJMG* – AC 1.0245.14.018370-9/001, 2-4-2019, Rel. Pedro Bernardes).

"**Recurso especial**. Civil e processual civil. Ação de interdição. Efeitos da sentença de interdição sobre as procurações outorgadas pelo interditando a seus advogados no próprio processo. Negativa de seguimento à apelação apresentada pelos advogados constituídos pelo interditando. Não ocorrência da extinção do mandato. A sentença de interdição possui natureza constitutiva. Efeitos *ex nunc*. Inaplicabilidade do disposto no art. 682, II, do CC ao mandato concedido para defesa judicial na própria ação de interdição. Necessidade de se garantir o direito de defesa do interditando. Renúncia ao direito de recorrer apresentada pelo interditando. Ato processual que exige capacidade postulatória. Negócio jurídico realizado após a sentença de interdição. Nulidade. Atos processuais realizados antes da negativa de seguimento ao recurso de apelação. Preclusão. 1. A sentença de interdição tem natureza constitutiva, pois não se limita a declarar uma incapacidade preexistente, mas também a constituir uma nova situação jurídica de sujeição do interdito à curatela, com efeitos *ex nunc*. 2. Outorga de poderes aos advogados subscritores do recurso de apelação que permanece hígida, enquanto não for objeto de ação específica na qual fique cabalmente demonstrada sua nulidade pela incapacidade do mandante à época da realização do negócio jurídico de outorga do mandato. 3. Interdição do mandante que acarreta automaticamente a extinção do mandato, inclusive o judicial, nos termos do art. 682, II, do CC. 4. Inaplicabilidade do referido dispositivo legal ao mandato outorgado pelo interditando para atuação de seus advogados na ação de interdição, sob pena de cerceamento de seu direito de defesa no processo de interdição. 5. A renúncia ao direito de recorrer configura ato processual que exige capacidade postulatória, devendo ser praticado por advogado. 6. Nulidade do negócio jurídico realizado pelo interdito após a sentença de interdição. 7. Preclusão da matéria relativa aos atos processuais realizados antes da negativa de seguimento ao recurso de apelação. 8. Doutrina e jurisprudência acerca do tema. 9. Recurso especial parcialmente provido" (*STJ* – Acórdão Recurso Especial 1.251.728 – PE, 14-5-2013, Rel. Min. Paulo de Tarso Sanseverino).

30

COMISSÃO

30.1 CONCEITO E NATUREZA

Contrato de comissão é aquele pelo qual uma das partes, pessoa natural ou jurídica, *o comissário*, obriga-se a realizar atos ou negócios em favor de outra, *o comitente*, segundo instruções deste, porém no próprio nome do comissário. Este se obriga, portanto, perante terceiros em seu próprio nome. O comissário figura no contrato com terceiros como parte, podendo quedar-se desconhecido o comitente, se assim for conveniente. Geralmente, o comissário omite o nome do comitente, porque opera em nome próprio, mas pode ocorrer que haja interesse mercadológico na divulgação do comitente, como fator de dinamização das vendas ou negócios em geral. A comissão surgiu da impossibilidade de comerciantes praticarem pessoalmente suas operações em outras praças. A denominação *comissão* provém da comenda marítima. O negócio já era conhecido dos gregos, mas sua utilização dinamizou-se a partir do século XVI com o comércio entre nações distantes. A tarefa da negociação era transferida a terceiros, que se encarregavam de contatar os adquirentes de mercadorias.

Nosso ordenamento cuidava do contrato de comissão mercantil (Código Comercial, arts. 165 a 190), mas nada impedia que esse contrato tivesse conteúdo civil, como reconhece o Código Civil de 2002 (arts. 693 a 709), embora neste esteja restrita sua compreensão apenas à compra e venda, como em outros ordenamentos no direito comparado. Portanto, o negócio pode ter natureza civil ou mercantil, questão que modernamente se torna irrelevante. O art. 165 do Código Comercial definia:

> *"A comissão mercantil é o contrato do mandato relativo a negócios mercantis, quando, pelo menos, o comissário é comerciante, sem que nesta gestão seja necessário declarar ou mencionar o nome do comitente".*

O Código Civil originalmente cuidava da comissão exclusivamente no campo da compra e venda: *"o contrato de comissão tem por objeto a aquisição ou venda de bens pelo comissário, ou a realização de mútuo ou outro negócio jurídico de crédito em seu próprio nome, à conta do comitente"* (art. 693 – com redação dada pela Lei nº 14.690/2023, renegociação de dívidas de pessoas naturais). Essa nova redação estatuiu ampliação que na prática ocorre com frequência, contrato de comissão para mútuo ou outros negócios.

Se o negócio é praticado por comissário não comerciante, a comissão é *civil*. Desse modo, não há que se entender que o contrato seja sempre de índole mercantil e sempre tendo o comissário como comerciante. Essa distinção passa a ser dispensável com a posição adotada pelo Código de 2002, que unifica quase integralmente o direito privado, mormente aquele referente aos contratos. No sistema do Código Comercial, na comissão de índole civil, aplicavam-se supletivamente os princípios do Código Comercial. Dentro da autonomia da vontade, nada estava a obstar que a comissão seja praticada por quem não seja comerciante, uma vez não existindo lei que o proíba. "*O ato isolado da comissão entra no mundo jurídico mesmo se o comissionário não é comerciante, nem é comissionário por profissão*" (Miranda, 1972, v. 43:294). O eminente tratadista entende mais apropriada a denominação *comissionário*, referindo-se ao comissário, por ser aquele que faz jus à comissão, pagamento do preço em dinheiro ou em espécie. Desse modo, tanto o comitente como o comissário podem não ser comerciantes.

O termo *comissão* possui várias acepções na linguagem. Deriva do latim *committere*, que também admitia vários significados: unir, confiar, entregar algo a alguém. No sentido do contrato estudado, significa ato de cometer, encomendar, atribuir uma tarefa a alguém. Tem aqui, portanto, o sentido de encargo ou incumbência. O vocábulo também possui o significado de comitê, grupo de pessoas direcionado a um fim; pode designar o pagamento que se faz em razão da atividade do comissário ao comitente; igualmente, é empregado para denominar cargo temporário de empregado ou funcionário público. Sob o prisma negocial, a palavra é utilizada para designar o próprio negócio de comissão, bem como a remuneração devida ao comissário e o próprio contrato.

O contrato de comissão, como anotamos, desenvolveu-se na Idade Média, apresentando vantagens sobre o mandato. A manutenção de um comissário em outras localidades, propiciando negócios para o comitente, restringia despesas e intensificava o comércio. O comissário age em nome próprio, embora por conta do comitente. Waldirio Bulgarelli (1995:482) aponta as vantagens decorrentes desse mecanismo: dispensa de o comissário exibir documento formal para habilitá-lo perante terceiros; afastamento de risco perante terceiros pelo excesso de poderes de mandatário; possibilidade de manutenção de segredo das operações do comitente; maior facilidade de informações, remessas e guarda de mercadorias em praças distantes.

O contrato de comissão foi muito utilizado em nosso país, no passado, no mercado de café, na praça de Santos. Os comissários atuavam nas operações de exportação, armazenagem e venda interna de café, acumulando as funções de banqueiros e concluindo contratos de diversas naturezas. Sua atividade foi sendo reduzida com o surgimento das cooperativas agrícolas e o sistema de crédito rural implantado pelo Banco do Brasil, ficando restrita praticamente à atividade de exportação, ligada a empresas multinacionais.

O comissário, contratando em nome próprio, é parte no contrato com terceiros, no qual o comitente não figura. Esse era o sentido do art. 166 do Código Comercial, ao estatuir que o comissário, ao contratar em seu nome ou de sua empresa,

> "*fica diretamente obrigado às pessoas com quem contratar, sem que estas tenham ação contra o comitente, nem este contra elas; salvo se o comissário fizer cessão dos seus direitos a favor de uma das partes*".

Essa dicção é repetida pelo art. 694 do Código Civil.

Essa regra é geral para o contrato de comissão. Distingue-se do disposto no art. 1.307 do Código Civil de 1916, hipótese na qual o mandatário agia em seu próprio nome, configurando mandato sem representação (ver o que expusemos no Capítulo do Mandato). Essa situação do mandato é excepcional, aproximando-se da comissão, mas com esta não se confundindo, pois, como regra geral, o mandatário age em nome do mandante, o que não ocorre na comissão.

Se o comissário declara o nome do comitente (apesar de não estar obrigado a fazê-lo), tão só isso não desnatura o contrato de comissão, se o comitente não figurar no negócio. Se o comitente integrá-lo, o ato passa a ter conteúdo de representação, aplicando-se as regras daí decorrentes, não mais se tratando de comissão típica. Verificamos, pois, que os contratos de mandato e de comissão possuem conteúdos diversos, sendo por demais simplista definir a comissão como forma de mandato sem representação, como faz parte da doutrina tradicional. Na comissão, há outorga de poderes sem representação, sem haver mandato. Nada impede que ao comissário seja outorgado mandato para outros negócios diferentes da comissão, mas com esta relacionados:

> *"Se a comissão fosse mandato sem representação, confundir-se-ia com o mandato que o mandatário exerceu no próprio nome (Código Civil, art. 1.307), com ou sem permissão"* (Miranda, 1972, v. 43:297).

No direito empresarial moderno, é comum que o pacto de comissão surja em conjunto com outros negócios, tais como franquia, licença, distribuição, descaracterizando a tipicidade desse contrato. Contudo, as regras de comissão devem ser utilizadas na hermenêutica dessas novas estruturas contratuais.

Como visto, embora aproximado do mandato, o contrato de comissão possui características próprias. É contrato *bilateral*, que cria obrigações tanto para o comitente, como para o comissário; *consensual*, porque se conclui pelo simples consentimento; *oneroso*, porque requer contraprestação pelos serviços prestados pelo comissário (a comissão), conforme o art. 186 do estatuto mercantil e art. 701 do corrente Código. Não há forma prescrita em lei, e admite-se a modalidade oral. Não está mais vigente o art. 401 do Código Civil. Pode ser provado por testemunhas, sendo sempre aconselhável que haja início de prova por escrito.

A verificação dos livros do comissário poderá ser muito útil para provar o contrato de comissão (Martins, 1984:338). É também contrato *intuitu personae*, pois se leva em conta as qualidades da pessoa do comissário (Cases, 2003:24). A importante característica que distingue este negócio do mandato é o fato de o comissário agir em seu próprio nome, obrigando-se direta e pessoalmente com terceiros. O mandatário age sempre em nome do mandante, enquanto isto não ocorre na comissão. O comissário assume os riscos do negócio, sendo essa a importante característica histórica. O nome do comitente pode ou não ser declarado aos terceiros: trata-se de questão de oportunidade e conveniência do mundo dos negócios. Por força do mandato, por outro lado, o mandante deve ser sempre conhecido.

Esses aspectos também distinguem a comissão da *representação comercial*, porque nesta última o representante é sempre um mandatário.

Também não se confunde a comissão com o contrato de *corretagem*, pois o corretor é um simples intermediário no negócio, enquanto o comissário é partícipe. O corretor não celebra contrato. Sua relação com as partes do negócio é externa. O comissário é parte e, portanto, tem participação interna no contrato. Apesar de a remuneração em ambos os negócios possuir a mesma denominação, *comissão*, os contratos de comissão e de corretagem afastam-se bastante. Ocorre certa confusão na prática vulgar, pois muitos que atuam tecnicamente como comissários denominam-se corretores, como, por exemplo, os agentes de câmbio.

Da mesma forma, não se confunde a comissão com o contrato estimatório, por nós estudado neste volume (Capítulo 21). No contrato estimatório, como vimos, uma parte incumbe a outrem de alienar a coisa conforme um preço estimado. Se o outorgado vender por preço maior, dele será a diferença. Veja o que falamos a respeito desse negócio.

As atribuições conferidas ao comissário podem ser mais ou menos amplas. O negócio pode ser estrito, não dando qualquer margem de manobra no preço e condições ao comissário no contratar com terceiros, como pode ser flexível, podendo o comissário negociar livremente o preço e as condições dentro de limites mais ou menos amplos.

José Maria Trepat Cases (2003:28) lembra que o Código de 2002 não mencionou o que o antigo estatuto mercantil tratava a respeito da *comissão por consignação*. Cuida-se do âmbito de venda de mercadorias quando o comitente deve colocá-las à disposição do comissário. As mercadorias ficam com ele em consignação. O comissário figura nesse negócio como depositário das mercadorias. Deve zelar por elas e cuidar para que não deteriorem. O art. 173 do Código Comercial previa que em caso de alteração no estado das coisas consignadas que torne urgente sua venda, para salvar parte de seu valor, cumpre ao comissário que tome as providências. O negócio continua a ser realizado com frequência, devendo o estatuto mercantil ser chamado à colação como adminículo de sua interpretação. Lembre-se sempre de que no trato negocial há de ser levada em conta a boa-fé objetiva, bem como os usos do local.

30.2 REMUNERAÇÃO DO COMISSÁRIO

A comissão, geralmente, é convencionada pelas partes em porcentagem sobre os valores de venda ou de outros negócios. Se as partes foram omissas a esse respeito, não tendo sido convencionada expressamente a comissão, esta será regulada pelo uso comercial do lugar onde se tiver executado o contrato (art. 701; art. 186 do Código Comercial). Conforme o art. 187 do Código Comercial, a comissão, como regra geral, é devida por inteiro, tendo-se concluído a operação. Por seu lado, o art. 703 do Código Civil é mais enfático, ao estipular:

> *"Ainda que tenha dado motivo à dispensa, terá o comissário direito a ser remunerado pelos serviços prestados ao comitente, ressalvado o direito de exigir daquele os prejuízos sofridos".*

Levar-se-á em conta sempre o resultado útil em favor do comitente.

No sistema do Código Comercial (art. 187), no caso de morte ou despedida do comissário, seria devida unicamente a parcela correspondente aos atos praticados. A rescisão do contrato por parte do comitente deve decorrer de causa justificada. No Código Mercantil, quando era retirada do comissário sua prerrogativa contratual sem justa causa, antes de concluída a tarefa, assegurava-se ao comissário pelo menos metade da comissão, ainda que não fosse a que exatamente correspondesse aos trabalhos praticados (art. 188). Ainda, nessa hipótese, sujeitava-se o comitente a perdas e danos, se houvesse possibilidade de prová-los. Como se percebe, o Código Civil simplificou a solução no art. 703, suprimindo o casuísmo. Sempre terá o comissário direito ao trabalho que efetivou, pagando perdas e danos ao comitente se tiver ocasionado prejuízo. Nesse caso, operar-se-á a compensação.

Como ocorre no mandato, o comissário faz jus à retenção dos bens adquiridos para o comitente, a fim de pagar-se não somente dos desembolsos feitos para realizar o negócio cometido, mas também para sua remuneração, juros e demais despesas eventualmente realizadas. Nesse sentido, dispõe o art. 708 do Código:

> *"Para reembolso das despesas feitas, bem como para recebimento das comissões devidas, tem o comissário direito de retenção sobre os bens e valores em seu poder em virtude da comissão".*

30.3 OBRIGAÇÕES DO COMISSÁRIO

Agindo por ordem do comitente, o comissário assume obrigações perante o primeiro. O art. 168 do Código Comercial determinava que devesse cumprir fielmente o contrato, segundo as ordens e instruções do comitente. Nesse diapasão, dispõe o Código Civil, no art. 695:

> *"O comissário é obrigado a agir de conformidade com as ordens e instruções do comitente, devendo, na falta destas, não podendo pedi-las a tempo, proceder segundo os usos em casos semelhantes".*

Embora não agindo em nome do comitente, o comissário age, contudo, em seu interesse. O comissário que se afastar das instruções recebidas responderá por perdas e danos (art. 169 do Código Comercial). O princípio se mantém no Código Civil com base na índole do contrato, conforme acima descrito. O parágrafo único do art. 695 complementa:

> *"Ter-se-ão por justificados os atos do comissário, se deles houver resultado vantagem para o comitente e, ainda no caso em que, não admitindo demora a realização do negócio, o comissário agiu de acordo com os usos".*

Verifica-se, portanto, quão importantes são os usos mercantis nesse negócio. Caberá ao julgador, por outro lado, no caso concreto, não somente averiguar se houve resultado útil para o comitente na conduta do comissário como também, se a conclusão for negativa, se ele se manteve dentro dos usos naquelas premissas.

Em tudo o que for omisso o contrato, o comissário, agindo em nome próprio, pode decidir o que for mais conveniente, levando em conta o interesse presumido do comitente. Desse modo, deve realizar as operações necessárias para o mister, se não recebeu ordens específicas contrárias, ou se estas tardaram a chegar. Se a ordem é omissa, por exemplo, na concessão de prazos aos terceiros, presume-se que esteja autorizado a concedê-los segundo os costumes do local (art. 699; art. 176 do Código Comercial). Nessa situação, porém, deve comunicar o fato imediatamente ao comitente, sob pena de serem consideradas vendas a vista dentro do negócio entre comitente e comissário (art. 177 do Código Comercial). A esse respeito, manifesta-se o Código no art. 700:

> *"Se houver instruções do comitente proibindo prorrogação de prazos para pagamento, ou se esta não for conforme os usos locais, poderá o comitente exigir que o comissário pague incontinenti ou responda pelas consequências da dilação concedida, procedendo-se de igual modo se o comissário não der ciência ao comitente dos prazos concedidos e de quem é seu beneficiário".*

Demonstra a prática que a concessão de prazo é crucial para o sucesso das vendas. Desse modo, deve o comissário ter certa discricionariedade a esse respeito no tocante às vendas para terceiros. Estará sendo tolhido em seu mister se, por exemplo, o comitente proíbe a concessão de prazo e o costume da praça é o pagamento sempre em trinta dias fora o mês. Por essa razão, o caso concreto requer exame mais aprofundado. Deve sempre ser levado em conta o aspecto do resultado útil para o comitente, o qual deve ser sempre buscado pelo comissário. Nesse sentido, o art. 696 do mais recente Código enfatiza que o comissário deve agir com cuidado e diligência, não só para evitar qualquer prejuízo ao comitente, mas ainda para lhe proporcionar o lucro que razoavelmente se podia esperar do negócio. Não pode, por exemplo, vender a mercadoria por preço inferior ao solicitado pelo comitente. O comissário responderá por perdas e danos se se afastar dessa conduta, salvo motivo de força maior (art. 696, parágrafo único).

Vencidos os prazos concedidos, é dever do comissário cobrar os débitos em aberto, respondendo por perdas e danos, se agir com omissão ou negligência (art. 178 do Código Comercial). No sistema de 2002, omissa a regra de forma expressa, decorre ela dos usos e costumes e dos dizeres do contrato. Podem as partes estipular que a cobrança fique por conta do comitente.

O comissário responde pela perda ou extravio de bens de terceiros em seu poder, ainda que o dano provenha de caso fortuito ou de força maior, salvo se provar que usou da diligência usual do bom comerciante (art. 181 do Código Comercial). O comissário que malversar os fundos devidos ao comitente responderá por juros desde o dia do recebimento desses fundos, bem como pelo prejuízo resultante do não cumprimento das ordens, sem prejuízo de processo criminal (art. 180 do Código Comercial). Essa regra não é repetida integralmente no mais recente estatuto civil, o qual, no entanto, dispõe no art. 706, de forma equilibrada:

> *"O comitente e o comissário são obrigados a pagar juros um ao outro; o primeiro pelo que o comissário houver adiantado para cumprimento de suas ordens; e o segundo pela mora na entrega dos fundos que pertencerem ao comitente".*

Os fundos do comitente em poder do comissário a serem remetidos ao primeiro acarretam o risco de perda ou deterioração em detrimento do comitente, salvo se o comissário se desviar das ordens e instruções recebidas ou dos meios usados (art. 182 do Código Comercial).

O comissário assume o risco de ser responsabilizado pelo comitente se fizer negociação mais onerosa do que as correntes, salvo se provar que, em suas próprias negociações, efetuou o mesmo. Isso pode ocorrer, por exemplo, se reduz preço ou prazo de entrega; dilata o prazo de pagamento; reduz taxa de juros ou de correção etc.

Se o comissário recebe ordem de fazer seguro e não o faz, tendo em suas mãos fundos suficientes do comitente para satisfazer ao prêmio, será responsável pelos prejuízos daí advindos (art. 184 do Código Comercial).

O comissário tem a obrigação de guarda e conservação dos bens do comitente. Se ocorrerem danos, tem a obrigação de, na primeira oportunidade, levar o fato ao conhecimento do comitente, verificando na forma legal a origem do dano (art. 171 do Código Comercial). O mesmo deve ocorrer se receber mercadorias com avarias, diminuição ou outro comprometimento. Se for omisso, o comitente poderá exigir indenização, somente podendo o comissário defender-se, alegando ter praticado as devidas diligências (art. 172).

Se houver necessidade urgente de venda das mercadorias para evitar perda de valor, o comissário procederá à alienação dos bens danificados em hasta pública, em benefício de seu proprietário (art. 173 do Código Comercial).

Como todo aquele que faz a gestão de patrimônio de outrem, o comissário tem a obrigação de prestar contas perante o comitente do encargo recebido (art. 185, segunda parte).

Perante terceiros com quem contrata, o comissário vincula-se pessoalmente, como já exposto (art. 693; art. 166 do Código Comercial). Como regra, não responde pela insolvência daqueles com quem contrata, se ao tempo do contrato eram reputadas idôneas, salvo na hipótese de cláusula *del credere*, como a seguir examinamos, ou se agir com culpa ou dolo.

Como se apontou, muitas das disposições casuísticas do velho Código Comercial, cuja parte contratual foi revogada, não são repetidas no Código Civil de 2002, pois são albergadas pelos princípios gerais. Essas situações, que ainda poderão servir de orientação para os julgados, são resolvidas pelos dizeres do contrato, suas regras gerais e os usos que normalmente regem esses negócios jurídicos.

30.3.1 Comissão *Del Credere*

A regra geral, no contrato de comissão, na ausência de disposição em contrário, é que o comissário não responde pela insolvência das pessoas com quem tratar, exceto em caso de culpa (art. 697 do Código Civil).[1]

O comissário, no entanto, pode responsabilizar-se como garante da solvência dos terceiros com quem contrata. Trata-se de reforço que pode ser aposto ao contrato de comissão

---

[1] "Apelação cível – Ação de cobrança – **Contrato de representação comercial** – Sentença de improcedência – Insurgência do autor. 1- Aventado inadimplemento das comissões referentes ao período de outubro de 2007 a março de 2008 e necessidade de restituição dos valores descontados a título de comissão por importâncias não pagas pelos seus clientes, ante a devolução de cheques (cláusula *del credere*). Teses não acolhidas. Ausência de comprovação. Elementos probatórios insuficientes. Ônus do qual o autor não se desincumbiu. Exegese do art. 373, I, do CPC/2015. Sentença mantida. Recurso desprovido no ponto. 2- Pretensão de reconhecimento de que a rescisão do contrato de representação comercial decorreu sem justa causa. Impossibilidade. Conjunto probatório que evidenciou a má-conduta do representante/recorrente, ante a sua desídia que deixou de repassar à representada/apelada valores recebidos pelo serviço de representação. Situação que ocasionou o descrédito comercial da representada. Justa causa configura. Inteligência do art. 35, "b", da Lei nº 4.886/1965. Sentença mantida. Recurso desprovido no tocante. 3- Ônus de sucumbência. Manutenção. 4- Honorários advocatícios recursais. Art. 85, § 11, do CPC/2015. Novo entendimento da câmara, de acordo com o precedente do Superior Tribunal de Justiça nos embargos de declaração no agravo interno no recurso especial nº 1.573.573/RJ. Hipótese em que o desprovimento do recurso autoriza a majoração dos honorários em prol do procurador da apelada. Recurso conhecido e desprovido" (*TJSC* – AC 0021929-17.2008.8.24.0018, 24-9-2019, Rel. Des. Dinart Francisco Machado).

"Apelação Cível – Representação comercial – Ação Condenatória – **Cláusula *del credere*** – Ante a vedação de tal prática imposta pelo art. 43 da Lei 4.886/65, impõe-se determinar o ressarcimento de todos os descontos efetuados por conta de débitos não pagos pelos clientes. Procedência do pedido que se mantém. Sucumbência. Com observância ao decaimento de cada uma das partes, impõe-se a manutenção da distribuição dos ônus da sucumbência, nos termos da r. sentença. Honorários recursais. Majoração da verba honorária sucumbencial, fulcro nos parágrafos 1º e 11 do artigo 85 do CPC/15. Negaram provimento ao apelo. Unânime" (*TJRS* – AC 70077095230, 12-9-2018, Rel. Des. Otávio Augusto de Freitas Barcellos).

"Apelação cível – Ação de cobrança c/c perdas e danos – Representação Comercial – Pena de confissão – Inaplicabilidade – Rescisão do contrato – Justa Causa – Aviso Prévio – Desnecessidade – Retenção de comissões – Ressarcimento de danos – Possibilidade – **Cláusula** *del credere* – Não Comprovação – Exclusividade – Não Presunção – Indenização por danos morais e materiais – Incabível – Honorários advocatícios – Majoração – Impossibilidade – A pena de confissão, na hipótese de recusa da parte de prestar depoimento pessoal, disposta no § 1º, do art. 343, do CPC, somente pode ser aplicada se tal penalidade estiver expressamente prevista no mandado de intimação. Se a rescisão do contrato de representação comercial se deu por justa causa, a concessão de aviso prévio é dispensável, não havendo que se falar em pagamento das indenizações previstas no art. 34 e art. 27, 'j', ambos da Lei nº 4.886/65. Em caso de rescisão do pacto por motivo justo, é devida a retenção das comissões pela representada, com o intuito de ressarcir-se dos danos por ela sofridos, de acordo com o art. 37, da Lei nº 4.886/65. Se a parte autora/representante, contrariando o disposto no art. 333, I, do CPC, não comprova a existência da cláusula *del credere*, impossível a condenação da ré/representada ao ressarcimento de supostos descontos indevidos nas comissões. Nos termos do parágrafo único, do art. 31, da Lei nº 4.886/65, que: 'A exclusividade de representação não se presume na ausência de ajustes expressos'. Não havendo ato ilícito não há que se falar em condenação ao pagamento de indenização por danos materiais ou morais. Não há falar em majoração dos honorários advocatícios quando o montante fixado pela sentença é razoável e está consoante as disposições do art. 20, § 4º, do CPC" (*TJMG* – AC 1.0194.10.006745-4/001, 15-3-2016, Rel. Luciano Pinto).

"**Representação comercial** – Rescisão por denúncia unilateral da ré verificada – Cláusula *del credere* – Abusividade reconhecida – Danos morais inocorrentes – Inexistência de litigância de má-fé – Sentença além do pedido – Extirpada condenação *ultra petita* – Apelos providos em parte" (*TJRS* – AC 70063330831, 16-4-2015, Rel. Des. Paulo Sergio Scarparo).

"**Processual civil e bancário**. Agravo regimental em recurso especial. Embargos à execução. Nota de crédito industrial. Inaplicabilidade da cláusula *del credere* e inexigibilidade de multa contratual. Fundamentos autônomos não impugnados. Aplicação da Súmula 283/STF. Decisão agravada mantida pelos próprios fundamentos. Agravo regimental desprovido" (*STJ* – AgRg-REsp 1.139.357 – (2009/0088467-5), 19-9-2013, Rel. Min. Raul Araújo).

que visa incentivar o comissário a ser cuidadoso na escolha de terceiros com quem contrata, pois assume o risco dos negócios juntamente com o comitente, na modalidade solidária. Geralmente, em razão desse aspecto, fixa-se remuneração mais elevada para a comissão. Essa majoração da comissão é expressamente admitida pelo Código, que menciona que tal serve *para compensar o ônus assumido* (art. 698). A Lei nº 14.690/2023 acrescentou parágrafo único nesse artigo, afirmando que a cláusula *del credere* pode ser parcial, resolvendo celeuma que por vezes discutia-se nos tribunais. Assim, com o texto dessa Lei, é possível que o comissário se responsabilize até determinado valor pelo negócio.

A respeito dessa cláusula dispunha o art. 179 do Código Comercial:

> *"A comissão del credere constitui o comissário garante solidário ao comitente da solvabilidade e pontualidade daqueles com quem tratar por conta deste, sem que possa ser ouvido com reclamação alguma. Se o del credere não houver sido ajustado por escrito, e todavia o comitente o tiver aceitado ou consentido, mas impugnar o quantitativo, será este regulado pelo estilo da praça onde residir o comissário, e na falta de estilo por arbitradores".*

A expressão *del credere*, proveniente da língua italiana, significa confiar ou dar confiança, uma vez que o comitente deposita ampla confiança no comissário, este aceitando todos os riscos do negócio.

Admite-se, pois, a cláusula *del credere* ainda que verbal. Devemos entender que modernamente os arbitradores são substituídos pela perícia judicial, salvo a possibilidade de juízo arbitral.

A comissão *del credere* converte o comissário em garante solidário do comitente nos negócios que concluir com terceiros, embora parte da doutrina defina que a obrigação do comissário é principal. Não se trata de aval ou fiança, mas de garantia decorrente de acordo de vontades, autorizada por lei. Aproxima-se, no entanto, da fiança de índole solidária, embora alguns autores vejam nesse negócio uma modalidade de seguro. O ajuste da garantia *del credere* pode ser concomitante ou posterior ao contrato de comissão. Esse negócio é estranho com relação aos terceiros que tratam com o comissário.

A modalidade *del credere* é muito utilizada no comércio, tendo-se espalhado para outros negócios diferentes da comissão, principalmente operações bancárias, dadas as vantagens que apresenta para o comitente. Como mencionamos, o art. 698 do Código Civil contempla a cláusula *del credere*:

> *"Se do contrato de comissão constar a cláusula del credere, responderá o comissário solidariamente com as pessoas que houver tratado em nome do comitente, caso em que, salvo estipulação em contrário, o comissário tem direito a remuneração mais elevada, para compensar o ônus assumido.*
>
> *Parágrafo único. A cláusula* del credere *de que trata o* caput *deste artigo poderá ser parcial."*[2]

---

[2] "Embargos de declaração – Omissão identificada – Representação comercial – Autora que não possui registro junto ao Conselho Regional de Representantes Comerciais (CORE-SP) – Inaplicabilidade da Lei nº 4.886/65, que regula o exercício das atividades dos representantes – Validade da **cláusula 'del credere'** que deve ser analisada à luz do art. 698 do Código Civil – Não comprovada a existência de expressa pactuação dessa cláusula contratual entre as partes – Comprovada a realização de descontos a esse título nas comissões que seriam pagas à autora – Indevida imputação do risco do negócio à representante – Ressarcimento de valores que se impõe – Dever da requerida de pagar à autora os valores indevidamente descontados de suas comissões, a ser apurado em liquidação de sentença – Importe corrigido desde cada desfalque indevido, com juros desde a citação – Reforma da r. sentença apelada,

Leve-se em conta, no entanto, que mesmo perante a cláusula *del credere*, a comissão deverá ser aquela livremente contratada pelas partes. Prevalecerá a autonomia da vontade. Desse modo, a referência à remuneração mais elevada diz respeito, em princípio, àquelas hipóteses nas quais a remuneração deva ser arbitrada.

30.4 DIREITOS DO COMISSÁRIO

O principal direito do comissário é a percepção da comissão por seu trabalho, conforme exposto. Se não houver convenção, o montante será regulado pelos usos da praça em que ocorrer a execução do contrato. No sistema do Código Comercial, ainda que se afastasse das instruções recebidas, poderia, se fosse o caso, arcar com perdas e danos; caso contrário, poderia fazer jus à comissão nas hipóteses elencadas na segunda parte do art. 169:

> *"I – quando resultar vantagem ao comitente;*
>
> *II – não admitindo demora a operação cometida, ou podendo resultar dano de sua expedição, uma vez que o comissário tenha obrado segundo o costume geralmente praticado no comércio;*
>
> *III – podendo presumir-se, em boa-fé, que o comissário não teve intenção de exceder os limites da comissão;*
>
> *IV – nos casos do art. 163".*

No sistema do Código Civil de 2002, todos esses aspectos são cobertos de forma geral.

Este último dispositivo está colocado na regulamentação do mandato; refere-se à possibilidade de ratificação dos atos pelo mandante, servindo também para possibilitar ratificação dos atos praticados pelo comissário. Lembre-se de que são aplicáveis à comissão, no que couber, as regras sobre mandato (art. 709 do atual Código), pois ambos os negócios, apesar de diversos, possuem pontos de contato.

---

para julgar parcialmente procedentes os pedidos iniciais – Apelo provido em parte – Embargos de declaração acolhidos, com efeitos modificativos" (*TJSP* – ED 1043453-56.2017.8.26.0576, 24-7-2024, Rel. Sergio Gomes).

"Declaratória de inexistência de débito e cobrança – Contrato de representação comercial – Alegação de estornos irregulares de comissões – Ônus da prova do qual a parte autora não se desincumbiu (CPC, art. 373, I) – Estorno das comissões adiantadas, em razão do cancelamento de vendas, que não constitui procedimento irregular, pois não é 'a conclusão do contrato a causa determinante do direito do agente a perceber a comissão, mas sua regular execução' – **Inexistência de cláusula *del credere***, dada a ausência de transferência, do representado para o representante, o risco do descumprimento das obrigações pelo comprador – Inteligência dos arts. 32 e 43, ambos da Lei nº 4.886/1965, c.c. art. 698 do Código Civil -Licitude do condicionamento do pagamento da comissão ao efetivo adimplemento do comprador – Procedimento da ré consentâneo com o contrato firmado entre as partes -Convergência da prova testemunhal – Interpretação do contrato respaldada no art. 113, § 1º, II, do Código Civil – Reconhecimento – Pretensão afastada – Sentença mantida – RITJ/SP, artigo 252 – Assento Regimental nº 562/2017, artigo 23 – Majoração dos honorários advocatícios recursais – Artigo 85, §11, do CPC. Recurso não provido". (*TJSP* – Ap 1002053-18.2021.8.26.0319, 25-5-2023, Rel. Henrique Rodriguero Clavisio).

"Apelação. Ação de rescisão de representação comercial c.c. pedido de indenização. Sentença de improcedência. Recurso do representante. 1. Representação comercial. Alegação de descontos irregulares nas comissões devidas. Ônus da prova do qual a parte autora não se desincumbiu (CPC, art. 373, I). Estorno das comissões adiantadas, em razão do inadimplemento dos compradores dos produtos, que não constitui procedimento irregular, pois não é 'a conclusão do contrato a causa determinante do direito do agente a perceber a comissão, mas sua regular execução'. A **cláusula *del credere*** é cláusula que transfere, do representado para o representante, o risco do descumprimento das obrigações pelo comprador, ou seja, é o pacto que impõe ao representante a responsabilidade pelo pagamento do preço das mercadorias que intermediou, em solidariedade com o comprador. Inteligência dos arts. 32 e 43, ambos da Lei nº 4.886/1965, c.c. art. 698 do Código Civil. Transferência dos riscos não comprovada na hipótese. 2. Sentença mantida. Recurso desprovido" (*TJSP* – Ap 1000649-89.2020.8.26.0472, 24-5-2022, Rel. Elói Estevão Troly).

O comissário pode pedir ao comitente fundos necessários para realizar os negócios cometidos. Deve reembolsar-se das despesas que efetuou, bem como terá direito a juros, desde a data do desembolso (art. 155 do Código Comercial). Veja o que dissemos acerca do art. 706. Fará jus também ao reembolso de prejuízos que vier a sofrer no desempenho da comissão.

O comissário tem direito de retenção das mercadorias pertencentes ao comitente para garantia das despesas e de sua comissão (art. 708 do Código Civil). Será credor privilegiado na falência ou insolvência do comitente, pelas comissões e reembolsos no Capítulo 5 deste volume.

O comissário pode concluir contrato consigo mesmo no desempenho da comissão, adquirindo para si os bens destinados a princípio a terceiros. Tal decorre do fato de atuar em seu próprio nome. Não será possível o autocontrato, no entanto, se o comitente ou a natureza do contrato o vedar. Não havendo prejuízo para o comitente, que receberá o devido, quer o comissário aliene a terceiros, quer a ele mesmo, a operação é lícita. Veja o que discorremos a respeito do contrato consigo mesmo (Capítulo 5 deste volume).

Se o comissário for despedido sem justa causa, segundo o art. 705, terá direito a ser remunerado pelos trabalhos prestados, bem como a ser ressarcido pelas perdas e danos resultantes de sua dispensa. Na verdade, melhor seria que o Código se referisse à resilição unilateral do contrato, pois o termo *despedida* tem conotação trabalhista. É sempre importante definir se a relação com o comissário é de direito privado ou apresenta vínculo de subordinação ou hierarquia que torna a relação subordinada às leis trabalhistas.

A propósito, lembre-se de que o contrato de comissão pode ser pactuado por prazo determinado ou indeterminado. Persistindo as partes na avença após o escoamento do termo, o contrato se transforma a prazo indeterminado. Em sede de resilição unilateral nesses casos, sempre é conveniente lembrar da dicção inovadora do art. 473 do Código Civil, com plena aplicação no contrato de comissão, para ambas as partes.

30.5 OBRIGAÇÕES E DIREITOS DO COMITENTE

Em contrapartida à atividade do comissário, o comitente está obrigado a pagar a remuneração devida, que no caso se denomina comissão, na forma já mencionada. O pagamento da comissão e despesas será a vista, salvo convenção em contrário. O comitente deve municiar o comissário com os fundos necessários para a tarefa, bem como indenizá-lo dos adiantamentos. Correm por conta do comitente os riscos para a devolução de fundos em poder do comissário, salvo se este desviar-se das instruções recebidas ou na ausência destas.

Quanto aos direitos, competem ao comitente todas as exceções que o comissário pode opor, mas jamais poderá alegar incapacidade deste para anular as obrigações assumidas, conquanto essa incapacidade possa ser comprovada, para anular os efeitos das obrigações assumidas pelo comissário (art. 167 do Código Comercial). Doravante, esses princípios devem decorrer das regras gerais. O comitente tem direito de exigir que o comissário responda pelos prejuízos sofridos por omissão na comunicação de avarias, diminuição ou estado diverso do constante da documentação quanto às mercadorias (art. 172 do Código Comercial). O comitente não responde, no entanto, perante terceiros, pelas obrigações assumidas pelo comissário, pois, como reiterado, age este em seu próprio nome. Como corolário, os terceiros não têm ação contra o comitente no tocante aos negócios da comissão (art. 694; art. 166 do Código Comercial). O comissário pode, contudo, ceder seus direitos a qualquer das partes.

Como regra geral, o comitente pode, a qualquer tempo, alterar as instruções dadas ao comissário, entendendo-se por elas regidos também os negócios pendentes (art. 704 do Código

Civil).[3] Como o risco do negócio, em princípio, pertence ao comitente, a ele cabe discriminar os produtos, modelos, preços, prazos etc. Nos negócios mais complexos, são expedidas tabelas e planilhas periódicas ao comissário. Salvo se for expresso o contrato, esses aspectos podem ser alterados a qualquer tempo, pois isso faz parte da natureza do negócio. As situações de abuso desse direito, que impeçam ou dificultem injustificadamente a atividade do comissário, deverão ser examinadas no caso concreto. As instruções podem ser escritas ou verbais, de acordo com a natureza dos negócios.

30.6 EXTINÇÃO DO CONTRATO DE COMISSÃO

As causas de extinção do contrato de comissão são as comuns. Note que as partes não podem simplesmente revogar ou resilir unilateralmente o contrato, como poderiam fazer no mandato revogável. O art. 188 do Código Comercial mencionava que o comitente poderia *retirar o mandato*. Contudo, essa retirada não era revogação, mas denúncia motivada do contrato, decorrente de culpa do comissário. A denúncia sem culpa, imotivada, implica indenização, observando-se o que falamos acima e a regra geral de direito contratual. Desse modo, temos de entender com restrição o que se denomina revogação da comissão. Se o comitente desejar subtrair os poderes atribuídos ao comissário, sem que se comprove culpa, deve indenizar os prejuízos causados pelo ato. Vigendo o contrato por prazo indeterminado, as partes devem conceder prazo razoável à outra se desejarem seu desfazimento imotivado, a fim de não se sujeitarem à indenização (veja o citado art. 473 do Código Civil).

A morte do comitente ou do comissário, pessoas naturais, extingue a comissão. No caso de morte, pelo corrente Código, será devida pelo comitente uma remuneração proporcional aos trabalhos realizados (art. 702 do Código Civil). Não há extinção se o contrato é firmado com pessoas jurídicas, salvo a hipótese de dissolução ou paralisação de atividades, por qualquer motivo. A falência do comitente não extingue o contrato. O síndico pode denunciá-lo, contudo. A jurisprudência dominante considera o crédito do comissário equiparado ao crédito trabalhista, dado o seu sentido alimentar, gozando, portanto, de privilégio. Segundo a revogada Lei de Falências (Decreto-lei nº 7.661/45, art. 49, parágrafo único), o comissário poderia interpelar o síndico para que declarasse se cumpriria ou não o contrato. No sistema da atual Lei de Recuperação de Empresas e Falências, nada impede que excepcionalmente a situação seja a mesma, tudo dependendo das circunstâncias e do que for melhor para a massa, segundo atuação do administrador judicial, figura que substitui o síndico da lei anterior. No sistema de recuperação judicial, em princípio, terá continuidade a relação negocial com o comissário, podendo os interessados, contudo, entender sua inviabilidade. Quanto ao comissário que vem a falir, a massa deverá receber os eventuais créditos em aberto.

---

[3] "**Contrato de comissão mercantil** – redução unilateral de comissões por venda de passagens aéreas – possibilidade – sentença de improcedência que determina manutenção da eficácia da liminar – impossibilidade – 1 – Havendo quatro ações idênticas quanto ao pedido, causa de pedir e partes rés, correta a sentença que reconhece a litispendência em relação à parte que figura como litisconsorte ativa em todas as ações. 2 – No contrato de comissão, sendo possível a rescisão *ad nutum*, é também lícita, *a fortiori*, a redução unilateral do percentual devido a título de comissão. Precedentes do STJ. 3 – É incompatível com a lógica do processo a sentença que, embora julgue improcedente o pedido inicial, determina a manutenção da eficácia, até o trânsito em julgado, da decisão antecipatória da tutela" (*TJPE* – Ap 0008860-42.2000.8.17.0001, 22-1-2014, Rel. Des. José Fernandes).

31

AGÊNCIA E DISTRIBUIÇÃO. *LOBBY*

31.1 TRATAMENTO CONJUNTO DE AMBOS OS CONTRATOS. OS CONTRATOS DE AGÊNCIA E DISTRIBUIÇÃO E O REPRESENTANTE COMERCIAL

O Código Civil de 2002 introduz no mesmo capítulo os dispositivos sobre os contratos de agência e distribuição. No Capítulo 44 deste livro, referente à representação comercial, nos referiremos ao tema. Essa posição legal mais serve para baralhar a questão, pois o contrato de representação comercial costuma ser identificado pela doutrina e pela jurisprudência com o de agência e distribuição. O legislador do Código de 2002 deveria ter sido mais claro, embora se reporte, no art. 721, à aplicação de legislação especial, que, no caso, a principal delas protege e regula o representante comercial (Lei nº 4.886/65). A harmonização dessa lei com os novos dispositivos será complexa. Assim, o Código dispõe no art. 710:

> *"Pelo contrato de agência, uma pessoa assume, em caráter não eventual e sem vínculos de dependência, a obrigação de promover, à conta de outra, mediante retribuição, a realização de certos negócios, em zona determinada, caracterizando-se a distribuição quando o agente tiver à sua disposição a coisa a ser negociada.*
>
> *Parágrafo único. O proponente pode conferir poderes ao agente para que este o represente na conclusão dos contratos".*

Portanto, conforme a lei, a disponibilidade da coisa em mãos do sujeito caracteriza a diferença entre a agência e a distribuição. Pela lei, se a pessoa tem a coisa que comercializa consigo será distribuidor; caso contrário, será agente. No mais, procura a lei unificar os direitos de ambos e, consequentemente, aplicam-se ao representante comercial, no que couber. Veja, como introdução, o que falamos a respeito do contrato de agência, no Capítulo 44, seção 44.1.

A primeira conclusão inafastável é no sentido da aplicação da lei do representante comercial sempre que este for devidamente registrado, nos termos do art. 5º da Lei nº 4.886/65 e realiza negócios em razão dessa profissão habitual. Pouco importa que pratique ele negócios de agência ou de representação segundo o Código em vigor. Tratando-se de profissão regulamentada, estando o sujeito inscrito nos Conselhos Regionais dos Representantes Comerciais, subordinados estes ao Conselho Federal, aplica-se essa lei, que lhe é protetiva e cria, na verdade, um microssistema jurídico. Subsidiariamente, poderá ser aplicado o corrente Código. Há que se levar em conta, contudo, que essa lei atribui os direitos básicos do representante, que doravante devem ser harmonizados com os dispositivos do mais recente Código Civil. Assim, naquilo que o contrato e a lei protetiva forem omissos, preponderarão as disposições do Código. Leve-se em conta que os dispositivos contratuais do Código são de direito dispositivo. Quanto ao representante comercial, não há de se ter preocupação se sua atividade é de agência ou representação de acordo com o novel Código, porque, conforme os princípios da lei específica, para o representante é irrelevante ter ou não a posse dos bens comercializados.

Questão maior vai-se colocar quando o agente e o distribuidor em sentido amplo, sem a compreensão de representante, pretenderem os mesmos direitos expostos na Lei nº 4.886/65. Não há que se entender que somente os representantes comerciais devidamente inscritos em sua corporação de ofício tenham direito à aplicação da lei específica. Eventual transgressão administrativa é irrelevante para a definição dos direitos e a respectiva natureza jurídica dos contratos. Desempenhando a função de representante, o sujeito fará jus aos benefícios da lei respectiva, segundo remansosa jurisprudência, que se lastreia em princípios constitucionais sobre a liberdade do trabalho. Caberá à jurisprudência definir, pois, se adotada a caracterização de representante para a relação jurídica, fará jus o sujeito aos direitos respectivos conforme os arts. 31 e seguintes da lei específica. Essa tendência, que já vinha sendo adotada, deverá persistir. Nada impede, contudo, que as próprias partes indiquem no contrato como aplicável essa lei. O que será ineficaz, sob o prisma de direito cogente, é afastar-se contratualmente sua aplicação.

Nessa introdução é importante estabelecer que os contratos de agência e distribuição podem, em princípio, ser firmados com qualquer pessoa e a esta situação se dirigem os dispositivos do Código, os quais se aplicam, também, aos representantes comerciais oficiais, no que não conflitar com seu estatuto específico, o qual garante direitos básicos a esses profissionais. A situação não fica clara, mormente quando as partes não definem claramente suas obrigações, como já não estava clara no sistema anterior e qualquer das soluções apresenta dificuldades. De qualquer modo, em princípio, se o sujeito adquire os bens do produtor ou fornecedor e os revende, atendendo a cláusulas de exclusividade e de área geográfica, sua situação será de distribuidor, excluindo-se a possibilidade de ser considerado representante. As gradações entre um extremo e outro deverão ser definidas no caso concreto.

Colocada essa questão prévia fundamental, como importante alerta ao leitor, passemos ao exame dos institutos.

31.2 COMERCIALIZAÇÃO POR TERCEIROS

Quando se examina a comercialização de produtos ou serviços por terceiros, existirão sempre duas partes, pois o fornecedor de produtos e serviços sempre atribuirá a outrem essa função. Nesse sentido, alude-se à distribuição como referência genérica a vários fenômenos. Como regra geral, a empresa concentra sua atividade principalmente na produção, atribuindo a intermediários a atividade de promover e vender. Nesse sentido, a própria legislação comercial, consagrada pelo nosso velho Código Comercial, disciplinava os auxiliares de comércio, os corretores, os comissionistas e os agentes de comércio. O novo universo da empresa cria novas formas de comercialização, com a intervenção de terceiros, como a franquia, a concessão, a representação. Sob essa égide, a palavra *distribuição* é equívoca, absorvendo vários significados, técnicos ou não. No conceito há um sentido amplo, de caráter geral, que inclui todas as formas que uma empresa se utiliza para colocar bens e serviços no mercado, diretamente, ou por meio de terceiros, mandatários, agentes, representantes etc. Por outro lado, há um conceito restrito, que é aquele ora presente no Código Civil, que diz respeito à relação jurídica que vincula o produtor e o sujeito que coloca seus produtos no mercado, referindo-se aí expressamente ao contrato de distribuição. Como já de início apontamos, há confusão terminológica entre os contratos de representação mercantil, agência e distribuição, a qual não foi aclarada pelo legislador.

Por essa razão, melhor se referir aos canais de comercialização por terceiros, quando o fenômeno é tratado de forma geral, abrangendo negócios, tais como a representação, a distribuição e a franquia. Desse modo, surge assim uma nova família de contratos, para desenvolvimento de uma antiga função econômica, qual seja, a de colocar no mercado os bens ou serviços de uma empresa produtora, quando ela não o faz por si mesma (Farina, 1994:379). Esses contratos possuem características comuns, o que contribui, por vezes, para a confusão terminológica. Assim, pressupõem a existência de empresas e sujeitos independentes que desempenham atividade em favor dela; há possibilidade de que a empresa celebre muitos contratos da mesma natureza, com várias pessoas, naturais ou jurídicas. Nesses contratos há um forte aspecto de colaboração entre as partes e a possibilidade de exclusividade dentro de determinada área geográfica. São contratos, por natureza, de duração, com prazo mais ou menos longo. O distribuidor, agente ou representante deve-se submeter a uma série de diretrizes impostas pelo produtor em prol do bom andamento do negócio. A regra de exclusividade é importante nesses contratos, embora possa não se fazer presente. Caberá às partes mantê-la ou não.

Por seu lado, o distribuidor ou qualquer nome ou natureza jurídica que se lhe dê, não importando qual a modalidade de contrato que lhe permite comercializar bens de terceiros (distribuição, representação, agência, franquia), obtém uma posição vantajosa no mercado, pois, em princípio, terá exclusividade sobre determinada região ou goza de benefícios e vantagens para adquirir bens da empresa produtora. Geralmente, o nome do produtor já outorga aos intermediários um patamar de ganhos superior. Sob esse prisma, a moderna empresa cria uma rede de distribuição, nem sempre juridicamente homogênea, cuja finalidade é cobrir uma cidade, uma região, um Estado ou Província, um país ou o exterior. Essa distribuição mais ou menos ampla seria muito custosa e difícil para que o produtor a encetasse com recursos próprios, além de esbarrar em leis de proteção econômica, que proíbem a cartelização ou o truste.

31.3 AGÊNCIA

O Código Civil de 2002 distingue a agência da distribuição pelo fato de o agente, no primeiro caso, não ter a disposição da coisa a ser negociada. Assim, o citado art. 710 entende que o agente é a pessoa que assume, em caráter não eventual e sem vínculos de dependência a obrigação de promover, à conta de outra, mediante retribuição, a realização de certos negócios, em zona determinada.[1] O parágrafo único do dispositivo acrescenta que o proponente

---

[1] "Apelação cível. Sentença apelada que julgou procedente a ação para condenar a agência de turismo e a empresa hoteleira solidariamente pelos danos materiais e morais decorrentes do não fornecimento da hospedagem contratada. Empresa hoteleira que aduz a sua ilegitimidade passiva sob o fundamento de que a corré teria deixado de lhe informar sobre a realização da reserva. Tese que não exonera o estabelecimento hoteleiro de responder pelos danos decorrentes do vício na prestação de serviços, notadamente porque, ainda que tenha havido falha na comunicação entre o agente de turismo e o estabelecimento hoteleiro, a relação jurídica entre estas obriga o hotel a concretizar as contratações promovidas pela corré 123 Viagens e Turismo Ltda. Aplicação dos artigos 710 do Código Civil e 34 do CDC. Hipótese em que houve inclusive a antecipação do pagamento das tarifas de hospedagem à agência de turismo. Ré que é responsável pela contratação realizada em seu nome. Indenização fixada pela r. sentença apelada no valor de R$ 5.000,00. Apelante que pleiteia a minoração do crédito indenizatório. Arbitramento de indenização por danos morais que, segundo a jurisprudência do C. Superior Tribunal de Justiça, deve considerar o método bifásico, na medida em que este: 'atende às exigências de um arbitramento equitativo da indenização por danos extrapatrimoniais, uma vez que minimiza eventual arbitrariedade ao se adotar critérios unicamente subjetivos do julgador, além de afastar eventual tarifação do dano'. Método pelo qual: 'em uma primeira etapa deve-se estabelecer um valor básico para a indenização, considerando o interesse jurídico lesado, com base em grupo de precedentes jurisprudenciais que apreciaram casos semelhantes. Após, em um segundo momento,

pode conferir poderes de representação ao agente para a conclusão de contratos no nome do primeiro. Há o *agente* e *agenciado*, que também pode ser referido como proponente ou dono do negócio. O agente não tem vínculo de subordinação hierárquica com o agenciado, não se caracterizando, em princípio, relação de direito do trabalho.

---

devem ser consideradas as circunstâncias do caso, para a fixação definitiva do valor da indenização, atendendo a determinação legal de arbitramento equitativo pelo juiz' (AgInt no REsp 1719756/SP). Precedentes deste E. TJSP que, ao tratar de hipóteses análogas, admitem a condenação em quantias que oscilam dentro dos limites de R$ 4.000,00 e R$ 10.000,00, consoante as peculiaridades fáticas de cada hipótese. Hipótese que não autoriza a redução do crédito indenizatório, bem fixado pela r. sentença apelada. Sentença mantida. Recurso desprovido" (*TJSP* – Ap 1178765-64.2023.8.26.0100, 31-3-2025, Rel. Rômolo Russo).

"Apelação – Contrato de agência – Ação de cobrança de comissão – Sentença de acolhimento do pedido – Preliminar de nulidade da sentença sem consistência – Inexistência de mácula 'extra petita' – Irresignação improcedente – Sem significado a circunstância de o contrato haver previsto cláusula no sentido de que a comissão somente seria devida em caso de fechamento da venda por parte do agente e o fato de a venda ter-se dado diretamente pela ré – **Art. 714 do CC** de meridiana clareza ao dispor sobre o direito à comissão do agente, ainda que o negócio tenha sido concluído sem a respectiva interferência, mas dentro de sua zona de atuação – 'Ratio' do mencionado dispositivo legal visando a evitar fraude à cláusula de exclusividade – Quadro de prova dos autos, de todo modo, demonstrando que a aproximação frutífera entre a ré e a compradora se deu por atuação da autora – Ré que, ao apresentar declaração da compradora no sentido de que desconhecia a autora, procurou alterar a verdade dos fatos – Sentença mantida, com reconhecimento de litigância ímproba por parte da ré. Afastaram a preliminar, negaram provimento à apelação e impuseram à ré sanção por litigância de má-fé" (*TJSP* – Ap 1002159-11.2020.8.26.0514, 24-4-2024, Rel. Ricardo Pessoa de Mello Belli).

"Apelação cível. Partes que celebraram '**Contrato de Distribuição** – Clientes Pequena e Média Empresa'. 'Ação declaratória e condenatória' (sic). Sentença de improcedência. Inconformismo da empresa autora. Natureza jurídica do contrato. Distribuição que se caracteriza quando o agente tem à sua disposição a coisa a ser negociada. Inteligência do Art. 710, do Código Civil. Embora os negócios jurídicos firmados pelas partes tenham sido intitulados de 'distribuição', trata-se de intenção manifesta em descaracterizar o contrato de representação comercial, a ser regido pela Lei Federal nº 4.886/65. Irrelevância do nome atribuído ao contrato, sendo a análise do objeto que determina a sua natureza jurídica. Caso em que a empresa autora, na condição de representante comercial, apresenta o produto aos clientes e transmite os pedidos eventualmente realizados ao representado, recebendo comissão. Danos materiais. Estornos/deduções realizados nos últimos 5 (cinco) anos do contrato a título de 'saídas prematuras' ou de 'downgrades' de forma abusiva pela representada. Cláusula que contraria a boa-fé objetiva e a função social do contrato, tendo por fim minar as comissões pelo trabalho de representação comercial desempenhado. Ademais, a Telefônica sequer comprovou de que os estornos ocorreram por má qualidade da venda realizada pela autora ou por fraude por ela praticada. Reembolso determinado. Indenização. Cabimento. Condutas da ré que prejudicaram sobremaneira a remuneração da empresa autora, impedindo a continuidade da representação por sua total inviabilidade econômica. Caracteriza a culpa da Telefônica pelo desfazimento do negócio jurídico. Condenação devida ao representante em caso de rescisão sem justo motivo estipulada em 1/12 do total da retribuição auferida durante o tempo em que exerceu a representação. Exegese do artigo 27, alínea 'j', da Lei nº 4.886/65. Sentença reformada. Recurso provido" (*TJSP* – Ap 1048634-09.2020.8.26.0002, 24-8-2023, Rel. Rodolfo Pellizari).

"**Contrato de agência e distribuição** – Ação de rescisão contratual cumulada com cobrança procedente – Interposição de recurso pelo réu – Pessoa jurídica que não comprovou a impossibilidade de satisfação das despesas do processo – Indeferimento da gratuidade – Dever de recolher custas referentes ao preparo – Regular intimação para fins de recolhimento – Ausência de cumprimento – Deserção da apelação – Correção monetária e juros a partir do vencimento do débito – Apelação do réu não conhecida – Apelação da autora provida" (*TJSP* – AC 1075326-18.2015.8.26.0100, 1-3-2019, Rel. Luiz Eurico).

"Apelações – **Contrato de agenciamento** de carga – Captação pela autora de clientes para a requerida (serviço de armazenamento) – Aplicação da lei de representação comercial (Lei nº 4.886/65 com alterações feitas pela Lei nº 8.420/92) – Dever da requerida de pagamento da remuneração à autora nos termos do contratualmente estabelecido, ou seja, 10% sobre o valor do faturamento referente aos serviços de armazenamento. Estipulação contratual realizada na esfera de direito privado, pessoal, patrimonial e disponível. Princípio da força obrigatória dos contratos. Aplicação harmônica do Código Civil no caso de omissão do contrato ou da lei especial. O agente tem direito à remuneração dos negócios concluídos dentro da sua zona, ainda que sem a sua interferência (artigo 714, do CC, e, artigo 31, da Lei nº 4.886/65). Contratações realizadas pela requerida diretamente com o seu cliente de forma sequencial e no mesmo contexto fático-negocial das contratações anteriores que se deram em decorrência da captação realizada pela autora. Dever de pagamento da remuneração referente aos embarques de conhecimento discutidos. Recurso da autora provido. Recurso da requerida não provido" (*TJSP* – Ap 1028526-64.2016.8.26.0562, 12-7-2018, Rel. Roberto Mac Cracken).

Leva-se em conta que há um contrato, cujo objetivo é a realização de certos negócios, entre o proponente ou dono do negócio e o agente. Os terceiros, que tratam com o agente, são estranhos, em princípio, a esse contrato. Deve o agente buscar resultados e nisso o contrato se assemelha com o de mediação.

Embora não seja uma regra e a lei não desejou que assim fosse, o agente, a princípio, não compra ou vende objetos materiais, mas realiza, promove negócios, em favor do proponente. Pode até promover a venda, mas geralmente quem o faz é o próprio produtor, por indicação e por trabalho do agente. O distribuidor, que terá consigo produtos para comercialização, realiza primordialmente vendas, embora também realize a promoção de negócios. Essa é uma distinção prática, contudo não inflexível dos dois terceiros, agente e distribuidor, que se colocam na ponta dos negócios do produtor. Nesse diapasão, houve por bem o legislador aproximar as duas figuras contratuais e atribuir-lhes, em síntese, os mesmos direitos. No entanto, na pureza de sua conceituação, agenciar não é fazer negócio, não é concluir contratos ou outros negócios jurídicos, mas simplesmente promovê-los a bom termo, em favor do dono do negócio (Pontes de Miranda, v. 44, 1984:33). Daí por que, originalmente, à margem da posição legal, não há como confundi-lo com o contrato de representação, cuja finalidade é sempre a conclusão de negócios e nisso se aproxima ou se confunde com o contrato de distribuição.

A figura do agente deve ter autonomia econômica e funcional. Não se vincula ao proponente, pois tem seu próprio estabelecimento. Por essa razão, deve o agente suportar os riscos ordinários do negócio, salvo se estabelecida a cláusula *del credere*, como apontamos a seguir, quando então será responsável solidário pela solvência dos terceiros que promove. No campo do contrato de agência, porém, deve ficar bem clara essa responsabilidade, uma vez que prepondera o princípio da mediação e o agente, em princípio, não conclui contratos, mas propicia contratos e contatos ao agenciado.

Esse sentido de agência e agente já foi por nós destacado no exame da representação comercial, com lastro na opinião de Pontes de Miranda.

> *"O agente considera-se quem faz contrato de agência ou contratos de agência, pelo qual ou pelos quais se vincula, perante alguma empresa, ou algumas empresas, a promover em determinada região, ou praça, os negócios com aquela, ou com aquelas, e de transmitir à empresa, ou às empresas, as ofertas ou invitações à oferta que obtiveram"* (v. 44, 1984:23).

Por essa dicção do insuperável Pontes, verifica-se que a função primordial do agente é promover negócios. *"O agente promove, o contrato é para que promova"* (v. 44, 1984:24). Nem sempre serão negócios de compra e venda. Nada impede que o agente represente vários proponentes de ramos diversos, ou mesmo do mesmo ramo, se não houver cláusula de exclusividade. Pode também ocorrer, se assim for convencionado, que o proponente nomeie mais de um agente na mesma zona, para o mesmo ramo. O ajuste nesse sentido deverá ser expresso. Esse o sentido do art. 711:

> *"Salvo ajuste, o proponente não pode constituir, ao mesmo tempo, mais de um agente, na mesma zona, com idêntica incumbência; nem pode o agente assumir o encargo de nela tratar de negócios do mesmo gênero, à conta de outros proponentes".*

A demarcação territorial é forma de evitar que os agentes ou distribuidores de um mesmo negócio entrem em conflito empresarial e se prejudiquem mutuamente. A regra geral, no Código, será a exclusividade de área e de ramo ou incumbência (*salvo ajuste...*); a exceção será a pluralidade. Interessante notar que, no sistema da Lei nº 4.886/65, por outro lado, a exclusividade de representação não se presume na ausência de ajustes expressos (art. 31, parágrafo único). Desse modo, a fim de que se evite o conflito de interpretação, as partes devem ser claras e expressas sobre a exclusividade. Como regra, o agente não representa, mas poderes de representação podem lhe ser conferidos (art. 710, parágrafo único).

O agente pode dedicar-se a uma infinidade de negócios. Modernamente, destacam-se agentes que promovem negócios de turismo, teatro, atores e cantores, orquestras e apresentações artísticas em geral, atletas profissionais, espetáculos esportivos, publicidade e propaganda, política, transportes, mercado financeiro etc. O agenciado contrata o agente tendo em vista suas qualidades pessoais, pois o agente deve ter a vivacidade e o conhecimento que lhe propicie fácil trânsito no meio em que atua, conhecendo e sendo bem recebido pelas pessoas certas, o que proporcionará bons negócios em favor do proponente. Como em todo contrato, sempre se exigirá agente capaz e objeto lícito. Assim, o agente poderá ser pessoa natural ou jurídica. Como qualquer contrato, a ilicitude inquinará o negócio.

31.3.1 Agência e Contrato de *Lobby*

Aproxima-se o contrato de agência do contrato de *lobby*. *Lobby* significa originalmente antecâmara, à frente da Câmara dos Comuns na Inglaterra e do Capitólio, nos Estados Unidos. Por extensão, passou-se a entender lobista como aquele que transita pelos corredores e pelas antessalas do Poder ou de quem ocupa posição estratégica buscando influir em redações legais e proposições. Essa atividade torna-se cada vez mais importante, como elo de ligação social e política, para pessoas jurídicas, corporações e entidades de classe, grupos mais ou menos organizados no sentido de sensibilizar para legislar, definir ou decidir. A questão fica em aberto porque a atividade, plenamente disseminada entre nós, ainda não é definida em lei.

O lobista é alguém que promove certas atividades ou busca interferências sociais em direção à aprovação ou rejeição de uma lei; da aceitação de uma empresa em um empreendimento; da nomeação de alguém para um cargo público ou privado etc. Por isso, transita em meios que propiciam essa atividade. Enquanto o agente desempenha um contrato nominado, atualmente típico, perfeitamente conhecido, o lobista ainda tem um papel enevoado em nossa sociedade, tangenciando, pela opinião comum, princípios da Moral e esbarrando por vezes na ilegalidade, ao contrário de outras legislações que não só aceitam como também regulamentam sua atividade, ainda que sob vestes diversas. Embora não seja sistematicamente uma situação real, a figura do lobista vem sempre associada à realização de negociações obscuras. Não resta dúvida, porém, de que a atividade de lobista pode e deve ser exercida dentro dos princípios éticos, com respeito à Lei e aos poderes constituídos. Exercido dentro dos padrões éticos, o contrato de *lobby* pode ser instrumento eficaz de adequação social, em prol de bandeiras válidas dentro e fora do âmbito estatal, tendo em vista o desenvolvimento sustentável e a proteção dos menos favorecidos. Para isso, é necessário que esse instituto seja regulamentado. A função do lobista é, em última análise, representar a sociedade civil, seus anseios e suas necessidades junto aos detentores de poder em qualquer nível, sem recorrer a meios escusos e à corrupção.

É muito próxima, em sua essência, a função do agente e do lobista. Sua principiologia é quase idêntica, embora o *lobby* possa ser mais comumente um negócio meramente eventual. A diferença ocorre mais precipuamente no âmbito, no campo de atuação e na graduação da finalidade, pois o papel de ambos e a forma de remuneração são muito semelhantes. Enquanto o agente deve buscar promover a figura do agenciado em vários níveis (artístico, comercial, esportivo), o lobista promove uma atividade mais ampla e difusa em prol de um grupo ou de uma entidade, embora possa atuar também em favor de uma pessoa natural, para a indicação e nomeação em cargo público ou privado, por exemplo. Ambos exercem função de intermediários de vontades.

Já existem tentativas de regulamentação da atividade de lobista em tramitação no Congresso.

31.3.2 Características. Remuneração do Agente

Os contratos de agência e distribuição possuem, portanto, um tratamento único no Código Civil de 2002, embora apresentem diferenças pontuais que os distanciam, como vimos. Trata-se, pois, de contrato bilateral, oneroso, consensual, informal, comutativo, de duração e *intuitu personae*. Não exige a lei a forma escrita, embora seja de toda conveniência que assim seja. Prova-se por todos os meios, principalmente pelos atos que traduzem a conduta das partes, como correspondência, notas fiscais, formulários de pedidos, meios de divulgação e publicidade etc. Também se trata de pacto que se deve protrair no tempo, pois não se perfaz com um único ato, mas com uma conduta prolongada de ambas as partes. Daí por que a lei diz que não se trata de relação eventual. A confiança pessoal de ambas as partes, para a escolha da empresa produtora, pelo agente, e vice-versa, é aspecto ponderável nessa contratação.

A independência do agente caracteriza igualmente esse contrato, como destacado na definição do art. 710 do Código Civil. Se existe vínculo de hierarquia, subordinação e dependência, à relação jurídica se aplica a lei trabalhista. O agente é autônomo e mantém seu próprio negócio. Sua remuneração poderá ser fixa ou em porcentagem sobre os negócios bem-sucedidos. Nesse campo, é importante verificar os usos e costumes do ramo de atividade e os usos correntes no lugar. A esse respeito se reporta o art. 701, referente à comissão e aplicável à agência e distribuição: *"Não estipulada a remuneração devida ao comissário, será ela arbitrada segundo os usos correntes no lugar"*. Note-se que nos negócios de alienação, mormente no que se aplica ao distribuidor, a remuneração é ordinariamente fixada em porcentagem sobre o volume dos negócios.

É regra geral tradicional, também, que o agente ou distribuidor terá direito à remuneração correspondente aos negócios concluídos dentro de sua zona, ainda que sem sua interferência, salvo ajuste em contrário (art. 714). Essa é uma garantia e um dos atrativos do negócio para o agente. Essa remuneração poderá ser fixa ou variável, ou mista, combinando ambas as modalidades. Na ausência de fixação contratual a respeito, aplicam-se os valores e os percentuais usuais para os negócios respectivos, como se faz com a representação comercial.

> *"Sempre que o agenciado pratique, direta ou indiretamente, o que cabia ao agente, deve a remuneração. Se indiretamente o fez, deve a remuneração e a indenização"* (Miranda, 1984, v. 44:47).

Sob esse aspecto, deve ser examinado se houve negócios com invasão de área. Podem as partes, no entanto, dispor diferentemente, estabelecendo mais de um agente ou distribuidor para a mesma área. Essa mesma ideia está presente no art. 31 da Lei nº 4.886/65, que regula as atividades dos representantes comerciais autônomos. Se há mais de um distribuidor para a mesma área, deve ficar claro a quem pertence a remuneração. Se o contrato silenciar e o negócio for concluído sem a interferência de qualquer dos agentes, a remuneração deverá ser partilhada igualmente entre eles.

Aponta ainda o art. 716 que *"a remuneração será devida ao agente também quando o negócio deixar de ser realizado por fato imputável ao proponente"*.[2] No desempenho do contrato de agência, a exemplo do que ocorre no contrato de corretagem, com os quais têm pontos de contato, vale examinar a chamada "aproximação útil". Se o agente promove eficazmente o negócio que não se conclui por culpa do proponente, será devida a remuneração. No caso concreto é importante verificar a culpa e as situações de caso fortuito ou força maior. Promovida, por exemplo, a apresentação de uma ópera, que não ocorre em razão de uma greve ou de moléstia do tenor principal, não pode ser responsabilizado o proponente.

De qualquer forma, a lei civil é rigorosa quanto à aproximação útil, dispondo no art. 717:

> *"Ainda que dispensado por justa causa, terá o agente direito a ser remunerado pelos serviços úteis prestados ao proponente, sem embargo de haver este perdas e danos pelos prejuízos sofridos"*.[3]

---

2 "**Agência e distribuição** – Ação de indenização por danos materiais e morais – Contrato de distribuição – Inadimplemento contratual e concorrência desleal pela ré proponente – Inocorrência – Distribuidora – Lucros cessantes e danos emergentes não comprovados – Danos morais não configurados – Ação improcedente – Recurso desprovido, com observação" (*TJSP* – AC 1017432-16.2017.8.26.0100, 1-4-2019, Rel. Melo Bueno).

"Apelação Cível – Direito tributário – ISSQN – Execução Fiscal – Embargos do devedor – ISSQN – Alíquota – Contrato de representação comercial – A principal diferença entre o **contrato de agenciamento** e o contrato de representação comercial consiste no poder atribuído ao contratado para concluir negócios jurídicos em nome e por conta do contratante com terceiros. Enquanto 'agente considera-se quem faz contrato de agência, pelo qual ou pelos quais se vincula perante alguma empresa, ou algumas empresas, a promover em determinada região, ou praça, os negócios com aquela, ou com aquelas, e de transmitir à empresa, ou às empresas, as ofertas ou invitações à oferta que obtiveram', representante comercial é aquele que 'não só promove, [mas] conclui negócios jurídicos em nome e por conta de outrem, que é a empresa representada'. Hipótese em que o contrato celebrado pela embargante é de representação comercial, a atrair a incidência de ISSQN pela alíquota de 2%. Empresa contratada está devidamente registrada no Conselho da Categoria, e tem poderes para conclusão do negócio jurídico, em nome da empresa contratante de telefonia. Apelo desprovido" (*TJRS* – AC 70076451616, 25-7-2018, Relª Desª Lúcia de Fátima Cerveira).

3 "Ação de obrigação de fazer – **Agência e distribuição** – Sentença de improcedência – Impossibilidade de obrigar a parte a cumprir o contrato quando já operada por ela a denúncia. Sujeição da parte às penalidades decorrentes da sua conduta. Impossibilidade de condenação. Ausência de pedido nesse sentido. Observância do princípio da congruência. Recurso improvido. Reconvenção. Alegação de onerosidade excessiva. Sentença de improcedência. Alegação de cerceamento de defesa. Não reconhecimento. As peculiaridades do contrato não autorizam o reconhecimento de onerosidade excessiva. Risco normal do próprio negócio. Ausência de imprevisibilidade. Recurso improvido" (*TJSP* – AC 1045696-98.2017.8.26.0114, 4-10-2019, Rel. Nestor Duarte).

"**Agência e distribuição** – Ação indenizatória fundada em rescisão de suposto contrato de distribuição comercial firmado entre as partes – Discussão central que gira em torno da existência do contrato verbal de distribuição e da natureza da relação comercial travada entre as partes – Não caracterizada a existência de contrato verbal de agência e distribuição entre as partes, mas de meras tratativas para fins de compra e venda, de forma continuada, dos produtos fabricados pela apelada – Exegese dos artigos 710 e seguintes do Código Civil – Prática de atos ilícitos pela ré-apelada que não restou devidamente comprovada; Tampouco sendo demonstrada sua culpa pela redução dos negócios realizados entre as partes – Sentença de improcedência mantida – Recurso improvido" (*TJSP* – Ap 1001774-92.2016.8.26.0291, 24-7-2018, Rel. Carlos Nunes).

"Agravo de instrumento – Competência recursal – Ação de rescisão de contrato de credenciamento de revenda e suporte técnico de software – **Relação jurídica com natureza de agência ou distribuição** – Competência da Segunda Seção de Direito Privado – Resolução nº 623/2013, art. 5º, item. II – 1 – Recurso não conhecido, com determinação de remessa" (*TJSP* – AI 2027016-36.2016.8.26.0000, 4-5-2016, Rel. Luis Fernando Nishi).

"**Ação de cobrança – Contrato de agência** – Comissões – Não pagamento – Rescisão do contrato – Verbas indenizatórias devidas. Comprovada a existência do contrato de agência, bem como as vendas realizadas pelo agente, devidas são as comissões que não foram pagas a tempo e modo próprios, do que resultou a rescisão motivada do contrato, bem como devidas são as verbas indenizatórias previstas em legislação especial, subsidiariamente aplicável ao caso" (*TJMG* – Acórdão Apelação Cível 1.0145.07.424033-7/001, Rel. Des. Guilherme Baeta Nunes).

Nesse caso, é possível compensar a remuneração devida, com os prejuízos, desde que ambos os valores sejam líquidos. Até mesmo se o agente não puder continuar o trabalho por motivo de força maior, terá ele direito à remuneração pelos serviços já executados, cabendo esse direito aos herdeiros no caso de morte (art. 719).

Em qualquer situação de dispensa, deverão ser levados em conta os princípios da lei que regula a representação mercantil, que deverá ser utilizada em tudo que beneficiar o representante comercial, seja ele agente ou distribuidor. Essa lei, e outras que estiverem no mesmo diapasão, visam proteger a inferioridade econômica e a vulnerabilidade do agente e distribuidor perante o dono do negócio, o que, quase sempre, é regra geral. Nesse sentido, é expresso o art. 718:

> *"Se a dispensa se der sem culpa do agente, terá ele direito à remuneração até então devida, inclusive sobre os negócios pendentes, além das indenizações previstas em lei especial"*.[4]

A confiança recíproca é elemento importante no negócio. Nesse sentido, o art. 712 reforça que o agente deve agir com toda diligência, obedecendo às instruções recebidas do proponente. A boa-fé objetiva, como cláusula aberta, decantada no art. 422 do corrente Código, e a boa-fé subjetiva, decorrente do exame da conduta específica das partes, desempenham importante papel quando se examina a transgressão do contrato.

Nesse contrato, como o agente, e também o distribuidor, possuem negócio próprio e autônomo, a regra geral é que deverão arcar com as despesas do negócio. O contrato deve discriminar quais eventuais despesas que correrão por conta do dono do negócio. Nesse sentido, devem ser ajustadas expressamente as despesas com publicidade, treinamento, viagens de terceiros, remessa de amostras etc. Esse é o sentido do art. 713: *"salvo estipulação diversa, todas as despesas com a agência ou distribuição correm a cargo do agente ou distribuidor"*. Não podem,

---

[4] "**Agência e distribuição**. Ação declaratória de descumprimento contratual cumulada com indenizatória por danos materiais e devolução de produtos. Contrato de autorização para a prestação de serviços de assistência técnica e revenda de produtos da marca detida pela ré. Competência que se define pela causa de pedir. Petição inicial que apresenta pleito de reparação material e obrigação de fazer fundada em contrato de agência e distribuição – Matéria que se aproxima e se identifica com o contrato de representação comercial, com a peculiaridade que lhe é inerente. Competência recursal de uma das Câmaras da Subseção II, da Seção de Direito Privado (11ª a 24ª, 37ª e 38ª). Resolução nº 623/2013, artigo 5º, inciso II, item. 1- Precedentes. Recurso não conhecido, com determinação de redistribuição" (*TJSP* – AC 1004149-20.2018.8.26.0510, 18-3-2019, Rel. Alfredo Attié).

"**Agência e distribuição** de gêneros alimentícios – Descumprimento reiterado das metas contratuais – rescisão antecipada sem aviso prévio – possibilidade – 1 – Perícia contábil que se mostrou bastante completa e precisa, abordando todos os pontos necessários para a solução do caso. Perito que verificou que por meses seguidos a contratada deixou de atingir as metas impostas pelo contrato, fato que autoriza, por expressa disposição contratual, a rescisão do pacto sem aviso prévio ou indenização; 2 – Quantias gastas com a implementação do negócio e fomento da atividade que são de responsabilidade do empreendedor, tratando-se de risco do negócio, mormente pelo fato de que os produtos fornecidos por este contrato correspondiam a apenas 5% de todo o seu negócio. Investimento realizado que serviu de fomento à própria empresa, que não apenas prosseguiu normalmente suas atividades depois da rescisão como também aumentou seus lucros; 3 – Não há que se falar em complementação da perícia ou imprestabilidade desta, pois a discordância com relação a algumas conclusões do perito oficial não configura imprestabilidade da prova. Recurso improvido" (*TJSP* – Ap 1059299-94.2014.8.26.0002, 27-3-2018, Relª Maria Lúcia Pizzotti).

"Apelação – **Agência e distribuição** – Indenização – Danos materiais e morais – Contrato de fornecimento tácito – Ausência de provas – Autora que não se desincumbiu de seu ônus probatório – Art. 333, inciso I, do CPC – Ausência de provas que demonstrem a celebração do aludido contrato tácito. Documentos em forma de recibos que sequer demonstra a longevidade da relação comercial entre as partes – Caracterizada. Contrato verbal de compra e venda – Ausência de previsão legal ou contratual que obrigue a requerida a continuar vendendo seus produtos à apelante – Recurso desprovido" (*TJSP* – Ap 0002872-29.2010.8.26.0554, 22-1-2016, Rel. Mario Chiuvite Junior).

todavia, ser carreadas aos agentes ou distribuidores despesas extraordinárias, que extravasam as finalidades do negócio. Os usos locais têm função importante nessa análise, no caso concreto.

31.3.3 Prazo

O contrato de agência e distribuição pode viger por prazo determinado ou indeterminado. O contrato pode ser também estabelecido para determinada campanha, empreendimento ou tarefa. A lei não menciona este último aspecto. Escoado o prazo determinado ou exaurida a finalidade e mantendo-se as partes na conduta contratual, o contrato passa a vigorar por prazo indeterminado. O art. 720 do Código Civil houve por bem erigir norma específica quanto ao prazo para a denúncia vazia:

> *"Se o contrato for por tempo indeterminado, qualquer das partes poderá resolvê-lo, mediante aviso prévio de noventa dias, desde que transcorrido prazo compatível com a natureza e o vulto do investimento exigido do agente.*
>
> *Parágrafo único. No caso de divergência entre as partes, o juiz decidirá da razoabilidade do prazo e do valor devido".*[5]

A redação é confusa. Ademais, refere-se a "tempo determinado", quando quer significar prazo. Levando-se em conta a interpretação sistemática, conclui-se que o *prazo mínimo* para a denúncia vazia ou imotivada, nessa hipótese, será sempre de noventa dias. As partes poderão dilatá-lo, mas não reduzi-lo. Poderão ocorrer circunstâncias que autorizem o juiz a estender ainda mais esse prazo. Aliás, bastaria que se fizesse referência ao art. 473, parágrafo único, que contempla expressamente a hipótese. Normalmente, os contratos exigem investimentos vultosos por parte dos agentes e distribuidores. Cumpre examinar o caso concreto. Como se verifica,

---

5 "Direito Civil. Agravo de Instrumento. Contratos de Distribuição. Provimento parcial. (...) Questão em Discussão. A questão em discussão consiste em determinar a validade e os efeitos de um contrato de distribuição não assinado formalmente, mas executado na prática, e a adequação da tutela de urgência concedida. III. Razões de Decidir. Reconhecimento da existência de relação contratual de fato entre as partes desde setembro de 2022, seja mediante ajuste verbal, seja pela minuta de contrato proposta pela agravante. Razoável a concessão de tutela de urgência para determinar o cumprimento do aviso prévio, evitando a penalização excessiva da agravada, com base na boa-fé contratual e no art. 720, do CC. IV. Dispositivo e Tese. Dispositivo: Recurso provido em parte, para ajustar a liminar, condicionando a vigência ao cumprimento dos prazos de pagamento acordados. Tese de julgamento: 1. A existência de contrato de distribuição, ainda que verbal ou de fato, pode justificar a concessão de tutela de urgência para cumprimento do aviso prévio previsto no art. 720, do CC. 2. A fixação de prazo para desmobilização deve considerar a boa-fé e os investimentos realizados" (*TJSP* – AI 2111032-05.2025.8.26.0000, 30-7-2025, Rel. Grava Brazil).

"Apelação – ação de indenização por dano material e moral – Desistência da ação pela sociedade empresária – Manutenção dos sócios no processo – Pretensão indenizatória fundamentada na quebra da sociedade – Cabimento em tese – Contrato de distribuição comprovado nos autos – **Inexistência de aviso prévio de denúncia contratual – Art. 720 do Código Civil** – Prescrição – Inocorrência – Art. 206, §3º, inc. V, do Código Civil – Ausência de provas de causa efeito entre o ato da apelada e os danos alegados – Necessidade de lesão direta e imediata – Ausência de demonstração – Falência da sociedade empresária não pode ser atribuída unicamente ao fim do contrato de distribuição, uma vez que não foram apresentadas provas de que a apelada tenha agido de forma direcionada a causar danos aos recorrentes como pessoas naturais. Recurso desprovido, com anotação". (*TJSP* – Ap 0004638-13.2008.8.26.0482, 14-6-2023, Rel. João Batista Vilhena).

"Distribuição de bebidas. **Contrato de distribuição** de bebidas da marca Cintra, sem exclusividade e por prazo indeterminado. Rompimento do contrato sem aviso prévio de 90 dias (art. 720 do Código Civil). Aparente irregularidade que não causou prejuízos materiais ou morais à Apelante. Prova documental e pericial contábil que demonstram que a Autora comercializava vários outros produtos em seu portfólio e que já acumulava prejuízos antes da resilição unilateral do contrato. Com o rompimento do contrato, inclusive, a Apelante auferiu lucro no ano de 2003. Lucros cessantes e danos morais não configurados. Sentença de improcedência mantida na íntegra. Recurso não provido" (*TJSP* – Ap 0004241-53.2005.8.26.0095, 30-8-2022, Rel. Tasso Duarte de Melo).

portanto, o parágrafo único desse art. 720 também está deslocado. Refere-se também a "valor devido" como se houvesse direito a alguma indenização no artigo, que o *caput* não especifica.

A lei que regula o representante comercial, como vimos, possui normas próprias sobre a resilição unilateral. No art. 34, essa lei estipula que a denúncia, por qualquer das partes, sem justa causa, no contrato por prazo indeterminado e que haja vigorado por mais de seis meses, obriga o denunciante à concessão de pré-aviso com antecedência mínima de trinta dias, ou de importância igual a um terço das comissões auferidas pelo representante, nos três meses anteriores.[6] O prazo mínimo foi estendido para noventa dias pelo Código de 2002, mas, por outro lado, esse novel diploma não se refere à indenização nem ao prazo mínimo de vigência de seis meses. É de perguntar se estará derrogado o art. 34 em sua totalidade ou só quanto ao prazo de notificação. Questão difícil que somente poderá ser acomodada pela futura jurisprudência.

Ademais, como a lei dos representantes comerciais autônomos é detalhada a respeito do recebimento de comissões, recusa de pedidos, justa causa para rescisão etc. poderá ser utilizada supletivamente ao Código e ao que for expresso pelas partes no contrato. A matéria, como apontamos desde o início, não é de fácil deslinde no caso concreto.

31.4 DISTRIBUIÇÃO

Pelo Código Civil de 2002, os dispositivos acerca da distribuição são os mesmos aplicáveis à agência e, com maior razão, devem ser trazidos à colação os princípios da Lei nº 4.886/65. Aplica-se, salvo disposição contratual em contrário, os mesmos princípios atinentes a prazo, remuneração, exclusividade etc. O projeto de reforma do Código Civil em curso introduz um capítulo sob a denominação de "Contrato de distribuição empresarial". A dúvida será esclarecer as compatibilidades com a Lei nº 4.886/1965, que é mais detalhada. Os redatores deverão ter maior cuidado a esse respeito.

Em um sentido amplo, podemos conceituar distribuição como o contrato pelo qual uma das partes, denominada distribuidor, se obriga a adquirir da outra parte, denominada distribuído, mercadorias geralmente de consumo, para sua posterior colocação no mercado, por conta e risco próprio, estipulando-se como contraprestação um valor ou margem de revenda (Ghersi, 1999:104, t. 2). Vimos que pela dicção legal do art. 710, a diferença que a lei admite no tocante ao contrato de agência, é que no contrato de distribuição o distribuidor tem a coisa a ser negociada à sua disposição. O fato de ter a coisa à disposição não significa que sempre

---

6 "**Contrato de distribuição** – Ação declaratória de rescisão contratual cumulada com indenização por danos materiais e morais – Cláusula de arbitragem – Sentença de extinção sem resolução do mérito – Apelo da autora – Cláusula compromissória ajustada para dirimir litígio originado do contrato ou relacionado a ele – Razões de recurso que não apresentam nexo lógico com o conteúdo da sentença – Apelação não conhecida" (*TJSP* – Ap 0003373-37.2018.8.26.0704, 6-2-2019, Rel. Carlos Henrique Miguel Trevisan).

"Apelação – **Agência e distribuição** – Revisão contratual c.c – Indenização – Pedido reconvencional de cobrança – Ônus da autora desatendido – Preclusão da prova oral e pericial – Sentença de improcedência das ações e procedência da reconvenção – Manutenção – Honorários fixados com razoabilidade – Art. 252 do regimento interno do Tribunal de Justiça – Recurso improvido" (*TJSP* – Ap 0062483-62.2007.8.26.0506, 21-3-2018, Rel. Bonilha Filho).

"**Agravo de instrumento** – Obrigação de fazer – **Contrato de distribuição** com cláusula de exclusividade – Inconformismo contra decisão que deferiu a tutela antecipatória para proibir a ré de importar, comercializar e utilizar a marca Nupigeco ou dela se dizer única distribuidora no Brasil, sob pena de multa de R$ 10.000,00 por ato de violação. Pleito que versa sobre direitos de uso de marca e sobre concorrência desleal, com base na Lei nº 9.279/96 (LPI). Competência da Câmara Reservada de Direito Empresarial, por força do artigo 1º da Resolução nº 538/2011, do Órgão Especial deste Tribunal. Recurso distribuído após a entrada em vigor da Resolução mencionada. Recurso não conhecido, com determinação de redistribuição do recurso para uma das Câmaras Reservadas de Direito Empresarial" (*TJSP* – AI 2224048-20.2014.8.26.0000, 12-2-2015, Relª Viviani Nicolau).

tenha a posse. Os bens a serem comercializados podem permanecer na posse do distribuído ou dono do negócio. Como regra geral, o distribuidor adquire os bens e está organizado como empresa para a tarefa de distribuí-los (Farina, 1994:387).

O contrato recebe influências do contrato de compra e venda, mandato, comissão e fornecimento. Como é pacto de duração, não se pode perfazer com uma única venda, mas pressupõe continuidade de fornecimento de bens ao distribuidor por período mais ou menos longo. Sua natureza, de intermediação de vendas, se amolda melhor ao contrato de representação mercantil do que o contrato de agência, como acentuamos. Tanto assim é que o art. 721 da lei civil determina que se apliquem subsidiariamente ao contrato de disposição os princípios do mandato e da comissão. As noções de intermediação e de resultado útil ficam aqui também perfeitamente claras. No mais, todos os dispositivos comentados acerca da agência aplicam-se à distribuição (arts. 710 a 721). À colação devem ser trazidos os princípios de remuneração, exclusividade, boa-fé, prazo determinado ou indeterminado etc.

Assim como o agente, o distribuidor deve gozar de independência e autonomia, pois conduz negócio próprio e assume os respectivos riscos (art. 713 do Código Civil). Pode o legislador estabelecer normas específicas para a distribuição de determinados produtos, como combustíveis, por exemplo, que exigem requisitos de segurança que devem ser obedecidos.

O distribuído deve fornecer os bens e todos os meios pelos quais o distribuidor possa efetuar as vendas, enquanto este se obriga a efetuar as vendas do produto e, fundamentalmente, pagar o preço ao dono do negócio ou distribuído. Tanto assim é que o agente ou distribuidor terá direito à indenização se o proponente, sem justa causa, cessar o atendimento das propostas ou reduzi-lo tanto que se torna antieconômica a continuação do contrato (art. 715 do Código Civil). Essa situação, que representa um esvaziamento do contrato, é justa causa para a rescisão por parte do distribuidor ou agente, que também poderá pleitear perdas e danos.

Devemos lembrar que no contrato de distribuição, com mais propriedade do que no contrato de agência, quando o distribuidor se coloca como mero intermediário e não adquire as coisas para revenda, não pode ser estipulada a cláusula *del credere*, pela qual o distribuidor fica responsável pela solvência dos débitos convencionados com terceiros. Essa proibição decorre, em princípio, do art. 43 da lei dos representantes comerciais, com a redação dada pela Lei nº 8.420/92. Assim tem se posicionado a jurisprudência, é de perguntar se, fora do âmbito dessa lei, ou mesmo em contraposição a ela, pode ser aplicada a cláusula *del credere*, pois o atual Código silenciou especificamente a esse respeito. A nosso ver, a resposta é afirmativa, embora a palavra final esteja com os tribunais. Como apontados de início, não será fácil a harmonização dos novos dispositivos com a Lei nº 4.886/65. Lembre-se, como reforço de argumentação, de que o contrato de comissão permite a cláusula *del credere* no art. 698 do Código, e o art. 721 manda aplicar as regras da comissão e do mandato, no que couber, aos contratos de agência e distribuição.

Assim como o contrato de agência, trata-se de contrato consensual, bilateral, oneroso, comutativo, nominado e típico de acordo com o Código de 2002, informal, de duração e *intuitu personae*. Não é de sua essência que seja de adesão, mas, se o for, deve ser regido pelas regras de hermenêutica que se aplicam a essa modalidade. A propósito, apesar de o contrato de agência ou de distribuição não serem negócios de consumo, se estiverem presentes os fatores de vulnerabilidade e hipossuficiência, tudo é no sentido de que a jurisprudência aplique os princípios do Código de Defesa do Consumidor. A doutrina costuma entender que a exclusividade é um elemento natural do contrato de distribuição (Farina, 1994:389), que somente pode ser suprimida ou reduzida mediante a vontade expressa das partes.

Por fim, lembre-se de que não há que se confundir o contrato de distribuição com o contrato de concessão, embora ambos tenham aspectos comuns. Na concessão existe uma subordinação técnica e econômica ampla por parte do concessionário ao concedente. No contrato de distribuição, o distribuidor conserva sua autonomia. A distribuição é somente uma das etapas integrantes do contrato de concessão, que apresenta inúmeras outras obrigações para o concessionário. A Lei nº 6.729/79, denominada *Lei Ferrari*, regula a concessão comercial entre produtores e distribuidores de veículos automotores entre nós. Essa lei tem sido aplicada por analogia em alguns julgados a outras modalidades de concessão, o que para nós é incorreto, tendo em vista o vulto da indústria automobilística, incomparável a qualquer outra. De qualquer forma, porém, a concessão não se confunde com o mero contrato de distribuição. Carlos Alberto Ghersi aponta ainda dois fatores distintivos: (a) o contrato de concessão se dirige a bens de alto custo e envergadura tecnológica, ao contrário do contrato de distribuição; (b) na distribuição divulga-se tanto o nome do produtor como o nome do distribuidor em pé de igualdade, enquanto na concessão a publicidade se dirige quase exclusivamente para a marca do produto e para este em si mesmo (1999:115, t. 2).

Da mesma forma como expressamente determina a Lei nº 4.886/65, no art. 39, com a redação dada pela Lei nº 8.420/92, a Justiça Comum será competente para dirimir os conflitos de agência e distribuição.

32

CORRETAGEM

32.1 CONCEITO. NATUREZA JURÍDICA

Pelo contrato de corretagem, uma pessoa, independentemente de mandato, de prestação de serviços ou outra relação de dependência, obriga-se a obter para outra um ou mais negócios, conforme instruções recebidas. É o conceito que se encontra no art. 722 do Código Civil de 2002, pois o instituto não foi considerado pelo Código Civil de 1916. Modernamente, a mediação apresenta, a nosso ver, conteúdo maior do que a corretagem, tanto que pode ser considerado instituto mais amplo, pois pode ocorrer mediação em outros institutos jurídicos sem que exista corretagem. Daí por que não se pode afirmar que exista perfeita sinonímia nos termos mediação e corretagem.

A corretagem pode ter como parte corretor profissional devidamente habilitado, nos mais variados campos de atuação, ou qualquer outra pessoa. A ilicitude do exercício profissional não atinge o contrato como negócio jurídico, salvo se a lei expressamente proibir determinadas pessoas de nele figurar.

Denomina-se comitente ou dono do negócio o que contrata intermediação com o corretor. Notamos que o instituto cuida de intervenção em negócio alheio. Não se esgota, contudo, exclusivamente na corretagem essa possibilidade de intervenção, que também pode ocorrer no mandato, na comissão, na representação comercial, entre outros. No entanto, esses outros negócios não se confundem entre si nem com a corretagem ou mediação, na qual ocorre a intermediação por excelência. Há entendimento, como o de Pontes de Miranda, que afasta a coincidência de compreensão de conceitos entre corretagem e mediação. Para ele, mediação situa-se em plano inferior à corretagem, para a qual sempre se exigira matrícula e inscrição profissional. Não é posição que prevalece, pois os conceitos evidentemente coexistem, independentemente da qualificação profissional de quem intermedeia, seja profissional regular para a função ou não.

Na corretagem, um agente comete a outrem a obtenção de um *resultado útil* de certo negócio. A conduta esperada é no sentido de que o corretor faça aproximação entre um terceiro e o comitente. A mediação é exaurida com a conclusão do negócio entre estes, graças à atividade do corretor. Quando discutimos a retribuição a que o corretor faz jus, importante é exatamente fixar que a conclusão do negócio tenha decorrido exclusiva ou proeminentemente dessa aproximação. Nesse sentido, Carvalho Neto (1991:15) define: "*Mediação, pois, é a interferência feliz de um terceiro, feita sob promessa de recompensa, entre duas ou mais pessoas, levando-as a concluir determinado negócio*". A mediação é vantajosa para o comitente, porque lhe poupa tempo e o desgaste de procurar interessados no negócio.

Cuida-se, portanto, de contrato bilateral, acessório, consensual, oneroso e aleatório. *Bilateral*, porque dele emergem obrigações para ambas as partes, embora possa também onerar apenas uma delas. *Acessório*, porque serve de instrumento para conclusão de outro negócio. Trata-se de contrato preparatório. Pressupõe universo negocial amplo. O desenvolvimento do comércio criou a necessidade de intermediários. *Consensual*, porque depende unicamente do consentimento, sem outro procedimento. A regra geral é não depender de forma, podendo ser verbal ou escrito. Pode concretizar-se por cartas, telefonemas, mensagens informáticas etc. Observa o saudoso Antônio Carlos Mathias Coltro (2001:131) que

> *"a informalidade permite a concretização do contrato de mediação por meios diversos, como, por exemplo, entendimento verbal direto entre comitente e corretor, telefone, correspondência escrita, computador, fax e outras formas de comunicação".*

Trata-se de contrato oneroso, porque pressupõe eventual remuneração do corretor. *Aleatório*, porque depende de acontecimento falível para que essa remuneração seja exigível, qual seja, a concretização do negócio principal. Fica, portanto, subordinado ao implemento de condição suspensiva. O corretor suporta o risco do não implemento dessa condição. Há incerteza de que o corretor venha a realizar a aproximação útil, porque depende da vontade de terceiros. O contrato, embora nominado, é atípico no ordenamento de 1916, ainda porque o Código Comercial disciplinava a profissão dos corretores, mas não propriamente o contrato. Não há diferença de natureza jurídica na corretagem civil e na corretagem comercial. Com a disciplina da empresa presente no Código Civil, a distinção perde atualidade. Em ambas, o corretor, como intermediário, põe os interessados em contato, a fim de concluir certo negócio. A corretagem mercantil caracteriza-se apenas pelo conteúdo do negócio em jogo.

O Código Civil de 2002 tipifica o contrato de corretagem nos arts. 722 a 729.

Toda atividade lícita admite a mediação. O objeto ilícito ou imoral evidentemente a inibe, como em qualquer outro negócio jurídico. Desse modo, não serão admitidos efeitos jurídicos a corretagem que tenha por objeto contrabando, por exemplo. Discute-se, por outro lado, se é moral e por isso juridicamente aceita a corretagem matrimonial. A tendência moderna nela é não ver ilicitude nessa atividade crescente, desde que conduzida dentro de princípios éticos e morais. Desvios que tangenciam a ilicitude ou frontalmente transgridem o ordenamento podem ocorrer em qualquer atividade.

O Código Comercial admitia amplitude na corretagem ao estatuir que o corretor pode intervir em todas as convenções, transações e operações mercantis (art. 45). Assim, em princípio, todas as modalidades contratuais admitem a corretagem. Lembre-se de que o presente Código revoga a parte contratual do velho Código Comercial.

O objeto da mediação não é uma conduta propriamente dita, mas o resultado de um serviço. Na corretagem, existe uma obrigação de resultado. Sem este não há direito à remuneração. Nesse sentido, disciplina o corrente Código Civil:

> *"A remuneração é devida ao corretor, uma vez que tenha conseguido o resultado previsto no contrato de mediação, ou ainda que este não se efetive em virtude de arrependimento das partes"* (art. 725).[1]

[1] "Apelação. Ação de cobrança. Comissão de corretagem. Sentença que condenou a ré no pagamento do valor integral da comissão sobre a venda de apartamento. Preliminar de ilegitimidade passiva. Termo subscrito pelos compradores que, embora indique a responsabilidade destes pelo pagamento da comissão de corretagem, demonstra o

O que se tem em vista nesse contrato é a aproximação ou resultado útil, tanto que a remuneração será devida na hipótese de arrependimento injustificado das partes e quando estas realizam o negócio diretamente, após a atividade útil do corretor.[2] Nesse diapasão, entende-se que a remuneração do corretor não pode ficar subordinada à escritura definitiva (Cases, 2003:116).

---

recebimento integral desta pela ré. Hipótese em que, então, caberia à apelante proceder ao repasse do respectivo valor ao corretor autônomo parceiro. Preliminar rejeitada. Suposta inobservância dos requisitos do art. 700 do CPC. Ação suficientemente instruída com prova documental da intermediação da venda do imóvel e da comissão de corretagem ajustada (exibição pela autora dos termos de adesão de corretores parceiros, comissão de corretagem oferecida para os diversos empreendimentos e proposta assinada pelos interessados). Teórica inexigibilidade da comissão de corretagem pela autora, a pretexto de que o negócio jurídico fora concluído sem a sua presença. Conjunto probatório que revela ter havido a aproximação das partes por meio do trabalho da autora, seguindo-se à formalização do compromisso de compra e venda nos mesmos termos intermediados por ela. Hipótese em que se evidencia o resultado útil da intermediação sendo devida a remuneração à autora, nos moldes dos artigos 725 e 727 do Código Civil. Alegação da ocorrência na espécie de prática comercial denominada de 'fifty', por meio da qual há a igual repartição da comissão de corretagem entre corretores que atuaram em parceria. Prova oral produzida pela ré-apelante que evidencia a inexistência de avença acerca da repartição da comissão, tratando-se de medida unilateral da apelante, a pretexto de que corretores a ela subordinados teriam posteriormente atendido os autores. Comissão que deve ser paga à autora no percentual de 3,6% do valor da venda, conforme inicialmente ofertado aos corretores parceiros. Sentença mantida. Recurso desprovido" (*TJSP* – Ap 1023196-07.2022.8.26.0100, 4-8-2025, Rel. Rômolo Russo).

"Apelação. Ação de cobrança. Comissão de corretagem. Sentença de parcial procedência. Inconformismo do réu/vendedor. Acolhimento. Previsão da **comissão de corretagem** no contrato de compra e venda. Pagamento condicionado à efetivação do negócio jurídico. Desistência do comprador. Comissão indevida. Desistência que não se confunde com arrependimento posterior previsto no art. 725, do Código Civil. Resultado útil não alcançado ante a desistência do negócio pelo comprador. Sentença modificada e ônus sucumbencial invertido. Recurso provido". (*TJSP* – Ap 1000869-78.2021.8.26.0011, 24-8-2023, Rel. João Baptista Galhardo Júnior).

"**Corretagem** – comissão – Sentença de procedência reconhecendo o direito da autora à remuneração pelo trabalho realizado. Recursos das rés. Alegação de falta de intermediação da autora no contrato assinado. Documentos que comprovam a prospecção e tratativas de área inferior ao efetivamente adquirido. Direito ao recebimento da comissão pelo valor da área apresentada. Aplicação dos artigos 725 e 727 do Código Civil. Inaplicabilidade da Taxa SELIC aos débitos judiciais. Má-fé da autora não reconhecida. Recurso parcialmente provido" (*TJSP* – Ap 1035556-76.2019.8.26.0100, 28-9-2022, Rel. Benedito Antonio Okuno).

"Apelação cível. Ação de cobrança. **Comissão de corretagem.** Negociação que não supera a fase de tratativas e propostas na compra e venda de imóvel. Resultado útil não alcançado. Comissão indevida. Recurso conhecido e não provido. 1. É devida a comissão de corretagem quando o corretor realiza a efetiva aproximação entre o comprador e o vendedor e obtém resultado útil na conclusão do negócio (art. 725 do Código Civil). 2. A mera aproximação das partes e início do processo de negociação do imóvel não justifica o pagamento de comissão de corretagem se não houve resultado útil. 3. Na hipótese, o acervo probatório demonstra que, diferentemente do alegado pela apelante, a venda do imóvel não foi resultado da sua intermediação. Ao contrário, os depoimentos prestados na fase instrutória comprovam que a atuação da imobiliária afastou o interessado/comprador da vendedora. 4. Recurso conhecido e não provido. Honorários majorados" (*TJDFT* – Ap 07356449020208070001, 17-11-2021, Rel. Leonardo Roscoe Bessa).

"**Contrato de corretagem** – Ação de cobrança – Instrumento de promessa de compra e venda de imóvel firmado pelas partes. Posterior não pagamento da entrada e das parcelas avençadas. Desistência do adquirente. Negócio não concretizado. Ausência de resultado útil que afasta o direito à comissão de corretagem pleiteada. Precedentes desta C. Câmara e do E. STJ. Ação improcedente. Recurso provido" (*TJSP* – AC 1010222-10.2018.8.26.0477, 29-3-2019, Rel. Milton Carvalho).

"Civil – **Contrato de corretagem** – Intermediação de compra e venda de bem imóvel por imobiliária. Alegação de desídia do preposto na condução das tratativas. Esclarecimento satisfatório sobre os riscos e a segurança do negócio intermediado. Retardo na concessão de crédito não atribuível à imobiliária. Ausência de responsabilidade da corretora pelo descumprimento das obrigações assumidas pelos contraentes. Falta de demonstração do atuar negligente da imobiliária. Descumprimento contratual não caracterizado. Recurso desprovido" (*TJRJ* – AC 0005679-19.2013.8.19.0002, 24-5-2018, Rel. Carlos Eduardo da Rosa da Fonseca Passos).

2 "Apelação – Cobrança – **Comissão de corretagem** – Resultado alcançado – Corretagem devida – Aferida a aproximação entre as partes e a intermediação mínima capaz de permitir o 'resultado' (contrato principal), irrelevante a adesão em termos distintos daquele inicialmente discutidos – Art. 727, do Código Civil. Não demonstrada a violação da 'confiança' – Associado o contrato às partes apresentadas pelos autores – Manutenção da decisão por seus próprios e bem lançados fundamentos – Artigo 252 do Regimento Interno do Tribunal de Justiça de São Paulo. Recurso improvido" (*TJSP* – AC 0013036-22.2011.8.26.0068, 2-4-2019, Relª Maria Lúcia Pizzotti).

"Contrato de corretagem – Arts. 720 a 729 do CC – Agente que era incumbido pelas construtoras para procurar imóveis em determinadas cidades e bairros com a finalidade de aproveitá-los depois na incorporação imobiliária, com a construção de prédios que resultariam em apartamentos e unidades autônomas que eram depois vendidos a terceiros, quando recebia deles os seus preços. Reunião de processos. Afastamento. Cautelar exibitória. Meramente instrumental conservativa de direito e por não ter natureza contenciosa, não gera a prevenção para a ação principal. Ainda que assim não fosse, quando da decisão proferida nesta ação de cobrança, em 2017, já havia sido proferida decisão em definitivo na cautelar, em 2013. Incidência da Súmula nº 235 do C. STJ. Ademais, a exibitória foi ajuizada em face de terceira pessoa, estranha a estes autos. Trabalho executado por muito tempo, inclusive com a inclusão nos rendimentos apresentados para os fins de imposto de renda, tornando-se indiscutíveis, especialmente se não houve qualquer impugnação a respeito, inclusive no processo cautelar e na universalidade de provas aqui recolhidas, com as quais se tornaram conhecidos 'e-mails' e outras correspondências trocadas entre as partes a respeito desse tema. Empreendimentos imobiliários que efetivamente foram realizados pelas construtoras mercê do trabalho antecedente e essencial do agente em reconhecimento de que é devida a comissão avençada, que é certa, de 0,10 % sobre o valor econômico envolvido com as vendas, sob pena de ser permitido. Comissão que deverá ser atualizada pela tabela prática adotada por este Tribunal com o acréscimo dos juros de mora de 1% ao mês a partir da citação colhida. Dano moral. Fato que não ensejou no aparecimento da dor psíquica desproporcional e espetacular em prejuízo do agente, que, aliás, não estava submetido exclusivamente às construtoras para ser possível o trabalho com outras na execução da mesma função ou de outras segundo o seu entendimento. Descumprimento contratual que não pode ser elevado à condição de dano extrapatrimonial resultante da dor psíquica invencível a que alude Ruggiero. Dano moral indevido. Decaimento do recurso nesta parte para impor o decaimento recíproco, porém em maior extensão das construtoras que arcarão com exclusividade com os ônus sucumbenciais, arbitrados os honorários de advogado em 10% sobre o proveito econômico obtido e assim conhecido na fase de cumprimento. Agente que não estava inscrito no Conselho Regional de Corretagem. Profissão definida. Exercício ilegal. Conhecimento do Ministério Público para adotar as providências que entender necessárias na espécie. Decaimento em maior extensão das construtoras para responsabilizá-las exclusivamente com os ônus sucumbenciais, no pagamento das custas e despesas com o acréscimo dos honorários de advogado arbitrados em 10% sobre o 'quantum debeatur' encontrado finalmente. Recurso de apelação a que se dá provimento, em parte" (*TJSP* – Ap 1005155-65.2017.8.26.0100, 20-8-2018, Rel. Mauro Conti Machado).

"Apelação – **Comissão de corretagem** – Ação de cobrança – 1 – O resultado útil da corretagem está na contribuição do corretor à obtenção de um consenso das partes por ele aproximadas. Havendo tal consenso, eventual desistência do negócio por qualquer das partes, por causa estranha à atividade do corretor, não as isenta da remuneração do trabalho por ele desempenhado. 2 – É fato incontroverso nos autos que, por conta da existência de inquilino no imóvel, o negócio visado não foi concretizado em um primeiro momento, quando da atuação dos corretores. Inexistência de consenso entre as partes. 3 – O negócio somente foi concluído meses depois, em circunstâncias e valores diversos dos propostos inicialmente. 4 – Descabimento do pagamento de quaisquer valores a título de comissão de corretagem, pois os apelados deixaram de exercer a intermediação de forma satisfatória, tendo em vista a ausência de informação correta ao vendedor e ao comprador. 5 – Gratuidade da Justiça. Demonstração do preenchimento dos requisitos. Em razão da sucumbência os apelados devem arcar com despesas, custas processuais e honorários advocatícios fixados em 10% do valor da causa, observado o disposto no art. 12, da Lei nº 1.060/50 (apelação anterior à Lei 13.105/15). 6 – Lide secundária. Denunciada aceitou a denunciação e reconheceu sua responsabilidade em caso de condenação da denunciante na lide principal. Deixo de arbitrar honorários advocatícios em relação à lide secundária. Recursos providos" (*TJSP* – Ap 1010000-97.2014.8.26.0019, 6-2-2017, Relª Kenarik Boujikian).

"Apelação – Compra e venda de bem imóvel – Pedido de devolução das verbas de intermediação imobiliária – Sentença de parcial procedência, com condenação das rés à restituição simples dos valores pagos pelo autor a título de taxa SATI. Afastamento do pedido de restituição da comissão de corretagem. Inconformismo do autor. 1 – Conhecimento do recurso. Inviabilidade de remessa dos autos para a Terceira Subseção de Direito Privado. 2 – Verbas de assessoria imobiliária. Inadmissibilidade. O adquirente que se dirige ao estande de vendas para a aquisição do imóvel não responde pelo pagamento das verbas de assessoria imobiliária (corretagem e taxa SATI). Aplicação do Enunciado 38-3 desta Câmara. 3 – Devolução em dobro. Restituição dos valores pagos de forma simples, porquanto não foi comprovado que as rés agiram de má-fé. 4 – Cláusula contratual que autoriza a manutenção de estande de vendas no local da obra que não é abusiva. 5 – Autor que decaiu de parte mínima do pedido. Condenação das rés ao pagamento das custas, despesas processuais e honorários advocatícios arbitrados em 20% do valor da condenação. Recurso parcialmente provido" (*TJSP* – Ap 1013586-59.2014.8.26.0564, 21-1-2016, Relª Viviani Nicolau).

"**Direito civil** – Compra e venda de imóvel – Comissão de corretagem – Ausência de contrato escrito – efetiva aproximação realizada pelo corretor – negócio concluído – remuneração devida – valor dos honorários – Arbitramento – Artigo 724 do Código Civil – Usos locais – tabela Creci – Lei 6.530/1978 – intermediação de mais de um Corretor – Artigo 728 do Código Civil – Pagamento em partes iguais – É devida a comissão de corretagem quando o corretor realiza a efetiva aproximação entre o comprador e o vendedor e obtém resultado útil na conclusão do negócio. Ante

Distingue-se da simples prestação de serviços cujo objeto é conhecido e não aleatório. Não se confunde com a empreitada, porque nesta o objetivo é a entrega da obra. Não se confunde com o mandato, porque o corretor não representa o comitente. Apesar de também assimilar aspectos da comissão mercantil, com ela não se confunde, porque o comissário contrata em seu próprio nome, enquanto o corretor limita-se a aproximar as partes.

Como acenado anteriormente, a corretagem pode ser tanto *profissional*, como *ocasional*. Conceitualmente, não existe diferença. Não é simplesmente porque o agente não faz da corretagem sua profissão habitual que perderá direito à remuneração. A maior dificuldade em fixar a natureza jurídica desse contrato deve-se ao fato de que raramente o corretor limita-se à simples intermediação. Por isso, para a corretagem acorrem princípios do mandato, da locação de serviços, da comissão e da empreitada, entre outros. Quando um desses negócios desponta como atuante na corretagem, devem seus respectivos princípios de hermenêutica ser trazidos à baila. Para que seja considerada corretagem, a intermediação deve ser a atividade preponderante no contrato e na respectiva conduta contratual das partes.

32.2 CORRETOR

Fala-se da corretagem livre e da corretagem oficial. Conforme a categoria profissional, variam os requisitos exigidos. Qualquer pessoa civilmente capaz pode praticar a corretagem livre, ficando eventualmente sujeita a punições administrativas, salvo se a lei cominar com nulidade o ato, suprimindo a legitimidade para mediar a quem não seja corretor profissional regular. Tal fato, porém, não atinge a idoneidade das obrigações contraídas pelo comitente, ainda que responsável nos termos do injusto enriquecimento. Como ponteia Carvalho Neto (1991:94), "a grande *norma é a confiança do comitente no corretor*". Corretores livres são aqueles que intermedeiam negócios cuja atividade não é privativa dos corretores oficiais.

Quando se tratava de ofícios regulados pelo Código Comercial, para que alguém pudesse exercer a função de corretor, deviam ser obedecidos os requisitos dos arts. 37 a 39. Afasta-se, porém, a obsoleta referência que fazia a lei mercantil, excluindo as mulheres do exercício do ofício de corretor oficial.

Corretores oficiais são, portanto, aqueles investidos de ofício público, disciplinado por lei. Assim se colocam os corretores de mercadorias, de navios, de operação de câmbio, de seguros, de valores em Bolsa etc., todos com regulamentação particular.

Corretores livres são os que exercem a intermediação sem designação oficial. Nesse caso, podem atuar todos os que estejam na plenitude de sua capacidade civil. Nesse campo atuam, por exemplo, os corretores de espetáculos públicos, de atletas profissionais, de automóveis, de obras de arte, de móveis etc.

A profissão de corretor de imóveis, por exemplo, é disciplinada pela Lei nº 6.530/78. De acordo com o art. 1º, I, do regulamento, o exercício da profissão de corretor de imóveis, no território nacional, somente é deferido ao possuidor de título técnico em transações imobiliárias, inscrito no Conselho Regional de Corretores de Imóveis (Creci) da jurisdição. O exercício

---

a ausência de contrato estabelecendo o percentual dos honorários, deve prevalecer o que dispõe a tabela do Creci do lugar do imóvel, pois é a que melhor representa os usos locais, nos termos do artigo 724 do Código Civil. Havendo a intermediação de mais de um corretor, a remuneração será paga a todos em partes iguais, nos termos do artigo 728 do Código Civil. Recursos conhecidos, apelo da requerida não provido e apelo do autor parcialmente provido para arbitrar a remuneração em três por cento do valor da venda do imóvel" (*TJDFT* – Proc. 20130111212346 – (841855), 27-1-2015, Rel. Des. Hector Valverde Santanna).

também é autorizado às pessoas jurídicas, e o atendimento aos interessados sempre será feito por corretor regularmente inscrito.

32.3 REMUNERAÇÃO

O corretor somente fará jus à remuneração, denominada geralmente comissão, se houver resultado útil, ou seja, a aproximação entre o comitente e o terceiro resultar no negócio, nos termos do art. 725 acima transcrito. Nesse sentido, se não for concretizada a operação, a comissão será indevida, por se tratar a intermediação de contrato de resultado.[3] Persiste o direito à

---

3 "Apelação. Ação de cobrança. Sentença de procedência. Insurgência do réu. (I) Comissão de corretagem. Pagamento decorrente de intermediação de negócio imobiliário. Aproximação e obtenção de resultado útil evidenciadas. Remuneração devida. Inteligência do **art. 725 do Código Civil**. (II) Litigância de má-fé do réu não evidenciada. Sentença preservada. Recurso desprovido" (*TJSP* – Ap 1009540-42.2022.8.26.0048, 3-9-2024, Rel. João Baptista Galhardo Júnior).

"Apelação. **Corretagem**. Ação de cobrança julgada procedente. Apelo da ré. Como cediço, o contrato de mediação e/ou corretagem, é de resultado e não de meio. Destarte, a remuneração, consistente na comissão, só é devida quando o trabalho levado a efeito pelo corretor alcançar resultado útil, qual seja, a efetiva realização do contrato de compra e venda entre os interessados. Em casos tais, ainda que haja posterior desistência, ou arrependimento do negócio por parte do comprador, é devida a comissão de corretagem. Inteligência do art. 725, do Código Civil. *In casu*, conquanto a ré e clientes tenham celebrado promessa de compra e venda de imóvel sob a intermediação do autor e a requerida (apelante) em contrato, tenha assumido a obrigação do pagamento de comissão, fato é que o contrato acabou por ser rescindido por distrato, na medida em que os promitentes compradores não lograram obter financiamento bancário para pagamento do preço. Autor teve ciência do distrato, muito embora tenha se recusado a assiná-lo. Mais; da promessa de compra e venda constou que o pagamento do bem seria efetuado mediante empréstimo bancário. Houve, pois, motivação jurídica para o desfazimento do negócio, ante o fato de que não houve liberação do financiamento imobiliário necessário. Destarte, não há que se cogitar na espécie, de desistência (em regra, efetivada antes do negócio), ou mesmo arrependimento (que se dá após a assinatura do contrato), mas, sim, de efetivo impedimento à efetivação do negócio jurídico consistente na compra e venda de bem imóvel. Em suma, negativa de financiamento imobiliário por instituição financeira, não confunde com posterior desistência ou arrependimento. Destarte, ausente o financiamento e incompleta a forma de pagamento, o negócio não consumou. Logo, forçoso convir que o autor, não atingiu "o resultado previsto no contrato de mediação", nos termos previstos no referido artigo 725, CC. Bem por isso, a improcedência da ação é medida que se impõe. Precedentes jurisprudenciais, inclusive desta C. Câmara – Recurso provido" (*TJSP* – Ap 1007623-30.2020.8.26.0477, 8-6-2022, Rel. Neto Barbosa Ferreira).

"Recurso Especial – Direito civil e do consumidor – Incorporação imobiliária – **Comissão de corretagem** – Cláusula de transferência da obrigação ao consumidor – Validade – Aceitação da proposta e formalização do contrato no mesmo dia – Validade – Dever de informação observado – Recurso repetitivo nº 1.599.511/SP. 1- Nos termos do entendimento consolidado no Recurso Especial nº 1.599.511/SP, sob o rito dos recursos repetitivos, não é abusiva a 'cláusula contratual que transfere ao promitente-comprador a obrigação de pagar a comissão de corretagem nos contratos de promessa de compra e venda de unidade autônoma em regime de incorporação imobiliária, desde que previamente informado o preço total da aquisição da unidade autônoma, com o destaque do valor da comissão de corretagem'. 2- Irrelevância, para o efeito de atender ao dever de informação, que a data da aceitação proposta seja a mesma da celebração do contrato. 3- Recurso especial provido" (*STJ* – REsp 1793665/SP, 15-3-2019, Relª Minª Maria Isabel Gallotti).

"**Corretagem** – Contrato de intermediação de valores mobiliários – Danos materiais – Ausente a prova de que os investimentos foram realizados com autorização da Autora – Culpa da Requerida pelos prejuízos decorrentes das operações financeiras realizadas indevidamente no mercado de ações – sentença de procedência, para condenar a Requerida ao pagamento do valor de R$ 233.081,39 – Autora que foi informada durante o período de novembro de 2007 a agosto de 2009 acerca das operações realizadas com seus recursos financeiros e, apenas em 17 de abril de 2009, demonstrou insatisfação com os serviços prestados pela Requerida – Evidenciado o consentimento tácito da Autora quanto às operações efetuadas pela Requerida – Prejuízo ou lucro que são inerentes à natureza do elevado risco do negócio – Ausente o dever de indenizar. Recurso da requerida provido, para julgar improcedente a ação" (*TJSP* – Ap 0193876-62.2010.8.26.0100, 18-5-2018, Rel. Flavio Abramovici).

"Apelação cível – **Ação de cobrança de comissão de corretagem** – O resultado previsto no contrato de mediação é a obtenção de negócio e não depende da efetiva concretização do contrato almejado. Assim, faz jus o corretor à sua remuneração mesmo que o contrato de compra e venda não tenha sido concluído, pela desistência de uma das partes, conforme disposto nos arts. 722 e 725, do Código Civil. Entretanto, compete aos Tribunais dirimir a dúvida se a comissão é ou não devida, de acordo com as particularidades da eventual

remuneração, em princípio, se o negócio não se realiza por desistência ou arrependimento do comitente.[4] O corretor compromete-se a obter um resultado útil. Se não ocorre esse deslinde em sua conduta, a remuneração não é devida. É matéria a ser examinada no caso concreto, nem sempre de fácil deslinde. Esse aspecto é enfocado pelo citado art. 725 do mais recente Código.

---

aproximação e as tratativas entre as partes, vez que e. STJ entende que o resultado deve ser alcançado, não sendo devida a comissão de corretagem em razão de meras tratativas. Os pré-contratos de compra e venda foram celebrados, não tendo sido concluídos por exigências da CEF, feitas à construtora Edvaldo Carvalho, posteriores à formalização dos pré-contratos e não por mero arrependimento imotivado dos promitentes compradores, vez que a desistência destes, *in casu*, se deu em razão de a rés não terem obtido êxito na conclusão e regularização do empreendimento, o que criou obstáculos ao crédito do financiamento imobiliário. O resultado útil da atuação do corretor foi atingido com a assinatura do pré-contrato de compra e venda e entrega de sinal, vez que a atividade do corretor foi devidamente exercida, sem que a este possa ser atribuída qualquer responsabilidade pela não efetivação do negócio. Desprovimento de ambos os recursos" (*TJRJ* – AC 0011248-20.2012.8.19.0007, 5-7-2017, Relª Denise Levy Tredler).

4 "Promessa de compra e venda de imóvel – Restituição do valor pago – Comissão de corretagem – Agravo interno na reclamação. Promessa de compra e venda de imóvel. Ação objetivando a restituição do valor pago a título de comissão de corretagem. Aplicação de tese firmada no julgamento de recurso repetitivo. Recurso desprovido. 1- Nos termos do art. 988, § 1º, do NCPC, é cabível a reclamação para preservar a competência do Tribunal, garantir a autoridade de suas decisões e a observância de julgamento proferido em incidente de assunção de competência ou demandas repetitivas, desde que, nesta última hipótese, haja esgotado a instância ordinária. 2- No caso, não há falar, contudo, em descumprimento, pela autoridade reclamada, de precedente desta Corte julgado sob o rito dos recursos repetitivos. Ao contrário, a decisão do Tribunal de origem está em consonância com o entendimento consolidado no julgamento do REsp 1.599.511/SP, em relação à possibilidade de transferência para o promitente comprador da cobrança da comissão de corretagem imobiliária. Ocorre que, no caso, a cobrança não se afigurou possível pela inobservância do dever de informação previsto no art. 6º, II e III, do Código de Defesa do Consumidor. Todavia, a reclamação não se presta ao rejulgamento da causa, a partir do reexame das premissas fáticas assentadas pelo Tribunal de origem. 3- Agravo interno a que se nega provimento" (*STJ* – Ag Int-Rcl 36.519/SP, 9-4-2019, Rel. Min. Marco Aurélio Bellizze).

"Apelação – Contrato particular de promessa de compra e venda – Restituição de valores – **Corretagem/Sati** – Recurso Repetitivo – Corretagem – Validade da cláusula contratual que transfere ao promitente-comprador a obrigação de pagar a comissão de corretagem nos contratos de promessa de compra e venda de unidade autônoma em regime de incorporação imobiliária, desde que previamente informado o preço total da aquisição da unidade autônoma, com o destaque do valor da comissão de corretagem. Deveres de informação e transparência observados no caso concreto. Abuso não verificado, afastada a pretensão de devolução dos valores pagos a este título. SATI. Abusividade assentada no mesmo julgado paradigma, mesmo que contratada, pois transfere para o comprador ônus que não lhe compete, como a análise da documentação do imóvel e viabilidade da negociação, despesas que são de interesse do empreendedor e inerentes à operação comercial, não acrescentando efetivo serviço que resulte em benefício para o comprador, já que relacionado à própria regularidade do negócio em favor da construtora/vendedora. Dever de restituição acolhido. Reforma parcial da sentença. Recurso do autor parcialmente provido" (*TJSP* – Ap 1006694-37.2015.8.26.0100, 30-7-2018, Relª Mariella Ferraz de Arruda Pollice Nogueira).

"Apelação – Compromisso de compra de venda – Ação declaratória c/c repetição de indébito – **Comissão de corretagem** paga pela compromissária compradora – Posição firmada pelo STJ para efeito do art. 1.040 do CPC/2015 – Configurada a prévia informação de sua exigibilidade e o destaque da quantia no valor do contrato – Abusividade não reconhecida – Mantida a validade da cláusula – Celebração do contrato com a participação de corretor – Remuneração devida – Desistência posterior do negócio pela parte compradora que não afasta o direito à percepção da comissão de corretagem – Aplicação do artigo 725, do Código Civil – Sentença mantida – Recurso não provido" (*TJSP* – Ap 1006076-39.2014.8.26.0032, 31-7-2017, Rel. Augusto Rezende).

"Corretagem – Ação de cobrança – Conclusão do negócio por força da atividade medianeira – Comprovação – Comissão devida pelos vendedores – Sentença Mantida – Recurso improvido – A comissão de corretagem é devida quando o corretor efetua a aproximação entre comprador e vendedor e alcança um resultado útil, qual seja, a efetiva venda do imóvel" (*TJSP* – Ap 0028342-72.2010.8.26.0001, 15-2-2016, Rel. Renato Sartorelli).

"**Compromisso de compra e venda**. Imóvel na planta. Pedido de rescisão cumulada com devolução de valores em face da impossibilidade de o autor adimplir com o financiamento bancário para concretização do negócio. Rescisão decretada. Ato, contudo, que causa prejuízo ao credor. Pena para o descumprimento que deve ser fixada, para que não importe em incentivo ao inadimplemento. Valor pago a título de comissão de corretagem que não comporta devolução. Retenção limitada a 10% do valor pago a título de sinal, que se revelou acertada. Sentença mantida. Recurso improvido" (*TJSP* – AC 42392720128260196, 6-5-2013, Rel. Vito Guglielmi).

Estatui o art. 724 do Código que a remuneração do corretor, se não estiver fixada em lei, nem ajustada entre as partes, será arbitrada segundo natureza do negócio e os usos locais.[5] Tratando-se de negócio que teve origem na prática mercantil, sempre a utilização dos usos e costumes será importante para o deslinde das questões. Essa comissão poderá ser uma percentagem sobre o negócio, um valor fixo, ou pode ter natureza mista, isto é, combinar as duas modalidades, um valor fixo mais um percentual.

É importante recordar que a remuneração será devida sempre que o negócio for concluído em decorrência da aproximação realizada pelo corretor, ainda que esgotado o período de exclusividade concedido ou dispensado o corretor. Essa posição, que traduz a consolidação do pensamento jurisprudencial, foi coroada pelo art. 727 do Código:

> *"Se, por não haver prazo determinado, o dono do negócio dispensar o corretor, e o negócio se realizar posteriormente, como fruto da sua mediação, a corretagem lhe será devida; igual solução se adotará se o negócio se realizar após a decorrência do prazo contratual, mas por efeito dos trabalhos do corretor".*[6]

---

5 "Apelação – Ação de Cobrança de Comissão de Corretagem. – Contrato Verbal de Mediação Imobiliária. – Sentença de Parcial Procedência. – Insurgência da parte requerida. – A existência de contrato verbal de corretagem é admitida no ordenamento jurídico, sendo a prova testemunhal apta a comprovar a avença, nos termos do art. 373, I, do CPC. – A prova oral, especialmente a oitiva da compradora Ana Maria Sgarbi Frare, demonstrou que a autora realizou a aproximação entre compradores e vendedora, sendo responsável pelo primeiro contato e pela apresentação do imóvel, configurando o resultado útil da mediação exigido pelo art. 725 do Código Civil. – A alegação de impedimento da testemunha (filha da autora) não invalida a prova colhida, pois os fatos essenciais foram confirmados por testemunha imparcial, não havendo nulidade na instrução. – A eventual existência de outro corretor não exclui a remuneração de quem comprovadamente realizou a aproximação útil entre as partes e viabilizou a concretização do negócio. – A copropriedade do imóvel não afasta a responsabilidade da ré pela comissão, pois foi ela quem contratou, conduziu e concluiu as tratativas de venda, incidindo o princípio da boa-fé objetiva. – Correta a fixação da comissão em 6% sobre o valor da venda, diante da ausência de estipulação diversa, nos termos do art. 724 do Código Civil. – Sentença mantida. – Apelo Desprovido" (*TJSP* – Ap 1004521-54.2023.8.26.0619, 13-6-2025, Rel. Marcello do Amaral Perino).

"Apelação. Ação de cobrança. **Comissão de corretagem.** Sentença de improcedência. Necessidade de reforma. Conjunto probatório dos autos que demonstra que houve autorização expressa do proprietário para a realização dos serviços de intermediação nos dois imóveis negociados com os mesmos compradores. Aproximação entre as partes negociantes bem demonstrada. Concretização da venda do segundo sobrado geminado diretamente com os compradores, pouco mais de 40 (quarenta) dias após o fechamento da primeira compra e venda intermediada pela Autora. Resultado útil alcançado. Precedentes do STJ. Comissão devida no montante pleiteado pela Autora na inicial, que é menor do que o índice de 6% (seis por cento) sobre o valor da compra e venda usualmente praticado no mercado e encontra-se em consonância com os parâmetros estabelecidos pela Tabela de Remuneração do CRECI/SP. Inteligência do art. 724 do CC. Sentença reformada. Sucumbência alterada. Recurso provido" (*TJSP* – Ap 1011681-59.2019.8.26.0009, 30-11-2021, Rel. L. G. Costa Wagner).

"Apelação cível. Ação de cobrança. **Comissão de corretagem.** Contrato entre particulares. Sentença de procedência. Irresignação do réu. Alegação de ausência de provas da prestação do serviço de corretagem. Autoras que comprovaram a contratação do serviço. Contrato verbal. Possibilidade. Aproximação do vendedor réu e pretenso comprador. Autoras que não se mantiveram inertes quanto à tentativa de compra e venda. Negociação realizada meses após a intermediação das corretoras. Inequívoca obtenção do resultado útil. Comissão de corretagem devida. Minoração quanto ao valor da comissão de corretagem. Acolhimento. Aplicação do art. 724, do Código Civil e das peculiariedades do caso concreto. Sentença parcialmente reformada. Redistribuição dos ônus sucumbencias. Honorários recursais não aplicados. Precedentes do STJ. Recurso conhecido e parcialmente provido". (*TJPR* – Ap 0029326-88.2017.8.16.0001, 15-3-2021, Rel. Ramon de Medeiros Nogueira).

"Agravo interno no agravo em recurso especial – Compra e venda – Comissão de corretagem – Obrigação de resultado – Conclusão do negócio – Participação – Inexistência. 1- Recurso especial interposto contra acórdão publicado na vigência do Código de Processo Civil de 2015 (Enunciados Administrativos nºs 2 e 3/STJ). 2- Não é devido o pagamento de comissão de corretagem no contrato de compra e venda de imóveis quando o corretor apenas realiza a aproximação das partes. Precedentes. 3- Agravo interno não provido" (*STJ* – AGInt-AG-REsp 1385390/RS, 5-9-2019, Rel. Min. Ricardo Villas Bôas Cueva).

6 "**Corretagem.** Ação de consignação em pagamento. Sentença de procedência, com a declaração de que o pagamento da comissão de corretagem é devido a um dos réus. Apelo da ré sucumbente. Cerceamento de defesa.

A mesma solução ocorrerá se, por exemplo, o dono do negócio concluir a transação com interposta pessoa ou testa-de-ferro, para fugir ao dever de pagar a comissão.

Essa remuneração, também denominada corretagem ou comissão, é geralmente estabelecida em dinheiro e em porcentagem sobre o valor obtido no negócio, conforme percentuais com base em usos e costumes ou tabelas oficiais ou corporativas, além, é claro, da dicção contratual. Nada impede, porém, que seja um valor certo, no todo ou em parte variável. Quem usualmente paga a comissão é o comitente, na corretagem de índole civil. Cláusula contratual que disponha diferentemente deve ser livremente aceita pelo terceiro, sob pena de ser considerada ineficaz, o que ocorre, por exemplo, nos contratos de adesão, notadamente por aquisição de imóvel, em que o vendedor, na generalidade dos casos, tenta transferir tal ônus ao adquirente. A comissão, como regra geral, constitui obrigação a cargo de quem contratou a corretagem (Rizzardo, 1988:1.130). Para as corretagens mercantis reguladas pelo Código Comercial, havia, contudo, disposição expressa: o art. 64 estabelecia que, não havendo estipulação em contrário, a comissão seria paga por ambas as partes. Há que se observar o pacto e os usos e costumes, nessa seara. Observa o art. 724 que *"a remuneração do corretor, se não estiver fixada em lei, nem ajustada*

Inocorrência. Prova documental carreada aos autos que é suficiente ao esclarecimento da controvérsia e permite o julgamento para desate do litígio. Prova dos autos que demonstra claramente o trabalho do corréu Fábio para a aproximação das partes, apresentação do imóvel e intermediação das negociações. Contrato de compra e venda entabulado logo após a dispensa do corretor Fábio, entre as mesmas partes, por meio de outra corretora, por preço aproximado. Comissão devida ao corretor que aproximou as partes, a despeito de o negócio ter sido realizado posteriormente, já que o foi por fruto de sua mediação. Inteligência do art. 727 do Código Civil. Sentença mantida. Apelo desprovido". (*TJSP* – Ap 1003701-74.2022.8.26.0100, 27-7-2023, Rel. Carlos Dias Motta).

"Civil e processo civil. Apelação. **Corretagem**. Intermediação demonstrada. Comissão devida. Ônus da prova. Ré. Fato modificativo, extintivo ou impeditivo do direito do autor. 1. Nos termos do Artigo 727 do Código Civil, ainda que expirado o contrato de corretagem, se a locação do imóvel se deu por comprovada e efetiva intermediação do corretor, é devido o pagamento da comissão. 2. Incumbe à recorrente a prova do fato modificativo, extintivo ou impeditivo do direito do autor, consoante a regra do artigo 373, inciso II, do CPC. 3. Apelo não provido" (*TJDFT* – Ap 07337172620198070001, 16-3-2022, Rel. Cruz Macedo).

"Agravo interno no agravo em recurso especial – Processo civil – Contrato de compra e venda de imóvel – Comissão de corretagem – Ausência de ajuste prévio – Devolução em dobro – Reexame de cláusulas contratuais e conjunto fático-probatório – Impossibilidade – Súmulas 5 E 7 do STJ – Dissídio jurisprudencial prejudicado – Agravo improvido. 1- O acolhimento da tese (definir a existência de típico contrato de representação comercial) demandaria a imprescindível interpretação das cláusulas do contrato e o reexame de fatos e provas dos autos, providências vedadas no âmbito do recurso especial, nos termos das Súmulas 5 e 7 do STJ. 2- É inviável o conhecimento do dissídio jurisprudencial quando a questão foi decidida com base nas peculiaridades fáticas dos casos, a justificar a incidência da Súmula 7/STJ. 3- Agravo interno improvido" (*STJ* – AGInt-AG-REsp 1362588/MA, 22-3-2019, Rel. Min. Marco Aurélio Bellizze).

"Recurso especial – Ação de Cobrança – Compra e venda de imóveis – intermediação – **Comissão de corretagem** – Contrato Verbal – Remuneração do corretor. Valor. Art. 724 do Código Civil. Natureza do negócio. Usos locais. Praxe do mercado imobiliário. Conselho Federal de Corretores de Imóveis. Consulta ao site oficial. Viabilidade. 1. O recurso especial tem origem em ação de cobrança de comissão de corretagem referente à intermediação de negócio de compra e venda de imóveis no Rio de Janeiro. 2. O modo como se dará a remuneração do corretor está definido no art. 724 do Código Civil, segundo o qual, em não havendo contrato entre as partes, a remuneração do corretor será arbitrada segundo a natureza do negócio e os usos locais. 3. Na aferição dos usos e costumes locais, é válida a consulta aos sítios virtuais dos Conselhos Federal e Estaduais de Corretores de Imóveis. 4. No caso dos autos, na fixação do percentual da comissão de corretagem levou-se em consideração: (i) o valor expressivo envolvido na negociação; (ii) as condições em que as partes se envolveram no negócio – sem a devida cautela acerca da formalização do valor a ser desembolsado pelo trabalho do corretor; (iii) todo o material probatório constante nos autos; (iv) o princípio da razoabilidade e, sobretudo; (v) a praxe e os costumes locais para identificar o valor habitualmente praticado no mercado de corretagem mediante consulta ao sítio virtual do Conselho Federal de Corretores de Imóveis. 5. Não se coaduna com a missão constitucional do Superior Tribunal de Justiça – de guardião da legislação federal – averiguar os usos e costumes locais para definir qual percentual mais se amolda àquele efetivamente praticado nas negociações de imóveis de determinada localidade, especialmente quando essa tarefa já foi realizada com zelo pela instância de piso, a quem compete o amplo juízo de cognição da lide. 6. Recurso especial não provido" (*STJ* – REsp 1.537.306 – (2015/0075463-8), 1-7-2016, Rel. Min. Ricardo Villas Bôas Cueva).

entre as partes, será arbitrada segundo a natureza do negócio e os usos locais". Ainda, dispõe o art. 728 que se forem vários os corretores a participar da intermediação, a remuneração será paga a todos em partes iguais, salvo ajuste em contrário.[7] É comum que negócios vultosos tenham a participação de vários corretores. Divergindo eles sobre a partilha da comissão, cabe ao comitente consigná-la em juízo.

Não haverá direito à remuneração se as partes concluírem o negócio sem iniciativa, apresentação ou qualquer intervenção do corretor. Nesse sentido se coloca a primeira parte do art. 726: "*Iniciado e concluído o negócio diretamente entre as partes, nenhuma remuneração será devida ao corretor*". Nesse caso, é importante que fique claro que o corretor não teve participação alguma na aproximação dos interessados pelo negócio. Se o contrato estabelece exclusividade, o negócio que se efetive no curso do prazo contratual gera o direito à remuneração do corretor, assim como aquele que se inicia no lapso contratual, com apresentação do interessado pelo corretor, e se conclua fora dele.[8] Importa, porém, examinar o caso concreto, que nem sempre será de simples solução. Assim, por exemplo, deve pagar ao corretor o comitente que lhe deu

---

7 "**Corretagem imobiliária** – Ação de cobrança – Contrato verbal– Intermediação incontroversa – Comissão devida no percentual que se informou usual em negócio daquela sorte. Taxa que ficou aquém da indicada em tabela do CRECI, particularidade no caso compreensível ante a singularidade daquele negócio imobiliário. Juros de mora devidos desde a citação. Recursos não providos" (*TJSP* – AC 1139487-03.2016.8.26.0100, 30-8-2019, Rel. Arantes Theodoro).

"Apelação Cível – **Corretagem** – Ação indenizatória – Cobrança de comissão de corretagem a maior do que estipulado no contrato – Devolução em dobro da importância devida – Dano moral afastado – Sucumbência redimensionada – Considerando a prova dos autos prevalece o valor da comissão de corretagem constante no contrato de cessão de direitos assinado pela autora, competindo à corretora a devolução dos valores indevidamente cobrados (e adimplidos pela compradora) em dobro. Todavia, deve ser afastada a indenização por dano moral decorrente apenas do descumprimento contratual do avençado entre as partes. Recurso de apelação parcialmente provido" (*TJRS* – AC 70076911387, 4-7-2018, Relª Desª Adriana da Silva Ribeiro).

"**Mediação – Corretagem** – Ação monitória – Cobrança de comissão – Provas produzidas que estão a indicar que o negócio do qual a apelada foi a corretora acabou não se realizando, de vez que o comprador desistiu da compra e venda, ante a impossibilidade de liberação do financiamento bancário (liberação do FGTS) – Compromisso de compra e venda firmado pelas partes – Cláusula inserida na proposta de gestão exclusiva de venda, em caso de desistência, pelo vendedor, que não encontra amparo, pois a desistência foi do comprador, em razão da não liberação de seu FGTS – Motivo justo evidente – Negócio que não deu resultado, embora firmado o compromisso de compra e venda – Corretagem exige a presença de requisitos, para ser reconhecida – Precedentes – Recurso provido, para julgar a ação improcedente" (*TJSP* – Ap 0009929-69.2013.8.26.0659, 28-4-2017, Rel. Carlos Nunes).

"Agravo interno no agravo em recurso especial – Ação de cobrança – **Comissão de corretagem** – Intermediação – Arts. 725/728 do NCC – Ausência de prequestionamento – Violação ao art. 131 do CPC/73 – Deficiência na fundamentação – Súmula 284/STF – Agravo não provido – 1 – A alegação de que houve aproximação e intermediação da imobiliária na venda do imóvel não foi objeto de debate no Tribunal de origem. A recorrente não opôs embargos declaratórios na origem com o intuito de provocar o pronunciamento da instância ordinária sobre o aludido tema. Ausente o prequestionamento, incidem as Súmulas 282 e 356 do Supremo Tribunal Federal. 2 – Incide o óbice previsto na Súmula 284 do STF na hipótese em que a deficiência da fundamentação do recurso não permite a exata compreensão da controvérsia. 3 – Agravo interno a que se nega provimento" (*STJ* – AgRg-AG-REsp. 839.141 – (2016/0001014-2), 22-4-2016, Rel. Min. Raul Araújo).

8 "Apelação cível – Direito civil – Ação de cobrança – **Comissão de corretagem** – Inexistência de contrato – Ônus da prova – Ausência comprovação dos fatos constitutivos do direito do autor. Sentença mantida. 1- Pelo contrato de corretagem, uma pessoa, não ligada a outra em virtude de mandato, de prestação de serviços ou qualquer relação de dependência, obriga-se a obter para a segunda um ou mais negócios, conforme instruções recebidas (art. 722 do Código Civil). 2- A caracterização do contrato de corretagem demanda, portanto, a existência de três requisitos: i) a autorização para mediação de negócios; ii) a efetiva aproximação entre as partes; E iii) o resultado útil. 3- Embora os princípios da boa-fé objetiva (art. 422 do Código Civil) e da liberdade das formas (art. 107 do Código Civil) admitam como válido o contrato verbal, tal possibilidade não exime o autor do ônus probatório quanto ao fato constitutivo do direito postulado, especialmente no que diz respeito às obrigações financeiras assumidas. 4- Não há nos autos qualquer elemento de prova, escrita ou oral, apto a demonstrar a prestação do serviço de corretagem para o apelado. Não se verifica que o apelante tenha sido contratado pelo apelado para que realizasse a venda de sua casa. Referido imóvel apenas constituiu a forma de pagamento acordada em negócio jurídico intermediado por outro corretor. A participação do apelante na negociação, por si só, não é suficiente

exclusividade e realiza o negócio com corretor diverso. A exclusividade prova-se pela denominada *opção*. A opção, embora não se confunda com o contrato de corretagem, prova a sua existência. Esse aspecto é enfocado pela segunda parte do art. 726:

> *"mas se, por escrito, for ajustada a corretagem com exclusividade, terá o corretor direito à remuneração integral, ainda que realizado o negócio sem a sua mediação, salvo se comprovada sua inércia ou ociosidade".*

Importantes conclusões decorrem dessa dicção legal. A primeira delas é que a exclusividade somente se admite por escrito: não há que se falar em exclusividade sem um documento claro que a aponte. A segunda conclusão é que não pode ser beneficiado pela exclusividade o corretor que se mantém inerte ou ocioso, isto é, não busca a aproximação útil que a cláusula de exclusividade lhe impôs. Nessa premissa, não pode ele ser premiado com o pagamento de comissão, se o dono do negócio resolveu, ele mesmo, por conta própria ou de terceiros, tomar a iniciativa e concluir o negócio. A matéria quanto à inércia ou ociosidade do corretor, nessa situação, desloca-se para a prova. Nesse aspecto, será importante examinar a conduta das partes e a correspondência trocada entre elas. Se, por exemplo, o dono do negócio notifica o corretor para que informe sobre as providências tomadas para a conclusão do negócio e este se mantém inerte, ou o faz ineficazmente, estará comprovada sua inércia.

---

para comprovar a existência de contrato de corretagem com o apelado. 5- Apelação desprovida" (*TJDFT* – Proc. 07092750720178070020 – (1189732), 12-8-2019, Rel. Hector Valverde).

"Direito civil e processual civil – Apelação cível – Ação de cobrança – **Corretagem** – Comissão por venda de imóvel – Sentença de procedência – Contrato de corretagem celebrado sem exclusividade – Atividade do corretor que deve estar bem delineada, como condição para o percebimento da remuneração acordada. E-mail enviado de maneira genérica, que não se presta para demonstrar, sequer, a aproximação das partes, dada a ausência de resposta. Improcedência do pedido que se impõe. Sentença reformada recurso de apelação 1 (requeridos) provido e recurso de apelação 2 (autor) prejudicado" (*TJPR* – AC 1515994-1, 20-8-2018, Relª Desª Ivanise Maria Tratz Martins).

"Apelação cível – **Ação de cobrança de comissão de corretagem** – O resultado previsto no contrato de mediação é a obtenção de negócio e não depende da efetiva concretização do contrato almejado. Assim, faz jus o corretor à sua remuneração mesmo que o contrato de compra e venda não tenha sido concluído, pela desistência de uma das partes, conforme disposto nos arts. 722 e 725, do Código Civil. Entretanto, compete aos Tribunais dirimir a dúvida se a comissão é ou não devida, de acordo com as particularidades da eventual aproximação e as tratativas entre as partes, vez que o STJ entende que o resultado deve ser alcançado, não sendo devida a comissão de corretagem em razão de meras tratativas. Os pré-contratos de compra e venda foram celebrados, não tendo sido concluídos por exigências da CEF, feitas à construtora Edvaldo Carvalho, posteriores à formalização dos pré-contratos e não por mero arrependimento imotivado dos promitentes compradores, vez que a desistência destes, *in casu*, se deu em razão de a rés não terem obtido êxito na conclusão e regularização do empreendimento, o que criou obstáculos ao crédito do financiamento imobiliário. O resultado útil da atuação do corretor foi atingido com a assinatura do pré-contrato de compra e venda e entrega de sinal, vez que a atividade do corretor foi devidamente exercida, sem que a este possa ser atribuída qualquer responsabilidade pela não efetivação do negócio. Desprovimento do agravo retido e de ambos os recursos de apelação" (*TJRJ* – AC 0011247-35.2012.8.19.0007, 5-7-2017, Relª Denise Levy Tredler).

"Agravo regimental no recurso especial. Ação de cobrança. Compra e venda de imóvel. Negócio não concluído. **Resultado útil**. Inexistência. Desistência do comprador. 1. Nos termos da jurisprudência desta Corte, é incabível comissão de corretagem quando o negócio jurídico não foi concluído por desistência de uma das partes em virtude da falta de apresentação das certidões do imóvel objeto da transação imobiliária na data aprazada. 2. No caso concreto, o Tribunal de origem concluiu que o negócio jurídico de compra e venda não alcançou o resultado útil, ou seja, a efetiva venda do imóvel. Assim, para o acolhimento do apelo extremo, seria imprescindível derruir a afirmação contida no *decisum* atacado, o que, forçosamente, ensejaria em rediscussão de matéria fática, incidindo, na espécie, o óbice da Súmula nº 7 deste Superior Tribunal de Justiça, sendo manifesto o descabimento do recurso especial. 3. Agravo regimental desprovido" (*STJ* – AgRg-REsp 1.484.205 – (2014/0245682-2), 16-2-2016, Rel. Min. Marco Buzzi).

"**Apelação** – Ação de cobrança – Corretagem – Confirmação de que a corretora de imóveis apresentou o bem – Atuação que atingiu o resultado útil – Inteligência do art. 727 do Código Civil – Remuneração devida – Apelo a que se nega provimento" (*TJSP* – Ap 0034633-20.2012.8.26.0001, 2-6-2015, Rel. Pereira Calças).

Note-se que por *opção* se entende o documento que traça as linhas básicas do negócio, seus limites e contornos, descrevendo a ação do corretor. Trata-se, em síntese, de instrumento e prova da mediação. A ausência de prazo suprime essa característica, uma vez que não se pode compreender exclusividade que não venha acompanhada de prazo (Coltro, 2001:72).

No caso de corretagem de imóveis, o fato de o mediador não ser corretor habilitado não o inibe de receber a remuneração, ainda que sob a forma do injusto enriquecimento. O comitente locupletar-se-á indevidamente, se não pagar a comissão. Eventual falta administrativa é estranha a essa obrigação do comitente. Essa orientação não é unânime, porém. Os que defendem posição oposta argumentam que a atual legislação exige habilitação técnica do corretor imobiliário, inibindo direito à remuneração de corretor não habilitado (Rizzardo, 1988:1.133). Não é posição que se amolda à equidade e aos princípios do injusto enriquecimento, porém. Nesse sentido se coloca julgado do Tribunal de Justiça do Rio Grande do Sul citado em texto por Antônio Carlos Coltro (2001:36):

> *"A infração da lei específica que disciplina a atividade do corretor pode importar em penalização administrativa, mas não defere ao beneficiário pelo serviço exitoso a desoneração da respectiva remuneração"* (Ap. Cív. 597073717, Rel. Décio Antonio Erpen).

Outra hipótese que pode gerar direito à remuneração é a situação de intermediário que tenha atuado sem que qualquer das partes tenha autorizado de forma expressa, mas que tivesse sua atuação tolerada e admitida tacitamente pelos interessados. Provadas essas premissas, terá o mediador direito à comissão, cabendo apenas indagar quem será o responsável pela comissão em tal caso (Coltro, 2001:121), podendo ser ambos os contratantes.

32.3.1 Outros Direitos e Deveres do Corretor

A percepção da remuneração é o principal direito do corretor. Outros direitos e deveres decorrem do contrato que, como dissemos, pode trazer aspectos de prestação de serviços, mandato, empreitada e comissão. Cada ramo de corretagem apresenta rol específico de direitos e deveres. Entre as obrigações gerais, destacam-se o dever de prestar as informações necessárias ao comitente; executar a mediação com diligência e prudência (art. 723); assistir à entrega das coisas vendidas por seu intermédio, se alguma das partes o exigir; guardar sigilo absoluto sobre as negociações, podendo ser responsabilizado por quebra de sigilo profissional (art. 56 do Código Comercial). O corretor assume uma obrigação de fazer. Não pode o corretor negociar, direta ou indiretamente, sob seu nome ou no de outrem (art. 59 do Código Comercial); adquirir para si ou parente, diretamente ou por interposta pessoa, coisa cuja venda lhe foi incumbida. O art. 60 do estatuto mercantil excetua dessa restrição a aquisição de apólices da dívida pública e de ações de sociedade anônima, das quais não poderá, no entanto, ser diretor, administrador ou gerente. O art. 723, com a redação fornecida pela Lei nº 12.236/2010, é descritivo a respeito da conduta que deve o corretor seguir:[9]

---

9 "Ação de indenização por danos materiais e morais. Prestação de serviços imobiliários. Sentença de parcial procedência. Apelos de ambas as partes. Nulidade da sentença não caracterizada. Vício de motivação não verificado. Alegação de má prestação dos serviços de intermediação da venda de imóvel pela corretora. Aplicação do art. 723 do CC. Não comprovado que a autora teve conhecimento prévio da ausência de autorização judicial e da imprescindibilidade dessa autorização para que a curadora pudesse vender o imóvel como representante da promitente vendedora, interditada à época. Ré não deu esclarecimento à autora sobre a exigência legal de autorização judicial para a venda e nem lhe prestou as informações necessárias sobre as consequências da ausência de tal autorização. Evidenciado que a imobiliária não executou a mediação do negócio com diligência e prudência, devendo, portanto, responder por perdas e danos. Violação, ademais, da cláusula 5.2 do contrato. Falha na prestação dos serviços de intermediação imobiliária. Danos materiais. O serviço de corretagem foi parcialmente prestado, tanto

"Art. 723. O corretor é obrigado a executar a mediação com diligência e prudência, e a prestar ao cliente, espontaneamente, todas as informações sobre o andamento do negócio.

---

que a autora acabou obtendo a adjudicação de 50% do imóvel e nele reside desde a celebração do compromisso de venda e compra. Mantida a condenação da ré a restituir à autora apenas 50% da comissão de corretagem por ela paga. Improcedência dos pleitos de devolução da soma equivalente à fração de 50% do imóvel, cuja venda foi reconhecida como nula, e de metade do valor investido com a reforma do imóvel, porquanto a autora nele reside e não tem intenção de rescindir o contrato de compromisso de venda e compra. Honorários advocatícios contratuais. Entendimento do E. STJ de que os honorários contratuais não são passíveis de restituição. Danos morais caracterizados. A situação causou abalo moral muito superior àquele aceitável no cotidiano da autora, que, por falha na prestação dos serviços de corretagem da ré, acabou adquirindo a propriedade de apenas 50% do bem e precisou ajuizar, além desta, outras três ações judiciais em busca da regularização da propriedade e da documentação do imóvel. Observada, ainda, a quebra na relação de confiança entre as partes. Majoração do valor indenizatório por danos morais para R$ 10.000,00, montante adequado, proporcional e razoável para a compensação do dano moral sofrido, sem caracterizar enriquecimento sem causa. Reparo na fixação dos ônus da sucumbência. Alterados, de ofício, o índice de correção monetária e a taxa de juros moratórios incidentes sobre as indenizações por danos materiais e morais, bem como o termo inicial da correção monetária e dos juros sobre a indenização por danos morais. Matéria de ordem pública. Recurso da ré não provido. Recurso da autora provido em parte" (*TJSP* – Ap 1001933-39.2020.8.26.0115, 1-4-2025, Rel. Morais Pucci).

"Apelação Cível. Ação de cobrança c/c indenização por danos morais – comissão de corretagem. Sentença de improcedência do pedido. Inconformismo por parte do autor. Não acolhimento. Alegação de violação ao princípio do contraditório – não configuração – reproduções das mensagens de Whatsapp que foram objeto de manifestação por parte do autor. Contrato verbal de corretagem – autor e seu parceiro que desistiram da mediação referente ao imóvel objeto da compra e venda celebrada entre os réus – Corretores que, ademais, descumpriram o **dever de informação previsto no art. 723 do CC** – Ofensa ao princípio da boa-fé objetiva insculpido no art. 422 do CC – quebra de confiança que autoriza a legítima descontinuidade do contrato verbal de corretagem – improcedência do pedido de cobrança da comissão de corretagem. Ausência de qualquer ato ilícito a fundamentar o pedido de indenização por danos morais decorrentes do não pagamento da referida comissão. Sentença mantida. Recurso desprovido". (*TJSP* – Ap 1045125-02.2022.8.26.0002, 31-3-2023, Rel. Rômolo Russo).

"Apelação cível. Ação de rescisão contratual com devolução de valores e indenização por danos materiais e morais. Contrato de compra e venda. Sentença de parcial procedência. Condenação solidária dos vendedores e da corretora de imóveis à devolução do valor pago pelo comprador. Imóvel pertencente à zona urbana de preservação ambiental. Comprador não informado. Responsabilidade da imobiliária configurada. **Dever do corretor de prestar informações e esclarecimentos de forma adequada**. Artigo 723 do código civil. Afastada solidariedade da imobiliária. Condenação à restituição da quantia recebida a título de comissão de corretagem. Ônus sucumbencial readequado. Recurso conhecido e parcialmente provido" (*TJPR* – Ap 0001617-39.2020.8.16.0174, 11-4-2022, Rel. Carlos Mansur Arida).

"Compra e venda imobiliária. Negócio jurídico anulado. Indenização por danos material e moral. Falha na prestação do serviço de intermediação imobiliária. A atividade de **corretagem de imóveis** não se restringe à apresentação do cliente (comprador) ao proprietário (vendedor), indo muito além disso, obrigando o intermediador "a executar a mediação com diligência e prudência, e a prestar ao cliente, espontaneamente, todas as informações sobre o andamento do negócio" (art. 723 do Código Civil). Não agindo desta forma, poderá o corretor responder por perdas e danos (parágrafo único do mesmo dispositivo). Falha na prestação do serviço no tocante as informações referentes ao vendedor, que resultou na anulação do negócio. Contribuindo para o insucesso do negócio jurídico, responde o apelante pela devolução dos valores desembolsados pelo comprador, além da indenização por danos morais estimada na sentença. Recurso desprovido" (*TJSP* – Ap 1015208-04.2014.8.26.0006, 24-11-2021, Rel. J. B. Paula Lima).

"Apelação cível – Direito Civil – Ação de cobrança – Comissão de corretagem – Inexistência de contrato de corretagem – Ressalva expressa de intervenção de terceiro para a venda do imóvel em nome dos vendedores – Má-fé não caracterizada – Remuneração indevida – Recurso conhecido e desprovido. 1- A corretagem ocorre quando alguém é contratado para aproximar pessoas com a finalidade de efetivação de negócios jurídicos, conforme instruções recebidas. Essa modalidade de contrato não exige forma específica. É contrato consensual, ou seja, basta o acordo de vontades para se concretizar. 2- O consenso mútuo é imprescindível para a concretização do contrato de corretagem, não sendo suficiente a atuação do corretor de forma unilateral. 3- *In casu*, não houve ajuste de vontade entre vendedores e corretor para a intermediação na comercialização do imóvel, mas pelo contrário, foi informado que não havia qualquer interesse na contratação desse profissional para venderem a respectiva unidade. E segundo o acervo probatório, o corretor se apresentou como representante de um interessado na compra, ou seja, estava atuando conforme instruções recebidas do comprador que o havia procurado previamente. 4- Não houve má-fé dos vendedores, pois restou demonstrado que os réus não contrataram o serviço de corretagem, ainda que tacitamente. Por diversas vezes reforçaram que estavam tratando com o corretor como representante do comprador, e não como um contratado. 5- Recurso conhecido e desprovido" (*TJDFT* – Proc. 07397613220178070001 – (1195682), 29-8-2019, Rel. Luís Gustavo B. de Oliveira).

> *Parágrafo único. Sob pena de responder por perdas e danos, o corretor prestará ao cliente todos os esclarecimentos acerca da segurança ou do risco do negócio, das alterações de valores e de outros fatores que possam influir nos resultados da incumbência".*

Na verdade, a lei sintetiza que existe um dever de lealdade do corretor para com o dono do negócio ou comitente que o contrata. Mais do que lealdade, uma obrigação, com todas as consequências do seu descumprimento, pois a lei fala em informações com espontaneidade. Afastando-se dessa lealdade, a responsabilidade do corretor "decola" do dever de indenizar até a transgressão de normas criminais. A posição do corretor, em virtude do sensível papel social que desempenha no mundo negocial, exige permanente clareza e transparência de conduta. Esse sentido ético deve estar presente em qualquer ramo a que se dedique a corretagem. Cada atividade de corretagem, regulada ou não, se submete à regra, além de outras que podem ser erigidas pelas respectivas corporações. A nova redação do dispositivo é mais direta e contundente. Aliás, o art. 729 dispõe que os preceitos sobre corretagem constantes do Código não excluem a aplicação de outras normas da legislação especial.

32.4 EXTINÇÃO

Afora a extinção da corretagem pelos modos ordinários de desfazimento dos contratos, como o distrato, o caso fortuito e a força maior, destacamos a extinção pelo cumprimento da obrigação, com a aproximação útil e o pagamento da comissão. Quando o negócio é estabelecido por prazo determinado, a expiração do prazo também o extingue, embora possa persistir responsabilidade pós-contratual se o negócio é concluído após o prazo, em razão da aproximação feita pelo corretor no curso do contrato. A incapacidade ou falta de legitimação superveniente do corretor também podem extinguir o contrato, colocando-se nesse campo a falência, se for comerciante. Quando o contrato for por prazo indeterminado, pode o negócio ser resilido unilateralmente. A revogação deve atender ao requisito da boa-fé.

O corretor, contudo, não se responsabiliza pela conclusão do negócio. Sua participação termina com o resultado útil, ou seja, a aproximação eficaz do terceiro que conclui o negócio com o comitente.

33

TRANSPORTE

33.1 CONCEITO. ORIGENS

Contrato de transporte é o negócio pelo qual um sujeito se obriga, mediante remuneração, a entregar coisa em outro local ou a percorrer um itinerário para uma pessoa.

> *"Por contrato de transporte entende-se aquele que uma pessoa ou empresa se obriga a transportar pessoa ou coisa, de um local para outro, mediante pagamento de um preço"* (Martins, 1984:231).
>
> *"É o contrato pelo qual alguém se vincula mediante retribuição, a transferir de um lugar para outro pessoa ou bens"* (Miranda, 1972, v. 45:8).

O Código de 2002, que passou a disciplinar esse contrato, define: *"Pelo contrato de transporte alguém se obriga, mediante retribuição, a transportar, de um lugar para outro, pessoas ou coisas"* (art. 730).[1]

---

[1] "Contrato de transporte. Serviços de entrega solicitados por aplicativo. Subtração das mercadorias pelo condutor do veículo. Pedido de reparação do dano material. Procedência do pedido. Insurgência da ré, operadora do aplicativo, requerendo a improcedência do pedido ou, eventualmente, a limitação de responsabilidade. Pleito principal. Responsabilidade civil. Disposições contratuais aplicáveis ao parceiro entregador e ao usuário contratante do transporte demonstrando que a operadora do aplicativo foi além das atribuições de aproximação ou intermediação, ingressando no campo próprio do contrato de transporte. Operadora que estabeleceu as regras gerais de realização do transporte, incluído o preço, elemento característico dessa modalidade contratual, nos termos do art. 730 do Código Civil. Inadmissibilidade da exploração da autonomia privada para se esquivar de preceitos e cláusulas de ordem pública, como a cláusula de incolumidade e a responsabilidade civil. Ré, no caso, que figurou ao lado do entregador na celebração do contrato de transporte de coisa, devendo responder civilmente pelo ato doloso por ele praticado. Arts. 750 e 932, III, do Código Civil. Obrigação, ademais, justificada à luz do risco de sua atividade, na medida em que, ao habilitar entregador e sugeri-lo à contratação pelo solicitante do transporte, a ré responde pela quebra da confiança induzida. Irrelevância do descumprimento da obrigação de contratar seguro, pois, no caso, os danos não decorreram de riscos ordinários do contrato de transporte, e sim de ato doloso do parceiro da ré. Dano material suficientemente comprovado pelas notas fiscais dos produtos extraviados e por gravação visual demonstrando a retirada desses bens pelo condutor. Recurso desprovido. Pleito subsidiário de limitação da indenização ao valor máximo de R$ 500,00, conforme previsto em contrato. Inadmissibilidade do conhecimento desse capítulo do apelo, pois as razões respectivas foram inovadas nesta instância. Ré não alegou, direta ou indiretamente, a existência de cláusula limitadora de indenização nos 'Termos de Uso do Usuário', tal

Deve distinguir-se o contrato de transporte propriamente dito, que é o ato negocial cujo objetivo principal é o traslado de uma coisa ou pessoa, da relação de transporte acessória de outro contrato. O contrato de transporte traduz-se pelo deslocamento da coisa ou pessoa como fundamento do negócio jurídico. No entanto, a relação de transporte pode estar presente em outros negócios, como acessório, tal como na venda na qual o vendedor obriga-se a entregar a coisa no domicílio do comprador. Nessa hipótese, o vendedor não se qualifica como transportador, não se submetendo a seus riscos específicos; sua responsabilidade restringe-se às normas que se aplicam à compra e venda.

Esse contrato surge no curso da história quando a civilização atinge determinado estágio que faz brotar a necessidade de intercâmbio de pessoas e coisas. Os transportes têm grande importância para as antigas cidades gregas, principalmente o transporte marítimo. No Direito Romano, ganha importância a *Lex Rhodia de iactu*, de origem grega, que regulou os casos de avaria marítima e lançamento ao mar dos bens transportados na hipótese de perigo de naufrágio. Paulatinamente, o contrato de transporte afasta-se dos princípios da empreitada e da locação de serviços originalmente aplicáveis. O surgimento de melhores meios de comunicação exigiu o estabelecimento de regras para diferençar o transporte de coisas e de pessoas em suas várias modalidades.

---

como o faz extemporaneamente nas razões recursais. Inovação vedada pelo art. 342 do CPC, observado que se não se está diante de fato superveniente, questão cognoscível de ofício ou matéria alegável a qualquer tempo ou grau de jurisdição. Recurso não conhecido. Conclusão: sentença mantida. Recurso conhecido em parte e, nessa extensão, desprovido" (*TJSP* – Ap 1006277-45.2024.8.26.0011, 22-5-2025, Rel. Jonize Sacchi de Oliveira).

"**Contrato – Transporte** – Transporte refrigerado – Gelox – Troca – Responsabilidade. 1- A ré foi contratada para transportar produtos perecíveis e que necessitavam de refrigeração. No entanto, quando o produto chegou ao destino, a temperatura era inadequada, e ele precisou ser descartado. 2- Diz a ré que não foi comunicada acerca da necessidade de troca do gelo especial ('*ice foam*' ou gelox). Ocorre que não há necessidade de troca do gelox se o transporte é realizado com refrigeração. 3- Houve pedido para transporte refrigerado, mas a ré não cumpriu com seu dever. Culpa evidente. Responsabilidade configurada. 4- Recurso não provido". (*TJSP* – AC 1028633-84.2018.8.26.0224, 8-4-2019, Rel. Melo Colombi).

"**Contrato de transporte** – Não demonstrado que a autora seria passageira do veículo da ré, envolvido no acidente narrado na inicial – Sequer sua via do bilhete da viagem foi juntada aos autos – Além disso, seu nome não constou no rol de vítimas de nenhum dos boletins de ocorrência lavrados no dia do acidente – Instada a se manifestar sobre esta questão, a apelante alegou que 'acidentada e preocupada com sua filha menor, acabou por não constar do boletim de ocorrência' – Além disso, não veio aos autos nenhuma prova do suposto atendimento médico ao qual diz ter sido submetida na data dos fatos – Não provada a existência de relação jurídica entre as partes, não há que se falar em responsabilidade indenizatória – Sentença de improcedência mantida – Recurso desprovido e, por ser a sentença proferida já na vigência do NCPC, são majorados os honorários advocatícios de R$ 1.000,00 para R$ 1.500,00" (*TJSP* – Ap 1000095-74.2014.8.26.0405, 16-4-2018, Rel. Mendes Pereira).

"Acidente de trânsito – **Ação de indenização** – Autora apelante que alega dano moral em decorrência de colisão causada por coletivo da ré apelada no micro-ônibus onde a apelante se encontrava. Ilícito extracontratual a não envolver contrato de transporte. Matéria inserida na competência da Subseção III, da Seção de Direito Privado deste E. Tribunal, nos termos do disposto na Resolução nº 623/2013, art. 5º, item III. 15. Recurso não conhecido, com determinação de redistribuição" (*TJSP* – Ap 0015105-44.2011.8.26.0127, 24-6-2016, Rel. Jairo Oliveira Junior).

"Agravo – **Contrato de transporte** – Recurso tempestivo – Ação de condenação ao pagamento de valores relativos a tais serviços e diárias de sobre-estadia de contêineres. Procedência. Fase de cumprimento de sentença. Impugnação. Rejeição liminar. Alegações genéricas de excesso de execução, nulidade de citação e prescrição. Ausência de qualquer respaldo probatório. Decisão mantida. Agravo não provido" (*TJSP* – AI 2153582-98.2014.8.26.0000, 11-5-2015, Rel. Sebastião Flávio).

"**Agravo de instrumento. Contrato de transporte marítimo.** Antecipação de tutela pretendida. Ordem voltada a compelir a ré a liberar a mercadoria objeto do contrato, independentemente do depósito de importância, a título de garantia, pelo eventual atraso na restituição dos 'containers' (demurrage). Indeferimento. Irresignação improcedente. Elementos apresentados não caracterizando prova inequívoca nem evidenciando juízo de verossimilhança. Bastante necessidade, ademais, de o pleito de antecipação de tutela ser analisado sob a égide do contraditório, como assinalado na decisão agravada, salvo situações excepcionalíssimas. Ressalva quanto à possibilidade de reexame do requerimento em momento ulterior e à luz de melhores provas. – agravo a que se nega provimento" (*TJSP* – AI 2101774-54.2014.8.26.0000, 7-8-2014, Rel. Ricardo Pessoa de Mello Belli).

Trata-se de contrato peculiar que contém obrigação de resultado que somente se conclui quando a mercadoria ou pessoa chega ao destino. A distância maior ou menor não lhe é essencial: o transporte pode ser de um pavimento para outro ou de um cômodo de edifício para outro. A evolução da técnica modifica os instrumentos de transporte, por terra, mar e ar, daí dividirem-se em transportes terrestres, marítimos (fluviais, lacustres) e aéreos.

O Código Comercial não disciplinou especialmente esse contrato, apenas mencionando os *condutores de gêneros e comissários de transporte*, nos arts. 99 a 118. À época, não estavam ainda desenvolvidos os transportes, especialmente no Brasil. O Código Civil de 1916 também silenciou a esse respeito. O Código Civil de 2002 introduziu capítulo, traçando normas sobre o transporte em geral (arts. 730 a 733), de pessoas (arts. 734 a 742) e de coisas (arts. 743 a 756).

Pretende, o Código, traçar as regras básicas desse contrato, rico em particularidades em suas diversas modalidades, sobrepujando mesmo as inúmeras normas específicas dos transportes marítimos, terrestres e aéreos. Assim é que o art. 731 observa que o transporte exercido em virtude de autorização, permissão ou concessão, como a maioria o é, reger-se-á pelas normas regulamentares e pelo que for estabelecido naqueles atos, sem prejuízo do disposto no Código. Por outro lado, em conformidade com o art. 732,

> *"aos contratos de transporte, em geral, são aplicáveis, quando couber, desde que não contrariem as disposições deste Código, os preceitos constantes da legislação especial e de tratados e convenções internacionais".*[2]

---

[2] "**Transporte aéreo internacional** – Contrato de seguro – Ação regressiva – Ressarcimento de indenização paga por conta de extravio temporário de bagagem – Sentença de improcedência – Indenização paga à passageira, beneficiária de seguro de danos – Sub-rogação da autora nos direitos de ser reembolsada pela ré – Aplicação dos artigos 346 e 786 do Código Civil e Súmula 188 do STF – Portaria 676/GC-5 da ANAC, art. 35, § 2º, e Resolução 400/2016 da ANAC, art. 32, § 2º, II, regrando prazos de restituição que não excluem obrigação de indenizar da transportadora aérea – Precedentes – Valor indenizado que não supera o valor tarifado previsto na Convenção de Montreal, art. 22.2, incorporada no país por meio do Decreto 5.910/2006, aplicável nos termos do CC, art. 732 – Matéria objeto de repercussão geral, Tema 210, julgado pelo C. STF (RE 636.331/RJ e ARE 766.618/SP) – Valor pago pela seguradora do qual deve ser descontado o gasto efetuado em data posterior à restituição da bagagem – Ação parcialmente procedente – Decaimento recíproco – Sentença substituída – Recurso parcialmente provido" (*TJSP* – Ap 1001256-49.2023.8.26.0003, 12-1-2024, Rel. José Wagner de Oliveira Melatto Peixoto).

"Apelação. **Transporte Aéreo internacional**. Contrato de seguro. Ação regressiva. Ressarcimento de indenização paga por conta de extravio temporário de bagagem. Indenização paga aos passageiros, beneficiários de seguro de danos. Sub-rogação da autora nos direitos de ser reembolsada pela ré. Aplicação dos artigos 346 e 786 do Código Civil e Súmula 188 do STF. Valor indenizado que não supera o valor tarifado previsto na Convenção de Montreal, art. 22.2, incorporada no país por meio do Decreto 5.910/2006, aplicável nos termos do CC, art. 732 – Matéria objeto de repercussão geral, Tema 210, julgado pelo C. STF (RE 636.331/RJ e ARE 766.618/SP) Ação procedente. Ausência de direito de sub-rogação da seguradora quanto aos segurados que foram indenizados diretamente pela companhia aérea. Sentença de improcedência parcialmente modificada. Recurso parcialmente provido" (*TJSP* – Ap 1000062-82.2021.8.26.0100, 15-2-2022, Rel. Pedro Kodama).

"**Transporte aéreo internacional** – Contrato de seguro – Ação regressiva – Ressarcimento de indenização paga por conta de extravio temporário de bagagem – Sentença de improcedência – Indenização paga aos passageiros, beneficiários de seguro de danos – Sub-rogação da autora nos direitos de ser reembolsada pela ré – Aplicação dos artigos 346 e 786 do Código Civil e Súmula 188 do STF – Valor indenizado que não supera o valor tarifado previsto na Convenção de Montreal, art. 22.2, incorporada no país por meio do Decreto 5.910/2006, aplicável nos termos do CC, art. 732 – Matéria objeto de repercussão geral, Tema 210, julgado pelo C. STF (RE 636.331/RJ e ARE 766.618/SP) – Ação procedente – Decaimento invertido e adequado – Sentença substituída – Recurso provido" (*TJSP* – Ap 1066741-04.2020.8.26.0002, 29-7-2021, Rel. José Wagner de Oliveira Melatto Peixoto).

"**Contrato de transporte marítimo** – Ação de cobrança de despesas de segregação e entrega de contêineres (THC2) – Peça vestibular suficientemente clara acerca de seus termos – Desnecessidade da exata e pormenorizada quantificação do valor de que se pretende a cobrança em casos em que se demanda o pagamento de quantia ilíquida cuja apuração pode ser realizada na fase de liquidação de sentença – Prescrição decenal perenizada no art. 205 do Código Civil inocorrente – Legitimidade da cobrança de valores em relação à prestação onerosa de serviços de segregação e entrega de contêineres (THC2) – Rejeição do pedido declaratório da ré de inexistência

Desse modo, foi intenção do legislador do Código de 2002 estabelecer as regras gerais do contrato de transporte, que deverão ser aplicadas em derrogação aos princípios que contrariarem a vasta legislação pretérita sobre transportes. Assim, qualquer que seja a modalidade do transporte, a cartilha legal básica a ser procurada para aplicação é a constante desse capítulo do Código. Somente norma posterior à vigência do Código poderá modificar esse entendimento. Essa posição, certamente, trará, na prática, algumas dificuldades de hermenêutica, mormente no tocante ao transporte aéreo, o que exigirá, quiçá, intervenção do legislador.

Dentro dos princípios gerais desse contrato, o art. 733 preocupa-se com o transporte cumulativo. O transporte cumulativo ou combinado é o realizado por vários transportadores mediante um único bilhete e se considera único e executado como se fosse por uma única empresa (Aleu, 1980:83). Tendo em vista a obrigação de resultado que encarta o contrato de transporte, essa modalidade exige que todas as empresas que participam do percurso contratado respondam solidariamente.[3] Daí por que o art. 733, § 1º determina que *"o dano resultante do atraso ou da*

---

de relação jurídica entre as partes – Regularidade da cobrança da THC2 admitida pela Justiça Federal em 1ª e 2ª instâncias – Inocorrência de cobrança em duplicidade (com a THC), abusiva ou violadora do direito da concorrência – Sentença mantida – Recurso improvido" (*TJSP* – AC 1015365-84.2016.8.26.0562, 12-9-2019, Rel. Correia Lima).

"**Contrato de transporte marítimo** – Ação ordinária de cobrança de despesas de sobre-estadia e retenção de contêiner – Transporte unimodal – Prescrição ânua inocorrente – Precedente do STJ dispondo sobre o regime da prescrição em pretensão da espécie – Artigo 206, parágrafo 5º, inciso I, do Código Civil – Natureza jurídica de indenização prefixada pelo uso do contêiner além do prazo estabelecido de devolução – Procedência mantida – Recurso improvido" (*TJSP* – Ap 1016783-57.2016.8.26.0562, 2-4-2018, Rel. Correia Lima).

"Agravo de instrumento – Ação de indenização – **Contrato de transporte férreo de passageiro** – Decisão monocrática manteve o deferimento do pedido de inversão do ônus da prova. Recurso de agravo interno (Artigo 1.021 do Código de Processo Civil). A Recorrente insiste na alegação de que não estão presentes os requisitos para a inversão do ônus da prova. Mas as alegações iniciais são verossímeis e somente a Ré tem a capacidade técnica de produzir provas sobre um acidente ocorrido no interior de suas instalações. Inversão do ônus da prova que está prevista no diploma Consumerista e que não exime a parte Autora de comprovar minimamente o fato constitutivo do direito alegado. Desprovimento do recurso" (*TJRJ* – AI 0004452-58.2017.8.19.0000, 6-4-2017, Relª Leila Maria Rodrigues Pinto de Carvalho e Albuquerque).

3 "Apelação cível – **Contrato de transporte** – Litigiosidade que nutre a demanda encontra fato gerador em apontado acidente de consumo 'fato do serviço' imputado à Supervia Concessionária de Transporte Ferroviário S/A em razão de lesões sofridas por menor que teria sido lançada para dentro da composição dado o fechamento rápido e repentino das portas e a partida abrupta logo em seguida, vindo a causar-lhe lesão no braço direito. Nexo de causalidade que se caracteriza como elemento indispensável em qualquer espécie de responsabilidade civil, pois funciona como o elemento referencial entre a conduta e o resultado. Conjunto probatório que dá conta de que a Autora, em evidente descuido, demorou-se para adentrar à composição e, quando do ingresso descuidado, deparou-se de sua mãe, vindo a sofrer queda em seguida. Tese de atraso da composição que não se sustenta ante à indicação de que a plataforma estava vazia. Divergência no apontamento da data dos fatos na inicial. Corrigida a data dos fatos tempos após a oferta de contestação, impedindo a apresentação da filmagem da plataforma na data correta. Divergência de narrativa entre a genitora da autora e suposta testemunha ocular. Testemunha que sequer aponta ter havido fechamento repentino das portas ou partida inopinada da composição. Regras ordinárias da experiência que demonstram haver aviso sonoro de fechamento das portas de modo a evitar o embarque naquele momento. Narrativa autoral contida na inicial que sequer aponta para eventual mal funcionamento ou inexistência de aviso sonoro de fechamento das portas. Culpa exclusiva da vítima. Hipótese de descuido. Sentença de procedência que se reforma para julgar improcedentes os pedidos autorais. Inversão dos ônus sucumbenciais. Recurso conhecido e provido" (*TJRJ* – AC 0029534-14.2015.8.19.0210, 15-7-2019, Rel. Des. Murilo André Kieling Cardona Pereira).

"**Contrato – Transporte marítimo** – Ação de cobrança fundada na não devolução de contêineres no prazo estipulado em contrato – Sentença de procedência – Mantença – Ausência de elementos que possam elidir a pretensão da autora de obter a condenação da ré ao pagamento na forma pretendida na inicial – Matéria preliminar rejeitada – Apelação não provida" (*TJSP* – Ap 1036282-27.2016.8.26.0562, 2-5-2018, Rel. Roque Antonio Mesquita de Oliveira).

"Apelação – Ação de indenização por danos materiais, morais e imagem – **Transporte Aéreo Doméstico** – Aplicabilidade do Código de Defesa do Consumidor – Responsabilidade Objetiva – Atraso no voo – Dano moral *in re ipsa* – dever de indenizar – Precedentes do Superior Tribunal de Justiça – Acomodação em hotel às expensas da companhia aérea e realocação dos passageiros no primeiro horário da manhã seguinte à previsão original de retorno – Redução do *quantum* para R$ 4.000,00 (quatro mil reais) – Recurso provido parcialmente – O dano moral

interrupção da viagem será determinado em razão da totalidade do percurso". Acrescenta ainda o § 2º que, se houver substituição de algum dos transportadores no decorrer do percurso, a responsabilidade solidária estender-se-á ao substituto. A possibilidade inafastável de ação regressiva de um transportador contra o transportador culpado é irrelevante para o transportado. Essa norma, tradicional no direito dos transportes, aplica-se tanto para a deslocação de pessoas como na de coisas. A regra é enfatizada no art. 756, que reafirma a responsabilidade solidária de todos os transportadores no transporte cumulativo perante o remetente da coisa. Entre os vários transportadores, posteriormente, fixar-se-á a responsabilidade de cada um pelo dano, de acordo com o respectivo percurso.

33.2 NATUREZA JURÍDICA

De início, muito se discutiu acerca de sua natureza jurídica: locação de serviços, empreitada, depósito, misto de locação e depósito. Cuida-se evidentemente de contrato com princípios próprios, embora alguns comuns a outros negócios contratuais. Sua afinidade com o depósito é palpável, tanto que o art. 751 do Código Civil estabelece que a coisa depositada ou guardada nos armazéns do transportador, em virtude de contrato de transporte, reger-se-á, no que couber, pelas disposições relativas ao depósito.

Na empreitada, o dono da obra quer o resultado final contratado, qual seja, a obra. No transporte, o contratante quer o deslocamento da coisa ou pessoa.

Não se confunde também o transporte com o fretamento. Neste, o navio, aeronave, ônibus, têm seu respectivo uso cedido. O outorgado no contrato de fretamento, o afretador, dará a destinação que desejar ao veículo. No contrato de transporte, quem navega ou dirige é o transportador. O afretador não se responsabiliza pelo transporte, porque em última análise não é transportador. No contrato de *charter* ou fretamento, o veículo é colocado à disposição do afretador para transportar pessoas ou coisas. Em síntese, a celebração do contrato de fretamento de um veículo não influi em nada para atenuar ou declinar a responsabilidade do transportador, que fica incólume (Aleu, 1980:206).

---

decorrente de atraso de voo é *in re ipsa*, e que, além de prescindir de prova, '[...] por si só justifica a concessão de uma satisfação de ordem pecuniária ao lesa – Do' (doutrina). 'Para a fixação do quantum indenizatório, devem ser observados alguns critérios, tais como a situação econômico-Financeira e social das partes litigantes, a intensidade do sofrimento impingido ao ofendido, o dolo ou grau da culpa do responsável, tudo para não ensejar um enriquecimento sem causa ou insatisfação de um, nem a impunidade ou a ruína do outro' (TJSC, Ap. Cív. nº 0300048-78.2015.8.24.0077, de Urubici, da minha Relatoria, j. em 21-2-2017)" (*TJSC* – AC 0005443-20.2013.8.24.0005, 14-3-2017, Rel. Des. Fernando Carioni).

"Contrato – **Transporte Aéreo** – Aplicação do CDC – Atraso no voo – Fato incontroverso e demonstrado – Responsabilidade da empresa aérea reconhecida – Força maior inexistente diante da ausência de provas a respeito das péssimas condições climáticas – Transtornos sofridos pelos autores – Indenização fixada em 10 salários mínimos – Adequação – Recurso improvido" (*TJSP* – Ap 1024176-25.2015.8.26.0576, 28-1-2016, Rel. J. B. Franco de Godoi).

"Apelação – **Transporte aéreo nacional** – Perda do voo em razão da não localização da passagem da autora no sistema da companhia aérea – Ação indenizatória – Sentença de acolhimento parcial do pedido – Irresignação improcedente – Elementos dos autos evidenciando a falha da companhia aérea – Dano moral bem reconhecido e bem arbitrada a correspondente indenização em primeiro grau, na quantia de R$ 15.000,00, sobretudo à luz da técnica do desestímulo e considerado, em especial, o tratamento desrespeitoso dedicado à autora por prepostos da ré. Apelação a que se nega provimento" (*TJSP* – Ap 4000984-93.2013.8.26.0604, 3-7-2015, Rel. Ricardo Pessoa de Mello Belli).

"**Contrato de transporte aéreo.** Ação de reparação de danos materiais e morais. Perda de voo. Culpa recíproca. Dano material. Bagagens e pertences danificados e multa pelo cancelamento do voo. Nexo causal. Dever de indenizar. Responsabilidade objetiva. Acordo quanto ao valor estimado mantido. Dano moral 'in re ipsa'. Mantida a condenação. Recurso não provido" (*TJSP* – Ap 0006788-70.2013.8.26.0100, 24-4-2014, Relª Clarice Salles de Carvalho Rosa).

O transporte é negócio bilateral, consensual, oneroso, típico conforme o Código Civil, de duração, comutativo, não formal.

Trata-se de contrato *bilateral*, pois gera obrigações para ambas as partes.

É negócio *consensual*, porque se aperfeiçoa com o simples acordo de vontades. A entrega da coisa ou o embarque do passageiro configuram execução do contrato e não sua conclusão. Há doutrina em contrário, sustentando ser contrato real, o qual necessitaria dessa entrega ou embarque para a ultimação. Contudo, no direito contratual, especialmente o de raiz mercantil, a consensualidade é regra geral, não sendo da essência desse negócio transferência de coisa ou embarque de passageiro.

Como observa Pontes de Miranda (1972: v. 45:11), o contrato estará perfeito "*se a companhia de navegação responde, por telefone ou por telegrama, que a passagem está **tomada**, isto é, considerada, definitivamente, do freguês*". Se o transportador recebe o preço, o contrato de transporte está concluído, independentemente da entrega material da passagem, bilhete ou outro documento. Da mesma forma, quem acena para táxi na via pública, ingressando no veículo e com este em movimento, está celebrando contrato de transporte.

Uma vez concluído o contrato, a fase subsequente é a entrega da mercadoria ao transportador (ou o ingresso do passageiro no meio utilizado) e sucessivamente o pagamento do preço, o ato material de deslocação da coisa e seu recebimento pelo destinatário. A entrega da coisa ao transportador comprova-se ordinariamente pelo conhecimento de transporte, não sendo, porém, documento essencial para que o contrato se perfaça.

É contrato geralmente *oneroso*, porque as partes buscam vantagens recíprocas; o destino para a coisa ou para o passageiro e o preço para o transportador. Excepcionalmente, o transporte pode ser gratuito, pois a onerosidade não lhe é essencial. Quem transporta em seu veículo um amigo, ou um pacote a pedido dele, ordinariamente não espera o pagamento do preço.

Se não estava presente ordenadamente na legislação vigente à época do antigo Código, não era contrato típico, embora *nominado*, pois perfeitamente conhecido por seu título, pela extensão e compreensão do vocábulo. Ganha tipificação por sua inclusão no vigente Código, embora anteriormente uma vasta legislação esparsa o disciplinasse, em suas várias modalidades.

É contrato *de duração*, pois sua execução não se compraz em um só ato ou instantaneamente, necessitando sempre de um lapso temporal para ser cumprido. É *comutativo*, porque as partes conhecem as obrigações respectivas de início, não dependendo de evento futuro e incerto. É *não solene*, uma vez que não depende de forma prescrita para ser concluído. Eventuais documentos que são emitidos servem para legitimar ou provar a existência da avença.

33.2.1 Espécies

O transporte é de pessoas ou de coisas. O conceito é unitário. A diferença resulta da natureza do objeto do contrato, pois sempre haverá a finalidade de deslocação de um local para outro. O transportador tem a obrigação de preservar a integridade física do passageiro, reservando-lhe o espaço prometido, camarote, poltrona etc., assim como deve preservar a integridade da coisa conferida a sua guarda para deslocamento.[4] A alimentação do passageiro ou

---

4 "Agravo interno no recurso especial – Direito civil e processual civil – Responsabilidade civil – Contrato de transporte de pessoas – Queda de vagão em espaço entre o trem e a plataforma de desembarque. Lesões corporais. Culpa exclusiva da vítima. Súmula 07/STJ. Não ofensa ao art. 514, II, do CPC/73, quando do conjunto da postulação se puder interpretar o pedido. Inteligência do art. 322 do NCPC. Omissão inexistente. Sucumbência. Súmula 07/STJ. Agravo interno desprovido" (*STJ* – AGInt-REsp 1692524/SP, 3-5-2019, Rel. Min. Paulo de Tarso Sanseverino).

de semoventes transportados pode integrar o contrato de transporte ou caracterizar-se como um contrato autônomo. A bagagem que acompanha o passageiro é bem acessório do contrato, não o convertendo em transporte de coisa, embora os princípios não sejam diversos.

33.3 SUJEITOS

Atente-se primeiramente para o transporte de coisas. Há partícipes do ato material de transporte que não se qualificam como partes no contrato. São partes o remetente e o transportador ou o remetente e o comissário de transporte. O destinatário possui certos direitos e obrigações perante o transportador, mas não é parte no contrato, salvo se for o próprio expedidor.

Remetente, *expedidor* ou *carregador* é quem entrega a coisa ao transportador para ser deslocada. *Transportador* ou *condutor* é aquele que se obriga a entregar a coisa. Também o será no transporte de passageiros.

O *comissário de transportes* é o que se obriga, mediante remuneração, a transportar a mercadoria, embora não faça o transporte pessoalmente, mas por intermédio do transportador. Se se tratar de mercadorias, denomina-se empresa de expedição. Será agência de viagens no transporte de pessoas. São comissários de transportes as empresas que, não possuindo veículos próprios, celebram acordos com seus proprietários, que se colocam a seu serviço, e do preço do frete deduzem uma parte para a empresa comissária. Esta assume diretamente a responsabilidade do transporte perante o remetente, não podendo carreá-la a seu contratado. Sua posição não será, pois, de mero intermediário (Aleu, 1980:9).

Destinatário ou *consignatário* é a pessoa designada para receber a coisa. Nem sempre será seu dono, não tendo nessa situação poder de disposição. É de ser mencionado também o *domiciliatário*, que não é parte no contrato, pessoa indicada no conhecimento de transporte com a incumbência de indicar ao transportador o destinatário, uma vez que o conhecimento é endossável e nem sempre este último é facilmente identificável.

Quem adquire bilhete de transporte, também chamado passagem, ou quem contrata o transporte de coisa, pode fazê-lo em favor de outrem, não se postando destarte nem como passageiro, nem como remetente. Nessa hipótese, há estipulação, contrato em favor de terceiro.

"Apelação Cível – **Contrato de transporte** – Ação de indenização por danos materiais e danos morais. Cancelamento de voo por falha única do consumidor. Opção equivocada efetivada pelo autor no site da companhia. O autor admitiu ter, indevidamente, cancelado as passagens compradas por meio do site da Smiles, por não ter encontrado a opção 'alteração'. Falha na prestação dos serviços não configurada. Sentença de improcedência mantida. Apelo desprovido" (*TJRS* – AC 70076487990, 15-3-2018, Relª Desª Ana Lúcia Carvalho Pinto Vieira Rebout).

"Alteração de horário de voo sem prévio aviso ao passageiro – **Descumprimento do contrato de transporte aéreo** – Infração ao dever de pontualidade, ínsito à prestação do serviço – Indenização devida por ofensa à honra, presumida em face da angústia, percalços e privações suportadas pela falta de disponibilização de transporte alternativo para o destino – Reparação moral devida – Inteligência dos arts. 734 e 737 do Código Civil combinados com os arts. 927, parágrafo único, e 931 do mesmo diploma – Arbitramento que atendeu aos critérios repressivo-censório e retributivo-compensatório – Prejuízos materiais comprovados – Recurso não provido" (*TJSP* – Ap 1003097-03.2014.8.26.0001, 30-8-2016, Rel. César Peixoto).

"**Culpa exclusiva de terceiro. Contrato de transporte de pessoas**. Assalto a veículo de transporte coletivo. Prejuízos materiais e morais advindos. Danos causados por culpa exclusiva de terceiro. Hipótese de exclusão da responsabilidade do fornecedor do serviço. Inteligência do art. 14, § 3º, do CDC: A empresa de transporte de pessoas não pode ser pessoalmente responsabilizada pelos danos causados a seu passageiro por assaltantes, quando os prejuízos advierem de culpa exclusiva de terceiro, haja vista que, nos termos do art. 14, § 3º, do CDC, há exclusão da responsabilidade do fornecedor do serviço em tal situação. Recurso não provido" (*TJSP* – AC 7408667200, 3-4-2013, Rel. Des. Nelson Jorge Júnior).

33.4 OBJETO

O objeto do transporte de coisa é a mercadoria a ser deslocada. No transporte de passageiro, é o deslocamento deste para o ponto indicado.

Qualquer que seja a modalidade de transporte de coisas, por trem, veículo automotor, aeronave, embarcação etc., existem requisitos que lhe são próprios acerca de peso, dimensão, embalagem. Há necessidade de ser obedecida capacidade de carga de cada veículo, bem como normas de segurança impostas pela Administração.

A carga deve ser apresentada ao transportador embalada convenientemente, de conformidade com sua natureza. Os materiais inflamáveis, explosivos, corrosivos ou perigosos devem ser devidamente denunciados ao transportador. O art. 746 do Código dispõe que o transportador poderá

> *"recusar a coisa, cuja embalagem seja inadequada, bem como a que possa pôr em risco a saúde das pessoas, ou danificar o veículo e outros bens".*[5]

Pelo mesmo diploma, o transportador terá a obrigação de recusar a coisa cujo transporte ou comercialização não sejam permitidos, ou que venha desacompanhada dos documentos exigidos por lei ou regulamento (art. 747). Nessas hipóteses, o objeto do contrato não será idôneo.

A carga pode ser apresentada em diversos volumes fracionados, em paletas (*pallets*), quando em plataformas ou estrados de madeira, em contêineres etc. Há regulamentos, costumes e a vontade das partes a serem obedecidos em cada caso.

33.5 FRETE

O porte ou frete é o preço do transporte de coisas pago ao transportador. Constitui elemento essencial no contrato, porque o transporte gratuito deve ser considerado uma categoria

---

[5] "Contrato de seguro – ação de regresso – transporte internacional de carga – avarias às mercadorias transportadas – pretensão regressiva de indenização paga pela seguradora autora. Sentença de procedência da pretensão. Inconformismo da ré transportadora. Direito de regresso do art. 786 do Código Civil e Súmula n. 188 do Col. STF. Responsabilidade objetiva do transportador segundo a lógica abraçada pelo princípio do 'receptum'. Exegese do art. 734, intrínseca ao transporte de coisas em razão do art. 749 e responsabilidade objetiva delineada no art. 750, todos do Código Civil. Avarias demonstradas. E se a mercadoria estava em embalagem defeituosa ou inadequada para garantir o transporte, deveria ter sido recusada pela ré (art. 746 do Código Civil). Irrelevância dos aspectos que possam comprometer a culpa da transportadora ré. Limitação da indenização conforme a Convenção de Montreal que não se aplica ao caso, pois o valor das mercadorias foi expressamente declarado. Sentença confirmada. Recurso de apelação improvido, com a majoração 'ope legis' (art. 85, § 11, do CPC) dos honorários advocatícios" (*TJSP* – Ap 1045735-33.2023.8.26.0002, 29-8-2025, Rel. Nuncio Theophilo Neto).

"Agravo interno – Agravo em Recurso Especial – Responsabilidade civil – **Contrato de transporte nacional** – Ação regressiva – Segurador – Contrato de seguro – Avaria em mercadoria – Dever de indenizar – Valor do dano – Reexame de provas – Indenização integral do prejuízo. 1- Não cabe, em recurso especial, reexaminar matéria fático-probatória (Súmula nº 7 /STJ). 2- Ocorrido o extravio de mercadoria durante o transporte aéreo, não se aplica a indenização tarifada prevista em legislação especial, sendo devida a reparação integral do dano causado. Precedentes. 3- Agravo interno a que se nega provimento" (*STJ* – GInt-AG-REsp 1266851/SP, 10-5-2019, Relª Minª Maria Isabel Gallotti).

"Apelação Cível – Responsabilidade civil – **Contrato de transporte de mercadorias** – Inobservância do dever de incolumidade – Falha na entrega das mercadorias – Estorno dos valores – Dano material – Dever de indenizar configurado – O transportador assume uma obrigação de resultado, uma vez que se obriga a transportar, em segurança, a mercadoria até o local combinado, pois possui um dever de incolumidade, no qual se responsabiliza objetivamente pelos danos ocorridos durante a prestação dos seus serviços. Faltam elementos comprobatórios para auferir fidedignidade ao comprovante de entrega acostado aos autos. A entrega da mercadoria em local errado, sem sequer colher a assinatura do recebedor, configura negligência da ré, que com sua conduta, acarretou suspensão do pagamento da mercadoria. Dever da ré de reparar o prejuízo sofrido pelo autor. Negaram provimento ao recurso de apelação. Unânime" (*TJRS* – AC 70073334096, 21-3-2018, Rel. Alexandre Kreutz).

à margem da regra geral. A *exceptio non adimpleti contractus* autoriza o transportador a não realizar o transporte, se não pago o frete, salvo se estabelecido que seria pago no destino. *Passagem* é o termo que geralmente se utiliza para o bilhete do passageiro.

33.6 OBRIGAÇÕES DAS PARTES. VISTORIA E PROTESTO. RESPONSABILIDADE DO TRANSPORTADOR

São obrigações do *remetente*: entregar a mercadoria; pagar o frete, salvo quando a cargo do destinatário; acondicionar a mercadoria, sob pena de recusa, e declarar seu valor e natureza.

São obrigações do *transportador*: receber, transportar e entregar a coisa com diligência; emitir conhecimento de transporte conforme a natureza do contrato; seguir o itinerário ajustado, salvo impedimento por caso fortuito ou força maior, quando oferecer perigo ou estiver impedido; aceitar variação de destino pelo destinatário, conforme condições ajustadas; permitir o desembarque em trânsito da mercadoria a quem se apresente com o conhecimento.

Nos termos do art. 113 do Código Comercial, o remetente poderá variar a consignação ou entrega da mercadoria, alterando o destino ou a pessoa que deve recebê-la. O art. 7º do Decreto nº 19.473/30 posteriormente estipulou:

> *"O remetente, consignatário, endossatário ou portador pode, exibindo o conhecimento, exigir o desembarque e a entrega da mercadoria em trânsito, pagando o frete por inteiro e as despesas extraordinárias a que der causa; extingue-se então o contrato de transporte e recolhe-se o respectivo conhecimento".*

Cabe ao transportador permitir o desembarque da mercadoria, mediante a apresentação do conhecimento, salvo se se tratar de mercadoria sujeita a transporte sob regulamentação especial ou de endossatário em penhor (art. 106 do Decreto nº 51.813/63, redação do Decreto nº 61.588/67). Cuida-se do direito de *stoppage in transitu*, ou variação do destino da carga. Se houver variação de destino, o transportador poderá pedir reajuste do frete. Se não houver acordo, cumprirá o transporte entregando a coisa no destino primitivo. Pelo sistema, permite-se que o expedidor ou vendedor utilize-se da *stoppage in transitu*, recolhendo a carga, apresentando o conhecimento de frete ao transportador, antes da chegada ao destino. Trata-se de direito do remetente.

O transportador pode recusar mercadoria inconvenientemente embalada; retê-la até receber o frete; reajustar o preço na hipótese de variação de consignação que o obrigue a itinerário mais dispendioso; recorrer a outros transportadores, quando, então, haverá transporte cumulativo, todos respondendo solidariamente perante o remetente, cabendo entre eles o regresso para apuração da responsabilidade de cada um (atual Código Civil, art. 756). O conhecimento do transporte cumulativo pode ser um só. Ainda que vários transportadores tenham participado do traslado, o objetivo do contrato será sempre o resultado de levar a coisa ou pessoa ao destino final, objeto, portanto, indivisível.

O transportador responde por perdas e avarias na coisa, desde que não se atribua o risco ao remetente. A responsabilidade do transportador é objetiva.[6] O Decreto Legislativo nº 2.681,

---

[6] "**Responsabilidade civil** – Transporte aéreo nacional – Cancelamento do voo inicialmente contratado, em razão de alegada necessidade de readequação de malha aérea, que não foi comprovada – Chegada ao local de destino com atraso de mais de doze horas – Fortuito interno, que não tem o condão de afastar a responsabilidade objetiva do transportador – Falha na prestação de serviço caracterizada – Dever de indenizar configurado – Dano moral

de 7 de dezembro de 1912, estabeleceu a responsabilidade objetiva das estradas de ferro, cuja orientação foi estendida por analogia aos transportes em geral. O dever de incolumidade do transportador é com relação a coisas e a pessoas. Não há necessidade de a vítima provar culpa do transportador, que somente se exonera de indenizar na hipótese de caso fortuito ou força maior, ou culpa exclusiva da vítima.

– Valor – Fixação em R$7.000,00 para cada autor – Observância do grau de reprovabilidade da conduta ilícita, da intensidade e duração do sofrimento experimentado pela vítima e da capacidade econômica do causador do dano – Dano material – Demonstração parcial, pelos autores, dos gastos adicionais, que devem ser reembolsados pela demandada – Sentença parcialmente reformada – ação procedente em parte – Recurso provido em parte". (*TJSP* – Ap 1022042-51.2022.8.26.0003, 17-9-2023, Rel. Heraldo de Oliveira).

"Apelação. Ação de indenização por danos morais. Sentença de improcedência. Inconformismo da autora. Contrato de transporte de passageiros. Freada brusca de coletivo, levando à queda da autora idosa em seu interior. Necessidade de atendimento médico-hospitalar, com politraumatismos e alta hospitalar no mesmo dia. **Responsabilidade objetiva do transportador** de levar os passageiros incólumes ao seu destino. Inteligência do art. 734 do Código Civil. Danos morais 'in re ipsa'. Fixação de indenização em R$6.000,00, observados os princípios de razoabilidade, proporcionalidade. Sentença reformada para julgar parcialmente procedente a ação. Recurso parcialmente provido" (*TJSP* – Ap 1002589-75.2019.8.26.0197, 17-12-2021, Rel. Régis Rodrigues Bonvicino).

"Processual civil – Recurso Especial – **Ação regressiva de ressarcimento de danos materiais em transporte aéreo** – Necessidade de reexame de matéria fático-probatória – Impossibilidade – Prequestionamento – Ausência – Sub-rogação – Prescrição – Prazo da relação originária. 1- Ação ajuizada em 04-11-2014. Recurso especial interposto em 20-09-2016 e atribuído a este Gabinete em 26-06-2017. 2- O propósito recursal consiste em verificar a ocorrência de prescrição sobre a pretensão da recorrida, seguradora sub-rogada nos direitos de sua segurada, contratante de serviços de transporte aéreo de mercadorias junto à recorrente. 3- Por envolver a necessidade de reexame de fatos e provas, não se pode conhecer da alegação acerca da ausência de falha na prestação de serviço bancário, por força do teor da Súmula 7 /STJ. 4- A ausência de decisão acerca dos dispositivos legais indicados como violados, não obstante a interposição de embargos de declaração, impede o conhecimento do recurso especial. 5- Nos contratos de seguro de dano, o segurador, ao pagar a indenização decorrente do sinistro, sub-roga-se nos direitos e ações que competirem ao segurado contra o causador do dano, consoante a literal disposição do art. 786, *caput*, do CC/02. Cuida-se, assim, de hipótese de sub-rogação legal, que se opera independentemente da vontade do segurado ou do terceiro responsável pelo dano. 6- A jurisprudência desta Corte já decidiu que 'o prazo prescricional para os danos decorrentes do inadimplemento de contrato de transporte aéreo de mercadoria é aquele fixado pelo Código Civil'. 7- Sub-rogando-se a seguradora nos direitos do segurado, o prazo de prescrição da ação contra a seguradora para cobrar a indenização será o mesmo estabelecido para a ação que poderia ter sido manejada pelo titular originário dos direitos. 8- Recurso especial parcialmente conhecido e, nessa parte, não provido" (*STJ* – REsp 1745642/SP, 22-2-2019, Relª Minª Nancy Andrighi).

"**Contrato de transporte aéreo** – Responsabilidade solidária da intermediária de venda de passagem e da companhia de aviação por falha na prestação de serviços relativos ao cancelamento de bilhetes – Inteligência do art. 7º, Parágrafo Único, do Código de Defesa do Consumidor – Precedentes do E. TJSP. Preliminar afastada – contrato de transporte aéreo – Apresentação para 'check in' com somente quarenta e cinco minutos de antecedência do horário previsto para saída do voo – Impossibilidade de embarque – Fornecimento de informações claras acerca do tempo mínimo para comparecimento ao aeroporto – Culpa exclusiva do consumidor – Ausência de ato ilícito – Recurso não provido, nessa parte. Contrato de transporte aéreo – Cancelamento automático do trecho de volta pela não utilização da passagem de ida – Abusividade – Precedente do C. STJ – Dever de restituição do serviço pago pelo consumidor e que não pôde ser usufruído – Dano moral configurado – Transtornos para solução do problema na esfera extrajudicial e necessidade de compra de passagens de última hora em outro país que superam o mero aborrecimento cotidiano – Sentença reformada – recurso provido, nessa parte" (*TJSP* – Ap 1040232-44.2016.8.26.0562, 11-6-2018, Rel. Renato Rangel Desinano).

"Apelação Cível – Responsabilidade Civil – Ação de indenização por danos morais – **Transporte Aéreo** – Atraso e perda de voos domésticos – Sentença de procedência – Recurso da ré – Aplicação do código de defesa do consumidor – alegação de que o atraso ocorreu no primeiro voo – Perda do voo de conexão e atraso daquele para o qual a autora (consumidora) foi realocada incontroversos. Inexistência de comprovação do alegado caso fortuito. Mau tempo que teria inviabilizado o transporte no horário contratado. Ônus da prova que incumbia à ré. Exegese do art. 373, inciso II, do novo CPC. Responsabilidade objetiva configurada, consoante art. 14, do CDC. Dano moral. Presumido. Demora do voo que implicou na perda de conexão aérea e no atraso no destino final. Viabilidade de fixação da verba compensatória. Pretensão de minoração do valor indenizatório arbitrado em R$ 6.000,00. Impossibilidade. Observância dos critérios da proporcionalidade e razoabilidade, de acordo com os parâmetros definidos por esta corte de justiça, em casos análogos. Sentença mantida. Honorários sucumbenciais recursais. Presença dos pressupostos processuais. Cabimento. Recurso conhecido e desprovido" (*TJSC* – AC 0301294-31.2014.8.24.0082, 15-8-2017, Relª Desª Cláudia Lambert de Faria).

A culpa concorrente desta apenas mitiga o montante da indenização, mas não isenta o agente de indenizar. Também não cabe excluir contratualmente o dever de indenizar. *Em contrato de transporte, é inoperante a cláusula de não indenizar* (Súmula 161 do Supremo Tribunal Federal). Entretanto, admite-se a limitação da indenização por parte do transportador, com proporcional redução da tarifa (art. 12 da Lei nº 2.681/12, *RT* 543/89, 555/141, 564/146). Com relação ao transporte aéreo, as legislações nacional (Lei nº 7.565/86, Código Brasileiro de Aeronáutica) e internacional mantêm a responsabilidade objetiva, tarifando e limitando, porém, o valor da indenização. A matéria é desenvolvida no estudo da responsabilidade civil.

No tocante à coisa transportada, temos que distinguir entre avaria e perda. Avaria é deterioração da mercadoria, dano parcial ou total. Perda é seu desaparecimento por furto, roubo, extravio ou qualquer outra causa com resultado idêntico.

É direito do *consignatário* fazer protesto necessário contra o transportador. Na hipótese de avaria, deve o destinatário documentar-se antes de retirar a mercadoria, sob pena de perder o direito de reclamar do transportador. Deve realizar de forma idônea seu protesto, reclamação, no próprio conhecimento de transporte ou em documento à parte. Mantendo-se silente nessa oportunidade, presume-se que recebeu a coisa intacta. Em tal situação, para pedir indenização, o ônus probatório da avaria será seu. Compete também ao consignatário endossar o conhecimento de transporte, se a cártula não o vedar.

O protesto pode ser feito com anotação no conhecimento de transporte ou em outro instrumento que o substitua; em separado, com ciência do transportador ou de quem o represente; pelo Cartório de Títulos e Documentos e pelo protesto judicial (art. 726 do CPC). Na chegada de mercadorias em portos e aeroportos, a jurisprudência tem admitido como válida a vistoria feita por autoridades alfandegárias e administrativas. Não obstante isso, sempre que a vistoria for realizada extrajudicialmente, deve o transportador ser notificado para que compareça, sob pena de nulidade. Quando o protesto for necessário, sua ausência implicará decadência do direito contra o transportador.

Se houver atraso na entrega da mercadoria, o destinatário deverá promover o protesto, nos termos do art. 726 do CPC. Se houve perda da coisa, não há necessidade de protesto.

Tomadas as providências de preservação de direitos do destinatário (protesto, vistoria ou equivalente) quando necessário, pode ajuizar ação ressarcitória no prazo de um ano, a contar da data da entrega, no caso de avaria, e no caso de perda, a contar do trigésimo dia após a data em que a entrega deveria ter ocorrido (art. 9º da Lei nº 2.681/12). Assim também no caso de atraso (art. 24 da mesma lei).

Entre os *deveres do consignatário*, anotem-se o de entregar o conhecimento ao transportador, a fim de que possa retirar a mercadoria; pagar o frete, se assim convencionado, bem como taxa de armazenagem, se o depósito se prolongar por sua inércia.

33.7 TRANSPORTE DE PESSOAS

O contrato de transporte de pessoa obriga o transportador a levar o passageiro até o destino contratado. Desde o provecto Decreto-legislativo nº 2.681, de 1912, que regula a responsabilidade civil das estradas de ferro, que se assentou definitivamente a responsabilidade objetiva do transportador. A regra é sintetizada no art. 734, no tocante ao transporte de pessoas: o transportador responde pelos danos causados às pessoas transportadas e suas bagagens, salvo motivo de força maior, sendo nula qualquer cláusula excludente da responsabilidade.[7] É claro que também a culpa exclusiva da vítima, dentro dos princípios gerais da responsabilidade civil, elidirá o dever de indenizar. Essa responsabilidade do transportador por acidente com passageiro não é nem mesmo elidida por culpa de terceiro, contra o qual terá ele ação regressiva (art. 735).[8]

---

7 "Indenização por dano material e moral. Transporte rodoviário interestadual. Extravio de bagagem. **Responsabilidade civil do transportador pelos danos causados às pessoas transportadas e às suas bagagens**. Artigo 734 do Código Civil. Falha na prestação do serviço configurada. Dano material. Devido o pagamento de indenização decorrente do extravio da bagagem despachada pela passageira. Quantum indenizatório fixado originalmente no montante correspondente ao limite previsto na Resolução 1.432/2006 da Agência Nacional de Transportes Terrestres – ANTT que não comporta redução. Dano moral. Extravio definitivo de bagagem. Passageira que permaneceu sem os pertences pessoais em viagem de férias. Falha na prestação do serviço configurada. Dano moral caracterizado. Indenização originalmente fixada em R$2.500,00 que não comporta redução. Sentença mantida. Ratificação nos termos do artigo 252 do Regimento Interno deste Tribunal. Recurso desprovido". (*TJSP* – Ap 1005960-41.2022.8.26.0068, 14-9-2023, Rel. Afonso Bráz).

"Ação indenizatória por danos morais – Acidente de **transporte terrestre de passageiros** – Passageiro preso na porta do coletivo durante o desembarque, acarretando queda e fratura no punho esquerdo – Responsabilidade objetiva da concessionária de serviço público de transporte coletivo (art. 37, § 6º, da CF/88, arts. 14 e 22 do CDC e 734 do CC) – Contrato de transporte traz implícito em seu conteúdo a chamada cláusula de incolumidade, pela qual o passageiro deve ser conduzido, são e salvo, com os seus pertences, ao local de destino – Prova do dano e nexo de causalidade suficientemente demonstrada para fins de comprovação dos danos morais – Danos morais que, ademais, se caracterizam em razão da lesão e sofrimento da vítima pelo acidente (*damnum in re ipsa*) – Sentença de procedência, condenando o réu ao pagamento de danos morais de R$ 10.000,00 – Recurso exclusivo do autor pretendendo a majoração dos danos morais – Possibilidade – Indenização que se arbitra em conformidade com os princípios da razoabilidade e proporcionalidade – Sentença reformada – Recurso provido" (*TJSP* – Ap 1004862-21.2019.8.26.0005, 14-9-2022, Rel. Francisco Giaquinto).

"Apelação – indenização por danos materiais e morais – **Transporte de pessoas por intermédio de aplicativo** – Colisão do veículo no trajeto contratado – Prestação de serviço que não se limita à viabilização de contato entre motoristas parceiros e pessoas interessadas, mas depende do efetivo transporte de pessoas – Responsabilidade da transportadora configurada – Cláusula de incolumidade ínsita ao contrato (art. 734, caput, do Código Civil) – Ausência de qualquer excludente de responsabilidade – Passageiro que veio a falecer e ensejou propositura da ação por seus irmãos – Dano moral (in re ipsa) – Indenização majorada, considerando as consequências do fato – Termo inicial dos juros moratórios readequado – Dano material, todavia, não comprovado – Pretensão ao pensionamento do autor, que possui deficiência, que não restou provado nos autos – Dependência financeira não demonstrada – Recurso dos autores parcialmente provido e apelação da ré desprovida, com determinação" (*TJSP* – Ap 1038509-13.2019.8.26.0100, 23-11-2021, Rel. Vicentini Barroso).

"Indenização – **Transporte de passageiros** – Autor que, em razão de arrancada brusca do coletivo, sofreu lesão traumática de natureza grave do nervo radial e mediano da mão direita. Responsabilidade objetiva do transportador. Dano moral caracterizado. Valor arbitrado em R$ 30.000,00 que é mantido, diante da ocorrência de dano estético em patamar moderado. Dano material não demonstrado. Verba honorária arbitrada, com base no princípio da causalidade, em 15% do valor da condenação, já considerada a fase recursal. Recurso provido em parte" (*TJSP* – Ap 1004437-55.2015.8.26.0127, 4-2-2019, Rel. João Pazine Neto).

"Responsabilidade civil – Indenização – **Transporte rodoviário de passageiros** – Roubo dos pertences dos passageiros por assaltantes no interior do ônibus – Responsabilidade da transportadora – Inocorrência – Caso fortuito ou força maior – Fator excludente de responsabilidade – Jurisprudência do STJ – Ação de indenização improcedente – Sentença mantida – Recurso desprovido" (*TJSP* – Ap 1030441-85.2015.8.26.0562, 30-5-2018, Rel. Álvaro Torres Júnior).

"Agravo interno no agravo em recurso especial – Ação indenizatória por danos morais – **Transporte rodoviário de passageiros** – Queda da autora no coletivo provocada por uma manobra brusca efetuada pelo preposto da empresa – 1 – Danos morais – Pedido de majoração do quantum indenizatório – Impossibilidade – Súmula nº 7 do STJ – 2 – redistribuição dos ônus sucumbenciais – reexame de provas – Súmula 7/STJ – 3 – Agravo Improvido – 1 – O Tribunal de Justiça do Rio de Janeiro manteve o valor de R$ 2.000,00 (dois mil reais) a título de danos morais, de acordo com as peculiaridades do caso concreto, observando-se os critérios de razoabilidade e de proporcionalidade. 2 – Rever a distribuição dos ônus sucumbenciais realizada pelas instâncias ordinárias envolve análise de questões de fato e de prova, consoante as peculiaridades de cada caso concreto, atraindo o mesmo óbice sumular, ou seja, a Súmula nº 7 do STJ. 3 – Agravo interno a que se nega provimento" (*STJ* – AGInt-AG-REsp 983.447 – (2016/0243260-7), 2-2-2017, Rel. Min. Marco Aurélio Bellizze).

8 "Apelação cível. **Transporte metroviário**. Ação indenizatória por danos morais e estético. Sentença de improcedência. Inconformismo. Acidente ocorrido com a autora, que caiu no vão entre o trem e a plataforma, após ter sido empurrada por aglomeração de pessoas no momento do embarque. Responsabilidade civil da transporta-

Se, por um lado, é nula, em contrato de transporte, a cláusula de não indenizar, admite-se a limitação dessa responsabilidade. O seguro desempenha importante papel nesse contrato, a resguardar a indenização por danos ocasionados a pessoas e coisas transportadas. Nesse diapasão, o parágrafo único do art. 734 dispõe ser lícito ao transportador exigir a declaração do valor da bagagem a fim de fixar o limite da indenização. Cabe ao passageiro, se lhe for conveniente, contratar seguro pelo valor não coberto pelo transportador. Atente-se que o transportador, apesar de poder limitar a indenização por perda ou avaria de bagagem, não pode reduzi-la a tal ponto de torná-la inócua. Redução a tal ponto pode caracterizar cláusula abusiva, reprimida pelo Código de Defesa do Consumidor. Pode, por outro lado, a norma específica ou administrativa especificar os valores máximos pelos quais responderá o transportador.

---

dora que é objetiva e decorre do risco por ela assumido no contrato de transporte, de garantir a integridade do passageiro, entregando-o ao seu destino incólume. Obrigação de resultado, respondendo independentemente de culpa, pela reparação dos danos causados aos consumidores por defeitos relativos à prestação dos serviços. Inteligência do Artigo 14 da Lei nº 8.078/1990. Responsabilidade contratual do transportador por acidente com o passageiro que não é elidida por culpa de terceiro, contra quem tem ação regressiva. Artigo 735 do Código Civil e Súmula 187 do STF. Acidente narrado nos autos que constitui típico exemplo de fortuito interno, que não rompe o nexo de causalidade. Precedentes deste Egrégio Tribunal e do C. STJ. Dano moral configurado. Dor e sofrimento que decorrem do fato da violação. *Quantum* arbitrado em R$ 8.000,00, nos ditames da proporcionalidade e razoabilidade. Danos estéticos igualmente configurados. Autora que sofreu fratura da tíbia, que evoluiu para úlcera de membro inferior, resultando-lhe cicatriz grande, dolorida e em região aparente do corpo. *Quantum* arbitrado em R$ 5.000,00. Recurso provido" (*TJSP* – Ap 1064186-45.2019.8.26.0100, 22-4-2022, Rel. Rodolfo Pellizari).

"Responsabilidade civil – **Transporte de passageiros** – Agressão física à vendedora ambulante praticada por segurança do Metrô. Danos morais evidenciados. Indenização devida. Fixação do *quantum* abaixo do pretendido, em observância aos princípios da adequação e razoabilidade. Sentença reformada. Recurso parcialmente provido" (*TJSP* – AC 1087332-52.2018.8.26.0100, 30-9-2019, Rel. Fernando Sastre Redondo).

"**Responsabilidade Civil** – Acidente em passagem de nível ferroviário – Autora, pessoa idosa que sofreu fratura exposta no pulso esquerdo – Indenização por dano moral. Procedência da ação. Decreto nº 2.089 de 18-2-1963, que prevê que é obrigação das ferrovias dotarem de passagens de nível de sinalização adequada, de cancela e de guardas, visando a segurança dos pedestres e dos veículos, em local de trânsito habitual, revelando-se assim culposa a conduta da ré ao deixar de cumprir as medidas de segurança para a travessia de suas linhas, nos termos do Regulamento das Estradas de Ferro. O livre acesso de pedestre na via férrea, sem qualquer fiscalização da ré, assim como a falta do acionamento do sinal sonoro da composição, comprova o descumprimento do dever jurídico de garantir a segurança do tráfego – Empresa ferroviária que não provou culpa exclusiva da vítima e não se exonera da obrigação de indenizar. Recurso dos réus não providos. Recurso da autora provido para majorar o quantum da condenação" (*TJSP* – Ap 0005136-16.2011.8.26.0091, 18-5-2018, Rel. Camargo Pereira).

"**Agravo regimental** – Recurso especial – Civil – Responsabilidade civil – Acidente ferroviário – Travessia de via férrea – Inexistência de cercadura ou delimitador da área lateral aos trilhos – Culpa exclusiva da vítima – Não ocorrência – Culpa concorrente da ferrovia – REsp 1.210.064/SP, rito do art. 543-C do CPC – prequestionamento numérico – descabimento – reexame de provas – não ocorrência – redução da indenização – óbice da Súmula 7/STJ – 1 – Culpa concorrente da ferrovia por acidente fatal na hipótese de ausência de qualquer delimitador do leito da via férrea, não se tratando de rompimento do nexo causal por culpa exclusiva da vítima. Aplicação do entendimento firmado no REsp 1.210.064/SP, pelo rito do art. 543-C do CPC. 2 – Não incidência do óbice da Súmula 7/STJ no que tange a fatos incontroversos da demanda, no caso, a inexistência de qualquer delimitador do leito da via férrea. 3 – Descabimento do chamado 'prequestionamento numérico'. 4 – Inviabilidade de se revisar indenização por danos morais arbitrada em valor que não se mostra irrisório nem excessivo. Óbice da Súmula 7/STJ. 5 – Agravo regimental desprovido" (*STJ* – AgRg-REsp 1.394.923 – (2013/0238521-9), 17-4-2015, Rel. Min. Paulo de Tarso Sanseverino).

"**Acidente ferroviário**. Contrato de transporte. Queda de passageira no vão entre o trem e a plataforma. Lesões corporais sofridas. Comprovação. Dano moral caracterizado. Responsabilidade objetiva da ré. – Súmula 187, do STF. Montante fixado a título de dano moral que atende aos princípios da significância, razoabilidade e proporcionalidade. Juros de mora que devem ser contados a partir da citação. Condenação da empresa seguradora denunciada da lide ao pagamento da indenização por dano moral. Cláusula da apólice que exclui a cobertura de indenização por dano moral, afastando, portanto, o direito a pretendida cobertura. Inteligência da Súmula 402 do STJ. Litigância de má-fé inocorrente. Negado provimento ao recurso da ré denunciante e dado provimento, em parte, ao da seguradora denunciada" (*TJSP* – Ap 0219822-64.2009.8.26.0005, 5-6-2013, Relª Ligia Araújo Bisogni).

O atraso ou a mudança de itinerário contratado faz emergir a responsabilidade do transportador, salvo motivo de força maior (art. 737).[9] Essa questão é crucial, mormente em transporte aéreo, no qual são múltiplos os problemas que podem motivar atraso, com ou sem culpa do transportador. Nesse sentido, a legislação específica deve prever as hipóteses mais comuns, sempre respeitando os direitos do consumidor.

O transportador, por seus prepostos, quais sejam, o motorista de coletivo, o comandante da aeronave, o capitão de embarcação etc., poderá impedir que passageiro inconveniente ou que traga risco ao transporte seja transportado ou prossiga na viagem. Os atentados terroristas e os sequestros de aeronaves, com graves consequências, são exemplo patente de que a regra deve ser seguida à risca, além das inúmeras disposições que disciplinam a segurança de voo e do transporte em geral. Por esse prisma, o art. 738 dispõe que a pessoa transportada deve sujeitar-se às normas estabelecidas pelo transportador, abstendo-se de quaisquer atos que

---

[9] "Direito do consumidor – contratos de consumo – transporte aéreo nacional – Ação indenizatória – Cancelamento de voo – Chegada ao destino mais de 12 horas após o horário original – Sentença de improcedência – Relação de consumo – Incidência do CDC – Alegação de ocorrência de problemas técnicos operacionais – Evento não enquadrado como excludentes diante do CDC, art. 14, § 3º, II, e CC, art. 734 e 737 – Fortuito interno caracterizado – Prestação de serviço defeituoso – Situações objetivas do atraso de voo que extrapolam a seara do mero dissabor e caracterizam dano moral – Responsabilidade e obrigação de indenizar – Indenização devida – Ação parcialmente procedente – Decaimento da aérea – Súmula STJ 326 – Sentença substituída – Recurso parcialmente provido" (*TJSP* – Ap 1018048-47.2024.8.26.0002, 23-7-2025, Rel. José Wagner de Oliveira Melatto Peixoto).

"Ação de indenização por danos materiais e morais – Transporte aéreo nacional – Atraso e perda de conexão de voo, alegando-se condições climáticas adversas no aeroporto em que se realizaria a conexão – Atraso de 10 horas na chegada ao destino pelos autores – Aplicação do CDC – **Responsabilidade objetiva da companhia aérea** – Violação aos artigos 734 e 737 do CC e da Resolução ANAC 400/2016 – Alegação de condições climáticas adversas não comprovadas na hipótese – Falha na prestação de serviços da companhia aérea – Inocorrência de caso fortuito ou força maior a excluir a responsabilidade civil da ré – Inexistência de prova de que a companhia aérea atuou de forma a minimizar as consequências dos transtornos suportados pelos passageiros, pernoitando com filho pequeno no saguão do aeroporto – Danos morais caracterizados – Indenização arbitrada em consonância com os princípios da razoabilidade e proporcionalidade – Sentença mantida – Recurso negado" (*TJSP* – Ap 1011420-73.2023.8.26.0003, 23-9-2024, Rel. Francisco Giaquinto).

"Ação de indenização por danos morais – **Transporte aéreo nacional** – Cancelamento de voo, com realocação da autora e chegada ao destino 10 horas depois do horário inicialmente contratado, seguida de extravio temporário da bagagem – Aplicação do CDC – Responsabilidade objetiva da companhia aérea – Violação aos artigos 734 e 737 do CC e da Resolução ANAC 400/2016 – Alegação de condições climáticas adversas não comprovadas – Falha na prestação do serviço da companhia aérea – Inocorrência de caso fortuito ou força maior a excluir a responsabilidade civil da ré – Falta de informações adequadas à autora das razões do cancelamento do voo, agravada pelo extravio temporário da bagagem – Danos morais caracterizados – Indenização arbitrada em consonância com os princípios da razoabilidade e proporcionalidade – Recurso provido" (*TJSP* – Ap 1012848-60.2021.8.26.0068, 30-8-2022, Rel. Francisco Giaquinto).

"**Contrato de transporte aéreo** – Responsabilidade solidária da intermediária de venda de passagem e da companhia de aviação por falha na prestação de serviços relativos ao cancelamento de bilhetes – Inteligência do art. 7º, Parágrafo Único, do Código de Defesa do Consumidor – Precedentes do E. TJSP. Preliminar afastada – Contrato de transporte aéreo – Apresentação para *'check in'* com somente quarenta e cinco minutos de antecedência do horário previsto para saída do voo – Impossibilidade de embarque – Fornecimento de informações claras acerca do tempo mínimo para comparecimento ao aeroporto – Culpa exclusiva do consumidor – Ausência de ato ilícito – Recurso não provido, nessa parte. Contrato de transporte aéreo – Cancelamento automático do trecho de volta pela não utilização da passagem de ida – Abusividade – Precedente do C. STJ – Dever de restituição do serviço pago pelo consumidor e que não pôde ser usufruído – Dano moral configurado – Transtornos para solução do problema na esfera extrajudicial e necessidade de compra de passagens de última hora em outro país que superam o mero aborrecimento cotidiano – Sentença reformada – Recurso provido, nessa parte" (*TJSP* – Ap 1040232-44.2016.8.26.0562, 11-6-2019, Rel. Renato Rangel Desinano).

"**Transporte aéreo** – Demanda regressiva ajuizada por seguradora contra transportadora em razão de extravio de bagagem. Sentença de improcedência. Decisão alterada. Prescrição configurada. Seguradora que dispõe de prazo ânuo para ajuizar ação regressiva na qualidade de credora sub-rogada. Inteligência da Súmula 151 do Supremo Tribunal Federal. Extinção de ofício do feito, com fundamento no art. 487, II, do C.P.C. Apelo não conhecido, por estar prejudicada sua apreciação" (*TJSP* – Ap 1073108-80.2016.8.26.0100, 23-1-2018, Rel. Campos Mello).

causem incômodo ou prejuízo aos passageiros, danifiquem o veículo, ou dificultem ou impeçam a execução normal do serviço. Acrescenta o parágrafo único desse artigo matéria dispensável, que já encontra solução nos princípios gerais de responsabilidade civil:

> *"Se o prejuízo sofrido pela pessoa transportada for atribuível à transgressão de normas e instruções regulamentares, o juiz reduzirá equitativamente a indenização, na medida em que a vítima houver concorrido para a ocorrência do dano".*

A regra geral é no sentido de que o transporte de pessoas é um serviço público, um direito constitucional do indivíduo em se locomover. Nesse sentido, o transportador não poderá recusar passageiro, salvo, é evidente, a hipótese descrita há pouco, os casos previstos nos regulamentos, ou se as condições de higiene ou de saúde do interessado o justificarem (art. 739).

O Código resolveu estabelecer um princípio geral para transporte de passageiro no tocante à desistência da viagem. O art. 740 concede o direito ao passageiro de rescindir o contrato de transporte, antes de iniciada a viagem, sendo-lhe devida a restituição do valor da passagem, desde que feita a comunicação ao transportador em tempo de ser renegociada. As leis e regulamentos devem especificar os prazos para o exercício desse direito: 24 ou 48 horas antes da data aprazada, por exemplo. Como regra, de nada adiantará ao transportador ser notificado da desistência pelo passageiro, momentos antes do embarque. A questão tem a ver com os passageiros de aeronaves que, apesar de terem bilhete e reserva, deixam de se apresentar para o voo, os chamados "*no shows*" e que ocasionam enorme prejuízo às companhias aéreas, que poderão voar com assentos vazios nesse caso. Há o outro lado da moeda: tendo em vista essa problemática, os transportadores aéreos costumam reservar número maior de passageiros do que comporta a aeronave, propiciando o denominado "*overseating*" ou "*overbooking*". Nesse caso, os passageiros que não logram viajar devem ser transportados da melhor forma possível em outro voo e devem ser indenizados, se for o caso. Para tal, as leis e regulamentos devem ser observados, sempre levando-se em conta os direitos do consumidor, como nunca cansamos de recordar.

O art. 740, contudo, estabelece regras importantes, como aquela descrita no *caput*. Assim é que o § 2º especifica que o passageiro não terá direito a reembolso do valor da passagem se deixar de embarcar, "*salvo se provado que outra pessoa haja sido transportada em seu lugar*".[10]

---

[10] "Agravo regimental no Recurso Especial – Direito civil – Responsabilidade Civil – **Extravio de bagagem – Transporte aéreo internacional** – Danos materiais – Revisão – Impossibilidade – Súmula nº 7 /STJ – Convenção de Varsóvia – Incidência – Tese fixada em repercussão geral – Limitação da indenização – Juízo de retratação. 1- Acórdão submetido ao juízo de retratação previsto no art. 543-B, § 3º, do CPC/1973 (art. 1.040, II, do CPC/2015). 2- Recurso especial interposto contra acórdão publicado na vigência do Código de Processo Civil de 1973 (Enunciados Administrativos nºs 2 e 3/STJ). 3- O Supremo Tribunal Federal, no julgamento do Recurso Extraordinário nº 636.331/RJ, sob o regime da repercussão geral, fixou a seguinte tese: 'Nos termos do art. 178 da Constituição da República, as normas e os tratados internacionais limitadores da responsabilidade das transportadoras aéreas de passageiros, especialmente as Convenções de Varsóvia e Montreal, têm prevalência em relação ao Código de Defesa do Consumidor'. 4- Rever as conclusões do Tribunal de origem quanto à responsabilidade da companhia aérea pelos danos decorrentes do extravio de bagagem demandaria o reexame do conjunto fático-probatório, procedimento obstado pelo disposto na Súmula nº 7 /STJ. 5- Na hipótese, o acórdão anteriormente proferido pela Terceira Turma não se coaduna com a tese firmada em repercussão geral, sendo necessária a retratação apenas para determinar que a indenização observe os limites previstos na Convenção de Varsóvia. 6- Agravo regimental parcialmente provido" (*STJ* – AgRg-REsp 254.561/SP, 9-4-2019, Rel. Min. Ricardo Villas Bôas Cueva).

"**Transporte aéreo** – Ação de indenização por danos morais em razão de cancelamento de voo no momento da viagem internacional. Sentença de procedência, condenando a ré ao pagamento de danos morais, fixados em R$ 3.000,00 para cada consumidor. Irresignação da parte ré. Descabimento. Alegação genérica de cancelamento da passagem por suspeita de fraude em relação ao cartão de crédito utilizado para a compra. Não demonstrada a

Desse modo, o "*no show*" somente poderá ser reembolsado, como regra geral, com a prova cabal de que seu assento, camarote, cabine etc. foi ocupado por outro passageiro. Desloca-se a matéria para o campo da prova no caso concreto, seguindo-se os princípios do Código de Defesa do Consumidor. Assim, é dever do passageiro comunicar, com a antecedência necessária, a desistência da viagem, sob pena de não poder fazer jus ao reembolso. O caso fortuito e a força maior poderão elidir a afirmação: o passageiro pode não ter conseguido chegar ao local do embarque no horário determinado em razão de uma calamidade pública, como, por exemplo, as enchentes que impedem o acesso ao aeroporto internacional de São Paulo. A matéria requer o cuidadoso exame do caso concreto.

O § 1º ainda reforça essa ideia:

> *"Ao passageiro é facultado desistir do transporte, mesmo depois de iniciada a viagem, sendo-lhe devida a restituição do valor correspondente ao trecho não utilizado, desde que provado que outra pessoa haja sido transportada em seu lugar".*

Nessas hipóteses do art. 740, isto é, sempre que houver o reembolso, o transportador terá direito de reter até cinco por cento da importância restituída ao passageiro, a título de multa compensatória (§ 3º). É claro que essa multa somente será devida na ausência de culpa do transportador.

Como sempre reiterado que o contrato de transporte encerra uma obrigação de resultado, de cunho objetivo, cabendo ao transportador levar o passageiro ao seu destino, dispõe o art. 741:

> *"Interrompendo-se a viagem por qualquer motivo alheio à vontade do transportador, ainda que em consequência de evento imprevisível, fica ele obrigado a concluir o transporte contratado em outro veículo da mesma categoria, ou, com a anuência do passageiro, por modalidade diferente, à sua custa, correndo também por sua conta as despesas de estada e alimentação do usuário, durante a espera de novo transporte".*

Diga-se, aliás, que a alimentação pode integrar ou não o contrato de transporte. Na hipótese do art. 741, as despesas de estada e alimentação por conta do transportador decorrem da lei e não podem ser suprimidas.

---

comunicação do cancelamento aos autores, tampouco o amparo necessário no momento em que o defeito do serviço foi apresentado. Autores que tiveram que comprar passagens aéreas com recursos próprios, sem amparo da parte 'ex adversa'. Responsabilidade objetiva da ré, que não se desincumbiu de comprovar a regularidade da prestação do serviço. Dano moral configurado. Dano 'in re ipsa'. Quantum indenizatório mantido em R$ 3.000,00 para cada passageiro. Montante que se apresenta consentâneo com os princípios da proporcionalidade e razoabilidade, bem como com as peculiaridades do caso. Sentença mantida. Aplicação do disposto no art. 252 do Regimento Interno deste Tribunal. Honorários advocatícios majorados para 15% sobre o valor da condenação, nos termos do artigo 85, § 11, do CPC. Recurso não provido" (*TJSP* – Ap 1002454-87.2018.8.26.0071, 8-8-2018, Rel. Walter Barone).

"Apelação com revisão – Indenização – Danos morais e materiais – **Transporte Aéreo** – Cancelamento de voo – Desamparo do consumidor – Falha no serviço – Responsabilidade Objetiva – Dano Moral – Devido – Dano Material – Comprovado – Valor Adequado – Sentença Mantida – Recurso não provido" (*TJSP* – Ap 0024183-36.2012.8.26.0577, 15-8-2016, Relª Claudia Sarmento Monteleone).

"**Responsabilidade civil – Indenização – Danos materiais e morais** – Autores impedidos de embarcarem em razão de incorreção no bilhete de embarque frente ao documento de identificação. Conferência dos dados pessoais a fim de solucionar o problema – Responsabilidade objetiva da empresa de transporte aéreo pelos serviços prestados. Incidência do art. 14 do Código de Defesa do Consumidor. Danos materiais e morais devidos. Verba indenizatória devida. Quantum indenizatório bem mensurado. Recurso desprovido – Sentença mantida" (*TJSP* – Ap 0012120-33.2011.8.26.0344, 10-5-2013, Rel. Ademir Benedito).

A exemplo do que ocorre com os hoteleiros no tocante ao penhor legal, dispõe o art. 742:

> *"O transportador, uma vez executado o transporte, tem direito de retenção sobre a bagagem de passageiro e outros objetos pessoais deste, para garantir-se do pagamento do valor da passagem que não tiver sido feito no início ou durante o percurso".*

Nessa hipótese, não há penhor legal, mas direito procedimental de retenção sobre a bagagem do passageiro, que poderá ser alegado também como matéria de defesa, enquanto não pago o valor da passagem. Da mesma forma, uma vez realizado o transporte, o transportador poderá validamente reter a bagagem do passageiro, e seus objetos pessoais transportados até o efetivo pagamento. A hipótese é de pagamento diferido para o final da viagem. Não se aplica, por exemplo, se foi contratado o pagamento da passagem a prazo.

33.7.1 Transporte Gratuito

Somente deve ser considerado transporte gratuito aquele totalmente desinteressado, sem direito algum à retribuição pecuniária. É o transporte benévolo ou amistoso, que se funda na amizade ou cortesia e não decorre de dever ou obrigação. Não é gratuito, pois se apresenta agregado a outro contrato oneroso ou como acessório de uma prestação de serviços.

Nesse sentido, assim se expressa o art. 736 do Código, dentro das disposições sobre o transporte de pessoas:

> *"Não se subordina às normas do contrato de transporte o feito gratuitamente, por amizade ou cortesia.*
>
> *Parágrafo único. Não se considera gratuito o transporte quando, embora feito sem remuneração, o transportador auferir vantagens indiretas".*

Sobre a natureza do transporte gratuito muito se discutiu. Inserido no contexto da responsabilidade aquiliana, o transportador responderia pelo art. 186 do Código, por culpa em sentido amplo. Assim, mesmo a culpa leve o obrigaria a indenizar. A solução não seria satisfatória, porque seria injusta e atécnica.

Solução mais recentemente aceita concebe o transporte como contrato gratuito, porque, em síntese, o preço não é figura essencial desse negócio. Assim configurado, o transporte desinteressado seria regulado pelo art. 392:

> *"Nos contratos unilaterais, responde por simples culpa o contraente, a quem o contrato aproveite, e só por dolo, aquele a quem não favoreça".*

Trata-se de referência aos contratos benéficos. Desse modo, afastar-se-ia a peremptoriedade da responsabilidade objetiva destinada apenas ao transporte oneroso e o rigor da responsabilidade aquiliana do art. 186, extracontratual.

Ao dolo mencionado na dicção legal transcrita equipara-se a culpa grave. Destarte, o transportador gratuito que venha a causar dano à pessoa ou coisa transportada deve indenizar, se a vítima provar que agiu com dolo ou culpa grave.

> *"No caso de culpa leve ou levíssima, e aplicando-se a regra do art. 1.057 do Código Civil, o transportador que conduz gratuitamente seu passageiro não está sujeito a reparar"* (Rodrigues, 1985:115).

Atualmente, a questão é tema da Súmula 145 do Superior Tribunal de Justiça, que dispõe:

> *"No transporte desinteressado, de simples cortesia, o transportador só será civilmente responsável por danos causados ao transportado quando incorrer em dolo ou culpa grave".*[11]

Chama-se a atenção, no entanto, para uma nova perspectiva e guinada doutrinária acerca do transporte gratuito que é defendida pela doutrina mais recente e que trazemos à colação ao tratarmos da matéria no capítulo destinado à responsabilidade civil nos transportes. Em síntese, essa doutrina entende que a regra geral da responsabilidade civil deve ser aplicada ao transporte gratuito. Desse modo, deve ser provada a culpa do transportador gratuito, como regra geral, sem que haja remissão aos contratos gratuitos. Essa posição se harmoniza inteiramente com a disposição do art. 736 do mais recente Código. No entanto, há ainda muito trabalho jurisprudencial pela frente até que se alcance uma nova harmonia em torno do tema e com aplicação exclusiva da regra geral de indenização.

33.8 TRANSPORTE DE COISAS

O Código traça linhas gerais do transporte de coisas, que não conflitam com os princípios criados pelos usos e costumes mercantis. No transporte de coisas, a exemplo do que ocorre com

---

[11] "Acidente de trânsito – Ação de indenização por danos morais, materiais e estéticos – Caminhão que cai em despenhadeiro e causa ferimentos gravíssimo (paraplegia) a passageira que viajava como 'carona' e o óbito do motorista – Sentença de parcial procedência, condenando solidariamente a empresa tomadora de serviços e a empresa de transporte de cargas, ao pagamento de indenização por danos morais (500 salários mínimos) e danos estéticos (500 salários mínimos) – Inconformismo da tomadora de serviços – Preliminar de ilegitimidade passiva afastada – Solidariedade entre o transportador e a empresa que se beneficia do frete – Precedentes do Superior Tribunal de Justiça – Ausência de excludente de responsabilidade – Transporte de cortesia – Incidência da Súmula 145 do STJ – Dever de indenizar que só se configura na hipótese de culpa grave ou dolo – Conjunto probatório e dinâmica dos fatos que demonstram que houve negligência na manutenção do caminhão e na supervisão da jornada de trabalho do motorista – Culpa grave configurada – Causas determinantes – Indenização por danos morais e estéticos que comportam redução para, respectivamente, R$200.000,00 e R$150.000,00 – Litigância de má-fé não caracterizada – Recurso parcialmente provido" (*TJSP* – Ap 0000745-51.2009.8.26.0038, 18-2-2025, Rel. Mário Daccache).

"Apelação cível. Ação de indenização por danos morais e materiais. Acidente de trânsito. Sentença de improcedência. Irresignação dos autores. Pretensão de responsabilização dos herdeiros do motorista pela morte do passageiro. Não acolhimento. Transporte desinteressado. Capotamento do veículo. Falecimento do motorista e do passageiro. Aplicação da **Súmula 145 do STJ**. Ausência de demonstração de que o motorista agiu com dolo ou culpa grave. Ausência de prova de que o consumo de bebida alcoólica pelo condutor, de forma isolada, tenha sido a causa preponderante do acidente. Conduta que configura a imprudência do motorista, porém, insuficiente a configurar dolo ou culpa grave. Inexistência de provas que indiquem eventual excesso de velocidade ou despreparo do motorista. Além do mais, passageiro falecido que tinha ciência do consumo de bebida pelo condutor, assumindo o risco ao aceitar a carona. Improcedência dos pedidos. Sentença mantida. Recurso conhecido e desprovido" (*TJPR* – Ap 0042438-93.2019.8.16.0021, 27-6-2024, Relª. Themis de Almeida Furquim).

"Apelação com revisão – Acidente de trânsito. Responsabilidade civil subjetiva. Ausência de prova da culpa da ré pelos fatos noticiados. **Aplicação da Súmula 145 do E. STJ**: 'No transporte desinteressado, de simples cortesia, o transportador só será civilmente responsável por danos causados ao transportado quando incorrer em dolo ou culpa grave.' Recurso desprovido" (*TJSP* – Ap 0012576-14.2013.8.26.0602, 13-6-2022, Rel. Antonio Nascimento).

"Apelação com revisão – acidente de trânsito. Responsabilidade civil subjetiva. Ausência de prova da culpa da ré pelos fatos noticiados. Aplicação da Súmula 145 do E. STJ: 'No **transporte desinteressado**, de simples cortesia, o transportador só será civilmente responsável por danos causados ao transportado quando incorrer em dolo ou culpa grave.' Recurso desprovido" (*TJSP* – Ap 0012576-14.2013.8.26.0602, 13-6-2022, Rel. Antonio Nascimento).

"Apelação cível – Acidente de trânsito – Inocorrência – Desconsideração da personalidade jurídica – Ausência de prova – Transporte gratuito – Responsabilidade objetiva afastada – Ônus da prova. No transporte gracioso, a responsabilização da empresa proprietária do caminhão ocorreria caso comprovada a culpa grave ou dolo, o que não ocorreu na hipótese. Não foi atestado, de forma suficiente, que o comprometimento do controle direcional se deu em razão de imperícia e, ou, imprudência do condutor do caminhão de propriedade da ré, aquele também faleceu no fatídico acidente. Quando há ônus não há imposição, nem exigência de que a parte faça determinada prova. Há um encargo, uma recomendação à parte, sob pena de, não o fazendo, poder vir a sofrer as consequências da sua inércia" (*TJMG* – AC 1.0672.10.020621-4/001, 28-3-2019, Rel. Rogério Medeiros).

o transporte de pessoas, "o transportador conduzirá a coisa ao seu destino, tomando todas as cautelas necessárias para mantê-la em bom estado e entregá-la no prazo ajustado ou previsto" (art. 749).[12] Trata-se da obrigação de incolumidade presente em todo contrato de transporte. O prazo para a entrega poderá ser um dia ajustado do calendário, ou um prazo previsto em horas, dias ou meses. Não se esqueça de que o contrato de transporte engloba tanto a remessa de documentos por meio de motoqueiros em grandes cidades, como o deslocamento de uma usina completa por via marítima. Cada modalidade possui características próprias, conforme sua natureza. O atraso na entrega da coisa acarreta, como regra, a responsabilidade do transportador.

A responsabilidade do transportador será limitada ao valor constante do conhecimento. Inicia-se no momento em que ele, ou seus prepostos, segundo expusemos acima, recebe a coisa e termina quando a coisa é entregue ao destinatário, ou depositada em juízo, se aquele não for encontrado (art. 750).[13] Enquanto a coisa estiver depositada ou

---

12 "Princípio da dialeticidade – Regularidade – Razões recursais que impugnam, suficientemente, a sentença – Preliminar rejeitada. regressiva de ressarcimento de danos – transporte – seguro – Roubo de carga – Responsabilidade da transportadora pelo descumprimento de cláusula contratual que prevê medidas obrigatórias de gerenciamento de risco, nos termos do Enunciado n. 15, da Seção de Direito Privado deste Tribunal – Substituição do ajudante, sem a devida autorização e ausência de prova cabal de que o veículo atendia às exigências do plano (monitoramento eletrônico, bloqueador inteligentes (T4S/3S ou Golden Sat) e 2ª tecnologia de contingência, ou isca eletrônica no interior da carga em cada carreta, com sinal direcionado para a GS) – Agravamento do risco – Inaplicabilidade da cláusula de Dispensa de Direito de Regresso, em razão da configuração de uma das exceções previstas na apólice – Falha na prestação do serviço pela transportadora – Inteligência do art. 749, do CC – Direito de regresso da seguradora reconhecido em razão do roubo da carga e do pagamento da indenização – Art. 786, do aludido Código e Súmula 188, do STF – Sentença mantida – Recurso desprovido" (*TJSP* – Ap 1018368-52.2024.8.26.0405, 8-7-2025, Rel. Vicentini Barroso).

"Contrato – **Transporte de mercadorias** – Transportadora que, negligentemente, as entrega a terceiro, que delas se apossa, e não à destinatária – Obrigação de indenizar – Alegação de que a destinatária assim autorizou – Inadmissibilidade, na falta de autorização expressa da contratante – Irrelevância da falta de prova de ressarcimento à destinatária, em se tratando de questão a discutir entre ela e a remetente – Responsabilidade objetiva – Inteligência do disposto nos arts. 749 e 754 do Código Civil – Danos materiais demonstrados, representados pelo valor constante da nota fiscal – Sentença de improcedência da ação indenizatória reformada – Apelação provida" (*TJSP* – Ap 1045842-11.2022.8.26.0100, 30-9-2022, Rel. José Tarciso Beraldo).

"**Responsabilidade civil** – Transporte coletivo – Alegado cerceamento de defesa em razão da não produção da prova requerida – Inocorrência – Hipótese em que os documentos juntados foram suficientes para viabilizar o julgamento – Ausência de ofensa aos princípios da ampla defesa e do contraditório – Preliminar repelida. Responsabilidade civil – Transporte coletivo – Assédio sexual praticado dentro do vagão do Metrô – Improcedência – Ausência de prova de falha na prestação dos serviços – Na hipótese, não havia superlotação nas dependências da Ré ou na plataforma de embarque que pudesse facilitar o assédio – Os seguranças da Ré agiram prontamente ao tomar conhecimento do ocorrido, conduzindo o molestador à Delegacia de Polícia – Danos morais não caracterizados – Sentença mantida – Recurso não provido" (*TJSP* – AC 1134626-71.2016.8.26.0100, 18-6-2019, Rel. Mario de Oliveira).

13 "Responsabilidade Civil – **Transporte aéreo internacional** – Atraso e cancelamento de voo em razão de greve geral dos aeroportuários argentinos – Sentença de improcedência – Insurgência – Possibilidade – Hipótese vertente que se trata tão somente de indenização por danos morais – Recurso Extraordinário nº 636.331/RJ, com repercussão geral (Tema 210), não aplicou a limitação imposta pelos acordos internacionais à reparação por dano moral – Aplicação das regras do CDC – Incontroverso atraso e cancelamento de voo, por 24 (vinte e quatro) horas, que ensejou a perda de um dia de viagem – Companhia aérea responde pelos serviços deficientemente prestados, ainda que tenha tentado amenizar os danos causados – Comprovação nos autos de que a apelada obteve conhecimento três dias antes da ocorrência da greve, sendo que poderia ter remanejado o voo do apelante, porém, comunicou-o apenas 04 (quatro) horas antes do embarque – Aplicação dos artigos 737 do CC e 14 '*caput*' do CDC – Greve de funcionários que constitui fato previsível e evitável, configurando fortuito interno – Dano moral configurado – Verba indenizatória fixada em R$ 10.000,00 (dez mil reais), em respeito aos princípios da razoabilidade e da proporcionalidade para o caso concreto – Correção da publicação do acórdão, ou seja, do arbitramento (Súmula 362 do STJ) e juros de mora da citação – Sentença reformada – Sucumbência alterada – Recurso provido" (*TJSP* – AC 1102382-21.2018.8.26.0100, 27-3-2019, Rel. Achile Alesina).

"Ação regressiva – **Transporte marítimo** – Autora (seguradora) sub-rogada no direito de sua segurada, destinatária da mercadoria transportada pela ré – Sub-rogação que se opera de pleno direito e em amplo caráter em relação ao direito material – Inoponibilidade da cláusula de eleição de foro estrangeiro em face da seguradora – Precedente

guardada nos armazéns do transportador, aguardando o transporte, a matéria se rege, no que couber, pelas disposições relativas ao depósito (art. 751). Há muitos pontos de contato entre o depósito e o contrato de transporte. Como o deslocamento da coisa ainda não se iniciou, enquanto armazenada, e como já existe responsabilidade do transportador, que a recebeu, deverá ter ele os cuidados do depositário. O mesmo ocorrerá, embora a lei não o diga expressamente, se a coisa for transitoriamente armazenada durante o trajeto, aguardando continuação do transporte.

A coisa entregue para o transporte deve estar caracterizada por sua natureza, valor, peso, quantidade e tudo o mais que for necessário para que não se confunda com outras, devendo o destinatário ser indicado ao menos pelo nome e endereço (art. 743). O transportador deve saber o que está transportando, pois, se for o caso, deverá tomar cuidados especiais e, também, poderá recusar o transporte, se não tiver meios ou for proibido de fazê-lo. É dever do transportador recusar a coisa cujo transporte ou comercialização não seja permitida ou venha desacompanhada dos documentos exigidos por lei ou regulamento (art. 747). Esse aspecto possui, inclusive, implicações criminais, que podem tornar o transportador coautor de delito se, por exemplo, transporta entorpecentes ou armas sem chancela e documentação oficial, ciente do fato. O remetente se responsabiliza pelas declarações inexatas que fizer. É direito facultativo do transportador exigir que o remetente lhe entregue relação discriminada das coisas a serem transportadas, em duas vias, um das quais fará parte integrante do conhecimento de transporte, que é emitido na oportunidade (art. 744). O transportador deverá ser indenizado pelo prejuízo que sofrer em razão de informações inexatas, tendo prazo de cento e vinte dias para ajuizar o pedido, a contar da data da emissão do documento (art. 745).

Salvo disposição em contrário, é obrigação do remetente apresentar a coisa devidamente embalada. A embalagem deve ser adequada à modalidade de transporte e à natureza da coisa. O transportador pode recusar a coisa cuja embalagem seja inadequada ou possa colocar em risco a saúde das pessoas, ou danificar o veículo e outros bens (art. 746). O transporte de animais vivos, por exemplo, requer cuidados especialíssimos, podendo o transportador exigir que um tratador, preposto do remetente, acompanhe a carga, sob pena de responder pelos danos que venha causar aos semoventes.

É direito do remetente expedir contraordem, obstando o transporte, até a tradição da coisa. Poderá desistir do transporte ou ordenar seja entregue a carga a outro destinatário, pagando as despesas e perdas e danos que essa ordem acarretar (art. 748).

Deverá ser convencionado pelas partes se haverá entrega em domicílio ou em local diverso do armazém do transportador. Da mesma forma, deve constar do conhecimento de embarque a "cláusula de aviso", isto é, a obrigação de o transportador informar a chegada das mercadorias (art. 752). Nesse campo, os "incoterms" têm vasta aplicação. Veja o que falamos a respeito das cláusulas FAS, FOB, CIF e outras comumente utilizadas no transporte (Capítulo 18).

Como acentuamos, a responsabilidade do transportador se aproxima muito da do depositário. Desse modo, se, por qualquer razão, o transporte não puder ser feito ou sofrer interrupção,

---

do STJ – Competência da jurisdição brasileira mantida – Preliminar rejeitada. Ação regressiva – Transporte marítimo – Avaria parcial na carga transportada – Alegação de que houve furo no contêiner que ocasionou a molhadura de parte da mercadoria – Documentos acostados aos autos insuficientes para assegurar que o furo ocorreu durante o transporte ou mesmo que essa foi a causa da molhadura da mercadoria inutilizada pela importadora – Responsabilidade objetiva da transportadora que não afasta o dever da autora apontar o nexo de causalidade, o que inexistiu na hipótese – Autora que não se desincumbiu do ônus de provar o fato constitutivo do seu direito – Ação julgada improcedente – Sentença reformada – Recurso provido" (*TJSP* – Ap 1024437-61.2017.8.26.0562, 29-6-2018, Rel. Paulo Roberto de Santana).

deve o transportador zelar pela coisa e solicitar incontinenti instruções ao remetente. Salvo motivo de força maior, o transportador responde pela perda ou deterioração da coisa (art. 753). Assim deverá agir se, por exemplo, as estradas estiverem interrompidas, o porto estiver sitiado por guerra ou revolução ou o aeroporto estiver fechado por intempérie. Se o impedimento perdurar sem motivo imputável ao transportador e sem instruções do remetente, poderá aquele depositar a coisa em juízo ou vendê-la, obedecidos os preceitos legais e regulamentares, ou os usos locais, depositando o valor (art. 753, § 1º). Não poderá, contudo, tomar essa conduta intempestivamente; deverá fazê-lo unicamente quando as circunstâncias claramente o exigirem. Se o impedimento for de responsabilidade do transportador, este somente poderá depositar a coisa por sua conta e risco e unicamente poderá vendê-la se perecível (art. 753, § 2º). Responderá por perdas e danos que sua conduta der causa. Em qualquer dessas duas últimas situações, é obrigação do transportador informar o remetente do depósito ou da venda (§ 3º). Se a coisa for mantida em armazéns próprios do transportador, continuará a responder pela guarda e conservação, sendo-lhe, no entanto, devida uma remuneração pela custódia (§ 4º). É evidente, porém, que se a interrupção do transporte se deu por fato imputável ao transportador, não terá ele, nesse caso, direito à remuneração.

O art. 754 reporta-se ao recebimento das mercadorias que devem ser entregues ao destinatário ou a quem apresentar o conhecimento endossado. Aquele que receber a coisa deve conferir e apresentar reclamação, sob pena de decadência dos direitos. Veja o que falamos sobre a vistoria e o protesto. Se a perda ou avaria não for perceptível à primeira vista, o destinatário conserva a sua ação contra o transportador, desde que denuncie o dano em dez dias a contar da entrega (art. 754, parágrafo único).[14] Para tal, deve documentar-se devidamente, com a descrição dos danos e avarias. A matéria passa para o campo da prova. Note que o dano deve ser denunciado no prazo de 10 dias; não se trata de prazo para propositura da ação, mas para

---

[14] "Apelação cível. **Transporte marítimo internacional**. Regressiva de ressarcimento. Sentença que julgou extinto o processo, com resolução do mérito, pela decadência. Insurgência da autora. Decadência. Inocorrência. O prazo previsto no art. 754, parágrafo único, do Código Civil, não se confunde com o direito à indenização, sendo inaplicável às seguradoras. Mencionado dispositivo legal se refere à relação entre o transportador e o destinatário da mercadoria transportada. Sentença anulada, de ofício, com determinação para prolação de novo julgamento. Prejudicados os demais temas trazidos em sede de apelo". (*TJSP* – Ap 1080157-65.2022.8.26.0100, 17-7-2023, Rel. Helio Faria).

"Apelação – **Transporte marítimo internacional** – Ação de regresso ajuizada pela segurada pleiteando a restituição da indenização securitária paga em razão do extravio de carga – Competência da autoridade judiciária brasileira para julgamento da demanda envolvendo contrato celebrado no brasil, com transportadora representada por empresa brasileira – Cerceamento de defesa afastado, ausente a necessidade de dilação probatória – Falta da apólice que não presenta impedimento ao processamento da presente ação de regresso, diante da prova escrita do pagamento da indenização securitária à consignatária da carga – Incabível a denunciação da lide à armadora, dada a ausência de previsão legal, examinando-se, em ação própria, os efeitos do contrato celebrado com a ré – Exigência constante do art. 754, parágrafo único, do CC, que somente deve ser observada pela consignatária em caso de avaria ou perda parcial da mercadoria – Decadência corretamente afastada– Extrai-se do art. 749, do CC a responsabilidade objetiva do transportador no cumprimento de obrigação de resultado – Ausência de impugnação séria ao laudo de vistoria apresentado pela seguradora – Elementos dos autos que evidenciam a negligência da ré em relação à adoção das medidas necessárias a preservar a incolumidade da carga transportada – Prova documental dos eventuais transtornos enfrentados pela embarcação que estava ao alcance da ré – Fortuito interno, incapaz de conduzir à improcedência do pedido – Ausência de indicação do valor do bem transportador que cede perante a prova do valor desembolsado pela seguradora na indenização do sinistro – Princípio da repara-ção integral – Condenação, contudo, que deve considerar apenas o valor conferido ao bem extraviado e ao frete custeado pela consignatária, convertida a obrigação contraída em moeda estrangeira ao tempo do pagamento – Recurso provido em parte" (*TJSP* – AC 1000893-49.2014.8.26.0562, 1-7-2019, Rel. Edgard Rosa).

"Apelação – Ação de obrigação de fazer – **Transporte Marítimo** – Preliminar de ilegitimidade passiva da armadora rejeitada – Retenção de mercadorias – Descabimento – Frete Pago – Desnecessidade de apresentação da via original do conhecimento do embarque – Sentença Mantida – Recurso desprovido" (*TJSP* – Ap 1036923-48.2013.8.26.0100, 4-8-2016, Rel. Pedro Kodama).

denúncia da falta. Esse dispositivo é específico para o contrato de transporte e ao meio a que se destina e afasta, em princípio, a aplicação do Código de Defesa do Consumidor, em matéria de prazos decadenciais. Contudo, dependerá do caso concreto e da figura do destinatário do contrato de transporte sua inserção no campo dos direitos do consumidor.

Se o transportador tiver dúvidas a respeito de quem seja o destinatário, o transportador deverá depositar a coisa em juízo, se não puder obter informações do remetente. Se a demora colocar a coisa em risco de deterioração, o transportador deverá vendê-la, depositando o saldo em juízo (art. 755). A lei refere-se ao saldo, pois cabe ao transportador deduzir o valor das despesas de armazenagem e frete, se ainda não pago.

33.9 CONHECIMENTO

Conhecimento de transporte, conhecimento de frete ou conhecimento de carga é o documento que o transportador emite no recebimento da mercadoria.[15] Deverá ser entregue ao remetente, que o enviará ao destinatário, no lugar de destino. Não é documento essencial para todo contrato de transporte. Vários diplomas legais a ele se referem, dependendo de cada modalidade de transporte, estando fragmentada sua legislação. Como vimos, o Código também se refere ao documento em várias oportunidades. De fato, sua existência faz presumir, até prova em contrário, a conclusão do contrato, o recebimento da carga e as condições do transporte. O Código Comercial regulamentou-o quando da disciplina do transporte marítimo. O Decreto nº 19.473/30 disciplinou-o de forma genérica, para todas as modalidades de transporte. Há disciplina acerca do conhecimento ferroviário e do conhecimento aéreo, este regulado pelo Código Brasileiro de Aeronáutica (Lei nº 7.565/86). Conforme disciplina este último diploma,

---

[15] "Ação de obrigação de fazer – **Transporte marítimo** – Liberação de conhecimento de embarque condicionado a depósito prévio para garantia do pagamento de eventual *demurrage* – Aplicação do art. 7º do Decreto-Lei nº 116/1967 – Hipóteses de retenção de carga: ausência de pagamento do frete ou contribuição por avaria grossa declarada – Documentação que comprova o cumprimento da praxe necessária à retirada das cargas – Retenção do conhecimento de embarque sem justa causa – Caracterizadas a ilegitimidade e abusividade do ato – Recurso improvido" (*TJSP* – AC 1065799-37.2018.8.26.0100, 25-2-2019, Rel. Miguel Petroni Neto).

"Cumprimento de sentença – Cobrança – Transporte de cargas – **Conhecimento de transporte marítimo** – Suspensão da carteira de habilitação (CNH) do sócio da executada, como medida coercitiva. Inaplicabilidade do artigo 139, inciso IV, do CPC, que deve ser aplicado em consonância com o artigo 8º do mesmo diploma processual. Princípios da menor onerosidade ao devedor, da proporcionalidade e razoabilidade, bem como da dignidade da pessoa humana e da liberdade de ir e vir, que prevalecem. Precedentes. Decisão mantida. Recurso não provido" (*TJSP* – AI 2150060-24.2018.8.26.0000, 18-9-2018, Rel. Fernando Sastre Redondo).

"Apelação – **Transporte aéreo de coisas** – Ação regressiva da seguradora em face da companhia aérea – Sentença de procedência – Argumentos da apelante que não convencem – Cerceamento de defesa inocorrente – Prova documental carreada aos autos hábil ao deslinde da controvérsia – Comprovado o extravio das mercadorias – Direito de regresso da seguradora, pelo valor integral da indenização paga à segurada – Responsabilidade objetiva da transportadora no exato valor constante do conhecimento de frete – Art. 750 do Código Civil e verbete 188 da Súmula do C. Supremo Tribunal Federal – Inaplicabilidade de aplicação da tarifação da indenização prevista no Código Brasileiro de Aeronáutica, na esteira de iterativos precedentes. Sentença mantida – recurso desprovido" (*TJSP* – Ap 1017537-95.2014.8.26.0003, 19-1-2016, Rel. Sergio Gomes).

"Apelação – Ação cominatória – **Transporte de carga pela via marítima** – Exigência de apresentação do conhecimento de embarque original para a liberação da mercadoria – Atos normativos da Receita Federal invocados pela autora sem pertinência para a análise da questão, restritos que são ao âmbito aduaneiro e, evidentemente, desprovidos de força de lei – Relação entre as partes se subordinando, sim, ao disposto no Código Comercial e, subsidiariamente, no Código Civil – Arts. 519, 554, 586 e 587 do CC e arts. 744 e 754 do CC não deixando dúvida de que a apresentação do original do conhecimento do transporte é indispensável para a demonstração da titularidade da carga, até porque se trata de título de crédito, transmissível, em regra, por endosso – Sentença reformada, com a proclamação da improcedência da demanda. Apelação a que se dá provimento" (*TJSP* – Ap 4011910-65.2013.8.26.0562, 3-7-2015, Rel. Ricardo Pessoa de Mello Belli).

coroando princípio geral, sua "falta, irregularidade ou perda não prejudica a existência e eficácia do respectivo contrato" (art. 226).

Em todas as suas modalidades, o conhecimento de transporte goza dos princípios cambiários de literalidade, autonomia e cartularidade. É considerado título de crédito representativo de mercadoria. Pode ser transferido por simples declaração do destinatário no verso. Se emitido ao portador, a tradição legitima quem o porta. Aplicam-se, portanto, os princípios cartulares. É considerado título de crédito impróprio, porque, ao contrário dos chamados títulos próprios atinentes especificamente ao crédito (letra de câmbio, nota promissória, cheque), os títulos de crédito impróprios conferem direito real (como os conhecimentos de depósito) ou referem-se a prestação de serviços (bilhetes de teatro, cinema) ou conferem condição de sócio (ações de sociedade anônima ou por ações). O conhecimento de transporte possui como suporte o direito de exigir a prestação de um serviço, qual seja, o transporte. Sua emissão pode ser nominativa à ordem, com possibilidade de endosso; não à ordem, sem possibilidade de circulação; ou ao portador. Seu estudo pertine ao direito cambiário, no qual são estudados seus requisitos e modalidades de circulação.

33.10 BILHETE DE PASSAGEM

O bilhete de passagem, ou simplesmente passagem, emitido pelo transportador ou seu mandatário, é prova do contrato de transporte de pessoas. Também não é documento essencial. O Código Brasileiro de Aeronáutica exige sua emissão e entrega ao passageiro, estipulando seus requisitos essenciais: lugar e data da emissão, pontos de partida e destino e nome dos transportadores (art. 227). Essa obrigação se estende também às agências de viagens e intermediadores de passagem em geral, quando solicitados (parágrafo único desse artigo). No entanto, como o documento possui apenas finalidade probatória, sua falta, ausência ou perda não induz invalidade ou inexistência do contrato, porque se admite prova por outros meios. Nesse sentido, o art. 226 anteriormente mencionado. Cada ramo de transporte regula sua emissão.

Bagagem são os objetos de uso pessoal do passageiro que o acompanham. Cada modalidade de transporte faz sua disciplina, delimitando unidades, peso e dimensão dos volumes, inclusive com cobrança de quantia extraordinária, quando acima do que for permitido, como no transporte aéreo. Os bens que acompanham o passageiro no compartimento em que viaja ficam sujeitos a regulamento. Enquanto a bagagem estiver sob a guarda do transportador, deste será a responsabilidade.

33.11 PARTICULARIDADES DO TRANSPORTE AÉREO

A evolução do transporte aéreo trouxe normas particulares que o distinguem das demais modalidades de transporte, posto presentes sempre os princípios gerais do contrato sob enfoque. Seu exame exige estudo monográfico, refugindo ao âmbito do presente estudo.

O transporte aéreo nacional é regulado atualmente pelo citado Código Brasileiro de Aeronáutica (Lei nº 7.656/86). Vários diplomas cuidam do transporte internacional, com destaque para a Convenção de Varsóvia, ratificada pelo Brasil, em 2-5-31, e promulgada pelo Decreto nº 20.704/31. Vários outros diplomas internacionais subscritos por nosso país se seguiram. O Supremo Tribunal Federal, por unanimidade, no julgamento do RE 1520841, reafirmou que acordos internacionais, como as Convenções de Varsóvia e de Montreal, se sobrepõem às normas nacionais em casos de extravio, dano ou atraso de cargas em voos internacionais.

A responsabilidade do transportador aéreo é objetiva, a exemplo do que ocorre com o ferroviário. Somente não haverá indenização no caso de lesão que resultar exclusivamente do estado de saúde do passageiro, de sua culpa exclusiva ou força maior. A indenização, no entanto, é tarifada, tanto para o transporte nacional, como para o internacional. A lei fixa limites para indenizar morte ou lesão de passageiro ou tripulante, atraso no transporte, perda ou extravio de bagagem despachada ou conservada em mãos do passageiro, bem como atraso, perda, destruição ou avaria da carga. As partes podem convencionar majoração da responsabilidade, mas não podem excluir ou limitar os montantes fixados em lei. É nula qualquer cláusula tendente a exonerar de responsabilidade o transportador ou estabelecer limite de indenização inferior ao previsto.

Temos que levar em conta também os princípios do Código de Defesa do Consumidor, lei posterior ao Código Aeronáutico, que deve ser aplicada com a harmonização já apontada no início desta obra. Como o Código Aeronáutico, Lei nº 7.565/86, é posterior à Convenção de Varsóvia, aplica-se a lei mais recente no que conflitar com a antiga norma internacional. Há, contudo, jurisprudência em contrário.[16] Não há substrato constitucional para que essa convenção dirija-se unicamente aos transportes internacionais, porque não é possível haver duas normas sobre os mesmos fatos. Idêntica questão já fora levantada quanto à convenção sobre títulos de crédito. Essa é a opinião de Arnaldo Rizzardo (1988:879), majoritariamente aceita, o qual ainda aponta que os efeitos práticos dessa exegese fazem com que se levem em conta os valores fixados na lei brasileira para indenização na aplicação do direito pátrio.

Como aplicação da lei brasileira, recorde-se que não há necessidade do protesto estabelecido pelo art. 26 da Convenção de Varsóvia, quando do recebimento de mercadoria avariada. Pelo Código Aeronáutico, a falta de protesto gera apenas presunção de que foi recebida em bom estado, admitida prova em contrário (art. 244). Veja o que falamos a esse respeito, quanto ao art. 754 do presente Código Civil.

No tocante à perda, extravio ou avaria na carga ou bagagem de passageiro, o Código Aeronáutico regula apenas a indenização na hipótese de acidente. A indenização será integral, obedecendo aos princípios ordinários de responsabilidade, quando a perda, destruição ou extravio não decorrem de acidente com a aeronave. Deixa de existir razão para a indenização tarifada do transportador aéreo se o prejuízo decorre do mau serviço prestado e não de acidente que é

---

16 "Dano moral – **Extravio de mercadoria transportada** – Mero aborrecimento. 1- Tornou-se incontroverso nos autos o extravio de um carregador de bateria, levado pela ré para conserto em outro Estado da Federação e não restituído à autora. 2- O fato de ter ficado privada de seu maquinário por vários dias, deixando de carregar cerca de duzentos e setenta baterias no período, se enquadraria como 'lucros cessantes' e, portanto, dano material. 3- A recalcitrância da ré em ressarcir a totalidade dos prejuízos experimentados pela autora, fazendo com que ela tivesse que buscar socorro no Judiciário também não revela circunstância que tenha acarretado à empresa autora abalo passível de reparação. 4- A autora não demonstrou a ocorrência de prejuízo ao seu nome, honra, crédito ou outra forma de dano psíquico indenizável. Recurso não provido" (*TJSP* – AC 1022917-84.2018.8.26.0577, 8-3-2019, Rel. Melo Colombi).

"Contrato – **Transporte marítimo internacional de mercadorias** – Cobrança de despesas de sobre-estadia, ante a devolução de contêineres com atraso. Hipótese em que a r. sentença julgou improcedente o pedido inicial. Inaplicabilidade ao caso do Código de Defesa do Consumidor. Licitude da cláusula que prevê a *demurrage*. Legitimidade da cobrança da sobre-estadia de contêineres reconhecida, em razão da devolução dos equipamentos pela ré após a expiração do período livre. Irrelevância, no caso, de ausência de exibição do termo de responsabilidade de devolução, afigurando-se suficiente a apresentação do conhecimento de embarque. Cobrança da *demurrage* que decorre dos usos e costumes do transporte marítimo. Sentença de improcedência reformada. Pedido inicial julgado procedente. Recurso provido. Dispositivo: deram provimento ao recurso" (*TJSP* – AC 1017335-51.2018.8.26.0562, 2-10-2019, Rel. João Camillo de Almeida Prado Costa).

"Apelação – Ação de indenização – **Contrato de transporte** – Voo que não chegou ao destino na data contratada – Extravio de bagagem – Obrigação de resultado e responsabilidade objetiva do fornecedor de serviço/transportador. Danos morais configurados. Valor arbitrado consentâneo com o princípio da razoabilidade. *Quantum* fixado mantido. Honorários sucumbenciais majorados em decorrência do trabalho adicional realizado em grau recursal. Recurso desprovido" (*TJSP* – Ap 1009327-76.2015.8.26.0405, 13-7-2016, Rel. Pedro Kodama).

razão de ser desse tarifamento (RT 587/139, 560/209), embora exista corrente em contrário. A matéria deve sofrer maior exame em obra dedicada à responsabilidade civil, juntamente com o aspecto relativo a danos a terceiros, resultantes do transporte aéreo.

Contudo, adiantemos que, como em toda responsabilidade objetiva e tarifada, se houver culpa grave ou dolo do transportador, responderá este pelo direito comum, culpa aquiliana, nos termos do art. 186 do Código Civil, devendo a reparação ser ampla e cabal, não se restringindo aos limites tarifados na lei (art. 248 do Código Aeronáutico). Também não se exclui a indenização por dano moral no transporte aéreo pela perda ou extravio de bagagem, retardamento injustificável ou cancelamento da viagem etc. Nessas situações também não estará o julgador preso a indenização tarifada, aplicando-se o Código de Defesa do Consumidor. Após vacilação inicial da jurisprudência, essa tem sido a orientação do STJ, cuja posição é ampliativa em matéria de transporte e a aplicação do CDC mormente nas questões de perda ou extravio de bagagem.

Especificamente, para o transporte aéreo, a Lei nº 14.034/2020 introduziu alterações que dizem respeito às indenizações. O art. 251-A introduzido na Lei nº 7.565/1986, Código Aeronáutico, dispôs:

> *"A indenização por dano extrapatrimonial em decorrência de falha na execução do contrato de transporte fica condicionada à demonstração da efetiva ocorrência do prejuízo e da sua extensão pelo passageiro ou pelo expedidor ou destinatário de carga".*

O texto apresenta verdadeira "*contradictio in terminis*". Se há um prejuízo que pode ser provado, deixa de ser extrapatrimonial. Como se avalia a morte de um filho ou a perda de uma bagagem. Cuidam-se de sofrimentos da alma, que a vida prática e a sensibilidade do juiz decidirá. Se é demonstrado que na bagagem havia determinados valores, com sua prova, o dano deixa de ser moral ou extrapatrimonial. Como se prova o prejuízo de quem espera muitas horas pelo atraso de um voo? Esse incômodo isolado necessita ser provado? Claudicou, sem dúvida, o legislador, esquecendo de princípio comezinho dos danos extrapatrimoniais!

Esse mesmo artigo trouxe o § 3º, no qual o legislador se arvorou em definir o que se entende por caso fortuito ou força maior no transporte aéreo, matéria que exige digressão que faremos na obra que trata de responsabilidade civil. Essa disposição busca, sem dúvida, coibir abusos em muitos julgados em torno da responsabilidade do transportador aéreo.

34

SEGURO

34.1 ORIGENS. CONCEITO

As características do contrato de seguro e a área securitária em geral integram estudo e compreensão jurídica que em muito ultrapassa o campo exclusivamente contratual do direito privado, exigindo conhecimentos de verdadeira especialidade. Assim o é inclusive para os profissionais que atuam e se especializam nessa área.

O seguro é instituto pertencente ao chamado direito social, com marcante intervenção e dirigismo contratual, categoria que suplanta a clássica distinção de direitos público e privado. O Código Civil de 1916 regulamentava o contrato de seguro em 45 artigos (1.432 a 1.476), complementados por inúmeros diplomas destinados às várias modalidades de seguro. O Código de 2002 disciplinou a matéria em 46 artigos (757 a 802), enaltecendo uma nova perspectiva ao contrato de seguro.

No entanto, houve por bem o legislador brasileiro trazer um sistema legal em uma ampla lei sobre seguros, em um real microssistema securitário, ou estatuto dos seguros, como denominaremos aqui, como preferem alguns, derrogando o inteiro capítulo sobre seguros do Código Civil, Lei nº 15.040/2024, promulgada em 9 de dezembro de 2024, com *vacatio legis* de um ano de sua publicação.

Em várias situações tivemos oportunidade de nos manifestar sobre os microssistemas ou estatutos na legislação, que apresentam a inevitável tendência de restringir o Códigos àquilo que lhes é essencial. Os exemplos são inúmeros em nosso ordenamento em todas as áreas, bastando lembrar do Código de Defesa do Consumidor e Lei do Inquilinato, que nos tocam diretamente, dentre tantos outros. Assim, não temos dúvida que os princípios de direito de família e sucessões também tendem de futuro a formar um estatuto específico, fora do Código.

A lei securitária, agora na presente forma, realmente é um estatuto amplo de normas de seguro privado, em 134 artigos. Aqui, neste capítulo, denominaremos essa lei de "estatuto dos seguros".

O art. 1.432 do Código de 1916 forneceu definição do contrato de seguro: "*aquele pelo qual uma das partes se obriga para com outra, mediante a paga de um prêmio, a indenizar-lhe o prejuízo resultante de riscos futuros, previstos no contrato*".

O legislador optou, nesse caso, por definir o que é excepcional no ordenamento. Criticava-se essa dicção, porque o dispositivo não incluiu a possibilidade de seguro em favor de terceiros, como no seguro de vida. O Código de 2002, no art. 757, também define o instituto:

> *"Pelo contrato de seguro, o segurador se obriga, mediante o pagamento do prêmio, a garantir interesse legítimo do segurado, relativo a pessoa ou a coisa, contra riscos predeterminados.*
>
> *Parágrafo único. Somente pode ser parte, no contrato de seguro, como segurador, entidade para tal fim legalmente autorizada".*[1]

---

1 "**Seguro de vida**. Ação de cobrança. Morte do segurado. Ausência de cobertura para o caso de morte natural. Apólice que prevê cobertura apenas para morte acidental. Improcedência reconhecida. Recurso improvido, com observação. 1. A demanda diz respeito a contrato de seguro, matéria que é regida pelo artigo 757, que limita a responsabilidade do segurador apenas aos danos oriundos de risco expressamente assumido. 2. Os documentos dos autos demonstram que a morte do segurado foi natural de onde advém a constatação de que a hipótese não se encontra inserida no âmbito de cobertura contratual, restrito à hipótese de morte acidental. 3. O contrato não pode ser interpretado de forma ampliativa, de modo a compreender cobertura não pactuada. O prêmio do seguro é calculado levando em conta a cobertura contratada, de modo que a seguradora não pode responder por indenização fora do alcance convencionado. Daí o reconhecimento da improcedência do pedido. 4. Diante desse resultado e nos termos do artigo 85, § 11, do CPC, eleva-se o valor da verba honorária para 12% do valor da causa, ressalvada a gratuidade processual" (*TJSP* – Ap 1007204-52.2022.8.26.0408, 20-9-2024, Rel. Antonio Rigolin).

"Ação de cobrança de **indenização securitária** julgada improcedente. Pretensão do autor à reforma integral da sentença. Descabimento. Justa recusa ao pagamento da indenização securitária, considerando que o contrato de seguro, em cláusula válida, expressamente excluía os danos aos vidros decorrentes do sinistro por roubo. Inteligência do artigo 757 do Código Civil. Precedentes deste E. Tribunal de Justiça e do C. Superior Tribunal de Justiça. Rescisão unilateral do contrato não enseja, por si só, a condenação em danos morais ao autor, pessoa jurídica, que não demonstrou o efetivo dano a seu nome, imagem ou reputação. Sentença mantida. Recurso desprovido." (*TJSP* – Ap 1006356-72.2021.8.26.0223, 6-10-2022, Rel. Vitor Frederico Kümpel).

"Contrato – Seguro – A ré obrigou-se a efetuar o pagamento de indenização em caso de sinistro, consistente em situação de insolvência do devedor – Ocorrência de sinistro expressamente incluído na cobertura contratada – Autor comprovou que houve a inclusão da empresa inadimplente na lista de clientes segurados pela ré (fl. 47), constando expressamente que atua no setor têxtil, e não pode ser posteriormente recusada sob a alegação de que não presta serviços nas áreas indicadas na apólice, tem direito ao recebimento do valor correspondente à indenização securitária, qual seja, R$ 1.350.000,00 (um milhão trezentos e cinquenta mil reais) – Sentença mantida – Recurso não provido". (*TJSP* – AC 1065442-28.2016.8.26.0100, 5-7-2019, Rel. Maia da Rocha).

"Apelação – **Contrato de seguro** – Ação de cobrança de seguro por danos causados em acidente de trânsito. Cláusula de perfil. Segurada que ao responder o questionário nega que o veículo segurado seria conduzido por pessoa com idade entre 18 e 25 anos. Sinistro que ocorre com condutora menor de 25 anos. Inexistência de agravamento de risco. Má-fé não demonstrada. Ônus da prova do art. 373, II, do CPC descumprido. Indenização securitária devida. Precedentes do STJ e deste tribunal. Sentença de procedência mantida. Honorários majorados. Recurso desprovido" (*TJSP* – Ap 1006120-30.2017.8.26.0266, 30-7-2018, Rel. L. G. Costa Wagner).

"**Seguro de vida** – Cobrança – Danos morais configurados – redução do valor da indenização – recursos parcialmente acolhidos – Para a estimativa do ressarcimento deve o juiz levar em conta critérios de proporcionalidade e razoabilidade, atendidas as condições do ofensor, do ofendido e do bem jurídico lesado" (*TJSP* – Ap 0002909-46.2012.8.26.0082, 1-3-2016, Rel. Renato Sartorelli).

"**Acidente de trânsito** – Ação de indenização – Não ocorre nulidade por sentença *ultra petita* se o pedido de pensão aduzido na inicial não indica limite temporal, pois sua fixação fica ao arbítrio do magistrado. A autora experimentou dor, angústia e sofrimento em razão da perda repentina de seu marido no trágico acidente causado pelo condutor. A verba indenizatória fixada revela-se adequada às finalidades da condenação, e não comporta redução. Os valores recebidos pela autora a título de adiantamento parcial da indenização do seguro facultativo contratado pelos requeridos devem ser compensados com a indenização judicialmente fixada. Os juros de mora sobre as prestações vencidas a título de pensão mensal incidem a contar dos respectivos vencimentos. A correção monetária e os juros de mora devem incidir sobre o *quantum* indenizatório a partir da data da publicação da sentença que o fixou, de acordo com as diretrizes estabelecidas pelo C. STJ. Estão incluídos nos chamados danos corporais contratualmente cobertos os danos morais consistentes em sofrimento e angústia da viúva da vítima do acidente de trânsito, para fins de indenização do seguro. É possível a execução da indenização securitária diretamente pela autora contra a seguradora litisdenunciada. Precedente do C. STJ. Parcialmente providos os recursos dos requeridos e da litisdenunciada, e improvido o da autora" (*TJSP* – Ap 0005709-14.2004.8.26.0022, Amparo, 15-5-2015, Rel. Gomes Varjão).

Esse dispositivo já realçava que as empresas seguradoras somente podem atuar no ramo mediante autorização administrativa, reforçando o que estava disposto no artigo 74 do Decreto-lei nº 73/66. Desse modo, assim como também faz a lei mais recente, há necessidade de qualificação legal especial para figurar em contrato de seguro no nosso sistema. Nesse diapasão, há que se lembrar do Conselho Nacional de Seguros Privados e da SUSEP (Superintendência de Seguros Privados). Não é diferente no direito comparado.

O mais recente estatuto traz definição mais sintética do contrato de seguro no art. 1º:

> "*Pelo contrato de seguro, a seguradora obriga-se, mediante o pagamento do prêmio equivalente, a garantir interesse legítimo do segurado ou do beneficiário contra riscos predeterminados*".

E o art. 2º complementa: "*Somente podem pactuar contratos de seguro entidades que se encontrem devidamente autorizadas na forma da lei*".

Ressalte-se que o seguro visa garantir interesse legítimo, abrangendo também o seguro em favor de terceiros, como examinaremos. É muito ampla essa noção de legítimo interesse, podendo abranger praticamente todas as atividades lícitas da sociedade, o que dá uma vasta dimensão ao campo de atuação do contrato de seguro.

O seguro surge inicialmente no direito marítimo na Idade Média. Embora possuísse institutos próximos, a Antiguidade não conheceu esse contrato. Em princípio, quando ainda era pequena a atividade comercial, surgiram as sociedades de contribuição mútua entre os navegantes, semelhantes às de beneficência. Quando algum proprietário de navio sofria prejuízo ou perda, outros integrantes do grupo o socorriam com contribuições para a aquisição de outros bens (Alvim, 1983:7).

Em sua fase inicial, o seguro cobria os navios e as respectivas cargas. A insegurança das viagens aguçou o espírito dos negociantes a especular sobre o risco. O contrato de seguro com os contornos atuais surge paulatinamente, em decorrência das necessidades sociais, como sói acontecer com os institutos de origem mercantil. Sua ampla difusão partiu da Inglaterra no século XVII, tendo sua adoção se generalizado a partir do século XIX, então também acolhido por nosso Código Comercial. Foi igualmente nesse quadro que se desenvolveu o seguro social dirigido à atividade laboral dos trabalhadores e aos acidentes do trabalho. A experiência do seguro marítimo, sem dúvida, deu origem às outras modalidades de proteção ao risco.

> "*A história do seguro tem sido motivo de constantes pronunciamentos da doutrina. As investigações continuam sendo desenvolvidas. Há preocupação de defini-lo do modo mais amplo possível, com a finalidade de ser identificada a trajetória desse negócio jurídico no âmbito da cultura dos povos antigos e contemporâneos*" (Delgado, 2004:16).

Sua origem no espírito humano decorre da defesa contra o risco de perda do patrimônio, da saúde e da vida. A experiência e a complexidade da sociedade no decorrer dos séculos fizeram surgir o seguro com a compreensão e extensão atuais. Trata-se de importante mecanismo para financiar o risco e pulverizar a perda patrimonial. É importante meio de sobrevivência e contornos semelhantes na sociedade.

O seguro contemporâneo deslocou o campo originário do contrato privado para a esfera estatal, que logo percebeu a importância e a necessidade socioeconômica da proteção contra o risco. A fragmentação da legislação securitária, fenômeno que não é só nosso, dificulta o estudo e a compreensão globais do instituto, cujo exame, nesta obra, prende-se unicamente aos princípios gerais. Ainda porque a legislação complementar navega ao sabor das necessidades temporais, não se constituindo, como regra, corpo de normas estáveis. Espera-se que o novo estatuto agora presente conceda a devida estabilidade à problemática securitária.

Procura-se aqui analisar basicamente o negócio regulado pelo Decreto-lei nº 73/66 e pelo Código Civil antigo e atual, que disciplinou os seguros terrestres de coisas e de pessoas, cujos dispositivos consagrados pela mais recente lei do microssistema securitário, vistos hoje em harmonia com a legislação complementar e os princípios contratuais do Código de Defesa do Consumidor.

O seguro, em sua essência, constitui transferência do risco de uma pessoa a outra. Tecnicamente, só se torna possível quando o custeio é dividido entre muitas pessoas, por número amplo de segurados. Trata-se do decantado universo atuarial, uma especialidade securitária.

Embora o contrato de seguro seja negócio jurídico isolado e autônomo entre seguradora e segurado, somente se torna viável se existir base mutuária ampla para custeá-lo, e um amplo número de segurados. Cabe à ciência atuária o exame estatístico e o cálculo de seguros de determinado segmento social. São feitos cálculos aproximados dos sinistros que ordinariamente ocorrem em determinada área ou setor, efetuando-se complexos estudos de probabilidades. O mutualismo constitui a base do seguro.

Há, portanto, técnica sofisticada e especializada na constituição das várias modalidades de seguro, que, se não for eficiente, pode fazer soçobrar a empresa seguradora, jogando por terra o importante sentido social do instituto, razão pela qual há a intensa fiscalização da Superintendência de Seguros Privados (Susep) em toda a movimentação financeira das seguradoras. Todavia, esse mecanismo técnico é externo ao contrato examinado do ponto de vista jurídico, como ato negocial isolado e autônomo.

Para o jurista e para o consumidor, portanto, importa sempre considerar o contrato de seguro de per si. Cabe à seguradora estruturar-se para atender a finalidade social a que se propôs. Quanto maior o desenvolvimento econômico e tecnológico da sociedade, mais amplo será o campo de atuação da seguradora. Há até os que sustentam que, em futuro próximo, toda atividade humana será segurada, em prol de uma garantia de ressarcimento geral de prejuízos.

Sinistro é termo técnico cujo sentido vulgar, de algo fúnebre, funesto, de mau agouro, prende-se aos primórdios do seguro marítimo, que cobria sempre um efeito negativo para a navegação. Na técnica securitária, significa a realização do evento incerto previsto no contrato, causador de dano.

No seguro, não existe propriamente uma indenização, mormente no campo dos seguros de vida. O conceito indenizatório está ligado à noção de inadimplemento e culpa ou *contraprestação* contratual. Ou seja, o segurador não indeniza quando ocorre um fato ou ato danoso, apenas cumpre o que lhe toca pela avença contratual. Ainda, não é da essência do contrato de seguro que todo prejuízo seja ressarcido, porque, em princípio, o segurador compromete-se a pagar apenas o valor segurado. Por essa razão, dentre outras regras, a interpretação de um contrato de seguro é sempre restritiva.

No Brasil, era escassa a legislação securitária antes da vigência do Código Comercial de 1850. Interessante abordar que esse Código continha proibição de seguro de vida de pessoas livres, embora fosse possível o seguro de vida de escravos, pois estes eram considerados objetos de propriedade (Delgado, 2004:31). Foi apenas no início do século XX que os chamados seguros terrestres passam a ser regulados em nosso país, pois o seguro marítimo já constava do Código Mercantil. O Código Civil de 1916, posteriormente, dedicou capítulo aos seguros.

Atualmente nossa legislação securitária é altamente complexa, tendo se buscado uma síntese no mencionado e amplo estatuto. Possuímos um emaranhado de normas de todas as hierarquias, sendo o Código Civil apenas o preceptor de regras gerais, assim como certamente o será a mais recente lei. Importante lembrar, contudo, que o Decreto nº 605 de 1992 é um divisor de águas nessa legislação. Até então os seguros eram disseminados mediante cláusulas previamente apontadas pela Superintendência de Seguros Privados (Susep). Os contratos eram assim padronizados, sem possibilidade de iniciativa maior por parte das empresas seguradoras. Com esse decreto, o setor foi desregulamentado, ficando dispensada a redação prévia de cláusulas contratuais. Cada seguradora passou a ter autonomia para elaborar seus contratos, remetendo apenas cópia à Susep, o que veio a dinamizar sobremaneira o setor, conforme se esperava com ansiedade, como uma das formas de inserir nosso país no contexto econômico globalizado. Nesse diapasão, persistem algumas modalidades de seguros que mantêm cláusulas compulsórias, principalmente nos chamados seguros obrigatórios; existem normas gerais, que orientam algumas modalidades de seguros e devem necessariamente ser seguidas pelas empresas seguradoras, e existem formas livres, quando na especialidade não houver qualquer regulamentação.

34.2 CARACTERÍSTICAS. NATUREZA JURÍDICA

O contrato de seguro é bilateral, oneroso, aleatório, consensual e geralmente de adesão, subordinado à boa-fé qualificada, de execução continuada.

É *bilateral* ou *sinalagmático*, porque depende da manifestação de vontade de ambos os contratantes, que se obrigam reciprocamente. O segurado assume a obrigação de pagar o prêmio e não agravar os riscos, entre outras. A seguradora obriga-se a pagar o valor contratado no caso de sinistro. A esse negócio se aplica o princípio da exceção de contrato não cumprido, sob sua natureza (art. 476 do Código Civil).

É *oneroso*, porque cada uma das partes procura uma vantagem patrimonial no negócio. O segurado procura obter proteção contra o risco; a seguradora recebe o pagamento do prêmio e paga o valor previsto na apólice na ocorrência de sinistro.

É contrato tipicamente *aleatório*, porque sua origem gira em torno do risco, cuja ocorrência pode não se concretizar. A prestação de pagar a chamada indenização subordina-se a evento futuro e incerto. Em razão da álea que lhe é inerente, não há equivalência nas prestações. No contrato de seguro, o fundamento da álea é a previdência do risco, a qual o distingue do jogo ou da aposta, nos quais o fundamento da álea é o intuito especulativo (Lopes, 1993, v. 4:401).

Embora o legislador expresse que o contrato não obriga, enquanto não reduzido a escrito, a doutrina sempre foi homogênea em considerá-lo *consensual*, porque essa formalidade não é da substância do ato, tendo apenas caráter confirmatório e probatório. O seguro surge do acordo de vontades. O contrato conclui-se com o consentimento das partes. O Código Civil de 1916 estabelecera no art. 1.433 que o contrato de seguro *"não obriga antes de reduzido a escrito, e considera-se perfeito desde que o segurador remete a apólice ao segurado, ou faz nos livros o lançamento usual de operação"*.

Disposição semelhante continha o velho Código Comercial ao estabelecer, quanto ao seguro marítimo, no art. 666, que só podia provar-se por escrito, pelo instrumento da apólice, mas obriga reciprocamente as partes, quando ambas assinam minuta com todas as declarações, cláusulas e condições da apólice. No entanto, o Decreto-lei nº 73/66 possibilitou que a apólice seja substituída por *bilhete de seguro*, mediante aceitação verbal do interessado, sendo utilizado para alguns seguros, como o obrigatório de veículos e individual de acidentes pessoais. O bilhete de seguro, cada vez mais utilizado, é mencionado pelo Código de 2002.

Pela letra da lei percebe-se que, em princípio, exige-se a forma escrita para o contrato de seguro. No entanto, a prática tem demonstrado que as partes com frequência dispensam essa formalidade, para considerarem o contrato existente independentemente do instrumento, sendo sua formalização hoje concluída até por telefone, fac-símile, correio eletrônico e outros meios informatizados, seguindo-se posteriormente a remessa do documento, a demonstrar que o Direito possui atualmente meios mais rápidos e eficazes de formalização. Não obstante isso, a prova de existência do contrato deverá ser escrita, não sendo admitida a prova exclusivamente oral.[2]

---

[2] "Plano de saúde. Ação de execução de título executivo extrajudicial julgada extinta sem a resolução do seu mérito por ausência de apresentação do contrato. Irresignação da autora. Alegações de nulidade por cerceamento de direito e de reforma para que se reconheça o título executivo extrajudicial. Não acolhimento. A despeito do que consta nos arts. 784, XII, do CPC e 27 do Decreto-lei nº 73/1966, o art. 758 do CC determina que **a prova da relação jurídica entre seguradora e segurado se faz com a exibição da apólice ou do bilhete do seguro**, e, na falta deles, por documento comprobatório do pagamento do respectivo prêmio. Ausência de comprovação da relação jurídica para fins de reconhecimento de título executivo extrajudicial. Pedido alternativo para que a ação de cobrança seja admitida. Acolhimento. A r. sentença de extinção do feito sem a resolução do mérito não se conforma com os princípios da duração razoável, da eficiência e da instrumentalidade do processo. Constatação do preenchimento dos requisitos dos arts. 319 e 320, ambos do CPC. Ação de cobrança admitida. Apelo provido". (*TJSP* – Ap 1011744-96.2022.8.26.0068, 27-3-2023, Rel. Donegá Morandini).

"**Contrato de seguro** – Ação declaratória de inexigibilidade de débito c/c indenização por danos morais. Sentença de parcial, procedência do pedido de inexigibilidade das cobranças e restituição dos valores cobrados indevidamente, porém julgou improcedente o pedido de indenização por dano moral. Recurso da parte autora. Dano moral. Ausência de comprovação de que a cobrança indevida feriu os direitos de personalidade da apelante. Recurso não provido". (*TJSP* – AC 1001007-14.2018.8.26.0411, 28-8-2019, Relª Carmen Lucia da Silva).

"Direito Civil – Responsabilidade Civil – **Contrato de seguro** – Acidente de trânsito – Perda total do veículo – Pagamento do prêmio pela seguradora – Preliminar de cerceamento de defesa – Indeferimento de prova oral – Preliminar Afastada – Mérito – Ação de regresso contra o causador do dano – Impossibilidade – Veículo que deu causa ao acidente foi o veículo segurado – nexo de causalidade afastado – recurso conhecido e desprovido – sentença mantida – Quanto à preliminar aventada pelo apelante, insta salientar que o destinatário da prova é o magistrado, a quem incumbe avaliar a conveniência, ou não, de sua produção, conforme o artigo 370 do CPC de 2015. Em outros termos, o juiz não é obrigado a acolher o pedido de produção de todas as provas requeridas pelas partes, especialmente quando aquelas constantes dos autos são suficientes para o seu convencimento (artigo 371 do CPC de 2015). Conforme se depreende do artigo 443 do NCPC, ao juiz é facultada a possibilidade de inquirir as testemunhas arroladas no processo, podendo indeferi-la quando os fatos em pauta já tiverem sido provados por documentos ou confissão da parte, ou ainda, quando só puderem ser provados por via documental ou pericial. Não prospera a alegação de cassação da sentença por cerceamento de defesa quando se identifica manifestação expressa do Juízo a quo, acerca da prescindibilidade de produção de novas provas. Preliminar afastada. Quanto ao mérito, o Supremo Tribunal Federal editou o Enunciado nº 188, dispondo que: 'O segurador tem ação regressiva contra o causador do dano, pelo que efetivamente pagou, até o limite previsto no contrato de seguro'. O direito da seguradora decorre da sub-rogação, por força do disposto no artigo 985, I, do Código Civil, o qual se opera de pleno direito em favor do interessado que paga a dívida pela qual era ou podia ser obrigado por força de lei. Verificado no Laudo Pericial que o veículo causador do acidente foi o veículo segurado (Fiat Palio), que trafegara a uma velocidade de 55 km/h, ao passo que o veículo Sandero trafegava a 40 km/h. No mais, das fotografias juntadas ao Laudo Pericial, verifica-se claramente duas placas na rotatória, uma de PARE, na qual o veículo causador a ignorou, não parando e ocasionando a colisão, e outra de sentido obrigatório, para quem já estava na rotatória, que no caso, o veículo Sandero, que tinha preferência na circulação. Assim sendo, constatado que o veículo segurado foi o causador do acidente, não há que se falar em nexo de causalidade a ensejar a responsabilização da apelada pela ação regressiva em seu desfavor, devendo a sentença ser mantida em sua integralidade. Preliminar afastada, recurso conhecido e desprovido. Sentença mantida" (*TJDFT* – Proc. 20170110213070APC – (1099665), 30-5-2018, Rel. Robson Barbosa de Azevedo).

"Apelação cível – Ação de obrigação de fazer c/c pedido de tutela antecipada. **Contrato de seguro de veículo**. Seguradora alega o inadimplemento da última parcela do prêmio. Cancelamento unilateral. Ausência de notificação da mora. Impossibilidade. Entendimento do STJ. Recurso conhecido e não provido. 1 – A seguradora recusou-se a prestar à indenização, sob alegativa de que o contrato estava rescindido no momento do acidente, haja vista que a segurada não pagou a quarta e última parcela do prêmio do seguro. Destarte, a parte autora ajuizou a ação de obrigação de fazer, a qual fora julgada procedente em primeira instância (sentença às fls. 202/204). 2 – É sabido, que as cláusulas estipuladas no contrato de seguro, como também a sua interpretação, devem estar de acordo com o que determina o Código de Defesa do Consumidor, a fim de que se estabeleça o equilíbrio entre as partes. Por tanto, impõe-se, adotar ao presente caso, a interpretação mais favorável ao consumidor, por ser parte mais vulnerável na relação de consumo. 3 – O Superior Tribunal de Justiça possui entendimento pacífico, segundo o qual 'o simples atraso no pagamento do prêmio não implica na suspensão ou cancelamento automático da

A esse respeito, admitia o Código Civil, no art. 758:

> *"O contrato de seguro prova-se com a exibição da apólice ou do bilhete do seguro, e, na falta deles, por documento comprobatório do pagamento do respectivo prêmio".*

O novo estatuto busca simplificar a prova de existência do contrato de seguro, seguindo o que já existe na prática, estipulando, no art. 54, que "*o contrato de seguro prova-se por todos os meios admitidos em direito, vedada a prova exclusivamente testemunhal*". Pelo art. 55 a seguradora deve entregar ao contratante, no prazo de até 30 dias, documento comprobatório do contrato.

A disposição consagra a jurisprudência, respaldada nos usos e costumes como já se admitia. O documento que comprova o pagamento do prêmio serve para evidenciar a existência do seguro. A apólice tem um caráter confirmatório da existência do seguro.

Evidente, porém, que quando se trata de seguro de vulto, que suplanta o padrão preestabelecido, as partes acautelam-se com as formalidades originalmente determinadas. A remessa posterior da apólice apenas conclui o que já fora contratado. No ramo de seguros, mais do que em qualquer outro, imperam a confiança recíproca e a boa-fé. A seguradora não fica vinculada à emissão da apólice, a qual, no entanto, deve ser remetida ao segurado. Por igual sucede quando o seguro deflui do registro contábil da operação. Daí concluir-se, como homogeneamente entende a doutrina, que o simples consenso é suficiente para a conclusão do contrato, sendo o instrumento apenas elemento *ad probationem* (Alvim, 1983:128). É possível, portanto, afirmar que o contrato de seguro se traduz pela adesão resultante da oferta pelo segurado e da aceitação por parte do segurador (Stiglitz, 1987:162). O art. 758 do Código Civil ressalta o papel probatório da apólice, conforme transcrito.

O contrato de seguro contém *obrigação de garantia* que é assumida pela seguradora, conforme especifica a própria definição. Veja o que falamos acerca das obrigações de garantia (vol. 2, Cap. 6).

Trata-se de contrato de *adesão*, como regra, pois se apresenta com cláusulas predispostas ao segurado. Este não participa de sua elaboração nem das condições gerais, na maioria das vezes impostas pela Administração. O fato de serem adicionadas cláusulas manuscritas ou grafadas não lhe retira essa característica: *"A inserção de cláusula no formulário não desfigura a natureza de adesão do contrato"* (art. 54, § 1º, do Código de Defesa do Consumidor). Ocorre praticamente sem exceção a padronização das cláusulas do contrato de seguro, ao menos aquelas mais utilizadas. A interpretação, na dúvida, obscuridade ou contradição, deve favorecer o aderente-segurado. Ainda que assim não fosse, o art. 47 do Código de Defesa do Consumidor determina que as cláusulas contratuais serão interpretadas de maneira mais favorável ao consumidor.

---

cobertura securitária, fazendo-se necessária a constituição em mora do segurado por intermédio de interpelação específica.' (STJ, 4ª turma, AGRG NO AG 1092900/SP, Rel. Min. João Otávio De Noronha, Julgado em 05/05/2009, DJE 18/05/2009-) 4. Sentença mantida" (*TJCE* – Ap 0509436-95.2011.8.06.0001, 17-5-2017, Rel. Jucid Peixoto do Amaral).

"**Cobrança de seguro de vida** – Evento ocorrido com anterioridade à contratação da apólice – Contrato que prevê cobertura para riscos futuros – Fato pretérito – indenização indevida – recurso improvido – O contrato de seguro se presta, exclusivamente, a garantir evento futuro e não aquele já consumado" (*TJSP* – Ap 0004156-95.2013.8.26.0577, 15-2-2016, Rel. Renato Sartorelli).

"**Seguro de veículo** – renovação automática – parcela do prêmio em atraso – débito não realizado por culpa da instituição financeira – ausência de notificação – culpa dos réus demonstrada – danos materiais e morais caracterizados – redução do *quantum* referente à reparação moral – recursos parcialmente providos" (*TJSP* – Ap 0005925-51.2012.8.26.0003, 22-6-2015, Rel. Renato Sartorelli).

Quando o contrato de seguro tiver por objeto *matéria sui generis*, inusitada, com cláusulas discutidas ao serem redigidas, não teremos um contrato plenamente de adesão. Seguros que suplantam a normalidade não serão evidentemente padronizados, por exemplo, o físico de uma atleta profissional para disputar determinada competição ou a silhueta de uma pessoa, modelo profissional, que quer se assegurar do risco de um acidente que a deforme.

A *boa-fé* é princípio basilar e salutar dos contratos em geral, expressa na letra do Código de Defesa do Consumidor. O ainda vigente Código Civil (no tocante ao capítulo de seguros enquanto perdurar a *vacatio legis* do estatuto), aliás, ressalta a boa-fé objetiva na teoria geral dos contratos como cláusula aberta (art. 422). Contudo, a boa-fé na contratação do seguro, tendo em vista a asseguração do risco, é acentuada e qualificada, obrigando o segurado a fazer declarações verdadeiras e completas, sob pena de perder o direito à indenização.

O Código de 2002, com melhor operosidade, dispôs no art. 766:

> *"Se o segurado, por si ou por seu representante, fizer declarações inexatas ou omitir circunstâncias que possam influir na aceitação da proposta ou na taxa do prêmio, perderá o direito à garantia, além de ficar obrigado ao prêmio vencido.*
>
> *Parágrafo único. Se a inexatidão ou omissão nas declarações não resultar de má-fé do segurado, o segurador terá direito a resolver o contrato, ou a cobrar, mesmo após o sinistro, a diferença do prêmio".*

O art. 56 do estatuto acentua que o contrato de seguro deve ser interpretado segundo a boa-fé. Essa lei, ao dispor sobre interpretação do contrato de seguro, adiciona que dúvidas, contradições, obscuridades ou equivocidade em qualquer manifestação da seguradora, em peças publicitárias ou equivalentes, "*serão resolvidas no sentido mais favorável ao segurado, ao beneficiário ou ao terceiro prejudicado*". Trata-se de princípio de proteção ao contratante mais débil, presente na lei do consumidor.

Outra regra de interpretação está presente no art. 58: "*As condições particulares do seguro prevalecem sobre as especiais, e estas, sobre as gerais*". Como se vê, o exame das cláusulas do contrato ganha muita importância, mormente nos seguros de grande monta e maior complexidade, com muitas particularidades. Essa regra, antes de importar aos interessados, dirige-se diretamente ao magistrado ou árbitro, consagrando no texto, tradicional disposição que nos vêm da tradição francesa.

Caberá ao julgador, seja ele togado ou árbitro, no caso concreto, examinando as circunstâncias, estabelecer a boa ou a má-fé. É oportuno lembrar que o estatuto traz dispositivo autorizando que as partes, no contrato se seguro, possam autorizar a resolução de litígios por meios alternativos, feita no Brasil e submetida a regras de nosso direito, inclusive de arbitragem. Está plenamente aberta, portanto, não deixando dúvidas, a possibilidade de as partes autorizarem a conciliação, negociação e arbitragem (art. 129 do estatuto).

Como é básico, agirá com má-fé, por exemplo, o sujeito que, ao contratar seguro de vida, omite o fato de costumeiramente se dedicar a esportes ditos radicais, como motociclismo, automobilismo, paraquedismo ou alpinismo. Não agirá com má-fé, de outro modo, o sujeito que padece de moléstia que não sabe ser grave ou fatal ou não fora diagnosticada na contratação do seguro.[3]

---

3 "Apelação – ação de cobrança c/c indenização por danos morais – **Seguro de vida** – Diária por incapacidade temporária – Não comprovação de ciência inequívoca do segurado sobre as cláusulas restritivas de cobertura –

O art. 59 menciona expressamente "*as cláusulas referentes a exclusão de riscos e prejuízos ou que impliquem limitações ou perda de direitos e garantias*". Discute-se, por exemplo, se em um seguro de veículos há cobertura de dano ou roubo, importando saber se o seguro cobre intempéries, como enchentes. Esse mesmo artigo destaca que a prova da exclusão de cobertura securitária cabe à seguradora.

Os contratos de seguro têm validade por um ano, como regra geral, podendo as partes estabelecer expressamente outro prazo (art. 52 do estatuto).

Completa-se a noção pelo art. 768 do Código Civil, o qual alertava ao segurado sobre o agravamento dos riscos também sob pena de perder o direito à contraprestação.[4] Em vista dessa

---

Princípio da boa-fé objetiva – Deveres anexos do contrato – Lealdade, informação, esclarecimento e cuidado para com a parte adversa – Dever de indenizar nos moldes previstos na apólice contratada – Sentença mantida por seus próprios fundamentos – Negado provimento". (*TJSP* – Ap 1004328-81.2020.8.26.0348, 15-6-2023, Rel. Hugo Crepaldi).

"Apelação. Ação indenizatória. **Seguro de vida**. Doença grave. Carcinoma em um dos seios. Sentença de improcedência. Inconformismo da parte autora. Doença preexistente. Ausência de diagnóstico na data da contratação do seguro que não é fato preponderante a impor à seguradora o pagamento da cobertura. Demonstração de que a autora violou a boa-fé objetiva (artigo 422 do Código Civil) ao negligenciar seu real estado de saúde diante da suspeita de doença grave. Contratação apenas onze dias antes do conhecimento da existência do sinistro. Omissão da segurada de circunstâncias que influenciariam na aceitação da proposta. Se a autora cumprisse com seu dever de informação, atendendo aos ditames da boa-fé objetiva, poderia facultar à seguradora a possibilidade de exigir exames médicos complementares. Não se pode exigir da seguradora cautela complementar que justificasse qualquer investigação do estado de saúde da segurada. Artigo 766 do Código Civil. Súmula nº 609 do Colendo Superior Tribunal de Justiça. Cobertura securitária indevida. Sentença mantida. Recurso desprovido." (*TJSP* – Ap 1001245-35.2019.8.26.0011, 4-10-2022, Rel. Rogério Murillo Pereira Cimino).

"Apelação cível – **Seguro prestamista** – **Doença preexistente** – Demonstrada má-fé do segurado, o qual contratou o seguro já sabedor de sofrer de câncer maligno, tendo morrido poucos meses depois da contratação, de julgar-se improcedente o pedido de pagamento do capital segurado. Apelação da Cardif provida e apelação das demais rés providas em parte, para julgar improcedente o pedido inicial". (*TJSP* – AC 1004332-78.2015.8.26.0127, 14-5-2019, Rel. Lino Machado).

"Cobrança – **Seguro de vida – Doença preexistente** – Anterior extinção do processo, quanto ao Requerido Banco – Não evidenciada a má-fé do segurado (quando da contratação) – Requerida Companhia não exigiu a realização de exame médico prévio – sentença de procedência, para condenar a Requerida Companhia ao pagamento de indenização securitária no valor de R$ 25.962,43, além das custas e despesas processuais e dos honorários advocatícios (fixados em 15% do valor da condenação) – Descabida a inovação nas razões de apelação – Valor dos honorários advocatícios majorado, ante a natureza da causa e o trabalho desempenhado pelo patrono dos Autores na fase recursal (artigo 85, parágrafo 11, do Código de Processo Civil). Recurso da requerida companhia não conhecido e majorados os honorários advocatícios do patrono dos autores para 20% do valor da condenação" (*TJSP* – Ap 1008437-51.2016.8.26.0196, 20-8-2018, Rel. Flavio Abramovici).

"Agravo interno – Agravo em recurso especial – Direito Civil – **Seguro de vida – Doença Preexistente** – Má-fé não comprovada – Reexame de cláusulas contratuais e de provas – Súmulas nº 5 e 7/STJ – 1 – Não comprovada a má-fé do segurado quando da contratação do seguro saúde e, ainda, não exigida, pela seguradora, a realização de exames médicos, não pode a cobertura securitária ser recusada com base na alegação da existência de doença pré-existente. Precedentes. 2 – Recurso especial cuja pretensão demanda reexame de cláusulas contratuais e de matéria fática da lide, o que encontra óbice nas Súmulas nº 5 e 7 do STJ. 3 – Agravo interno a que se nega provimento" (*STJ* – AGInt-REsp 1.280.544 (2011/0177268-6), 9-5-2017, Relª Minª Maria Isabel Gallotti).

"Seguro de vida em grupo – **Doença preexistente** – Prova – Ônus da seguradora – Má-fé do segurado não caracterizada – Indenização devida – Recurso provido, rejeitada a preliminar – A falta de exigência de exame médico no momento da contratação do seguro, bem como a ausência de prova de omissão dolosa do segurado sobre a existência de doença anterior impedem que a seguradora recuse o pagamento da indenização" (*TJSP* – Ap 0065583-83.2011.8.26.0506, 1-6-2016, Rel. Renato Sartorelli).

4 "Apelação – Ação de cobrança – Seguro facultativo de veículo – Negativa do pagamento de indenização sob alegação de que o condutor estava sob efeito de álcool – Embriaguez do motorista constatada pelo exame de dosagem alcoólica – Situação que inaugura presunção de agravamento do risco contratado, conforme entendimento do C. STJ – Apelante que não logrou comprovar a existência de qualquer fator externo que tenha influenciado a ocorrência do acidente – **Aplicação do art. 768, CC** – Indenização indevida – Negado provimento" (*TJSP* – Ap 1003060-87.2023.8.26.0541, 30-8-2024, Rel. Hugo Crepaldi).

"Apelação. Condenatória c/c indenização. **Seguro de carga**. Negativa de pagamento do seguro. Possibilidade pela caracterização do agravamento do risco. Tombamento da carga segurada após o início do seu descarregamento.

transparência na conduta do segurado, corolário do princípio da boa-fé qualificada para esse contrato, deve ele comunicar ao segurador todo evento que possa agravar o risco, comunicando-lhe, por outro lado, incontinenti, a ocorrência do sinistro. O segurado perderá a garantia se ficar provado que silenciou de má-fé. Nesse sentido o art. 13 do estatuto: "*Sob pena de perder a garantia, o segurado não deve agravar intencionalmente e de forma relevante o risco objeto do contrato de seguro*". O segurado não pode, por exemplo, após ter declarado que não pratica esportes radicais em seguro de vida, passar a praticar alpinismo, automobilismo, boxe etc. sem comunicar à seguradora. Esta, por sua vez, recebendo a comunicação do agravamento, poderá anuir com a continuidade do contrato, cobrando ou não prêmio adicional (art. 13, § 2º). É obrigação do segurado comunicar à seguradora relevante agravamento do risco, tão logo dele tome conhecimento (art. 14). Assim, por exemplo, em um seguro contra furto ou roubo em imóvel, o defeito ou desligamento no sistema eletrônico de vigilância ou de comunicação deve ser prontamente comunicado à seguradora. O texto legal nesse aspecto é detalhado sobre a providências a serem tomadas nessas ocorrências tanto pelo segurado quanto pela seguradora. A expressão legal vem em boa hora, pois multiplicam-se casos jurisprudenciais com discussão a esse respeito.

Na realidade, a boa-fé no seguro deve ser bilateral, aliás, como em qualquer contrato, imposta destarte também à seguradora.

Como se vê, a estrita boa-fé e veracidade serão guardadas tanto na conclusão como na execução do contrato.[5] A enfática, insistente e tradicional referência à boa-fé nos contratos

---

Representantes da apelante, ouvidos como testemunhas nos autos, que narram que, após o início do descarregamento da carga, deixaram o local para a realização de outra atividade, sem tomar os devidos cuidados para evitar o sinistro questionado nos autos. Hipótese do artigo 768, do CC, configurada. Não haverá a cobertura do sinistro ocorrido quando restar comprovado que o segurado concorreu para o agravamento do risco, situação fática essa que restou efetivamente comprovada, uma vez que é situação efetivamente inadequada, ainda que não intencional, mas de natureza grave, ou seja, no momento que se inicia o descarregamento da carga, deixá-la sem os devidos cuidados para o início de outra atividade, o que efetivamente corroborou para o sinistro questionado. Manutenção da r. sentença que reconhece a possibilidade de negativa de pagamento da cobertura securitária. Precedentes deste E. TJSP. Recurso não provido." (*TJSP* – Ap 1020710-47.2019.8.26.0361, 22-9-2022, Rel. Roberto Mac Cracken).

"Civil e processual civil. Apelação cível. **Contrato de seguro de veículo.** Agravamento do risco. Objeto do contrato. Embriaguez. Exclusão da responsabilidade da seguradora. Previsão contratual. Não abusividade. Prequestionamento. Desnecessidade de enfrentamento de todas as teses. Recurso desprovido. Sentença mantida. 1. Na presente hipótese o autor requer a reforma da sentença com o intuito de obter a condenação da seguradora ré ao pagamento dos valores relativos ao prêmio do seguro contratado e à indenização securitária pela morte acidental do recorrente, tendo em vista o acidente de trânsito ocorrido aos 21 de junho de 2019. 2. Diante da efetiva comprovação, nos autos, de que a vítima, no momento do acidente, se encontrava embriagada, é legítima a negativa oferecida pela seguradora em efetivar o pagamento da indenização securitária respectiva. 3. Assim, o estado de embriaguez apresentado pelo condutor do veículo sinistrado, no momento do acidente, revela o incremento intencional do risco, objeto do contrato celebrado com a ré, o que ampara a exclusão da cobertura nos termos do art. 768 do Código Civil. 4. Para efeito de prequestionamento não há necessidade de indicação, no acórdão, de todos os dispositivos legais destacados pelas partes ou de todas as teses suscitadas, se por outros fundamentos estiver devidamente decidida a controvérsia. 5. Recurso conhecido e desprovido". (*TJDFT* – Ap 07035355420198070002, 2-12-2021, Rel. Alvaro Ciarlini).

"**Seguro** de vida e acidentes pessoais – Cobrança – **Agravamento do risco** – Comprovado o nexo de causalidade entre o estado de embriaguez do segurado e o acidente que o levou a óbito – Perda do direito à indenização securitária. Sentença de improcedência – Recurso dos autores improvido". (*TJSP* – AC 1004075-33.2018.8.26.0229, 17-4-2019, Rel. Flavio Abramovici).

[5] "Civil e processual civil. Apelação cível. **Contrato de seguro de vida.** Preliminar de prova ilícita e mitigação do princípio do contraditório. Pretensão de recebimento de indenização securitária. Impossibilidade. Omissão dolosa de doenças preexistentes. Má-fé da segurada. Súmula nº 609 do STJ. Arts. 765 e 766 do CC. Preliminar rejeitada. Recurso improvido. Manutenção da sentença. Honorários majorados. 1. A inexistência de prova ilícita acostada aos autos e o respeito ao princípio do contraditório durante todo o trâmite processual enseja a rejeição das preliminares suscitadas. 2. Configura-se a má-fé da segurada quando, ao responder questionário da seguradora, afirma expressamente não possuir doenças preexistentes e omite circunstâncias que, inexoravelmente, influiriam na aceitação da proposta. 2. A seguradora se desobriga de efetuar o pagamento da indenização securitária aos

de seguro significa que ela é qualificada: mais do que em outra modalidade negocial, cumpre que no seguro exista límpida boa-fé objetiva e subjetiva, aspecto que deve ser levado em conta primordialmente pelo intérprete. No caso, reitera-se a boa-fé estrita de ambas as partes, tendo em vista também as fases pré e pós-contratual. Nesse sentido o Projeto nº 6.960/2002 sugerira a redação a esse respeito:

> *"O segurado e o segurador são obrigados a guardar, assim nas negociações preliminares e conclusão do contrato, como em sua execução e fase pós-contratual, os princípios da probidade e boa-fé, tanto a respeito do objeto como das circunstâncias e declarações a ele concernentes".*

---

beneficiários na hipótese em que for demonstrada má-fé da segurada, conforme disposto na Súmula nº 609 do STJ. 3. A despeito de a relação jurídica firmada ser equacionada à luz do Código de Defesa do Consumidor, incide também, no presente caso, a previsão contida nos artigos 765 e 766 do Código Civil, os quais exigem a observância ao princípio da boa-fé quando da celebração do contrato de seguro. 4. Recurso conhecido e não provido. Honorários recursais majorados". (*TJDFT* – Ap 07052073220178070014, 1-12-2021, Rel. Carmen Bittencourt).

"Apelação – **Seguro** – **Agravamento de risco** – Segurado que renegociou a dívida com devedor às vésperas de decretação de falência, sem exigir garantias de cumprimento da obrigação e sem comunicar a seguradora – Negócio apto a extinguir o direito à indenização securitária - Sentença mantida – Recurso desprovido". (*TJSP* – AC 1107922-21.2016.8.26.0100, 25-7-2019, Rel. Costa Netto).

"**Seguro de vida** – Ação de cobrança – **Agravamento do risco** – Inocorrência – Impossibilidade de exclusão de cobertura em razão de atos do segurado em estado de insanidade mental, alcoolismo ou sob efeito de substâncias tóxicas – Circular editada pela SUSEP/DETEC/GAB nº 08/2007 – Precedente do e. STJ – Indenização securitária devida – Correção monetária desde a celebração do contrato – Adequação que não implica em 'reformatio in pejus' – Precedentes da C. Corte Superior – Ação procedente – Recurso desprovido, com observação" (*TJSP* – Ap 1002375-50.2017.8.26.0619, 27-8-2018, Rel. Melo Bueno).

"Apelação – Ação de cobrança – **Seguro de vida em grupo** – Invalidez permanente do segurado – Doença preexistente – Ausência de comprovação, pela seguradora, da alegada má-fé da segurada ao contratar – A falta de exigência de exames médicos no momento da contratação do seguro de vida, bem como a ausência de prova de omissão dolosa de informações ao preencher o cartão proposta, impede que a seguradora se recuse ao pagamento da indenização – Invalidez da segurada que, por sua extensão, caracteriza-se como total e permanente para o exercício de suas funções habituais – Diante das condições pessoais da autora, são remotas as possibilidades de desempenho de atividades diversas – Cobertura da apólice contratada para os casos de invalidez permanente total por doença – Desnecessidade de que a segurada perca sua existência independente para fazer jus ao capital segurado – Indenização devida – Montante da condenação que deve ser corrigido monetariamente desde a data da aposentadoria e acrescido de juros de mora a partir da citação – Inversão dos ônus da sucumbência – Recurso provido" (*TJSP* – Ap 9000014-80.2009.8.26.0302, 2-5-2016, Rel. Hugo Crepaldi).

"**Agravo regimental no agravo em recurso especial** – 1 – Inadmissibilidade do REsp na origem – Razões que não vinculam esta corte – 2 – Seguro de vida – Violação do art. 768 do CC – Agravamento do risco reconhecido pelo tribunal de origem com base nos elementos dos autos – Inversão do julgado – Impossibilidade – Súmula 7/STJ – 3 – alegação de ausência de cláusula expressa – matéria não prequestionada – Súmulas 282 e 356/STF – 4 – agravo improvido – 1 – É cediço o entendimento de que as razões que levaram à admissão ou inadmissão do recurso especial na origem não vinculam o Superior Tribunal de Justiça. 2 – Tendo o Tribunal de origem, após minuciosa análise dos elementos de convicção juntados aos autos, concluído que a conduta do segurado agravou o risco objeto do contrato, pois se envolveu em briga e a arma de fogo que portava acabou, inclusive, por ser a responsável pelo disparo que o alvejou e o levou a óbito, infirmar o entendimento alcançado encontra óbice no Enunciado nº 7 da Súmula desta Corte. 3 – As questões em torno da alegação de que inexiste cláusula expressa proibitiva da conduta do segurado não foram submetidas ao crivo do Tribunal *a quo*, de modo que, ausente o necessário prequestionamento, incidem, na espécie, os Enunciados nº 282 e 356 da Súmula do Supremo Tribunal Federal. 4 – Agravo regimental a que se nega provimento" (*STJ* – AgRg-AG-REsp. 613.000 – (2014/0293033-8), 10-6-2015, Rel. Min. Marco Aurélio Bellizze).

"**Acidente de trânsito** – Defeito mecânico previsível – Veículo estacionado em via de acentuado declive que, em razão de defeito no seu sistema de freio, desceu a rua, prensando a filha e irmã dos autores contra o poste. Conduta imprudente do motorista da ré. Indenização devida, que deve ser mantida nos termos fixados pelo magistrado de primeiro grau. Valor indenizatório que é suficiente para inibir a ré da prática dessa natureza, considerando, principalmente, os critérios de atualização da condenação, determinado pela r. sentença recorrida. Lide secundária. Denunciação da lide à seguradora. Hipótese em que inexiste, no contrato de seguro, cláusula de exclusão de cobertura, de forma expressa e específica, para os casos envolvendo sinistros causados em razão do mau estado de conservação e segurança do veículo. Recursos improvidos" (*TJSP* – Ap 0149672-72.2006.8.26.0002, 5-6-2014, Rel. Gomes Varjão).

Essa redação harmonizava-se com a moderna contratualística, e o estatuto do seguro acolheu esses princípios.

Em um seguro que garanta contra furto de veículo, por exemplo, agrava o risco o fato de o proprietário ou possuidor deixar a chave no contato ou expor a coisa segurada a risco desnecessário, estacionando o veículo em lugar ermo e mal visitado. É posição do STJ que a culpa há de ser direta do segurado, não podendo prejudicá-lo, nesse caso, a culpa de preposto. Assim, por exemplo, não cabe culpa ao segurado se este deixa o veículo em posto de serviços e empregado dessa empresa dirige o veículo em via pública. Exige-se que o contratante do seguro tenha diretamente agido de forma a aumentar o risco (Fiúza, 2002:695).

Sendo contrato de seguro destinado sempre ao consumidor final da prestação de serviços, costumeiramente de adesão e presente o requisito da vulnerabilidade, está alcançado, como regra, pelos ditames do Código de Defesa do Consumidor.

No contrato de seguros, há normas cogentes e normas dispositivas. Primordialmente, devem ser examinados os conteúdos dos textos, das apólices, para estabelecer o alcance de cada modalidade de seguro.

O seguro, por sua natureza, é negócio de *execução continuada*, porque deve subsistir por algum tempo, ainda que exíguo. O risco depende sempre de maior ou menor lapso temporal. O seguro que se faz para garantir a incolumidade física de atleta profissional para uma única competição esportiva terá lapso temporal reduzido, por exemplo. O seguro para um voo interespacial com sua respectiva preparação poderá ter lapso temporal de muitos anos.

Quanto ao prazo do contrato, no geral por um ano, porém, permite-se a recondução tácita do contrato pelo mesmo prazo, mediante cláusula contratual. Terminado o prazo desse contrato reconduzido, devem as partes elaborar novo pacto, sendo em princípio, ineficaz recondução tática por mais de um período. Quando há renovação automática, eventual rompimento deve ser comunicado pelas partes (art. 53).

É importante acentuar que o regramento geral do seguro estabeleceu um novo perfil para esse negócio, trazendo para isso vários artigos sem correspondência nos Códigos revogados. Não se esqueça de que o art. 421 ressalta, como orientação geral, obrigatória, a função social do contrato, aspecto que deve sempre estar presente no espírito do intérprete.

Lembre-se que os contratos de seguro devem ser concluídos por terceiros, isto é, os corretores. Não é possível contratar diretamente com a seguradora. Nesse sentido o art. 39: "*o corretor de seguro é responsável pela efetiva entrega ao destinatário dos documentos e outros dados que lhe forem confiados, no prazo máximo de 5 (cinco) dias úteis*". Os terceiros que intervêm no contrato de seguro possuem a mesma obrigação de lealdade e boa-fé dos contratantes (arts. 37 a 40). O corretor de seguros é figura primordial e inafastável na condução de exame de propostas e discussão de cláusulas, no âmbito securitário.

34.3 OBJETO. INTERESSE

A doutrina diverge acerca do objeto do contrato de seguro. Segundo o que observamos modernamente, o seguro dirige-se a proteger a coisa, o risco ou, como informa a lei, um *interesse segurável*, como mais propriamente hoje se coloca.

Melhor concluir que esse contrato não possui como objeto exatamente um risco ou proteção da coisa, porém mais apropriadamente o que a doutrina denomina a garantia de *interesse segurável*. Esse interesse representa uma relação econômica ameaçada ou posta em risco, sendo essencial para a contratação. Nesse diapasão, qualquer conteúdo do patrimônio ou atividade humana pode ser objeto de seguro. Sobre a mesma coisa podem incidir vários interesses econômicos: sobre um veículo, por exemplo, pode ser pactuado seguro contra perda ou deterioração da coisa, bem como contra danos ocasionados a terceiros ou por intempéries. Falta interesse, por outro lado, de contratar seguro sobre bem alheio, ou interesse de terceiro, porque equivaleria a uma aposta. O interesse deve ser próprio do contratante, o que avulta de importância no seguro de vida com relação à morte de terceiros.

> "*É suscetível de cobertura todo risco criado em qualquer gênero de atividade*" (Pereira, 1994:335).

O Código Civil de 2002, ao definir contrato de seguro no art. 757, menciona que seu objeto é garantir interesse legítimo do segurado relativo a pessoa ou a coisa, contra riscos predeterminados. Ao se referir a *interesse legítimo*, adota esse legislador a posição contemporânea da doutrina. O art. 1º do novo estatuto também menciona a garantia a *interesse legítimo* do segurado.

No seguro de vida, o interesse segurável é presumido no caso de beneficiários ascendentes, descendentes, cônjuge e irmãos. No Código de 2002, de forma mais restrita, o art. 790 especificou:

> "*No seguro sobre a vida de outros, o proponente é obrigado a declarar, sob pena de falsidade, o seu interesse pela preservação da vida do segurado.*
>
> *Parágrafo único. Até prova em contrário, presume-se o interesse, quando o segurado é cônjuge, ascendente ou descendente do proponente*".[6]

No estatuto, o art. 8º assim dispôs: "*No seguro sobre a vida e a integridade física de terceiro, o proponente é obrigado a declarar, sob pena de nulidade do contrato, seu interesse sobre a vida e a incolumidade do segurado*". Parágrafo único. "*Presume-se o interesse referido no* caput *quando o segurado for cônjuge, companheiro, ascendente ou descendente do terceiro cuja vida ou integridade física seja objeto do seguro celebrado*".

---

[6] "Apelação cível – Ação de cobrança – **Seguro** – **Embriaguez** – **Agravamento do risco** – Ausência – indenização devida – Transferência do salvado – A embriaguez, por si só, não exclui o recebimento da indenização do seguro, pois a perda do direito somente ocorre se há conduta direta do segurado que importe em agravamento, por culpa ou dolo, do risco objeto do contrato. Cabe ao segurado fornecer toda da documentação necessária para a transferência do salvado para a seguradora". (*TJMG* – AC 1.0295.12.001622-1/002, 15-2-2019, Rel. Tiago Pinto).

"**Seguro de vida e acidentes pessoais** – Ação de cobrança – Doença Preexistente – Cerceamento de defesa – Inocorrência – Morte decorrente de 'hipertensão arterial sistêmica e diabetes mellitus'. Alegação de doença preexistente. Seguradora que aceitou a proposta de seguro, sem ressalva, sem demonstrar má-fé da segurada e, tampouco, que a submeteu a exame de saúde prévio. Má-fé na contratação não configurada. Indenização securitária devida ao beneficiário. Honorários sucumbenciais. Fase recursal. Majoração em razão do trabalho adicional desenvolvido pelo advogado da parte vencedora. Aplicação do artigo 85, § 11, do Estatuto de Ritos de 2015. Recurso não provido" (*TJSP* – Ap 0012591-43.2013.8.26.0291, 19-2-2018, Rel. Cesar Lacerda).

"Apelação Cível – **Seguro Prestamista** – Doença Preexistente – Dolo ou má-fé – Ausência de comprovação – Recurso improvido – 1 – Para a exclusão do dever de indenizar deve a seguradora provar que o segurado dolosamente ocultou a doença preexistente ou ter exigido, na ocasião da contratação, a apresentação de exames prévios de saúde pelo segurado. Precedentes do STJ. 2 – Recurso de apelação a que se nega provimento, majorando-se a verba honorária" (*TJAP* – Ap 0046850-32.2015.8.03.0001, 5-4-2017, Rel. Eduardo Freire Contreras).

"Apelação – Contrato Bancário – Mútuo – **Contratação de seguro prestamista** – Falecimento do segurado durante a vigência do contratado – Alegação de doença preexistente – Exclusão da cobertura – Inexistência de prova do conhecimento prévio da doença – Não realizado exame prévio de admissão – Ação visando o pagamento do seguro e indenização por danos morais – Sentença que julgou parcialmente procedente o pedido indenizatório, reconhecendo o dano material e afastando o moral. Recurso Adesivo – Decisão que determinou o abatimento, da importância remanescente do contrato de mútuo, do valor do seguro – Inadmissibilidade – Dívida que já fora liquidada pelos beneficiários ao encerrar a conta – Além disso, a decisão deixou de determinar a incidência de correção monetária e juros moratórios – Sentença parcialmente reformada. Apelação não provida e recurso adesivo provido" (*TJSP* – Ap 0000224-35.2015.8.26.0220, 11-4-2016, Rel. Roberto Maia).

O interesse a ser declarado é de natureza econômica ou jurídica. Deve representar razões sociais ponderáveis. O interesse em preservar a vida de determinada pessoa não pode ser negativo. Há de representar conduta no sentido de preservar a vida segurada (Delgado, 2004:724). Daí por que o dispositivo presume de forma relativa esse interesse positivo se a vida segurada é de cônjuge, companheiro, ascendente ou descendente do proponente. Em outras situações, o interesse deverá ser avaliado em cada situação. O art. 793 do Código de 2002 permitiu a instituição do companheiro como beneficiário, se ao tempo do contrato o segurado era separado judicialmente ou já se encontrava separado de fato. Não resta dúvida de que o companheiro também pode ser admitido se o proponente é solteiro ou divorciado. O texto disse menos do que o legislador pretendeu. O estatuto agora é expresso.

No seguro de bens, o interesse apreciável tem em mira o prejuízo que pode advir ao patrimônio do proprietário, comodatário, depositário, possuidor etc.

34.4 RISCO

O interesse apreciável tem por objeto o risco, essencial no contrato de seguro. Nesse aspecto, risco é o acontecimento futuro e incerto previsto no contrato, suscetível de causar dano. Quando esse evento ocorre, a técnica securitária o denomina *sinistro*, como mencionamos. Os riscos devem ser expressa e pormenorizadamente mencionados no contrato, na apólice, bem como os termos inicial e final de vigência.

O art. 9º do estatuto, após dizer que os riscos cobertos são os de seguro contratado, adiciona no § 1º que "*os riscos e os interesses excluídos devem ser descritos de forma clara e inequívoca*".

Esse aspecto é fundamental em todas as modalidades de seguro.

O contrato de seguro possui compreensão e interpretação restritas, não se admitindo alargamento dos riscos, nem extensão dos termos. Daí por que é essencial que os riscos sejam minudentemente descritos e expressamente assumidos pelo segurador. Um seguro que proteja de furto simples não pode cobrir o roubo ou furto qualificado; um seguro que proteja de incêndio não pode ser estendido à inundação, por exemplo. Da mesma forma como o seguro de veículos pode excluir do pagamento danos a vidros e acessórios.

Ordinariamente, exclui-se do risco *o ato ilícito* praticado pelo próprio segurado, pelo beneficiado ou representantes ou prepostos de um ou de outro, salvo o seguro de responsabilidade civil que tenha precisamente essa finalidade.

O capítulo sobre RISCO no estatuto é bem amplo e detalhado (arts. 9º a 18). Esses artigos narram quando o contrato de seguro será nulo em determinadas situações.

O ato ilícito, em sentido amplo, abrange tanto os atos dolosos quanto os culposos. Não parece que fora intenção do legislador de 1916 excluir o risco por simples atos culposos do segurado. A nova lei também é expressa em situações de danos por ato doloso do segurado ou beneficiário (art. 10, II). Portanto, fica claro que não haverá nulidade por atos culposos dos interessados. Se, por um lado, o segurador isenta-se de pagar, quando o sinistro ocorre em razão de agravamento de riscos por parte do segurado, tal não sucede se esse agravamento ocorre independente da conduta deste último. Sob esse mesmo princípio, o Código de 2002 é expresso no sentido de que o segurado só perderá o direito à garantia se agravar intencionalmente e de forma relevante o risco do contrato (art. 13 do estatuto). A questão é de exame no caso concreto.

Por outro lado, como a boa-fé contratual é bilateral, a seguradora e o segurado devem indenizar, se já sabiam da inexistência do risco quando da contratação, pois nessa hipótese agem com dolo, inserindo objetivo inexistente no contrato. É caso de nulidade do contrato (art. 11 do estatuto). A pena para ambas as partes nessa situação é o pagamento em dobro das respectivas obrigações (parágrafo único). No Código Civil essa pena de duplicidade atingia apenas a seguradora, em evidente desequilíbrio (art. 773).[7]

Embora o risco não possa ser alargado, incluem-se na cobertura todos os prejuízos dele resultantes ou consequentes, como estragos ocasionados para evitar o sinistro, minorar o dano ou salvar a coisa, salvo expressa restrição na apólice. Os contratantes podem suprimir expressamente determinada categoria de prejuízos. Em um seguro de veículos, por exemplo, o contrato pode excluir de indenização o aparelho de som ou os vidros.

34.4.1 Espécies

Ainda que o conceito do contrato de seguro seja unitário, desdobra-se em várias modalidades, sempre com as características fundamentais de reparação ou compensação de dano, patrimonial ou moral. Como visto, todo interesse apreciável pode ser segurado.

Dentro das categorias básicas, podem ser encontradas centenas de modalidades de seguro, desde o seguro de vida até o sofisticado seguro de comunicações via satélite.

A primeira classificação é dos *seguros pessoais*, a garantir danos ocorríveis com a pessoa, e dos *seguros materiais*, para danos com a coisa. Conforme a natureza do risco, os seguros podem ser de *ramos elementares* e *seguros de vida*. O Código de 2002 se referiu a "seguro de dano" (arts. 778 a 788) e a "seguro de pessoa" (arts. 789 a 802). O Estatuto do Seguro traz um capítulo sobre os "*seguros de dano*" (arts. 89 a 97); outro sob a denominação de "*seguro de responsabilidade civil*" (arts. 98 a 107), e mais um que destaca como "*seguros sobre a vida e a integridade física*" (arts. 112 a 124). Essa recente subdivisão é, sem dúvida, mais técnica, dando uma visão clara do campo securitário.

---

[7] "**Seguro de vida** – Embriaguez do segurado – Causa do acidente – Agravamento do risco – Perda do direito à indenização – O estado de embriaguez do segurado, causa determinante do sinistro, é motivo para a exclusão da cobertura securitária. Recurso improvido". (*TJSP* – AC 1014481-70.2018.8.26.0114, 1-4-2019, Rel. Antonio Nascimento).

"**Seguro de veículo** – Cobrança – Colisão envolvendo o veículo segurado – Embriaguez do condutor do veículo – Recusa da seguradora em pagar a indenização por alegada embriaguez do condutor do veículo, o que leva à exclusão de cobertura. Ação julgada improcedente. Apelação do autor. Alegada perda do direito à cobertura somente se o segurado agravar intencionalmente o risco do contrato: não acolhimento. Cláusula contratual expressa que abrange qualquer condutor do veículo segurado e não apenas do segurador. Indenização indevida. Sentença mantida. Recurso improvido" (*TJSP* – Ap 0010375-49.2014.8.26.0526, 21-3-2018, Rel. Francisco Occhiuto Júnior).

"Civil e processo civil – Apelação – Cobertura aposta na contratação – **Agravamento do risco que não decorreu diretamente da conduta do segurado** – Exegese do art. 768 do CC – Dever de segurar evidente – Abrangência da cobertura do seguro – Especificação restritiva do contrato – Cláusula que prevê o ressarcimento por danos morais – Sentença mantida – apelo a que se nega provimento – 1. Trata-se de ação de indenização em que os autores, na qualidade de genitores de terceiro vítima de acidente causado por segurado, pleiteiam o adimplemento de contrato de seguro pelo pagamento da cobertura securitária em razão da ocorrência de sinistro que causou a morte de seu filho, além de condenação da seguradora ré em danos materiais e morais; 2. Consoante o art. 768 do Código Civil, 'o segurado perderá o direito à garantia se agravar intencionalmente o risco objeto do contrato'. Logo, somente uma conduta imputada ao segurado, que, por dolo ou culpa grave, incremente o risco contratado, dá azo à perda da indenização securitária; 3. Para que se promova o afastamento da responsabilidade da seguradora é preciso que o risco sobrevenha em razão da conduta do segurado e não de terceiro, pois, 'o vigente Código é expresso no sentido de que o segurado só perderá o direito à garantia, se agravar intencionalmente o risco do contrato' (Sílvio de Salvo Venosa); 4. Restou demonstrado que a conduta praticada pelo segurado ensejou o resultado morte da vítima Rosivan da Silva Santos, filho dos autores. Por certo, o abalo moral causado pela conduta do segurado deve ser indenizado, pelo que mantenho a condenação ao pagamento de danos morais no montante de R$ 5.000,00 (cinco mil reais), fixado na sentença recorrida, vez que observada a limitação contida no contrato de seguro; 5. Apelo improvido. 6. Sentença mantida" (*TJPE* – Ap 0002331-06.2014.8.17.0360, 2-1-2018, Rel. José Viana Ulisses Filho).

São inúmeras as subdivisões, e poderíamos acrescentar outras. Cada uma com características e requisitos próprios, convertendo-se atualmente em verdadeira especialidade no campo do direito privado, com profundas investidas do direito público. Seu alcance permite que se identifique com o que a doutrina contemporânea denomina *direito social*. De fato, o seguro e seu alcance social, bem como a vasta dimensão de sua legislação, não mais permite que seja tratado simplesmente como um contrato ou como um instituto do direito privado. O campo securitário exige especialização dedicada não só dos técnicos que atuam na área, como especialmente dos operadores do Direito.

Os seguros sobre bens destinam-se a proteger riscos provenientes de incêndios, intempéries, transportes, roubos, acidentes etc. Os seguros de vida objetivam garantir a pessoa humana no que se refere a sua existência e higidez física. Os seguros sociais integram-se a estes, geralmente conduzidos pelo Estado, por órgãos diretos ou autárquicos, referindo-se ao sistema previdenciário e acidentário.

Anote-se a distinção de seguros individuais e coletivos ou em grupo. No seguro em grupo, frequente no seguro de vida, há um conjunto de indivíduos segurados, nominados ou somente referidos, por exemplo, os empregados de uma fábrica ou associados de entidade, os membros de uma associação, empregados de uma empresa, funcionários de uma autarquia etc. com faculdade de substituição de beneficiários. O art. 801 do atual Código, em um único dispositivo, forneceu a base dessa importante contratação securitária:

> *"O seguro de pessoas pode ser estipulado por pessoa natural ou jurídica em proveito de grupo que a ela, de qualquer modo, se vincule.*
>
> *§ 1º O estipulante não representa o segurador perante o grupo segurado, e é o único responsável, para com o segurador, pelo cumprimento de todas as obrigações contratuais.*
>
> *§ 2º A modificação da apólice em vigor dependerá da anuência expressa de segurados que representem três quartos do grupo".*

Esse artigo visou esclarecer dúvidas que grassaram na jurisprudência. Nesse seguro em grupo, o único responsável perante o segurador, pelo pagamento do prêmio e demais encargos, é o *estipulante*. É ele, também, responsável por indicar os beneficiários que integrarão a apólice, os novos segurados e aqueles que são excluídos. Ele não representa o segurador, o qual é o único responsável pelo pagamento do capital, nas hipóteses que ocorrerem. Desse modo, caberá ao corpo de segurados exercer vigilância sobre a conduta do estipulante quanto ao cumprimento das obrigações referentes ao seguro. Se o estipulante for inadimplente ou agir com culpa, de molde a prejudicar o segurado, caberá a este acioná-lo por perdas e danos.

Outra importante disposição no mais recente dispositivo diz respeito à modificação da apólice em vigor, que somente poderá ser feita com a anuência expressa de três quartos dos segurados. Trata-se, sem dúvida, de uma base legislativa sólida para esse seguro em grupo, a qual deverá, contudo, ser complementada por regulamentos, tanto de ordem geral quanto de ordem particular, elaborados pelo próprio universo de interessados. Nem sempre será fácil a alteração da apólice, pois mostrar-se-á difícil, na prática, a aquiescência de três quartos do universo de segurados. Essa necessidade de alteração apresenta-se mais comum nos casos concretos do que à primeira vista pode parecer. Caberá a cada grupo de segurados definir a melhor forma de atuação e fiscalização desse seguro. Cada segurado terá legitimidade para discutir as condições do seguro e não somente o estipulante, como decorrência da estipulação em favor de terceiro.

Sob esse prisma, demonstrando o legislador sua preocupação nesse aspecto, o estatuto trouxe o art. 123: "*Nos seguros coletivos sobre a vida e a integridade física, a modificação dos termos do contrato em vigor que possa gerar efeitos contrários aos interesses dos segurados e dos beneficiários dependerá da anuência expressa de segurados que representem pelo menos 3/4 (três quartos) do grupo*". Parágrafo único. "*Quando não prevista no contrato anterior, a modificação do conteúdo dos seguros coletivos sobre a vida e a integridade física, em caso de renovação, dependerá da anuência expressa de segurados que representem pelo menos 3/4 (três quartos) do grupo*".

A elevada porcentagem necessária para alteração da contratação demonstra a importância desses contratos.

No mecanismo dos seguros coletivos, é oportuno citar:

> "*O estipulante funcionará na equação contrária, como elo de ligação entre o segurador e o grupo, tendo a responsabilidade, perante o primeiro, de fiscalizar o cumprimento de toda as obrigações pelo grupo contraídas, uma vez que foi ele quem procurou a companhia para a consecução do negócio*" (Fiúza, 2002:726).

O seguro de vida é ramo dos mais importantes, dado seu profundo alcance social e cunho alimentar. Tanto assim é que o Código de 2002, no art. 795, de forma rigorosa e peremptória, declarou que é nula, no seguro de pessoa, qualquer transação para pagamento reduzido do capital segurado. Trata-se, na verdade, de ineficácia, mais propriamente do que nulidade.

Note que o art. 116 do estatuto dispõe que o capital segurado devido em razão de morte "*não é considerado herança para nenhum efeito*". Esse texto peremptório é por demais importante. A destinação do valor segurado no caso de morte segue o que dispuser o contrato ou apólice.

O seguro de vida ou de pessoa objetiva garantir o pagamento de quantia em espécie para uma ou mais pessoas, tanto no caso de morte quanto na hipótese de sobrevida além de certa idade ou prazo. O art. 1.440 do Código de 1916 estabelecia que:

> "*A vida e as faculdades humanas também se podem estimar como objeto segurável, e segurar, no valor ajustado, contra os riscos possíveis, como o de morte involuntária, inabilitação para trabalhar, ou outros semelhantes*".

O art. 112 do Estatuto dispõe: "*Nos seguros sobre a vida e a integridade física, o capital segurado é livremente estipulado pelo proponente, que pode contratar mais de um seguro sobre o mesmo interesse, com a mesma ou com diversas seguradoras*".

Ao contrário de seguros de outra natureza, os seguros de vida admitem mais de um contrato sobre o mesmo fato, ou melhor, interesse. O capital segurado pode ser pago sob a forma de renda ou de pagamento único (art. 112, § 1º).

É lícita a imposição de prazo de carência, durante o qual a seguradora não responde pela ocorrência do sinistro. Na renovação de seguro, que em princípio é automática, não pode ser imposta a carência (art. 118). Ocorrendo o sinistro dentro do prazo de carência, a seguradora deve entregar ao segurado ou beneficiário o valor do prêmio pago (art. 118, § 3º).

Essas mais recentes disposições, albergadas pela prática securitária e recepcionadas pela jurisprudência, decorrem do fato de que no seguro de vida não existe propriamente dano a indenizar, porque o valor da vida humana é preponderantemente axiológico. O que se garante é a expectativa e a excelência da vida. Por isso se permite o seguro de vida em favor de outras pessoas, bem como a estipulação de qualquer valor, sempre devido integralmente, ocorrendo o evento futuro. Por isso é possível realizar mais de um seguro sobre o mesmo bem de vida nessa modalidade, ainda que com diversos seguradores.

O Código de 2002, assim como o novo estatuto, apresentam descrição mais cuidadosa do seguro de vida. Como se menciona, nesse seguro o capital segurado é livremente estipulado pelo proponente, que pode contratar mais de um seguro sobre o mesmo interesse, com idêntico ou diversos seguradores. Portanto, não há limite de valor quando o seguro é de vida. A posição é diversa quanto ao seguro de dano, cujo limite do valor segurado é o do interesse no momento da conclusão do contrato (art. 89). Na verdade, no seguro de dano, podem ser contratados mais de um seguro, desde que se obedeça e não se supere o valor do interesse garantido. Esse é o limite. Contudo, se o segurado quiser contratar novo seguro sobre o mesmo interesse na vigência de contrato, e contra o mesmo risco, junto a outro segurador, deve previamente comunicar sua intenção por escrito à primeira seguradora.

Várias são as modalidades admitidas no seguro de vida. Pode ter por objeto o seguro da vida inteira, mediante pagamento de prêmio anual, beneficiando terceiros indicados com a morte do segurado. Pode ser fixado o pagamento para certo e determinado período, após o qual o segurado se libera de pagamento, beneficiando também terceiros, no caso de morte. Pode também consistir na formação de capital para ser usufruído pelo segurado após certo tempo ou quando atingir determinada idade. Outras modalidades são continuamente introduzidas no meio securitário, como os seguros de saúde, com compreensão ainda não muito clara, ainda com legislação continuamente mutante.

Autoriza-se a estipulação de seguro sobre a vida de outrem, cabendo nessa hipótese ao interessado justificar seu interesse pela preservação da vida que pretende assegurar, "*sob pena de não valer o seguro em se provando ser falso o motivo alegado*" (conforme o Código de 1916). No estatuto os dispositivos sobre seguro em favor de terceiro se apresentem nos arts. 24 a 32 e são bastante detalhados. Na realidade, ocorre simples declaração com relação à vida segurada, que faz presumir o interesse. Desse modo, pode alguém segurar a vida de outrem de quem dependa economicamente. Até prova em contrário, há interesse do proponente em seguros dirigidos à vida de seu cônjuge, ascendente ou descendente. O proponente deve mencionar também se o beneficiário é seu companheiro estável, cujo nível equipara-se ao cônjuge.

Esse interesse alheio quanto ao beneficiário, "sempre que conhecido pelo proponente, deve ser declarado à seguradora" (art. 25)

Em princípio, se o seguro não tiver por causa declarada a garantia de alguma obrigação, sendo a cláusula emitida à ordem no seguro de vida, é lícito ao estipulante a substituição do beneficiário, que pode ser feita até por ato de última vontade (art. 28). Deve sempre comunicar validamente a substituição do beneficiário à seguradora (art. 114).

Inovando definitivamente nesse tema, o art. 792 do Código Civil disciplinou:

> *"Na falta de indicação da pessoa ou beneficiário, ou se por qualquer motivo não prevalecer a que for feita, o capital segurado será pago por metade ao cônjuge não separado judicialmente, e o restante aos herdeiros do segurado, obedecida a ordem da vocação hereditária.*
>
> *Parágrafo único. Na falta das pessoas indicadas neste artigo, serão beneficiários os que provarem que a morte do segurado os privou dos meios necessários à subsistência".*

Essa orientação foi seguida pelo estatuto (art. 115).

Essa disposição, sem dúvida, trará discussões de ordem prática no caso concreto, mas é de lídima justiça social.

No seguro de vida, o interesse do segurado não é somente egoístico, qual seja, o de permanecer vivo, como também altruístico, no intuito de proteger a família e os entes que lhe estão próximos. No seguro de vida em favor de terceiro, o interesse do contraente é de que ele viva durante a existência do terceiro. Para a determinação do risco a ser coberto pelo segurador na garantia de vida, é necessário que este conheça o estado de saúde do segurado ou do terceiro. Para tal avulta de importância a boa-fé do declarante ao contrair o seguro. Nem sempre a empresa seguradora exigirá exame de saúde, mormente nos seguros de grupo, cuja contratação em massa o torna impraticável. Nesse caso, assume risco mais amplo.

Segundo o art. 1.475 do estatuto civil de 1916, *"a soma estipulada como benefício não está sujeita às obrigações, ou dívidas do segurado"*. Segue o mesmo princípio o art. 794 do Código de 2002, ao estipular que, no seguro de vida ou de acidentes pessoais para o caso de morte, o capital estipulado não está sujeito às dívidas do segurado, acrescentando mais ainda, ao dizer que essa modalidade de seguro não se considera herança para todos os efeitos de direito. No caso de morte, segue-se a vontade do proponente na apólice ou o que determina a lei, conforme comentamos acima. A mesma noção se apresenta no estatuto.

O montante do pagamento do seguro de vida é, portanto, impenhorável. O benefício responderá unicamente por débitos referentes ao próprio prêmio. Há evidente conteúdo alimentar no seguro de vida. A impenhorabilidade é reafirmada pelo art. 833, VI, do CPC.

Importante também o campo do *seguro de acidentes*, sendo que os acidentes de trabalho se encontram absorvidos pelos órgãos oficiais, *de transportes, agrário, de mútuo, de responsabilidade civil* etc. A Lei do Inquilinato (nº 8.245/91) incluiu, entre as modalidades de garantias locatícias, o seguro de fiança locatícia (art. 37, III). Como percebemos, cada modalidade possui amplitude monográfica.

Campo de fértil e contínua utilização, de amplo espectro social, o *seguro de responsabilidade civil* tem por objeto transferir para o segurador as consequências dos danos causados a terceiros e por terceiros, voluntários ou involuntários. Procuram-se cobrir os riscos decorrentes do ato ilícito em sentido amplo. Nesse pormenor, é de ser recordado o *seguro-fidelidade,* que tem o objetivo de segurar o interesse de desvios de valores praticados por empregados ou prepostos, o *seguro de crédito industrial, comercial e agrícola* etc.

A denominada medicina pré-paga, ou seja, as instituições de assistência à saúde e seguro-saúde que garantem o reembolso ou isentam de pagamento consultas, exames de laboratório e atendimento hospitalar, é regulada por legislação própria, principalmente pela Lei nº 9.656/98, que a história recente, mercê inúmeras medidas provisórias, tem demonstrado ser confusa e ineficiente.

34.4.2 Seguro de Homem Casado em Favor da Concubina

O art. 1.474 do Código Civil de 1916 proibia figurar como beneficiário pessoa legalmente inibida de receber doação do segurado. A questão se referia primordialmente com o art. 550 do CC/2002, analisado no capítulo da doação. Por este último dispositivo,

> *"a doação do cônjuge adúltero ao seu cúmplice pode ser anulada pelo outro cônjuge, ou por seus herdeiros necessários, até 2 (dois) anos depois de dissolvida a sociedade conjugal".*

Pela letra da lei, a companheira não podia ser instituída beneficiária do seguro. No entanto, os tribunais, de há muito, vinham amenizando a proibição, admitindo o benefício, quando se tratasse de relação concubinária duradoura, hoje denominada união estável, ainda que persistisse o casamento do estipulante com mera separação de fato.

> *"É legítima a instituição da concubina como beneficiária do segurado quando o* de cujus, *estando separado de fato da esposa, vivia em concubinato sério e durável, e não em mera aventura leviana e passageira"* (RT 586/176, no mesmo sentido, 419/205, 467/135, 486/98, 551/113).

Nessas hipóteses, havendo situação solidificada, desaparecia o interesse protetivo original ao cônjuge primitivo buscado pelo legislador. Percebemos que a interpretação é elástica, embora essa elasticidade seja atualmente decorrente do reconhecimento progressivo dos direitos dos companheiros.

O Código Civil de 2002 socorre a situação e consolidou o pensamento jurisprudencial, estabelecendo no referido art. 793:

> *"É válida a instituição do companheiro como beneficiário, se ao tempo do contrato o segurado era separado judicialmente, ou já se encontrava separado de fato".*

O Estatuto modifica o alcance desse dispositivo, estabelecendo, no art. 115, § 2º: "*Se o segurado for separado, ainda que de fato, caberá ao companheiro a metade que caberia ao cônjuge*". Não nos parece a melhor redação e dúvidas poderão ocorrer na aplicação desse dispositivo. Aguardemos a posição dos tribunais a esse respeito.

34.5 PRÊMIO

Prêmio é o pagamento de valor feito pelo segurado, devido independentemente da contraprestação do segurador, consolidando a noção que o seguro é modalidade de contrato aleatório. Dispunha o Código Civil de 2002:

> "*Salvo disposição especial, o fato de se não ter verificado o risco, em previsão do qual se faz o seguro, não exime o segurado de pagar o prêmio*" (art. 764).

O art. 19, § 1º, do estatuto afirma que "*salvo disposição em contrário, o prêmio deverá ser pago à vista e no domicílio do devedor*". São muitos os seguros contratados para pagamento a prazo.

Nesse aspecto sobre o prêmio, como vimos, reside a álea do contrato. Não há contrato de seguro sem que exista risco definido. Cuida-se aqui da remuneração do segurador. Ademais, com essa atuação negocial, o segurador forma o fundo, mercê dos valores que recebe, o que possibilita sua atuação no mercado securitário. Como esse fundo pertence, em última análise, ao corpo de segurados, o segurador não pode com ele praticar liberalidades, dispensando o interessado de seu pagamento ou concedendo comissões ou bonificações que importem em dispensa ou redução do prêmio, salvo expressa autorização legal (art. 30 do Decreto-lei nº 73/66).

O prêmio é sempre devido por inteiro, ainda que o risco não se tenha implementado. O contrato, normalmente, é elaborado com o segurado, a quem compete pagar o prêmio. Pode ser pago antes da vigência de seguro, ou solvido a prazo, durante o período de vigência. No entanto, o seguro só vigerá a partir do pagamento do prêmio, embora o termo inicial apontado na apólice possa ser anterior. Trata-se de norma expressa (art. 12 do Decreto-lei nº 73/66), que visa garantir ao segurador o recebimento do prêmio.

Como o seguro é contrato bilateral, a falta de pagamento do prêmio, a mora do segurado autoriza o segurador a não pagar ou reter a indenização, com fundamento no princípio da *exceptio non adimpleti contractus*.[8]

---

8 Mesmo sem notificação prévia, seguradora não deve indenizar segurado que ficou muito tempo sem pagar (STJ – REsp 2.160.515/SC, 3ª Turma, Min. Nancy Andrighi, j. 12-11-2024).

O prêmio é calculado em função do risco. Será maior ou menor conforme sua gravidade e probabilidade de sinistro, dependendo de avaliação técnica de matemática atuarial, hoje ciência muito apurada. Esse cálculo é feito separadamente para cada seguro em especial, depois do cálculo estatístico. Não bastassem os cálculos gerais, a taxa do prêmio ainda pode ser calculada em função de particularidades. Por exemplo, no seguro de incêndio de imóveis, são levados em conta o material da construção, a existência de hidrantes, brigada treinada, corpo de bombeiros no local etc. O Instituto de Resseguros do Brasil mantém quadro permanente de assessoria às seguradoras nesse aspecto.

O prêmio estipulado é, em princípio, sempre devido por inteiro, ainda que resolvido o contrato pelo implemento do risco antes do término do prazo. Os cálculos estatísticos são feitos para o período integral do contrato, geralmente um ano. Não existe norma imperativa a esse respeito na legislação. As partes podem acordar diferentemente. Se o segurado resolve cancelar o contrato aceito pela seguradora, esta deve devolver o prêmio de valor proporcional ao tempo ainda não decorrido. Note que quando o sinistro é parcial, o contrato não se resolve enquanto não decorrido o prazo de vigência, como sucede, por exemplo, nos danos em veículos sem perda total.

O art. 1.465 do Código de 1916 referia-se à falência do segurador, permitindo que o segurado, nessa contingência, suspendesse o pagamento dos prêmios em atraso, caso não tivesse ainda ocorrido o risco, ficando autorizado a efetuar outro seguro. No entanto, devemos recordar que, atualmente, as seguradoras não estão sujeitas a falência, mas à liquidação extrajudicial, o que, em princípio, não é garantia cabal de que haverá cumprimento do contrato. Desse modo, dependendo das circunstâncias, continua válido o dispositivo em prol do segurado, ainda que não repetido no mais recente Código e no estatuto, quando houver risco de inadimplemento, em razão de estado de insolvência do segurador.

34.5.1 Mora no Pagamento do Prêmio

O contrato pode prever o pagamento do prêmio dentro de 30 dias da assinatura da proposta ou emissão da apólice. Nessa situação, ocorrido o sinistro, é devida a indenização. No entanto, o pagamento do prêmio sempre será devido pelo segurado.

Situações mais complexas podem ocorrer quando se imputa mora ao segurado no pagamento do prêmio. Em princípio, estando o segurado inadimplente, não é devida a indenização. Nesse sentido, dispõe o art. 20 do estatuto: "*A mora relativa à prestação única ou à primeira parcela do prêmio resolve de pleno direito o contrato, salvo convenção, uso ou costume em contrário*". No meio social ou empresarial há determinados seguros que aplicam outros princípios, por isso a observação do texto, que deve exigir a interpretação no caso concreto. Os parágrafos desse artigo esmiuçam outras situações de mora.

Na hipótese de falta de pagamento, fica autorizado o cancelamento da apólice. No entanto, cada situação concreta merecerá cuidado especial, mormente quando o pagamento é feito pela rede bancária e não couber culpa ao segurado. Nessa hipótese, será de suma injustiça a suspensão do pagamento em prol do segurado. A jurisprudência tem dado respaldo a esse entendimento. Para o deslinde da mora é importante o exame dos documentos que criaram o seguro.

Quando se tratar de seguro à conta de outrem, como o seguro de pessoas, o segurador pode opor ao segurado, na verdade o terceiro beneficiário, quaisquer defesas que tenha contra o estipulante, por descumprimento das normas de conclusão do contrato, ou de pagamento do prêmio. Assim, o beneficiário não pode exigir o pagamento do capital, se, por exemplo, o prêmio não foi pago ao segurador pelo estipulante.

34.6 INDENIZAÇÃO. RATEIO

A indenização, ou mais propriamente o pagamento pelo sinistro, decorre de danos materiais. Denomina-se *prestação*, quando se tratar de seguro de vida. Em ambas as hipóteses, melhor será que se intitule contraprestação, como vimos.

No seguro de pessoas, a contraprestação corresponderá ao exato montante convencionado (art. 112 do estatuto). No seguro de coisas, é vedado o seguro por valor maior do que o da coisa, pois esse contrato não pode ser meio de injusto enriquecimento. O seguro não deve ser instrumento de lucro (art. 89). Os arts. 1.438 e 1.439 do Código de 1916 estabeleciam sanções: redução ao valor real ou anulação do contrato, se houvesse má-fé do segurado.

O pagamento dessa indenização é, geralmente, em dinheiro, salvo se convencionada a reposição da coisa. Nos seguros de automóvel e outros assemelhados, contudo, pode ser permitida tríplice alternativa: pagamento em dinheiro, reparação de danos ou substituição da coisa.

Esse direito à indenização poderia ser transmitido a terceiro como acessório da propriedade ou de direito real sobre a coisa segura, segundo o art. 1.463 do Código de 1916. Acrescentava o parágrafo único que essa transmissão decorre compulsoriamente, por força da lei, quanto à coisa hipotecada ou penhorada.

A regra geral é a possibilidade de cessão de posição contratual. Quanto às demais situações de transferência da propriedade, a transmissão do seguro é possível, quando não o proibir expressamente a apólice. Efetuada a cessão, o segurador mantém contra o cessionário, novo beneficiário da indenização, as mesmas exceções pessoais que poderia opor contra o primitivo segurado. Se o contrato é nominativo, a transferência de posição contratual somente produz efeitos em relação ao segurador mediante aviso escrito e assinado pelo cedente e pelo cessionário. A apólice ou o bilhete só se transferem por endosso em preto, datado e assinado pelo endossante e pelo endossatário. Esses princípios são das regras gerais de cessão de posição contratual.

Nem sempre bem compreendida é a chamada *cláusula de rateio*. Vimos que no seguro de danos o teto segurável é sempre o valor da coisa. O pagamento não pode ultrapassar o valor do interesse segurado, o valor estabelecido no contrato, na apólice. Isto é, o valor segurado não pode suplantar o valor da coisa ou do interesse segurado. Esse é o teto permitido para o seguro, pois esse contrato não pode ensejar o enriquecimento injusto.

Contudo, problemas poderão advir, quando a cobertura contratada for insuficiente, inferior ao valor da coisa e dos danos. Essa diferença será suportada pelo segurado que, na hipótese, assumiu o risco do valor que sobejou, ou seja, é segurador de si mesmo, em parte do prejuízo. Aplica-se o rateio tanto para os sinistros totais, quanto para os sinistros parciais. O pagamento da contraprestação deverá ser rateado, isto é, proporcional ao prêmio, tanto na perda total quanto na parcial. Assim, coisa no valor de 100, segurada por 50, somente terá indenização pela metade, qualquer que seja o valor do dano. Assim, se o dano for de 80, pelo rateio o segurador somente pagará 40.

No direito positivo brasileiro no sistema de 1916, não existia disposição acerca da cláusula de rateio, o que motivou decisões divergentes na jurisprudência, ainda porque o art. 710 do Código Comercial estabelecia que ficam a cargo do segurador todas as perdas e danos decorrentes do risco segurado. Se por um lado a leitura isolada desse dispositivo permitia essa conclusão, por outro lado o art. 669 do mesmo estatuto dispunha que o seguro podia recair sobre a totalidade do objeto ou parte dele. Autorizado o seguro parcial, nessa hipótese, a contraprestação também o seria. O fato é, no entanto, que somente excepcionalmente será aplicada a cláusula de rateio nos transportes marítimos (Alvim, 1983:319).

O Código Civil de 1916 da mesma forma ignorava a cláusula de rateio. Determinava no art. 1.434 que o segurador devia pagar em dinheiro o prejuízo decorrente do risco e, *conforme as circunstâncias*, o valor total da coisa segura (art. 1.458; depois, art. 776). A interpretação desses dois dispositivos no Código anterior poderia levar à conclusão da proibição no rateio. No entanto, tais disposições não têm caráter imperativo. Nem sempre as partes têm condições de *a priori* estabelecer o valor exato da coisa. O valor segurado pode ser inferior aos danos. Desse modo, deve ser aceita a cláusula de rateio inserida nos contratos de seguro, como forma de justo equilíbrio no contrato.[9] Na omissão do instrumento, a dúvida interpretativa deve favorecer o segurado. Não deve, contudo, o segurador pagar mais do que contratou. A regra geral deve ser a admissão do rateio, quando se verifica insuficiência de cobertura. Como observa Pedro Alvim (1983:329):

> *"os seguradores, sabendo que essa norma não é bem recebida pelos segurados por ocasião do sinistro, têm procurado oferecer outras modalidades de cobertura, ainda que de maneira restrita, que excluem ou diminuem os efeitos do rateio".*

---

9 "Apelação. Ação declaratória c./c. indenização por danos materiais. **Seguro 'multirrisco rural'. Cláusula de rateio**. Incêndio. Sentença de procedência para condenar a ré ao pagamento da indenização securitária (R$ 578.629,99). Recurso da Ré que merece prosperar parcialmente. Ausência de pronunciamento judicial sobre a aplicação ou não do desconto de franquia ou participação obrigatória do segurado. Omissão existente. Multa fixada nos embargos de declaração afastada. Argumentos preliminares que devem ser afastados. Cerceamento de defesa que não se verifica. Prova pretendida desnecessária. Seguradora que aponta que a controvérsia que se cinge a aplicação de cláusula de rateio. Matéria exclusivamente de direito. Aplicabilidade do CDC. Teoria finalista mitigada. Vulnerabilidade técnica do autor. Cobertura contra incêndio do contrato de seguro 'multirrisco rural' que visa proteger o próprio patrimônio/benfeitorias do autor e não riscos dos clientes. Precedentes do STJ. Constatada a ausência de qualquer menção a cláusula de rateio e forma de cálculo na proposta e na apólice. Não basta a mera menção de que as condições gerais do seguro podem ser acessadas em site da Susep ou seguradora. Informação relevante sobre limitação de direitos que deve constar da proposta. Falha no dever de informação (art. 6º, III, e 31 do CDC). Cláusula de rateio e fórmula de cálculo constante apenas nas condições gerais do seguro, que não foi redigida toda com o devido destaque, que não é de fácil compreensão e forma de cálculo obscura que não permite ao segurado ter clara compreensão do valor indenizatório. Violado o dever de informação (art. 6º, III, do CDC e 31 do CDC), em especial antes da contratação (art. 46 do CDC), a restrição contida na cláusula de rateio e sua fórmula nas condições gerias do seguro, sem destaque e de difícil compreensão (art. 54, § 4º, do CDC), não se aplicam ao caso, prevalecendo apenas o limite do capital segurado na cobertura contra incêndio, aplicando-se a interpretação mais favorável ao consumidor (art. 47 do CDC). Precedentes. Seguradora que apurou o valor do prejuízo na regulação do sinistro, sem discordância do autor. Capital segurado na cobertura contra incêndio superior ao prejuízo apurado pela seguradora ré. Autor que faz jus a indenização pelo valor total do prejuízo apurado, descontado o valor já pago. Proposta do seguro que registra a existência de franquia, mas que estipula que na cobertura de incêndio/raio/explosão incide franquia apenas em caso de queda de raio. Afastada a pretensão de desconto de franquia. Termo inicial da correção monetária corretamente fixada em sentença desde a data da recusa. Inteligência da Lei 5.488/68 e Circular SUSEP nº 90/1999. Sentença parcialmente reformada apenas para afastar a multa aplicada nos embargos de declaração, suprindo a omissão para afastar a pretensão de desconto da franquia. Sucumbência mantida. Recurso parcialmente provido" (*TJSP* – Ap 1000566-94.2022.8.26.0022, 19-2-2024, Rel. L. G. Costa Wagner).

"Civil – **Seguro de carga** – Complementação de indenização – Regra de rateio – Cláusula limitadora – Condições gerais – Ausência de disposição na apólice – Nulidade de pleno direito – CDC, arts. 47, 51 e 54. 1- A apólice, na qualidade de documento que configura o instrumento da relação contratual, deve conter expressamente as condições do seguro contratado, dentre as quais todo tipo de exclusão ou restrição a direitos do segurado. 2- O Código de Defesa do Consumidor considera abusivas e nulas de pleno direito, dentre outras, cláusulas contratuais que coloquem o consumidor em desvantagem exagerada ante o fornecedor de serviços e produtos. 3- Ocorrido o sinistro com cobertura contratada, deve a seguradora indenizar o segurado, nos limites da apólice e do prejuízo suportado". (*TJSC* – AC 0300871-73.2014.8.24.0049, 29-5-2019, Rel. Des. Luiz Cézar Medeiros).

"Apelação Cível – **Seguros** – Ação de cobrança – Seguro de bem imóvel – Incêndio – Cláusula de rateio – Abusividade da previsão contratual limitativa de direitos redigida de forma que dificulta a compreensão do aderente. Caso concreto onde não houve prévia avaliação do risco pela seguradora ou mesmo a devida informação acerca dos limites impostos à cobertura contratada. Alteração do termo inicial da correção monetária. Data do sinistro. Apelo da ré não provido e apelo do autor provido" (*TJRS* – AC 70076008648, 29-3-2018, Rel. Des. Ney Wiedemann Neto).

Pondere-se, ao defender o rateio, que o segurador não contrata a indenização de um dano, mas se responsabiliza pela repartição do risco que assume. Essa orientação é tradicional no contrato de seguro. Não depende de norma expressa, ao contrário do que decide parte da jurisprudência.

Nada impede que as partes pactuem de modo que não incida a cláusula de rateio, mal-recebida pelos segurados e não compreendida pelos leigos. O segurador pode oferecer cobertura para evitá-la. Essa modalidade, introduzida restritamente entre nós nos seguros de incêndio, denomina-se *seguro a primeiro risco* absoluto ou relativo, que consiste em derrogação da cláusula de rateio. Na modalidade integral, o segurador fica obrigado ao pagamento total, até o limite da importância segurada, independentemente do valor do sinistro. Na modalidade relativa, o segurador paga de acordo com a perda, até o limite da apólice.

No tocante especificamente ao rateio, o Código de 2002 procurou dar solução à situação, admitindo o rateio, ao determinar que,

> *"salvo disposição em contrário, o seguro de um interesse por menos do que valha acarreta a redução proporcional da indenização, no caso de sinistro parcial"* (art. 783).

O desconhecimento dessa cláusula foi motivo para inúmeros dissabores quando da liquidação de sinistros. A norma, porém, é tradicional originária de nosso direito marítimo.

No art. 91 do estatuto o legislador houve por bem trazer norma para, ao menos, minorar as questões práticas: "Na hipótese de sinistro parcial, o valor da indenização devida **não será objeto de rateio em razão de seguro contratado por valor inferior ao do interesse**, salvo disposição em contrário". Perante os termos peremptórios de proibição do texto, as dúvidas certamente advirão das disposições em contrário à proibição. Aguardemos sua aplicação pelos tribunais.

34.7 OBRIGAÇÕES DO SEGURADO

Já se enfatizou a responsabilidade fundamental do segurado em prestar as informações exatas e completas a seguradora com lealdade e boa-fé. O art. 56 do estatuto reitera essa regra de interpretação. Quando da interpretação, todavia, cabe ao juiz analisar o caso concreto, porque não é qualquer inexatidão na manifestação do segurado que irá inquinar o pacto. Os arts. 56 a 59 enfatizam regras lógicas de interpretação para o contrato de seguro, que nada mais são do que regras gerais de interpretação dirigidas ao seguro.

É obrigação do segurado não agravar os riscos, salvo se o contrato o autorizou expressamente (art. 13 do estatuto.). Não pode, por exemplo, o segurado de vida fazer jus à contraprestação, se não fez declaração inicial nesse sentido, se se acidentou ao saltar de paraquedas, voar de asa-delta ou praticar outro esporte denominado "radical", porque agravou seu risco. Entretanto, o art. 1.456 do antigo Código trazia hipótese autorizadora de o juiz decidir por equidade, ao aplicar a pena do art. 1.454, *"atentando nas circunstâncias reais, e não em probabilidades infundadas, quanto à agravação dos riscos"*. Difícil, mas não impossível de ocorrerem tais circunstâncias.

Nesse mesmo diapasão, observa José Augusto Delgado que

> *"a jurisprudência tem firmado posição no sentido de que o fenômeno da agravação do risco merece exame de forma restritiva, isto é, só se pode considerá-lo como existente quando, na realidade, houver prova concreta que o segurado agiu intencionalmente para a sua consumação"* (2004:243).

O risco deve ser compreendido sempre como um evento incerto que não depende da vontade dos interessados. O magistrado ou árbitro deve ter, portanto, o máximo cuidado em concluir pela agravação do risco, levando em conta que o segurado ao contratar o seguro, está pagando justamente por sua tranquilidade.

É oportuno lembrar do art. 799 do Código de 2002, trouxe inovação importante com relação ao âmbito do risco:

> *"O segurador não pode eximir-se ao pagamento do seguro, ainda que da apólice conste a restrição, se a morte ou a incapacidade do segurado provier da utilização de meio de transporte mais arriscado, da prestação de serviço militar, da prática de esporte, ou de atos de humanidade em auxílio de outrem".*

A questão fica por conta do agravamento do risco intencionalmente pelo segurado.

Não cabe à seguradora, em princípio, indagar da causa da morte ou incapacidade. Não pode o contrato de seguro restringir a liberdade do segurado. É claro que tudo se examina com base nos princípios da boa-fé. Veja que o texto se refere a pagamento do seguro e não à indenização, termo que é reservado para seguros diversos do seguro de vida.

Não podendo, como visto, agravar os riscos, a obrigação do segurado em comunicar do agravamento do risco, incontinenti à seguradora, tem por finalidade possibilitar que este tome providências no sentido de minimizar as consequências do sinistro. Ou como dispõe o art. 14:" *tão logo dele tome conhecimento*"; ou seja, tão logo saiba do agravamento. É importante a presteza na comunicação, porque somente dessa forma o segurador poderá auxiliar o segurado e as autoridades públicas nas medidas proteção possíveis. As cláusulas gerais das apólices contêm disposições acerca do aviso, conforme o ramo de seguro. Tratando-se de seguro de vida, a comunicação deverá ser encaminhada por escrito à seguradora.

Desse modo, caberá ao segurador providenciar, a remoção da coisa segurada, por exemplo. Será importante analisar as condições de ocorrência do sinistro ocorrido, no caso concreto.

A lei não estabelece sanção específica para a ausência de aviso do sinistro pelo segurado ao segurador ou a quem o represente. No entanto, se agiu com culpa e ocasionou prejuízos ao segurador, deve por estes responder.

Antes mesmo do aviso, o segurado tem a obrigação de proteger os salvados, assim entendidos os despojos da coisa segurada, tomando as medidas urgentes necessárias. Como regra geral, os salvados pertencem ao segurador. Ao ser calculada a taxa de prêmio, é levada em conta a parcela dos salvados. Responderá pelos danos a que der causa. No entanto, as providências são tomadas em benefício do segurador, que deverá, conforme a hipótese, indenizar o segurado por despesas na manutenção e preservação dos salvados. A questão situa-se, na maioria das vezes, fora da responsabilidade contratual. Atendendo a esse prisma, o segurado não só tem obrigação de comunicar o sinistro ao segurador, logo que o saiba, mas também acerca de sua obrigação de tomar as providências necessárias para minorar-lhe as consequências. Essa não é apenas uma regra para o contrato de seguro, mas para as hipóteses gerais de responsabilidade civil, na moderna tendência contemporânea. Nesse sentido, o segurado deverá velar para que o local incendiado, por exemplo, não seja invadido e saqueado; não deverá deixar o veículo acidentado em via pública sem cuidados de guarda etc. Apenas se exonerará dessa obrigação se comprovar a impossibilidade absoluta de fazê-lo.

É obrigação básica do segurado, ademais, comprovar o sinistro perante o segurador. Há sinistros que se comprovam materialmente, mediante documentos expedidos pela autoridade pública ou por terceiros. Por vezes haverá, por exemplo, necessidade de certidão de boletins meteorológicos para comprovação de intempéries, por exemplo. Mesmo fatos notórios, no âmbito do seguro, devem, em princípio, ser comprovados. As causas de exclusão indenizatória na apólice devem ser examinadas caso por caso. Na dúvida, como vimos, interpreta-se em favor do segurado, mormente levando-se em conta os princípios do Código de Defesa do Consumidor. O art. 101 do estatuto decreta que se a ação indenizatória é movida exclusivamente contra o segurado, este deve dar ciência à seguradora tão logo citado para esta responder à demanda. Por outro lado, o segurado poderá chamar a seguradora a integrar o processo na condição de litisconsorte, sem responsabilidade solidária. As disposições essencialmente processuais, essas e outras constante do estatuto são importantes para facilitar a processualística dos seguros para os magistrados.

As obrigações do segurado no tocante ao seguro de responsabilidade civil são amplas, detalhadas em todo o novo estatuto. A regra geral desse seguro é no sentido de que no seguro de responsabilidade civil, a seguradora garante o pagamento de perdas e danos devidos pelo segurado a terceiro. Nesse caso, o segurado, tendo praticado conduta suscetível de acarretar responsabilidade incluída na garantia, deve comunicar o fato a seguradora. Assim, se se trata de garantia relativa a danos de veículos de terceiros, o fato de o segurado ter-se envolvido em sinistro deve ser comunicado. O Código Civil, procurando resolver dificuldades comumente ocorrentes, proíbe que o segurado reconheça sua responsabilidade, confesse a ação ou transija com o terceiro ou ainda o indenize diretamente, sem anuência expressa do segurador. Assim é descrito na lei porque, em última análise, cabe ao segurador definir pelo pagamento ou reconhecimento de culpa, porque a responsabilidade é sua. Intentada a ação contra o segurado, este deverá dar ciência da lide ao segurador. A mera ciência não se traduz em denunciação da lide, a qual, quando possível, atende os requisitos da nova lei.

Nos termos do art. 106 da lei de seguros, "*salvo disposição em contrário, a seguradora poderá celebrar transação com os prejudicados, o que não implicará o reconhecimento de responsabilidade do segurado nem prejudicará aqueles a quem é imputada a responsabilidade*". Portanto, a possibilidade de transação da seguradora é ampla, podendo agir independentemente de responsabilidade do segurado ou de terceiros.

34.8 OBRIGAÇÕES DO SEGURADOR

A obrigação fundamental do segurador é pagar a contraprestação referente ao "*prejuízo resultante do risco assumido e, conforme as circunstâncias, o valor total da coisa segura*" (art. 1.458 do Código de 1916). O art. 776 do Código de 2002 determina que o segurador é obrigado a pagar em dinheiro o prejuízo resultante do risco assumido, salvo se convencionada a reposição da coisa. O pagamento deve ter em mira o valor real do bem. Caberá a indenização integral, se a estimativa corresponder a esse valor. Sobre o valor da apólice prepondera, na verdade, o valor real do bem, levando-se em conta a possibilidade de rateio, como aqui analisado. Essa matéria possui farta regulamentação, dependendo da natureza do seguro. O art. 772 do atual Código, com nova redação, dispõe que a mora do segurador em pagar o sinistro obriga a atualização monetária da indenização devida, sem prejuízo dos juros moratórios.[10]

---

[10] "**Seguro facultativo de veículo** – Ação de cobrança – Exclusão da cobertura – Agravamento do risco – Estado de embriaguez de terceiro condutor – Ausência de conduta direta e culposa do próprio segurado. Aplicação do artigo 768 do Código Civil. A culpa exclusiva do condutor do veículo, filho do proponente da apólice, não é causa de perda do direito ao seguro, por não configurar agravamento do risco, o qual deve ser imputado à conduta direta do próprio segurado. A indenização deve corresponder ao valor do veículo previsto na Tabela FIPE na data do sinistro, acrescido de correção monetária desde então. Danos materiais. Indenização a terceiros. Ainda que prevista na apólice, não havendo comprovação acerca do desembolso prévio de tais verbas, o que ensejaria o direito ao ressarcimento, indevido é o pagamento direto de indenização ao segurado a tal título. Recurso parcialmente provido". (*TJSP* – AC 1072638-49.2016.8.26.0100, 26-6-20198, Rel. Cesar Lacerda).

Diferente é a hipótese nos seguros pessoais, quando é paga a indenização de acordo com o valor estabelecido na apólice. O seguro de vida, como vimos, admite pluralidade de apólices.

Excluem, contudo, o dever de pagar: o dolo de parte do segurado em seu dever de informação, e no agravamento do risco ou provocação de sua ocorrência; a existência de seguro anterior, sobre o mesmo bem e por seu valor integral; e o descumprimento das obrigações contratuais pelo segurado, primordialmente o não pagamento do prêmio. Assim, têm-se orientado as decisões dos tribunais: atos reconhecidamente perigosos, ilícitos ou contrários à lei excluem a cobertura, competindo ao segurado abster-se, enquanto vigorar o contrato, de tudo quanto possa aumentar os riscos e contrariar os termos do contrato, sob pena de perder o direito ao seguro. Como vimos, impõe-se a obrigação ao segurado de comunicar ao segurador, logo que saiba, todo incidente suscetível de agravar consideravelmente o risco coberto, sob pena de perder o direito à garantia, se provar que silenciou de má-fé (arts. 13 e 14 do estatuto).

O contrato de seguro interpreta-se restritivamente: *"Quando a apólice limitar ou particularizar os riscos do seguro, não responderá por outros o segurador"* (art. 1.460 do Código de 1916). A regra da interpretação restrita do contrato de seguro continua a prevalecer. Não existe responsabilidade do segurador se o dano decorre de vício já existente na coisa segurada. Neste último caso, não existe álea futura a garantir.

O art. 770 trouxe inovação ao direito positivo, decorrente do senso comum:

> *"Salvo disposição em contrário, a diminuição do risco no curso do contrato não acarreta a redução do prêmio estipulado; mas, se a redução do risco for considerável, o segurado poderá exigir a revisão do prêmio, ou a resolução do contrato".*

Já o estatuto, no art. 18, dispõe:

> *"Se houver relevante redução de risco, o valor do prêmio será proporcionalmente reduzido, ressalvado, na mesma proporção, o direito da seguradora ao ressarcimento das despesas realizadas com a contratação".*

Essa última redação nos parece mais bem formulada.

Imagine-se, por exemplo, o seguro de vida feito a alpinista, que abandona definitivamente o esporte, ou em um seguro de incêndio, a instalação de unidade do corpo de bombeiros na proximidade do bem segurado. O risco diminui consideravelmente, o que abre ao segurado a possibilidade de exigir a redução do prêmio ou a resolução do contrato.

Os seguros tidos como obrigatórios possuem legislação própria, a indenização por sinistro será paga, em princípio, pelo segurador diretamente ao terceiro prejudicado. É o que ocorre no denominado seguro obrigatório de veículos, o mais conhecido dentre as várias modalidades existentes.

"Ação de cobrança – **Seguro** DPVAT – Indenização – Correção monetária – Lacuna legislativa – Constitucionalidade – Atualização – Condição – Descumprimento do prazo administrativo – inocorrência – O Supremo Tribunal Federal se pronunciou no sentido da constitucionalidade da lacuna legislativa acerca da previsão da correção monetária sobre os valores fixados de indenização do seguro DPVAT, pela limitação da ingerência do Poder Judiciário nas opções legislativas – A interpretação da jurisprudência consolidada no âmbito do STF e do STJ impõe a conclusão de que a correção monetária incidente sobre a indenização do seguro DPVAT só é devida em caso de desrespeito ao prazo legal para pagamento administrativo" (*TJMG* – AC 1.0035.13.003371-1/001, 26-4-2018, Rel. Vasconcelos Lins).

34.8.1 Morte Voluntária do Segurado

O seguro de vida tem como objeto, em princípio, a morte involuntária. Nosso velho Código, no art. 1.440, parágrafo único, considerava morte voluntária a recebida em duelo, "*bem como o suicídio premeditado*". Entende-se como premeditada a autossupressão da vida com predeterminação. Ou em palavras mais simples, o interessado aperfeiçoa um seguro de vida, já pensando em suicídio. Contudo, havendo fatores externos, alterações de saúde e psiquismo daí decorrentes, provocadores do suicídio, não se isenta a seguradora de pagar. É indenizável, por exemplo, a vida autodestruída porque perde emprego ou situação estável, sedo levado à penúria, física, psíquica e financeira.

> "*Considera-se involuntário o evento desde que a alienação mental, a lesão psíquica, ou a causa interna, retire totalmente a capacidade de autocontrole e faça a vítima perder a noção do efeito de seu ato*" (Rizzardo, 1988:825).

Nesse sentido a Súmula 105 do STF: "*Salvo se tiver havido premeditação, o suicídio do segurado no período contratual de carência não exime o segurador do pagamento do seguro*". O Superior Tribunal de Justiça aprovou súmula relacionada à cobertura de seguro de vida quando o titular se suicida, conforme enunciado, sob o nº 610: "*O suicídio não é coberto nos dois primeiros anos de vigência do contrato de seguro de vida, ressalvado o direito do beneficiário à devolução do montante da reserva técnica formada*".

Nessa dificuldade, cabe ao beneficiário provar essa ausência de premeditação, questão que pode ganhar complexidade no caso concreto. O Código de 2002 procurou solucionar de forma mais prática e objetiva a questão, estatuindo que o suicídio não gerará indenização se ocorrido nos primeiros dois anos de vigência inicial do contrato, ou de sua recondução depois de suspenso, permitida esta pelo ordenamento (art. 798). Procurou-se afastar a complexa prova da premeditação. Mas afora essa premissa, o parágrafo único desse artigo estatui que "*ressalvada a hipótese prevista neste artigo, é nula a cláusula contratual que exclui o pagamento do capital por suicídio do segurado*". no entanto, a situação não ficou isenta de dúvidas.

O estatuto estabelece no art. 118 que nos seguros de vida própria e integridade física, é lícito estipular-se prazo de carência, durante o qual a seguradora não responde pela ocorrência do sinistro. Essa peremptoriedade da nova lei vai, sem dúvida, ser questionada no curso de sua aplicabilidade. Sucede, porém, que o art. 120 dispõe:

> "*O beneficiário não terá direito ao recebimento do capital segurado quando o suicídio voluntário do segurado ocorrer antes de completados 2 (dois) anos de vigência do seguro de vida.*
>
> *§ 1º Quando o segurado aumentar o capital, o beneficiário não terá direito à quantia acrescida se ocorrer o suicídio no prazo previsto no* caput *deste artigo.*
>
> *§ 2º É vedada a fixação de novo prazo de carência, nas hipóteses de renovação e de substituição do contrato, ainda que seja outra a seguradora.*
>
> *§ 3º O suicídio em razão de grave ameaça ou de legítima defesa de terceiro não está compreendido no prazo de carência.*
>
> *§ 4º É nula a cláusula de exclusão de cobertura de suicídio de qualquer espécie.*
>
> *§ 5º Ocorrendo o suicídio no prazo de carência, é assegurado o direito à devolução do montante da reserva matemática formada.*"

Esse texto procura proteger a seguradora de suicidas premeditados, mormente com o período de carência. O texto se refere a suicídio "voluntário". Será que todos os suicídios não o são? Pois se houver participação de terceiro na morte, deixará de ser suicídio. Parece-nos que o termo voluntário na lei está em contrapartida a suicídio "premeditado" e assim fará sentido. Em que pesem os novos dispositivos, a matéria ainda continuará a trazer discussões na prática.

34.9 TRANSFERÊNCIA DO INTERESSE. CESSÃO DE POSIÇÃO CONTRATUAL

Estudamos a cessão de posição contratual no vol.2 desta obra, capítulo 7.3.

O estatuto ocupa-se, em alguns artigos, desse fenômeno. No art. 3º temos o seguinte: "*A seguradora que ceder sua posição contratual a qualquer título, no todo ou em parte, sem concordância prévia dos segurados e de seus beneficiários conhecidos, ou sem autorização prévia e específica da autoridade fiscalizadora, será solidariamente responsável com a seguradora cessionária*".

Procura-se evitar problemas do passado. A cessão de posição contratual da seguradora não a libera do contrato se seguro em face do segurado, salvo com a concordância de todos os interessados. Trata-se, sem dúvida, de garantia ao consumidor. Cumpre que a autoridade fiscalizadora esteja atenta.

Nos arts. 108 a 111, o estatuto dos seguros trata "*Da Transferência do Interesse*". Cuida-se, nesse ponto, da cessão de posição contratual por parte do segurado, que a lei prefere denominar transferência do interesse garantido. Veja o art. 108: "*A transferência do interesse garantido implica a cessão do seguro correspondente, obrigando o cessionário no lugar do cedente*".

Assim, por exemplo, um seguro que protege o prédio e as instalações de uma empresa, que é alienada a terceiros. O segurado original pode ceder sua posição no contrato de seguro à empresa adquirente. Para que isso ocorra há necessidade de anuência prévia da seguradora, "*quando o cessionário exercer atividade capaz de aumentar de forma relevante o risco ou não preencher os requisitos exigidos pela técnica do seguro, hipóteses em que o contrato será resolvido*", acertando-se as despesas (art. 108, § 1º).

Para que sejam evitadas surpresas, sempre que ocorrer a situação de transferência do interesse segurado, os interessados devem obter a aquiescência da seguradora, a qual, inclusive, pode alterar o valor do prêmio ou exigir providências.

De qualquer forma, a cessão do seguro, sob pena de ineficácia, deve ser comunicada à seguradora em 30 dias a contar da transferência (art. 109). A seguradora não está obrigada a acatar e cessão contratual, podendo resolver o contrato (§§ 1º e 2º desse artigo).

Na realidade, os princípios da cessão de posição contratual no contrato de seguro, apesar de não ser um negócio personalíssimo, possui muitos dos princípios *intuitu persona*.

Nos seguros obrigatórios, a transferência do interesse garantido implica a cessão do seguro correspondente, independentemente da comunicação à seguradora (art. 110). É o que ocorre com os veículos automotores, por exemplo. Esse seguro deve sofrer o mínimo de burocracia, devendo ter uma finalização dinâmica, dada sua natureza.

34.10 INSTRUMENTO CONTRATUAIS

Já nos referimos a essa matéria neste capítulo. Tradicionalmente, a relação negocial securitária contém dois instrumentos básicos, a proposta e a apólice ou bilhete de seguro. O art. 54 da nova lei sintetiza que "*o contrato de seguro prova-se por todos os meios admitidos em direito, vedada a prova exclusivamente testemunhal*". Essa afirmação peremptória exige que se examine a lei e principalmente a praxe entre as seguradoras.

A proposta, como em qualquer contrato, é vinculativa e obrigatória, ganhando importância e maior relevância na nova lei de seguros, como decorrência de costumes já conhecidos e arraigados nesse campo jurídico. Lembre-se sempre que as tratativas e conclusão do pacto securitário dependerá do corretor especializado. Sem ele, não se conclui o contrato de seguro, embora a proposta possa ser apresentada diretamente pelo potencial segurado ou por representantes da seguradora (art. 41 da lei securitária). É mais usual que o corretor de seguro represente o proponente, na formação do contrato (art. 41, parágrafo único).

Quando feita a proposta pela seguradora, só se terá por aceita por manifestação expressa ou por ato inequívoco do destinatário (art. 42, § 3º).

A proposta feita pelo potencial segurado ou estipulante não exige forma escrita (art. 43). Trata-se realmente de uma simples cotação de preços, que não equivale a uma proposta (art. 43, parágrafo único).

Nessa fase preliminar do contrato o corretor desempenha papel fundamental. Conforme o art. 123 do Decreto-lei nº 73/66, o exercício da profissão de corretor de seguros depende de prévia habilitação e registro na SUSEP. É o intermediário legalmente habilitado para angariar e promover a contratação de seguros. Não se trata de preposto das seguradoras. Pode assinar a proposta em nome do segurado e para tal não necessita de mandato escrito bastando o oral. Sua tarefa é mais ampla do que os corretores em geral, deve ser entendido como um preposto das seguradoras.

É importante, em qualquer proposta de contrato de seguros, o interessado forneça todas as informações para o negócio jurídico. Geralmente há um questionário a ser respondido, trazido pela seguradora (art. 44). Toda a base de valores no seguro leva em conta essas informações. A omissão de informação e o cumprimento doloso omissivo importará perda da garantia (art. 44, § 1º). E a omissão culposa nesse dever de informação implicará em redução proporcional da garantia e diferença no prêmio (art. 44, § 2º). Assim, por exemplo, em um seguro de vida, o potencial segurado omite que salta de paraquedas ou, em seguro de veículo, o interessado deixa de informar que participa de corridas ou rachas! Tudo será, evidentemente, matéria de provas, porém o dever de boa-fé no contrato de seguro é primordial, mormente nas informações preliminares. Dependendo do nível de omissões, o contrato pode ser extinto, sem prejuízo de perdas e danos em prol da seguradora (art. 44, § 3º).

Por outro lado, é dever da seguradora alertar o potencial segurado ou estipulante de tudo que é relevante informar para concluir o contrato, bem como as penas para eventuais omissões (art. 46).

A propósito, recorde-se que o Código de Defesa do Consumidor, em disposição que atende precipuamente ao que pode suceder nas apólices de seguro, determina que os instrumentos não obrigarão os consumidores, se forem redigidos de forma a dificultar a compreensão de seu sentido e alcance (art. 46). No que toca aos contratos de adesão, conforme do art. 54, § 4º do CDC, "*as cláusulas que implicarem limitação de direito do consumidor deverão ser redigidas com destaque, permitindo sua imediata e fácil compreensão*".

Lembremos que há seguros que podem ser concluídos de forma mais singela, por meio de bilhetes, como o seguro obrigatório de veículos. Aguardemos novas resoluções a esse respeito.

Como regra geral, mais ainda no campo dos seguros, a proposta deve conter todos os elementos do contrato para a caracterização do risco. As declarações do segurado nessa fase avultam de importância, em razão da boa-fé.

Segundo se nota, inclusive pelos dizeres da nova lei, a proposta possui realce maior nesse campo do que nos contratos em geral, dadas as peculiaridades do negócio e suas consequências ora destacadas. No seguro há uma consensualidade primária no contrato. No mais, aplicam-se as regras da oferta e da proposta do Código Civil e do Código de Defesa do Consumidor, como já assinalamos.

As partes podem estipular uma cobertura provisória, enquanto se ultima o seguro definitivo, quando o segurado tem urgência para a cobertura do risco. Essa provisoriedade é comum em algumas categorias de seguro e nada obsta que assim seja. A propósito, o art. 49 da Lei de Seguros especifica: "*Recebida a proposta, a seguradora terá o prazo máximo de 25 (vinte e cinco) dias para cientificar sua recusa ao proponente, ao final do qual será considerada aceita*". Nessa situação se percebe a importância da cobertura provisória:

> "*A seguradora poderá garantir provisoriamente o interesse, sem obrigar-se à aceitação definitiva do negócio*" (art. 50 da Lei Securitária).

Os contratos de seguro em geral presumem-se para vigorar pelo prazo de um ano, quando outro não for convencionado (art. 52). Nos casos de renovação automática, a seguradora deverá em 30 antes do término do contrato, cientificar o segurado de sua decisão de não renovar ou de modificar cláusulas, sob pena de o pacto ser automaticamente renovado (art. 53).

O instrumento escrito base do contrato de seguro, no entanto, é a apólice ou o bilhete, que é o documento principal de prova, o que não exclui os outros mencionados, levando-se em consideração a consensualidade do contrato de seguro. As características dos seguros são ordenadas pelo Conselho Nacional de Seguros Privados, cabendo à SUSEP predispor eventuais cláusulas a serem utilizadas compulsoriamente nas apólices e propostas. O contrato de seguro, portanto, possui características de contrato dirigido. Geralmente os contratos são nominativos, excepcionalmente poderão existir contratos ao portador.

O art. 55 que cuida do conteúdo do documento probatório do contrato, ou apólice, acrescenta, de forma oportuna, no § 2º: "*A apólice conterá glossário dos termos técnicos nela empregados*". De fato, o vocabulário securitário não é perfeitamente acessível aos segurados. Dependendo da complexidade do seguro, a explicação dos termos técnicos se faz necessária.

34.11 MULTIPLICIDADE DE SEGUROS. COSSEGURO

Uma pluralidade de seguradoras pode dar cobertura simultânea ao mesmo risco, que se denomina multiplicidade de seguros. Essa modalidade ocorre geralmente nos seguros vultosos, relativos a indústrias, aeronaves, embarcações, eventos, empreendimentos imobiliários etc. Nesse sentido o art. 33 da Lei Securitária:

> "*Ocorre cosseguro quando 2 (duas) ou mais seguradoras, por acordo expresso entre si e o segurado ou o estipulante, garantem o mesmo interesse contra o mesmo risco, ao mesmo tempo, cada uma delas assumindo uma cota de garantia*".

No entanto, deve sempre ser levado em conta que o seguro não é instrumento de lucro e a multiplicidade de seguros pode dar ensejo a fraudes, quando o interessado contrata com várias seguradoras, na expectativa de receber mais do que o valor do dano. Outra questão que logo se coloca é saber se as várias seguradoras respondem solidariamente. A nova lei securitária resolveu a dúvida sustentando que não há solidariedade entre as várias seguradoras, salvo disposição contratual em contrário (art. 35, § 3º). Como se sabe, a solidariedade decorre da lei ou da convenção das partes.

Note que o cosseguro tem como objeto o mesmo risco. O segurado poderá ter vários seguros sob riscos diversos, o que não caracteriza essa multiplicidade. Assim, por exemplo, não é cosseguro o seguro que protege indústria contra incêndio e outro que protege de furto ou alagamentos etc.

De qualquer forma, a indenização não pode ultrapassar o valor do interesse segurado.

O cosseguro pode estar presente em documento único ou vários instrumentos (art. 34), cabendo disciplinar a responsabilidade ou cota de cada seguradora. O art. 36 é importante porque a lei entende que existe cosseguro quando há distribuição em várias seguradoras pelo segurado ou estipulante, por meio de contratações independentes, sem limitação de cota. O que se pretende evitar é o caráter especulativo nessa situação, como acentuamos.

O seguro múltiplo deve ser administrado por uma cosseguradora líder, que representará as demais e as substitui, ativa ou passivamente, nas arbitragens e nos processos judiciais (art. 35). A empresa líder pode ser escolhida pelo segurado ou mediante sugestão das seguradoras. Esse mesmo artigo dispõe em parágrafos sobre matéria processual envolvendo a hipótese.[11]

34.12 RESSEGURO

O resseguro busca a mesma finalidade do cosseguro, qual seja, distribuir entre mais de uma seguradora a responsabilidade pela contraprestação. Consiste na transferência de parte ou toda a responsabilidade da seguradora para a resseguradora. Perante o segurado, contudo, a responsabilidade é unicamente da seguradora contratada. A relação do segurado com a resseguradora é estranha a ele. Responsável perante este somente será a seguradora.

Sua utilidade também reside na maior pulverização dos riscos, mormente nos seguros de elevado valor. O ressegurador pode, por sua vez, também transferir riscos, restringindo-se a possibilidade de inadimplemento perante o segurado. Embora o segurado não tenha relação negocial com o ressegurador, há uma garantia indireta para o consumidor, porque concede maiores possibilidades de indenização pela seguradora.

Cabe a intervenção estatal para permitir o pleno funcionamento do sistema. Desse modo, há resseguros facultativos e obrigatórios. Há também resseguros de natureza automática, como consequência do desenvolvimento de atividades específicas.

Ainda, se determinada seguradora estiver onerada com seguros em excesso, deverá necessariamente repassar a outra empresa a responsabilidade que supera sua capacidade. A técnica é a mesma dos seguros em geral, feita entre mais de uma seguradora. Trata-se, na realidade, de seguro do seguro. A seguradora não transfere um risco próprio, mas o risco do segurado.

A lei do contrato de seguro houve por bem definir essa especialidade no art. 60:

> "*Pelo contrato de resseguro, a resseguradora, mediante o pagamento do prêmio equivalente, garante o interesse da seguradora contra riscos próprios de sua atividade, decorrentes da celebração e da execução de contratos de seguro*".

Há sempre fiscalização da autoridade competente e deve haver comprovação de necessidade técnica (art. 60, § 2º). O negócio do resseguro nunca envolve o segurado, salvo disposição em contrário (art. 61), podendo o pagamento ser feito diretamente ao segurado quando a seguradora se encontrar insolvente.

---

11 "Agravo de instrumento – Ação de cobrança de indenização securitária – Cosseguro – Legitimidade da cosseguradora. 1- Discute-se no presente recurso a legitimidade passiva de cosseguradora que teria assumido, na apólice, a posição de seguradora-líder, em data posterior ao sinistro. 2- Quando o contrato de seguro é pactuado sob o regime de cosseguro, embora cada uma das cosseguradoras responda pelos riscos assumidos na medida de sua participação no contrato, é lícito ao segurado demandar apenas contra a seguradora-líder, sem se excluir, contudo, a possibilidade de se demandar também contra as demais cosseguradoras. Precedentes TJ/MS. 3- Agravo de Instrumento conhecido e provido". (*TJMS* – AI 1402485-17.2019.8.12.0000, 22-7-2019, Rel. Des. Paulo Alberto de Oliveira).

Salvo disposição em contrário, o resseguro abrangerá a totalidade do interesse segurado (art. 64). Os arts. 62 a 65 tratam dos pagamentos em torno do fenômeno. Portanto, o resseguro pode ser parcial em relação ao seguro original, quando assim for contratado.

A retrocessão, por seu lado, é a operação pela qual o ressegurador coloca seus excedentes junto a outras seguradoras, no mercado interno ou externo. Como critica Pontes de Miranda (1972, v.46:125), mais apropriada seria o termo retrosseguro, pois se trata de novo seguro, que faz a resseguradora.

O Instituto de Resseguros do Brasil (IRB) foi criado pelo Decreto-lei nº 1.186/1939 com a finalidade de nacionalizar o mercado securitário nacional. Até então, o setor era dominado por empresas estrangeiras, as quais com suas matrizes garantiam o resseguro. A companhias nacionais eram dependentes delas. Com a criação do IRB, passou ele a dar cobertura automática de resseguro às seguradoras aqui sediadas, propiciando o crescimento do mercado. O IRB integra nosso sistema nacional de seguros privados. O IRB é sociedade de economia mista com personalidade de direito privado. O ideal é que seja completamente privatizado. As condições de mercado indicarão sua maior ou menor atividade.[12]

34.13 SUB-ROGAÇÃO

Originalmente, nos seguros marítimos, as seguradoras incluíam cláusula segundo a qual o segurado, recebendo pagamento, cedia àquelas todos os direitos e as ações contra o terceiro responsável pelo dano, até o limite da indenização. Posteriormente, essa cessão ou sub-rogação passou a ser legal em vários ordenamentos. Foi estendida aos seguros terrestres. O Código de 1916 não a disciplinou, não havendo entre nós norma geral sobre a matéria. Mas as seguradoras ordinariamente incluem essa cláusula de sub-rogação nos respectivos contratos.

Há oposições técnicas para essa sub-rogação sob o fundamento de que, em síntese, o segurador receberia duas vezes: o prêmio e a indenização do causador do dano. Do ponto de vista desse terceiro, contudo, não se pode negar que tem ele responsabilidade pela reparação do dano. É possível argumentar, ainda, que a seguradora, ao assumir o risco, o fez também com relação a eventual reembolso por parte do terceiro. A segurador paga em razão de ato de terceiro e não em decorrência de uma eventualidade. Nem sempre é tranquila a defesa desses argumentos. Nossa jurisprudência solidificou-se em torno da Súmula nº 188 do STF: "*O segurador tem ação regressiva contra o causador do dano, pelo que efetivamente pagou, até ao limite previsto no contrato de seguro*".

O Código Civil de 2002 contemplou a sub-rogação no art. 786, no que se refere ao seguro de dano:

> "*Paga a indenização, o segurador sub-roga-se, nos limites do valor respectivo, nos direitos e ações que competirem ao segurado contra o autor do dano.*
>
> *§ 1º Salvo dolo, a sub-rogação não tem lugar se o dano foi causado pelo cônjuge do segurado, seus descendentes ou ascendentes, consanguíneos ou afins.*
>
> *§ 2º É ineficaz qualquer ato do segurado que diminua ou extinga, em prejuízo do segurador, os direitos a que se refere este artigo*".

---

[12] "Contrato bancário – Financiamento imobiliário – **Seguro prestamista** – Denunciação da lide ao Instituto de Resseguros do Brasil (IRB) – Procedência da ação principal – Solidariedade entre a seguradora e a resseguradora – Inexistência – Responsabilidade pela indenização diretamente da seguradora, ficando o ressegurador apenas adstrito a responder na lide secundária nos limites do contrato de resseguro. Incidência do disposto no artigo 14 da Lei Complementar 126/2007. Recurso provido para esse fim". (*TJSP* – AC 0030743-54.2003.8.26.0562, 10-4-2019, Rel. Gilberto dos Santos).

O Código veda expressamente a sub-rogação nos direitos e ações do segurado ou beneficiário nos seguros pessoais contra o causador do sinistro (art. 800), no que atende à natureza diversa dessa modalidade de seguro, pois o ofendido continua legitimado a pedir indenização em face do causador do dano, e o recebimento do pagamento securitário, nesse caso, é irrelevante para o terceiro causador do dano.

No texto legal aqui mencionado, acrescente-se à referência ao cônjuge também ao companheiro.

O eestatuto do seguro mantém expresso o direito de sub-rogação pelas indenizações pagas nos seguros de dano (art. 94), com poucos acréscimos. São mantidos, portanto, os mesmos princípios do Código. Quanto à ineficácia do § 2º do texto acima, o estatuto inclui os empregados ou pessoas sob responsabilidade do segurado. Algo a ser provado no caso concreto.

34.14 EXTINÇÃO DO CONTRATO DE SEGURO

O contrato de seguro pode se extinguir: (a) pelo decurso de prazo do contrato; (b) por mútuo consentimento; (c) pela ocorrência do evento na maioria das vezes; (d) pela cessação do risco; (e) pela inexecução das obrigações contratuais; (f) por causas de nulidade ou anulabilidade.

A apólice, como também outros documentos utilizados para o seguro, devem declarar o começo e o fim dos riscos, ano, mês e dia, para maior segurança.

Há contratos cuja vigência é diversa, como no de transporte, em que o risco principia desde que a mercadoria seja recebida no ponto de partida, terminando quando entregue no destinatário. Situação semelhante opera no transpor de pessoas.

O prazo mais comum, como vimos, é o de um ano, mas podem ser contratados prazos mais ou menos longos.

Decorrido o prazo do contrato, esvai-se a obrigação da seguradora. O distrato também faz desaparecer a avença, como em qualquer contrato.

Por vezes, com múltiplas causas, o risco inerente e fulcral do contra de seguro pode desaparecer. Nesse caso, desaparece o pacto por ausência de objeto.

O inadimplemento contratual é causa de resolução de qualquer contrato, assim como as possibilidades de nulidade e anulabilidade do negócio jurídico, algumas específicas do seguro. No mais, examina-se o caso concreto.

34.15 PRESCRIÇÃO

As legislações geralmente estabelecem prazos curtos para a cobrança de seguros. O art. 178, § 6º, II do Código de 1916 estabelecera em um ano a ação do segurado contra a seguradora e vice-versa, contado o prazo do dia em que o interessado tiver conhecimento do fato.

O Superior Tribunal de Justiça sumularizou a questão da prescrição no tocante à ação de indenização do segurado em grupo, na Súmula 101: "*A ação de indenização do segurado em grupo contra a seguradora prescreve em um ano*". Era de dois anos, se o fato se verificasse fora do Brasil (art. 178, § 7º, inciso V). Esses prazos eram aplicáveis aos seguros terrestres. Para os seguros marítimos, o prazo era de um ano a partir da data que se torna exequível a obrigação, e de três anos para as obrigações contraídas no estrangeiro (art. 447 do Código Comercial). O ainda parcialmente vigente diploma mercantil possui alcance mais amplo, porque abrange qualquer ação originária do seguro marítimo, enquanto o dispositivo civil se aplica às ações do segurado contra o segurador e vice-versa. Nos termos do Código Civil, esse prazo prescricional não atinge, portanto, o beneficiário do seguro, exceto quando for ele também segurado. Nos seguros de acidentes pessoais, os beneficiários, terceiros atingidos pelo contrato, teriam então o prazo prescricional de 20 anos no sistema de 1916.

A ação do segurador, como sub-rogado, contra o causador do dano, submete-se aos prazos da ação aquiliana, não sendo ação que se amolde ao prazo ânuo referido, embora existam decisões em contrário.

No que se refere ao seguro de transporte marítimo, a Súmula 151 do Supremo Tribunal Federal estabeleceu: "*Prescreve em um ano a ação do segurador sub-rogado para haver indenização por extravio ou perda de carga transportada por navio*". Esclareça-se, no entanto, que essa prescrição ânua é a do art. 449, inciso II, do contrato de transportes, e não a do contrato de seguro do Código Civil.

O prazo prescricional para cobrança do seguro não se inicia necessariamente do sinistro, mas do momento em que o segurado podia exercer ação contra a seguradora, dentro do princípio da *actio nata*. Desse modo, surge a possibilidade de propositura da ação com a negativa expressa da seguradora em pagar a indenização, pois a partir daí é exercitável a ação. Outros entendem que surge a *actio nata* quando o segurado toma conhecimento do sinistro. Como vemos, o momento do sinistro em si não se coloca como termo inicial do lapso prescricional.

Para a ação regressiva da seguradora contra o causador do dano, pelo mesmo princípio da exercibilidade da ação, o termo inicial da prescrição é a data do desembolso (Súmula 16 do extinto Primeiro Tribunal de Alçada Civil de São Paulo).

O Código de 2002, no art. 206, § 1º, II, estabeleceu que prescreve no mesmo prazo de um ano

> "*a pretensão do segurado contra o segurador, ou a deste contra aquele, contado o prazo:*
>
> *a) para o segurado, no caso de seguro de responsabilidade civil, da data em que é citado para responder à ação de indenização proposta pelo terceiro prejudicado, ou da data que a este indeniza, com a anuência do segurador;*
>
> *b) quanto aos demais seguros, da ciência do fato gerador da pretensão*".

Na primeira hipótese, o início de contagem do prazo prescritivo é tanto quanto possível objetivo. Na segunda hipótese, adota-se o princípio da *actio nata*, como dissemos, e deve ser verificado, no caso concreto, em que momento se torna possível acionar o segurador ou o segurado, como, aliás, tem-se posicionado a jurisprudência. Lembre-se, ademais, de que no Código de 2002 o prazo máximo extintivo passou a ser de 10 anos.

Há modificação parcial quanto à prescrição na lei do contrato de seguro, com revogação do inciso II do § 1º do art. 206 do Código Civil. O art. 126 da mais recente lei dispõe:

> "*Prescrevem:*
>
> *I – em 1 (um) ano, contado da ciência do respectivo fato gerador:*
>
> a) *a pretensão da seguradora para cobrança do prêmio ou qualquer outra pretensão contra o segurado e o estipulante do seguro;*
>
> b) *a pretensão dos intervenientes corretores de seguro, agentes ou representantes de seguro e estipulantes para cobrança de suas remunerações;*
>
> c) *as pretensões das cosseguradoras entre si;*
>
> d) *as pretensões entre seguradoras, resseguradoras e retrocessionárias;*

> *II – em 1 (um) ano, contado da ciência da recepção da recusa expressa e motivada da seguradora, a pretensão do segurado para exigir indenização, capital, reserva matemática, prestações vencidas de rendas temporárias ou vitalícias e restituição de prêmio em seu favor;*
>
> *III – em 3 (três anos), contados da ciência do respectivo fato gerador, a pretensão dos beneficiários ou terceiros prejudicados para exigir da seguradora indenização, capital, reserva matemática e prestações vencidas de rendas temporárias ou vitalícias.*"

O art. 127 pontua que além das causas previstas no Código Civil, a prescrição relativa ao recebimento de indenização ou capital segurado será suspensa uma única vez, quando a seguradora receber pedido de reconsideração de recusa de pagamento. Acresce o parágrafo único desse dispositivo: "*Cessa a suspensão no dia em que o interessado for comunicado pela seguradora de sua decisão final.*"

Andou bem o legislador da lei securitária em especificar situações ocorríveis na prática e que causavam dúvidas com a aplicação do texto mais simples revogado do Código Civil. Todas essas situações envolvendo ações direta ou indiretamente relacionadas com seguro prescrevem em um ano. Foi mantido o mesmo prazo ânuo do Código. Esse texto muito facilitará o trabalho dos julgadores e operadores da área.

O prazo prescricional de três anos ficou reservado unicamente para a pretensão de beneficiários ou terceiros prejudicados para exigir indenização de seguradora, assim como reserva matemática e prestações vencidas de rendas temporárias ou vitalícias.

35

CONSTITUIÇÃO DE RENDA

35.1 CONCEITO. ORIGENS. UTILIDADE. CARACTERÍSTICAS. DIREITO OBRIGACIONAL E DIREITO REAL

Em nossa obra *Direito civil: direitos reais*, estudamos as rendas constituídas sobre imóveis (Capítulo 20). Aí expusemos que o Código de 1916, ao tratar dessa matéria, não a definiu porque o conceito decorre do contrato de constituição de renda, disciplinado pelos arts. 1.424 a 1.431. Assim é conceituado esse negócio pela lei:

> *"Art. 1.424. Mediante ato entre vivos, ou de última vontade, e título oneroso, ou gratuito, pode constituir-se, por tempo determinado, em benefício próprio ou alheio, uma renda ou prestação periódica, entregando-se certo capital, em imóveis ou dinheiro, a pessoa que se obrigue a satisfazê-la".*

O Código de 2002, no art. 803, assim se manifesta: *"Pode uma pessoa, pelo contrato de constituição de renda, obrigar-se para com outra a uma prestação periódica, a título gratuito".* Complementa o art. 804: *"O contrato pode ser também a título oneroso, entregando-se bens móveis ou imóveis à pessoa que se obriga a satisfazer as prestações a favor do credor ou de terceiros".*

A matéria deve ser estudada com a complementação do estudo do referido direito real, não mais existente no Código vigente.

A constituição de renda, embora presente em raízes do Direito Romano, somente se desenvolveu em época mais recente, em locais de influência da Igreja, a fim de prevenir a usura. Busca-se no *censo consignativo* a origem da constituição de renda sobre imóvel. Por meio desse negócio, o alienante de um imóvel reservava para si os frutos, sob a forma de prestação anual perpétua. Pelo *censo reservativo*, alguém se obrigava a prestação anual a ser paga pelo adquirente e sucessores, mediante o recebimento de certo capital. Quando essa obrigação gravava um prédio, era de natureza perpétua, não podendo ser remida ou resgatada. Distinguia-se do mútuo, porque no censo não havia obrigação de restituir a coisa. Na verdade, tratava-se de um empréstimo com garantia real. O proprietário do bem entregue pagava juros perpétuos sobre capital que não podia restituir (Gomes 1983*a*:458). O direito moderno não admite rendas perpétuas. O instituto ora sob enfoque tem limite temporal na morte do beneficiário ou em prazo determinado.

Os autores nacionais decantam em uníssono o desuso e a inutilidade da constituição de renda na atualidade, tendo em vista principalmente a instabilidade econômica do mundo contemporâneo, que joga por terra a possibilidade de pensão periódica estável por largos períodos de tempo. No entanto, os mecanismos de correção monetária, embora nem sempre confiáveis e imunes a críticas, podem minimizar essa dificuldade. Ademais, como temos enfatizado em nossos estudos, com frequência são revividos, sob vestes contemporâneas, em virtude de novas necessidades sociais, institutos jurídicos que se acreditavam definitivamente sepultados em páginas amareladas dos códigos e nos alfarrábios de doutrina.

O perfil da previdência privada em nosso país, tendo em vista a insuficiência dos planos oficiais, abre novas possibilidades à constituição de renda vitalícia, colocando à disposição de um segmento específico da população esse contrato mediante a entrega prévia de um capital. Em vez de o interessado contribuir periodicamente durante certo tempo para usufruir ao final uma pensão, pode optar pela consignação de um capital, usufruindo imediatamente o benefício vitalício. Sua utilidade é destinada àqueles que, em razão de idade mais avançada, não teriam condições de ingressar nos planos ordinários de pensão e já possuem certo capital para fazer frente à futura pensão. Tudo está a induzir, entretanto, que esses contratos também possam admitir a aquisição de bens móveis ou imóveis para propiciar a concessão de renda. Nada está a impedir que no futuro outras utilidades sejam encontradas para esse negócio. Percebe-se sua proximidade com o contrato de seguro.

Desse modo, mostra-se hoje injustificada a monótona reiteração da doutrina nacional em qualificar como obsoleto e inútil o presente instituto, aliás mantido no Código Civil em vigor.

O beneficiário que ingressa nesse negócio está à busca de segurança; de uma pensão periódica que garanta sua subsistência vitalícia, na maioria das vezes. Tanto assim é que o art. 806 é expresso no sentido de que o contrato de constituição de renda seja feito a prazo certo, ou por vida, *"podendo ultrapassar a vida do devedor mas não a do credor, seja ele o contratante, seja terceiro"*.

A função econômica da constituição onerosa de renda vitalícia não é obter lucro com um capital mantido intacto, mas consumir esse capital em forma de pensão, assegurando-se recursos. Em explicação simplificada, podemos afirmar que se trata da venda de um capital. Quando se trata de capital diverso de dinheiro, a proximidade com o contrato de compra e venda é ponderável.

O credor é denominado *rentista* ou *censuísta*; o devedor, titular do bem vinculado, denomina-se *rendeiro* ou *censuário*.

A criação da renda vitalícia pode decorrer de ato gratuito ou oneroso. A maior utilidade, no entanto, reside no contrato oneroso, tanto que muitas legislações não se ocupam da modalidade gratuita. A constituição de renda onerosa aproxima-se do contrato de mútuo feneratício com amortização periódica. Dele, porém, se diferencia, porque não existe obrigação de restituição da coisa emprestada e porque existe um caráter aleatório na constituição de renda vitalícia, pois não se sabe quanto tempo persistirá o pagamento periódico. Daí por que não parece temerário afirmar que o contrato oneroso de renda vitalícia seja um mútuo de amortização aleatória (Zavalía, 1995, v. 5:273).

Qualquer contrato oneroso pode ser convertido em aleatório por vontade das partes. Instituída a título gratuito, trata-se de negócio unilateral assimilável à doação, cujas regras devem ser obedecidas. Como contrato oneroso, é negócio bilateral, assimilável à compra e venda e ao mútuo, do qual se extraem aspectos interpretativos e integrativos.

A constituição de renda somente se convertia em direito real, na forma do antigo diploma legal, se registrada no cartório imobiliário; caso contrário, continuaria regida pelos princípios obrigacionais. Como direito obrigacional, o objeto do capital pode ser constituído tanto por móveis como por imóveis. O rendeiro obriga-se a prestações em favor do credor, de forma periódica. As prestações devem ser em dinheiro, embora não exista proibição de que sejam constituídas de outros bens.

Discute-se se esse contrato possui caráter real, isto é, necessita da entrega do objeto, dinheiro ou coisa, para se aperfeiçoar. Como percebemos da dicção transcrita do art. 1.424 e pelos dispositivos do vigente Código, o contrato conclui-se pelo acordo de vontades. Devemos entender que a entrega de certo capital é consequência do contrato, o qual já se concretizou com o simples pacto de vontades. Mormente na constituição real de renda, não haveria como entregar-se a coisa para a ultimação do contrato. No dizer de Serpa Lopes (1993, v. 4:375),

> *"ligar a tradição à formalização do contrato, importaria na impossibilidade de transcrever, pois, antes da tradição, não existiria contrato. Consequentemente, entendemos infundada a qualificação da constituição de renda como um contrato real".*

No entanto, essa opinião é minoritária na doutrina que acolhe a constituição de renda como contrato real. Não se confunde, como se sabe, o contrato real, que é categoria tradicional de origem romana do sistema contratual, com o contrato com efeitos reais. No Código de 2002, não mais teremos possibilidade de efeito real nesse negócio.

Trata-se, portanto, de contrato oneroso e como tal bilateral, na maioria das vezes, embora se admita o título gratuito em favor de terceiro. As prestações não são da mesma natureza, porque existe a prestação instantânea consistente na entrega do capital e a posterior obrigação de pagamento periódico. Para o rendeiro, que se obriga a pagar, será sempre oneroso. A garantia do beneficiário reside no próprio capital entregue, o que nem sempre será suficiente. Nada impede que se agregue garantia específica para o cumprimento da obrigação. O corrente Código Civil, oriundo do Projeto de 1975, permite expressamente que, no contrato oneroso, o credor exija que o rendeiro preste caução real ou fidejussória (art. 805). Isso porque, tornando-se insolvente o devedor, na ausência de garantias do negócio, frustrar-se-á a renda almejada.

O contrato será comutativo na eventualidade de ser fixado um número determinado de prestações, limitando-se a instituição a certo prazo. Será aleatório quando limitado à duração da vida do beneficiário, cujo termo é incerto.

Não se exige forma especial, salvo quando se tratar de imóvel, sujeitando-se à escritura pública se acima do valor legal. Dada sua natureza peculiar e em razão do direito pensional que envolve, na prática afigura-se indiretamente necessário que se revista de escrito, dadas as dificuldades e limitações da prova testemunhal. Instituída por doação ou testamento, submete-se aos requisitos desses institutos. O Código deste século é expresso em exigir a escritura pública para esse negócio (art. 807).

35.2 FONTES

Não apenas o contrato gratuito ou oneroso pode instituir renda periódica. O testamento pode fazê-lo. Também na lei encontram-se exemplos. O art. 533 do CPC dispõe em sua redação que:

> *"Quando a indenização por ato ilícito incluir prestação de alimentos, caberá ao executado, a requerimento do exequente, constituir capital cuja renda assegure o pagamento do valor mensal da pensão".*

Os parágrafos desse artigo permitem que o capital seja constituído por imóveis e títulos da dívida pública, sendo inalienável e impenhorável. É permitida a substituição da constituição do capital por garantia fidejussória. Tendo essa pensão caráter alimentar, se sobrevierem modificações nas condições econômicas, a parte pode pedir, conforme as circunstâncias, redução ou aumento do encargo. Essa constituição de capital foi estatuída originalmente como obrigatória, e somente dispensada, em princípio, quando se tratar de responsabilidade do Estado.

O art. 950, que trata de indenização por ofensa que resultar em defeito físico, determina a fixação de pensão, assim como a indenização por homicídio (art. 948, II).

35.3 NULIDADE DE CONSTITUIÇÃO. DIREITO DE ACRESCER

O beneficiário pode ser o próprio instituidor, ou seja, quem confere o capital, ou um terceiro. Quando o benefício é feito em favor de estranho, aplicam-se os princípios da estipulação em favor de terceiro, estudada na obra *Direito civil: teoria geral das obrigações e teoria geral dos contratos*. Para este terceiro, haverá um contrato gratuito. Quando instituída em benefício próprio, o instituidor destaca parte de seu patrimônio para produzir renda em seu próprio benefício.

Além das causas gerais de nulidade que afetam todos os negócios jurídicos, o art. 808 dispõe:

> *"É nula a constituição de renda em favor de pessoa já falecida, ou que, dentro nos trinta dias seguintes, vier a falecer de moléstia que já sofria, quando foi celebrado o contrato".*

Como percebemos, cuida-se de nulidade textual. A nulidade é absoluta, e é visível a intenção do legislador, que mais aproxima o negócio do contrato de seguro. Se já falecido o beneficiário, esvazia-se o contrato por falta de sujeito, não havendo beneficiário. A solução é a mesma se este vem a falecer nos 30 dias seguintes à celebração, de moléstia já existente. *Mutatis mutandis*, como no seguro, o credor deve apresentar perfeita higidez física, pois seria imoral e constituiria injusto enriquecimento em favor do censuário o recebimento do capital nessa hipótese. A nulidade decorre da índole aleatória do contrato.

Se a renda foi instituída em favor de vários beneficiários, aplica-se o art. 812. Segundo esse dispositivo, quando a instituição beneficiar mais de uma pessoa, entende-se que o direito de cada uma é igual. Desse modo, prevalece a instituição apenas em favor do sobrevivente na quota que lhe foi atribuída, pois se presume o benefício em partes iguais.

O instituidor pode, porém, determinar o direito de acrescer, quando então todo o valor do benefício mantém-se integral, conferido aos sobrevivos. Tratando-se de beneficiários marido e mulher, no falecimento de um deles, o sobrevivo receberá a parte do morto, por aplicação da regra do art. 551, parágrafo único, no tocante às doações, salvo disposição em contrário no contrato. Por referido artigo, a doação em comum a marido e mulher subsistirá na totalidade em favor do supérstite, contrariando, assim, a regra dispositiva do art. 812.

35.4 DIREITOS E OBRIGAÇÕES DAS PARTES

Questão fundamental para o perfeito funcionamento do contrato é a forma de sanção pelo inadimplemento. No descumprimento da obrigação por parte do rendeiro ou censuário, o art. 810 permite que o credor acione-o para pagar as prestações atrasadas e para dar garantias das futuras, sob pena de rescisão. Desse modo, abre-se possibilidade de ação tanto no caso de mora, como no de periclitância no cumprimento da obrigação por parte do devedor. Tornando-se duvidoso o pagamento das parcelas futuras, o credor pode exigir garantias que, se não prestadas satisfatoriamente, autorizam o desfazimento do contrato. A possibilidade de rescisão do contrato nessas situações é mais ampla do que em outras legislações, em que apenas se permite a cobrança das prestações vencidas. Avulta por isso a importância de a obrigação periódica ter garantias reais ou fidejussórias.

O direito à renda é adquirido a cada dia, salvo quando paga antecipadamente, embora possa ter sido contratado o pagamento para períodos diversos, mensais, trimestrais etc. É o que defluímos do art. 811: *"O credor adquire o direito à renda dia a dia, se a prestação não houver de ser paga adiantada, no começo de cada um dos períodos prefixos"* (art. 811). Desse modo, se a renda é vitalícia, a pensão é devida até a data da morte.

O devedor da pensão fundada em direito real tem o direito de resgate do imóvel. Nesse diapasão, o art. 751 do Código antigo dispunha que o imóvel sujeito à renda pode ser resgatado, mediante o pagamento pelo devedor de um capital em espécie, cujo rendimento, calculado pela taxa legal dos juros, assegurasse ao credor a renda equivalente. Nos termos do art. 809, os bens dados para garantir a renda caem, desde a tradição, no domínio da pessoa que por aquela se obrigou, no concernente aos móveis. Para os imóveis, o ato divisório de domínio é o registro. Destarte, com a instituição, o rendeiro adquire a propriedade dos bens garantidores. No sistema do Código de 2002, somente com negócio de alienação, ainda que resolúvel, esse domínio será possível. Esse domínio é livre para o rendeiro, salvo disposição em contrário. Essa aquisição pelo rendeiro é característica do negócio. Desde o momento da tradição, o adquirente suporta os riscos dessa nova condição, conforme os princípios gerais. Desse modo, ainda que pereça o capital, continuará a responsabilidade pelo pagamento da renda. As regras de evicção também são aplicáveis. Perdida a coisa por esse efeito, o instituidor suporta as consequências.

A propósito, o art. 813 permite que nas rendas constituídas por título gratuito o instituidor imponha as cláusulas de impenhorabilidade, inclusive no tocante a execuções pendentes. A autorização para a inalienabilidade é conferida por lei, portanto. Desse modo, a nosso entender, essa inalienabilidade não se confunde com as que versam sobre direito sucessório típico, e que exigem justificação de motivo para sua imposição, no sistema do vigente Código (art. 1.848). Essa isenção é automática quando se tratar de montepios e pensões alimentícias, segundo a letra expressa desse dispositivo. Nada impede, ademais, que sejam instituídas as cláusulas de inalienabilidade, permitidas nos atos gratuitos, aqui com aplicação específica, fora dos direitos sucessórios. Não são permitidos esses gravames, no entanto, nos contratos onerosos, segundo o sistema geral, porque a ninguém é dado, por ato próprio, subtrair seus bens dos credores.

35.5 EXTINÇÃO

Além das causas que extinguem os contratos em geral, apontamos algumas particularidades ao contrato de renda. Extingue-se a renda com o decurso de prazo fixado no contrato ou pela morte do beneficiário na renda vitalícia. A morte do rendeiro apenas extingue o contrato se assim foi contratado; caso contrário, a obrigação transmite-se aos herdeiros, nos limites da força da herança.

O art. 810 estipula causa específica de rescisão, a qual, aliás, não refoge ao sistema geral. Quando se trata de pensão constituída por meio de doação, a morte do doador extingue-a, salvo disposição em contrário (art. 545). Na disposição equivalente do Código em vigor (art. 545), há menção expressa no sentido de que essa modalidade de doação não pode ultrapassar a vida do donatário.

O art. 751 do Código de 1916 permitia o resgate do imóvel, quando se tratasse de renda a ele vinculada. Esse resgate fazia com que um capital substituísse o imóvel no contrato, mas não extinguia o direito à renda. Ver, em *Direito civil: direitos reais,* o que expusemos acerca da extinção da constituição de renda como direito real.

A doutrina ainda costuma lembrar a *inoficiosidade* da constituição gratuita de renda por aplicação do princípio das doações (arts. 549 e 1.846), bem como os casos de ingratidão do donatário (arts. 555 e 557).

36

JOGO E APOSTA

36.1 CONCEITO. NATUREZA JURÍDICA

Jogo e aposta se identificam quanto à disciplina jurídica, mas possuem conteúdos distintos. Ambos são contratos e, portanto, negócios jurídicos bilaterais, ainda que vulgarmente não se dê conta disso. Jogo é o contrato por meio do qual duas ou mais pessoas obrigam-se a pagar determinada quantia ou coisa diferente de dinheiro àquele que resultar vencedor na prática de atividade intelectual ou física. No jogo, a soma prometida parte dos próprios participantes da atividade lúdica. Aposta é o contrato pelo qual duas ou mais pessoas prometem soma ou equivalente em razão de opinião sobre determinado assunto, fato natural ou ato de terceiros. Credor da aposta será aquele cuja opinião coincidir com o que for considerado real ou verdadeiro. Como se percebe, no jogo, as partes desempenham papel em seu desate. Na aposta, o acontecimento opinativo depende de fatores externos à atividade e à vontade dos partícipes do negócio. Em ambos, a álea ou o azar, a incerteza do resultado, é característica marcante. Os jogos que dependem de destreza física ou intelectual são considerados lícitos.

A tendência de jogar e apostar acompanha a natureza humana. A Antiguidade aponta a repressão aos jogos por dinheiro, embora fossem incentivados os de índole desportiva. Anota-se que os povos germanos eram jogadores por excelência (Monteiro, 1980:351).

A era atual demonstra maior ou menor tolerância com jogos e apostas, conforme localização no tempo e no espaço. Para o Direito, a relevância desses negócios ocorre quando há contrato oneroso. A Moral, a Sociologia e a Psicologia estudam-nos sob outros enfoques, não menos relevantes. O jogo e a aposta gratuitos, em princípio, são juridicamente irrelevantes, devendo ser objeto de outras ciências. O interesse jurídico reside no fato de esses negócios gerarem relações jurídicas. Jogo e aposta que tenham por objeto prestação sem conteúdo econômico, ficando no puro campo da distração ou divertimento, não possuem efeito jurídico.

A matéria é tratada nos arts. 814 a 817. Característica básica das dívidas de jogo e aposta, como estudamos em *Direito civil: obrigações e responsabilidade civil*, é sua natureza de obrigação natural. Assim, o art. 814 é expresso no sentido de que as dívidas decorrentes do jogo ou da aposta não obrigam o pagamento. No entanto, uma vez solvida a obrigação, não há direito à repetição. Os jogos autorizados ou regulamentados, que constituem obrigações civis, pois recebem a chancela jurídica foram mencionados quando do estudo das obrigações naturais (volume de obrigações). A supressão ao direito de repetição é, na realidade, o único efeito jurídico desse negócio com conteúdo de obrigação natural; doutro modo, não haveria razão para o legislador tratar da matéria, erigindo o jogo ou aposta em contrato, mas suprimindo-lhe em parte os efeitos jurídicos ordinários. Sob esse aspecto, critica Sílvio Rodrigues (1983:387), que chega a negar que sejam atos jurídicos e, portanto, nega-lhes também o caráter contratual. Todavia, embora ponderável o peso da opinião do renomado mestre, secundando Clóvis, que não os colocara no projeto original, se reconhecidos efeitos jurídicos parciais ao negócio, não há que se suprimir seu caráter negocial e contratual. Jogo e aposta são contratos de efeitos incompletos, mas só por isso não deixam de sê-lo.

São, portanto, negócios bilaterais, onerosos, aleatórios e com conteúdo de obrigação natural.

Os jogos e as apostas são proibidos em geral, mas não aqueles constantes do vasto rol de jogos e loterias regulamentadas pelo Estado, que são créditos sem pretensão. Os jogos e as apostas proibidas, por outro lado, não vinculam. No dizer de Pontes de Miranda (1972, v. 45:226):

> *"**Ninguém deve** por perder em jogo proibido, ou em aposta proibida. Quem perdeu em jogo não proibido, ou em aposta não proibida, **deve**, porém contra essa pessoa não há pretensão nem ação".*

A dívida natural refere-se aos jogos lícitos ou ilícitos, sem distinção. As obrigações geradas pelos jogos ou apostas legalizadas ou regulamentadas são obrigações civis, com débito e responsabilidade, e, portanto, exigíveis. Não se confunde a álea de um jogo que dá margem ao pagamento do vencedor contratante, ainda que com destreza intelectual, com o pagamento ou prêmio que faz patrocinador, empregador ou terceiro pela participação do esportista ou jogador na contenda.

36.2 ESPÉCIES DE JOGO. NATUREZA DA OBRIGAÇÃO. CARACTERÍSTICAS

Como referido, os jogos e a aposta podem ser legais ou regulamentados, lícitos ou tolerados e ilícitos ou proibidos.

A Lei nº 14.790/2023 regulamentou especificamente o mercado de apostas esportivas em nosso País, tornando a nação um cassino a céu aberto, como demostram fartamente os meios de comunicação.

Nos tolerados ou proibidos, aplica-se o art. 814:

> *"não obrigam a pagamento; mas não se pode recobrar a quantia, que voluntariamente se pagou, salvo se foi ganha por dolo, ou se o perdente é menor ou interdito".*

Característica de obrigação natural, a dívida não possui ação para cobrança. Ver o que se estudou acerca das obrigações naturais em nossa obra *Direito civil: obrigações* (Capítulo 3). Não há, como visto, direito a recobrar pelo que se pagou em razão de aposta ou jogo. Reputa-se válido e bem-feito o pagamento da obrigação natural. Não há, porém, ação para que o adimplemento seja coativo, como nas obrigações civis.[1]

---

1 "Recurso de apelação – Ação de cobrança c.c. perdas e danos – Alegação de contrato de mútuo com retorno financeiro – Não configuração – Conjunto probatório que indica que a transação se refere a jogo de aposta – Aposta digital realizada em plataforma internacional – Dívida de jogo – Inexigibilidade – Aplicação do art. 814 do Código

As exceções à regra geral desses negócios dispostas pelo legislador possuem acentuado conteúdo moral. Não é admissível que alguém se locuplete à custa da fraqueza alheia, ainda

---

Civil – Sentença mantida – Recurso desprovido" (*TJSP* – Ap 1000673-25.2023.8.26.0695, 26-5-2025, Rel. Ana Luiza Villa Nova).

"Apelação – ação monitória – justiça gratuita – Se a gratuidade já havia sido concedida em primeiro grau, sem notícia de revogação ou interposição de recurso pela parte contrária, não há razão para revogação do benefício em razão da interposição de apelação, se não há nenhum indício de que a parte recuperou sua capacidade financeira – **dívida de jogo** – inexigibilidade – Tratando-se de valores entregues para, sabidamente, realizar apostas esportivas, ainda que sob a denominação de 'investimento', a cobrança não tem cabimento, por força do que dispõe o artigo 814 do Código Civil – Precedentes – Demanda que deve ser julgada improcedente – Recurso provido" (*TJSP* – Ap 1109983-44.2019.8.26.0100, 29-9-2022, Rel. Hugo Crepaldi).

"Apelação – Embargos à execução – Nota promissória – **Dívida de jogo** – Cassino norte-americano – Possibilidade de cobrança – LINDB. I- Hipótese em que a ação de execução está embasada em nota promissória decorrente de crédito concedido em cassino norte-americano – Alegação do embargante de ser a dívida inexigível, por se tratar de dívida de jogo, a qual não se admite no Brasil e viola à ordem jurídica e aos bons costumes. II- Legislação brasileira que veda a cobrança judicial de obrigação decorrente de dívida de jogo, por se tratar de mera obrigação natural – Inteligência do art. 814, caput, do CC – Dispositivo em comento, que, no entanto, excepciona, em seu § 2º, a cobrança de jogos e apostas legalmente permitidos. III- Hipótese em que a dívida de jogo que embasa a presente ação foi adquirida em Las Vegas, Estado de Nevada (EUA), regendo-se, portanto, pela legislação vigente naquele local – Legislação norte-americana que considera lícitas as dívidas de jogo, expressamente regulamentando a atividade e autorizando sua cobrança – Inteligência do art. 9 º da LINDB – Cobrança que não viola a soberania nacional, ordem pública ou os bons costumes, nos termos do art. 17 da LINDB – Exercício do direito de cobrança pela apelada plenamente admitido, não havendo nenhum óbice à execução. IV- Impedir a cobrança de dívida oriunda de jogo lícito possibilita o enriquecimento sem causa, dando prevalência à má-fé daquele que constituí a dívida e não promove o seu pagamento – Vedação dada no art. 884 do CC – Precedentes do C. STJ e deste E. TJ – Sentença mantida. V- Sentença publicada quando já em vigor o NCPC – Em razão do trabalho adicional reali-zado em grau de recurso, com base no art. 85 , § 11, do NCPC, majoram-se os honorários advocatícios para R$ 12.000,00 – Apelo improvido" (*TJSP* – AC 1050989-91.2017.8.26.0100, 17-4-2019, Rel. Salles Vieira).

"Apelação Cível – Direito privado não especificado – Ação Monitória – Cheque – **Inexigibilidade do crédito – Jogo do bicho** – Ausência de prova – Cheque de conta corrente conjunta – Ausência de responsabilidade do cotitular – Responsabilidade que decorre pelo falecimento do emitente – A ação monitória fundada em cheque prescrito prescinde da prova da causa debendi que originou o título, já que a cártula firmada já faz presumir o débito assumido, conforme entendimento do Superior Tribunal de Justiça. O cheque é prova cabal da existência da dívida, recaindo sobre a parte embargante, nos termos do art. 373, II, do NCPC, a produção de prova de fato extintivo, impeditivo ou modificativo do direito da parte apelada. No caso, cabia a parte embargante a prova de que o crédito cobrado decorre de prática de atividade ilícita, no caso 'jogo do bicho' que levaria a inexigibilidade do crédito, de acordo com o art. 814 do CC, ônus do qual não se desincumbiu. A cotitularidade de conta conjunta restringe a solidariedade dos titulares apenas em relação à instituição financeira mantenedora da conta corrente conjunta, não se estendo aos cheques emitidos por apenas um dos titulares. A partir do falecimento do emitente do cheque e, portanto, único responsável pelo débito, a pretensão monitória foi direcionada contra seu espólio. A responsabilidade da viúva do de cujus pelo pagamento não está vinculada à sua cotitularidade da conta corrente, mas sim à sua condição de herdeira. Não tendo os cheques sido encaminhados à câmara de compensação, nem mesmo a protesto ou à cobrança judicial anterior, não há razão para autorizar a incidência dos juros de mora em data diversa da citação, quando, de fato, constituído o réu/embargante em mora. Termo inicial de incidência dos juros moratórios adequado de ofício. Apelação desprovida" (*TJRS* – AC 70073753386, 13-9-2017, Rel. Des. Luiz Roberto Imperatore de Assis Brasil).

"Monitória – Instrumento particular de confissão de dívida – Quitação não comprovada – Réu que não se desincumbiu do seu ônus probatório – Alegação de origem da **dívida em jogo de azar** não evidenciada – Montante objeto do contrato utilizado para o empreendimento do réu no ramo de panificação – Procedência mantida – Recurso improvido" (*TJSP* – Ap 0032257-71.2012.8.26.0224, 13-6-2016, Rel. Correia Lima).

"**Embargos à execução** – Dívida de jogo – Cassino localizado em país diverso – Relação jurídica válida e apta a gerar direito de cobrança – Aplicação da legislação brasileira – Preliminares afastadas Aplicação da pena de litigância de má fé – Afastamento – Ausência de comprovação do propósito da parte em procrastinar o feito – Recurso parcialmente acolhido" (*TJSP* – Ap 0000959-98.2011.8.26.0223, 7-7-2015, Rel. Miguel Petroni Neto).

"**Monitória** – Embargos – Cheque – **Dívida de jogo** (bingo) – Alegação de origem ilícita – Demanda anterior, ajuizada pelo devedor, pretendendo a declaração de inexigibilidade do mesmo título. Improcedência decretada. Coisa julgada material. Sentença de improcedência dos embargos mantida. Recurso não provido" (*TJSP* – Ap 0011473-32.2011.8.26.0152, 18-2-2014, Rel. Fernando Sastre Redondo).

que, em razão desses negócios, se agiu com a malícia do dolo; nem se permite que se abuse da ausência ou diminuição de entendimento do menor ou do interdito. Aplica-se a disposição a todos os menores e àqueles que tiveram interdição decretada. Antes desta, não se aplica a exceção, salvo se o jogador ou apostador usou de vício de vontade para macular a daquele que não possui pleno discernimento, hipótese em que o negócio é anulável, dentro da regra geral.

O jogo que depende de destreza física, como tênis e golfe, ou intelectual, como xadrez ou damas, é considerado lícito. É considerado ilícito o jogo no qual o ganhar ou perder depende exclusivamente da sorte (coibido pela Lei das Contravenções Penais, art. 50), como roleta e crepe.

A lei contravencional (Decreto-lei nº 9.215/66) proíbe também apostas sobre corridas de cavalos fora dos hipódromos ou de local autorizado, bem como sobre demais competições esportivas. O Decreto nº 50.776/61 permitiu que clubes, associações e entidades recreativas ou similares possam manter em suas sedes seções para jogos de carteados lícitos, devidamente autorizados pelas autoridades competentes, desde que preenchidos determinados requisitos legais. Uma delas é a exigência de sede própria para a entidade. No entanto, a Súmula 362 do Supremo Tribunal Federal declara: *"A condição de ter o clube sede própria para a prática de jogo lícito não obriga a ser proprietário do imóvel"*. Vários diplomas cuidam de regulamentar outros jogos. A Lei nº 8.672/93, originalmente denominada "Lei Zico", autorizou entidades esportivas, que se dediquem comprovadamente a três modalidades esportivas olímpicas, a explorar os sorteios da modalidade denominada *bingo* ou similar (art. 57). Essa lei não está mais em vigor. A prática demonstrou o desvirtuamento da finalidade da lei. De regulamentação em regulamentação, explorando ou autorizando o Estado a prática de número crescente de jogos de azar, desmoralizam-se seus órgãos repressivos no tocante aos jogos proibidos, dos quais o tradicional e mal lembrado *jogo do bicho* é exemplo mais lastimável de condescendência policial, por tudo que lhe vem por detrás, sendo de tal forma arraigado no país que dispensa maiores comentários.

No tocante à disposição geral do art. 814, alarga-se o alcance da norma relativa a jogo e aposta ao ser aplicada a qualquer contrato que encubra ou envolva reconhecimento, novação ou fiança de dívidas de jogo. Trata-se de efeito indireto proibido pelo legislador. Desse modo, paga a dívida com título de crédito, ainda que se entenda que ocorra novação, aplica-se a restrição legal. O mesmo se aplica quando o pagamento do jogo ou da aposta é feito por cheque. A nulidade, porém, não pode ser oposta a terceiro de boa-fé (art. 814, § 1º). Nas hipóteses de títulos de crédito, trata-se de exceção pessoal, que não pode ser oposta, por exemplo, ao endossatário de boa-fé. A questão da boa-fé é de exame no caso concreto.

O Código de 2002, no art. 814, § 2º, houve por bem ser expresso quanto à dicotomia de tratamento referente aos jogos proibidos e permitidos. Assim dispõe: *"O preceito contido neste artigo tem aplicação, ainda que se trate de jogo não proibido, só se excetuando os jogos e apostas legalmente permitidos"*.

Desse modo, como enfatizamos, os jogos tolerados e os jogos proibidos se inserem na categoria das obrigações naturais; não se pode recobrar a quantia que voluntariamente se pagou em relação a eles. Nessa situação se colocam os jogos de carteado e outros do mesmo nível e o decantado "jogo do bicho", proibido por lei. De forma expressa, como já se admitia sem restrições, serão consideradas obrigações civis e, portanto, plenas as decorrentes dos jogos e apostas legais e regulamentadas, como as várias loterias federal e estaduais, apostas de turfe, loteria esportiva, e tantas outras loterias de números regulamentadas pelo Estado.

O Código em vigor também, no art. 814, § 3º, dispõe:

> *"Excetuam-se, igualmente, os prêmios oferecidos ou prometidos para o vencedor em competição de natureza esportiva, intelectual ou artística, desde que os interessados se submetam às prescrições legais e regulamentares".*

Nessas hipóteses, o que se tem em mira é a destreza ou a aptidão intelectual ou artística. O conceito não é de jogo ou aposta, mas de concurso, como veremos a seguir (Capítulo 38).

O empréstimo precípuo para jogo ou aposta, quando efetuado no ato de apostar ou jogar, não permite o reembolso do que se emprestou (art. 815). A finalidade do empréstimo equipara-se à do jogo e da aposta, e por isso sofre essa restrição de inexigibilidade, tal qual obrigação natural. O legislador visou impedir que o resultado colimado pela norma geral pudesse ser contornado por via indireta. A nulidade alcança o ato apenas se o empréstimo é feito no próprio momento de apostar ou de jogar. Analisam-se as particularidades de fato. A lei entende que esse empréstimo, de afogadilho, na euforia da disputa lúdica, acirra a cupidez e incrementa o vício. Desse modo, incide nesse dispositivo o administrador ou preposto da banca ou cassino que efetua empréstimo no caixa ou na mesa de jogo, pois nessas circunstâncias não há como duvidar do destino do mútuo. Se, no entanto, o empréstimo não for contemporâneo ao jogo ou aposta, não suporta a eiva. Sob esses aspectos, não se distinguem os jogos lícitos dos ilícitos. A lei conceitua o empréstimo feito para jogar ou apostar, mas a disposição não alcança o empréstimo feito para saldar dívidas dessa natureza. Coíbe-se o empréstimo para jogar, não para saldar dívidas de jogo.

Da mesma forma, empréstimo tomado em momento anterior ao ato de jogar, fora do recinto do jogo, em tese não se insere na dicção da lei:

> *"As dívidas contraídas para obter, antecipadamente, meios de jogar, ou apostar, ou para pagar o que se ficou a dever em razão de jogo e da aposta, não se consideram de jogo, e são exigíveis"* (Clóvis Beviláqua, 1939, v. 5:243).

Referidos princípios legais não são aplicáveis aos jogos regulados e admitidos legislativamente pelo Estado, tais como apostas feitas em hipódromos, loterias estaduais e federais em suas várias submodalidades criadas pelo cassino oficial do país, tais como loteria esportiva, sena, loto, raspadinha, bingos autorizados etc., bem como concursos e sorteios legalmente autorizados.

36.3 CONTRATOS DIFERENCIAIS

A lei de 1916 equiparava ao jogo o contrato de mercado a termo, pelo qual cada parte, mediante estipulação, tem direito de exigir da outra a diferença de cotação e o valor contratado:

> *"Art. 1.479. São equiparados ao jogo, submetendo-se, como tais, ao disposto nos artigos antecedentes, os contratos sobre títulos de bolsa, mercadorias ou valores, em que se estipule a liquidação exclusivamente pela diferença entre o preço ajustado e a cotação que eles tiverem, no vencimento do ajuste".*

Contratava-se, por exemplo, sobre o valor de certas ações em bolsa, ajustando-se preço unitário de $ 1.000 em determinada data. Se o agente encarregado da aquisição obtivesse preço maior, lucraria a diferença; por preço menor, sofreria prejuízo. O objeto da álea era a diferença, daí a denominação de contratos diferenciais. Trata-se de negócio especulativo. O contrato diferencial deveria ter por objeto a aquisição de ações ou equivalente com cotação em Bolsa. Esse negócio possui, em princípio, conteúdo sério e lícito. Segundo Caio Mário da Silva Pereira (1994:352), o contrato seria nulo se não tivesse por objeto a entrega de bens ou valores, mas a liquidação tão só pelo pagamento da diferença, porque nessa modalidade se estará levando em conta a álea exclusivamente, no que se refere à cotação. Na verdade, levando em conta essa sorte, a lei anterior equiparava esse pacto ao jogo ou aposta, sujeitando-se ao princípio de obrigação natural. Entretanto, a aquisição efetiva de ações sob a modalidade diferencial é instrumento importante no mercado de capitais.

Pontes de Miranda (1972, v. 45:248) remarca que o Código Civil de 1916 somente cogitou dos negócios diferenciais tolerados; se o negócio fosse proibido, ocorria a nulidade apontada. Acrescenta o tratadista que o negócio jurídico de diferença será ilícito se a lei só o admitir por meio de corretor oficial ou Bolsa. Temos de examinar o caso concreto. De qualquer modo, havendo negócio diferencial típico, não há compra e venda. Para que se configure o negócio diferencial, há necessidade de que as partes convencionem expressamente a álea constante da diferença.

Tendo em vista inúmeras dificuldades, inclusive relativas a exigências legais e administrativas para esses contratos, o vigente Código assume posição oposta a tal respeito. Assim, o art. 816 diz que não se aplicam os dispositivos relativos ao jogo e à aposta aos contratos sobre títulos de bolsa, mercadorias ou valores, em que se estipulem a liquidação exclusivamente pela diferença entre o preço ajustado e a cotação que eles tiverem no vencimento do ajuste. Embora sejam pactos de natureza aleatória, não mais se submeterão aos princípios do jogo e da aposta, tendo então, essas obrigações, plena natureza de dívida civil.

36.4 SORTEIO

Por falta de melhor topologia, e por também estar presente a sorte, o capítulo do Código contém disposição acerca do sorteio: "*O sorteio, para dirimir questões, ou dividir coisas comuns, considerar-se-á sistema de partilha, ou processo de transação, conforme o caso*" (art. 817). Não há jogo ou aposta no sorteio, porque a finalidade das partes não é ganho ou diversão, mas dirimir impasse. É a única maneira possível para atribuir-se direito a determinada pessoa entre várias em idêntica situação jurídica.

A própria legislação determina por vezes o sorteio como o de jurados para formação do conselho de sentença no júri; na promessa de recompensa, quando várias pessoas estão na posição de serem contempladas e a recompensa não é divisível (art. 858). Na partilha hereditária, podem surgir situações que obriguem o sorteio de quinhões. Quando as partes optam voluntariamente pelo sorteio, tal equivale a transação (arts. 840 ss), como dispõe a lei. Na divisão de terras entre condôminos, também o sorteio poderá ser útil ou necessário. A forma de sorteio, quando não decorre da lei, é escolhida pelos interessados ou pelo juiz.

37

FIANÇA

37.1 CONCEITO. NATUREZA. MODALIDADES

Toda obrigação deve ser cumprida; essa sua finalidade. Incumbe ao credor diligente tomar precauções para que isso ocorra. O primeiro cuidado é averiguar se o devedor é solvente, se tem patrimônio suficiente para responder pela obrigação. Nem sempre, porém, apenas esse aspecto mostra-se suficiente. Ainda que solvente a princípio, não é de ser descartada a possibilidade de o devedor sofrer diminuição patrimonial no curso do tempo e cair em insolvência, ficando impossibilitado de liquidar a obrigação. Para fazer frente a essas eventualidades, o ordenamento coloca outras soluções para o credor, meios para facilitar e garantir o cumprimento de obrigações. A fiança é, pois, instrumento de garantia em favor do cumprimento das obrigações.

Pelo contrato de fiança estabelece-se obrigação acessória de garantia ao cumprimento de outra obrigação. Essa acessoriedade foi por nós estudada quando do exame da estrutura da obrigação. Na fiança, existe a responsabilidade, mas não existe o débito, dentro da díade *Schuld und Haftung*. Lembre-se do que dissemos a respeito da dívida natural, exemplo contrário, a qual possui débito, mas não responsabilidade, pois não é juridicamente exigível (*Direito civil: obrigações e responsabilidade civil*, Capítulo 3). O fiador garante o débito de outrem, colocando seu patrimônio para lastrear a obrigação, o titular do débito garantido é um terceiro.

A fiança é espécie inserida no gênero denominado *caução*. Caução é toda modalidade de garantia. Nem sempre esse termo é utilizado com precisão. As formas usuais de caução são a real e a fidejussória ou pessoal. A caução real constitui-se de bens móveis ou imóveis destacados para garantir uma obrigação. Assim se colocam o penhor, a hipoteca e a anticrese, bem como as cauções prestadas no curso de processo a fim de garantir eventual direito ou prejuízo da outra parte. A fiança, garantia fidejussória, é típica garantia pessoal, baseada na confiança, fidúcia depositada na pessoa do garante, o fiador. Evidente que essa fidúcia terá em mira primordialmente o patrimônio do fiador, que em última análise responderá pela obrigação.

As cauções em geral desempenham papel importante na dinamização do crédito e consequente circulação de riquezas. A garantia pessoal da fiança é largamente utilizada no universo negocial, mormente nos contratos de locação imobiliária, sendo essa sua função mais importante, em que pese a lei inquilinária admitir outras formas de garantia (caução real, seguro de fiança e cessão fiduciária de quotas de fundo de investimento, conforme redação da Lei nº 11.196, de

2005, art. 37 da Lei nº 8.245/91). Podendo ser formalizada de maneira mais simples do que as garantias reais, a fiança recebe a preferência das partes.

O *aval* também é garantia pessoal, regulado, no entanto, pelos princípios cambiários e com fiança não se confunde. Aval é declaração unilateral cuja finalidade é garantir pagamento de título de crédito. No aval, não há contrato. Trata-se de obrigação autônoma e literal, como toda obrigação cambial. A outorga conjugal é requisito essencial para a fiança, o que não ocorria no aval, até o Código de 2002, que passou a exigi-la, revirando os princípios cambiários tradicionais. No novo sistema, tanto o aval quanto a fiança exigem a vênia conjugal (art. 1.647, III). Ademais, a solidariedade é princípio fundamental do direito cambiário, atingindo consequentemente o aval. Na fiança, a responsabilidade do fiador é subsidiária; a solidariedade entre fiador e afiançado somente pode ser concebida por expressa disposição contratual na esfera civil, sem, contudo, a mesma amplitude do instituto na esfera cambial. Também não se confunde a fiança com a assunção de dívida, pela qual o assuntor assume a dívida de outrem, com modificação subjetiva na relação jurídica.

Portanto, pelo contrato de fiança, um sujeito, o fiador, obriga-se a pagar a outro, o credor, o que a este deve um terceiro, o devedor. *"Pelo contrato de fiança, uma pessoa garante satisfazer ao credor uma obrigação assumida pelo devedor, caso este não a cumpra"* (art. 818).[1]

---

[1] "Apelação – Ação monitória – Locação de bem imóvel – Inadimplemento da locatória – Responsabilidade da fiadora configurada – Ausência de vícios no contrato – Procedência mantida. A **fiança** caracteriza-se como um contrato por meio do qual o fiador se obriga, para com o locador, a pagar a dívida em caso de inadimplência do locatário (art. 818, do Código Civil), de modo que acertada a condenação solidária. – O procedimento monitório se caracteriza justamente pelo baixo formalismo e pela sumariedade da cognição, com um juízo de probabilidade e verossimilhança oriundo dos documentos apresentados, desde que estes sejam suficientemente idôneos para indicar a probabilidade da obrigação atribuída à parte requerida. – O conjunto documental no caso sob exame demonstra que a contratação efetivamente ocorreu. Não se vislumbra a ocorrência de vícios ou falhas, pela autora, que tornassem o contrato inválido. O laudo pericial corroborou as provas documentais. – Procedência acertada. Apelação desprovida, com observação" (*TJSP* – Ap 1081227-59.2018.8.26.0100, 24-2-2022, Rel. Lino Machado).

"Agravo de instrumento – Exceção de pré-executividade – Contrato de locação – Moratória que fiador não anuiu – Exoneração – A **fiança** é uma espécie de contrato, por meio do qual uma pessoa (fiador) assume perante o credor o compromisso de que irá satisfazer a obrigação contratada pelo devedor, caso este não a cumpra (art. 818 do CC). Trata-se de um tipo de garantia pessoal ou fidejussória – O ora agravante, na condição de fiador do contrato, em regra, não responde por obrigações resultados de aditamentos aos quais não anuiu, nos exatos termos da súmula 214 do Superior Tribunal de Justiça; – A despeito do entendimento exarado r. decisão agravada, de que não houve propriamente novação da dívida, houve, em verdade, moratória, da qual o fiador não anuiu, o que acarreta sua exoneração do contrato de fiança, nos termos do art. 838, I do Código Civil. Recurso provido" (*TJSP* – AI 2266995-45.2021.8.26.0000, 17-12-2021, Rel. Maria Lúcia Pizzotti).

"**Fiança** – Título de crédito – Ação declaratória de exoneração de fiança cumulada com indenização por danos morais. Exoneração da fiança. Impossibilidade. Notificação expressa ao credor, da intenção de desobrigar-se da fiança, no período de prorrogação do contrato afiançado, não comprovada. Precedentes do C. STJ. Obrigação contraída antes mesmo da prorrogação automática do contrato. Ação improcedente. Recurso não provido, com majoração da verba honorária" (*TJSP* – AC 1005006-88.2018.8.26.0438, 7-8-2019, Rel. Gilberto dos Santos).

"Locação – **Fiança** – Ação de despejo cumulada com cobrança movida em face dos fiadores. Sentença de parcial procedência. Interposição de apelação pelos réus. Limitação do percentual de multa moratória prevista no artigo 52, § 1º, do CDC não é aplicável ao caso concreto. Disposições da legislação consumerista não disciplinam as relações locatícias, que são reguladas por legislação própria (Lei nº 8.245/91). Legislação específica que regula as relações locatícias não contém qualquer previsão que limite o percentual da multa moratória. O ajuste da multa moratória no percentual de 20% do débito respeita o limite estabelecido pelo artigo 412 do Código Civil, de modo que não se verifica qualquer ilicitude em sua cobrança. Rejeição da pretensão de limitação da multa moratória ao percentual 2% do débito. Autor decaiu de parte mínima de sua pretensão. Réus que devem suportar o pagamento integral dos ônus sucumbenciais. Artigo 21, parágrafo único, do CPC/1973. Manutenção da r. sentença. Apelação não provida" (*TJSP* – Ap 0030474-08.2011.8.26.0506, 3-5-2018, Rel. Carlos Dias Motta).

"Locação – Ação de despejo por falta de pagamento cumulada com cobrança – Novação – Não Reconhecimento – **Fiança** – Exoneração – Faculdade não exercida – Benefício de ordem – Validade da renúncia – Sentença mantida – Recurso improvido – Se o fiador concorda em estender a fiança até a entrega das chaves do imóvel, deve

"Dá-se o contrato de fiança, quando uma pessoa se obriga por outra, para com o seu credor, a satisfazer a obrigação, caso o devedor não a cumpra" (art. 1.481 do Código de 1916).

Trata-se, como se verifica, de contrato destinado a assegurar o cumprimento de obrigação de outrem. Necessário distinguir a fiança da obrigação garantida. São dois negócios distintos, embora ligados por acessoriedade e eventualmente presentes no mesmo instrumento. O Código de 2002 realça que se trata de obrigação de garantia, conforme já estudamos na teoria geral das obrigações. Etimologicamente, provém de *fidere*, com conotação de confiar, garantir. Por vezes, na prática, por transposição semântica, o termo significa o próprio valor a ser pago em razão do contrato: ocorrendo inadimplemento, exige-se, por exemplo, a fiança do obrigado.

O instituto pode admitir outra figura, o *abonador* da fiança. Trata-se de uma subfiança, em que o abonador garante a solvência do fiador. A figura não está obstada por não vir tratada pelo Código de 2002. Abono é garantia que terceiro concede ao fiador, comprometendo-se a pagar a dívida, caso o fiador não o faça. As mesmas regras se lhe aplicam. Reforça-se assim com maior garantia a possibilidade de adimplemento. Não podemos confundir, porém, o abono da fiança, que constitui subcontrato, com a *cofiança*, quando vários fiadores garantem a mesma dívida. Como subcontrato ou contrato derivado, aplicam-se os princípios particulares desse instituto, por nós examinado na classificação dos contratos na obra *Direito civil: teoria geral das obrigações e teoria geral dos contratos*. O Código de 2002 já não se refere ao abonador, de pouca utilização, aplicando-se ao caso, se utilizada essa figura, os princípios gerais dos subcontratos.

Trata-se de contrato *unilateral*, pois dá origem a obrigações apenas para o fiador. Parte da doutrina o vê como contrato bilateral imperfeito, porque, uma vez paga a dívida pelo fiador, este se sub-roga nos direitos do credor, permitindo-se-lhe ação regressiva.

É tradicionalmente contrato *gratuito* no âmbito civil, pois a fiança deve ser prestada de forma desinteressada. Nada impede, porém, que o fiador seja remunerado perante o risco assumido, como ocorre, por exemplo, nas fianças bancárias e nas fianças mercantis em geral. No entanto, especificamente na fiança civil, encara-se a fiança remunerada, com intuito de lucro, como negócio escuso, sem finalidade lícita (*RT* 438/160). Entende-se nessa hipótese que o lucro é indevido, embora esta posição seja discutível.

Em razão dessas particularidades há quem sustente que a fiança, sob tal aspecto, é contrato *incolor* ou *neutro*, porque não pode ser qualificado como gratuito ou oneroso, dependendo das circunstâncias e da natureza do negócio (Wayar, 1993:13). No entanto, como a lei não proíbe que seja oneroso, resta saber se quando estabelecida remuneração continuará regido pelas normas do contrato típico do estatuto civil, ou se surge contrato atípico. O mesmo doutrinador argentino ora citado distingue duas hipóteses, quais sejam, quando há pagamento pelo devedor e quando esse pagamento é feito pelo credor (loc. cit.).

Se a retribuição é paga pelo devedor, o contrato não deixa de ser gratuito, pois para o credor essa retribuição é irrelevante. Ao menos para o credor esse contrato é gratuito e como contrato típico deve ser regulado. Se, porém, é o credor quem paga na fiança, será sem dúvida oneroso. Dúvida é saber se continuará o negócio a ser tratado como fiança, pois desfigura-se como contrato típico. Para alguns autores, essa avença se aproxima do contrato de seguro;

---

responder pelos débitos daí advindos, caso não venha a se exonerar da garantia". "O fiador não pode invocar o benefício de ordem quando assumiu o encargo de responder solidariamente com o locatário pelo fiel cumprimento das obrigações contratuais; Vale dizer, demandado pelo pagamento da dívida, nesse caso, não tem direito a exigir sejam primeiro excutidos os bens do afiançado" (*TJSP* – Ap 1000805-33.2015.8.26.0220, 22-9-2017, Rel. Renato Sartorelli).

para outros, trata-se de fiança bilateral e onerosa, porque se parte da ideia de que a gratuidade não lhe é essencial. Podemos concluir que a tradição de nosso direito encara a fiança civil como contrato gratuito, tanto que nossa tendência jurisprudencial é reprimir a onerosidade, negando-lhe validade. Desse modo, a onerosidade na fiança civil torna-a contrato atípico, em princípio, podendo ser tratada e interpretada como fiança mercantil, que no geral é onerosa. Inelutável que há consequências jurídicas altamente relevantes na conceituação de gratuidade ou onerosidade da fiança, bastando lembrar da regra de interpretação do art. 114, especificamente repetida na fiança no art. 819 ao proibir interpretação extensiva no instituto, bem como as regras acerca da fraude contra credores, com tratamento diferenciado para as duas categorias de negócios (arts. 158 e 159).

A *interpretação restritiva* é regra tradicional da fiança.[2] Em que pese a essa regra legal de hermenêutica do art. 822 (antigo, art. 1.486), se a fiança não for limitada, compreenderá

---

2 "Apelação. Ação de despejo por falta de pagamento cumulada com cobrança de aluguéis e acessórios de locação. Sentença de improcedência da ação em relação à fiadora e de procedência quanto à locatária. Recurso apresentado pela parte autora. Exame: responsabilidade solidária da fiadora por débitos locatícios não caracterizada. Fiança que deve ser interpretada restritivamente nos termos do artigo 819 do Código Civil. Contrato celebrado em setembro de 1985 e aditado em janeiro de 2008, com alteração do valor do aluguel pelo período de 12 meses, condicionada ao fato de que o imóvel estivesse nas mesmas condições da vistoria inicial ao final do período, sem que tenha constado a assinatura dos fiadores. Modificação das cláusulas do contrato configurada. Extinção da garantia. Artigo 844, §1º, do Código Civil. Aplicação da súmula nº 214 do Superior Tribunal de Justiça. Pagamento de honorários advocatícios com base no artigo 62, inciso II, alínea 'd', da Lei n. 8.245/91 que somente é cabível na hipótese de purgação da mora, o que não aconteceu no caso concreto. Sentença mantida. Recurso não provido" (*TJSP* – Ap 1036414-95.2015.8.26.0602, 29-8-2025, Rel. Celina Dietrich Trigueiros).

"Execução por quantia certa. Contrato de locação não residencial. Responsabilidade dos fiadores até a efetiva entrega das chaves. Acordo entre locador e locatário que apenas previu a redução do aluguel. Prejuízo aos garantes não verificado. Ausente nova contratação e/ou moratória típica. Extinção da **fiança** descabida, vedada a interpretação extensiva. Inteligência dos arts. 114 e 819, 2ª parte, do CC. Inaplicabilidade à espécie da Súm. 214 do STJ. Precedentes do Tribunal da Cidadania, da Corte e desta Câmara. Recurso desprovido". (*TJSP* – AI 2228708-76.2022.8.26.0000, 14-6-2023, Rel. Ferreira da Cruz).

"Contrato – **Fiança** – Súmula 214 do STJ – Interpretação restritiva – Renovação automática – Contrato com termo certo – Necessidade de notificação do devedor. 1- A autora, pessoa aposentada por invalidez, alegou ter sido ludibriada por seu filho, que a teria feito assinar, fora do estabelecimento financeiro e em instrumento sem timbre do banco, como fiadora em contrato de concessão de capital de giro à empresa dele. O banco não impugnou a alegação de que o contrato teria sido assinado fora do estabelecimento bancário. 2- Ademais, a existência de cláusula de prorrogação automática do contrato com prazo certo não exime o banco de notificar o fiador para manifestar sua aceitação após o termo final da avença. 3- Sem isso, tornam-se indevidas cobranças originadas de período posterior ao vencimento original da avença. Recurso provido" (*TJSP* – AC 1018095-55.2017.8.26.0361, 30-4-2019, Rel. Melo Colombi).

"Locação de imóvel comercial – Bem de família – **Fiança** – Ação de despejo por falta de pagamento, ora em fase de cumprimento de sentença – Constrição judicial que recaiu sobre bem imóvel no qual residem os herdeiros do fiador falecido – Alegada impenhorabilidade do bem de família – Agravantes que afirmam que a sucessão inicia-se no momento da morte do 'de cujus', quando os bens são transmitidos, instantaneamente, aos herdeiros, que nunca tiveram conhecimento da fiança prestada pela falecida mãe e não podem ser prejudicados – Alegações que não prosperam – Admissibilidade de penhora – O imóvel residencial familiar passou a ser penhorável em processo de execução decorrente de obrigação de fiança concedida em contrato de locação, ante a interpretação sistêmica da Lei 8.009/90, em seu art. 3º, inc. VII, reguladora da matéria, complementada e acrescentada pela Lei 8.245/91, em seu art. 82 – R. 'decisum' monocrático mantido – Recurso improvido" (*TJSP* – AI 2084629-43.2018.8.26.0000, 2-7-2018, Rel. Carlos Nunes).

"Apelação – Ação declaratória de inexistência de dívida e de indenização por danos morais – **Fiança** prestada em contrato de abertura de crédito – Exoneração – Notificação do credor – Art. 835, do Código Civil – Posterior negativação do nome do autor – Ato Ilícito Configurado – Sentença de procedência – Conexão – Inexistência – Processos julgados em primeiro grau, encontrando-se, atualmente, em grau recursal. Aplicação da Súmula 235 do STJ. Conexão não determina a reunião dos processos, se um deles já foi julgado. Legitimidade passiva configurada. Relação contratual havida entre as partes. Pretensão de reconhecimento da desconstituição da relação. Réu responsável pela anotação do nome do autor no cadastro de inadimplentes. Mérito. Contrato bancário. Autor fiador. Exoneração da fiança. Notificação prévia ao credor. Interpretação do art. 835 do Código Civil. Inexistência do débito à época da

os acessórios da obrigação almejada, inclusive despesas judiciais, desde a citação do fiador, conforme a disposição legal, matéria que merecerá maior digressão.

Baseado intuitivamente na confiança entre os contratantes, é negócio *intuitu personae*. Como já referido, constitui contrato *acessório*, garantidor de uma obrigação principal. Segue sempre a sorte desta, nos termos do art. 92. Essa acessoriedade, porém, deve ser vista com mitigação quando se trata de fiança remunerada, pois mesmo ausente ou desaparecida a obrigação principal, nem sempre será indevida a retribuição. Ao lado dessa acessoriedade, cumpre mencionar tratar-se, na dicção legal do Código Civil, de *obrigação subsidiária*. A obrigação do fiador somente emergirá após ter sido tentado obter o adimplemento com o patrimônio do afiançado. Nesse intuito, coloca-se o chamado *benefício de ordem* do art. 827, que estudaremos a seguir. A fiança mercantil, ao contrário, não possuía esse caráter, estabelecendo solidariedade entre fiador e afiançado (arts. 258 e 261 do Código Comercial).

Conclui-se pela simples vontade das partes, independentemente da entrega de coisa, sendo, portanto, *consensual*. É, porém, *formal* em nosso direito, diferentemente de sistemas alienígenas, porque necessita do escrito: exige-se que a manifestação de vontade do fiador seja expressa e inequívoca. A fiança resulta, portanto, de um contrato escrito; não se presume. Nesse sentido, a dicção do art. 819: *"A fiança dar-se-á por escrito..."*.[3]

---

notificação e até sessenta dias após a notificação. Negativação do nome do autor, por inadimplemento contratual. Falha na prestação de serviço evidenciada. Ilicitude da negativação do nome do autor. Dano moral configurado 'in re ipsa'. Indenização devida. Valor fixado que atende aos requisitos da proporcionalidade e razoabilidade. Manutenção. Honorários advocatícios. Fixação em 10% sobre o valor da condenação. Manutenção. Percentual que atende ao disposto no art. 20, § 3º e § 4º, do CPC/1973. Preliminares rejeitadas. Recurso não provido" (*TJSP* – Ap 1007026-31.2015.8.26.0576, 26-7-2016, Rel. Edson Luiz de Queiroz).

[3] "Ação monitória. Locação de imóvel. Sentença de parcial procedência da ação principal e de improcedência da reconvenção. Apelo dos réus. Verificada a existência de prova escrita apta a embasar a ação monitória. Art. 700 do CPC. Não é imprescindível que o documento emane do devedor, tampouco é imprescindível a sua anuência, mas é necessário que seja possível deduzir dos títulos a existência da dívida. 'Contrato de locação' não assinado pelo locatário e fiadora. Associados a esse documento, foram também apresentados com a inicial comprovantes de pagamentos dos aluguéis para o autor, correspondências em nome do locatário com o endereço do imóvel objeto da locação. Mensagem do locatário por Whatsapp, em que ele, ao receber a cobrança do débito locatício, não nega a sua existência e afirma não ter condições financeiras de pagá-lo. Validade de prints de Whatsapp como prova. Requeridos admitem a existência do débito nos embargos monitórios, embora façam alusão a abatimento que entendem devido. Inexistência de mínima demonstração idônea do dispêndio do valor que os réus pretendiam abater da dívida. Sentença mantida em relação ao corréu, locatário. Fiadora. **Fiança é contrato solene que exige a forma escrita** (CC, art. 819). Como o instrumento escrito da locação não está assinado pela corré, não houve a fiança. Recurso parcialmente acolhido, para que sejam julgados procedentes os embargos e improcedente o pedido monitório em relação à coembargante fiadora. Reconvenção. Para a aplicação ao autor reconvindo da penalidade prevista no art. 940 do CC, seria necessária a prova de sua má-fé, o que não restou demonstrado nos autos. Jurisprudência do E. STJ. Súmula nº 159 do E. STF. Recurso parcialmente provido" (*TJSP* – Ap 1027248-49.2022.8.26.0196, 12-6-2024, Rel. Morais Pucci).

"Apelação cível. Locação. Ação de despejo por descumprimento de cláusula contratual (ausência de indicação de novo fiador, em razão de exoneração da fiança prestada ao contrato de locação). Revelia. Sentença de procedência da ação. Recurso do réu locatário. Preliminar. Gratuidade da justiça. Pedido formulado por pessoa natural. Juntada de declaração de pobreza e demonstrativo de parcos vencimentos de aposentadoria. Deferimento da benesse com efeitos ex nunc. Mérito. Matéria fática ventilada no recurso e não enfrentada na sentença em razão de ausência da oferta de contestação (revelia). Não conhecimento. Sentença mantida, com observação de que não se presume por conversações via Whatsapp, que houve renovação automática do contrato de fiança. Dicção do art. 819 do CC, que exige instrumento formal do contrato de fiança. Recurso provido em parte, apenas para conceder os benefícios da gratuidade da justiça ao réu, com efeitos ex nunc. Mérito recursal não conhecido" (*TJSP* – Ap 1022201-52.2020.8.26.0071, 25-8-2021, Rel. Sergio Alfieri).

"Direito civil – Locação de imóvel – Contrato verbal – **Fiança – Contrato escrito** – Validade – Outorga Uxória – Inexistência – Estado civil – Declaração inverídica. 1- O contrato de locação independe de forma especial, podendo ser feito verbalmente, sem prejuízo ao contrato escrito de fiança. Inteligência do art. 107 do Código Civil. 2- No caso em apreço, o contrato assinado pelos apelantes evidencia que a fiança se deu com observância da forma prescrita no artigo 819 do Código Civil. 3- Assim, em se tratando de negócio cuja validade independe da existência

Desse modo, inadmissível a fiança verbal, ainda que o contrato ou obrigação garantida possam sê-lo.

A *fiança civil* era disciplinada pelos arts. 1.481 a 1.504 do Código Civil de 1916. A *fiança mercantil*, pelos arts. 256 a 264 do Código Comercial. O presente Código revoga toda a parte primeira do Código Comercial, incluindo-se os dispositivos sobre fiança, cujos princípios não mais distinguem a modalidade civil da mercantil.

Pode ser convencional, legal, judicial e bancária. *Convencional* é a resultante de contrato escrito. Ainda que inserida em outro contrato, embora acessória, a fiança é contrato com regras autônomas, como, por exemplo, no contrato de locação, quando o fiador nele apõe sua assinatura, juntamente com locador e locatário, assumindo a garantia.

A *fiança legal* é a decorrente da lei, que pode exigi-la previamente para determinados atos ou atividades. *Judicial*, a determinada pelo juiz, de ofício ou a requerimento das partes. A fiança *bancária* é modalidade de fiança convencional formalizada por instituição financeira. Imposta por lei ou facultada por decisão judicial, a fiança constitui-se de ato unilateral, sem conteúdo contratual. Não obstante, para dirimir suas questões, serão chamados à baila os dispositivos que regem o contrato típico, se não houver norma particular para a espécie.

A *fiança criminal*, prevista no estatuto processual penal (arts. 321 ss), é admitida basicamente para possibilitar liberdade provisória em certas infrações penais. Essa modalidade, embora vazada nos mesmos princípios, possui postulados diversos da fiança civil, pois não é pessoal, mas pecuniária, amoldando-se ao conceito de caução real.

No estudo dos contratos em espécie, sempre vem à baila a possibilidade de conclusão de *pré-contrato*. Nada impede, na criatividade negocial, que os interessados prometam prestar fiança. Não se constituindo contrato definitivo, a recusa na formalização do contrato de fiança resumir-se-á em perdas e danos, não se obtendo destarte coativamente a garantia. Não se nos

---

de contrato formal de locação, e presente o requisito legal da forma escrita, sua existência e validade devem ser reconhecidas. 4- Quanto à ausência de outorga uxória no contrato de fiança, cumpre assinalar que o fiador que se declara solteiro não pode alegar nulidade da fiança, sob pena de se configurar comportamento contraditório (*venire contra factum proprium*). Precedentes desta egrégia Corte de Justiça. 4- Recurso de apelação conhecido e não provido" (*TJDFT* – Proc. 07032655220188070006 – (1180933), 2-7-2019, Relª Nídia Corrêa Lima).

"Apelação Cível – Direito civil e processual civil – Embargos à execução – Contrato de locação – **Fiança** – Impossibilidade da manutenção de garantia fidejussória após a prorrogação do contrato por prazo indeterminado sem anuência expressa do fiador – Contrato anterior à alteração promovida pela Lei nº 12.112/2009 – Aplicação de jurisprudência do STJ – Recurso conhecido e provido – Sentença reformada – 1 – A responsabilidade do fiador durante a prorrogação indeterminada do contrato de locação variará conforme a data da celebração do contrato de locação, devendo-se utilizar como marco diferenciador a data do início da vigência da Lei nº 12.112/2009, que alterou a Lei nº 8.245/1991 (Lei de Locações). 2 – O art. 39 da Lei nº 8.425/91, com redação vigente à época da celebração do ajuste, estabelecia: 'salvo disposição contratual em contrário, qualquer das garantias da locação se estende até a efetiva devolução do imóvel'. 3 – Após a alteração promovida pela Lei nº 12.112/2009, o art. 39 da Lei de Locações passou a prever que 'salvo disposição contratual em contrário, qualquer das garantias da locação se estende até a efetiva devolução do imóvel, ainda que prorrogada a locação por prazo indeterminado, por força desta Lei'. 4 – O STJ, ao pacificar o tema por meio do julgamento do EREsp nº 566.633/CE, passou a entender que, para os contratos firmados após o início da lei modificadora, vigorando o contrato por prazo indeterminado, a fiança prorroga-se automaticamente com a avença, contanto que expressamente prevista no ajuste que a obrigação dos fiadores subsistirá até a entrega das chaves do bem locado. 5 – Segundo o art. 819 do CC, 'a fiança dar-se-á por escrito, e não admite interpretação extensiva'. A forma escrita é essencial para a imposição de limites à responsabilidade do fiador para o caso do devedor não cumprir com a obrigação principal, além de restringir a interpretação da garantia fidejussória, uma vez que a responsabilidade do fiador deve estar bem definida no contrato. 6 – O instituto da fiança não se renova nem se prorroga automaticamente, sendo exigido, para tanto, prova da explícita anuência do fiador nesse sentido. 7 – Não existindo expressa pactuação no contrato de fiança acerca da prorrogação dessa obrigação acessória, a prorrogação do contrato de locação por prazo indeterminado não implica a manutenção do fiador como garante. 8- Recurso conhecido e provido. Sentença reformada" (*TJDFT* – Proc. 20171110006312APC – (1099662), 30-5-2018, Rel. Robson Barbosa de Azevedo).

afigura possível a execução em espécie, cuja sentença substituiria a declaração de vontade. A compreensão do instituto da fiança, sua interpretação restritiva e a condicionante a que se submete o patrimônio do fiador justificam essa assertiva, embora não compartilhada unanimemente na doutrina. Não se confunde, entretanto, a promessa de conceder fiança com a promessa do devedor em obter fiador. Esta última hipótese é promessa de fato de terceiro e como tal deve ser dirimida. Ver o que expusemos a respeito no Capítulo 10 desta obra.

37.2 EXTENSÃO DA FIANÇA

O contrato de fiança estabelece-se entre o credor da obrigação a garantir e o fiador. Não há necessidade de participação do devedor da obrigação, podendo ser estabelecida a garantia até mesmo sem seu consentimento (art. 1.484). O Código de 2002 vai mais além no tocante à autonomia desse contrato: a fiança pode ser estipulada ainda que sem o consentimento do devedor *ou contra sua vontade* (art. 820). Enfatiza-se, desse modo, que esse contrato de garantia independe da vontade do devedor e o credor pode buscar esse reforço de cumprimento da obrigação até mesmo contra a vontade do devedor. Sendo reforço para o cumprimento da obrigação, em nada o prejudicando, a manifestação de vontade do credor é dispensável.

O limite da fiança é o da obrigação principal. O fiador não pode ser obrigado a mais do que foi nela estipulado. Pode, no entanto, ser parcial, restringir-se a um limite inferior ao da obrigação principal, bem como ser contraída em condições menos onerosas. Se estabelecida em valor superior ou em condições mais onerosas, valerá até o limite da obrigação afiançada (art. 823). Estabelecida sem qualquer restrição, a fiança compreenderá todos os acessórios da dívida principal, inclusive despesas judiciais, desde a citação do fiador (art. 822). Assim, na locação, a fiança abrange despesas acessórias ao aluguel, como condominiais e tributárias, bem como danos ocasionados ao imóvel a que venha ser responsabilizado o locatário até a entrega das chaves. Para as despesas judiciais, necessário que o fiador seja citado para a ação. Tal procedimento possibilita que ele liquide a obrigação com maior celeridade, minimizando assim os efeitos da mora.

Quanto à compreensão, a fiança pode ser limitada ou ilimitada. A fiança limitada circunscreve-se qualitativa e quantitativamente, podendo não abranger todos os acessórios da obrigação. Fiança ilimitada é a que não apresenta restrição, quando, por exemplo, o fiador de contrato de locação se responsabiliza por todos os encargos presentes e futuros.

Sendo acessória a uma obrigação principal, segue-lhe o destino. O fato de ser obrigação acessória não lhe suprime a autonomia, como vimos. Se for nula a obrigação principal, não há que se admitir fiança, pois não haverá obrigação a garantir. Rescindida a obrigação, seja por nulidade, seja por anulabilidade, não floresce a fiança. Há uma exceção no ordenamento, porém. O art. 824 admite a validade da fiança quando a nulidade resultar da incapacidade pessoal do devedor. Nessa hipótese, reconhece-se efeito a obrigação nula. O dispositivo ressalva, porém, que essa exceção não abrange o caso de mútuo feito a menor, disposição mantida pelo Código. Neste caso, a fiança será inexigível. Aliás, o art. 1.259 do Código de 1916 já ressalvava a impossibilidade de serem demandados os fiadores ou abonadores. Nula a fiança, entretanto, restará intocada a obrigação garantida.

A fiança pode garantir qualquer dívida ainda não extinta. Pode ser celebrada antes, concomitantemente e depois do surgimento da obrigação. Contratos em vigor e obrigações pendentes em geral permitem, portanto, a fiança. Fiança de obrigação já extinta é ineficaz, porque nada mais existe a garantir. O art. 821 admite a fiança de dívidas futuras, mas o fiador somente poderá ser demandado após líquida e certa a obrigação do devedor principal.[4] Antes disso, a fiança existe como direito eventual, apresentando afinidade com a obrigação condicional. No entanto, firmada a fiança para débito futuro, cuida-se de ato perfeito e acabado que não admite retratação, embora suspensa sua exigibilidade.

Nada obsta que a fiança garanta também obrigações de dar coisa diversa de dinheiro, bem como de fazer ou não fazer. Cuida-se, entretanto, de garantia pecuniária com referência à inexecução. Seu adimplemento será em perdas e danos. É atípico o contrato que estabelece que, não cumprindo o devedor principal a obrigação dessa natureza, fá-lo-á um terceiro. Não pode o fiador ser pessoalmente constrangido a praticar ato prometido por terceiro.

37.3 FIANÇA E OBRIGAÇÃO NATURAL

É ineficaz a fiança de obrigação natural, porque, por ser inexigível, não pode ser cobrado o fiador. Nesse diapasão, colocam-se as dívidas de jogo e as prescritas. Ver, na obra *Direito civil: teoria geral das obrigações e teoria geral dos contratos,* o que examinamos acerca das obrigações naturais. Válido o pagamento feito pelo devedor que não poderá repeti-lo. Esse seu único efeito jurídico. As obrigações naturais são desprotegidas de ação, aproximando-se mais de um dever moral do que jurídico. Destarte, não podendo ser acionado o devedor, não pode ser substituído pelo garante.

Embora majoritária, essa opinião não é unânime. Serpa Lopes (1993, v. 4:471) distingue obrigações naturais com causa lícita e com causa ilícita. Estas últimas não admitiriam fiança. Já tal não ocorreria com as obrigações naturais com causa lícita, como no débito prescrito, que a admitiria. O autor leva em conta a dicção do parágrafo único do art. 814, § 1º, que proíbe de forma expressa apenas fiança de dívida de jogo. No entanto, a nosso ver, a ineficácia da fiança nas obrigações naturais reside na impossibilidade de ser acionado o devedor. Consequentemente, não há possibilidade de ser aflorada a garantia, que é acessória. De outro modo, a fiança converter-se-ia em obrigação principal.

37.4 REQUISITOS SUBJETIVOS. LEGITIMIDADE. OUTORGA CONJUGAL

Aplica-se a regra geral da capacidade na fiança. Em regra, toda pessoa capaz pode prestar fiança. Devemos, no entanto, atentar para a legitimação. Sob determinadas circunstâncias,

---

4 "Apelação cível – Ação de cobrança – Mensalidade escolar – Inovação recursal – Falta de assinatura – Renovação do contrato – **Prorrogação da fiança** – Recurso parcialmente conhecido e desprovido. 1- O Princípio da eventualidade impõe que a parte requerida alegue toda a matéria de defesa na contestação. Configura inovação recursal a alegação de nulidade das cláusulas contratuais dispostas em páginas não assinadas do contrato, em virtude de tal matéria não ter sido deduzida oportunamente. Preliminar acolhida. 2- A falta de algumas por se tratar de mera irregularidade, não havendo razão, inclusive, para reconhecimento de eventual falsidade do contrato, sobretudo porque as demais páginas estão assinadas e é possível verificar a continuidade e regularidade do documento. 3- A previsão de cláusula que possibilite a renovação automática do contrato, em virtude da rematrícula do aluno no curso é apta a permitir a prorrogação automática do contrato. 4- O pacto adjeto de fiança pode ser objeto de automática renovação, quando prorrogado o contrato principal, mormente porque há cláusula expressa na qual o fiador garante as dívidas futuras decorrentes da renovação do contrato e não houve notificação de exoneração da fiança, conforme disciplina o artigo 835, do Código Civil. 5- Recurso parcialmente conhecido e desprovido" (*TJES* – Ap 0019976-06.2011.8.08.0035, 24-7-2019, Rel. Des. Telemaco Antunes de Abreu Filho).

"Apelação Cível – Ação de cobrança – **Fiança** – Validade – Contrato de vendor – Sub-rogação da dívida – Obrigação do fiador mantida – As dívidas futuras podem ser objeto de fiança, consoante o art. 821 do Código Civil. A carta de fiança abarca as dívidas oriundas do contrato de vendor, tratando-se de contrato válido a sustentar a obrigação dos fiadores. Inexistência de afronta aos artigos 819 e 821 do CC. Sentença mantida" (*TJMG* – AC 1.0313.13.023436-9/001, 10-4-2018, Rel. Amorim Siqueira).

certas pessoas estão limitadas em sua capacidade de prestar fiança. Os arts. 61 e 68 do Código Comercial proibiam os leiloeiros e corretores de assumirem fiança nos negócios em que atuassem. A pessoa jurídica pode prestar fiança nos termos de seus estatutos e instrumentos reguladores. Os mandatários necessitam de poderes expressos.

O analfabeto e o deficiente visual não estão impedidos, mas necessitam de escritura pública ou procuração por instrumento público para afiançarem por força das regras dos arts. 819 e 166, II e IV. Da mesma forma se aplica ao surdo-mudo que possua discernimento. O pródigo não perde totalmente sua capacidade. Como, porém, está inibido de, sem curador, praticar atos, entre outros, que não sejam de mera administração, não pode prestar fiança, porque coloca em risco seu patrimônio. Esse mesmo princípio geral e lógico se mantém no presente Código. Os tutores e curadores também não podem assumir fiança em nome dos pupilos, pois nesse ato não se vislumbra vantagem para os representados. Os mandatários apenas podem assumir fiança se a procuração contiver poderes expressos, não bastando cláusulas genéricas de administração.

A principal restrição nessa matéria diz respeito à falta de legitimidade de um cônjuge prestar fiança sem anuência do outro. A fiança prestada pelo marido, sem o consentimento da mulher, é nula e vice-versa. O fiador, sendo casado, necessita do consentimento conjugal, qualquer que seja o regime de bens, no sistema de 1916. Essa situação de falta de legitimação decorria dos arts. 235, inciso III, e 242, inciso I, do Código de 1916. A mesma restrição é mantida pelo art. 1.647, III, do Código em vigor, ressalvada a hipótese de o casamento ser regido pelo regime de separação absoluta de bens. Se o casamento se rege por esse regime, no sistema do atual Código os cônjuges terão ampla administração e disponibilidade de seus bens respectivos. O objetivo da lei, como regra geral, é evitar que um dos cônjuges coloque em risco unilateralmente o patrimônio do casal. Desse modo, não importando o regime de bens, com a ressalva aqui feita quanto ao mais recente sistema, a anuência faz-se necessária. O consentimento do cônjuge pode ser suprido judicialmente nas hipóteses de recusa injusta e ausência, mas o ato, nessa hipótese, não atingirá os bens próprios desse consorte.

Questão maior nesse tópico é saber se a fiança prestada sem a outorga conjugal é nula ou anulável. Não há que se referir apenas a "outorga uxória", porque esta se refere apenas à autorização da esposa (*uxor*).[5] A conclusão majoritária é tratar-se de nulidade relativa. De

---

5 "Agravo de instrumento. Ação declaratória de nulidade de fiança. Decisão interlocutória que indefere pedido de suspensão de execução conexa, tendo por título o contrato de locação. Inconformismo. Acolhimento parcial. Fiança dada em contrato de locação subscrito pelos cônjuges das ora agravantes, autoras da ação declaratória. Ausência de outorga uxória quanto a fiança prestada no regime de comunhão parcial de bens que não leva à imediata conclusão de nulidade absoluta, mas de anulabilidade relativa. Inteligência do art. 1.649 do Código Civil. Negócios jurídicos que devem ser norteados pelo princípio da boa-fé objetiva. Anulação da totalidade da fiança que demanda dilação probatória sob o crivo do contraditório. Tutela concedida apenas para resguardar, até ulterior determinação, a meação das agravantes em caso de atos expropriatórios que recaiam sobre o patrimônio comum do casal. Reforma da decisão combatida. Recurso parcialmente provido" (*TJSP* – AI 2177470-13.2025.8.26.0000, 26-6-2025, Rel. Celina Dietrich Trigueiros).

"Agravo de instrumento. Contrato de locação. Ação de execução de título extrajudicial movida em face do locatário e do fiador. Objeções à execução opostas pela ex-cônjuge do fiador – rejeição. Inconformismo. Não acolhimento. Alegação de nulidade da fiança por ausência de outorga uxória – ausência de autorização do cônjuge que torna anulável o ato praticado (art. 1.649 do CC) – prazo decadencial de 02 anos, a contar do término da sociedade conjugal – divórcio do casal decretado em 03/10/2.016. Anulação arguida somente em 23/11/2.022. Decadência do direito material da autora de pleitear a anulação da **fiança** consumada e, por conseguinte, prejudicada a aplicabilidade da Súmula 332 do STJ. Alegação de nulidade da citação por edital do fiador – endereço apontado pela agravante que já havia sido objeto de tentativa de citação do executado em outro processo, em que restou certificado que o imóvel estava desocupado há mais de 02 meses – tentativa frustrada de citação em outros 06 endereços – citação por edital autorizada nos termos do artigo 256, inciso II, do CPC. Decisão mantida. Agravo de instrumento desprovido". (*TJSP* – AI 2302843-59.2022.8.26.0000, 31-7-2023, Rel. Rômolo Russo).

"Apelação cível – Fiança – Outorga uxória – É anulável e ineficaz a fiança prestada pelo cônjuge sem outorga uxória. Apelação provida" (*TJRS* – AC 70081101636, 9-5-2019, Rel. Des. Carlos Cini Marchionatti).

fato, o ato admite suprimento judicial e ratificação, só podendo a eiva ser alegada pelo cônjuge preterido ou por seus herdeiros (art. 239). O próprio fiador não pode sustentar essa nulidade. Essa a opinião que se harmoniza com o sistema do ordenamento e assentada atualmente na jurisprudência. O diploma vigente, no art. 1.649, dispõe que a falta de autorização, não suprida pelo juiz, tornará o ato anulável, podendo o outro cônjuge pleitear-lhe a anulação, até dois anos depois de terminada a sociedade conjugal. Institui-se, portanto, esse prazo decadencial. O parágrafo único desse dispositivo complementa afirmando que a aprovação do ato praticado pelo consorte o torna válido, *"desde que feita por instrumento público, ou particular, autenticado"*. Verifica-se que o Código deste século foi extremamente cuidadoso ao disciplinar a matéria que, no passado, envolveu acirradas controvérsias. Adota-se, em síntese, o pensamento da jurisprudência vencedora das últimas décadas, acrescentando-se que o prazo para a ação é decadencial, a partir do desfazimento do vínculo conjugal, e enfatizando-se que a aprovação somente será válida por instrumento escrito, público, ou particular autenticado. Desse modo, o sentido é desaparecerem eventuais dúvidas que ainda persistiam sobre o tema.

De outro lado, uma vez decretada a nulidade da fiança, a pecha inquina todo o contrato acessório. Não há nulidade parcial, como se ficasse, por exemplo, preservada a fiança no tocante à meação do cônjuge fiador. Muitas foram as decisões no passado que sufragaram esse entendimento. Tal não impede, porém, que o cônjuge defenda sua meação por meio de embargos de terceiro, o que não discute, em princípio, a higidez da fiança. Conclui-se que se o consorte pode optar pelo mais, que é demandar a nulidade da fiança, pode pleitear o menos, qual seja, pedir exclusão de sua meação, com base no art. 263, inciso X do Código de 1916 (atual, art. 1.668). No presente sistema, ausente a referência expressa à fiança unilateral entre os fatores que não se comunicam no regime da comunhão universal, parece-nos, por coerência, que os embargos de terceiro para defesa da meação deixam de ser instrumento útil ou eficaz para a sua defesa. O caminho será mesmo o da anulação do ato, se assim convier ao cônjuge.

"Apelação cível. Negócios jurídicos bancários. Ação monitória. Embargos de terceiro. **Nulidade da fiança. Ausência da outorga uxória.** 1- É vedado ao cônjuge, sem autorização do outro, prestar fiança, nos termos do disposto no art. 235, inc. III, do Código Civil de 1916 – Aplicável ao caso concreto, uma vez que o contrato foi firmado em 1994, sob pena de ineficácia total da garantia, conforme consolidado entendimento do Superior Tribunal de Justiça (Súmula 332). 2- O consectário legal da declaração do fiador de que é solidariamente responsável pela dívida, constante no pacto firmado, é tão somente a renúncia ao benefício de ordem. Até mesmo porque o requisito da outorga uxória é uma garantia ao cônjuge que não subscreveu a fiança, não sendo admissível aventar que poderia o fiador renunciar ao direito de outrem. 3- O fato do fiador ter se obrigado solidariamente não alterar a natureza jurídica da garantia prestada, que continua sujeita à respectiva regulamentação legal, mormente no que diz respeito a necessidade da outorga uxória. 4- Manutenção da sentença que determinou a exclusão da penhora da meação pertencente à embargante que se impõe. Apelação desprovida" (*TJRS* – AC 70080931496, 30-4-2019, Relª Desª Ana Paula Dalbosco).

"Locação – Imóvel – **Fiança – Ausência de outorga uxória** – Ação anulatória de ato jurídico proposta pelo cônjuge do fiador – Sentença de procedência – Apelo dos réus – Legitimidade ativa caracterizada – Via processual adequada, não sendo caso de ajuizamento de ação rescisória – Fiança que deve ser prestada por escrito, sendo inadmissível a forma tácita – Fiador que declarou no contrato de locação ser casado em comunhão parcial de bens – Imóvel dado em garantia pertencente apenas a ele – Aquisição em momento anterior ao casamento, não se comunicando à autora – Patrimônio material do cônjuge não atingido – Ausência de interesse de agir – Sentença reformada – Extinção do processo sem resolução do mérito – Sucumbência invertida – Apelação provida" (*TJSP* – Ap 1004402-84.2016.8.26.0281, 3-5-2018, Rel. Carlos Henrique Miguel Trevisan).

"Agravo interno no recurso especial – Contrato de locação – **Fiança sem outorga uxória** – Validade – Qualificação do cônjuge como solteiro – Ausência de boa-fé – Acórdão Mantido – Agravo interno não provido – 1 – O entendimento desta Corte pacificou-se no sentido de que a fiança prestada sem autorização de um dos cônjuges implica a ineficácia total da garantia (Sumula 332/STJ), salvo se o fiador emitir declaração falsa, ocultando seu estado civil de casado. 2 – No caso dos autos, a Corte de origem, mediante análise do contexto fático-probatório dos autos, concluiu que a fiança prestada no contrato de locação em análise foi prestada mediante declaração falsa do fiador acerca de seu estado civil, não sendo possível reconhecer a nulidade integral da garantia, sob pena de o fiador ser beneficiado por sua própria torpeza. Incidência da Sumula 83/STJ. 3 – Agravo interno não provido" (*STJ* – AGInt-REsp 1.345.901 (2012/0200912-1), 12-5-2017, Rel. Min. Raul Araújo).

O prazo prescricional, no sistema de 1916, para a propositura da ação de nulidade promovida pelo cônjuge por ausência de outorga era de quatro anos, a contar da dissolução da sociedade conjugal (art. 178, § 9º, inciso I, *b*), levando-se em conta que não corre prescrição entre cônjuges na constância do casamento (art. 168, inciso I). Na verdade, a natureza desse prazo mais se amolda à decadência, como assume o Código de 2002, conforme apontamos.

Quanto ao consentimento, este não se confunde com fiança conjunta. O cônjuge pode autorizar a fiança. Preenche-se desse modo a exigência legal, mas não há fiança de ambos: um cônjuge afiança e o outro simplesmente autoriza, não se convertendo em fiador. Os cônjuges podem, por outro lado, afiançar conjuntamente. Assim fazendo, ambos se colocam como fiadores. Quando apenas um dos cônjuges é fiador, unicamente seus bens dentro do regime respectivo podem ser constrangidos. Desse modo, sendo apenas fiador o marido, com mero assentimento da mulher, os bens próprios desta, por exemplo, bem como os incomunicáveis, não podem ser atingidos pela fiança.

No que tange à fiança prestada pelo cônjuge empresário, há que se distinguir entre a outorgada pela sociedade mercantil e pelo comerciante individual. Na concessão pela sociedade, é dispensável a outorga. O que se examina é a legitimidade de o diretor ou gerente, ou quem lhe faz as vezes, prestar a fiança. Se a fiança é prestada por comerciante individual, a situação é idêntica à de qualquer pessoa natural, pois seu patrimônio integral será onerado. Nesse caso, exige-se evidentemente a outorga conjugal.

37.5 EFEITOS DA FIANÇA. BENEFÍCIO DE ORDEM. SUB-ROGAÇÃO

Pode o devedor ter-se comprometido a apresentar fiador. O art. 825 dispõe que o credor não pode ser obrigado a aceitá-lo, se não for pessoa idônea, domiciliada no município onde tenha de prestar a fiança e não possua bens suficientes para cumprir a obrigação. Embora a fiança possa ser prestada independentemente do consentimento do devedor, quando este contratualmente tem interesse na garantia, não está, evidentemente, obrigado a aceitar qualquer fiador. A possibilidade de exigência de domicílio no município visa facilitar a atividade processual. Como é o patrimônio do fiador que responde pela obrigação, evidente que o credor pode recusar aquele que não o possui suficiente para solver a dívida. A questão pode ser dirimida judicialmente, quando há recusa injustificada do credor, cabendo ao juiz decidir acerca da eficácia da garantia oferecida. No mesmo diapasão, a insolvência ou incapacidade subsequente do fiador autoriza ao credor exigir sua substituição (art. 826). Como a garantia é integrante do contrato, seu desaparecimento ou enfraquecimento, sem substituição ou reforço, autoriza o credor a pedir a rescisão do contrato. No mesmo sentido postava-se o art. 263 do Código Comercial, pelo qual, morrendo ou falindo o fiador, o devedor era obrigado a dar nova fiança ou pagar imediatamente a dívida. Sendo fiadora a pessoa jurídica, sua extinção ou liquidação equivale à morte da pessoa natural.

O *benefício de ordem* ou *benefício de excussão* está expresso no art. 827:

> *"O fiador demandado pelo pagamento da dívida tem direito a exigir, até a contestação da lide, que sejam primeiro executados os bens do devedor.*[6]

---

[6] "Ação de despejo por falta de pagamento cumulada com cobrança – Exoneração de fiança em razão de acordo celebrado entre locador e locatários – Não ocorrência – Responsabilidade da fiadora pelo débito mantido – Existência de pagamento parcial – Reconhecimento – Necessidade de abatimento – **Benefício de ordem do artigo 827 do CC** – Cabimento – Sentença modificada em parte apelação parcialmente provida" (*TJSP* – Ap 1021603-70.2021.8.26.0554, 8-2-2024, Rel. Andrade Neto).

> *Parágrafo único. O fiador, que alegar o benefício de ordem a que se refere este artigo, deve nomear bens do devedor, sitos no mesmo município, livres e desembargados, quantos bastem para solver o débito".*

Feita a nomeação oportuna pelo fiador, cumpre ao credor que seja diligente no processamento da execução. De acordo com o art. 839, o fiador ficará exonerado da fiança se posteriormente à nomeação o devedor cair em insolvência, e foi injustificadamente retardada a execução.

O art. 794 do CPC repete o princípio ao estatuir:

> *"O fiador, quando executado, tem o direito de exigir que primeiro sejam executados os bens do devedor situados na mesma comarca, livres e desembargados, indicando-os pormenorizadamente à penhora.*
>
> *§ 1º Os bens do fiador ficarão sujeitos à execução se os do devedor, situados na mesma comarca que os seus, forem insuficientes à satisfação do direito do credor".*

Embora não reiterando integralmente os itens do art. 827, persiste a noção básica. Contudo, o CPC de 2015 facilitou a posição do credor, que não mais estará obrigado a seguir o benefício de ordem, se não forem encontrados bens suficientes do devedor na mesma comarca, quando então poderá executar os bens do fiador.

Esse benefício em prol do fiador apenas será viável se as partes não dispuserem em contrário no contrato, mediante renúncia expressa do fiador ao benefício de ordem ou estabelecimento de solidariedade. Como visto, na fiança mercantil, não existia o benefício, salvo ressalva das partes, porque a fiança presumia-se solidária. O benefício estatuído na lei civil anterior decorria do caráter subsidiário e acessório da fiança. Na prática, porém, as partes sempre buscavam sistematicamente equiparar o fiador a devedor solidário, como reforço da garantia.

"Ação monitória. Réu apelante que traz alegação genérica de excesso de execução. Não há indicação do excesso. Banco credor, por outro lado, bem demonstrou a evolução da dívida. Alegação de que fiador tem o benefício de ordem do artigo 827 do CC. Benefício que foi expressamente renunciado no contrato objeto da monitória. Sentença mantida. Recurso improvido" (*TJSP* – Ap 1010812-86.2019.8.26.0077, 14-7-2022, Rel. Décio Rodrigues).

"Agravo de instrumento. Processo civil. Execução de contrato de locação residencial. **Fiança. Benefício de ordem**. Renúncia. Art. 827 do Código Civil. Legitimidade. 1. Recurso contra decisão proferida em execução de título extrajudicial declarando ilegitimidade de fiadora em contrato de locação residencial porquanto assinou o contrato na qualidade de fiadora, sem haver cláusula de renúncia expressa ao benefício de ordem. 2. A prerrogativa do benefício de ordem assegurada ao fiador deve ser vista como um meio a partir do qual ele defende seu patrimônio, indicando, já no momento processual da contestação, bens livres e desembargados de propriedade do devedor principal. 3. O benefício de ordem não impede que o fiador integre o polo passivo da execução, mas tão somente lhe garante o direito de exigir que, primeiro, sejam executados os bens do devedor principal. 4. Deu-se provimento ao recurso" (*TJDFT* – AI 07065630220208070000, 18-2-2021, Rel. Arquibaldo Carneiro Portela).

"Exceção de pré-executividade – Confissão de dívida – **Fiança** – Renúncia de benefício de ordem. 1- Em instrumento de confissão de dívida, o fiador renunciou expressamente ao benefício de ordem. 2- No aditamento para concessão de mais prazo para pagamento da dívida confessada, houve ratificação de todas as demais disposições da confissão originalmente contratadas. 3- Não demonstrado vício de consentimento ou de vontade, ou irregularidade na cláusula que previa a renúncia ao benefício de ordem da fiança, não cabe invocar tal vantagem. Cláusula em consonância com o art. 828, I, do CC e com o entendimento sumulado pelo E. STJ no Enunciado nº 214. Recurso não provido" (*TJSP* – AI 2251377-65.2018.8.26.0000, 18-2-2019, Rel. Melo Colombi).

"Apelação Cível – Negócios jurídicos bancários – Embargos à execução – Contrato de fiança – **Benefício de ordem** – Devedor Solidário – Ao pretender o benefício de ordem, deve o fiador, nos termos do artigo 827, parágrafo único, do Código Civil, 'nomear bens do devedor, sitos no mesmo município, livres e desembargados, quantos bastem para solver o débito', requisito não observado no caso em tela. Ademais, não obstante a ausência de indicação de bens em nome do devedor, verifica-se que o fiador assumiu também a responsabilidade pelo pagamento da dívida na condição de devedor solidário, o que afasta, conforme disposto no artigo 828, II, do Código Civil, a possibilidade de reconhecimento do benefício de ordem. Recurso de apelação provido" (*TJRS* – AC 70078618782, 18-9-2018, Rel. Des. Umberto Guaspari Sudbrack).

Por meio do benefício, o fiador estará obrigado pela dívida, total ou parcialmente, quando insuficientes os bens do devedor. Para invocá-lo, contudo, é necessário que o fiador o alegue até a contestação. Não basta, porém, a simples invocação. Cumpre que o fiador indique bens idôneos do devedor para suportar a dívida.

O benefício de ordem não poderá ser aplicado nas situações do art. 828: se o fiador a ele renunciou expressamente; se se obrigou como principal pagador ou devedor solidário; e se o devedor for insolvente ou falido. Salvo esta última hipótese, que depende de prova ou do fato objetivo consistente na decretação de insolvência ou falência, as duas primeiras devem constar do contrato.[7]

A fiança coletiva, prestada por mais de um fiador relativa ao mesmo débito, importa em solidariedade entre os fiadores, por força do art. 829, se não se reservarem o chamado *benefício de divisão*. A situação não se confunde com o benefício de ordem, nem com a solidariedade que pode ser estabelecida por vontade das partes entre fiador e afiançado. Cuida-se de solidariedade entre os diversos fiadores. Se eles estabelecerem o benefício de divisão, cada um responderá unicamente pela parte que, em proporção, lhe couber no pagamento (parágrafo único do art. 829). Nesse caso, estabelece-se uma fiança parcial no que toca a cada fiador. Ainda, o art. 1.494 especifica que cada cofiador pode taxar (*fixar*, na linguagem mais correta do art. 830 do atual Código) no contrato a parte da dívida que garante, não se obrigando a mais. Nesse caso, não se trata propriamente de divisão da garantia, mas de garantia parcial até determinado valor.[8]

---

7 "Exceção de pré-executividade – Confissão de dívida – **Fiança** – **Renúncia de benefício de ordem.** 1- Em instrumento de confissão de dívida, o fiador renunciou expressamente ao benefício de ordem. 2- No aditamento para concessão de mais prazo para pagamento da dívida confessada, houve ratificação de todas as demais disposições da confissão originalmente contratadas. 3- Não demonstrado vício de consentimento ou de vontade, ou irregularidade na cláusula que previa a renúncia ao benefício de ordem da fiança, não cabe invocar tal vantagem. Cláusula em consonância com o art. 828, I, do CC e com o entendimento sumulado pelo E. STJ no Enunciado nº 214. Recurso não provido" (*TJSP* – AI 2251377-65.2018.8.26.0000, 18-2-2019, Rel. Melo Colombi).

"Apelações Cíveis – Ação de cobrança – **Carta de fiança** – Desconto de duplicatas – Desconstituição da primeira sentença para realização de prova pericial. Ausência de impugnação. A inexistência de impugnação pelo banco demandante ao resultado da perícia, aliada às circunstâncias fáticas e procedimentais reconstituídas, justifica a parcial procedência da ação de cobrança para condenar a parte demandada ao pagamento do valor apurado pela perícia. A fiança é válida e justifica a solidariedade dos demandados como devedores. Apelações desprovidas" (*TJRS* – AC 70077672806, 12-9-2018, Rel. Des. Carlos Cini Marchionatti).

"Agravo – Locação de imóvel – Exceção de pré-executividade – Contrato de locação – Arguição pelo fiador de ilegitimidade de parte – Descabimento – Fiador assumiu, por força de cláusula contratual a obrigação de garantia da relação *ex locato*, até a entrega das chaves – Inexistência de cláusula contratual com a renúncia ao benefício de ordem – Situação que não enseja a ilegitimidade de parte do fiador – Arts. 827 do Código Civil c/c art. 595 do Código de Processo Civil – Observância – Recurso desprovido" (*TJSP* – AI 2235889-75.2015.8.26.0000, 3-2-2016, Rel. Neto Barbosa Ferreira).

"**Apelação cível**. Contrato de locação de imóvel. Execução por título extrajudicial. Embargos à execução. Fiador. Alegação de ilegitimidade de parte, em razão do benefício de ordem. Apelante que renunciou ao benefício, por expressa previsão contratual. Impenhorabilidade de bem de família. – Afastamento Admissibilidade da penhora, nos termos do art. 3º, inc. VII, da Lei nº 8.009/90, com a redação da Lei nº 8.245/91. Pretensão ao reconhecimento da nulidade da penhora em razão da ausência de outorga uxória. Arguição pelo cônjuge que prestou a fiança. Ilegitimidade, pelo art. 6º, do Código de Processo Civil. Além disso, a ninguém é dado se beneficiar da própria torpeza. Sucumbência mínima caracterizada (art. 21, § 1º, CPC). Condenação integral do Apelante nas verbas de sucumbência. Sentença mantida. Recurso não provido" (*TJSP* – Ap 0005576-50.2001.8.26.0224, 8-4-2013, Rel. Denise Andréa Martins Retamero).

8 "Recurso – Agravo de instrumento – Locação de imóveis – Ação de despejo cumulada com cobrança – Fase de cumprimento de sentença – Fiança – Benefício de ordem – Irresignação contra a respeitável decisão que manteve a penhora incidente sobre o imóvel do executado (fiador). Alegação de impenhorabilidade de bem de família não conhecida, porque já foi objeto de agravo de instrumento anteriormente interposto pelo recorrente. Sentença transitada em julgado que determina a observância do benefício de ordem previsto no artigo 827 do Código Civil na fase de liquidação de sentença. Agravante que invoca o benefício de ordem, porém, deixa de indicar bens do devedor (locatário) livres e desembargados, na forma do parágrafo único do artigo 827 do Código Civil. Recurso de agravo de instrumento conhecido em parte e, nesta, provido parcialmente para permitir ao agravante o exercício do benefício de ordem, desde que indique bens do devedor na forma da Lei" (*TJSP* – AI 2125877-52.2019.8.26.0000, 14-8-2019, Rel. Marcondes D'angelo).

A modalidade de intervenção de terceiros no processo, denominada *chamamento ao processo*, está intimamente relacionada com a fiança. O art. 130 do CPC de 2015 dispõe ser admissível o chamamento:

> *"I – do afiançado, na ação em que o fiador for réu;*
>
> *II – dos demais fiadores, na ação proposta contra um ou alguns deles;*
>
> *III – dos demais devedores solidários, quando o credor exigir de um ou de alguns o pagamento da dívida comum".*

A matéria relaciona-se tanto com o exercício do benefício de ordem, quanto com o benefício de divisão entre cofiadores, além do exercício da ação de regresso. Essa intervenção é faculdade do fiador demandado que deverá requerê-la no prazo de contestação e deve ser promovida em 30 dias, sob pena de ficar sem efeito o chamamento (art. 131 do CPC). A sentença que julgar procedente a ação contra os devedores valerá como título executivo em favor do que satisfizer à dívida, para exigi-la por inteiro do fiador ou de cada um dos codevedores na respectiva proporção (art. 80). Entende-se como incabível, em face da dicção dos dispositivos legais, o chamamento ao processo na execução, pois nesse processo não há sentença.

Efeito importante da fiança é a *sub-rogação legal do fiador* que paga integralmente a dívida nos direitos do credor (art. 831).[9] A sub-rogação é instituto considerado como modalidade de pagamento, regulada pelos arts. 346 a 351, examinada em nossa obra *Direito civil: obrigações e responsabilidade civil*. Sub-rogação significa substituição de uma coisa por outra, ou de uma pessoa por outra, cuja hipótese aplica-se à fiança. O fiador poderá mover ação regressiva para haver o que pagou em razão da fiança; não apenas o principal e acessórios da dívida, mas também perdas e danos que pagou em decorrência dela, assim como os prejuízos que a garantia lhe causou (art. 832). Trata-se, portanto, de direito de regresso amplo, regulado especificamente

---

"Apelação cível – Ação de despejo c/c cobrança de aluguéis e acessórios de locação. Sentença de extinção com relação ao despejo e procedência em relação à cobrança dos débitos. Condenação solidária. Recurso do réu, fiador, pugnando pela aplicação do benefício de ordem, inviabilidade, fiador que se obrigou como devedor solidário (art. 828, II, do CCB). Recurso conhecido e desprovido" (*TJSC* – AC 2014.061466-8, 29-2-2016, Rel. Des. Subst. Rubens Schulz).

9 "Agravo de instrumento. Execução de título extrajudicial. Fiança. 1. Decisão proferida em exceção de pré-executividade que delimita a responsabilidade da fiadora. 2. Recurso do exequente que não pode ser acolhido. 3. Aplicação da regra do artigo 831, 'caput', do Código Civil. 4. Tema que, até então, não havia sido debatido nos autos e não se encontra, à evidência, precluso. 5. Inexistência de solidariedade entre os fiadores, na forma pretendida pelo credor (art. 283 do Código Civil). 6. Verba honorária devida (Tema 410). 7. Decisão mantida. Recurso improvido" (*TJSP* – AI 2258614-43.2024.8.26.0000, 20-1-2025, Rel. João Casali).

"Apelação cível. Processo civil. Locação de imóvel. Valores cobrados referentes à reforma. Vistoria de saída. E-mail comunicando obras realizadas. Validade. Responsabilidade da locatária. Valores pagos. Fiador. **Sub-rogação** – art. 831 do Código Civil. 1. A locatária do imóvel tem a responsabilidade pela sua conservação e devolução nas mesmas condições em que o recebeu, conforme Contrato de Locação. 2. Havendo discrepância entre as vistorias de entrada e saída apresentadas nos autos, cabe à Locatária arcar com os custos da reforma do imóvel. 3. É válido o e-mail enviado à Locatária, comunicando os valores devidos pelas obras realizadas no imóvel, uma vez que era a forma habitual de comunicação entre as partes. 4. A sub-rogação ocorre naturalmente no contrato de fiança após o pagamento da dívida garantida, conforme disposto no art. 831 do Código Civil. 5. Recurso de apelação desprovido". (*TJDFT* – Ap 07136365120228070001, 26-4-2023, Rel. Alfeu Machado).

"Apelação cível – Ação de execução – Alugueres – **Fiador** – Acordo – Concessões recíprocas – Valor determinado – Extinção em relação ao credor – Sub-rogação da executada – O credor e um dos fiadores exerceram a autocomposição, através de concessões recíprocas de direitos disponíveis, e firmaram acordo para a quitação da dívida, no valor nominal expressamente pactuado, extinguindo-se a execução pelo pagamento em relação ao credor original. O fiador fica sub-rogado, nos limites de seu crédito e conforme a natureza da dívida dos outros devedores, independentemente do consentimento dos demais executados, nos termos do § 2º do art. 778 do CPC" (*TJDFT* – Proc. 00149164520158070001 – (1199410), 16-9-2019, Relª Carmelita Brasil).

para a fiança, nem sempre aplicável a outras modalidades de sub-rogação. Ainda, a lei confere ao fiador direito a juros desde o desembolso de acordo com a taxa estipulada na obrigação principal ou, na ausência de convenção a respeito, os juros legais de mora (art. 833). Inafastável será o acréscimo da correção monetária, sob pena de ocorrer enriquecimento injusto.

Se a fiança for conjunta, o garante que pagar também terá direito à sub-rogação. Se, porém, acionar os demais fiadores, somente poderá fazê-lo para obter de cada um a respectiva quota (art. 831). Na falta de estipulação, presume-se que detenham quotas iguais. Pode ocorrer que, insolvente o devedor garantido, não reste ao fiador *solvens* outra alternativa que não a de acionar os demais cofiadores, repartindo o prejuízo. Sob esse prisma aplicar-se-á a referida dicção legal. De acordo com o parágrafo único do art. 831, se um dos fiadores cair em insolvência, sua parte na garantia será absorvida pelos demais; isto é, todos os fiadores solventes compartilham do prejuízo pela citada insolvência. Sempre será possível, porém, o regresso contra o afiançado, mesmo na hipótese de os vários fiadores terem reciprocamente efetuado pagamentos.

A sub-rogação opera em favor do fiador que solve a dívida, ainda que esse pagamento decorra de dação em pagamento, compensação ou novação. Importa, porém, que o pagamento tenha sido *integral*, consoante o dizer expresso do art. 831. O pagamento parcial da dívida, no entanto, não pode, a nosso entender, vedar o *solvens* de acionar o afiançado sob pena de ocorrer injusto enriquecimento. Desse modo, em que pese à dicção dos Códigos, há que se permitir a cobrança decorrente de pagamento parcial, ainda que sem o lastro e amplitude do direito de regresso, mas com fundamento na ação de enriquecimento sem causa, caso não se admita a sub-rogação. Aplica-se o art. 351, consoante o qual o credor somente em parte reembolsado terá preferência ao sub-rogado na cobrança da dívida restante, se os bens do devedor não forem suficientes para satisfazer a ele e ao fiador que pagou parcialmente.

Não há sub-rogação se o pagamento feito pelo fiador foi com ânimo de doação, que depende de exame do caso concreto.

Também é direito conferido ao fiador, como vimos, promover a execução iniciada pelo credor e injustificadamente retardada (art. 834). Cuida-se de hipótese de substituição processual. Essa intervenção objetiva minorar a situação do fiador. No caso concreto, há que se verificar a ocorrência de retardamento injustificado.

37.6 EXONERAÇÃO DA FIANÇA

Exoneração é o despojamento do fiador da condição de garante, embora o legislador utilize também o termo *extinção*. A fiança por prazo indeterminado permitia que o fiador dela se exonerasse conforme sua conveniência, ficando, porém, obrigado por todos os efeitos anteriores ao *ato amigável ou à sentença que o exonerar.* O art. 835 apresenta modificação sensível e importante a esse respeito:

> *"O fiador poderá exonerar-se da fiança que tiver assinado sem limitação de tempo, sempre que lhe convier, ficando obrigado por todos os efeitos da fiança, durante sessenta dias após a notificação ao credor".*[10]

[10] "Apelação. Embargos à execução. Sentença de improcedência. Recurso da embargante. Prorrogação do contrato em razão de locatário permanecer no imóvel por mais de trinta dias sem oposição do locador depois de encerrado o prazo contratual. Aplicação do artigo 56, parágrafo único, da Lei de Locações. Extensão da garantia até a efetiva devolução do imóvel, nos termos do artigo 39 da Lei 8.245/91. Possibilidade de **exoneração do fiador** que depende de prévia e válida notificação ao credor. Inteligência do artigo 835 do Código Civil. Apelante que não comprovou o envio de notificação, de modo que permaneceu responsável pela dívida. Multa moratória fixada em

No sistema contemporâneo, o período de sessenta dias posteriores à notificação tem a finalidade de manter hígida a garantia por esse período e, entrementes, permitir que o credor obtenha novo fiador, com ou sem o concurso do devedor, dependendo do que dispuser o contrato garantido.

Consoante o dispositivo legal de 1916, havia duas modalidades de exoneração, quais sejam, pelo distrato, com a aquiescência do afiançado e do credor, se fosse o caso, e por sentença judicial. A lei fazia referência expressa à *sentença*. Por essa dicção, não havia como deslocar a exoneração do fiador para momento anterior, como a citação. Havia, portanto, necessidade de ação judicial para obtenção desse desiderato pelo fiador, não sendo suficiente mera notificação ou outro ato unilateral. Embora a menção à sentença desapareça no mais recente estatuto civil, é evidente que, pelo princípio geral, a sentença pode rescindir ou tornar ineficaz qualquer negócio jurídico. Quanto aos efeitos, surgirá a dúvida se os efeitos da exoneração da fiança retroagirão à citação ou gerarão efeitos a partir da sentença. Qualquer dessas soluções traz dificuldades na prática, embora o problema fique minimizado em razão da possibilidade de notificação, ou seja, resilição unilateral por parte do fiador. Era aconselhável que o legislador mantivesse o texto e expressamente determinasse a sentença como termo inicial dos efeitos, na hipótese de ser necessário o procedimento judicial. Por outro lado, há de se convir que, se o fiador aguardar a sentença ou o trânsito em julgado de um processo de exoneração da fiança, terá que esperar talvez anos para obter o desiderato, o que exclui de todo efeito a possibilidade facultada pelo legislador. A matéria é complexa e o texto em vigor do art. 835 não dirime aparentemente todas as dúvidas.

Lembre-se de que existe toda uma problemática no direito do inquilinato nesse tema de exoneração de fiador. O art. 39 da Lei nº 8.245/91 dispõe: *"Salvo disposição contratual em contrário, qualquer das garantias da locação se estende até a efetiva devolução do imóvel"*. Portanto, pelo microssistema do inquilinato, em interpretação literal, não há possibilidade de exoneração do fiador antes da entrega do imóvel locado. No entanto, nota-se que o Superior Tribunal de

---

10%. Inaplicabilidade do Código de Defesa do Consumidor. Manutenção da multa, a qual não é desproporcional. Sentença mantida. Recurso não provido" (*TJSP* – Ap 1004622-69.2021.8.26.0358, 16-9-2022, Rel. Ana Lucia Romanhole Martucci).

"Locação de imóvel. **Exoneração de fiança.** Morte de um dos fiadores, (o marido da autora). Autora exonerada da fiança após 60 dias da notificação. Ação julgada parcialmente procedente. Apelação do réu. Pretendida a responsabilidade da autora pela garantia prestada: possibilidade após 60 dias da notificação. Falta de comprovação da cientificação ao credor acerca da exoneração da fiança, cfr. prevê o artigo 835 do Código Civil. Sentença mantida. Recurso improvido. Embargos de declaração. Aduz que padece de manifestação a ausência de cobrança em face da embargada após a notificação da exoneração e sobre a falta de interesse de agir. Ausente apontamento de quaisquer dos vícios previstos pelo artigo 1022 do CPC. Embargos não conhecidos" (*TJSP* – ED 1007225-60.2019.8.26.0011, 13-8-2021, Rel. Francisco Occhiuto Júnior).

"**Exoneração de fiança** – Notificação do fiador quanto ao desinteresse em manter a garantia. Cláusula de renúncia do direito de exoneração que obriga a garantia até a entrega das chaves. Exoneração que pode ser requerida após o término do prazo inicialmente previsto para a vigência. Estando o contrato em prazo indeterminado, nula é a cláusula de renúncia à faculdade de exoneração. Art. 835 do CC e art. 40, X, da Lei nº 8.245/91. Sentença reformada em parte. Recurso parcialmente provido" (*TJSP* – Ap 1010501-79.2017.8.26.0008, 17-5-2018, Rel. L. G. Costa Wagner).

"Locação de imóveis – **Exoneração de fiança** – Notificação Extrajudicial – 'Agravo regimental no agravo em recurso especial. Ausência de prequestionamento. Incidência das Súmulas nos 282 e 356/STF. Locação de imóveis. Embargos à execução. Exoneração de fiança. Notificação extrajudicial. Efeitos do art. 835 do Novo Código Civil. Divergência jurisprudencial não demonstrada. Agravo improvido. 1. É inadmissível o recurso especial quanto à questão que não foi apreciada pelo Tribunal de origem. Incidência das Súmulas nos 282 e 356/STF. 2. Nos termos do art. 835 do Código Civil, 'o fiador poderá exonerar-se da fiança que tiver assinado sem limitação de tempo, sempre que lhe convier, ficando obrigado por todos os efeitos da fiança, durante sessenta dias após a notificação do credor'. 3. O dissídio jurisprudencial não foi demonstrado, pois a parte agravante não demonstrou as similitudes fáticas e divergências decisórias entre os casos confrontados. 4. Agravo regimental a que se nega provimento" (*STJ* – AgRg-Ag-REsp 825.080 – (2015/0301825-3), 27-5-2016, Rel. Min. Marco Aurélio Bellizze).

Justiça tem acolhido pretensões nesse sentido, aplicando a regra geral da fiança e não a lei especial, o que motiva uma reviravolta no sentido da lei locatícia e, em princípio, coloca em risco esse segmento negocial. Esses julgados levam em conta expressamente o interesse social do contrato, antes mesmo que vigorasse o novo princípio estampado art. 421.[11]

Não há que se admitir a renúncia prévia ao direito de exonerar-se o fiador da garantia, pois ninguém pode renunciar previamente a um direito potestativo. Na fiança empresarial por prazo indeterminado, o fiador poderia exonerar-se quando lhe conviesse, conforme o art. 262 do Código Comercial, em dispositivo análogo do estatuto civil. Fixada a sentença como termo final da responsabilidade do fiador, não há como estendê-lo para o trânsito em julgado, porque a lei é expressa (*RT* 462/164). A decisão judicial pode reconhecer fato jurígeno de exoneração da fiança em momento diverso, até mesmo antes da citação, matéria objeto da força declaratória da sentença.

Se a fiança foi pactuada por prazo determinado, o fiador responde pela garantia durante o lapso, não podendo exonerar-se previamente, salvo se ocorrer outra causa de extinção.

O art. 839 disciplina outra hipótese de exoneração de fiança. Cuida-se da nomeação feita seguindo o benefício de ordem do art. 827, parágrafo único. Se for retardada a execução e o devedor cair em insolvência, exonera-se o fiador, desde que prove que os bens indicados oportunamente eram suficientes para a solução da dívida. O Código trata da hipótese dentro da extinção da fiança, mas refere-se a outra modalidade de exoneração, carreando o ônus da prova ao fiador, como se nota da redação do dispositivo. Como se verificou, cumpre ao fiador nomear bens do devedor situados no mesmo município, livres e desembaraçados. Feito isso, cessará sua responsabilidade de garante se o credor não for suficientemente diligente no processamento da execução.

Outra menção à exoneração era feita pelo art. 1.499 do Código de 1916:

---

[11] "Apelação – Contrato bancário – **Ação de exoneração de fiança** – Sentença de procedência em parte – exoneração de fiança – Validade da cláusula que estende os efeitos de fiança prestada às renovações automáticas de contrato de empréstimo para capital de giro – Entendimento consolidado perante o c. STJ – Direito do fiador à exonerar-se na hipótese de contrato sem prazo determinado – Inteligência do artigo 835 do Código Civil – Ausência de notificação extrajudicial – Reforma da sentença para alterar o termo inicial da contagem do prazo de exoneração, da sentença para a data da citação do banco réu, que atende ao fim de ciência inequívoca previsto na codificação material – Ausência de ilícito imputável ao réu a justificar condenação à reparação de qualquer natureza – Valores de negativações e atos de cobrança que devem ser adequados à data de efetiva exoneração da garantidora. Sentença reformada – Recurso do réu desprovido – Recurso da autora provido em parte" (*TJSP* – AC 1017176-56.2016.8.26.0602, 24-4-2019, Rel. Sergio Gomes).

"Responsabilidade Civil – Dano Moral – **Exoneração de fiança** – É possível a exoneração da fiança prestada à pessoa jurídica se ocorrer alteração nos quadros societários aos quais se deu a garantia originalmente – Dados da autora inseridos nos órgãos de proteção ao crédito – Risco da própria atividade do fornecedor, risco consagrado também pela doutrina nacional para assegurar a reparação de prejuízos que possa causar aos usuários dos seus serviços – Falha na prestação de serviços – Cobrança e negativação indevidas – Dano moral configurado – Valor fixado de maneira adequada – Sentença mantida – Recurso não provido" (*TJSP* – Ap 1020066-72.2017.8.26.0071, 2-2-2018, Rel. Maia da Rocha).

"Agravo regimental no agravo em recurso especial – Ausência de prequestionamento – Incidência das súmulas 282 e 356/STF – Locação de imóveis – Embargos à execução – **Exoneração de fiança** – Notificação extrajudicial – Efeitos do art. 835 do Novo Código Civil – Divergência jurisprudencial não demonstrada – Agravo Improvido – 1 – É inadmissível o recurso especial quanto à questão que não foi apreciada pelo Tribunal de origem. Incidência das Súmulas nº 282 e 356/STF. 2 – Nos termos do art. 835 do Código Civil, 'o fiador poderá exonerar-se da fiança que tiver assinado sem limitação de tempo, sempre que lhe convier, ficando obrigado por todos os efeitos da fiança, durante sessenta dias após a notificação do credor' 3 – O dissídio jurisprudencial não foi demonstrado, pois a parte agravante não demonstrou as similitudes fáticas e divergências decisórias entre os casos confrontados. 4 – Agravo regimental a que se nega provimento" (*STJ* – AgRg-AG-REsp. 825.080 – (2015/0301825-3), 27-5-2016, Rel. Min. Marco Aurélio Bellizze).

> *"O fiador, ainda antes de haver pago, pode exigir que o devedor satisfaça a obrigação, ou o exonere da fiança desde que a dívida se torne exigível, ou tenha decorrido o prazo dentro do qual o devedor se obrigou a desonerá-lo".*

Duas condicionantes estavam presentes no dispositivo: que a obrigação fosse exigível e que tivesse escoado prazo fixado no contrato de fiança no qual o devedor comprometeu-se a liberar o fiador. A ação do fiador é movida contra o afiançado e não contra o credor, para quem a matéria é estranha. Promoverá o fiador ação a fim de que o devedor pague o que deve, ou a fim de que se decrete sua exoneração. Deve o credor tomar ciência da ação, para que dela participe como assistente litisconsorcial, se desejar. Essa matéria segue os princípios gerais da fiança e assim passa a ser tratada pelo Código de 2002.

Outra hipótese que pode abreviar a exoneração da fiança encontra-se no art. 834, permitindo ao fiador, ou abonador, promover o andamento da execução em curso contra o devedor, se o credor mostrar-se displicente, retardando-a sem justa causa.

O art. 838 enumera situações pelas quais o fiador, ainda que solidário, ficará desobrigado, isto é, exonera-se da fiança:[12]

> *"I – se, sem consentimento seu, o credor conceder moratória ao devedor;*
>
> *II – se, por fato do credor, for impossível a sub-rogação em seus direitos e preferências;*
>
> *III – se o credor, em pagamento da dívida, aceitar amigavelmente do devedor objeto diverso do que este era obrigado a lhe dar, ainda que depois venha a perdê-lo por evicção".*

Em todas as hipóteses, verifica-se que a fiança não pode tornar-se mais gravosa para o fiador.

Aponta Serpa Lopes (1993, v. 4:494) que a moratória exigida pela lei não é mera tolerância ou retardamento na exigência da obrigação, mas concessão de mora expressa que torne a dívida não mais exigível no prazo convencionado, obstando com isso que o fiador possa exonerar-se na forma do art. 838, I. A segunda hipótese diz respeito à impossibilidade de sub-rogação, situação que agrava o estado do fiador. Não é situação facilmente ocorrível. A terceira hipótese refere-se à substituição do objeto da obrigação. Melhor seria que o legislador tivesse feito menção à dação em pagamento, pois a ela se refere. Trata-se de meio extintivo de obrigação e faz desaparecer a fiança, ainda que haja evicção e seja revivido o débito então extinto, contrariando princípio geral da dação. Nessa hipótese, repristina-se a obrigação, mas a fiança estará definitivamente extinta.

---

[12] "Apelação – Ação de despejo por falta de pagamento cumulada com cobrança – Locação de imóvel não residencial – Justiça gratuita – Concessão – Acordo celebrado entre locador e locatária, sem a anuência da fiadora, com concessão de prazo e parcelamento da dívida – Moratória caracterizada – **Extinção da fiança** (CC, art. 838, I) – Ilegitimidade passiva da fiadora reconhecida. Recursos providos". (*TJSP* – Ap 1020150-44.2021.8.26.0003, 12-1-2023, Rel. Monte Serra).

"Apelação cível – **Exoneração de fiança** – Contrato prorrogado – Prorrogação automática da fiança – Cabimento – Expressa previsão contratual – Não há nulidade na disposição contratual que prevê prorrogação da fiança quando prorrogado o contrato – A interpretação extensiva representa que o fiador responde, precisamente, por aquilo que declarou no instrumento da fiança" (*TJMG* – AC 1.0210.17.006249-6/001, 13-9-2019, Rel. Pedro Aleixo).

"Apelação Cível – Negócios jurídicos bancários – **Ação de exoneração de fiança** e indenizatória – Autora que figura na cédula de crédito rural pignoratícia, título de crédito ao qual se aplicam as regras de direito cambial, como avalista, e não fiadora. Garantia pessoal, solidária, principal e direta do prestador, respondendo solidariamente pelo pagamento da dívida. Impossibilidade de exoneração do encargo, na forma como requerida. Inscrição negativa nos cadastros restritivos ao crédito. Dano moral. Inocorrência. Demonstrada a origem da dívida que ensejou a restrição, inexiste dano moral indenizável. Exercício regular de direito. Sentença confirmada. Recurso desprovido. Unânime" (*TJRS* – AC 70076012970, 22-3-2018, Rel. Des. Pedro Celso Dal Prá).

37.7 FIANÇA NA LOCAÇÃO IMOBILIÁRIA

Como asseverado, a fiança é importante instrumento de garantia nas locações imobiliárias. Já apontamos a questão da exoneração da fiança no contrato de locação imobiliária. A Lei nº 8.245/91, no art. 37, admite quatro modalidades: caução, fiança, seguro de fiança locatícia e cessão fiduciária de quotas de fundo de investimento, conforme Lei 11.196/2005. O legislador utilizou-se do termo *caução* sob a acepção de caução real. Com esse diploma, ampliou a possibilidade de caução real, permitindo que seja prestada em bens móveis e imóveis, embora nada proibisse que assim fosse no passado. O seguro de fiança locatícia leva em consideração princípios do contrato de seguro, embora com pontos de contato com a fiança, daí sua denominação.

O legislador inquilinário não tece minúcias a respeito da fiança, porque, tratando-se de contrato típico, aplicam-se-lhe os princípios à locação. A presente lei, contudo, no intuito de facilitar as locações, excluiu a impenhorabilidade do imóvel residencial[13] do fiador, por disposição que foi acrescida em seu art. 82, ao art. 3º da Lei nº 8.009/90, que exigira que o fiador tivesse, na prática, mais de um imóvel. Há tentativas para modificação dessa disposição. A jurisprudência do STJ já deu passos nesse sentido, entendendo que imóvel único residencial do fiador não pode ser penhorado.

Como mencionamos em nossa obra sobre o tema (*Lei do inquilinato comentada*, 2005: Capítulo 1, seção 1.7 ss), a jurisprudência é rica em exemplos de aplicações práticas dos princípios gerais da fiança à locação. Destarte, sob o prisma da interpretação restritiva da fiança, decidiu-se, por exemplo, que a garantia não abrange as obrigações decorrentes da prorrogação legal do contrato principal, quando não estabelecido que perdurasse além do termo final ajustado da locação (*JTACSP* 101/366). O fiador garante a pessoa do locatário a quem deu a garantia. Se o contrato foi cedido, sem sua anuência, desaparece a fiança, que é garantia exclusivamente *intuitu personae*. Sob tal aspecto, o fiador garante o locatário, mas não seu cônjuge, se assim não se convencionou expressamente: *"Ocorrendo a substituição de um cônjuge pelo outro na relação* ex locato, *esta subsiste, mas não a fiança"* (JTACSP 75/194).

Atente em que o art. 40 da Lei do Inquilinato disciplina que o locador poderá exigir novo fiador ou a substituição da modalidade de garantia nos seguintes casos: morte do fiador; ausência, interdição, falência ou insolvência do fiador, declaradas judicialmente; alienação ou gravação de todos os bens imóveis do fiador ou sua mudança de residência sem comunicação ao locador; exoneração do fiador; prorrogação da locação por prazo indeterminado, sendo a fiança ajustada por prazo certo; desaparecimento dos bens móveis e desapropriação ou alienação de seu imóvel. Em todas essas situações, verifica-se risco, diminuição ou desaparecimento da garantia fidejussória. A lei não especifica como ocorrerá a exigência de novo fiador ou nova garantia. A orientação deve seguir a que se apresentava na lei anterior (art. 38, § 3º, da Lei nº 6.649/79). O inquilino deve ser notificado para em 30 dias providenciar novo fiador ou nova garantia. Mantendo-se silente ou não o fazendo a contento, estará autorizado o pedido de despejo.

A fiança nos contratos inquilinários perde muito de sua utilidade atualmente tendo em vista a posição do STJ, o qual tem admitido a conceituação de bem de família para o imóvel residencial do fiador, de acordo com a Lei nº 8.009/90, contra dicção expressa do ordenamento, que excetuava essa hipótese, no caso de locação. Entendendo-se como impenhorável esse único imóvel residencial do fiador, restringe-se o âmbito da fiança no campo do inquilinato. No entanto, tudo leva a crer que essa não seja uma posição definitiva.

---

13 Sobre o tema, Recurso Especial 1.608.415.

37.8 EXCEÇÕES OPOSTAS PELO FIADOR

Em várias referências em nossos estudos, vimos que exceções são modalidades de defesa que podem ser opostas perante uma pretensão. O art. 837 estabelece:

> *"O fiador pode opor ao credor as exceções que lhe forem pessoais, e as extintivas da obrigação que competem ao devedor principal, se não provierem simplesmente da incapacidade pessoal, salvo o caso do mútuo feito a pessoa menor."*[14]

Recorde-se o que dissemos no estudo das obrigações solidárias acerca das exceções pessoais e exceções gerais (*Direito civil: obrigações e responsabilidade civil*, Capítulo 6). Cuida-se aqui de meio de defesa obstativo à cobrança da fiança no todo ou em parte.

No tópico ora em exame, a óptica é, porém, um tanto diversa, embora sob o mesmo fundamento. O fiador pode defender-se com as exceções substanciais que tiver para com o credor da obrigação, embora não seja devedor dela, mas apenas seu garante. O dispositivo visa evitar o injusto enriquecimento do credor, possibilitando ao fiador defender-se com direito seu e não do afiançado. Assim, demandado para pagar a dívida, sendo também credor do demandante, contra ele pode opor vício na manifestação de sua vontade ou sua incapacidade, pagamento, compensação, prescrição etc.

Além desses meios de defesa que lhe são próprios, pode o fiador valer-se também das exceções do próprio devedor. Em outros termos, o fiador pode invocar na defesa também os argumentos que o próprio afiançado poderia lançar. Se, por exemplo, a obrigação principal é nula ou foi obtida mediante vício de vontade do devedor, dolo ou coação, pode a matéria ser alegada pelo fiador, embora esses vícios não lhe sejam próprios, isto é, o fiador pode alegar exceção que não lhe é pessoal. Não poderá fazê-lo, no entanto, se cientemente assumiu a fiança sabedor da existência de anulabilidade (Lopes, 1993, v. 4:484). Sob a premissa geral apenas estará tolhido de excepcionar no tocante à nulidade proveniente de incapacidade pessoal do fiador, ou da situação de menoridade do art. 588 aqui já examinada.

37.9 EXTINÇÃO DA FIANÇA

A fiança pode ser extinta por motivos decorrentes dela própria, em face de sua acessoriedade, ou das causas que normalmente extinguem os contratos e obrigações. O ordenamento emprega os termos *exoneração* e *extinção* da fiança como equivalentes, embora o primeiro deva

---

14 "**Ação de exoneração de fiança** – Sociedade afiançada que contratou empréstimos, constando os sócios como fiadores – Saída da autora do quadro societário e mudança de regime de bens do casamento – Banco que se recusa a substituir o fiador – Não há informação de inadimplência – Impossibilidade de prorrogação da fiança sem a expressa anuência do fiador – Cláusula contratual que torna a fiança "absoluta, irrevogável, irretratável e incondicional, não comportando qualquer tipo de exoneração" (*sic*) é ilegal, pois fere o princípio da livre contratação, consubstanciado no art. 835 do Código Civil – Sentença mantida. Recurso improvido" (*TJSP* – AC 1000474-20.2016.8.26.0510, 1-7-2019, Relª Denise Andréa Martins Retamero).

"Apelação – Despejo por falta de pagamento – Cobrança – Contrato de locação – **Fiança** – Prorrogação por prazo indeterminado – **Exoneração** – Art. 835 do CC – I – No contrato de locação de imóvel, o apelante-fiador consentiu com a prorrogação da garantia até a desocupação do imóvel, conforme cláusula expressa. II – Conquanto admissível a exoneração do fiador em contrato de locação prorrogado por prazo indeterminado, não procede a pretensão de se eximir da garantia se não foi realizada a notificação prevista no art. 835 do CC. III – A multa de 10% aplicada decorre do atraso no pagamento, inadimplência, consoante estabelecido no contrato de locação. IV – O valor do aluguel evoluiu conforme previsão contratual, bem como a variação anual do IGPM. V – Apelação desprovida" (TJDFT – Ap 20131110028858 – (913240), 21-1-2016, Relª Desª Vera Andrighi).

ser reservado para as causas particulares da fiança e o segundo para as situações de extinção, como em qualquer negócio jurídico.

Decorrente de razões intrínsecas à própria fiança, pode extinguir-se pela expiração de prazo estabelecido no contrato, ou segundo a conveniência do fiador e sua exoneração na forma do art. 835, bem como nos termos dos examinados art. 839. A exoneração pode ocorrer em virtude de exceções pessoais anteriormente examinadas (art. 837), bem como conforme a enumeração do art. 838.

Extingue-se a fiança na normalidade contratual com a extinção e pagamento da dívida garantida. Se a fiança for acessória, extingue-se sempre que desaparecer a obrigação principal pelo pagamento ou seu equivalente.

A obrigação do fiador transmite-se aos herdeiros, mas essa responsabilidade limita-se até sua morte e não pode ultrapassar as forças da herança (art. 836). Cuida-se de corolário do princípio legal do recebimento da herança sob benefício de inventário (art. 1.792).

38

CONTRATO DE ADMINISTRAÇÃO FIDUCIÁRIA DE GARANTIAS

Foi inserido no nosso Código Civil o art. 853-A pela Lei nº 14.711/2023, diploma que instituiu um sistema completo de garantias creditícias, criando uma figura responsável por administrar garantias:

"Qualquer garantia poderá ser constituída, levada a registro, gerida e ter sua execução pleiteada por agente de garantia, que será designado pelos credores da obrigação garantida para esse fim e atuará em nome próprio e em benefício dos credores, inclusive em ações judiciais que envolvam discussões sobre a existência, a validade ou a eficácia do ato jurídico do crédito garantido, vedada qualquer cláusula que afaste essa regra em desfavor do devedor ou, se for o caso, do terceiro prestador da garantia".

O texto poderia ser mais sintético e mais, trazendo outros parágrafos, ainda que na presença de tantos outros a seguir, com o novo texto.

No exórdio dessa Lei consta que ela dispõe sobre o aprimoramento das regras de garantia, a execução extrajudicial de créditos garantidos por hipoteca, a execução extrajudicial de garantia imobiliária em concurso de credores, o procedimento de busca e apreensão extrajudicial de bens móveis em caso de inadimplemento de contrato de alienação fiduciária, entre outras várias modalidades creditícias. Por aí se vê a larga amplitude dessa Lei. Como se nota, a figura do assim criado administrador das garantias facilitará a consecução de adimplementos e tudo o mais que for necessário para facilitar o cumprimento de obrigações garantidas. Sua função é de administrador em prol dos credores, é um "trust", com a conotação do direito anglo-saxão.

Esse artigo estabelece o contrato de administração fiduciária de garantias como uma nova modalidade contratual. Essa inclusão tem por finalidade facilitar e aprimorar o amplo sistema de garantias, para maior segurança e eficácia na gestão dos ativos garantidores. E, nesse diapasão, o legislador cria a figura do agente de garantia, que será um especialista na condução dos créditos. Essa figura na prática empresarial já existe, sedo conhecida no meio empresarial e no direito comparado, recebendo agora contornos legais.

O texto cria esse contrato com tipicidade, cuja utilização demonstrará sua eficiência e praticidade.

Nesse contrato, fica claro que qualquer garantia, entre as inumeradas e tantas outras, pode ser constituída, registrada, gerida e executada por um agente especialista. Certamente esses agentes serão majoritariamente pessoas jurídicas especializadas nesse nicho de mercado.

Nomeado pelos credores, o agente atuará em nome próprio, mas em benefício dos credores, inclusive em litígios relacionados quanto à validade das garantias. O texto aponta que qualquer cláusula que contrarie essa disposição em desfavor do devedor ou de terceiro prestador da garantia é vedada. Há muito do mandato nessa atividade do agente.

Essa inovação contratual é dinâmica e atende um universo amplo de empresas e envolvidos, e certamente propiciará maior conforto aos credores e devedores, que se submeterão a um único agente e não a um grupo disforme de interessados.

O agente de garantia, como administrador, não apenas gerencia as diversas garantias existentes, mas atuará para facilitar a entrada de novos credores ou a retirada de antigos, buscando atender o mercado.

Podendo o agente pleitear a execução da garantia, em nome próprio, em favor de credor, concede-se uma dinâmica à sua atividade, que caracterizará uma substituição processual.

O agente fiduciário deve atuar com lealdade, prudência, diligência e imparcialidade. Seu mister é tomar decisões cuidadosas no gerenciamento dos ativos confiados a ele. Sua conduta ética é de grande importância. No ambiente empresarial, a administração fiduciária é aplicada nas fusões e incorporações de empresas. Sua utilização aqui busca o mesmo desiderato, qual seja, atingir a melhor solução para os credores.

Os parágrafos do artigo discriminam a atividade do agente. O § 1º possibilita que atue na execução extrajudicial da garantia, desde que haja possibilidade jurídica, como na alienação fiduciária de imóveis. Nessa execução, que na prática traz dúvidas e problemas, o agente poderá atuar positivamente como negociador.

O agente fiduciário responde pessoalmente por seus atos e pode ser substituído pelos credores (§§ 2º e 3º).

O § 4º cuida da assembleia dos credores, instrumento de suma importância, mormente nos grandes valores.

O § 5º dispõe que o produto da realização da garantia constitui um patrimônio separado do agente de garantia, não podendo ser tocado por 180 dias. Na verdade, trata-se de um patrimônio de afetação e certamente deve ser regulamentado. Essa medida visa resguardar o direito dos credores até seu recebimento.

O § 6º é fundamental. Recebidos os valores, o agente tem 10 dias para pagar os credores.

O § 7º enuncia contratos paralelos que o agente pode manter com o devedor, buscando facilitar o cumprimento das obrigações.

O texto legal nada menciona expressamente sobre a remuneração do agente, a qual certamente deve ocorrer e ser contratada livremente pelas partes.

Esse contrato, como corolário da lei que o contém, é grande avanço para a sociedade empresarial nacional. Ao permitir uma situação estruturada nos créditos e débitos, se está facilitando quanto possível o adimplemento, com redução de custos.

39

DOS ATOS UNILATERAIS: PROMESSA DE RECOMPENSA. CONCURSO

39.1 PROMESSA DE RECOMPENSA COMO NEGÓCIO JURÍDICO UNILATERAL. CONCEITO. GENERALIDADES

Na teoria geral dos negócios jurídicos, despontam os negócios unilaterais, vinculativos dos declarantes, ao lado dos bilaterais, dos quais o contrato é exemplo mais marcante. Após tratar dos títulos ao portador no título referente às obrigações por declaração unilateral da vontade, o Código dispõe acerca da promessa de recompensa. De natureza jurídica controvertida, a partir de inseguro conhecimento das origens históricas, o legislador de ambos os Códigos houve por bem considerar o instituto como negócio unilateral. A promessa ao público ou a pessoa incerta é característica da unilateralidade da manifestação de vontade, tanto nos títulos de crédito como na promessa de recompensa.

Nesse sentido, descreve o art. 854:

> *"Aquele que, por anúncios públicos, se comprometer a recompensar, ou gratificar, a quem preencha certa condição, ou desempenhe certo serviço, contrai obrigação de fazer o prometido".*[1]

---

[1] "Apelação. **Promessa de recompensa**. Sorteio de uma motocicleta promovido em anúncio público pela ré. Autores que não satisfizeram as condições declinadas pela promitente. Inexigível a recompensa estipulada. Art. 854 e 855, ambos do CC. Ausência de ato ilícito que afasta o dever de indenizar. Sentença mantida. Recurso desprovido". (*TJSP* – Ap 1000315-65.2019.8.26.0286, 16-6-2023, Rel. Lidia Conceição).

"Consumidor – **Promessa de recompensa** – Defeito do produto – Falha na entrega – Ação de indenização por danos morais – Relação de consumo que permite a inversão do ônus da prova – Defeito configurado e falha na entrega verificada – Responsabilidade objetiva das fornecedoras – Precedente deste E. TJSP – Danos não comprovados – Comprovação de fato negativo que não pode ficar a cargo das rés – Mero descumprimento contratual que não dá ensejo automaticamente a dano moral – Sentença mantida – Recurso desprovido" (*TJSP* – Ap 1007618-31.2014.8.26.0602, 6-7-2019, Rel. Carlos Von Adamek).

"Apelação Cível – Ação declaratória de negócio jurídico – **Promessa de recompensa** não constatada – Contrato de doação – Ônus da prova – Manutenção da sentença extintiva – Hipótese em que pretendia o demandante ver declarado o direito de haver área de terras de propriedade do Espólio réu, as quais lhe haveriam sido prometidas pelo de cujus. Cuida-se não de recompensa, mas de promessa de doação de bem imóvel, sendo imprescindível a

Cuida-se, portanto, da fixação de recompensa pela realização de ato, ação ou conduta, com obtenção de certo resultado, de acordo com anúncio feito com divulgação. O negócio jurídico unilateral caracteriza-se pela tão só manifestação do promitente, independentemente

---

apresentação de escritura pública ou documento particular que confiram indício de prova do direito postulado, consoante a exegese do art. 541 do CC. Sua ausência, ao revés, acarreta o indeferimento da inicial, nos termos do art. 485, I do NCPC. Honorários de sucumbência fixados nos termos do art. 85, § 2º do NCPC, haja vista a angularização da relação processual. Apelo desprovido. Unânime" (*TJRS* – AC 70077060747, 11-4-2018, Rel. Des. Dilso Domingos Pereira).

"Consumidor – **Promessa de recompensa** – Defeito do produto – Falha na entrega – Ação de indenização por danos morais – Relação de consumo que permite a inversão do ônus da prova – Defeito configurado e falha na entrega verificada – Responsabilidade objetiva das fornecedoras – Precedente deste E. TJSP – Danos não comprovados – Comprovação de fato negativo que não pode ficar a cargo das rés – Mero descumprimento contratual que não dá ensejo automaticamente a dano moral – Sentença mantida – Recurso desprovido" (*TJSP* – Ap 1007618-31.2014.8.26.0602, 6-7-2017, Rel. Carlos Von Adamek).

"Desaforamento – Impossibilidade – Dúvida quanto à imparcialidade dos jurados – Alegação que deve vir acompanhada de provas que a sustentem – Repercussão midiática e posição social da vítima não servem de indício de parcialidade. Magistrado *a quo* que não verificou nenhuma circunstância que ensejasse sua concessão. Fatos ocorridos em 2011. Julgamento do corréu que transcorreu sem percalços. Ausência de prejulgamento quanto à qualificadora da **promessa de paga ou recompensa**: recorrente não indicado na decisão condenatória do corréu como mandante do homicídio. Desaforamento indeferido" (*TJSP* – *DJ* 2218731-07.2015.8.26.0000, 4-2-2016, Rel. Bandeira Lins).

"**Cerceamento de defesa** – Inocorrência – Ação de cobrança – Promessa de recompensa – Alegada necessidade de produção de prova oral – Prova que se destina à formação de convicção do magistrado, a quem cabe a análise de sua pertinência. Alegação afastada. Preliminar rejeitada. Interesse processual. Ocorrência. Ação de cobrança. Promessa de recompensa. Caso em que presentes a necessidade e a adequação da via eleita. Hipótese em que, pelos fundamentos externados na inicial, necessita o autor recorrer ao juízo e o procedimento a tanto se presta. Preliminar rejeitada. Ilegitimidade de parte. Passiva. Ocorrência. Ação de cobrança. Prêmio de torneio de montaria. Mera patrocinadora do evento, que não exerceu ingerência sobre sua organização e pagamento da premiação. Parte ilegítima para figurar no polo passivo da ação. Sentença mantida no ponto. Cobrança. Promessa de recompensa. Premiação, no valor de R$ 1.000.000,00, ofertada a campeão de torneio de montaria. Autor que, tendo vencido o campeonato, reclama o pagamento do prêmio à vista, em parcela única. Prova documental, todavia, que demonstra que a promessa consignara a entrega do valor de maneira parcelada, ao cabo de dez anos. Mecanismo de pagamento semelhante ao do torneio do ano anterior, igualmente vencido pelo requerente, e que na ocasião contou com sua anuência. Extensas negociações entabuladas entre as policitantes e a bastante procuradora do autor que evidenciam, bem assim, sua inicial concordância com o pagamento do novo prêmio também de maneira parcelada. Pretensão ao recebimento à vista que somente *a posteriori* passou a ser por ele externada. Desacolhimento do pleito, por bem demonstrada a inequívoca ciência do autor acerca das condições do pagamento. Dano moral de que não se cogita, tendo inexistido a prática de ato ilícito pelas requeridas. Prejudicada a denunciação da lide de uma corré à outra, em razão da improcedência do pleito principal. Sentença reformada. Ação improcedente. Recursos das corrés providos, improvido o do autor" (*TJSP* – Ap 4000335-18.2013.8.26.0576, 17-7-2015, Rel. Vito Guglielmi).

"**Processual civil** – Cerceamento de defesa – julgamento antecipado da lide – O juiz da causa, o juiz natural (art. 5º, inc. LIII, da Constituição Federal), é aquele que preside o processo, estando inserido nesta atividade o dever de bem equacionar o litígio e determinar as provas pertinentes a serem produzidas, nos termos do art. 130 do Código de Processo Civil em vigor. Ademais, é o juiz da causa o destinatário primordial da prova, que é produzida com o intuito de formar sua convicção sobre os fatos alegados pelas partes. Certo é que os documentos juntados e alegações das partes permitiram o exame completo da controvérsia. Diante disso, não se caracterizou cerceamento de defesa em razão da não realização de prova oral. O julgamento antecipado é faculdade do Magistrado, segundo o princípio do livre convencimento e da motivada apreciação da prova, sem que isso importe em qualquer nulidade, sobretudo nos casos como o dos autos, em que a produção de outras provas revelava-se desnecessária para o desate do litígio. Preliminar afastada. Promessa de recompensa – A ré veiculou anúncio publicitário pelo qual garantia a emissão de passagens aéreas para Nova York caso fosse contratada assinatura, por dois anos, de revista conhecida no mercado. Alegou o autor que a recompensa não foi entregue. 1 – Alegou o autor que pretendia viajar com sua esposa e filha, no mesmo dia. Afirmou que as datas escolhidas para a viagem não foram aceitas pela ré, que não entregou as passagens. 2 – Sucede que a ré comprovou documentalmente ter cumprido a promessa feita na promoção. Não há qualquer indicativo de que seja o documento falso. A ré efetivamente ofereceu aos autores viagem na data escolhida. Ainda que assim não fosse, importa salientar que a ré não se obrigou, com o anúncio feito, a garantir viagem conjunta de familiares. Como se viu das condições da promoção, restou claro que a reserva seria feita de acordo com a disponibilidade de voos. Sentença de improcedência dos pedidos mantida. Recurso não provido" (*TJSP* – Ap 0246047-64.2008.8.26.0100, 5-3-2014, Rel. Carlos Alberto Garbi).

do consentimento de outra parte, de oblato ou de eventual credor. Tipifica-se alguém como credor da recompensa quando realizar o ato anunciado, amoldando-se ao fato social descrito na promessa. O fato de terceiro adimplir a promessa não transforma o negócio em contrato. Esse é o aspecto peculiar e mais nebuloso do instituto.

O anúncio feito pelo promitente denominava-se, no passado, entre nós, *alvíssaras*, que o léxico registra como boas novas ou prêmio pelo achado de algo que se perdera.

Muito se analisou a doutrina acerca da possível natureza contratual do instituto, qualificando-a como oferta contratual à pessoa indeterminada. Também se defende sua origem na *pollicitatio* romana de cunho obrigatório. Ao lado desta promessa feita à cidade também existia aquela feita a um deus, o *votum*. Essas promessas vinculavam o promitente tanto jurídica como religiosamente. Embora a matéria não seja clara nos textos romanos, a conclusão majoritária do romanista é no sentido de que a promessa à pessoa indeterminada não era protegida por ação.

O conceito de obrigação e ato ou negócio jurídico unilateral apenas toma corpo no século XIX, aplicável aos títulos ao portador e, posteriormente, à promessa de recompensa (Lopes, 1962:169). Seguindo essa tendência, o Código Civil alemão, bem como o suíço e o austríaco, admitiram a promessa de recompensa como promessa unilateral de dívida. O Código francês, mais antigo, nada dispõe a esse respeito, embora a doutrina nunca negasse vinculação jurídica a essa promessa.

O legislador brasileiro admite a teoria unilateral, não somente porque coloca o instituto no título específico, como também porque atribui o direito à recompensa a quem quer que satisfaça a conduta, ainda que não por interesse na promessa (art. 855). A teoria unilateral, entretanto, atende melhor aos anseios da sociedade, evitando que sejam criadas expectativas infundadas, promessas desvinculadas de sanção. Tal ocorreria se para a hipótese fossem necessários os requisitos de um contrato. Ademais, não se pode admitir leviandade em promessas feitas a número indeterminado de pessoas sob pena de insegurança social. Trata-se, portanto, de promessa sem contrato. A promessa amolda-se à oferta, que é capítulo preliminar do contrato. Há evidente conteúdo de oferta na promessa de recompensa, cujos princípios devem ser tomados por analogia. Em forçada síntese, podemos concluir que nesse instituto sob exame existe oferta vinculante sem contrato. Destarte, às promessas de recompensa aplicam-se igualmente os princípios vinculativos da oferta no Código de Defesa do Consumidor.

Outra particularidade a ser lembrada é que a promessa de recompensa não necessita obrigatoriamente ser dirigida ao público ou a número indeterminado de pessoas, como aparentemente se referem os arts. 854 e 855, mas se pode restringir a determinada ou determinadas pessoas (Miranda, 1971, v. 31:281). Desse modo, a promessa pode ser dirigida ao público em geral, aos alunos de uma escola, aos empregados de uma empresa. Não importa o número de pessoas que tenham ouvido ou visto a promessa de recompensa. O efeito desse negócio unilateral já opera se uma só pessoa tomou conhecimento da proposta. Não é relevante, da mesma forma, o meio pelo qual a proposta é veiculada: por alta voz, pelo rádio, televisão, jornais, correio eletrônico, meios informatizados etc. Relevante será o fato de pessoas terem dela tido a possibilidade de tomar conhecimento. Como aponta Pontes de Miranda (2001:174), "*a promessa é dirigida aos interessados, mas não se lhes exige a recepção*". O fato de o anúncio não ter sido lido ou ouvido não suprime a publicidade inerente ao ato.

39.2 CONTEÚDO

Para que se configure a promessa de recompensa, há de estar ausente a concordância de outrem. Se alguém promete pagar $ 1.000 a outrem se encontrar seu cão perdido e este aceita e se compromete a procurá-lo, existe contrato, negócio bilateral, e não promessa unilateral. Dado seu cunho unilateral, é necessário que a declaração de vontade seja divulgada em espaço social e jurídico no qual pessoas a recebam, dela tomando conhecimento. A publicidade, *anúncios públicos*, como diz a lei, pode ser veiculada de várias formas: jornais, revistas, rádio, televisão, *outdoors*, cartazes, panfletos, circulares, correio eletrônico, rede de informática etc. Usuais tornaram-se as faixas que se colocam em vias públicas, prometendo recompensa a quem encontrar animais de estimação perdidos. Esse anúncio ainda pode se manifestar por carta enviada à agremiação para ser divulgada a promessa, por declaração oral feita em rádio ou televisão, em rede informática de comunicação, em comícios, assembleias ou reuniões. Basta que a divulgação seja idônea para dar publicidade, atingindo-se assim a finalidade buscada pela lei. O promitente, como é óbvio, deve ter capacidade de se obrigar.

O conceito de anúncio público, referido na lei, não significa que deva ser de âmbito nacional ou que deva atingir toda uma cidade: basta que seja suficiente para dar conhecimento a um segmento social mais ou menos amplo, como o comunicado aos condôminos de um edifício, aos sócios de um clube ou a um grupo de amigos. A promessa pode ser dirigida a grupos determinados ou indeterminados do corpo social. No dizer de Pontes de Miranda (1971, v. 31:283), "*o número mínimo para que a promessa seja* ***ao público*** *é o de* ***dois****; o máximo, a* ***humanidade***". Importante observar os costumes locais. Há informações que se divulgam, nas pequenas comunidades rurais, por meios eletrônicos em praça pública, ou em serviços religiosos, por exemplo. O número de pessoas que tenham visto ou ouvido a proposta é, portanto, irrelevante. Da mesma forma, o fato de não ter pessoa alguma tomado conhecimento da promessa não lhe altera a exigibilidade, desde que tenha havido anúncio. Desse modo, não importa o interesse do executor no momento de perfazer a conduta ou até mesmo seu desconhecimento da promessa de recompensa. Terá sempre direito a esta, nessas condições.

O objeto da promessa deve ser determinado. Se não há como identificar o objetivo, a oferta não é séria. Inumeráveis podem ser as finalidades da recompensa: achar coisas perdidas ou furtadas; descobrir autor de crime; apresentar invento; criar método de cura ou terapia; realizar determinada empreitada, como escalar um pico etc. A promessa também pode ser de ação negativa ou omissiva, como faltar a assembleia a que se está convocado.

Como em todo ato jurídico, há de observar se concorrem agente capaz e objeto lícito (art. 104), sendo a forma livre. Tal como a incapacidade do policitante, a ilicitude do objeto da promessa a torna írrita. Válida a promessa, feito o que se prometeu, em regra geral tem o agente direito à recompensa. Na morte do policitante, a obrigação transmite-se aos herdeiros.

39.3 PRÊMIO OU RECOMPENSA. EXIGIBILIDADE

O prêmio ou recompensa que se oferece pode ser em dinheiro ou em outros valores. Também se admite que possa ser em honrarias, como títulos ou comendas, os quais, na espécie, também possuem conteúdo jurídico. Se, por um lado, é necessária a capacidade do promitente, por outro, se faz necessária a capacidade, melhor dizendo *legitimação para o ato*, do executante para fazer jus ao prometido. Esse o sentido do art. 855. O incapaz faz jus à recompensa. O que não possui discernimento, incapaz ou menor que encontram a coisa perdida intitulam-se a recebê-la. Apenas que, não podendo dar quitação válida, o farão por intermédio de quem os represente. Esse aspecto mais enfatiza o caráter unilateral do instituto.

O art. 857 descreve as hipóteses de mais de um executante perfazer a tarefa. Legitimado para o prêmio será o primeiro executante. Adota-se o critério da prioridade. Se a perfizeram simultaneamente, dividir-se-á por todos em quinhões iguais (art. 858). Se a recompensa não for divisível, conferir-se-á por sorteio (art. 858) (ver o que foi citado a respeito do sorteio no

Capítulo 36, sobre jogo e aposta). A lei não contempla a hipótese de pluralidade de agentes terem contribuído para a tarefa. Nessa situação de coautoria, justo que se divida equitativamente a recompensa. Nem sempre a repartição em partes iguais será a melhor solução. Caberá ao julgador analisar a participação e porcentagem de cada um.

O executante possui ação de cobrança contra o promitente. Se a promessa é de dar coisa diversa de dinheiro, a pretensão contra ele é de dar. Nada impede, porém, que o conteúdo da recompensa seja uma atividade positiva ou negativa do recompensante, quando então a ação é de obrigação de fazer, ou não fazer, resumindo-se, em qualquer caso, em indenização, que sempre é substitutivo da obrigação. Se forem vários os executantes e não souber o recompensador a quem pagar, deve consignar em pagamento.

Não se examina a utilidade para o promitente do ato ou conduta praticada pelo executante. Importa saber se a atividade constituiu exatamente no que foi prometido recompensar. Da mesma forma, não importa averiguar do interesse do executor ou de seu conhecimento da promessa. A obrigação é exigível, ainda que a desconhecesse. Desse modo, é devida a obrigação tanto nas hipóteses nas quais o executante cientemente perfaz a conduta, como nas hipóteses em que esta ocorre ao acaso. O art. 855 é expresso ao mencionar o aspecto da ausência de interesse. Assim, tanto fará jus o que sai à procura da coisa perdida tão logo saiba da promessa, como o que, por acaso ou fortuna, se depara com ela e a entrega ao policitante, ainda que não soubesse da declaração unilateral. Se não deseja receber, opera renúncia, mas à prestação tem direito.

O lugar da entrega da recompensa é o especificado no bojo da promessa. No silêncio, entende-se que a obrigação deva ser cumprida no domicílio do devedor, como dívida *querable* (art. 327), se o contrário não resultar dos costumes.

39.4 REVOGABILIDADE

Dispõe o art. 856:

> *"Antes de prestado o serviço, ou preenchida a condição, pode o promitente revogar a promessa, contanto que o faça com a mesma publicidade; se houver assinado prazo à execução da tarefa, entender-se-á que renuncia o arbítrio de retirar, durante ele, a oferta".*

Possível, portanto, a supressão da oferta, se feita com a mesma publicidade do anúncio. Se já operada a tarefa, houve implemento da promessa, sendo ineficaz a revogação. Enquanto não praticada a ação, é possível a desistência, desde que chegue ao conhecimento dos interessados, por meio idôneo.

A questão da publicidade idêntica é matéria de prova. Temos que entender necessária a publicidade idêntica ou mais ampla. Se há prazo determinado para a execução, não é possível a revogação no curso do prazo. Quando o promitente estipula prazo, como declara a lei, presume-se, salvo prova em contrário, que renunciou ao direito potestativo de retirar a oferta.

O Código em vigor acrescenta importante dispositivo no parágrafo único do art. 856: "*O candidato de boa-fé, que houver feito despesas, terá direito a reembolso*". Pelo diploma de 2002, se o candidato não teve ciência da revogação da promessa e agiu de boa-fé, deve ser indenizado por eventuais despesas que tenha feito para ir em busca da recompensa. A matéria é de exame no caso concreto.[2]

---

[2] "Possessória – Reintegração de posse com alegação de propriedade – Pretensão do espólio autor e dos assistentes herdeiros de direito a imóvel com base em sucessão que deu origem à sua posse – Parte contrária que também detém a coisa a título de domínio, tendo antes ajuizado ação declaratória de **promessa de recompensa** para obter

39.5 CONCURSO

O concurso não tem a mesma natureza da promessa de recompensa, embora o Código a considere uma variedade desta. Naquele, vários sujeitos se propõem a realizar conduta ou demonstrar qualidades, tendo em mira um prêmio que se promete ao melhor. Nesse sentido, o concurso pode ser de melhor canto, execução musical, arte plástica, conto, romance, fantasia carnavalesca, animal etc. Diferentemente da promessa de recompensa, o concurso pressupõe grupo de pessoas interessadas em participar da seleção e não um número indeterminado e incerto de pessoas. Na promessa de recompensa, só quando duas ou mais pessoas cumprem a tarefa haverá pluralidade. No concurso, a pluralidade de concorrentes é de sua natureza. Realiza-se ordinariamente por meio de provas, competições, exibições e mostras.

O art. 859 estabelece como condição essencial do concurso a fixação de um prazo. Os concorrentes devem necessariamente submeter-se à decisão do juiz ou júri conforme o anúncio (§ 1º). Na falta de indicação de julgador, se entende que o promitente se reservou o direito de exercer essa função (§ 2º). Se os trabalhos tiverem igual mérito, o § 3º determina que se obedeça aos arts. 857 e 858, que tratam da pluralidade de executores da promessa de recompensa. O vigente Código trata dessa situação de forma idêntica nos arts. 857 e 858. Isto se o regulamento do concurso não dispuser diferentemente, pois o campo é dispositivo, prevalecendo a autonomia da vontade. Não será solução atribuir o prêmio a quem primeiro executou, salvo se assim

---

a outorga da escritura do imóvel – Demandas declaratória e reintegratória de natureza petitória, pois possuem cunho dominial, ou seja, fundadas no domínio, tendo como causa de pedir a propriedade – Ações com a mesma utilidade e objetivo prático – Ausência de interesse de agir na última ajuizada – A superveniência da sentença na primeira esgotará a finalidade da última – Processo extinto de ofício, sem exame do mérito – Aplicação do art. 485, incs. IV – VI e seu § 3º, do CPC/15 – Recursos prejudicados" (*TJSP* – Ap 1006730-79.2014.8.26.0079, 20-6-2018, Rel. Jovino de Sylos).

"Apelação – Ação indenizatória – **Danos morais e materiais** – Autora que se sagrou vencedora no 1º concurso de alta gastronomia em frutos do mar, na categoria acadêmicos, realizado durante a X Fenaostra, em outubro de 2008. Premiação que englobava estágios na escola de gastronomia Le Cordon Bleu Academie D'art Culinaire de Paris, e em restaurante 3 estrelas do guia Michelin. Trajeto de ida e volta, Florianópolis à capital francesa, igualmente incluso no pacote, além de ajuda de custo no valor de € 1 mil euros. Recompensa, contudo, jamais paga. Pretensão reparatória julgada procedente, tão somente com relação ao prejuízo econômico experimentado. Irresignação do município, aludindo a inexistência de prazo estipulado para a efetivação do compromisso. Negativa do cumprimento da obrigação não constatada. Argumentação improfícua. Inércia dos organizadores quanto à entrega da gratificação à beneficiária. Correspondências eletrônicas e notificação extrajudicial ignoradas. Previsibilidade do adimplemento não informada. Interessada que, em novembro de 2009, matriculou-se no curso de renome internacional, adquirindo as passagens aéreas e arcando com as despesas da viagem. Subjacente ação ajuizada em outubro de 2010, 2 anos após ter logrado êxito na competição. Gastos que, assim, devem ser reembolsados, consoante promessa previamente assumida. Arts. 854 e 855 do CC. Sentença mantida. Recurso conhecido e desprovido" (*TJSC* – AC 0052757-10.2010.8.24.0023, 17-5-2017, Rel. Des. Luiz Fernando Boller).

"Indenização – Dano material e moral – Preliminar de intempestividade da peça defensiva afastada – Legitimidade da rede família para figurar no polo passivo da demanda – Responsabilidade solidária da emissora – Precedentes – Súmula 221 do colendo Superior Tribunal de Justiça – Participação do autor em programa de televisão, cujo objetivo era promover entrega de prêmios aos participantes mediante resposta a "desafio" ao vivo – Não entrega do prêmio – **Promessa de recompensa que vincula o promitente** – Autor que faz jus ao recebimento do prêmio – Danos morais não configurados – Preliminar afastada e recurso parcialmente provido" (*TJSP* – Ap 1006579-69.2014.8.26.0320, 7-4-2016, Rel. A. C. Mathias Coltro).

"**Responsabilidade civil** – Ação de reparação de danos – Cancelamento injustificado de pontos oferecidos em programa de recompensas pelo uso do cartão de crédito. Danos material e moral não configurados. Ao instituir programa de premiação pelo uso do cartão de crédito, o réu criou justa expectativa em seu consumidor, ficando vinculado à promessa. Por isso, o cancelamento injustificado da pontuação acumulada do autor viola a boa-fé objetiva. Sem embargo, não há dados específicos nos autos relacionando o número de pontos e seu valor econômico efetivo. O autor não demonstrou que sofreu desencaixe financeiro ou que deixou de agregar valor econômico a sua esfera patrimonial. Outrossim, a reparação do dano moral não está diretamente relacionada a qualquer problema, contrariedade, aborrecimentos que a pessoa possa momentaneamente sofrer. Apelação não provida" (*TJSP* – Ap 0015046-92.2010.8.26.0482, 9-4-2015, Relª Sandra Galhardo Esteves).

o definir o promitente. A divisão do prêmio será o deslinde adequado, salvo se indivisível, quando recorrer-se-á ao sorteio referido no Código.

O promitente assume, em princípio, obrigação irrevogável durante o prazo estabelecido.

Como as obras envolvidas em concurso geralmente atribuem direitos de autor, o art. 860 conclui que só ficarão pertencendo ao promitente se assim estiver expresso *na publicação da promessa*, quer dizer, no regulamento ou ato que definir os limites do concurso. Não se presume a alienação ou cessão, parcial ou total, de obras intelectuais.

Nada obsta que o julgador, júri ou promitente deixem de premiar, se nenhum dos participantes for merecedor. A matéria é de interpretação da vontade do promitente, quando não resultar de estipulação expressa.

Como em todo ato jurídico, nulos serão os concursos que não contiverem objeto lícito, não podendo outrossim, como é evidente, contrariar a moral e os bons costumes. Não se exige forma prescrita, mas o concurso, por sua natureza, geralmente se prova por escrito.

Há três fases bem delineadas no concurso, que se apresenta, na realidade, como um procedimento: o anúncio, publicidade ou divulgação, com o respectivo regulamento; a apresentação ou inscrição dos concursantes e o julgamento. Em cada uma dessas fases, podem ocorrer nulidades a serem examinadas caso por caso. Para o anúncio ou publicidade, aplicam-se os princípios da promessa de recompensa, no que couber. O regulamento estabelece os princípios normativos que regerão o concurso. Nele devem constar prazo de apresentação, natureza, modalidade de julgamento etc. Durante o prazo do concurso, o promitente assume obrigação irrevogável. Contudo, como na recompensa, pode o promitente reservar-se expressamente o direito de revogar ou suspender o concurso, estabelecendo, portanto, negócio jurídico precário, que assim fica conhecido dos interessados, que não poderão alegar prejuízo (Chaves, 1984:1.593).

A fase do recebimento das inscrições é fundamental, pois nela haverá julgamento prévio de admissibilidade dos concorrentes. O julgamento e escolha do vencedor, com entrega do prêmio, constitui o ponto culminante. Entende-se que, decidido o concurso na forma estabelecida pelo julgador ou júri indicado, o mérito da decisão resta intocável. Não se afasta, porém, em qualquer das fases, possibilidade de impugnação por vícios de vontade e de forma. A decisão judicial não pode, contudo, interferir no mérito, sob pena de converter-se o magistrado em jurado, imiscuindo-se na vontade negocial. A *justiça* da decisão do concurso não pode ser revista.

Os vencedores do concurso têm ação contra os promitentes para receber os respectivos prêmios. Poderá ser pretensão de cobrança, se obrigação em dinheiro, ou de dar, fazer ou não fazer. O retardamento ou a não realização do concurso, quando não facultados, por culpa do organizador, acarreta-lhe culpa cuja indenização deve ser avaliada no caso concreto. Os concursos públicos regem-se pelas normas administrativas, de natureza diversa do direito privado, embora o fundamento do instituto seja análogo.

40

DOS ATOS UNILATERAIS: GESTÃO DE NEGÓCIOS

40.1 CONCEITO. NATUREZA

Advirta-se que em sede de gestão de negócios, tratamos de atos unilaterais que geram obrigações, a exemplo de outros que o Código de 2002 enumera, nos quais não existe a índole contratual, isto é, um acordo prévio de vontades. Destarte, a gestão de negócios é matéria corretamente tratada no Código de 2002, entre os atos unilaterais (arts. 861 a 875). Lembramos também que, no tocante à gestão de negócios, são mantidos integralmente os princípios do Código antigo, embora tenha ocorrido a citada modificação na topologia da matéria.

O título desse instituto diz menos do que encerra. Cuida-se, evidentemente, de "gestão de negócios alheios". Esse ato, atividade ou conduta é unilateral em sua origem. Contemporaneamente, sua utilidade é restrita: o vizinho passa a zelar e manter a casa de quem se ausentou, sem deixar notícia; paga-lhe as contas; conserva o jardim; alimenta o animal de estimação; exerce vigilância. O empregado, sem que tenha poderes para tal, assume a direção da empresa do patrão que desapareceu repentinamente sem deixar notícia; exerce a administração; compra e vende, paga os empregados e encargos sociais etc. Os exemplos são esclarecedores e não meramente acadêmicos.

O caráter dessa conduta é, em princípio, altruístico. Trata-se, portanto, de intervenção em negócio alheio, sem autorização do titular, no interesse e de acordo com a vontade presumida deste. Como percebemos, cuida-se de fonte unilateral de obrigações, mas sua proximidade com o mandato é evidente. Nesse sentido, a definição do art. 861:

> *"Aquele que, sem autorização do interessado, intervém na gestão de negócio alheio, dirigi-lo-á segundo o interesse e a vontade presumível de seu dono, ficando responsável a este e às pessoas com quem tratar".*[1]

1 "Apelação Cível – Ação Indenizatória – Controvérsia quanto ao ressarcimento dos valores despendidos pela parte autora para mantença da genitora das partes (autor e réu), em período anterior à sua fixação – Sentença de Procedência – Caracterizada a gestão de negócios, que ocorre quando uma pessoa, 'sem autorização do interessado, intervém na gestão de negócio alheio', dirigindo-o 'segundo o interesse e a vontade presumível de seu dono,

"Negócio alheio" consta do dispositivo no sentido de qualquer atividade em prol da vontade presumida do dono do negócio que dê origem a obrigações, sejam atos meramente materiais, sejam atos ou negócios jurídicos. O objetivo não se limita a atividades profissionais ou lucrativas. Inclui qualquer conduta em benefício e na preservação do patrimônio de outrem.

---

ficando responsável a este e às pessoas com que tratar' (art. 861 do CC). Prescrição a incidir na espécie prevista no art. 205 do CC (Decenal). Reembolso Devido – Sentença Mantida – Apelo Desprovido" (*TJSP* – AP 1015865-67.2022.8.26.0554, 30-4-2025, Rel. Ramon Mateo Júnior).

"Competência – **Gestão de negócios** – Autora, agravante, que pretende a apuração de responsabilidade pela má gestão dos negócios financeiros aplicados em instituição financeira gerenciada pelo réu, ora agravado, com a condenação deste ao pagamento dos danos materiais causados – Matéria de competência de uma das Câmaras da Subseção de Direito Privado III deste Egrégio Tribunal de Justiça – Inteligência do art. 5º, III. 11 da Resolução 623/2013 do TJSP. Recurso não conhecido, com determinação" (*TJSP* – AI 2163549-70.2014.8.26.0000, 23-4-2019, Relª Angela Lopes).

"**Gestão de negócios** – Contrato de prestação de serviços de assessoria e gestão de operações financeiras. Demanda de rescisão contratual cumulada com pedidos de devolução de valores e indenização. Pretensão de tutela cautelar consistente no bloqueio de ativos financeiros dos réus. Descabimento. Medida com características de arresto, sem que presentes os requisitos necessários a tanto. Demanda de conhecimento em estágio inicial de processamento, sem que tenha sequer sido dada oportunidade de contraditório à parte contrária. Ausência de elementos suficientes à apreciação da verossimilhança do direito a ser tutelado, quanto a alguns dos réus. Verossimilhança, ao menos do pedido de restituição do valor investido, quanto à ré Maximus, em relação a quem não demonstrado, todavia risco de dilapidação ou ocultação patrimonial. Requisitos do art. 300 do CPC não caracterizados, ao menos por ora. Decisão denegatória da tutela provisória confirmada. Agravo de instrumento da autora desprovido" (*TJSP* – AI 2068220-89.2018.8.26.0000, 17-7-2018, Rel. Fabio Tabosa).

"Agravo de instrumento – Decisão interlocutória que no curso de execução extrajudicial indeferiu a desconsideração da personalidade jurídica – Legitimidade da medida em face da peculiaridade da situação fática – Responsabilidade concorrente das pessoas físicas e jurídica por dívidas e obrigações estendidas ao patrimônio dos sócios – Fraude, abuso e improbidade na condução dos negócios – Presunção comum e relativa pelo encerramento irregular da companhia, o esgotamento das providências ordinárias à obtenção da penhora e o abandono do estabelecimento, sem comunicação à junta de comércio, à repartição fiscal, ou a manutenção de administrador com recursos disponíveis para a liquidação do passivo – Art. 335 do Código de Processo Civil e arts. 50 e 211, IV, do Código Civil – Medida útil e eficaz à concretização da justiça. Grupo econômico de fato, evidenciado o desvio de finalidade e a confusão patrimonial – Caracterização da **gestão abusiva**, improbidade empresarial e da violação à lei pelo administrador e sócio em prejuízo dos credores – Extensão da responsabilidade, em caráter pessoal e solidário aos sócios, gerentes e administradores, bem como às empresas integrantes do grupo econômico, pelo passivo inadimplido – Fundamentos jurídicos distintos integrantes do direito positivo – Previsão expressa dos arts. 1.016, 1.023, 1.024, 1.053 e 1.110 do Código Civil, interpretados de forma lógico-sistemática com os arts. 41, 592, II, e 596, do Código de Processo Civil – Legalidade, ressalvado o benefício de ordem, quanto aos sócios (pessoas físicas), com a indicação de bens desembargados da pessoa jurídica, o regresso contra os coobrigados, a liquidação da dívida em dinheiro ou, alternativamente, a prestação de fiança bancária ou apresentação de seguro garantia judicial para elisão da pretensão executiva – Recurso provido" (*TJSP* – AI 2267356-72.2015.8.26.0000, 23-3-2016, Rel. César Peixoto).

"**Cautelar inominada** – Apelante que, na qualidade de sucessora de sócio administrador da empresa apelada, obteve autorização para administrar as quotas de titularidade dos demais herdeiros, até que se encerre o inventário. Alegação de que, com isso, representando a maioria do capital social, deveria gerenciar os negócios com exclusividade. Apelado que, por força de disposição do contrato social exercia a administração da sociedade juntamente com o *de cujus*, e pretende seja restabelecida essa situação. Sentença de procedência. Apelo que questiona exclusivamente a adequação da via eleita, por entender a apelante ser o caso de ajuizamento de ação e conhecimento, com pedido de tutela antecipada. Impertinência da tese, dada a provisoriedade da situação tratada nos autos, além de pretender o apelado, exclusivamente, assegurar a viabilidade do exercício do seu direito de gestão, usurpado, ilicitamente, pela apelante. Ação que se mostra, portanto, adequada ao fim colimado. Honorários advocatícios, fixados em R$ 1.800,00 que se mantém, dada a pertinência com o disposto no art. 20, § 3º do CPC. Recurso desprovido" (*TJSP* – Ap 4006446-09.2013.8.26.0482, 13-2-2015, Rel. Teixeira Leite).

"**Apelação. Ação de regresso.** Ilegitimidade passiva caracterizada. O agente marítimo, na qualidade de mandatário mercantil, pode representar seu mandante em juízo, mas não em nome próprio, pois não possui responsabilidade pelos negócios e atos de gestão da embarcação exercidos e praticados pelo transportador estrangeiro (armador) em relação à carga transportada. A Apelada (agente marítimo) é a mandatária mercantil da armadora e mandante, o que implica em se reconhecer que não possui legitimidade de suportar o Decreto de procedência do pedido inicial, já que não é responsável pelas avarias identificadas na carga de propriedade da segurada da Apelante. Sentença mantida. Recurso improvido" (*TJSP* – Ap 4008153-63.2013.8.26.0562, 29-7-2014, Rel. Eduardo Siqueira).

Denomina-se *gestor de negócios* aquele que intervém, e *dono do negócio*, o respectivo titular. O gestor atua como representante, embora sem a investidura de poderes. Gestão de negócios é a administração oficiosa de interesses alheios. Característica do instituto é a espontaneidade que se reveste a conduta do gestor. Se esta for contra a vontade manifesta ou presumível do dono, o gestor responderá até mesmo pelas perdas decorrentes de caso fortuito, salvo se provar que teriam sobrevindo independentemente de sua atividade (art. 862). Na ocorrência de intervenção contra a vontade manifesta do dono, a tipificação na realidade é de ato ilícito. Sob tal premissa, o art. 863 estipula que se os prejuízos sobrepujarem às vantagens, o dono do negócio poderá exigir que o estranho reponha as coisas no estado anterior (em princípio, ação para obrigação de fazer ou não fazer), ou o indenize da diferença. A indenização deverá ocorrer na impossibilidade de reposição ao estado anterior.

Explica-se esse enfoque, pois vige a regra geral segundo a qual a ninguém é dado intervir na coisa alheia sem autorização, sob pena de responder civil e criminalmente. No entanto, a gestão ora tratada possui outra compreensão. Funda-se na solidariedade humana, no espírito de auxílio ao próximo, nem sempre natural na sociedade. Se por um lado pode faltar interesse jurídico primitivo na intervenção, nem sempre o móvel da intervenção é totalmente desprovido de interesse outro de ordem moral, como amor, compaixão, amizade etc., sem, contudo, conteúdo jurídico. Leve-se em conta ainda que a conduta do agente pode não ter reflexos patrimoniais, deixando, nessa hipótese, de ocorrer consequências jurídicas.

Justifica-se a conduta do estranho que se insere na atividade do dono do negócio, a fim de evitar-lhe prejuízo. O critério é o da *necessidade*, e não o da utilidade, questão que se afere posteriormente. Trata-se, pois, de atividade excepcional. A ideia provém do Direito Romano, no qual a gestão destinava-se à administração dos bens de pessoas ausentes. O instituto surge intimamente ligado ao mandato, mas também imbuído dos princípios que objetivam evitar o enriquecimento sem causa, permitindo o ressarcimento ao gestor.

No sistema francês, a gestão é conceituada como quase-contrato: não há todos os elementos de um contrato, como tal não se conceitua, mas aplicam-se os princípios do mandato.

Modernamente, como já afirmado, a gestão de negócios surge como fonte de obrigações, decorrente de manifestação unilateral de vontade. De início, não existe acordo de vontades. Não há negócio jurídico, mas ato jurídico. Apenas atende-se à vontade presumida do dono. Quando este toma conhecimento da conduta e a aprova, aparece o vínculo pactício.

Embora ligado por semelhança e afinidade ao mandato, razão primordial de o Código de 1916 colocar seus dispositivos logo em seguida, com ele não se confunde. O art. 873 efetivamente ao mandato se refere, dispondo que a ratificação do negócio pelo dono retroage ao dia do começo da gestão, produzindo todos os efeitos do mandato.[2] No entanto, cumpre

---

[2] "Agravo de instrumento – **Gestão de negócios** – Requerimento de concessão de liminar para suspensão dos efeitos do distrato – Alegada falta de anuência – Inviável juízo de admissibilidade – Carência da decisão hostilizada ou que remeta à insurgência – Impossibilidade de se aferir a tempestividade recursal – Precária e deficiente formação do agravo, impossibilitando aferir eventual equívoco do magistrado *a quo* – Inobservância ao artigo 1017, I do CPC – Recurso não conhecido" (*TJSP* – AI 2018952-32.2019.8.26.0000, 22-4-2019, Rel. Claudio Hamilton).

"Ação declaratória c.c. Indenização por danos materiais e morais – Pretensão de ressarcimento de prejuízos advindos de alegada confusão patrimonial de empresas, gestão temerária, simulação de negócios jurídicos, desvio ilícito de recursos e lucros, contratação de empréstimos ruinosos – Recurso contra sentença de improcedência – Renúncia dos patronos do apelante – Suspensão do processo – Intimação pessoal do interessado para que providenciasse a devida regularização – AR negativo – Intimação do patrono renunciante para indicação do último endereço por si conhecido – Desconhecimento deste do paradeiro do apelante – Irregularidade superveniente de representação processual não sanada – Inteligência do art. 76, *caput* e § 2º, I, do CPC – Recurso não conhecido" (*TJSP* – Ap 0222103-96.2009.8.26.0100, 16-8-2016, Rel. Rui Cascaldi).

que se delineiem as principais diferenças: o mandatário tem direito ao reembolso de todas as despesas efetuadas e ao ressarcimento das perdas sofridas, salvo se resultarem de sua culpa ou de excesso de poderes (art. 678); o gestor apenas será reembolsado de todas as despesas desde que o negócio tenha sido administrado com utilidade para o dono (art. 869). Na gestão de negócios, sob o aspecto de validade, não se leva em conta a capacidade do gestor, pois o que importa é evitar o injusto enriquecimento do dono do negócio; no mandato, a incapacidade do mandatário inquina o contrato. Acrescentamos, ainda, que o mandato tem o fito precípuo da prática de atos jurídicos; na gestão ocorre indistintamente a prática de atos materiais e atos jurídicos. Desse modo, não há que se reduzir a gestão de negócios a uma modalidade de mandato. Embora a noção intrínseca da gestão seja impedir o enriquecimento sem causa, esse não é seu único fundamento, principalmente porque neste a ação de enriquecimento é subsidiária, enquanto na gestão existe ação própria, causal de ressarcimento.

A característica mais marcante dessa gestão é a vinculação do dono do negócio sem concorrência de sua vontade. Por esse prisma, afasta-se-lhe o conceito de contrato. Conclui a esse respeito Miguel Maria de Serpa Lopes (1962:27):

> *"resulta incontestável a inadaptação da gestão de negócios à categoria dos contratos. Falta-lhe um elemento básico para ser como tal considerado: o originário acordo de vontades entre as partes interessadas".*

Desse modo, a topologia da matéria no Código de 1916 mereceu justas críticas. A semelhança com o mandato levou o legislador do início do século passado a discipliná-la logo após esse contrato. Melhor está posicionada entre as obrigações por declarações unilaterais de vontade, como aliás faz o atual Código (arts. 861 a 875). Na gestão de negócios, existe uma conduta unilateral do agente que apresenta reflexos patrimoniais em relação ao dono do negócio.

Outra questão paralela é saber se existe representação na gestão. A questão se coloca porque os atos do gestor podem acarretar a vinculação da vontade do dono, se o negócio for admitido como útil (art. 869). Quando o dono ratifica os atos do gestor, não há dúvidas de que ocorre representação (art. 873). Quando há ratificação, os autores costumam denominá-la *gestão irregular*, em contraposição à gestão comum. Nem sempre, porém, fica clara a existência de representação nessa gestão comum sem ratificação, não sendo essencial ao instituto.

Há um divisor de águas na gestão de negócios, o qual se trata da aprovação dos atos pelo dono. Existem diferentes consequências anteriores e posteriores a essa aprovação. Doutrinariamente, não se afinam os autores na conceituação da natureza jurídica dessa primeira fase. Multiplicam-se as explicações como proposta de contratar: representação sem mandato, ato anulável sujeito a confirmação, ato condicional, estipulação em favor de terceiro etc. A discussão é inútil, como aponta Caio Mário da Silva Pereira (1994:296). Cuida-se evidentemente de ato volitivo unilateral gerador de obrigações, assim disciplinado pela lei.

"**Rescisão de compromisso de venda e compra** – Preliminar – Agravo retido interposto contra decisão saneadora que afastou a alegação de ilegitimidade passiva da corré – Requerida que atuou além da mera gestão de negócios – Legitimidade caracterizada – Agravo não provido – Cooperativa que não tem a natureza jurídica das tradicionais, não passando de forma disfarçada para a comercialização de imóveis em construção – Incidência do Código de Defesa do Consumidor – Atraso injustificado da entrega do imóvel – Inadimplemento que implica devolução total e imediata das parcelas pagas – Inteligência do artigo 51, IV, e § 1º, III, do Código de Defesa do Consumidor – Entendimento pacificado por este tribunal – Indenização por benfeitorias – Cabimento – Controvérsia sobre o montante que deverá ser apurada em liquidação de sentença – Indevido o pagamento de taxa de ocupação diante da culpa exclusiva das rés – Recurso das rés não provido e provido o do autor" (*TJSP* – Ap 0023984-58.2009.8.26.0564, 3-6-2015, Rel. Erickson Gavazza Marques).

40.2 REQUISITOS

Na gestão, sobrelevam-se dois elementos negativos: há de se dirigir a (1) negócios alheios, (2) sem outorga de poderes, em contrapartida a um elemento positivo, a conduta positiva ou negativa do agente. Se o titular do negócio concordou explícita ou implicitamente com a intervenção, não há gestão. Haverá mandato, locação de serviços, ou outro negócio.

Quando ocorre a intervenção do gestor, a utilidade e o proveito de sua atividade, normalmente são aferidos objetivamente. Não devem ser levados em conta fatores circunstanciais; por exemplo, o dono não gostar da cor que foi pintado seu imóvel. No entanto, há que se examinar o caso concreto, pois refoge à normalidade e a sua vontade presumida que o imóvel tenha sido pintado de cor berrante e destoante do comumente aceitável nas premissas.

Dentro do já exposto, conclui-se que, para a atividade conceituar-se como gestão de negócios, haverão de concorrer determinados *pressupostos* ou *requisitos*: a intervenção em negócio alheio; a atividade no interesse do dono, segundo sua vontade real ou presumida; a intenção de ocasionar proveito ao titular do negócio; a espontaneidade dessa intervenção e a limitação aos interesses de natureza patrimonial para os quais não se exigem poderes específicos nem legitimação especial.

Acrescente-se ainda o aspecto acerca da impossibilidade de o dono atuar pessoalmente a fim de propiciar a gestão, questão que nem sempre vem à baila, pois se puder fazê-lo e permitir a intervenção de terceiros, estaremos perante um mandato tácito. Enfocamos, ademais, em complemento, que essa intervenção do gestor deve ocorrer sem oposição do dono.

Adicione-se ainda que essa intervenção não deve ter cunho especulativo. A vontade do gestor é simplesmente de auxiliar, nisso constitui-se o *animus gerendi*. O gestor não interfere objetivando lucro.

Destarte, não existirá a gestão ora examinada, se o agente intervém em negócio próprio. No entanto, os negócios do gestor podem estar relacionados com os do dono. Nesse aspecto, estará então o gestor agindo na proteção de interesse próprio, embora envolvendo também o de terceiro. Desse modo, se os negócios forem conexos, de forma a não poderem ser separados os interesses, a lei entende que deva considerar-se o gestor *"sócio daquele, cujos interesses agenciar de envolta com os seus"* (art. 875). A situação é regulada pelos princípios da sociedade.

Daí por que o interesse do gestor, para que se amolde à essência do instituto, deve ser dirigido ao interesse do dono, conforme o que este presumivelmente faria na situação, ou segundo vontade que já teria externado antes da citada intervenção. Nesse diapasão, conceitua-se a vontade real ou presumida do titular do negócio.

Essa atividade do gestor deve se manifestar desprovida de interesse egoístico, de aferir lucro. O proveito que se busca é em favor do dono, e não do gestor ou de terceiros.

A atitude do gestor deve ser livre de qualquer ingerência de vontade do dono do negócio, porque isso caracterizaria o mandato, vínculo contratual. Todavia, o gestor não tem como praticar atos que exijam poderes específicos, nem aqueles que são personalíssimos. Os atos são de administração geral. Não pode o gestor, por exemplo, alienar bens imóveis. Eventual alienação de bens móveis deve ser vista tendo em mira o proveito do administrado, sua atividade e vontade presumida.

40.3 OBRIGAÇÕES E DIREITOS DO GESTOR

O princípio geral determina que o gestor se conduza dentro dos moldes de mandatário, aplicando a diligência habitual do *bonus pater familias* (art. 866). Ressarcirá o dono de todo prejuízo resultante de culpa na gestão. Como gerente de patrimônio alheio, deve velar pelos bens com esmero maior que seus próprios bens. A esse respeito, impõe o art. 868, segunda parte, que responderá inclusive por caso fortuito, quando preterir interesse do dono do negócio "*por amor dos seus*". Curiosamente, essa era a única vez que o Código Civil brasileiro de 1916 utilizava a palavra *amor*. O Código de 2002, porém, não manteve a palavra, substituindo-a por "proveito". Nada impediria que o "amor" permanecesse na nova lei, ao menos em um dispositivo recôndito, quase esquecido do ordenamento.

O gestor deve continuar e concluir o negócio que iniciou, a fim de evitar prejuízos decorrentes de uma execução parcial. Nesse sentido, a dicção do art. 865 estabelece que, enquanto o dono não se manifestar, o gestor deve velar pelo negócio, até levá-lo a cabo, esperando as instruções dos herdeiros no caso de morte do titular, tomando todas as providências necessárias para evitar danos.

A intervenção do gestor é circunstancial, dependente da necessidade do momento. Deve limitar-se ao necessário. Daí por que o gestor tem a obrigação de, logo quando possa, comunicar sua gestão ao dono, aguardando resposta, se da espera não resultar perigo (art. 864). A finalidade é propiciar a reassunção do negócio pelo dono. Uma vez expedida a comunicação, os atos do gestor devem ser apenas conservatórios, a fim de evitar o perigo da demora.

Obrigação fundamental do gestor é conduzir a atividade utilmente para o administrado. Se os prejuízos sobrepujarem os benefícios, deverá indenizar o dono, ou repor as coisas no estado anterior (art. 863), como vimos.

Se o gestor se fizer substituir por terceiro, responderá pelas faltas do substituto. Assevera o art. 867 que essa responsabilidade emerge, ainda que o terceiro seja pessoa idônea, sem prejuízo de ação indenizatória direta contra este. A lei procura restringir a atividade do gestor, que por si só se afigura como interferência extraordinária em patrimônio alheio, cuja delegação apresenta risco maior de malversação.

Não se confunde a delegação da atividade outorgada pelo gestor com a gestão conjunta de dois ou mais gestores sobre o mesmo negócio, quando então a lei estabelece a responsabilidade solidária (art. 867, parágrafo único).

O art. 868 impõe responsabilidade ao gestor por operações arriscadas, ainda que por caso fortuito e mesmo que o dono do negócio costumasse fazê-las (art. 868, primeira parte). Como não é mandatário, não pode o gestor arvorar-se em completo administrador do patrimônio alheio. Sua atividade é restrita principalmente para evitar prejuízo, e não exatamente para proporcionar lucro. De acordo com esse dispositivo, portanto, não pode arriscar o patrimônio do dono em Bolsa, por exemplo, respondendo pelos danos, independentemente de exame de culpa. Inobstante, pode o dono aceitar essas operações, devendo nesse caso indenizar o gestor das despesas e dos prejuízos que teve nessa hipótese (art. 868, parágrafo único).

Como todo administrador de bens alheios, evidente que o gestor ficará sujeito à obrigação de prestar contas. O direito básico do gestor é o de reembolsar-se das despesas efetuadas com a administração, sendo a ação de prestação de contas a adequada para o acerto específico na via judicial.

40.4 OBRIGAÇÕES E DEVERES DO DONO. UTILIDADE DA GESTÃO

Paralelamente, o dono vincula-se ao gestor, sempre que o negócio haja sido conduzido utilmente (art. 869). Conforme o dispositivo, a gestão útil vincula o dono nas obrigações decorrentes, obrigando-o a reembolsar o gestor das despesas necessárias e úteis que houver feito, com juros legais desde o desembolso. Excluem-se as despesas voluptuárias, a exemplo das benfeitorias. Se consistirem em efeitos materiais que possam ser removidos, por analogia ao sistema das benfeitorias, poderá o gestor levantá-los.

A utilidade ou necessidade da gestão possui conotação específica no instituto sob exame. Afere-se não o resultado obtido, mas as circunstâncias da ocasião em que se fizeram (art. 869, § 1º). O que a lei pretendeu exprimir é que a utilidade deve ser examinada conforme o caso concreto, levando-se em conta os aspectos de fato que jungiram o gestor a agir. Não se trata de relação contratual; não se trata de mandato. Sob situação de urgência, a conclusão de resultado útil não será a mesma de uma situação comezinha. O momento da apuração da utilidade é o do ato, pouco importando que a utilidade tenha desaparecido depois. A aferição de utilidade, no entanto, como dissemos, há de ser objetiva, não podendo o gestor por simples comodismo, vaidade ou leviandade repudiar a administração.

O § 2º do art. 869 aplica as mesmas consequências do resultado útil quando o gestor, por erro, prestar contas a terceiro que não seja o dono do negócio. Não havendo culpa do gestor, cabe ao dono que se volte contra esse terceiro.

A respeito da urgência, reporta-se o art. 870. Tem-se por gestão útil aquela dirigida a acudir prejuízos iminentes, ou que redunde em proveito do dono do negócio, ou da coisa. Enfatiza, porém, o dispositivo que *"a indenização ao gestor excederá, em importância, às vantagens obtidas com a gestão"*. Enfatiza-se aí que a lei procura afastar qualquer caráter especulativo na gestão, ao lado do espírito da coibição de injusto enriquecimento, cuja noção integra inelutavelmente a gestão. Assim, o gestor deve impedir efeitos de catástrofes no patrimônio do dono do negócio, como inundações e incêndios, dentro das circunstâncias necessárias.

Admitindo a gestão e fixado o valor a pagar ao gestor, o dono do negócio deve assumi-lo, liberando o gestor.

Acentuamos que o dono apenas poderá recusar-se a ratificar ou a reembolsar se demonstrar que a gestão foi contrária a seus interesses, nos termos do art. 874.[3] Nada impede que a aprovação seja parcial. O reembolso será avaliado até o limite da utilidade, do justo proveito.

---

[3] "Prestação de contas – Primeira Fase – **Gestão de negócios** e administração de bens (dinheiro levantado para a publicação de obra literária) – Exclusão da contadora responsável pela escrituração da parte contábil do projeto literário do polo passivo da demanda – Inviabilidade de exclusão liminar da demanda, cabendo ao MM. Juízo singular, ao julgar a primeira fase da ação de prestação de contas, após apurado se a contadora administrava ou não valores do projeto literário, decidir se a contadora tem ou não a obrigação de prestar contas juntamente com os demais agravantes – Reinserção da contadora no polo passivo determinada – Recurso provido" (*TJSP* – AI 2147414-12.2016.8.26.0000, 21-1-2019, Rel. Correia Lima).

"Competência Recursal – Ação de cobrança – Comissão de corretagem – Contrato de intermediação de operações de ativos – **Serviços de mediação e gestão de negócios** – Pedido e causa de pedir que revelam como fundamento principal da demanda a análise de contrato de intermediação negocial – Competência recursal de uma das Câmaras entre a 25ª e a 36ª da Seção de Direito Privado III do Tribunal de Justiça – Art. 5º, III.11 da Resolução 623/2013 do TJSP – Precedentes do Grupo Especial e do Órgão Especial. Recurso não conhecido, com remessa determinada" (*TJSP* – Ap 0959700-96.2012.8.26.0506, 24-4-2018, Rel. Henrique Rodriguero Clavisio).

"**Cobrança** – Imóvel incomunicável alugado pelo casal na constância do casamento. Execução de aluguéis proposta apenas pelo varão após a separação. Crédito em execução recebido pelo réu conforme acordo com locatário. Repasse parcial para a autora. Cobrança da diferença. Procedência parcial. Admissibilidade da dedução de despesas provadas do processo de execução. Falta de prova de pagamento pelo réu de honorários advocatícios, IPTU e contas de luz. Inteiro teor do acordo desconhecido. Descabimento da dedução de despesas com serviços de pintura e elétrica do imóvel alugado. Falta de contratação e aprovação pela autora. Réu que agiu por sua conta e risco, sem aprovação da autora, a quem não comunicou sua gestão. Falta de prova de gestão de negócios útil ou necessária. Aplicação dos artigos 862, 863, 864 e 874 do Código Civil. Ação procedente em parte. Sentença reformada em parte. Decaimento mínimo da autora. Ônus da sucumbência integralmente atribuídos ao réu. Apelação da autora provida. Recurso do réu provido em parte" (*TJSP* – Ap 0003147-14.2012.8.26.0099, 23-6-2015, Rel. Guilherme Santini Teodoro).

40.5 RATIFICAÇÃO E DESAPROVAÇÃO DA GESTÃO

Dispõe o art. 873 que a ratificação pura e simples por parte do dono do negócio retroage ao dia do começo da gestão, e produz todos os efeitos do mandato. Portanto, com a aprovação da lei, presume que tenha havido mandato. Fora daí, desaprovada a gestão por contrária aos interesses do gestor, o Código determina que se apliquem os arts. 862 e 863, com a observação do estabelecido nos arts. 869 e 870. É mantido o mesmo princípio no Código em vigor. Em outros termos, havendo ratificação, aplicam-se os princípios do mandato. Sem ela, os princípios são aqueles especificados nas disposições do Código acerca da gestão de negócios. Por essa razão, referimo-nos ao divisor de águas que é a aprovação ou rejeição da gestão pelo dono.

A ratificação tem o condão de transferir ao dono os atos praticados pelo gestor. Constitui por si mesma um negócio jurídico unilateral irrevogável. Pode ser expressa ou tácita, decorrendo nessa hipótese de atos inequívocos do *dominus*.

Somente o dono do negócio, ou seu representante legal, ou com poderes especiais, pode ratificar a gestão. Se o dono é pessoa jurídica, a ratificação deve ser formalizada pelo órgão que a represente.

De outro modo, desaprovada a gestão, há que se avaliar o montante a ser pago ao gestor ou a indenização ao dono do negócio, se é que devidos. Chamam-se destarte à colação os princípios estudados acerca da utilidade e do proveito da gestão, bem como hipótese de indenização mesmo no caso fortuito erigida no art. 862 e a indenização colimada no art. 863.

40.6 CASOS ASSEMELHADOS À GESTÃO. EMPREGO ÚTIL

O Código erige duas situações de urgência, quando há valores adiantados por terceiro, equiparando-as à gestão de negócios. Cuida-se, na verdade, do que a doutrina estrangeira denomina *emprego útil*.

Equipara-se à gestão de negócios a prestação de alimentos feita por outrem, na ausência do alimentante. O art. 871 dispõe que o *solvens* poderá reaver do devedor a importância, ainda que inexista ratificação. Dúvidas não ocorrerão se os alimentos decorrem de decisão judicial. Contudo, o pagamento pode ocorrer em razão da obrigação legal de alimentar. Poderá, porém, o obrigado, recusar-se ao reembolso, se provar que não estava obrigado a pagar alimentos. Firmada essa hipótese, deverá o equiparado ao gestor voltar-se contra o verdadeiro alimentante ou contra o próprio beneficiado.

O valor dos alimentos deve se reportar aos princípios desse instituto, levando em conta as necessidades do alimentando e as possibilidades do alimentante, substituído no caso pelo gestor.

As despesas de funeral, proporcionais aos usos locais e à condição do morto, pagas por terceiro, também são equiparadas à gestão (art. 872). Trata-se de situação na qual nem sempre parente próximo esteja à disposição para providenciar as exéquias. Essa despesa pode ser cobrada da pessoa que teria a obrigação alimentar para com o falecido, ainda mesmo que não tenha deixado bens. Seguem-se os princípios e a ordem de obrigação alimentar estabelecida no direito de família (arts. 1.694 ss).

"**Mandato**. Prestação de contas. Primeira fase. Interesse. Reconhecimento. Sentença de procedência. Recurso não provido – Reconhecendo a ré a sua condição de mandatária e que exerceu os poderes que lhe foram conferidos, de rigor o reconhecimento da procedência da ação, em sua primeira fase, condenando-a à prestação das contas, na forma contábil, de sua gestão dos negócios da mandante" (*TJSP* – Ap. 990.10.168117-0, 23-4-2012, Rel. Paulo Ayrosa).

O *solvens* deve, no entanto, ter apenas adiantado as despesas, e não efetuado o pagamento com intuito de benemerência, *"com o simples intento de bem fazer"* (art. 872, parágrafo único). Essa prova, pelo dispositivo, incumbe a quem alega. Presume-se que o pagamento tenha sido efetuado a título de gestão e, salvo prova em contrário, deve ser reembolsado. Esses gastos funerários devem levar em consideração a fortuna do morto, sua posição social e os usos locais, como afirma a lei.

Outras situações podem ocorrer figurando como fatos jurígenos de reembolso, como o emprego de dinheiro que faça aumentar o valor da coisa alheia, ou de que resulte proveito para seu dono. Cuida-se, na verdade, de modalidade de enriquecimento sem causa, cujos princípios integram o denominado *emprego útil.* Nesse sentido, dispõe expressamente o Código argentino (art. 2.306) que, quando alguém, sem ser gestor de negócios nem mandatário, realiza gastos com utilidade para outra pessoa, pode demandá-los daqueles que dessa utilidade usufruem. A matéria fica a meio-termo entre a gestão de negócios e o enriquecimento sem causa. Cuida-se, na verdade, de uma gestão em menor âmbito, a qual, em nosso Direito, deve ser tratada pelos mesmos princípios da *negotiarum gestio.*

40.7 EXTINÇÃO DA GESTÃO. AÇÕES

A morte do gestor extingue a gestão. Nada impede que a gestão seja exercida por pessoa jurídica, cuja extinção equivale à morte da pessoa natural. No entanto, nesse caso, a gestão pode e, nos casos urgentes, deve continuar por meio dos membros da pessoa jurídica em extinção. Pontes de Miranda (1972, v. 43:225) dá o exemplo de advogado que se fez gestor de negócios e falece. Os companheiros de escritório, sócios ou não, devem continuar na gestão, salvo se prévia e expressamente a excluíram.

Todavia, a morte ou a mudança de estado do dono do negócio, por vezes até desconhecida do gestor, não a extingue, estabelecendo-se aí relação jurídica do gestor com os herdeiros ou representantes.

O dono do negócio possui ação direta de gestão de negócios (*actio negotiorum gestorum directa*) para declarar-lhe a extensão e eventuais prejuízos. O gestor tem contra o dono a ação contrária de gestão (*actio negotiorum gestorum contraria*), na qual pode pedir o reembolso das despesas necessárias e úteis e respectivos juros. O gestor tem direito de retenção sobre os bens, objeto da gestão, até completar-se seu ressarcimento.

41

FORNECIMENTO

41.1 CONCEITO

Como é notório, o legislador não pode prever todas as fórmulas contratuais criadas a cada passo em torno de necessidades negociais do momento. O contrato de fornecimento, muito utilizado, é atípico, não disciplinado legislativamente entre nós, empregando noções da compra e venda, locação de serviços e empreitada. O Código italiano define-o como "*o contrato pelo qual uma parte se obriga, mediante compensação de um preço, a executar em favor de outras prestações periódicas ou continuadas de coisas*" (art. 1.559). Ricardo Luis Lorenzetti o define como "*contrato pelo qual uma parte se obriga a entregar coisas de forma periódica ou continuada e a outra a pagar o preço por elas*" (1999, v. 1:470).

Existe, portanto, no negócio a compreensão de uma prestação periódica ou continuada. Sobreleva-se uma obrigação de dar, ao lado da obrigação de fazer. Cuida-se de um contrato que busca o abastecimento ou provisão do fornecido que necessita de coisas de forma continuada ou periódica. No negócio, existe uma obrigação de o fornecedor prover o fornecido de determinados bens. Esse fornecimento pode ser acompanhado de serviços complementares. Como percebemos, abastecer ou prover possuem conotação mais extensa do que simples entrega, como ocorre na compra e venda. Por isso, o contrato de fornecimento apresenta raio de ação mais amplo.

Negócio fundamental para a atividade da empresa, com grande utilidade também para a pessoa natural, o fornecimento (ou *provisão*, como também é conhecido) geralmente se vê acompanhado, senão inserido, em um complexo contratual que inclui compra e venda, locação, franquia, manutenção, assistência técnica etc. Por meio do fornecimento ou abastecimento, o empresário pode atingir finalidades a que se propõe, mantendo estoque e matéria-prima, economizando tempo e despesas, sem necessidade de contratação particularizada. As partes, sem abrir mão de sua independência, cooperam mutuamente em seu respectivo interesse. O fornecedor encontra no pacto forma eficiente e prática de comercializar seus produtos, enquanto o fornecido recebe, sem maiores transtornos ou sacrifícios, bens essenciais para sua atividade ou manutenção, com redução de custos. Para os particulares, o negócio também é de grande valia, pois com ele assegura-se a provisão de bens essenciais, como alimentação, gás, eletricidade, telefonia etc.

Partes nesse contrato, como visto, de um lado, será o fornecedor ou abastecedor, e de outro, o fornecido ou abastecido. Embora o campo maior de aplicação seja a empresa, nada impede que o contrato seja utilizado, de ambos os lados, por pessoas naturais. A contratação, entre nós, será albergada pelo Código de Defesa do Consumidor se, no caso concreto, definir-se uma relação de consumo, nos termos continuamente enfocados por nós sempre que o tema vem à baila.

O fornecedor não somente se obriga a entregar coisas durante certo período, como também a prestar um serviço, a fim de desenvolver e manter o funcionamento da empresa ou atividade do fornecido, fazendo com que os bens sejam entregues na forma, qualidade, quantidade e tempo oportunos. O abastecido tem em mira justamente esse aspecto prático ao contratar o fornecedor (Ghersi, 1994, v. 2:107). O contrato pode representar *status* especial para ambas as partes, dependendo do renome e conceito de ambos, como ocorre, por exemplo, com os fornecedores da Casa Real da Grã-Bretanha, autorizados a identificar-se como tal.

Em projetos de construções e obras de vulto, cujo funcionamento depende de certos bens de forma contínua, como combustíveis, gases e outros insumos, o contrato de fornecimento é essencial. Na pequena empresa, como um restaurante, por exemplo, o fornecimento contínuo e periódico de matéria-prima alimentícia, hortaliças, carnes, bebidas, é fator fundamental de eficácia do negócio. É importante o contrato de fornecimento de refeições prontas para o transporte aéreo de passageiros, o serviço de *catering*, bem como para grandes indústrias e escritórios. Como se percebe, é largo o espectro de aplicação e a importância desse contrato.

41.2 NATUREZA JURÍDICA. CARACTERÍSTICAS

O contrato de fornecimento pertence àquela categoria de contratos mistos por nós referida ao tratarmos da classificação e interpretação. O fornecedor não apenas se obriga a entregar as coisas, no que o negócio se aproxima da compra e venda e da locação, como também a realizar atos, a fim de possibilitar que o fornecido delas se utilize, no que aufere princípios da empreitada. Ao fornecido resta a obrigação principal de pagar o preço.

Não se chega à conclusão homogênea acerca de sua natureza jurídica. Para a maioria, trata-se de contrato autônomo. Dependendo da complexidade do fornecimento, há proeminência ora dos princípios da compra e venda, ora da locação de coisas ou de obra. Sem dúvida, os maiores pontos de contato do instituto são com a compra e venda. Nesse caso, aproxima-se o fornecimento da compra e venda continuada ou periódica. No entanto, é mais do que singela compra e venda, pois cabe ao fornecedor não somente entregar as coisas, como também fazê-lo de molde a não interromper a atividade do abastecido. Não resta dúvida, porém, de que se trata, em última análise, de uma compra e venda de longa duração e os princípios gerais desse contrato devem ser aplicados subsidiariamente à vontade das partes. Atente-se, porém, que não se trata pura e simplesmente de repetidas ações de compra e venda, pois o fornecimento representa um universo maior, como estamos a examinar.

Quando, pelo fornecimento, apenas se transfere ao fornecido o uso e gozo de coisas, não há como ligá-lo à compra e venda, pois sua assimilação é com a locação.

O contrato é consensual, bilateral, oneroso, comutativo, nominado, atípico, informal, de trato sucessivo ou de duração.

É *bilateral*, porque uma das partes obriga-se à entrega periódica, enquanto à outra cabe pagar o preço. É *oneroso*, porque cada um dos contratantes tem direito a uma contraprestação. É *comutativo*, porque as prestações são, de regra, conhecidas e equivalentes, mas não se afasta a possibilidade de ser aleatório. Embora o contrato seja *nominado*, perfeitamente conhecido sob a epígrafe examinada, não recebe tratamento legal, nem mesmo no Código Civil em vigor, sendo *atípico*. Assim, não há obrigatoriedade de forma e pode ser verbal ou escrito. Utilizado pela Administração, o contrato de fornecimento ao Poder Público submete-se aos princípios de direito administrativo e requer, na maioria das vezes, forma escrita, podendo constituir-se na espécie de ato único.

Como acentuado em sua definição, o fornecimento, por sua natureza, estende-se no tempo, por lapso mais ou menos longo. Essa *duração* é que concede utilidade ao instituto. Embora existam opiniões divergentes, não podemos falar em contrato de um único fornecimento, que se transforma em compra e venda ou locação. No âmbito da empresa, geralmente caracteriza-se como contrato de adesão, mas essa não é sua característica essencial.

41.3 MODALIDADES. ELEMENTOS

Como já acenado, o fornecimento pode implicar *alienação*, *consumo* ou *gozo e uso*, quando transmitirem a propriedade (matéria-prima, por exemplo), no caso de as coisas serem postas à disposição do abastecido para seu consumo (água e alimentos para funcionários, por exemplo), ou quando apenas forem transmitidas as coisas para o fornecido delas se utilizar (vestimentas para representação teatral, por exemplo), respectivamente.

O consentimento no contrato dependerá da situação jurídica dos agentes, não se esquecendo que o contrato pode integrar o rol daqueles efetuados pela Administração. A contratação poderá sujeitar-se à proteção da lei do consumidor, se o fornecido se inserir em sua conceituação. Estabelecido o negócio entre duas empresas do mesmo nível, sem vulnerabilidade econômica, cuidar-se-á de típico contrato de empresa, regido pelo direito privado.

Como exposto, no contrato de fornecimento o objeto imediato é constituído de obrigações de dar e fazer necessárias para a entrega periódica ou continuada dos bens. Pode referir-se a bens duráveis ou consumíveis, fungíveis ou não. Não é essencial que as coisas pertençam ao fornecedor. Nada impede que este as adquira de um terceiro para fornecer.[1]

---

[1] "Apelação. Ação de cobrança. **Contrato de fornecimento** de equipamentos e montagem de máquina de manta asfáltica e de um tanque de aço-carbono. Sentença de procedência. Inadimplemento da ré. Suposta imprestabilidade do maquinário aos fins a que se destinava. Alegações de exceção de contrato não cumprido e de que a autora não mitigou o prejuízo. Inocorrência. Eventual inadimplemento da autora, desde que "substancial, relevante, a ponto de causar desproporcionalidade na sinalagma entabulada entre os contratantes", poderia autorizar a suspensão do pagamento pela ré (contraprestação ajustada no contrato), sem dar ensejo a que ela, sem antes exigir o implemento da obrigação que competia à autora e sem pretender a resolução do contrato, realizasse intervenção no maquinário por sua própria conta e risco para providenciar os ajustes que entendeu necessários à revelia da autora. Inteligência dos artigos 475 e 476, ambos do CC. Impossibilidade de se aquilatar a extensão do aventado inadimplemento da autora no cotejo com o valor da dívida exigida da ré. Perícia inconclusiva. Ônus que competia à ré e do qual não se desincumbiu. Artigo 373, inciso II, do CPC. Sentença mantida. Recurso desprovido" (*TJSP* – Ap 1002091-64.2020.8.26.0319, 16-8-2023, Rel. Lidia Conceição).

"Apelação. Ação de rescisão contratual c/c reintegração de posse e cobrança. Sentença que julgou procedente a ação. Inconformismo da parte ré. Preliminar. Citação da empresa ré. Pessoa estranha a seus quadros funcionais. Aplicação da teoria da aparência e precedentes do C. STJ. Revelia aplicada (artigos 344 e 345, IV do CPC). Contrato de fornecimento de GLP. Descumprimento pela contratante. Aquisição de volume menor ao contratado. Ausência de rescisão no prazo estipulado pelas partes. Manutenção da sentença quanto à rescisão por culpa da ré e reintegração dos bens dados em comodato. Multa pela rescisão contratual antes do prazo de vigência do pactuado. Redução equitativa da multa, tendo em vista o cumprimento de aproximadamente um terço do tempo de renovação contratual. Inteligência do artigo 413, do C.C. Aplicação do princípio da proporcionalidade. Ausência de violação a 'pacta sunt servanda'. Sentença reformada em parte. Recurso parcialmente provido" (*TJSP* – Ap 1000118-57.2019.8.26.0045, 3-10-2022, Rel. Rodolfo Cesar Milano).

"**Contrato de fornecimento de gases** – Cláusula de renovação automática, por igual período, se não houver manifestação contrária das partes com antecedência de 180 dias do termo final. Validade. Multa em valor equivalente à média de consumo multiplicada pelo número de meses faltantes para o final do contrato. Abusividade

Elemento definidor desse contrato, sem dúvida, é o *prazo*, que pode ser determinado ou indeterminado. A *duração* é elemento essencial, sem a qual o contrato descaracteriza-se. Se o contrato for estabelecido por prazo indeterminado, sua denúncia injustificada, seguindo-se a regra geral, dependerá de notificação prévia. Se o contrato não previr o prazo da notificação, cuja finalidade é não tomar de surpresa as partes, deve ser concedido prazo razoável, dependendo da natureza do negócio. Prazo razoável é o que permite, por exemplo, que o fornecido obtenha novos fornecedores, modifique a estratégia de vendas, mude de ramo; e possibilite que o fornecedor obtenha novos clientes, esgote o estoque; redefina quadro de empregados etc. Como corolário, por prazo indeterminado, as partes podem denunciá-lo a qualquer momento, sem obrigação de indenizar, salvo se houver prova de rompimento abusivo, com ausência de pré-aviso. Veja o que falamos a seguir a esse respeito.

41.4 DISTINÇÃO DE OUTRAS MODALIDADES CONTRATUAIS

Foi vista a grande assimilação do fornecimento com a *compra e venda,* na modalidade translativa. Com ela, porém, não se identifica, mormente pela continuidade de entregas a que se compromete o fornecedor. A continuidade e a periodicidade traduzem a diferença mais acentuada. Na compra e venda, ainda que a prestação se dê em diferentes momentos, cuida-se do fracionamento de uma única prestação.

A proximidade com a *locação de coisas* também é aferível, quando não existe transferência de propriedade. No entanto, o fornecedor não se compromete unicamente à simples entrega das coisas para uso e gozo, mas também a tornar as entregas uniformes, de modo que seja mantido em curso o negócio ou a atividade do fornecido. De qualquer modo, temos de analisar se o móvel do contrato é a utilização da coisa sem supervisão do *tradens*, ou se a isso se agrega obrigação de manutenção e assistência, quando então se caracterizará o fornecimento, geralmente em conjunto com outros contratos, como afirmado.

Existem também elementos comuns com a *empreitada* (locação de obra):

> "*Quando se promete obter um resultado e este é o motivo principal da contratação, surge a locação de obra. Se o primordial é a entrega, tratar-se-á de um fornecimento*" (Ghersi, 1994, v. 2:115).

Também existem elementos similares ao contrato de distribuição. Neste, porém, o intuito do distribuidor é sempre revender os bens recebidos, enquanto no fornecimento as coisas podem ser para o próprio uso do abastecido. O distribuidor ainda se obriga a uma série de deveres que não oneram o abastecido, cuja única obrigação, em princípio, é pagar o preço. Veja ainda a respeito da matéria o disposto no Capítulo 31 desta obra.

Como o fornecimento se utiliza de vários elementos de contratos afins, sua hermenêutica deve levar em consideração as regras desses contratos. Desse modo, se o fornecimento implicar transferência de propriedade, é na compra e venda que se deve inspirar o exegeta.

---

reconhecida, especialmente nos contratos renovados. Sentença que reduziu a multa para 20% do valor fixado no contrato confirmada. Recursos desprovidos" (*TJSP* – AC 1011261-61.2018.8.26.0309, 24-9-2019, Rel. Pedro Baccarat).

"**Contrato de fornecimento** – Alimentos fabricados e embalados pela autora para distribuição e venda no varejo, como marca própria, pela ré. Proibição de comercialização, interdição e recolhimento do produto por determinação da Vigilância Sanitária. Causa justificada para rescisão do contrato. Sentença de improcedência mantida. Honorários advocatícios sucumbenciais arbitrados com observância dos princípios da proporcionalidade e da razoabilidade. Recurso não provido" (*TJSP* – Ap 0106972-68.2012.8.26.0100, 19-2-2018, Rel. Gilson Delgado Miranda).

A assinatura de jornais e revistas, por exemplo, deve ser considerada um contrato de fornecimento, pois nesse pacto estão presentes suas características (Farina, 1994:475), embora esta não seja opinião unânime, pois há quem o considere venda com prestações periódicas.

41.5 OBRIGAÇÕES DAS PARTES

Ao fornecedor cabe entregar as coisas a que se obrigou, no prazo e nos períodos prometidos. Se as partes não estabeleceram o prazo, são importantes os usos e os costumes do ramo de atividade e da situação geográfica. O mesmo se diga com respeito ao preço e à forma de pagamento. Ao simples dever de entregar agrega-se a obrigação de fazer com que os bens cheguem em condição de uso, nisso incluindo-se as qualidades e quantidades especificadas. Como se trata de contrato oneroso e transfere a coisa ao adquirente, o fornecedor responde pela evicção e pelos vícios redibitórios.

Ao contrato de fornecimento pode juntar-se a *cláusula de exclusividade*, em determinada área ou para determinados produtos, tanto para o fornecedor como para o fornecido. A quebra dessa exclusividade pode acarretar a rescisão do contrato e abrir possibilidade de indenização.

Como o contrato é de duração, impõe-se ao fornecedor o dever de comunicar, em tempo oportuno ao fornecido, a eventual impossibilidade de entregar na quantidade ou qualidade programadas.

Ao fornecido cabe inicialmente pagar o preço e receber as coisas na quantidade e qualidade contratadas. Na falta de convenção ou de usos e costumes, o preço deve ser pago à vista da entrega. Questões podem surgir quando as partes especificam quantidades mínimas, ou quando há necessidade de pedido certo dentro de um prazo. A matéria é para deslinde no caso concreto. Se o fornecido se comprometeu a adquirir do fornecedor com exclusividade, rompe o contrato aquele que adquire de outro fornecedor. Cuida-se de inadimplemento de obrigação de não fazer. Assim como o fornecedor, deve o fornecido notificar previamente a outra parte sobre modificações de qualidade ou quantidade e, como expusemos, tratando-se de contrato por prazo indeterminado, deve conceder pré-aviso com prazo razoável, ou prazo fixado no contrato, quando não mais desejar o prosseguimento da avença.

41.6 EXTINÇÃO

As causas de extinção de todos os contratos afetam de igual forma o fornecimento. Tratando-se de contrato por prazo indeterminado, há necessidade de notificação prévia. Sob esse aspecto, deve ser lembrado o disposto no art. 473, parágrafo único do Código:

> *"Se, dada a natureza do contrato, uma das partes houver feito investimentos consideráveis para a sua execução, a denúncia unilateral só produzirá efeito depois de transcorrido prazo compatível com a natureza e o vulto dos investimentos".*

O prazo razoável de que fala a lei dependerá, como se verifica, do caso concreto. O disposto na nova lei se aplica tanto ao fornecedor como ao fornecido. Se o fornecedor fez elevados investimentos para atender aos pedidos do cliente, por exemplo; se o atende com exclusividade; se o objeto fornecido é de técnica específica e com mercado restrito etc., tudo isso deve ser levado em conta no prazo que é concedido para a resilição por denúncia vazia, que não poderá resumir-se aos costumeiros trinta dias. As partes podem, é verdade, tendo em vista essa problemática, já estabelecer adredemente uma proporcionalidade de prazo para a denúncia, conforme o tempo de vida do contrato: quanto maior sua vigência, maior será o prazo concedido na denúncia. Isso se aplica para todos os contratos nos quais tenha aplicação a norma transcrita.

O fornecimento também pode ter sido contratado em razão de certa causa, como a edificação de obra, um espetáculo esportivo, por exemplo, cujo término implique a extinção do fornecimento. Desse modo, levem-se em conta as causas normais e patológicas de extinção, como as situações de nulidade absoluta e relativa, caso fortuito e força maior, cláusulas abusivas e excessiva onerosidade, conforme estudado.

42

INCORPORAÇÃO IMOBILIÁRIA

42.1 INCORPORADOR. INCORPORAÇÃO. CONCEITO. NATUREZA JURÍDICA

A classificação do contrato de incorporação imobiliária apresenta complexidade. Esse contrato é regido pela Lei nº 4.591/64, Lei de Condomínios e Incorporações. A Lei nº 10.931, de 2 de agosto de 2004, que cria o patrimônio de afetação de incorporações imobiliárias, também atinge a conceituação desse contrato. A Lei nº 13.786, de 27 de dezembro de 2018, adicionou texto à Lei das Incorporações para cuidar principalmente do desfazimento do contrato de aquisição de imóvel pelo adquirente. A Lei nº 14.382/2022 inclui novas disposições nessa Lei, no intuito de proteção aos adquirentes.

Interessante observar que, a parte de condomínios passou a ser disciplinada pelo Código Civil contemporâneo, que silencia em matéria de incorporação imobiliária. Em torno do contrato de incorporação imobiliária enfeixam-se negócios ligados à construção civil e empreendimentos imobiliários. Segundo a noção concebida pelo art. 28 dessa lei, incorporação imobiliária é negócio jurídico que tem por finalidade promover, administrar e realizar a construção, para alienação total ou parcial de unidades autônomas, as quais podem ser constituídas de apartamentos, escritórios, garagens, *shopping centers* etc.

Importa situar previamente a figura do *incorporador*. O art. 29 dessa lei o define de forma prolixa:

> *"Considera-se incorporador a pessoa física ou jurídica, comerciante ou não, que, embora não efetuando a construção, compromisse ou efetive a venda de frações ideais de terreno objetivando a vinculação de tais frações a unidades autônomas, em edificações a serem construídas ou em construção sob regime condominial, ou que meramente aceita propostas para efetivação de tais transações, coordenando e levando a termo a incorporação e responsabilizando-se, conforme o caso, pela entrega, a certo prazo, preço e determinadas condições, das obras concluídas".*

A prolixidade legal é justificada perante a incerteza reinante na época da lei a respeito da atividade do incorporador. Essa figura empresarial, originalmente destinada a edifícios de apartamentos, hoje dirige-se a empreendimentos não imaginados, tais como condomínios fechados, clubes de campo, multipropriedade (*time sharing*) e tantos outros.

A atual lei de condomínios e incorporações de há muito necessita remodelação. O condomínio em edifícios passou a ser regulado pelo Código Civil de 2002, embora de forma lacunosa, estando a matéria a exigir um estatuto próprio ou microssistema, com legislação abrangente de todas as novas manifestações condominiais, como os chamados loteamentos fechados, clubes de campo, *shopping centers*. A multipropriedade foi inserida no Código Civil mais recentemente.

Não há necessidade de que essas duas matérias estejam ligadas umbilicalmente no mesmo diploma. Por contingência legislativa da época de sua promulgação vieram disciplinadas em conjunto, em títulos autônomos e praticamente independentes.

Conforme nosso ordenamento, caracteriza-se a incorporação quando a iniciativa do empreendimento é levada avante pelo incorporador que se dispõe a vender unidades autônomas. Não existe incorporação quando proprietários de imóvel em conjunto assumem a tarefa, ainda que sob a regência de um administrador. Nessa hipótese, os futuros proprietários de unidades autônomas promovem um futuro condomínio.

A grande novidade introduzida pela Lei nº 4.591/64 foi atribuir efeito real em favor dos adquirentes e do incorporador, mediante registro da documentação necessária no cartório imobiliário.[1] O contrato de incorporação abrange ajuste referente a alienação de fração ideal

---

[1] "Agravo de instrumento – **Incorporação imobiliária** – Autor que adquiriu unidade em construção, celebrando contrato com Casaalta Construções, a qual contava com procuração outorgada pelos proprietários do imóvel para realização da incorporação e celebrou negócios em seu próprio nome. Posterior constatação de que a unidade teve sua matrícula individualizada, com atribuição da propriedade aos anteriores donos do imóvel no qual realizada a incorporação. Adquirente que ingressou com ação visando cancelamento do registro, adjudicação do bem para si e indenização. Requerimento de tutela antecipada visando cancelamento do registro e transferência do bem. Decisão de indeferimento sob argumento de que não caracterizada situação de urgência, cabendo registro do compromisso. Acolhimento em parte do agravo. Risco ao resultado útil do processo caracterizado, pois os agravados, agora titulares do domínio da unidade, podem alienar ou gravar o bem, frustrando a efetivação do pedido do autor. Impossibilidade do registro do compromisso em razão da violação do princípio da continuidade registral. Necessidade de aferir, no curso da instrução, qual a extensão da participação dos agravados na realização da incorporação, bem como as circunstâncias em que se deu a transmissão do imóvel. Tutela acautelatória cabível, de menor extensão do que o requerido, com determinação do bloqueio da matrícula do imóvel, evitando nova alienação do bem ou sua oneração. Recurso parcialmente provido" (*TJSP* – AI 2013519-81.2018.8.26.0000, 28-3-2019, Rel. Enéas Costa Garcia).

"**Incorporação imobiliária** – Mora na entrega da unidade autônoma e na regularização documental do imóvel, mesmo depois de expirada a cláusula de prorrogação. Contexto probatório evidenciador dos fatos que embasam a pretensão autoral. Circunstâncias apontadas como excludentes de responsabilidade que são inerentes ao próprio negócio explorado, à luz da teoria do risco do empreendimento. Dever jurídico sucessivo de indenizar que se impõe. Lucros cessantes referentes aos aluguéis. Entendimento consolidado do STJ quanto à presunção do prejuízo do promitente comprador. Dano moral ocorrido. Frustração do comprador, que direcionou seu numerário com a legítima expectativa de usar, gozar e fruir o imóvel adquirido, sem êxito imediato. Inescusável desídia da incorporadora. Inaplicabilidade da Súmula nº 75 desta Corte Estadual ao caso. Indenização arbitrada em R$ 12.000,00 (doze mil reais), que não merece redução ou majoração. Apelos improvidos, vencido o Eminente Relator" (*TJRJ* – AC 0001413-13.2014.8.19.0209, 9-7-2018, Rel. José Carlos Varanda dos Santos).

"Agravo Interno – Recurso Especial – 'Juros no pé' – Ausência de impugnação específica a fundamento da decisão agravada – Súmula 182/STJ – 1 – Decisão recorrida publicada antes da entrada em vigor da Lei 13.105/2015, estando o recurso sujeito aos requisitos de admissibilidade do Código de Processo Civil de 1973, conforme Enunciado Administrativo 2/2016, desta Corte. 2 – A Segunda Seção, no julgamento do EREsp 670.117/PB, decidiu que não é abusiva a cláusula de cobrança de juros compensatórios incidentes em período anterior à entrega das chaves nos contratos de compromisso de compra e venda de imóveis em construção sob o regime de **incorporação imobiliária** (DJe 26/11/2012). 3 – 'É inviável o agravo do art. 545 do CPC que deixa de atacar especificamente os fundamentos da decisão agravada' (Súmula 182/STJ). 4 – Agravo interno a que se nega provimento" (*STJ* – AgRg-REsp 1.189.063 (2010/0062049-8), 15-3-2017, Relª Minª Maria Isabel Gallotti).

"**Adjudicação compulsória** – Autora que comprovou o pagamento da integralidade do preço do bem compromissado à venda – Requerida que limitou-se a alegar a existência de fato impeditivo, modificativo ou extintivo do direito da requerente, sem, contudo, produzir qualquer prova neste sentido – Ônus da prova que, a rigor, era da demandada, nos termos do art. 333, II, do Código de Processo Civil. Adjudicação Compulsória – Minoração do valor da multa, fixada em sentença, para cumprimento da obrigação de fazer – Cabimento. Adjudicação Compulsória –

de terreno ligado à futura unidade autônoma e a possibilidade de o incorporador promover a construção do edifício de três formas: diretamente, por empreitada ou por administração.

A incorporação visa basicamente à formação de um condomínio. Desenvolve-se por meio de sucessão de atos jurídicos e materiais. Existem basicamente quatro avenças pactícias com participação do incorporador. Há um contrato que objetiva a aquisição do terreno; a seguir, ocorre a formalização de contratos preliminares para aquisição de unidades autônomas e um contrato de prestação de serviços do incorporador. Após, contrata-se a construção do edifício propriamente dito. Esses ajustes podem apresentar algumas nuanças no caso concreto, podendo figurar em um só instrumento ou em instrumentos autônomos. A Lei nº 4.591/64, em seu art. 28, parágrafo único, define incorporação imobiliária como

> *"a atividade exercida com o intuito de promover e realizar a construção, para alienação total ou parcial, de edificações, ou conjunto de edificações compostas de unidades autônomas".*

Existe um procedimento administrativo prévio que se constitui na apresentação e arquivo de documentação ao registro imobiliário.

O incorporador, por seu lado, não é somente mandatário, nem empreiteiro ou administrador. Trata-se de figura catalisadora de um complexo contratual. Centraliza, administra e conclui o empreendimento, com série de responsabilidades descritas na lei. Há um contrato normativo, com cláusulas predispostas que ficam arquivadas no registro imobiliário e todos futuros adquirentes de unidades condominiais necessariamente aderem àquelas cláusulas, que são obrigatórias. É permitido, todavia, que em cada contrato elaborado com os aderentes sejam acrescentadas outras cláusulas que digam respeito a preço, forma e prazo de pagamento, acabamento interno das unidades construídas, restrições de vizinhança etc., as quais podem não constar do contrato-padrão arquivado, que originou o empreendimento. Em torno do incorporador gravitam os contratos com os adquirentes, assim como com construtores, fornecedores etc. Perante o adquirente, contudo, a responsabilidade será sempre do incorporador, o que nem sempre representava garantia e tranquilidade para os adquirentes. A Lei nº 10.931/04, já referida, buscou justamente melhor garantia para os adquirentes, bem como para as instituições financiadoras fomentadoras do empreendimento.

A mais recente Lei nº 13.786/2018 inseriu no diploma legal das incorporações o art. 35-A, que passa a exigir que os contratos sejam iniciados por *quadro-resumo*. Esse quadro inicial deve constar obrigatoriamente do contrato. Deve conter, destacadamente, entre outros aspectos, o preço total do imóvel, valores de parcela da entrada e forma de pagamento, valor da corretagem,

---

Sentença que determinou a expedição de ofícios ao Ministério Público, para apuração de eventuais irregularidades relacionadas à lei de incorporação imobiliária ou ao Código de Defesa do Consumidor – Possibilidade – Recurso parcialmente provido" (*TJSP* – Ap 0054141-67.2012.8.26.0577, 10-2-2016, Rel. José Roberto Furquim Cabella).

"**Agravo de instrumento** – incorporação imobiliária – inadimplemento de contrato – Pedido de bloqueio da matrícula do imóvel em razão da existência da demanda – Preservação de interesses de terceiros – Indeferimento – Pretensão não recepcionada pelas hipóteses do artigo 167 da Lei nº 6015/73 (LRP) – Publicidade da demanda regulada pelo CPC atende aos interesses de terceiros – Recurso não provido" (*TJSP* – AI 2110744-09.2015.8.26.0000, 15-7-2015, Rel. Luiz Eurico).

"**Adjudicação compulsória**, com pedido alternativo de obrigação de fazer, visando outorga de escritura de compra e venda de bem imóvel – Imputação à compradora da obrigação de pagamento de despesas referentes ao INSS da construção. Cláusula abusiva e ilegal. Incorporação imobiliária. Inexistência de registro. Descumprimento do artigo 32, da Lei 4.591/64. Pagamento de despesas de registro e execução da incorporação imobiliária é exclusiva do proprietário. Ausência de justificativa para recusa à outorga de escritura de compra e venda do bem imóvel. Honorários advocatícios fixados em montante que remunera condignamente o advogado. Recursos não providos" (*TJSP* – Ap 9152716-44.2009.8.26.0000, 29-1-2014, Rel. Edson Luiz de Queiroz).

forma e pagamento com indicação clara de valores, consequências do desfazimento do contrato etc. São doze itens nesse artigo, de suma importância para as partes, mormente para o adquirente. A norma é específica que esse quadro-resumo deve iniciar os contratos. Trata-se, na verdade, de extensão do Código de Defesa do Consumidor, do dever de informação ao consumidor.

Realçamos o item VIII que menciona acerca da possibilidade do exercício, por parte do adquirente do imóvel, o direito de arrependimento previsto no art. 49 do Código de Defesa do Consumidor, em todos os contratos firmados em estandes de vendas e fora da sede do incorporador ou do estabelecimento comercial. Trata-se do prazo de sete dias que tem o consumidor a contar da assinatura do contrato ou recebimento do produto quando a contratação ocorre fora do estabelecimento comercial. Essa norma expressa agora é oportuna. Na lei consumerista essa norma tem por finalidade outorgar ao consumidor a possibilidade de desistir do negócio quando a compra foi realizada por impulso e sem maior meditação. A mesma disposição é diretamente repetida no art. 67-A, § 10.

Os XII itens desse quadro-resumo são essenciais para a higidez do negócio, tanto que o § 1º dispõe que "*identificada a ausência de quaisquer das informações previstas no* caput *deste artigo, será concedido prazo de 30 (trinta) dias para aditamento do contrato e saneamento da omissão, findo o qual, essa omissão, se não sanada, caracterizará justa causa para rescisão contratual por parte do adquirente*". O § 2º acrescenta que esse desfazimento seguirá o CDC (§ 4º do art. 54).

O incorporador pode adotar o sistema de *venda direta a preço global*, *empreitada* ou de *preço de custo*, como veremos. Qualquer que seja a modalidade, a natureza do contrato sob exame será idêntica. Nessa relação jurídica, o contrato de incorporação é plurilateral, conforme a classificação que apresentamos nesta obra. Como vimos, essa categoria não é regulamentada entre nós, ao contrário do direito italiano. Nesse instituto, existe a figura centralizadora, o *administrador do contrato*, e as várias partes contratantes que com ele concluem vários negócios. Não se trata propriamente de contrato com mais de duas partes, pois podemos ter contrato de compra e venda singelo com mais de um comprador ou vendedor. Nessa plurilateralidade da incorporação, cada um contrata de per si. O objetivo imediato de cada contratante é obter a unidade autônoma pronta e acabada. O mesmo sucede no consórcio. O vínculo que cada consorciado mantém com os demais é tênue, mas existe, tanto que o destino do grupo consorcial depende do exato cumprimento das obrigações de cada consorciado. Da mesma forma, o destino do empreendimento imobiliário, mormente aquele por administração, depende da correta perfeição dos contratos estabelecidos com cada adquirente. A característica primordial dos contratos é permitir o ingresso e retirada de contratantes com a empresa em andamento.

Quem adquire unidade de empreendimento em curso, a meio caminho, tem direito de conhecer o estágio em que se encontra. A cessão de posição contratual na incorporação imobiliária ocorre com frequência. É negócio trilateral, como por nós estudado na obra *Direito civil: teoria geral das obrigações*, no qual é exigida a concordância do administrador do contrato, o incorporador. Pode ser abusiva a cláusula que exija excessivo preço para essa anuência. A lei de incorporações não estatuiu capítulo específico acerca dos direitos dos adquirentes perante o incorporador. A questão deve ser vista em contrapartida aos direitos e deveres do incorporador.

Existe relação que se pode nomear de "tradicional" entre o incorporador e o adquirente. No entanto, existe também um vínculo negocial que une os vários adquirentes entre si. Tanto que a própria lei permite que se reúnam em assembleia, com poderes até para destituir o incorporador.

Nesse negócio avulta importância o aspecto das exceções pessoais e gerais que podem ser opostas pelos aderentes ao incorporador. Figure-se que determinado contrato sofra do vício da coação. Esse vício não maculará os demais contratos do empreendimento. No entanto, se a incorporação se originou de documentação falsa para obtenção do registro imobiliário, por exemplo, todos os negócios estarão sob a eiva: qualquer interessado ou a assembleia podem arguir a nulidade.

Temos, portanto, uma figura contratual na qual por vezes realçam-se todos os adquirentes; outras vezes, um ou outro partícipe. Quando ocorre inadimplemento por parte de adquirente, cabe ao incorporador ou à comissão de representantes a iniciativa de rescindir o contrato. Pode, no entanto, caber à assembleia essa tarefa, por disposição contratual.

Quando o inadimplemento é do incorporador, cada adquirente tem legitimidade para argui-lo, até mesmo utilizando os meios procedimentais do estatuto do consumidor.

O art. 43-A da Lei das Incorporações, introduzido pela Lei nº 13.786/2018, disponibiliza até 180 dias corridos da data prometida para entrega do empreendimento, sem qualquer penalidade para o incorporador.[2] O prazo pode parecer longo, mas ao menos coloca um ponto final objetivo nas dúvidas dos inúmeros casos que chegaram aos tribunais.

O § 1º desse artigo dispõe que, se ultrapassado esse prazo, sem que o adquirente tenha dado causa, este poderá promover a resolução do contrato, sem prejuízo da devolução da integralidade de todos os valores pagos e da multa estabelecida, em até 60 dias corridos da resolução, em parcela única. A disposição é concreta e justa esperando-se que efetivamente seja cumprida.

O § 2º, enfrentando a hipótese de não pretender o adquirente desfazer o contrato, ultrapassado o prazo aqui mencionado, será devida ao adquirente adimplente, quando da entrega da unidade, indenização de 1% do valor efetivamente pago à incorporadora, para cada mês de atraso, por *rata die* com correção monetária segundo índice do contrato.[3]

Essas disposições que, à primeira vista beneficiam ambas as partes, merecem ser integralmente cumpridas, o que, a nosso ver, não vai ocorrer na prática, pois certamente acordos serão entabulados, geralmente em desfavor do adquirente. Esperemos que estejamos errados. Ao menos temos agora texto objetivo. Na verdade, a injunção mais ampla contra o adquirente está no art. 67-A, como tratamos a seguir. O art. 44, com a redação da Lei nº 14.382/2022 referida, estipula:

> "Após a concessão do habite-se pela autoridade administrativa, incumbe ao incorporador a averbação da construção em correspondência às frações ideais discriminadas na matrícula do terreno, respondendo pelos adquirentes pelas perdas e danos que resultem da demora no cumprimento dessa obrigação".

Essa disposição vem bem a propósito porque em muitas situações as unidades ficavam anos sem a devida averbação, em evidente prejuízo aos adquirentes.

---

2 "Compra e venda. Ação de ação de obrigação de fazer com pedido indenizatório. Sentença de procedência. Apelo das rés. Atraso na entrega da obra verificado. Mora comprovada. Cláusula contratual em conformidade com o artigo 43-A, *caput* e § 1º, da Lei nº 4.591/64 que estabelece prazo de tolerância de 180 dias para a entrega do imóvel. Dano material presumido. Lucros cessantes. Indenização pela privação do uso do imóvel. Súmula 162 do TJSP. Danos morais constatados, diante do longo período de atraso. Verba mantida. Sentença mantida. Honorários majorados. Recurso não provido" (*TJSP* – Ap 1034277-71.2023.8.26.0114, 22-8-2025, Rel. Alfredo Attié).

3 "Compromisso de venda e compra – Ação indenizatória, proposta por adquirente, em razão de atraso na entrega do imóvel – Sentença de procedência – Inconformismo de ambas as partes – Previsão de duas datas para entrega da unidade – Prevalência da interpretação mais favorável ao consumidor, art. 47, CDC – Prazo de tolerância que não foi previsto de forma destacada e clara, conforme entendimento dos tribunais superiores e previsão expressa legal, alterada pela Lei do Distrato, aplicável ao caso – Majoração dos lucros cessantes para 1% sobre o valor total pago, conforme art. 43-A, § 2º, Lei 4.591/64 – Aplicação do IRDR Tema 6º, deste E. TJSP que reconhece a ilegalidade da cobrança de juros de obra após o prazo previsto para entrega da unidade – Apelo dos autores acolhido e desprovido o das requeridas" (*TJSP* – Ap 1056246-33.2023.8.26.0506, 29-7-2025, Rel. Galdino Toledo Júnior).

Multiplicaram-se no passado ações para devoluções de parcelas pagas a adquirentes desistentes dos contratos de aquisições imobiliárias. Os tribunais determinavam devoluções com desconto em torno de 20% dos totais pagos. A situação, segundo os empresários incorporadores agravavam a contingência das empresas, pois nem sempre conseguiam alienar as unidades devolvidas. O art. 67-A veio em socorro a essas premissas. A devolução do que foi pago pelo adquirente, segundo os incisos I e II desse dispositivo, sofrerá a dedução cumulativa de:

> *"I – a integralidade da comissão de corretagem;*
>
> *II – a pena convencional, que não poderá exceder a 25% (vinte e cinco por cento) da quantia paga".*

Essa pena convencional é devida independentemente de prova de prejuízo pelo incorporador (§ 1º).

Na hipótese de o adquirente tiver fruído do bem, isto é, de sua posse efetiva, que não é o que mais comumente ocorre, a desistência implicará outras deduções, além daquelas do § 1º, descritas no § 2º, estas efetivamente para impedir o injusto enriquecimento:

> *"I – quantias correspondentes aos impostos reais incidentes sobre o imóvel;*
>
> *II – cotas de condomínio e contribuições devidas a associações de moradores;*
>
> *III – valor correspondente à fruição do imóvel, equivalente a 0,5% (cinco décimos por cento) sobre o valor atualizado do contrato,* pro rata die;
>
> *IV – demais encargos incidentes sobre o imóvel e despesas previstas no contrato".*

O texto também anota a efetivação de compensação dessas verbas com eventual quantia a ser restituída (§ 3º).

O texto da lei mais recente possui vários outros tópicos, procurando ser exaustivo.

Como percebemos, há riqueza de detalhes nas figuras do incorporador e da incorporação imobiliária ainda não totalmente absorvidos pela doutrina e jurisprudência, que se agravará com a nova legislação, quadro esse que mais se amplia com a possibilidade do regime de afetação facultado pela Lei nº 10.931, também mencionado pela lei mais recente. Na incorporação ocorre um encadeamento de atos negociais civis, mercantis e administrativos. É irrelevante qualificar a atividade do incorporador como civil ou mercantil no direito moderno e perante o Código de Defesa do Consumidor.

A lei atribui funções importantes ao incorporador. O sucesso ou insucesso do empreendimento imobiliário dependerá quase exclusivamente dele, de sua proba conduta e administração e de sua higidez financeira. A promulgação da lei deveu-se à série enorme de edifícios inacabados no passado, levando de roldão muitas esperanças e economias.

42.2 PARTES

Conforme o citado art. 29, o incorporador pode ser pessoa física ou jurídica, empresário ou não. Os empreendimentos atuais exigem grande cabedal de experiência e estrutura que praticamente alijam a pessoa natural. O art. 31 do diploma apresenta *numerus clausus* para a figura do incorporador, estabelecendo que a iniciativa e a responsabilidade das incorporações imobiliárias caberão ao incorporador, *que somente poderá ser*: o proprietário do terreno, o promitente comprador, o cessionário deste ou promitente cessionário com título suficiente ali descrito e o construtor. Admite-se também que o permutante do terreno possa figurar na hipótese, pela referência que lhe faz o art. 39. A situação ocorrerá quando o pagamento pela aquisição do terreno se dá com unidades autônomas a serem construídas.

Note que o incorporador pode não ser o construtor. A construção pode ser atribuída a terceiro, sob o regime de empreitada ou administração. O incorporador assume, no entanto, a responsabilidade pelo empreendimento. Em toda incorporação está implícita a outorga de mandato ao incorporador, para que represente os interesses dos adquirentes. Esse mandato ocorre por disposição legal. Como mandatário, o incorporador sujeita-se à responsabilidade inerente à gestão de interesses alheios.

Adquirentes ou subscritores nesse negócio jurídico serão quaisquer pessoas naturais ou jurídicas que se proponham a adquirir unidades autônomas. Enfatizamos o caráter plurilateral do contrato assinalado.

42.3 OBJETO

Como apontado, a incorporação visa à edificação e à conclusão de empreendimento imobiliário que modernamente não se restringe unicamente a edifícios. O art. 8º refere-se a conjunto de casas térreas ou assobradadas e prédios com unidades autônomas. Importa que haja possibilidade de aquisição de unidades autônomas pelos aderentes. Estes devem fornecer o numerário necessário para o empreendimento. O negócio pressupõe a vinculação entre a alienação das frações do terreno e a construção (art. 29, parágrafo único).

42.4 CONTEÚDO. LANÇAMENTO DA INCORPORAÇÃO. CONSTRUÇÃO

A incorporação propriamente dita é precedida da escolha do terreno e do estudo técnico do empreendimento. A seguir, impõe-se a inscrição da incorporação no registro imobiliário. O art. 32 da lei especifica o vasto rol de documentos que deve ser apresentado pelo incorporador. A Lei nº 14.382/2022 incluiu novos requisitos.

Feita a inscrição imobiliária, o incorporador terá o prazo de 60 dias a contar do termo final do prazo de carência, se houver, para promover a celebração do contrato relativo à fração ideal do terreno, do contrato de construção e da Convenção de Condomínio (art. 35). A lei faculta ao incorporador estabelecer prazo de carência dentro do qual lhe é lícito desistir do empreendimento (art. 34). Trata-se de lapso temporal destinado à avaliação de possibilidade econômica, financeira e mercadológica da empresa. O prazo máximo de carência será de 180 dias, prazo de validade do registro imobiliário (art. 33), nos termos mais claros descritos pela citada lei. Se o incorporador pretender a desistência da construção no prazo de carência, cabe denunciá-la por escrito ao Registro de Imóveis (art. 35, § 2º).[4]

---

[4] "Recurso Especial – Direito civil e processual civil – CPC/2015 – **Incorporação imobiliária** – Atraso na entrega do imóvel – Sobrestamento – Tema 971/STJ – Inaplicabilidade – Indenização por danos morais – Descabimento – Imóvel adquirido como investimento – Lucros cessantes – Termo 'ad quem' – Data da disponibilização das chaves aos adquirentes – Exceção do contrato não cumprido – Rejeição. 1 – Controvérsia acerca dos danos decorrentes de atraso na entrega de imóvel adquirido sob o regime da incorporação imobiliária para fim de investimento. 2 – Rejeição da preliminar de sobrestamento do presente recurso, suscitada com base na afetação do Tema 971/STJ, pois a controvérsia descrita nesse Tema não foi devolvida ao conhecimento desta Corte Superior. 3 – Inocorrência de dano moral na hipótese de atraso na entrega de imóvel adquirido para fim de investimento imobiliário, em virtude da inexistência de ofensa a direito da personalidade, limitando-se a lesão ao âmbito do patrimônio da adquirente. 4 – Cabimento de indenização por lucros cessantes até a data da efetiva disponibilização das chaves por ser este o momento a partir do qual os adquirentes passam a exercer os poderes inerentes ao domínio, dentre os quais o de fruir do imóvel. 5 – Análise do conceito doutrinário de lucros cessantes e da jurisprudência desta Corte Superior sobre o tema. 6 – Caso concreto em que o Tribunal de origem fixou o termo 'ad quem' dos lucros

A seguir, cumpre que se faça a eleição, em assembleia geral, antes do início das obras, da Comissão de Representantes, salvo se ela já constar do próprio contrato de construção, como permite a lei (art. 50, com redação da Lei nº 14.382/2022):

> "Será designada no contrato de construção ou eleita em assembleia geral a ser realizada por iniciativa do incorporador no prazo de até 6 (seis) meses, contado da data do registro do memorial de incorporação, uma comissão de representantes composta por, no mínimo, 3 (três) membros escolhidos entre os adquirentes para representá-los perante o construtor ou, no caso previsto no art. 43 desta Lei, o incorporador, em tudo o que interessar ao bom andamento da incorporação e, em especial, perante terceiros, para praticar os atos resultantes da aplicação do disposto nos art. 31-A a art. 31-F desta Lei".

Essa comissão é de vital importância para a consecução da incorporação. O art. 43 se refere à incorporação a preço certo e suas informações. Os arts. 31-A a 31-F referem-se à fiscalização do patrimônio de afetação.

---

cessantes na data da 'averbação do 'habite-se', data anterior à disponibilização das chaves, devendo-se manter incólume o acórdão recorrido, nesse ponto, para se evitar uma 'reformatio in pejus'. 7 – Inviabilidade de se acolher a tese de exceção do contrato não cumprido por ter a mora da construtora antecedido a alegada mora da adquirente. 8 – Prejudicialidade das demais questões suscitadas. 9 – Recurso especial parcialmente provido" (*STJ* – REsp 1796760/RJ, 5-4-2019, Rel. Min. Paulo de Tarso Sanseverino).

"Rescisão Contratual – **Incorporação imobiliária** – Cooperativa habitacional e adquirente que se enquadram, respectivamente, nos conceitos de fornecedora e consumidor. Preponderância da atividade-fim. Aplicabilidade do Código de Defesa do Consumidor. Precedentes. Desistência do negócio jurídico por parte do consumidor. Restituição das parcelas pagas. Dever jurídico e moral de reembolso. Medida que visa evitar o enriquecimento sem justa causa. Retenção de 20% dos valores pagos pelo autor a título de indenização pelas perdas e danos experimentados pela ré. Plausibilidade e adequação. Precedentes do C. STJ. Aplicabilidade das Súmulas 1 e 2 da Seção de Direito Privado desta Corte e da Súmula 543 do STJ. Incidência de correção monetária a partir de cada desembolso e de juros moratórios sobre o quantum objeto de devolução desde o trânsito em julgado. Sentença reformada. Recurso parcialmente provido" (*TJSP* – Ap 1004373-92.2016.8.26.0100, 28-2-2018, Rel. Rômolo Russo).

"Agravo interno no agravo em Recurso Especial – Direito civil e do consumidor – **Incorporação Imobiliária** – Venda de unidades autônomas em estande de vendas – Corretagem – Cláusula de transferência da obrigação ao consumidor – Validade – Preço Total – Dever de informação – Agravo interno improvido – 1 – É válida cláusula contratual que transfere ao promitente comprador a obrigação de pagar a comissão de corretagem nos contratos de promessa de compra e venda de unidade autônoma em regime de incorporação imobiliária, desde que previamente informado o preço total da aquisição da unidade autônoma, com o destaque do valor da comissão de corretagem. 2 – No caso dos autos, inexistente a cláusula no contrato principal (fato incontroverso), bem como não demonstrada a observância ao dever de informação e transparência, impõe-se a restituição dos valores ao consumidor. 3 – Agravo interno improvido" (*STJ* – AGInt-EDcl-AG-REsp 886.691 – (2016/0071760-1), 14-2-2017, Rel. Min. Marco Aurélio Bellizze).

"Agravo de instrumento – Ação de obrigação de fazer – Compromisso de compra e venda – Tutela antecipada – Agravante que alega a ocorrência de atraso injustificado na entrega do imóvel adquirido, muito embora já tenha quitado integralmente o preço ajustado. Ausência do registro da incorporação imobiliária que impossibilita a averbação do contrato firmado entre as partes. Perigo de dano à agravante. Presença dos requisitos do art. 300 do CPC/15. Tutela parcialmente concedida para autorizar a anotação da existência da demanda na matrícula do imóvel. Medida que encontra respaldo no princípio da publicidade e não causará qualquer prejuízo aos agravados. Precedentes jurisprudenciais. Decisão reformada neste ponto. Quanto aos demais pedidos, mostra-se necessário aguardar o completo exercício do contraditório e a regular dilação probatória, a fim de que possam ser colhidos maiores elementos de convicção. Recurso parcialmente provido" (*TJSP* – AI 2112085-36.2016.8.26.0000, 24-8-2016, Relª Rosangela Telles).

"**Apelação** – Ação de rescisão contratual c.c. cobrança. Alegação de inadimplência dos réus, caracterizando a desistência do negócio, a ensejar a aplicação da multa de 20%. Sentença de procedência, que declarou rescindido o contrato e condenou os réus a pagarem à autora R$ 28.000,00. Inconformismo. Comprovada a inadimplência da autora, em não averbar a incorporação imobiliária, bem como a dos réus, que não manifestaram a desistência por escrito. Partes que devem retornar ao 'status quo ante', sem qualquer ônus. Afastamento da multa contratual. Recurso provido" (*TJSP* – Ap 0009787-96.2013.8.26.0196, 7-5-2015, Rel. José Aparício Coelho Prado Neto).

A obtenção do "habite-se" e a averbação da construção constituem procedimentos finais da incorporação. São obrigações do incorporador. Na omissão deste, podem, em princípio, o construtor ou qualquer dos adquirentes providenciá-las, no entanto a Lei nº 14.382/2022 é expressa em responsabilizar o incorporador (art. 44).

A averbação da construção, após a concessão do "habite-se", define o término das obras, mas não da construção, pois certamente remanescerão atividades de acabamento, como portaria, jardinagem, decoração, contratação de pessoal, que normalmente cabem ao incorporador. A instituição do condomínio só ocorre física e juridicamente após essa fase. Antes da averbação da construção não há que se cogitar da realidade física das unidades autônomas (Franco e Gondo, 1991:127).

42.5 CONSTRUÇÃO POR EMPREITADA E POR ADMINISTRAÇÃO. VENDA POR PREÇO GLOBAL

A Lei nº 4.591/64 estabelece que a construção, na incorporação, pode ser feita pelo sistema de *empreitada*, a preço fixo, ou reajustável por índices previamente determinados (art. 55). O reajuste de preços na construção sempre foi o maior problema dos incorporadores e dos adquirentes, mormente em épocas de inflação descontrolada.

Esse contrato de empreitada, que aufere seus princípios fundamentais no contrato típico do Código Civil, embora celebrado com cada adquirente, na modalidade plurilateral mencionada, integra o complexo negocial da incorporação. Dele participam todos os aderentes. Cada adquirente responsabiliza-se apenas pelo custeio de sua unidade e pela parte comum que lhe corresponde. Trata-se, portanto, de empreitada que difere do contrato tradicional, cujas normas apenas subsidiariamente são aplicadas. Anote que nesta empreitada a lei permite o reajuste de preço, em contrário ao art. 619 do Código Civil de 1916, proibindo o desfazimento unilateral do pacto, como seria possível pelo art. 623, justamente porque se trata de empreendimento coletivo. No entanto, aplicam-se os princípios dos Códigos no tocante à responsabilidade do construtor pelos riscos da obra, sua solidez e segurança.

Na empreitada a preço fixo, é vedado o aumento. Discute-se nesse caso a questão da correção monetária das parcelas originárias. Em princípio, correção não é majoração ou reajuste. No entanto, tantos foram os índices que tivemos, mais ou menos reais, mais ou menos confiáveis, que a questão é altamente discutível. Melhor concluir, como regra geral, que preços sujeitos a correção monetária são reajustáveis. Muitas foram as paralisações de obras e discussões judiciais a esse respeito. De qualquer forma, e como princípio geral, contratada a construção a preço fixo, nenhuma majoração superior aos índices de inflação pode ser admitida. Com muito cuidado e cautela deve ser concedido qualquer reajuste sob fundamento na excessiva onerosidade ou teoria da imprevisão, utilizada pelos incorporadores, no mais das vezes, como confissão de malícia ou incompetência. Em país de inflação endêmica, a desvalorização da moeda não é elemento conclusivo para a imprevisão, pois não configura surpresa. Ademais, se o incorporador for um técnico, contratado a preço fixo, presumimos que conheça seu mister, não podendo prejudicar o consumidor com sua desídia.

Contratada a empreitada a preço reajustável, as revisões de preços devem ser feitas somente em épocas convencionadas nos contratos, levando em consideração índices também previamente estipulados. Costumam ser fixados índices alternativos para a hipótese de extinção do índice principal. São válidos, desde que não fique a critério exclusivo do incorporador a escolha de índice mais favorável, o que se constituiria cláusula meramente potestativa e, portanto, nula, nos termos do art. 122, parte final do Código Civil.

O preço da fração ideal do terreno e da construção, com indicação dos reajustes, deve necessariamente constar de toda publicidade ou divulgação do empreendimento (art. 56), dispensando-se unicamente a exigência para os anúncios classificados nos jornais (§ 2º). Em complemento ao já expresso nessa lei, há que se recordar dos princípios do Código de Defesa do Consumidor, atinentes à oferta e publicidade, de espectro muito mais abrangente (arts. 30 a 38).

Pelo *sistema de administração ou a preço de custo*, cabe aos futuros condôminos fornecer ao incorporador e ao construtor, nos prazos convencionados, os valores destinados ao empreendimento. Segundo Hely Lopes Meirelles (1979:215):

> *"contrato de construção por administração é aquele em que o construtor se encarrega da execução de um projeto, mediante remuneração fixa ou percentual sobre o custo da obra, correndo por conta do proprietário todos os encargos econômicos do empreendimento".*

As parcelas são rateadas entre os aderentes na proporção de cada unidade autônoma. É o sistema adotado com maior generalidade, pois apresenta vantagens nas épocas de recrudescimento inflacionário. Nesse diapasão, não caberá em princípio responsabilidade ao incorporador pela paralisação ou esmorecimento das obras devido à falta de numerário. Não está, porém, o sistema isento de falhas, quando, por exemplo, o incorporador lança o empreendimento com estimativa inferior ao valor real, para amealhar mais facilmente aderentes e, no curso da construção, o custo e as exigências de numerário tornam-se sumamente gravosos para os contratantes, motivando os dramas tão conhecidos. Há necessidade de impor maior rigor na fiscalização desse negócio, exigindo-se de há muito reformulação no ordenamento legal.

A Comissão de Representantes que teria, em tese, a função fiscalizadora, é constituída na prática pelo próprio incorporador e não atinge essa finalidade. Embora a lei obrigue que todas as faturas e duplicatas sejam emitidas em nome do condomínio, dos contratantes da construção, e todos os valores sejam depositados em contas abertas em nome desse condomínio (art. 58), não existe fiscalização efetiva na maioria das vezes. Continuam a ocorrer distorções graves no sistema. No dizer de Nascimento Franco e Nisske Gondo (1991:183),

> *"esses fatos notórios e frequentes seriam evitados se o legislador tivesse sido mais rigoroso ao dispor sobre a vinculação da conta bancária relativa a cada um dos edifícios, vedando ao incorporador sacar ou aplicar qualquer quantia não destinada ao fim específico de pagar despesas de material e mão de obra efetivamente empregados na construção".*

Nessa premissa, cabe aos contratantes acautelarem-se, estabelecendo a forma de movimentação do numerário nas contas bancárias. O novo sistema de afetação poderá minimizar os riscos. Tratando-se de contratos de adesão, devem-se utilizar dos instrumentos de defesa da lei do consumidor, defendendo seus direitos por meio dos órgãos a sua disposição. Importante é a atividade dos Procons na orientação dessas cláusulas contratuais.

Os arts. 58 a 62 da lei regulamentam a construção por administração. As revisões de estimativa de custo devem ser realizadas pelo menos semestralmente, entre a Comissão de Representantes e o construtor, alterando-se o esquema de contribuições quando necessário (art. 60). O parágrafo único desse dispositivo determina que o novo esquema de pagamentos deve ser comunicado aos contratantes com antecedência mínima de 45 dias das datas dos depósitos.

A exemplo do que ocorre na empreitada, a divulgação da forma de pagamento é essencial no sistema de administração, devendo em toda publicidade ou propaganda constar o preço da fração ideal do terreno e o orçamento atualizado do custo da construção (art. 62). Aplica-se o que foi dito a esse respeito quanto ao contrato de empreitada.

O incorporador pode vender as unidades autônomas por *preço global*, não se subordinando nem ao contrato de empreitada nem ao de administração. Nessa hipótese, submete-se da mesma forma aos princípios da lei especial, sendo a modalidade descrita no art. 41:

> *"Quando as unidades imobiliárias forem contratadas pelo incorporador por preço global compreendendo quota de terreno e construção, inclusive com parte do pagamento após a entrega da unidade, discriminar-se-ão, no contrato, o preço da quota de terreno e o da construção".*

Nessa hipótese, o contrato com os adquirentes será um compromisso de venda e compra de imóvel em construção. As responsabilidades do incorporador nesses negócios, afora os princípios gerais dos contratos, estão discriminadas no art. 43. Nessa modalidade, a construção é por conta e risco do incorporador. Sob determinadas circunstâncias, quando há paralisação da obra, faculta-se aos adquirentes sua conclusão (art. 43, inciso VI).

42.6 OBRIGAÇÕES E DIREITOS DO INCORPORADOR

É longo o elenco de obrigações do incorporador enunciado na Lei nº 4.591/64. A este se agregam as responsabilidades decorrentes dos princípios gerais dos contratos e do Código de Defesa do Consumidor. A lei que instituiu o patrimônio de afetação agrega ainda responsabilidades específicas. Às obrigações do incorporador contrapõem-se correlatos direitos dos adquirentes. Já nos reportamos ao longo rol de obrigações exposto no art. 32, referente à documentação necessária para o registro imobiliário. A ultimação desse registro é fundamental para a incorporação e de responsabilidade do incorporador.[5]

---

[5] "Apelação – Compra e venda de bem imóvel – Ação de resolução contratual – Desfazimento do negócio por culpa das rés – Obra sequer iniciada pela incorporadora – **Art. 32 da Lei nº 4.591/64** – Sentença de parcial procedência para declaração de rescisão do contrato, afastados os danos morais e os lucros cessantes – Danos morais – Situação que não enseja reparação por danos morais, constituindo mero dissabor e aborrecimento que não atinge patamar indenizável – Danos morais não caracterizados – verbas de sucumbência – Sucumbência recíproca mantida – Fixação dos honorários advocatícios que, todavia, deve considerar o proveito econômico obtido pelos réus – Sentença parcialmente reformada – recurso provido em parte" (*TJSP* – Ap 1006433-65.2019.8.26.0348, 16-5-2024, Rel. Luis Fernando Nishi).

"Agravo de instrumento. Ação civil pública. Decisão agravada que deferiu o pedido de tutela de urgência, para determinar que a ré se abstenha de comercializar unidades do empreendimento Parque dos Trigos, enquanto não se der regularização a seu cargo, sob pena de multa. Presença dos requisitos do art. 300 do CPC/2015. Ausência de registro do memorial de incorporação no Cartório de Registro de Imóveis. Descumprimento da norma prevista no **artigo 32 da Lei nº 4.591/64**. Abstenção que mostra como medida adequada. Decisão mantida. Recurso desprovido". (*TJSP* – AI 2236928-63.2022.8.26.0000, 12-4-2023, Rel. Hertha Helena de Oliveira).

"Apelação Cível – Ação de rescisão contratual – Promessa de compra e venda de imóvel – **Incorporação Imobiliária** – Venda de unidade autônoma – Necessidade de registro e arquivamento de documentos no cartório competente – Artigo 32 da lei nº 4.591/1964 – Descumprimento – Culpa exclusiva do promitente vendedor – Rescisão do contrato – Possibilidade – Restituição dos valores desembolsados – Inteligência da súmula nº 543 do Superior Tribunal de Justiça – Sentença mantida. I – A Lei Federal nº 4.591/64, que dispõe sobre o condomínio em edificações e as incorporações imobiliárias, confere garantias ao adquirente e impõe à incorporadora a obrigação de esclarecer e tornar público no competente Cartório de Registro de Imóveis todos os aspectos do empreendimento, antes de dar início à comercialização das unidades autônomas. II – Uma vez caracterizada a violação ao art. 32 da Lei nº 4.591/64 pela empreendedora imobiliária que vende unidades autônomas, sem o devido registro da incorporação no Cartório de Registro de Imóveis, legítimo é o direito do adquirente do imóvel de postular a rescisão do contrato de compromisso de compra e venda, com a consequente restituição dos valores desembolsados. III – Conforme prevê o Enunciado da Súmula nº 543 do Superior Tribunal de Justiça, "Na hipótese de resolução de contrato de promessa de compra e venda de imóvel submetido ao Código de Defesa do Consumidor, deve ocorrer a imediata restituição das parcelas pagas pelo promitente comprador – Integralmente, em caso de culpa exclusiva do promitente vendedor/construtor, ou parcialmente, caso tenha sido o comprador quem deu causa ao desfazimento."

O oficial do registro imobiliário responde civil e criminalmente, se efetuar arquivamento de documentação contraveniente à lei (art. 32, § 7º). Desses documentos constantes do registro, qualquer pessoa poderá pedir certidão ou cópia autenticada.

Como enunciamos, pode o incorporador desistir do empreendimento no prazo de carência. Nesse caso, deve devolver as importâncias recebidas dos adquirentes no prazo de 30 dias, sob pena de execução (art. 36).

A finalidade do contrato é a edificação. A obrigação do incorporador é de resultado: cumpre que entregue o edifício pronto e acabado, assim como a unidade autônoma do adquirente. Seu inadimplemento deve, portanto, ser examinado sob tal prisma, em conjunto com as obrigações expressas ou tácitas. É sua obrigação, entre tantas, manter-se fiel ao projeto apresentado, sem desviar-se do plano de construção, salvo autorização expressa dos interessados (art. 43, incisos IV e VI). Também é sua a administração geral da construção e sua a responsabilidade, ainda que nomeie subcontratantes ou prepostos.

Importante é a noção segundo a qual o incorporador não pode carrear aos adquirentes as despesas e custos referentes às unidades não vendidas. Nesse sentido dispõe o art. 35, § 6º, na parte final:

> *"O incorporador responde, em igualdade de condições, com os demais contratantes, pelo pagamento da construção das unidades que não tenham tido a responsabilidade pela sua construção assumida por terceiros e até que o tenham."*

Fonte de constantes abusos, em última análise não se pode permitir que os adquirentes financiem os imóveis pertencentes ao incorporador.

Nunca é demais enfatizar que a desigualdade contratual é marcante na incorporação (Pereira, 1993:282). A lei específica já é protetiva do adquirente, embora de forma ainda insatisfatória. Presente, portanto, a vulnerabilidade do aderente, é de ser lembrada sempre a aplicação dos princípios da lei de defesa do consumidor.

42.7 OBRIGAÇÕES E DIREITOS DOS ADQUIRENTES. INADIMPLEMENTO CONTRATUAL. APLICAÇÃO DO ART. 53 DO CÓDIGO DE DEFESA DO CONSUMIDOR

O sucesso da incorporação também depende grandemente dos pagamentos vertidos pelos adquirentes, constituindo-se, portanto, em sua principal obrigação. O contrato pode trazer expressa a cláusula resolutória. O art. 41, em seus parágrafos, permite que no contrato fique estipulado que, no atraso do adquirente no pagamento da parcela relativa à construção, os efeitos da mora recairão não apenas na aquisição da parte construída, mas também na fração ideal do terreno, ainda que esteja totalmente paga e vice-versa. Já o não pagamento da parcela referente à fração do terreno inviabiliza o contrato e autoriza a rescisão. São aplicados os princípios gerais dos contratos, levando-se em conta que a Lei nº 4.591/64 pontilha vários direitos específicos do adquirente.

IV – Recurso de apelação conhecido e não provido" (*TJMG* – AC 1.0024.14.196895-8/001, 16-2-2019, Rel. Vicente de Oliveira Silva).

"Processual civil. Civil. Embargos de terceiro. **Promessa de compra e venda.** Não reconhecimento dos pressupostos ao exercício dos direitos inerentes à posse. Ausência de impugnação específica. Deficiência na fundamentação recursal Súmula nº 283 do STF. Recurso a que se nega seguimento" (*STJ* – Resp 1.490.802 – (2014/0256631-0), 10-3-2015, Rel. Min. Moura Ribeiro).

Cláusula-padrão, persistente em todos os contratos até o advento do Código de Defesa do Consumidor, era a de perda de todas as quantias pagas na hipótese de inadimplemento do adquirente. A jurisprudência mostrava-se rigorosa na aplicação dessa cláusula iníqua, com raras exceções. Ao adquirente que perdesse tudo o que pagou restava tão somente recorrer à ação de enriquecimento injusto, de difícil manipulação e de duvidoso sucesso jurisprudencial. A fim de acudir essas situações, o art. 53 do Código de Defesa do Consumidor considera nula a cláusula que no contrato de compra e venda estabeleça a perda total das prestações pagas em benefício do credor que, em razão de inadimplemento, pleitear a resolução do contrato e a retomada do produto alienado.[6]

---

6 "Compromisso de compra e venda. Demanda de resolução contratual com pedido de restituição dos valores pagos. Iniciativa unilateral do adquirente. Sentença que autorizou a retenção, pela vendedora, de 25% (vinte e cinco por cento) do valor pago, aplicando o art. 67-A, da Lei nº 4.591/64. Insurgência da ré. Contrato posterior à Lei nº 13.786/2018. Inaplicabilidade do art. 67-A, da Lei nº 4.591/64, tal qual fez a r. sentença, por não se tratar de incorporação imobiliária, mas de lote de terreno. Negócio jurídico regido pela Lei nº 6.766/79. Cláusula de retenção de 10% do valor atualizado do contrato prevista no instrumento, nos termos do artigo 32-A da Lei nº 6.766/79, alterado pela Lei nº 13.786/18. Desproporção, contudo, verificada, embora dentro dos limites que à ré seria, em tese, lícito reter. Multa que acabaria por corresponder a montante superior ao total desembolsado pelo autor, abrindo ensejo a um efeito equivalente ao do perdimento integral de valores, vedado pelo art. 53 do Código de Defesa do Consumidor. Manutenção do percentual de retenção aplicado pela r. sentença, mas por fundamento diverso. Sentença de parcial procedência confirmada. Apelação da ré desprovida" (*TJSP* – Ap 1052049-19.2023.8.26.0576, 4-2-2025, Rel. Fabio Tabosa).

"Apelação cível. **Compra e venda de imóvel**. Resilição. Pedido de restituição dos valores pagos. Sentença de procedência. Lei do Distrato. Contrato celebrado em junho de 2011. Disposições da Lei nº 13.786/18 que alterou a Lei nº 4.591/64, em vigor desde 27/12/2018, apenas serão aplicadas aos contratos celebrados após a sua entrada em vigor. Incidência dos princípios da irretroatividade e da segurança jurídica (artigo 6º e §1º da Lei de Introdução às Normas do Direito Brasileiro). Adoção do princípio "tempus regit actum". Resilição contratual. Possibilidade. Devolução das parcelas pagas. Entendimento das Súmulas 1, 2 e 3 desta Corte de Justiça. Pedido da ré de retenção de grande parte dos valores pagos. Abusividade caracterizada. Princípios da equidade e da boa-fé que regem as relações de consumo, bem como o do equilíbrio contratual. Aplicação dos artigos 51 e 53 do Código de Defesa do Consumidor. Retenção de 20% dos valores pagos mantida, mostrando-se adequados para cobrir as despesas de administração, publicidade e outras inerentes à contratação. Indenização pela ocupação/fruição do bem. Admissibilidade. Autores impediram a alienação e utilização do imóvel por outras pessoas. Indenização limitada ao montante de 20% (vinte por cento) dos valores efetivamente desembolsados pelos autores. Sucumbência recíproca caracterizada com a alteração de parte do resultado do julgamento. Despesas e custas processuais que devem ser rateadas entre as partes. Arbitramento dos honorários advocatícios em 10% do valor da condenação atualizada (em favor do autor) e do proveito econômico (em favor da ré). Resultado. Recurso parcialmente provido". (*TJSP* – Ap 1006769-31.2022.8.26.0068, 27-7-2023, Rel. Edson Luiz de Queiróz).

"Processo civil – Loteamento – Loteador por equiparação – Incorporador – Obras de infraestrutura básica – Responsabilidade – Recurso desprovido. 1– Ao tempo da alienação original do terreno a legislação aplicável era o Decreto-Lei nº 271/67 . A disciplina traçada no art. 3º da referida legislação preconizava que equiparava-se o loteador ao incorporador, os compradores de lote aos condôminos e as obras de infra-estrutura à construção da edificação. Nessa linha, relembre-se que a legislação vigente à época (*tempus regit actum*) permitia a equiparação do loteador ao incorporador, bem como a equiparação das obras de infraestrutura com a construção de edificação. 2 – Não se assemelham as obras de infraestrutura básica com o atendimento da demanda particular do empreendimento. 3 – Recurso conhecido e desprovido" (*TJDFT* – Proc. 07035168820188070000 – (1158633), 26-4-2019, Rel. Silva Lemos).

"Apelação cível – **Incorporação Imobiliária** – Escritura pública de novação, confissão de dívida com promessa de dação em pagamento. Mora da apelante – Culpa da recorrente pelo atraso na entrega das unidades. Construção paralisada, sem que fosse demonstrada a ocorrência de caso fortuito ou de força maior. Responsabilidade da empreendedora pelo cumprimento das obrigações assumidas e pelos percalços inerentes à atividade de incorporação imobiliária. Litispendência – Ausência. Execução de crédito hipotecário que não tem identidade com o pedido indenizatório. Danos emergentes – Necessidade de ressarcimento da diferença entre o que seria obtido com a propriedade das 30 unidades, ou seja, com o proveito econômico decorrente do investimento contratado e a execução da garantia concernente à entrega desses imóveis. Multa contratual e lucros cessantes – Contrato e escritura pública de hipoteca que não prefixaram perdas e danos. Reparação integral dos danos. Mora na entrega do objeto contratado que justifica a incidência da multa contratual e impossibilidade do usufruto dos imóveis no período aprazado que exige o arbitramento de lucros cessantes, ambos até a data da adjudicação dos imóveis penhorados na execução hipotecária. Sentença parcialmente reformada. Recurso parcialmente provido, apenas para que seja modificado o termo final da incidência de multa contratual e de lucros cessantes" (*TJSP* – Ap 0232823-30.2006.8.26.0100, 26-7-2016, Rel. José Joaquim dos Santos).

Se, por um lado, a lei consumerista veda a perda total das parcelas, por outro, não diz quanto pode ser deduzido do que foi pago pelo comprador. Embora a questão seja altamente complexa e dificultosa também para o incorporador que se vê privado de um adquirente, em contrapartida recupera a disponibilidade da unidade, que pode ser novamente alienada. Tentativas têm havido de inserir cláusulas invocando deduções indevidas na devolução das quantias pagas, como valor de corretagem, publicidade etc. O sentido da lei não permite evidentemente essa conclusão. Inclina-se a jurisprudência, a nosso ver com razão, em permitir somente a dedução da cláusula penal. Deve, na premissa, o adquirente suportar a cláusula penal, pois, em última análise, é inadimplente. Essa multa, quando do exame de seu montante, deve atender aos limites do razoável, entre 10 e 20% do total pago, como costumeiramente tem sido decidido, lembrando-se da faculdade do art. 924 do Código Civil de 1916 atribuída ao juiz que lhe permite a redução proporcional. Já o Código de 2002, como vimos, no art. 413, determina que nessa situação o juiz reduza equitativamente a penalidade, como sempre fora sufragado pela jurisprudência.

Razoável, também, a cláusula que estabelece a devolução das quantias pagas na espécie no mesmo prazo proporcional ao das parcelas pagas, tudo com correção, evidentemente. Acima de tudo não podemos converter o contrato em poupança em favor do inadimplente, nem é exigida a descapitalização imediata do incorporador. Obedecemos regressivamente ao prazo dos pagamentos efetuados. Essa solução nos parece justa e amolda-se às finalidades da lei. De qualquer modo, a fixação apriorística do alcance desse artigo do estatuto do consumidor pode sofrer nuanças típicas de cada caso concreto. Importa, contudo, em cada situação, não tolher o alcance da norma colimado pelo legislador. Não é afastada também, de plano, a possibilidade de o incorporador provar prejuízo superior ao valor da cláusula penal em caso concreto.

Ainda, se o adquirente usufruiu da posse do bem, esse período de desfrute deve necessariamente ser deduzido, arbitrando-se o equivalente ao valor de aluguel para o período. Quando o inadimplemento é do incorporador, curial que o adquirente faça jus à devolução de tudo o que pagou mais perdas e danos. Ainda no âmbito da devolução das parcelas, recorde-se que, quando a construção é a preço de custo, o numerário pertence, na verdade, ao corpo condominial em fase de formação; não pertence ao incorporador. A este cabe tão só a taxa de administração, cuja parcela também deve ser deduzida, pois se trata de prestação de serviço efetuado.

42.8 COMISSÃO DE REPRESENTANTES E ASSEMBLEIA GERAL DE ADQUIRENTES. CONVENÇÃO DO CONDOMÍNIO

Quaisquer que sejam as modalidades de incorporação, podem os interessados reunir-se em Assembleia Geral durante o andamento das obras, a fim de tratarem de assuntos a elas relacionados (art. 49). Durante o empreendimento ainda não existe condomínio. A convocação e funcionamento desse órgão devem obedecer analogicamente ao que se estipular a respeito do futuro condomínio e às regras do condomínio em planos horizontais em geral, no que não for expressamente regulado na lei. Como ainda não há síndico, é o incorporador quem representa a comunidade.

O art. 49 delineia os fundamentos básicos de convocação e deliberação. Seus poderes permitem até destituir o incorporador, na hipótese de paralisação das obras, sob as condições do inciso VI do art. 43. Caso a assembleia decida que as obras continuarão sob o controle dos próprios condôminos, poderão eles destituir também o construtor. É soberana a decisão de assembleia por unanimidade. Na decisão por maioria, há que se ressalvar direitos dos dissidentes minoritários. A regularidade formal da assembleia, como foi visto, deve partir do próprio dispositivo da lei, utilizando-se por analogia, quando necessário, as disposições acerca do condomínio. As decisões da assembleia, enquanto não anuladas por decisão judicial, "obrigam a todos, mas o voto da maioria simples dos representantes não poderá atingir o direito de propriedade dos adquirentes" (Pereira, 1993:311). No entanto, em matéria de orientação sobre a construção, os adquirentes sujeitam-se a suas deliberações.

A Comissão de Representantes é estatuída no art. 50 e deveria constituir-se, na prática, do corpo fiscalizador do incorporador. Sua representação é peculiar, pois deriva da lei, a exemplo do síndico no condomínio. Ao mesmo tempo, porém, é voluntária, porque seus representantes são indicados pelas partes, com a particularidade de poderem, na prática, ser nomeados pelo instituidor do empreendimento, qual seja, o incorporador. Contudo, o poder de representação decorre da lei, independendo de mandato. Deveria, mas não o faz na prática. A lei pecou pela base. Permite que o próprio incorporador designe seus membros no contrato de construção. Com isso, facilita-se a inclusão de meros títeres do incorporador, que nada farão contra ele.

É imperioso que a lei seja alterada, a fim de impor que essa comissão deva unicamente ser eleita pela assembleia de adquirentes, como permite alternativamente a lei em vigor, em prazo próximo ao início do empreendimento, a fim de que sua finalidade seja cumprida. Cuida-se de entidade com representação legal, embora anômala, porque deve ser inscrita no registro de Títulos e Documentos. Com isso, adquire inelutavelmente capacidade processual que lhe permite estar em juízo como parte, porque possui existência de fato e de direito.

A comissão será composta de três membros, pelo menos, escolhidos entre os contratantes (art. 50), salvo quando o número for igual ou inferior, pois a totalidade exercerá em conjunto suas atribuições (art. 50, § 4º). O art. 50, como ressaltado, permite que a comissão seja designada no próprio contrato de construção, ou eleita em assembleia especial, devidamente convocada antes do início da obra. Raro, tratando-se de incorporador profissional, que ocorra essa assembleia. Transferindo seu direito sobre a unidade, o membro da comissão automaticamente é despojado da função, podendo o contrato ou a assembleia estabelecer que o novo adquirente sub-rogue-se na função para exercer o mandato.

A função fiscalizadora da comissão é ampla, daí por que de nada adiantará se for constituída por pessoas ligadas ao incorporador. Além do que lhe for atribuído no contrato, a representação dos adquirentes em geral, no que interessar à obra, cabe à comissão (Franco e Gondo, 1991:166): fiscalizar o andamento da obra (art. 55, § 3º); nos contratos de empreitada por preço reajustável, fiscalizar o cálculo de reajuste (art. 55, § 4º); nos contratos por administração, elaborar com o construtor a revisão semestral de estimativa de custo (art. 60); fiscalizar as alterações nas condições de pagamento, quando autorizado no contrato, na venda da unidade a prazo e preço certos (arts. 43, inciso V, e 50); notificar os adquirentes em atraso para pagar em dez dias, sob pena de rescisão do contrato (art. 63, §§ 1º e 8º); alienar em leilão público a quota ideal do terreno e os direitos relativos ao contrato de construção, pertencentes aos adquirentes em atraso, quando no contrato as partes tiverem admitido essa sanção (art. 63);[7] aprovar ou

---

[7] "Apelação Cível – Direito do consumidor – Direito processual civil – Ação de restituição da quantia paga – Preliminar de ofício – Inovação Recursal – Vedação – Pedido em contrarrazões – Via inadequada – Não Conhecimento – Promessa de compra e venda de unidade imobiliária em construção – medida de expropriação extrajudicial – da retenção dos valores pagos pelo faltoso – Legalidade – **Inteligência do art. 63, da Lei nº 4.591/64** – Precedente do Superior Tribunal de Justiça – Honorários Recursais – Recurso conhecido em parte e, na parte conhecida, parcialmente provido – Sentença reformada – 1 – O art. 1.014, do CPC/2015, dispõe que as questões de fato não postas no juízo de primeiro grau não podem ser suscitadas perante a segunda instância, salvo em caso de comprovada impossibilidade, por motivo de força maior. 2 – *In casu*, verifica-se existente inovação recursal. A autora traz aos autos da apelação matéria não formulada ao juiz singular, importando dessa maneira em supressão de instância, o que é vedado no ordenamento jurídico pátrio. Recurso conhecido em parte. 3 – As contrarrazões qualificam-se processualmente como meio de resistência à pretensão recursal, de maneira que qualquer pedido que não

impugnar balancetes das receitas e despesas do condomínio organizado pelo construtor (art. 61, *a*); fiscalizar as concorrências relativas às compras de materiais necessários à obra e à contratação de serviços pertinentes (art. 61, *b*); contratar modificações das unidades individuais com os condôminos, quando possíveis (art. 61, *c*); fiscalizar a arrecadação das contribuições destinadas à construção (art. 61, *d*); e exercer a fiscalização geral para o funcionamento regular desse condomínio (art. 61, *e*).

Essa comissão perdura até o final das obras, esgotando-se, então, sua função. No entanto, podem perdurar direitos, ainda que terminada a obra, que obriguem a atividade da comissão, como, por exemplo, a solução de débito pendente de adquirente.

A lei não esclarece sobre divergências entre os membros da comissão, mas há que se entender que, no silêncio do contrato ou de disposição assemblear, as decisões devem ser tomadas por maioria.

O membro da comissão que incorrer no inadimplemento de três prestações do preço da construção estará sujeito à perda automática do mandato, devendo ser substituído na forma do contrato (art. 63, § 10).

Entre os documentos necessários para o registro imobiliário da incorporação, a lei exige a minuta da futura Convenção de Condomínio, que regerá a edificação ou o conjunto de edificações. Esse projeto de convenção será depois submetido à aprovação dos condôminos, quando terminada a construção. Torna-se importantíssima essa convenção ainda mais pelo que consta do Código Civil em vigor. A convenção deve estabelecer o direito relativo às partes acessórias e sua possibilidade de alienação ou não a terceiros; utilização de áreas comuns; sistema punitivo ao condômino antissocial etc. Veja o que falamos a respeito do condomínio em edifícios em nosso volume de *Direitos Reais*.

---

tenha como escopo a manutenção da sentença desborda dos parâmetros da resposta e demanda a interposição de recurso próprio. Logo, não pode ser conhecida a pretensão do réu, ora apelado, de extinção do processo sem julgamento do mérito. 4 – Nos contratos de condomínios em edificações, havendo autorização contratual e prévia interpelação para constituição do devedor em mora, a medida expropriatória extrajudicial instituída pela Lei nº 4.591/1964 é regular. À guisa de ilustração, eis o Informativo nº 574, do STJ, *in verbis*: 'Nas execuções disciplinadas pela lei que regula as incorporações imobiliárias (Lei nº 4.591/1964), não há necessidade de notificação da parte inadimplente da data e hora do leilão extrajudicial (art. 63, § 1º), quando existir autorização contratual para sua utilização e prévia interpelação do devedor com intuito de possibilitar a purgação da mora. A revogação parcial da Lei nº 4.591/1964 (Lei de Incorporações) pelo Código Civil de 2002 não atingiu a previsão constante do art. 63 daquela, consistente na execução extrajudicial do contratante faltoso em sua obrigação de pagamento das prestações do preço da construção. Dessarte, a Lei nº 4.591/1964, diante da inexecução culposa do adquirente, além da rescisão do contrato, permite ao incorporador fazer com que os direitos à respectiva fração ideal do terreno e à parte construída adicionada respondam pelo débito, sempre conforme contratualmente previsto e mediante prévia notificação do inadimplente, para que em 10 dias purgue a mora. Assim, o compromissário comprador, já no momento de assinatura do contrato com o incorporador, toma ciência da possibilidade de ocorrência do leilão extrajudicial. Portanto, passado o prazo sem a purgação da mora, os editais para publicidade do leilão serão [...]. A jurisprudência do STF (AI 678.256 AGR, Segunda Turma, DJe 25/3/2010; AI 663.578 AGR, Segunda Turma, DJe 27/8/2009; AI 709.499 AGR, Primeira Turma, DJe 20/8/2009; RE 223.075, Primeira Turma, DJ 6/11/1998; e RE 408.224 AGR, Primeira Turma, DJe 30/8/2007) se posiciona, hoje, pela constitucionalidade das execuções extrajudiciais, comum aos procedimentos especiais previstos na Lei nº 4.591/1964, no DL nº 70/1966 e na Lei nº 9.514/1997, e, na linha desse entendimento, outrora o STF se manifestou especificamente acerca do art. 63 da Lei de Incorporações, decidindo por sua regularidade (RE 83.382, Segunda Turma, DJ 6/10/1976). Muito além do respeito aos princípios constitucionais, o STF reconhece o valor social dessa forma especial, célere e efetiva de expropriação, e entende que as execuções extrajudiciais imobiliárias têm por fundamento a pronta recuperação dos créditos com garantia imobiliária, havendo sido instituídas como um instrumento indispensável a um funcionamento razoável do sistema imobiliário.' (REsp 1.399.024-RJ, Rel. Min. Luis Felipe Salomão, julgado em 3/11/2015, *DJe* 11/12/2015). 5 – Recurso conhecido em parte e, na parte conhecida, parcialmente provido. Sentença reformada" (*TJDFT* – Proc. 20151410075784APC – (1010128), 19-4-2018, Rel. Romulo de Araujo Mendes).

O art. 9º, § 2º, da mesma lei dispõe que se considera aprovada e obrigatória para os proprietários a convenção que reúna as assinaturas de titulares de direito que representem, no mínimo, dois terços das frações ideais que componham o condomínio. Na prática, porém, na primeira assembleia condominial nada mais é feito do que ratificar a minuta originalmente outorgada pelo incorporador, embora seja a oportunidade propícia e ideal para sua alteração. Trata-se de diploma normativo que regerá a futura vida condominial. Ver o que foi examinado a respeito em nosso *Direito civil: direitos reais* (Cap. 15, seção 15.3).

42.9 INADIMPLÊNCIA DO INCORPORADOR

Quando o incorporador contrata a entrega de unidade a prazo e preço certos, preço global nos termos do art. 41, responde civilmente pela execução da incorporação, devendo indenizar os adquirentes ou compromissários dos prejuízos pelo inadimplemento total ou retardamento, cabendo-lhe ação regressiva contra o construtor, se for o caso (art. 43, inciso II). Na hipótese de falência do incorporador, não sendo possível à maioria dos adquirentes prosseguir na edificação, os aderentes serão credores privilegiados pelas quantias que tiverem pago ao incorporador, respondendo subsidiariamente seus bens pessoais (art. 43, inciso III).[8]

---

[8] "Agravo de instrumento. Execução de título extrajudicial. Empreendimento imobiliário. Arrematação do bem e instauração de concurso singular de credores. Impugnação de decisão que deixou de analisar pedidos de habilitação por intempestividade e/ou por falta de provas da existência e exigibilidade do crédito com consequente execução e penhora. Reforma. Afastamento de intempestividade dado que os pedidos de habilitação estão subscritos por adquirente não vinculados à Associação que efetuou a aquisição da CCB. Impossibilidade de ciência quanto à decisão que fixou prazo. Admissão de habilitação de compromissários compradores que apresentaram pedido dentro do prazo da decisão que instaurou o concurso. Interpretação extensiva do art. 43, III, da Lei n. 4.591/65. Incorporadora que se aproxima da insolvência. Possibilidade de habilitação no concurso de credores a despeito da falta de penhora. Preferência fundada em direito material que antecede a penhora, preferência de direito processual. Precedentes desta C. Câmara. Por fim, indeferimento do pedido de habilitação de adquirentes representados pela Associação. Decisão parcialmente reformada. Recurso parcialmente provido" (*TJSP* – AI 2240426-02.2024.8.26.0000, 24-1-2025, Rel. Fernão Borba Franco).

"Agravo de instrumento – Incidente de liquidação por arbitramento – Decisão de origem que indeferiu a pretensão de ex-adquirentes de unidade a ingressarem no incidente na qualidade de terceiros juridicamente interessados – Inconformismo – Acolhimento – Os ex-adquirentes podem ingressar como parte interessada, na medida em que, nos termos do art. 40, §§ 1º e 2º, da Lei n. 4.591/1964, o ex-titular de direito à aquisição da unidade autônoma faz jus ao "valor da parcela de construção que haja adicionado à unidade" diretamente do alienante do terreno (terrenista), e não da incorporadora – O valor que os ex-adquirentes vierem a receber do alienante do terreno não se confunde com o crédito que lhes é devido pela Massa Falida do GRUPO ATLÂNTICA, em razão da falência do incorporador – No caso, há necessidade de compatibilização do art. 40, § 2º, com o art. 43, III, todos da Lei n. 4.591/1964 – Dito isso, apesar de não existir especificamente o instrumento processual de "habilitação" na liquidação de sentença destinada à apuração do valor da construção feita pela incorporadora falida sobre os terrenos da agravada, isso não afasta o direito de ingresso dos ex-adquirentes nos referidos autos na qualidade de parte interessada, a fim de pleitear a parte que lhes cabe – Decisão reformada – Recurso provido" (*TJSP* – AI 2207813-65.2020.8.26.0000, 23-6-2021, Rel. Grava Brazil).

"Apelação cível – Direito do consumidor – **Promessa de compra e venda de imóvel na planta ou em construção** – Inadimplência ou mora do promitente vendedor – Causa para resolução do negócio jurídico – Retorno das partes ao *status quo ante* – Lucros cessantes – Devidos – Recurso conhecido e desprovido. 1 – A atividade de incorporação imobiliária traz intrínsecos riscos atrelados à construção e desembaraço burocrático, de modo que não podem ser invocados pelo fornecedor para afastar sua responsabilidade contratual pelo inadimplemento ou mora. Mas ainda que se entendesse de modo diverso, a impossibilidade de entrega da unidade na data aprazada, em decorrência de escassez de mão de obra, chuvas torrenciais e greve no sistema de transporte público, ou pela morosidade na tramitação dos pedidos administrativos não são fatos imprevisíveis, tampouco insuperáveis, de modo que não eximem o incorporador de cumprir sua prestação contratual. 2 – A resolução contratual opera efeitos retroativos e, por conseguinte, envolve a restituição de todos os valores pagos pelo promitente comprador. 3 – É possível a acumulação de cláusulas penais moratórias e compensatórias. Cabe frisar que cada um desses institutos tem finalidade diversa. Um visa punir e estimular o devedor no cumprimento da obrigação e o outro, reparar os possíveis prejuízos que decorram do inadimplemento ou da mora. 4 – Apelação conhecida e desprovida" (*TJDFT* – Proc. 20140710408669APC – (1170122), 19-6-2019, Rel. James Eduardo Oliveira).

O incorporador poderá ser destituído nessa modalidade de venda, se, sem justa causa, paralisar as obras por mais de 30 dias, ou retardar-lhe excessivamente o andamento, podendo o juiz notificá-lo para que reinicie no prazo mínimo de 30 dias. Desatendida a notificação, pode o incorporador ser destituído pela maioria absoluta dos votos dos adquirentes (art. 43, inciso VI).

No contrato de empreitada, ao construtor também se aplicam os incisos II, III, IV e VI do art. 43, no que couber. Na construção por administração, cabe à comissão dos representantes ou à assembleia dos adquirentes destituir o administrador.

A Lei nº 4.591/64 capitula também crimes e contravenções tendo como agentes o incorporador, o corretor e o construtor, como pessoas físicas ou dirigentes das respectivas pessoas jurídicas (arts. 65 e 66).

42.10 INADIMPLÊNCIA DO ADQUIRENTE

Na aquisição de unidade por preço global (art. 41), os parágrafos desse dispositivo autorizam, como foi visto, que o contrato estipule que, no atraso de pagamento de parcela da construção, os efeitos da mora recaiam também sobre o valor da parcela da fração ideal do terreno, ainda que totalmente paga e vice-versa. O legislador permite que a mora seja vista de forma global, pois assim é moldado o empreendimento, incluindo tanto a aquisição do terreno, como o financiamento da construção. Para isso, no entanto, é necessário que o contrato seja expresso.

As particularidades da mora devem constar do contrato, aplicando-se nos casos omissos os princípios gerais. A Lei nº 4.864/65, de estímulo à construção civil, permitiu a previsão de correção monetária nos contratos imobiliários sem prejuízo das disposições da Lei nº 4.591/64. No inciso VI de seu art. 1º estabeleceu que:

> *"a rescisão do contrato por inadimplemento do adquirente somente poderá ocorrer após o atraso de, no mínimo, 3 (três) meses do vencimento de qualquer obrigação contratual ou de três prestações mensais, assegurado ao devedor o direito de purgar a mora dentro do*

"Civil e processual civil – Agravo de instrumento – **Alienação de unidade pela construtora para adquirente de boa-fé** – Quitação integral do preço – Posterior garantia real dada pelo incorporador a instituição financeira – Suspensão da hipoteca – 1 – Trata-se de agravo de instrumento interposto pela Caixa contra decisão que deferiu pedido tutela de urgência para (i) suspender os efeitos da hipoteca incidentes sobre a unidade 'loja 4' do Edifício Residencial Ivana Vervloet Di Francesco e ii) declarar a indisponibilidade da unidade imobiliária, com objetivo de evitar eventuais constrições. 2 – A agravada JRD Empreendimentos e Participações firmou, em 06/02/2012, contrato de promessa de compra e venda com a construtora Decottignies Construção e Incorporação LTDA, com quitação integral do valor, para aquisição da unidade comercial de nº 4 do Edifício Residencial Ivana Vervloet Di Francesco. Ocorre que a construtora, em novembro/2014, firmou contrato de abertura de crédito com a Caixa, no qual foram ofertadas como garantia hipotecária as unidades do Edifício Residencial Ivana Vervloet Di Francesco, dentre as quais a 'loja 4' adquirida pela JRD Empreendimentos e Participações. 3 – Ausente a relevância da fundamentação, pois, ao menos neste exame preliminar, aplicável o entendimento constante do verbete nº 308 da Súmula do STJ: 'A hipoteca firmada entre a construtora e o agente financeiro, anterior ou posterior à celebração da promessa de compra e venda, não tem eficácia perante os adquirentes do imóvel.' 4 – Em princípio, desarrazoada a distinção pretendida pela agravante, para efeito de incidência do referido Enunciado, quanto a ser o imóvel comercial ou residencial, pois necessária a observância da tutela da boa-fé objetiva e da proteção ao direito do terceiro de boa-fé. Precedentes do STJ: AgInt no REsp 1432693/SP, Rel. Ministro Marco Aurélio Bellizze, 3ª TESP, DJe 06/10/2016 e REsp nº 1.689.642, Rel. Ministro Raul Araújo, DJe 04.09.2017. 5 – A CAIXA poderia facilmente ter se inteirado das condições do imóvel ofertado como garantia hipotecária, buscando informações quanto à oferta ao público pela construtora e, no caso, quanto à existência de quitação total do preço pelo comprador agravado. 6 – Não se verifica a presença de periculum in mora para a Caixa, que pode incluir o crédito em relação à construtora Dicottignies Construção e Incorporação Ltda. na recuperação judicial em curso na 13ª Vara Empresarial de Recuperação Judicial e Falência da Comarca de Vitória/ES. 7 – Inexistente, ainda, o risco de irreversibilidade do provimento, pois não determinado o cancelamento da hipoteca, mas apenas a suspensão de seus efeitos. 8 – Agravo de instrumento desprovido" (*TRF-2ª R.* – AI 0012049-85.2017.4.02.0000, 14-6-2018, Rel. Flávio Oliveira Lucas).

prazo de 90 (noventa) dias, a contar da data do vencimento da obrigação não cumprida ou da primeira prestação não paga".

Essa lei torna, portanto, obrigatoriamente presente o direito à purgação de mora, ainda que o pacto disponha em contrário.

Nas aquisições por empreitada ou administração, o art. 63 da lei de incorporações permite que os contratos, além de outras sanções, disponham que a falta de pagamento de três prestações do preço da construção, depois da notificação de 10 dias para purgação de mora, implique rescisão. A disposição deve ser vista em consonância com o anterior transcrito dispositivo da Lei nº 4.864/65, no que beneficiar o adquirente. Não satisfeito o débito, a Comissão de Representantes fica autorizada a alienar o imóvel em leilão nos termos dos parágrafos desse artigo. O adquirente receberá o saldo do produto da alienação, se houver, após satisfeito seu débito, bem como dívidas fiscais e previdenciárias.

O adquirente somente poderá ingressar na posse da unidade adquirida se estiver em dia com as obrigações assumidas. O art. 52 confere *direito de retenção* em favor do construtor, do incorporador e do condomínio pelos débitos em aberto.

42.11 EXTINÇÃO

O contrato de incorporação extingue-se pelo cumprimento ou pela inexecução. Terminada a obra e entregues as unidades autônomas, temos o contrato por cumprido. Os contratos de aquisição dos adquirentes que gravitam em torno do contrato centralizador extinguem-se pelos meios ordinários de desfazimento, com as particularidades da lei especial: distrato, rescisão, resilição etc.

42.12 O PATRIMÔNIO DE AFETAÇÃO. LEI Nº 10.931, DE 2 DE AGOSTO DE 2004

Essa lei criou um sistema opcional para as incorporações que denomina *patrimônio de afetação*. A ideia é separar o empreendimento, ou seja, a construção ou edificação do patrimônio geral do incorporador, de molde que esse empreendimento possa administrar-se de per si e não sendo passível de ser contaminado por insolvência, falência ou outras vicissitudes econômicas ou financeiras do incorporador, motivadas por negócios alheios ao patrimônio afetado. Esse sistema é facultativo para o incorporador, ficando a seu critério aderir a ele ou não, como dispõe a lei no art. 31-A, o qual se insere na Lei nº 4.591/64. Em contrapartida, ou como incentivo para a adesão a esse regime, o incorporador poderá gozar de um regime especial tributário, descrito nos arts. 1º ss dessa lei específica.

Para cada incorporação, submetida ao regime especial de tributação, haverá um pagamento unificado de impostos e contribuições, que em princípio se mostra mais vantajoso para o contribuinte, no caso, o incorporador. Com isto, obriga-se que o incorporador mantenha escrituração contábil em separado para cada incorporação submetida a esse regime (art. 7º).

A ideia básica desse patrimônio de afetação vem descrita no art. 31-A da Lei nº 4.591/64, com a redação que lhe deu a Lei nº 10.931/04:[9]

---

[9] "Apelação cível. Ação de rescisão contratual c/c reintegração de posse. Contrato de permuta. **Regime de afetação**. Permuta de terreno, destinado à incorporação imobiliária, por onze unidades autônomas e respectivas vagas de garagem. Submissão da incorporação imobiliária ao regime de afetação, nos termos do art. 31-A da Lei 4.591/1964. Inadimplemento da incorporadora. Sentença de parcial procedência, para condenar os réus, solidariamente, a pagar aos autores a multa de R$ 1.000,00 por unidade permutada e mês de atraso, a contar de 180 dias a partir de

"A critério do incorporador, a incorporação poderá ser submetida ao regime da afetação, pelo qual o terreno e as acessões objeto de incorporação imobiliária, bem como os demais bens e direitos a ela vinculados, manter-se-ão apartados do patrimônio do incorporador e constituirão patrimônio de afetação, destinado à consecução da incorporação correspondente e à entrega das unidades imobiliárias aos respectivos adquirentes".[10]

01/08/18, até o limite de R$ 1.000.000,00, valor do negócio entre as partes. Inconformismo dos autores. Preliminar. Preliminar de deserção do recurso aventada em contrarrazões, prejudicada. Recolhimento complementar do preparo recursal efetivado pelos apelantes de forma tempestiva. Mérito. Inaplicabilidade da Lei nº 13.786/2018, porquanto posterior ao contrato firmado entre as partes em 2013. Hipótese em que o terreno permutado pelos autores foi destinado à incorporação imobiliária, com a venda de frações ideais a terceiros adquirentes e submetida ao regime de afetação. Inviabilidade da reintegração de posse, já que o terreno em questão integra o patrimônio de afetação da incorporação imobiliária. Regime de afetação passível de extinção apenas nas hipóteses previstas no artigo 31-E da Lei 4.591/1964, não verificadas no caso concreto. Rescisão contratual que encontra óbice na preservação dos interesses dos terceiros adquirentes de boa-fé, que possuem legítima expectativa de que a incorporação imobiliária seja concluída, nos termos em que registrada. Precedentes deste Tribunal. Pretensão de condenação da parte ré à multa de 10% do valor do contrato que não comporta acolhimento, já que aplicável somente na hipótese de rescisão contratual, o que não ocorreu. Multa moratória, por sua vez, mantida nos termos da sentença. Ausente equívoco no termo inicial da multa moratória ou da correção monetária. Necessária observância ao aditivo firmado entre as partes, no qual os autores concederam prazo suplementar para que a empreendedora concluísse o empreendimento. Limitação do valor da multa moratória, ademais, que encontra respaldo no art. 412 do Código Civil. (...) Recurso parcialmente provido" (*TJSP* – Ap 1024209-67.2020.8.26.0114, 6-8-2024, Relª Viviani Nicolau).

"Agravo de instrumento. Ação de rescisão contratual cc. Restituição de quantia paga. Cumprimento de sentença. Decisão recorrida que revogou a tutela de urgência anteriormente deferida para averbação na matrícula do imóvel quanto à propositura da presente ação, determinando o levantamento da constrição. Insurgência. Não cabimento. Se a penhora foi revogada por se tratar de **patrimônio de afetação**, não há que se manter a averbação premonitória. Exegese do artigo 31-A, 'caput' e § 1º, da Lei 4.591/64, incluído pela Lei 10.931/2004. Decisão mantida. Recurso não provido". (*TJSP* – AI 2107113-76.2023.8.26.0000, 15-8-2023, Rel. Schmitt Corrêa).

"Processo civil. Civil. Execução de título extrajudicial. Penhora. Imóvel em regime de afetação patrimonial. Incorporação imobiliária. Impenhorabilidade. Exceção. Dívida oriunda da própria incorporação. Ausência de obras em andamento e de prejuízo a terceiros. Possibilidade. Constrição judicial mantida. 1. O regime de afetação busca assegurar direitos dos adquirentes de unidade autônomas de empreendimento em construção, resguardando eventual quitação dos débitos oriundos da respectiva incorporação. 2. O **patrimônio de afetação** se destina à consecução da incorporação correspondente e à entrega de unidades imobiliárias aos adquirentes e responde por dívidas e obrigações vinculadas à incorporação respectiva. A compreensão é extraída do artigo 31-A, *caput* e § 1º, da Lei 4.591/64, cuja interpretação entre os dispositivos deve ser conjugada no sentido de que a exceção do parágrafo deve ter por escopo as finalidades do patrimônio de afetação. 3. Nos termos da exceção contida no artigo 31-A, § 1º, da Lei 4.591/64, a impenhorabilidade do patrimônio de afetação não é oponível às dívidas e obrigações vinculadas à respectiva incorporação. 4. Comprovado nos autos que o débito executado decorre da respectiva incorporação e que não há notícia de obras em andamento ou unidades imobiliárias construídas, revela-se possível a penhora do imóvel. Precedentes TJDFT. 5. Recurso conhecido e desprovido" (*TJDFT* – Ap 07417191720218070000, 29-6-2022, Rel. Maria de Lourdes Abreu).

"Agravo interno – No âmbito da incorporação imobiliária, o **patrimônio de afetação** responde pelas dívidas vinculadas ao empreendimento imobiliário, conforme o art. 31-A, §1º, da Lei 4.591/64 – Malgrado em caso análogo, versando sobre o mesmo imóvel, esta Corte de Justiça tenha mantido a constrição do imóvel, que se encontra alienado fiduciariamente a terceiro (Banco Tricury), convém deferir parcial efeito suspensivo ao recurso, unicamente para obstar a alienação do imóvel até o julgamento do agravo, tendo em vista a existência de outras medidas constritivas já deferidas – Recurso parcialmente provido" (*TJSP* – AgInt 2221894-19.2020.8.26.0000, 27-9-2021, Marco Fábio Morsello).

10 "Agravo de instrumento. **Penhora no rosto dos autos.** Impenhorabilidade. Crédito de alienação de unidade imobiliária. Obra concluída. Recuperação judicial. Levantamento de valores. 1 – Inaplicável a regra da impenhorabilidade aos valores obtidos através da penhora no rosto promovida no feito principal, porquanto o crédito decorrente da alienação de unidade imobiliária está vinculado à obra concluída (art. 833, XII, CPC). 2 – O plano de recuperação judicial da incorporação não pode obstar o levantamento de valores incontroversos, decorrentes de unidade imobiliária de empreendimento concluído. 3 – Agravo de instrumento conhecido e desprovido" (*TJDFT* – Proc. 07029091220178070000 – (1178161), 21-6-2019, Rel. Silva Lemos).

"Processo Civil – Agravo de instrumento – Penhora no rosto dos autos – Impugnação à penhora de imóvel hipotecado – **Incorporação Imobiliária** – Ausência de afetação do patrimônio – Decisão mantida – 1 – A impenhorabilidade de crédito decorrente de alienação de unidade imobiliária sob regime de incorporação imobiliária (art. 833, XII, do CPC) deve ser afastada se não for comprovada a afetação do patrimônio. 2 – Inexiste óbice à constrição de imóvel

Essa afetação representa, sem dúvida, em princípio, uma garantia maior para os adquirentes das unidades do empreendimento. Há também uma série de garantias mais amplas concedidas às instituições financeiras que financiarem patrimônios afetados dessa categoria. Procurando minimizar problemas que ocorreram com frequência, dispôs essa lei mais recente que somente os bens e direitos desse patrimônio afetado poderão ser objeto de garantia real em operação de crédito cujo produto deverá ser destinado exclusivamente a esse empreendimento e à entrega das unidades respectivas (art. 31-A, § 3º), o que foi ratificado pelo novo texto desse dispositivo introduzido pela Lei nº 14.620/2023. Os recursos financeiros do patrimônio de afetação somente poderão ser utilizados para pagamento e reembolso de despesas inerentes à incorporação (art. 31-A, § 6º). Verifica-se, portanto, que a ideia do legislador foi isolar financeiramente o empreendimento, evitando contaminação com outros empreendimentos do mesmo incorporador ou com outros negócios de natureza diversa. O § 8º desse artigo excepciona parcelas que não integram o patrimônio de afetação. Toda essa matéria inovadora merecerá, sem dúvida, o estudo mais profundo da doutrina e o cuidado da jurisprudência.

Quando houver patrimônio afetado, o cuidado maior desloca-se, como se percebe, para o controle contábil do empreendimento. Caberá à Comissão de Representantes e à instituição financeira a fiscalização, às suas expensas, como dispõe o art. 31-C. Essas entidades poderão nomear pessoa física ou jurídica para fiscalizar e acompanhar o patrimônio de afetação. Essa comissão e a instituição financeira representam, sem dúvida, os maiores interessados na correta aplicação dos meios. Há que se entender que podem existir dois fiscais, cada um nomeado por um dos interessados, pois nem sempre os interesses serão coincidentes. Essa fiscalização é

---

hipotecado, desde que observada a preferência do credor hipotecário, bem como a sua regular intimação acerca da penhora. 3 – Agravo de Instrumento conhecido, mas não provido. Unânime" (*TJDFT* – Proc. 07083281320178070000 – (1073310), 15-2-2018, Relª Fátima Rafael).

"Agravo de instrumento – Cumprimento de sentença – Determinação de penhora no rosto de outros autos – propriedade do bem – Pessoa jurídica pertencente ao mesmo grupo econômico – Identidade do corpo societário – Patrimônio Comum – **Incorporação Imobiliária – Afetação** – Ausência de prova – Presume-se comum o patrimônio das sociedades empresárias pertencentes ao mesmo grupo econômico, formadas pelo mesmo corpo societário e sediadas no mesmo endereço, máxime quando se trata de construtoras que, por praxe comercial, registram novo CNPJ exclusivamente para a edificação de um empreendimento, fato que não importa em alienação ou disposição do terreno destinado à construção, o qual, integrando o patrimônio comum das sociedades, deverá responder pelas dívidas societárias. Para que se reconheça a impenhorabilidade de imóvel destinado à incorporação imobiliária, face à afetação do patrimônio, é necessária a prova de averbação, no registro de imóveis, do termo firmado pelo incorporador, na forma da Lei 4.591/64, sem o que o bem permanece agregado ao patrimônio da incorporadora, respondendo por débitos sociais, ainda que alheios aos oriundos do empreendimento" (*TJDFT* – Proc. 20160020481507AGI – (998224), 2-3-2017, Relª Carmelita Brasil).

"Apelação cível – Resolução contratual C.C. – Devolução dos Valores Pagos e Indenização por Danos Morais. Compra e Venda de Imóvel. Atraso em demasia na entrega das obras, além da data prometida. Inadimplemento contratual por parte da promitente vendedora. Sentença de procedência para declarar resolvido o contrato, reconhecendo a inadimplência da ré, e condenar a ré a restituir a integralidade dos valores até então pagos pelos autores, permitida a dedução de 10% do valor total. Inconformismo da ré. Na verdade, trata-se de um regime de incorporação imobiliária travestido do regime cooperativo. CDC aplicável à espécie. Inadimplemento da ré (atraso de mais de dez anos na entrega das obras) que configura justa causa para se pedir a resolução do contrato. Pelo mesmo motivo, a restituição deve se dar de forma única e global. Correção monetária que deve incidir desde a data de cada desembolso, e juros a partir da citação. Incabível a retenção de 30% dos valores pagos em razão de cláusula penal. Súmula nº 2 desta Corte. Justiça gratuita indeferida. Sentença mantida. Recurso improvido" (*TJSP* – Ap 1004037-59.2014.8.26.0100, 28-6-2016, Rel. Silvério da Silva).

"**Exceção de pré-executividade** – Penhora efetivada sobre direitos do compromissário comprador – Possibilidade – Regra geral da responsabilização patrimonial ampla do devedor, não se presumindo a impenhorabilidade. Incorporação imobiliária que não impede a penhora. Ausência de comprovação da constituição de patrimônio de afetação. Decisão acertada. Recurso improvido" (*TJSP* – AI 2216180-88.2014.8.26.0000, 5-3-2015, Rel. Maia da Cunha).

apenas contábil, não se estendendo para o exame da qualidade da obra, prazo de entrega etc., que é matéria de responsabilidade do incorporador ou construtor.

O patrimônio de afetação operacionaliza-se, isto é, tem-se por constituído mediante averbação, a qualquer tempo, no Registro de Imóveis (art. 31-B).[11] Essa averbação não será obstada pela existência de eventuais ônus reais constituídos sobre o imóvel objeto da incorporação.

---

[11] "Apelação cível – Rescisão contratual c/c restituição de valores pagos – Empreendimento em regime de multipropriedade (time-sharing) – Sentença de procedência – Irresignação da ré – Pretensão de retenção de 50% do montante pago pelo adquirente, ao fundamento de que o empreendimento está submetido ao regime de afetação – Tese de impossibilidade de restituição das arras confirmatórias, por expressa previsão contratual e de não incidência de correção monetária a partir de cada desembolso – Propósito de cobrança de taxa de fruição – Acolhimento parcial – Ausência de provas da constituição de patrimônio de afetação que, à luz do art. 31-B da Lei nº 4.591/64, dá-se mediante averbação, a qualquer tempo, no Registro de Imóveis, de termo firmado pelo incorporador e, quando for o caso, também pelos titulares de direitos reais de aquisição sobre o terreno – Impossibilidade de aplicação do art. 67-A, § 5°, do referido diploma legal, que prevê a retenção de 50% dos valores pagos em empreendimentos submetidos ao regime de afetação – De toda sorte, a própria apelante junta habite-se expedido em 11/12/2018, comprovando a conclusão do empreendimento e sua plena operação desde então, o que, segundo o art. 31-E, inc. I, da Lei de Incorporações Imobiliárias, afasta o regime do patrimônio de afetação – Mantido, portanto, o percentual de retenção de 25% fixado no decisum – Não é possível, ainda, a pretendida retenção das arras confirmatórias – Entendimento pacificado do C. STJ no sentido de que 'o arrependimento do promitente comprador não importa perda das arras, se forem confirmatórias' (AgInt-AgInt-REsp n. 1.774.925-SP) – Correta a incidência de correção monetária a partir de cada desembolso fixada na sentença, por representar simples recomposição do valor da moeda, e não um plus – No mais, arbitramento de taxa de fruição pelo período em que o adquirente teve direito à utilização da unidade ou à remuneração pelo uso de terceiros – Reforma da sentença tão somente neste tópico – recurso parcialmente provido" (*TJSP* – Ap 1023753-92.2024.8.26.0562, 29-4-2025, Rel. Fernando Reverendo Vidal Akaoui).

"Apelação. Falência. Pedido lastreado em contrato de financiamento de empreendimento imobiliário, com fundamento no art. 94, III, 'b', da LREF, sob a alegação de que a ré/incorporadora simulou para prejudicar os seus credores. Sentença de improcedência. Inconformismo dos autores. Acolhimento. Há prova suficiente de que a ré praticou atos de falência, desviando, para terceiro (sociedade aparentemente do grupo), os seus ativos (receita do empreendimento), por meio de atos simulados, distraindo os seus credores. Empreendimento imobiliário financiado que está sob o regime de afetação, mas, mesmo assim, o pagamento de algumas unidades foi direcionado para sociedade ligada à ré. Demonstração, ainda, de que algumas unidades foram vendidas em duplicidade e por preço abaixo do mercado. Caso de falência. Determina-se a observação, durante o feito falimentar, do regime de afetação, que, no caso, está regularmente constituído (**art. 31-B, da Lei n. 4.591/1964**). Necessária segregação da massa (art. 119, IX, da LREF). Determina-se, ainda, que seja dirimida, na falência, a questão sobre a consolidação da propriedade fiduciária do empreendimento em favor dos autores, que, aparentemente, não poderiam ter recebido tal garantia, tampouco ofertar empréstimo com juros acima do patamar legal, pois, tratando-se de pessoas físicas, não podem se beneficiar, nem participar do Sistema de Financiamento Imobiliário (Lei n. 9.514/1997). Decreto de falência. Sentença reformada. Recurso provido, com determinação" (*TJSP* – Ap 1003214-13.2019.8.26.0229, 13-8-2024, Rel. Grava Brazil).

"Rescisão contratual. Compromisso de compra e venda. Sentença de parcial procedência. Insurgência dos autores. Alegação de existência de erro substancial quanto ao negócio jurídico firmado e culpa exclusiva da ré. Inocorrência. Previsão contratual expressa sobre a existência de reajustes incidentes sobre as parcelas mensais. Arrependimento posterior que não pode ser imputado à ré. Falta de leitura do instrumento contratual. Comissão de corretagem. Valores expressamente destacados do instrumento contratual, com atribuição do encargo ao comprador em que caso de resolução da avença. Observância do Tema 938, STJ. Ausência de danos morais indenizáveis. Apelo da ré. Violação do princípio da dialeticidade. Afastamento. Ato jurídico perfeito. Eventual retenção operada de forma abusiva que é nula de pleno direito. Norma de ordem pública (art. 51, IV, CDC) que permite a revisão do que ajustado entre as partes. Restituição de valores. Previsão contratual de incidência da Lei do Distrato (Lei 13.786/18). Ausência, contudo, de comprovação da existência de **patrimônio de afetação**, na forma do art. 31-B da Lei 4.591/64. Impossibilidade de retenção de 50% dos valores pagos. Majoração, contudo, do percentual de retenção de 20% para 25%. Precedente do C. STJ. Majoração dos honorários de sucumbência devidos pelos autores, observado o disposto no art. 98, §3º do CPC. Apelo dos autores desprovido. Apelo da ré provido parcialmente". (*TJSP* – Ap 1008999-97.2020.8.26.0009, 21-3-2023, Rel. Donegá Morandini).

"Agravo de instrumento. Cumprimento de sentença. Penhora. **Incorporação imobiliária. Patrimônio de afetação** não comprovado. Mantém-se a penhora do imóvel objeto de incorporação imobiliária, pois não comprovada sua submissão ao regime de afetação ante a inexistente averbação na matrícula do registro de imóveis (Lei 4.591/64, arts. 31-A e 31-B)" (*TJDFT* – Proc. 07172683020188070000 – (1169151), 20-5-2019, Rel. Fernando Habibe).

Como se nota, o regime especial não constitui um ônus, sendo irrelevante a existência de hipoteca, por exemplo, para garantir o empreendimento.

O art. 31-D, em paralelo ao que já constava da Lei de Incorporações na redação original, acrescenta vasto rol de obrigações do incorporador. A ideia é sempre arraigar a responsabilidade do incorporador ao empreendimento e à sua contabilidade específica, tanto que deve ele entregar balancetes periódicos em cada trimestre civil à Comissão de Representantes.

O patrimônio de afetação extingue-se pela averbação da construção, registro dos títulos de domínio ou de direito de aquisição em nome dos respectivos adquirentes e com a extinção das obrigações do incorporador perante a instituição financeira do empreendimento (art. 31-E, I). Nessa situação, o negócio cumpriu sua finalidade, desaparecendo sua existência transitória. Também pode extinguir de forma anormal, por revogação por denúncia da incorporação, depois de restituídas as quantias pagas pelos adquirentes, em outras hipóteses das mais variadas previstas em lei, como decreto judicial, por exemplo, e por deliberação da assembleia geral dos adquirentes, na hipótese de falência ou insolvência do incorporador, bem como no caso de paralisação das obras. Há toda uma série de detalhes nessa novel lei que exige um tratamento monográfico que refoge ao intuito deste capítulo.

Além de tratar especificamente desse patrimônio de afetação, a Lei nº 10.931/04 é ampla, tratando de outros assuntos, nem sempre diretamente relacionados com o tema, o que demonstra má técnica legislativa. Introduz ponderáveis alterações ao instituto da alienação fiduciária e altera a sistemática de retificações de registro de imóveis, modificando a Lei dos Registros Públicos. Toda a primeira parte da lei é dedicada ao novo regime tributário desse patrimônio de afetação. Essa lei também traça diretrizes para uma nova letra de crédito imobiliário e para cédula de crédito imobiliário. Ao tratar, no Capítulo V, dos "contratos de financiamento de imóveis", permite que nestes e nos de arrendamento mercantil de imóveis, com prazo mínimo de 36 meses, seja estipulada a cláusula de reajuste, com periodicidade mensal. Como se percebe, o legislador aproveitou a oportunidade dessa lei para, de forma inconveniente, modificar um largo espectro de institutos jurídicos. Além de ser técnica ruim, demonstra intenções não muito claras do legislador, o que é lamentável.

43

COMPROMISSO DE COMPRA E VENDA

43.1 CONCEITO. PROMESSA DE COMPRA E VENDA COM EFICÁCIA REAL

Na obra *Direito civil: direitos reais*, cuidamos do tema sob o título *Promessa de compra e venda com eficácia real* (Capítulo 38). Aí justificamos sua presença em obra dedicada ao direito imobiliário pelo fato de a lei autorizar o registro de um contrato, gerador de obrigações, atribuindo-lhe eficácia de direito real. Como a matéria é de vital importância no direito brasileiro, importa também aqui examinar o fenômeno jurídico no campo contratual, ainda que importe em inevitável reiteração.

O compromisso de compra e venda, admissível em princípio para toda modalidade de aquisição, recebe contornos legislativos naquilo que traduz sua importância maior, qual seja, a compra de imóveis. Cuida-se de um contrato preliminar, matéria estudada na classificação geral (Capítulo 5). Essa categoria abrange todos os pactos que antecedem uma contratação definitiva, tomando diversas denominações no mundo negocial, como *contrato preliminar*, *promessa de contrato*, *compromisso*, *contrato preparatório*, *pré-contrato*, entre outras. Embora pacto preliminar, na maioria das vezes esse negócio possui características de verdadeiro contrato. A Lei nº 6.766/79, que disciplinou o parcelamento do solo urbano, consagrou a denominação *compromisso de compra e venda*, sendo as partes denominadas *promitente*, *compromitente-vendedor* ou *cedente*, e *promissário*, *compromissário-comprador*, *compromissário-adquirente* ou *cessionário*. O negócio tem todos os requisitos de contrato perfeito e acabado, não se confundindo com negociações preliminares. Como característica principal, traz em seu bojo a obrigação de contratar definitivamente, sob certo prazo ou condição. No compromisso de compra e venda imobiliário, o objetivo claro das partes não é precipuamente a conclusão de outro contrato, mas a compra definitiva de um imóvel.

Desse modo, o compromisso de compra e venda imobiliário enquadra-se verdadeiramente como modalidade de compra e venda. Nesse sentido, posiciona-se Agathe Elsa Schmidt da Silva (1983:11):

> *"Parece-nos muito bem equacionada a existência do compromisso de compra e venda irretratável, amparado na legislação em vigor, ao lado da existência já rara do contrato preliminar de compra e venda. A grande distinção entre os dois é a possibilidade que a lei confere ao compromissário, de obtenção do título aquisitivo por via judicial, em caso de inadimplemento, permitindo-lhe a real aquisição da propriedade imóvel, nos termos do art. 530 do Código Civil, o que não ocorre nos contratos preliminares".*

43.2 NATUREZA JURÍDICA DO COMPROMISSO DE COMPRA E VENDA DE IMÓVEL. PARTICULARIDADES

Importa estudar nesta oportunidade o compromisso destinado aos imóveis, objeto de legislação específica e palco de inúmeras questões jurisprudenciais, mesmo porque o contrato preliminar em geral segue os princípios gerais dos contratos e não apresenta maiores dificuldades. Pelo compromisso de compra e venda regulado pela legislação específica, os poderes inerentes ao domínio são transferidos ao compromissário comprador. O promitente vendedor conserva tão somente a nua-propriedade até que todo o preço seja pago, quando então a propriedade plena é atribuída ao comprador. Na conclusão de José Osório de Azevedo Jr. (1993:26),

> *"o contrato de compromisso de compra e venda gera, fundamentalmente, uma obrigação de dar, uma obrigação de fazer e, uma vez inscrito, acarreta o surgimento de um direito real em favor do compromissário comprador".*

Como em qualquer contrato de compra e venda, o vendedor deve entregar o bem, e o comprador dar o preço.

Até a promulgação do Decreto-lei nº 58/37, o compromisso de compra e venda de imóveis conferia aos adquirentes apenas direitos obrigacionais. Pago o preço, extintas as obrigações, se o imóvel não fosse entregue ao adquirente, apenas lhe restaria a ação indenizatória de sucesso falível. Esse primeiro diploma legislativo tornou obrigatório o registro dos loteamentos, destinando-se a essa categoria de imóveis loteados. Leis posteriores abrangeram a possibilidade de eficácia real à generalidade dos imóveis. A Lei nº 649/49 estendeu o regime das promessas de compra e venda aos imóveis não loteados, desde que não contivessem cláusula de arrependimento e estivessem registradas no cartório imobiliário. O Decreto-lei nº 58/37 foi regulamentado pelo Decreto nº 3.079/38. Os loteamentos foram posteriormente regulados pelo Decreto-lei nº 21/67, que trata mais especificamente da posição jurídica do loteador, mantendo a vigência do Decreto-lei nº 58/37. Finalmente, a Lei nº 6.766/79 regulou o parcelamento do solo urbano, incorporando as conquistas jurisprudenciais, derrogando em parte o Decreto-lei nº 58/37, mas mantendo sua linha originária. O Decreto-lei nº 58/37 continua integralmente vigente para os imóveis rurais.

Pelo compromisso de compra e venda de imóvel, tal como definido na legislação mencionada, os poderes inerentes ao domínio, *ius utendi, fruendi et abutendi*, são transferidos ao compromissário comprador. O promitente vendedor conserva tão somente a nua-propriedade, até que todo o preço seja pago. Nessa situação, o *ius abutendi*, direito de dispor, não é transferido de todo, mas esmaece para o vendedor à medida que o preço é pago, até desaparecer com a solução integral. Há forte elemento de garantia para o vendedor na persistência de seu direito sobre a nua-propriedade, até o pagamento do preço. Embora a função de garantia nesse contrato não seja sua característica principal, é elemento marcante do instituto.

O Decreto-lei nº 58/37, no art. 11, permitiu que o compromisso de compra e venda seja efetuado por instrumento público ou particular. No art. 4º, especificou seu registro imobiliário, por averbação, bem como suas transferências e rescisões. A lei registrária atual refere-se simplesmente ao registro. O art. 5º conferiu eficácia *erga omnes* e direito real ao contrato:

> *"A averbação atribui ao compromissário direito real oponível a terceiro, quanto à alienação ou oneração posterior, e far-se-á à vista do instrumento de compromisso de venda, em que o oficial lançará a nota indicativa do livro, página e data do assentamento".*

O art. 15 atribuiu ao adquirente o direito de exigir a outorga da escritura, quando antecipado ou ultimado o pagamento do preço. O art. 16, com a redação dada pela Lei nº 6.014/73, concedeu ao compromissário comprador a ação de adjudicação compulsória, na hipótese de recusa de outorga de escritura, pelo procedimento sumário.

O art. 22 do Decreto-lei nº 58/37, com a redação atual conferida pela Lei nº 6.014/73, adaptadora do CPC, mantendo a inovação introduzida pela Lei nº 649/49, dispõe:

> *"Os contratos sem cláusulas de arrependimento, de compromisso de compra e venda e cessão de direitos de imóveis não loteados, cujo preço tenha sido pago no ato de sua constituição ou deva sê-lo em uma ou mais prestações, desde que inscritos a qualquer tempo, atribuem aos compromissários direito real oponível a terceiros, e lhes conferem o direito de adjudicação compulsória nos termos dos arts. 16 desta lei, 466-C e 466 do Código de Processo Civil com a redação da Lei 11.232 de 2005".*

Doravante, no CPC de 2015, o art. a ser obedecido é o 501, ação que tenha por objeto declaração de vontade.

Por sua vez, a Lei nº 6.766/79, dispondo sobre o parcelamento do solo e dando outras providências, no art. 25 estabeleceu:

> *"São irretratáveis os compromissos de compra e venda, cessões e promessas de cessão, os que atribuam direito a adjudicação compulsória e, estando registrados, confiram direito real oponível a terceiros".*

À obrigação é conferida eficácia real, portanto. O negócio, porém, não perde seu conteúdo contratual, pois muitas são as obrigações contratuais que afetam as partes.

43.3 ADJUDICAÇÃO COMPULSÓRIA

O compromisso registrado confere ao adquirente direito de sequela, permitindo-lhe reivindicar a propriedade ao cumprir o compromisso e exigir a outorga da escritura pela adjudicação compulsória. Essa execução específica de outorga de escritura não fica afastada nem mesmo perante a ausência de registro, ou de outros requisitos no contrato, pois no caso torna-se viável a ação de conhecimento de índole cominatória, de obrigação de fazer, para obtenção de decisão nos termos do art. 501 do CPC. Nesta última hipótese, a sentença produzirá os mesmos efeitos do contrato cuja conclusão foi recusada (*RSTJ* 28/419, *RT* 591/94, 617/82, 619/100). Se a sentença substitutiva do contrato não puder ser registrada no cartório imobiliário, tal refoge ao âmbito dessa ação. A sentença não pode acrescentar ou suprimir cláusulas do pré-contrato. Com relação a essa restrição:

> *"Pleiteando a inicial sentença que substitua a vontade da parte, o juiz não poderá dar-lhe conteúdo que importe inclusão de cláusulas de que não cogitou a inicial"* (*STJ*, REsp., 10-2-90, Rel. Min. Eduardo Ribeiro).

O julgamento não interfere no conteúdo contratual; supre tão somente a vontade do promitente vendedor recusante da outorga do contrato definitivo. Se o contrato contiver falhas que inviabilizem o registro, embora essa seja matéria que deva ser versada na ação, a óptica da questão desloca-se para o âmbito do direito obrigacional. Diversa é a situação quando o compromisso está registrado, pois então apenas se consolida a propriedade plena para o adjudicante, com o registro da sentença no cartório imobiliário, nesse caso, efeito necessário e elementar da decisão. Desse modo, afasta-se a ideia, após longo caldeamento jurisprudencial, que seja necessário o registro para a propositura dessa ação (*RT* 696/201).

Lembre-se, contudo, de que o ora afirmado depende sempre de o contrato ser irretratável; a cláusula de arrependimento exclui a possibilidade de utilização do art. 501 do CPC.[1]

Essa cláusula de arrependimento reputa-se ineficaz nos compromissos de imóveis loteados sob o regime do Decreto-lei nº 58/37. A matéria sofreu profunda evolução no decorrer de

---

1 "Apelação cível. Adjudicação compulsória. Outorga de escritura. Sentença de procedência. Réu revel. Recurso do autor. Possibilidade de suprimento da declaração de vontade. **Inteligência do art. 501 do CPC**. Decisão que serve como documento hábil à formalização da transferência do imóvel. Efeito de título translativo. Responsabilidade do réu por despesas cartorárias e tributárias. Busca pela satisfação da tutela específica. Sentença reformada. Recurso provido" (*TJSP* – Ap 1025528-50.2022.8.26.0001, 15-8-2024, Relª Lia Porto).

"Apelação cível – Adjudicação compulsória – Ação de adjudicação compulsória – Legitimidade passiva – Obrigação de fazer – **Adjudicação compulsória** – A legitimidade passiva à ação que busca o cumprimento de obrigação de fazer juridicamente infungível e que se resolve por adjudicação do bem é do promitente vendedor, proprietário registral. Na hipótese de cessão de direitos pelo promitente comprador em cadeia de negócios é mister tão somente prova idônea das transações – Circunstância dos autos em que se impõe manter a sentença. Recurso desprovido" (*TJRS* – AC 70080343411, 21-2-2019, Rel. Des. João Moreno Pomar).

"Apelação Cível – **Adjudicação Compulsória** – Ação de adjudicação compulsória – Recibo de arras firmado por quem não é proprietário junto ao registro de imóveis. Quebra da continuidade registral. Princípio de ordem pública, de observância cogente, e que pressupõe a existência de sequência lógica entre adquirente e transmitente do direito real sob anotação. Negaram provimento. Unânime" (*TJRS* – AC 70075679605, 22-3-2018, Rel. Des. Pedro Celso Dal Prá).

"Agravo interno no agravo em recurso especial – Compra e venda de imóvel rural – Preço integralmente quitado – **Adjudicação Compulsória** – 1 – Honorários advocatícios – Questão preclusa – 2 – Art. 320 do CC – Ausência de prequestionamento – 3 – Litigância de má-fé – Revisão do julgado que importa no reexame de fatos e provas – 4 – Agravo interno desprovido – 1 – A questão referente aos honorários advocatícios está preclusa, porquanto o percentual foi fixado em sentença e o agravante não se insurgiu contra ele nas razões de apelação. 2 – O Tribunal de origem, a despeito dos embargos de declaração suscitados, não se manifestou expressamente sobre o art. 320 do CC. Persistindo a omissão, é necessária a interposição do recurso especial por afronta ao art. 535 do CPC/1973, o que não foi feito, sob pena de subsistir o óbice da ausência de prequestionamento. 3 – A revisão do julgado a quo para afastar a litigância de má-fé do agravante exigiria o revolvimento das circunstâncias de fato pertinentes ao caso, o que não se admite em recurso especial, diante da aplicação da Súmula 7 desta Corte. 4 – Agravo interno desprovido" (*STJ* – AGInt-AG-REsp 1.026.321 – (2016/0317113-5), 5-5-2017, Rel. Min. Marco Aurélio Bellizze).

"Apelação – Adjudicação compulsória – Pretensão adjudicatória com amparo em contrato de compromisso de compra e venda. Cadeia de transmissão não comprovada. Sentença de extinção, sem resolução do mérito. Inconformismo da autora. Não acolhimento. Cadeia de transmissão incompleta. Autora que mesmo intimada para o fim de sanar a falta da prova necessária, não trouxe aos autos o instrumento de cessão faltante. Sentença mantida. Negado provimento ao recurso" (*TJSP* – Ap 0002455-58.2012.8.26.0505, 22-1-2016, Relª Viviani Nicolau).

"**Apelação** – Instrumento particular de compromisso de compra com cessão de direitos e outras avenças – Ação de rescisão contratual cumulada com reintegração de posse e perdas e danos. Ré que apresentou reconvenção pleiteando a **adjudicação compulsória** do imóvel. Sentença de parcial procedência da ação e improcedência da reconvenção. Inconformismo bilateral. Acolhimento parcial. Inadimplemento configurado. Recomposição das partes ao estado anterior. Possibilidade de compensação entre os débitos, condicionando-se a devolução do imóvel ao prévio pagamento da diferença, se esta for positiva para a ré. Recurso da ré provido neste ponto. Dano moral não configurado. Não preenchimento, na espécie, dos requisitos necessários para a configuração dos danos morais. Sucumbência recíproca somente quanto à ação. Ré que sucumbiu integralmente na reconvenção e deverá arcar com os honorários sucumbenciais, fixados em R$ 3.000,00, observada a gratuidade de justiça. Apelo dos autores provido nesta medida. Sentença parcialmente reformada. Recursos parcialmente providos" (*TJSP* – Ap 1051332-29.2013.8.26.0100, 19-6-2015, Relª Viviani Nicolau).

"**Adjudicação compulsória** – Pretensão de reconhecimento do domínio e respectivo registro imobiliário de bem adquirido mediante compromisso de compra e venda – Demanda julgada procedente – Sentença que não arbitrou honorários advocatícios porque não evidenciada resistência por parte da ré – Apelantes que não se desincumbiram de comprovar que efetuaram prévia solicitação extrajudicialmente – Não incidência do princípio da causalidade – Possibilidade da utilização de outro meio para tentar satisfazer o interesse – Recorrida que não resistiu à pretensão – Descabimento da condenação da apelada em arcar com o ônus da sucumbência – Sentença mantida – Recurso desprovido" (*TJSP* – Ap. 4000809-35.2013.8.26.0302, 14-9-2015, Rel. Mendes Pereira).

todos esses anos de vigência da legislação citada. A Súmula 166 do Supremo Tribunal Federal estabeleceu: "*É inadmissível o arrependimento do compromisso de compra e venda sujeito ao regime do Decreto-lei nº 58, de 10-12-37*". Desse modo, se pactuada a possibilidade de arrependimento em negócio decorrente dessa legislação, a disposição é ineficaz. O art. 15 desse decreto-lei, estabelecendo que o compromissário, antecipando ou ultimando o pagamento do preço, pode exigir a escritura de compra e venda, deixou assentado que é vedada a cláusula de arrependimento. A Súmula 413 do mesmo Tribunal estabelece: "*O compromisso de compra e venda de imóveis, ainda que não loteados, dá direito à execução compulsória, quando reunidos os requisitos legais*". A Súmula 167 da mesma Corte dispôs que

> *"não se aplica o regime do Decreto-lei nº 58, de 10-12-1937, ao compromisso de compra e venda não inscrito no registro imobiliário, salvo se o promitente vendedor se obrigou a efetuar o registro".*

Por essa orientação, atualmente superada na jurisprudência, entendia-se que era incabível a adjudicação compulsória de compromisso não registrado. As decisões mais recentes atenderam aos reclamos da doutrina e de nossa realidade social, a qual inviabiliza o registro imobiliário de grande massa da população. A jurisprudência homogênea do Superior Tribunal de Justiça é, portanto, no sentido de prescindir o compromisso de compra e venda do registro imobiliário para possibilitar a adjudicação compulsória (*RSTJ* 32/309, 25/465, 29/356, 42/407).

Se o título representado pela sentença não puder ser registrado, porque existe registro em nome de terceiro, por exemplo, obstando o princípio da continuidade, a solução deverá ser a exposta, regendo-se pelo princípio obrigacional e executando-se como obrigação de fazer:

> *"A promessa de venda gera efeitos obrigacionais, ainda que não formalizada por instrumento particular e não registrada. Mas a pretensão à adjudicação compulsória é de caráter pessoal, restrita assim aos contratantes, não podendo prejudicar os direitos de terceiros, que entrementes hajam adquirido o imóvel e obtido o devido registro em seu nome, no ofício imobiliário"* (*RSTJ* 43/458).

Se for sustentado o entendimento referente à relação meramente obrigacional, tem-se entendido que, se o compromisso particular não registrado não autoriza a adjudicação compulsória, nada impede que o juiz receba a inicial como pedido para exigir cumprimento de uma obrigação de fazer a outorga da escritura definitiva. Se reconhecido esse direito, a sentença produzirá todos os efeitos da declaração não emitida na forma do art. 501 do CPC (*1º TACSP*, 8ª Câm. Esp., Ap. 452.491 – Praia Grande, Rel. Juiz Raphael Salvador).

Com essa posição assim firmada restam esclarecidas as dúvidas que ocorreram na matéria no decorrer desses anos de vigência das leis em tela. Enfatiza-se, dessa forma, como fazia a doutrina, ser pessoal e não real a natureza da ação de adjudicação compulsória. Nesse sentido se manifestara expressamente Ricardo Arcoverde Credie (1991:32), em monografia sobre o tema, definindo-a como:

> *"a ação pessoal que pertine ao compromissário comprador, ou ao cessionário de seus direitos à aquisição, ajuizada com relação ao titular do domínio do imóvel – que tenha prometido vendê-la através do contrato de compromisso de venda e compra e se omitiu quanto à escritura – tendente ao suprimento judicial desta outorga, mediante sentença constitutiva com a mesma eficácia do ato não praticado".*

Desse modo, já não há que se baralharem conceitos. Essa ação é de natureza pessoal, esteja ou não registrado o compromisso. Portanto,

> *"estando em causa vínculo obrigacional de natureza meramente pessoal, mostra-se imprescindível, para regular constituição da relação processual, apenas a presença dos contratantes como partes".*

Lembre-se de que o Código Civil deste século disciplinou, nos arts. 462 a 466, o contrato preliminar, consolidando o pensamento da jurisprudência. No entanto, perdeu o Código de 2002 a melhor oportunidade de definitivamente modernizar o direito brasileiro nesse campo. Não havendo cláusula de arrependimento, qualquer das partes pode exigir a celebração do contrato definitivo, assinando prazo para que o efetive (art. 463). Esgotado o prazo referido, o juiz poderá, a pedido do interessado, suprir a vontade da parte inadimplente, conferindo caráter definitivo ao contrato preliminar, salvo se a isso se opuser a natureza da obrigação (art. 464). Nessas premissas, quando pago o preço do contrato, razão nenhuma existe para que uma nova escritura seja lavrada, a chamada escritura definitiva. Há que se procurar simplificar a vida do cidadão, mormente na aquisição de sua casa própria. Somente um interesse exclusivamente cartorial faz persistir no direito brasileiro a necessidade de mais um documento, a famigerada e inútil escritura definitiva, mormente quando o compromisso de compra e venda se apresenta pago e já registrado no cartório imobiliário. Basta ao legislador permitir que, apresentada a prova do pagamento no registro imobiliário, transforme-se o compromisso em propriedade plena. Não se esqueça que, com o registro do compromisso, direito real já existe. Com esse procedimento, somente se transforma a natureza do registro, como se faz com o levantamento da hipoteca, por exemplo. Em algumas situações pontuais, essa solução já é permitida no ordenamento. Há que se generalizar em prol de maior dinamismo nas relações imobiliárias.

No entanto, o legislador brasileiro continua a exigir que seja lavrada uma nova escritura, com toda a dificuldade que acarreta a nova e inútil manifestação de vontade do vendedor, por vez já falecido ou de difícil localização. Tudo isso a abarrotar ainda mais o poder judiciário com procedimentos inúteis. Sugere-se que, *de lege ferenda*, autorize-se a averbação no registro imobiliário da propriedade plena, mediante a simples comprovação ao oficial do pagamento do imóvel e dos tributos respectivos. Exigir-se nessa situação, como faz o sistema atual, uma nova escritura é superfetação cartorial inútil, incompatível com o sentido dinâmico que se pretende dar aos negócios jurídicos. Esse procedimento já é permitido para imóveis de determinada categoria. Essa possibilidade deve ser generalizada. Perdeu o Código Civil de 2002 a excelente oportunidade de definitivamente dirimir essa matéria.

Há que se noticiar que o Provimento nº 150/2023 da Corregedoria Nacional de Justiça traçou linhas para a *adjudicação compulsória por via extrajudicial.* Nisto, preocupa-se com os artigos 440-A e seguintes do Provimento CNJ nº 149/2023. O pedido ao cartório terá por base uma ata notarial, com descrição pormenorizada do imóvel, como aponta o art. 440-G do provimento. Há todo um procedimento que ficará a cargo da direção pelo titular do Cartório de Registro de Imóveis. Quando não obtido, por qualquer razão, o sucesso da adjudicação por via cartorial, o procedimento será enviado ao juízo competente que analisará eventual impugnação. Se a matéria refugir à via administrativa, sempre caberá a solução judicial, se não lograda a solução extrajudicial.

43.4 CARACTERÍSTICAS DA PROMESSA DE COMPRA E VENDA

O Decreto-lei nº 58/37 permitiu, no art. 11, o compromisso particular, manuscrito, datilografado ou impresso, bem como o instrumento público, para os imóveis loteados. O art. 22, com redação posterior, referente a imóveis não loteados, fez menção apenas a contratos sem cláusula de arrependimento. O art. 26 da Lei nº 6.766/79, que disciplina os imóveis urbanos, igualmente permitiu escritura pública ou instrumento particular para compromissos de compra e venda, e cessões ou promessas de cessão. Após vacilação inicial, em todas as hipóteses admitiu-se o instrumento particular. A outorga conjugal é imprescindível, sob pena de tornarem-se inviáveis a escritura definitiva e o registro.

A Lei nº 6.766/79 regula toda a matéria relativa a loteamentos e desmembramentos para fins urbanos (arts. 1º e 2º). Uma vez *revogadas as disposições em contrário*, como está nessa lei, ficaram derrogados os dispositivos do Decreto-lei nº 58/37 no que toca ao loteamento de imóveis urbanos. Agathe Elsa Schmidt da Silva (1983:92) faz apanhado geral da legislação e aponta que o

> *"Decreto-lei nº 58 continua vigente apenas nos arts. 5º (efeitos do registro dos contratos); 8º (obrigatoriedade do registro do ato constitutivo ou translativo de direitos reais); 10 (obrigatoriedade da menção do número do registro dos anúncios de propaganda de venda); 12, salvo o § 2º, de que trata a nova lei; 15 (antecipação do pagamento pelos compromissários); 16 (sobre a adjudicação compulsória); 17 (depósito do imóvel pelo loteador); 22 (adjudicação compulsória dos imóveis não loteados, com contrato registrado e sem cláusula de arrependimento). Quanto aos loteamentos rurais, permanece o Decreto-lei nº 58 inteiramente em vigor".*

O art. 27 e parágrafos da Lei nº 6.766/79 trataram dos contratos cuja obrigação seja a de concluir contrato de promessa de venda ou cessão. Cuida-se de pacto preliminar a outro contrato preliminar. Inadimplindo o promitente alienante essa obrigação, o credor poderá notificar o devedor para outorgar escritura, ou oferecer impugnação em 15 dias. Essa notificação é feita pelo Cartório de Títulos e Documentos ou pelo Cartório de Imóveis.

Ressaltemos que a promessa de compra e venda, a par de conceder o direito à outorga de escritura definitiva, de forma absolutamente superafetada como acentuamos, após a quitação do preço, pode abranger várias obrigações inseridas no instrumento, como a transferência da posse precária em favor do adquirente; obrigações referentes a despesas e taxas etc. A cláusula resolutória expressa é ineficaz perante a Lei nº 6.766/79, porque o art. 32 determina que o contrato será rescindido 30 dias após constituído em mora o devedor. Este deverá ser intimado pelo oficial do registro imobiliário para saldar o débito. Não purgada a mora, considera-se rescindido o contrato, mas não se prescinde da declaração judicial. Isso porque, embora tenha a lei declarado a rescisão de pleno direito, o devedor não teve oportunidade de apresentar defesa, podendo fazê-lo em juízo. O procedimento extrajudicial não previu o contraditório, sendo o devedor interpelado para pagar, sem poder apresentar razões de seu inadimplemento. No mesmo sentido disciplinava o art. 14 do Decreto-lei nº 58/37.

O Decreto-lei nº 745/69 procurou espancar dúvidas referentes aos compromissos de imóveis não loteados disciplinados pelo art. 22. O diploma foi expresso ao considerar ineficaz cláusula resolutória expressa inserta nos instrumentos, assim dispondo no art. 1º:

> *"Nos contratos a que se refere o art. 22 do Decreto-lei nº 58, de 10 de dezembro de 1937, ainda que não tenham sido registrados junto ao Cartório de Registro de Imóveis competente, o inadimplemento absoluto do promissário comprador só se caracterizará se, interpelado por via judicial ou por intermédio de cartório de Registro de Títulos e Documentos, deixar de purgar a mora, no prazo de 15 (quinze) dias contados do recebimento da interpelação".*

Para os imóveis loteados, a lei previu, portanto, forma diversa de purgação de mora, exigindo efeitos da mora *ex persona*. Pelas dicções legais, o adquirente de imóvel não loteado estaria mais protegido do que o de imóvel loteado, o que reforça o entendimento da necessidade de pronunciamento judicial em ambos os casos, permitindo-se a emenda da mora em juízo. Nesse sentido manifesta-se Agathe Elsa Schmidt da Silva (1983:110):

> *"Havendo necessidade de recorrer-se ao Judiciário para resolução do contrato por inadimplemento contratual, e se o réu-compromissário-devedor quiser purgar a mora no prazo legal que lhe compete para a resposta, é de aceitar-se, desde que o pagamento seja acrescido das cominações contratuais e legais".*

Uma vez necessária a intervenção judicial, é mais equânime entender que em juízo também pode haver emenda da mora. A matéria é, no entanto, polêmica, existindo julgados contrários que obstam a purgação de mora nessa oportunidade. No entanto, é de ser notado que a letra do Decreto-lei nº 745/69 não é expressa em considerar o compromisso rescindido de pleno direito. Entretanto, será carecedor da ação o alienante que deixar de notificar previamente o promitente-comprador para a constituição em mora. A notificação nessa hipótese é condição de procedibilidade.

Oportuno lembrar ainda, como fizemos no capítulo anterior, que o Código de Defesa do Consumidor (Lei nº 8.078/90) estabeleceu polêmica questão no art. 53:

> *"Nos contratos de compra e venda de móveis ou imóveis mediante pagamento em prestações, bem como nas alienações fiduciárias em garantia, consideram-se nulas de pleno direito as cláusulas que estabeleçam a perda total das prestações pagas em benefício do credor que, em razão do inadimplemento, pleitear a resolução do contrato e a retomada do produto alienado".*

O intuito do legislador foi evitar o injusto enriquecimento. No entanto, a dúvida reside em saber o montante que deve ser devolvido e, consequentemente, o valor que pode ser considerado perdido em favor do credor, pois a lei veda apenas a perda total das prestações. Desse modo, temos de admitir, por exemplo, a dedução da cláusula penal, pois há inadimplemento do contrato. O total dessa multa também é questão aberta a ser examinada no caso concreto. Assim, qualquer que seja a interpretação e a aplicação do dispositivo, não podemos admitir dedução que nulifique o alcance da norma, nem que o montante da devolução seja quantia que proporcione vantagem ao devedor inadimplente ou desistente. Defendemos, de outra parte, que essa devolução, por medida de justiça, deve ser feita na mesma proporcionalidade inversa das parcelas pagas. A situação é crucial nas incorporações imobiliárias, com reflexos evidentes no compromisso de compra e venda.

Questão que pode ser trazida a estudo aqui diz respeito à denominada *cláusula de vencimento contagiante*, isto é, aquela que determina o vencimento de toda a dívida na hipótese de não pagamento de uma ou mais parcelas. Tendo em vista o espírito que norteia o compromisso e o art. 14 do Decreto-lei nº 58/37, que exige interpelação para constituição do devedor em mora, essa cláusula surge como incompatível. José Osório de Azevedo Jr. (1993:185) aponta para a dificuldade de saber se, não atendida a interpelação e constando essa cláusula, pode o compromitente vendedor optar por pedir a resolução do contrato ou a cobrança da totalidade da dívida. Levando em conta que o compromisso não se resolve de pleno direito, conclui a nosso ver corretamente o autor que pode o alienante, no caso, optar pela cobrança do preço.

Dentro dos princípios gerais, que igualmente almejam evitar o enriquecimento injusto, o compromissário comprador que devolve o imóvel tem direito a indenização por benfeitorias, com direito de retenção, pois há de ser presumida sua boa-fé (Rizzardo, 1987*b*:132). Pelos princípios protetivos do consumidor, serão nulas as cláusulas que dispuserem em sentido contrário (art. 51 do Código de Defesa do Consumidor). Mesmo antes do advento da lei do consumidor, essa posição já era defensável como corolário dos princípios gerais de boa-fé e impedimento do injusto enriquecimento.

Muitas questões são trazidas aos tribunais referentes ao compromisso de compra e venda, matéria que merece aprofundamento em estudo monográfico. Ao tema voltaremos em nosso volume dedicado aos direitos reais.

43.5 ADJUDICAÇÃO COMPULSÓRIA EXTRAJUDICIAL

A Lei nº 14.382/2022 permitiu a adjudicação compulsória extrajudicial. Uma inovação em prol da sociedade, buscando facilitar a regularização de imóveis, diminuindo a pletora de processos judiciais. São várias as soluções nesse sentido, ao permitir divórcio, usucapião, inventário e outros institutos com soluções cartoriais, sem necessidade de processos judiciais. Busca-se, tanto quanto possível, a desjudicialização. O procedimento de adjudicação se tornou possível, tramitando junto aos cartórios de registros de imóveis.

Como aqui já se descreveu, a adjudicação tem como premissa essencial a recusa ou impossibilidade do vendedor em transmitir o domínio ao comprador. Assim, tendo o comprador pago o preço e cumprido suas obrigações contratuais, tem direito à adjudicação, com transmissão da titularidade do imóvel adquirido. O art. 216-B da Lei dos Registros Públicos passou a prever essa possibilidade: *"Sem prejuízo da via jurisdicional, a adjudicação compulsória de imóvel objeto de promessa de venda ou de cessão poderá ser efetivada extrajudicialmente no serviço de registro de imóveis da situação do imóvel, nos termos deste artigo"*.

Esse dispositivo descreve o procedimento para o pedido. Há necessidade expressa da representação por advogado.

A principal comprovação para o pedido é a prova de quitação de todo o preço do imóvel. O texto consegue ser completo e apresenta algumas dúvidas, que nem sempre caberão ao oficial do registro imobiliário resolver.

A maioria dos vários casos dantes apresentados aos tribunais, contudo, pode atingir solução mais rápida por esse meio. Sempre estará aberta a porta do Judiciário, quando houver óbice intransponível na extrajudicialidade.[2]

---

[2] "Direito civil – Compromisso de venda e compra – Negado seguimento à adjudicação compulsória requerida na via extrajudicial – Acolhimento da impugnação oposta pelo proprietário – Apelo desprovido. I. Caso em Exame. 1. Apelação interposta contra sentença que manteve a recusa do Oficial em dar regular seguimento ao processo de adjudicação compulsória extrajudicial. 2. A apelante, promitente compradora do imóvel, alega que a impugnação do proprietário, promitente vendedor, não se sustenta e tem natureza protelatória; pede, assim, sua rejeição. II. Questão em Discussão. 3. A controvérsia diz respeito à eficácia inibitória da impugnação, de sua força para obstar o prosseguimento do processo de adjudicação compulsória extrajudicial. III. Razões de Decidir. 4. A impugnação oposta, versando sobre a validade do negócio jurídico, reportando-se então a defeitos de consentimento, a vícios congênitos do contrato, a ilicitudes ocultadas pelo compromisso de venda e compra, qualifica-se como fundada, é, nessa senda, obstativa da via extrajudicial; remete o dissenso às vias ordinárias; a controvérsia, assim, deve ser solucionada por meio de processo contencioso. IV. Dispositivo. 5. Recurso desprovido. Tese de julgamento: 1. A impugnação fundada impede o seguimento do processo de adjudicação compulsória extrajudicial. 2. Questões de mérito da impugnação devem ser resolvidas na via judicial, em processo contencioso. Legislação citada: Lei nº 6.015/73, art. 216-B, *caput* e § 1.º, IV; Provimento n.º 149/2023 da Corregedoria Nacional de Justiça, arts. 440 AB; NSCGJ, t. II, item 471 do Cap. XX. Jurisprudência citada: CSM/SP, Apelação Cível n.º 1179578-57.2024.8.26.0100, rel. Des. Francisco Loureiro, j. 10.4.2025" (*TJSP* – Ap 1001782-45.2025.8.26.0100, 5-5-2025, Rel. Francisco Loureiro).

44

GARAGEM

44.1 CONCEITO

O automóvel e os veículos em geral incorporaram-se definitivamente à vida do homem no século XX. As economias desenvolvem-se hoje fundamentalmente sobre quatro rodas. O homem médio não mais prescinde do automóvel para seus afazeres habituais, de trabalho e lazer. Ademais, o automóvel converteu-se universalmente em símbolo de *status* social, segundo sua marca, modelo e preço. Entre os vários problemas trazidos pelos automotores, nas zonas urbanas, acentua-se a questão da guarda dos veículos por períodos mais ou menos longos.

O termo *automotor* serve para designar toda classe de veículos que se deslocam sem intervenção de força exterior, com energia própria. Embora não se amoldem exatamente a essa categoria, também as embarcações e as aeronaves se incluem na problemática do contrato de garagem: portos, marinas e embarcadouros para as primeiras e hangares, pátios de manobras ou equivalentes para os últimos. O contrato de garagem destina-se, pois, a essa categoria de bens, precipuamente aos veículos terrestres, em particular aos automóveis, sem excluir, no entanto, caminhões, ônibus e outros veículos de carga.

Destinados que são os veículos a se locomoverem por ruas, estradas e caminhos dos mais variados, esse deslocamento dá origem, como consequência, a vários problemas, entre os quais os de guarda e custódia. Assim, surgem negócios jurídicos para atender a essas novas necessidades, destacando-se aqui o contrato de garagem.

Contrato de garagem é aquele pelo qual uma pessoa, denominada *garagista*, obriga-se à guarda e custódia de um veículo trazido por outra pessoa, denominada *usuário*, quando esta desejar, proporcionando um local para tal durante certo tempo, mediante o pagamento de preço geralmente em dinheiro. Ou, na definição de Horacio César Santiago (*In*: Represas e Stinglitz, 1989:153),

> *"haverá contrato de garagem quando uma parte, organizada em forma de empresa, se obriga a prestar um serviço de guarda de automotores, oferecendo para tal fim local adequado, e a outra parte a pagar em dinheiro por esse serviço".*

Fazendo reparo à definição do autor argentino, a nosso entender não descaracterizará o contrato se o garagista for pessoa natural, nem se o pagamento não for em dinheiro.

Ricardo Luis Lorenzetti assim o define, de forma mais descritiva:

> *"o contrato de garagem tem lugar quando uma das partes se obriga a conceder o uso de um espaço para o estacionamento de um automóvel, a cuidar do mesmo e, eventualmente, a proceder a sua limpeza e lavagem, e a outra, a pagar um preço em dinheiro"* (1999, v. 3:689).

De fato, modernamente, a atividade de garagista requer certa organização empresarial, sendo cada vez mais privativa de pessoas jurídicas especializadas que exploram os estacionamentos e outros locais e modalidades de custódia. São cada vez mais raros, nas grandes cidades, estacionamentos e garagens dirigidos por pequenos empresários ou pessoas naturais.

A obrigação do garagista, para guarda e custódia do veículo, surge conforme a necessidade do usuário, que pode retirá-lo do local quando lhe aprouver. Desse modo, cabe ao usuário e não ao garagista definir quando pretende utilizar-se da garagem. Como guardador e custodiador do veículo, o garagista assume responsabilidade ampla, como a seguir examinaremos.

Não se confunde o *contrato de garagem*, ora visto, com o espaço e local físico denominado garagem, que pode ou não ser destinado a esse contrato. No contrato de garagem, o garagista pode deixar à disposição do usuário uma vaga fixa, ou simplesmente um local indeterminado, sem que o negócio se descaracterize, em que pese a proximidade com os contratos de locação de coisas, locação de serviços, empreitada e depósito, como veremos. Também nesse pacto, podem as manobras internas do veículo na garagem ser atribuída a prepostos do garagista ou ao próprio usuário. Tal distinção poderá refletir apenas na responsabilidade por eventuais danos causados no veículo do usuário ou por este em outros bens, mas não desnatura o contrato de garagem. Pela natureza do direito obrigacional envolvido na avença, não há necessidade nem que o garagista seja proprietário do imóvel, basta que tenha validamente sua posse, nem que o usuário seja dono do veículo, bastando-lhe a simples detenção.

A obrigação do usuário de pagar o preço tem em vista o tempo em que o espaço de custódia permanece à disposição do usuário, ainda que por ele não seja utilizado. Nessa hipótese, distingue-se o contrato que estabelece pagamento por longos períodos, por semanas, meses, anos, daqueles de curto lapso, cujo pagamento é estabelecido pelo número de horas de utilização. Na essência, não existe distinção entre ambas as modalidades, embora possa denominar-se *de estacionamento* o contrato por curto período, e *de garagem* propriamente dito aquele de longo prazo. Distinguem-se ambos os contratos pela modalidade de oferta: quando esta informa preços por hora ou fração e quando estabelece por semana, mês ou ano. Nada obsta que no mesmo local convivam as duas modalidades, cujo regime jurídico e as decorrentes responsabilidades do garagista são basicamente idênticas. Se o local destinado ao veículo é aberto, sem proteção, e disso tem conhecimento o usuário, o garagista não responderá por danos decorrentes de intempéries.

O garagista pode também ser a Administração Pública, em locais de sua propriedade, explorados diretamente ou por terceiros concessionários, estabelecendo-se o preço por tarifa. Não se confunde o contrato de garagem com todo o rol de responsabilidades que afeta o garagista, com os estacionamentos em via pública, mediante pagamento de preço ao Poder Público ou quem lhe faz as vezes, em parquímetros automáticos ou com selos e talões, cuja finalidade é apenas assegurar maior rotatividade, possibilitando utilização por número mais elevado de veículos, sem obrigação de custódia e guarda. Nesse negócio, regido pelo direito público, não existe a figura do garagista, porque garagem inexiste. Apenas é atribuído um local para a colocação do veículo do usuário, por tempo determinado, assumindo este todos os riscos representados pelo estacionamento em via pública, porque nesse negócio não existem os deveres de guarda e custódia do bem.

44.2 CARACTERÍSTICAS

Pelo discorrido, depreendemos que o contrato de garagem é bilateral, oneroso, atípico, consensual, comutativo e informal.

Trata-se de contrato *bilateral*, porque dá origem a obrigações para ambas as partes. *Oneroso*, porque nele existe recíproco sacrifício. Hoje conhecido sob a denominação estudada, embora nominado, o contrato é *atípico*, porque nossa legislação dele ainda não se ocupou. É *consensual*, porque depende unicamente do acordo de vontades. Não há que se divisar nele um contrato real, porque o negócio pode existir independentemente da entrega do veículo ao garagista, bastando que este coloque o espaço à disposição do usuário. É contrato *comutativo*, porque as prestações são de plano conhecidas pelas partes. Não tendo disciplina legal, sua forma é livre, podendo ser verbal ou escrito. As partes podem, porém, estabelecer que sua prova seja escrita, o que não se confunde com a forma. Geralmente, será contrato de adesão, submetido aos princípios do Código de Defesa do Consumidor em prol do usuário.

Como regra, embora não se exija a forma escrita, o contrato prova-se por uma modalidade de escrito, cupom ou tíquete, comprobatório da entrega do veículo. A falta do documento, porém, pode ser suprida pelos meios permitidos no ordenamento.

44.3 NATUREZA JURÍDICA. SEMELHANÇA COM OUTROS CONTRATOS

Várias figuras jurídicas fornecem elementos para caracterizar esse contrato atípico. Como regra de hermenêutica, sem dúvida, devem ser chamados à colação princípios dos institutos mais próximos. Concorrem na garagem elementos da locação de coisa, empreitada, depósito e prestação de serviços.

Não existe, em princípio, contrato de garagem autônomo quando a localização do veículo, em determinado local, decorre de outro contrato, do qual o estacionamento é parte integrante. Assim, por exemplo, quando se aluga unidade autônoma de condomínio que possui vaga de garagem. Da mesma forma ocorre com os estabelecimentos comerciais que oferecem estacionamento aos consumidores. Tal se insere na atividade empresarial do fornecedor de produtos e serviços, sendo o estacionamento acessório desse arcabouço. As regras a serem aplicadas, primordialmente, nesses negócios são as do contrato principal; o negócio de garagem aplicará suas regras apenas subsidiariamente.

Embora pareça a alguns que a preponderância na garagem seja do contrato de depósito, não há como se divisar uma proeminência. As características do depósito decorrem dos princípios de custódia e guarda, mas salvo manifestação expressa, não se considera o garagista depositário típico, submetido às rigorosas regras desse instituto. Características principais do contrato em exame são a guarda do veículo e o espaço a ele destinado. Sendo o espaço primordial, há, portanto, acentuada característica de locação de coisa. Tanto isso é verdadeiro que a Lei do Inquilinato (Lei nº 8.245/91), no art. 1º, parágrafo único, letra A, nº 2, exclui sua aplicabilidade às *"vagas autônomas de garagem ou de espaços para estacionamento de veículos"*, cuja cessão é regida pelos princípios do Código Civil. Secundariamente, a garagem absorve princípios da empreitada e da prestação de serviços. Como, porém, percebemos, o contrato de garagem é muito mais amplo do que a simples locação de coisa, pois oferece princípios inafastáveis do depósito e dos contratos referidos.

Desnatura-se o contrato como garagem se o agente se limita a oferecer serviços de manobrista e estacionamento em via pública, ainda que ofereça serviços de vigilância (*valet parking*), responsabilizando-se pelo bem. Nessa hipótese, sobreleva-se a prestação de serviços. Não há garagem, porque não existe local colocado à disposição do veículo. Entretanto, o contrato de garagem pode ter em seu bojo o serviço de manobrista, inserindo-se aí a prestação de serviço, quando o garagista recebe o veículo e encarrega-se de estacioná-lo no local próprio.

Sendo, portanto, contrato atípico, suas regras são aferidas nesses contratos próximos. Para determinar-lhe o direito aplicável, ter-se-ão em conta a autonomia da vontade, o subsídio dos contratos semelhantes, as regras do Código de Defesa do Consumidor e, se presente, como na maioria dos casos, a relação de consumo. Leve em conta ainda que nesse campo ocorrem muitas variantes que exigem diagnóstico conforme o caso concreto.

44.4 OBRIGAÇÕES DAS PARTES

Quanto ao usuário, sua principal obrigação é pagar o preço, como visto, geralmente fixado por período de hora, dia ou mês. O garagista terá direito de retenção para receber o preço. É direito do usuário utilizar o local determinado ou indeterminado para posicionamento do veículo.

Por seu lado, o garagista deve proporcionar ao usuário a possibilidade de estacionamento do automotor, seja determinado ou não. Como exposto, terá as obrigações de locador, bem como as de depositário em face da guarda e custódia a que se compromete, embora não subordinado às penas específicas do ordenamento quanto ao depósito, salvo se assim foi expressamente acordado. Quando a garagem é estabelecida por período longo, deve facultar a entrada e saída do veículo a qualquer tempo, segundo as necessidades do usuário ou conforme horário estabelecido na avença. O garagista deve, portanto, restituir o bem quando solicitado. Responsabiliza-se pelos danos e perda do automotor, salvo se provar caso fortuito ou força maior (art. 642). A exemplo do que sucede no depósito, é vedado ao garagista utilizar-se do veículo, sem licença expressa do usuário, sob pena de responder por perdas e danos (art. 640). Se ao contrato de garagem agregarem-se outras obrigações como lavagem, abastecimento ou reparos, devem ser objeto de exame em separado.

A obrigação assumida pelo garagista é, portanto, *de resultado*, pois deve manter a coisa consigo durante certo tempo e restituí-la íntegra.

44.5 PROTEÇÃO DO USUÁRIO. CLÁUSULA DE EXCLUSÃO DE RESPONSABILIDADE

No contrato de garagem, tendo em vista o dever de guarda e custódia, é importante fixar os limites de proteção de que deve gozar o usuário. A questão tem a ver com a responsabilidade civil, aplicando-se seus princípios gerais. Recebendo coisa com a obrigação de restituir, o garagista responde pelos danos e deterioração, salvo caso fortuito ou força maior, que deverá provar, no entanto, como anteriormente enfatizado. Recorde-se de que a obrigação assumida é *de resultado*. Não obtido o resultado, em princípio aflorará o dever de indenizar. O garagista responde tanto por fato próprio como por fato de terceiro.

Para eximir-se da indenização com fundamento em caso fortuito ou força maior, o garagista tem o ônus de prová-los, quando não houve culpa exclusiva do usuário. Desse modo, sendo o dever de incolumidade ínsito à obrigação de custódia e guarda assumida, o furto total ou parcial do veículo ou de objetos em seu interior não podem ser considerados caso fortuito. O roubo a mão armada pode exonerá-lo da indenização se provar que tomou todas as cautelas do bom depositário. O garagista, porém, não se libera do dever de indenizar, mesmo perante o roubo do veículo, quando os meios de segurança e o pessoal de vigilância que colocou no local se mostraram insuficientes, facilitando a prática do delito em prejuízo do usuário (Ghersi, 1994, v. 2:360). Nesse sentido, o autor traz julgado de Corte de Buenos Aires (1994, v. 2:361) que entendeu:

> *"o assalto a mão armada a garagens não constitui fato imprevisível e deve ser computado como um risco próprio da atividade em tela. Previsibilidade que insere dentro do curso normal dos acontecimentos que conformam a circunstância do garagista".*

O aspecto indenizatório deve levar em conta as circunstâncias de fato. Por exemplo, tratando-se de garagem a céu aberto, não pode o garagista ser responsabilizado por danos ocasionados por granizo.

Não obstante isso, deve-se eximir de responsabilidade o estabelecimento que tenha estacionamento aberto, compartilhado com vizinhos de comércio, no qual, notoriamente, não há vigilância.[1] Ressaltamos que, caso o estabelecimento ofereça serviço de segurança, independe se o estacionamento é aberto, haverá responsabilidade.[2]

---

1 "Recurso de apelação. (i) Ação indenizatória. **Responsabilidade civil extracontratual**. Furto de equipamento fotográfico em estacionamento de condomínio edilício comercial. Insurgência do autor contra a r. sentença de improcedência. (ii) Preliminar de nulidade por cerceamento de defesa decorrente do julgamento antecipado da lide. Vício não identificado. Causa bem instruída e apta a julgamento. Magistrado que, mesmo no atual modelo processual, de cunho participativo, segue sendo o destinatário das provas, tendo o poder-dever de determinar a produção apenas das provas estritamente necessárias ao julgamento do mérito, e de indeferir as diligências inúteis ou meramente protelatórias (artigo 370 do CPC/2015). (iii) No mérito, irresignação imprróspera. Autor que, na qualidade de fotógrafo, realizava ensaio fotográfico de cliente nas dependências do condomínio réu, deixando seu equipamento apoiado em mureta do estacionamento por determinado período, sem supervisão. Câmera fotográfica e petrechos subtraídos por terceiro. Edifício situado em avenida movimentada. Estacionamento aberto ao público geral, não somente aos condôminos e usuários dos serviços prestados no condomínio. Inexistência de falha na vigilância pelos réus. Autor que agiu de maneira negligente, se descuidando de seus pertences e contribuindo diretamente para a ação do ladravaz. Fortuito externo a excluir a responsabilidade dos réus. Inteligência do artigo 14, § 3º, inciso II, do Código de Defesa do Consumidor. Precedentes deste E. Tribunal de Justiça. (iv) Preliminar rejeitada e, no mérito, recurso desprovido". (*TJSP* – Ap 1087558-52.2021.8.26.0100, 28-7-2023, Rel. Issa Ahmed).

"Embargos de declaração. Furto de objetos guardados em veículo ocorrido em vaga de estacionamento existente em recuo próximo ao estabelecimento da embargada. Local aberto, acessível por qualquer pessoa, desprovido de vigias ou seguranças e de utilização gratuita. Circunstâncias do lugar que não geram para o consumidor razoável expectativa de segurança. **Responsabilidade civil não configurada**. Inexistência dos vícios suscitados. Via inadequada para manifestação de inconformismo quanto aos fundamentos da decisão, quando não conjugada com erro material, omissão, obscuridade ou contradição. Natureza integrativo-recuperadora não demonstrada. Embargos rejeitados" (*TJSP* – ED 1027631-24.2022.8.26.0100, 26-8-2022, Rel. Milton Carvalho).

"Apelação. **Responsabilidade civil.** Furto de veículo em estacionamento. Pretensão indenizatória deduzida por terceirizado e sua esposa junto à empresa para a qual prestava serviços. Improcedência em primeiro grau. Inconformismo. Não acolhimento. Ré que disponibiliza estacionamento aberto e gratuito, não visando à captação de clientes, tampouco possuindo qualquer finalidade lucrativa. Local com amplo acesso, sem controle de entrada e saída e desprovido de sistema de vigilância especializado. Dever de guarda não caracterizado. Pretensão indenizatória improcedente. Sentença mantida. Majoração dos honorários sucumbenciais. Recurso não provido" (*TJSP* – Ap 1016158-70.2019.8.26.0577, 26-8-2021, Rel. Rosangela Telles).

"**Responsabilidade civil** – Furto de bicicleta em estacionamento – Ação indenizatória por danos materiais e morais julgada improcedente – Fato constitutivo do direito da autora que não foi provado, em especial o depósito da bicicleta em estacionamento de responsabilidade da acionada – Sentença mantida, com elevação da verba honorária arbitrada – Recurso improvido, com observação" (*TJSP* – AC 1005741-74.2017.8.26.0077, 19-3-2019, Rel. Caio Marcelo Mendes de Oliveira).

"Direito do consumidor – roubo e sequestro dentro de estacionamento – Legitimidade passiva da ré, dona do estabelecimento, diante da técnica da asserção. Estacionamento explorado por terceiro e compartilhado por outros estabelecimentos. Exploração indireta pela ré. **Responsabilidade objetiva da ré, proprietária do estabelecimento**. Jurisprudência do STJ e Enunciado nº 130 da Súmula do STJ. Valor da reparação por danos morais que se mostra aquém dos parâmetros utilizados por este e. Tribunal em casos análogos, não sendo possível sua redução. Exclusão, da indenização por danos materiais, apenas de valores que não possuam comprovação documental. Recurso a que se dá parcial provimento" (*TJRJ* – AC 0016018-93.2016.8.19.0208, 19-7-2018, Rel. Alexandre Antônio Franco Freitas Câmara).

"**Prestação de serviços – Estacionamento** – Dever de guarda – Danos ocasionados ao veículo – Indenização devida – Exclusão das despesas que não guardam relação com o evento – Dano moral – Descabimento – Agravo retido e apelo do autor improvidos, acolhida parcialmente a apelação da ré – O simples inadimplemento contratual não gera, em regra, danos morais, por caracterizar mero aborrecimento, dissabor, envolvendo controvérsia possível de surgir em qualquer relação negocial, sendo fato comum e previsível na vida social, embora não desejável" (*TJSP* – Ap 0177395-87.2011.8.26.0100, 30-8-2016, Rel. Renato Sartorelli).

"**Ação de indenização.** Estacionamento gratuito em supermercado. Furto – Autor comerciante que teve centenas de camisas subtraídas de dentro de seu veículo. Sentença que reconheceu a ocorrência de danos materiais. Indenização que, entretanto, foi limitada. Culpa concorrente do autor. Alegação do requerente de que não concorreu

Outra questão continuamente discutida diz respeito às *cláusulas limitativas de responsabilidade*. A problemática reside em saber do alcance e da validade das declarações apostas

com culpa pelo furto. Possibilidade. Furto ocorrido no estacionamento da ré. O autor é comerciante. Razoável que transporte grandes quantidades de roupa em seu veículo. Inexistência de culpa concorrente. Sentença reformada. Recurso provido" (*TJSP* – Ap 0002786-29.2011.8.26.0132, 10-3-2015, Rel. Miguel Brandi).

2 "Ação regressiva de ressarcimento por danos materiais – Seguro de veículo – Furto em estacionamento de supermercado – Sentença de improcedência – Apelação da autora – Irresignação da autora com relação à sentença que julgou a ação improcedente – Acolhimento – Seguradora que se sub-roga nos direitos da consumidora, inclusive em relação à incidência das regras protetivas do CDC – Hipótese que não trata de espaço público e aberto, mas de local dotado de delimitação evidente e câmeras de segurança. Súmula 130 do STJ – **Responsabilidade objetiva da empresa quanto ao fortuito interno verificado**. Ré que não se desincumbiu do seu ônus probatório, ao não apresentar as imagens que deveriam ter sido gravadas no dia dos fatos. Sentença reformada. Recurso provido" (*TJSP* – Ap 1009689-36.2023.8.26.0005, 28-8-2024, Rel. Eduardo Gesse).

"Apelação – Ação de reparação por danos materiais e morais julgada parcialmente procedente – Furto de veículo ocorrido nas dependências de estacionamento da ré – Inconformismo da ré e dos autores – Preliminar de revelia da ré afastada – **Responsabilidade configurada**. Falha na prestação do serviço de segurança – Parte dos danos materiais demonstrados de forma suficiente no caso e que, portanto, comportam manutenção da reparação – Danos morais caracterizados – Indenização fixada em R$ 5.000,00, de acordo com os princípios da razoabilidade, da proporcionalidade e vedação ao enriquecimento sem causa – Recurso da ré desprovido e parcialmente provido o do autor" (*TJSP* – Ap 1048137-31.2016.8.26.0100, 28-9-2022, Rel. Gilberto Cruz).

"**Responsabilidade civil** – Furto de veículo em estacionamento de supermercado – Alteração do pedido de indenização por dano material após a contestação – Impossibilidade – Inexistente prova de alegados lucros cessantes, afasta-se o pedido indenizatório a tanto relativo – Inexistindo dano moral, não há causa para impor a indenização respectiva – Recurso não provido" (*TJSP* – AC 1020028-66.2017.8.26.0554, 12-8-2019, Relª Silvia Rocha.)

"Apelação Cível – **Indenização** – Furto de veículo nas dependências de estabelecimento comercial da ré – Excludentes de responsabilidade corretamente afastadas pela r. sentença – Ocorrência do ilícito verificado que integra a esfera de previsibilidade da ré, bem como decorre de deficiência de seu sistema de segurança – Dever de guarda – Mera oferta de estacionamento pela ré que implica em sua responsabilidade – Incidência da Súm. 130 do STJ – Força maior – Inocorrência – Furto praticado por terceiro que não implica a exclusão automática da culpa da ré – Relação de consumo estabelecida – Inocorrência de assunção pela ré de ônus de segurança e proteção que constituem dever do Estado – Responsabilidade objetiva configurada (art. 927, do CC) – Dano moral – Desnecessária prova inconteste da angústia ou humilhação sofridas pelo ofendido – Danos que se apresentam 'in re ipsa' – Suficiência da prova dos transtornos causados ao autor em decorrência da má prestação do serviço. Dano moral – Pretensão de majoração – Valor que deve refletir a reprovabilidade da conduta do ofensor sem, contudo, servir de estímulo ao enriquecimento sem causa do ofendido – Valor arbitrado que se mostra suficiente – Sentença mantida. Recurso improvido. Sucumbência recursal – Majoração da verba honorária – Aplicabilidade do art. 85, §§ 2º e 11, do NCPC" (*TJSP* – Ap 1006992-26.2015.8.26.0004, 9-4-2018, Rel. José Joaquim dos Santos).

"Apelação Cível – **Responsabilidade Civil** – Danificação no veículo e furto de pertences que estavam em seu interior em estacionamento de Shopping Center – Defeito no serviço – Súmula 130 do STJ – Danos materiais configurados apenas no que tange as mercadorias furtadas – Lucros cessantes não comprovados – Danos Morais – Inocorrência. – Mero dissabor – Legitimidade ativa do autor para figurar no polo passivo da demanda – Reconhecida – Apesar das notas fiscais colacionadas aos autos estarem em nome do representado, restou comprovado que o autor teve que efetuar o pagamento das mercadorias furtadas, conforme se observa pelo recibo da fl. 176 e depoimento das testemunhas, fls. 192-206, dando conta de que sofreu descontos nas comissões pelo representante Alexandre Boaventura. Mérito. Narrou o autor, o furto de pertences (06 malas contendo roupas infantis e femininas – Mostruário para as empresas Vida Marinha Indústria e Comércio de Confecções Ltda., Daniel Pereira de Aguiar – ME e Blue Wave Indústria e Comércio Ltda.) do interior do seu veículo quando estacionado no subsolo do shopping Bourbon Wallig, apontando também a ocorrência de danificação do bem, pelo que postula indenização por danos morais, materiais e lucros cessantes. A responsabilidade do prestador de serviços é objetiva, independentemente de prova de culpa, nos termos do artigo 14 do Código de Defesa do Consumidor. Trata-se do chamado risco do empreendimento, pelo qual 'todo aquele que se disponha a exercer alguma atividade no mercado de consumo tem o dever de responder pelos eventuais vícios ou defeitos dos bens e serviços fornecidos, independentemente de culpa.' A empresa que presta serviço de guarda de veículos tem o ônus de garantir a necessária segurança aos automóveis e seus usuários. Falha na prestação do serviço configurada. Danos materiais – parcialmente comprovados – *In casu*, deve ser indenizado somente o valor referente as mercadorias furtadas, conforme se observa pelo recibo da fl. 176 e depoimento das testemunhas, fls. 192-206, dando conta de que sofreu descontos nas comissões pelo representante Alexandre Boaventura. Lucros cessantes – indevidos pela ausência de comprovação – O lucro cessante consiste 'na perda do ganho esperável, na frustração da expectativa de lucro, na diminuição potencial do patrimônio da vítima'. Os lucros cessantes são indenizáveis quando há interrupção do exercício de qualquer atividade lucrativa pelo ofendido e deve ser

unilateralmente pelo garagista, a fim de não se responsabilizar por furtos de objetos no interior dos veículos ou mesmo por danos e furtos dos veículos cometidos sob sua guarda. Essas disposições manifestam-se materialmente de várias formas: impressos nos tíquetes, cartazes nos locais, avisos televisivos e sonoros etc. Sob o aspecto dos contratos de adesão e segundo os princípios de defesa do consumidor (art. 51, incisos I e II, do Código de Defesa do Consumidor), *essas cláusulas são nulas*, absolutamente abusivas, írritas e, portanto, de nenhuma eficácia.

Em tese, e sob regra de princípio geral, somente poder-se-ia admitir validade à cláusula de não indenizar, ou de indenizar mitigadamente, se se tratasse de contrato paritário, livremente discutido e negociado pelas partes, fora do âmbito consumerista. Não é, como sabemos, o que ocorre na prática. Somente por absoluta exceção é possível imaginar contrato de garagem com essas características. Nesse sentido, conclui-se com Horacio César Santiago (Represas e Stinglitz, 1989:170):

> *"em conclusão de tudo que se expressou neste capítulo, podemos dizer que qualquer que seja a modalidade que implemente para limitar ou exonerar de responsabilidade o garagista, ela é nula; e a nulidade dessa cláusula predisposta abusiva não traz semelhante nulidade de todo o negócio jurídico, mas somente faz cair a cláusula em referência, tudo isso tendo em conta o interesse buscado pelas partes ao realizar a atividade negocial e a preservação do negócio jurídico".*

Essa posição dos professores argentinos se harmoniza totalmente com o nosso Código de Defesa do Consumidor. Nem mesmo, na hipótese, se admite o artifício de reduzir o preço do contrato para possibilitar ausência ou diminuição de indenização (Wayar, 1993:448).

44.6 PRAZO

Quanto ao prazo, vige, em princípio, a autonomia da vontade. Há contratos de garagem medidos por hora, com ou sem utilização do período noturno, outros que levam em conta a possibilidade de estadia mensal do veículo. Geralmente, o estacionamento por hora é pago na retirada do veículo. Já vimos cobrança de estacionamento por minuto nas grandes cidades. Se o período é mensal, costumam as partes fixar o pagamento antecipado. Se estabelecido o prazo determinado, não é dado às partes romper o pacto antes de escoado o prazo, submetendo-se nesse caso a perdas e danos. Se vigente por prazo indeterminado, como em qualquer outra avença, impõe-se aviso-prévio para a denúncia imotivada. Se o período de pagamento é mensal, assume-se que o prazo de 30 dias de pré-aviso seja razoável, como costumeiro.

---

comprovado cabalmente. No presente caso, inviável o seu reconhecimento, pois as alegações ou a declaração juntada à fl. 55 não são suficientes para dar trânsito à pretensão formulada na inicial. Danos morais – não configurados – Ausente demonstração nos autos de que os fatos tenham repercutido gravemente na esfera moral do demandante, tem-se que a situação narrada, por si só, gerou mero dissabor não passível de indenização. Para ser configurado o dano moral, o aborrecimento deve ser grave o bastante para impactar na dignidade da pessoa humana, não se admitindo a indenização de irritação, mágoa ou sensibilidade exacerbada, as quais estão fora da órbita do indenizável. A presente hipótese – Furto de pertences localizados no interior do veículo – Não gera direito à indenização por danos morais porque não ultrapassa o estágio de mero dissabor. Sentença mantida. Preliminar afastada. Agravo retido desprovido. Apelações cíveis desprovidas" (*TJRS* – AC 70069124337, 26-7-2017, Rel. Des. Túlio de Oliveira Martins).

44.7 EXTINÇÃO

O contrato de garagem extingue-se pelos meios ordinários de extinção dos negócios jurídicos. O decurso de prazo, não demonstrando as partes interesse na recondução, é modalidade de extinção, assim como o decurso de prazo concedido na denúncia imotivada do contrato a prazo indeterminado.

Nos estacionamentos nos quais se cobram por hora ou fração, a extinção ocorre no ato da retirada do veículo, com o pagamento do preço, ainda que o usuário retorne ao local para recolocar seu veículo no mesmo dia, quando então outro contrato será concluído.

45

REPRESENTAÇÃO COMERCIAL

45.1 CONCEITO. DISTINÇÃO DA REPRESENTAÇÃO COMERCIAL DE OUTROS CONTRATOS E DO CONTRATO DE AGÊNCIA

A Lei nº 4.886/65 conceitua o representante comercial em seu art. 1º:

> *"Exerce a representação comercial autônoma a pessoa jurídica ou a pessoa física, sem relação de emprego, que desempenha, em caráter não eventual por conta de uma ou mais pessoas, a mediação para a realização de negócios mercantis, agenciando propostas ou pedidos, para transmiti-las aos representados, praticando ou não atos relacionados com a execução dos negócios".*

Como anota Waldirio Bulgarelli (1995:503), a lei não conseguiu ser precisa, utilizando-se de vários termos de ampla e ambígua compreensão e extensão, *mediação*, *agência* e *execução de negócios*.

Uma advertência importante deve ser feita de plano ao leitor: o Código Civil de 2002 disciplina o contrato de *agência e distribuição* nos arts. 710 a 721 (Capítulo 31). Os dispositivos desse contrato por vezes coincidem com o de representação comercial, por vezes são paralelos, o que trará necessidade de harmonização entre os dois diplomas. Desse contrato tratamos também neste volume. Lembre-se que o art. 721, inserido no final das disposições do contrato de agência e distribuição, dispõe: *"Aplicam-se ao contrato de agência e distribuição, no que couber, as regras concernentes ao mandato e à comissão e as constantes de lei especial"*. Essa dicção lança, na verdade, mais dúvidas do que soluções. Como sempre, será importante a definição da jurisprudência que terá que examinar muitas situações de aplicação harmônica da Lei nº 4.886/65 e do Código Civil de 2002. Trata-se de mais uma situação que mereceria uma disciplina mais cuidadosa do legislador. Veja o que discorremos no Capítulo 31, específico sobre *agência e distribuição*. Ao menos um ponto do Código Civil, segundo Rubens Edmundo Requião (2002:5), mereceu elogio: o novel ordenamento estabeleceu a presunção de exclusividade de zona de atuação para representantes distribuidores e agentes, afastável apenas por norma expressa no contrato, o que era anseio dos representantes comerciais e fora o grande fracasso da Lei nº 8.420/92, que trouxe muitas inovações à lei do representante comercial.

Pelo contrato de representação, uma empresa atribui a outrem poderes de representá-la sem subordinação, operando por conta da representada. O representante é autônomo, vincula-se com a empresa contratualmente, mas atua com seus próprios empregados, que não se vinculam à empresa representada.

Tendo em vista a autonomia da prestação de serviços, qualificada a relação jurídica como representação, não existe subordinação hierárquica que possa defini-la como contrato de trabalho. A definição de nossa lei optou por conceituação descritiva, porque na representação há, evidentemente, mandato, do contrário representação não seria, mas há elementos diferenciais, tanto que o parágrafo único do citado artigo dispõe que, quando a representação comercial incluir poderes atinentes ao mandato mercantil, serão aplicáveis, quanto ao exercício deste, os preceitos respectivos desse instituto. Há, portanto, elementos que se equiparam nos dois contratos, mas não se identificam.

O representante comercial autônomo recebe poderes de índole permanente para exercer seu mister. A representação estabelece relação estável e duradoura, no que difere do mandato geralmente conferido para atos individualizados e isolados, ainda que sob certo prazo.

A atividade do representante, como percebe, é de intermediação, sem dependência hierárquica, obedecendo, porém, a instruções do representado. Trata-se, pois, de modalidade peculiar de representação, uma vez que, de regra, o representante não é mandatário nem comissário, não havendo, contudo, óbice para que também assim seja. Sua prestação de serviços é exercida por meio de recolhimento de propostas ou pedidos de aquisição de bens ou serviços que transmite ao representado. Afasta-se, portanto, a noção do instituto do mandato tradicional.

> *"O representante comercial apenas representa quem o tenha contratado para agenciar negócios. Com isso, se resume ele a entabular as negociações, encaminhando, através de 'pedidos', os contratos cujas conversões inicia. Não tem ele poderes de mandato, para agir em nome do mandante na conclusão dos negócios que promove"* (Requião, 1993:19).

Nada impede, no entanto, que a relação envolva o mandato mercantil, tanto que o parágrafo único do art. 1º da lei regulamentadora prevê que, quando a representação comercial incluir poderes do mandato mercantil, serão aplicáveis os preceitos deste. Nessa situação, além de representante autônomo do representado, será ele igualmente seu mandatário.

Afasta-se também a representação ora examinada da comissão mercantil. Como estudamos no capítulo próprio, na comissão o comissário age em nome próprio, mas por conta do comitente. Perante terceiros, não é necessário que esses conheçam a identidade do comitente. A comissão estabelece uma relação interna entre comitente e comissário. Na representação comercial, é de sua natureza a divulgação do nome do representado, alicerce da boa consecução dos negócios. O representante age em nome e no interesse de outrem.

Como lembra Waldirio Bulgarelli (1995:504), os representantes autônomos provieram dos antigos vendedores viajantes, que, ao se instalarem definitivamente em uma praça, acabavam por adquirir o estado de representantes.

Algumas legislações adotaram a denominação de *agência* para o contrato de representação, estabelecendo certa confusão. O contrato tratado pela lei mencionada é de representação. O *contrato de agência* situa-se, qualitativamente, em plano inferior ao de representação, razão pela qual não podem ser tomados como expressões sinônimas, embora parte da doutrina o faça.

A agência era negócio atípico no sistema do Código de 1916 e tipifica-se como vimos, no Código em vigor (arts. 710 ss) a qual é estudada de forma mais aprofundada nesta obra. Os sujeitos referidos ora e vez na legislação, como os agentes de comércio do art. 35 do Código

Comercial, não se referem ao contrato em exame. O agente vincula-se a uma ou mais empresas como promotor de negócios em favor delas, em determinadas praças. No dizer de Pontes de Miranda (1984, v. 44:24),

> *"o agente, rigorosamente,* ***não medeia****,* ***nem intermedeia****,* ***nem comissiona****,* ***nem representa****: promove conclusões de contrato. Não é mediador, posto que seja possível que leve até aí a sua função. Não é corretor, porque não declara a conclusão dos negócios jurídicos. Não é mandatário, nem procurador. Donde a expressão 'agente' ter, no contrato de agência, senso estrito".*

Nesse campo, encontram-se, por exemplo, os agentes de livreiros e editores, que se encarregam de entrar em contato com escritores, amealhar originais, selecioná-los e encaminhá-los à empresa editorial com sugestão para publicação. O agente, nesse diapasão, fomenta o negócio do agenciado, mas não o representa, nem com ele possui vínculo trabalhista. Por igual se afirma a respeito dos agentes de seguros, de aplicações financeiras, de atividades artísticas, de esportes profissionais etc. Veja, por exemplo, a atividade do agente que se encarrega de indicar novos atletas de futebol ou de outro esporte para determinada agremiação, os chamados "olheiros". Esses agentes não representam. O agente promove, mas nada obriga que se conclua o negócio. Podem até intermediar e fazer jus a comissões, mas isso não os converte em corretores nem em mandatários, ainda porque o pagamento nesse contrato pode ser em quantia fixa periódica, não sendo essencial a comissão. Veja que no capítulo respectivo fizemos a comparação desse contrato de agência com o contrato de *lobby*, em virtude dos pontos de contato.

Tanto a pessoa jurídica como a pessoa natural podem exercer o papel de agente, atividade que, como na representação, pode ser carreada com ou sem exclusividade. O art. 710 do Código define o negócio de agência, distinguindo-o do contrato de distribuição no mesmo dispositivo:

> *"Pelo contrato de agência, uma pessoa assume, em caráter não eventual e sem vínculos de dependência, a obrigação de promover, à conta de outra, mediante retribuição, a realização de certos negócios, em zona determinada, caracterizando-se a distribuição quando o agente tiver à sua disposição a coisa a ser negociada".*

O fato de o sujeito ter à sua disposição a coisa a ser negociada diferencia a distribuição do contrato de agência. Desse molde, será sempre de agência o papel dos promotores de bens imateriais, como os agentes teatrais, esportivos, literários e artísticos em geral.

Portanto, tendo em vista a natureza diversa dos dois contratos, ao menos em nosso sistema, não há razão para identificar a representação autônoma com a agência. Ambos os negócios jurídicos devem ser tratados como contratos distintos. O representante comercial é mais do que um agente, porque seus poderes são mais extensos. O agente prepara o negócio em favor do agenciado; não o conclui necessariamente. O representante deve concluí-lo. Essa é sua atribuição precípua. Não é necessário que o agente seja qualificado como comerciante. O agenciamento pode ter natureza civil. O representante, por via da própria orientação legal, será sempre comerciante. Por sua vez, o distribuidor não terá os poderes de representação, situando-se em âmbito menor que o representante comercial.

Sob tais premissas, decorre que o agente ater-se-á aos atos preparatórios que lhe foram incumbidos. Sua atividade irá até a conclusão do negócio, exclusive. Se lhe foram atribuídos poderes de representação ou incumbência de concluir o negócio, haverá um *plus* que desnatura o contrato como agência, convertendo o negócio jurídico em outro. O agente tem também o dever de informar o agenciado, mas sua atividade não se resume somente a isso, pois aí teríamos mero contrato de informação, um *minus* em relação ao próprio contrato de agência.

Na verdade, o Código Civil de 2002 contribui para confundir ainda mais os conceitos, ao colocar no mesmo plano os contratos de *agência e distribuição* (arts. 710 a 721), por influência de legislações comparadas. Não podemos confundir a agência com a distribuição, porque o agente não distribui. Sua função é exclusivamente *promover* a atividade do agenciado, daí por que por vezes é referido como promotor de eventos, dedicado a *promoções comerciais, artísticas, culturais, esportivas* etc. e a empresa ter como atividade expressa essa finalidade.

No tocante à *representação*, quando uma empresa atribui a outrem, pessoa física ou jurídica, poderes de representar, para, sem subordinação, operar por conta do outorgante no campo de negócios em geral, dá-se o contrato de representação. O poder de representar uma empresa compreende todos os atos jurídicos necessários à consecução de negócios em favor da representada. Levam-se em conta o caráter e a natureza dos negócios. O próprio representante pode ser encarregado de entregar mercadorias e cobrar o preço. A representação, tal como orientada na lei, implica *profissionalidade* e *habitualidade* do representante, além da citada *autonomia* em relação ao representado.

A *exclusividade*, embora presente na maioria das oportunidades, não é essencial ao contrato, conquanto esse aspecto deva ser referido no contrato. O art. 31 da Lei nº 4.886/65 especifica que, se o contrato prever exclusividade de zona ou zonas, ou quando este for omisso, fará jus o representante à comissão pelos negócios aí realizados, ainda que diretamente pelo representado ou por intermédio de terceiros. Acrescenta o parágrafo único que a exclusividade da representação não se presume na ausência de ajustes expressos.[1] Desse

---

[1] "Apelação – Ação de rescisão de contrato de representação c/c indenização por danos morais – Sentença de improcedência – Recurso da autora. Contrato verbal de representação comercial – Desrespeito à alegada cláusula de exclusividade não caracterizado – Ausência de comprovação de que o contrato de representação, verbalmente pactuado, tenha estabelecido cláusula de exclusividade, que não se presume – **Inteligência do parágrafo único do art. 31 da Lei nº 4.886/1995** – Parte autora que, ademais, deixou de arrolar testemunhas de forma tempestiva, restando por preclusa a prova – Ônus que lhe competia, do qual não se desincumbiu – Precedentes – Indenização pela rescisão do contrato – Impossibilidade – Insurgência da autora no sentido de que a requerida teria prejudicado a sua atuação, ante a quebra de exclusividade, retirada de produtos do mercado, fechamento de fábricas, redução de qualidade dos produtos, proibição de concessão de descontos para clientes, impontualidade na entrega de mercadorias, cobranças indevida, entre outros – Argumentos não comprovados – Inexistência, ademais, de demonstração de que houve rescisão contratual por parte da requerida – Notificação extrajudicial a ela encaminhada que não possui assinatura nem comprovante de entrega, tratando-se, ademais, de documento unilateral – Pedido de indenização que não merece prosperar. Sucumbência exclusiva da autora mantida – Honorários advocatícios majorados, considerada a sucumbência recursal. Apelação improvida" (*TJSP* – Ap 1014332-95.2022.8.26.0482, 22-3-2024, Rel. Afonso Celso da Silva).

"Indenização. **Representação comercial**. Incidência da Lei nº 4.886/65. Rescisão do contrato pelo representante. Culpa da representada demonstrada. Alegação da recorrente de que as circunstâncias ocorreram em razão da pandemia. Tese recursal não suscitada no momento oportuno (contestação). Inovação recursal. Recurso não conhecido, neste ponto. Cláusula de exclusividade que não se presume. Art. 31, p. único da Lei 4.886/65. Todavia, argumento irrelevante para o deslinde da quaestio. Responsabilização fundada em negligência da representada na entrega dos pedidos presididos pelo representante. Mácula e descrédito no mercado em que o apelado atua. Comprovação. Reconhecimento da responsabilidade da ré. Aplicação do artigo 27, 'j', da Lei 4.886/95. Cabimento. Precedente. Teoria da perda de uma chance. Irrelevante. Não foi esta a causa determinante para a responsabilização. *Quantum* indenizatório. Valor apresentado pelo autor não impugnado. Acolhimento da planilha de cálculo. Sentença mantida. Recurso desprovido, na parte conhecida" (*TJSP* – Ap 1023791-64.2021.8.26.0577, 24-6-2022, Rel. Anna Paula Dias da Costa).

"Apelação Cível – Ação indenizatória – Danos morais e materiais – Preliminar – Razões dissociadas – Não ocorrência – Rejeição – **Representação comercial** – Contrato Verbal – Possibilidade – Exclusividade não presumível – Indenização Indevida – Sentença mantida – 1 – Não há que se falar em razões dissociadas se o recorrente impugnou de forma específica a sentença recorrida. 2 – De acordo com o artigo 31, parágrafo único, da Lei nº 4.886/1965: 'A exclusividade de representação não se presume na ausência de ajustes expressos', por mais que o vendedor possa ter atuado isoladamente em uma área específica por determinado tempo. 3 – Assim, não há que se falar no dever

modo, é possível a presença de mais de um representante na mesma área ou zona. Da mesma forma, não havendo vedação contratual, o representante comercial poderá exercer sua atividade para mais de uma empresa e empregá-la em outros misteres ou ramos de negócios (art. 41). Nada impede, também, não o proibindo o contrato, que o representante se valha de outros representantes para a consecução do contrato, admitindo-se, pois, o subcontrato ou sub-representação (art. 42).

45.2 REPRESENTANTE COMERCIAL AUTÔNOMO SEGUNDO A LEI Nº 4.886/65

A lei que regulou a profissão entre nós exige, no art. 2º, o registro dos que exercem a representação comercial autônoma nos Conselhos Regionais dos Representantes Comerciais, criados por esse próprio diploma, sob a proeminência do Conselho Federal (art. 6º), que atuam como órgãos de classe. Acrescenta o art. 5º que somente será devida a remuneração ao representante, como mediador de negócios comerciais, devidamente registrado. Atividade semelhante exercida por quem não seja representante regular não receberá os benefícios da lei. O art. 3º permite que essa atividade seja exercida tanto por pessoas naturais, como por pessoas jurídicas, ou seja, sociedades mercantis.

45.3 FORMA E CONTEÚDO DO CONTRATO DE REPRESENTAÇÃO. PRAZO

O art. 27, com redação alterada pela Lei nº 8.420/92, refere-se a cláusulas que necessariamente participam da relação contratual. O dispositivo especifica que,

> *"além dos elementos comuns e outros, a juízo dos interessados, constarão obrigatoriamente:*
> *a) condições e requisitos gerais da representação;*
> *b) indicação genérica ou específica dos produtos ou artigos objeto da representação;*
> *c) prazo certo ou indeterminado da representação;*
> *d) indicação da zona ou zonas em que será exercida a representação;*
> *e) garantia ou não, parcial ou total, ou por certo prazo, da exclusividade de zona ou setor de zona;*
> *f) retribuição e época do pagamento, pelo exercício da representação, dependente da efetiva realização dos negócios, e recebimento, ou não, pelo representado, dos valores respectivos;*
> *g) casos em que se justifique a restrição de zona concedida com exclusividade;*
> *h) obrigações e responsabilidades das partes contratantes;*
> *i) exercício exclusivo ou não da representação a favor do representado;*
> *j) indenização devida ao representante, pela rescisão do contrato fora dos casos previstos no art. 35, cujo montante não poderá ser inferior a 1/12 (um doze avos) do total da retribuição auferida durante o tempo em que exerceu a representação".*

O art. 35, por último mencionado, refere-se ao elenco de motivos que ensejam a rescisão por justa causa, *motivos justos*, como cita a lei. As partes estão livres para estabelecer outras

---

de indenizar, se ausente prova da exclusividade, conforme precedente do STJ (REsp 1634077/SC). 4 – Recurso não provido" (*TJMG* – AC 1.0051.13.000933-8/001, 7-2-2018, Rel. Marcos Lincoln).

cláusulas, como de foro de eleição, por exemplo. A redação do artigo é criticável, pois a representação não tem exigência de forma. Pode concluir-se verbalmente.

Ora, se a lei coloca elementos obrigatórios no contrato escrito, poder-se-ia concluir que, em sua falta, o contrato é nulo, o que não é verdadeiro. A própria lei se encarrega de disciplinar a relação jurídica na falta dos elementos descritos. Ademais, seria ilógico e injusto entender a relação negocial como nula apenas porque ausente algum dos requisitos ditos obrigatórios, mormente levando-se em conta que o negócio pode ser concluído verbalmente. De qualquer modo, devemos entender no pacto a presença de elementos essenciais, de ordem pública, sem os quais seria inimaginável o negócio. Sob essa premissa, Rubens Requião (1993:169) aponta o direito à comissão e à indenização como aqueles que não podem ser afastados pela vontade das partes. O direito à indenização em favor do representante, por exemplo, tem seu mínimo fixado da lei, facultando-se às partes fixação mais ampla.

O prazo do contrato pode ser determinado ou indeterminado. Findo o prazo, podem as partes optar pela cessação do contrato, sua recondução por prazo indeterminado ou renovação. Nesse sentido, o § 2º do art. 27, enfatizando que no contrato por prazo determinado, uma vez prorrogado o prazo inicial, tácita ou expressamente, torna-se a prazo indeterminado. O § 3º acrescenta que será considerado por prazo indeterminado todo o contrato que suceder, dentro de seis meses, a outro contrato, com ou sem determinação de prazo. A finalidade das disposições é proteger o representante contra cessação abrupta da relação contratual. Completa-se a noção pelo art. 34, que regulamenta a denúncia vazia do contrato por qualquer das partes.[2] Nessa situação, se a avença tiver vigido por mais de seis meses, o denunciante, salvo outra disposição mais ampla no contrato, fica obrigado à concessão de aviso prévio com antecedência de 30 dias ou ao pagamento de importância igual a um terço das comissões auferidas pelo representante nos três meses anteriores.

---

2 "Apelação Cível. **Representação comercial**. Ação de indenização. Sentença de parcial procedência. Inconformismo do autor. Rescisão do contrato. Documentação existente que denota justo motivo para a rescisão, além da iniciativa do representante, que não lhe dá direito ao recebimento da indenização prevista no art. 27, "j", da Lei nº 4.886/65. Vedação da reformatio in pejus. Denúncia justificada pelo representado ou denúncia injustificada do representante. Inexistência de aviso prévio a ser pago ao autor, nos termos do art. 34 da Lei nº 4.886/65. Comissões pendentes de pagamento. Saldo incontroverso de R$7.120,68, corrigido do dia seguinte à rescisão e acrescido de moratórios da citação. Comissões sobre vendas não faturadas. Inexistência de demonstração de valores em carteira e pendentes de pagamento, além daqueles admitidos pela ré. Documentação ampla e farta não expressamente atacada, sem qualquer apresentação de cálculo de pendências que não as admitidas pela ré. Sentença mantida. Inexistência de motivo para alteração dos ônus sucumbenciais. Recurso não provido, nos termos da fundamentação". (*TJSP* – Ap 1001385-60.2021.8.26.0347, 7-7-2023, Rel. Hélio Nogueira).

"**Representação comercial** – Demanda de indenização por rompimento do contrato, com pedido cumulado de cobrança de comissões não pagas. Sentença de procedência parcial. Decisão reformada em pequena parcela, à luz do conjunto probatório. 1 – Alegação no sentido de que foi abusiva a rescisão unilateral do contrato de representação comercial promovida pela ré. Hipótese em que esta não logrou êxito em comprovar que a denúncia do contrato ocorreu por causa justificada (art. 333, II, do C.P.C. de 1973). Desídia da autora não demonstrada (art. 35, 'a', da Lei 4.886/65). Manutenção da condenação da ré ao pagamento das indenizações previstas nos arts. 34 e 27, 'j', da Lei 4.886/65. 2 – Data do rompimento do vínculo contratual que deve corresponder àquela em que a autora recebeu a notificação extrajudicial que comunicou a resilição. 3 – Pretensão da ré à exclusão da condenação ao pagamento de comissões relativas às vendas de produtos fora de linha e de produtos cujas vendas estavam suspensas. Rejeição, porque ela não comprovou ter recusado tais pedidos no prazo legal estabelecido no art. 33 da Lei 4.886/65. 4 – Comissões relativas às vendas diretas promovidas pela representada, na zona de atuação exclusiva da autora, que também são devidas, por força da norma contida no caput do art. 31 da Lei 4.886/65, na redação anterior à edição da Lei 8.420/92. 5 – Pretensão ao recebimento de comissões em duplicidade. Hipótese em que, constatada a cobrança indevida, tais comissões deverão ser desconsideradas no cálculo a ser elaborado em futura liquidação de sentença. Apelo acolhido nesse ponto. 6 – Alterada a sentença, não é caso de alteração da distribuição dos encargos de sucumbência, visto que permanece configurada a sucumbência mínima da autora. Agravo retido não conhecido e Apelação provida em parte, com determinação" (*TJSP* – Ap 0000066-27.1992.8.26.0271, 1-3-2018, Rel. Campos Mello).

É da natureza do contrato verbal que seja por prazo indeterminado, constituindo-se presunção. Nada impede, porém, que se prove cabalmente determinação de prazo no contrato não escrito.

45.4 DIREITOS E OBRIGAÇÕES DAS PARTES

Como contrato bilateral, à obrigação do representante comercial prestar o serviço de mediação corresponde o direito do representado de obter o serviço. O representado tem a obrigação de pagar a comissão, e o representante tem o direito de exigi-la. Existem outras obrigações imanentes à representação, algumas com preponderância ética, como o dever de confidencialidade, de não revelar segredos industriais e mercadológicos.

Podemos sintetizar os direitos do representante: receber comissão, inclusive sobre negócios feitos por terceiro em sua área, se tem exclusividade; indenização legal, se houver rescisão imotivada por parte do representado; direito a aviso prévio no caso de rescisão imotivada. Tem direito ainda de considerar rescindido o contrato quando o representado reduzir seus direitos dentro do que for contratado; quando ele violar direito de exclusividade; quando fixar abusivamente os preços de molde que dificulte ou impossibilite a atividade do representante e quando não receber as comissões nas épocas devidas.

O rol de obrigações do representante gira em torno da mesma esfera que rege o mandato, pois muitos são os pontos de contato. Assim, o representante assume a obrigação de agir no interesse do representado, sob pena de transgressão elementar da avença, se fizer em contrário. Deve ser responsabilizado se se conduzir contra a vontade presumida do representado, por dolo ou culpa. É inerente à atividade do representante fornecer, quando solicitado, informações respectivas sobre o andamento dos negócios. O desempenho da profissão de representante comercial implica obediência a deveres éticos conforme orientação do Conselho Federal dos Representantes Comerciais.

A remuneração do representante pode não ser convencionada pelas partes. Nessa eventualidade, o valor será regulado pelo uso do lugar onde o contrato é executado. O art. 32 da lei específica determina que o representante adquire o direito às comissões quando do pagamento dos pedidos ou propostas. Conforme os parágrafos desse dispositivo, o pagamento deve ser efetuado até o dia 15 do mês subsequente ao da liquidação da fatura, acompanhada das respectivas notas fiscais; as comissões pagas fora do prazo previsto deverão ser corrigidas monetariamente; o comissário pode emitir títulos de crédito para a cobrança das comissões, as quais deverão ser calculadas pelo valor total das mercadorias. Ainda: em caso de rescisão injusta do contrato por parte do representado, a eventual comissão pendente, gerada por pedidos em carteira ou em fase de execução e recebimento, terá vencimento na data da rescisão; não podem ser feitas alterações na avença que impliquem, direta ou indiretamente, a diminuição da média dos resultados auferidos nos últimos seis meses de vigência do contrato. O § 2º do art. 33 acrescenta que as comissões devem ser pagas mensalmente, salvo ajuste em contrário.

O representante tem por função, basicamente, colher pedidos de venda em prol do representado. O contrato deve prever a hipótese de recusa das propostas ou pedidos por parte deste último, com o respectivo prazo. Se o contrato não prevê prazo para essa recusa, preenchidos os devidos requisitos dos pedidos, o representado está obrigado a creditar para o representante a respectiva comissão, se não manifestar a recusa, por escrito, nos prazos de 15, 30, 60 ou 120 dias, conforme se trate de comprador domiciliado respectivamente, na mesma praça, em outra do mesmo Estado, em outro Estado ou no estrangeiro (art. 33).

O art. 43, com redação dada pela Lei nº 8.420/92, vedou expressamente a possibilidade de as partes contratarem a cláusula *del credere*, permitida expressamente pelo novo ordenamento civil para o contrato de comissão.[3] Desse modo, ineficaz cláusula que responsabilize o representante pela solvência dos negócios com terceiros decorrentes de sua atividade. De outro modo, nenhuma retribuição será devida ao representante, se o comprador não pagar por ser insolvente, bem como se o negócio for desfeito ou for sustada a entrega de mercadorias devido à situação comercial do comprador, capaz de tornar duvidosa a liquidação (art. 33, § 1º). Embora proibida a cláusula *del credere*, este último dispositivo inibe e restringe a iniciativa de o representante negociar com terceiros de duvidosa reputação ou solvência.

O representado, nesse contrato bilateral, tem direitos que correspondem às obrigações do representante, deste exigindo o cumprimento das cláusulas contratuais. Tem direito de obter informações e fiscalizar o cumprimento do contrato. Como em qualquer contrato, na falta praticada pelo representante terá direito de rescindir o pacto. Sua principal obrigação é, como visto, pagar as comissões na forma contratual e legal.

45.5 RESCISÃO. DENÚNCIA. EXTINÇÃO DO CONTRATO

Antes da regulamentação legal, a principal dificuldade que afligia os representantes mercantis dizia respeito à denúncia repentina e imotivada do contrato por parte do representado. Leve em conta que, para exercer a representação, o representante investe em estrutura e pessoal. A resilição unilateral inesperada e imotivada do contrato traz sempre prejuízos. Embora sem o rigor técnico que seria desejável, o art. 27, *j*, protege o representante por meio de indenização exigível no caso de rescisão sem justa causa.[4] O art. 35 descreve as hipóteses de justa

---

[3] "Apelação – ação de cobrança – **Contrato de representação comercial** – Sentença de procedência – Insurgência da empresa requerida. Verbas contratuais – Comissões e indenização de 1/12 avos – Conjunto probatório coligido aos autos que revela a realização de pagamentos pela requerida apenas em relação a períodos anteriores àqueles reconhecidos como devidos na sentença – Quitação das comissões devidas à autora em função dos últimos meses de vigência do contrato, bem como da indenização de 1/12 referente ao ano de 2016, não demonstradas – Pagamento devido. Clausula del credere – Imputação do risco do negócio ao representante – Prática ilegal (Art. 43 da Lei 4.886/65) – Autora que impugna os descontos de comissões efetuados pela ré – Representada requerida que não logrou corroborar sua tese de que os aludidos descontos seriam atinentes a regulares estornos de comissões antecipadas, deixando de desincumbir-se de seu respectivo onus probandi – Restituição devida – Precedentes deste E. Tribunal de Justiça do Estado de São Paulo – Fundamentos da decisão recorrida ratificados, nos termos do artigo 252 do Regimento Interno deste E. Tribunal de Justiça do Estado de São Paulo – Sentença mantida – recurso não provido". (*TJSP* – Ap 1008699-67.2016.8.26.0077, 13-9-2023, Rel. Lavínio Donizetti Paschoalão).

"**Representação Comercial** – Rescisão do contrato verbal sem justa causa – Pedido de recebimento de comissões devidas pelas vendas realizadas até a rescisão contratual – Vedação à cláusula 'del credere' – Art. 43, da Lei nº 4.886/65 – Indenização de 1/12 devida, nos termos do art. 27, 'j', da referida lei – Comissões devidas pelos meses finais de janeiro de 2007 a setembro de 2015 indenização pela falta de aviso prévio – Pagamento de importância igual a 1/3 das comissões auferidas pelo representante com base nos últimos três meses anteriores à denúncia do contrato – Aplicação do art. 34 da Lei 4.886/65 prequestionamento – Ausência de menção dos dispositivos de lei que não teriam sido ventilados – Sentença procedente – Negado provimento ao recurso" (*TJSP* – Ap 1005108-03.2015.8.26.0637, 4-4-2018, Relª Lucila Toledo).

[4] "Cobrança – **Pretensão da autora fundada em representação comercial** – Pleito de indenização apoiado na Lei nº 4.886/65, diante da denúncia da representação – Contrato de prestação de serviços, com todas as características de contrato de agência e distribuição, sujeito a regras de mandato e comissão – Contrato regido pelos arts. 710 e seguintes do Código Civil, típico de representação e em vista das peculiaridades – Indenização da Lei nº 4.886/65, com as alterações da Lei nº 8.420/92 – Resilição do contrato imotivado, de iniciativa da ré – Contrato por adesão, no qual a contratada se sujeita aos padrões, à organização, ao controle, à política comercial da contratante, inclusive ao controle financeiro – Abusividade não configurada na modalidade – Modificação da relação jurídica pelo Estado-Juiz em situações excepcionais – Autora que não faz jus à indenização de 1/3 dos últimos 90 dias, se foi motivada da resilição com esse prazo – Verbas como estornos, cláusula 'del credere' e dano moral também indevidos – Boa-fé objetiva, sem nunca a autora ter feito ressalvas ou reclamações – Dano moral inexistência em

causa que autorizam a rescisão do contrato sem indenização pelo representado.[5] Recorde-se de que a proteção indenizatória do art. 27 refere-se à resilição unilateral de contrato por prazo indeterminado.

A rescisão de contrato por prazo determinado segue a regra comum de direito contratual, obrigando o rescindente a arcar com perdas e danos pelo desfazimento abrupto da avença.[6] No

---

relações contratuais entre pessoas jurídicas, se uma delas a autora ter feito ressalvas ou reclamações – Dano moral inexistente em relações contratuais entre pessoas jurídicas, se uma delas opta resilir o contrato – Indenização apenas de 1/12 das comissões do art. 27, alínea 'j', da Lei nº 4.886/65, alterada pela Lei nº 8.420/92 – Decaimento recíproco das demandantes – Recurso da autora provido em parte" (*TJSP* – Ap 4011356-07.2013.8.26.0506, 26-4-2018, Rel. Cerqueira Leite).

5 "**Representação Comercial** – Ação de cobrança de indenização por rescisão contratual e demais despesas realizadas pela representante ao longo da vigência do contrato. Queda na produtividade da representante, que demonstrou falta de empenho na divulgação dos produtos da ré e de motivação para conquistar novos clientes, caracterizando justa causa para a rescisão. Hipótese em que a indenização é incabível. Exegese do art. 35, alínea 'a', da Lei nº 4.886/65. Sentença de improcedência mantida. Recurso não provido" (*TJSP* – Ap 0204720-03.2012.8.26.0100, 28-2-2018, Rel. Gilberto dos Santos).

6 "**Representação comercial** – Pretensão de cobrança de diferenças no valor das comissões pagas e de verbas decorrentes da rescisão do contrato – Sentença de improcedência – Insurgência do autor – Parcial cabimento – Hipótese em que não restou comprovado que a empresa representada pagava valores inferiores àqueles devidos ao autor – Rescisão contratual formalizada pelo requerente que não possui motivo justo – Impossibilidade de condenação da ré ao pagamento dos valores pretendidos, ressalvada a indenização reconhecida como devida na contestação – Parcial reconhecimento jurídico do pedido que vincula o magistrado. Recurso parcialmente provido" (*TJSP* – AC 0001430-77.2014.8.26.0363, 28-2-2019, Rel. Renato Rangel Desinano).

"Apelação Cível – **Representação Comercial** – Ação de rescisão contratual c/c indenização por danos materiais e morais – Contrato – Comissões não pagas – Ausência Probatória – Reconvenção – 1 – Quanto à caracterização da relação jurídica entabulada entre as partes, a demandada reconheceu que se encontravam as mesmas em tratativas para a celebração de ajuste de representação comercial, mas que não chegou a ser formalizado o contrato. Por outro lado, ainda de forma verbal, houve concordância pela ré quanto a parte dos negócios angariados pela autora, e com o ajuste de comissão no patamar de 10%. 2 – A autora não logrou comprovar o fato constitutivo de seu direito, nos termos do art. 373, I, do Código de Processo Civil, quanto ao montante total pretendido, equivalente a vendas que teriam alcançado um total de R$ 350.000,00, à exceção daquela admitida pela ré e de dois pedidos confirmados pela prova testemunhal produzida. 3 – Em relação ao contrato de representação comercial, o representante adquire o direito às comissões no momento do pagamento das vendas à representada, nos moldes do art. 32 da Lei nº 4.886/65. 4 – Reconvenção. Quanto ao valor alegado pela reconvinte como constituindo adiantamento à prestação de serviços a ser contratada com a demandante, houve reconhecimento quanto ao recebimento, mas impugnação ao dever de ressarcimento por se tratar de pagamento por trabalho realizado. Entretanto, a alegação foi apresentada de forma genérica, sem apontar as comissões que teriam alcançado o montante percebido, não tendo aportado aos autos nem início de prova acerca da alegação. Relativamente ao mostruário comprovadamente remetido à empresa autora, não houve impugnação de forma especificada. 5 – Honorários recursais devidos, nos termos do art. 85, §§ 1º, 8º e 11, do Código de Processo Civil/2015. Majorada a verba honorária fixada na sentença. Apelação desprovida" (*TJRS* – AC 70075988766, 13-9-2018, Relª Desª Cláudia Maria Hardt).

"Comercial – **Representação Comercial** – Rescisão de contrato – Comissões pagas a menor – Prescrição quinquenal – Aplicabilidade – Termo Inicial – 1 – ação ajuizada em 16/10/2009 – Recurso especial interposto em 12/12/2012 e atribuído a este gabinete em 26/08/2016. 2 – A pretensão do representante comercial autônomo para cobrar comissões nasce mês a mês com o seu não pagamento no prazo legal, nos termos do art. 32, § 1º, da Lei 4.886/65. Assim, a cada mês em que houve comissões pagas a menor e a cada venda feita por terceiro em sua área de exclusividade, nasce para o representante comercial o direito de obter a devida reparação. 3 – É quinquenal a prescrição para cobrar comissões, verbas rescisórias e indenizações por quebra de exclusividade contratual, conforme dispõe o parágrafo único do art. 44 da Lei 4.886/65. 4 – Recurso especial conhecido e provido" (*STJ* – REsp 1.408.677 (2013/0331711-9), 16-5-2017, Relª Minª Nancy Andrighi).

"Apelação (autora) – **Representante comercial** – Ação ordinária cumulada com danos morais – Pregão *on-line* – Reaproveitamento de proposta recusada – Utilização parasitária – Sentença de improcedência – Recurso – Indispensável dilação probatória – Matéria que demanda dilargação para aferição dos contratos junto à Secretaria de Educação de Manaus. Ônus dinâmico. Sentença anulada. Recurso parcialmente provido. 2 – Apelo adesivo (requerida). Ação indenizatória. Representação comercial. Remuneração. Comissões a menor. Vendas em outros locais. Impagas as comissões. Sentença de improcedência. Adesivo. Prescrição. Lustro legal. Quadro probatório frágil. Matéria prejudicada sem impedir o seu reexame oportuno pelo juízo por se tratar de matéria de ordem pública. Recurso prejudicado com observação. 3 – Apelo da autora parcialmente provido e adesivo prejudicado com observação" (*TJSP* – Ap 0000518-15.2013.8.26.0008, 6-5-2015, Rel. Carlos Abrão).

entanto, o art. 34 da lei regulamentadora especifica que a denúncia injustificada do contrato por tempo indeterminado e que haja vigorado por mais de seis meses obriga o denunciante, salvo outra garantia prevista no contrato, à concessão de pré-aviso, com antecedência mínima de 30 dias, ou ao pagamento de importância igual a um terço das comissões auferidas pelo representante, nos três meses anteriores. Essa indenização independe de qualquer outra descrita no contrato e daquela do art. 27, *j*. O § 1º desse artigo dispõe que, no contrato por prazo determinado, a indenização corresponderá ao equivalente à média mensal de retribuição auferida até a data da rescisão, multiplicada pela metade dos meses resultantes do prazo contratual. "*O contrato por prazo determinado, uma vez prorrogado o prazo inicial, tácita ou expressamente, torna-se a prazo indeterminado*" (§ 2º). Considerar-se-á por prazo indeterminado o contrato que suceder, dentro de seis meses, a outro contrato, com ou sem determinação de prazo (§ 3º). Cuida a lei, portanto, ainda que de forma um tanto confusa, de proteger a estabilidade do negócio do representante, dificultando o desfazimento injustificado do contrato, propiciando sempre uma indenização em prol do representante.

Nesses termos, conforme o art. 27, *j*, com redação dada pela Lei nº 8.420/92, é cláusula obrigatória do contrato de representação comercial,

> "*a indenização devida ao representante, pela rescisão do contrato fora dos casos previstos no art. 35, cujo montante não poderá ser inferior a 1/12 (um doze avos) do total da retribuição auferida durante o tempo que exerceu a representação*".

Não comprovada a justa causa para a rescisão, na forma do elenco do art. 35, o representante fará jus à indenização, como se fora dispensado com base no art. 27, *j*. De acordo com esse rol, constituem justo motivo para rescisão do contrato de representação comercial pelo representado:

> "*a) a desídia do representante no cumprimento das obrigações decorrentes do contrato;*
> *b) a prática de atos que importem em descrédito comercial do representado;*
> *c) a falta de cumprimento de quaisquer obrigações inerentes ao contrato de representação comercial;*
> *d) a condenação definitiva por crime considerado infamante;*
> *e) força maior*".

Ocorrendo justo motivo para a rescisão do contrato, o representado poderá validamente reter comissões do representante, para garantir ressarcimento de eventuais danos (art. 37).

O art. 36, de outro modo, enumera os motivos justos de rescisão por parte do representante:

> "*a) redução de esfera de atividade do representante em desacordo com as cláusulas do contrato;*
> *b) a quebra, direta ou indireta, da exclusividade, se prevista no contrato;*

"**Agravo**. Ação indenizatória. Prescrição. **Representação comercial**. Transação superveniente celebrada pelas partes. Recurso nessa parte prejudicado. Multa. Embargos protelatórios. Não reconhecimento. Decisão embargada que apresenta contradição ao estabelecer o critério para reconhecimento da prescrição. Multa afastada. Recurso provido na parte conhecida" (*TJSP* – AI 2038829-31.2014.8.26.0000, 22-5-2014, Rel. Paulo Roberto de Santana).

c) *a fixação abusiva de preços em relação à zona do representante, com o exclusivo escopo de impossibilitar-lhe ação regular;*

d) *o não pagamento de sua retribuição na época devida;*

e) *força maior".*

Evidente que a lei não prima por ser exemplar, pois decorre de qualquer contrato bilateral que uma das partes pode considerar desfeito o contrato se a outra deixa de cumpri-lo ou o cumprir irregularmente. Desse modo, é elementar que a falta de pagamento por parte do representado e a desídia do representante são causas justas para rescindir o contrato, independentemente da dicção legal.

Afora esses aspectos, o contrato de representação extingue-se pelas causas ordinárias comuns a todos os contratos, como o falecimento do representante ou do representado, sua extinção como pessoa jurídica etc.

46

TRANSFERÊNCIA DE TECNOLOGIA. LICENÇA E *KNOW-HOW*

46.1 TERMINOLOGIA. CONCEITO

Sob a denominação genérica *transferência de tecnologia*, agrupam-se diferentes figuras contratuais, com características próprias, cujo objeto é o conhecimento tecnológico facultado de um sujeito a outro, para que este último o explore empresarialmente. Cuida-se de direitos intelectuais, bens imateriais.

> *"Tecnologia pode ser conceituada como o conjunto de conhecimentos, especialmente princípios científicos, que se aplicam a um determinado ramo de atividade"* (HOLANDA, Aurélio Buarque de. *Novo dicionário da língua portuguesa*. Rio de Janeiro: Nova Fronteira).

No contexto empresarial internacional, o termo ganha contornos próprios, porque se refere praticamente à aplicação de conhecimentos científicos aos meios técnicos para obter novos produtos e serviços. A compreensão moderna de tecnologia pressupõe procedimentos complexos que vão muito além da simples perícia pessoal.

Transferência é termo utilizado nos contratos em sentido impróprio, figurativo, pois não se transporta a tecnologia de um local para outro, nem de uma pessoa a outra, mas uma parte concede a outra a possibilidade de utilização empresarial de uma patente ou proporciona conhecimentos técnicos e experiência sobre procedimentos ou fórmulas de produção de bens e serviços.[1] É mais usual que esses contratos sejam concluídos entre partes domiciliadas em

---

1 "Apelação cível. Concorrência desleal. Obrigação de fazer cumulada com pedido de indenização por lucros cessantes. Alegação da autora de que possui todos os privilégios que lhe conferem o direito exclusivo de fabricação de 'defletores de água para indústria automotiva' devido ao Contrato de **Transferência de Tecnologia** devidamente registrado e averbado perante o INPI. Reprodução de peças copiadas da original pela ré. Sentença de procedência. Preclusão. Questão relativa aos efeitos decorrentes da averbação do contrato de transferência de tecnologia perante o INPI já decidida nos autos nº 9112983-42.2007.8.26.0000. Preclusão configurada. Realização da prova pericial determinada apenas para constatar a ocorrência ou não da concorrência desleal. Mérito. Incontroverso que a autora firmou contrato de transferência de tecnologia com empresa norte-americana, situação que lhe garante utilização exclusiva da tecnologia para produção e comercialização do produto discutido nos autos. Documento juntado na medida cautelar apensada comprova que o contrato de transferência de tecnologia foi registrado

países diferentes, embora nada impeça que estejam localizadas no mesmo país. Geralmente, o *cedente* ou *exportador* da tecnologia está sediado em país altamente industrializado, enquanto o *cessionário* ou *importador* está em país menos desenvolvido.

Como os contratos envolvidos são geralmente atípicos, a doutrina nacional e comparada ainda não se sedimentou acerca da nomenclatura dos vários contratos que abrangem transferência de tecnologia, que podem assumir diversas feições. Desse modo, falamos em contratos de licença em sentido amplo, de concessão em favor de outrem de uma patente de invenção ou desenho industrial, bem como de prestação de serviços de assistência técnica e uso de marca, embora nem sempre esses negócios envolvam transferência de tecnologia. No entanto, a tecnologia, tal como entendida na compreensão sob enfoque, possibilita várias modalidades contratuais, geralmente mistas, combinadas entre si. O contrato de *franchising*, por exemplo, na maioria das vezes, necessitará do negócio de *know-how*, assistência técnica, consultoria, entre outros. Nesses contratos, faculta-se ao cessionário o direito e a obrigação de usar uma marca detida pelo exportador da tecnologia. O cedente tem interesse de que seja mantido padrão de excelência pelo cessionário, pois disso depende seu mercado e a credibilidade de seus produtos e serviços, ainda porque isso representa volume maior de lucro por meio dos *royalties*. Nesses negócios jurídicos, o preço é representado por esses *royalties*, valores que o cessionário se compromete a pagar ao cedente, decorrente da transferência do domínio, uso ou gozo das coisas objeto da cessão. Por sua natureza, os *royalties* consistem em retribuição subordinada ao resultado de uma atividade do beneficiário. Trata-se de retribuição aleatória peculiar a um negócio de participação.

---

junto ao INPI, oferecendo ao avençado efeito 'erga omnes'. Aplicação do disposto no artigo 211 da Lei nº 9.279/96. Perito judicial em segunda perícia realizada nos autos comparando os objetos da autora e aqueles contidos no site eletrônico da ré concluiu pela concorrência desleal. Sentença mantida por seus próprios e jurídicos fundamentos. Honorários recursais. Aplicação do disposto no artigo 85, § 11 do Código de Processo Civil. Majoração dos honorários advocatícios devidos pela ré para 20% do valor atualizado da causa. Resultado. Recurso interposto pela ré não provido" (*TJSP* – Ap 0012982-78.2005.8.26.0161, 9-8-2022, Rel. Edson Luiz de Queiróz).

"Prestação de serviços – Ação declaratória de cumprimento contratual cumulada com cobrança de valores. **Transferência de tecnologia** e assistência técnica. Procedência parcial. Sentença que respeitou o princípio da congruência, não havendo que se falar em decisão *ultra petita*. Prova pericial que demonstrou ter havido cumprimento contratual por parte da autora, que não pode ser responsabilizada por modificações indevidas efetuadas pela ré no projeto original. Recurso improvido" (*TJSP* – AC 0002479-91.2014.8.26.0125, 11-3-2019, Rel. Ruy Coppola).

"Cerceamento de defesa – Inocorrência – Decisão que dispensou o depoimento pessoal do preposto da autora – Posterior concordância da parte com o encerramento da fase instrutória – Preclusão lógica (CPC 1973, art. 503) interesse de agir – Celebração de negócio jurídico complexo – Posterior desfazimento do negócio – Necessidade de restituir as partes à situação anterior – Manifesto interesse de a autora pedir a intervenção do poder judiciário, para desconstituir o contrato e resolver a controvérsia propriedade industrial – **Transferência de tecnologia** – Descumprimento da obrigação por parte da ré – Rescisão do negócio – Restituição das partes ao estado anterior, com a devolução dos valores efetivamente despendidos – Sentença mantida – Apelo desprovido" (*TJSP* – Ap 0005306-73.2009.8.26.0150, 3-10-2018, Rel. Theodureto Camargo).

"**Apelação cível** – Ação de rescisão de contrato de compromisso de compra e venda – **Transferência de tecnologia industrial e patente** – questão afeta ao direito empresarial – incompetência deste órgão julgador – remessa dos autos à redistribuição para uma das câmaras de direito comercial – recurso não conhecido – Versando a lide sobre questão afeta ao direito empresarial, pois se trata de pedido de rescisão contratual de compromisso de compra e venda de transferência de tecnologia e patente, é de se reconhecer a incompetência para a apreciação da matéria por qualquer das Câmaras de Direito Civil, devendo remeter-se os autos à redistribuição a uma das Câmaras de Direito Comercial, segundo o disposto no art. 3º, *caput*, do Ato Regimental nº 57/02 desta Corte" (*TJSC* – AC 2012.010815-2, 10-7-2014, Rel. Des. Joel Dias Figueira Júnior).

"**Ação de cobrança. Rescisão de contrato de transferência de tecnologia industrial**. Matéria regida pela Lei 9.279/96. Competência de uma das câmaras reservadas de direito empresarial. Inteligência das resoluções 538/2011 de 2-2/2011 e 558/2011 de 09-11-2011 do Órgão Especial desta corte. Recurso não conhecido com determinação" (*TJSP* – Ap 0002076-13.2012.8.26.0281, 25-4-2013, Rel. Luiz Antônio Costa).

No dizer de Carlos Henrique de C. Fróes,

> *"a tecnologia é como um **iceberg**: a parte visível, que é a menor, corresponde aos conhecimentos patenteados e a invisível, que é a maior, aos conhecimentos não patenteados, que são mantidos, na medida do possível, em segredo"* (Revista Forense, 253/123).

Os contratos de transferência de tecnologia, em sua maioria, possuem algumas cláusulas comuns, em que pesem as diferentes finalidades, que, como dissemos, com frequência se entrecruzam. Sob essa égide, anota Juan M. Farina (1994:632), entre outras: natureza da tecnologia objeto do contrato; determinação das obrigações do cedente e do cessionário; caráter definitivo ou temporário da cessão da tecnologia; modalidade de pagamento de *royalties*; indicação de responsabilidade fiscal no tocante aos tributos que oneram o negócio; prazo de duração; limitação ao uso da tecnologia; determinação da qualidade dos produtos e serviços; designação de foro competente e instituição de juízo arbitral.

A terminologia não é desconhecida do legislador, que reconhece a amálgama que integra os contratos do gênero, tanto que o art. 211, da recente Lei de Propriedade Industrial (Lei nº 9.279, de 14-5-96), dispõe que

> *"o INPI fará o registro dos contratos que impliquem transferência de tecnologia, contratos de franquia e similares para produzirem efeitos em relação a terceiros".*

Os países importadores de tecnologia podem assumir posição predominantemente liberal de livre contratação; podem restringir essa contratação exclusivamente para entidades estatais ou permitir a importação por particulares, submetendo-a ao controle do Estado. A importação irrestrita traz inconvenientes, como a servidão tecnológica e econômica, assim como desestímulo à tecnologia nacional, não sendo normalmente adotada. Na verdade, país algum é autossuficiente em tecnologia. Mesmo os países desenvolvidos necessitam de intercâmbio internacional. No entanto, é fato que os países carentes e aqueles em via de desenvolvimento necessitam de conhecimentos e técnicas em volume infinitamente maior, pois são incapazes, como regra, de criar sua própria tecnologia. Não se esqueça, no entanto, de que, mercê da importação de tecnologia após a Segunda Guerra, o Japão tornou-se uma das economias mais poderosas do mundo.

O Brasil sujeita-se à legislação regulamentadora e restritiva respeitante à importação de tecnologia, mormente de ordem tributária, a qual funciona como fator de equilíbrio. Com a finalidade de compor os meandros dos contratos em questão, o Instituto Nacional da Propriedade Industrial (INPI) expediu o Ato Normativo nº 15/75, que visou ordenar a matéria. Esse diploma define os conceitos básicos e as normas para os contratos de tecnologia. Estabelece como conceito básico a averbação de contratos no INPI. Essa averbação busca três objetivos principais, além da eficácia perante terceiros, quais sejam, legitimar os pagamentos internos e internacionais, permitir a agilização fiscal e comprovar a exploração efetiva da patente ou o uso efetivo da marca no país. Os contratos de transferência de tecnologia e assemelhados são classificados pelo Ato Normativo em cinco categorias: (1) de licença para exploração de patente; (2) de licença para uso de marca; (3) de fornecimento de tecnologia industrial; (4) de cooperação técnico-industrial; e (5) de serviços técnicos especializados. A averbação confere aos contratos de licença de uso de invenções e de marcas eficácia perante terceiros. Realizada a averbação, pode ser feita a dedução das quantias pagas para efeitos fiscais, e sendo o licenciador estabelecido no exterior, pode ser feita a remessa de *royalties*, após o registro no Banco Central. Com a averbação do contrato que contenha cessão de licença, permite-se que o uso da marca ou invenção aproveite ao licenciador, como se ele próprio a utilizasse, evitando assim a caducidade do registro.

Os efeitos da averbação dos contratos retroagem à data de sua celebração, de forma que os *royalties* são devidos desde então, embora somente possam ser remetidos para o exterior após a averbação.

46.2 CONTRATO DE LICENÇA

Nos usos e costumes mercantis, essa expressão é utilizada como abreviação dos *contratos de licença para o uso de patentes de invenção, de modelos e similares*. Fundamentalmente, pelo contrato de licença, o titular de uma patente de invenção, o *licenciante* ou *licenciador*, autoriza outrem, o *licenciado*, a usá-la ou explorá-la empresarialmente, sem transferir sua titularidade.

Alguns autores entendem que o contrato de licença integra o de *know-how*, o que nem sempre ocorre. Como todos os negócios ora vistos, esse contrato é atípico, porém perfeitamente compreendido pelo direito consuetudinário mercantil.[2]

Como características, temos que o licenciante, titular de patente, desenho ou modelo industrial, concede ao licenciado, por tempo determinado ou indeterminado, autorização para utilização, sob exclusiva responsabilidade deste, segundo a forma convencionada, mediante o pagamento de um preço. Há figuras semelhantes que se aproximam da licença, como a cessão de patente de invenção, que implica alienação do direito.

A licença pode abranger todo o âmbito permitido pela invenção, desenho ou modelo industrial ou apenas restringir-se a parte deles. O direito pode ser concedido com ou sem

---

[2] "Prestação de serviços – Ação declaratória de cumprimento contratual cumulada com cobrança de valores. **Transferência de tecnologia** e assistência técnica. Procedência parcial. Sentença que respeitou o princípio da congruência, não havendo que se falar em decisão *ultra petita*. Prova pericial que demonstrou ter havido cumprimento contratual por parte da autora, que não pode ser responsabilizada por modificações indevidas efetuadas pela ré no projeto original. Recurso improvido" (*TJSP* AC 0002479-91.2014.8.26.0125, 11-3-2019, Rel. Ruy Coppola).

"Administrativo – Mandado de segurança – INPI – **Contrato de transferência de tecnologia** – Averbação – Alteração de cláusula por parte da autarquia – Descabimento – Lei nº 4.131/62 – Matéria não prequestionada – Art. 50 da Lei nº 8.383/91 – Royalties – Dedução e pagamento – Questão de fundo – Atuação do INPI – Artigo 240 da Lei 9.279/96 – Interpretação Adequada – Valoração da cláusula geral de atendimento das funções social, econômica, jurídica e técnica – finalidades públicas preservadas – precedentes – denegação da ordem – recurso parcialmente conhecido e negado provimento – I – Ação mandamental impetrada na origem, na qual empresas voltaram-se contra ato administrativo praticado pelo INPI que, ao averbar contratos de transferência de tecnologia por elas celebrados, alterou cláusulas, de forma unilateral, fazendo-os passar de onerosos para gratuitos. II – Ausência de prequestionamento em relação às matérias constantes nos invocados artigos da Lei nº 4.131/62. Incidência das Súmulas ns. 282/STF e 211/STJ. III – A discussão acerca de possível violação do art. 50 da Lei nº 8.383/91 diz respeito à questão de deduções de pagamento de royalties, matéria de fundo dos contratos, que não interfere na deliberação dos autos, restritos à análise de limite de atuação administrativa do INPI, matéria atinente à Primeira Seção desta Corte. IV – A supressão operada na redação originária do art. 2º da Lei nº 5.648/70, em razão do advento do artigo 240 da Lei 9.279/96, não implica, por si só, em uma conclusão mecânica restritiva da capacidade de intervenção do INPI. Imprescindibilidade de conformação das atividades da autarquia federal com a cláusula geral de resguardo das funções social, econômica, jurídica e técnica. V – Possibilidade do INPI intervir no âmbito negocial de transferência de tecnologia, diante de sua missão constitucional e infraconstitucional de regulamentação das atividades atinentes à propriedade industrial. Inexistência de extrapolação de atribuições. VI – Recurso especial parcialmente conhecido e, nessa parte, negado provimento" (*STJ* – REsp 1.200.528 (2010/0122089-1), 8-3-2017, Rel. Min. Francisco Falcão).

"**Contrato atípico e que se aproxima, em alguns pontos, da franquia** – Competência da Câmara Empresarial para solução do único ponto controvertido que remanesce com a rescisão: cabimento de multa. Como as provas não permitem definir a culpa pela frustração e destruição da base objetiva do negócio de parceria de *know-how* e outros serviços correlatos, cabe aplicar o art. 476, do CC e negar incidência de multa. Provimento do recurso principal para julgar improcedente a ação, prejudicado o adesivo" (*TJSP* – Ap 0017821-13.2011.8.26.0008, 19-3-2015, Rel. Enio Zuliani).

exclusividade, limitando-se também geograficamente a determinada área. O licenciante não se responsabiliza pela produção e comercialização dos produtos ou serviços licenciados. Responde, porém, perante o licenciador, se fizer mau uso da patente ou desenho, trazendo prejuízos para a credibilidade e imagem do produto ou serviço.

Extinto o contrato de licença, o licenciado fica inibido de prosseguir no uso da patente. No entanto, nos contratos por prazo indeterminado, deve ser concedido prazo razoável a ele, para que liquide os estoques e cumpra os contratos pendentes. Não pode o licenciado, por exemplo, uma vez notificado da resilição contratual, aumentar desmedidamente a produção para guarnecer-se de estoque para após a extinção da licença. As distorções, como em todo contrato, devem ser examinadas sob o prisma da boa-fé. A conduta de má-fé sempre acarretará indenização de perdas e danos.

O art. 61 da nova Lei de Propriedade Industrial (Lei nº 9.279, de 14-5-96) estabeleceu que *"o titular de patente ou o depositante poderá celebrar contrato de licença para exploração"*. Pelo contrato, conforme estabelecido no parágrafo único desse dispositivo, o licenciado poderá ser investido pelo titular de todos os poderes para agir em defesa da patente. Os mesmos princípios dos aplicados na licença para uso de marca (art. 139). No entanto, o licenciante pode reservar para si a totalidade ou parte desses poderes. Nada impede que tanto licenciante como licenciado possam agir em conjunto ou separadamente na defesa da patente. O art. 62 do novo diploma acrescenta que o contrato de licença pode ser averbado no INPI, a fim de produzir efeitos em relação a terceiros, cuja eficácia iniciar-se-á a partir da data da publicação. A licença de marca, no mesmo diapasão, é tratada pelo art. 140. Ao INPI caberá adaptar-se à nova lei, no que entender necessário, de acordo com o espírito do citado Ato Normativo nº 15/75.

O art. 63 da novel lei disciplina a possibilidade de aperfeiçoamento de patente licenciada, que pode ser levada a efeito tanto pelo licenciante, como pelo licenciado. O dispositivo determina que, nessa hipótese, o aperfeiçoamento pertence a quem o fizer, sendo assegurado à outra parte contratante o direito de preferência para seu licenciamento. A questão referente ao aperfeiçoamento sobre determinada patente é matéria de exame no caso concreto.

46.3 CONTRATO DE *KNOW-HOW*

A dicção inglesa refere-se à expressão *know-how to do it*, saber como fazê-lo, sendo aceita sem restrições nos negócios empresariais internacionais. Refere-se à perícia e habilidade técnicas mais ou menos complexas necessárias para dominar determinado método de produção de bens e serviços. O conhecimento que se transfere não é unicamente tecnológico, mas também de cunho de técnica comercial. Por isso, há que se convir que no contrato de *franchising* também existe transferência de *know-how*. Sob tal prisma, conceitua-se esse negócio como o contrato pelo qual uma parte, o cedente, obriga-se a fornecer a outra, o cessionário, informação e assessoria, fruto de estudo, investigação ou experiência, para aplicação de conhecimentos técnicos necessários, a fim de obter produto ou serviço (Farina, 1994:641). Como vimos no contrato de licença, esta com frequência também se agrega ao *know-how*, o qual, no entanto, é mais abrangente.

Questão que se levanta no tema é saber se os conhecimentos técnicos transmitidos devem ser mantidos em segredo. Como o *know-how* pode absorver todo o campo do conhecimento empresarial, nem sempre estará a técnica resguardada por patente. Entendemos que a regra geral é de preservação da técnica em segredo, ao qual se compromete o cessionário, salvo se o contrário for contratado, embora tal não seja opinião doutrinária unânime. O cessionário contrai, portanto, obrigação negativa de não fazer, qual seja, não revelar o conteúdo do *know-how* a terceiros.[3] A proteção, quando se trata de processo patenteado, é evidentemente mais segura. Quando a tecnologia não é patenteada, a principal decorrência da divulgação

---

[3] "Franquia – Ação de rescisão contratual c.c. Indenização, ajuizada pelo franqueado – Reconvenção da franqueadora buscando o cumprimento da cláusula de não concorrência e a rescisão contratual, com condenação ao pagamento das taxas e multas devidas – Improcedência da ação e procedência em parte da reconvenção – Inconformismo do autor-reconvindo e da sociedade-reconvinda – Não acolhimento – Não configurada a deserção apontada em preliminar – Sociedade-reconvinda que foi devidamente citada e intimada dos atos processuais – Alegação de que a franqueadora afirmou falsamente que o produto locado pela atividade da franquia era patenteado que não exime o franqueado do cumprimento dos contratos – Exceção do contrato não cumprido que deve guardar nexo de causalidade entre a prestação suprimida e o apontado descumprimento – Patente que não constou dos contratos nem da COF e foi requerida pelo inventor do modelo, sem notícia de sucesso – Negócio em que não é possível se garantir a ausência de concorrência – Fato que não autoriza o franqueado a descumprir o contrato – Não apresentação de balanços contábeis que não é suficiente para justificar a rescisão contratual e que não gerou prejuízo ao franqueado – Conjunto probatório que milita em desfavor da alegação de que houve insuficiente **transferência de *know-how*** – Confirmação da tutela antecipada que era de rigor, com observação de que seu cumprimento deve se dar nos limites das cláusulas de não concorrência celebradas – Sentença mantida – Recurso desprovido, com observação" (*TJSP* – Ap 1001816-90.2016.8.26.0114, 21-9-2021, Rel. Grava Brazil).

"**Propriedade industrial** – Modelo de utilidade e desenho industrial – Contrato de licença pactuado entre as partes – Agravante, titular dos direitos de propriedade industrial, pretende seja a agravada impedida de fazer uso deles e seja autorizada negociação com terceiros. Documentação dos autos e teor da resposta que deixam entrever necessidade de investigação da alegação de exceção de contrato não cumprido, por ausência de contraprestação do licenciante na transferência do *know-how*, antes de se decretar a rescisão da avença. Tutela de urgência concedida apenas para determinar que a agravada se abstenha, enquanto pendente a discussão, de explorar o objeto do contrato, já que suspensa, em outra demanda, a contraprestação. Recurso parcialmente provido" (*TJSP* – AI 2020375-27.2019.8.26.0000, 2-5-2019, Rel. Araldo Telles).

"Ação inibitória e indenizatória – Contrato de licença de patente – Propriedade industrial Inexistente – **Transferência de 'know-how'** – Reenquadramento do contrato em questão – Utilização indevida do 'know-how' pelo licenciado após a extinção do contrato de licenciamento – Causa de pedir, porém, que não faz referência à transferência de 'know-how' – Impossibilidade de acolhimento dos pedidos – Sentença reformada – Improcedência da ação – Apelo conhecido e provido" (*TJSP* – Ap 1061376-10.2013.8.26.0100, 19-2-2018, Rel. Fortes Barbosa).

"Recurso Especial – Civil – Corretora de seguros – Criação de nova espécie securitária – Proteção Autoral – Inexistência – Ideias, projetos e planos de negócio – Patrimônio comum da humanidade – Proposta de parceria – Ente segurador – Recusa – Comercialização de produto similar – Possibilidade – **Usurpação de know-how e concorrência desleal** – Descaracterização – Quebra de confiança e enriquecimento ilícito – Não ocorrência – Relação típica entre corretora e seguradora – Comercialização de apólice diversa – 1 – Cinge-se a controvérsia a definir (i) se a criação de nova espécie de seguro (Rc Trans Ambiental) possui a proteção da Lei de Direitos Autorais e (ii) se a seguradora, ao recusar parceria com a corretora de seguros que desenvolveu o seguro inédito e comercializar apólice similar, praticou conduta vedada, como a concorrência desleal por desvio de clientela e por uso de conhecimentos e informações sigilosos (know-how), enriquecendo ilicitamente. 2 – O art. 7º da Lei nº 9.610/1998 garante a proteção de obras intelectuais, isto é, as criações do espírito, expressas por qualquer meio ou fixadas em qualquer suporte, tangível ou intangível, conhecido ou que se invente no futuro. 3 – Para não haver o engessamento do conhecimento bem como o comprometimento da livre concorrência e da livre iniciativa, a própria Lei de Direitos Autorais restringe seu âmbito de atuação, elencando diversas hipóteses em que não há proteção de exclusividade (art. 8º da Lei nº 9.610/1998). 4 – O direito autoral não pode proteger as ideias em si, visto que constituem patrimônio comum da humanidade, mas apenas as formas de expressá-las. Incidência do princípio da liberdade das ideias, a proibir a propriedade ou o direito de exclusividade sobre elas. 5 – Não há proteção autoral ao contrato por mais inovador e original que seja; No máximo, ao texto das cláusulas contido em determinada avença (isto é, à expressão das ideias, sua forma literária ou artística), nunca aos conceitos, dispositivos, dados ou materiais em si mesmos (que são o conteúdo científico ou técnico do Direito). 6 – A Lei de Direitos Autorais não pode tolher a criatividade e a livre iniciativa, nem o avanço das relações comerciais e da ciência jurídica, a qual ficaria estagnada com o direito de exclusividade de certos tipos contratuais. 7 – É possível a coexistência de contratos de seguro com a mesma temática (seguro de responsabilidade civil com cobertura para danos ambientais em transporte de cargas), comercializados por corretoras e seguradoras distintas sem haver violação do direito de autor. Licitude do aproveitamento industrial ou comercial das ideias contidas nas obras sem ocorrer infração à legislação autoral, sendo livre o uso, por terceiros, de ideias, métodos operacionais, temas, projetos, esquemas e planos de negócio, ainda que postos em prática, para compor novo produto individualizado, não podendo ser exceção a exploração de determinado nicho no mercado securitário, que ficaria refém de eventual monopólio. 8 – Não há falar em concorrência entre corretora de seguros e entidade seguradora, já que atuam em ramos econômicos distintos, sendo descabida qualquer alegação de competição desonesta. Falta de demonstração de concorrência desleal no uso de conhecimentos e informações e no desvio de clientela. 9 – Inexiste usurpação de

indevida do segredo é a ação indenizatória, sem prejuízo de tipificação de crime que a lei pode definir. Entretanto, o cedente obriga-se a prestar ao cessionário toda informação necessária para a utilização eficaz da tecnologia, mas não interfere, como regra, na condução material do procedimento, na comercialização, que fica a cargo do cessionário.

46.4 OUTROS CONTRATOS

Entre várias modalidades que podem ser conceituadas como transferência de tecnologia, fazemos referência ao *contrato de informação técnica*. Dificilmente, a informação técnica pode ser conceituada como contrato autônomo. Geralmente, integrará negócio de franquia ou *know-how*. A informação técnica tem por objeto a entrega de planos, estudos, desenhos, plantas, manuais, folhetos etc. para serem utilizados pelo cessionário. O *know-how*, como visto, é mais abrangente, pois implica fornecer também meios materiais de condução do conhecimento fornecido. Na informação técnica, a empresa informante cumpre a obrigação apenas colocando-a à disposição da adquirente, que utilizará da informação como lhe aprouver, segundo sua própria capacidade empresarial e industrial.

Situação diferente ocorre no *contrato de assistência técnica*. Nesse, a empresa assistente compromete-se a fornecer ao assistido os conhecimentos e a experiência que detém, referente a determinado processo empresarial. Nesse aspecto, a assistência técnica aproxima-se do *know-how*. Além disso, porém, a assistente compromete-se a fornecer padrões de qualidade, aconselhamento de aquisição de equipamentos e mão de obra especializada, métodos e sistemas de trabalho. A aquisição de equipamentos mais ou menos complexos exige modernamente a assistência técnica, sob pena de inviabilizar seu uso e comercialização. Agrega-se à *assistência técnica* o que comumente denominamos *manutenção*. Geralmente, o assistente também se compromete a fazer manutenção material do equipamento, mas nada obsta que pessoas diversas exerçam ambos os contratos. Não se confundem, tanto a assistência técnica como a manutenção, com a garantia que é concedida pelo fabricante. No contrato de assistência técnica, como regra, o assistido paga pelo preço de peças substituídas ou mão de obra. Por sua natureza, os contratos de assistência técnica e de manutenção são negócios de duração. Na assistência técnica, o assistente obriga-se a cooperar tecnicamente com o assistido, assessorando o funcionamento de máquinas e equipamentos, assim como sistemas de trabalho, de forma contínua, durante o curso do contrato, realizando visitas periódicas, fazendo testes, ministrando cursos etc.

Ainda no âmbito da transferência de tecnologia, e como tal entre os contratos que têm por objeto direitos intelectuais, pode ser lembrado o *contrato de consultoria*. Por esse negócio, o consultor obriga-se a fornecer ao consulente opinião, informação, orientação sobre determinada questão tecnológica, financeira, contábil, comercial, jurídica ou de natureza assemelhada. Trata-se, portanto, de transferência de conhecimentos que abrangem a perícia técnica nos mais variados ramos de conhecimento. O consultor obriga-se a efetuar estudos de seu mister sobre a matéria solicitada. O parecer elaborado por um jurista é modalidade de consultoria. Trata-se de prestação de serviços que pode ser regida pela legislação trabalhista, se obedecidos os respectivos pressupostos.

---

know-how quando seguradora e corretora trabalham em conjunto para desenvolver produto com a expertise de cada uma, não havendo também confidencialidade das informações técnicas envolvidas, típicas da atividade de corretagem, a gerar apenas aviamento. 10 – Não configura quebra de confiança legítima ou enriquecimento ilícito a comercialização, por seguradora, de apólice nova, diversa da idealizada por corretora, mesmo sendo de mesma temática. 11 – Recurso especial não provido" (*STJ* – REsp 1.627.606 (2016/0127916-1), 5-5-2017, Rel. Min. Ricardo Villas Bôas Cueva).

Como regra, porém, o consultor é autônomo e constituído em pessoa jurídica, sem vínculo empregatício com o consulente. O contrato pode resumir-se a uma única consulta, ou ser de duração, abrangendo assuntos diversos no curso do período. Geralmente, a consulta consiste em descrever os elementos, avaliar, analisar fatores e condutas a serem tomadas pelo consulente, fazer cálculos de probabilidades decorrentes de avaliações técnicas e conclusões. O contrato por tarefa pode estabelecer remuneração prefixada ou em razão de horas de trabalho despendidas. O contrato por prazo determinado ou indeterminado pode estabelecer pagamento periódico, nada impedindo que se combine também a modalidade de tempo gasto pelo consultor. Conforme a natureza da consultoria, as partes terão o dever de guardar segredo sobre os temas enfocados, sob pena de responderem por perdas e danos. Toda a matéria que o consultor elabora no interesse do consulente a este pertence de forma exclusiva, salvo se o contrário for estabelecido. Avultando de importância a confiança recíproca nesse contrato, realçam-se os deveres de lealdade e boa-fé contratual. Note que para o bom desempenho da atividade do consultor deve existir a correspectiva colaboração do consulente, o qual deve fornecer todos os detalhes necessários sob pena de dificultar a prestação do serviço. O consultor, nessa atividade, assume a responsabilidade ínsita a seu campo profissional, seja ele engenheiro, advogado, contabilista, corretor, médico, administrador de empresas etc., respondendo perante órgãos de classe, inclusive civil e criminalmente. Desse modo, qualquer cláusula que vise a isentar ou restringir a responsabilidade do consultor pela opinião fornecida deve ter em mira a responsabilidade profissional em geral, assim como as regras do Código de Defesa do Consumidor, se houver relação de consumo.

46.5 EXTINÇÃO

A extinção do contrato de *know-how*, como todos os que envolvem transferência de tecnologia, requer exame cuidadoso. Esses contratos protraem-se no tempo, envolvendo em geral vultosos capitais, é preciso conceder prazo razoável para as partes liquidarem compromissos pendentes e, se for o caso, a exemplo do contrato de licença, terminar estoques. O contrato por prazo determinado, como regra, não exige notificação prévia, porém é comum que as partes estabeleçam dispositivos, comunicando oportunamente a renovação ou não. Em sua falta, há que se examinarem as particularidades do caso concreto. Vigente o pacto por prazo indeterminado, há necessidade de aviso prévio, com lapso razoável, a fim de ocorrer a resilição.

47

FRANQUIA

47.1 CONCEITO. ORIGENS. MODALIDADES

Franchise, em inglês, provém do verbo francês, *franchir*, que significa libertar ou liberar, dar imunidade a alguém originalmente proibido de praticar certos atos. Daí o termo *franchisage*, correspondente ao privilégio que se concedia na Idade Média a cidades e súditos. Tem a compreensão de um privilégio concedido a uma pessoa ou a um grupo. Juridicamente, portanto, significa um direito concedido a alguém.

O contrato conhecido modernamente como *franchising* teve origem no espírito empreendedor do empresário norte-americano. A experiência pioneira ocorreu com a firma Singer Sewing Machine, em 1860. Essa empresa, para ampliar sua rede de distribuição, sem despender recursos próprios, passou a credenciar agentes em diversos pontos do país, franqueando-lhes a marca, produtos, publicidade, técnica de vendas no varejo e conhecimentos técnicos. A iniciativa foi um sucesso. No final do século passado, a General Motors e a Coca-Cola seguiram igual procedimento. O sistema de franquias cresceu bastante após a Segunda Guerra, quando milhares de ex-combatentes retornaram aos EUA com grande capacidade de trabalho, mas sem capital. O *franchising* permitiu que se estabelecessem com autonomia, com negócio próprio, utilizando-se de estrutura já formada.

A técnica de mercado foi, no entanto, definitivamente consagrada com a experiência da rede de lanchonetes McDonald's, a partir de 1955, derivada de um pequeno estabelecimento localizado em San Bernardino, Califórnia. Hoje, o *franchising* é adotado em todo o mundo, nas atividades industrial, comercial e de prestação de serviços.

Aponta Ana Cláudia Redecker (2002:31) que, no Brasil, o pioneiro em franquia empresarial foi Arthur de Almeida Sampaio, fabricante de calçados, que, em 1910, utilizou-se de práticas que redundariam no que hoje se conhece como franquia. Escolheu ele representantes comerciais que fariam investimentos próprios em seus negócios, onde era instalada a placa "Calçados Stella", tendo, com isso, se antecipado à padronização visual atual. A mesma autora observa que a adoção da franquia no nosso país foi uma forma de vencer a carência de recursos para atender com maior eficiência o crescimento de setores de produção e consumo.

Franqueador é a pessoa jurídica que outorga sua marca, seus produtos e serviços. *Franqueado* é a pessoa física ou jurídica adquirente dessa outorga.

O contrato de franquia utiliza-se dos princípios básicos da concessão comercial. A utilização do sistema foi implantada pelos usos empresariais, como sói acontecer nesse campo, para depois ser o negócio recepcionado pela legislação. De início, temos de distinguir que existem duas modalidades de franquia, a de marca e de produto e a *business format franchising*. A franquia de marca e de produto consiste na concessão de venda de produtos ou serviços exclusivamente de uma mesma marca. Essa modalidade é utilizada, por exemplo, no ramo de postos de gasolina, revendas de veículos, de pneus, de bebidas (Lobo, 1994:28).

Na *business format franchising*, o espectro da concessão é mais amplo, com controle rígido de normas. É concedida ao franqueado toda a competência e estrutura do negócio. O franqueador desenvolve um negócio cujo modelo formatado é transferido aos franqueados, os quais deverão seguir uma série de regras. Concede-se o uso da marca registrada, nome comercial, logotipo, planos de comercialização, assistência técnica etc. O pagamento ao concedente é feito geralmente com uma taxa inicial e pagamento periódico de *royalties*. Nessa modalidade, o controle exercido pelo franqueador é rígido, não permitindo autonomia ao franqueado, que deve submeter-se à estrutura previamente estabelecida. Tal não ocorre na chamada franquia tradicional, somente de marca ou de produto, quando o franqueado tem maior autonomia, inclusive no tocante ao treinamento de seus empregados e aparência do estabelecimento comercial. No *business format*, o franqueador presta assistência total e permanente ao franqueado.

> "O business format franchising *é uma modalidade de franquia múltipla, eis que nela o franqueador cede ao franqueado técnicas comerciais, industriais ou métodos de serviços, expostos em 'manuais de operações', a marca e o logotipo, o know-how, assessoria técnica e de treinamento contínuo (jurídica, fiscal, tributária, financeira, de engenharia, pesquisa de localização do ponto de venda, marketing, informática), além de prestar serviços de supervisão nas operações de comercialização e de administração geral do franqueado*".[1]

1 "Apelação – **Contrato de franquia** nutrimais – Sentença de procedência parcial – nulidade da sentença – Alegação de ausência de fundamentação específica (genérica) – Vícios inexistente – Sentença bem fundamentada – Observância ao crivo do contraditório e da ampla defesa – Preliminar rejeitada – adesividade contratual – Inaplicabilidade do CDC – Franqueado e franqueador empresários, presumindo-se tenham conhecimento da ética empresarial, conhecimentos que o consumidor protegido pela Lei nº 8.078/90 não possui – mérito – Provas (CPC, art. 373, I e II) – Inexistência de elementos à anulabilidade do contrato – Descumprimento contratual – Alegação de insuficiência de recursos financeiros gerada pela Covid-19 – Contrato formalizado no período da pandemia da Covid-19, sendo possível antever o panorama econômico que se seguiria, assumindo a franqueada os riscos da atividade – Não comprovação do nexo causal da situação econômica precária e a pandemia – Resolução contratual confirmada – Multa – redução – Possibilidade – Mitigação do *pacta sunt servanda* – Cláusula excessiva – Vedação ao *bis in idem* – Restituição parcial mantida – Devolução integral ou não inferior a 90% – Impossibilidade – Ausência de parâmetros legais – Sentença confirmada pelo art. 252 Regimento Interno deste Egrégio Tribunal de Justiça – Honorários recursais – Majoração (CPC, art. 85, § 11) – Valores majorados com observação (CPC, art. 98, §3º) – Recurso desprovidos. Dispositivo: negaram provimento aos recursos, majorando-se a verba honorária recursal" (*TJSP* – Ap 1023537-31.2020.8.26.0576, 27-9-2022, Rel. Ricardo Negrão).

"**Contrato de franquia** – Ação de rescisão contratual ajuizada pela franqueada – Decisão que reconhece a validade de cláusula de foro de eleição – Inconformismo da autora – Não acolhimento – Validade da cláusula de foro de eleição em contratos de tal natureza – Precedentes do STJ – Relação contratual que se desenvolveu validamente, ainda que não assinado formalmente o contrato – Elementos do caso que não demonstram a existência de prejuízo ao direito de ação ou de defesa da agravante em litigar no foro contratualmente eleito – Ausência de atendimento dos arts. 9º e 10 do CPC suprida com a interposição do recurso – Decisão agravada mantida – Recurso desprovido" (*TJSP* – AI 2104533-15.2019.8.26.0000, 25-7-2019, Rel. Grava Brazil).

"Direito civil e processual civil – Apelação Cível – Ação de rescisão contratual c/c cobrança – **Contrato de franquia** – Rescisão Injustificada – Rescisão contratual por iniciativa do franqueado – retenção da taxa de franquia – possibilidade – cumprimento substancial da franqueadora – ausência de irregularidade que justifique a rescisão por culpa da franqueadora – juntada de documento fora do momento oportuno – contraditório observado – validade – astreintes – redução – possibilidade – 1 – O contrato de franquia representa negócio jurídico específico e

É o caso dos franqueadores como McDonald's, Yázigi, Datelli e farmácias Drobel (Redecker, 2002:60).

Atente-se para o fato de que o contrato de franquia se apresenta como um complexo negocial muito amplo, possuindo em seu bojo clara aproximação e conteúdo de vários outros contratos típicos e atípicos, como compra e venda, locação, licenciamento de marcas, cessão de *know-how*, assistência técnica, mandato, comissão, prestação de serviços etc. Trata-se, portanto, de contrato bilateral, oneroso, comutativo e geralmente de adesão e *intuitu personae*.[2] O

---

com características peculiares, de modo que, em caso de eventual rescisão, as razões que a motivaram devem ser analisadas com rigor, pois, tendo em vista a sua complexidade, a medida extrema da rescisão contratual deve ser devidamente justificada. 2 – No contrato de franquia na modalidade *business format franchising* inexiste abusividade na cláusula que impõe a obrigação do franqueado de adquirir os bens necessários à implantação apenas de fornecedores indicados pela franqueadora, sobretudo porque essa modalidade de franquia tem por característica a padronização da qualidade do serviço, de modo que o franqueado deve se submeter à estrutura previamente estabelecida pelo franqueador. 3 – A impossibilidade de obter linha de crédito junto ao banco escolhido pelo franqueado não constitui justa causa para a rescisão contratual, mormente quando evidenciado que a dificuldade enfrentada não inviabilizou a obtenção do crédito necessário à implantação da franquia. 4 – Na hipótese dos autos, o franqueado não se incumbiu de comprovar irregularidade que justificasse a rescisão, razão pela qual deverá responder pela multa contratual. 5 – Em observância ao princípio da boa-fé contratual e, considerando o cumprimento substancial do contrato por parte da franqueadora, a culpa pela rescisão contratual deve ser imputada ao franqueado que requereu a rescisão sem justa causa. 6 – Não há reembolso da taxa de franquia, no caso de previsão expressa da sua retenção e quando evidenciado que o franqueado deu causa à rescisão do contrato. 7 – É admitida a juntada de documentos em qualquer fase processual quando se prestam a contrapor fato oposto pela outra parte, desde que observado o contraditório e inexistente qualquer indício de má-fé. 8 – A multa diária estabelecida nas ações que tenham por objeto cumprimento de obrigação de fazer, prevista no § 4º do art. 461 do CPC, tem por finalidade compelir o devedor a cumprir a obrigação na forma específica, devendo ser fixada em valor suficiente e compatível com a obrigação assumida. Constatada a sua desproporcionalidade, deve haver a diminuição do valor, de modo a evitar o enriquecimento indevido da parte que a recebe. 9 – Apelação conhecida e parcialmente provida. Unânime" (*TJDFT* – AC 20130111889993APC – (939710), 13-5-2018, Relª Fátima Rafael).

2 "**Contrato de franquia** – Rescisão – Hipótese em que as provas indicam descumprimento contratual pelos franqueados – COF – Entrega intempestiva – Concordância tácita – Ausência de indícios de coação ou ilícitos na celebração do contrato ou mesmo prejuízo à franqueada – Validade – Atividade de risco – Cláusula penal – Redução – Possibilidade – Valor excessivo (art. 413, CC) – Precedente do STJ – Multa reduzida para 50% (R$ 25.000,00) – Recurso provido em parte. Dispositivo: deram parcial provimento ao recurso" (*TJSP* – Ap 1105781-63.2015.8.26.0100, 11-2-2019, Rel. Ricardo Negrão).

"Agravo interno no agravo em recurso especial – **Contrato de franquia** – Não Comprovação – Violação ao princípio da boa-fé contratual – Impossibilidade de análise – Súmulas 5 e 7 do STJ – pagamento de royalties e indenização pelo ponto e demais encargos da loja – pedidos prejudicados – 1 – A decisão recorrida foi publicada antes da entrada em vigor da Lei 13.105 de 2015, estando o recurso sujeito aos requisitos de admissibilidade do Código de Processo Civil de 1973, conforme Enunciado Administrativo 2/2016 desta Corte. 2 – Inviável o recurso especial cuja análise das razões impõe reexame de cláusula do contrato e de matéria fática da lide, nos termos da vedação imposta pelas Súmulas 5 e 7 do STJ. Precedentes. 3 – A análise dos pedidos referentes ao pagamento de royalties, e indenização pelo ponto e demais encargos da loja, fica prejudica, uma vez que não foi reconhecida uma relação contratual de franquia, bem como, quanto aos temas, a Corte estadual sequer se manifestou, o que torna as matérias ausentes de prequestionamento. 4 – Agravo interno a que se nega provimento" (*STJ* – AGInt-AG-REsp 941.977 (2016/0167265-2), 2-2-2017, Relª Minª Maria Isabel Gallotti).

"Agravo interno no agravo em recurso especial – Direito Civil – **Franquia** – Pedido de indenização por inadimplemento contratual – Ausência de comprovação de responsabilidade reconhecida pelo tribunal de origem – Necessidade de reexame de matéria fático-probatória – Inviabilidade – Súmula 7/STJ – Agravo não provido – 1 – O eg. Tribunal de origem, com base nos elementos fático-probatórios carreados aos autos, julgou improcedente o pedido de indenização e do pagamento da multa contratual diante da inexistência de prova da inadimplência da franqueadora. 2 – Nesse contexto, o reconhecimento da responsabilidade da franqueadora pelo insucesso do negócio demandaria, na hipótese, o reexame do acervo probatório, o que encontra óbice na Súmula 7/STJ. 3 – Agravo regimental a que se nega provimento" (*STJ* – AgRg-AG-REsp. 22.626 – (2011/0152024-0), 2-5-2016, Rel. Min. Raul Araújo).

"**Agravo de instrumento** – Decisão saneadora que afastou preliminares de inépcia da inicial e de ilegitimidade ativa. Decisão que se mantém. Contrato de franquia celebrado entre as partes, existente e válido. Franqueador que estava impedido de celebrar novos contratos, mas o fez suportando incidência da multa. Franqueado que sabia ou tinha condições de saber do litígio entre franqueador e titular da marca. Risco assumido. Inicial da ação que

franqueador ultima o negócio com pessoa selecionada, que preenche determinados requisitos legais e pessoais. Por outro lado, a adesão é quase sempre uma de suas características: o franqueador somente admite no negócio quem aceitar seus termos, com exigência de obediência contínua a determinado padrão de conduta. Desse modo, a interpretação de um negócio de franquia deve levar em conta os princípios de hermenêutica que regem os contratos majoritariamente de adesão. Ademais, embora não seja um contrato típico de consumo, se clara e presente a vulnerabilidade do franqueado, devem ser aplicados os princípios do Código de Defesa do Consumidor.

Parte da doutrina destaca que a franquia é um contrato de cooperação, porém esta é dirigida e qualificada, evidentemente.

A Lei nº 13.966, de 26 de dezembro de 2019, que substituiu a Lei nº 8.955/94, regulando o que denomina *franquia empresarial*, assim a define:

> *"Art. 1º Esta lei disciplina o sistema de franquia empresarial, pelo qual um franqueador autoriza por meio de contrato um franqueado a usar marcas e outros objetos de propriedade intelectual, sempre associados ao direito de produção ou distribuição exclusiva ou não exclusiva de produtos ou serviços e também ao direito de uso de métodos e sistemas de implantação e administração de negócio ou sistema operacional desenvolvido ou detido pelo franqueador, mediante remuneração direta ou indireta, sem caracterizar relação de consumo ou vínculo empregatício em relação ao franqueado ou a seus empregados, ainda que durante o período de treinamento".*

O conceito legal propositalmente prolixo permite gradações na cessão de estrutura feita pelo cedente ao cessionário, incluindo-se tanto a franquia simples quanto a franquia dita formatada. Marcelo Cherto (1988:6), estudando a matéria antes da promulgação da legislação específica, defendia a terminologia *franquia empresarial* apenas para a forma qualificada, porque fornece ideia maior de sua compreensão na tentativa de melhor tradução do instituto importado. Há corrente entendendo que não se aplica a Lei do Consumidor às franquias, o que

---

narrou os fatos, com fundamento jurídico e formulou pedidos. Inépcia inexistente. Recurso desprovido" (*TJSP* – AI 2046810-77.2015.8.26.0000, 26-5-2015, Rel. Teixeira Leite).

"**Agravo de instrumento. Contrato de franquia** – A antecipação da tutela possui caráter excepcional, em face de sua nítida natureza satisfativa, visto que a agravante não pretende simplesmente evitar os prejuízos advindos da demora, mas, desde logo, obter a satisfação do direito reclamado. Caso em apreço que está a exigir a instauração da instrução processual para que se apurem os fatos narrados na inicial. Agravo Desprovido" (*TJSP* – AI 2069169-55.2014.8.26.0000, 18-7-2014, Rel. Ramon Mateo Júnior).

"**Apelação. Contrato de franquia**. Ação cominatória c.c. cobrança de multa. Indenizatória Sentença de rejeição dos pedidos. Reforma parcial, apenas para o acolhimento do pleito voltado à percepção da multa contratual, proclamada sucumbência recíproca e equivalente. 1 – Agravo retido Recurso não merecendo ser conhecido, por não reiterado. 2 – Cerceamento de defesa Inocorrência Pleito incompatível com ato anteriormente praticado pelo suscitante da preliminar, que manifestara concordância com o encerramento da fase instrutória. Preclusão lógica verificada. 3 – Concorrência desleal. Quadro de provas não deixando a menor dúvida de que o franqueado atuou como preposto de empresa constituída por terceiro para atuar no mesmo ramo empresarial da franqueadora, em plena vigência do contrato de franquia. Evidenciada, nitidamente, infração a cláusula que proíbe o franqueado de fazer concorrência à franqueadora, ainda que como empregado de terceiro. Multa contratual devida. 4 – Pedidos cominatórios. Carência superveniente. Desfeito o contrato no ano de 2006, o que não se discute, não mais se justifica, à falta de amparo contratual ou legal, impedir o outrora franqueado de fazer concorrência à franqueadora, sentença que teria efeitos unicamente prospectivos. 5 – Pedido indenizatório. Completa ausência de provas dos danos que a franqueadora diz ter experimentado. Cenário em que não há lugar para a pretendida indenização por danos materiais, diferida para liquidação a prova desses danos, com o que se estaria proferindo sentença condicional, algo vedado pelo art. 460 do CPC. Precedentes. Agravo retido não conhecido. Preliminar afastada. Apelação parcialmente provida" (*TJSP* – Ap 0117238-03.2006.8.26.0011, 9-4-2013, Rel. Ricardo Pessoa de Mello Belli).

a nosso ver deve ser visto com restrições. Pode ocorrer certamente que o franqueado seja um hipossuficiente e certamente os princípios consumeristas devem ser chamados.

Essa modalidade contratual ganha destarte sua tipicidade legal.

A franquia pode estabelecer a produção dos bens pelo franqueador ou por terceiros autorizados, com sua entrega ao franqueado, ou então a produção pelo próprio franqueado com a supervisão do franqueador. A riqueza de detalhes, pois admitem-se várias nuanças, fica por conta do caso concreto: a matéria-prima para a produção pode ser cedida pelo franqueador ou somente ser adquirida de fornecedores autorizados por ele; pode haver limite territorial de atuação do franqueado, com ou sem exclusividade etc. A qualidade na prestação dos serviços e dos produtos é o maior incentivo para o consumidor final, que se vê atraído por toda a estrutura de cada estabelecimento. Toda a atividade negocial moderna está invadida pela *franchising*: revendas de veículos, distribuidoras de derivados de petróleo, cursos de línguas e formação profissional, cursinhos preparatórios a vestibulares, refeições, lanchonetes, restaurantes, comestíveis, aluguel de veículos, perfumes, cosméticos, roupas, assistência médica etc. Como vemos, toda atividade empresarial que forneça produtos e serviços presta-se à franquia e com ela ganha dinamização. Ponto primordial do instituto é permitir a sociabilização de uma estrutura empresarial que seria impossível, se relegada exclusivamente a seu criador ou a um pequeno empresário. Consequência importante do contrato é permitir a livre-iniciativa em grande escala, gerando atividade negocial e circulação de riquezas, paralelamente à permanência e solidificação de grandes corporações. O negócio apresenta vantagens e riscos como em qualquer negócio. O franqueador dinamiza e estende seu negócio, em um universo empresarial mais ou menos amplo; o franqueado recebe toda uma estrutura pronta para implantar a venda de produtos ou serviços.

Destaquemos ainda, quanto ao âmbito do contrato, a crescente importância da denominada *franquia-mestre*, ou *franquia-piloto (master franchising)*, quando o franqueador original pretende difundir internacionalmente sua marca e delega poderes para uma empresa local subfranquear em determinada área. Operam dessa forma no país, por exemplo, a McDonald's e a Benetton. O subfranqueador concede assim franquias múltiplas, operando como gerenciador de franquias, sendo um franqueado com relação ao franqueador principal, sediado no exterior. Essa empresa funciona como intermediária, selecionando possíveis franqueados em determinado país ou região, atuando como administradora e controladora. Por vezes, tratar-se-á apenas de uma filial do franqueador, que assume personalidade jurídica local. Como um desenvolvimento da franquia-mestre, surge a denominada franquia de desenvolvimento de área (*area development franchise*). Nesse negócio, o franqueador contrata um franqueado, um representante de área, para que este busque futuros franqueados em determinado território. O negócio final, no entanto, como regra, será firmado entre o franqueador original e o novo franqueado. Outra modalidade que merece citação é a franquia de canto (*corner franchising*). Nessa modalidade, um estabelecimento concorda em ceder parte de seu espaço para uma atividade franqueada. É o que ocorre, por exemplo, com lojas de departamentos, que possuem seções que funcionam como lojas autônomas de determinados franqueadores, como, por exemplo, artigos de vestuário e cosméticos. Nessa modalidade também se inserem os pequenos espaços cedidos em corredores de *shopping centers*.

É vasto o campo que pode ser atendido pelo contrato de franquia, podendo-se dirigir a produtos, serviços e distribuição. Cita-se também a franquia industrial, que contempla a fabricação de produtos. Nessa franquia, o franqueador e o franqueado são duas empresas industriais. Nessa modalidade, os princípios gerais são mais amplos do que a franquia comercial e nem sempre se submetem aos princípios específicos do contrato aqui estudado, daí por que o instituto pode ser concebido como uma franquia atípica. É modalidade utilizada no campo internacional, para levar a unidade de produção próxima aos lugares de consumo (Redecker, 2002:66).

A franquia permite que a empresa franqueadora, com custos reduzidos, atinja diversos pontos de venda, fortalecendo sua marca e seu mercado. Também se beneficiam os consumidores finais com a difusão de produtos e serviços. Beneficia-se o franqueado que mantém negócio próprio, com certeza de sucesso, proporcionado pela estrutura e conceito do franqueador. O tomador do negócio investe sem ter que realizar pesados investimentos relativos a estratégias de mercado. Desse modo, o negócio para o franqueado oferece maior segurança.

O contrato implica colaboração constante entre franqueador e franqueado, tanto no campo tecnológico, como no econômico, mantendo ambos sua independência jurídica. Com essa colaboração, produz-se um crescimento acelerado de ambas as empresas. No entanto, há relevante dependência tecnológica do franqueado em relação ao franqueador, sendo este o ponto mais débil do instituto, em desfavor do franqueado. A franquia no sistema capitalista tem a função de transferência de risco econômico (Ghersi, 1994, v. 2:45).

Segundo nosso Código de Defesa do Consumidor (Lei nº 8.078/90), nas relações de consumo, perante o consumidor final, qualquer dessas empresas é responsável nos termos ampliativos do art. 3º, que define fornecedor. Destarte, prejuízos causados na relação de consumo podem colocar no polo passivo tanto o franqueado como o franqueador, não importando a amplitude e a natureza da relação interna entre eles.

A atual Lei de Franquias, como expresso no artigo transcrito, abre exceção no tocante aos empregados do franqueado, isentando o franqueador das responsabilidades trabalhistas. Os tribunais do trabalho têm tido, contudo, tendência de sempre ampliar as responsabilidades da empresa em prol da proteção maior ao trabalhador. Vejamos qual será o sentido dos julgados perante esse texto expresso.

Embora a relação das partes na franquia envolva dois ou mais empresários, há que se levar em conta, no caso concreto, o aspecto da vulnerabilidade de uma das partes que pode existir, o que induzirá aplicação do Código de Defesa do Consumidor.

Como notamos, a *franchising* não se exaure unicamente no contexto contratual, objeto de nosso estudo, mas abrange também institutos mais amplos nos campos da propriedade industrial, concorrência e política empresarial, algo que a mais recente lei já aponta.

Advirta-se também, pelo que já foi exposto, que somente o contrato de franquia não exaure as relações negociais entre os interessados. Cuida-se de instrumento destinado a criar uma rede, um sistema, o que requer um complexo negocial e contratual bastante amplo.

Destacam-se ainda outras modalidades de franquia que guardam características peculiares. A *franquia industrial* pela qual o franqueador compromete-se a auxiliar na construção de unidade industrial para o franqueado, cedendo o uso da marca e tecnologia e exigindo segredo nos processos de fabricação. É muito utilizada na indústria alimentícia, como a Coca-Cola e a Pepsi-Cola. A *franquia de comércio* ou *de distribuição* pela qual se objetiva o desenvolvimento e fomento de rede de lojas, como as lojas Benetton e O Boticário. Geralmente, o franqueador opera diretamente lojas-piloto, necessárias para a implantação mercadológica, passando em uma segunda fase a franquear a marca, estrutura e organização. Há também a *franquia de serviços*, ou franquia propriamente dita, pela qual o franqueado comercializa os serviços criados pelo franqueador, como escolas (Curso Objetivo, CCAA, Yázigi); hotéis (Hilton, Sheraton), lanchonetes (McDonald's, Casa do Pão de Queijo, Pizza Hut, Café do Ponto, Amor aos Pedaços) etc. Outras modalidades poderiam ser destacadas, matéria que melhor se amolda a estudo monográfico.

De todos os institutos tradicionais, a concessão comercial é o contrato que possui pontos de contato mais próximos com a franquia. No entanto, na concessão, o concessionário limita-se basicamente a ser um canal de distribuição dos produtos e serviços do concedente, enquanto a franquia tem alcance muito mais amplo. A *franchising* absorve, sem dúvida, também princípios do contrato de concessão, de representação comercial e agência, de mandato, compra e venda, locação, transferência de tecnologia, *know-how* etc.

Como facilmente se percebe, a riqueza de detalhes que se agrupa em torno do contrato de franquia impede que sua noção seja sintética. José Cretella Neto (2002:41), profundo estudioso desse universo, propõe a seguinte definição:

> *"O contrato de natureza mercantil, firmado entre franqueador e franqueado, que tem por objeto a cessão temporária e onerosa de um conjunto de direitos materiais e intelectuais, de propriedade exclusiva do franqueador, para o franqueado, que se obriga à comercialização de produtos e/ou serviços, consoante um sistema próprio e único de rede de marketing e distribuição, estabelecido conforme as determinações e padrões do franqueador, remunerando-o, de forma única ou periódica, pela cessão dos referidos direitos e/ou pela transferência de* know-how *técnico, comercial e operacional, e também pela assistência técnica e mercadológica que prestará, pelo período do contrato".*

Anote-se que a lei mais recente permite a contratação de franquia não somente por empresa privada, como é curial, mas também inova, permitindo a participação de empresa estatal ou entidade sem fins lucrativos, independentemente do segmento em que desenvolva as atividades (art. 1º, § 2º). Trata-se, sem dúvida, de importante dinamização desse negócio, que, bem utilizado, será segmento importante para a sociedade.

47.2 NATUREZA JURÍDICA. CARACTERÍSTICAS. CLÁUSULAS ESPECÍFICAS

A franquia, como visto, é um contrato complexo derivado primordialmente da concessão. Dele participam aspectos de relações trabalhistas, marcas e patentes, contratos preliminares, distribuição etc. Trata-se de um contrato de cooperação entre empresas independentes em busca de resultados operacionais.

O contrato é *bilateral*, pois contém obrigações recíprocas, sendo também oneroso. É *intuitu personae*, porque ambas as partes têm em mira a figura do outro contratante. É *consensual*, pois depende unicamente da vontade das partes. É comutativo, pois apresenta prestações conhecidas pelas partes, embora possa conter cláusulas de aleatoriedade. Sua natureza exige a *forma escrita*, como consta da menção na Circular de Oferta (art. 2º, XVI, da Lei), que exige apresentação de contrato-padrão, ou pré-contrato, com texto completo. É de execução continuada, porque requer cumprimento por prazo mais ou menos longo. Não será necessariamente por adesão, embora a maioria assim o seja, como destacamos.

Como aponta Adalberto Simão Filho (1993:33), o contrato de *franchising* apresenta como elementos: *"distribuição, colaboração recíproca, preço, concessões de autorizações e licenças, independência, métodos e assistência técnica permanente, exclusividade e contratação mercantil"*. Advirtamos, porém, que, admitindo cada caso concreto particularidades e necessidades específicas, nem sempre todas essas características se encontram presentes concomitantemente.

A franquia procura, sem dúvida, forma mais eficiente e prática de distribuição de produtos e serviços. A conjugação de esforços entre as empresas no contrato denota colaboração recíproca. O pagamento compreende geralmente uma taxa inicial e pagamento periódico posterior. Para que o contrato opere, é necessário que o franqueador autorize uso de marcas, patentes, símbolos etc. Ambas as empresas são independentes uma da outra; essa a característica mais proeminente do instituto. O franqueador obriga-se a prestar assistência estrutural a seu franqueado, metodologia, treinamento de pessoal etc. A exclusividade está ligada a território de atuação e comercialização de produtos e serviços. Percebe-se que a natureza da atividade busca sempre o lucro, sendo, portanto, de índole empresarial.

O contrato apresenta algumas cláusulas específicas, dentre as quais podem ser destacadas aquelas referentes a prazo, preço, cessão de direitos e exclusividade. Há 23 tópicos de exigência mínima na Circular de Oferta de Franquia, escrita em língua portuguesa, que deverá ser entregue ao interessado, conforme o art. 2º da Lei nº 13.966/2019. Essa Circular é fundamental para a conclusão do contrato e fará parte integrante dele.

O contrato deve retratar de forma clara os direitos e deveres de franqueador e franqueado, para que não ocorram surpresas no curso do empreendimento.

Quanto ao prazo, é importante que se estabeleça um período mínimo que possibilite o retorno do capital empregado, especificando as condições de renovação (inc. XXII do art. 2º). Por essa circunstância, não é comum que seja firmado por prazo indeterminado, pois, nesse caso, nem o interesse do franqueado nem o do franqueador estarão protegidos.

No que diz respeito ao preço, o contrato deve estabelecer o valor para a aquisição da franquia. Diversos fatores são considerados nas diversas modalidades de negócios. Como regra, o franqueado pagará ao franqueador a taxa de franquia, *royalties* e taxas periódicas de publicidade e marketing. A taxa de franquia corresponde à retribuição ao franqueador pela cessão de seu nome e *know-how*, a fim de recuperar o capital investido no empreendimento.

Pelo contrato de franquia, o franqueado usufruirá da marca e do conhecimento técnico do franqueador (*know-how*), os quais de outro modo não lhe estariam disponíveis. A amplitude dessa cessão de direitos poderá ser mais ou menos ampla, dependendo do ramo de atividade.

Outra cláusula que normalmente se acha presente no contrato é a de *exclusividade*, que pode ou não existir. Essa exclusividade deve se referir a um território. Lojas muito próximas, por exemplo, concorrerão entre si e contribuirão para o fracasso da franquia. Desse modo, a *exclusividade* variará por região, cidade ou mesmo país.

Regra quase constante nos contratos de franquia também será a de exclusividade de fornecimento. Os bens e insumos fornecidos ao franqueado serão de exclusiva responsabilidade do franqueador ou de quem este indicar. Com isso, procura-se manter o mesmo padrão entre todos os franqueados. Com o mesmo desiderato, cabe ao franqueador estabelecer preços de revenda, condições especiais de prazo etc. Outra cláusula que se insere na franquia é a de exigibilidade de estoque e de quota de vendas mínimas. Geralmente, as vendas inferiores ao mínimo estabelecido pelo franqueador pode dar margem à rescisão do contrato. Há todo um universo empresarial por detrás de uma franquia.

47.3 DIREITOS E DEVERES DAS PARTES. CIRCULAR DE OFERTA DE FRANQUIA

O art. 2º da Lei nº 13.966/2019 estabeleceu uma série de exigências prévias para o franqueado, a fim de informar o interessado na franquia, exigindo o que se denomina *Circular de Oferta de Franquia*, também presente na lei anterior.[3] Trata-se de típica obrigação pré-contratual

3 "Franquia. Anulação contratual c.c. reparação de danos. Nulidade da sentença por ausência de fundamentação. Inocorrência. Fundamentação sucinta que não se confunde com ausência de fundamentação. Inteligência do art. 93, IX, da CF. Preliminar afastada. Mérito. Alegação de ausência de entrega da Circular de Oferta de Franquia.

com reflexos importantes no curso do contrato, pois dele fará parte integrante. Esse estratagema legal foi criado para diminuir a margem de enganos em operações de franquia. Cuida-se de corolário do dever de boa-fé e informação que deve estar presente na relação mercantil, boa-fé essa guindada à posição de cláusula aberta no Código Civil (art. 422). Em face da complexidade do negócio de franquia e dos riscos e responsabilidades assumidas pelo franqueado, o legislador preferiu ser minudente. Seu exame é importante, porque dá ideia clara da amplitude que o contrato de franquia pode atingir. Desse modo, o interessado na outorga da franquia deve receber essa citada circular, que nada mais é do que minuta obrigatória do futuro contrato. Sem ela e sem as minudentes exigências da lei, não poderá ser concluído o negócio de franquia.

O franqueador deve inserir na circular de oferta, além de todas as informações obrigatórias minuciosas sobre o negócio, mecanismos de proteção para desestimular os franqueados a prejudicar a reputação da marca. Essa divulgação se traduz no princípio denominado *disclosure*.

Entrega incontroversa, expressamente declarada no contrato assinado pelo Apelado. Enunciado IV do Grupo de Câmaras Reservadas de Direito Empresarial do TJSP que estabelece que a inobservância da formalidade prevista no § 1º, do art. 2º, da Lei nº 13.966/2019, pode acarretar a anulação do contrato de franquia, desde que tenha sido requerida em prazo razoável e que haja comprovação do efetivo prejuízo, ou a declaração de nulidade. Requisitos não preenchidos. Ausência de prova de que os supostos vícios na COF tenham acarretado na desistência do empreendimento pelo Apelado. Sentença reformada. Recurso provido" (*TJSP* – Ap 1004721-93.2023.8.26.0576, 30-7-2025, Rel. Tasso Duarte de Melo).

"Franquia – Ação declaratória e indenizatória – **Falta de comprovação da entrega de Circular de Oferta de Franquia (COF)** – Omissão acerca de informações do negócio, como necessidade de locação de imóvel em supermercados, Hipermercados, 'shoppings centers', galerias, universidades, 'malls' e lojas de conveniência – Omissão grave e capaz de impactar, por completo, o resultado da contratação, violado o dever de lealdade imposto ao franqueador – Invalidade do contrato reconhecida – Aplicação do parágrafo único do art. 4º da antiga Lei 8.955/1994 (correspondente ao § 2º do art. 2º da Lei 13.966/2019), caracterizada hipótese de nulidade relativa, que produz efeitos 'ex tunc' – Ressarcimento de montantes dispendidos – Danos morais inocorrentes, ausente a especificação de fato pontual apto a provocar abalo e sofrimento relevantes, restando descaracterizada violação a direitos da personalidade – Incidência de multa contratual impossibilitada, dada sua previsão para hipótese diversa, de extinção do contrato – Honorários advocatícios fixados corretamente, conforme o art. 86 do 'caput' do CPC/2015 – Sentença mantida – Recursos não providos" (*TJSP* – Ap 1018980-93.2023.8.26.0576, 23-8-2024, Rel. Fortes Barbosa).

"Apelação – Ação de rescisão contratual c/c restituição de valores e indenização por danos materiais fundada em contrato de franquia – Sentença de improcedência – Inconformismo do autor (franqueado) – Franquia da marca 'Empanadas da Vovó' – Incontroversa inobservância do quanto disposto no **artigo 2º, § 1º, da Lei nº 13.966/2019 quanto à Circular de Oferta de Franquia (COF)** – Unidade franqueada contratada exclusivamente sob 'modelo delivery' e operada por poucas semanas, não chegando a atingir nem mesmo dois meses de efetivo funcionamento – Conjunto probatório que revela que o réu era franqueador iniciante, nem sequer dispunha de COF, não chegou a prestar assessoramento adequado e suficiente e tinha pleno conhecimento da insatisfação e rápida desistência do autor quanto à operação da unidade contratada, tanto é que, cerca de apenas duas semanas da celebração da avença, as partes passaram a discutir o respectivo distrato – Provas que também revelam que as negociações mantidas entre as partes e voltadas à substituição da unidade franqueada de "modelo delivery" para quiosque em shopping center foram iniciadas e encerradas ainda nas primeiras semanas de execução do contrato de franquia, tendo o réu, ao final, assumido, ainda que informalmente, o compromisso de restituir todo o valor investido pelo autor – Comprovação, ademais, de que o autor notificou extrajudicialmente o réu sobre a rescisão do contrato aproximadamente três meses após a celebração dele, tudo a revelar a presença dos requisitos dispostos no Enunciado nº IV do Grupo de Câmaras Reservadas de Direito Empresarial deste E. Tribunal de Justiça e a autorizar a anulação da avença com fundamento no artigo 2º, § 2º, da Lei nº 13.966/2019, impondo-se a devolução dos valores pagos a título de taxa inicial de franquia (R$ 100.000,00) ao autor – Descabimento, de outro lado, da aplicação de multa contratual por inadimplemento do réu ante a insubsistência do contrato de franquia – Descabimento, ademais, da pretensão de reembolso das despesas incorridas pelo autor com a lavratura de ata notarial que acompanhou a petição inicial, seja porque não há como vinculá-las direta e imediatamente à conduta do réu, a afastar eventual tese de ressarcimento amparada na regra geral de responsabilidade civil (CC, arts. 927 e 403), seja porque elas não se encaixam no conceito legal de despesas processuais e, portanto, também não podem ser reembolsadas com amparo na regra de distribuição dos ônus sucumbenciais (CPC, art. 82) – Ata notarial elaborada por mera conveniência probatória do autor, não se tratando de documento imprescindível ao ajuizamento da ação – Precedentes deste E. Tribunal de Justiça – Sentença reformada – Sucumbência recíproca – Recurso parcialmente provido". (*TJSP* – Ap 1006515-20.2021.8.26.0577, 23-5-2023, Rel. Maurício Pessoa).

Essa circular materializa verdadeiramente a *disclosure*, ou seja, a revelação cristalina do negócio. A *disclosure* encerra a noção de revelar, informar, tornar público, conhecido. É instituto proveniente do direito norte-americano. Entre nós, podemos definir a *disclosure* como um fator de proteção à lisura e boa-fé dos negócios e do mercado. Embora presente em alguns dispositivos da Lei de Mercados e Capitais, a *disclosure* se faz presente no Código de Defesa do Consumidor, de forma implícita, no art. 4º, que faz referência à lealdade e à transparência nas relações entre fornecedor e consumidor. Como observa Ana Cláudia Redecker (2002:86),

> *"no campo da informação deve-se postular uma dupla exigência qualitativa: a sua transparência ou fácil compreensão e a veracidade ou fidelidade do seu conteúdo à realidade sobre a que se deve dar notícia".*

O franqueador obriga-se a conceder o uso de suas marcas e sinais distintivos durante o período contratual, além da estrutura negocial. O contrato prevê a transferência de tecnologia, serviços de assistência técnica e consultoria permanente.

Como percebemos, o interessado em assumir o estado de franqueado deve receber um completo diagnóstico da organização do franqueador. Este responderá civil e criminalmente por omissões ou informações distorcidas. Enfatizamos que todas as informações obrigatórias e facultativas presentes na Circular integram o contrato e vinculam o outorgante. A lei refere-se a contrato-padrão e pré-contrato que podem estar inseridos na contratação, mas não são essenciais. Pode haver o chamado pré-*franchising* entre as partes, contratação preliminar, limitada no tempo, pelo qual os contratantes fixam período de implantação da franquia definitiva. Essa Circular deve ser entregue ao candidato a franqueado com, no mínimo, dez dias de antecedência à assinatura do contrato (art. 2º, § 1º).

Não é característica da franquia que o contrato seja sempre de adesão, pois há cláusulas que podem ser livremente discutidas. Assim, a entrega da Circular caracteriza proposta, nos termos do direito privado, e independe de qualquer pagamento. O § 2º do art. 2º impõe que o não cumprimento do estabelecido no *caput* autoriza ao franqueado arguir anulabilidade ou nulidade do contrato e exigir devolução das quantias pagas.

O franqueado, por sua vez, fica jungido ao cumprimento das estritas normas e padrões do franqueador, pois ambos devem zelar pelo conceito de mercado e excelência da marca. O contrato pode autorizar ao franqueador intervir direta ou indiretamente na franquia sempre que houver transgressão dos preceitos. Como percebemos, o franqueado não tem grande autonomia empresarial, da qual abre mão em prol da segurança que o negócio lhe oferece. Correm por sua conta e risco a instalação e a manutenção do estabelecimento. Deve aceitar o sistema contábil imposto pelo franqueador, fornecendo, conforme solicitado, informações financeiras e mercadológicas. Além de pagar a taxa inicial, pagará também um preço periódico, além de outras taxas contratadas.

Juan M. Farina (1994:461) aponta tendência crescente de os franqueadores irem absorvendo os franqueados, mormente nos EUA desde o final da década de 1960, fenômeno ainda não sentido nas economias mais débeis. Isso decorre em razão de os franqueadores pretenderem cada vez mais concentrar a direção dos negócios em sua rede direta, o que não diminui a importância desse contrato.

A atual Lei de Franquias toca também o sistema do inquilinato de forma sensível. Dispõe o art. 3º:

> *"Nos casos em que o franqueador subloque ao franqueado o ponto comercial onde se acha instalada a franquia, qualquer uma das partes terá legitimidade para propor a renovação do contrato de locação do imóvel, vedada a exclusão de qualquer uma delas do contrato de locação e de sublocação por ocasião da sua renovação ou prorrogação, salvo nos casos de inadimplência dos respectivos contratos ou do contrato de franquia".*

A proteção ao ponto comercial é importante tanto para o franqueador quanto para o franqueado. Desse modo, fez bem o legislador em apontar a legitimidade de ambos para a ação renovatória, evitando interpretação que os prejudique.

Outro tópico que destoa da aplicação da lei inquilinária está no parágrafo único desse artigo: permite que o aluguel a ser pago pelo franqueado na sublocação seja superior ao valor que o franqueador paga ao proprietário do imóvel, desde que essa possibilidade esteja expressa na Circular e no contrato, bem como, conforme o inc. II desse parágrafo:

> *"o valor pago a maior ao franqueador na sublocação não implique excessiva onerosidade ao franqueado, garantida a manutenção do equilíbrio econômico-financeiro da sublocação na vigência do contrato de franquia".*

Confesso que não somos muito simpáticos a essa derrogação da regra geral das locações. O franqueador já tem inúmeros tópicos para auferir lucros na concessão de franquia. Ademais, inserir a terminologia "excessiva onerosidade" nesse diapasão só servirá para abrir infindáveis e inúteis discussões processuais.

O art. 7º, § 1º, da Lei acrescenta que as partes poderão se valer da arbitragem para soluções controvérsias. A lei não precisaria fazê-lo. Todas as pessoas maiores e capazes podem optar pelo juízo arbitral nos direitos disponíveis. Melhor entender essa disposição como mera exortação ou aconselhamento para as partes optarem pela cláusula compromissória. A arbitragem, sem a menor dúvida, é o melhor caminho para a solução de contendas em matéria de franquia.

Acertadamente, a lei exige que nas contratações internacionais as partes deverão constituir e manter representante legal ou procurador bastante, no país do foro definido, inclusive para receber citações (art. 7º, § 3º). Os contratos de franquia internacional também serão redigidos em português ou terão versão certificada para a língua portuguesa, custeada pelo franqueador (art. 7º, II).

É de se lembrar também que há documento importante a ser fornecido ao franqueado, trata-se do Manual. Esse instrumento cuida basicamente das operações da franquia de Operação da Franquia (MOF), mencionado pela Lei nº 13.966/2019, art. 2º, XIII, "f". Também é documento essencial.

47.4 EXTINÇÃO DO CONTRATO

As formas ordinárias de extinção dos contratos também atingem a franquia. Como vimos nas regras referentes à Circular, o contrato deve prever acerca da destinação dos segredos de indústria e da possibilidade de o franqueado estabelecer-se com atividade concorrente. Adalberto Simão Filho (1993:7) anota que a eventual rescisão por força maior deve ser examinada com rigor, pois somente razões inviabilizadoras, efetivamente, do negócio podem extingui-lo.

48

FACTORING (FATURIZAÇÃO)

48.1 CONCEITO

Desde tempos muito remotos, é conhecida a prática de aquisição de créditos. Embora possam ser encontrados traços do instituto no direito antigo, o *factoring* ou faturização é um contrato que tem sua origem recente na prática comercial dos EUA, tendo-se desenvolvido grandemente em países da Europa Ocidental a partir da década de 1960, assumindo em cada um deles matizes diferentes. Trata-se, na modalidade mais utilizada, de um negócio jurídico de duração por meio do qual uma das partes, a empresa de *factoring* (o faturizador ou *factor*), adquire créditos que a outra parte (o faturizado) tem com seus respectivos clientes, adiantando as importâncias e encarregando-se das cobranças, assumindo o risco de possível insolvência dos respectivos devedores. Aponta Newton de Luca (1986:16) que seu desenvolvimento no comércio norte-americano deveu-se provavelmente ao fato de que os bens produzidos pelos empresários destinados à clientela somente poderiam ser absorvidos por esta se os prazos de pagamentos fossem dilatados. A situação é a mesma em nosso comércio. Como aponta Arnaldo Rizzardo (2000:11), o sentido tradicional de *factoring* não oferece maiores dificuldades porque

> *"se está diante de uma relação jurídica entre duas empresas, em que uma delas entrega à outra um título de crédito, recebendo, como contraprestação, o valor constante do título do qual se desconta certa quantia, considerada a remuneração pela transação".*

A palavra *faturização*, utilizada em nosso vernáculo, não é tradução do termo original. Trata-se de neologismo cujo som se aproxima do vocábulo inglês e nos dá ideia de fatura, faturamento, que, em sentido leigo, se aproxima do sentido do instituto.

O *factoring*, portanto, muito antes de uma prática bancária, é um elemento de fomento comercial e mercadológico. Em nosso meio, a utilização de cheques pré-datados como títulos de crédito a prazo, dados os inconvenientes da duplicata por grande parte do comércio, fez com que o *factoring* se dedicasse com amplitude a seu desconto, facilitando a circulação de mercadorias, sustentando principalmente as pequenas e médias empresas. Nem sempre é fácil sua identificação jurídica, pois é contrato atípico que apenas recentemente vem obtendo reconhecimento legal esparso em nosso ordenamento. Há projeto de lei em curso legislativo que pretende regulamentar a operação. Esse projeto, nº 230, centraliza a ideia de compra de créditos pela empresa de *factoring*.

O *factoring* é empregado tanto na hipótese de venda de mercadorias, como na de prestação de serviços. A prática é usualmente utilizada para créditos a curto prazo, embora não se excluam também aqueles a médio e longo prazos. Sua utilidade em nosso país, como afirmado, acentua-se com relação à pequena e média empresas, para as quais nem sempre é fácil recorrer aos financiamentos bancários, sempre direcionados e dirigidos por normas rígidas.

O *factor*, como visto, na maioria das vezes encarrega-se de cobrar os créditos dos quais se torna cessionário. Com relação ao faturizador, são três as funções que desempenha: *garante* os créditos, pois fica obrigado aos pagamentos, mesmo na hipótese de insolvência dos devedores, salvo disposições em contrário no contrato. *Administra* os créditos da empresa faturizada, opinando sobre devedores duvidosos e providenciando a cobrança. Por fim, o *factor* ou faturizador *financia* o faturizado, quando lhe adianta recursos referentes aos títulos, daí por que a faturização apresenta aspecto de operação bancária. O *factor* sub-roga-se nos direitos creditícios do cedente por força dos princípios do endosso ou da cessão de crédito civil. A operação jurídica distingue-se do desconto propriamente dito, porque a faturização, na maioria das vezes, exige exclusividade. A remuneração consiste em comissão ou ágio que se cobra sobre o valor dos títulos.

Na prática, a empresa de *factoring* antecipa numerário ao faturizado, mediante desconto sobre o valor do título cedido, ficando com o direito de receber os valores no vencimento. Originalmente, o instituto destinava-se às duplicatas, único título de crédito que legalmente permite vendas a prazo. No entanto, o costume mercantil de cheques pré-datados fez com que os faturizadores operassem com essas cártulas, cujo controle e obediência aos prazos dependem exclusivamente da confiança das partes. O risco do *factoring* é, portanto, do faturizador, que deve-se encarregar da análise cuidadosa da empresa (e seus respectivos clientes) com a qual realiza a operação. O instituto, contudo, permite alargamento de atividades do faturizador que podem culminar com verdadeira terceirização do departamento financeiro das empresas por meio de um gerenciamento global de créditos.

Embora alguns divisem o operador de faturização como uma empresa financeira (com tentativas de regulamentação oficial nesse sentido), pois as instituições bancárias realizam ordinariamente operações de desconto, o presente negócio jurídico pode ser muito mais amplo, não se resumindo a mera operação dessa área. A empresa de *factoring* pode acompanhar o fluxo de caixa do faturizado, administrando contas a pagar e a receber; fazer análise do risco de crédito com relação a terceiros; fixar limites de operação; assessorar em vendas e aquisição de materiais etc. Em razão disso, os alvos da faturização são, como afirmado, as pequenas e médias empresas que nem sempre podem recorrer à rede financeira. O custo do negócio, se levado em conta que os bancos cobram diversas taxas, além de juros e correção, apresentam vantagens. O *factoring* pode também ser estabelecido para pagamento apenas nas liquidações dos títulos, quando então não haverá financiamento. A posição atual em nosso ordenamento é não considerar a faturização uma operação bancária, sendo limitados os juros compensatórios a 1% (um por cento) ao mês, conforme estudaremos a seguir. Esse fato permite que as empresas que operam no setor trabalhem com taxas de juro e de desconto inferiores à rede bancária, porque há maiores custos nos contratos bancários (Rizzardo, 2000:31).

48.2 MODALIDADES

Como pode ser notado, o *factoring* pode tomar várias formas. Não existe unanimidade na doutrina quanto à classificação, pois longe está de uma uniformidade terminológica. Tradicionalmente, a doutrina revela, com sentido histórico, três modalidades. O *colonial factor*, que consiste na aquisição de mercadorias por uma empresa que se encarrega de colocá-las no mercado, agindo como depositária ou comissionária. Essa modalidade é confundida com a comissão ou representação mercantil, sendo hoje mera referência histórica. Pelo *old line factor*, o faturizador encarrega-se de cobrar as faturas do faturizado, desempenhando atividade restrita de ordem financeira. No *new line factor*, o faturizador, além da cobrança, encarrega-se de várias outras atividades em prol do faturizado, utilizando-se de várias técnicas financeiras (Luca, 1986:20).

Na chamada *faturização ao estilo antigo* (*old line factoring*), há três subespécies: na *faturização convencional* (*conventional factoring*), é oferecido ao faturizado um leque de serviços que inclui a aquisição dos créditos, sua gestão, administração de carteira etc. Pelo *maturity factoring* (faturização de vencimento), a empresa não financia, não adianta numerário, mas encarrega-se da cobrança dos créditos do faturizado, garantindo seu pagamento nos vencimentos, assumindo o risco pelo inadimplemento. A essas duas modalidades acrescemos a *faturização de importação e exportação*, que se utiliza dos instrumentos das anteriormente citadas no comércio internacional. Difícil, no entanto, que um negócio de faturização apareça isolado, sem outros negócios em torno da atividade contratada, uma vez que se trata de negócio ainda em fase evolutiva.

Talvez a principal distinção nas várias modalidades resida na *faturização a vista* (sem financiamento) ou *faturização de vencimento* (com financiamento). O interesse na distinção avoluma-se, pois, quando há financiamento; a operação terá cunho bancário. Na modalidade com financiamento, o faturado recebe do faturizador pagamento imediato, independentemente do vencimento dos títulos. Essa vertente favorece o capital das empresas, propiciando maior liquidez. Também é possível que o faturizador antecipe valores objetivando faturamento futuro. A modalidade com financiamento não implica, necessariamente, que o *factor* assuma o risco pelos créditos, o que deve ser feito expressamente. Como notamos, o instituto admite várias nuanças. Cada pacto deve então ser analisado de per si.

No *factoring* sem financiamento também ocorrem subespécies. A empresa *factor* pode comprometer-se a pagar as faturas somente à medida que os devedores do faturado liquidem suas dívidas. Nessa hipótese, o *factor* não assume a responsabilidade de cobrança, não cobrando, consequentemente, por esse risco. Geralmente, é adotada essa forma quando os devedores do faturado são de notória solvência, sendo desnecessária a cobertura pelo risco. Esta última modalidade desnatura de certa forma o *factoring*, pois o faturizador converte-se em mero administrador de cobrança que não assume riscos.

Mais característico, todavia, que a empresa de faturização se comprometa a pagar pelos créditos adquiridos, independentemente do pagamento pelos devedores. O faturizador assume o risco nessa modalidade, que também é denominada *factoring* sem recurso (isto é, sem recurso contra o faturado, salvo culpa grave ou dolo na transferência do crédito). Ao negócio podem ser acrescentadas cláusulas que possibilitem ao faturizador a seleção de créditos, podendo repelir aqueles de duvidosa solvência.

A faturização também pode ocorrer *com ou sem notificação dos devedores cedidos*. Quando existe a notificação, é operada a cessão de crédito tal como estampada no art. 290 do Código Civil. Inexistindo dita notificação, os devedores do faturado continuam com a obrigação de pagar a este, sendo-lhe estranho o negócio de faturização.

Esse negócio constitui, na maioria das oportunidades, a única forma de empresas em dificuldades obter capital de forma rápida e sem burocracia. O Projeto de Lei nº 230, em tramitação, deverá trazer dispositivos a fim de evitar abusos, bem como deve criar o Conselho de Fomento Mercantil, que fiscalizará o mercado de *factoring*. Aguarda-se a promulgação da lei.

48.3 CARACTERÍSTICAS

O *factoring* possui um conteúdo jurídico próprio e peculiar. O cerne do negócio em tela é a operação de cessão de crédito. É, ainda, contrato atípico. No entanto, apenas tal compreensão é insuficiente para a noção de sua natureza jurídica. Concorrem em sua noção princípios do mandato e do financiamento. O *factoring* é um contrato de troca, e as cessões de crédito possuem uma *causa vendendi*. Analisando-se a operação de faturização, com a simplificação didática necessária, verifica-se que o preço de aquisição do crédito é fixado em seu valor nominal, quer se recorra, quer não à garantia de pagamento, com subsistência ou não de direito de regresso. Como exposto, o *factoring* não se exaure nas cessões de crédito, pois compreende também serviços oferecidos pelo *factor*.

Desse modo, ainda que concorram para o *factoring* fundamentos do mandato, do desconto e do financiamento, sua classificação não se amolda a qualquer contrato típico, estando a merecer do legislador disciplina específica. Trata-se de contrato bilateral, consensual, oneroso, de duração e informal, pois pode até ultimar-se verbalmente. A faturização pressupõe sempre venda a prazo, ficando fora de sua natureza as vendas à vista. Não requer forma escrita, embora as partes geralmente acautelem-se nesse sentido. Como na maioria das vezes é um contrato de risco, não é identificada com o seguro de crédito, porque a faturização garante a liquidação do crédito normalmente apenas na hipótese de insolvência do devedor, não abrangendo, em geral, os casos de impontualidade. Ainda, no seguro há uma obrigação por débito próprio assumido pelo segurador, o que não ocorre no *factoring*.

Na opinião de Fran Martins (1996:474), o *factoring* não é mera operação bancária, como no princípio defenderam as autoridades financeiras no Brasil. Na opinião do autor, como o faturizado isenta-se da responsabilidade pelo pagamento do título, o contrato torna-se uma operação de risco, "*portanto especulativa, e não uma operação de crédito, como são as operações bancárias*". No entanto, tendo em vista o caráter cambiário da duplicata mercantil, único título representativo de vendas a prazo, necessário se faz, para a introdução legislativa do *factoring* entre nós, que seja alterada a lei reguladora das duplicatas, permitindo-se que, por exemplo, a letra de câmbio possa servir de título representativo de venda ou de prestações de serviços. A dificuldade legal é contornada, como sabemos, com a faturização de cheques pré-datados que grassam em nosso meio, embora atualmente estejam caindo em desuso. Há, porém, forte corrente doutrinária que vê no *factoring* uma operação de crédito, com justificáveis argumentos, devendo, portanto, submeter-se à regulamentação da autoridade financeira. A evolução do instituto ainda em formação no país mostrará qual a corrente a ser adotada.

De qualquer forma, enquanto não assumida posição legislativa,

> "*a empresa de* factoring, *embora pratique operação de crédito, não se caracteriza como instituição financeira, por não estar abrangida pela definição prevista no art. 17 da Lei nº 4.595/64, que ordena as instituições financeiras no país. Essa empresa, entretanto, ao praticar, com adiantamento de recursos ao cedente, operação de crédito (aquisição de crédito* pro soluto, *a título oneroso) submeter-se-ia à regulamentação que o Conselho Monetário viesse a editar*" (Lopes, *Revista de Direito Mercantil 74/65*).

Como se acentua, a faturização distancia-se do desconto bancário principalmente pelo aspecto de não ter o *factor* ação regressiva contra o faturizado. Nada impede, porém, que uma instituição financeira assuma a qualidade de faturizador. A matéria, de qualquer modo, necessita de regulamentação.

A jurisprudência tem afirmado, ainda, a impossibilidade de aplicação dos juros concedidos às instituições financeiras, às empresas de *factoring*. Quanto aos juros permitidos para as empresas de *factoring*, são o máximo permitido pela Lei de Usura, qual seja, o de 12% ao ano, como pode ser notado na decisão do Primeiro Tribunal de Alçada Civil de São Paulo:

"Empresas de Factoring – Sujeição destas às restrições da Lei de Usura por não serem consideradas instituições financeiras, a elas não se aplicando as normas relativas a essa espécie – Limitação a 12% ao ano".[1]

---

[1] "Ação anulatória. Instrumento particular de confissão de dívida a partir de contrato de fomento mercantil. Sentença de parcial procedência. Recurso somente da ré. Alegação de cerceamento de defesa, por ter sido proferida com base em laudo pericial incompleto, pretendendo seja anulada para realização de outro, ou reformada para manutenção do crédito confessado ou daquele indicado pela assistente técnica da ré. Desacolhimento. Perícia que constata excesso de juros em decorrência da capitalização indevida aplicada. Laudo hígido. Desnecessidade de outros elementos. Empresa de *factoring* não integrante do Sistema Financeiro Nacional. Capitalização mensal de juros. Impossibilidade. **Limitação da taxa de juros a 12% ao ano** (Decreto nº 22.626/1933). Correção dos valores indevidamente cobrados, apurando-se o saldo ainda devido. Recurso desprovido" (*TJSP* – Ap 1008635-94.2019.8.26.0451, 7-6-2024, Rel. José Wilson Gonçalves).

"Revisional c/c repetição de indébito – Impugnação à justiça gratuita – Não acolhimento – Inexistência de provas quanto à alteração da condição financeira da parte autora. Sentença 'ultra petita' – Não reconhecimento – Julgamento além do pedido não ocorrido – Limites da lide observados – Preliminares afastadas. Fomento mercantil – Contrato de compra e venda de veículo com reserva de domínio – Financiamento configurado – **Empresa de 'factoring'** não integrante do Sistema Financeiro Nacional – Capitalização mensal de juros – Impossibilidade – Limitação da taxa de juros a 12% ao ano – Cabimento – Decreto nº 22.626/1933. Restituição dos valores indevidamente cobrados – Possibilidade – Insurgência recursal quanto à repetição dobrada – Pedido não acolhido – Inexistência de sucumbência do réu – Recurso não conhecido nesse tocante. Sentença mantida (artigo 252 do RITJ/SP c/c artigo 23 do Assento Regimental nº 562/2017), com majoração dos honorários advocatícios. Recurso conhecido em parte e, na parte conhecida, não provido". (*TJSP* – Ap 1005894-45.2021.8.26.0020, 17-7-2023, Rel. Henrique Rodriguero Clavisio).

"Ação declaratória de nulidade contratual e inexigibilidade de débito – Sentença de procedência – Recurso da ré – Concessão dos benefícios da gratuidade da justiça – Cerceamento de defesa não caracterizado – Hipótese de conexão, e não de litispendência – Julgamento 'ultra petita' não caracterizado – No mérito, empresas de **'factoring'**, já que não integram o Sistema Financeiro Nacional, devem obedecer a limitação da taxa de juros de 12% ao ano – Afastada a nulidade dos contratos de confissão de dívida (CC, art. 184), determinada somente a exclusão do excedente – Reforma da sentença para julgar a ação procedente em parte – recurso provido em parte" (*TJSP* – Ap 1048830-15.2016.8.26.0100, 6-10-2022, Rel. Spencer Almeida Ferreira).

"Novo julgamento – Declaratória de inexigibilidade de título – Notas promissórias em garantia de **contrato de *factoring*** – STJ, que em sede de Agravo em Recurso Especial, entendeu pela possibilidade das partes contratarem garantia para o fomento mercantil – Retorno dos autos a este Tribunal para exame da validade da emissão das notas promissórias, considerando a legitimidade da parte emitente – Contrato assinado pela ex-sócia, que sempre continuou no exercício da atividade como representante de fato – Impossibilidade de arguição de desconhecimento das operações de fomento – Teoria da aparência – Títulos hábeis – Sentença reformada para julgar a ação improcedente – Recurso provido" (*TJSP* – AC 1006723-04.2015.8.26.0451, 14-6-2019, Rel. Souza Lopes).

"Falência – **Contrato de factoring** – Duplicadas cedidas, que não foram pagas – Emissão de nota promissória como garantia do fomento mercantil. Sentença que decretou a falência da agravante, com fundamento no art. 94, I da Lei nº 11.101/2005. Irresignação. Desvirtuamento do contrato de fomento. Caracterização de mútuo financeiro, que apenas pode ser firmado por instituição financeira. Transferência dos riscos do negócio à agravante em caso de inadimplência do sacado, o que não pode ser admitido. Inexigibilidade da nota promissória emitida como garantia do contrato de factoring. Precedentes desta C. Câmara de Direito Empresarial. Afastamento da quebra. Extinção do processo. Agravo provido" (*TJSP* – AI 2060257-64.2017.8.26.0000, 19-6-2018, Rel. Alexandre Marcondes).

"Administrativo – Empresa que se dedica a atividades que não se enquadram apenas como **factoring convencional** – Registro no respectivo conselho regional de administração – 1 – A Primeira Seção, no julgamento dos EREsp 1.236.002/ES, Rel. Ministro Napoleão Nunes Maia Filho, consignou que os escritórios de factoring não precisam ser registrados nos conselhos regionais de administração quando suas atividades são de natureza eminentemente mercantil – Ou seja, desde que não envolvam gestões estratégicas, técnicas e programas de execução voltados a um objetivo e ao desenvolvimento de empresa. 2 – De acordo com o referido julgado, a inscrição é dispensada em casos em que a atividade principal da empresa recorrente consiste em operação de natureza eminentemente mercantil, prescindindo, destarte, de oferta às empresas-clientes de conhecimentos inerentes às técnicas de administração ou de administração mercadológica ou financeira. Ficou ainda esclarecido que não há 'se comparar a oferta de serviço de gerência financeira e mercadológica – Que envolve gestões estratégicas, técnicas e programas de execução voltados a um objetivo e ao desenvolvimento da empresa – Com a aquisição de um crédito a prazo pela solvabilidade dos efetivos devedores dos créditos vendidos'. 3 – No caso dos autos, o Tribunal local, analisando o contrato social da empresa, apontou as seguintes atividades desenvolvidas pela recorrida: 'a) na aquisição à vista, total ou parcial, de direitos creditórios resultantes de vendas mercantis e/ou de prestação de serviços realizadas a prazo por suas empresas-clientes contratantes; b) conjugadamente com a aquisição dos títulos, a empresa poderá realizar a prestação de serviços, em caráter contínuo, de alavancagem mercadológica

O contrato de *factoring* é, portanto, consensual, informal, bilateral, oneroso, comutativo e *intuitu personae*. A confiança entre as partes desempenha importante papel nesse negócio.

Note que o contrato de *factoring* tem seu aspecto de incerteza no seu cumprimento, tendo em vista *alea* inerente a qualquer crédito, mas isso não o transforma em contrato aleatório, salvo se as partes assim estipularem.

48.4 OBRIGAÇÕES DAS PARTES. POSIÇÃO DO CEDIDO

Como contrato bilateral, a faturização cria direitos para ambas as partes. O cedido, ou terceiro que efetuou a compra ou beneficiou-se da prestação de serviços, se notificado da cessão, deve pagar ao *factor*. Se não foi notificado da cessão, pagará validamente ao credor originário (art. 290) do Código Civil. É aplicado também quanto ao terceiro o art. 294 do Código Civil: o comprador ou cedido pode opor ao cessionário ou ao cedente (portanto, ao faturizador) as exceções que lhe competir no momento que tiver conhecimento da cessão.

O faturizador tem a obrigação de pagar ao faturizado conforme as faturas que lhe são apresentadas. Tem, conforme o contrato, direito de aprovar ou não as contas que lhe são apresentadas, recusando títulos de solvência duvidosa. Em razão dessa particularidade, o *factor* pode examinar os livros e contas do faturizado.

O faturizado deve pagar a comissão devida ao *factor*. Geralmente, esse pagamento ocorre quando o faturizador liquida as faturas, deduzindo-se o montante da comissão. Como consequência da essência do contrato, o faturizado deve submeter as contas de seus clientes para seleção e aprovação. Segundo a dicção contratual, o faturizador deve remeter nas épocas oportunas borderôs dos títulos faturizados. Seu direito fundamental é receber o valor das faturas, deduzida a comissão.

Lembre-se de que na cessão de crédito, a título oneroso, o cedente, ainda que não se responsabilize, fica responsável ao cessionário, pela existência do crédito, no momento da cessão, de acordo com o art. 295 do Código Civil. Essa obrigação persiste na operação de *factoring*. Ainda, de acordo com o art. 296, o adquirente do crédito não responde pela solvência do devedor. Esses dispositivos têm aplicação na faturização e somente a vontade expressa das partes pode estabelecer em contrário. No Projeto nº 230 há dispositivo pelo qual o cedente se responsabiliza civil e criminalmente pela veracidade, legitimidade e legalidade do crédito cedido.

---

ou de acompanhamento das contas a receber e a pagar ou de seleção e avaliação dos sacados-devedores ou dos fornecedores das empresas-clientes contratantes; E c) realização de negócios de factoring no comércio internacional de exportação e importação' (fls. 448-449, e-STJ). 4 – Sendo certo que as atividades da empresa não se enquadram apenas como factoring convencional, é mister a inscrição no Conselho Regional de Administração. No mesmo sentido: REsp 1.587.600/SP, Rel. Ministro Herman Benjamin, Segunda Turma, DJe 24.5.2016. 5 – Recurso Especial provido" (*STJ* – REsp 1.642.737 (2016/0311488-1), 6-3-2017, Rel. Min. Herman Benjamin).

"Agravo interno no agravo em recurso especial – Processo Civil – Título de crédito – Duplicata de compra e venda – Mercadorias não entregues – **Contrato de Factoring** – Mera cessão civil de crédito – Oponibilidade das exceções pessoais – Possibilidade – Agravo não provido – 1- No contrato de factoring, a transferência dos créditos não se opera por simples endosso, mas por cessão de crédito, subordinando-se, por consequência, à disciplina do art. 294 do Código Civil, contexto que autoriza ao devedor a oponibilidade das exceções pessoais em face da faturizadora. Precedentes. 2- Agravo interno a que se nega provimento" (*STJ* – AgRg-AG-REsp. 591.952 – (2014/0242713-4), 29-4-2016, Rel. Min. Raul Araújo).

"**Apelação** – Ação monitória – Cheques – Ilegitimidade de parte – Preliminar rejeitada – '**Factoring**' – Notificação – Desnecessidade – A notificação prevista nos termos do art. 290 do Código Civil tem por objetivo cientificar o devedor de que o pagamento deve ser realizado a outro credor, todavia a sua ausência não invalida a cessão de crédito e não torna indevida a cobrança do crédito. Ordem de pagamento à vista. Presunção legal de legitimidade do título cambiário. Cheque prescrito. Correção monetária. Incidência. Data do vencimento. Recursos de apelação do réu e adesivo da autora improvidos" (*TJSP* – Ap 1038473-47.2014.8.26.0002, 30-3-2015, Rel. Pedro Kodama).

Embora a cessão de crédito absorva boa parte da operação de faturização, não responde pelo negócio todo, pois, como vimos, o adquirente dos créditos assume várias outras obrigações.

48.5 EXTINÇÃO DO CONTRATO

Extingue-se o *factoring* por todas as formas admitidas para os contratos em geral. Dissolve-se a relação contratual pela rescisão, quando há descumprimento por algum dos contratantes. Se for por prazo indeterminado, vencido o prazo inicial, incumbe que uma das partes conceda pré-aviso razoável à outra, se o prazo da notificação não constar do contrato. Desfeito o contrato, devem ser liquidadas as operações pendentes, sob pena de responsabilização das partes por perdas e danos. Tratando-se de contrato de execução continuada, pode persistir responsabilidade pós-contratual (ver o que falamos a esse respeito na seção 9.4). Como é um contrato *intuitu personae*, a modificação de estado das partes, bem como a morte do contratante pessoa natural, pode gerar a extinção (Martins, 1996:482).

49

LEASING (ARRENDAMENTO MERCANTIL)

49.1 CONCEITO. NATUREZA JURÍDICA

O termo *leasing* é o particípio substantivado do verbo *to lease* (alugar, arrendar), na língua inglesa. Sua derivação, portanto, provém do sistema anglo-saxão, mais propriamente dos EUA, onde começou a ser utilizado. Em estreita síntese, significa contrato de locação com opção de compra pelo locatário. Participam do negócio o locador ou arrendador (*lessor*) e o locatário ou arrendatário (*lessee*). Embora o meio jurídico nacional admita a expressão *arrendamento mercantil*, não muito adequado ao conteúdo do instituto, o termo *leasing* consagrou-se na doutrina e na jurisprudência pátrias, com conteúdo e compreensão perfeitamente conhecidos. O mesmo instituto recebe o nome de *crédit bail* (empréstimo-locação) na França; *prestito locativo, finanziamento di locazione* e *locazione finanziaria*, na Itália; *location financement,* na Bélgica; *hire purchase,* na Inglaterra. Em todas as denominações, ressalta-se o aspecto de financiamento, noção presente com mais ou menos realce nas diversas modalidades do instituto. O rótulo de *locação financeira*, admitido pelo direito comparado, seria a melhor denominação para o instituto. De fato, o *leasing* apresenta atualmente várias espécies, surgidas conforme as necessidades negociais.

Primordialmente dirigido às pessoas jurídicas, nada impede que seja utilizado por pessoas naturais, dependendo de regulamentação legislativa. Trata-se, portanto, em sua veste mais comum, de contrato mediante o qual um agente, pretendendo utilizar coisa móvel ou imóvel, faz com que instituição financeira ou especializada o adquira, alugando-o posteriormente a ele por prazo certo, facultando-se-lhe a final que opte entre a devolução do bem, a renovação do contrato ou a compra pelo preço residual conforme estabelecido. Nosso ordenamento apresenta regulamento tributário para ordenar o *leasing*. Advirtamos, porém, que nada impede, dentro do âmbito de atuação da autonomia da vontade negocial, que no âmbito privado seja contratada a locação com opção de compra final, como contrato de direito privado, regido pelos princípios característicos do *leasing* original e pelos princípios gerais dos contratos. Entre as partes, as obrigações derivadas dessa avença produzem os efeitos ordinários de qualquer contrato. A obrigação tributária de per si refoge às relações que unem estritamente as partes contratuais nesse negócio. As restrições aplicam-se às pessoas jurídicas que não estão autorizadas a atuar nessa área, o que inquinaria o contrato, nessa hipótese, por falta de legitimação do contratante.

O arrendamento mercantil, como percebemos, é formado por um complexo de relações negociais, nas quais podem ser identificados claramente vislumbres de locação, promessa de compra e venda, mútuo, financiamento e mandato. Na maioria de suas modalidades, existe uma promessa unilateral de venda. Não é, no entanto, elemento necessário em toda versão desse instituto. Sob qualquer hipótese, deve ser visto como negócio unitário, sem tentativa de decomposição de vários contratos. Originalmente, é contrato atípico misto, que se vale de conceitos de vários outros. Sua ideia centralizadora, todavia, é sem dúvida a locação de coisas.

O contrato de *leasing* tradicional envolve três agentes: o arrendante ou arrendador, o arrendatário e o fornecedor do bem. Existe modalidade de arrendamento, no entanto, no qual a figura do fornecedor desaparece e outro, ademais, no qual o arrendante é o próprio arrendatário, como examinaremos. No *leasing*, a coisa locada fica sempre na posse direta do arrendatário: essa a particularidade essencial para sua utilidade.

Arrendante é a empresa de *leasing*, de atuação financeira, com objetivo assim expresso nos estatutos sociais, conforme nosso Direito, que se encarrega de arrendar o bem ao arrendatário. Ressalte-se que a empresa de *leasing* deve ter autorização do Banco Central do Brasil para funcionamento e está sob fiscalização dessa autarquia. Arrendatário é o sujeito que, tendo necessidade de um bem móvel ou imóvel, dele se utiliza sob essa modalidade. O fornecedor do bem é o terceiro sujeito envolvido no negócio. Trata-se do alienante do bem encomendado pelo arrendatário à arrendante. Não participa necessariamente do contrato, dependendo do interesse das partes.

Característica acentuada do contrato é a possibilidade de o arrendatário adquirir o bem pelo valor residual previamente determinado, devolvê-lo ou renovar o contrato. Esses aspectos básicos do instituto foram sendo paulatinamente modificados na prática, em nosso país, com instituições financeiras adaptando-se às necessidades do mercado. Como se nota, cuida-se de contrato bilateral, sinalagmático, oneroso, comutativo, por tempo determinado (por força do art. 5º da Lei nº 6.099/74), de execução diferida e *intuitu personae*.

Intuitivo ser bilateral e sinalagmático, porque contém obrigações de ambos os contratantes. Oneroso, porque demanda prestações correlatas de vantagem e sacrifício entre os sujeitos. Consensual, como costuma sustentar a doutrina, porque não exige forma determinada, embora o escrito sirva para prová-lo. É contrato de execução diferida, porque oferece a tríplice escolha a final, conforme acentuado. É contrato pessoal, porque os contratantes têm em mira a figura recíproca da outra parte, mormente a arrendatária, somente podendo contratar *leasing* entre nós, em princípio, quem a lei autorizar.

Acrescentemos que, como nosso ordenamento disciplina, embora sob o aspecto tributário, torna-se contrato típico, ainda que de forma anômala, com base na conceituação legal.

Apesar de ser considerado consensual, a Lei nº 6.099, no art. 5º, exige, sob pena de nulidade do negócio, a inclusão de prazo, preço, opção de compra etc., o que afasta a modalidade verbal. Somente provar-se-á por escrito.

O negócio apresenta grandes vantagens mercantis, pois possibilita às empresas usufruir de equipamentos modernos e caros, sem imobilizar capital, com possibilidade de substituí-los tão logo fiquem obsoletos, além de benefícios fiscais outorgados pela lei. Como inconveniente, entretanto, desponta que, na hipótese de inadimplência, a empresa pode ver-se privada repentinamente de maquinaria e equipamentos essenciais para sua produção. Trata-se, portanto, de negócio jurídico sujeito às vicissitudes normais da mercancia, próprios de economia com vitalidade e dinâmica.

Esse contrato pode ter como objeto bens móveis e imóveis. Os bens imóveis que se prestam ao contrato equivalem a instrumentos profissionais, como terrenos para edificações industriais, galpões, depósitos etc. Nada impede que se destine a imóveis habitacionais, bastando que a lei regulamente. Na falta de regulamentação, o negócio não é nulo, gerando efeito entre as partes, devendo ser tratado como contrato atípico misto.

O arrendatário deve ser considerado, na maioria das vezes, consumidor final, mormente levando-se em conta que o contrato é de adesão, protegido, portanto, pelo Código de Defesa do Consumidor.

Como observa José Francisco Lopes de Miranda Leão (2000:9), em obra de excelência sobre o tema, o *leasing* traz em si sempre a noção de financiamento, cujo âmbito deve ser tratado adequadamente para se evitarem distorções. O financiamento é conceito econômico que pode integrar vários contratos, sendo o mútuo o principal deles, mas não é uma categoria jurídica.

Para o arrendador, o *leasing* é um contrato de fruição, que lhe proporciona frutos e para o arrendatário, é um contrato de utilização, embora exista a possibilidade de aquisição da propriedade, no final do contrato, pelo denominado valor residual.

49.2 ORIGENS

Procuram-se raízes históricas do *leasing* na Antiguidade. Contudo, o arrendamento mercantil surgiu nos Estados Unidos. Aponta-se que, desde 1920, existiam naquele país empresas que se dedicavam ao *renting*, modalidade de locação na qual havia obrigação de prestar assistência técnica e manutenção por conta do locador, embora sem opção de compra (Mancuso, 1978:29). Trata-se de contrato mercantil, com finalidade especulativa. Em 1941, pelo *Lend and Lease* Act, aprovado pelo Congresso norte-americano, permitiu-se que o país emprestasse equipamento bélico aos aliados, que poderiam ser devolvidos ou adquiridos no final do conflito mundial. Em 1952, também naquele país, a indústria de alimentos passou a alugar equipamentos para poder fornecer a mercadoria para o exército. Essa experiência foi fundamental para o surgimento do *leasing* clássico (Andrade, 1996:63).

O instituto alastrou-se pelo mundo negocial. Foi introduzido em 1960, na Inglaterra. Logo a seguir, na França, Itália, Bélgica e Alemanha. No Brasil, o tratamento tributário do *leasing* foi conferido pela Lei nº 6.099, de 12 de setembro de 1974.

49.3 ESPÉCIES

Embora existam subdivisões, e novas modalidades possam surgir, destacam-se: *leasing tradicional* (*operating lease*); *lease back*; *self lease*; *dummy corporation* e *lease purchase.*

O *leasing tradicional* ou financeiro, que pode ser denominado clássico, envolve três sujeitos, conforme acenado: o arrendante, o arrendador e o fornecedor, com a cláusula possibilitando a tríplice escolha ao locatário, como enfatizado, ou seja, a compra do bem pelo valor residual, a renovação do contrato ou a devolução do bem. Em princípio, o locatário não pode pôr fim ao contrato antes do termo. É a modalidade mais utilizada em nosso país. Nessa operação, uma instituição financeira adquire determinado bem, móvel ou imóvel, e o cede para uso, mantendo, porém, a propriedade. É contrato por tempo determinado, cuja contraprestação é feita em pagamentos periódicos pelo arrendatário ou arrendante, o qual, ao final, poderá optar pela compra do bem, pela renovação do contrato ou por sua devolução. Nessa modalidade de *leasing*, a finalidade de financiamento é explícita. Em nosso sistema, o arrendador será sempre empresa ligada ao sistema financeiro.

O *lease back*, utilizável como instrumento de obtenção de capital pelas empresas, funciona como o arrendamento clássico, mas prescinde da figura do fornecedor, uma vez que o bem objeto do contrato já pertence ao locatário. Nessa hipótese, o bem será desmobilizado do ativo do arrendatário, conforme o art. 9º da Lei nº 6.099/74. O locatário é quem vende o bem ao locador, para depois tomá-lo em *leasing*. O negócio é privativo, entre nós, das instituições financeiras. O instituto contém, portanto, uma tradição ficta do bem locado. Afasta-se, pois, da modalidade tradicional.

> "*O objetivo é permitir aos empresários a transformação de seus ativos fixos em capital de giro, obtendo dinheiro efetivo para desenvolver sua atividade e, através da produção, obter uma renda que lhes permita a aquisição desses ativos novamente*" (Resende, 2001:33).

Trata-se, como se vê, também de uma operação de financiamento. Normalmente, é utilizado para operações de grande porte.

O self leasing, proibido entre nós pelo art. 2º da citada lei, é contrato realizado entre empresas coligadas ou do mesmo grupo. Nossa lei o veda, certamente temendo fraudes.

No *leasing operacional*, o próprio fabricante é o arrendante. É modalidade muito utilizada nos Estados Unidos, mormente para a cessão de veículos às grandes locadoras e cessão de aeronaves para as companhias de transporte aéreo.[1] Normalmente, vem acompanhado de compromisso de assistência técnica e manutenção. As empresas, por sua vez, alugam-nos, ou podem alugar, repetidamente ao consumidor final. Cuida-se de modalidade útil para equipamentos que se tornam obsoletos em pouco tempo. Nessa modalidade, não ocorre intervenção de instituição financeira no contrato, não havendo também, obrigatoriamente, cláusula de opção de compra a final. Existem pontos de coincidência entre esse contrato e o *renting*, negócio que veio a dar origem ao *leasing*. Há autores que os consideram sinônimos. No entanto, a diferença técnica está no fato de o *leasing* ser constituído de bens não fabricados pelo arrendante, sendo as particularidades idênticas (Mancuso, 1978:22).

A *dummy corporation* é instituída com objetivo de atuar como intermediária entre arrendatária e investidores. O capital dessa empresa é proveniente de debêntures por ela emitidas e

---

1 "Apelação. Arrendamento mercantil. Ação de 'tutela cautelar antecedente' visando à liberação de gravame sobre veículo automotor. ***Leasing* operacional**. Contrato de locação de veículo com opção de compra. Roubo. Cláusulas contratuais bem definidas. Necessidade de observância do princípio do 'pacta sunt servanda' (acordos devem ser cumpridos). Pleito de liberação do gravame em favor da arrendatária, no caso, improcedente. Indenização securitária devida à arrendante até o limite do valor do veículo. Razões recursais insubsistentes à reforma da sentença. O contrato de arrendamento mercantil é um misto de locação com possibilidade de compra do objeto (bem) pela arrendatária, cujas condições da contratação devem ser averiguadas no momento de sua realização. No caso, a autora tinha conhecimento das regras da negociação, bem como do valor das contraprestações, até porque o documento foi por ela assinado. Há de se lembrar, ainda, que as obrigações contratuais assumidas devem ser cumpridas por ambas as partes em respeito ao princípio do 'pacta sunt servanda'. A indenização securitária decorrente de roubo do veículo arrendado será em favor da arrendante até o limite o valor de mercado" (*TJSP* – Ap 1013247-56.2022.8.26.0100, 4-10-2022, Rel. Adilson de Araujo).

"Apelação cível e reexame necessário – Tributário e constitucional – Mandado de segurança – Importação de aeronave por meio de **leasing operacional** – Não incidência de ICMS – Não ocorrência de transferência da propriedade. A incidência de ICMS sobre mercadoria pressupõe a transferência da propriedade, razão pela qual a caracterização do fato gerador não guarda compatibilidade com a natureza jurídica que ostenta o contrato de leasing/arrendamento mercantil. Entendimento consagrado nas Cortes Superiores em sede de repercussão geral e recurso repetitivo. Precedentes desta Câmara. Desprovimento do recurso" (*TJRJ* – Ap RN 0189539-26.2013.8.19.0001, 10-5-2018, Rel. Carlos Santos de Oliveira).

colocadas no mercado financeiro. *Dummy* é termo que significa boneco, imitação, cópia, tanto que a denominação utilizada em França é *société de paille*, com o sentido de pessoa que serve de testa-de-ferro. Essa empresa é gerida por um *trustee*, indicado pelos próprios investidores, a quem são pagos os alugueres devidos pelas arrendatárias.

O *lease purchase* é normalmente utilizado na atividade aeroviária ou ferroviária. O *trustee* emite certificados, semelhantes a debêntures, por meio dos quais adquire numerário para a aquisição do bem a ser arrendado. A locatária tornar-se-á proprietária do bem quando houver resgatado todos os certificados.

49.3.1 Tratamento Legislativo no Brasil

O instituto foi introduzido legislativamente entre nós, recebendo a denominação de arrendamento mercantil, pela citada Lei nº 6.099/74, com regulamentação pelo Banco Central. A norma dirigiu-se exclusivamente ao tratamento tributário da relação contratual. Originalmente, o instituto foi reservado exclusivamente para pessoas jurídicas. A Lei nº 7.132/83 introduziu modificação ao parágrafo único do art. 1º da lei original para permitir sua utilização pela pessoa física como arrendatária. A figura da arrendadora é reservada, no entanto, apenas a pessoas jurídicas. No entanto, regulamentações posteriores do legislador financeiro não se mostraram muito simpáticas em admitir a pessoa física como arrendatário. Foram muitas as resoluções, circulares, pareceres normativos etc. que se seguiram à lei básica, regulamentando o *leasing*.

A essência do negócio, de acordo com a legislação, é uma operação financeira para obtenção de um ativo fixo. A empresa arrendadora, sujeita ao controle e fiscalização do Banco Central, é intermediária na operação, captando recursos no mercado e repassando-os por meio dos contratos de *leasing*. Desse modo, em nosso ordenamento, o arrendador deve, necessariamente, ser uma empresa inserida no sistema financeiro. O valor residual estabelecido é por vezes simbólico, inferior ao preço de mercado. O estabelecimento de um valor residual é característica do *leasing* financeiro, o mais utilizado. Por essa cláusula, as partes fixam, desde logo, o valor que o bem deverá ter no final do período de arrendamento. Essa estipulação recebeu o nome no meio financeiro de "valor residual garantido" (VRG) . Esse valor, no entanto, não se confunde com o valor real do bem depois de utilizado, que pode ser maior ou menor que o VRG e não altera o contratado. Tem entendido a jurisprudência que o pagamento antecipado do valor residual, prática que foi muito utilizada no país, descaracteriza o *leasing* e torna o negócio um simples contrato de financiamento.

49.3.2 Obrigações das Partes

Cuidando-se de utilização de coisa alheia, o contrato de *leasing* deve conter a estipulação do preço do arrendamento e a periodicidade de pagamento. Além da obrigação de pagar o preço periódico ao arrendador, o arrendatário tem a obrigação de conservar e proteger o bem que pertence a outrem, salvo o desgaste normal de uso. Assim, deve comunicar prontamente ao arrendador eventuais turbações ou perda da posse, sob pena de responder por perdas e danos. Responde também o possuidor direto pelas infrações administrativas e transgressões civis e penais que praticar com o bem.

Desse modo, é lícito exigir do possuidor direto o seguro da coisa arrendada. Outra obrigação do arrendatário é pagar o valor residual, se desejar adquirir o bem.

Deve o arrendante, de seu lado, garantir a posse mansa e pacífica do bem ao arrendatário, no prazo de vigência do contrato.

Como se verá a seguir, causou celeuma a contratação do pagamento do valor residual de forma antecipada. Nesse sentido,

> *"é evidente que as antecipações sobre o valor residual são do interesse do arrendador, uma vez que reduzem o capital que ele precisa disponibilizar para a compra do bem, e diminuem, consequentemente, o risco do negócio, muitas vezes até tornando-o viável do ponto de vista da análise da capacidade de pagamento do arrendatário"* (Leão, 2000:40).

Esse mesmo autor combate a errônea interpretação pela qual essa antecipação desvirtuaria o *leasing* e o transformaria em simples compra e venda a prazo, ou talvez mútuo, com garantia real.

Na realidade, não há a chamada "metamorfose contratual", com essa antecipação do VRG, pois,

> *"constata-se que se trata de ato perfeitamente lícito, uma vez que não causa dano nem a indivíduos, nem a coletividades ou à sociedade. Não há razão, então, para anatemizar as antecipações de valor residual, sob o falso argumento de que, presentes elas, o contra 'virará' outra coisa e as consequências jurídicas dele não poderão mais ser as nele mesmo previstas* (Leão, 2000:41).

Essa foi durante algum tempo a posição do STJ, entendendo desvirtuado o *leasing* com a antecipação do pagamento do valor residual. Houve mudança de rumos.[2]

---

[2] "Apelação – **arrendamento mercantil** – Antecipação do Valor Residual Garantido – Possibilidade – Cobrança antecipada que não desconfigura o contrato de leasing – Contrato lícito e válido – Recurso improvido" (TJSP – Ap 0002676-26.2010.8.26.0080, 2-12-2021, Rel. Luis Fernando Nishi).

"Apelações cíveis – Ação revisional – Contrato de arrendamento mercantil (*leasing*) – Sentença que julgou parcialmente procedente os pedidos formulados na inicial. Insurgência de ambas as partes. Enunciado administrativo nº 3 do STJ. Recurso regido pelo CPC/2015. Aplicação. Apelação cível interposta pelo autor. Cumulação dos juros moratórios, multa moratória e correção moratória. Ausência de interesse recursal. Não conhecimento. Capitalização de juros. Inovação recursal. Não conhecimento. Preliminar. Cerceamento de defesa. Inocorrência. Tese rejeitada. Mérito. Antecipação do valor residual garantido (VRG). Súmula 293 do STJ e Enunciado VII do grupo de câmaras de direito comercial. Antecipação que não desnatura o contrato de arrendamento mercantil. Repetição de indébito em dobro. Descabimento. Majoração dos honorários sucumbenciais. Descabimento. Apelação cível interposta pelo réu. Juros moratórios. Ausência de interesse recursal. Não conhecimento. Devolução do valor residual garantido (VRG). Súmula 564 do STJ. Cabimento da devolução após a contraprestação dos débitos e créditos. Sentença mantida. Repetição do indébito. Cabimento. Ônus sucumbencial. Manutenção da sentença. Honorários recursais. Descabimento" (*TJSC* – AC 0303710-88.2014.8.24.0011, 28-3-2019, Rel. Des. Salim Schead dos Santos).

"Apelação – Ação de revisão contratual – **Leasing** – Natureza do contrato – Juros – Tarifa de cadastro – Encargos de inadimplência – No contrato de leasing, em que não há identificação na parcela do custo dos juros remuneratórios e a capitalização, deve ser mantida a disposição contratual quanto ao custo da operação – É válida a cobrança da tarifa de cadastro quando prevista expressamente no contrato. Entendimento de acordo com o decidido pelo STJ no REsp 1.251.331/RS, na forma do art. 543-C, do CPC – No contrato de arrendamento mercantil, os encargos de mora devem ser limitados a juros de mora de 1% ao mês sem capitalização, cumulado com multa e correção monetária" (*TJMG* – AC 1.0702.12.042507-0/002, 26-1-2018, Rel. Tiago Pinto).

"Agravo Interno – Recurso Especial – Ação de indenização por danos morais e materiais – **Contrato de *leasing*** – Apreensão do veículo por força de liminar – Ação de reintegração de posse posteriormente julgada improcedente – Inadimplência manifesta do autor – Honorários Advocatícios – Sucumbência Recíproca – Compensação – Sentença na vigência do CPC/1973 – Possibilidade – 1 – Ausência de violação ao art. 535 do Código de Processo Civil, pois o Tribunal de origem emitiu pronunciamento de forma fundamentada, ainda que em sentido contrário à pretensão da recorrente. 2 – Inviabilidade de alterar as conclusões do acórdão recorrido acerca da configuração de danos materiais ou morais, por demandar análise de cláusula contratual e exame de conteúdo fático-probatório. 3 – Agravo interno não provido" (*STJ* – AGInt-REsp 1.429.298 (2014/0005597-8), 15-8-2017, Rel. Min. Luis Felipe Salomão).

"Agravo de instrumento – **Arrendamento mercantil (leasing financeiro para aquisição de veículo automotor)** – demanda de ex-arrendatário – Abordagens, declaratória e condenatória, a questionar a exigibilidade de suposto

49.4 AÇÕES JUDICIAIS

O leasing permite uma série de discussões jurídicas que podem dizer respeito, por exemplo, ao excesso de valor cobrado, taxa de juros, índice de correção monetária etc., como qualquer outro instituto semelhante.

O contrato autoriza que, na hipótese de inadimplemento do arrendatário, o locador ingresse com rescisão contratual cumulada com reintegração de posse dos bens cedidos em *leasing*, tanto móveis como imóveis. Nisso assentou-se há muito a jurisprudência. Pode o processo tomar o procedimento sumário se o valor da causa não for superior a 20 vezes o salário mínimo. Nada impede que se admita a purgação de mora nesse processo, pois recebendo o arrendador o que tem direito, não terá interesse na recuperação da coisa. Essa purgação deve ocorrer, em princípio, no prazo da contestação. Tem-se entendido haver necessidade de interpelação ou notificação do arrendatário quando ausente a cláusula resolutória expressa, mormente quando o débito necessita liquidação, como sói acontecer com cálculo de correção, multa, taxas etc. O pedido de rescisão e reintegração de posse pode também vir cumulado com o de pagamento do saldo em aberto e o de perdas e danos, os quais, como em qualquer situação, devem ser provados no curso da instrução.

Decretada a rescisão e suprimindo-se a coisa da posse do locatário, sujeita-se ele à multa, com a proporcionalidade correspondente à parcela cumprida do contrato (art. 413 do Código Civil), não devendo, contudo, responder pelas prestações vincendas, sob pena de ocorrer enriquecimento ilícito da arrendadora (*STJ*, RE nº 16.824, 4ª Turma, Rel. Athos Carneiro).

Entretanto, findo o prazo do contrato e não devolvido o bem, caracteriza-se o esbulho autorizador da reintegração de posse. Dada a natureza do contrato, mostra-se inviável a ação de despejo (*RT* 507/178). O arrendatário, contudo, não é depositário do bem, não estando, por isso, sujeito à prisão civil. Não se harmoniza a ideia de arrendamento com o depósito. Levando-se em conta a preponderância da noção de arrendamento no instituto, a eventual inserção de cláusula de depósito no contrato há de ser entendida como nula ou ineficaz (Leão, 2000:103). Não há analogia possível que se possa fazer do *leasing* com a alienação fiduciária, que transforma o adquirente em depositário. O arrendatário se submete aos princípios legais do contrato próprio que firmou, submetendo-se a perdas e danos se desaparecer com o bem, além de poder tipificar ilícito penal.

Com a reintegração de posse, o arrendador, que é o proprietário do bem, assume a posse direta. Questão controversa é saber se pode ele dispor do bem enquanto pendente a liminar ou

---

resíduo de inadimplemento contratual. Indeferimento de tutela sumária. Recurso do autor. Desprovimento" (*TJSP* – AI 213004942.2016.8.26.0000, 9-8-2016, Rel. Carlos Russo).

"**Agravo regimental no agravo em recurso especial** – Resolução de contrato – Arrendamento mercantil – **Ilegitimidade da retenção da quantia referente ao VRG** – Precedentes – Prequestionamento – Agravo regimental a que se nega provimento – 1 – Os temas insertos nos arts. 11, § 2º, da Lei nº 6.099/1974 não foram objeto de debate no acórdão recorrido, tampouco foram opostos embargos de declaração a fim de suprir eventual omissão. É entendimento assente neste Superior Tribunal de Justiça a exigência do prequestionamento dos dispositivos tidos por violados, ainda que a contrariedade tenha surgido no julgamento do próprio acórdão recorrido. Incidem das Súmulas 282 e 356/STF. 2 – A diluição do valor residual ao longo do prazo contratual, cuja cobrança é feita juntamente com as parcelas das contraprestações, não impede que o arrendatário, por sua livre opção e interesse, desista da compra do bem objeto do contrato de *leasing*. 3 – Retomada a posse direta do bem pela arrendadora, extingue-se a possibilidade de o arrendatário exercer a opção da compra; por conseguinte, o valor residual, que antecipadamente vinha sendo pago para essa finalidade, deve ser devolvido. Precedentes. 4 – Ao repisar os fundamentos do recurso especial, a parte agravante não trouxe, nas razões do agravo regimental, argumentos aptos a modificar a decisão agravada, que deve ser mantida por seus próprios e jurídicos fundamentos. 5 – Agravo regimental a que se nega provimento com aplicação de multa" (*STJ* – AgRg-AG-REsp 307.968 – (2013/0061229-6), 29-4-2014, Rel. Min. Luis Felipe Salomão).

eventual tutela antecipada. Como é proprietário do bem recuperado, certamente poderá fazê-lo, mas como a questão está *sub judice*, atendendo aos princípios processuais, é conveniente que o faça mediante autorização judicial e sob caução, sob pena de ocasionar prejuízos de difícil reparação se houver reversão na medida.

Vem entendendo a jurisprudência do STJ, como reiteramos, que o contrato de *leasing*, no qual se pede o pagamento antecipado do valor residual (VRG – Valor Residual Garantido), como mencionamos acima, descaracteriza-o na verdade, para que haja *leasing*, segundo essa orientação, esse valor residual deve servir para a opção de compra a final.

Essa operação, destarte, mascararia um contrato de mútuo para aquisição do bem. Desse modo, segundo essa orientação jurisprudencial, cai por terra a possibilidade de ação possessória e, com maior razão, a possibilidade de reintegração liminar. Não diviso aí, porém, a melhor orientação, pois essas decisões solaparam e destruíram o *leasing* no mercado brasileiro, mormente para o consumidor final, instituto que se mostrara útil para o fomento de venda de bens duráveis. Aguardemos os novos rumos, principalmente sob o prisma do interesse social do contrato.

A questão, é fato, não possui essa superficialidade que a decisão transcrita demonstra. Há que se levar em conta que o arrendatário busca, no *leasing*, o uso e gozo de um bem durável, durante certo tempo. Por essa razão, o instituto foi muito utilizado para a aquisição de automotores, até que essa orientação jurisprudencial inviabilizasse o negócio por parte das empresas financeiras que atuam nesse mercado. Ora, o pagamento antecipado do valor residual, ou concomitante com as prestações, apresentam vantagens para ambas as partes. Do ponto de vista do consumidor, com o qual se preocupa a jurisprudência citada, obtém este taxas mais favoráveis para a utilização do bem, que pode por ele ser usufruído sem os encargos muito superiores de um contrato de mútuo. Desse modo, ao ingressar em um *leasing* financeiro sob esse sistema, o consumidor tem plena noção do negócio, sua finalidade e suas vantagens. Penalizar a empresa financeira, suprimindo-lhe a reintegração de posse quando do inadimplemento, empresa essa que propiciou a utilização do bem durável ao consumidor, nesse caso, é desvirtuar a finalidade econômica do contrato e sua verdadeira intenção, nos termos do art. 112 do Código Civil. Isso fica mais patente quando se observa que, em face dessa orientação jurisprudencial, paralisou-se no mercado a oferta dessa modalidade de contrato; tolheu-se a possibilidade de a população contratar *leasing* para a aquisição de automóveis, o que então já beneficiara milhões de pessoas. As empresas financeiras voltaram-se exclusivamente para o crédito direto ao consumidor, com encargos e exigências muito mais ingentes, motivando, inclusive, sensível retração de vendas na indústria automobilística. Verifica-se, portanto, que de uma penada, sob uma falsa premissa no caso concreto, o Poder Judiciário pode alterar a história econômica do país e com ela o destino de milhares de pessoas. A guinada de orientação jurisprudencial veio mais recentemente, com a Súmula 293 do STJ: "*A cobrança antecipada do valor residual garantido (VRG) não descaracteriza o contrato de arrendamento mercantil*".

Outra situação, que serviu para desestimular a utilização do *leasing*, foi a restrição que a jurisprudência apôs aos contratos sob variação do dólar norte-americano. A possibilidade da estipulação de obrigações em moeda estrangeira foi inteiramente disciplinada e deve ser examinada na legislação específica, que autorizou expressamente os contratos de *leasing* nesse sentido, baseados em captação de recursos provenientes do exterior. Essa contratação, decorrente de captação de capital externo, que propiciou também a utilização de veículos por um universo enorme da população, foi atacada de todas as formas pelos tribunais, na maioria das vezes unicamente com argumentos passionais e não jurídicos, para beneficiar o consumidor nos casos concretos, mas, na verdade, prejudicando as relações de consumo e a coletividade de consumidores em geral. Esqueceram-se, essas decisões, que qualquer contratação em moeda estrangeira apresenta um risco, expressamente assumido pelos consumidores, que durante muito tempo se beneficiaram da estabilidade da moeda e poderiam, à época, ter optado pelo pagamento em moeda nacional.

O fato é que toda essa insegurança, causada por decisões judiciais que nada enxergam além das linhas dos autos do processo que lhe está à frente, que se esquecem do substrato econômico e social que está por trás de cada fenômeno analisado, é causada não somente pelo despreparo não técnico, mas despreparo social dos julgadores, como também principalmente pelo próprio legislador, que vem omitindo-se em regulamentar adequadamente a matéria do *leasing* do ponto de vista de direito material e processual. Como repetimos insistentemente quando a questão vem à baila, não há sentença mais injusta do que aquela anacrônica. O juiz deve ser uma pessoa de seu tempo, deve ter um preparo social ao lado do conhecimento técnico, sabendo sentir e transmitir em suas decisões os anseios sociais de sua época. Aliás, esse é o sentido imprimido pelo Código Civil de 2002.

O contrato de *leasing*, constando a obrigação líquida de pagar, assinado pelo devedor, subscrito por duas testemunhas, constitui também título executório extrajudicial, nos termos do art. 784 do CPC de 2015, se os valores se apresentam líquidos e certos. Como contrato bilateral oneroso, aplicam-se-lhe os princípios dos vícios redibitórios. Entende a doutrina que arrendador e arrendatário possuem legitimidade para, em litisconsórcio, acionar o fornecedor por ação redibitória ou *quanti minoris*. No entanto, dependendo da modalidade de arrendamento, a situação fática poderá exigir solução diversa.

Na hipótese de insolvência ou quebra da arrendatária, o bem não ingressará na massa falida, porque a propriedade permanece com a arrendadora, que terá direito a sua restituição. Falindo a locadora, o contrato não se resolve, incumbindo ao síndico promover seu curso.

A ação de consignação em pagamento é apropriada para o locatário extinguir a obrigação na hipótese de recusa injusta em receber por parte do arrendador.

49.5 EXTINÇÃO DO CONTRATO

O contrato de *leasing* extingue-se pela morte das partes, se pessoas físicas; por caso fortuito ou força maior; pelo decurso de prazo; pela rescisão.

A morte do arrendatário, quando pessoa física, extingue o contrato, pois, como visto, trata-se de negócio *intuitu personae,* salvo menção expressa no pacto. Se elaborado por arrendador, pessoa física, também se aplica a mesma regra.

Contudo, o fim natural de todo contrato é seu cumprimento. Decorrido o prazo fixado, esvai-se o conteúdo contratual.

A rescisão do contrato, por inadimplemento de qualquer das partes, dependerá de intervenção judicial, salvo quando as partes houverem por bem resili-lo.

A perda, destruição ou deterioração da coisa é também causa de extinção do contrato por desaparecimento do objeto. Esses riscos, porém, devem estar cobertos por seguro, e geralmente assim estão.

50

SOCIEDADE

50.1 PESSOA JURÍDICA E SOCIEDADE

Ao tratarmos da pessoa jurídica no estudo da Parte Geral (*Direito civil: parte geral*, seção 14.2), enfatizamos que há interesses e tarefas que não podem ser realizados apenas pelos indivíduos isolados. Esforços são unidos por duas ou mais pessoas em torno de um objetivo comum. Em redor deste, passam a gravitar um conjunto de pessoas ou um patrimônio distinto de seus membros. Desse modo, assim como o ordenamento atribui capacidade à pessoa humana, reconhece também capacidade a esses organismos criados pela vontade de um, de alguns ou de muitos, buscando a consecução de um fim. Destarte, a pessoa jurídica, como sujeito de direito, situa-se paralelamente à pessoa natural. Ver o que examinamos na obra introdutória acerca da capacidade da pessoa jurídica.

O conceito de pessoa jurídica prende-se, em primeiro plano, à própria compreensão de sociedade, instituto colocado como modalidade de contrato no Código Civil de 1916 (arts. 1.363 a 1.409). O Código de 2002, no intuito de absorver tanto quanto possível os princípios de direito empresarial, abre todo um Livro para o "Direito de Empresa", a partir do art. 966. Ali, após disciplinar conceitos de empresário e sua capacidade, trata da sociedade e suas várias modalidades: a sociedade não personificada (sociedade em comum e sociedade em conta de participação) e a sociedade personificada (sociedade simples; sociedade em nome coletivo; sociedade em comandita simples; sociedade limitada; sociedade anônima; sociedade em comandita por ações; sociedade cooperativa), além de outras disposições que tradicionalmente pertencem ao direito provecto comercial, hoje direito empresarial. A sociedade anônima é apenas referida no art. 1.088, aduzindo o art. 1.089 que ela se rege por lei especial, aplicando-se o Código Civil, apenas nos casos omissos. Atualmente a sociedade anônima, também denominada sociedade por ações ou companhia, é regida por lei própria.

Como temos sempre enfatizado, o Código de 1916 em algumas matérias sempre servirá de respaldo à nova legislação, ao menos nos conceitos doutrinários. Por esse motivo procura-se, na medida do possível, um estudo comparativo entre ambos os diplomas legais, pois, por muito tempo, ainda se fará referência ao monumento legislativo de 1916. O estudo das sociedades em espécie pertence, ao menos no atual estágio da história jurídica, aos doutos mestres de direito mercantil e direito empresarial e com eles deverão ser elas estudadas. Aqui se faz somente uma introdução à matéria sob o prisma do direito privado.

Se é a sociedade considerada uma pessoa jurídica, ainda que atuando de forma irregular ou de fato, como veremos, seu conceito arraiga-se inexoravelmente ao próprio conceito de pessoa jurídica, com ele confundindo-se com frequência em simbiose quase perfeita. Ver o que explanamos a respeito da pessoa jurídica no Direito Romano (*Direito civil: parte geral*, Capítulo 13).

50.2 CONTRATO DE SOCIEDADE. NATUREZA JURÍDICA

O art. 1.363 do Código de 1916 definiu:

> *"Celebram contrato de sociedade as pessoas que mutuamente se obrigam a combinar seus esforços ou recursos, para lograr fins comuns".*

Por seu lado, o art. 981 do Código estatui:

> *"Celebram contrato de sociedade as pessoas que reciprocamente se obrigam a contribuir, com bens ou serviços, para o exercício de atividade econômica e a partilha, entre si, dos resultados.*[1]

---

1 "Apelação cível. Direito processual civil e empresarial. Reconhecimento de sociedade de fato e apuração de haveres. Cerceamento de defesa. Indeferimento de prova testemunhal. Aptidão para influir na convicção do magistrado. Ausência. Sociedade em comum. Ônus da prova. *Affectio societatis*. Não comprovação. Honorários advocatícios. Valor desproporcional. Readequação de ofício. Recurso desprovido. 1. O Código Civil, ao disciplinar a sociedade de fato ('sociedade em comum'), dispôs em seu art. 987 que 'os sócios, nas relações entre si ou com terceiros, somente por escrito podem provar a existência da sociedade, mas os terceiros podem prová-la de qualquer modo'. 2. A prova oral pode auxiliar na formação da convicção do juiz com relação à existência da sociedade de fato. Todavia, deve ser utilizada apenas de forma complementar a outras provas documentais, sob pena de desvirtuar por completo a intenção do legislador ao elaborar art. 987 do Código Civil: incentivar os sócios a regularizarem a sociedade. 3. No caso, a prova testemunhal não teria aptidão para influir na convicção do juízo, sobretudo porque foram juntadas declarações de testemunhas por ambas as partes com afirmações contraditórias. Portanto, deve ser rejeitada a preliminar de cerceamento de defesa. 4. O art. 981, *caput*, do Código Civil estabelece que 'celebram contrato de sociedade as pessoas que reciprocamente se obrigam a contribuir, com bens ou serviços, para o exercício de atividade econômica e a partilha, entre si, dos resultados'. Embora o dispositivo não seja expresso com relação ao affectio societatis (intenção dos sócios de formar e manter uma sociedade), doutrina e jurisprudência entendem que tal elemento subjetivo é essencial para a existência da sociedade. 5. Conforme art. 373, I e II do Código de Processo Civil-CPC, incumbe ao autor o ônus de provar os fatos constitutivos de seu direito e, ao réu, a existência de fato impeditivo, modificativo ou extintivo do direito do autor. 6. Em ação declaratória da existência de sociedade de fato, cabe ao autor demonstrar a existência do *affectio societatis*, bem como de sua contribuição para o exercício de atividade econômica e a partilha dos resultados. 7. O acervo probatório certamente indica a existência de negócios e/ou parcerias entre o autor/apelante e o falecido, mas não comprovam a existência de sociedade entre eles (*affectio societatis*). 8. A existência de parcerias, auxílios e contribuições entre duas ou mais pessoas não implicam necessariamente a qualidade de sócios, sobretudo quando existe uma relação de parentesco ou afinidade entre elas. 9. Como o autor/apelante não se desincumbiu de seu ônus probatório, correta a sentença que julgou improcedentes os pedidos. (...) 15. Recurso conhecido e desprovido. Honorários advocatícios readequados de ofício com base no art. 85, § 8º, do CPC e, posteriormente, majorados nos termos do § 11 do mesmo artigo" (*TJDFT* – Ap 0748030-84.2022.8.07.0001, 12-3-2025, Rel. Leonardo Roscoe Bessa).

"Civil e processual civil. **Dissolução societária.** Pedido de restituição de bens móveis. Comodato. Não comprovação. Sentença de improcedência. Recurso improvido. 1. Segundo se depreende do art. 981 do Código Civil, todos os sócios participarão dos resultados, positivos ou negativos, da sociedade. A pretensão do Autor, ante a dissolução da sociedade, de que lhe sejam restituídos os equipamentos de treinamento físico entregues à Requerida ao argumento de que são de sua propriedade exclusiva e que foram destinados à Requerida apenas a título de comodato, não se compatibiliza com as provas dos autos, que revelam haver ocorrido como forma de integralização do capital para consecução da atividade empresarial. 2. Sem que a parte autora tenha logrado se desincumbir do ônus de comprovar o fato constitutivo de seu direito, julga-se improcedente o pedido. 3. Recurso improvido. Sentença mantida" (*TJDFT* – Ap 07365597620198070001, 24-5-2023, Rel. Getúlio de Moares Oliveira).

"**Dissolução parcial de sociedade** – Apuração de haveres que deve levar em conta a data em que o sócio foi excluído por deliberação pelos demais. Laudo pericial que apura devidamente os haveres com base no balanço de determinação. Pretensão de utilização do método do fluxo de caixa descontado descabida. Honorários periciais

Parágrafo único: A atividade pode restringir-se à realização de um ou mais negócios determinados".

Há, pois, contrato de sociedade, independentemente de serem ou não obedecidos requisitos exigidos pelo ordenamento, quando duas ou mais pessoas se vinculam para o fim de colimar desiderato comum, mediante participação recíproca. Duas ou mais pessoas podem reunir-se em torno de um objetivo, partilhando lucros e prejuízos, sem que almejem com isso converter o negócio em pessoa jurídica. Há na situação um contrato de sociedade. No entanto, travando contato negocial com terceiros, pode a entidade assim criada ser considerada sociedade de fato. Alfredo de Assis Gonçalves Neto (2002:8) opina que num primeiro enfoque que a

> *"sociedade é um negócio jurídico destinado a constituir um sujeito de direito, distinto daquele ou daqueles que o produziram, com patrimônio e vontade próprios, para atuar na ordem jurídica como novo ente, como um organismo, criado para a realização e uma finalidade*

---

e de sucumbência. Valores arbitrados que correspondem ao trabalho desenvolvido pelos profissionais. Recurso desprovido" (*TJSP* – AI 2054116-92.2018.8.26.0000, 8-3-2019, Rel. Araldo Telles).

"Sociedade Limitada – **Ação de dissolução parcial** – Desnecessidade de inclusão da sociedade no polo passivo da ação, se já integrarem o processo todos os demais sócios. Art. 601, par. único do CPC/15. Afastada a alegação de que ausente interesse de agir, na medida em que não finalizado, antes do ajuizamento da ação, contrato de cessão das quotas do autor ao réu. Pagamentos já havidos, referentes ao negócio não concluído, que se hão de computar quando da apuração dos haveres. Caso que era, mesmo, de exercício do direito potestativo de retirada, e não de exclusão do autor da sociedade. Haveres a apurar na forma do contrato social, e que se põe nos termos do art. 1.031 do CC. Ônus sucumbenciais que se devem impor ao réu, havida pretensão resistida. Sentença em parte revista. Recurso parcialmente provido" (*TJSP* – Ap 1034134-98.2016.8.26.0576, 28-3-2018, Rel. Claudio Godoy).

"Agravo interno no recurso especial – **Ação de dissolução de sociedade** por quotas de responsabilidade limitada – Pedido parcialmente procedente, determinando-se a dissolução parcial – Julgamento *Extra Petita* – Não ocorrência – Decisão Mantida – Recurso Desprovido – 1 – Decidida a lide nos limites em que foi proposta, não há falar em ocorrência de julgamento *extra petita* quando a parte formula pedido abrangente e a decisão o acolhe apenas em parte. 2 – 'O pedido feito de dissolução integral da sociedade não torna o julgamento *extra petita* por ter o magistrado determinado a dissolução parcial, nos termos dos precedentes deste egrégio Tribunal Superior' (EDcl no AREsp 58.926/MG, Rel. Ministro Marco Buzzi, Quarta Turma, julgado em 16/10/2012, DJe de 25/10/2012). Precedentes: REsp 796.719/RS, Terceira Turma, julgado em 21/11/2006, DJ de 18/12/2006; REsp 507.490/RJ, Terceira Turma, julgado em 19/09/2006, DJ de 13/11/2006. 3 – Agravo interno não provido" (*STJ* – AGInt-REsp 1.449.065 (2014/0087143-9), 21-9-2017, Rel. Min. Raul Araújo).

"Agravo interno no agravo em recurso especial – **Dissolução parcial de sociedade** – Anulação da sentença – Reabertura da instrução probatória – Necessidade da produção de prova testemunhal verificada pela corte estadual – Análise soberana das provas produzidas – Súmula nº 7 do STJ – Agravo que não impugna especificamente o fundamento da inadmissibilidade do apelo nobre – Recurso manejado sob a égide do CPC/73 – Manutenção do julgado – Agravo interno não provido – 1 – Incumbe ao agravante infirmar especificamente todos os fundamentos da decisão agravada, demonstrando o seu desacerto, de modo a justificar o cabimento do recurso especial interposto, sob pena de não ser conhecido o agravo (art. 544, § 4º, I, do CPC). 2 – Não sendo a linha argumentativa apresentada pela agravante capaz de evidenciar a inadequação do óbice invocado pela decisão agravada, o presente agravo não se revela apto a alterar o conteúdo do julgado impugnado, devendo ser ele integralmente mantido. 3 – Inaplicabilidade do NCPC neste julgamento ante os termos do Enunciado nº 1 aprovado pelo Plenário do STJ na sessão de 9/3/2016: Aos recursos interpostos com fundamento no CPC/1973 (relativos a decisões publicadas até 17 de março de 2016) devem ser exigidos os requisitos de admissibilidade na forma nele prevista, com as interpretações dadas até então pela jurisprudência do Superior Tribunal de Justiça. 4 – Agravo interno não provido" (*STJ* – AGInt-AG-REsp 869.758 – (2016/0044381-5), 23-5-2016, Rel. Min. Moura Ribeiro).

"**Agravo** – **Ação de dissolução parcial de sociedade com apuração de haveres** – Cumprimento de sentença – Decisão que fixou os honorários periciais em R$ 10.000,00, determinando que o perito contábil informe sobre a necessidade de perícia imobiliária. Inconformismo da liquidante. Não acolhimento. Balanço contábil da sociedade que consiste na principal prova a ser realizada, conforme determinação do título executivo. Perícia imobiliária de caráter complementar, a ser realizada somente se necessária para viabilizar a perícia contábil. Avaliação dos imóveis que consiste em prova mais custosa e morosa, justificando sua realização somente em caso de real necessidade. Honorários fixados com razoabilidade. Decisão mantida. Negado provimento ao recurso" (*TJSP* – AI 2221044-72.2014.8.26.0000, 22-4-2015, Relª Viviani Nicolau).

econômica específica – ou mais precisamente, para a prática de atos da vida civil, necessários a preencher os fins econômicos que justificariam sua celebração" (2002:8).

O objetivo da sociedade, de acordo com o velho art. 16, que enunciava as pessoas jurídicas de Direito Privado, pode ser econômico, artístico, jurídico, moral, político, religioso etc. Deve existir um fim comum em torno do objetivo escolhido. Mais atuantes no mundo negocial, como é elementar, são as sociedades com fins patrimoniais, que doravante, no sistema do Código de 2002, distinguem-se definitivamente das associações, estas sem finalidades lucrativas.

A manifestação de vontade de duas ou mais pessoas consagra um negócio jurídico; o contrato de sociedade. Tende, no entanto, o direito societário a admitir a sociedade unipessoal como ocorre na denominada subsidiária integral, sociedade anônima ou por quotas, constituída por escritura pública, sendo controlada por uma única detentora de todo o capital. Essa sociedade pode decorrer da aquisição de todas as ações de empresa já existente, bem como da incorporação de todas as ações de outra companhia. Outro exemplo de pessoa jurídica unipessoal que assume feição de sociedade é a empresa pública, pertencente unicamente ao Estado.

Também a constituição da sociedade pode provir da lei. Uma vez fixado o objetivo social, o proveito obtido busca primordialmente o patrimônio da própria sociedade, pois eventuais proveitos a seus partícipes são circunstanciais.

A finalidade da sociedade pode ser patrimonial ou não patrimonial. Esta última é modernamente denominada exclusivamente associação. Há de ser lícita e possível como para os negócios jurídicos em geral. O objetivo social não será unicamente a atividade explicitada nos fins descritos originalmente, pois haverá sempre esfera de interesses na qual a sociedade deve atuar para obter a consecução da finalidade, sem que haja definição expressa no escopo expresso pelos contratantes ou por quem lhe fez as vezes.

O negócio admite o pré-contrato, a promessa de contratar sociedade no futuro. O contrato preliminar, no entanto, ainda não gera a sociedade porque esta é efeito do contrato de sociedade e não da promessa de contratar. O contrato de sociedade não é negócio para constituição de sociedade futura, mas ato constitutivo dela. O registro ou procedimento legal posterior exigido pela lei não se confunde com a constituição da sociedade que é negócio anterior. Nessa senda, o Código vigente observa que "*a sociedade adquire personalidade jurídica com a inscrição, no registro próprio e na forma da lei, dos seus atos constitutivos*" (art. 985).[2] No entanto, como

---

2 "Agravo de instrumento. Direito processual civil. Execução. Sucessão processual dos sócios. Empresa inapta perante a receita federal. Extinção da personalidade jurídica não demonstrada. Natureza da responsabilidade dos sócios não demonstrada. Decisão mantida. 1. Dispõe o **artigo 985 do Código Civil** que 'a sociedade adquire personalidade jurídica com a inscrição, no registro próprio e na forma da lei, dos seus atos constitutivos'. 1.1. A personalidade jurídica termina com a anotação de sua dissolução no registro próprio, isto é, na Junta Comercial, nos termos do artigo 51 do Código Civil. Nestas condições, com a anotação da dissolução da pessoa jurídica e em razão do término de sua personalidade jurídica, seus ex-sócios assumem a titularidade do patrimônio por ela deixado, e, consequentemente, responsabilizam-se por eventuais débitos existentes. 1.2. Assim, a dissolução da pessoa jurídica equivale à morte da pessoa natural, aplicando-se o instituto da sucessão processual e, por analogia, os artigos 110 e 779, inciso II do Código de Processo Civil. 2. Contudo, havendo a dissolução da sociedade empresária, a extensão dos efeitos da sucessão (em seus aspectos subjetivo e objetivo) dependerá da natureza da responsabilidade dos sócios (limitada ou ilimitada), porquanto a sucessão processual de empresa dissolvida será cabível apenas contra os sócios ilimitadamente responsáveis ou contra os demais sócios, porém, limitadamente ao ativo por eles partilhados em razão da liquidação societária (art. 1.110 do Código Civil). Precedentes STJ. 3. No caso, embora o agravante sustente ter havido a dissolução da sociedade, é certo que não houve a comprovação da dissolução da sociedade, porquanto o documento acostado no ID 199207422 (na origem) indica somente que a sociedade empresária devedora se encontra 'INAPTA' no cadastro da Receita Federal. E fato de a sociedade empresária não ser localizada no endereço de sua sede e constar a anotação de inapta da pessoa jurídica junto a Receita Federal não significa ter havido a dissolução da sociedade, fato que poderia ensejar a sucessão processual

pelos sócios. 3.1. Isso porque, de acordo com o artigo 38 da Instrução Normativa da RFB 2119, de 06 de dezembro de 2022, existem 15 (quinze) situações ou hipóteses que podem resultar na declaração de inapta a inscrição no CNPJ, situações que vão de omissão na entrega de alguma exigência levada a efeito pelo órgão federal até práticas graves (como praticar contrabando, descaminho, pirataria ou outros atos ilícitos relacionados ao comércio internacional). Portanto, as situações indicadas pela Receita Federal para inaptidão do CNPJ não significam dissolução da pessoa jurídica. 4. Logo, ainda que a empresa agravada esteja inapta, não há como reconhecer sua extinção, para autorizar a sucessão processual, inclusive por que, como bem destacado na decisão agravada, a pessoa jurídica pode reverter a classificação para ativa quando satisfizer as exigências determinadas pela Receita Federal. 4.1. Além disto, ainda que a situação de 'inapta' junto a Receita Federal significasse extinção da pessoa jurídica, a exequente não demonstrou a natureza da responsabilidade ilimitada dos sócios ou a partilha de ativos entre os sócios, de modo a se poder concluir estejam todos os sócios da executada aptos à habilitação nos autos como sucessores. 5. Agravo de instrumento conhecido e não provido" (*TJDFT* – Ap 07265533720248070000, 22-8-2024, Relª Maria Ivatônia).

"Agravo de instrumento – Ação de execução de título extrajudicial – Sucessão processual – Encerramento de fato – Responsabilização dos sócios – Cabimento – I – Juiz 'a quo' que indeferiu o pedido de reconhecimento de sucessão processual – II- Alegação de encerramento de fato da empresa executada, ante a sua insolvência, e pelo fato do seu CNPJ estar 'inapto' perante a Receita Federal, por omissão nas declarações – III – Não demonstrado, através da documentação juntada, a dissolução das atividades da empresa executada, perante a Junta Comercial – Reconhecido que a sucessão processual da pessoa jurídica por seus ex-sócios, por aplicação analógica dos arts. 110 e 779, II, do NCPC, depende da efetiva comprovação da **extinção ou dissolução da sociedade**, o que, *in casu*, não restou demonstrado – Ausência de elementos que revelem que a empresa executada deixou de ter personalidade jurídica – Encerramento de fato que não é suficiente, por si só, para o reconhecimento da extinção ou dissolução da pessoa jurídica – Observância aos arts. 51, *caput* e § 1º, e 985, do CC – Precedentes – Decisão mantida – Agravo improvido" (*TJSP* – AI 2182387-80.2022.8.26.0000, 31-8-2022, Rel. Salles Vieira).

"**Dissolução parcial de sociedade empresarial** – Decisão agravada proferida em contexto de produção de prova pericial e que delimitou o valor econômico empresarial conforme apurado na prova técnica – Argumentação recursal defendendo a inadequação do entendimento singular, pois desvirtuada a instrução probatória e não considerado que a dissolução parcial deve ser declarada antes de iniciada a apuração de haveres – Estudo da cronologia dos autos que confere pertinência à defesa das recorrentes – Necessidade de ser observado o rito processual idealizado pelo legislador para a dissolução parcial (artigos 599 a 609 do CPC/2015) – Feito chamado à ordem – Reconhecimento que, entretanto, não autoriza que esta instância disponha sobre data-base e critério contábil para apuração de haveres, pois os temas ainda não foram analisados em primeiro grau – Recurso parcialmente provido. DISPOSITIVO: Deram parcial provimento ao agravo" (*TJSP* – AI 2055635-05.2018.8.26.0000, 15-3-2019, Rel. Ricardo Negrão).

"**Dissolução de sociedade empresarial** – Demanda iniciada como dissolução parcial de sociedade empresarial – Contestação dos réus arguindo a dissolução total – Reconhecimento em primeiro grau da dissolução total, mantendo a solução da controvérsia somente quanto à liquidação – Hipótese de julgamento parcial de mérito, recorrível por agravo de instrumento – Pedido recursal do autor para que fosse reconhecida somente a dissolução parcial – Pertinência da compreensão singular quanto à dissolução total – Autor que encaminhou notificação expondo sua intenção de retirada e, dentro do prazo do art. 1.029, parágrafo único do Código Civil, foi contranotificado sobre a opção dos demais sócios de dissolução total – Reconhecimento de que, ainda que assim não fosse, seria cabível o pedido contraposto pelos réus para que fosse reconhecida a dissolução total – Precedentes neste sentido – Agravo não provido. Dissolução de sociedade empresarial – Pedido recursal de adoção do método do fluxo de caixa descontado para a apuração de haveres – Impropriedade técnica – Dissolução total que importa em liquidação e não propriamente em apuração de haveres – Método pretendido que leva em conta as expectativas futuras para o empreendimento, não aplicáveis à hipótese de extinção total da sociedade empresarial – Liquidação que se apurará com a realização do ativo, satisfação do passivo e distribuição do patrimônio social restante na proporção da participação de cada sócio – Observação neste sentido – Agravo não provido, com observação. Dispositivo: Negaram provimento ao agravo de instrumento, com observação" (*TJSP* – AI 2006879-62.2018.8.26.0000, 3-10-2018, Rel. Ricardo Negrão).

"Apelação – Ação de indenização por danos morais – Pleito ajuizado por sócio retirante em face de sócia remanescente e seu filho. Publicação de comunicado em jornal de considerável circulação, atribuindo ao autor a prática de condutas ilegais, bem como atribuindo-lhe a pecha de malicioso. Atos praticados pelos réus após o ajuizamento de ação, pelo ora autor, de **dissolução parcial de sociedade empresarial**. Apresentação de reconvenção. Sentença que julgou procedente a ação e improcedente a reconvenção, com condenação dos réus ao pagamento de indenização por danos morais no valor de R$ 20.000,00. Apelo dos demandados. Inconsistência. Divulgação de comunicado e de mensagens com conteúdo ofensivo que é irretorquível. Desbordamento do direito à livre manifestação do pensamento. 'Quantum' indenizatório fixado de forma razoável e adequada para as peculiaridades do caso concreto. Manutenção da r. sentença. Negado provimento ao recurso" (*TJSP* – Ap 1013318-24.2015.8.26.0320, 15-8-2017, Relª Viviani Nicolau).

apontamos em nossa obra introdutória, enquanto não inscritos os atos constitutivos, a sociedade atua como irregular ou de fato, ou como sociedade em comum, como denomina o Código (arts. 986 ss).[3]

Entre os sócios, embora o interesse no contrato seja obrigacional, há efeitos de direito real, mormente no tocante aos bens que colacionam para o patrimônio da entidade.

O contrato é *consensual*, independentemente da forma que se fará necessária apenas na fase posterior de registro. É *oneroso* porque cada contratante tem em mira vantagem pessoal, contraindo obrigações recíprocas e adquirindo direitos. Ainda que a sociedade tenha finalidade exclusivamente filantrópica ou de benemerência, haverá direitos recíprocos entre os sócios que não transformam o contrato em gratuito. É *comutativo* porque as partes conhecem o valor e o conteúdo de suas prestações.

Embora costumeiramente se afirme que o contrato de sociedade não requer forma especial, o escrito é de suma importância porque sem ele não logrará a sociedade obter personalidade jurídica com o registro. Poderá ser instrumento público ou particular, dependendo da finalidade e da exigência legal respectiva. Ademais, o escrito é exigível *ad probationem*, à luz do art. 1.366 do velho Código Civil: "*Nas questões entre os sócios, a sociedade só se provará por escrito; mas os estranhos poderão prová-la de qualquer modo*". A mesma noção está presente no Código deste século, ao tratar da sociedade em comum ou de fato: "*Os sócios, nas relações entre si ou com terceiros, somente por escrito podem provar a existência da sociedade, mas os terceiros podem prová-la de qualquer modo*" (art. 987).[4] Dessa forma, a sociedade não atingirá seus plenos objetivos sem a forma escrita. Não haverá sociedade regular sem a forma escrita.

---

[3] "Apuração dos haveres – Dissolução parcial de sociedade – Data-base que deve ser aquela inicialmente fixada quando da concessão da tutela antecipada, tendo em conta a falta de resistência dos réus. Cláusula que estabelece apuração por meio de balanço especial. Previsão que encontra respaldo no art. 1.031 do Código Civil. Tratando-se de *holding* pura, deve-se levar em conta o valor global do patrimônio, considerando-se, inclusive, o valor real da participação da controladora na sociedade que integrava à época da retirada do sócio. Recurso parcialmente provido" (*TJSP* – AC 1118898-24.2015.8.26.0100, 1-7-2019, Rel. Araldo Telles).

"Apelação Cível – **Dissolução de sociedade de fato** – Procedência – Parcial inconformismo da autora – Pedido de expedição de ofícios para instituição financeira e empresas administradoras de máquina de cartão, para pesquisa de movimentação financeira de contas em nome da avó e dos genitores do réu. Demanda relativa a matéria prevista no Livro II, Parte Especial do Código Civil (artigo 966 e segs.). Competência de uma das Câmaras Reservadas de Direito Empresarial, segundo o art. 6º da Resolução TJSP nº 693/2015. Recurso não conhecido determinada sua redistribuição" (*TJSP* – Ap 1045915-09.2016.8.26.0224, 23-1-2018, Rel. Silvério da Silva).

"Agravo – **Direito Empresarial – Sociedade limitada** – Ação de dissolução parcial de sociedade c/c pedido de apuração de haveres. Antecipação de tutela que visa o gerenciamento exclusivo da sociedade pela sócia majoritária. Sócia detentora de 90% do capital social. Necessário aguardar o parecer do perito acerca do balanço da sociedade e de eventuais irregularidades. Por ora, se impõe o restabelecimento da decisão agravada, com a administração da sociedade apenas pela sócia majoritária. Agravo a que se nega provimento" (*TJSP* – AI 2180972-09.2015.8.26.0000, 19-1-2016, Rel. Pereira Calças).

[4] "Reconhecimento e dissolução de sociedade de fato cumulada com indenizações. Improcedência do pedido. Manutenção. Conjunto probatório não demonstrou a existência de sociedade entre as partes. Inexistência de realização de aportes pelos supostos sócios participantes ou distribuição dos resultados. Necessidade de prova escrita. Ausência de demonstração de aporte de capital, movimentações financeiras, comprovantes de pagamento de contas, aquisição de maquinários, distribuição de lucros. **Inteligência do art. 987 do Código Civil**. Precedentes desta Câmara Reservada de Direito Empresarial. Sentença mantida. Apelo desprovido". (*TJSP* – Ap 1001665-80.2021.8.26.0654, 19-9-2023, Rel. Natan Zelinschi de Arruda).

"Apelação – Ação de reconhecimento e dissolução de sociedade de fato c.c. perdas e danos – Improcedência – Inconformismo – Não acolhimento – Ré, filha do autor, refuta a existência da sociedade – **Sociedade de fato apenas se comprova, entre os sócios, por escrito** – Art. 987, do CC, e jurisprudência do C. STJ – Ausência de prova escrita no caso – Áudios juntados pelo autor e prova oral que tampouco comprovam a existência da alegada sociedade de fato – Correto decreto de improcedência – Sentença mantida, com majoração dos honorários sucumbenciais (art. 85, § 11, do CPC) – Recurso desprovido" (*TJSP* – Ap 1000151-89.2018.8.26.0204, 13-10-2021, 13-10-2021, Rel. Grava Brazil).

"Sociedade de fato – Prova de existência – **Contrato social não assinado** – Inexistência de prova documental – Cerceamento de defesa não verificado Necessidade de início de prova documental para autorizar a prova teste-

Discute-se se no contrato social há negócio *bilateral* ou *plurilateral*. Nesta obra, estudamos a classificação relativa aos contratos plurilaterais. Tendo em vista a natureza do contrato de sociedade, será bilateral, se tiver unicamente dois sócios; plurilateral, se contar com três ou mais sócios, no nascedouro do contrato ou em momento posterior. Sob esse aspecto, o contrato de sociedade pode ser bilateral quando conta com unicamente dois contratantes, mas o negócio jurídico colimado, a sociedade em si, pode consubstanciar negócio jurídico plurilateral quando é admitida a presença de outros sócios. O simples fato de, circunstancialmente, a sociedade operar com dois sócios não torna o negócio bilateral. O contrato bilateral de sociedade pode tornar-se plurilateral por alteração contratual ou porque o ato constitutivo já tenha previsto a plurilateralidade. Nesse sentido, esse contrato pode ser aberto ou fechado, caso admita ou não o ingresso de novos integrantes. A lei pode estabelecer número mínimo de participantes conforme a modalidade de sociedade.

Na sociedade, a prestação de cada contratante dirige-se a ela e não aos demais sócios, pois o que se procura é a finalidade comum.

Acentua-se, portanto, no instituto, a presença de dois ou mais contratantes, com a contribuição de cada um para o patrimônio da entidade, o chamado *fundo social*. Essa participação societária pode ser em dinheiro ou qualquer outro bem avaliável economicamente, bens corpóreos e incorpóreos, móveis e imóveis. É o que decorria do art. 1.376 do Código Civil e art. 289 do Código Comercial.

Cada sócio participará dos lucros e perdas da entidade, de conformidade com o pactuado. Se o contrato não especificar a parte cabível a cada um, entende-se que os lucros e as perdas serão proporcionais ao capital que o sócio aplicou (art. 1.381) (art. 1.007, Código atual) e, ao sócio de indústria, aquele que participa apenas com o trabalho, à menor das entradas (art. 1.409, parágrafo único).

O contrato social ou estatuto social instituidor da pessoa jurídica, além de vincular as partes como qualquer outro, também tem como particularidade o condão de ordenar internamente a instituição que por ele se erigiu, constituindo sua lei interna. O contrato ordena, portanto, a relação entre os sócios, associados ou membros e regula a atuação da sociedade perante terceiros. Apenas na omissão do contrato e no que conflitar com norma cogente aplicam-se supletivamente as disposições legais, pois sempre terá proeminência a dicção contratual dentro do princípio *pacta sunt servanda*. O pacto social, elemento mais importante da sociedade, faz com que cada sócio a ele submeta-se como forma de vontade coletiva.

Além da participação de todos os sócios nos lucros e perdas é importante destacar no instituto a *affectio societatis*, ou seja, a intenção de associação e cooperação recíprocas. Sem esse vínculo, o liame negocial entre os participantes não será de sociedade.[5]

---

munhal. Inteligência dos art. 987 do Código Civil e 444 do Código de Processo Civil. Recurso desprovido" (*TJSP* – AC 0155456-17.2012.8.26.0100, 5-8-2019, Rel. Araldo Telles).

5 "**Ação de dissolução parcial e apuração de haveres** – Perda da 'affectio societatis' incontroversa – Dissolução parcial da sociedade decretada, haja vista a concordância das partes – Apuração de haveres em ulterior liquidação de sentença com pagamento em parcela única, uma vez considerado o curso do processo a não impor maior onerosidade aos sócios retirantes, caso observado o parcelamento do pagamento dos haveres em 24 parcelas, conforme contrato social – Precedente do STJ – Interesse processual dos apelados quanto ao pedido de declaração de dissolução parcial da sociedade evidenciado, haja vista que no acordo nada se ajustou sobre o registro da retirada de sócios no registro da sociedade junto à JUCESP – Sentença de procedência mantida. Ação de obrigação de fazer – Pretendida imposição de alteração do contrato social – Perda superveniente do objeto – Verbas de sucumbência carreadas aos autores – Princípio da causalidade – Hipótese em que, consideradas as circunstâncias do caso concreto, no momento em que houve o acordo quanto a dissolução parcial da sociedade nada se ajustou a respeito do registro de seus termos no registro da sociedade na JUCESP – Ademais, persistindo a divergência

apenas quanto aos valores a serem apurados, as verbas de sucumbência devem ser estabelecidas nos mesmos fundamentos dispostos no art. 603 , § 1º, do CPC – Honorários de sucumbência indevidos – Sentença de extinção (CPC, art. 485 , VI) reformada neste tópico. Recurso parcialmente provido" (*TJSP* – AC 1079455-61.2018.8.26.0100, 1-10-2019, Rel. Maurício Pessoa).

"**Dissolução de sociedade** – Empresa composta por apenas dois sócios – Perda da 'affectio societatis' – Impossibilidade de continuidade da atividade, que se encontra, de fato, inativa – Artigo 1.033, inciso IV do Código Civil – Decretada a dissolução total da sociedade, a teor do artigo 1.034, inciso II do Código Civil – Sentença confirmada – Aplicação do disposto no artigo 252 do Regimento Interno do Tribunal de Justiça – Recurso não provido" (*TJSP* – Ap 0130227-31.2007.8.26.0003, 2-5-2018, Rel. Elcio Trujillo).

"Recurso Especial – Processual Civil – **Dissolução parcial de sociedade** – Liquidação de sentença para apuração dos haveres sociais – Laudo Pericial Contábil – Desconsideração de marco temporal fixado na sentença – Data da quebra da *affectio societatis*. Descabimento de aplicação de sanção decorrente de ônus processual. Ausência de prévia intimação para apresentação de documentos. Recurso provido. 1. A homologação de laudo pericial produzido em liquidação de sentença, para apuração de haveres decorrentes de dissolução parcial de sociedade empresária, requer seja considerada a data determinada como marco para a apuração dos haveres. 2. No caso, apesar de fixada a data-base para a apuração dos haveres, o dia 8 de novembro de 2000, por ser a da quebra da *affectio societatis*, foi expressamente admitida pelo v. acórdão recorrido a desconsideração de documentos relativos ao exercício de 2000, reconhecendo-se válida a realização de perícia contábil 'a partir de indicadores consultados por amostragem', em virtude do alegado silêncio da parte à solicitação de documentos feita pelo perito judicial. 3. O eventual silêncio quanto à solicitação do perito do juízo, desacompanhada da respectiva comunicação do fato ao juízo e de intimação judicial da parte recalcitrante, com as devidas advertências, é insuficiente, por si só, para isentar o expert da obrigação da qual fora incumbido, qual seja, da apuração da situação patrimonial da sociedade à data da dissolução parcial, cujo termo fora fixado, assim como para impor à parte qualquer ônus ou sanção processual. 4. A lei processual atribui ao juiz a direção do processo, cabendo-lhe requisitar ou determinar à parte a exibição de documentos que se encontrem em seu poder, imputando a esta, em caso de descumprimento injustificado, os ônus decorrentes de sua recusa (CPC/1973, arts. 355, 358, 359 e 475-B, §§ 1º e 2º), procedimento que não foi observado na hipótese. 5. Recurso especial provido" (*STJ* – REsp 1.581.224 (2016/0026739-0), 30-6-2017, Rel. Min. Raul Araújo).

"Agravo regimental no recurso especial – Contrato de locação – Fiador – Prazo de locação – Aditamento – Anuência do fiador – Ausência de prova – Súmula nº 283/STF – **Retirada da sociedade** – Notificação do locador – Exoneração – 1 – A ausência de impugnação dos fundamentos do acórdão recorrido enseja o não conhecimento do recurso, incidindo o Enunciado da Súmula nº 283 do Supremo Tribunal Federal. 2 – Segundo a jurisprudência desta Corte, a retirada dos sócios da empresa afiançada pode ensejar a exoneração do fiador, mediante o distrato – Que, no caso, consubstanciou-se na comunicação ao credor. 3 – Não subsiste a obrigação decorrente da fiança quando há transferência de titularidade da empresa, em razão da quebra da *affectio societatis*. 4- Agravo regimental não provido" (*STJ* – AgRg-REsp 1.576.006 – (2015/0323637-9), 17-5-2016, Rel. Min. Ricardo Villas Bôas Cueva).

"**Agravo de instrumento** – Sociedade limitada – Exclusão de sócios que teriam constituído e exercido atividades em prol de sociedade empresária concorrente. Verossimilhança das alegações iniciais. Aparente incontrovérsia quanto à abertura de empreendimento concorrente e à quebra da *affectio societatis*. Risco à preservação da empresa na manutenção da administração social conjunta dos dois grupos de sócios, prestigiando-se, por ora, a situação dos sócios autores. Decisão reformada. Recurso provido" (*TJSP* – AI 2048991-51.2015.8.26.0000, 19-8-2015, Rel. Claudio Godoy).

"**Agravo de instrumento** – Ação declaratória c.c. – Apuração de haveres – Autora que pretende seja declarado o seu direito ao recebimento de parte dos lucros obtidos pelas novas empresas constituídas pelo réu, com fundamento em acordo de separação e no esvaziamento do objeto social das antigas empresas que foram objeto da partilha. Réu que afirma que não houve esvaziamento das antigas empresas, mas a dissolução de uma delas em razão da quebra da 'affectio societatis' e a redução da rentabilidade em razão de crise econômica. Decisão saneadora que não fixou os pontos controvertidos, determinando a realização de perícia contábil. Carência da ação. Preliminar rejeitada. Cláusula do acordo que constitui medida assecuratória. Direito de ação não afastado. Interesse de agir que se justifica pela discordância quanto aos valores recebidos. Necessidade de fixação dos pontos controvertidos. Art. 331, § 2º, do CPC. Pedido de prova pericial econômica. Preclusão. Decisão reformada em parte. Recurso parcialmente provido" (*TJSP* – AI 2019275-13.2014.8.26.0000, 26-6-2014, Rel. José Joaquim dos Santos).

"**Dissolução parcial de sociedade**. Cessação da 'affectio societatis'. Irrelevância de discutir-se sobre culpa de um ou outro litigante. Apuração de haveres. Inaplicabilidade do método de 'fluxo de caixa descontado'. Necessidade de avaliação do patrimônio na data da dissolução parcial. Apuração que deverá seguir as regras contratuais das sociedades. Inteligência do art. 1.031, CC. Rompimento do vínculo que se conta da notificação dos demais sócios, o que, no caso, deu-se judicialmente, com a distribuição da medida cautelar. Efeitos da sentença que deverão retroagir à data da dissolução. Pagamento dos haveres. Esgotamento do prazo contratual previsto no curso da demanda. Pagamento em parcela única e de imediato. Apuração dos haveres em liquidação de sentença. Recomposição de

Por demais inefável o conceito, nem sempre é fácil ser percebido quando concorrem duas vontades em torno de um mesmo objetivo. Serpa Lopes (1993:515) conclui que

> *"é uma locução destinada a significar aqueles pressupostos de circunstâncias indicativas da intenção de dois ou mais indivíduos em se ligarem entre si com o propósito de realização de fins inerentes a uma coletividade societária. É, no fundo, um critério de interpretação de um negócio jurídico de caráter especial, como é a sociedade".*

Trata-se de situação de exame da natureza contratual, como se faz também com o *animus donandi*, na doação, e com a *relação ex-locato*, no inquilinato.

O mais recente Código, como acentuamos em *Direito Civil: parte geral*, distinguiu o que a doutrina e a prática já haviam feito. As associações são pessoas jurídicas de fins não econômicos (art. 53). As sociedades terão em mira sempre a atividade econômica, como reza o art. 981.

50.2.1 Figuras Afins

Não havemos de confundir, em que pese à similitude, sociedade com comunhão e condomínio. A jurisprudência provê, em suas decisões, subsídios para possibilitar o delineamento da distinção entre estes institutos.

Pela comunhão, duas ou mais pessoas, com ou sem vontade recíproca, encontram-se perante direito ou objeto em estado de indivisão. Podem exercer composse decorrente de um fato jurígeno circunstancial. Pode englobar direito real e direito pessoal. Duas pessoas, por exemplo, devem compartilhar da mesma coisa. Como percebemos, toda sociedade implica comunhão, mas nem toda comunhão significa existir sociedade. Nesta, há sempre um sentido volitivo de associação em torno de objetivo e ideal comuns que se traduzem na *affectio societatis*, que inexiste na comunhão, que estampa sempre um estado transitório. Veja, de outro modo, o exemplo da comunhão de bens emanada do casamento, cujos princípios são regidos pelo Direito de Família.

No condomínio, a comunhão de interesses é gerada exclusivamente pela propriedade em comum. Também não existe a *affectio societatis*, ou seja, a precípua vontade de associar-se em torno de objetivo comum.

50.3 MODALIDADES

Embora a linha divisória do Direito Civil e do velho Direito Comercial mostre-se cada vez mais tênue, mormente com o Código Civil de 2002, nosso sistema acolhe a distinção de *sociedades mercantis* ou *empresárias* e *sociedades civis*, conforme a finalidade a que se propõem. Nas sociedades comerciais, necessariamente, haverá um patrimônio e finalidade lucrativa. Em nosso ordenamento, apenas as sociedades empresárias sujeitam-se à concordata e à falência. As sociedades civis subordinam-se aos princípios da insolvência do CPC.

---

verbas supostamente desviadas para paraísos fiscais. Prazo prescricional de dez anos contados do conhecimento da prática indenização, de qualquer forma, indevida, já que constatada a participação do sócio retirante em tal prática. Expedição de ofícios à receita federal e às fazendas públicas que constitui dever legal do magistrado. Inteligência do art. 40, CPP. Sucumbência recíproca. Ante a extinção sem resolução de mérito de demanda conexa. Recurso dos sócios retirantes parcialmente provido, desprovida a apelação dos corréus" (*TJSP* – Ap 0031193-33.2009.8.26.0482, 10-5-2013, Rel. Luiz Antonio de Godoy).

O detalhamento de princípios atinentes às sociedades mercantis é campo de estudo específico. Cumpre aqui apenas descrever os fundamentos. As sociedades mercantis podem tomar, em princípio, a estrutura de: nome coletivo, comandita simples, comandita por ações, capital e indústria, conta de participação, quotas de responsabilidade limitada e por ações ou sociedades anônimas. Segundo o novel Código, a sociedade que tenha por objeto o exercício da atividade própria de empresário sujeito a registro será considerada sociedade empresária, enquanto as demais serão consideradas simples (art. 982). O parágrafo único desse dispositivo ainda acrescenta que será considerada empresária a sociedade por ações e as cooperativas serão consideradas sociedades simples. Por outro lado, o art. 966 do Código define o que a lei considera "empresário" quem exerce profissionalmente atividade econômica organizada para a produção ou a circulação de bens ou de serviços.

Quanto às sociedades ditas empresárias, nova denominação das sociedades mercantis, na *sociedade em nome coletivo*, todos os sócios respondem solidária e ilimitadamente pelas obrigações sociais (arts. 315 e 316 do Código Comercial; atual Código Civil, arts. 1.039 a 1.044). Todos os sócios pertencem, portanto, à mesma categoria, podendo todos usar da firma social, se não houver designação de gerente no contrato.

Na sociedade em *comandita simples* (arts. 311 a 314 do Código Comercial; atual Código Civil, arts. 1.045 a 1.051), há duas categorias de sócios: os gerentes ou comanditados, que são solidários e respondem ilimitadamente pelas obrigações sociais, e os comanditários, que são prestadores de capital, obrigados apenas pelos fundos declarados no contrato. A quota de capital com que ingressam na sociedade é a comandita, respondendo apenas por sua integralização. Na *comandita por ações* (arts. 1.090 a 1.092 do Código), o capital é dividido em ações, respondendo os sócios comanditários pelo preço das ações subscritas ou adquiridas, havendo responsabilidade subsidiária, solidária e ilimitada dos diretores e gerentes nomeados por prazo indeterminado. Nessa sociedade, o diretor responde subsidiária e ilimitadamente pelas obrigações da sociedade (art. 1.091 do Código). As sociedades em comandita por ações eram reguladas, até a vigência do Código Civil de 2002, pelos arts. 280 a 284 da Lei nº 6.404/76, que regula as sociedades anônimas. Aliás, os princípios das sociedades anônimas aplicam-se à sociedade em comandita por ações, no que não conflitar com as disposições especiais. Os diretores ou gerentes serão nomeados sem limitação de tempo e somente poderão ser destituídos por deliberação de acionistas representando dois terços, no mínimo, do capital social (art. 1.091, § 2º). A assembleia não poderá mudar o objeto essencial da sociedade, prorrogar-lhe o prazo de duração, aumentar ou diminuir o capital social, criar obrigações ao portador ou partes beneficiárias, nem aprovar participação em outra sociedade sem o consentimento dos diretores ou gerentes (art. 1.092).

Na sociedade de *capital e indústria* (arts. 317 a 324 do Código Comercial), não contemplada expressamente pelo Código contemporâneo, mas referida canhestramente de forma direta (art. 1.007), há sócios de capital que têm responsabilidade solidária e ilimitada pelas obrigações sociais, e sócios de indústria, que concorrem unicamente com seu trabalho para a pessoa jurídica. Na falta de estipulação no contrato, o sócio de indústria tem direito a quota nos lucros igual à que for concedida ao sócio capitalista de menor entrada (art. 319 do CCom). Como o Código Civil de 2002, embora não abrindo regulamentação específica para a sociedade de capital e indústria, menciona expressamente no citado art. 1.007 que há sócios cuja contribuição consiste em serviços, está mantida a modalidade no ordenamento.

Na sociedade em *conta de participação* (arts. 325 a 328 do Código Comercial; Código de 2002, arts. 991 a 996), há sócios ostensivos que se apresentam perante terceiros para o trato negocial, e sócios ocultos, que se obrigam perante os ostensivos. Essa sociedade não está sujeita às formas e normas das demais e pode ser provada por todo o gênero de provas (art. 992 do Código em vigor). Os sócios ostensivos atuam como pessoas naturais e comerciantes individuais com relação a terceiros. Unicamente, o gerente ou sócio ostensivo obriga-se perante terceiros; os demais sócios reportam-se e obrigam-se perante o ostensivo. Essa entidade nem mesmo terá sede ou domicílio específico, nem poderá incorrer em falência que atingirá apenas o sócio ostensivo. O Código Civil em vigor a classifica como sociedade não personificada, pois, aos olhos externos, os terceiros contratam unicamente com o sócio ostensivo. Nesse sentido, o art. 991 descreve:[6]

> *"Na sociedade em conta de participação, a atividade constitutiva do objeto social é exercida unicamente pelo sócio ostensivo, em seu nome individual e sob sua própria e exclusiva responsabilidade, participando os demais dos resultados correspondentes.*
>
> *Parágrafo único. Obriga-se perante terceiro tão-somente o sócio ostensivo; e, exclusivamente perante este, o sócio participante, nos termos do contrato social".*

Na sociedade por *quotas de responsabilidade limitada* (Decreto nº 3.708/19; atual, arts. 1.052 a 1.087), a modalidade mais utilizada, juntamente com a sociedade por ações, os sócios respondem pelas obrigações sociais até a importância total do capital social. A particularidade dessa sociedade é o fato de os sócios responsabilizarem-se pela totalidade do capital e não unicamente pelo valor de participação de sua quota. Uma vez integralizado o capital, a entidade deve bastar-se por si mesma, não existindo responsabilidade direta dos sócios, que ficarão a salvo com seu patrimônio particular. Até o valor e a integralização do capital social, todos os

---

[6] "Apelação – Ação de anulação de negócio jurídico cumulada com restituição de quantias pagas – Sentença de improcedência – Inconformismo do autor – Acolhimento parcial – Alegação erro, fraudes e simulações – Não comprovação – Autor que, no momento da assinatura do contrato, qualificou-se como engenheiro, não sendo crível que não tivesse conhecimento de que a empresa na qual investira não era de titularidade da sócia ostensiva – Aparente arrependimento diante da ausência distribuição de lucros ao apelante – Sociedade em conta de participação que não tem personalidade jurídica – Arts. 991 e 992 do Código Civil – Irresignação quanto à fixação dos honorários advocatícios – Verba fixada em consonância com o disposto no art. 85, § 2º, do CPC – Alteração, contudo, da base de cálculo – Impossibilidade de fixação por equidade, conforme Tema 1076 do C. STJ – Sentença reformada em parte – recurso parcialmente provido" (*TJSP* – Ap 1028124-36.2023.8.26.0562, 13-5-2025, Rel. Jorge Tosta).

"Agravo de Instrumento. Monitória. Pedido de penhora de cotas e dividendos de sócio oculto, além de expedição de ofício à sócia ostensiva para fornecimento de informações. Indeferimento sob o fundamento de ausência de prova da efetiva participação societária. SCP – **Sociedade em conta de participação**. Inexigência de formalidades para sua constituição (art. 991, "caput" do CC). Prova da existência da sociedade que pode ser realizada por qualquer meio (art. 992 do CC). Requerido que declarou ao Fisco o recebimento de dividendos na condição de sócio da SCP. Hipótese, ademais, em que há exigência expressa de que, para investimento na empresa ICH, é necessário que o investidor adira a uma SCP. Participação societária evidenciada. Pleitos pertinentes. Deferimento. Decisão reformada. Recurso provido". (*TJSP* – AI 2074587-90.2022.8.26.0000, 10-7-2023, Rel. Mauro Conti Machado).

"**Sociedade em conta de participação** – Ação de dissolução de sociedade, apuração de haveres e indenizatória – Tutela de urgência parcialmente deferida para que seja impedida a alienação do 'aparelho de sistema de tomografia por emissão de pósitrons PET/CT Gemini' – Alegação do agravante de que está sofrendo prejuízos consistentes nas despesas mensais suportadas com o equipamento enfocado – Decisão reformada para que seja autorizada a alienação do produto, desde que o preço seja submetido a depósito diretamente efetuado nos autos pelo eventual adquirente – Recurso parcialmente provido" (*TJSP* – AI 2239748-94.2018.8.26.0000, 20-2-2019, – Rel. Fortes Barbosa).

"**Sociedade em conta de participação** – Agravo de instrumento contra a decisão que indeferiu a tutela provisória requerida com o fim de que fossem afastados os agravados da administração da sócia ostensiva. Se houve descumprimento dos deveres da sócia ostensiva, com desvios do patrimônio especial da sociedade em conta de participação, ocorrerá a dissolução da sociedade, nos termos do pedido apresentado na petição inicial, com eventual condenação dos sócios ao pagamento da devida reparação. Entretanto, sob o fundamento de desvio de recursos, não pode o agravante, que figura apenas como sócio oculto, assumir a administração da sócia ostensiva, diante da natureza e limites do contrato de sociedade em conta de participação. Recurso não provido" (*TJSP* – AI 2196376-32.2017.8.26.0000, 23-1-2018, Rel. Carlos Alberto Garbi).

sócios responderão solidariamente até o montante do capital. Sob esse diapasão, dispõe o art. 1.052 do Código:

> *"Na sociedade limitada, a responsabilidade de cada sócio é restrita ao valor de sua quota, mas todos respondem solidariamente pela integralização do capital social".*

Anote-se que a Lei nº 13.874/2019, Lei da Liberdade Econômica, inseriu dois parágrafos a esse artigo. No § 1º, se autorizou a sociedade limitada a ser constituída por um ou mais sócios, aplicando-se o contrato social no que couber se for sócio único (§ 2º). Desse modo, o ordenamento brasileiro passa a contar com a possibilidade de duas modalidades de único sócio em empresas, pois já tínhamos a possibilidade de empresa individual de responsabilidade restrita, EIRELI, que também não existe mais na legislação.

Veja, contudo, o que falamos na obra *Direito civil: obrigações e responsabilidade civil* acerca da desconsideração da pessoa jurídica, que retrata, no entanto, uma situação patológica aplicável a qualquer pessoa jurídica.

Nessa modalidade, há um sócio-gerente autorizado a utilizar a firma. Se o contrato silenciar a respeito, todos poderão usá-la. Na hipótese de falência, todos os sócios respondem solidariamente pela parte que faltar para integralizar as quotas. A quota não se confunde com a ação da sociedade anônima. As ações têm, costumeiramente, o mesmo valor nominal, enquanto as quotas poderão ter valores desiguais.

As sociedades *por ações* ou *sociedades anônimas* foram regidas pela Lei nº 6.404/76 e, atualmente, pela Lei nº 10.303/2001. Nessa modalidade, o capital divide-se em ações, obrigando cada sócio ou acionista somente pelo valor nominal das ações que subscrever (art. 1.088 do Código).

A sociedade anônima terá sempre a natureza mercantil (art. 2º). Admite-se a modalidade *aberta* ou *fechada*, conforme os valores mobiliários de sua emissão estejam ou não admitidos à negociação em bolsa ou no mercado de balcão (art. 4º). Para a formação da sociedade, bastam dois sócios, mas sua estrutura não se altera com a possibilidade de manter-se com um único sócio. Para atuar como companhia aberta, é necessário que a Comissão de Valores Mobiliários (CVM), órgão fiscalizador, autorize-a a lançar seus títulos no mercado de capitais. As sociedades anônimas requerem, após seus atos constitutivos, o registro do contrato. Seu capital social é constituído por ações que representarão frações do capital social. Característica da sociedade anônima é a possibilidade de transferência dessas ações sem alteração social. Sua denominação deve sempre ser acompanhada dos vocábulos *companhia* ou *sociedade anônima* (S.A.).

Quanto às sociedades civis, denominadas "sociedades simples" no Código Civil de 2002 (arts. 997 ss), sem perfeita similitude, que ora nos interessam, podem revestir-se das modalidades mercantis, segundo o art. 1.364 do antigo Código, com exceção da sociedade anônima, como vimos, pois esta, qualquer que seja seu objeto, terá sempre natureza mercantil. Os dispositivos do antigo Código Civil sobre sociedade eram aplicáveis quando a sociedade civil não assumia forma alguma estabelecida na lei comercial (art. 1.365). Desse modo, as sociedades civis não possuem formas predeterminadas na lei (Diniz, 1993, v. 4:98). Os dispositivos legais serão sempre supletivos da vontade das partes. As sociedades civis podem ou não ter finalidades lucrativas, não lhes sendo essencial o patrimônio. No sistema do Código de 2002, como vimos, ficam reservadas às associações as atividades sem finalidade de lucro. O contrato social dessas sociedades deve especificar se os sócios respondem ou não, subsidiariamente, pelas obrigações sociais (art. 997, VII, do Código). Seu registro deve ocorrer no Registro Civil das Pessoas Jurídicas do local de sua sede (art. 998).

O art. 1.367 do antigo Código referia-se às sociedades *universais* e *particulares*, distinção hoje obsoleta. O art. 1.368 complementava:

> *"É universal a sociedade, quer abranja todos os bens presentes, ou todos os futuros, quer uns e outros na sua totalidade, quer somente a dos seus frutos e rendimentos".*

Não é comum que, modernamente, exista sociedade universal, compatível apenas, em tese, com a comunhão universal dos cônjuges pelo casamento. As sociedades são criadas para determinado fim, para cumprir certo objetivo, adotando-se geralmente as formas comerciais, sem aglutinação universal dos bens como descreve a lei. Esse o sentido do art. 1.370, segundo o qual a *"sociedade particular só compreende os bens ou serviços especialmente declarados no contrato"*. O art. 1.371 acrescentava que

> *"também se considera particular a sociedade constituída especialmente para executar em comum certa empresa, explorar certa indústria, ou exercer certa profissão".*

Essa terminologia caiu em desuso, lembrando-se de que o parágrafo único do art. 981 do Código dispõe que a atividade da sociedade pode restringir-se à realização de um ou mais negócios determinados.

Como referimos anteriormente, as cooperativas serão sempre consideradas sociedades simples (art. 982, parágrafo único, do Código). Assim também se entendia no sistema anterior, conforme a legislação específica que rege essa modalidade de pessoa jurídica (Lei nº 5.764/71, art. 4º). No Código mais moderno, a sociedade cooperativa é disciplinada pelos arts. 1.093 a 1096. O art. 1.094 traça as características básicas dessa modalidade de pessoa jurídica:

> *"I – variabilidade, ou dispensa do capital social;*
>
> *II – concurso de sócios em número mínimo necessário a compor a administração da sociedade, sem limitação de número máximo;*
>
> *III – limitação do valor da soma de quotas do capital social que cada sócio poderá tomar;*
>
> *IV – intransferibilidade das quotas do capital a terceiros estranhos à sociedade, ainda que por herança;*
>
> *V –* quorum, *para assembleia geral funcionar e deliberar, fundado no número de sócios presentes à reunião, e não no capital social representado;*
>
> *VI – direito de cada sócio a um só voto nas deliberações, tenha ou não capital a sociedade, e qualquer que seja o valor de sua participação;*
>
> *VII – distribuição dos resultados, proporcionalmente ao valor das operações efetuadas pelo sócio com a sociedade, podendo ser atribuído juro fixo ao capital realizado;*
>
> *VIII – indivisibilidade do fundo de reserva entre os sócios, ainda que em caso de dissolução da sociedade".*

Na cooperativa, a responsabilidade dos sócios poderá ser limitada ou ilimitada (art. 1.095).

O art. 1.096 determina que, resguardadas as características mencionadas do art. 1.094, aplicam-se às cooperativas as disposições referentes à sociedade simples. Já o art. 1.093 ressalva que continua em vigor, no que for compatível, a legislação especial no tocante à sociedade cooperativa. Essa solução simplista trará, sem dúvidas, problemas de interpretação. Melhor seria que aqui, como alhures, em vários outros institutos regulados pelo novel diploma, o Código de

2002 revogasse expressamente os dispositivos da legislação anterior, não relegando essa ingente tarefa ao intérprete. Essa posição cômoda do mais recente legislador não merece encômios.

No dizer de Calixto Salomão Filho, a cooperativa é elemento complementar à grande sociedade anônima do século XIX: *"Enquanto esta servia como meio agregador de capitais, aquela servia como catalisador de esforços no sentido do bem-estar comum de seus membros"* (1998:238). De fato, a cooperativa volta-se para dentro de si mesma, visando, pela conjugação de esforços, ao progresso de seus próprios membros. Nesse parâmetro, as principais características, agora absorvidas e complementadas pelo Código de 2002, vêm definidas no art. 3º da Lei nº 5.764/71. Trata-se de sociedade na qual *"as partes se obrigam a contribuir com bens ou serviços para o exercício de uma atividade econômica, em proveito comum, sem objetivo de lucro"*. Nessa situação, os membros integrantes desempenham uma função dúplice na sociedade cooperativa, de sócio e cliente ao mesmo tempo. Por essa razão, é muito importante o papel que desempenham na produção rural em nosso país, principalmente. Eventuais distorções desse papel, que incidam em abusos econômicos ou concorrência desleal com outras pessoas jurídicas, devem ser coibidas no caso concreto.

50.3.1 Sociedade e Associação

Conforme expusemos em nossa obra introdutória ao *Direito Civil: parte geral* (Capítulo 14), em nosso sistema, o termo *associação* fora reservado geralmente para entidades sem fins econômicos, enquanto *sociedade* era termo destinado a pessoas jurídicas com fins lucrativos, embora isso não seja uma regra. Como vimos, a Lei de 1916 não definia o que se entendia por associações de fins não econômicos. A associação, portanto, é pessoa jurídica destinada a fins culturais, religiosos, pios, esportivos, recreativos etc. A associação pode ter finalidade econômica, sem, no entanto, fim lucrativo, como uma associação de socorro mútuo, por exemplo.

Na omissão da lei, a doutrina procurava fixar critérios diferenciadores. A associação não teria, em princípio, intenção de lucro para os membros, embora pudesse ter patrimônio e até mesmo realizar atos negociais para proporcionar-lhes meios de subsistência; por exemplo, aluguel de salão, praça desportiva, exploração de serviço de bar e restaurante etc. A expressão *sociedade civil*, ou *sociedade simples* na nova denominação, deve ficar reservada às atividades típicas de profissões liberais ou prestação de serviços técnicos, como as sociedades de advogados, médicos, engenheiros, arquitetos, contabilistas, corretores, despachantes etc. Ainda que essa sociedade venha a praticar atos típicos de comércio, tal não desvirtuará sua natureza.

Todavia, a sociedade comercial é a que, possuindo atividade lucrativa, assume modalidade mercantil e pratica habitualmente a mercancia, ou, em terminologia moderna, *atos de empresa*. Nesse sentido, o art. 982 do Código de 2002 manifesta-se: *"Salvo as exceções expressas, considera-se empresária a sociedade que tem por objeto o exercício de atividade própria de empresário sujeito a registro; e simples, as demais"*. Esse conceito é complemento da conceituação de empresário que faz o Código em vigor:

> *"Considera-se empresário quem exerce profissionalmente atividade econômica organizada para a produção ou circulação de bens ou de serviços.*
>
> *Parágrafo único. Não se considera empresário quem exerce profissão intelectual, de natureza científica, literária ou artística, ainda com o concurso de auxiliares ou colaboradores, salvo se o exercício da profissão constituir elemento de empresa".*

As empresas devem ser inscritas no registro de empresas da respectiva sede, antes do início de sua atividade (art. 967). Trata-se do velho registro de comércio.

A tendência crescente é o desaparecimento da distinção, para ser tratada a pessoa jurídica de forma una no âmbito do direito privado, como pretende o atual Código Civil.

50.3.2 Sociedade de Fato e Sociedade Irregular

Se o contrato de sociedade inexistir ou for inválido e os partícipes agirem como se sociedade houvesse, dizemos que há sociedade de fato ou irregular. Pode ocorrer que o grupo tenha travado contato negocial com terceiros que acreditavam tratar com sociedade. No que se refere à sociedade, os princípios gerais relativos à nulidade são aplicados com mitigação. Ainda que inexistente, irregular, nulo ou anulável o contrato que constituiu a sociedade, pode ocorrer que a entidade tenha atuado no mundo negocial, não se podendo prescindir de certos efeitos.

Costuma-se distinguir a sociedade irregular da sociedade de fato porque, na primeira, os requisitos do contrato não se encontram completos, não possibilitando perfeita higidez jurídica; na segunda, o contrato encontra-se inquinado de nulidade ou nem mesmo existe (Lopes, 1993:533).

Em ambas, não existe a personalidade jurídica outorgada pelo ordenamento. No entanto, como enfatizamos na obra introdutória (*Direito Civil: parte geral*, Capítulo 14), o Direito reconhece personalidade incompleta a essas entidades, que inserimos entre os *grupos com personificação anômala*. Nesse sentido, o CPC, no art. 75, IX, dispõe que as sociedades sem personalidade jurídica serão representadas no processo pela pessoa a quem couber a administração de seus bens. O texto refere-se, sem dúvida, às sociedades de fato ou irregulares. Se há sociedade no mundo fático, independentemente de ato constitutivo ou de registro, o Direito não pode abstrair todos os efeitos jurídicos do corpo associativo. O patrimônio da entidade responde perante terceiros pelas obrigações e, subsidiariamente, responderão os bens dos sócios na proporção de sua entrada de capital.

Com a ausência de personalidade, a entidade anômala está, em princípio, impedida de acionar terceiros, bem como seus próprios sócios. A irregularidade de sua constituição acarreta comunhão patrimonial e jurídica entre os sócios. O estatuto processual protege ainda terceiros ao proibir que as sociedades sem personalidade, quando demandadas, possam opor sua irregularidade como matéria de defesa. No período que medeia entre a criação da sociedade e seu registro, os atos praticados por ela são considerados de sociedade irregular, podendo ser, no entanto, ratificados. O ato de registro, todavia, não é retroativo. Em situação semelhante, posicionam-se as sociedades que necessitam de autorização governamental, atuando com a anomalia até a devida autorização, que possibilitará o registro.

Questão relevante diz respeito à liquidação dessa sociedade. Atente-se que, em prol do princípio que visa coibir o enriquecimento sem causa e do que busca sempre extinguir o estado de comunhão, cada sócio deve receber a proporção do quinhão com que contribuiu.

Como apontamos, o Código deste século trata da sociedade irregular ou de fato entre as sociedades não personificadas, denominando-as "sociedade em comum" (arts. 986 a 990).

Sua organização intestina, enquanto não regularizada, rege-se pelos princípios das sociedades simples estampados no Código de 2002, como manda o art. 986. Como vimos, se, por um lado, os terceiros podem provar sua existência de qualquer modo, os sócios, nas relações entre eles, somente podem provar por escrito a existência da sociedade (art. 987). Os bens e dívidas sociais constituem patrimônio especial, tendo como titulares os sócios (art. 988). Caberá provar, no caso concreto, os limites desse patrimônio comum especial, para distingui-lo do patrimônio dos sócios. Nem sempre a prova será fácil e o patrimônio especial poderá ser desconsiderado, se presentes os pressupostos de desconsideração da pessoa jurídica.

Os bens sociais respondem pelos atos de gestão praticados pelos sócios, como regra geral. Se houve pacto expresso em contrário limitativo de poderes, este somente será eficaz contra terceiros se estes tiverem dele conhecimento direto ou presumido. É o que deflui do art. 989 do Código e poderá trazer infindáveis discussões na prática. Enfim, todos os sócios, nessa sociedade em comum, respondem solidária e ilimitadamente pelas obrigações sociais (art. 990). Esse dispositivo é expresso em excluir o benefício de ordem previsto no art. 1.024, isto é, não devem ser excutidos primeiramente os bens da sociedade; todos os bens dos sócios respondem pelos débitos.

50.4 DIREITOS E DEVERES DOS SÓCIOS

Anteriormente, referimos que o contrato de sociedade pode ser bilateral ou plurilateral, conforme tenha dois ou mais sócios no negócio primitivo. Os bens que os sócios trazem para a sociedade passam a ser de propriedade desta. Atribuída personalidade à sociedade, não mais se confunde a pessoa dos sócios com ela. O art. 1.398 do Código de 1916 dispunha não existir solidariedade dos sócios com relação às dívidas sociais. No entanto, o art. 1.396 estabelecia que se o cabedal social não cobrir as dívidas da sociedade, os associados responderão por elas, na proporção em que houverem de participar nas perdas sociais. Acerca da responsabilidade dos sócios, veja o que foi dito anteriormente sobre as várias modalidades de sociedades mercantis. O Código de 2002 enfatiza que os administradores são responsáveis solidariamente perante a sociedade e os terceiros prejudicados, por culpa no desempenho de suas funções (art. 1.016). A nova redação é importante, mas não toca no âmago da estrutura das sociedades e se refere especificamente à responsabilidade civil dos culpados.

No tocante ao mais recente Código, devemos aqui nos ocupar unicamente com as denominadas sociedades simples, de compreensão não muito fácil no novo ordenamento, conforme nos referimos anteriormente. As demais pertencem mais propriamente à seara do direito empresarial.

Pela própria compreensão do conceito de sociedade decorre que os sócios participarão dos lucros e perdas da empresa, de forma proporcional à soma do capital que cada um aplicou, se o contrato não dispusesse diferentemente. Tratando-se de capital e indústria, como visto, o sócio de indústria recebe a menor das entradas. No Código, o art. 1.007 estabelece que, salvo estipulação em contrário, o sócio participará dos lucros e perdas, na proporção das respectivas quotas, mas aquele, cuja contribuição consiste em serviços, somente participa dos lucros na proporção média do valor das quotas. É claro que o contrato poderá dispor diferentemente. O Código deste século reconhece, dessa forma, a possibilidade de existir o sócio de indústria.

Segundo o art. 1.376 do velho diploma, a entrada de cada sócio podia consistir em bens, em seu uso e gozo, assim como na cessão de direitos, ou unicamente na prestação de serviços, quando se tratar de sócio de indústria. O silêncio do contrato fazia presumir que todas as entradas fossem iguais. Se o sócio ingressasse na sociedade com objeto determinado que viesse a ser perdido por força de evicção, responderia perante os demais sócios como se fosse vendedor (art. 1.377). A esse propósito, o Código de 2002 dispõe:

> *"O sócio que, a título de quota social, transmitir domínio, posse ou uso, responde pela evicção; e pela solvência do devedor, aquele que transferir crédito".*

As coisas fungíveis trazidas à sociedade ficariam pertencendo em comum aos associados, salvo disposição em contrário. Os frutos da indústria do sócio dessa natureza passariam a pertencer ao patrimônio social. Não há razão ponderável que essas regras deixem de ser aplicadas sob a égide do diploma civil em vigor.

É direito do sócio participar da direção e gerência da sociedade conforme dispuser o contrato. Administrarão todos em conjunto se não houver especificação contratual. Como corolário, pode cada sócio servir-se das coisas da sociedade, conforme seu destino, desde que não o faça contra o interesse social, nem tolha o direito dos demais (art. 1.386, I). Sob esse aspecto, o art. 1.013 do Código estabelece que *"a administração da sociedade, nada dispondo o contrato social, compete separadamente a cada um dos sócios"*.

O sócio pode votar e ser votado nas assembleias, na forma estabelecida no contrato e segundo a modalidade de sociedade. Salvo estipulação em contrário, sempre se deliberaria por maioria de votos (art. 1.394). O Código de 2002 redige de forma diversa a regra ao estabelecer que as deliberações serão tomadas *por maioria de votos, contados segundo o valor das quotas de cada um*, como normalmente determinam os contratos sociais (art. 1.010).

É facultado ao sócio associar um estranho a seu quinhão social, não necessitando para tal da autorização dos demais, mas não pode, sem essa aquiescência, associá-lo à sociedade. O sócio com isso estabelece uma subsociedade, um subcontrato, que não afetará, em princípio, o contrato principal. Para efeito do contrato institucional, apenas o sócio primitivo assim será considerado quando não houver concordância dos demais sócios a esse respeito. A ausência de regra expressa no diploma de 2002 não altera a situação, podendo, porém, o contrato social proibir esse negócio.

Os sócios têm direito à indenização das perdas e danos que sofrerem em seus bens por motivo dos negócios sociais desde que, evidentemente, não tenham também concorrido para elas. Quem concorre para o dano, como vimos, sempre estará obrigado a reparar o dano (art. 1.016, CC atual).

50.5 ADMINISTRAÇÃO

Façamos a análise de acordo com o Código de 1916, com referência ao Código de 2002, quando existente. A administração ou gerência da sociedade caberá a quem o contrato ou estatuto designarem. No silêncio, a administração caberia a todos (art. 1.386, I). Nesse caso, o que cada um praticasse seria válido, mesmo com relação aos sócios que não tivessem consentido, podendo estes, no entanto, opor-se antes de levado a efeito o ato. Protegia-se, com isso, o direito de terceiros que tratavam com a sociedade. O vigente Código, nesse diapasão, estabelece que a administração da sociedade compete separadamente a cada um dos sócios (art. 1.013).

De acordo com o art. 1.382 do Código de 1916, o sócio administrador podia exigir da sociedade o que despender por conta dela, bem como o valor das obrigações contraídas de boa-fé na gerência dos negócios e o valor dos prejuízos respectivos. Os prejuízos dessa natureza ficam por conta do risco inerente ao negócio e não podem unicamente onerar o administrador, que responderá somente se agiu de má-fé.

Se fossem incumbidos dois ou mais sócios para a administração, não lhes sendo discriminadas as funções, nem se declarando que só funcionarão conjuntamente, cada um poderia praticar isoladamente atos de administração no sistema do Código de 1916 (art. 1.384). O Código em vigor estabelece que se a administração competir separadamente a vários administradores, cada um pode impugnar operação pretendida por outro, cabendo a decisão aos sócios, por maioria de votos (art. 1.013, § 1º). Houve, como se percebe, uma evolução na noção administrativa da sociedade.

Quanto aos deveres, o art. 1.001 estatui que as obrigações dos sócios começam imediatamente com o contrato, se o instrumento não estabelecer época diversa, terminando quando dissolvida a sociedade e estiverem satisfeitas e extintas as responsabilidades sociais.

O sócio investido da gerência pelo texto do contrato poderia praticar sozinho atos inerentes à administração normal, desde que procedesse sem dolo (art. 1.383). Não poderia praticar, sem autorização dos demais sócios ou da assembleia, atos que refogem à simples administração; por exemplo, a alienação ou oneração de bem imóvel da empresa. O mandato conferido ao administrador era irrevogável durante o prazo estabelecido, segundo o art. 1.383, § 1º. Tratava-se de garantia de terceiros e visava dar estabilidade aos negócios e atos praticados pela gerência. No entanto, acrescentava o dispositivo legal que a revogação era possível na eventualidade de *causa superveniente*, que dependeria de exame do caso concreto. Esses poderes irrevogáveis, em princípio, são os conferidos originalmente no início do exercício da administração. O § 2º do dispositivo era expresso no sentido de serem revogáveis os poderes de simples mandato conferidos após o contrato. Neste último caso, cuidava-se de mandato outorgado no curso da vida social da entidade.

Os diretores ou administradores podem ser estranhos contratados fora dos quadros sociais. Nessa hipótese, seus poderes podem ser cassados *ad nutum*, a qualquer momento:

> *"Art. 1.383, § 3º Também serão revogáveis, em qualquer tempo, os dos diretores ou administradores de sociedades de qualquer espécie, ainda que nomeados nos respectivos contratos, ou estatutos, se não forem sócios".*

Muitos desses princípios continuam aplicáveis porque úteis e decorrentes da lógica. O caso concreto dará a solução.

O Código de 2002 moderniza o conceito geral de mandato dentro da sociedade trazendo para a problemática atual, estatuindo no art. 1.019:

> *"São irrevogáveis os poderes do sócio investido na administração por cláusula expressa do contrato social, salvo justa causa, reconhecida judicialmente, a pedido de qualquer dos sócios.*
>
> *Parágrafo único. São revogáveis, a qualquer tempo, os poderes conferidos a sócio por ato separado, ou a quem não seja sócio".*

É claro, por outro lado, que a alteração do contrato social pode alterar a forma de administração da sociedade. Todo mandato, porém, para ato ou atos determinados, pode ser revogado, tanto para o mandato conferido a sócio como para estranho. Nesse caso, não está obrigada a sociedade a suportar a administração de terceiros, se houve perda da confiança inerente a essa função.

Cada sócio deve indenizar a sociedade pelos prejuízos que a ela ocasionar decorrentes de culpa sua, sendo-lhe vedada a compensação com eventuais proveitos. Esse prejuízo pode advir de voto do sócio para operação em interesse contrário ao da sociedade (Código de 2002, art. 1.010, § 3º). Cada sócio pode obrigar os outros a contribuir com ele para as despesas necessárias à conservação dos bens sociais (art. 1.386, III), podendo para isso utilizar os meios processuais cabíveis. Se um sócio arcou com tais despesas, pode pedir o reembolso da quota-parte dos demais.

O art. 1.386, IV, proibia que se fizesse alteração nos imóveis da sociedade, sem o consentimento dos demais, ainda que lhe parecesse mais vantajoso. O conceito de alteração é vago, permite gradações e dependerá do caso concreto. O mais recente Código preferiu omiti-lo.

Se um sócio receber sua parte por inteiro de dívida ativa da sociedade, será obrigado a conferi-la se, por insolvência do devedor, a sociedade não lograr cobrá-la por inteiro. De outro modo, o sócio estaria locupletando-se à custa dos demais sócios.

O art. 1.392 estipulava que, se houvesse lucros ilícitos, cada um dos sócios teria de repor o que recebera do sócio delinquente, se este foi condenado à restituição. O sócio que recebeu o que era ilícito, de outro sócio, sabendo da ilicitude, devia ser considerado coautor em virtude da má-fé, sendo solidariamente responsável pela restituição (art. 1.393). Nesse sentido, estabelece o Código no art. 1.009:

> *"A distribuição de lucros ilícitos ou fictícios acarreta responsabilidade solidária dos administradores que a realizarem e dos sócios que os receberem, conhecendo ou devendo conhecer-lhes a ilegitimidade".*

Se ficasse estipulado que os administradores apenas pudessem atuar em conjunto, seria sempre obrigatório o concurso de todos, se não fosse modificado posteriormente o contrato, ainda que ausentes ou impossibilitados (art. 1.385). Ressalvavam-se apenas os casos urgentes, cuja omissão ou retardamento pudesse ocasionar dano irreparável ou grave à sociedade. O Código de 2002 estipula:

> *"Nos atos de competência conjunta de vários administradores, torna-se necessário o concurso de todos, salvo nos casos urgentes, em que a omissão ou retardo das providências possa ocasionar dano irreparável ou grave"* (art. 1.014).

Note que se mantêm os mesmos princípios do estatuto anterior.

O Código em vigor, no art. 1.010, como já mencionamos, estabelece que as deliberações serão tomadas por maioria de votos, contados segundo o valor de quotas de cada um. Para aprovação por maioria absoluta serão necessários votos correspondentes a mais de metade do capital social (§ 1º). O contrato social poderá exigir *quorum* maior para determinadas situações. O desempate será feito com base na decisão sufragada pelo maior número de sócios no caso de empate, e, se este persistir, decidirá o juiz.

50.6 OBRIGAÇÕES DA SOCIEDADE E DOS SÓCIOS PERANTE TERCEIROS

As obrigações contraídas pelos sócios, conjuntamente, ou por algum deles no exercício do mandato social, são dívidas da sociedade (art. 1.395). Nesse sentido, aduz o art. 1.022 do Código:

> *"A sociedade adquire direitos, assume obrigações e procede judicialmente, por meio de administradores com poderes especiais ou, não os havendo, por intermédio de qualquer administrador".*

Cumpre que, no caso concreto, verifique-se se o sujeito obrigou-se em nome próprio ou como órgão da pessoa jurídica. É usual, por exemplo, que, em títulos de crédito emitidos por pessoa jurídica, seus membros integrantes compareçam como avalistas, em nome próprio, como pessoa natural. De outro modo, não existe solidariedade entre os sócios por dívidas da sociedade. Também os atos de um associado, não autorizado, não obrigam os demais, salvo se de sua conduta redundar proveito para a sociedade (art. 1.016).

Há pouco nos referimos ao art. 1.396 do Código de 1916. Segundo esse dispositivo, se o patrimônio da sociedade não for suficiente para cobrir as dívidas da sociedade, por elas responderão os sócios, na proporção que houverem de participar nas perdas sociais. Ver, relacionado com o termo, o que estudamos acerca da desconsideração da pessoa jurídica na obra *Direito civil: teoria geral das obrigações e teoria geral dos contratos*. A insolvência de um dos associados fará com que sua parte na obrigação seja diluída entre os demais.

Conforme presente na parte geral das obrigações, o pagamento somente é válido se feito a quem tenha possibilidade de dar quitação. Desse modo, paga mal quem paga a sócio não autorizado para receber. Examina-se o que foi visto acerca da aparência em nosso texto sobre o pagamento na obra específica.

50.7 RESOLUÇÃO DA SOCIEDADE EM RELAÇÃO A UM SÓCIO. DISSOLUÇÃO DA SOCIEDADE

O Código em vigor, atento às necessidades sociais, abre capítulo relativo à resolução da sociedade em relação a um dos sócios (arts. 1.028 a 1.032), o que, na prática, convencionou-se denominar impropriamente, por falta de melhor disposição legal, de dissolução parcial da sociedade.

A saída de um ou mais sócios pode decorrer de vários motivos: por morte, por iniciativa do próprio sócio, por iniciativa da maioria dos sócios. Em síntese, o sócio pode retirar-se ou ser excluído da sociedade. A situação não era muito clara na legislação anterior, faltando dispositivos específicos.

O art. 1.028 especifica que, no caso de morte do sócio, liquidar-se-á sua quota, salvo:

> *"I - se o contrato dispuser diferentemente;*
>
> *II - se os sócios remanescentes optarem pela dissolução da sociedade;*
>
> *III - se, por acordo com os herdeiros, regular-se a substituição do sócio falecido".*

O contrato já pode regular a priori a forma de substituição do sócio falecido, desde que não prejudique os direitos patrimoniais dos herdeiros.

O art. 1.029 dispõe acerca da retirada voluntária do sócio. O direito de se retirar da sociedade é direito potestativo do sócio, que pode ser regulamentado, mas não pode ser suprimido. Esse artigo especifica que, além dos casos previstos na lei ou no contrato,

> *"qualquer sócio pode retirar-se da sociedade; se de prazo indeterminado, mediante notificação aos demais sócios, com antecedência mínima de sessenta dias; se de prazo determinado, provando judicialmente justa causa".*

Ainda, o parágrafo único do art. 1.029 acrescenta que nos trinta dias subsequentes à notificação, podem os demais sócios optar pela dissolução da sociedade. Nesse caso, a decisão deverá ser unânime, transformando-se a dissolução parcial em plena dissolução da pessoa jurídica.

Questão que sempre atormenta a vida da sociedade é a possibilidade de exclusão de um sócio que, por uma razão ou outra, torna-se inconveniente para a pessoa jurídica. A jurisprudência, da mesma forma, não trilhava caminho seguro nesse campo. Sob esse prisma, dispõe o art. 1.030 do diploma de 2002 que o sócio pode ser excluído judicialmente, por iniciativa da maioria dos demais sócios, por falta grave no cumprimento de suas obrigações, ou, ainda, por incapacidade superveniente. Dois serão os pressupostos básicos nesse caso: a maioria dos demais sócios deve tomar a iniciativa e a questão deverá ser decidida judicialmente. Destarte, salvo acordo entre os interessados, somente a decisão judicial poderá excluir o sócio da comunhão social. No processo judicial, discutir-se-á o mérito da falta grave ou a incapacidade superveniente, isto é, aquela que adveio após o ingresso do sócio indigitado. Enquanto não houver decisão judicial, o sócio permanecerá no contrato. Eventualmente, poderão as partes se valer da tutela antecipada ou das medidas cautelares para privar o sócio apontado de parte ou do total dos direitos societários. Ainda, o parágrafo único do artigo 1.010 dispõe que será excluído de pleno direito o sócio declarado falido ou aquele cuja quota tenha sido liquidada por iniciativa de um seu credor (art. 1.026, parágrafo único).

Sempre que a sociedade se dissolver em relação a um dos sócios, o valor de sua quota deve ser apurado e pago de acordo com o montante efetivamente realizado, salvo disposição contratual em contrário, na base da situação patrimonial da sociedade na data da resolução, verificada em balanço especialmente levantado (art. 1.031). A matéria requer a atividade contábil, tanto mais complexa quanto for a complexidade da pessoa jurídica. Determina ainda o § 1º desse artigo que o capital social sofrerá a diminuição correspondente ao que for pago ao sócio retirante, salvo se os demais sócios suprirem essa quota. De acordo com o § 2º, a quota liquidada será paga em dinheiro, no prazo de noventa dias a partir da liquidação, salvo acordo, ou estipulação contratual em contrário.[7]

O sócio que se retira, sua exclusão ou morte, não o exime, nem a seus herdeiros, da responsabilidade pelas obrigações sociais anteriores, até dois anos, após averbada a resolução da sociedade. No caso de retirada ou exclusão, o sócio também será responsável pelas obrigações posteriores pelo período de dois anos, enquanto não se requerer a averbação (art. 1.032). Desse modo, cumpre que se averbe no registro a retirada ou exclusão, sob pena de o sócio retirante ser ainda responsabilizado pelas obrigações posteriores, pelo prazo de até dois anos.

---

[7] "Dissolução parcial de sociedade – Cumprimento provisório de sentença – Reconhecimento de excesso de execução, determinada a incidência dos juros moratórios apenas a partir do nonagésimo dia após o trânsito em julgado da liquidação dos haveres – Insurgência dos exequentes – Descabimento – Aplicação da regra inscrita no art. 1.031, § 2º, do CC/2002 – Mora somente configurada após o prazo legal de 90 (noventa) dias contado da quantificação do valor devido, estabilizado na fase de liquidação – Valor da quota tornado exigível somente com a fixação judicial definitiva – Decisão mantida – Recurso desprovido" (*TJSP* – AI 2080450-22.2025.8.26.0000, 27-5-2025, Rel. Fortes Barbosa).

"Agravo de instrumento. Civil e processual civil. Apuração de haveres. Sócio falecido. Balanço patrimonial. Disposição contratual. Descumprimento. Juros de mora. Citação no processo de conhecimento. Valor patrimonial. Balanço de determinação. Apuração do ativo e passivo. Compensação. Bis in idem. Recurso conhecido e não provido. 1. O art. 1.031 do Código Civil – CC estabelece que 'nos casos em que a sociedade se resolver em relação a um sócio, o valor da sua quota, considerada pelo montante efetivamente realizado, liquidar-se-á, salvo disposição contratual em contrário, com base na situação patrimonial da sociedade, à data da resolução, verificada em balanço especialmente levantado'. Na sequência, o § 2º dispõe que 'A quota liquidada será paga em dinheiro, no prazo de noventa dias, a partir da liquidação, salvo acordo, ou estipulação contratual em contrário'. 2. O valor da quota do sócio que se retira da sociedade deve ser liquidado com base na situação patrimonial da sociedade na data da resolução. O pagamento da quota liquidada deve ser realizado em dinheiro no prazo de 90 dias a partir da liquidação. Tais disposições, todavia, admitem disposição contratual em contrário. No caso, há disposição contratual que trata da retirada do sócio. Logo, deve ser afastado o prazo legal nonagesimal do **art. 1.031, § 2º, do CC**, diante de estipulação contratual diversa. 3. Correta a decisão que fixou os juros de mora a partir da citação da ré no processo de conhecimento (art. 405 do CC), ocasião em que o devedor é constituído em mora (art. 240 do Código de Processo Civil – CPC). Não procede a alegação de que o termo inicial dos juros seria o momento da intimação no cumprimento de sentença. Precedente do TJDFT. (...) 7. Recurso conhecido e não provido" (*TJDFT* – AI 07173603220238070000, 6-3-2024, Rel. Leonardo Roscoe Bessa).

"Ação de dissolução parcial de sociedade c.c. apuração de haveres – Hipótese em que o critério adotado pelo MM. Juiz 'a quo' para apuração dos haveres devidos ao sócio retirante Espólio de Norma está de acordo com a legislação vigente – Omissão do contrato social – Aplicação dos arts. 1.031 do CC e 606 do CPC, em que são avaliados bens e direitos do ativo, tangíveis e intangíveis, a preço de saída, bem como do passivo, com a ressalva de que este também deve ser o critério a ser adotado no tocante ao Espólio de Renato – Pagamento da quota liquidada que também deve ser realizado na forma do **§ 2º do art. 1.031 do CC**, eis que ausente previsão contratual expressa – Mantido o valor da causa, tal como fixado pelo MM. Juiz 'a quo' – Recurso dos réus improvido. Ação de dissolução parcial de sociedade c.c. apuração de haveres – Critério para apuração dos haveres devidos ao sócio retirante Espólio de Renato – Omissão do contrato social – Aplicação dos arts. 1.031 do CC e 606 do CPC, em que são avaliados bens e direitos do ativo, tangíveis e intangíveis, a preço de saída, bem como do passivo – Pagamento da quota liquidada que também deve ser realizado na forma do §2º do art. 1.031 do CC, eis que ausente previsão contratual expressa – Incidência do art. 603, § 1º, do CPC – Concordância expressa dos réus com o pedido de dissolução parcial da sociedade, controvertendo, tão somente, em relação à apuração de haveres, o que não justifica o afastamento dessa regra geral – Recurso do autor parcialmente provido" (*TJSP* – Ap 1023556-26.2020.8.26.0224, 15-2-2023, Rel. J. B. Franco de Godoi).

Essas disposições têm em mira a dinâmica da pessoa jurídica e o sentido de equidade com relação aos demais sócios, bem como tendo em vista a natureza do contrato de sociedade. O fato de um deles se retirar ou ser excluído da sociedade não significa que passe a estar imune imediatamente aos efeitos decorrentes das atividades sociais das quais a sociedade participou.

Por outro lado, o art. 1.399 do velho Código (art. 1.033, do atual Código), dissolvia-se a sociedade:

> *"I – pelo implemento da condição, a que foi subordinada a sua durabilidade, ou pelo vencimento do prazo estabelecido no contrato".*

Essa hipótese também estava prevista no art. 335, *e*, do Código Comercial. O usual é que as pessoas jurídicas sejam instituídas por prazo indeterminado. No entanto, sua existência pode subordinar-se a *condição* ou *termo*. Ver seus respectivos conceitos e particularidades na obra *Direito civil: teoria geral das obrigações e teoria geral dos contratos*. O implemento de condição resolutiva extingue a pessoa jurídica. A sociedade pode ter sido criada exclusivamente para a venda de determinado loteamento, por exemplo.

Vencido o termo ou implementada a condição, a sociedade pode prosseguir se esse for o desejo social. O art. 1.400 do CC de 1916 estatuía que a prorrogação somente se provava por escrito, nas mesmas condições do contrato primitivo. Em princípio, pessoa jurídica que atue após vencimento de seu termo posta-se como sociedade irregular, subordinando-se aos efeitos desse estado. Nesse sentido, poderia haver interregno entre o vencimento do prazo ou implemento da condição e o novo contrato. Nessa hipótese, se há prorrogação após o vencimento do contrato, o art. 1.401 entende que há nova constituição. Se a prorrogação é acertada ainda no curso do contrato, ter-se-á a sociedade como em continuação da anterior. O novo contrato absorve o primeiro.

Quando a sociedade possui termo prefixado de duração, sócio algum poderá pedir sua dissolução antes de expirar o prazo, salvo se provar algum dos casos do art. 1.399, I a IV, ora sob estudo (art. 1.408). Tal não impede, porém, que todos os sócios de comum acordo optem pela dissolução antes do termo, efetivando o distrato. O art. 1.374 estabeleceu que o prazo da sociedade seria sempre indeterminado no silêncio do contrato, podendo o sócio dela retirar-se mediante aviso com antecedência de dois meses previamente ao termo do ano social. Se, porém, o objetivo da sociedade for negócio ou empresa que deva durar certo lapso de tempo, enquanto não atingido o objeto os sócios não poderão retirar-se. A retirada de um dos sócios implica dissolução parcial, como se examinou.

Questão de interesse coloca-se quando o contrato estabelece um fim específico e ao mesmo tempo fixa um prazo de duração. A sociedade não se extinguirá unicamente com o decurso de prazo, pois há que se aguardar a conclusão da finalidade proposta.

De forma mais consentânea com a realidade, o Código em vigor disciplina a esse respeito que a sociedade dissolve-se quando ocorrer

> *"o vencimento do prazo de duração, salvo se, vencido este e sem oposição de sócio, não entrar a sociedade em liquidação, caso em que se prorrogará por prazo indeterminado".*

Nesse sentido, apela-se para a regra geral dos contratos pela qual prosseguindo as partes na avença em um contrato por prazo indeterminado, o contrato se reconduz e se prorroga por prazo indeterminado.

"II – pela extinção do capital social, ou seu desfalque em quantidade tamanha que a impossibilite de continuar".

O dispositivo consta, no Código de 2002, no art. 1.034. O desaparecimento ou diminuição considerável do capital social esvazia a pessoa jurídica e a impossibilita de atender suas finalidades. Assim ocorre quando desaparecem os bens trazidos à sociedade. Podem os sócios fornecer novos bens para incrementar o capital. Se não há essa possibilidade, extingue-se a pessoa jurídica. A sociedade será dissolvida sempre que, na linguagem da lei, for verificada a inexequibilidade da pessoa jurídica, que é matéria a ser apurada no caso concreto.

"III – pela consecução do fim social, ou pela verificação de sua inexequibilidade".

Como regra, as pessoas jurídicas são criadas para obtenção de fins mais ou menos amplos. Pode ocorrer que a finalidade social seja específica: institui-se a pessoa jurídica para a importação de determinado produto, por exemplo. Se ocorre proibição legal nessa importação, torna-se inexequível o objetivo social. Como notamos, o exaurimento do fim social deve ser examinado no caso concreto.

"IV – pela falência, incapacidade ou morte de um dos sócios".

Essas situações, como vimos, são tratadas, no Código de 2002, como resolução da sociedade em relação a um sócio, ou dissolução parcial, como vinha atendendo a jurisprudência. Não se admitia que por causa imputável a um único sócio fosse extinta a sociedade.

A falência é aplicável apenas ao devedor comerciante; portanto, às sociedades mercantis. Com a quebra, busca-se apurar o ativo e o passivo, satisfazendo os credores em rateio proporcional a seus créditos, que podem ser de várias naturezas, quirografários ou privilegiados, extinguindo-se então a pessoa jurídica. A massa falida, com personalidade anômala, tem âmbito limitado de atuação durante o processo falencial. As sociedades e associações civis sujeitam-se ao processo de insolvência civil que também faz desaparecer a pessoa jurídica.

A incapacidade do sócio pode não extinguir a sociedade se o contrato ou estatuto previu a hipótese de substituição. Vimos, pelo diploma em vigor, que a falência é causa de exclusão do sócio e não de dissolução, ou, se preferirmos, mera causa de dissolução parcial. Quanto à incapacidade, como regra, aquele que perde o devido discernimento, como é de rigor, não tem condições de gerir a sociedade, mormente quando se trata de pessoa jurídica *intuitu personae*. Trata-se, com vimos, de excluir apenas o sócio que se tornou incapaz.

Na hipótese de morte do sócio, o contrato pode estipular que a sociedade continue com seus herdeiros ou só com os associados remanescentes. O art. 335, IV, do Código Comercial, era equivalente, afirmando que a morte não extingue a sociedade se houver convenção em sentido contrário. Nesta última hipótese, o herdeiro do sócio falecido terá direito à partilha do que houver quando do passamento, mas não participará dos lucros e perdas posteriores à morte que não forem consequência direta de atos anteriores ao falecimento (art. 1.402). Veja a que nos referimos anteriormente acerca da morte do sócio. Nem sempre será tarefa singela a apuração dos haveres do sócio falecido nessas premissas, dependendo da complexidade das atividades sociais.

Estipulando o contrato que a sociedade continuará com o herdeiro do sócio falecido, *"cumprir-se-á a estipulação, toda vez que se possa; mas sendo menor o herdeiro, será dissolvido, em relação a ele, o vínculo social, caso o juiz o determine"*. Pode ocorrer que o herdeiro não tenha condições de assumir o estado de sócio porque há um impedimento legal, seja funcionário público desempenhando função incompatível, por exemplo, ou o elevado número de herdeiros desaconselhe sua permanência na entidade. No entanto, deve-se buscar solução que harmonize a permanência do herdeiro na sociedade, ainda que isso implique alteração do contrato social, mesmo que por via judicial. Esse o sentido da dicção legal, não contrariado pelo atual sistema.

Solução semelhante aplica-se ao herdeiro menor que poderá permanecer na sociedade com autorização judicial. Pode ser nomeado curador para o incapaz unicamente com relação à sociedade, se for a melhor solução e o pai ou tutor não puder fazê-lo. O juiz deve apenas determinar a retirada do herdeiro incapaz na hipótese de palpável inconveniência para ele e para a sociedade. Retirando-se o menor da sociedade, faz-se a apuração de haveres de sua parte, nos termos do art. 1.402 do antigo diploma legal.

A mera cláusula contratual, assegurando aos herdeiros do sócio continuar a pessoa do sócio falecido, não é suficiente para convertê-los efetivamente em sócios. Ou seja, o fato de a quota do falecido passar aos herdeiros não lhes transfere o estado de sócios. São transferidos os direitos patrimoniais. Se não ostentarem a condição de sócios, mas apenas de titulares de quota por força de sucessão hereditária, seus direitos serão restritos a essa condição. Os herdeiros nessa situação participam dos rendimentos referentes ao sócio falecido. Não poderão, no entanto, exercer administração. Somente adquirirão a condição de sócios automaticamente se o contrato assim o dispuser.

> *"V – pela renúncia de qualquer deles, se a sociedade for de prazo indeterminado (art. 1.404)".*

A renúncia é ato abdicativo unilateral que independe de concordância. Necessária, no entanto, a ciência aos interessados. O contrato pode prever em contrário, ou seja, que a renúncia de qualquer dos associados não dissolva a sociedade. Não será de conveniência que por capricho de um sócio extinga-se sociedade atuante e útil. O art. 1.404 do Código de 1916 ressalvava, porém, que essa renúncia somente teria o condão extintivo da pessoa jurídica *se feita de boa-fé*, em tempo oportuno, e notificada aos demais sócios dois meses antes. Esse prazo visava obstar que fossem os demais consortes tomados de surpresa.

O art. 1.405 descreveu o que se entende por renúncia *de má-fé:*

> *"quando o sócio renunciante pretende apropriar-se exclusivamente dos benefícios que os sócios tinham em mente colher em comum; e haver-se-á por inoportuna, se as coisas não estiverem no seu estado integral, ou se a sociedade puder ser prejudicada com a dissolução nesse momento".*

Em síntese, a renúncia somente é possível quando não prejudicar a sociedade.

Esse direito de renunciar, possibilitando a dissolução da sociedade, evidentemente deve ser tomado em seus devidos termos. Não pode a simples extravagância do renunciante pôr a perder ou prejudicar o interesse dos demais sócios, que desejam a continuação do negócio.

A jurisprudência é remansosa no sentido de determinar, sempre que possível, a continuação da sociedade, com a exclusão do sócio dissidente e a apuração de seus haveres. Trata-se do que usualmente se denomina extinção parcial da sociedade. Esse foi o sentido imprimido pelo Código contemporâneo, como vimos, que absorve essa hipótese do velho diploma como retirada do sócio (art. 1.029).

> *"VI – pelo consenso unânime dos associados"* (atual, art. 1.033, II).

O distrato pode extinguir o contrato de sociedade a qualquer tempo, ainda que o contrato tenha prazo determinado ou preveja objetivo ainda não alcançado. O art. 335, III, do Código Comercial, também se referia à dissolução por mútuo consenso.

Nada impede, porém, que um sócio demande sua retirada da sociedade, ingressando com pedido de dissolução parcial. Essa causa de dissolução, agora disciplinada no Código de 2002, estava prevista no Código Comercial, art. 335, V. É a situação mais frequente.

Na maioria das vezes, há interesse na continuação da empresa. Com a retirada parcial de sócios, há que se fazer a apuração de seus haveres. Raramente, dissolver-se-á a sociedade por vontade de um único sócio. Existindo possibilidade de continuação, não se decretará a extinção. Permite-se a retirada do sócio descontente, mormente se minoritário, no que se denomina dissolução parcial. Os sócios que detêm a maioria do capital têm direito de fazer valer sua vontade na continuação do negócio. Essa maioria também pode decidir pela expulsão do sócio dissidente a fim de preservar a integridade da sociedade. Os bens do retirante serão apurados na proporção de sua quota, com verificação atualizada, física e contábil do ativo. A solução da jurisprudência tem sido sempre permitir a continuação da sociedade, com exclusão dos dissidentes, sempre que for possível.

O Código deste século refere-se também à "*deliberação dos sócios, por maioria absoluta, na sociedade de prazo indeterminado*" (art. 1.033, III). Acolhe-se, aí, a vontade da maioria do capital social. A óptica dessa deliberação transfere-se para o exame da obediência aos caracteres formais dessa deliberação.

Após a dissolução, subsiste a responsabilidade social com relação a terceiros. Veja o que falamos acerca do art. 1.032 do Código de 2002. Se não foi estipulada responsabilidade dos sócios nessa hipótese, a dívida será atribuída entre eles, em partes proporcionais a suas entradas. O inconveniente no caso é obrigar o credor a cobrar a quota-parte de cada um. Melhor seria que nessa situação fossem sempre considerados os sócios solidários pelo remanescente das dívidas após a dissolução.

O art. 1.409 do Código de 1916 determinara que se aplicasse na partilha social os princípios da partilha hereditária (arts. 1.772 ss). Veja o capítulo respectivo em nosso *Direito civil: direito das sucessões*. As regras da partilha, contudo, possuem matiz especial se se tratar de dissolução de sociedade. Não há perfeita sintonia que possibilite sua aplicação na dissolução de sociedade. Enquanto na sucessão hereditária, na extinção de condomínio, no desfazimento da sociedade conjugal existe cotitularidade de direitos, a sociedade regular não gera comunhão de bens entre os sócios. Estes não são donos dos bens sociais porque a personalidade da pessoa jurídica com eles não se confunde. Nessa situação, a partilha tem eficácia constitutiva, ao contrário da sucessória, que é meramente declaratória. Não é o que sucede, porém, nas sociedades irregulares ou de fato, quando todos os bens pertencem em comum aos sócios. Nesta última hipótese, a partilha será destarte meramente declarativa (Lopes, 1993:598). No sistema atual, o julgador dará a melhor solução de acordo com o caso concreto.

A dissolução implica liquidação com apuração patrimonial. Os negócios e obrigações pendentes devem ser liquidados. A ação para dissolução parcial de sociedade é regulada nos arts. 599 ss do CPC de 2015. O Código Civil de 2002 traz preceitos de ordem material para a liquidação nos arts. 1.102 a 1.112.

No tocante ao processo judicial, o interessado deve ajuizar petição acompanhada do contrato social ou estatutos. A sentença buscará dissolução integral ou parcial, que é mais comum, conforme o caso. Nessa fase, discute-se exclusivamente sobre a dissolução da sociedade, devendo o juiz buscar sempre que possível a dissolução parcial. A sentença deve obedecer aos requisitos do art. 458 do estatuto processual. Após o trânsito em julgado, inicia-se a fase de liquidação, se houver procedência. Na sentença que acolhe o pedido, o juiz nomeará liquidante, a quem caberá levar a termo a extinção, saldando as dívidas pendentes e realizando o ativo e o passivo. A escolha do liquidante deve recair de preferência sobre pessoas indicadas no contrato ou nos estatutos. Na omissão da convenção, prevalecerá a eleição por meio de votos na proporção do capital social. Se tal procedimento tornar-se inviável, o juiz nomeará pessoa estranha ao corpo social.

A fase de liquidação culmina com o esboço de partilha. O juiz decidirá acerca das impugnações dos interessados, para final homologação. Se outros bens surgirem após a partilha, serão objeto de sobrepartilha, seguindo os mesmos princípios da sucessão hereditária.

Durante o processo de liquidação, a sociedade sobrevive ainda que nesse estado de transição. Enquanto não definitivamente encerrado o processo, persiste sua personalidade jurídica.

As causas de dissolução elencadas na lei não são exaustivas, pois aplicam-se as regras gerais de extinção dos negócios jurídicos, além de situações particulares que podem ocorrer no curso da existência associativa.

A sociedade implica a existência de número plural de sócios, mais de um. Se, por qualquer circunstância, essa pluralidade deixar de existir (morte, retirada, exclusão), o Código Civil de 2002 concebia prazo para que fosse reconstituída (art. 1.033, IV, revogado pela Lei 14.195/2021). Desse modo, nesse período, excepcionalmente, a pessoa jurídica existirá com um único sócio. A sociedade extinguir-se-á de pleno direito se a pluralidade de sócios não for reconstituída nesse prazo, podendo qualquer interessado argui-la.

O Código em vigor contempla, também, a hipótese de extinção da sociedade, quando ocorrer falta de autorização para funcionar (art. 1.033, V). Nesse caso, o Ministério Público promoverá a liquidação judicial, se os administradores não o tiverem feito nos trinta dias seguintes à perda da autorização ou se algum dos sócios não o tiver feito (art. 1.037). O parágrafo único desse artigo permite que, não promovendo o Ministério Público a liquidação em quinze dias a contar de sua comunicação, a autoridade competente para conceder autorização nomeie interventor com poderes para requerer a medida e administrar a sociedade até que seja nomeado liquidante. É o que pode ocorrer com as sociedades financeiras que dependem de autorização do Banco Central. O Código mais recente traz um capítulo dedicado às sociedades que dependem de autorização (arts. 1.123 ss).

Segundo é usual e afirma o art. 1.035 do atual Código, o contrato pode prever outras causas de dissolução, a serem verificadas judicialmente quando contestadas.

O art. 1.036 dispõe acerca da investidura do liquidante na hipótese de dissolução, cuja figura é disciplinada no art. 1.038 e nos arts. 1.102 ss.

No final deste estudo, advirta-se novamente o leitor que o direito societário pertence ao ramo do antigo direito comercial, hoje direito empresarial, e nele deve ser aprofundado. O presente capítulo constitui apenas uma introdução superficial ao tema.

51

CONTRATOS AGRÁRIOS: ARRENDAMENTO E PARCERIA

51.1 DIREITO AGRÁRIO E PRINCÍPIOS CONTRATUAIS

O direito relacionado com o aproveitamento do solo confunde-se com os princípios que definem a própria compreensão atual de propriedade imobiliária rural. Direito agrário, em apertada síntese, é o conjunto de normas disciplinadoras das relações do homem com a terra, objetivando o progresso social e econômico do trabalhador e de toda a sociedade, inclusive com a preservação dos recursos naturais. A matéria diz respeito à utilização da propriedade rural em prol da comunidade. Nesse sentido, mencionamos a reforma agrária, a qual não se identifica com o direito agrário, mas diz respeito à dinamização de normas tendentes à modificação estrutural do aproveitamento da terra.

A Emenda Constitucional nº 10, de 1964, alterou o art. 5º, XV, *a*, da Constituição de 1946, inserindo na competência da União a legislação sobre direito agrário. A lei fundamental desse campo jurídico é o Estatuto da Terra, Lei nº 4.504, de 30-11-64, que cuida da problemática em dois planos, quais sejam, a reforma agrária e a política agrícola. Essa lei fixa os rumos básicos de relacionamento entre a terra e o homem. No tocante especificamente aos contratos de uso da terra, esse diploma é complementado e regulamentado pelo Decreto nº 59.566/66. A mais recente Lei nº 11.443, de 05 de janeiro de 2007, introduziu várias modificações no arrendamento e na parceria rural, alterando os arts. 95 e 96 do Estatuto, sem, porém, modificar-lhes o sentido.[1]

---

1 "Apelação. Arrendamento rural. Inadimplemento contratual. Sentença de improcedência. Recurso provido. I. O caso em exame versa sobre o inadimplemento de contrato verbal de arrendamento rural, destinado à atividade pecuária (criação de animais), referente a um loteamento de propriedade dos Autores que, na qualidade de herdeiros do imóvel, buscam o despejo do Réu por falta de pagamento, bem como o adimplemento dos aluguéis não pagos. II. A questão em discussão consiste em verificar se o contrato em questão é regido pela Lei de Locações ou pelo Estatuto da Terra, considerando a natureza rural do imóvel e a atividade desenvolvida, bem como a existência do inadimplemento dos aluguéis a ensejar o despejo por falta de pagamento III. Razões de Decidir: O contrato deve ser caracterizado como de arrendamento rural, por conta das características e localização do terreno, bem como pela atividade rural desenvolvida no local, conforme art. 4º, I, da Lei 4.504/1964 (Estatuto da Terra). O inadimplemento do contrato restou bem comprovado nos autos, ensejando o despejo à luz do disposto no art. art. 32, III, do Decreto 59.566/66 que regulamenta o referido Estatuto. IV. Tese de julgamento: 1. As características do imóvel, bem como a atividade econômica conferem a natureza ao contrato como de arrendamento rural, sujeitando-se ao

A questão da terra não foi indiferente ao legislador do Código Civil de 1916, embora sua preocupação maior fosse a disciplina urbana, pois se ocupara da locação de imóveis rurais (arts. 1.211 a 1.215) e da parceria rural agrícola e pecuária (arts. 1.410 a 1.423). Essas disposições tornaram-se meramente supletivas da legislação especial, que se fez necessária em razão das modificações sociais do século XX. Tanto o arrendamento como a parceria são disciplinados nas leis próprias, não tendo sido contemplados pelo atual Código Civil. O Estatuto da Terra delineou os traços gerais dos contratos, cabendo sua regulamentação detalhada ao citado decreto.

Os contratos agrários não podem, porém, ser tratados à margem do sistema geral dos negócios jurídicos. Em seu exame, não se arredam os princípios fundamentais e tradicionais dos contratos. Esse é, aliás, o sentido expresso no art. 13 da Lei nº 4.947/66, ao determinar que nos contratos agrários sejam aplicados os princípios gerais que regem os contratos no direito comum, no que concerne ao acordo de vontades e ao objeto, observados contudo os preceitos de direito agrário que enumera. Referido dispositivo elenca os arts. 92, 93 e 94 do Estatuto da Terra, que traçam normas sobre o uso e a posse temporária da terra; os arts. 95 e 96, referentes ao arrendamento rural e às diversas formas de parceria; a obrigatoriedade de cláusulas irrevogáveis, estabelecidas pelo Ibra visando à conservação de recursos naturais; a proibição de renúncia por parte do arrendatário ou parceiro não proprietário de direitos e vantagens estabelecidos na legislação agrária e a proteção social e econômica aos arrendatários cultivadores diretos e pessoais. A enumeração não é exaustiva, pois em cada caso concreto examinar-se-á a proteção ao rurícola e aos recursos naturais, como regra fundamental da contratação agrária.

No entanto, é preciso divisar o direito agrário como uma disciplina própria, inserida no âmbito do que modernamente é denominado *direito social*. Nessa esfera, à qual pertencem, por exemplo, o direito do trabalho e o direito de proteção ao consumidor, o conjunto de normas situa-se a meio caminho entre o direito privado e o direito público, com características próprias em prol da proteção daquele em tese economicamente mais fraco, no caso o trabalhador da terra, perante o proprietário do solo ou assemelhado. Assim como em outros diplomas legais que procuram idêntica finalidade protetiva do economicamente mais fraco (o Código de Defesa do Consumidor e a Lei do Inquilinato, por exemplo), os contratos agrários possuem normas de ordem pública, inderrogáveis pela vontade das partes, na precípua finalidade de proteger não somente o rurícola não proprietário da terra, mas também para assegurar proteção aos recursos naturais. Diminui, portanto, nesse campo, a força da autonomia da vontade. Aponta, sob esse aspecto, Wellington Pacheco Barros, que uma das principais características do direito agrário é a imperatividade de suas regras, ou seja, uma forte intervenção do Estado nas relações vinculadas à parceria rural e aos contratos de arrendamento rural (1999:16). Avulta de importância, sob esse prisma, no direito agrário, a função social da propriedade, questão levantada pela Constituição de 1988 e pelo Código Civil em vigor.

Estatuto da Terra (Lei 4.504/1964). 2. Inadimplemento autoriza despejo, bem como cobrança de aluguéis devidos. Recurso provido" (*TJSP* – AP 1000021-06.2024.8.26.0458, 30-4-2025, Rel. L. G. Costa Wagner).

"**Contrato de arrendamento rural**. Ação de despejo c.c. cobrança. Sentença de procedência. Apelo dos autores. Cláusula contratual afastando o direito à indenização por benfeitorias. Nulidade diante da regra do art. 95, inc. VIII, da Lei 4.504/64 (Estatuto da Terra). Precedente do C. STJ. Pedido de indenização por benfeitorias que pode ser formulado nestes autos, sendo desnecessária ação autônoma. Apelo desprovido, com observação" (*TJSP* – Ap 0000536-27.2011.8.26.0648, 31-3-2022, Rel. Morais Pucci).

"**Arrendamento rural** – Pretensões de despejo por falta de pagamento e cobrança de aluguel – Processo julgado extinto, por falta de interesse de agir – Nulidade da cláusula que dispõe a respeito do aluguel, por ofensa ao disposto no parágrafo único, do artigo 18, do Estatuto da Terra – Caso em que a mora não se tem por demonstrada – Apelação não provida" (*TJSP* – Ap 1008495-41.2017.8.26.0286, 14-2-2019, Rel. Sá Duarte).

Nesse sentido, podemos falar do direito agrário como um microssistema jurídico. Sob esse diapasão, importa que a interpretação de normas agrárias seja feita dentro do conceito *agrarista*, ou seja, sob princípios particulares de direito agrário. *"O direito agrário é disciplina com lineamentos próprios, exigindo que seja interpretado de dentro para fora, como* ***contexto****, não como simples* ***texto****"* (Borges, 1995:79). Há, portanto, particularização hermenêutica própria de um microssistema jurídico.

A legislação agrária brasileira visou mudança paulatina das condições do campo, sem traumas, como claramente notamos dos artigos básicos do Estatuto da Terra, sabendo o legislador que qualquer rompimento abrupto da estrutura ruralista traria inevitável convulsão social. O Estatuto da Terra definiu, entre outros institutos, *propriedade familiar*, *módulo rural*, *minifúndio* e *latifúndio* para fins de compreensão legal (art. 4º). O art. 16, como norma de programa, estatuiu que

> *"a reforma agrária visa estabelecer um sistema de relações entre o homem, a propriedade rural e o uso da terra, capaz de promover a justiça social, o progresso e o bem-estar do trabalhador rural e o desenvolvimento econômico do país, com a gradual extinção do minifúndio e do latifúndio".*

Minifúndio e latifúndio são áreas rurais que se entendem como impróprias para as finalidades do progresso agrário, por suas dimensões restritas ou exageradas respectivamente, sem aproveitamento eficiente, afora outras condições reunidas na lei.

Os contratos agrários destinam-se, portanto, aos imóveis rurais. Estes são conceituados segundo sua destinação. São aqueles orientados para a exploração extrativa, agrícola, pecuária ou agroindustrial, *qualquer que seja sua localização* (art. 4º, I, do Estatuto).

Os contratos agrários nominados na legislação especial são o *arrendamento rural* e a *parceria rural*. Concluem-se tendo como partes, de um lado, o proprietário da terra ou quem lhe faça as vezes como o possuidor legitimado, e de outro lado o rurícola que exercerá ali atividade agrícola, pecuária, agroindustrial, extrativa ou mista, conforme o art. 1º do Decreto nº 59.566/66. Os arts. 4º e 5º, II, ampliam o conceito de utilização agrária ao permitir também a parceria exclusiva do gado.

Muitos podem ser os negócios contratuais visando ao aproveitamento e à exploração da terra, não se limitando obviamente a esses dois contratos. Há contratos inominados e atípicos também alcançados pela legislação agrária. Sob tal prisma, o art. 39 do Decreto nº 59.566/66 dispõe que:

> *"quando o uso ou posse da terra for exercido por qualquer outra modalidade contratual, diversa dos contratos de Arrendamento e Parceria, serão observadas pelo proprietário do imóvel as mesmas regras aplicáveis a arrendadores e parceiros, e em especial, a condição estabelecida no art. 38 supra".*

O art. 38 define o que a lei entende como exploração adequada da terra, de forma *eficiente, direta, pessoal e correta*, a fim de permitir a proteção legislativa. Desse modo, concluímos que, afastando-se a atividade de uso temporário da terra da finalidade procurada pela lei, o contrato submeter-se-á às regras gerais de direito civil e não mais à legislação protetiva. Será atípico, por exemplo, o contrato de arrendamento rural com possibilidade de compra ao final do prazo pelo arrendatário, deduzindo-se o preço pago a título de aluguel no valor da venda. Nesse negócio, como percebemos, há princípios do *leasing* a serem aplicados, no âmbito dos contratos agrários (veja o Capítulo 50 desta obra).

51.2 ARRENDAMENTO RURAL. DISTINÇÃO DA PARCERIA

O arrendamento e a parceria rural estão definidos, respectivamente, nos arts. 3º e 4º do Decreto nº 59.566/66. Pelo contrato de *arrendamento rural*, termo equivalente à locação costumeiramente utilizada para imóveis urbanos, uma pessoa obriga-se a ceder a outra o *uso e o gozo de imóvel rural* para ali ser exercida atividade pertinente à esfera rural, mediante pagamento de aluguel em dinheiro ou em espécie. Pelo contrato de *parceria rural*, alguém se obriga a ceder o *uso específico* de imóvel rural a outrem, para atividade própria rural, mediante partilha de riscos e lucros, em proporções estabelecidas em lei.

No contrato de arrendamento, a posse direta do imóvel é necessariamente transferida ao arrendatário, que assume todos os riscos de exploração e usufrui de todos os proveitos. Em contrapartida, o arrendador recebe remuneração certa consubstanciada no aluguel estabelecido em um valor pecuniário. Na parceria, é cedido o uso da coisa, sem que necessariamente seja transferida a posse do imóvel ao parceiro-outorgado. Com a partilha dos frutos e levadas em consideração as perdas, as partes contratantes receberão a fruição decorrente desse contrato. O malogro da colheita ou da produção afeta ambos os contratantes. A parceria é contrato que sublima o espírito associativo; as partes unem-se perante o mesmo desiderato.

Ambos os contratos são bilaterais, consensuais, onerosos e não solenes, como veremos. A parceria é contrato aleatório, pois a vantagem esperada é incerta. O arrendamento geralmente não o é. Ressalta-se também costumeiramente o aspecto pessoal desses contratos, pois geralmente a avença é *intuitu personae*, tendo em mira a pessoa do arrendatário ou parceiro-outorgado. A esses contratos também não é estranho o contrato preliminar, nada impedindo a promessa de arrendamento ou de parceria, no âmbito dos princípios gerais.

O arrendamento rural fora tratado no Código Civil de 1916 sob a denominação de *locação de prédios rústicos*, aplicando-se também as normas referentes à locação de coisas e de prédios em geral. Como anotamos, o direito comum é aplicável nos casos omissos na legislação específica. Distingue-se da locação urbana, regulada também por lei própria, porque nesta são realçados os aspectos residenciais e não residenciais da locação, sempre com finalidade urbana, também independentemente da localização do imóvel.

Portanto, o arrendamento rural é modalidade de *locatio rei* segundo a qual o arrendador se obriga a ceder ao arrendatário, por tempo determinado ou não, o uso e o gozo de imóvel rural, no todo ou em parte, com possibilidade de inclusão de outros bens, para ali ser exercida atividade agrária. A definição não muito técnica do art. 3º do regulamento preocupou-se em definir extensivamente o objeto do contrato:

> *"É o contrato agrário pelo qual uma pessoa se obriga a ceder à outra, por tempo determinado ou não, o uso e gozo de imóvel rural, parte ou partes do mesmo, incluindo, ou não, outros bens, benfeitorias e/ou facilidades, com o objetivo de nele ser exercida atividade de exploração agrícola, pecuária, agroindustrial, extrativa ou mista, mediante certa retribuição ou aluguel, observados os limites percentuais da Lei".*

Em linhas gerais, as obrigações do arrendador e do arrendatário não diferem da locação do Código Civil. O arrendatário deve utilizar-se do imóvel para o fim convencionado ou presumido e tratá-lo com o mesmo cuidado como se fosse seu, sendo-lhe vedado alterar a destinação contratual (art. 41, II, do regulamento). O arrendatário tem obrigação de preservar os pomares e matas, salvo permissão escrita do locador para derrubada de árvores de maior porte (art. 42). O descuido na conservação decorrente da lei implica infração legal do arrendamento, que autoriza a rescisão e o despejo, sem prejuízo da respectiva indenização.

Como na locação em geral, o arrendador tem a obrigação de entregar o imóvel ao arrendatário com suas pertenças e em estado de servir ao uso proposto. Findo o contrato, o arrendatário deve devolver o imóvel, tal como recebeu, salvo as deteriorações normais. Igualmente, o desvio de uso do imóvel locado caracteriza infração. Examine o que estudamos a respeito no contrato de locação no inquilinato urbano no tocante às obrigações das partes.

O imóvel rural, objeto de contrato de arrendamento ou parceria rural, deve ter identificação e número de seu registro no cadastro de imóveis rurais do Incra, de acordo com o art. 12, VI, do Decreto nº 59.566/66. Há que se ter em mira o módulo rural, medida de área mínima de cada região e para a modalidade de exploração, apta a permitir a correta utilização e rentabilidade da terra. Como regra geral, não se permite divisão de área inferior ao módulo rural.

O art. 33 do decreto regulamentador permite que o arrendador e o arrendatário, por mútuo acordo, substituam a área arrendada por outra equivalente, localizada no mesmo imóvel, respeitadas as cláusulas originárias e respeitados os direitos do arrendatário.

O subarrendamento, bem como a subparceria, do mesmo modo que o empréstimo ou cessão do imóvel, somente será possível quando houver autorização prévia e expressa do arrendador. Ausente o consentimento, estará autorizado o despejo (art. 32, II, do decreto).

O art. 50 do regulamento permite que a parceria seja a qualquer tempo transformada em arrendamento por vontade das partes.

51.3 PARCERIA

O art. 4º do regulamento define com prolixidade:

> *"Parceria rural é o contrato agrário pelo qual uma pessoa se obriga a ceder a outra, por tempo determinado ou não, o uso específico de imóvel rural, de parte ou partes do mesmo, incluindo, ou não, benfeitorias, outros bens e/ou facilidades, com o objetivo de nele ser exercida atividade de exploração agrícola, pecuária, agroindustrial, extrativa vegetal ou mista; e/ou lhe entrega animais para cria, recria, invernagem, engorda ou extração de matérias-primas de origem animal, mediante partilha de riscos do caso fortuito e da força maior do empreendimento rural, e dos frutos, produtos ou lucros havidos nas proporções que estipularem, observados os limites percentuais da lei (art. 96, VI, do Estatuto da Terra)."*

Como percebemos, no arrendamento não há partilha de vantagens e perdas como existe na parceria. No arrendamento, paga-se o aluguel, independentemente do sucesso do trabalho na gleba. Na parceria, é denominado *parceiro-outorgante* o cedente e *parceiro-outorgado* o cessionário, que recebe terra ou animais. O Código Civil de 1916, no art. 1.423, mandava aplicar às parcerias, supletivamente, as regras do contrato de sociedade. Tênue, porém, é a proximidade desses contratos.

Podem as mesmas partes eventualmente estabelecer ambos os contratos concomitantemente. A lei exige que sejam concluídos instrumentos distintos, regendo-se cada qual pelas normas específicas (art. 6º do regulamento).

O art. 5º define as várias modalidades de parceria: agrícola, pecuária, agroindustrial, extrativa e mista. A parceria geralmente é exercida por várias pessoas ligadas ao parceiro-outorgado, sua família, empregados, agregados etc.

51.4 PRAZOS

O contrato de arrendamento pode ser por prazo determinado ou não, mas, em qualquer caso, os prazos somente terminarão depois de concluída a colheita. A regra do art. 1.194 do

Código Civil de 1916 era de que a locação cessava de pleno direito, findo o prazo estipulado, independentemente de notificação ou aviso. Permitia-se aguardar o término da colheita apenas quando o arrendamento fosse por prazo indeterminado.

O art. 21 do regulamento presume contratado pelo prazo mínimo de três anos o arrendamento por prazo indeterminado. Antes desse prazo, o arrendador não pode dar por finda a avença. O § 1º, no entanto, dispõe que os prazos de arrendamento terminarão sempre depois de ultimada a colheita. Em caso de retardamento da colheita por motivo de força maior, os prazos ficam automaticamente prorrogados até o respectivo final. O art. 28 reitera que, quando se verificar a resolução ou extinção do direito do arrendador sobre o imóvel rural, fica garantida ao arrendatário a permanência até o término dos trabalhos necessários à colheita. Desse modo, a alienação do imóvel ou a perda de disponibilidade dele para ser dado em locação, como a extinção de usufruto ou fideicomisso, não inibirá o locatário de finalizar a colheita. Não deseja a lei que o prédio seja retomado com colheita pendente, pois tal não atende à finalidade social proposta. A lei não distingue se são várias as colheitas pendentes ou uma só, nem pode o contrato fazer essa distinção. Findas as colheitas e decorrido o prazo do contrato, se determinado, abre-se possibilidade ao despejo, nos termos do art. 32, I, do regulamento, como analisamos a seguir.[2] Não se aplica o princípio, contudo, se a colheita não se faz por culpa do arrendatário, pois, nesse caso, há infração legal. A prova da culpa, porém, será do arrendador.

Quando o contrato de arrendamento é por prazo indeterminado, a lei fixa sua determinação ao estabelecer o período de três anos, no mínimo (art. 95, II, do Estatuto). A diferença reside no fato de que, sendo o prazo indefinido, a denúncia da locação depende de notificação e o arrendatário tem seis meses para desocupação. Mesmo no caso de notificação, a desocupação é prorrogada até o término da colheita se há força maior.

---

2 "Apelação – **Arrendamento rural** – Ação de rescisão contratual cumulada com indenização por perdas e danos. Sentença que decretou a extinção dos pedidos de rescisão contratual, desocupação do imóvel e cobrança do valor do arrendamento e improcedentes os pedidos de dano material e perdas e danos. Recurso dos autores. Pretensão ao reconhecimento da validade da cláusula que estabelece o preço do contrato ao equivalente a 20% do total que a área produzir. Não cabimento. Disposição contratual nula, de pleno direito, por contrariar o que prescreve o art. 18 do Decreto nº 59.566/66. Manutenção da r. sentença, nesse ponto. Pedido subsidiário. Indenização por perdas e danos. Impossibilidade. Autor que não se desincumbiu do ônus de comprovar que a produção anual agrícola da área arrendada redundaria no equivalente a 35 sacas de soja para cada um dos demais herdeiros do arrendante, como lhe competia (art. 373, I, do CPC/15). Recibos juntados com a contestação, emitidos sem ressalvas, contendo quantidade díspares de sacas de soja entregues, não sendo estabelecido no contrato uma quantidade mínima de produtos para a entrega aos herdeiros. Diferença reclamada indevida, mesmo após a dedução do montante pago, porquanto partiu de dados inseridos em planilhas que não encontram o mínimo elemento probatório confiável. Sentença mantida, mas por fundamento diverso. R-CURSO DESPROVIDO, majorados os honorários advocatícios devidos ao patrono dos réus, de 15% para 18% do valor atribuído à causa (atribuído R$ 94.072,76), com base no art. 85, § 11, do CPC/15, com a ressalva do art. 98, § 3º, do mesmo Estatuto Processual Civil em vigor" (*TJSP* – AC 0001023-72.2010.8.26.0408, 28-8-2019, Rel. Sergio Alfieri).

"Apelação – **Arrendamento de imóvel rural** – Ação de despejo – Imóvel dado em arrendamento, pertencia a duas pessoas, já falecidas, cujos inventários, todavia, ainda não foram concluídos – Herança, por força do que dispõe o art. 1.791, do CC, defere-se como um todo unitário. Outrossim, segundo o mesmo dispositivo legal, até a partilha, o direito dos coerdeiros, quanto à propriedade e posse da herança, será indivisível, e regular-se-á pelas normas relativas ao condomínio. Destarte, e considerando que o imóvel em questão pertence a todos os herdeiros das antigas coproprietárias, o Espólio autor, que cuida dos interesses dos herdeiros de uma delas, tem legitimidade para ajuizamento desta ação. De fato, tal como ocorre em relação a um condômino, ao coerdeiro é dada legitimidade para reivindicar, independentemente da formação de litisconsórcio com os demais herdeiros, a coisa comum que esteja indevidamente em poder de terceiro. Arguição de ilegitimidade de parte ativa rejeitada – Mérito – Segundo deliberado no contrato, eventual renovação do arrendamento, só poderia acontecer por escrito. Destarte, inadmissível a alegação da ocorrência de renovação em cunho verbal. Expirado o prazo do contrato e notificado o réu, previamente, do desinteresse da renovação, de rigor o Decreto de despejo, ante a não desocupação – Inteligência do art. 32, inc. I, do Decreto nº 59.566/66 – Recurso Improvido" (*TJSP* – Ap 0004980-49.2014.8.26.0438, 7-2-2018, Rel. Neto Barbosa Ferreira).

Decorrido o prazo do contrato, e permanecendo o arrendatário no imóvel, entendemos que a locação é prorrogada por prazo indeterminado.

Antes de decorrido o prazo mínimo de três anos no contrato por prazo indeterminado, o locador não pode reaver o imóvel. Pode, contudo, notificar o arrendatário nesse período para demonstrar sua intenção de não prorrogar o arrendamento tão logo findos os três anos.

Tratando-se de contrato escrito, não há limite de prazo. O arrendatário que, no curso do contrato, pretender iniciar nova cultura cujos frutos não possam ser colhidos antes de terminado o prazo contratual, deverá ajustar previamente com o arrendador a forma de pagamento pelo uso da terra no prazo excedente (art. 21, § 3º, do regulamento). Desse modo, o locatário não pode iniciar nova cultura sem prévio ajuste com o arrendador.

Paulo Torminn Borges (1995:89) sustenta, com base na interpretação sistemática da lei, que mesmo o prazo determinado no arrendamento rural não pode ser inferior a três anos. Acrescenta que o prazo mínimo é estabelecido não apenas em favor do hipossuficiente econômico, mas principalmente para evitar o mau uso da terra. A utilização da terra por período inferior denotaria interesse de apenas tirar proveito imediato, não se importando com o uso predatório. Nesse sentido, o art. 13 do decreto regulamentador, que tem em vista os vários tipos de culturas. Assim, esse dispositivo estabelece o prazo mínimo de três anos para o arrendamento destinado à lavoura temporária ou à pecuária de pequeno e médio porte, bem como *para todos os casos de parceria*; cinco anos para o arrendamento destinado à lavoura permanente ou à pecuária de grande porte; e sete anos para a atividade de exploração florestal. Desse modo, a regra geral de prazo mínimo tanto para o arrendamento como para a parceria é de três anos, podendo o arrendamento ser de cinco ou de sete anos, conforme a dicção legal. Nesse sentido, qualquer disposição contratual que estipule prazo inferior ao mínimo legal será nula de pleno direito.

> *"Ao fixar o prazo mínimo de 3, 5 ou 7 anos, o legislador considerou todas as variantes possíveis na exploração rural, concedendo ao arrendatário ou parceiro-outorgado uma permanência passível de ganhos"* (Barros, 1999:77).[3]

---

[3] "Apelação – **Arrendamento rural** – Rescisão do contrato – Danos emergentes – Lucros Cessantes – Inocorrência – Manutenção do julgado. 1- Contrato de arrendamento rural – Arrendatário que não se desincumbiu do ônus de comprovar que o arrendador foi o responsável pela rescisão do contrato. Autor/Arrendatário que admite não ter efetuado o pagamento da primeira parcela do arrendamento. Pacto verbal de prorrogação do prazo para pagamento não demonstrado. 2- Manutenção da r. decisão por seus próprios e bem lançados fundamentos – Artigo 252 do Regimento Interno do Tribunal de Justiça de São Paulo. Recurso improvido. Vistos" (*TJSP* – AC 1000094-40.2017.8.26.0646, 30-4-2019, Relª Maria Lúcia Pizzotti).

"Apelação Cível – Ação monitória – **Contrato de arrendamento de imóvel rural** – Sentença de improcedência – Recurso do autor – Validade do contrato e aptidão para instruir o pleito injuntivo. Pacto que prevê pagamento em percentual sobre safra de milho. Juntada deste único documento, do qual não se extraem informações suficientes para averiguação da efetiva existência do débito e do respectivo quantum. Ausência de instrumento escrito nos termos do art. 1.102-a do CPC/73. Inviabilidade do manejo da monitória. Modificação *ex officio* da fundamentação da sentença, para extinção sem julgamento de mérito. Recurso conhecido e desprovido" (*TJSC* – AC 0000309-31.1961.8.24.0006, 2-8-2018, Relª Desª Substª Bettina Maria Maresch de Moura).

"**Arrendamento Rural** – Ação de rescisão contratual e cobrança cumulada com reintegração de posse – Arrendatário que confessou a inadimplência quanto aos aluguéis convencionados – Caso fortuito não configurado – Sentença mantida – Preliminar rejeitada, recurso improvido – O inadimplemento das prestações assumidas pelo arrendatário dá lugar à rescisão do contrato de arrendamento" (*TJSP* – Ap 1011700-98.2016.8.26.0032, 22-9-2017, Rel. Renato Sartorelli).

"Direito civil e processual civil – **Contrato de arrendamento rural** – Rescisão por inadimplemento – Decreto nº 59.566/66 – Negativa de prestação jurisdicional – Art. 93, IX, da Constituição da República – Nulidade – Inocorrência – Razões de decidir explicitadas pelo órgão jurisdicional – Acórdão recorrido publicado em 13.5.2013 – 1 – Inexiste violação do art. 93, IX, da Constituição Federal. A jurisprudência do Supremo Tribunal Federal é no sentido de que o referido Dispositivo Constitucional exige a explicitação, pelo órgão jurisdicional, das razões do seu convencimento, dispensando o exame detalhado de cada argumento suscitado pelas partes. 2 – O entendimento adotado

51.5 FORMA

Os contratos de arrendamento e de parceria são informais. Podem ser celebrados por escrito ou verbalmente. Os contratos verbais presumem-se integrados pelas cláusulas obrigatórias da legislação (art. 11 do Decreto nº 59.566/66), como em todo microssistema protetivo. Qualquer contratante, porém, pode exigir o escrito (art. 11, § 2º). Os contratos agrários verbais, no entanto, não sofrem as restrições de direito comum quanto à prova testemunhal, podendo desse modo ser provados qualquer que seja seu valor e forma (art. 92, § 8º, do Estatuto, e art. 14 do regulamento).

Se for obedecida a forma escrita, seus requisitos obrigatórios estão descritos no art. 12 mencionado. Em nosso âmbito rural, tendo em vista o nível cultural do meio a que se destina a contratação, predomina a forma verbal. Presumimos presentes, qualquer que seja a forma do contrato, porque obrigatórias, as cláusulas descritas no art. 13, assecuratórias de conservação dos recursos naturais e da proteção social e econômica dos arrendatários e parceiros-outorgados.

51.6 DIREITO DE PREFERÊNCIA

O arrendatário tem *preferência na renovação* do arrendamento em igualdade de condições com terceiros, na forma do art. 95, IV, do Estatuto. Para tal, o arrendador deve notificar o arrendatário das propostas existentes até seis meses antes do vencimento do contrato.

No entanto, a preferência mais importante presente na lei é a *preempção na aquisição* do imóvel arrendado, semelhantemente ao que ocorre na Lei do Inquilinato. Embora, como regra geral, os princípios de proteção na legislação agrária apliquem-se tanto ao arrendamento como à parceria, esse direito de preferência atinge apenas o arrendamento, pois é tradicional em nosso ordenamento nas locações. Assim também conclui Paulo Torminn Borges (1995:107) ao analisar os §§ 3º e 4º do art. 92 do Estatuto da Terra, embora entenda injusta tal posição. De acordo com o § 3º, no caso de alienação do imóvel arrendado, o arrendatário terá preferência para adquiri-lo em igualdade de condições com terceiros. O proprietário

pela Corte de origem, nos moldes do assinalado na decisão agravada, não diverge da jurisprudência firmada no âmbito deste Supremo Tribunal Federal. Entender de modo diverso demandaria a reelaboração da moldura fática delineada no acórdão de origem, o que torna oblíqua e reflexa eventual ofensa, insuscetível, como tal, de viabilizar o conhecimento do recurso extraordinário. 3 – As razões do agravo regimental não se mostram aptas a infirmar os fundamentos que lastrearam a decisão agravada, mormente no que se refere à ausência de ofensa direta e literal a preceito da Constituição da República. 4 – Agravo regimental conhecido e não provido" (*STF* – AgRg-RE-AG 940.109, 1-3-2016, Relª Minª Rosa Weber).

"**Agravo de instrumento** – Arrendamento rural – Ação de rescisão contratual e despejo julgada procedente – Recurso de Apelação Interposto – Recebimento nos efeitos devolutivo e suspensivo – Descabimento – Aplicabilidade do parágrafo 1º do artigo 107 do Estatuto da Terra e parágrafo único do artigo 86 do Decreto nº 59.566/66 – Lei posterior geral que não revoga lei especial – Obediência ao artigo 2º, § 2º, da Lei de Introdução às Normas do Direito Brasileiro – Recurso Provido para que a apelação interposta seja recebida apenas no efeito devolutivo" (*TJSP* – AI 2085254-82.2015.8.26.0000, 19-6-2015, Rel. Neto Barbosa Ferreira).

"**Agravo de instrumento** – Ação de adjudicação em **arrendamento rural**, fundada em direito de preempção. Contrato com pessoa jurídica que o agravante, arrendatário, afirma extinta. Ausência de demonstração inequívoca de que o arrendamento vigoraria perante os sucessores da empresa. Necessidade de instauração do contraditório. Recurso improvido, prejudicado o agravo regimental" (*TJSP* – AI 2066359-10.2014.8.26.0000, 9-6-2014, Rel. Gomes Varjão).

"**Ação de despejo. Arrendamento rural**. Contrato por prazo indeterminado. Rescisão. Notificação premonitória expedida com prazo de 90 dias. Validade. Sentença de procedência mantida. Recurso improvido. – O fato de a notificação não externar os motivos que inspiraram a retomada de área rural, não induz renovação do pacto pois, dentre as causas de sua extinção, encontra-se a hipótese do término do prazo contratual, que presume-se, no arrendamento por tempo indeterminado, feito pelo lapso mínimo de 03 três anos (art. 95, inciso II, do Estatuto da Terra – Lei nº 4.504/64)" (*TJSP* – Ap 0001125-07.2009.8.26.0416, 20-5-2013, Rel. Renato Sartorelli).

deve dar notícia das condições de venda, a fim de que a preempção possa ser exercida no prazo de 30 dias a contar da notificação judicial ou extrajudicial comprovadamente efetuada (§ 3º). Os princípios básicos são os mesmos da Lei do Inquilinato. Veja o que foi explanado a esse respeito no Capítulo 23.

Na hipótese de arrendamento de apenas uma parcela do imóvel objeto da alienação, o arrendatário tem preferência apenas quanto à parcela objeto do arrendamento. Nesse sentido, o direito de preferência restringe-se à área arrendada, não sobre a totalidade da maior extensão de terra localizada no mesmo imóvel (2º *TACSP*, AC 504.576, 27-10-97, Rel. Juiz Gilberto dos Santos).

O § 4º acrescenta:

> *"O arrendatário a quem não se notificar a venda poderá, depositando o preço, haver para si o imóvel, se o requerer no prazo de seis meses, a contar da transcrição do ato de alienação no Registro de Imóveis".*

Questão debatida no inquilinato, não estando o contrato de arrendamento registrado no cartório imobiliário, o direito do arrendatário preterido é meramente pessoal, resumindo-se, afinal, em perdas e danos, não podendo atingir direito do terceiro adquirente, ignorante do arrendamento. Oportunamente alertado o terceiro adquirente da existência do direito de preferência, a adjudicação torna-se viável, como obrigação de fazer, porque inexiste na hipótese de boa-fé. Outra solução não pode ser aceita, tendo em vista nosso ordenamento legal. A legislação não previu o registro imobiliário do contrato de arrendamento. Essa também a disposição do art. 47 do regulamento ao mencionar a resolução da pendenga em perdas e danos. Essa conclusão, porém, que a nosso ver é a única não conflitante com o sistema, encontra opositores na doutrina e julgados divergentes na jurisprudência.

Sendo vários os arrendatários, o direito de preferência caberá por inteiro a qualquer deles, se um só o quiser (art. 46, § 2º, do regulamento). Se mais de um quiser exercer a preferência, preferirá o que arrende quinhão maior. O proprietário não está obrigado a vender o imóvel por partes.

Havendo condomínio no imóvel arrendado, a preferência na aquisição do imóvel será do condômino, por força do art. 1.139 do Código Civil. Não havendo interesse de qualquer condômino, é aplicada a preferência do arrendatário.

51.7 RENOVAÇÃO OU PRORROGAÇÃO DO CONTRATO

O art. 95, IV, do Estatuto da Terra, concede preferência de renovação do contrato ao arrendatário, determinando que o proprietário o notifique com antecedência de seis meses antes do término do contrato acerca das propostas existentes. Não ocorrendo a notificação, o arrendamento é considerado automaticamente renovado, desde que o locatário, nos 30 dias seguintes, não manifeste sua desistência ou formule nova proposta, *"tudo mediante simples registro de suas declarações no competente Registro de Títulos e Documentos"*. Essas normas também estão presentes no regulamento (art. 22). A referência à nova proposta pelo arrendatário deve-se ao fato de que nesse caso existe presumivelmente uma proposta já aceita pelo proprietário. Segundo a explicitação do regulamento, a referida notificação faz-se necessária em duas hipóteses: quando houver interesse de terceiros no arrendamento do imóvel, devendo o arrendador informar a proposta ofertada, assim como no caso de intenção de retomada pelo senhorio para explorar o imóvel diretamente ou por meio de seu descendente. Esse prazo semestral é computado regressivamente desde o termo final do contrato.

> *"A falta de notificação, em si, não torna o contrato prorrogado ou renovado para o arrendatário, mas somente para o arrendador, por ser um privilégio legal a preferência que se lhe concede, tanto que terá prazo de trinta dias para desistir ou formular nova proposta"* (Opitz e Opitz, 1974:162).

Esses mesmos autores apontam que o prazo de seis meses para a notificação, determinado na lei, não é de índole cogente, podendo as partes dilatá-lo ou restringi-lo (1974:163). Com relação à necessidade de notificação, os Tribunais têm-se mostrado conservadores, exigindo tanto a notificação quanto a observância do prazo legal.[4] Cuida-se de prazo de decadência.

---

4 "Tutela de urgência. Contrato de parceria agrícola. Autores que pretendem a concessão de tutela para reintegração de posse do imóvel e lavoura de café cedidos. Impossibilidade. Polo ativo que, em cognição sumária, não comprovou ter notificado os réus com antecedência de seis meses do término previsto para o contrato. Inteligência do art. 95, IV e V, da Lei nº 4.504/64. Ausentes os requisitos do art. 300 do CPC. Contraditório impositivo, talvez até a regular instrução do feito. Hipótese de periculum in mora reverso. Mantida multa por embargos de declaração protelatórios. Recurso desprovido" (*TJSP* – AI 2387668-62.2024.8.26.0000, 29-1-2025, Rel. Ferreira da Cruz).

"Agravo de instrumento – Ação de manutenção de posse cumulada com renovatória de contrato de arrendamento rural – Contrato de arrendamento rural com prazo determinado – Decisão agravada que deferiu o pedido de tutela provisória de urgência para: i) determinar, em antecipação de prova, expedição de mandado de constatação da área de plantio; ii) a expedição de mandado proibitório (proteção possessória); iii) prorrogação automática do contrato de arrendamento rural – Recurso do arrendante – Alegação de nulidade da antecipação de prova, por ofensa ao contraditório e a ampla defesa – Arguição afastada – Antecipação de prova deferida em caráter de urgência – Contraditório postergado no tempo – Falta de demonstração de prejuízo concreto com a expedição de mandado de constatação – Alegada ausência de turbação a posse do arrendatário – Expedição de novo mandado de constatação em que não se observa ameaça ao exercício da posse – Falta de demonstração dos pressupostos do art. 561 do Código de Processo Civil – Alegada falta de fundamento para a prorrogação automática do contrato de arrendamento rural – Aparente notificação do arrendatário, no prazo de seis meses antes do término do contrato, sobre proposta de terceiro para o exercício do direito de preferência – **Art. 95, IV, do Estatuto da Terra** – Existência de duas propostas apresentadas por terceiros – Duplicidade de notificações – Arrendatário que apenas apresentou resposta a primeira notificação manifestando interesse em negociar proposta que lhe fosse mais vantajosa do que a apresentada – Elementos probatórios insuficientes para o preenchimento dos pressupostos do art. 300 do código de processo civil para concessão de tutela de urgência – Ausência de probabilidade das alegações – Decisão reformada – Recurso de agravo de instrumento conhecido e parcialmente provido" (*TJPR* – AI 0091826-86.2023.8.16.0000, 22-8-2024, Rel. Francisco Cardozo Oliveira).

"Agravo de instrumento. Renovatória de **arrendamento rural**. Alegação de notificação para desocupação tardia. Art. 95, IV e V, da Lei 4.504/64 que estipula envio de notificação extrajudicial no prazo de até seis meses do término do contrato. Situação peculiar dos autos, porém, que revela contenda relativa a direitos sucessórios entre os irmãos do falecido proprietário e sua ex-companheira, a justificar, em tese, a morosidade no envio da notificação. Agravante que pretende a prorrogação por prazo superior ao avençado no contrato. Decisão que indefere a renovação automática do contrato, mas autoriza a permanência do arrendatário por mais cinco meses no imóvel, a fim de completar o período de seis meses. Decisão proferida de forma equitativa, visando ao equilíbrio de interesses das partes, que deve ser mantida. Agravo desprovido". (*TJSP* – AI 2215635-37.2022.8.26.0000, 21-3-2023, Rel. Rômolo Russo).

"Agravo de instrumento. **Arrendamento rural.** Reintegração de posse. Juízo a quo que determinou ao agravante que desocupe imóvel objeto de contrato de arrendamento rural no prazo de 15 dias, sob pena de uso da força policial. Inconformismo. Pretensão à prorrogação do contrato de arrendamento rural. Impossibilidade, em sede de cognição sumária. O art. 95, IV da Lei nº 4.504/64 e o art. 22 do Decreto nº 59.566/66 preveem em favor do arrendatário o direito à renovação automática do contrato quando, após vencido o seu termo, o arrendador ou o arrendatário não denunciam a relação jurídica no período de 30 dias. Notificação extrajudicial que se deu após o prazo legal. Muito embora tenha constado do contrato que o agravante deveria deixar a coisa independentemente de notificação judicial, há de se reconhecer que as normas legais atinentes ao contrato de arrendamento rural gozam de natureza cogente, não podendo, por regra, ser afastadas por meio da vontade dos negociantes. Precedentes do E. STJ. As alegações de danos ambientais, por sua vez, hão de ser comprovadas de forma mais minuciosa e acurada mediante o exercício do contraditório e da ampla defesa. Inadimplemento do arrendatário. O arrendatário está em mora quanto ao pagamento dos alugueres desde agosto/2018. Para que a situação não se prolongue ainda mais, em 30 dias, deverá efetuar depósito judicial de todos os alugueres vencidos e não pagos, sob pena de imediata reintegração de posse, independentemente de notificação ou intimação. Decisão reformada. Recurso provido, com observação" (*TJSP* – AI 2225507-81.2019.8.26.0000, 28-9-2020, Rel. Rosangela Telles).

"Agravo de instrumento – **Contrato de arrendamento rural** – Ação de execução de título extrajudicial fundada em sentença arbitral. Imposto de renda. Locatário pessoa jurídica que deve reter na fonte o tributo, descontando-o do

A opinião, contudo, não é isenta de divergência, mormente no tocante à redução do prazo. Esse lapso é concedido pela lei, a fim de que o arrendatário não seja tomado de surpresa, estando com sua cultura a meio caminho e projetada para colheitas futuras. Não exercido o direito de retomada pelo arrendador, o contrato é reconduzido, mantidas todas as suas cláusulas, inclusive o prazo que permanece determinado em um triênio.

Entende a doutrina que os mesmos princípios são aplicáveis à parceria, por força do art. 96, VII, do Estatuto.

O parceiro ou o arrendatário podem ingressar com ação renovatória do contrato visando à declaração de decadência do direito do proprietário de retomar o imóvel, de apresentar proposta de terceiro, ou então para obter declaração de ineficácia ou vício na proposta de terceiro que lhe foi notificada, a fim de que subsista sua relação contratual.

51.8 BENFEITORIAS E DIREITO DE RETENÇÃO

No art. 13, VI, do regulamento há disposição expressa acerca de benfeitorias elaboradas pelo arrendatário ou pelo parceiro-outorgado, que deverão ser regidas pelo contrato e pelas disposições legais. Para a compreensão das modalidades de benfeitorias chamamos os princípios estudados em nossos *Direito civil: parte geral* e *Direito civil: direitos reais*. Conforme o art. 25, ao término do contrato o arrendatário e o parceiro outorgado farão jus às benfeitorias necessárias e úteis, com direito à retenção, podendo, nesse caso, prosseguir usufruindo do imóvel (art. 25, § 1º). Se as benfeitorias necessárias e úteis foram feitas às expensas do arrendador ou do parceiro-outorgante, permitindo o aumento da renda da gleba, terá este direito à elevação proporcional da renda. Neste último tópico, é permitida a disposição contratual em contrário (art. 25, § 2º).

51.9 PREÇO NO ARRENDAMENTO

No arrendamento, a remuneração do contrato é sempre estabelecida em dinheiro, equivalente ao aluguel da locação em geral. O fato de o aluguel ser fixado em dinheiro, contudo, não impede que o cumprimento da obrigação seja substituído por *"quantidade de frutos cujo preço corrente no mercado local, nunca inferior ao preço mínimo oficial, equivalha ao aluguel, à época da liquidação"* (art. 18 do regulamento). Trata-se de *obrigação facultativa*, pois o devedor pode optar por substituir seu objeto quando do pagamento.

O pagamento do aluguel em espécie, contudo, é mera faculdade legal concedida ao arrendatário, que não pode ser ajustada como obrigação principal. A lei é expressa nesse sentido: *"o preço do arrendamento só pode ser ajustado em quantia fixa em dinheiro"*. A substituição por valor equivalente em produtos é faculdade que lhe pode ser aposta. Nesse sentido, a proibição do art. 18, parágrafo único:

> *"É vedado ajustar como preço de arrendamento quantidade fixa de frutos ou produtos, ou seu equivalente em dinheiro".*

---

valor do aluguel quando da realização do pagamento. Substituição tributária que não afasta a responsabilidade do locador pelo recolhimento do tributo. Possibilidade de abatimento pela executada do imposto de renda do valor dos alugueis cobrados pelo locador apenas no caso de demonstração de seu recolhimento ao fisco. Honorários advocatícios devidos pela exequente diante da sua sucumbência integral porquanto a matéria impugnada restringiu-se ao abatimento do tributo. Recurso desprovido" (*TJSP* – AI 2233369-40.2018.8.26.0000, 27-5-2019, Rel. Gilberto Leme).

Essa disposição sofre ainda complementação do art. 19. Segundo esse dispositivo, quando permitido o pagamento em espécie pelo contrato, o arrendatário terá o direito de pagar em moeda corrente, caso o arrendador exija o pagamento com base em preços inferiores aos vigentes para os frutos ou produtos, ou fique comprovada outra modalidade de simulação ou fraude por parte do arrendador.

Além de determinar a fixação do aluguel em dinheiro, a lei estabelece percentuais máximos para o respectivo valor. No arrendamento de toda área de imóvel rural, o preço não pode ser superior a 15% do valor da terra nua, conforme declaração de propriedade do imóvel para o cadastro do Incra, constante do lançamento do imposto territorial rural (art. 17 do regulamento). Se houver benfeitorias, será levado em conta igual percentual para elas. Há necessidade de cálculos matemáticos para apuração dos respectivos valores.

Ocorrendo arrendamento a diversos arrendatários no mesmo imóvel, o percentual máximo pode ir até 30% sobre o valor da parte arrendada, mas o preço total de todos os arrendamentos no imóvel não pode ultrapassar os 15% previstos para todo o imóvel. A lei dirige o contrato, de molde a evitar locupletamento em favor do proprietário ou arrendador.

A correção monetária do aluguel foi prevista no art. 16, § 1º, permitindo-se a correção anual quanto ao valor da terra.

51.10 PREÇO NA PARCERIA

Na parceria, ao contrário do arrendamento, os parceiros assumem riscos recíprocos do negócio. A vantagem do parceiro-outorgante será representada por participação nos lucros. Da mesma forma, sofrerá as perdas, pois correrá os mesmos riscos do parceiro-outorgado.

Desse modo, na partilha dos frutos, a quota do parceiro-outorgante não poderá ser superior a 20% (vinte por cento), quando concorrer apenas com a terra nua; 25% (vinte e cinco por cento), quando concorrer com a terra preparada; 30% (trinta por cento), quando concorrer com a terra preparada e moradia; 40% (quarenta por cento), caso concorra com o conjunto básico de benfeitorias, constituído especialmente de casa de moradia, galpões, banheiro para gado, cercas, valas ou currais, conforme o caso; 50% (cinquenta por cento), caso concorra com a terra preparada e o conjunto básico de benfeitorias enumeradas na alínea *d* deste inciso e mais o fornecimento de máquinas e implementos agrícolas, para atender aos tratos culturais, bem como as sementes e animais de tração, e, no caso de parceria pecuária, com animais de cria em proporção superior a 50% (cinquenta por cento) do número total de cabeças objeto de parceria; e 75% (setenta e cinco por cento), nas zonas de pecuária ultraextensiva em que forem os animais de cria em proporção superior a 25% (vinte e cinco por cento) do rebanho e onde se adotarem a meação do leite e a comissão mínima de 5% (cinco por cento) por animal vendido (redação dada pela Lei nº 11.443, de 2007). A lei fixa teto máximo para as vantagens que podem ser carreadas ao parceiro-outorgante, não se admitindo porcentagens maiores (art. 35 do regulamento). A legislação é rígida, não permitindo maior autonomia da vontade. O trabalhador da terra não está obrigado a pagar mais do que o fixado na lei, independentemente de o contrato estabelecer o contrário.

51.11 AÇÃO DE DESPEJO

A extinção do contrato de arrendamento ou de parceria ou a infringência legal ou contratual de suas cláusulas abrem ensejo à ação de despejo, nos termos dos nove incisos do art. 32 do decreto regulamentador. Desse modo, o despejo somente será concedido nos seguintes casos:

"I – término do prazo contratual ou de sua renovação;

II – se o arrendatário subarrendar, ceder ou emprestar o imóvel rural no todo ou em parte, sem o prévio e expresso consentimento do arrendador;

III – se o arrendatário não pagar o aluguel ou renda no prazo convencionado;

IV – dano causado à gleba arrendada ou às colheitas, provado o dolo ou culpa do arrendatário;

V – se o arrendatário mudar a destinação do imóvel rural;

VI – abandono total ou parcial do cultivo;

VII – inobservância das normas obrigatórias fixadas no art. 13 deste regulamento;

VIII – nos casos de pedido de retomada, permitidos e previstos em lei e neste regulamento, comprovada em Juízo a sinceridade do pedido;

IX – se o arrendatário infringir obrigação legal, ou cometer infração grave de obrigação contratual".

Como notamos, há paralelismo entre as causas que podem fundamentar o despejo rural com relação ao despejo urbano. Apontamos, porém, que no pedido para uso próprio ou de descendente, ao contrário do inquilinato, o retomante deve provar sua sinceridade em Juízo. Acrescentamos ainda que, se há prejuízos ocasionados pelo arrendatário, o despejo não inibe o pedido de perdas e danos.

A alienação do imóvel ou a instituição de ônus reais sobre ele não rompe a relação contratual agrária, que se mantém vigente, ficando o adquirente ou beneficiário sub-rogado nos direitos e obrigações do alienante ou instituidor (art. 15 do regulamento), independentemente de não ter o arrendatário exercido o direito de preferência na aquisição do imóvel.

O parágrafo único do art. 32 autoriza a purgação de mora no despejo por falta de pagamento, desde que até a contestação requeira prazo de 30 dias para pagar aluguel, encargos devidos, custas e honorários de advogado. Esse pagamento deverá ser efetuado no prazo fixado pelo juiz, que não deverá exceder 30 dias, contados da data da entrega em cartório do mandado de citação devidamente cumprido. Essa purgação deve ser adaptada ao rito do procedimento sumário.

Quando a relação entre o que ocupa a terra e o dono não é contratual, mas de posse injusta, a ação cabível será de reintegração de posse. É o que sucede no caso de subarrendatário e subparceiro não autorizados que permaneçam no imóvel após a saída do arrendatário ou do parceiro-outorgado.

51.12 FALSA PARCERIA

Quanto ao conceito de locação de serviços, ver o que foi explanado no Capítulo 23 deste livro. Por vezes, o costume local denomina *parceria* a esse trato, que na realidade parceria não é. Na hipótese sob exame, estão presentes os elementos de subordinação hierárquica e dependência econômica que caracterizam o vínculo trabalhista. Cumpre cuidadoso exame do caso concreto, tendo em vista as consequências dessa definição legal do trabalhador rural, pois diversa será a regulamentação jurídica, segundo a legislação agrária ou conforme as leis trabalhistas. O fato de o obreiro receber parte da remuneração em lavoura ou gado não descaracteriza a conceituação de contrato de trabalho. Nesse sentido, há que se caracterizar como mero empregado aquele que se intitula parceiro, mas na realidade presta serviços de natureza permanente, não assume risco no negócio, contribuindo apenas com seu trabalho físico e nada mais.

51.13 EXTINÇÃO DOS CONTRATOS

O art. 26 do regulamento elenca as hipóteses de extinção do contrato de arrendamento, aplicáveis também ao de parceria, por força do art. 96, VII, do Estatuto da Terra, e do art. 39 do decreto. Não se afastam, como é elementar, as causas de desfazimento dos contratos em geral.

I – Término do prazo do contrato e do de sua renovação

Se o rurícola utilizador da terra não usufruir seu direito de preferência ou fizer oferta inferior à proposta de terceiro, extingue-se o contrato. Da mesma forma ocorrerá quando o arrendatário ou parceiro-outorgado não desejar a renovação.

II – Pela retomada

O parceiro-outorgante ou arrendador pode pedir o imóvel para sua exploração direta, ou por intermédio de descendente seu (art. 22, § 1º, do regulamento). Essa retomada depende de prévia notificação com antecedência de seis meses, conforme explanado, uma vez que em sua ausência o contrato é renovado automaticamente.

III – Pela aquisição da gleba arrendada, pelo arrendatário

Desaparece o contrato pela confusão na mesma pessoa das partes do contrato. Aplica-se também à aquisição do imóvel feita pelo parceiro-outorgado.

IV – Pelo distrato ou rescisão do contrato

As partes que contratam também podem distratar, extinguindo de comum acordo o vínculo contratual. Veja o que explanamos na parte geral desta obra acerca do desfazimento da relação contratual, incluindo-se ali a rescisão.

V – Pela resolução ou extinção do direito do arrendador

Ocorre quando o arrendador ou o parceiro-outorgante perde o direito de disponibilidade sobre o imóvel, como no caso de extinção de usufruto ou de reivindicação da gleba por parte de terceiro. Nem sempre o arrendador é proprietário do imóvel. Assegurada, porém, ao rurícola a permanência na gleba até o término da colheita (art. 28 do regulamento).

VI – Por motivo de força maior, que impossibilite a execução do contrato

A força maior pode extinguir qualquer negócio jurídico. Imagine a hipótese de inundação ou longa estiagem que torne o imóvel impróprio para sua destinação.

VIII – Pela perda do imóvel

A perda do imóvel está no sentido de perecimento ou desaparecimento da coisa, como na inundação permanente ou erosão, por exemplo. Como vimos, a alienação do imóvel rural não rompe o contrato.

IX – Pela desapropriação, parcial ou total, do imóvel rural

A desapropriação equivale à perda. Na desapropriação parcial, o regulamento concede alternativa ao arrendatário que também deve ser aplicada ao parceiro-outorgado, qual seja, a redução proporcional da renda ou a rescisão do contrato (art. 30).

X – Por qualquer outra causa prevista em lei.

Aplicável a teoria geral dos contratos, é extinguido o contrato agrário por qualquer causa de desfazimento do negócio jurídico.

A morte do arrendatário ou do parceiro-outorgante, se for pessoa natural, também extingue o contrato, salvo a hipótese do art. 26 do regulamento: quando se trata de morte do chefe familiar, o contrato não se extingue quando outra pessoa devidamente qualificada prosseguir em sua execução. Há que se entender como qualificado qualquer membro do corpo familiar, ainda que não unido pelo laço de sangue, vínculo conjugal ou afinidade, levando-se em conta que o contrato é elaborado *intuitu familiae.* Falecendo o arrendador ou dono do imóvel, o contrato não é extinguido, ficando os herdeiros ou legatários obrigados a cumprir o prazo dentro dos princípios gerais.

52

CONTRATOS DE DIREITOS AUTORAIS

52.1 CONCEITO. ÂMBITO. EDIÇÃO

Na obra dedicada aos direitos reais, traçamos um quadro geral dos direitos de autor, mormente no tocante aos direitos materiais (Capítulo 27). Ali, expusemos a preferência do legislador em enquadrar a matéria no campo dos direitos reais, local onde a matéria referente ao domínio dos direitos intelectuais deve ser estudada, muito embora os direitos intelectuais participem tanto do campo obrigacional como do campo dos direitos reais.

Como acentuamos, os chamados direitos de autor abrangem modernamente vasto espectro da criação intelectual. Desde os direitos patrimoniais e morais do escritor até os decorrentes de transmissões televisivas via satélite, que envolvem intérpretes, executantes, esportistas, publicitários, entre tantos outros, incluindo-se também o campo florescente e dinâmico da informática, há um conjunto de fenômenos jurídicos que merece estudo autônomo que refoge ao intuito deste livro.

Nesses direitos intelectuais, ressalta-se o aspecto meramente material, nem sempre muito claro, o chamado *corpus mechanicum*, que se mantém exclusivamente na esfera patrimonial, enquanto não divulgado o resultado da obra intelectual pela publicação do livro, pela exposição da escultura, da película cinematográfica, da peça teatral, do programa de informática etc. A obra intelectual identifica-se com o *corpus mysticum*, bem não corpóreo, pertencente ao patrimônio cultural do autor. Uma vez divulgado o trabalho, a criação intelectual passa a integrar o patrimônio da coletividade como bem cultural.

A obra de arte, a obra do intelecto, gera ao mesmo tempo um interesse universal e um direito especial ao seu autor. Por essa razão, o regime legal há de ser diverso dos direitos patrimoniais. Os direitos autorais sofreram a primeira regulamentação global em 1886 com a Convenção de Berna. Sua última revisão data de julho de 1971, com emendas de 28 de setembro de 1979.

Nossa Constituição Federal, no art. 5º, ao tratar dos direitos e garantias do cidadão, dispõe no item XXVII: *"aos autores pertence o direito exclusivo de utilização, publicação ou reprodução de suas obras, transmissível aos herdeiros pelo tempo que a lei fixar"*.

O item seguinte desse mesmo artigo complementa esse texto ao proteger as participações individuais em obra coletiva e a reprodução da imagem e voz humanas, inclusive em atividades desportivas.

Desse modo, o ordenamento brasileiro protege os direitos desse nível, estabelecendo regras próprias que não se identificam perfeitamente com os direitos de propriedade. Trata-se, portanto, de uma modalidade específica de domínio. A legislação protege esses direitos tanto sob o ponto de vista civil ou negocial como sob o prisma penal. O art. 184 do Código Penal tipifica o delito de violação de direito autoral.

À margem do que é examinado em nossa obra sobre direito das coisas (Capítulo 27), nesta oportunidade vamos estudar os contratos derivados dos direitos de autor, matéria que se já não era perfeitamente sistematizada na legislação anterior (Lei nº 5.988/73), não ganhou o devido destaque com a legislação atual (Lei nº 9.610, de 19-2-98) que regula os denominados direitos autorais, disciplinando também o que rotula de direitos conexos. Conforme extenso rol, no art. 29 da nova lei, qualquer modalidade de utilização de obra literária, artística ou científica depende de autorização do autor, incluindo-se a edição, a adaptação cinematográfica e qualquer forma de comunicação ao público. O adquirente, ou seja, o consumidor final da obra intelectual, obtém para seu patrimônio o corpo físico ou material: o livro, o fonograma, a escultura, o disquete de informática etc. A aquisição desse material proporciona deleite, conhecimento, cultura, lazer, atividade profissional para o consumidor que não pode fazer divulgação de molde a caracterizar circulação econômica da obra, sob pena de violar direitos autorais.

Os citados direitos intelectuais, de cuja categoria participam os direitos de autor, não se amoldam perfeitamente ao conceito de direito privado, pois com frequência dele se afastam, o que não é novidade também em outros campos do direito privado. Nem sempre, a autonomia privada será, portanto, soberana. No mais, os princípios gerais dos contratos, inclusive os do Código de Defesa do Consumidor, têm plena aplicação.

Em qualquer hipótese relativa a direito autoral, o intérprete será guiado a examinar permanentemente dois aspectos. O primeiro é manifestação direta da personalidade, é direito de ordem moral, intangível. Direito ao reconhecimento da paternidade da obra, ao inédito, à integridade da criação. O segundo diz respeito a sua natureza patrimonial, de cunho econômico, passível de exploração pecuniária. Refere-se à publicação, reprodução, execução, tradução, divulgação de forma geral e a quaisquer outras modalidades de utilização existentes, ou que venham a ser inventadas. Darcy Bessone (1988:93), após analisar as teorias que procuram explicar esse ramo jurídico, conclui: "*parece-nos que o bifrontismo arguido constitui, no caso, uma contingência invencível, que corresponde à essência e à natureza do direito autoral*". A Lei nº 9.610/98, continuando a tradição da legislação nacional, destaca claramente esses aspectos quando enuncia nos arts. 24 a 27 os direitos morais do autor e nos arts. 28 a 45 os direitos patrimoniais do autor e sua duração. O art. 22 estabelece que "*pertencem ao autor os direitos morais e patrimoniais sobre a obra que criou*". O art. 3º considera os direitos autorais bens móveis, como faz o Código Civil de 1916 no art. 48, III. O Código de 2002 se amolda ao mesmo princípio, ao considerar móveis "*os direitos pessoais de* caráter patrimon*ial e respectivas ações*".

Os dispositivos do Código Civil antigo referentes ao contrato de edição, arts. 1.346 a 1.358, foram derrogados e absorvidos pelas leis de direitos autorais que se seguiram. A edição é uma das formas de utilização de obra literária, artística ou científica, entre as várias elencadas pelo art. 29 da lei.

Há um sentido restrito para o contrato de edição que se prende à possibilidade de multiplicação de obras literárias, científicas e artísticas. Dessa óptica, cuida-se do autor e do editor na obra gráfica. No entanto, em sentido lato, que não refoge aos princípios gerais, podemos mencionar, além da edição gráfica, a fonográfica, a cinematográfica, a televisiva, a radiofônica, a informática etc. Em princípio, importa fixar neste texto a divulgação gráfica.

No contrato de edição ora tratado, temos de realçar dois elementos constitutivos: a reprodução da obra intelectual e sua respectiva difusão (Mattia, 1975:2). Desse modo, o contrato de edição objetiva dupla função, a de editar a obra no sentido material e a de difundi-la ao público. Neste último aspecto, avulta a importância da distribuição, obrigação que normalmente é assumida pelo próprio editor. Nesse sentido, o art. 57 da lei autoral revogada:

> *"Mediante contrato de edição, o editor, obrigando-se a reproduzir e a divulgar a obra literária, artística, fica autorizado, em caráter de exclusividade, a publicá-la e explorá-la pelo prazo e nas condições pactuadas com o autor".*

Por conseguinte, o conteúdo do contrato de edição é a exclusividade para a utilização econômica da obra intelectual. Esse aspecto distingue o direito autoral do direito de propriedade propriamente dito e dá contornos particulares a essa modalidade. Os contratos de edição e de divulgação de outros direitos intelectuais conexos devem ser aptos a produzir efeitos patrimoniais. Nesse âmbito, cumpre destacar os contratos que transferem definitivamente a exploração patrimonial da obra, que entre nós é denominada de cessão de direitos autorais; contratos de transferência temporária para o exercício do direito patrimonial, denominados contratos de concessão de direito autoral, bem como aqueles contratos que dão origem à titularidade original de direitos autorais para quem não é o autor ou criador da obra, denominados genericamente como *contratos de encomenda*. O art. 54 da lei complementa a noção do contrato de edição estampada no dispositivo anterior, ao estabelecer que *"pelo mesmo contrato pode o autor obrigar-se à feitura de obra literária, artística ou científica em cuja publicação e divulgação se empenha o editor".*

O art. 49 dispõe acerca da transferência dos direitos de autor ao permitir que possam ser total ou parcialmente transferidos a terceiros pelo próprio autor ou por seus sucessores, a título universal ou singular, inclusive por intermédio de procuradores com poderes especiais, por meio de licenciamento, concessão, cessão ou por outros meios admitidos em Direito, obedecidas as limitações presentes nos seis incisos desse artigo.

No dizer de Eduardo Vieira Manso, o contrato de edição é um negócio de concessão, porque transfere para o editor não apenas o direito exclusivo de exploração econômica da obra, mas, principalmente, a obrigação de reproduzi-la e publicá-la (*Apud* Cahali, 1995:3). Esse direito atribuído por contrato ao editor não o será por prazo indeterminado. No silêncio das partes, entende-se que o contrato objetiva apenas uma edição (art. 56). Por sua natureza, o contrato de edição não se presta à duração indeterminada.

Sujeitos desse negócio jurídico são o titular do direito de publicação, o concedente ou o autor da obra intelectual, e o adquirente do exercício desse direito, o concessionário ou editor. O editor, geralmente pessoa jurídica, é quem assume os riscos pelo empreendimento, com a publicação da obra. Essa responsabilidade não se traduz na mera reprodução, mas na conduta subsequente de vital importância que é a distribuição. Não confunda, no entanto, na obra impressa, o editor, que assume o risco da tarefa abrangente, com terceiros que possam eventualmente ser contratados para o ato material de impressão ou publicação, como a empresa gráfica. O editor é o verdadeiro intermediário entre o autor e o público; portanto, o real responsável pela difusão cultural da obra. Sem ele, essa difusão intelectual torna-se na prática inviável.

A Lei nº 9.610/98, assim como fazia o Código Civil e a lei anterior, dá contornos ao contrato de edição que o transformam em típico e nominado. É consensual, bilateral, geralmente oneroso, comutativo, de duração temporária e *intuitu personae.*

É consensual, pois se ultima tão só com a manifestação das partes. A simples remessa de um artigo para um jornal ou revista faz presumir que o autor pretende a publicação. É bilateral porque gera obrigações recíprocas. Geralmente oneroso, embora nada impeça que o autor ceda gratuitamente os direitos ao editor. Como visto, a cessão de direitos é temporária, porque não se admite contrato de edição perpétuo ou por tempo indeterminado. No contrato, estabelece-se um número de edições. O silêncio das partes presume que o objetivo é uma única edição. É contrato *intuitu personae*, porque se tem em mira a pessoa do autor, tendo em vista sua criação intelectual. Baseia-se também na confiança que o autor deposita no editor.

52.2 OBRIGAÇÕES DO AUTOR

A principal obrigação do autor é transferir o direito de edição da obra ao editor com exclusividade, garantindo seu exercício pacífico. Nada impede que o autor autorize vários editores a publicarem a obra, mas isso deve ser expresso no contrato sob pena de responder o autor por perdas e danos. Deferida a edição a um editor sem ressalvas, presume-se a exclusividade.

O autor deve entregar ao editor os originais em condições de publicação. O art. 58 dispõe que, se o editor não os recusar nos 30 dias seguintes ao do recebimento, têm-se por aceitas as alterações introduzidas pelo autor. Uma vez entregues os originais, qualquer alteração somente poderá ser feita mediante acordo com o editor, em tempo oportuno para alterar a publicação. Por tradição semântica, ainda é costume designar o original de manuscrito. No entanto, cada vez mais raramente o autor assim o entregará atualmente ao editor, pois a era da informática permite que todo um original esteja contido em um único arquivo eletrônico, quando não transmitido a distância, por correio eletrônico, do domicílio do autor ao endereço informático do editor.

O contrato deve estabelecer o número de exemplares. O parágrafo único do art. 56 determina que, no silêncio da avença, considera-se que cada edição é constituída por três mil exemplares. Questão tormentosa, na prática, é a difícil e complexa fiscalização por parte do autor do número exato de exemplares impressos, ainda mais com a revogação da obrigação de numeração dos exemplares, anteriormente atribuída ao editor. A única exigência legal nesse sentido é a prestação de contas ao autor, conforme disposto no art. 61. Plínio Cabral (2003:87) aponta que o número de exemplares nunca é estabelecido aleatoriamente, pois o editor conhece o mercado. O editor pode fazer uma estimativa muito aproximada quanto aos números de exemplares necessários para a primeira edição. Com os resultados das vendas desta, pode-se estimar a futura edição e as subsequentes.

Tudo é no sentido de ser interpretada a conduta do editor sob o prisma da boa-fé. Nos termos do Código de Defesa do Consumidor, se o autor apontar que foi impresso número maior de exemplares do que o contratado, o ônus da prova poderá ser carreado ao editor quando, a critério do juiz, for verossímil a alegação, ou quando o autor for considerado hipossuficiente, segundo regras ordinárias de experiências (art. 6º, VIII, do Código de Defesa do Consumidor).

É obrigação do autor não dispor da obra, enquanto não esgotados os exemplares a que tiver direito o editor (art. 63). Entende-se esgotada a edição quando restarem em estoque, em poder do editor, exemplares em número inferior a 10% do total da edição (art. 63, § 2º). Desse modo, enquanto não autorizado pelo primitivo editor ou não esgotada a edição, não podem os direitos ser transferidos a outro editor. Pode, contudo, o autor adquirir o resíduo da edição, ficando livre para contratar novo editor, conforme estampava o art. 1.349 do Código Civil.[1]

---

[1] "Apelação cível. Ação declaratória de rescisão contratual. Contrato de cessão de direitos para publicação de obra técnica. Sentença de procedência, declarando a rescisão do contrato e determinando que a requerida prestasse contas acerca dos exemplares da obra ainda mantidos em estoque. Insurgência da requerida. Inegável resilição do contrato, por ato extrajudicial pretérito. Lógica do instrumento resilitório que impõe ao requerente, autor do livro, obrigações que transcendem o negócio fenecido, tal qual a de ver limitado seu direito de dispor da obra, enquanto não esgotada a edição mercanciada. **Art. 63, § 2º, da Lei 9.610/98** que prepondera por sobre disposição inserta, no distrato, que condicionava o esgotamento da obra ao número total de exemplares apenas da última tiragem.

Consideração, para fins legais de esgotamento da obra, do número total de exemplares da edição pactuada. Inequívoco exaurimento da cláusula de resguardo de edição, pelo esgotamento da edição da obra publicada. Autor da obra liberto, por conseguinte, das obrigações assumidas no distrato. Conseguinte descabimento do pleito de prestação de contas, por não mais existir liame obrigacional a unir os litigantes. Sentença parcialmente reformada, de modo a que afastada a condenação da requerida na prestação de contas. Sucumbência recíproca. Recurso provido em parte" (*TJSP* – Ap 1034273-39.2020.8.26.0114, 19-6-2024, Rel. Márcio Teixeira Laranjo).

"**Direito de autor** – Nulidade – Inexistência – Sentença bem fundamentada – Cerceamento de Defesa – Não ocorrência – Desnecessidade de outras provas – Contratos intitulados 'Contrato de Edição', 'Contrato de Cessão de Direitos Autorais' e 'Contrato de Edição e Cessão de Diretos Autorais', firmados na vigência do Código Civil de 1916 e da Lei 5.988/73, afastando a incidência da Lei 9.610/98, que independentemente da nominação têm a natureza de Contrato de Cessão dos direitos patrimoniais dos autores e não de Contrato de Edição – Prevalência da intenção das partes consoante as normas vigentes à época – Previsão nos contratos de remuneração proporcional ao resultado da exploração econômica, que não descaracteriza a transmissão total dos direitos patrimoniais – A transmissão dos direitos patrimoniais foi de forma ampla e não pode haver a exclusão da transmissão digital por meio da plataforma *streaming*, em especial pelo entendimento do Superior Tribunal de Justiça de cuidar-se de 'execução pública' – Os valores devidos por direitos autorais, por execução em plataformas de *streaming*, são estabelecidos pelo ECAD em suas diversas modalidades, e por ele é feita a arrecadação para o rateio entre os autores por meio das respectivas Associações (Abramus, Amar, Assim, Sbacem, Sicam, Socinpro e a UBC), de quem recebem diretamente os valores, e não por intermédio da requerida – Pirataria que não é culpa da ré, e pode ser denunciada diretamente pelos autores – Atuação de Associação em seu combate – Não há direito de resilir ou de resolver os contratos, nem mesmo de modificar suas cláusulas ou de indenizar nestes autos – Recurso desprovido" (*TJSP* – Ap 0024958-46.2020.8.26.0100, 10-2-2022, Rel. Alcides Leopoldo).

"Civil – Processo Civil – Reparação de danos – Criação de website – Direito Autoral – Proteção – Necessidade – **Originalidade da obra – Plágio** – Inexistência – Sentença de improcedência mantida – 1 – Acerca da proteção do direito autoral, a Lei nº 9.610/98 não admite a reprodução de obra sem anuência ou transferência expressa dos direitos pelo titular da mesma (artigos 28 e 29), sob pena de configurar plágio, implicando em consequências civis e criminais. 2 – O plágio, em que pese a ausência de definição legal, vem sendo entendido pela doutrina e jurisprudência, como 'o ato de apresentar como de sua autoria uma obra elaborada por outra pessoa', sendo 'considerada como indevida a reprodução de obra que seja substancialmente semelhante a outra preexistente' (REsp 1645574/SP, Rel. Ministra Nancy Andrighi, 3ª Turma, julgado em 14/02/2017, DJe 16/02/2017). 3 – Nesse esteio, ao se falar em semelhança substancial para se caracterizar o plágio, nota-se que um dos pressupostos é que haja a usurpação da originalidade do autor, vale dizer, do modo de expressão das ideias que constituem a essência da obra plagiada ou, em outras palavras, 'a absorção do núcleo de representatividade da obra (...), daquilo que a individualiza e corresponde à emanação do intelecto do autor'. Do mesmo modo, se um dos pressupostos para a configuração do plágio é a usurpação da originalidade, mister se faz que haja, por óbvio, esta peculiaridade na obra do autor para que se invoque a proteção aos direitos autorais. 4 – Não há que se falar em originalidade quando as semelhanças apontadas entre o projeto de website apresentado pelo autor e o publicado pela ré advêm da similaridade típica de sítios esportivos, cuja estrutura, tais como arquitetura e diagramação das informações, estilo de linguagem e estética, é comumente semelhante neste ramo de atividade. 5 – Negado provimento ao recurso" (*TJDFT* – Proc. 00095817920148070001 – (1070482), 15-2-2018, Relª Leila Arlanch).

"Recursos Especiais – **Direito do autor – Plágio** – Prescrição – Termo Inicial – Prazo Trienal – Data da ciência – Utilização – Ideias – Paráfrases – Inexistência – Reprodução – Obra Originária – Danos materiais e morais – Súmula nº 7 /STJ – Responsabilidade do editor – Solidariedade Legal – 1 – Cuida-se de recursos especiais interpostos pelo acusado do plágio e pelo editor da obra literária, em que se discutem as seguintes teses: i) termo inicial do prazo prescricional de 3 (três) anos para demandas indenizatórias por plágio; ii) sentido e alcance da proteção autoral a obra literária, prevista na Lei nº 9.610/1998; iii) redução do montante fixado a título de danos materiais e morais; iv) ilegitimidade do editor para responder por plágio; e v) cabimento da responsabilidade subjetiva na hipótese. 2 – O surgimento da pretensão ressarcitória nos casos de plágio se dá quando o autor originário tem comprovada ciência da lesão a seu direito subjetivo e de sua extensão. A data da publicação da obra não serve, por si só, como presunção de conhecimento do dano. 3 – A jurisprudência do Superior Tribunal de Justiça, em casos envolvendo o termo inicial da prescrição das demandas indenizatórios por dano extracontratual, tem prestigiado o acesso à justiça em detrimento da segurança jurídica, ao afastar a data do dano como marco temporal. Precedentes. 4 – Segundo preveem os arts. 8º, I, e 47 da Lei nº 9.610/1998, não são objeto de proteção como direito autoral as ideias, sendo livre a utilização das paráfrases, desde que não configurem reprodução literal ou impliquem descrédito à obra originária. 5 – Hipótese em que ficou evidenciado o plágio, com propósito de dissimulação, ante as inúmeras reproduções literais da obra originária, com apropriação de suas estruturas argumentativas. 6 – A reparação dos danos materiais engloba os danos emergentes e a diminuição potencial causada pelo plágio ao patrimônio do autor e do editor da obra originária. 7 – Esta Corte tem entendimento firmado no sentido de afastar a incidência da Súmula nº 7 /STJ e reexaminar o montante fixado pelas instâncias ordinárias a título de danos morais apenas quando irrisório ou abusivo, circunstâncias inexistentes no presente caso. 8 – A editora, nos termos do art. 104 da Lei nº 9.610/1998, pode ser considerada solidariamente responsável pela prática de plágio, sendo desinfluente, pelo menos para aferição de sua legitimidade passiva, o exame da real extensão de sua contribuição para a prá-

Ao ceder os direitos ao editor, o autor assume a obrigação de garantir a incolumidade da obra, responsabilizando-se pela evicção. Se um editor pretérito obtiver direito sobre a obra, incumbe ao autor indenizar o segundo. Nessa obrigação de sanidade da obra, é ínsito ao autor o dever de *originalidade*, sob pena de responder por perdas e danos. O *plágio*, a imitação do trabalho alheio, permite que o editor seja acionado tanto pelo outro autor plagiado, como por seu respectivo editor. No âmbito da originalidade, não somente o plágio acarretará responsabilidade do autor, como também o denominado *autoplágio*, ou seja, repetição pelo autor de obra já editada, ainda que sob novas vestes. Incumbe no caso concreto examinar se há ou não repetição da obra, pois nada impede que o mesmo tema seja tratado de forma original pelo mesmo autor em várias oportunidades.

A legislação, tanto nacional como internacional, não estabelece nem o valor nem a forma de remuneração do autor. É livre, portanto, a convenção das partes. No silêncio dos interessados, o art. 57 indica que o preço da retribuição será arbitrado com base nos usos e costumes.

Em se tratando de *obra coletiva*, estatui o art. 88:

> *"o organizador mencionará em cada exemplar: I – título da obra; II – relação de todos os participantes, em ordem alfabética, se outra não houver sido convencionada; III – ano da publicação; IV – seu nome ou marca que o identifique".*

O coordenador pode ser o editor ou não, pode participar da redação dos textos ou não. O participante de obra coletiva mantém seus direitos autorais. A obra coletiva pode ser mais ou menos ampla como dicionários, enciclopédias, compêndios etc. Como anota Plínio Cabral,

---

tica ofensiva aos direitos autorais. 9 – No caso de reprodução de obra com fraude, a Lei nº 9.610/1998, no seu art. 104, na esteira de outras leis especiais, estipula a responsabilidade solidária de modo a privilegiar a reparação do dano. Estabelece que aquele que vender, expuser à venda, distribuir e/ou tiver em depósito obra reproduzida com fraude, com finalidade de obter lucro, condutas nas quais se insere a do editor, responderá solidariamente com o contrafator. 10 – Recursos especiais não providos" (*STJ* – REsp 1.645.746 (2016/0121720-1), 10-8-2017, Rel. Min. Ricardo Villas Bôas Cueva).

"Processual civil – Agravo interno em agravo de instrumento – Concurso Público – **Plágio de questões** – Recurso desprovido – 1- Pretende a agravante a reforma da decisão monocrática, que manteve o indeferimento da anulação das questões do concurso que alega ser objeto de plágio, ensejando o efeito suspensivo da decisão agravada, de modo a garantir a agravante o direito à reserva de vagas no citado concurso. 2- Com efeito, não cabe ao Poder Judiciário substituir-se aos membros da comissão examinadora na formulação e na avaliação de mérito das questões do concurso público. A responsabilidade de apreciar os critérios de formulação e correção de provas é da banca examinadora, em respeito ao princípio da separação de poderes consagrado na Constituição Federal. 3- Deve a agravante aguardar a posterior decisão do juiz da causa, pois somente após a instrução processual é que ficará claro se devem ser anuladas as questões impugnadas. Pelo exame da documentação acostada aos autos, não existe vício ictu oculi. Não há nos autos elemento fundamental para acolhimento da pretensão antecipatória, qual seja, a prova inequívoca de que as questões estão em desconformidade com o certame. 4- No agravo interno, a recorrente não traz novos nem fundados argumentos destinados a infirmar as razões de decidir esposadas na decisão monocrática. 5- Agravo interno desprovido" (*TRF-2ª R.* – AI 0002532-27.2015.4.02.0000, 26-1-2016, Relª Salete Maria Polita Maccalóz).

"**Agravo de instrumento tutela antecipada** – direito autoral – uso indevido de ilustração – Proteção legal contra o uso desautorizado – A ilustração tem proteção na Lei nº 9.610/98 (art. 7º, IX), independentemente de registro (art. 18 da LDA), e a utilização desautorizada é suficiente para a invocação das medidas protetivas, estando presentes a verossimilhança das alegações e o *periculum in mora*, pois a lesão decorre da utilização desautorizada, e até que o requerido comprove a inexistência de plágio, de uso ou de violação a direito autoral, devem ser liminarmente concedidas. Abstenção sob pena de multa cominatória. Recurso provido em parte" (*TJSP* – AI 2060023-53.2015.8.26.0000, 30-4-2015, Rel. Alcides Leopoldo e Silva Júnior).

"**Agravo de instrumento**. Ação de indenização. Concorrência desleal. Veiculação de programa televisivo semelhante ao da autora. **Plágio reconhecido**. Condenação no pagamento de lucros cessantes. Alegação de hipótese de liquidação zero, em razão da ausência de efetivo prejuízo. Não cabimento. Teoria que tem aplicabilidade na liquidação por artigos e quando impossível aferir o *quantum debeatur*. Decisão mantida. Recurso improvido" (*TJSP* – AI 2091169-49.2014.8.26.0000, 15-8-2014, Rel. Neves Amorim).

"*da obra coletiva resulta obra nova e protegida, mesmo que nela se incluam textos já caídos em domínio público*" (2003:114).

Não se confunde com a obra em coautoria na qual dois ou mais autores se responsabilizam, em princípio, por um texto único. Haverá sempre particularidades nessas obras que devem ser previstas em contrato, sob pena de dificultar a interpretação.

52.3 DIREITOS DO AUTOR

Por seu lado, o autor tem o direito de utilizar, publicar e reproduzir sua obra, assegurado constitucionalmente (art. 5º, XXVII), transmissível aos herdeiros pelo tempo que a lei ordinária fixar. O art. 41 declara o direito autoral vitalício e transmissível por via hereditária. O fato de a sucessão hereditária ser limitada a 70 (setenta) anos contados de 1º de janeiro do ano subsequente ao de seu falecimento, não coincidindo, portanto, com as sucessões em geral, não lhe retira esse caráter. Nesse período, obedece-se à ordem de sucessões estabelecida no Código Civil. Nesse aspecto, a nova lei modifica a lei autoral anterior, não distinguindo mais classe de sucessores e unicamente limitando no tempo o direito autoral patrimonial. A matéria deve ser objeto de exame na esfera dos direitos reais e sucessórios.

A impressão e divulgação de obra sem autorização do autor implica a perda dos exemplares que foram apreendidos e o pagamento do restante da edição ao preço de venda. Se for desconhecido o número de exemplares fraudulentos, o responsável pagará o valor de três mil volumes (art. 103). É direito do autor requerer a apreensão dos exemplares de obra fraudulenta, ou a suspensão da divulgação, ou utilização da obra, sem prejuízo da indenização cabível (art. 102). É crime apenado com reclusão de um a quatro anos e multa a violação de direito autoral consistente na reprodução, por qualquer meio, de obra intelectual, no todo ou em parte, para fins de comércio, sem autorização expressa do autor ou de quem o represente (art. 184 do Código Penal).

O autor tem direito ao reconhecimento da *paternidade da obra* tanto que o art. 108 da lei específica impõe obrigação a toda pessoa que divulgue obra intelectual de indicar o nome, pseudônimo ou sinal convencional do autor e do intérprete, sob pena de responder por danos morais e ser obrigado a efetuar a devida divulgação. Se for empresa de radiodifusão, esta deverá ocorrer no mesmo horário por três dias consecutivos. Se for obra gráfica ou fonográfica, deve ser incluída errata nos exemplares ainda não distribuídos, sem prejuízo de comunicação em destaque, por três vezes consecutivas, em jornal de grande circulação, do domicílio do autor, do editor ou do produtor.

O direito de incolumidade da obra é inafastável do autor. A reprodução não poderá alterar o original sem permissão do autor. A jurisprudência defende pacificamente o direito à integridade da obra desde a vigência da lei anterior. Ao editor é vedada a publicação parcial da obra, caso o autor ou seus sucessores tenham manifestado a vontade de publicá-la somente por inteiro (art. 55, parágrafo único).

O autor, por outro lado, pode conservar a obra inédita, não estando obrigado a divulgá-la (art. 24, III). Como consequência, o autor tem o direito de arrependimento no elenco de seus direitos morais, isto é, pode retirar a obra de circulação, indenizando o editor de eventuais prejuízos (art. 24, IV). Trata-se de direito discricionário dependente da oportunidade e conveniência do autor. No entanto, uma vez publicada a obra, o interesse da coletividade pode exigir sua reedição. Assim, a lei permite que a União e os Estados desapropriem obras intelectuais por utilidade pública, mediante o pagamento de prévia indenização, quando o autor se recusar, sem justa causa, a reeditá-la (art. 660 do Código Civil). Esse direito é também conferido pelo art. 216, III, e § 1º da Constituição de 1988, o qual permite ao poder público desapropriar criações científicas, artísticas e tecnológicas, a fim de proteger ou preservar o patrimônio cultural nacional.

No tocante aos direitos exclusivamente patrimoniais, o autor pode notificar judicialmente o editor para reeditar a obra, na hipótese de omissão, se esgotada a última edição, sob pena de perder esse direito e de responder por perdas e danos (art. 69). Para fiscalizar o andamento das vendas e o número de exemplares, permite a lei que o autor examine a escrituração do editor na parte que lhe diz respeito (art. 59). Exercerá esse direito por si ou por representante. Para tal, deverá, no entanto, demonstrar interesse, sob pena de tornar seu exercício abusivo. O art. 61 autoriza que o autor exija mensalmente prestação de contas do editor se sua retribuição ficar dependendo do êxito da venda. A retribuição do autor poderá ser fixada em percentual sobre as vendas, incidente sobre o preço de capa ou um preço sobre o total da edição. Como regra geral, não há direito do autor sobre exemplares distribuídos gratuitamente destinados à divulgação e à publicidade. Cabe ao editor fixar o preço de venda, não podendo, contudo, elevá-lo a ponto de embaraçar a circulação da obra (art. 60). O art. 57 disciplina, como apontamos, que, sempre que no contrato não houver estipulação expressa, *"o preço da retribuição será arbitrado com base nos usos e costumes"*. Como em todo contrato e levando em conta os princípios do Código em vigor, o exame da boa-fé objetiva terá papel preponderante. É mais comum que a retribuição do autor seja estabelecida em percentual sobre as vendas. Nesse caso, deve ser fixado um preço de referência, como, por exemplo, o preço de catálogo ou preço de venda ao consumidor final ("preço de capa"). Há editores, porém, que estabelecem outros critérios, como o preço do faturamento global, o que dificulta mais a fiscalização. Nada impede também que o autor receba um preço global por edição contratada.

É direito do autor, em qualquer modalidade de reprodução, ter conhecimento da quantidade de exemplares. Cabe a quem reproduz a obra a responsabilidade de manter os registros que permitam ao autor a fiscalização do aproveitamento econômico da exploração (art. 30, § 2º). Para tanto, recomenda-se que os arquivos estejam sempre atualizados e sejam oferecidos na prestação de contas pelo reprodutor da obra (art. 61). A reprodução fraudulenta (art. 102) ou a edição desautorizada (art. 103) sujeitam o infrator, respectivamente, à apreensão dos exemplares reproduzidos, sem prejuízo da indenização cabível, e à restituição dos exemplares apreendidos e o que tiver arrecadado com a venda desautorizada.

O autor tem direito de alterar a obra nas edições sucessivas, sem que isso implique gastos extraordinários ao editor (art. 66). Mormente em obras didáticas e científicas, as alterações e atualizações são imperiosas, o que concilia o próprio interesse do editor que, nessa premissa, nada poderá exigir do autor. O editor pode opor-se às alterações que lhe prejudiquem os interesses, ofendam a reputação, ou aumentem a responsabilidade (art. 66, parágrafo único).

52.4 OBRIGAÇÕES DO EDITOR

Concluído o contrato de edição, cabe ao editor reproduzir e divulgar a obra, pagando a remuneração contratada. Normalmente, essa remuneração é estabelecida em porcentagem sobre os exemplares impressos, mas não há regra estabelecida. A maior dificuldade será sempre saber o número de exemplares editados. A questão também aflige o campo fonográfico musical, cujas regras seguem os mesmos princípios. Nem mesmo a numeração dos livros e discos, como se sabe, impede a fraude.

As obrigações do editor correspondem à contrapartida dos direitos do autor. Como visto, deve permitir ao autor que examine a escrituração na parte que lhe concerne, mantendo-o informado sobre o estado da edição (art. 59). O art. 61 determina que o editor deve prestar contas mensais ao autor sempre que a retribuição deste estiver condicionada à venda da obra, salvo se prazo diferente houver sido convencionado. A lei anterior falava dessa prestação de contas semestralmente, o que se tornara inaceitável, mormente nos períodos de inflação.

O editor deve manter a obra tal como o original, não fazendo adições, supressões, alterações ou abreviações não autorizadas. As correções devem ser apresentadas e sugeridas ao autor para aprovação.

Para o editor, surgem, portanto, obrigações próprias da atividade editorial que se resumem, em suma, na possibilidade de multiplicação de exemplares da obra intelectual. No contrato de edição, há a concessão de direitos autorais transmitidos pelo concedente, o autor da obra. Na concessão, há sempre direito potestativo exercido pelo titular de um direito. Os princípios do contrato de edição devem ser aplicados, no que couber, aos outros contratos direta ou indiretamente relacionados com os direitos autorais, como o de tradução de obra, de obra por encomenda, representação dramática, execução musical, cinematografia, informática etc.

Cabe ao editor imprimir o número de edições contratadas ou apenas uma, se não houver ajuste. Deve publicar nova edição no esgotamento da prévia, se isso foi contratado, sob pena de ser intimado judicialmente para fazê-lo, conforme exposto.

Estipula-se na lei que, caso não haja determinação específica no contrato de edição, a obra deverá ser editada em dois anos da celebração do contrato (art. 62). De acordo com o parágrafo único desse artigo, "*não havendo edição da obra no prazo legal ou contratual, poderá ser rescindido o contrato, respondendo o editor por danos causados*". Essa disposição é de suma importância e corrige distorção da lei anterior, que permitia, na hipótese, a devolução pura e simples da obra ao autor, causando-lhe, evidentemente, transtornos palpáveis e prejuízos de ordem moral e econômica.

52.5 DIREITOS DO EDITOR

Mediante o contrato de edição, o editor utiliza economicamente a obra, ligando seu nome a ela. Tem direito à chamada paternidade da edição, uma vez que ao autor cabe a paternidade intelectual. Cabe-lhe direito à exclusividade, protegendo-se da concorrência desleal e da contrafação, salvo se disposto diferentemente no contrato.

Pode o editor, mediante a prévia e expressa autorização do autor, traduzir a obra para qualquer idioma (art. 29, IV). Ao editor incumbe fixar o preço de venda de cada exemplar, não podendo fazê-lo, contudo, conforme explanado, de modo a embaraçar a divulgação da obra.

É facultado também ao editor encarregar terceiro para atualizar a obra se o autor negar-se a fazê-lo nas novas edições, em decorrência da natureza do trabalho intelectual, mencionando o fato na edição respectiva (art. 67).

É-lhe permitido também considerar resolvido o contrato se o autor falecer antes de concluída a obra, ou se não puder terminá-la, se a parte entregue não tiver contornos de autonomia. Poderá o editor, ainda, mandar que outro termine a obra, desde que tenha o consentimento dos sucessores do autor originário e que este fato seja citado na edição (art. 55, III). Não poderá publicá-la parcialmente se o autor impôs que fosse editada completa.

O editor exerce os direitos patrimoniais de autor quando se tratar de obra autônoma ou sob pseudônimo (art. 41). Nessa hipótese, a relação com o autor será de mandante e mandatário. O editor age como mandatário, como se a obra fosse sua.

52.6 EXTINÇÃO

Extingue-se o contrato pelo esgotamento da edição se não prevista nova tiragem ou reedição. Tiragem distingue-se de nova edição porque a primeira implica a inexistência de alteração ou atualização. Nessa hipótese, novo contrato deve ser concluído. Extingue-se também pelo decurso de prazo de dois anos após a celebração, sem que o editor publique a obra (art. 62).

A morte ou incapacidade superveniente do autor antes da conclusão da obra intelectual também extingue o contrato, salvo se a obra for autônoma e permitir a edição parcial. É o que deflui do art. 55, I. A edição parcial da obra autoriza a retribuição proporcional. Não poderá, no entanto, ser editada em parte se o autor vedou essa possibilidade.

Extingue-se também o contrato de edição se a obra for apreendida ou proibida pela administração.

A falência do editor ordinariamente extingue o contrato. De acordo com o art. 43, da antiga Lei de Falências, o síndico deve ser notificado para que se manifeste a respeito do cumprimento do contrato. Optando pela negativa, ou mantendo-se silente, tem-se por desfeito o contrato. No novo sistema de recuperação de empresas e de quebras, como regra geral, a situação não é diferente.

52.7 CONTRATOS DE ENCOMENDA DE OBRA INTELECTUAL

A obra intelectual também pode decorrer de encomenda de outrem, do editor ou quem lhe faz as vezes. Pelo contrato de encomenda, o autor compromete-se à consecução de obra sugerida ou solicitada por outrem, o qual se encarregará de publicá-la e divulgá-la. Trata-se de obra intelectual por encomenda, por exemplo, o roteiro de um filme ou de uma telenovela, a fotografia para fins comerciais e publicitários, o verbete de uma enciclopédia etc. Até mesmo um romance ou livro científico e didático podem decorrer de encomenda. O contrato de encomenda de obra intelectual é aquele pelo qual o autor se obriga a criar dentro de certo prazo para o encomendante uma obra literária, artística ou científica, e a consentir em sua utilização para os fins determinados (Diniz, 1993, v. 3:462). Distingue-se do contrato de edição, porque neste a obra apresenta-se pronta e acabada, ainda que contratada obra futura. Nada impede, porém, que a edição seja contratada conjuntamente com a encomenda, como ocorre com frequência. No caso, aplica-se o art. 62, que é regra para o contrato de edição, que concede prazo de dois anos ao editor para publicar a obra, sob pena de resolução do contrato.

A lei brasileira não dá contornos acabados a essa modalidade de contratação, para a qual devem ser aplicados os princípios gerais dos contratos e supletivamente as normas do contrato de edição. O contrato afasta-se da prestação de serviços porque a obrigação do autor é verdadeiramente de resultado, qual seja, apresentar a obra plena e acabada. Aproxima-se mais intimamente do contrato de empreitada, embora deva ser tratado como contrato de direitos autorais típico que tem por objeto a obra intelectual indicada pelo encomendante. A própria Lei nº 9.610/98, não desconhece a terminologia, ainda que não tenha ordenado a matéria, pois se refere a retratos ou outra forma de representação de efígie, *feitos sob encomenda* (art. 46, I, *c*).

Aponta Eduardo Vieira Manso (1989:74) que, quando a obra intelectual não é realizada por iniciativa de seu autor, mas lhe é solicitada a criação de *"uma obra segundo um tema dado, um fato apontado, um argumento a ser desenvolvido, uma história a ser contada, um motivo a ser elaborado etc."*, haverá obra sob encomenda.

Se a criação da obra decorrer de contrato trabalhista, de prestação de serviços ou de dever funcional, os direitos do autor, salvo convenção em contrário, pertencerão a ambas as partes, conforme estabelecido pelo Conselho Nacional de Direitos do Autor. Desse modo, podemos concluir que a obra realizada por autor assalariado ou por funcionário público no exercício de sua função é também obra sob encomenda, independentemente de outras atribuições que tenha com o empregador.

Na obra encomendada, deverão ser respeitados os direitos morais do autor (arts. 24 a 27), salvo permissão expressa em contrário. Tratando-se de autor assalariado, contudo, o princípio deve ser visto com mitigação, pois de regra perderá ele o direito ao inédito e ao arrependimento, não podendo frustrar a divulgação e a publicação.

52.8 TRANSFERÊNCIA DE DIREITOS AUTORAIS

A vigente lei de direitos autorais ampliou seu espectro no que tange à previsão de modalidades contratuais de negócio jurídico que envolvem direitos do autor. Com a mais recente redação, a lei transpôs seu alcance do contrato de cessão e recebeu, por meio do uso de uma linguagem abrangente, outras modalidades contratuais em rol exemplificativo que cita expressamente apenas o contrato de licenciamento e o de concessão.

Manteve, no entanto, a possibilidade de tanto o autor como seus sucessores, pessoalmente ou por meio de representantes com poderes especiais, transferir direito autoral a terceiro. O art. 49 da Lei nº 9.610/98 dispõe:

> *"Os direitos de autor poderão ser total ou parcialmente transferidos a terceiros, por ele ou por seus sucessores, a título universal ou singular, pessoalmente ou por meio de representantes com poderes especiais, por meio de licenciamento, concessão, cessão ou por outros meios admitidos em Direito, obedecidas as seguintes limitações:*
>
> *I – a transmissão total compreende todos os direitos de autor, salvo os de natureza moral e os expressamente excluídos por lei;*
>
> *II – somente se admitirá transmissão total e definitiva dos direitos mediante estipulação contratual escrita;*
>
> *III – na hipótese de não haver estipulação contratual escrita, o prazo máximo será de cinco anos;*
>
> *IV – a cessão será válida unicamente para o país em que se firmou o contrato, salvo estipulação em contrário;*
>
> *V – a cessão só se operará para modalidades de utilização já existentes à data do contrato;*
>
> *VI – não havendo especificações quanto à modalidade de utilização, o contrato será interpretado restritivamente, entendendo-se como limitada apenas a uma que seja aquela indispensável ao cumprimento da finalidade do contrato".*

Os incisos supratranscritos foram introduzidos pela nova lei, objetivando guiar a atividade contratual que tenha como objeto um direito de autor. Os incisos I, II e III são dirigidos aos contratos temporários, sem o cunho definitivo do contrato de cessão, quais sejam: contrato de licenciamento e de concessão. Esses modelos contratuais devem observar esses dispositivos, sem prejuízo de obediência aos que tratam especificamente dos direitos do autor, sejam os morais (arts. 24 a 27), sejam os patrimoniais (arts. 28 a 45).

Os incisos IV e V orientam a contratação de cunho definitivo, a de cessão de direitos do autor. Limita a eficácia da cessão ao território nacional no qual foi firmada, salvo disposição em contrário. O autor de um livro, por exemplo, pode ceder seus direitos a pessoas distintas em diversos países, caso seu contrato não preveja nenhum óbice a tal prática. Ademais, não poderá prever o contrato de cessão cláusulas genéricas ou com elenco exemplificativo de modalidades de utilização.

O contrato deve conter clara e precisamente as modalidades autorizadas. Caso seja de interesse dos contratantes que todas as modalidades façam parte do contrato, o ideal é que assim esteja expressamente previsto no contrato.

Por fim, o inciso VI vem sanar omissão da legislação anterior, dando subsídios para que o magistrado possa tranquilamente restringir, na omissão contratual, a uma única modalidade de uso do direito autoral, que será sempre aquela imprescindível ao adimplemento do contrato. É inconveniente a contratação genérica de todos os direitos autorais.

> *"É voz comum entre os doutrinadores e as mais variadas legislações que o autor conserva para si todos os direitos que não tenham sido expressamente cedidos. De modo que, na verdade, é inócua a cessão generalizada de todos os direitos autorais, porque um contrato que assim estipule somente será entendido com restrição e a cessão valerá apenas para permitir sua execução, tendo em vista seu objetivo mais próximo"* (Manso, 1989:133).

Exemplifica esse autor a cessão geral de direito autoral de obra em revista ou periódico. Tal contrato não autorizará o cessionário a publicar a obra em livros e antologias, mas somente em revistas. O contrato deve mencionar expressamente quais as modalidades permitidas de reprodução.

Por vezes, confundem-se os termos *cessão parcial* e *licença de direitos autorais*. Ambos possuem alcance menor e delimitado do que a cessão total. Lembra Eliane Y. Abrão que a lei não define licença nem a regulamenta, *"mas é certo afirmar-se que se trata de uma autorização de uso, de exploração, e não de uma transferência de direitos"* (2002:136). Assim, por exemplo, o autor de um romance ou história em quadrinhos pode autorizar a utilização de seus personagens em anúncios publicitários; nesse caso, cede apenas um dos aspectos de sua obra. Presume-se sempre que esse negócio seja oneroso.

Ao contrário do contrato de edição pelo qual o autor concede ao editor apenas uma ou mais edições da obra, pelo contrato de transferência de direitos, em troca de pagamento, o autor despoja-se dos direitos patrimoniais de sua produção intelectual, no todo ou em parte, como decorre da dicção legal. Em geral, os contratos que negociam direitos autorais são onerosos, sendo que a cessão assim se presume (art. 50); o contrário deve resultar de manifestação expressa. Anteriormente, a legislação não dava brecha à forma verbal para se contratarem direitos autorais; no entanto, com a atual legislação, embora não aconselhável, a transmissão parcial pode ser feita verbalmente. A cessão, contudo, continua sendo obrigatoriamente por escrito. Justifica-se pela ressalva que a lei faz, individualizando a transmissão total com a obrigação da forma escrita (art. 49, II). Tendo em vista as consequências da transferência de direitos autorais, do instrumento deverão constar especificamente quais os direitos objeto do licenciamento, concessão, cessão ou qualquer outra forma de transferência admitida em Direito, as condições de seu exercício quanto ao tempo e ao lugar, e, se for a título oneroso, quanto ao preço ou retribuição (art. 50, § 2º). Daí por que a interpretação do contrato deve ser restritiva em favor dos direitos do autor.

O contrato de cessão de direito autoral, ainda que irretratável e irrevogável, é sempre limitado ao lapso de duração desse direito, que em nossa legislação está limitado à vida do autor e até 70 anos contados de primeiro de janeiro do ano subsequente ao de seu falecimento, obedecida a ordem sucessória da lei civil (art. 41). A regra geral é de que o contrato de cessão se extingue com a própria extinção dos direitos cedidos (Manso, 1989:129). Se, no entanto, é o próprio contrato que contém limitação temporal, não se está perante típico contrato de cessão de direitos, pois o autor reservou para si parte da titularidade dos direitos intelectuais. Haverá aí mera concessão ou licença de direitos autorais durante determinado prazo, aproximando-se do contrato de edição. Ainda, salvo restrição expressa, o cessionário pode, por sua vez, subcontratar, subcedendo a terceiro os direitos adquiridos do autor.

O registro da obra intelectual não é essencial para sua proteção legal. Esse é o sentido do art. 18 da Lei nº 9.610/98. Essa noção já estava presente na Lei nº 5.988/73, tanto que o art. 19 da lei atual reporta-se ao art. 17 da lei anterior. De fato, esse art. 17, que se mantém vigente, portanto, faculta ao autor da obra intelectual registrá-la na Biblioteca Nacional, na Escola de Música, na Escola de Belas Artes da Universidade Federal do Rio de Janeiro, no Instituto Nacional do Cinema ou no Conselho Federal de Engenharia, Arquitetura e Agronomia, dependendo de sua natureza. Se a natureza da obra permitir o registro em mais de uma entidade, deverá ser registrada no órgão que tiver maior afinidade.

O registro estabelece presunção relativa de paternidade da obra. Sua finalidade é dar segurança ao autor e não exatamente salvaguardar a obra. Desse modo, a ausência de registro não impede a defesa dos direitos autorais. Na hipótese de cessão total ou parcial de direitos do autor, o registro faz-se necessário para ter eficácia perante terceiros. Ao contrário da lei anterior, que exigia a averbação da cessão no respectivo registro, o diploma atual determina essa averbação ou o registro do instrumento em Cartório de Títulos e Documentos, se a obra não estiver registrada (art. 50).

O pagamento ou remuneração do cedente pode ter como base preço determinado ou porcentagem sobre as vendas, o que não converte o negócio em contrato de edição.

O art. 51 permite a cessão de direitos de autor de obras futuras limitadas ao prazo máximo de cinco anos. A nova legislação não prevê a modalidade de cessão tácita de direitos, prevista no art. 56 da antiga lei autoral. Esse artigo, que estipulava tradição de negativo, ou meio de reprodução análogo, induz presunção de que foram cedidos os direitos do autor sobre a fotografia.

52.9 REPRESENTAÇÃO E EXECUÇÃO DRAMÁTICA E MUSICAL

Os direitos de autor apresentam-se com muitos aspectos, pois abrangem atividade complexa, tais como diferentes formas de edição e divulgação (gráfica, fonográfica, fotográfica, informática, cinematográfica, radiotelevisiva etc.). O Código Civil de 1916 destacava a representação dramática da edição, mas na realidade são aspectos do mesmo fenômeno de produção intelectual. Por vezes, notamos separação clara entre eles, como a publicação de um livro e a apresentação de uma telenovela. No entanto, os progressos tecnológicos fazem com que todas essas manifestações sejam tratadas sob um prisma geral, como faz, ainda que com lacunas, nossa lei de direitos autorais, nos arts. 68 a 76 e em outros dispositivos esparsos.

O contrato típico de representação dramática ainda se conceitua na forma dos revogados arts. 1.359 ss do Código Civil de 1916, aplicando-se a lei específica, sem prejuízo de legislação esparsa existente. Desse modo, temos de aplicar o princípio pelo qual uma vez entregue a peça ao empresário, se não fixado prazo para a representação, pode o autor intimá-lo para que o faça sob pena de rescisão do contrato. O princípio aplica-se a todas as formas de manifestação além do teatro, como cinema, rádio e televisão. O art. 69 da lei autoral estipula que pode o autor, observados os usos locais, notificar o empresário do prazo para representação ou execução.

Pela própria natureza da representação dramática, pressupõe-se a continuidade de apresentações. Nada impede, no entanto, que se contrate uma única apresentação dramática ou execução musical. O contrato deve fixar limite de tempo ou de número de reapresentações. A questão ganha vulto no tocante às telenovelas, mormente no tocante às permissões internacionais. O negócio de representação e execução é o contrato que vincula o autor a um empresário. Este recebe autorização para veicular comercialmente a obra. As características são as mesmas do contrato de edição: bilateral, consensual, geralmente oneroso e *intuitu personae*. Embora consensual, a forma escrita será sempre conveniente.

Espetáculos públicos somente podem ser realizados com autorização do autor (art. 68). Se a representação ou execução de obra intelectual ocorrer em recinto fechado, sem cobrança de entrada, não se configurará ofensa aos direitos autorais. Nesse sentido, a dicção do art. 46, VI, que dispensa de autorização a representação teatral e a execução musical realizadas no recesso familiar ou para fins exclusivamente didáticos, nos locais de ensino, não havendo intuito de lucro. No entanto, o § 1º do art. 68 dispõe de forma bastante abrangente:

> *"Consideram-se espetáculos públicos e audições públicas, para os efeitos legais, as representações ou execuções em locais ou estabelecimentos, como teatros, cinemas, salões de baile ou concerto, boates, bares, clubes de qualquer natureza, lojas comerciais e industriais, estádios, circos, restaurantes, hotéis, meios de transporte de passageiros terrestre, marítimo, fluvial ou aéreo, ou onde quer que se representem, executem, recitem, interpretem ou transmitam obras intelectuais, com a participação de artistas remunerados, ou mediante quaisquer processos fonomecânicos, eletrônicos ou audiovisuais".*

Como nos direitos de autor em geral, não podem ser realizadas alterações na peça teatral ou assemelhada sem anuência do autor. A responsabilidade pela encenação ou apresentação radiofônica ou televisiva perante os órgãos oficiais, contudo, é da empresa ou empresário responsável e não do autor. O art. 68, §§ 4º a 7º, menciona, entre outras exigências, a necessidade de comprovação de pagamento de direitos autorais carreados ao Escritório Central de Arrecadação e Distribuição (Ecad). No entanto, em prol de seus direitos morais, o autor pode opor-se à representação ou execução que não esteja suficientemente ensaiada, podendo fiscalizar o espetáculo, por si ou por delegado, sendo-lhe garantido livre acesso ao local das apresentações (art. 70). O autor não pode, por seu lado, alterar a substância da obra, sem acordo com o empresário (art. 71). Pequenas mudanças que não tocam na substância serão admitidas, o que implica exame do caso concreto. Em cada caso, há que se distinguir o uso de faculdade legal do abuso de direito.

Como corolário do direito ao inédito, o empresário não pode, sem licença do autor, divulgar o original da obra à pessoa estranha à representação ou execução (art. 72). O art. 73 estabelece que os principais intérpretes e diretores de orquestra, ou coro, escolhidos de comum acordo pelo autor e pelo produtor, não podem ser substituídos por ordem do último, sem autorização do autor. A razão é que a obra pode ter sido criada tendo em vista determinado ator ou executante e sua substituição pode comprometer a criação intelectual. A matéria é casuística, dependendo de exame no caso concreto.

O art. 76 estabelece a impenhorabilidade do produto dos espetáculos na parte reservada ao autor e artistas.

A Lei nº 9.610/98 apresenta ainda particularidades referentes à utilização da obra de arte plástica, da obra fotográfica, do fonograma, da obra audiovisual, cujas contratações devem seguir suas peculiaridades.

BIBLIOGRAFIA

ALEU, Amadeu Soler. *Transporte terrestre*. Buenos Aires: Atresa, 1980.

ALMEIDA, Lacerda de. *Dos efeitos das obrigações*. Rio de Janeiro: Freitas Bastos, 1934.

ALVES, José Carlos Moreira. *A retrovenda*. 2. ed. São Paulo: Revista dos Tribunais, 1987.

ALVES, José Carlos Moreira. *Direito romano*. 3. ed. Rio de Janeiro: Forense, 1980.

ALVIM, Agostinho. *Da compra e venda e da troca*. Rio de Janeiro: Forense, 1961.

ALVIM, Agostinho. *Da doação*. 2. ed. São Paulo: Saraiva, 1972*a*.

ALVIM, Agostinho. *Da inexecução das obrigações e suas consequências*. 4. ed. São Paulo: Saraiva, 1972*b*.

ALVIM, Arruda; ALVIM, Thereza. *Código do consumidor comentado*. 2. ed. São Paulo: Revista dos Tribunais, 1995.

ALVIM, Pedro. *O contrato de seguro*. Rio de Janeiro: Forense, 1983.

AMARAL JÚNIOR, Alberto do. *Proteção do consumidor no contrato de compra e venda*. São Paulo: Revista dos Tribunais, 1993.

ANDRADE, Jorge Pereira. *Contratos de franquia e leasing*. 2. ed. São Paulo: Atlas, 1996.

ANDRADE, Manuel A. Domingues de. *Teoria da relação jurídica*. Coimbra: Almedina, 1974. 2 v.

ARANGIO-RUIZ, Vincenzo. *Instituciones de derecho romano*. Tradução da 10. ed. italiana de José M. Caramés Ferro. Buenos Aires: Depalma, 1973.

ASCARELLI, Tullio. *Teoria geral dos títulos de crédito*. 2. ed. São Paulo: Saraiva, 1969.

ASSIS, Araken de. *Resolução do contrato por inadimplemento*. 3. ed. São Paulo: Saraiva, 1999.

AZEVEDO, Álvaro Villaça. *Teoria geral dos contratos típicos e atípicos*. São Paulo: Atlas, 2002.

AZEVEDO, Álvaro Villaça. *Prisão civil por dívida*. São Paulo: Revista dos Tribunais, 1993.

AZEVEDO, Álvaro Villaça. Teoria geral das obrigações. 9. ed. São Paulo: Revista dos Tribunais, 2001.

AZEVEDO, Antônio Junqueira de. *Negócio jurídico*. São Paulo: Saraiva, 1979.

AZEVEDO JR., José Osório de. *Compromisso de compra e venda*. 3. ed. São Paulo: Malheiros, 1993.

BARROS, Wellington Pacheco. *Contrato de parceria rural*. Porto Alegre: Livraria do Advogado, 1999.

BARROS, Wellington Pacheco. *Contrato de arrendamento rural.* Porto Alegre: Livraria do Advogado, 1998.

BASTOS, Celso Ribeiro; KISS, Eduardo Amaral Gurgel. *Contratos internacionais.* São Paulo: Saraiva, 1990.

BASTOS, Jacinto Fernandes Rodrigues. *Das obrigações em geral.* 2. ed. Lisboa: Petrony, 1977. v. 1; 1972. v. 2 e 3; 1973. v. 4, 5 e 6.

BESSONE, Darcy. *Da compra e venda.* 3. ed. São Paulo: Saraiva, 1988.

BESSONE, Darcy. *Do contrato*: teoria geral. 3. ed. Rio de Janeiro: Forense, 1987.

BETTI, Emílio. *Teoria geral do negócio jurídico.* Tradução de Fernando de Miranda. Coimbra: Coimbra Editora, 1969. 2 v.

BEVILÁQUA, Clóvis. *Código civil comentado.* Rio de Janeiro: Francisco Alves, 1916. v. 1; 4. ed. 1934. v. 4; 4. ed. 1939. v. 5.

BEVILÁQUA, Clóvis. *Direito das obrigações.* Rio de Janeiro: Editora Rio, 1977.

BORDA, Guillermo. *Manual de contratos.* 14. ed. Buenos Aires: Abeledo-Perrot, 1989.

BORDA, Guillermo. *Manual de obligaciones.* Buenos Aires: Abeledo-Perrot, 1981.

BORGES, João Eunápio. *Títulos de crédito.* Rio de Janeiro: Forense, 1971.

BORGES, Paulo Torminn. *Institutos básicos do direito agrário.* 9. ed. São Paulo: Saraiva, 1995.

BRUSCATO, Wilges. *Títulos de crédito.* São Paulo: Juarez de Oliveira, 2001.

BULGARELLI, Waldirio. *Contratos mercantis.* 8. ed. São Paulo: Atlas, 1995.

BULGARELLI, Waldirio. *Títulos de crédito.* 18. ed. São Paulo: Atlas, 2001.

CABRAL, Antônio da Silva. *Leasing.* São Paulo: Resenha Tributária, 1975. 2 v.

CABRAL, Plínio. *A nova Lei de Direitos Autorais.* 4. ed. São Paulo: Harbra, 2003.

CAHALI, Yussef Said (Coord.). *Contratos nominados.* São Paulo: Saraiva, 1995.

CARVALHO, Francisco Pereira de Bulhões. *Sistema de nulidades dos atos jurídicos.* 2. ed. Rio de Janeiro: Forense, 1981.

CARVALHO NETO. *Contrato de mediação.* 3. ed. São Paulo: Jalovi, 1991.

CASES, José Maria Trepat. *Código Civil comentado.* Coord. de Álvaro Villaça Azevedo. São Paulo: Atlas, 2003. v. 8.

CAVALCANTI, José Paulo. *Direito civil*: escritos diversos. Rio de Janeiro: Forense, 1983.

CHAMOUN, Ebert. *Instituições de direito romano.* 6. ed. Rio de Janeiro: Editora Rio, 1977.

CHAVES, Antônio. A importação e a exportação do *know-how* no Brasil. *Revista Forense*, v. 253.

CHAVES, Antônio. *Criador da obra intelectual.* São Paulo: LTR, 1995.

CHAVES, Antônio. *Obras literárias e musicais.* Campinas: Julex, 1988.

CHAVES, Antônio. *Tratado de direito civil.* São Paulo: Revista dos Tribunais, 1984. v. 2: Direito das obrigações, v. 1 e 2.

CHAVES, Antônio. *Tratado de direito civil.* São Paulo: Revista dos Tribunais, 1982. v. 1: Parte Geral, v. 1 e 2.

CHERTO, Marcelo. *Franchising.* São Paulo: McGraw-Hill, 1988.

COLIN, Ambroise; CAPITANT, H. *Cours élémentaire de droit civil français.* 8. ed. Paris: Dalloz, 1934. 3 v.

COLTRO, Antônio Carlos Mathias. *Contrato de corretagem imobiliária.* São Paulo: Atlas, 2001.

CORDEIRO, António Menezes Cordeiro (Coord.). Direito das obrigações. 2. ed. Lisboa: AAFDL, 1991. 3 v. Contratos em especial.

CORDOBA, Alberto Brenes. *Tratado de las obligaciones.* San José, Costa Rica: Juriscentro, 1977.

CORREIA, Alexandre; SCIASCIA, Gaetano. *Manual de direito romano.* 2. ed. São Paulo: Saraiva, 1953. v. 1.

COSTA, Mário Júlio de Almeida. *Direito das obrigações.* 4. ed. Coimbra: Coimbra Editora, 1984.

COVELLO, Sérgio Carlos. *Contratos bancários.* São Paulo: Saraiva, 1981.

CREDIE, Ricardo Arcoverde. *Adjudicação compulsória.* 5. ed. São Paulo: Revista dos Tribunais, 1991.

CRETELLA NETO, José. *Do contrato internacional de franchising.* 2. ed. Rio de Janeiro: Forense, 2002.

CRIBARI, Giovanni. *O comodato modal.* São Paulo: José Bushatsky, 1976.

CUQ, Édouard. *Manuel des institutions juridiques des romains.* Paris: Librairie Générale du Droit et de la Jurisprudence, 1928.

DAROLD, Ermínio Amarildo. *Protesto cambial.* Curitiba: Juruá, 2001.

DELGADO, José Augusto. *Comentários ao novo código civil.* Rio de Janeiro: Forense, 2004. v. XI, t. 1.

DEMÉTRIO, Nelson. *Doutrina e prática do direito agrário.* São Paulo: Pró-livro, 1980.

DIAS, Adahyl Lourenço. *Venda a descendente.* 2. ed. Rio de Janeiro: Forense, 1976.

DINIZ, Maria Helena. *Curso de direito civil brasileiro.* São Paulo: Saraiva, 1982. v. 1: Teoria geral do direito civil, 1983; v. 2: Teoria geral das obrigações, 1984; v. 3: Teoria das obrigações contratuais e extracontratuais, 1995.

DINIZ, Maria Helena. *Lei de introdução ao código civil brasileiro interpretada.* São Paulo: Saraiva, 1994. v. 4.

DINIZ, Maria Helena. *Tratado teórico e prático dos contratos.* São Paulo: Saraiva, 1993. 5 v.

DIREITO DO CONSUMIDOR. *RT*, nos 1 a 16.

DONATO, Maria Antonieta Zanardo. *Proteção do consumidor*: conceito e extensão. São Paulo: Revista dos Tribunais, 1994.

DUTILLEUL, François Collart; DELEBECQUE, Philippe. *Contrats civils et commerciaux.* Paris: Dalloz, 1991.

ENGELBERG, Esther. *Contratos internacionais do comércio.* São Paulo: Atlas, 1992.

FARINA, Juan M. *Contratos comerciales modernos*. Buenos Aires: Astrea, 1994.

FERNANDES, Lina. *Do contrato de franquia*. Belo Horizonte: Del Rey, 2000.

FILOMENO, José Geraldo Brito. *Manual de direitos do consumidor*. 2. ed. São Paulo: Atlas, 1991.

FRANCO, J. Nascimento; GONDO; Nisske. *Incorporações imobiliárias*. 3. ed. São Paulo: Revista dos Tribunais, 1991.

FRÓES, Carlos Henrique de C. Contratos de tecnologia. *Revista Forense*, v. 253.

GARRIDO, Roque Fortunato; ZAGO, Jorge Alberto. *Contratos civiles y comerciales*. Buenos Aires: Universidad, 1989. v. 1: Parte general; 1988. v. 2: Parte especial.

GHERSI, Carlos Alberto. *Contratos civiles y comerciales*. 4. ed. Buenos Aires: Astrea, 1999.

GIFFARD, A. E.; VILLERS, Robert. *Droit romain et ancien droit français*: les obligations. 4. ed. Paris: Dalloz, 1976.

GILMORE, Grant. *The death of contract*. Columbus, Ohio: Ohio State University Press, 1974.

GIRARD, Paul Frédéric. *Manuel élémentaire de droit romain*. 5. ed. Paris: Arthur Rousseau, 1911.

GOMES, Orlando. *Contratos*. 9. ed. Rio de Janeiro: Forense, 1983*a*.

GOMES, Orlando. *Contratos de adesão*. São Paulo: Revista dos Tribunais, 1972.

GOMES, Orlando. *Introdução do direito civil*. 7. ed. Rio de Janeiro: Forense, 1983*b*.

GOMES, Orlando. *Novos temas do direito civil*. Rio de Janeiro: Forense, 1983*c*.

GOMES, Orlando. *Obrigações*. 5. ed. Rio de Janeiro: Forense, 1978.

GOMES, Orlando. *Transformações gerais do direito das obrigações*. 2. ed. São Paulo: Revista dos Tribunais, 1980.

GONÇALVES, Luiz da Cunha. *Princípios de direito civil luso-brasileiro*. Rio de Janeiro: Max Limonad, 1951. 3 v.

GOZZO, Débora. *Ação de nulidade de venda a descendente*. São Paulo: Saraiva, 1988.

HANADA, Nelson. *Ação de depósito*. São Paulo: Revista dos Tribunais, 1987.

HUPKA, Joseph. *La representación voluntaria en los negocios jurídicos*. Tradução de Luis Sancho Seral. Madri: Victoriano Suárez, 1930.

INOCÊNCIO, Antônio Ferreira. *Fiança*. São Paulo: Universidade de Direito, 1986.

ITURRASPE, Jorge Mosset. *Contratos*. Buenos Aires: Ediar, 1988.

JORGE, Fernando de Sandy Lopes Pessoa. *O mandato sem representação*. Lisboa: Ática, 1961.

LACERDA, Belizário Antônio. *Do direito e da ação de preferência*. São Paulo: Saraiva, 1981.

LARENZ, Karl. *Derecho de obligaciones*. Tradução de Jaime Santos Briz. Madri: Revista de Derecho Privado, 1958. v. 1; 1959, v. 2.

LASARTE, Carlos. *Princípios de derecho civil III*: contratos. Madri-Barcelona: Marcial Pons, 2003.

LEÃO, José Francisco Lopes de Miranda. *Leasing*: o arrendamento financeiro. 2. ed. São Paulo: Malheiros, 2000.

LEITE, Ruiz Lemos. *Factoring no Brasil*. 7. ed. São Paulo: Atlas, 2001.

LIMA, João Franzen de. *Curso de direito civil brasileiro*. 3. ed. Rio de Janeiro: Forense, 1979. v. 1: Direito das obrigações; v. 2: Dos contratos e das obrigações por declaração unilateral da vontade.

LOBO, Jorge. *Contrato de franchising*. Rio de Janeiro: Forense, 1994.

LOBO, Paulo Luiz Neto. *Condições gerais dos contratos e cláusulas abusivas*. São Paulo: Saraiva, 1991.

LOPES, Maria Elizabete Villaça. O contrato de *factoring* e o sistema financeiro nacional. *Revista de Direito Mercantil*, nº 74, s. d.

LOPES, Miguel Maria de Serpa. *Curso de direito civil*. 2. ed. Rio de Janeiro: Freitas Bastos, 1962. v. 5: Fontes acontratuais das obrigações: responsabilidade civil.

LOPES, Miguel Maria de Serpa. *Curso de direito civil*. 7. ed. Rio de Janeiro: Freitas Bastos, 1989*a*. v. 1: Introdução, parte geral e teoria dos negócios jurídicos.

LOPES, Miguel Maria de Serpa. *Curso de direito civil*. 5. ed. Rio de Janeiro: Freitas Bastos, 1989*b*. v. 2: Obrigações em geral.

LOPES, Miguel Maria de Serpa. *Curso de direito civil*. 4. ed. Rio de Janeiro: Freitas Bastos, 1991. v. 3: Fontes das obrigações: contratos.

LOPES, Miguel Maria de Serpa. *Curso de direito civil*. 4. ed. Rio de Janeiro: Freitas Bastos, 1993. v. 4: Fontes das obrigações: contratos.

LOPES, Miguel Maria de Serpa. *O silêncio como manifestação da vontade*. 3. ed. Rio de Janeiro: Freitas Bastos, 1961.

LOPEZ, Teresa Ancona. *Comentários ao código civil*. São Paulo: Saraiva, 2003. v. 7.

LORENZETTI, Ricardo Luis. *Tratado de los contratos*. Buenos Aires: Rubinzal-Culzoni, 1999.

LUCCA, Newton de. *A faturização no direito brasileiro*. São Paulo: Revista dos Tribunais, 1986.

LUCCA, Newton de. *Comentários ao novo código civil*. Rio de Janeiro: Forense, 2003. v. XII.

MACHADO, Antônio Luiz Ribeiro. *Manual prático dos contratos agrários e pecuários*. 3. ed. São Paulo: Saraiva, 1991.

MAGALHÃES, Vilobaldo Bastos de. *Compra e venda e sistemas de transmissão da propriedade*. Rio de Janeiro: Forense, 1981.

MAIORCA, Sergio. *Il contrato*. Turim: Giappichelli, 1981.

MAJELLO, Ugo. *Custodia e deposito*. Nápoles: Jovene, 1958.

MANCUSO, Rodolfo de Camargo. *Apontamentos sobre o contrato de* leasing. São Paulo: Revista dos Tribunais, 1978.

MANSO, Eduardo Vieira. *Contratos de direito autoral*. São Paulo: Revista dos Tribunais, 1989.

MANSO, Eduardo Vieira. *Direito autoral*. São Paulo: José Bushatsky, 1980.

MARMITT, Arnaldo. *Comodato*. Rio de Janeiro: Aide, 1991.

MARQUES, Cláudia Lima. Contratos no código de defesa do consumidor. 2. ed. São Paulo: Revista dos Tribunais, 1995.

MARTINEZ, Pedro Romano. *Contrato de empreitada*. Coimbra: Almedina, 1994.

MARTINS, Fran. *Contratos e obrigações comerciais*. 7. ed. Rio de Janeiro: Forense, 1984; 14. ed., 1996.

MASNATTA, Héctor. *El subcontrato*. Buenos Aires: Abeledo-Perrot, 1966.

MATTIA, Fábio Maria de. *O autor e o editor na obra gráfica*. São Paulo: Saraiva, 1975.

MAY, Gaston. Éléments de droit romain. 18. ed. Paris: Recueil Sirey, 1932.

MAYNS, Charles. Cours de droit romain. 4. ed. Bruxelas: Boulant Christophe, 1984. 2 v.

MEIRA, Sílvio Augusto de Bastos. *Instituições de direito romano*. 4. ed. Rio de Janeiro: Max Limonad, 1971. 2 v.

MEIRELLES, Hely Lopes. *Direito de construir*. 3. ed. São Paulo: Revista dos Tribunais, 1979.

MESSINEO, Francesco. Il contrato in genere. In: *Trattato di diritto civile e commerciale*. Milão: Giuffrè, 1973. v. 21, v. 1; 1972. v. 21, v. 2.

MIGUEL, Juan Luis. *Resolución de los contratos por incumplimiento*. 2. ed. Buenos Aires: Depalma, 1986.

MILMAN, Fábio. *Franchising*. Porto Alegre: Livraria do Advogado, 1996.

MIRANDA, Pontes de. *Da promessa de recompensa*. Campinas: Bookseller, 2001.

MIRANDA, Pontes de. *Tratado de direito privado*. 3. ed. Rio de Janeiro: Borsoi, 1972. 60 v.

MONTEIRO, Washington de Barros. *Curso de direito civil*. 16. ed. São Paulo: Saraiva, 1977. v. 1: Parte geral.

MONTEIRO, Washington de Barros. *Curso de direito civil*. 15. ed. São Paulo: Saraiva, 1979. v. 4: Direito das obrigações: 1ª parte.

MONTEIRO, Washington de Barros. *Curso de direito civil*. 15. ed. São Paulo: Saraiva, 1980. v. 5: Direito das obrigações: 2ª parte.

MOSCO, Luigi. *La rappresentanza volontaria nel diritto privato*. Nápoles: Jovene, 1961.

NADER, Paulo. *Curso de direito civil*. Rio de Janeiro: Forense, 2005. v. 3.

NAZO, Georgette N. Depeçage (verbete). *Enciclopédia Saraiva*. São Paulo: Saraiva, 1993.

NEVES, Thiago Ferreira Cardoso. *Contratos Mercantis*. 3. ed. Rio de Janeiro: GZ Editora, 2020.

NÓBREGA, Vandick L. da. *Compêndio de direito romano*. 8. ed. Rio de Janeiro: Freitas Bastos, 1975. v. 2.

NONATO, Orosimbo. *Curso de obrigações*. Rio de Janeiro: Forense, 1959. v. 1 e 2.

NONATO, Orosimbo. *Curso de obrigações*: terceira parte. São Paulo: Editora Jurídica e Universitária, 1971.

NONATO, Orosimbo. *Curso de obrigações*: segunda parte. Rio de Janeiro: Forense, 1960. v. 1 e 2.

OLIVEIRA, Jorge Alcibíades Perrone. *Títulos de crédito*. 3. ed. Porto Alegre: Livraria do Advogado, 1999.

OLIVEIRA, Juarez de (Coord.). *Comentários ao código de proteção ao consumidor.* São Paulo: Saraiva, 1991.

OLIVEIRA, Lauro Laertes. *Da fiança.* São Paulo: Saraiva, 1981.

OPITZ, Oswaldo; OPITZ, Sílvia. Contratos agrários no estatuto da terra. 10. ed. São Paulo: Saraiva, 1974.

OPITZ, Oswaldo; OPITZ, Sílvia. *Direito agrário brasileiro.* São Paulo: Saraiva, 1980.

PEREIRA, Caio Mário da Silva. *Condomínio e incorporações.* 7. ed. Rio de Janeiro: Forense, 1993.

PEREIRA, Caio Mário da Silva. *Instituições de direito civil.* 8. ed. Rio de Janeiro: Forense, 1984*a*. v. 1: Introdução ao direito civil: teoria geral do direito civil.

PEREIRA, Caio Mário da Silva. *Instituições de direito civil.* 8. ed. Rio de Janeiro, 1984*b*. v. 2: Teoria geral das obrigações.

PEREIRA, Caio Mário da Silva. *Instituições de direito civil.* 7. ed. Rio de Janeiro: Forense, 1986. v. 3: Fontes das obrigações.

PEREIRA, Caio Mário da Silva. *Instituições de direito civil:* edição universitária. 3. ed. Rio de Janeiro: Forense, 1994.

PERLINGIERI, Pietro. *I negozi su beni futuri.* Nápoles: Jovene, 1962.

PETIT, Eugene. *Tratado elemental de derecho romano.* Tradução da 9. ed. francesa de José Ferrandez Gonzales. Buenos Aires: Albatroz, 1970.

PFEIFFER, Roberto A. A.; PASQUALOTTO, Adalberto (Coord.) *Código de Defesa do Consumidor*: convergências e assimetrias. São Paulo: Revista dos Tribunais, 2005.

PICARD, Maurice; BESSON, André. Les assurances terrestres en droit français. 3. ed. Paris: LGDL, 1972.

PUGLIATTI, Salvatore. *Studi sulla rappresentanza.* Milão: Giuffrè, 1965.

QUEIROZ, José Wilson Nogueira de. *Arrendamento mercantil.* 2. ed. Rio de Janeiro: Forense, 1983.

RÁO, Vicente. *Ato jurídico.* Rio de Janeiro: Max Limonad, 1961.

RÁO, Vicente. *O direito e a vida dos direitos.* 3. ed. São Paulo: Revista dos Tribunais, 1991. 2 v.

REDECKER, Ana Cláudia. *Franquia empresarial.* São Paulo: Memória Jurídica, 2002.

REPRESAS, Félix A. Trigo; STIGLITZ, Rubén S. (Org.). *Contratos.* Buenos Aires: La Rocca, 1989.

REQUIÃO, Rubens. *Do representante comercial.* 4. ed. Rio de Janeiro: Forense, 1993.

REQUIÃO, Rubens. *Nova regulamentação da representação comercial autônoma.* 2. ed. São Paulo: Saraiva, 2002.

RESENDE, Neide Aparecida de Fátima. *O leasing financeiro no Código de Defesa do Consumidor.* São Paulo: Saraiva, 2001.

REZZÓNICO, Juan Carlos. *Contratos con cláusulas predispuestas.* Buenos Aires: Astrea, 1987.

RIPERT, George. *La règle morale dans les obligations civiles.* 4. ed. Paris: Librairie Générale du Droit et de la Jurisprudence, 1949.

RIZZARDO, Arnaldo. *Contratos*. Rio de Janeiro: Aide, 1988. 3 v.

RIZZARDO, Arnaldo. *Factoring*. 2. ed. São Paulo: Revista dos Tribunais, 2000.

RIZZARDO, Arnaldo. *O leasing*. São Paulo: Revista dos Tribunais, 1987*a*.

RIZZARDO, Arnaldo. *Promessa de compra e venda e parcelamento do solo urbano*. 3. ed. São Paulo: Revista dos Tribunais, 1987b.

RODAS, João Grandino (Coord.). *Contratos internacionais*. São Paulo: Revista dos Tribunais, 1985.

RODRIGUES, Sílvio. *Direito civil*. 11. ed. São Paulo: Saraiva, 1981*c*. v. 3: Dos contratos e das declarações unilaterais de vontade.

RODRIGUES, Sílvio. *Direito civil*. 12. ed. São Paulo: Saraiva. 1981*a*. v. 1: Parte geral.

RODRIGUES, Sílvio. *Direito civil*. 12. ed. São Paulo: Saraiva, 1981*b*. v. 2: Parte geral das obrigações.

RODRIGUES, Sílvio. *Direito civil*. 12. ed. São Paulo: Saraiva, 1983.

RODRIGUES FILHO, Eulâmpio. *Compra e venda de imóveis e ação ex empto*. São Paulo: Universidade de Direito, 1992.

ROPPO, Enzo. *O contrato*. Tradução de Ana Coimbra e M. Januário C. Gomes. Coimbra: Almedina, 1988.

ROSA JR., Luiz Emydio F. da. *Títulos de crédito*. Rio de Janeiro: Renovar, 2000.

RUBINO, Domenico. *La compravendita*. 2. ed. Milão: Giuffrè, 1971.

RUGGIERO, Roberto de. *Instituições de direito civil*. Tradução da 6. ed. italiana de Ary dos Santos. 3. ed. São Paulo: Saraiva, 1973. v. 3.

SALOMÃO FILHO, Calixto. *O novo direito societário*. São Paulo: Malheiros, 1998.

SANTOS, Amilcar. *Seguro*. Rio de Janeiro: Record, 1959.

SILVA, Agathe Elsa Schimidt da. *Compromisso de compra e venda no direito brasileiro*. São Paulo: Saraiva, 1983.

SIMÃO FILHO, Adalberto. *Franchising*. São Paulo: Atlas, 1993.

STIGLITZ, Gabriel A. (Dir.). *Defensa de los consumidores de productos y servicios*. Buenos Aires: La Rocca, 1994.

STIGLITZ, Gabriel A.; STIGLITZ, Rubén S. *Derechos y defesa de los consumidores*. Buenos Aires: La Rocca, 1994.

STIGLITZ, Rubén S. *Caracteres jurídicos del contrato de seguro*. Buenos Aires: Astrea, 1987.

TALLON, Denis; HARRIS, Donald (Dir.). *Le contrat aujourd'hui*: comparaisons franco-anglaises. Paris: Librairie Générale du Droit et de la Jurisprudence, 1987.

TARTUCE, Flávio. *O novo CPC e o Direito Civil*. São Paulo: Método, 2015.

TELLES, Inocêncio Galvão. *Direito das obrigações*. 4. ed. Coimbra: Coimbra Editora, 1992.

TENÓRIO, Oscar. *Direito internacional privado*. 8. ed. Rio de Janeiro: Freitas Bastos, 1966.

THUR, A. Von. *Tratado de las obligaciones.* Tradução de W. Roces. Madri: Reus, 1934.

TRABUCCHI, Alberto. *Instituzioni di diritto civile.* 33. ed. Pádua: Cedam, 1992.

TRINCAVELLI, Nélida E. *La compraventa en Roma.* Buenos Aires: Lerner, 1970.

VENOSA, Sílvio de Salvo. *Direito civil*: direito das sucessões. 18. ed. São Paulo: Atlas, 2018. v. 6.

VENOSA, Sílvio de Salvo. *Direito civil*: contratos. 18. ed. São Paulo: Atlas, 2018. v. 3

VENOSA, Sílvio de Salvo. *Direito civil*: direito de família. 18. ed. São Paulo: Atlas, 2018. v. 5.

VENOSA, Sílvio de Salvo. *Direito civil*: direitos reais. 18. ed. São Paulo: Atlas, 2018. v. 4.

VENOSA, Sílvio de Salvo. *Direito civil*: obrigações e responsabilidade civil. 18. ed. São Paulo: Atlas, 2018. v. 2.

VENOSA, Sílvio de Salvo. *Direito civil*: parte geral. 18. ed. São Paulo: Atlas, 2018. v. 1

VENOSA, Sílvio de Salvo. *Direito empresarial.* 8. ed. São Paulo: Atlas, 2018.

VIANA, Marco Aurélio S. *Comentários à lei sobre parcelamento do solo urbano.* 2. ed. São Paulo: Saraiva, 1984.

VIANA, Marco Aurélio S. *Contrato de construção e responsabilidade civil.* 2. ed. São Paulo: Saraiva, 1981.

WALD, Arnoldo. *Obrigações e contratos.* 10. ed. São Paulo: Revista dos Tribunais, 1992.

WAYAR, Ernesto C. *Contratos.* Buenos Aires: Zavalía, 1993.

WEILL, Alex; TERRÉ, François. *Droit civil*: les obligations. 10. ed. Paris: Dalloz, 1975.

ZAVALÍA, Fernando J. Lópes de. *Teoria de los contratos.* Buenos Aires: Zavalía, 1992. v. 3; 1993. v. 4; 1995. v. 5.

ZULUETA, F. de. *The roman law of sale.* Oxford: Clarendon, 1945.

ÍNDICE REMISSIVO

D

G

H

I

J

S

1 2 3 4 5 6 7 8 9 10
2026